出 版 前 言

英国剑桥大学出版的世界通史分为古代史、中世纪史、近代史三部。近代史由阿克顿勋爵主编，共14卷。20世纪初出版。经过几十年后，到50年代，剑桥大学出版社又出版了由克拉克爵士主编的《新编剑桥世界近代史》。新编本仍为14卷，论述自文艺复兴到第二次世界大战结束，即自1493—1945年间共400多年的世界历史。国别史、地区史、专题史交错论述，由英语国家著名学者分别执笔。新编本反映了他们最新的研究成果，有许多新的材料，内容也更为充实，代表了西方的较高学术水平，有较大的影响。

为了供我国世界史研究工作者和广大读者参考，我们将这部书分卷陆续翻译、出版(地图集一卷暂不出)。需要指出的是，书中有些观点我们并不同意，希望读者阅读时注意鉴别。

致　　谢

编者谨向彼得·默里博士、J.林奇博士、J.罗伯茨博士和M.S.安德森博士致谢，承蒙他们在编辑本卷的重要阶段一俟接到邀请即同意鼎力合作。他们均欣然接受并完成了时间十分紧迫的任务。编者深知未能给予他们以在通常情况下本应有权要求得到的充裕时间来撰写或最后修订他们的文稿。

目　录

第 一 章
引论：宗教改革时代
克莱尔学院研究员，剑桥大学英国宪政史教授
C. R. 埃尔顿　著

宗教改革是一个连贯的历史时期 ……………………………………………（1）
迅速传播及复杂的原因：世俗力量 …………………………………………（3）
再洗礼派及其革命意义 ………………………………………………………（6）
查理五世的统治的特性：他的成就 …………………………………………（7）
西欧民族国家和君主制的巩固 ………………………………………………（8）
东部诸王国：君主制和拥有土地的贵族 ……………………………………（9）
德意志诸公国的成长 …………………………………………………………（10）
哈布斯堡王室和瓦卢瓦王室的斗争 …………………………………………（11）
查理五世统一基督教世界的理想的破灭 ……………………………………（12）
骑士准则为国际法所取代 ……………………………………………………（12）
外交：特派使节和常驻使节，豁免权 ………………………………………（13）
战争的发展；正义战争问题 …………………………………………………（14）
社会变革和经济变革；贸易和工业 …………………………………………（16）
思想潮流和社会关系 …………………………………………………………（18）
欧洲开始崛起 …………………………………………………………………（22）

第 二 章
经 济 变 革

一　农业
慕尼黑大学经济史和经济学教授
弗里德里希·吕特格　著

农村变革的一般因素：农民的解放，市场条件，人口动向 ………………（25）

领主和佃农的相对地位 …………………………………………………（27）
土地的资本供给 ……………………………………………………………（28）
农村经济的变化：德国、瑞士和尼德兰 ………………………………（29）
英格兰 ………………………………………………………………………（38）
法国 …………………………………………………………………………（45）
意大利和西班牙 ……………………………………………………………（48）

二　安特卫普的重要作用
伦敦大学玛丽女王学院史学教授
S. T. 宾多夫　著

安特卫普在商业和金融上的支配地位 …………………………………（51）
葡萄牙人的香料贸易和安特卫普市场的兴起 …………………………（51）
安特卫普的地理优势 ………………………………………………………（54）
"民族"：冒险商公司和布匹贸易 ………………………………………（54）
安特卫普的重要性的基础：对所谓基础的分析 ………………………（55）
贸易数字；工业和再出口贸易 …………………………………………（59）
定居的外国人和已归化的外国人 ………………………………………（64）
信贷和外汇投机 ……………………………………………………………（65）
房地产；保险；赌博和彩票 ……………………………………………（67）
政府贷款 ……………………………………………………………………（67）
安特卫普1557年以后的衰落 ……………………………………………（70）

第 三 章
路德和德国的宗教改革（迄至1529年）
曼彻斯特大学教会史教授
E. G. 鲁普　著

路德：出生，早年生活与教育 …………………………………………（72）
当奥斯定会修士，受任神职，在艾尔福特和维滕贝格讲学 ………（73）
精神冲突和苦恼：因信称义教义的浮现 ………………………………（75）
赎罪券的起源、发展和滥用 ……………………………………………（77）
在德国宣讲赎罪：路德的抗议（《九十五条论纲》）…………………（79）
向罗马控告路德；路德和卡耶坦会见；得到选侯腓特烈的支持 ……（80）
卡尔斯塔特，和埃克辩论 ………………………………………………（81）
1520年的小册子；路德被革除教籍；烧毁教皇诏书 …………………（82）
沃尔姆斯帝国议会和敕令；路德被宣布为不受法律保护 ……………（86）
在瓦特堡：《新约》………………………………………………………（86）

路德返回维滕贝格,卡尔斯塔特在该城实施的激进方案为路德所阻止 …… (88)
在德国和北欧路德的改革和激进的改革的传播 …………………… (89)
社会动荡和托马斯·闵采尔;路德和卡尔斯塔特绝交 …………… (90)
农民战争 …………………………………………………………… (92)
路德结婚及其家庭生活 …………………………………………… (94)
路德和伊拉斯谟辩论 ……………………………………………… (94)
关于圣餐的辩论;马尔堡会议 …………………………………… (95)
路德的两种《教理问答》 ………………………………………… (96)
施佩耶尔帝国议会(1526年,1529年)和《抗议书》 …………… (97)
奥格斯堡帝国议会(1530年):《奥格斯堡信纲》和永久分裂 …… (97)

第 四 章
瑞士的宗教改革及其教派
一 苏黎世、斯特拉斯堡和日内瓦的宗教改革
E.G. 拉夫 著

瑞士和德国南部诸城市的宗教改革 ……………………………… (100)

1. 苏黎世
茨温利的早年生活,受教育,接触人文主义 …………………… (101)
研习经院哲学和《圣经》;他的宗教思想的发展 ……………… (102)
他在苏黎世布道(1519年)和开始改革 ………………………… (104)
对战争的态度;废除雇佣兵制 …………………………………… (104)
一种激进方案的产生;苏黎世《圣经》 ………………………… (105)
虔信上帝之地方行政官的纠正谬误的权力 ……………………… (107)
州与州之间的战争;卡佩尔;茨温利之死 ……………………… (108)
奥科兰帕迪乌斯和巴塞尔的宗教改革;米科尼乌斯继续改革 … (109)
布林格在苏黎世的领袖地位 ……………………………………… (112)

2. 斯特拉斯堡
泽尔、卡皮托和宗教改革的开始 ………………………………… (112)
布塞尔和赫迪奥:教育和布道得到市议会的鼓励 ……………… (113)
斯特拉斯堡的种种改革措施;斯特拉斯堡成为避难和救济中心 … (116)
礼仪试验:布塞尔的神学教育 …………………………………… (116)
布塞尔的斯特拉斯堡的瓦解:路德派的到来 …………………… (117)

3. 日内瓦
伯尔尼的改革:法雷尔、弗罗芒、维雷特和日内瓦改革的开始 … (119)
加尔文:早年生活,求学,旅行,到日内瓦 …………………… (120)

加尔文与法雷尔和卡罗利的辩论；他们被驱逐 ……………………………（122）
加尔文在斯特拉斯堡；布塞尔的影响；重返日内瓦 ……………………（122）
加尔文对纪律和传道的看法；他的宣教和教育工作 ……………………（123）
在日内瓦对私人生活的控制；驱逐卡斯特利奥；烧死塞尔维特 ………（123）
加尔文的《原理》；他对《圣经》和教父的研究成绩 ……………………（124）
主要的观念和广泛的影响 …………………………………………………（125）

二 再洗礼派

大不列颠及爱尔兰浸礼派联合会秘书长

欧内斯特·A. 佩恩　著

婴儿受洗问题 ………………………………………………………………（126）
在格雷贝尔领导下运动在苏黎世发端：其教义；受迫害 ………………（127）
布劳洛克在蒂洛尔，胡布迈尔和登克在奥格斯堡 ………………………（128）
转移往摩拉维亚：胡布迈尔、胡特和许特尔；受迫害 …………………（130）
斯特拉斯堡和莱茵兰 ………………………………………………………（131）
萨特勒和《施莱特海姆信纲》………………………………………………（132）
皮尔格兰姆·马尔贝克；梅尔希奥·霍夫曼；弗兰德的迫害；杨·马蒂
　　和闵斯特的反叛和屠杀 ………………………………………………（133）
加尔文对再洗礼派的抨击 …………………………………………………（137）
再洗礼派在英格兰 …………………………………………………………（138）
尼德兰的迫害；门诺·西蒙斯，大卫·约里斯，亚当·帕斯特 ………（138）
迫害的文字记载；赞美诗集 ………………………………………………（140）
再洗礼派的远见卓识的性质 ………………………………………………（140）

第 五 章
斯堪的纳维亚半岛和波罗的海国家的宗教改革

哥本哈根大学神学教授

N.K. 安德森　著

一 丹麦

保卢斯·赫利和圣经人文主义 ……………………………………………（142）
路德派和国王：克里斯蒂安二世和腓特烈一世 …………………………（143）
赫尔曼·塔斯特和石勒苏益格的路德派；哈泽斯莱乌法规 ……………（143）
汉斯·陶森，萨多林和日德兰的改革；马尔默作为福音派的中心 ……（144）
欧登塞议会（1526年）和哥本哈根议会（1527年）；腓特烈一世实行
　　宽容 ……………………………………………………………………（145）
哥本哈根议会（1530年）；辩论失败；《哥本哈根信纲》………………（146）

腓特烈一世统治期间天主教的衰落 …………………………………（147）
内战;克里斯蒂安当选为国王;1537年的教会法规;彼泽·帕拉第乌斯的
　　工作和影响 ……………………………………………………………（147）
汉斯·陶森的后期工作;第一代改革的结束 …………………………（149）

二　挪威

1537年的教会法规;没收教会财产 ……………………………………（150）
恩格尔布雷克特松反对宗教改革 ………………………………………（151）
克里斯蒂安三世及他和罗马的决裂;改革派的困难 …………………（151）

三　冰岛

路德派在冰岛的开端：奥都尔·戈特沙尔克森;吉苏·埃纳尔松 ……（152）
帕尔松主教和阿拉松主教反对改革;居布兰迪尔·索尔劳克松的
　　工作 ………………………………………………………………………（153）

四　瑞典

古斯塔夫·瓦萨与瑞典的独立 …………………………………………（154）
奥拉夫·佩特利的工作：路德派的和德国南部的影响 ………………（155）
韦斯特罗斯议会(1527年) ………………………………………………（156）
奥拉夫的文字工作：本国语礼仪 ………………………………………（156）
劳伦蒂乌斯·佩特利的生涯和影响 ……………………………………（157）
乌普萨拉会议(1536年)和国家教会的建立 …………………………（158）
古斯塔夫和改革派之间的冲突 …………………………………………（159）
乔治·诺曼和德意志时期;德国敕令的废除 …………………………（159）
韦斯特罗斯议会(1544年)与国王和教会间关系的改善 ……………（160）
劳伦蒂乌斯·佩特利的后期工作;他的文字工作 ……………………（160）
教会法规的最后拟定(1571年) …………………………………………（161）
古斯塔夫之逝世(1560年)标志着改革第一阶段的结束 ……………（161）

五　芬兰

芬兰对瑞典的依附 ………………………………………………………（162）
宗教改革前的教会;马丁·斯屈特 ……………………………………（162）
萨尔基拉克斯和路德宗的引进 …………………………………………（163）
米卡埃尔·阿格里科拉的生涯;本国语宗教文献和礼仪 ……………（163）
路德宗在斯堪的纳维亚的完全胜利 ……………………………………（165）

六　波罗的海国家

安德烈亚斯·诺伯肯,西尔维斯特·特格特迈尔,里加的宗教改革 ……（165）
俄罗斯的入侵和拉脱维亚的解体 ………………………………………（166）

第六章
宗教改革陷入困境
一 1555年前的德国宗教改革
波恩大学神学教授
恩斯特·比策尔 著

教皇和皇帝否认改革而引发是否使用武力问题	（170）
施马尔卡尔登同盟的组建	（172）
和皇帝谈判并达成和平解决：改革的扩大	（173）
乌尔里希公爵在符腾堡复位：采取改革立场	（174）
明斯特和神秘主义狂热的危险	（176）
调和瑞士人和路德派的圣餐观点的努力	（177）
天主教和新教对召开一次公会议的态度；拒绝保罗三世到曼图亚开会的召集令	（179）
和平谈判的希望	（181）
纽伦堡天主教同盟的组建	（184）
法兰克福临时敕令	（185）
在哈根诺和沃尔姆斯举行会谈（1540年）	（186）
雷根斯堡帝国议会的失败（1541年）	（187）
黑森的菲利普重婚，他和查理五世结盟	（190）
施马尔卡尔登战争	（190）
对特伦托会议不满意；奥格斯堡临时敕令	（191）
梅兰希顿和路德逝世后的宗教论战	（193）
特伦托会议未能达成一致；新教王侯反叛	（193）
奥格斯堡宗教和约（1555年）	（196）

二 波兰、波希米亚和匈牙利
伦敦大学中欧史马萨立克（Masaryk）教授
R.R.贝茨 著

政治、经济和文化背景	（196）
波兰教会；和教廷的关系；正教会的力量	（197）
国王和贵族控制匈牙利教会；正教信仰	（198）
波希米亚的胡斯派国家教会	（199）
波希米亚的天主教；胡斯派各教派；波希米亚外的胡斯派	（201）
东部各王国的人文主义	（202）
伊拉斯谟派和路德派改革思想的渗透	（202）
匈牙利的德国人；宽容与迫害	（204）

东普鲁士公国的世俗化和接受路德宗 …………………………………（205）
土耳其人的成功与哈布斯堡王室和扎波利亚伊王室的竞争推动匈牙利
　　改革的进展；对天主教会产生灾难性后果 ……………………（207）
路德宗在斯洛伐克、特兰西瓦尼亚和匈牙利的马扎尔人区的传播 ……（208）
莫哈奇之战对波希米亚宗教史的影响；斐迪南一世的宗教政策；摩拉
　　维亚的再洗礼派社团 ……………………………………………（211）
东普鲁士和波兰的宗教改革；西吉斯孟一世的宗教政策 ……………（212）
斐迪南和饼酒同领派教会；驱逐波希米亚兄弟会，他的宗教政策失败 …（213）
波兰的加尔文宗：拉齐维尔、拉斯基和克鲁齐格 ……………………（216）
匈牙利的路德宗和加尔文宗；"特兰西瓦尼亚宽容法" ………………（217）
波兰和特兰西瓦尼亚的反三一运动 ……………………………………（219）
16世纪后期的发展；反宗教改革运动和各新教教会间的协议 ………（220）

三　1519—1559年的法国
剑桥大学基督学院前研究员
F. C. 斯普纳　著

宗教改革的社会、宗教和思想环境 ……………………………………（222）
国王和教会：宗教协定 …………………………………………………（223）
宗教改革得到外国冒险家帮助 …………………………………………（224）
路德在法国的早期影响：书籍买卖 ……………………………………（225）
德国人和瑞士人的著作被翻译成法语 …………………………………（225）
反教权主义和对改革的渴望：布里松内和莫城小组/社团 ……………（227）
巴黎高等法院和巴黎大学抨击改革派 …………………………………（229）
桑斯和布尔日的省议会 …………………………………………………（230）
改革的第二阶段：人文主义和改革派间的决裂；迫害日趋严重 ……（232）
海报事件（1534年）及其引发的镇压 …………………………………（233）
亨利二世的统治：经济变革及向西海岸转移 …………………………（236）
极端主义的发展：加尔文和耶稣会的影响 ……………………………（237）
加尔文宗教会的力量；镇压；卡托—康布雷齐和约为宗教战争
　　扫清了道路 ………………………………………………………（238）

第七章
英格兰的宗教改革
C. R. 埃尔顿　著

宗教改革前的教会：神职人员追名逐利；财富；兼圣俸 ……………（241）
大学里的路德主义：迫害异端 …………………………………………（242）

国王和教皇;对教会的自由的抨击 ……………………………………（243）
亨利八世离婚的重要性 ……………………………………………（244）
教会的软弱;沃尔西的责任 …………………………………………（245）
阿拉贡的凯瑟琳被迫离婚:罗马拒绝合作;沃尔西失宠 …………（246）
亨利八世试图强迫教皇批准离婚;利用国会 ……………………（247）
教会被指控犯王权侵害罪（1531年）;承认亨利为世俗问题最高首脑 …（248）
托马斯·克伦威尔:早年生涯和政治思想 ………………………（249）
和罗马决裂（1533—1534年）;亨利娶安妮·博林 ………………（249）
亨利在教会事务上的至尊地位的性质 …………………………（250）
解散修道院:重新分配土地 ………………………………………（251）
反对亨利八世的政策:莫尔,费希尔,以及伦敦的加尔都西会;北方的
　起义 …………………………………………………………（252）
第二阶段:克兰默和克伦威尔的态度之对比;1536年的《十信条》
　和禁令 ………………………………………………………（254）
克伦威尔试图在德国组织反教皇同盟;亨利对路德宗的态度;抨击
　天主教的宗教实践 …………………………………………（255）
改革派和保守派间冲突的发展;《六信条法》;克伦威尔倒台 ……（256）
亨利的妥协造成的困难 …………………………………………（257）
爱德华朝的宗教改革:护国公萨默塞特的宗教政策 ……………（258）
反对萨默塞特;1549年的起义;他的倒台和被处决 ………………（259）
诺森伯兰执政 ……………………………………………………（260）
1522年的《祈祷书》和《四十二条》:英格兰成为新教国家 …………（261）
国王作为教会最高首脑之地位被削弱 …………………………（261）
诺森伯兰的阴谋 …………………………………………………（262）
玛丽朝[天主教]的复辟;查理五世的态度受其王朝
　计划的制约 …………………………………………………（263）
废止反教皇立法;玛丽朝的迫害 …………………………………（264）
复辟在灵性方面失败 ……………………………………………（265）
伊丽莎白继位和新教的回归 ……………………………………（266）

第 八 章
意大利与教皇统治
佛罗伦萨大学史学教授
德利奥·坎提莫里 著

改革天主教和过更有灵性意义的宗教生活的愿望 ………………（267）

教廷的对内政策和对外政策 …………………………………… （268）
瑞士和德国宗教改革家的思想的传入；他们的著作的流传 …… （270）
意大利诸国接受新的教义 ……………………………………… （271）
天主教改革运动：其根本上的保守主义 ……………………… （274）
1535—1549年新教运动的发展 ………………………………… （277）
法兰西的勒内和费拉拉的新教 ………………………………… （278）
威尼斯和卢卡的新教；托斯卡纳 ……………………………… （279）
再洗礼派和反三一论；韦尔多派；彼得罗·卡尔内塞基 …… （282）
"尼哥底姆主义" ………………………………………………… （285）
反三一论和再洗礼派的关系 …………………………………… （286）
镇压异端的制度化：最高宗教法庭 …………………………… （287）
意大利流亡者；在特伦特会议上"改革小组"希望破灭：移居国外
　或殉教问题 …………………………………………………… （287）
反宗教改革运动对天主教改革的胜利 ………………………… （288）
西班牙的崛起和教皇势力的增长；关于教廷的政策对意大利之统一的
　影响的相互冲突的观点 ……………………………………… （292）

第 九 章
新 修 会

剑桥大学三一学院研究员兼史学大学讲师
H.O. 伊文尼特 著

宗教改革开始时的宗教修会；在俗神职人员和修士间关系紧张 …… （294）
卡马尔多利会建立修道院：朱斯蒂尼亚尼和奎里尼 ………… （296）
嘉布遣会：马泰奥·达·巴斯其奥 …………………………… （297）
在卢多维克·达·福松布罗内及其继承人领导下成长 ……… （300）
严规派的敌视；奥基诺的贝尔纳迪诺的叛弃和受迫害的危险 … （302）
嘉布遣会的组织和扩张 ………………………………………… （303）
神职班修会：德亚底安会 ……………………………………… （304）
巴拿巴会和索马斯基会 ………………………………………… （307）
意大利天主教灵性复兴的动机和影响；社会救济工作 ……… （308）
圣菲利普·内里和奥拉托利会 ………………………………… （308）
圣安吉拉·梅里奇和乌尔苏拉会；其他妇女宗教团体 ……… （309）
耶稣会：伊纳爵·罗耀拉和耶稣会的创立 …………………… （310）
在罗马获得承认和耶稣会的发展 ……………………………… （310）
目标与活动：摈弃隐修生活方式 ……………………………… （311）

培训和会士的等级 …………………………………………… (312)
章程：耶稣会的服从观念 …………………………………… (313)
教育活动 ……………………………………………………… (315)
外方传教：耶稣会和反宗教改革运动 ……………………… (317)
圣伊纳爵逝世之时耶稣会的状况 …………………………… (319)

第 十 章
查理五世在欧洲的帝国
曼彻斯特大学经济史高级讲师
H. 柯尼希斯贝格尔 著

作为基督教世界领袖的查理五世 …………………………… (320)
王朝的联合与哈布斯堡帝国的形成：查理获得的遗产 …… (320)
谢夫尔和西班牙王位继承：查理在卡斯蒂利亚和阿拉贡得到承认 …… (322)
查理在奥地利和南德：当选为皇帝 ………………………… (325)
查理对皇帝之尊贵的见解：他注入宗教和政治目的 ……… (326)
和教廷的关系 ………………………………………………… (327)
查理五世作为统治者的地位：治理他继承的遗产 ………… (327)
查理的经济政策 ……………………………………………… (330)
对其帝国政策的支持：高级贵族和律师 …………………… (333)
尼德兰：税收；国王、省议会和城市间的关系 …………… (338)
西班牙：税收；科穆内罗斯；王权的恢复 ………………… (338)
在卡斯蒂利亚征税的影响 …………………………………… (339)
西班牙经济和农业发展落后：梅斯达的势力 ……………… (340)
瓦伦西亚、阿拉贡、加泰罗尼亚：兄弟会起义；贵族的权利 …… (342)
北非与和土耳其人争夺地中海的斗争 ……………………… (343)
西西里的财政和治理 ………………………………………… (346)
那不勒斯和米兰 ……………………………………………… (348)
德国：帝国思想的失败和向菲利普二世的西班牙帝国的过渡 …… (351)

第 十 一 章
哈布斯堡王室和瓦卢瓦王室的斗争
F. C. 斯普纳 著

这场王朝冲突的历史背景 …………………………………… (355)
皇帝之天职，和伊斯兰作斗争 ……………………………… (356)
查理五世和弗兰西斯一世间[力量的]对比：冲突的阶段 …… (358)
查理五世当选为皇帝 ………………………………………… (361)

查理和德国的宗教改革 …………………………………………… (361)
准备战争：法国人被逐出意大利北部 …………………………… (363)
反皇帝同盟：法国入侵意大利，在帕维亚战败 ………………… (363)
科尼亚克同盟 ……………………………………………………… (366)
占领和洗劫罗马 …………………………………………………… (366)
法国在那不勒斯城下的失败，丢失热那亚：巴塞罗那条约和康布雷
　和约 ……………………………………………………………… (367)
1529 年后冲突性质的改变 ………………………………………… (368)
土耳其人的威胁 …………………………………………………… (370)
德国的宗教冲突：施马尔卡尔登同盟 …………………………… (370)
米兰的爵位继承和 1536—1537 年的战争：尼斯和约 ………… (375)
战事重开（1542 年）：克雷斯皮和约 ……………………………… (376)
新教在德国的传播：纽伦堡同盟：查理备战 …………………… (376)
施马尔卡尔登战争（1542 年）：米尔贝格战役 ………………… (380)
在德国出现的反应：萨克森的莫里斯和查理的突然失败 …… (380)
查理五世退位；奥格斯堡和约和卡托—康布雷条约 ………… (382)

第 十 二 章
知识发展潮流

一 著述：印刷的书籍
爱丁堡大学中世纪史教授
德尼斯·海 著

早期发展情况不明：15 世纪书籍需求的增长 ………………… (384)
手抄书籍贸易的世俗化：技术进步：木雕版印刷和木活字印刷 … (385)
古滕贝格的发明；该技术的传播 ……………………………… (386)
贸易的经济意义；版权和酬金 ………………………………… (387)
书籍检查 ………………………………………………………… (389)
产量估计：当时的趣味和兴趣的反映 ………………………… (390)
[字体]设计方面的发展：詹森和阿尔杜斯：罗马字体和意大利字体 … (391)
对学术的影响 …………………………………………………… (391)
16 世纪上半叶产量的增长：出版物目录 ……………………… (392)
拉丁文作为著述语言 …………………………………………… (393)
讽刺作品和文学 ………………………………………………… (395)
哲学和神学；历史编纂学 ……………………………………… (396)
语文学；经典文本和教父文本的出版 ………………………… (398)

《圣经》研究的学术成就 …………………………………………… (398)
词典编纂 …………………………………………………………… (399)
西塞罗主义 ………………………………………………………… (399)
意大利的本地语文学：拉丁文的影响；语言问题 ……………… (401)
福伦戈和本国语和拉丁文混合写作：彼得罗·阿雷蒂诺 ……… (402)
意大利作家在意大利境外的影响 ………………………………… (403)
诗歌和戏剧：彼特拉克主义在意大利的影响 …………………… (404)
散文写作：传奇文学和幻想作品 ………………………………… (408)
翻译：古典作品；《圣经》 ………………………………………… (410)
本国语历史编纂学和政治思想 …………………………………… (411)
本国语受惠于拉丁文 ……………………………………………… (414)
16 世纪实用主义的增强 …………………………………………… (414)

二　科学

剑桥大学基督学院研究员兼科学史大学讲师

A. R. 霍尔　著

中世纪和古典的思想和方法的坚持存在：中世纪对观察和实验
　的运用 …………………………………………………………… (415)
文艺复兴：印刷术、雕刻和艺术技巧的影响 …………………… (418)
文艺复兴对古希腊文化的研究应用于科学 ……………………… (420)
实践活动和观察 …………………………………………………… (421)
数学的发展 ………………………………………………………… (423)
航海 ………………………………………………………………… (424)
地理和地图绘制 …………………………………………………… (425)
天文学和占星学 …………………………………………………… (426)
托勒密体系 ………………………………………………………… (426)
哥白尼和以固定不动的太阳为核心的/日心体系 ……………… (427)
天文学理论和第谷·布拉赫的观察 ……………………………… (429)
物理学，机械学，静力学，机械工程，光学 …………………… (431)
化学：炼金术研究的坚持存在；化学在工业上的应用 ………… (432)
植物学，动物学，生物学，生理学，医学，解剖学 …………… (435)
16 世纪科学兴趣的扩大：和 17 世纪的目标和方法的比较 …… (441)

第 十 三 章
学校和大学

德尼斯·海　著

传统教育结构 ……………………………………………………… (444)

教育的最初进步 …………………………………………………（444）
人文主义的影响：意大利诸国宫廷 …………………………（448）
学术性教育,伊拉斯谟,比维斯,萨多莱托；教育的方式与对更广义的
　　教育观 ……………………………………………………………（450）
中等教育的类型和课程设置的变化 ……………………………（452）
大学：人文主义：三语教学 ……………………………………（457）
宗教改革的影响 …………………………………………………（458）
世俗控制的增强 …………………………………………………（460）
教育变革的实际影响 ……………………………………………（462）
学会、学院 ………………………………………………………（469）

第 十 四 章
西欧的宪政发展和政治思想
C.R. 埃尔顿　著

民族统一和君主制的进步：法国；查理五世的领地 …………（470）
英格兰的君主制 …………………………………………………（474）
行政管理的变革：官僚和王室议会 ……………………………（477）
文官的补充 ………………………………………………………（479）
王室秘书的作用 …………………………………………………（479）
财政和财政管理 …………………………………………………（481）
司法和法律的实施 ………………………………………………（482）
政府政策的实施：地方行政 ……………………………………（486）
西方的君主国和代表会议 ………………………………………（488）
政治思想：法兰西和英格兰的传统主义 ………………………（493）
《乌托邦》 …………………………………………………………（494）
马基雅弗利 ………………………………………………………（494）
法兰西趋向专制主义；英格兰人的著作强调立宪政体 ………（496）

第 十 五 章
东欧的宪政发展和政治思想
R.R. 贝茨　著

波兰,匈牙利,波希米亚：各王国的范围和划分 ………………（499）
拥有土地的贵族 …………………………………………………（499）
地方议会；议会 …………………………………………………（500）
哈布斯堡王室的斐迪南的中央集权行政管理；选任君主制和世袭
　　君主制 ……………………………………………………………（505）

波兰：15世纪和16世纪王权的衰落……………………………………（508）
政治理论和法律专著 ……………………………………………………（510）
德国宪政发展纪要（作者：G. R. 埃尔顿）………………………………（513）

第 十 六 章
陆军、海军与战争艺术
牛津大学耶稣学院近代史研究员兼导师
J. R. 黑尔 著

1519—1559年战争艺术的一般演进 ………………………………………（519）
著述：古代的理论和实践的研究 …………………………………………（520）
纪律和士气：西班牙人和瑞士人；土耳其人 ……………………………（522）
雇佣军和常备军 ……………………………………………………………（525）
防御工事的发展 ……………………………………………………………（530）
大炮和火器 …………………………………………………………………（531）
盔甲 …………………………………………………………………………（536）
战斗中大炮和火绳枪的使用 ………………………………………………（536）
骑兵；步兵 …………………………………………………………………（537）
战争的耗费；战争法规；抢劫的权利 ……………………………………（539）
作为鼓励因素的威望与光荣 ………………………………………………（540）
对战争的态度；不可避免，正义战争，和平主义，马基雅弗利 ………（541）
俘虏的待遇，对伤者和致残者的照顾 ……………………………………（543）
海军：船只的规模和设计；战争中使用商船 ……………………………（544）
战术 …………………………………………………………………………（547）

第 十 七 章
1520—1566年的奥斯曼帝国
伦敦大学近东和中东史讲师
V. J. 帕里 著

苏莱曼占领贝尔格莱德和罗得 ……………………………………………（550）
在叙利亚和埃及镇压叛乱 …………………………………………………（551）
入侵匈牙利和莫哈奇之战的胜利 …………………………………………（552）
小亚细亚的反叛 ……………………………………………………………（553）
匈牙利王位继承之争；苏莱曼支持约翰·扎波利亚 ……………………（554）
1529年的战役（围困维也纳）和1532年的战役 ………………………（555）
苏莱曼进攻波斯：获得厄尔祖鲁姆和伊拉克 ……………………………（557）
和法国结盟与在地中海上发生的战争：威尼斯战争 ……………………（558）

在香料贸易之路上和葡萄牙人的冲突 …………………………………（562）
多瑙河流域边境地区的局部冲突；在摩尔达维亚权力的扩张 …………（562）
哈布斯堡王室的斐迪南要求作约翰·扎波利亚的继承人；1541—1544年的
　战役 ………………………………………………………………………（564）
苏莱曼发动波斯战役（1548—1554年）；1555年的和约 ………………（566）
斐迪南试图控制特兰西瓦尼亚：入侵结束时匈牙利被三分 ……………（567）
继承苏莱曼的王位：处决穆斯塔法 ………………………………………（569）
谢里姆和巴耶济德间的内战；巴耶济德战败逃走 ………………………（571）
在红海和波斯湾和葡萄牙人的海战 ………………………………………（572）
地中海战争的结束；土耳其人控制北非海岸 ……………………………（574）
苏莱曼的最后战役：他的统治和他作为统治者的品格 …………………（575）

第 十 八 章
1462—1583年的俄罗斯
牛津大学俄语讲师
J. L. I. 芬内尔　著

伊凡三世将莫斯科的君权扩大到大俄罗斯 ……………………………（576）
消除鞑靼人的威胁 …………………………………………………………（576）
向西扩张：伊凡三世发动立陶宛战争 ……………………………………（577）
伊凡三世的内政：家族纷争；皇位继承之争 ……………………………（582）
维护沙皇对贵族的权威 ……………………………………………………（584）
土地保有权：庄园制和诺夫哥罗德土地之再分配 ………………………（585）
政教关系：沃洛科拉姆斯克的约瑟夫 ……………………………………（587）
沙皇是正统信仰的卫士：犹太教异端 ……………………………………（588）
瓦西里三世继位和他继承的遗产 …………………………………………（589）
瓦西里兼并普斯科夫和梁赞：在立陶宛发动战争和夺取斯摩棱斯克 …（590）
和鞑靼人的战争：吉雷王朝被逐出喀山 …………………………………（591）
瓦西里和他的家族、波雅尔以及教会的关系 ……………………………（592）
伊凡四世未成年期间的混乱局面和无政府状态 …………………………（593）
"特选委员会"倡导的改革 ………………………………………………（594）
伊凡解散特选委员会和报复行为：特别法庭和恐怖统治 ………………（596）
征服喀山的鞑靼人；对克里米亚人的防御措施 …………………………（600）
俄罗斯在波罗的海的野心：立窝尼亚的冲突 ……………………………（602）
伊凡四世的遗产 ……………………………………………………………（604）

第 十 九 章
1521—1580 年的新世界
尼日利亚伊巴丹大学学院院长
J. H. 帕里 著

科尔特斯挑选墨西哥作为新西班牙的首府 ………………………… (606)
政府和行政管理：监护征赋制 …………………………………… (607)
托钵修士的传教活动 ……………………………………………… (609)
远征危地马拉和洪都拉斯 ………………………………………… (611)
太平洋探险：麦哲伦和德尔·卡诺的航行 ……………………… (613)
西班牙和葡萄牙在摩鹿加的冲突：萨拉戈萨条约(1529 年) …… (613)
科尔特斯被取代和行政改革的推行 ……………………………… (614)
维护王室对行政和财政的控制 …………………………………… (616)
印加人的帝国和文化 ……………………………………………… (619)
皮萨罗征服秘鲁；征服智利；秘鲁的内战 ……………………… (620)
改革监护征赋制："西印度新法" ………………………………… (621)
雇用印第安人和货币经济的引进 ………………………………… (623)
农业经济：畜牧业和牲畜的牧场放养 …………………………… (624)
贸易和工业：采矿 ………………………………………………… (627)
西班牙和美洲的贸易；法国人和英格兰人的闯入 ……………… (629)
葡萄牙人在巴西殖民,和西班牙人发生冲突 …………………… (630)
西班牙帝国主义的理论与实践 …………………………………… (633)

第 二 十 章
欧洲与东方
加纳阿奇莫塔大学学院史学高级讲师
I. A. 麦格雷戈(已故) 著

葡萄牙人和通往东方的航路：王室的控制 ……………………… (636)
葡萄牙人在东方的海上优势 ……………………………………… (637)
香料生产和东方贸易路线 ………………………………………… (638)
试图在马拉巴尔海岸开辟贸易 …………………………………… (638)
阿尔梅达任东方总督 ……………………………………………… (641)
阿尔布克尔克的政策和业绩 ……………………………………… (643)
贸易控制：政府和行政管理 ……………………………………… (644)
葡萄牙人在东方的扩张及其与西班牙人的冲突；香料贸易 …… (647)

日益增多的困难和葡萄牙人势力的收缩 …………………………（652）
王室财政的虚弱 ……………………………………………………（655）
基督教传教活动 ……………………………………………………（656）
和中国与日本的贸易 ………………………………………………（657）
16世纪后期对葡萄牙人的继续抵制；西班牙占领菲律宾…………（658）
葡萄牙人在东方的势力的基础：目标一致,海上力量强大 ………（659）

索　引 ………………………………………………………………（662）

第 一 章
引论：宗教改革时代

　　宗教改革作为一个重要的独立丰满的时期，具有自身的特点及其中心事件，甚至也许有其独特的时代精神，就历史时期的划分而论，这个概念由来已久。就是那些对16世纪初期的传统解释持异议的人，通常都集中攻击把16世纪看作是近代的开端的见解。有些思想史学者直接通过研究16世纪来探索中世纪，从中发现了新奇的东西，研究中世纪教会内部的别的争论则不会有这些新发现；他们愿意以某一点——世俗（科学）的思想态度突出地取代宗教思想的时候——作为划分时代的标志。对宗教改革的性质进行重新评估的学者，并不否认1520—1560年间本身所呈现的特殊性质；但是另有一些人——无论是天主教还是基督新教的热心支持者——甚至都情愿对此予以否认。如果有人要把宗教改革看作是一种暂时的偏差（即使是过了400年以后仍要结束的一个阶段），或者仅仅看作是回归正路——这些分析虽然从历史的角度看是站不住脚的，却合乎宗派的需要——这样做人们就会因怀疑宗教改革的精神内容与思想内容而过多地抹杀这个时期所具有的凝聚力。论证延续到下一个世纪的反宗教改革和宗教战争，实质上都属于同一过程的一部分，也是可能的。但是那些为了方便起见，而把他们研究的主题分为若干时期，又动辄对这些时期进行修改的历史学家，一般还是容许"宗教改革"这一提法继续存在下去的。本章的宗旨是要探索，人们默许这一已确立的传统提法，究竟在多大程度上是合理的，究竟是什么东西使这40年具有其凝结性和意义？

　　首先，这一时代标志着西方基督教世界的分裂。这一点虽是显而易见的，但仍然必须予以强调，因为有人对一度认为的宗教改革具有毫无疑问的独特性持合理的怀疑态度。非常明显，远在路德的攻击显示所谓拉丁教会大家庭已不复存在以前，这个所谓的大家庭早已经不起严格的考查。多样化，有时甚至走向异端的极端，在中世纪教会是普遍存在的现象。从卜尼法斯八世（卒于1303年）晚期以来，教皇政权越来越难以维持其一统的统治。本套史书的前一卷已经叙述过，15世纪晚期出现了向成立本国教会发展，削弱教皇统治，将教会土地改为世俗拥有，世俗统治者得势的各种趋势。① 上述这些特点和与路德、茨温利及加尔文相联系的宗教与灵性的剧变，都构成宗教改革的特点；再者也要注意到，像威克里夫和胡斯发起的运动，都可算作是对宗教改革所缺少的因素的补充；而15世纪倾向于神秘主义的实践和信仰，都在某种程度上成为抗拒普遍权威的先声。因此，有时人们也认为宗教改革并没有什么新的内容，没有什么具有决定意义的东西，它的重要性被夸大了。

看来这些论点中不无真理，有时人们会看到另一种观点，即认为直到16世纪初期，一直存在着罗马领导的统一教会所体现的真正的基督教大家庭。和这种观点相比，上述看法值得特别注意。但是如果这种修正的观点以为，发现各种导致宗教改革的趋势，会使宗教改革这个重大事件丧失其无比的重要性，这就太过分了。后来发生的宗教论战——这种论战具有根本的重要性并得到广泛的支持——改变了种种古老的问题的整个性质。世俗化，诸侯凌驾于教会之上及宗教上的多样化，在1517年以前可能都曾出现过；但是自宗教改革以后它们才成为有影响力的、普遍的、占主导地位的现象。这场反对教皇专制权力与神职人员特权的运动的大爆发，转变了欧洲的政治、思想、社会和宗教的性质；不应因这场突发运动所针对的是一些已被削弱的敌人，并且产生了这次宗教革命的领袖既未预料到又不欢迎的结果，而认为它的革命性有所减损。自此本卷所论都将证明宗教改革产生的冲击力是势不可挡的。此一时代的特有标志就是它的独特性，这正是由于它与教会内较早时期出现的问题具有如此之多的共同特点，但却产生了如此不同的结果。尽管较早的一些运动具有相似的目标和灵感，但只有新教宗教改革在依附罗马的教会里导致了永久性的分裂。

---

① 第1卷边码第10页以下。

第一章 引论：宗教改革时代

应该把"宗教改革时代"定义为新生教会采取攻势的时代。因此，这个时代应该（按照一般传统）始于路德发布《九十五条论纲》的年代（1517年），一般要延续到16世纪50年代晚期。1559年开始的特兰托公会议第三次会议以教皇的退却而告结束；此后罗马教会开始采取攻势。这并不是说反宗教改革一直等待这一时刻的到来；正如为恢复罗马教会的统一企图召开一次公会议的历史所清楚表明的那样，对罗马教会发动攻击的人们自始就激起了反抗，而且这种反抗渐渐地发展得更有信心，更加强烈（见本书边码第170页以下）。欧洲的第一君主查理五世皇帝对旧教的继续效忠，助长了反抗势力。反对新生教会的运动特别是意大利和西班牙在初步镇压新生力量的过程中取得一些经验和胜利；后者不仅担当了世俗领导，而且还发挥了宗教影响，该国教会拥有一批受过良好训练的异端裁判所法官，它成为迫害人的经验丰富的教会范例。新修会的兴起证明旧教远未死亡（第九章）。在玛丽都铎统治下的英国预演了一出反击宗教改革的戏剧。但是尽管发生了这一些事情，尽管1547年德意志新教诸侯战败，这个时代的真正活力还是在宗教改革这一边。德意志的改革运动于1555年以《奥格斯堡和约》作为结束，英国改革运动的第一阶段以1559年伊丽莎白恢复新教而告终。建立路德宗教会的斯堪的纳维亚君王，于1559年（丹麦的克里斯蒂安三世）和1560年（瑞典的古斯塔夫一世）相继去世。法国亨利二世之死（1559年）也成为一个时期结束的标志，但它的影响却离奇地与一般的经验相反：对新教的镇压很早就开始了，到1560年后，政治混乱给勇敢的组织军事化的胡格诺力量带来了机会。但是如果反宗教改革在法国遇到大的困难的话，那么它主要是因为吉斯家族而不是亨利二世的自觉与积极行动。老一代的历史学家说得对：本卷涉及的这四十多年可以有充分根据地定义为宗教改革时代。

宗教改革在这四十多年中取得异常的进展，既迅速又广泛。西方基督教世界的所有地区都受到它的影响，不过西班牙和意大利所受影响较小并设法与宗教改革保持一定距离。在别的地方，某种形式的新教由少数布道家的热情一夜之间发展成为广泛的人民的运动。究竟是什么因素促使宗教改革具有如此广泛的吸引力，是人们一直难以确定的问题，今天没有人愿意把宗教改革的"诸种原因"一一列举出来。

这个现象如此复杂，其起因如此众多，所以只有对数百年的历史进行全面分析，才可以使这个问题得出近似的答案。但普遍存在的对神职人员的反感在其间发挥了作用，宗教改革往往伴随着对罗马的敌意与狂热的民族主义。毫无疑问运动中夹杂着贪婪与嫉妒，其中还有权谋。但是不可否认，那些改革家所传讲的讯息满足了人们强烈的灵性饥渴，这正是官方教会未能做到的（在历史上也并不是第一次）；宗教改革达到某些阶段时，也并不总是能使所有指望从中获得灵性滋养的人们感到满意，结果除了那些较受欢迎的改革者外，很快涌现出一些由极端分子组成的团体，这一事实也是不容否认的。无论走到哪里，宗教改革的传播者们并不需要政治力量的支持去吸引追随者，尽管政治力量的支持在先知式的传道开始造成强大推进力以后对巩固改革证明是非常必要的。千万不可忘记，宗教改革在起初就其本质来说乃是一种富有宗教使命的灵性运动。

另一方面——这方面应予以强调，宗教改革不是争取自由的运动，除非赋予自由非常专门的意义。所有不同形式的新教义在抵制一个特定的权威——教会与教皇的权威。但是几乎所有形式的新教都以某种其他形式的权威取而代之，并禁止时而伴随着宗教改革运动出现的彻底的个人主义。《圣经》成为最高的权威，解释《圣经》只需注重《圣经》经文，而不需要作为中介的教会的干涉。其结果自然是多种多样的——从基督教真谛的恢复到与僵化而不注重理解的基要主义有关的种种谬说并存。在政治上，那些主要的宗教改革家都倾向于支持世俗权力；虽然路德不是诸侯的驯服工具，但也不像人们有时（从他反对农民的著述中引用的话）推断的那样是人民的敌人。他和大多数新教徒一样，只要执政者是虔诚的信徒，就给予他们合乎情理的尊重。思想自由也许是16世纪的宗教改革最不提倡的。这些具有传教热情的运动不允许宽容精神和怀疑主义的存在，也不会在他们所攻击的对象中间产生这种回应；在这场新时代的宗教论战中，首先被牺牲的就是自由探索精神和对不从国教者应有的耐心。路德可能因损害伊拉斯谟式的知识分子而成为极端的蒙昧主义者；意大利天主教的所谓改革者们的命运（第八章）表明，在大异端罪名的压力下对合理的不同观点的宽容是如何转变为强烈的敌意的。托马斯·莫尔著有《乌托邦》，是一位勤于思考的人文主义者，但到1530年已经发展成为迫害他人的大法官。

宗教改革时代是一个充满激情富有宗派性的时代，又是一个思想狭隘的时代。在斗争的内容已不复存在之际，冲突时代的激情还常常蒙蔽人们的认识，这无益于公允地估价这个时代的成就。有时，人们主张，熟知意识形态斗争和迫害的20世纪，由于有丰富的认识应该也的确能够理解16世纪。但是，忽视世俗意识形态与超自然的宗教之间存在的不同点而只看到它们之间的共同点，会铸成不可挽回的错误，其结果（实为屡见不鲜）是用20世纪的观点解释16世纪的历史。与宗教改革前的一百年左右相比，在某些方面宗教改革时代距离现在更远，宗教改革的基本思想态度包括两点：其一是认为人们从过去的理想堕落了，其二是专门热衷于专研神学与教会论，而置其他研究于不顾；这都不是1700年以后西方思想特有的要素。必须承认的是，要切记在直接发源于宗教改革的溪流之外，还有一条专门论述世俗事物著作的相当大的河流，这些著作采用的是越来越"科学"的分析方法与解释。如人们预料的那样，当时存在两种迹象：一种是已定型的思想方式；另一种是不太明确的可能会发生巨大变革的暗示。但是就其本质来说，宗教改革在思想上是保守的，甚至是向后看的，它既然公开承认旨在恢复失去的特性，因此它只能如此。

在欧洲的许多地区，人们强烈渴望灵性的抚育，而且从各方面对上帝的初步探索给予理智解释的一些思想运动，均有其独立自尊的地位。但是这些运动都没有首先解释为什么宗教改革在这里扎根，而在那里消失，为什么事实上这一套反教皇的"异端思想"在以罗马为首的教会里会导致永久性的分裂。政治和世俗野心在这方面发挥了特殊的作用。简言之，凡是在世俗政权（诸侯或执政者）赞成宗教改革的地方，宗教改革就能在那里维持下去，在那些世俗当局决心镇压宗教改革的地方，它便无法存在下去。斯堪的纳维亚、德意志各公国、日内瓦及具有特殊形式的英国，属于第一种情况；西班牙、意大利、哈布斯堡王朝统治下的东部国家及法兰西（虽然当时尚未确定下来）属于第二种情况。1553年协议背后的这句名言——"在谁的领地，信谁的宗教"——远在人们用文字表达出来以前，这种情况实际上已是司空见惯。因为这是一个要求同一的时代，它认为，在任何地方，一个政治集体中不能包容两种信仰或崇拜形式。

上述信条的产生在于一个简单的事实：只要一个世俗国家的成员自然成为某个教会组织的成员，那么加入不同的宗教组织即表示政治上的不满，甚至背叛。因此各个政府都强制推行同一种信仰，因此统治者信仰的宗教便成为他的国家的宗教。英格兰成为实行这一信条的一个极端例子，它的官方信仰经过一系列剧变：从亨利没有教皇的天主教，经过爱德华的瑞士式新教和玛丽承认教皇的天主教，到比较富有英格兰特色的伊丽莎白的新教。不过其他国家也有过类似的情况。这种转变并未给人们带来压抑感或者是使人们放弃宗教信仰。王公贵族、政府和被统治者一样，行动的动机都是复杂的，所以忽视某些王公皈依的灵性因素，与只看到一般群众单纯的宗教愿望而忽视其他因素一样，都是错误的。宗教改革所以超过以往与之相似的历次运动的梦想而获得胜利，并不是因为一般所说的时机成熟，而是由于它得到世俗力量的赞许。宗教改革获得成功，固然是由于那些世俗掌权者想要得到教会的地产而抗拒王室或教皇的要求，想要缔造独立自主国家的雄心等因素发挥了作用，但是他们对宗教改革者的说教心悦诚服的拥护往往起着关键的作用。

然而，宗教改革有一个方面不是君王或宗教改革者所能促成的，这就是一种广泛普及的真正的群众运动，通常称之为再洗礼派运动（第四章第二节）。再洗礼派是一个便于使用的名词，包括形形色色的不同信仰和表现，从狂热的千禧年主义到虔敬主义，从肆无忌惮地使用武力到和平主义，从极端的个人利己主义到谦卑的虔敬与热诚。这些所谓的再洗礼派信徒在许多地方以多种形式出现。这些男男女女有一个共同的特点：他们与任何国家的宗教都不相符，因此他们无论走到哪里，都会触犯政教同一的原则。他们还有另一个共同特点：再洗礼派运动是在下层群众中传播的，正是由于这一点，他们才如此频繁地遭到迫害。这个运动具有强烈的社会抗议的因素和（像人们所认为的那样）革命的危险。明斯特恐怖事件（本书边码第128页以下）仍然使一些政府保持长期的警惕，1524—1525年发生的德国农民协会起义也产生了同样的影响，宗教狂热和经济上的不满在那次起义中结合在一起。如果我们从再洗礼派多种形式的传播和相似的教义中看出，它是一种由来已久的而且是经常比较隐晦的对现存政权的群众性反抗的征兆，这种看法不会有大的错误。宗教改革在较高的社会

第一章 引论：宗教改革时代

阶层中掀起动荡的同时，也给予这种社会对抗公开化的机会。再洗礼派运动的追随者来源于社会的底层，这个事实具有足够的重要性。

任何人都可以理解当局者对再洗礼派的反应。这是一个通货膨胀与社会动荡不安的时代，各处暴乱和起义不断，16世纪20年代的德国和1536—1558年的英国尤其如此。即使是那些接受宗教改革的人通常也不愿意提倡社会革命；那些从事改革的领袖们并没有什么民主的东西，如果真有的话，那就不识时务了。再洗礼派遭到可怕的迫害，但如果否认这一运动的社会意义甚至在温和派看来也是革命性的，那就会误解了这一运动。由这个运动所激起的镇压行动绝对没有取得彻底的胜利，再洗礼派团体及其后继者不仅在许多地方继续存在下来，而且他们造成的社会动荡后来又以其他形式发生。这个运动使人们透过成文历史的表层窥见一些瞬息之间出现的真相；如果其具体表现比较稀少比较分散的话，那么那种潜伏的仇恨和不满可以毫不夸张地说是相当大的。那些镇压他们的政府深知其镇压对象的厉害。

我们称之为宗教改革的诸种运动的复合体，在所论及的历史时期中具有一种统一的因素；另一种因素也同样显著地在查理五世统治时期出现。这位皇帝在路德第一次以威胁教皇对教会的统治的姿态公开露出头角的前一年登上西班牙王位；《奥格斯堡和约》后不久，他让出所拥有的多处领地。他的帝国（第十章）多少有点像是按照中世纪方式建立的最后一个普世的世俗统治大国；因为尽管他的大部分领地在组织与姿态上表现为"现代的"，但查理本人却是用类似于查理曼大帝的精神来看待自己的地位的——他是一个成就并不那么具有明显的英雄气概但世袭制的成见却异常突出的一个查理曼。但是这种比较倒也不是全然荒唐可笑，因为这位哈布斯堡王朝最伟大的人物的才能与德性正日渐显示出来；这种比较也不是反历史的，因为它反映了查理本人的思想本质。即使他没有得到德意志及其帝号，他在历史的关键时刻能使非常不合时代的庞大帝国维持其表面上的存在，也是令人值得注意的。尽管他不合时宜地自视为教会的护卫者，但还必须承认他所起的护卫作用（乐于以傲慢态度与教皇取得谅解）阻止了中欧地区完全落入新教之手，并在西班牙和其他地区为罗马公教的复兴做好准备。查理的统治绝不是全然失败。他未能实现其主要的抱负，是因为那些抱负过于宏大：他想取得神圣罗马帝国的称号，但是与之相应的权威和意向都是一些虚幻的影子，无望成为现实。但他还是使其广博分散的国土和多种民族达到了某种程度的团结；他促进了勃艮第本土保持经济的繁荣；挽救了教皇的统治；如果说他是最后一位中世纪皇帝的话，那么他也是西班牙黄金时代的第一位君主。

众所周知，查理统一基督教世界的大计划是由于世俗民族国家的存在及其逐渐增长的力量以及德国诸侯领地中同样存在的民族主义而遭到破坏的。前一卷①所描述的西欧诸地区性国家的巩固过程在这一时期又生气勃勃地继续发展（第十四章）。的确，乍看起来，这种现象在欧洲似乎是普遍的。这种现象普及斯堪的纳维亚，宗教改革在那里为丹麦和瑞典提供了建立强有力的统治的媒介（第五章）；甚至俄国的伊凡三世和伊凡四世看来大致会重演英国亨利七世、八世，法国路易十一世与弗朗西斯一世的所作所为（第十八章）。但是这些趋势的真正意义却不是那么容易估计的。君权在西部一些国家可能看起来是至上的，但又不是绝对的。甚至在专制政治几乎建立的法国，无论在理论上还是在实践上都还保持着内部旧时代差异繁多的显著遗迹，并且通过维持其"习惯"权利对君主加以限制；那种始终危害中央集权的君主制的"自由权利"的破坏作用几乎尚未开始。在下一个时代兴起的加尔文主义促成基本上带有本地色彩的一些分裂势力抬头。但是至少法国君主可以随意征收赋税，制定法律；西班牙和英国的君主却没有这种权利。西班牙依然是拥有不同组织形式的诸王国的联盟，虽然继续受到较严格的君主统治的卡斯蒂利亚已越来越取得支配地位，但是真正按专制原则进行改组的时代只是在腓力二世时期才开始。由于英国从古以来就有巩固的君主制度和亨利八世与罗马争吵的意外事件，所以它成为一个既近代化而又巩固的君主制的最好实例；但是英国确也审慎地对专制进行抵制，通过使君主制依赖君主在议会中行使其统治权，在一个新的时代里英国保持并采纳了承传下来的立宪精神。苏格兰却不得不等到诺克斯的到来才开始对中世纪政治加以限制。实际上，这些西方君主国家并不像一般所想象的那样专制和具有革新的自觉意识。土耳其作为东方专制国家之一所树立的榜样

---

① 欲知其概况，参见原书第 1 卷边码第 5 页以后。

有时使一些西方国家的政治家以羡慕的眼光大加赞赏；与此相比，西方国家的君主权力则不够强大，远远未能达到17世纪的专制主义。过去时代的分离主义和宪法给予的诸种权利的残余处处存在，并时时要求得到承认；然而只是在英国原则上摒弃了专制主义并为正式限制君主权力铺平道路，君主与议会的代议制度在此建立了互利联盟。

如果地区性的君主国甚至在西方都不像表面所显示的那样完全巩固，那么在东方一些较远的地区它的地位就更不稳定了。在德国东部边境的一些外围王国——波兰、波希米亚、匈牙利，16世纪初就已陷于一个王朝——波兰的亚盖沃王朝之手。从组织方式来看，这些王国在这一时期的特点是君主制度软弱，掌握议会的贵族当权，不存在任何强有力的城市或中产阶级。在我们所探讨的这个时期，在某些方面形势有所改变（第十五章）。到1560年波希米亚和匈牙利不属于土耳其的地区均已落入哈布斯堡王朝手中，不管这个王朝其他方面的真相如何，它知道如何照看好属于自己的东西。宗教改革与土耳其人造成的双重冲击有助于国王斐迪南一世精明而坚定不移地巩固自己的政策，即使这种行动是慎重的。它与天主教会建立了联盟，这在那些国家中绝少先例，而战争的需要使这种联盟有助于君主获得军事力量。斐迪南希望把他的领地建成一个单一的政治实体，他认识到议会组织对于集权的君主政体来说是极为有用的，注意到这一点也是饶有兴趣的。但是，他想使两个王国共有一个议会的计划却化为乌有，一部分原因是他没有组织下院的人才，一部分原因是贵族中间要求独立的传统过于强大：波希米亚贵族也有离心离德的倾向。尽管由于上述原因他取得君主权力的过程缓慢，获得的权力有限，但他使波希米亚和匈牙利开始有了强有力的政府，这也是实情，而波兰在以后200年的悲惨历史中缺少这种强有力的政府也是十分明显的。

但是在东部诸王国中，虽然可以看出君权的增长，但这种增长并没有达到强盛的地步。西方不仅在经济发展、官僚机构、稳定的政府和文化成就各方面比较先进，而且当西方在这些方面日益进步的时候，东方在诸方面却每况愈下。正当西方的农奴制和领地分封制消亡之际，在东方的几个大平原——包括德国在易北河以东的部分，自由农逐渐消灭，拥有半独立司法权和政权的大庄园正在形成（本书边码第35页以下）。地主家族这一著名制度的发展在平衡君主权力突出增长方面取得长足的进步，就是在君主地位强于波兰和立陶宛的波希米亚和匈牙利也是如此。普鲁士专制制度通过消灭地主贵族的政治权力最后得以确立，但特别是在哈布斯堡王朝君主统治的地方，16世纪的这种巨大的社会激变的迹象直至1918年仍然存在。这种发展与西方的情况恰好相反，部分原因是经济的：东方谷物生产地的开辟给地主阶级带来巨大的利润，他们得到大庄园和廉价充足的劳动力。但是另一部分原因是由于这些地区再一次成为抵抗外敌的边陲地带。来自土耳其人的压力，后来又加上来自俄国的压力，在东部边缘地区形成一个边疆地带，这种情况持续了数世纪之久。这个地带产生一种必然现象：边疆地区领主的出现。远离中央、防御的需要、农奴制的强制推行以及因血缘而产生的自豪感，很快使这些富翁确立了半独立地位。令人惊奇的是君主统治甚至在哈布斯堡王朝治下的地区，也多少能维持其自身的存在。这是通过在波希米亚进行军事征服（1618—1620年）和与匈牙利贵族联盟而实现的。这些事实使君权统治具有一种特殊性，但它在性质上仍然是自觉的和官僚政治的君权统治。

至少在理论上，德国本该是另一个向适当的统一与有效的国家地位发展的区域性实体（参见本书边码第477页以下），但是德国君主统治长期以来极其软弱，以至它不得不从头做起，它所面临的问题是任何同时代的其他国家都未曾遇到过的。这种软弱性主要是由于德国君主本身素有的王者尊严造成的，部分地是由于国王的选举特性，部分地是由于过去的掌权者的失误造成的，但大半是由于德国王公贵族的离心作用的野心和政策造成的。查理五世竭力要克服所有这些困难，但事实上他只不过仅能保住自己的帝号和自封的权利。他一退位，德意志王国就不复存在了，就是国王和皇帝的称号也名存实亡了。德国的历史从查理五世到拿破仑甚至到俾斯麦的时代，乃是一些独立州郡的历史，这些州郡只是空泛地由共同的语言和共同的历史但很少是由共同的政纲联系在一起的。1648年《威斯特伐利亚条约》只是确认查理五世治下早已决定的事项。德国各诸侯国本身非常适合那个时代的一般模式，在君主统治与增强的官僚政治基础上建立起巩固的统一。意大利是经受住中世纪帝国一切后果的另一个国家，现在德国正在走意大利两百多年以前走过的路。用一句著名的话来形容，就是这两个国家都成了表达地理的名词。由于组成意大利的各地区曾产生过强有力的统治者做经过改革的政治机构的首脑，所以德国诸侯加紧了对他们的领地的控制。在意大利本部，这个时期那些有独立权的统治者们的独立地位宣告结束，法国的势力走向衰落；这个半岛事实上成为西班牙总督治下的一些省份的集合体。威尼斯继续抗拒，但是它的全盛时代已经过去；热那亚倒还繁荣，但是它接受西班牙的统治。教皇逐渐地承认博尔吉亚、德拉鲁维尔和梅迪奇想把圣彼得的疆土[①]变成一个强有力的政治实体的雄心壮志失败了，只好回到其教会内部的事务上来。但是至少在当时，教皇最终不能摆脱西班牙的控制。

如果德国诸侯的独立性成为一种阻力，使查理五世的帝国梦想变成荒谬念头的话，那么哈布斯堡与瓦卢瓦之间的长期斗争所造成的国际局势又成为另一种阻力（第十一章）。这种王朝之间与民族之间的斗争有席卷大部分欧洲的倾向。其战场首先在意大利后来转向莱茵河下游地区——它们曾是中世纪晚期的两个文化中心——结果这两个地方的强盛地位让位于更具有有利条件的地区。英国扮演了平庸的角色，它在16世纪20年代所以显得重要，是因为沃尔西的花招造成在交战者之间可以作出独立选择的假象。实际上英国的政策从来也没有摆脱伦敦与安特卫普之间强大的贸易联系，加上与法国以往的敌对关系，使英国基本上同情君主制（毋宁说是同情西班牙），甚至在与罗马分离和决裂使查理五世成为敌人以后还是这样。法国在1528年还是卑躬屈膝，后来不但通过与德国的新教徒而且与土耳其人联盟恢复其均势。对这位最合乎基督精神的国王所结成的友谊加以嘲笑固然容易，但想明白他如何还能用其他方法来抗拒查理的势力就不那么容易了。然而这些不择手段的做法所导致的后果是严重的。这些做法不仅实质上有助于德国新教的存在和土耳其人对地中海地区的控制（这就必然使意大利彻底衰落），而且也引出了有关国际关系和法律原则的重要问题。

如在上一卷中所指出的，这一时期国际关系的实质在于个人之间

---

① 指教皇拥有的疆土。——译者

与王朝之间的关系。① 婚姻与血缘关系决定邦国之间的合作关系。查理五世的帝国本身就是通过上述原则取得了最大胜利。虽然战争起于家族之争所铸成的深仇大恨，但有时也是由于家族纽带——这个纽带指分散且不稳定的家族依然笼统地注意到其共同的遗产——的背景而引起的。这个共同遗产就是那种过时的观念，即一个统一的基督教世界为维护其双重领袖教皇与皇帝而向异教徒作斗争。这种观念从来就没有成为过现实，而且即使是作为一种好听的理论它也早已成为几乎被人遗忘的废品。在这样一个时代里，当一位皇帝再一次显示出要认真对待这种被人遗忘的废物的同时，它却消失了，这就是这个时代的讽刺。查理五世真的相信他作为皇帝所负有的使命。在他看来，与新教所作的斗争不只是为反对分裂维护王朝统治而作的斗争，而且也是为了维护信奉天主教的欧洲的统一而作的斗争。这种统一早已不复存在——如果它确曾存在过，而作为查理实力中心地的西班牙是最不愿意对教皇有任何贡献的天主教国家；但是这位皇帝依然用一种冠冕堂皇令人敬佩但不可能实现的观念来看待他的使命。不少政治家都高谈阔论土耳其人的危险，并且空泛地向基督教世界作出团结一致对付土耳其人的呼吁，在所有这些人当中，只有这位皇帝愿意把言论付诸行动。当然，可以说他也是唯一可能靠这种联合行动获利的人。但这种议论并非全然正确——把土耳其人赶回亚洲去对整个欧洲都有利，也不会减少查理所持的态度中所包含的真正的理想主义成分。

但是在查理五世掌权的时期，他的梦想宣告结束。他的帝号与权威远远不是实现他更为现实的雄图的资本，反而成为阻力。他没有把欧洲统一在他的周围，而是亲眼见到并且亲自部分地导致了德国的最终解体，使各个大国之间几乎是经常处于战争状态。最糟的是弗兰西斯一世请求苏丹的帮助，这就证实了所有关于十字军和基督教世界的言论都是彻头彻尾的空谈。国际政治的核心长期以来（也许总是如此）就是一个权力和野心的问题；人们一眼就会看透其实质。但是神话具有支配力，基督教统一体的神话曾起过约束作用，现在却永远消逝了。建立民族国家的决心与国家军队的兴起，结束了基督教世界与骑士精神的神话。中世纪的冲突虽然经常是那么野蛮可怕，但它们

---

① 原书第 1 卷边码第 9 页以后。

是在以共同公认的惯例为背景发生的。信使与使节都受到保护，战时通行证得到尊重，在夺取城市与赎回战俘时骑士制度的准则（有时是一些古怪的准则）得到遵守。当然也会有例外，例如瑞士军队的暴行就使传统观点受到出自内心的震动；这些军队置战俘伤员于不顾，并且对骑士精神的惯例也缺乏尊重。在16世纪中叶那些遵从骑士准则的人得到的是善意的微笑或轻蔑；100年以前堂·吉诃德还不是令人可笑的人物。关键不是这些准则和惯例是否经常或严谨地或处于确信地为人所遵守；问题是在和平时期或战争时期，存在着一套人们共同接受的处理各政治实体之间关系的观念，其中一部分意义比较含混，但这些观念在16世纪时对欧洲政治最终失去了约束力。

这些观念的消失留下了一个必须填补的空白。派遣使者送交挑战书这种完全被认为不合时宜的做法仍然继续。这个事实表明需要有新的常规来制定进行这些事项应遵循的方式方法。为了适应这种需要，终于产生了一套公认的国际法，就是决定国与国（或主权国家）之间关系的法律。① 这就出现了一个新的局面，因为这个法律要在独立的主权国家中间得到实施；它过去和现在都没有制裁力。颇为重要的是，中世纪时有一种普遍的做法，就是把争端交给某个公认的第三方面——一种较高的或不偏不倚的权威进行仲裁；但因为现在办交涉的双方不承认有较高的权威，或不相信有人会不偏不倚，所以这种做法就行不通了。主权国家彼此打交道的唯一方式是直接谈判或最后诉诸战争。谈判也好，诉诸战争也好，这两种方式在实践和法律方面都需要注意和详细论到。

在外交史上，这一时期文艺复兴时意大利这个小规模的外交舞台上所使用的一些外交手段，至少已扩展到欧洲的西部和南部。② 所有较大的国家开始互派常驻使节，虽然有特使继续派往国外，外交政策逐渐越来越依赖于常驻使节与其派驻国政治家的经常接触和经常发生的公文。除威尼斯、米兰和佛罗伦萨的"演说家"这些人们熟悉的人物外，现在法国、神圣罗马帝国和英国的大使们也为人们所熟悉。

---

① 哈佛大学的S.E.桑恩教授本来要写一章专论国际法，但不幸身体不好经医嘱不得不作罢。如果他能写这一章，那就会很有启发。编者对此表示非常遗憾，不得不以拙笔勉强写出，恐怕对这个问题会有交代不清的地方。

② G.马廷利所著《文艺复兴时期的外交》（1955年）一书中论及此问题，并做了很好的概述。

在这一时期尚未结束之前，这些人中间有的人作出重大贡献，并且给这个在开始时被认为是低人一等的不被重视的职务增添了光彩。虽然国家元首的地位很高，但特别使节的重要性日益具有实质性意义。近代外交组织的主要原则是显而易见的。常驻使节的存在提出一些法律上的问题，特别是外交豁免权问题。16世纪初，这一方面没有大的进展。大使人身的神圣不可侵犯在理论上得到承认。虽然有一种感觉认为这个原则只是在大使驻在国中才有效。但是关于保护外交文件的原则还未受到尊重：1529年沃尔西在允许他的同胞坎培基奥枢机主教离开英国之前甚至检查了他的文件。驻外使节的居所享有不受干扰的某种程度的自由，这是出于审慎与共同利益的原因而不是由于接受治外法权的原则。大使随行人员的权利引起了许多纠纷，因为其仆从与一些本地人发生摩擦司空见惯；这些常驻人员的存在往往使问题更加复杂化。所有这些问题都需要认真讨论和考虑：这种新做法内含的问题开始得到承认。所以外交豁免权是先有共同的需要和共同的意识而建立起某种程度的既定惯例，后来才体现为国际法的正式规定。

战争是一个更为古老的问题，它总是有一种能逃避加之于它的任何规章或惯例的窍门。这一时期，在某种意义上它变得更加"需要认真对待"，它越来越不是那些谙于战争规章的职业人员个人考虑的问题，它更多地成为大国要考虑的政治问题。或许可以认为1520—1529年的哈布斯堡—瓦卢瓦王室的斗争仅仅是把1494年和1516年在意大利进行的法国—西班牙战争的规模扩大了；但是这种扩大却深深影响了战争在社会生活中的地位（第十七章）。日益增长的开支——钱财是战争的主要力量是当时人们喜欢引用的话，迫使一些实力较弱的参战者退出战争；亨利八世这位不折不扣的富国元首，甚至也因16世纪40年代的战争而几乎破产。至于那位掌大权的查理五世皇帝则经常处于财政困难之中，靠着永远还不清的借款过日子；他在1552年陷于绝境的时候不得不苦苦求告安东·富格尔给予援助。在军事科学方面，在装备、围城术与工事或海战方面这一时期都有很大进步；但这一时期关于战争最令人注意的一点却是一些君主往往轻易地就卷入战争，直率地讲，他们却又无力支付战争的费用。最难对付的军队还是土耳其皇帝的军队，但是甚至伟大的苏里曼都感到那个时代的技术力量严格地限制了征服性战争的规模（本书边码第514页

第一章　引论：宗教改革时代

以下）。

这一时期，从法律角度对战争的考虑多限于关于正义战争的问题。似乎没有人对诸如战俘权利（如果有的话）和司令官对他所经过的乡村地区应负的责任等这类问题给予多大的注意。没有人提到使战争符合人道精神。部分的原因无疑是因为关于宽待投降者或城市投降的老条例至少还受到口头上的尊重，而事实上这个时期的战争暴行也不太突出。与下个世纪所发生的情况相比较，甚至一般居民都很少遭受战争之苦。像1527年罗马遭到战火那种最严重的暴行经常是乱军所为，军队中的叛乱都是因缺乏粮饷所致。粮饷充足的军队——这是少有的情况——往往是满意的军队，因此显而易见自愿无限度地服从命令。

如果中世纪惯例的主体还残留下来，这说明缺乏为战时行为制定条例的兴趣——但在军队内部却有大量条规，这当然是另一回事——对正义与非正义战争的问题给予的大量关注也是从前一个时代继承下来的东西。十分奇怪的是，最重要的论文不是从欧洲的战争中产生的。16世纪30年代弗朗西斯科·德·维多利亚在萨拉曼卡大学所作后来又出版的演讲，是由于西班牙征服西印度群岛和对异教徒进行的战争是否是正义的问题而引出的。维多利亚用同样的正义标准来对待所有的战争，明确地谴责西班牙在美洲的大量暴行，并且主张对于非正义战争——它实质上是纯粹为达到自私的目的而进行的战争，犯有战争罪行国家的人民都应该加以抵制，基督教世界（如人们所认为的）应采取一致行动予以惩罚。当然，一方面这是一个事实上做不到的主张，另一方面这也证明，在这个时代大量存在的反对某一大国或某几个大国的许许多多伪善的联盟有其道理。维多利亚不但显示出对美洲情况的了解，也显示出惊人的高尚理想和不受民族偏见的影响，这在当时引起人们较多的注意；更为重要的是这显示出用道德观点探讨国际法是徒劳无益的。这种做法有传统的支持，也值得敬佩，但无实际的效用。国与国彼此打交道所遵循的这些条例的真正内容更可以在海洋和商务法庭的判决中，在这一时期的条约中以及在王朝之间往往类似于解决纯粹私产的协议中出现，此种协议却真正决定了邦国的命运。但是人们尚未对这些技术性很高的文件中所收录的法律进行解释。

因此 1520—1560 年构成一个独特的界定分明的时期。在宗教内部与教会中所进行的这场大革命，企图实现他的帝号所包含的全部权力要求的那一位最后皇帝的统治——所有这些连同它们在思想与学术方面，在政治机构的变革与法律的修改方面以及在国内与国际事务方面的副产品，都赋予这个时期明确的统一性。不过，可以说，至此所采用的标准明显是过于陈腐了。今日的一些主导看法不再认为教会与国家中的政治是历史学者所关切的主要问题。现代历史学流行的研究热点是社会史——就其定义来说是社会中人的历史——实际上这种研究集中在经济、社会与文化因素方面。政治与组织结构上的变革被认为不如人们的谋生方式、习惯的思维方式或使自己适应社会分层的方式那么重要。这些的确都是深刻的问题；即使是人们不甚确知这些问题在对过去历史的研究中是否真的值得摆在首要位置上，但不会对它们的现实意义有所怀疑。无论如何，对这些问题必须加以考虑。在这些年的经济和社会发展中，有什么东西可以明确地归之于"宗教改革时代"呢？再者，我们拥有的关于这个时代的思想和态度的知识，是否可以使我们能够对那个难以捉摸的观念①，或其思想趋势恢复其本来面貌或如实加以叙述呢？

经济与社会经历了许多变革，但是要不是这些变革发展得如此迅速是难得的，那么任何半个世纪都难以依据社会经济的不同情况而取得其特定的地位。被认为是某个时代特有的发展，在更早的时期已经非常明显，这是屡屡出现的；最有效的分析方法是研究社会的实况，这种方法最能摧毁传统的思想范畴。由此看来，以上所说的情况也同样适用于宗教改革时期。如果看得更长一点，比如说，15 世纪中叶以后的 200 年农业实践与社会方面发生了重要的改变是很明显的，在西方，从以生存农业为主已转变为以资本主义农业为主，而东方则从自由农社会转变为大庄园与农奴制的时代（第二章第一节）。社会变革包括充分承认英国绅士阶级的地位，损害了比它高和比它低的社会阶层的权益；我们姑且作以上概述，因为这是一个争论的问题，在讨论中一直没有什么进展，欲知其全面情况，仍有待于更多的研究。这

---

① 指宗教改革时期。——译者

些社会变革包括法国有官职的贵族的权力日益增长，德国与意大利独立的资产阶级的衰落，还有这一成分（指资产阶级。——译者）的力量在北勃艮第、荷兰和泽兰的逐渐增长。这些变革也包括中欧与东欧大贵族的重要性的日益增长和小贵族的衰落。即使这些现象具有高度重要性，但是不可能期望他们在一两代人的时间里会完全适合其历史环境。事实上，宗教改革时期在上述一些趋势中起了至关重要的作用。宗教改革引起了土地市场的巨大运动，最突出的是在英国，由于修道院的解体而使差不多五分之一的国家土地收入转移到一些新兴分子的手中，同样情况也发生在德国和斯堪的纳维亚，在这些地方宗教改革则意味着土地的世俗化。土耳其人的威胁和皇权的衰落对东欧的社会发展有很大关系。君主政治的巩固加强，在其势力所及的地方都造成了社会影响。[①]

宗教改革时期的贸易与工业史只不过是起始与终结都没有清楚的界限的一个阶段。这是一个从一些陆地主要贸易路线转移到海上贸易航线，并以一些新商业中心逐渐取代中世纪欧洲传统商业中心的阶段。[②] 虽然在本世纪中叶以前处处都可以见到工业企业（制糖业、烟草加工业、佛兰德与英国新兴的布匹绸缎业，以及由于一部分出于战争需要而促成的金属工业的进展）的扩展，这种扩展值得重视但尚未发展完备。作为欧洲首要商业中心的安特卫普（其竞争对手为位于其南部的里昂，它是地中海地区的金融中心）的兴起与衰落这一特殊现象，不早不晚恰好发生在宗教改革时期（第二章第二节）。还值得注意的是，这是19世纪到来以前最后一个独立于区域性政府之外的国际金融巨头的阴谋诡计在许多事务中起重要作用的时代：富格尔家族的时代与罗斯柴尔德家族的时代颇有共同之处，但二者之间的时代却与之绝少共同之处。[③] 这并不是一件意外的事。两个现象摧毁了那些巨大的德国家族与意大利家族所处的世界，一个是王侯金融的不可靠性，它导致所有的大家族的破败或极度衰落及地方金融势力特别是法国、英国和荷兰金融力量的逐渐增长。另一个现象是大幅度的

[①] 本书系一般历史著作，因此不可能有足够篇幅详细讨论这些经济和社会的变革。无论如何这些问题可以在《剑桥经济史》的有关章节中充分予以介绍。

[②] 特别参见第一卷第十六章，并见第一卷第五章和本卷第十九、二十章。

[③] R. 埃伦贝格著《富格尔家族的时代》一书中对此叙述颇为全面（德文原书1896年出版，英译本1928年出版）。

通货膨胀，它加大了政府的财政需要，使之只有靠增加税收才能弥补日益加剧的匮乏。关于本世纪物价上涨问题前已论及①，这里只需要指明，只是在1560年以后美洲硬币大量流入才使人们实际上感到物价上涨，因而使物价问题显得更加严重和普遍化。英国的情况是个例外：1546—1551年5年间物价上涨了一倍，因而造成最严重的困难，其直接原因是由于政府的政策造成的——靠毁灭性的货币贬值来支付高昂的战争费用。大体来看，显而易见这些经济发展尽管对于了解宗教改革时期至关重要，却并未给这一时期带来什么特性。确如人们所料想的那样，土地的变革、贸易发展和通货膨胀并不是从这一时期开始也不是在这一时期结束的；从这些经济上的重大现象可以认识到宗教改革时期的特殊意义，但是根据这些现象来确定本时期的特点就不容易做到了。

至于人们的思想问题——即有关"思想倾向"的问题——有一点最为突出：就是关于神学问题的讨论再度盛行。宗教改革注意到这一点。因为这是一个论战的时代，又因为现在已经有了印刷术，所以这也是一个大量写作小册子的时代。如果仅仅是有了新的规模，在差别如此显著的时候，那么规模就有很大关系。如果印刷机没有向路德提供争取广泛同情的机会，那么路德也只不过是另一个威克里夫而已——当然由于多种理由这是一个不大可能的假定；如果亨利八世未能很成功地运用官方宣传方式，那么他的教会政策几乎可以肯定会遇到巨大困难；宗教改革与反改革双方都大大借助于书籍的普及。过度集中探讨神学问题并没有扼杀关于其他问题的著述（第十二章第一节），在一些未曾预料的地方，早期比较世俗化的人文主义迹象继续存在。新学为反教皇和反教权的著述家们的军械库提供了多种武器！从伊拉斯谟的《新约圣经》修订本，德国（后来又有其他国家）各大学为训练改革者所起的作用，到托马斯·克伦威尔的宣传家们所作的历史辩论（这要比一般听说的更为合理）。虽然科学由于人们专注于人文主义——此种人文主义有专在古典世界中进行探索的偏向（第十二章第二节）——而有所损失，但科学还是取得了一些大的进步。这个时期的世俗作品，常常是用民族语言撰写的，比那些论述教

---

① 原书第一卷边码第450页以下诸页。

会的著作更使人感兴趣（少数几个伟人的著作总是例外）：世俗著作时常具有永久价值，而那些短暂的论战只会使人感到厌倦甚至引起反感。专注于非神学的作品，即使在文学讨论方面是正当合法的，也会成为冒险之举，那就是忘记宗教改革时代本身最关注的东西。

初步看来，这40年左右的时间里似乎没有才华出众的人、优秀作家以及第一流艺术家所赋予的魅力。的确，这一时期有用许多欧洲语言写成的不少重要的和一些令人满意的作品，尽管莫尔、加尔文、布塞尔或罗耀拉等人的其他优秀品质应该受到尊重，但是他们不能被认为具有超凡的文学艺术才能。在政治理论史上，尽管法国的居雅斯和比代与英国的斯塔基和庞尼特等人的笔下产生了一些有趣的二流作品，但是介于马基亚弗利和博丹之间的时代却是一段空白。在诗歌史上，甚至在意大利文艺复兴及其对法国和英国产生影响的时期之间（我们必须把龙萨和莎士比亚留到下一卷）有过类似中断的现象，在艺术史上，从米开朗基罗到贝拉斯克斯时期之间也是如此。这一时期有才能的思想界领先人物专注于宗教问题这一事实，使他们应该划归为其他类型的著作家，而且这样才算合适；不过应该提一下，路德在塑造德国语文方面发挥了巨大作用，克兰默的崇拜礼仪显示出高级的诗歌天赋，英国的小册子作者们使英语变得灵活，并具有磅礴的气势①，在宗教改革家的笔下，北方的一些民族语言成熟起来，而且完全专注于神学与宗教丝毫没有必要和对文学的关注脱节。但是一个最突出的收获乃是新教圣诗的时期，不会是艺术上杰出的时期；因为在文化领域中没有什么至关重要的大事发生，所以有理由略去艺术和诗歌的篇章。艺术和诗歌可以在宗教改革前后的历史时期中更好地进行论述。

经过对各方面的考虑，我们依旧可以合理地认为在这个时代中，由于那些博学者主动投入而不是被动地卷入各种斗争之中，所以在这些斗争中很难使生活与知识的魅力存在下去。人们的宗教热情的复兴不仅与宗教宽容而且与知识进步都是背道而驰的；路德对上帝恩典的极度领悟，几乎没有给伊拉斯谟对人类理性的信仰留下余地。有一种理论认为我们应该把近代史的开始定在16世纪上半叶，正如我们已

---

① 可以把休·拉蒂默的讲道篇章与托马斯·莫尔的灵修或辩论作品进行比较。

经指出的那样，这种理论与上面所举出的具体情况正好相反。探索事件的根源并认为一切都是循直线发展的做法，常常会把先后的次序和位置搞错，人们对此一定会表示赞同；但是恰好值得注意的是，这个时代里人们不太关注的一个学术领域后来却变得非常重要，这就是对历史的研究。法国民法学家对罗马法的处理办法，可以被公正地看作是采用历史方法最早的一个例子。① 因为一种真正的历史方法的发展对近代思想来说和科学本身同样重要，可以认为尽管这一时期的科学还带有中世纪精神，但这一时期无疑和晚代的思想态度有密切的关系，而且人们可以再次认为，这一时期也是一个孕育新思想的时代，这种发展在17世纪占有重要地位。坦白来说，这些思考像所有关于思想溯源的思考一样，是智力游戏而不是历史研究。而且是一种危险的游戏，因为这些思考往往抛开一个时代至关重要的东西，倾向于从这个时代中抽出那些在晚代或更远的时代才变得重要的东西。

但是，我们能否找出一个习惯说法来说明这个时代里至关重要的东西是什么呢？用一个特定的标题来概括这个时代的做法是否妥当？那些"信仰时代"或"理性时代"的说法所产生的不良后果应该使我们受到这样的警戒：宗教改革这个提法甚至也可能不够简明，也不足以适合于我们乐于加给它的这些（经常是带有偏见的）界定。大多数人都会同意，因为这是一个动荡的时代，特别是宗教和道德大幅度动荡的时代。所以它给这一时代的思想打上一个印记。但是这个印记是什么，一个印记是否就够了，这是另一个问题，它完全属于另一个领域。我们要回答这一领域内的问题，从最好的方面来说，答案都会流于空洞而且不能令人满意，从最坏的方面来说，这些答案也会非常不充分而且会引起误解。是否可以从当时的著作判断这个时代的思想呢？这些著作可能是尽我们所有，但是肯定地说它们遗漏的东西很多——尤其会遗漏当时活着的大多数人。是否可以用社会习尚的概念来说明呢？虽然这些社会习尚在过去国与国之间不像现在那样变化很大，但它们在各个社会阶层中的差异如此之大，以至于用这个单一的概念来概括就会十分不妥当。其实使这种概念具有现实性的任何足够的工作都丝毫未曾做过。

---

① 参见 J. G. A. 波柯克《古代宪法与封建法律》（1957年），第一章。

第一章 引论：宗教改革时代

单就欧洲统治阶级来说[1]，根据相当的理由可以说指导他们行动的有两组特别错综复杂的关系，由于对无论哪一组关系直到现在都没有充分加以研究，因而不可能证明关于思想趋势的概括论断都是正确的。一组关系是建立在血缘关系之上的，因而形成一个王朝中的各级联姻关系。另一组关系源于一种相互的义务和利益制度，它看来比效忠、单纯的义务或单纯的自利更能决定人是否采取行动。那些真正举足轻重的人的大部分权力与职责、从属与独立、偏见与特权，绝不可能从计算庄园领地的多少或分析法律权益中发现。贵族和绅士以一种半封建态度适应于远非封建时代的实际情况，以合理的期望从王室恩赏取得适当报酬的服务制度代替了服务的义务与受保护的权利。一本尚未完成的重要著作，探讨的是主仆关系、礼品与报酬的赐予和拥有与求得庇护权在巩固西欧的社会和行政结构方面所起的作用。[2] 与此同时，特别是在法国和西班牙官僚机构当中已偶尔发现一些迹象，就是文职人员对官职的态度已不再认为官职是买来的或者是靠恩惠给予的一份财产，而是需要对一个不具人格的国家尽义务并且为恪尽职责的人提供生计的一个工作职位。

当然，上面所说的一切都不适用于国家中的低层人士——农民、手工业者、小商贩等广大人民群众。就是那些比较大的商人都有他们自己不同的习尚。在此之前，专注于商人特有的概念曾使历史学家发现这个时代具有近代特有的某种东西，即一种称为"资本主义兴起"的现象。也许不需要再一次以那个古老的题目作为出发点：所谓"资本主义"态度，不管定义得多么明确，早在16世纪以前就已存在，但是即使是在16世纪较为显著的资本家中，也完全找不出明确的资本主义态度。然而，在程度不同的变化中，在很少作出分类的情况下，谁能说出"人们"对他们所处的世界是怎样想的，他们的主

---

[1] 一个受到一些注意的问题是关于基督教上流人士的问题——旧式基督教骑士精神的理想与文艺复兴美德结合起来——这在卡斯蒂利奥内所著《朝臣》（原书第一卷第74页），托马斯·埃利奥特所著《统治者之书》(1531年) 等书中随处可见，关于这个问题可参见F. 卡斯帕利《都铎王朝治下英国的人文主义与社会秩序》(1954年)。

[2] 当荷兰各等级人士向他们的总督胡格斯特雷滕抱怨，说他在朝廷没有为他们的利益尽到足够的努力时，他回答说："如果有人对我有这么多的好处"（他指指自己的手腕），"我就对他有这么多的好处"（他指指自己的肘部），"但是，"他又说："如果有人对我这么不好，我也要那样对待他。"我是从H. 柯尼格斯博士那里听说这个故事的，它对公认的观念作了非常巧妙的说明。他在写第十章时因篇幅所限不得不略去这个故事，不过他希望我在别的地方加以叙述。他还希望向海牙的P. A. 梅林克博士致以谢意，感谢他为在阿姆斯特丹的市档案馆中阅读E. 范比安那写的一份材料提供的方便。

要态度是什么？有些猜想是不无道理的，而且有的猜想听起来比其他猜想更为可信：每一个研究这一时期的历史学家心里都有一个捉摸不定的判定，对于本时代来说什么是对的什么是错的衡量标准。但是这并不意味着他能说明本时代的"思想趋势"。也许本章作者最好还是承认他对"思想趋势"整个概念是有怀疑的，并且不作详细的论述。

不管囊括一切并富有启发性的概论所具有的吸引力多么危险，它也是正当合法的；历史学家和历史事实搜集者的区别就在于历史学家能作出概论，最好是成功的概论。宗教改革时代在其所处的较大历史范围内发挥了它的作用，有时它对一些当时存在的思想潮流起着刺激作用，有时使它们改变方向，有时——有可能——对它们产生了永久的或暂时的抑制作用。宗教复兴与社会的世俗化同时进行而且力量越来越大。特别是中欧的政治史转变了方向，纵然在德国已经出现衰败的早期征兆，但这个转变却是新生事物。曾经出现的人文主义与宗教宽容的迹象转向隐蔽状态。上述表述可能是笼统的，但是立论精确的时候还没有到来，因为旧的传统信念正处于崩溃的过程中，所以笼统就更不能避免。人们确定这个时期在历史的长河中占有什么地位毕竟依然是一个个人判断问题。本章作者觉得，如果仅仅是因为这个时代的思想领袖坚决向后看而不是向前看，就把这个时代当作近代（它本身就是非常不明确的名词）的开始是没有根据的，但是人们肯定会发现这个时代是另一种东西的开始——也就是所谓的欧洲取得支配地位的开始——这种未来会很好地作出决断的支配地位，这一地位到1914年才结束。今天许多历史学家和政治学家经常告诫我们要对关于欧洲史的褊狭思想加以限制，叫我们切记和那些东方帝国比起来，欧洲的一些大国甚至也是微不足道的，叫我们以"全球眼光"来看待历史。这些看法都有说服力，而且无疑与现代都有紧密关系，但是如果这些看法使我们忽视欧洲从16世纪到20世纪初所起的支配作用，就只能是歪曲现实。在上面所说的这个时期之内，集中着眼于欧洲并不是褊狭——这样做标志着对历史真正的均衡具有适当的认识。欧洲在政治上的支配地位、欧洲的风俗习惯、欧洲的法律、科学和文化，从最早的发现开始便向世界各地传播开去，直到世界在各个方面

第一章　引论：宗教改革时代

都欧洲化了。这一种征服实质上以西方古典时代遗产来取代像印度和中国那种历史悠久文化古老的本地传统，在一切征服中它是最为深入的。在宗教改革时代，当西班牙征服南北美洲并向那里殖民的时候（第十九章），当葡萄牙打开远东的时候（第二十章），这种征服就已经开始了。欧洲——由于新的信仰、激烈的战争和个人的野心而造成内部分裂，由于来自亚洲蒙古族发起的最后强大的进攻而受到重挫——竟然还有力量开始进行这种迅猛的扩张，在某种意义上是令人惊讶的。那么，在欧洲本部大量地挥霍浪费兵力，同时在海外却又以小的兵力取得非凡的成就，在欧洲扩张史上没有比这更令人惊异的了。欧洲在技术设备上的优势在最早的阶段便显示出来，确实是造成上述情况的一部分原因。

　　欧洲——或者还不如说是西欧一些地区的一些个人——的扩张活动，奇特地与欧洲本身所发生的事形成对比。在这里人们注意到的是收缩现象、领土丧失、内部各种力量的重新调整，它们把欧洲一切有生力量限制在一个狭小的地区，但所幸的是向海洋方面却是开放的。16世纪的欧洲比14世纪的欧洲要小。土耳其人征服巴尔干，俄国人征服乌克兰，这就使中世纪欧洲的国境线永久地向后退移。土耳其和俄国都可以借口宣称在拜占庭帝国的废墟上进行建设，但是双方都不比他们所谓的先辈在本质上那么具有欧洲的特性。而且，在欧洲陆地边界一带存在的这些侵略军队为了防卫集聚了巨大的力量，并且沿着从波兰到克罗地亚这一广阔地带获得了某种程度的适应能力，这就使中欧失去了一些欧洲特质。这些扩张活动对土地占有的安排和国家社会组织的发展所产生的影响前已论及。这种"边界局势"的直接后果是两个新兴国家奥地利和勃兰登堡—普鲁士的崛起，这两个国家的肇始可以追溯到这一时期：当查理五世把哈布斯堡王朝国土的东部赐予他的兄弟斐迪南时，他实质上是建立了奥地利帝国，而宗教改革不但使勃兰登堡侯爵获得相当可观的晋升，而且使介于吕贝克与里加之间这一地区的均势发生很大变化，所以在大选帝侯①以前一个世纪就可以预见到普鲁士的崛起。在靠海的一边沿大西洋一带各国日益增长的重要性自不待言。

---

① 有选举神圣罗马皇帝权的诸侯。——译者

欧洲事实上是向外开拓的，它的中部地区衰落而边缘地区兴起。中世纪全盛时期的主线通过德国和意大利，通过神圣罗马帝国皇帝连接起来。还有一些次要的中心位于其他地方——在莱茵河下游地区，在通过法国直达英国的轴线上——这条轴线在12世纪的安茹帝国时清楚可见——在立陶宛的广大地带几乎一直伸展到伏尔加河下游。但是虽然神圣罗马帝国很早就已衰落，欧洲的重心一直还是在中部；甚至法国虽然在政治与文化方面有高度成就，还是转向它的东部，转向勃艮第。此时意大利与德国都让位于后起之国。几个世纪以来本质上的欧洲——扩张与征服的欧洲——不是在中部、南部或中东部，而是在西部。许多过去的因素造成了这种发展，但是不能只强调这一方面而排斥其他地区继续发挥的重要作用；但是当16世纪早期宗教改革与查理五世帝王野心的破产注定了中欧的衰落并促进了西班牙、法国和英国的兴起时，这种发展就已经开始了。

（魏书名　译）

第 二 章
经 济 变 革

一　农业[①]

按原则说来，不能孤立地理解经济问题而只能参考一个较大的基准体系去理解。如果经济史的任何一个分科都不可忽视这一点的话，农业史尤其如此。农业经济与其他经济部门的活动是互相联系的：人们或许可以把经济学家的"价格相互依存法则"扩大为支配所有经济现象，从而也支配经济生活各个方面的相互依存"法则"。因此，必须充分重视与其他生活领域的多种多样的联系。在农业经济领域——只打算谈一些基本问题——这些基本问题的特点是，土地（或土地处置权）具有社会意义和政治意义。土地毕竟不仅仅是一种经济媒体，一种生产要素，它还是人类的生活场所。因此，对土地的管辖权在某种程度上总是涉及对居住于该土地上的人的统治权。我们处处都可见到由于这种控制土地而产生的社会意义与政治意义：例如，在军事征服中，或者在社会分层的发展中，我们都可见到这种现象。处于优势地位的民族以军事征服凌驾于土著人之上（最近以来有些社会学家几乎把这一点过分强调为国家起源的一个要素），在通常叫作"封建时代"的数个世纪中，这种社会意义与政治意义特别显著。在这段时期中，形成了一种社会的尤其是农业的体制。马克斯·韦伯将这种体制叫作"贵族领主土地占有制"，即通过土地所有权间接取得的对居住在该土地上进行耕种的人（更确切地说对农民）

[①] 由于第一卷中没有论述过这一问题，所以我们认为这一章最好概括介绍一下农业结构的变化。

的统治权。与真正的人身农奴制截然不同的是，这种所有制不是直接控制农民的人身而是通过插入一个中间环节获得这种权利。

从社会学角度来看，这意味着统治阶级——与政治、文化、军事、社会，可能还有经济的领导权有关的那些集团——在地产上追求自己的物质基础，地主们直接利用土地的程度倒是次要的。使用土地的雇农以实物或现金交纳的地租和提供的劳务构成统治阶级的收入，这就决定了那个时代的农业结构。

就我们这里所述而言，封建社会（地主以及农民）对经济问题的态度有两个特征。首先，人们在一种道德上的相互依存状态中生存。农民交纳某些款项或提供劳务的责任必须看作是他效忠地主的产物。作为对他尽忠的回报，地主有保护和帮助农民、提供安定的环境和给予关照的道德义务——能以具体的经济上的反向服务（供给食物、分享收成、贫困时给予帮助等）体现他们自己的道德义务。换句话说，经济生活的一个非常重要的部分是由这样的一些道德因素决定的。因此，提供和交换经济上的服务与等值回报主要依靠这样的个人关系而不是依靠财产法或债务法的要求。其次，典型的经济行为最初不是由市场和价格决定的而是由自给经济的要求决定的。农民的劳动不但要满足自己的需要，而且还要满足地主的需要，地主期望以农民的劳动成果来满足自己的需要。在这一原则的纯理论的实现过程中，不是物价水平的变化而是农民与地主的需求变化引起生产的变化。

然而，如果在历史事实上，经济上相互关系的加强产生了实际上的市场和价格（无论是多么不成熟），结果便产生一种矛盾的局面。考虑到这些事实，于是产生了传统运作情况是否会变革以及在多大程度上变革的问题。各种过渡形态出现了：一种极端的情况是，完全无视这样一些有重要经济成果的经济资料，因此价格水平的变化完全没有引起生产变化，而且没有通过"市场机制"达到供需平衡；另一种相反的情况是，价格这个经济上的事实决定生产，并且一种合理的经济组织取代了过渡组织。

货币的出现以及价格机制随之进入农业经济部门特别促进了这样一种合理组织的形成。这绝不是一种简单的因果关系而是一种相当广泛的相互作用，因为理性的经济学思想的兴起接着引来理性的货币媒介；它并不局限于纯粹的农业问题。由经济学思想对货币价格和市场的这种重新定向引起的问题是双重的。首先，人们必须发现它在农业经济结构中产生的变化。其次，人们必须问一问，经济学领域的这些变化如何影响社会领域——在农业社会中是否有相应的变化。在别的方面，社会变革可能已经领先并在相应的经济变革中显现出来。这些是有待调查的问题。

这些问题都涉及从被称之为中世纪到被称之为近代的这段过渡时期（即从14世纪到16世纪）中的一个特殊问题。这段时期在农业社会和农业经济中都发生了许多根本变革。这些变革在欧洲的不同国家中具有很不相同的形式，结果自那时以来，整个欧洲的差别已变得特别巨大。历史条件是产生这一情况的部分原因。这就使得有必要仔细注意前一个历史时代的发展情况。这是绝对必要的，因为到16世纪，欧洲已产生了许多迥然不同的民族经济，加之有了国际的商品和劳务的交换，这就使得有可能谈论世界经济。这就意味着任一特定国家的农业经济，通常还有其社会结构，时常受到一个完全不同的与之有着明确的进出口关系的国家的经济情况的影响。

如果15世纪和16世纪的这些变化必须从它们的历史背景来理解的话，这段时期对其后几个世纪的影响也应以同样的方式来理解。这就迫使人们还得注意后来的这几个时期，因为在没有其他办法时，这些历史事件的意义只能从它们对后一个时期的影响来判断。因此，最好是先概述一下在发展过程中所蕴含的总趋势，然后简述最重要的欧洲国家各自的发展情况。

普遍存在于所有这些国家并在某种意义上来说15世纪达到顶点的决定性发展路线之一是原来没有人身自由的那些农民也赢得了人身自由。重要的是要弄清楚那个时代认为的自由与奴隶状态的意义。

原来自由的含义是自由人是亲属中或人民中的正式成员，因而能在民众集会中以一名东道主和在法院中以一名陪审员的身份发挥其作用。与之相对的是非自由人，他们不属于民众范畴，没有亲属支持。这种无人身自由的现象早在卡洛林王朝时代就开始消失。基督教引入一种全新的精神特质，在此起了决定性的作用。起次要作用的是日耳曼民族一般来说不把非自由人用作奴隶而是给他们一块土地，附加的条件是必须提供特定的劳务和支付一些款项。另一方面，原来的自由人渐渐以各种方式不知不觉地进入雇佣关系。这样，在8世纪与12世纪之间出现了一种单一农民，"单一"是从这个意义上来说的：曾经决定其地位的个人身份与地主和佃户之间的关系比较起来已丧失全部意义。由于这一发展尚不完全，采取一些措施来废除古老的人身依附地位就显得特别重要。最广为人知的例子是在德国东北部，在12世纪，那里的地主开始解散大庄园。从14世纪和15世纪开始，这一变革涉及解放农民，达到了这样一种程度，早期的农奴为有人身自由的农民所代替，只是必须交纳租金。同时，在德国西部的农民中，农奴身份不复存在，不过"无地民"——没有自己的土地的农家——经过依附地位暂时更加恶化的时期之后，直到15世纪才获得自由。这时仍然保留下来的是某些交纳租金的义务。在德国西南部，早在中世纪的全盛期，大庄园就分裂为小庄园了。在更小的新庄园体系中，农民的义务就是安下心来只交纳租金。同时，旧的人际关系在德国中部消失了。意大利的发展情况更为激进。在那里，原来的奴隶成为佃农，只有在像弗留利和撒丁岛这样的边远地区，人身依附状况才继续存在到15世纪。在法国，这一进程始于13世纪，除了少数例外，到15世纪就已完成。在英国，即使起因不同，至少从13世纪起，也发生了同样的变化。

要抓住这一解放过程中的一个基本趋势：14世纪人口锐减在各地都起了作用，以及随后封建阶层变成可以叫作资本家的阶层，它本身在一定程度上也是人口减少的结果。

所有这一切都促使已在起作用的这些趋势——特别是在意大利和低地国家——更进一步把农业经济和那些靠土地为生的人一起引入了货币经济的复杂关系之中并产生了市场与价格效应。日益增长的货币经济由于加大了市场条件所产生的复杂情况而对农业经济的发展有着极大的重要性，这一点无须进一步强调。早在卡洛林王朝时代，在全欧洲我们发现，农业负担是以货币来确定的，这不一定意味着以现金支付；这些负担通常是以实物支付，现金数额仅表示负担量的大小。货币经济始于意大利和佛兰德，但从12世纪起日益扩大，到15世纪，至迟到16世纪已普遍占优势地位。随着地主们的生活水平日益提高，他们需要钱来获得所需的进口商品和那些很少能用天然产品来交换的商品。也正是由于这个原因，让农民在市场上出售产品，再从农民那里得到以货币支付的款项，看来这是很有好处的。

对地主们来说，这一巨大的好处也有——或至少是可能曾经有——一大不利之处，而农民却从中受益。货币购买力的变化影响到所收租金的实际价值。由于贯穿几个世纪的这一变化总的来说接近尾声，即使地主们的正常需要没有改变，他们也发现自己的实际收入在下降，地位在削弱。支付款项、所有权和耕作方法的变化常常会引起我们的关注。只有当这些变化有可能使情况变得对地主们有利时，才能扭转这一趋势。这一点是不可能的——我们将反复证明这一点通常是不可能的——地主在经济上衰落了，因此，一般来说其社会地位和政治地位也相应下降。农民或者因负担普遍减轻而使他们得到意外的好处，或者有时甚至有可能只出钱就能全部或部分免除这些负担，农民因而获益。因此，货币的推广产生了深远的影响。

物价水平的变化也产生了同样的影响。有时是因前面已提到过的货币价值的改变（贬值）而产生这些影响。但是，有时物价变化相互关联。也就是说，或是在每一组产品中或是在每一个单独的民族经济中的特定物价水平方面有变化。各组商品的价格比率变化可能导致各个农业产品的变化：因此，羊毛价格的相对上升和粮食价格的相对回落对英格兰和佛兰德的经济有重大的影响。西南欧的葡萄酒，或是低地国家、德国图林根州以及别的地方的农业商品的情况也大致相同。体现农场主生产成本的工资是一种特殊的物价：经历黑死病之后工资上涨对依靠雇佣劳动的农业的生产成本影响非常大，以至所有国家都经历了结构变动。

这样，在农业危机中达到令人沮丧的顶点的农业周期问题在这段时期中开始具有重要影响。假如忽略特定种类的异常情况，从 8 世纪到 14 世纪经济一直上升之后接着在 14 世纪中叶出现了第一次大衰退，大约 1500 年，又开始出现新的上升势头，持续了大约一个多世纪。因此，也在这方面，16 世纪具有特殊的意义。17 世纪初突然出现经济大崩溃。按照达旺纳尔（d'Avenel）的说法，务农热（the fievre agricultural）导致垦殖更多的土地，从而加强了农业；生产过剩——几个特大丰收之后的标志——使农产品和土地的价格都下降了。在德国，三十年战争导致截然不同的发展状况——由外部经济领域引起经济崩溃——而西欧则经历了新一轮增长，到1660年左右才转入新的衰退。所有这些起伏曲折都对农业经济和社会产生了或大或小的影响。

这些问题在整体上还受到极其重要的另一点的影响——开垦荒地的过程。几个世纪以来，即使偶尔有倒退，这一过程一直在扩大欧洲各国的耕地面积。耕地面积的增加可能还伴随着在所有相关的生产因素之间维持现存的互补关系。在这种情况下，产量往往不会增加。如果农产品的价格在这种条件下上升，一方面可能使更多的不太肥沃的土地投入耕种（各地都发生了这种情况）；然而，另一方面，良田沃土就将不断提高地租。这就提出了是农民还是地主获益的问题。总的来说，直至14世纪中期的发展能使农民增加收入；只是由于其后情况迅速变化，这个问题才成了争吵的主题，其结果根据实力的相对分配而有所不同。

农民的情况改善意味着地主的情况恶化。同时，如果农民陷入困境而在某种程度上失去了生产能力，地主的处境也可能恶化。因此，地主处在双重危险之中。偶尔可能造成彻底崩溃，像在法国发生的情况就非常值得注意。于是产生了这样一个问题——地主是否能以及以什么方式能阻止他们境况的这种衰退：像通过增加直接剥削一样，以增加权利和地租的方式还是以将商业财富引导到农业领域的方式。这些应急的办法时常能使渡过危机的老贵族成员们甚至显示出一种改良倾向。特别重要的是君主们对贵族的关心程度。拥有强大的中央集权的统治者，如英格兰的国王，不需要听从贵族的意见，也不允许他们在政治上有任何特殊的地位。因此，贵族身份在社会上的影响不如所有权在经济上的影响大。在其他国家，如在德国西部的许多地方，16世纪出现了地区王侯与贵族之间的紧密结盟，结果，与贵族阶层相比，城镇的市民阶层失去了权力；封建主义又经历了一次复兴。只有当具有商业主义思想的王公和贵族们开始认识到经济因素更有力量，从而接受"中产阶级的理想"时，拥有土地的贵族到这时才会变成地主，这一发展进程的最终结果是农民在1800年左右获得自由解放。

另一个不同的问题涉及提供资金的人，也就是企业家精神的那些倡导人。在英国，在发展高潮中占据这一位置的是租地的佃户而不是地主。后者起着间接作用，因为长嗣继承制保证了经济实力的集中。强有力的君主决不让经济实力发展为政治权力，更不用说领土独立了。这样，地主经常能向农业提供资金。在法国，以及在意大利，农业资金大部分是由富裕的城里人提供的。德国的情况大不相同。在德国的大部分地区，不允许市民获得乡村的大片地产。在这种情况下，只有通过与城镇居民的女儿通婚才能获得城里的资金——如果不愿借贷的话。其他的资金来源有：军官和文职官员之类的人积累的地租或工资、战利品、嫁妆，等等。当然，这些人通常也是拥有地产的贵族。在王侯领地上，王侯们本身在农业中起着先锋作用。尤其是在普鲁士，王侯领地起着重要的作用。

这样，我们可以看出一系列总趋势，它们都是在15世纪和16世纪或多或少达到明显的高潮，并且按照历史、政治、经济和地理条件在不同国家产生了不同的影响。

15世纪中叶以后，德国①继续遭受黑死病引起的人口损失和随之产生的农业危机的事后影响。该国人口剧减，破坏严重，地租和贵族地位下降，城镇兴起和市民地位上升，商品价格上升和随后对农业不利的物价形势的发展——所有这一切都意味着经过前几个世纪的发展之后形势剧变。

15世纪最后25年开始发生变化并在整个16世纪都在继续。这一变化源于早在15世纪前半期出现的人口剧增；作为同时代人的一个问题，人们对此提出了许多（有时还是令人吃惊的）建议。乌尔里希·冯·胡滕建议与土耳其重新开战以解决人口过剩问题，而其他著述家则公开说，要解决人口过剩问题必须有鼠疫和类似的疾病。到1500年，大瘟疫造成的损失得到恢复。除了尼德兰，该帝国的人口据估计已达到1200万即大约为11世纪人数的两倍，在整个16世纪人口都在继续增长，该世纪末，合理的估计数字是2000万人。

整体增长意味着利用了同样影响经济生活的种种强大力量。由于城镇的兴起，在前一个时期中，货币经济已经增强，这就增强了这些

---

① 这里讲述的德国情况还包括瑞士和低地国家的发展情况，它们在这时刚开始脱离旧帝国。

力量对农业的影响。农产品价格陡然持续上涨——粮价甚至超过了肉价和奶制品价格——并且对农业起着刺激作用。的确,从大约1500年起,又重新开始垦殖土地。这一过程体现在德国恢复向东扩张,在整个16世纪及其后的几个世纪中都在继续进行。这一复兴活动不仅使自14世纪中期以来已经荒芜的土地得到重新耕种,而且还翻耕沼泽地和荒地,砍伐森林,耕种牧草地,沿北海海岸筑堤排水而获得了新的土地。1565年与1615年之间,在尼德兰通过排水而获得大约11万公顷的土地。在德国的北海海岸,通过努力也获得类似的成果。

此外,耕作方法也得到改进。慢慢增多的农业资料逐渐把有关新发现的知识传播到更大的范围里。13世纪在意大利开始的农业科技著作浪潮向外扩展,于16世纪到达德国和法国。这些大体上讨论的都是旧的耕作方法的改进,而低地国家在16世纪却在试验种植像苜蓿和芜菁这样的新作物以及其他饲料或有商业性用途的产品。结果出现了新的栽培方法。英格兰采用了尼德兰的这些栽培方法。从16世纪起,这些方法又以"英国农业"的名义传到德国、法国和其他国家。

因此,也可以这样来谈德国:15世纪特别是16世纪是农业史上的分水岭,正如这段时期在英格兰、低地国家和法国,以及后来在丹麦和瑞典——实际上是在全欧洲发生的情况那样。在德国,这些变革与几个世纪以来在德国各地可以觉察到的各自发展情况联系在一起。下面将简要地谈到这些情况,特别是由于17世纪和18世纪的专制主义国家继承并进一步发展了这些不同的倾向。

在出现这种情况之前,发生了一个事件。尽管这一事件本身超出了经济因素的范围,但它却对未来,特别是对农业问题产生了决定性的影响——这就是三十年战争。相对来说未受这场战争波及的地区人口也不再增长,因此,战争结束时的人口数量仍然停留在战争开始时的水平上。然而,在那些饱受战争风暴袭击的地区,战争毁灭了60%或70%(有时还更多)的人口。总之,德意志民族人口总损失估计为50%左右。此外还有钱财和各种财产的巨大损失。因此,尽管由于减产而农产品价格居高不下,农业却崩溃了,必须经过许多年的重建才能克服这场灾难产生的后果。只有通过缓慢的方式才能填补人口的缺口并使荒芜的农田重新得到耕种。直到缔结和约一个世纪或一个半世纪以后，人口才达到大约 2000 万的原有水平。只是由于路易十四推行的那套政策使法国从 17 世纪中期起人口开始明显减少（据弗朗索瓦·魁奈带有夸大的计算，从 2400 万减少到 1600 万），从而使法国未能在人口数量上长期超过德国。

这里所描述的灾难对于大约 1500 年以后的农业社会史当然具有相当大的重要性。大体上来说它们加快了已经存在一段时间的一些倾向，如像德国各地的货币经济的增长和各种不同类型的庄园的形成。东方大庄园的发展是一种单独的现象，它具有特殊的意义。

德国的农业，特别是从 14 世纪中期起，也引入了货币经济，因而物价水平日益重要。始于意大利的这一发展趋势在德国各地以不同的速度发生并产生不同程度的影响。在莱茵兰（包括低地国家）和较大城镇的附近地区发展速度最快、影响最强烈，而在较遥远的地区，发展速度较慢、影响的程度也较低。但这一倾向是明白无误的。一方面，这些发展结果对供应市场的农业影响程度较大，另一方面，由于货币经常贬值，货币的购买力下降也使靠收地租的各类地主的收入减少。在德国的许多地方，特别是西南部和西北部，这种情况造成大庄园的瓦解。

14 世纪中期发生的黑死病这一大灾难明显推动了这些倾向。正如业已指出的那样，许多土地上空无人烟，大片田地重新成为不毛之地，农民停止交纳应交的租金。幸存者凭借人口稀缺，他们不仅扩大了权利，而且还减少了租金。贵族阶层迅速衰落：骑士制度的封建时代结束了。贵族们负债累累，以至文西斯劳斯国王发现，必须颁布一项全面免除所欠犹太人债务（*Judenschuldenerlass*）的敕令。但是，对许多人来说，这项措施来得太迟了，对其他人来说，这仅是暂时的宽慰。拥有最多地产的贵族条顿骑士团（举一个突出的例子）也陷入困境，以致完全破产，从此再也没有恢复过来。起初，它以抵押土地来偿还沉重的债务，但由于最终无法赎回这些土地，所以，骑士团的理事会和高级首领在 15 世纪的整个前半期竭力以出售财产来挽救骑士团，结果枉费心机。王侯、绅士以及各城镇都不愿与他们接触。各地的情况都大致相同。商人的钱财难得进入这些地产中或进入农业的任何一部分。这是由于在城镇自己的经济范围内赢利的前景要好一些，并且还因为似乎有机会制止衰退，就不能仿效意大利的习惯做法，特别是城镇居民购买土地的愿望。一个典型的例子发生在梅斯市，市政会提出给该市的公民提供土地，他们回答说，他们不会把它当作一份礼物来接受，因为耕种成本特别是雇工的工资太高——也就是说，由于地产没有收益。

只有几个城市，例如莱比锡，早在这时就开始系统地购买地产和整个村庄。只是由于地价上升和人口恢复（从15世纪最后25年和整个16世纪），各地有钱的城镇居民才开始购买土地，最有名的例子是雅各布·富格尔于1507年购得基尔希贝格和魏森霍恩两座庄园。在德国，城镇居民大规模获取土地所有权不成问题，这就像在法国，在英格兰，以及（较早）在意大利发生的情况那样。地区王侯们强有力地日益崛起，从15世纪中期起，贵族阶层开始复兴，当时它与王侯们结成同盟，之后有时设法从公职薪水中增加自己的地产总收入；而城镇居民把注意力集中在其他收入来源上。这些都是造成这种情况的原因。

第二个大灾难是三十年战争（1618—1648年），它使所有这些问题又死灰复燃。地主们再一次失去了大部分收入；还可以支付的实物地租数量太小，没有什么市场价值，因而也换不回钱来。由于比以前更困难，小贵族无法靠地租生活，于是便寻找并且在军官的薪金或在宫廷以及国家官员的薪俸中找到了额外的收入来源。一直延续到18世纪中期的农业的不景气状态非但不能阻止反而助长了这一倾向。

地主们能否通过以其他方式增加收入来找到摆脱困境的办法这个问题必然会提出来。要么通过提高地租（如有必要，通过改变土地法），要么通过增加对土地的直接利用，基本上能做到这一点。力求实现这两种可能性毕竟是英格兰农业变革的特点。地主要么亲自耕种土地，要么通过替换租约来更改甚至取消地主与佃户之间的关系。特别是那些短期租约，提供了调节收益以适应市场条件的机会。除了非常偶然的情况，在德国没有出现后一种可能性。纯粹是一种合同关系的租约在那里几乎不能立足；农民的终身租佃权是一个自然人法（*personalrecht*）的问题，所以农民一直拥有这种权利。这些权利通常是明确规定的，所以不能单方面加以改变。农民相当小心，不同意有任何改动。只有像人身农奴制（*Leibrecht*）这样的合法习俗才使得有可能在承租人死后修改租金，特别是在巴伐利亚州和邻近地区有这种习俗。类似的原则适用于一种叫作"自由制"（*Freistift*）的租赁方式，这是一种在一定条件下地主可加以取消的租赁方式。但是，由于习惯法不允许这样做，所以，除了几种有限的情况，利用这一原则来取消租赁的可能性几乎没有。

因此，总的来说，德国地主不能通过提高地租来增加收入，即使提高地租仅是为了弥补货币贬值造成的损失也不行。在如德国西北部的一些地方，曾试图进行类似的根本改革，但王侯们很快通过颁布对农民有利的农业法令来加以干预，从而禁止实行改革政策。如前所述，总的趋势使农民能够充分利用他们的稀缺价值来减少负担，经过鼠疫和三十年战争之后这一点最为明显，但是在其他较小的战争和疾病之后自然也是如此。众所周知，德国的各种农民起义直至1524—1525年的伟大的农民战争都不是由农民负担加重引起的。除了向权力日益增大的王侯们作斗争之外，农民宁愿只是合法地在实质上抵制地主提出的一些小小的要求。后者在尽力阻止自己的衰落，他们比上一个时代更彻底、更强烈地迫使农民满足他们的要求。经济实力强而又信心十足的农民完全拒绝地主提出的要求。即使在农民起义失败后，地主们也没有试图增加地租和扩大其他权利，因为他们完全明白，这样的一些办法是无济于事的。只是在王侯们支持这样的做法或许还带头这样做的那些地方才有例外。例如，在巴伐利亚，16世纪增加了展期租费（fines for renewal）。当时物价上涨，人们可能争辩说，增加地主的权利是一种补偿。因此，总的来看，只剩下一种可能性——亲自进行精耕细作。

在这方面，在德国各地和靠近德国东部的一些地区，情况也很不相同。首先，如果当时的法律状况为这种利用土地的方式提供了不同的机会，那么法律地位当然就很不相同。正如常有的情况那样，如果农民的权利得到充分的保障因而地主不能合法地剥夺他的权利，那么，只要法官依法办事，而王侯又没有把法律地位改得对农民不利，这条路便被堵住了。因此，很大程度上取决于那些在法律上对变革能起作用的力量，而政治上和经济上的利益理所当然必须看作是其中之一。

从14世纪中期起，贵族在物质上和政治上衰落了，因而想要避免彻底破产，这并不使人感到意外。在许多情况下大瘟疫使地主占有的土地几乎是自动扩大,因为许多农民的土地已经荒芜而无人占用。但是,这只能有暂时的意义;实际上,这必定不会有更多的意义,特别是在那些由于耕种成本和工资太高而直接利用土地无利可图的地方。这种情况持续了大约一个世纪。因此,更为常见的情况是为闲置的土地寻找新的佃户,纵然常常还得主动向农民提出减少租税负担。在 16 世纪,由于人口的缺口渐渐弥合,粮价上升,本质问题仍然是一个经济收益问题。另一个问题同样重要:贵族能不能通过前面已谈过的方式获得官职从而获得其他种类的收入(薪金),以便减少地租的相对重要性;或者他们会不会发现自己被受过大学教育的中产阶级官员(法官)从官场中挤走因而又不得不依靠农业收入呢? 15 世纪普遍显现出这样的倾向,但在 16 世纪,德国的某些地区遏制了这些倾向,不过在其他地方(如萨克森),这样的倾向继续存在。影响贵族的最后一个因素可能是地区统治者因财政困难而出售政治特权,就像德国东部发生的情况那样;后来,正如这些地区统治者在普鲁士所做的那样,他们可能先后将这些重新安置的贵族用作军官。牵涉大庄园的任何更多的直接开发的基础在于要有一种合适的经济利益综合,以及克服劳动力供给问题的程度。

这样,在大约 1500 年及以后,德国几个地区的地主逐渐增加直接耕种。在有些地区,如在巴伐利亚,这些尝试结果失败了。那里的运输费用使得不可能把产品运到德国西部、佛兰德和英格兰的市场去,因此,刚刚开始便夭折了。在德国西北部,尤其是下萨克森州,在哈尔茨山北部的一些地区,以及别的地方出现了一定程度的增加开发土地的现象,不过大多数是在 17 世纪和 18 世纪才出现。在萨克森选侯领地也可以见到类似的尝试。然而,在那里,从 16 世纪起,强大而有经济实力的政府奉行一项保护农民的一贯政策。这就阻止了领主消灭农民,因此,只有少部分农民的土地丧失而增加到领主的领地上。

在图林根州也可能出现过某些扩大领地的现象。

然而,易北河以东的地区出现了规模大得多的增加地产的现象。这种情况不限于德国,而是一直延伸到波兰、波希米亚—摩拉维亚、波罗的海各国、白俄罗斯等地。起初——至少在包括波希米亚在内的德国各地——这一过程并未牵涉有意破坏农民地产的问题;荒地和无人占用的土地只是增加了领主地产,而不是转租给农民。东部的情况有利于这一发展,殖民骑士一般都已获得包括几个庄园的地产。他们靠家仆和强迫农民劳动来耕种这些土地。从殖民化初期起,全国各地都散布着这样的中等大小的庄园,能以所述的方式加以开发。三十年战争(在德国东部地区,特别是在波美拉尼亚、勃兰登堡、梅克伦堡,以及波希米亚,战火肆虐,破坏极大)常常违背贵族的意愿,进一步增加了闲置土地,继而增加了领主的领地。由于贫困的王侯们常常授予领主司法权和其他权利,还由于新的佃农常常是按叫作限期使用土地权(Lassrecht)的不利条件占用土地,因此不能得到很好的保护而遭领主强行征用,结果有可能增加当时经营大庄园所需的劳动力。通过对选择做家务的农民孩子行使预先雇用权——偶尔被扩大为要求作为期数年的奴役劳动的权利——进一步扩大了需要的劳动力。

这样,农民被束缚在土地上,只有得到领主的许可才能离开庄园;农民的儿子可能被迫接管给予的闲置土地;等等。以这种方式建立起来的奴役关系通常被说成是世袭的或"实际的"奴役——之所以说是"实际的"是因为农民人身是自由的,所受的奴役在于暂时承租的土地和承租人的身份。

所有这一切的经济基础在于农产品,特别是粮食,能在西欧和德国西部市场上畅销,以及德国东部的河湖水系与波罗的海和北海一起提供了便宜的运输条件。由此出现了一种不是为羊毛市场(如像在英格兰)而是为谷物市场所确定的生产。

到17世纪末,事态发展分为两种结果。在霍亨索伦地区(勃兰登堡—普鲁士),统治者制定强有力的立法来保护农民。领主一开始以赶走佃户并将土地并入自己的地产来剥夺农民的土地时统治者就这样做了。这一点因政治和经济的原因而受到抵制。由于有力地实行保护措施,这些地区的农民大体上生存下来。只有发生于19世纪的解放运动在这里造成农民土地的巨大损失;这次运动的止息并非与严重的政策失误无关。在别的地方,如在梅克伦堡、波美拉尼亚的瑞典占领地区、波希米亚,等等,以及东方的斯拉夫诸国,由于农民没有受到保护,所以丧失了大部分土地。

这两个地区都有一个共同点:拥有土地的贵族转变为一种叫作领主家族(Gutsherrschaft)的特殊形式。在这种体制中,领主在他的整个领地或庄园中拥有统治权。因此，庄园在一国之内有点像是一个政治单位：庄园内的居民只是地区王侯的间接臣民。同时，领主统治下的庄园是整个国家结构中的基本行政单位，具有与直接向该国统治者负责的对等官方机构相同的地位。因此，领主家族是一个政治和社会的综合体，而庄园农业（Gutswirtschaft）代表一个纯粹的经济综合体。从16世纪起，它的发展从根本上把易北河以东的地区与欧洲和德国两者的中部和西部地区区分开来。

因此，16世纪在这方面也留下了德国农业史上深刻突变的痕迹。这不仅适用于社会——领主和农民的权利和义务，占有权以及司法权力与领地所有权之间的联系等——而且也适用于农业。王侯领地和贵族庄园采用合理的耕种和养牛的新方法，而农民的耕作和养殖方法仍然很落后。

诺曼人征服英格兰之后的几个世纪的经济特点是稳步发展，中间有几次挫折。12世纪是相对停滞的时期；14世纪中期随着黑死病流行而出现最大的停顿。不过学者们对这场危机引起的结构变化的程度还有不同看法。社会结构史的发展要平稳得多，由诺曼人征服过程中建立的封建秩序逐渐被具有更多资产阶级特征的社会秩序所代替。这对特有的英国式封建主义具有显著的重要性——譬如说，与德国和法国所采用的形式相对比——英国的封建法律禁止通过国王或其他某些大领主所赠予的土地而产生附庸佃户。由于大多数佃户是王室的佃户，所以，英格兰国王能对其臣属实行比（尤其是）在德国更严密的控制。[①] 11世纪建立起来的封建领主集团起初很卖力地承担给他们规定的任务。经王室许可，他们有条不紊地在无人居住的地区进行垦荒和定居。这样，他们尽一切努力，成功地为日益增长的人口（在11世纪和15世纪之间人口增加了一倍）提供了食物和住所。在这方面，他们取得的成就与其他国家（特别是德国）拥有土地的贵族所取得的成就一样大。在封建领主进行垦荒的同时，农民也进行了类似的活动，最近对有些地区（例如，德文郡和林肯郡）所作的详细调

---

① 分封地的做法受到大宪章的这条规定的限制：封地的剩余部分必须大到足以使授予封地的承租人能够履行他对君王的义务。法令 Quia emptores 以出售地块来代替领地分封，并规定：购买者不是向卖主而是卖主的主人——通常指国王尽该块土地附带的劳役义务并缴纳税款。

查结果就是这样。农业发展是由需求的稳定增长所引起的农产品价格上涨决定的。这些价格上涨带来的好处在某种程度上由农民自己获得;封建领主只有亲自经营农业或收实物地租才能得到这些好处。在英格兰的大部分地区——诺森伯兰郡是个明显的例外——封建领主亲自经营大片领地,因此分享了市场的好处。将土地出租供短时期耕种的地方情况也同样如此。例如,按照黑死病流行之前常见的那样出租的土地供一个人一生使用:这样的租约使得有可能定期地使租金与总的经济形势保持一致。在以现金支付租金的地方,由于货币的购买力下降而导致领主的收入下降。不管是以精耕细作还是以其他措施如做生意来弥补损失,其中任何一种情况的结果都是货币经济日益增长。

这些变化与这种中世纪的封建农业社会的瓦解同时进行。举个例子来说,从12世纪起,实物租金渐渐为货币租金所代替,领主用所收的货币租金来雇用劳工耕种自己的土地,雇工花钱较少而且活干得更好。由隶农耕种土地转变为自由租赁(为领主所服的劳役也在改变)然后转变为实际租借,这就补充了这一办法;这样,庄园主与隶农之间的古老关系就被纯粹的契约关系所代替。花了大约400年才实现的这些措施属于那段时期真正重大的事件之列。

与刚才谈到的这些要点有紧密联系的另一个决定性因素是圈地。这个词指的是几种不同的做法,事实上,它们常常同时并存:合理地划分田地,将耕地改为牧场,取得邻近的土地(大量收购),有时甚至纯粹是垦荒和移民。真正对未来有影响的那种做法是把耕地转变为牧场。与此同时并进的是,既通过扩大又通过合并来充实庄园的地产,尤其是在那些耕种狭长条块田地的地方。圈地现象始于13世纪初,但在以后的200年中,都没有得到充分的发展。13世纪政府颁布了第一批反圈地法令,特别是默顿法令(1235年)和威斯敏斯特法令(1285年)。在圈地的初期,领主开始圈占部分荒地(assarts)。虽然在当时荒地顶多用来作牧场,但是它开始吸引在日益增长的人口中渴望得到土地的人。由于农民享有在荒地上放牧的权利,因此,这样的圈地行为逐渐破坏了农民经济的基础之一。这些法令规定,在圈地时,必须注意给农民留出足够的牧场。这是王室方面为保护农民利益反对领主而做的努力,这清楚表明,领主不愿主动注意这个问题。这样,国家在推行一项有利于农民的政策。但是这项政策也有利于经济发展，因为它并没有禁止圈地而只是尽量将其限制在一定范围内。在圈地过程中，领主竭力增加自己的收入，提防社会地位或经济地位下降。他们要么通过耕种圈占的土地，要么更通常是通过将其出租收取货币租金来达到这一点——较大块的土地出租给农民（农场主），较小块的土地出租给佃农、村里的工匠，等等。与此相联系的是社会结构的一个重要变化。所有这些人都因此而获得人身自由：农民（这时成了农场主），还有佃农以及其余的人都摆脱了农奴身份而成为新的意义上的自由人。也就是说，他们与领主的关系不再有人身约束而只受法律契约的支配。在某种程度上这些是英格兰农民解放的开端，因为在一个持续了一个世纪的过程中，没有使用法律强迫而是通过自愿协议就废除了旧的终身关系。

将新土地分配给雇农、工匠等，帮助了地位低于农民的一个阶级人数的增长，这就在强迫劳动制度以外为农业提供了自由劳动力。这就引起劳动方法的变革。随着终身约束的消失，领主再也不能依靠这样的劳务。这一点很重要，这是因为，由于隶农有自己的特别权利，在某些极端情况下，农奴甚至确立了一种有利的权利来做这种劳动并享受与此有关的好处。因此，在"自由"这个意义上，领主也成了自由人。他们用自己的自由要么以自由劳动力来耕种领地的土地，要么采用一种纯粹建立在租金基础上的经济制度，租金来自实际租赁出去的土地。在后一种情况中，他们起着地主的作用；在前一种情况中，他们成了大庄园主。劳动方法上的这一变革还进一步涉及一个核心问题，其全部作用只有在后来才能看到。与日益增长的货币经济紧密相连的是工业劳动力稳步增加。佃农和其他一些人一旦有了土地，很快就不再完全依靠农业为生——当农业劳工——而是越来越多地转移到工业中，特别是织布业。这又扩大和加强了该国不再被束缚到地主庄园的那部分人并且更加理性地面对经济问题。

正如在整个欧洲一样，在英国，黑死病的影响也同样对进一步深远的发展起着刺激作用。现在，人们普遍同意这种看法，认为在1348—1349年期间，英格兰死去将近一半的人。结果，地主、农民和工人中业已存在的关系变得不稳定。农民可能利用他们人口短缺来强行要求改善条件，而工人也可能用类似的方式来增加工资。索罗德·罗杰斯，还有支持他的 W. J. 阿什利，曾谈到工资增加了50%。

W. 艾贝尔计算了从 1300 年至 1380—1390 年收割工的工资与小麦价格之比，得出结论：工资上涨两倍；其他劳工集团的工资看来也增加了将近一倍。

像劳工法令这样的一些应急措施在这个意义上是失败了：它们未能提供持久的解决办法；固定工资的尝试虽然暂时见效，但由于地主与拥有较多土地的农民之间竞争劳工而失败。有关各方要寻求新的解决办法，这就不足为奇了。整个国民经济以及各个地主面临这样一种形势：劳动力稀缺、宝贵，而土地却很多。地主常常发现自己拥有荒芜的土地而没有他必须以某种方式利用的佃户。于是，他要么亲自耕种，要么重新租出去。试图按传统的封建时代的条件来重新出租土地既无实际可能又无特别用处。之所以不可能是因为很难按那些条件找到佃户，或者是佃户提出无法实现的条件；之所以说没有用处是因为只有大大减少收益才能以旧的方式将土地出租。这样，早先采用的租赁的做法迅速扩展。在初期，地主曾是合理的市场经济的拥护者，他们的地位实质上被农场主所取代。小型农场的承租人使用自己家庭的劳动力，因此，获得的更多而又不需要管家和监工。如果耕种的规模大，他可以从地主那里获得转让的土地，雇用隶农劳工进行耕种。他能更周全、更合理地使用劳工而无须插入一套管理班子。如果地主决定亲自经营——管理更多的土地而使用更少的劳工——他就必须改变耕作方法，实行粗放经营。这就使人想到采用放牧，养羊是明显可行的办法。"在这种情况下"，特雷维廉说，"牧场增加纯粹是大灾难的产物"——因为羊毛在国内外市场有极好的销路。这只能从更广大的经济角度来理解：即使价格上涨，由于国内外市场对布匹需求逐渐增加，在羊毛价格合适时也会产生对这种原料的日益增长的需求。从 13 世纪起，羊毛出口越来越重要；从 15 世纪初期起，在出口羊毛的同时也出口布匹。

因此，如果不考虑到羊毛贸易和布匹工业，就不可能理解英格兰农业的这些变革。没有哪个国家的农业发展受到城市经济利益如此大的影响。

织布业在英格兰（以及其他国家）已发展了若干个世纪。其中心起初是在广大的乡村。在那里，羊毛在家里由农民及家仆、寡妇、穷人及其他人纺织。商人（经纪人）购、销布料。有证据表明，早在8世纪就向法兰克帝国出口布匹。然而,由于英国布的质量比其他国家,特别是比尼德兰的质量差,所以在国际贸易中处于不利地位。在13世纪,主要产自斯坦福的英国布出口开始显著增加。在王室的鼓励下,城市的织布业逐渐发展起来。在许多城市,尤其是在伦敦,布匹商(绸布商和布商)获得相当重要的地位。由于布匹贸易能带来巨大的利润,所以,始终存在扩大织布业的刺激因素。由于羊毛关税,特别是由加来贸易中心收取的关税,构成了王室岁入的重要来源,所以,王室对于羊毛贸易也极为感兴趣。织布业在14世纪经历了意义重大的、一定程度上是有计划的扩展,其特点是既有农村织布业的扩展又允许外国(主要是佛兰芒)的织布工进入。随后现行经济结构的变革既是绝对地又是相对地吸引了很大份额的劳动力市场。由于主要是从农业抽走了这部分劳动力,所以被迫以更少的劳力搞农业。然而,当织布工人不一定要成为城市居民。相反,由于发明了用水力作动力的漂洗厂,这些漂洗厂都建在山谷里,所以,尽管受到城市行会的抵制,还是引起了从城市向农村迁移。出现这种现象不仅是因为城里的织布工也将他们的布送到农村去漂洗,而且更是因为织布商开始在其工厂附近使用农村劳动力。早自14世纪起,城市工业的这种相对衰落就成为发展的特征。可是,确实出现了某种普遍的工业扩展。虽然在15世纪晚期和整个16世纪就业和工资下降,但并没有产生相应的人员回流到农业的现象。这就封堵了农民重新加强粮食生产的一切可能性(如果曾经有这样一种可能性的话),虽然在15世纪后半期小麦价格上涨而在16世纪更加急剧上涨。从某种意义上讲,16世纪——尤其是前半期——的特点是羊毛和小麦的价格同时都很高,其结果反映在农业生产上。

　　羊毛的高价加强了早先扩大养羊业的倾向。圈地的结果建起了牧羊场,大部分是中等大小的,不过也有大牧场和更多农民的小规模养羊。理性的经济思维起了作用。增大养羊业依靠增加牧场。但是接着小麦价格也上涨了,于是这些"现代的"农场主们力图利用这一仍有潜力的赚钱行业,因而在养羊的同时又从事种植谷物。这在16世纪前半期引起耕作方法上的进步。G.汉森把它说成是"精耕细作的耕地加草场的经济",坎宁安则称之为"可转化的农业"——一种牧场与耕地相互结合进行长期轮作的方法。

这些耕作方法的变革伴随着封建制度的瓦解，当然，封建制度也是合理的经济制度的一种障碍。无疑人们必须避免古代文学中常见的概括和夸张，因为英格兰只有部分地区——特别是中部地区——受到这些变革的影响，而其他地区（北部和某种程度上也包括南部）未受触动。这些变革还具有高度的时代特征，而人们值得重视这些变革。它们对农业结构的影响从而进一步破坏了封建秩序，随之也破坏了农奴制。未经正式废除，这些旧有的关系就消失了，因为地主对劳役失去了兴趣：在实行亲自经营农业的地方，他们发现，由于奴隶劳动效率低，不合算，而在将庄园的土地全部或部分租出去的地方，他们在庄园内能得到代表承租土地的人提供的劳务。旧的所有权的法律基础不复存在，大部分为记录在庄园案卷（*per copiam rotuli curiae*）中的习惯保有权所代替：副本土地保有者（自由农民）的由来就在于此。副本土地保有权采取各种不同的形式——特别是可能为期数年，一代人或几代人，或者是可以继承——以及其他像实际租赁权这样的合法形式也出现了。所有这些情况都不如农民的地位改变重要。从15世纪起，尤其是从16世纪，农民的土地开始落入牧场主的手中，到16世纪末，农民不再是英格兰农业社会结构的决定因素。地位低于农民的那部分人的人数也下降了，因为大牧场只需要少数牧羊人而且根本不需要农民。马克斯·韦伯的说法或许太简练精辟但本质上是正确的："农民摆脱了土地而土地也摆脱了农民。"这一点是可以肯定的，虽然英格兰各地发生变化的程度很不相同，而且在各个阶段发生时的剧烈程度也各不相同。日益衰落的15世纪和16世纪初期标志着这一过程的第一个高潮。第二个高潮跨越1800年前后，更确切地说从1760年持续到1830年。这段时期的后期圈地的广度使人们不会过高估计16世纪的动乱。不过，从那时起，英格兰不再是一个农民国家。尽管不是每个地方的程度都相同，然而，处于支配地位的人物不是能提供重农主义者所说的地主，也不是农民；那是农场主即以赚取承包利润为目的经营农业的土地承租人，他们不但利用农业技术，而且还利用市场。这种思想方法从他们向外辐射到其他群体。具有决定性意义的特征是古老的封建传统秩序和方法的终结并由承包赢利活动支配的思想方法所取代。总之，农业适应了一种由市场调节决定的体制和生产方法。

对英国农业未来发展具有重大影响的这一决定性变革不是在英国各地或在不同类型的地主中同时发生的。阿什利已指出——而霍斯金斯、哈勒姆、贝雷斯福德、罗森、查普曼和其他一些人新近所作的一些研究更有力地进一步阐述了这一主题——这一变革在不同的郡发生的剧烈程度也不相同：在肯特郡、埃塞克斯郡、萨福克郡、伍斯特郡以及什罗普郡、莱斯特郡、北安普敦郡、怀特岛等地很显著，而像约克郡、林肯郡、格洛斯特郡、牛津郡这样的一些地区就几乎未受影响。英格兰中部地区在这一变革过程中占首要地位。这里的圈地导致了最大的动乱，因为人口集中而土地缺乏，因此，圈地深刻地影响了农村生活。世俗地主与教会地主也有差别。特别是后者——但也有一些世俗地主——直到16世纪还抵制这一发展趋势，甚至偶尔还收取实物地租。另一方面，正如埃尔顿已指出的，改革不可能对农业经济和农业结构有任何明显的影响：修道院和其他教会地主已经将他们的许多土地出租，而农场主通常是在旧的封建传统秩序瓦解之后才买下租赁权。法律关系可能变了，但社会秩序和经济秩序没有变。这一点的重要性在于，教会土地占了英格兰耕地的大约四分之一。仅仅在16世纪这段时期里，通过解放奴隶和其他手段，奴隶身份也就不复存在。16世纪和其后的两个世纪在英格兰都没有出现有利于恢复甚至强化旧的封建秩序的局势或力量——就像在德国东部特别是在波希米亚，在波兰、白俄罗斯和其他东方国家成功地尝试过的那样。

其原因不只是在这一事实中找到：新的农业非常有利可图，它能长期满足日益增长的经济上的自我意识和农场主对利润的越来越大的追求。更重要的还是农业的发展和其他经济部门，如贸易、工业和航运业的发展完全协调一致。这里还同时采纳体现新经济自由原则的新形式——以自由合同（劳动合同、销售合同，等等）代替旧的承诺方式，以及以理性的思维方式代替传统的思维方式。这些经济部门需要劳工、海员、职员、军人等，以便在国内发展新的经济体制，特别是要将这种新体制引入新获得的殖民地。它们从农业获得劳动力，不是因为新制度减少了靠土地谋生的手段从而迫使移民离开土地，而更多的是因为农业正在按照经济上的合理考虑进行改组，从而分流出剩余劳动力。这在我看来是布罗德尼茨（G. Brodnitz）自相矛盾的说法中的正确成分：比起工业来，资本主义思想以英国发展中的奇特方式

第二章 经济变革

更早而且更迅速地深入到农业中。

热衷于将资本投资于土地的商人、船主和工厂主以新的财富进一步促进了这一发展。由于拥有土地能体现一个人的社会地位,所以,即使经营农场赚钱较少、经营体制又不太合理,无疑他们也会这样做。然而,既然旧贵族家庭成员把在自己的土地上经营这种现代的合理农业视为无上光荣的事,那么,富有的城里人就没有理由不照着做。相反,他们认为自己的新经济观点能维持并且通过取得格外显著的成就可能有希望进一步提高自己的社会地位。在英格兰,从成功的商人和实业家中不断产生新贵族,而且贵族和"资产阶级"之间在惯常的经济做法上以一种对以后几个世纪意义重大的方式开始产生密切的联系——密切程度超过许多大陆国家。即使在诺曼人征服时期,这种封建制度在英格兰也得到非常明确的限定,因此,在英格兰发生的封建制度的瓦解并转变为"资产阶级"的方式,其程度或许只有在意大利发生的情况可以与之相匹敌。所有其他国家都只是在以后、部分地区直至19世纪才经历这些变革。英格兰长期以来处于发展的领先地位——要是人们可以这样说的话——这一点既对英格兰本身自然也对其他那些国家具有极其重要的意义。

而且,英格兰发展的独特之处还在于对大地产广泛使用限嗣继承法,这可以追溯到1285年的法令。财产固定的结果意味着尽管全部资本都来自财产的所有者,但是,实际得益者却是有权占用土地的人,即那些真正体现与金融界的联系从而也体现企业家精神的农场主。

与英格兰相比较,法国发生的情况明显要更保守一些。在该国发生的这样一些变革就更谈不上深刻了。

从某种意义上来说,从大约1450年至1560年的110年构成一个承前启后的时期。在这段时期中,人们还可以找到新发展的起因。在那些年代,法国终于有了长久的和平时期并随之日趋繁荣。从1339年以来的前一个时代受所谓的百年战争所左右。这场毁灭性的战争有时因鼠疫(法国于1438年也发生鼠疫)而影响更加深远,结果,人们几乎无法区分引起大灾难的这两个根源。1562年开始的宗教战争再一次严重破坏了法国的繁荣,使经济发展停滞甚至倒退。实际上以进行大规模战争著称的路易十四统治时期（1643—1715年）也有类似的影响。

百年战争和鼠疫的可怕状况导致的结果是除了反复叙述这场大灾难及破坏的程度，抢劫和谋杀外，几乎没有留下可供人们判断发展或是停滞的文献材料。因此只能通过回溯已得到相对充分研究的早先一个时期来判断16世纪及以后的发展趋势。

在9世纪和10世纪，君主制衰落而封建制度和地主庄园制发展起来。即使在那时，法国的几个地区也存在差别，直到18世纪这些差别还仍然有影响。因此，封建制度在勃艮第和香槟地区发展得最为彻底，但在布列塔尼、诺曼底、普罗旺斯以及南方的其他地区，发展程度就要差一些。正如在欧洲的其他地方一样，领地农业与农民农业同时并存。农民的法律地位显示出相当大的差异，从农奴经过隶农（占大多数）到新旧自由民。然而，法国很快又经历了一个简化过程：人身依附状况和个人负担转为依附于土地，而使用收益权实质上合并为财产权。

正如在英格兰发生的情况一样，德国以及欧洲大陆的其余地区在13世纪推行了一种日益增强的货币经济。实物租金大部分被货币租金所代替，不过布列塔尼是个明显的例外，在那里，实物租金一直维持到18世纪。同时，领主的领地农业衰落了，直到11世纪，领主的领地还占法国耕地的四分之一到一半之间。这些土地常常以明显优惠的条件出租给农民。13世纪还有一个特点就是大多数或一部分农民以劳务换取现金报酬。在这一点上，表现出一定程度的解放。领主们需要现金并急需同城镇的吸引力作斗争，因此，他们不得不这样做。而且，农奴制存在的原有条件在这时开始消失，但并没有像在佛兰德和布拉班特那样完全消失。在法国的大部分地区，农奴制瓦解的过程一直持续到16世纪，到那时农奴制就完全瓦解了。持续了几个世纪的垦殖过程在13世纪终于结束。这一垦殖过程并不是像在德国那样要砍伐原始森林，而是清除掉生长在曾经耕种过的土地上的灌木丛。只是在这一个世纪，那些曾在罗马时代使用过的所有土地才重新得到耕种。在这一过程中，农民获得了对树林和牧场的共同所有权，或至少明确规定了在这样的公共土地上的权利。

在此基础上开始的一个发展阶段在百年战争期间只能有零零星星

的发展,其后才变得完全明显起来。鼠疫流行使战乱雪上加霜,必然造成大灾难和新的破坏,但是,人们也可以看到旧的关系正在进一步瓦解。由于租金的购买力下降,贵族变得非常贫困,因而他们无法阻止传统的农奴制的进一步消亡。在像洛林、勃艮第和弗朗什孔泰这样的地区,由于未受战争的影响,农奴制就非常容易保存下来,这是其特色。在别的地方,这时领主已丧失大部分甚至完全没有了奴隶劳工,而又无法支付临时工的已增长的工资,因而被迫将自己的土地交给农民耕种。租约(多半是部分租赁和短期租赁)越来越多地代替了过去的农民承租权。富有的市民(主要是商人)开始有了地产,特别是城镇附近地区的地产,这有可能促进这种由契约确定的经济关系。15世纪后半叶已恢复和平,同样的发展趋势——庄园制特别是领地农业的衰落,日益增多的出租土地的做法——继续进行而未受妨碍。

法国的工商阶层没有以羊毛出口、布匹生产和布匹贸易这种影响英格兰历史进程的方式来寻求一条不同的发展路线的情不自禁的欲望,这与英格兰的发展形成鲜明的对照。法国工业在这段时期很不发达;它生产的产品主要是供应当地市场,商品质量低。的确,城镇居民、商人、金融家、投机商、法官,偶尔还有富裕的农民挤入地方贵族阶层,而原来拥有土地的家族变穷了,只好到宫廷和军队中去谋职。但是,新贵族采用了旧贵族的时尚和习俗。实际上,新贵族通常是法院(Parlement)成员,控制着司法过程。虽然他们曾经为反对庄园制而斗争,但现在,庄园使他们有了社会地位和租金收入,所以,他们运用他们的全部权势来巩固庄园制。诚然,普瓦图和皮卡迪的大布商组建起广大的国内工业和出口贸易,但他们与英国同行不一样,没有考虑过有计划、有步骤地促进羊毛生产,从而改造农业以适应养羊业。他们对振兴和发展实质上已不复存在的直接开发也不感兴趣——这种生产方式在某种程度上出现在英格兰而更多见于东欧。17世纪和18世纪竭力限制农民的林权和放牧权,或者以一种彻底的解决方式完全废除公共土地,其目的仅是想要增加租金收入——或者更确切地说,是想抵消租金价值的持续降低。这些尝试不涉及农业方法或基本农具的改革,他们也不打算这样做。另一方面,农民(即使他们认识到经济上的这些可能性)无法采用革新措施,因为他们完全没有必需的资金。在19世纪之前，一直无法消除农业上资金的匮乏。发展如此受阻不是由于租金的压力（普遍说来租金相当低），而是由于小片的土地限制了生产效率，以及像税收这样的公共负担造成的。大多数法国农民拥有的农场非常小，以致仅够维持他及家人的生计。在许多情况下，他们甚至连生计也无法维持下去，所以农民家里的人被迫去寻找农业以外的其他工作。在这种情况下，怎能谈得上资本积累呢？在法国，能获得的这种资金来自农业以外的其他来源，而且不是进入农业领域，而是进入贸易、投机事业、工业，甚至采矿业。国内交通运输系统不健全——道路很差，更重要的是种类繁多的国内通行费等——均由这种受抑制的发展状况所致，反过来又使这种状况长期存在下去。

因此，法国在农业方面几乎没有出现过那种明显合理的经济思想和行动。13世纪的这些变革及其在16世纪的延续确实引起以货币地租代替实物地租和劳役，从而结束了人身农奴制，巩固了所有权，更多地采用出租方式，但事情到此止步。法国仍然是一个农民国家，靠收租为生的地主阶级使农民负担过重。法国仍靠传统的经济方法，是一个贫穷而不发达的国家。在宗教战争爆发前的和平时期就有了发展趋势，但未发展成熟。而在英国，他们经历的是一直向前发展。只有重农主义者（魁奈、杜尔哥等人）的思想和政策，当然还有法国大革命，才使新经济力量产生出巨大的爆发力。

在南欧国家中，西班牙和意大利占有特殊的地位。两国都经历了西罗马帝国晚期的经济改革，然后，在征服民族的统治下，接触到与他们先前发展情况格格不入的新奇的社会与农业组织形式。在这两种情况中，起初的征服者都是日耳曼人，随同他们带来的是他们的生活方式并使之与当时的罗马晚期文化相融合。公元415年，西哥特人建立了一个以托莱多为首都的帝国。起初，帝国版图包括法国南部和西班牙，但后来，法兰克国王克洛维使其仅限于西班牙。在意大利，在西哥特人和汪达尔人的队伍取得短暂胜利之后，狄奥多里克大帝率领的东哥特人于493年建立了一个王国，只维持到533年。早在568年，北部就被伦巴族王国取代。在这两种情况下，日耳曼人的"服从"思想和由此而产生的封建制度通过领主与仆从之间的个人关系决定了农业结构。711年，除北部以外整个西班牙都落入阿拉伯征服者手中。在意大利，由于查理曼帝国（774年）中的伦巴族王国与经常派仆从到那儿定居的历代德国皇帝后来建立的统治地合并，从而加强了日耳曼人的力量。在西班牙，经过阿拉伯人几个世纪的统治之后又开始收复失地。在阿拉伯人统治期间，政治结构得到进一步的发展。意大利独立形式的农村组织在10世纪开始发展起来；在11世纪，它们在与日耳曼封建制度作斗争的过程中农村组织的发展势头更加猛烈。最后，都市的精神力量终于战胜了封建统治。正如阿尔弗雷德·多伦指出："在意大利的几乎每一个地方，古希腊和古罗马的组织体制战胜了北方日耳曼人的封建制度。"自由自治公社确立了自己的地位——甚至在政治上也使周围农村屈服的城市国家。

这样，意大利及其农业结构发展史上的关键时期从11世纪持续到13世纪。以后就一直不间断地延续至今。这段发展时期的特点是：法律上曾经严格分开的一些阶级合并为一个统一的阶级，享有人身自由，不受任何契约或承诺的约束。昔日的仆人（*servus*）成为隶农（*colonus*），而*livellarius*（有人身自由但受劳役的约束）和*arimanus*（有人身自由的日耳曼人）与隶农结合为统一的佃耕农阶层。这时的决定性因素不是出身时的身份而仅是应该承担的义务。然而，在撒丁区和弗留利这样的边缘地区，无人身自由的状况晚至15世纪继续存在。一步紧接一步：即使这种事实上的终身依附状况也减少了，并为以租金（通常以现金支付）体现的劳役所代替。结果，终身占有权改变为合法的自由租赁制。所有这一切发生的同时，领地农业制被逐步废弃了。意大利的领地农业制的作用从来就无法与阿尔卑斯山以北的大庄园相比。但是，已有一些庄园使用劳工并付给工资，这些庄园依据不同于农民法的法律行事。领地大部分被分开出租；剩下的部分——主要用作花园、公园、果园，以及葡萄园——不再有单独的法律地位。换句话说，这时只有一部统一的"资产阶级的"土地法，不再有封建采邑的土地法。

纯粹从物质方面来看，这些变革一般来说没有改善农民的命运；各地的租赁金或应该承担的义务超过了原来的终身租用金。但农民在耕种方式方面有完全自由。因此，各种土地所有者和农业工人被迫进入一种由城镇控制的经济。同样地，贵族越来越多地从农村特权阶层转变为城市特权阶层，将其大部分财富投资于动产而不是不动产中，分享由贸易中所赚得的利润。城镇自身的一些因素也促进了这一都市化过程。当时，富有的城镇居民购置田产，种植果树或喂养家禽，以满足自身的部分需要。但是，他们也将其用作避暑住所和农村休养地。在评价城镇与农村的这种相互结合和消除法律观念上原有的差别时，人们必须看到这些"别墅"所起的极其重要的作用。

在意大利的大部分地区——尤其是在托斯卡纳——这一过程到13世纪就完成了。16世纪在几乎整个欧洲都产生了这样的新发展，而对意大利却没有重要意义。虽然在这几个世纪中甚至直至现在，大宗地产确实一直掌握在大贵族家族和教会手中，但是没有大规模的农业，只有小农场经营。教会也发觉必须将其巨大的财产中较大部分予以出租或出售，因为罗马教廷进行的十字军东征需要的大量捐款已造成无法承受的债务重负。因此，世俗人士或宗教界人士的手中都没有足够强的经济实力来支持自给自足的理想而不参与到总体经济中。

西班牙的发展截然不同。这不仅是由于该半岛上几个地区的气候差别很大，而且还由于政治时运的不同。尽管该国的大部分地区几个世纪以来一直处于摩尔人的统治之下，但加泰罗尼亚归卡洛林王朝管辖并建立起严格的封建制度，成为从事与摩尔人作斗争的军人阶级的基础。西北部的其他地区的发展情况很相似，不过，在巴斯克地区很快就开始显现出特点。这个地区受贸易和运输业的影响，即城镇的影响，反对这些地区从族长统治而不是从解放奴隶发展而来的封建制度。在一定程度上，随着巴斯克地区的农业经过自动调节适应了邻近城镇的市场经济，明显出现非常类似于意大利的那种发展。在那些逐渐从摩尔人手中收复的地区，发展情况也不尽相同。在阿拉贡地区，上层贵族取代了摩尔人领主的位置，他们与城镇结成联盟，对王室权力进行强有力的限制，以致农民一直处于极端的从属地位，直到18世纪才获自由。卡斯蒂利亚和莱昂的中心地区保留着由凯尔特—伊比利亚人建立的定居点——由一圈不设防村庄围起来的设防城镇。在继续收复失地的过程中，这些城镇成为贵族领主的宅邸所在地，他们控制着周围的平原，这是在意大利也可以见到的特征。南方还不懂得这种以城市为中心的定居方式——这里要么由地方贵族要么由军人集团统治，养羊业在农业中占主要地位。地中海沿岸地区受占有土地的大贵族控制，他们拥有必需的灌溉系统。另一方面，小庄园是塞维利亚内地的特征。在15世纪和16世纪，塞维利亚的商人大量买下这些小庄园，企图以此攀升为贵族。

上层贵族和下层贵族都没有经济上的进取心。他们把庄园的管理工作交给管家。大部分贵族的生活条件都相当低下。他们中的大部分人将土地交给承租人，这些承租人有时又分为第一承租人和第二承租人。正如间或在安达卢西亚见到的情况一样，他们从居住中心直接将土地包租出去。从中世纪的全盛时期起，农民一直享有人身自由。而对土地要么拥有继承使用权要么拥有租用权。此外，还有一些临时工。农民的负担普遍很重，尤其是在那些可以提高租税的地方；但在巴伦西亚和穆尔西亚，这一点行不通，那里的农民一直承担固定不变的租税。

总的来说，只有在西班牙的大港口和大的贸易城镇能发挥作用的那些地区才呈现出与欧洲的发展总趋势相一致的特别景象。

二　安特卫普的重要作用

安特卫普的"黄金时代"被公认为是欧洲文艺复兴史上最著名的篇章之一。正如英国外交家桑普森指出，对当时的人们来说，安特卫普是"世界的一朵鲜花"。当时的这些人，包括亲王、外交官、艺术家、诗人、旅游者和商人，已在历史记录上留下了他们对这座商业都城之王的惊讶赞美之词。到16世纪中叶，赞美之声的音量加大，调子升高，佛罗伦萨的圭恰迪尼在1565年的描述使这一赞美的高潮达到登峰造极的地步。这是由外国人所写的有关该城的最华丽的墓志铭之一，因为当圭恰迪尼撰文赞美之时，安特卫普已度过了它的鼎盛时期。如果同时代人把该城看作是无与伦比的，那么，这位历史学家赞同他们的看法则是分量更重的评述。因为他与他们不一样，能对照继该城之后的名都大邑所达到的水平来估量出该城所达到的高度，而且还得出结论："从来没有一个市场曾将世界上所有重要的商业国的贸易集中到这种程度。"可以对安特卫普的金融市场作出类似的尽管不太全面的结论：该城同时所起的两种作用肯定是一项独一无二的成就。借用安温对安特卫普与维多利亚时代的英格兰进行的类比，安特卫普不仅仅是16世纪的伦敦，它还是曼彻斯特。如果加上博尔顿或奥德姆我们也几乎没错，因为安特卫普以工业活动感到自豪，其重要性被该城早期的历史学家所忽略，因此，这一点遗留给近代的著述家来论证。

在有关这段繁荣时期的种种直接起因之中，与1499年选择安特卫普作为葡萄牙的香料贸易中心相比，没有哪一个事件显得更加突出或有更充足的理由标志这一时期的开始。从大约1460年起，葡萄牙人就在布鲁日开始销售他们航海事业的产品。但是，直到葡萄牙王室代理商在安特卫普立足之后，香料贸易才突显重要。在1488—1493年的佛兰芒叛乱期间，这位王室代理商就临时转移到那儿，但这次旅居是应马克西米连皇帝的邀请，而在1499年重返那里却是出于他自己的主动行动，而且，这次他是来居留的。在瓦斯科·达·伽马成功地深入到东印度香料产地的同时，他的决定确保了未来半个世纪中安特卫普将是葡萄牙香料进入欧洲的主要渠道，因为葡萄牙的殖民地贸易受王室垄断，出售贸易品是王室代理商的主要职责。从里斯本发送来的第一批胡椒和其他商品于1501年到达安特卫普。两年后，王室代理商与安特卫普的一位商人签订了第一份合同，结果，在1504年8月，1000吨香料沿斯海尔德河逆流而上运抵该城。

代理商将出售的1504年运来货物所得利润的一部分用于购买葡萄牙当时所急需的粮食。但是，通常他想要换取的是金属（特别是铜）、金属制品、布和银。这些东西可以运到非洲和远东去换来更多的香料。一直在那里做生意的其他两个"民族"商业集团将数量越来越多的这些东西运到安特卫普：南方即高地德国人运来金属，英格兰人运来布匹（还有一些铅和锡）。正因为如此，在50年中，葡萄牙代理商一直驻扎在那儿。1549年葡萄牙王室代理商的撤离立即产生后果，这是情况变得对安特卫普不利的象征。但是香料是一块磁铁，除了金属和布匹之外，它还吸引着其他东西。其他商品运输路程短，沿线很安全。而运来与它们作交换的香料则不同，从遥远而无安全保障的地区经海路长途运来，结果，供应量大起大落。因此，从一开始就无法阻止香料交易成为一种赌博。然而商人并不想阻止这种赌博；相反，他们却急于要利用这种交易中的投机性。风险很大，但回报也很大。用铜和水银交换香料的德国南方人同样也出了一些那个时

第二章 经济变革

代最大的金融家，这绝不是偶然的。

同样也绝不是偶然的因素使葡萄牙人、英格兰人或德国南方人来到安特卫普，无论好歹，随同他们一起带来了前所未有的商业与金融强国的信心；他们的到来是前一个时期发展的必然结果。从11世纪到17世纪，尼德兰是包括由莱茵河、马斯河与斯海尔德河冲积而成的巨大三角洲在内的低洼地区，当时是欧洲贸易的集散地之一；这一点已是众所周知的事实，毫不新鲜，其原因是不言而喻的，无须详述。但是，正如这个地区总的来说构成一个经济重心一样，在任何特定时间它在自身范围内也有一个最大商业强度：在这一地区众多的城镇中，有一个拥有大都市的地位和权力。从12世纪到15世纪，那个城镇是佛兰德的布鲁日。然后，在15世纪期间，布鲁日被安特卫普超过。在五十多年中，安特卫普在其最兴盛时期拥有比布鲁日更大的霸权。在经济变化与政治动乱的双重夹击之下，安特卫普接着也衰落了。而这一次，领导权又转移到三角洲北缘的阿姆斯特丹，它对此早已翘首以待。阿姆斯特丹的绝对霸权是安特卫普从来就没有过的，所以持续的时间相当长，直到这一整个地区暂时丧失了长期拥有的龙头地位时才结束。

因此，安特卫普的兴起恰好同时是布鲁日的衰落。安特卫普发起第一次挑战正是在14世纪早期：例如，1338年该城成为与英格兰进行贸易的中心，第一次预示它有极好的前景。但是，1357年，安特卫普成为佛兰德的属地，在半个世纪中，它的经济利益为该国的利益作出牺牲。只是随着勃艮第家族的到来这种约束才得以消除，而有利于安特卫普的实质因素又再一次充分发挥作用。皮雷纳在其《比利时史》[①]中描述了16世纪的安特卫普，其中著名的一段的主题就是关于起作用的那些实质因素：通向海路的水道逐渐变深，港口设施的改进，英格兰的布匹贸易的增加和高地德国人的到来，而最重要的是成为城镇解决商业问题的方法的特点的经济自由主义。对于皮雷纳来说，这些是安特卫普领先于其近邻的主要原因。简短地回顾一下这些要点将便于简略地谈一谈自他那个时代以来所做的一些研究工作的结果。

---

① ［比利时］亨利·皮雷纳：《比利时史》，1923年版，第三章第三节，第271页。

进出方便是大海港头等重要的必要条件。由于安特卫普进出大海的水道最终得到自然改善时正是它取得优势的时候，所以，在对该城起着有利作用的种种变化中，高度评价这一点是必然的。斯海尔德河西段水路的改善肯定促使了海船沿河航行而不是在河口处，在"瓦尔赫伦之路"上停泊，在那里将船货转运。在16世纪20年代，由直达运输而付停泊费的船只数目每年介于6艘至36艘；在16世纪30年代，相应的数字为88艘至319艘，而此后，船只数目稳定在200艘至300艘。这些年代是安特卫普的繁荣鼎盛时期，因而也是斯海尔德河西段海运最兴旺的时期。但是中转运输体制直至16世纪中期都还远远没有被取代，其原因不难理解。这不仅仅是因为通行"巨轮"的河道仍然有些危险，而且由于安特卫普的港口设施很有限，使得沿河逆流而上的船只在到达时可能受到严重耽误。从海上进入的便利条件已经产生而不是解决了问题。总的来说，我们可以得出这样的结论：虽然它的好处很多，但并不是有时声称的那样重要。很清楚，这些好处只不过是对该城在与东南部广大内地的交往中已享有的好处的增补而已。向南辐射的水路网是从早期起使安特卫普成为水陆交通枢纽的两个自然特征之一；另一个自然特征是该城位于从莱茵河向西通往北海和英吉利海峡的一条陆路的终点。从科隆到布鲁日的中世纪大道穿过根特和梅奇林，但在跨越马斯河之后从主干道分出一条支路，向西北延伸，跨过坎彭河通往斯海尔德河河口。这是德国南方人去安特卫普的路线，正如斯海尔德河西段是英格兰人去那里的路线一样。走这条路线费用较低，穿过贫穷的农村地区，在那里能得到便宜的供应品，重要的是免收通行费和不征收其他税费。在坎彭的乡村地区，至今还可以见到像"科隆大篷车"之类的客栈名称，这些名称使人们保持了对这条已消失的交通干线的记忆。

在葡萄牙人到来之前，德国南方人是到安特卫普来做生意的两个主要"民族"之一，这是人们对这两个商业集团的称呼。在该城历史的这一页上，"汉萨同盟"这一名称曾一度占据了重要位置。但是现在很清楚，曾经认为汉萨同盟具有的重要性更多的是由于该同盟的高度组织性因而在那个时期的文献上的突出地位而不是经济上的真实情况。对比之下，除了少数几个主要商行，德国南方人未受到人们的重视，主要是因为他们作为一个松散的团体在档案中几乎没留下痕迹。他们以纽伦堡、奥斯格堡和法兰克福为基地，与像柏林、布雷斯劳和莱比锡这样的一些地方相联系，经营中欧矿山产的金属和南德高地的农村工业织造的棉麻混纺粗布，地中海沿岸的所有国家对这两种商品都有旺盛的需求。他们的大商行，如富格尔、霍赫斯泰特尔、韦尔瑟和图克尔开始时全都是既做金属生意又做布匹生意，但是他们在崛起过程中往往放弃布匹生意而专做金属生意，尤其是铜和银。在安特卫普的地中海"民族"中，意大利人位居前列。他们之所以有重要地位，不仅仅是因为他们经营的是贵重商品，包括细布和从来未被葡萄牙的廉价商品排挤出该市场的黎凡特高级香料，而且因为他们的商业和金融专业知识：安特卫普的第一代银行家全是意大利人，他们是直到那时聚集在布鲁日的商行的继承人。后来他们中出了许多商界领袖和官员，以及在卢多维科·圭恰迪尼著作中提到的该城最伟大的国际法学者。

但是，毫无疑问，当时在安特卫普的"各民族"中占第一位的是英格兰人，选择安特卫普作为英格兰布匹的"贸易城镇"是仅次于把它建成香料交易中心而吸引全欧洲的商人到那里去的第二个原因。尽管遭到许多令人灰心的挫折，英格兰布匹业在15世纪经过努力奋争终于在尼德兰获得一个货物集散地。它所显示的毅力，以及由此而得到的丰厚回报是出于不得已而为之的结果。因为正是他们在欧洲沿海别的地区未能站住脚才驱使这么多的英格兰商人到尼德兰来碰碰运气。英格兰对安特卫普的布匹贸易的增长，就像开始控制这一贸易的冒险商公司的兴起一样，总的来说是英格兰海外贸易的收缩而不是扩大。对于这一看法还有很多话要说。可以假定，当谈判准入条件时，当时的形势就会使英格兰人无能为力。如果尼德兰当时已形成一个中央集权制的国家，很可能就是这种情况。但是由勃艮第公爵将这些地区进行联合是人为的联合，在勇敢者查理死后，中央政权瓦解了，过了半个世纪之后才又着手重建国家。因此，当充分深入到回顾中的那个时期——而且在整个这段时期中的某些方面时，我们可以看到各个地区以及这些地区中强大的城市社团继续享有一定程度的自治并表现出一定程度的完全是中世纪产物的排他主义。从英格兰人的观点来看，这是可取之处，因为它使他们的弱点转变为长处。冒险商公司在尼德兰开始享有特权地位的秘密之一就是有意避免承诺单独利用三个相关城镇的其中一个。这三个相关城镇是安特卫普、米德尔堡和贝亨奥普佐姆，都是可供他们利用的。为了捍卫这一策略原则，他们不但必须抵制这些城镇本身的诱惑，而且还须抵制勃艮第公爵们施加的压力。为了自身的利益，他们宁愿看到由一个强制性的贸易中心来安排布匹贸易。例如，在1497年，当美男子菲利普请求亨利七世同意在安特卫普和贝亨奥普佐姆建立这样一个贸易中心时，冒险商公司坚决抵制并坚持选择自由，这使他们能"迫使这些城镇由于担心他们撤走而改正错误"。单是威胁要撤走还不够，英格兰人还时时转移到互相竞争的城镇去办一段时期的商品交易会。

但是，只有安特卫普才会成为英格兰最佳的贸易中心，只有在那儿他们才会遇到几乎所有其他做生意的"各民族"。这是不是由于这些商人发现在那儿受到更好更多的文明待遇、较少的限制和较大的宽容——换句话说，是不是由于安特卫普比邻近地区更自由、更"现代"？四个要素支配着安特卫普的国际贸易：本身的交易方法；允许"各民族"商人进入的条件；在该城的两个交易会期间得到公认的特别管理制度以及尼德兰政府奉行的政策。其中，第一个最不重要。一般说来，交易方法是全欧洲共有的，就像很快就传到安特卫普的复式记账簿一样，预付款的方式也通常是最先在南方采用，然后由创始者带到北方。但是，在15世纪，商品的买卖，送货和付款是根据各贸易城镇大致相同的规则进行的。确实，在1500年后，安特卫普的商品贸易量和复杂程度都在增加，与此同时商业交易方法也有了提高。只要这些方法有助于使该城能成为一个更自由更现代的商业中心，荣誉就应更多地属于设想出并完善了这些交易方法的商人而较少属于该城。

"各民族"到安特卫普来的准入条件更为重要，因为如果我们期待能在什么地方找到城市开明公正的特别证据，那就只有在此地了。而且由于在各国的所有商人中，只有英格兰人获得最好的条件，他们是最有可能证明这个论点的例子。不可否认，在1446年（那年第一个"法规"明确规定了英格兰商人的地位）以后的半个世纪由安特卫普授予他们的特权当中，有几个是"自由的"和"现代的"特权，从而代替了旧的外国人旅居管理条例（*gastenrecht*），安特卫普的英格兰人在这方面开始享有几乎完全的自由，而且他们在同其他外国人做生意时如果需要雇用当地的经纪人,这些中间人的合法与不合法活动的范围越来越有限。但是,所有证据都表明,不仅仅是安特卫普在这样逐步放宽苛严的外国人管理条例,甚至通常被看作是非常落后的布鲁日也在这方面取得了明显的进步。而且,由于这些特权决非这些城市自动给予的,所以看来肯定是在受到要撤走的威胁的情况下强行取得的,我们已听说冒险商公司曾夸耀过这一点。这些城市本身对于挑拨它们相互反对的手段不抱任何幻想,有时这些城市还能同心协力进行自卫,就像安特卫普和贝亨奥普佐姆在1488年所做的那样;是年它们联合"反对英格兰王国的商人,因为他们所做的有损它们利益的不公正的事超过任何其他国家的商人"。

当谈到布拉班特商品交易会时,我们了解的事实更加确凿。该交易会是三角洲地区历史上非常有名的"四个集市"。当约翰二世公爵于14世纪初建立,或许只是使其规范化时,每次集市交易期只有两周,但是这些集市的交易期很快就延长到6周(从理论上来说,其中前两周是去交易会路途的时间,最后两周是离开交易会的时间),因此,在15世纪,这4个交易会(其中有两周重叠)至少要花22周,将近半年的时间。它们间隔的时间不是均衡的,而是分为两组。贝亨奥普佐姆的复活节交易会(*The Paasmarkt*)于复活节前的星期四开市,紧接着是安特卫普的五旬节交易会(*The Pinxten* 或 *Sinxtenmarkt*)。与此相类似,8月底开市的安特卫普交易会(*Bamismarkt*)即圣巴沃(St Bavo)交易会之后,几乎紧接着就是于10月份最后两周开始的贝亨交易会(*Koudmarkt*)即冬季交易会。两座城市相隔很近(相距只有30英里)使得商人们很容易在春秋轮回经商过程中光顾两地,这就有助于说明在两届贝亨商品交易会已丧失其商业意义(像它们在1540年以前所起的重大作用那样)之后,它们仍然能实现更小但更有用的目标:提供财务年度中的两个结算期。关于这些商品交易会在15世纪中对布拉班特的这两个城市的价值几乎没有疑问。诚然,它们相互之间的管理制度或与其他城镇的管理制度之间并没有多大差别:除了刑事原因之外,人员和商品免办法律手续,并受特别保护以防暴力、抢劫和类似的违法行为——这些是最基本的特征。但是,这些城市为保护自己的交易会举办权而表现出的妒忌行为和想要延长交易期的急切心情足以证明它们受重视的程度。

然而，进入到16世纪时，情况发生了变化。尽管这两个城市的商品交易会表面上没有发生改变，但是它们的实际意义开始有了区别。贝亨奥普佐姆继续作为商品交易会举办城市，它的外贸集中在几个星期的两次商品交易会之内，此外就几乎没有外贸。而且，它的商品交易会本身很快就完全衰落了，来参加交易会的客商人数从16世纪20年代的大约400人逐渐下降到16世纪40年代初期的100人或更少。只是由于英格兰的布商决定把贝亨商品交易会用作安特卫普交易会的陪衬，它才能够继续存在，这一点几乎没有太多可说的。相反，在安特卫普，不仅商品交易会本身繁荣兴旺，而且越来越兴旺以至成为多少有些连续不断的商业年度的高峰。英格兰人的影响也很重要，甚至起决定性作用，因为冒险商公司的控制有利于周期性贸易而不是连续性贸易，运送布匹的船队定于商品交易会（尤其是五旬节交易会）期间按时到达。因此，一方面，尽管看来安特卫普的贸易正在冲破中世纪商品交易会的限制，另一方面，一直确凿无疑的是，即使在达到最大贸易量的时候，这些商品交易会仍然是商业年度的主体，以及正如我们将要看到的，成了金融业的基础。

尼德兰的勃艮第统治者对斯海尔德河两岸的新兴大城市的态度依然如故。这些地区的中世纪体制、勃艮第和哈布斯堡王室的重大使命所要压制和取代的众多棘手的特权和风俗习惯，长期以来妨碍了他们的行动自由和阻碍了推行经济或其他方面的连贯一致的政策。因此，只有在像通行费和货币体系的管理或商业条约的谈判这样一些中央政府能较为得心应手地加以控制的经济政策领域中，我们才能找到至少在初期偏袒安特卫普的痕迹。正是佛兰德给了勃艮第王室在尼德兰的第一个立足点，这种情况继续反映在它的法令中。直到在勇敢者查理的统治时期和更加明显的是在马克西米连统治时期，佛兰芒的工业和贸易持续衰退，以及随之而产生的政治上的剧烈动荡，才中断了原来的那种关系。佛兰德所失去的正是布拉班特尤其是安特卫普所得到的。在马克西米连与佛兰芒诸城市进行的。十年斗争中，正是安特卫普对他的支持才缔结了该城与该王朝之间的联盟关系。这种关系一直维持到菲利普二世于70年以后到来之前都未受削弱。该联盟关系以马克西米连1488年颁布的特种权利法令开始，该法令要求住在布鲁日的"各民族"转移到安特卫普。其中也使葡萄牙王室代理商第一次来到该城。

因此，如果安特卫普把15世纪末结束的成长期间的某些东西归结于政治上的好运，那么，在16世纪的半个世纪的成熟期和鼎盛期它继续享受着那些年留下的遗产。在哈布斯堡统治者的直接控制下，在他们开始逐步带来的不论好歹的状况中，安特卫普能够以拥有一定程度的即使在本国也很了不起的政治、宗教和财政自治而感到自豪。但是它做到这一点是依靠两个条件。第一是它"在亲王需要时给予支持"的能力和意愿，第二是它以提供财力的方式来赞同亲王奉行的政策。该世纪的头50年几乎完全与查理五世的统治期相吻合，这段时期中这些条件基本上得到履行。地方行政官始终乐于花费金钱以便保住旧的或获得新的征收通行费或承包税收的特权，而官场外最富有的人经办帝国外交政策日益需要贷款。除了偶尔抱怨一下之外，该城也同样接受了它要么赞成要么能使之变得对它自身利益无害的政策。这在宗教上更是如此。在一个越来越不宽容的时代，地方行政官使用该城的特权来保护其商业社团。他们对小人物不感兴趣，安特卫普的殉教者中大多数是这些人，其中许多人被通称为"再洗礼派教徒"。但是，商业界的任何重要人物，无论是从葡萄牙蜂拥到安特卫普的"新基督徒"还是天主教"各民族"云游教徒都会受到自治市法律和习惯法的多方面的保护。正是这种态度和政府的政策之间日益增大的裂缝比任何别的东西都更使他们之间疏远了，尤其是在1555年以后。如果不是政府在财政上这么依赖该城及其金融市场，它可能早就打击这个享有特权的障碍物了。实际上，格兰维尔可能劝告菲利普二世鼓励根特的贸易以作为对安特卫普的一种平衡力。自从根特在1540年被制服以来，它就没有添过麻烦，而且它比斯海尔德河岸边的"过分强大的臣民"更容易管理。这是与1488年的打算相距甚远的一种想法。

直到一代人以前，有关安特卫普达到或接近顶峰时的交易量的仅有的数字是圭恰迪尼在1560年左右写的著作中提供的那些数字。当时下降趋势或许已经开始，圭恰迪尼在著作中给出了每年输入到该城的一系列金额巨大的各类商品。在将近1600万金克朗的总值中，英格兰布匹占了500万，或者说将近三分之一；其次是意大利商品，特别是细布，达到 300 万；波罗的海小麦将近 175 万，德国葡萄酒 150 万，法国葡萄酒和葡萄牙香料各占 100 万。西班牙葡萄酒和羊毛、德国布匹、法国菘蓝染料、英国羊毛和法国盐，金额渐次减少，构成总值的一部分。幸亏有比利时历史学家们的著作，现在才可能将这些传统的数字与安特卫普某些年份的出口总额相比较。安特卫普的这些出口总额是通过将尼德兰政府为帮助支付法兰西战争的费用而对该国的出口贸易征收的税收收益相乘而获得的。在这些税收中，主要的税收是 1543—1545 年对所有出口商品征收的百分之一的出口税和 1552—1554 年对出口到南欧的商品征收的百分之二的出口税。这样所得的总额包括从 1543 年 2 月到 1544 年 2 月的 12 个月中从安特卫普由陆路和水路出口的全部大约 100 万佛兰芒镑①的贸易额和其后 12 个月超过 120 万佛兰芒镑的贸易额，而 1551 年 11 月至 1552 年 1 月的 0.5% 的税收收益代表的是 225 万佛兰芒镑的年总额。由于政府在财政意义上对进口贸易的兴趣不如对出口贸易的兴趣大，所以我们对进口情况知之甚少，但有一个相当于 1551—1552 年出口额的大约 160 万佛兰芒镑的进口额。

　　虽然这些数字的误差可能很大，但这些及类似的数字证实了从非统计数据中所能作出的推论，安特卫普的过境贸易额在该城的 "黄金时代" 的不同时期差别很大。1939 年发表的耶斯克鲁德（Ierseker-oord）的通行费，或泽兰的通行费收益的金额提供了这种商业活动模式的清楚明白的迹象。这是对使用斯海尔德河三角洲水道的交通征收的主要的通行费。这些水道包括安特卫普与大海之间的斯海尔德河西段，这条路线可能占了该城贸易量的一半。由于通行费通常是承包的，所以这些金额大多数是承包人每年所付的租金，但是，间或有记录下的实际收益。总的来说，这些数字说明这样一个结论，1500 年与 1560 年之间的 "黄金时代" 是由三个非常明确的时期组成：该世纪头 20 年快速扩张的初始期；接着，经过 10 年的衰退之后是大约 12—15 年的稳定期，这时大致达到顶点；然后，从 16 世纪 40 年代

---

① 同本书中别处一样，这里的 "佛兰芒镑" 这一术语的含意是合 240 格罗申的币值，不是指合 40 格罗申的币值，即查理金币，这就是造成疑问的原因。因此这里所给出的总数等于该记述本身所引总数的六分之一，再加德·斯梅特（De Smedt）在 De Engelse Natie te Antwerpen 一书第 2 卷第 437、441 页中已指出的未包括在内的对冒险商公司出口额的一个补充的估计数字。

末起，经历了12年的剧烈波动期，在这段时期中，新的高纪录与经济大萧条的低谷迅速交替。

16世纪40年代和16世纪50年代的贸易总额可以成为某些有启发性的比较的基础。当用来衡量安特卫普与尼德兰其他港口对比的贸易额时，它们表明该城处理着70%到80%的该国对外贸易，在一定程度上有力地证明了皮雷纳的这种说法：整个地区都成了这个大都市的郊区。另一方面，相当于大约90万英镑的1543—1545年的出口总额是伦敦对应的出口总额的将近3倍，比所有英格兰港口的出口额总和还多50%。一个显著的特点是，安特卫普看来已有贸易"顺差"。由于外国人在安特卫普筹集了大笔贷款，所以我们本来可以预计到由这些贷款服务所体现的入超。情况似乎相反，这是对该城在把进口原料和半成品转变为价值更大的制成品来努力发展工业方面的重要作用的奖励。

普遍认为，16世纪安特卫普的贸易性质主要是"转口贸易"，该城只不过是尼德兰别处生产的商品的一大转口港，通过它转运到或远或近的目的地。事实上，安特卫普所起的作用远远不只是在别处启动的一股贸易流的渠道。因为不仅该城本身是许多商品重要的最终市场，而且它与周围地区共有的工业活动是其商业活动必不可少的组成部分。用一个简明的现代术语来说，由此产生或加快的"专门贸易"就进口方面而言有食品、原料和半成品，就出口方面而言有在该城或周围地区生产或加工的商品。安特卫普是欧洲北部人口最稠密地区的最大城市。16世纪中期对尼德兰人口的估计数字是300万，这很可能有些夸大——现代的学术权威可能会把这个数字减少到200万以下——但是人口密度在佛兰德和布拉班特肯定是最大的，后者有50多万人。安特卫普自身的居民人口从起初的不到5万人增加到该世纪中叶的大约10万人，就大小而言，当时该城紧接在欧洲的6个最大城市之后；还有大量的流动人口：客商、托运人和旅游者。这个人口集中的都市的粮食供应需要连续不断的贸易流量。当地的农产品和渔产品连同大量作燃料用的泥炭每周源源不断运到，为该城送来了食物和温暖；而该城拥有的三个粮食、鱼类和燕麦交易中心意味着它也处理许多为整个布拉班特地区从国外进口的食品。许多进口商品在安特卫普进入工业活动范围经过加工处理：那里的鱼加工、制糖和肥皂制造早已闻名。

最重要的专门进口贸易项目是与纺织品有关的项目。在16世纪前，安特卫普几乎没有纺纱和织布业，但是布的精加工已发展成为一个较重要的行业：1564年，单是服装同业公会就有1600名工匠和学徒。在安特卫普进行上浆处理的大批布匹来自英格兰，因为买英格兰布的商人通常在该城将布进行精加工然后才运到目的地。1565年，安特卫普的地方行政官估计，每年进口的英格兰布匹价值达70万佛兰芒镑以上，其中价值40多万的布匹用于再出口。由于精加工的成本平均为批发价的三分之一，因此，该城从这个贸易项目所得的收入可能达到10万佛兰芒镑。除了布匹本身之外，精加工工业还需要各种其他的进口商品。首先是明矾，它是用于固色的必不可少的媒染剂（也用于炼铜）。在教皇国的托尔法发现明矾矿之后，勇敢者查理禁止从任何其他地方进口明矾，而在1491年，美男子菲利普和马克西米连通过使安特卫普成为明矾交易中心来加强垄断。这项贸易本身掌握在承包商（通常是意大利人）手中，但是该城负责收取每拉斯特①25先令的关税：随着贸易额的增长，所涉及的税收金额变得非常之大，直到1555年，才以支付24万佛兰芒镑将其赎回。其次的进口品是用明矾来加以固色的染料。安特卫普的染料业有3种常用色：黑、蓝和棕黄色。直到该世纪中叶以后，安特卫普人才找到一种菘蓝的代用品来作蓝色染料来源，而这种菘蓝（法国菘蓝）是从法国南部、西班牙和葡萄牙进口的主要商品，其中一些又再出口到邻近的一些国家。世界的开发带来了作染料用的新材料。1550年以后不久，在安特卫普人们就知道靛青，但过了一段时间以后才用于染色工业。虽然红木（巴西的名字来源于红木）属于葡萄牙最早的贸易项目之列，但只是慢慢代替传统的西洋茜草。胭脂红从1550年左右进入该地。

在安特卫普及其附近地区发展起来的其他新工业的一个显著特征是它们越来越多地耗用金属。军火工业在法兰西战争的刺激下增长并繁荣起来；而在安特卫普出售的部分武器装备以成品形式从德国或马斯河流域运来，有些则是在安特卫普或附近的梅奇林用进口金属制造的。1549年9月举行菲利普亲王的入城式时，大约1000门炮排列在

---

① 拉斯特（last）：重量单位，约合4000磅。——译者

他入城的城门外，此事给人的印象是大炮非常多。另一个欣欣向荣的行业是铸钟业，平原上无数高耸的教堂尖塔对铸钟保持着旺盛的需求。

显然，在安特卫普的进口总量中，不少商品不仅仅是通过而是运进该城，要么是在那里消费要么经过当地工匠的手加工制作之后再运走。对应的出口贸易除了已提到过的那些主要项目之外还包括一大批其他东西。这些东西促进了物质享受水平的提高和文化进步，这些是那个时代的特征：各种各样的家具、地面和墙面上的覆盖物、花毯、绘画和小雕像、珠宝首饰、玻璃器皿、书籍、纸张和地图，以及尼德兰以此而闻名的乐器。在尼德兰别处生产然后运到安特卫普来销售的众多商品延长并丰富了这张商品目录单，如由佛兰德的农村织布业或北部省份产布的城镇所生产的"新布匹"，其中大量的由西班牙人和葡萄牙人从安特卫普运走。

有一种普遍的看法是：安特卫普的贸易几乎完全被外国人控制，本地人在贸易中所起的仅是一种次要的，甚至是微不足道的作用。这是圭恰迪尼的观点，像他的大多数权威看法一样，这一观点长期以来毫无疑问地被接受。就主要的海外贸易项目来说，这确实是非常正确的：从一开始，将货物运到安特卫普来并相互买走货物的是英格兰人、德国人、葡萄牙人和西班牙人，而不是去寻找这些东西的安特卫普人。在这方面，16世纪的安特卫普所占据的位置与很快由阿姆斯特丹占据的位置迥然不同。阿姆斯特丹的海外贸易大部分是由荷兰人自己开创的。那种认为，要么安特卫普人从一开始就温顺地默许这种事态的发展，要么是这种事态使他们除了"站着等待"以外毫无作为，这种看法是错误的。至少在该城占优势的初期，安特卫普商人的船队不完全是微不足道的。在欧洲水域，我们听说过安特卫普人积极与邻近的国家做生意甚至深入到波罗的海，偶尔还竭力仿效远洋航行到欧洲以外的地方。在1510—1520年，敢于进取的德克·范·佩施恩为朝圣者和商人组织了去意大利和黎凡特的豪华旅行。1521年，3艘安特卫普的船只航行到远东，只有一艘船从那里返回。但是，部分由于该城贸易增长，其自身的作用变得更消极。在很大程度上，这是早期取得的成就引起敌视行动的结果。在波罗的海，安特卫普人与汉萨同盟发生冲突；在英格兰，他们同越来越多的排斥行为作斗争。最主要的是，他们为打破香料垄断的尝试激怒了葡萄牙人，如果坚持下去，就可能损害这一繁荣的贸易。当然，在所有这一切中毫无例外，各地的商人都要面临心怀妒忌的竞争者以及自然灾害。如果安特卫普人显示出的毅力，比如说，不如荷兰人的话，那是因为他们已经得到的这么多好处会在贸易战中丧失，要是接受分配给他们的角色，得到的要多得多。他们要做的事还很多。贸易引出了一整套的"商业服务"。尽管其中有一些，特别是金融服务，逐渐被外国控制，但其他一些仍然保留着较多的民族特征。因此，为商业文件作公证的业务繁忙的公证人通常是本地人，就像那些人数更多但社会地位较低的中间人、经纪人一样。然而随着时间的推移，这些人中各个不同国家的人都有了。发展非常迅速然而大部分仍控制在当地人手中的一个行业是佣金代理行。其中一个叫范·德·莫伦兄弟公司的代理行创下一个独一无二的交易纪录，1538—1544年间，它受理了一千多份委托书。

简单地把安特卫普贸易界划分为外国人和本地人的做法忽视了那些已在该城定居并适应了该城生活的外国人中间群体。在这些外国人聚居区中，最大的是西班牙人聚居区。政治上的联系使西班牙人与其他外国人的立场不同，非商业人员（主要是官员和军人）使他们的人数逐渐增加。在16世纪40年代，大约有50个西班牙商人常住该城，到1560年，总人数上升到100，或许还有同等人数的公务员和代理人。葡萄牙人的人数看来大约为一半。同时，到该世纪中叶，英格兰人聚居区很可能达到50或60人（或家），而意大利"各民族"（热那亚人、佛罗伦萨人和卢卡人占多数）的总和达到大约同样的数目。法国人的人数很多，但没有具体的数字。德国人的人数也难以确定。总体说来，到1550年左右，可能有400个至500个外国商人常住安特卫普，还有相等数目的外国人家属。

并非所有的这些外国人都在那里终生定居，他们包括每一个同化阶段的人。在该城住上几年然后又回国的外国商行代理人仍然可以算作外国人。但是，如果一个在那里站住脚的商人与当地人结婚生子，那里就成了他的家，他就向"归化"的方向迈进。但是，很少外国人最终成为公民。在1533年与1582年之间，只有179个地中海沿岸国家出生的人（西班牙人、葡萄牙人和意大利人）被接纳为该城的市民，在这些年份中，只有两年接纳的人数超过 10 名；在同一时期内，成为公民的英格兰人不超过 23 名。显然，只有少部分外国出生的居民无论因什么原因决定与该城市共命运。然而正是在"被接纳"的这一小部分安特卫普人中，我们发现有一些商界的主要人物。伊拉斯谟·谢茨继承了铜材生意，通过婚姻关系又进入香料行业，并将两者变成为安特卫普最大的个人财产之一。就像糖业大王希利斯·霍夫特曼一样，他也属于这一小部分人。这些人对决定该城命运与任何纯粹的外国人有同样大的影响。

安特卫普很少有现金批发买卖。现金购买者很难遇到，而且往往索要达 30% 的折扣。在使用的各种形式的信用付款中，最常用的一种是将所涉及的金额分为若干部分，并确定各部分金额不同的付款日期：通常分为三部分，第一部分可在即将到来的那次商品交易会上支付，其余部分在继后的两次商品交易会上支付。长久以来为欧洲所有贸易国确认，在安特卫普几乎人所共知的一个有助于作这种付款安排的条件是各次商品交易会的间隔时间很合适。到 16 世纪，原本属于商品交易会期间内的"结算期"开始紧接在交易会后：通常定为 10 天，但可以延长，稍作调整后这 4 个"结算期"就可成为按季付款的基础。根据 1521 年的法令，这 4 个结算期的时间定在 2 月、5 月、8 月和 11 月的月初。头两个月份是贝亨奥普佐姆商品交易会的结算期，后两个月份是安特卫普商品交易会的结算期。

安特卫普的贸易正是建立在赊购和票据付款这个双重基础之上。对当代的商人来说，要是没有这些便利条件，他们习惯了的那种大规模贸易就不可能办到，这一点是不言而喻的。理查德·格雷欣爵士在 1538 年断言："商人没有交易同海上的船没有水一样都无法继续存在。"提供必要的信贷是 16 世纪的银行家的主要职责。商人之间的相互交易在中世纪晚期已成为交换业务的特征。虽然这种交易一直持续到 16 世纪，但是，到那时，特别是在大的贸易中心，购买票据以及其他形式的预付款项的业务越来越为银行家所接替。不加区别地使用"商人"这个词既指商人又指银行家，这表明至此还没有明确的区分。一旦拥有一些资本，商人就弃商从事银行业务的普遍倾向在各地引起关注并令人感到痛惜。克莱门特·阿姆斯特朗对于"通过汇兑占有金钱"的"富有的老商人"的斥责在一代人以后得到圭恰迪尼的响应，他谈到，绅士和商人都利用"他们能弄到手的所有资本来做银钱生意，其大笔可靠的利润是巨大的诱饵"。但是，只要这些由商人转变过来的银行家接管并改善了巨大的商业票据业务，他们就代表了专业化的一个必然阶段，有助于消除旧的做法中的一些弊端。他们使商人不必去找交易对手，并且提供了非常需要的信心要素。有许多票据未能按期付款：付款人老是拒绝承兑这些票据，声称他们从来没有听说过出票人。一个与一家在各主要中心都有代理行的有名商行打交道的商人不大可能遇到这种困难，结果发现比较容易说服债权人接受支付款项的票据。

16世纪没有正规的票据贴现；它们在当场银货两讫地进行买卖并在到期日变现。每届商品交易会的利息通常为3%，即年息为12%，并付给经纪人0.5%的佣金。因此，如果一位伦敦的银行家以26先令8便士佛兰芒币兑换1英镑的汇率买进一张习惯期限即1个月期的汇票，其中的大约4便士是利息收益和佣金，剩下的"净"兑换率是26先令4便士。如果同时有一位安特卫普的银行家买进一张在伦敦兑付的汇票，他为定于在那里收款的每英镑交付的这个"净"数字是26先令4便士减去应支付利息和佣金的4便士，即26先令。因此，同一汇率在安特卫普的证券交易所和伦敦的伦巴第街金融中心以相差8便士的两个数字来表示，并且安特卫普的汇率总是较低的那个数字。对于较长期的汇票，或在银根"很紧"时，利率就高一些，这两个数字之间的差距就按比例增大。这样，买进汇票准备在国外收款的银行家从该笔交易中获得一笔可以事先计算出来的收益。但是，如果他想要将钱再汇回国内，他必须反过来重复这一过程：用那个时代的语言来说，他必须"再兑换"。正是这种"兑换和再兑换"（拉丁语 *cambium et recambium*，意大利语 *ricorsa*）构成了最简单最普遍的兑换投机形式。由于银行家无法预先知道他能再兑换的汇率，这就产生了不确定因素。然而，他可以用各种名为"汇率贴水"的方法为资金投保不利流动险。这些方法可以用来赚取利润也可以用来避免损失。汇率波动和利率变动密切相关，它们为16世纪的金融家提供了两个主要的投机领域之一（另一个是商品价格的变动，特别是像香料这样无稳定供应而可以"囤积"的商品价格的变动)。当时与现在一样,成功的条件是有足够的资金和将其迅速调动以寻求边际利润的能力。有关的主要市场是安特卫普本身,德国南部的一些城市,特别是奥格斯堡这个德国高级筹资的摇篮,里昂、热那亚和意大利的一些城市。安特卫普—奥格斯堡轴线为德国大商行所垄断,安特卫普—里昂—意大利三角区为意大利人所垄断。

在安特卫普的其他投机性行业中,最安全、利润最丰厚的一个行业是房地产。由于对该城各种住处的需求总是领先于供给,所以,购买土地或房屋等待"涨价"是外国人积极参与的一项有吸引力的事业(然而,创办最大的一项房地产事业的是一位名叫吉伯特·范·朔恩贝克的当地人。他于1548年在旧城以北开发安特卫普新城)。接着有了各种类型的保险。从事长途而危险的航行的商人在其离开期间有保人寿险的险种,可是,由于被大肆滥用而受非难——理由之一是它导致杀人事件的增加——因此在1571年被禁止。海上运输保险的情况也不见得好一些。考虑到它对商业界的重要性,它那杂乱无序的特性令人感到有点惊讶;由于大部分业务都委托给公证人和经纪人,16世纪前半期它在受到最少控制的情况下发展起来,因而弊端百出,欺诈成风。1550年颁布了革除这些弊端的第一个法令,1559年,皮埃蒙特人 J. B. 费吕菲尼被任命为第一个监管员;10年以后,阿尔瓦发布了有关这个问题的重要法令。由于有这么多类似于赌博的东西成了安特卫普日常生活的一部分,所以只能预料那儿名副其实的赌博成风。很快就风行于全欧洲的抽彩给奖起源于安特卫普,但另一种直到1544年才被禁止的很流行的赌博形式——对孩子的性别下赌注,似乎是从西班牙传到那里的。

如果安特卫普在16世纪仍然仅是它15世纪期间就已成为的那副模样:勃艮第人统治下的尼德兰的商业和金融中心,那么它在欧洲的金融业中所起的作用虽然重要但是有限。使这座城市在这方面的作用发生转变的是把尼德兰首先与帝国然后与西班牙联系在一起的王朝纽带。低地国家就这样被卷入哈布斯堡王朝的统治网中,被迫向哈布斯堡政权缴纳税款;战士、作战武器、船舶,所有这些都是帝国利益的组成部分,但是,随着时间的推移,集中于安特卫普的财力在重要性方面开始超过所有别的部分。由于里昂在法国的政府财政中起着类似的作用,所以,哈布斯堡和瓦卢瓦两个王室之间的长期斗争是这两个金融市场之间一场持久力的较量。在这一过程中,双方都受到激励去取得重要的技术进步。正是1511年的法兰西战争第一次促使尼德兰政府利用安特卫普开展贷款业务,从那时起直至1542年,公众借款尽管仍然是时断时续的,但更为常见了。1542年是金融市场的成长期和成熟期之间的分界线。尼德兰政府在需要时通过谋求贷款来满足特别的需要。其他的借款者也一样,只是由于葡萄牙人的业务与香料贸易联系在一起,它们有自己的特点。没有系统化的尝试,借贷期限也短。埃伦贝格的借款始于1516年,那一年,该政府借了总额为5万佛兰芒镑的当时堪称大笔的贷款,采用交易会会历(the faircalendar)来确定贷款时间。当时所借款项的借期从1届交易会到4届交易会不等,即从3个月到1年,如有必要,还可在同样的基础上延期。查理五世关于确定"结算期"日期的法令未必与他在这些日期的利益无关。

在谈判这些贷款时,有关政府只依靠一小批主要的金融家。富格尔、霍赫斯泰特尔、韦尔塞以及其他一些德国南部家族与查理五世皇帝的主要业务往来始于别处,但是人们发现他们这时在安特卫普做的政府业务数量日益增加。除了他们之外,主要的金融家在开始时有在尼德兰的最后两个佛罗伦萨大家族弗雷斯科巴尔第和瓜尔泰罗蒂,后来有西班牙人德·瓦伊莱和莫希卡以及拉萨鲁斯·图克尔,他们是第一批安特卫普的"金钱大王"。该市场的有限性加上需求无规律,使得利率很高而又不稳定,例如,在1516年这一年中,尼德兰政府筹集的贷款年利率在11%与31%之间,而在1520—1521年这两年中,年利率在15.5%与27.5%之间。16世纪30年代期间,利率逐渐降至12%与15%之间。虽然部分由于政府对金融体制不恰当的干预使得利率在1539年和1542年之间又有上升的趋势,但是到这段时期末,利率下降和波动减少表明金融业务的管理已取得很大的进步。

1542年与1557年之间的15年中,安特卫普的金融业务规模空前巨大。随着新法兰西战争的爆发,尼德兰政府本身大大增加了借款的规模和次数,单是在1543年它就筹借了25万多佛兰芒镑,这一数额比先前任何一年的借款数额大几倍。此外,查理五世这时也开始通过西班牙王室代理人为西班牙大量借款。即使如此,哈布斯堡王朝的总需求起初还是不如查理五世皇帝的盟国英格兰的需求量大。在亨利

第二章 经济变革

八世统治的最后4年中，他在安特卫普的借款接近100万英镑，即大约150万佛兰芒镑，以便为他在战争中承担的份额筹措资金。在此期间，第三位王室借款人葡萄牙国王以交付香料作抵押继续大规模筹款，据说1543年他已在那里欠债50万佛兰芒镑。尽管这些总金额巨大，但在这些年中很少有货币真正紧缺的时候，而且短缺情况持续的时间不长，利率也没有上升，一般介于12%与15%之间，这是它们在16世纪30年代期间降至的水平。而且，这时的利率比从前要稳定得多。显然，货币的供给足以满足需求。由于资本积累使安特卫普能够承担这些新的重担，金融市场应该归功于自1499年以来40年中商业上所取得的卓越成就。但是，对于将这种资本调入这些巨大的贷方所使用的方法来说，有关政府应感谢那些他们越来越信赖的金融专家。

16世纪40年代在安特卫普的这些专家中，最伟大的是意大利人加斯帕尔·杜奇。他的一生是同时代大部分金融业发展的一个缩影。他开始时当商品经纪人和佣金代理商，以这两种身份在安特卫普的几个贸易中心作了大笔交易，自然而然地被吸引到金融业中。他主要在安特卫普和里昂之间从事业务活动，很快就成了那个时代最大的外汇投机家。杜奇并不满足于以正常的利率差和汇率差来赚取利润。他利用自己的财力在他的营业线的每一端交替营造货币丰歉的局面，让利率或汇率上涨致使自己能获利而使他的竞争者尤其是佛罗伦萨人破产的水平。他采用的方法的政治含义所引起的怀疑加剧了他的方法在那里的商界中引起的强烈的敌对态度。因为安特卫普和里昂是互相敌对而且常常交战的政府的两个金融堡垒，而杜奇的活动超越了这一界限。然而，哈布斯堡君主政权很感谢这个只为自己无止境的贪婪和野心所动的金融丛林之王，主要原因是在整个16世纪40年代和16世纪50年代初期他维持了安特卫普的财力调动。杜奇为达此目的所使用的主要手段是以尼德兰税务总局的名义发行而用其控制的税收作担保的公债。它们属于"无记名债券"，任何持有这些债券的人都可以将其兑现，因此很容易流通。在这方面，它们等于是商业债务证明书，1536年颁布的一项法令使其广泛用作流通票据得到法律认可。杜奇所控制的是这样一些债券的定期发行，它们既可通过吸引小额资本来直接为政府服务，也可以通过把政府借款与商业借贷更紧密地联系起来而间接为政府服务。在里昂，法国政府发行的"王室债务证"也达到了同样的目的。

受到16世纪60年代前后第一次大灾难的沉重打击的正是安特卫普的高级金融界。1557年，西班牙和法国宣布自己破产，3年后葡萄牙也这样做。对于已经借了巨款给伊比利亚半岛这两个政府的银行家来说，这些打击非常沉重：他们眼见贷款被迫转为利息为5%的年金，这不仅意味着利息的大量减少，而且大量的资金只能分期偿还。但是他们不是唯一的受害者。这些国家的政府破产之后紧接着是尼德兰的公共行政管理机构的破产，其中有税务总局和一些城镇，然后又是一大批私有机构：最近靠金融市场和投资景气而筹措的小额资本现在又把破产的影响扩散到各地。

金融危机就其本身而言是一种不会迅速或轻易就能恢复的冲击，然而它的前奏和伴随现象是金融界中不那么引人注目但预兆更不吉祥的动乱。就时间而言，或许在重要性方面，第一个预兆就是作为永久机构的葡萄牙王室代理商行于1549年关闭。对采取这一步骤或产生的直接后果无论有什么样的理由，它都标志着一个时代的结束。以安特卫普为中心的香料贸易模式在保持半个世纪的相对稳定之后紧接着是20年的混乱和短缺。在此期间，出现了一种不同的贸易模式。在这一模式中，欧洲可以直接从里斯本或从正在复兴的黎凡特贸易路线购进香料，而安特卫普就从操纵这一贸易的首要地位下降到与其他城镇，特别是地中海沿岸港口城镇同等的地位。有可能减弱葡萄牙对安特卫普的依赖的其中一个变化是东印度地区所需的白银可以轻易地从当时由新大陆流入西班牙的主渠道中弄到手，而从前葡萄牙是在安特卫普购买产自德国南部的白银，这样，欧洲白银的供应量就更容易预知。或许另一个变化是同样的那些供应商乐意将其他金属运到除斯海尔德河沿岸以外别的地方。富格尔家族与葡萄牙王室代理商之间签订的为期3年的合同上包括大批铜制品的交货地点就定在里斯本。

对于英格兰布匹贸易来说，这些年也是重负的年代。自该世纪初以来，这一贸易稳定扩大，伦敦出口的布匹从1500年一年大约50000匹上升到16世纪40年代初的两倍于那个数目。从1544年起的货币贬值加快了这一贸易，于1555年达到顶峰，该年伦敦的出口总量超过130000匹。但是，那时市场的暂时饱和，英格兰物价的日益上涨，以及1551年本想降低物价采取的货币贬值，这三者同时造成的后果必然会严重打击这一贸易并使其在十多年中都不稳定。在这种情况下，英格兰人为寻求新市场并想马上达到旧市场的水平所作的努力，以及针对外国（包括安特卫普本身）的竞争采取的措施的尖锐化，导致关系恶化，这在十来年内造成完全停止交易并且第一次将这一"集市交易"移至尼德兰以外。

正是安特卫普的贸易支柱遭到削弱，而不仅仅是对金融上层建筑的损害，才使这个"黄金时代"于1560年左右结束。摧毁这些支柱的大动荡还在后头——在1566年、1576年和1584—1585年，甚至在这些大灾难之后，该城还远未精疲力竭。的确，随着那些曾在黄金岁月大量涌现并获取了丰厚利润的外国人逐渐减少和离去，本地人得以重新显示自己的能力：于是，在1562—1565年间，建立了许多到波罗的海和地中海沿岸做生意的安特卫普公司。但是，在超过这一意义上，安特卫普的作用自此以后注定仅是一种"本国的"作用。欧洲的政治和贸易大潮流曾使这个城市成为经济界的中心，而这种"本国的"作用则是回归到此前的地位。

（曾佑昌　译）

第 三 章

路德和德国的宗教改革
（迄至 1529 年）

　　乌得勒支的亚德里安在一封致查理五世皇帝的信中随便地称呼马丁·路德为无名之辈，这一称呼令人想起马丁·路德制造的事件只不过是基督教世界地平线上一片只有握紧的拳头般大小的乌云的时候，那时不可能相信他可能成为欧洲历史主要记事的旁注以外的内容。这一事件中有不折不扣的遥远因素。1483 年 11 月 10 日马丁·路德出生在萨克森的埃勒斯本城，1546 年 2 月 18 日死于同一城市。他一生大多数时候住在边陲小城维滕贝格。路德和伊拉斯谟不同，伊氏流动于牛津、卢万、巴黎、巴塞尔、威尼斯和罗马间，总是靠近拥挤地，靠近公路大干线，路德却只有三次出门，去过罗马、奥格斯堡和沃尔姆斯，而且只有数日，但他感受到了事物跳动的脉搏。

　　因此，路德与大多数人不同，他把握住了他所经历到的历史。他写的最后一封书信中有这么一句话"让我们看看上帝想要做什么"，这句话是了解他的生活的一条线索。可是，遥远、孤立、被动等印象却使人产生误解。在思想和观念的领域存在着充满活力的、强烈的、猛烈的运动。当马丁·布塞尔责备维滕贝格的神学家们没有对"你们往普天下去，传福音给万民听"这一条诫命给予足够注意时，路德的回答触及了全部的真情："我们是用笔杆子在履行这条诫命。"从这个小小的地方，路德发出的是巨大的思想武器，其速度超过对手，迅速传到基督教世界的各个角落，引起了下至村夫上到帝王的注意。人们聆听他的教导，接受了道的感染。在 1520 年至 1560 年间有 16000 名学生在维滕贝格听课，他们代表了传道的感化力，这种感化力有助于说明路德在德国进行的改革为何根基深厚,经久不衰,为何传播到了北欧和新世界。

新教的图案改变迅速,日益复杂,但作为其始因的路德的图案却是简单而原始的。他灵魂里发生的事影响了整个宗教改革运动,给运动以猛烈的推动,给运动指明了方向,使研究中世纪后期的学者们不知所措,这些学者们十分熟悉反教权主义、道德主义和神秘主义,对出现一个胡滕、卡尔斯塔特、闵采尔,甚至茨温利和再洗礼派并非没有准备。于是,在无法探察的心灵的王国,作为一名不落后于一个卫斯理或利文斯通的探索者和先锋,路德是使徒。我们在此关注的是路德早期的伟大著作,在通常未被认识到的更加深刻的意义上这些著作是"新教"出现的先导。

关于路德的家庭和学业,没有多少引人注目之处。在家庭和学校,他的父母和老师给他灌输了许多健全的认识,清除了许多糊涂的认识。汉斯·路德和玛格丽特·路德以一种毫不掩饰的骄傲来看待自己的儿子,而路德回报他们的不仅只是惯常的孝道。路德出身农民家庭,在一定程度上他有农民的直爽、精明和固执。他爱好谚语表达的智慧,他的著作中这种智慧随处可见。他的家庭也许迷信而严肃,但他的幽默感却也是在那儿培养起来的。汉斯·路德历尽艰辛终于在曼斯费尔德的采矿业者中成了中富,有了一定的影响。他这个靠自己的奋斗获得成功的人以这种从对学问的过分尊重,心甘情愿为自己天赋甚高的儿子受教育作出牺牲。路德在曼斯费尔德、马格德堡和爱森纳赫受的学校教育使他掌握做学问的工具,并打下了修辞学的基础,修辞学教育是中世纪从古典时期继承来的。1501年当曼斯费尔德的马丁·路德被艾尔福特大学录取时,他至少熟练而合格地掌握了两样他终生热衷的爱好——优秀的音乐和辩论的技巧。

艾尔福特是一座秀丽而繁荣的城市,塔楼和花园令人赏心悦目,艾尔福特大学,特别是法学院相当著名。艾尔福特是"新神学"——唯名论者对抗托马斯主义——的一座堡垒,大学的两位教师,特鲁特维特和阿诺尔迪,在通过比尔·加布里埃尔反映出来的奥卡姆主义的视角之内给了他有关亚里士多德的教育。即使路德后来批驳了他们的教导,他仍对这两位老师心怀深切的感激之情,说实在的他在演绎推理和哲学方面得到的复杂精细的思维训练超过了他所认识到的，这应该归功于这二位老师。1505年，22岁的路德在17名获文科硕士学位者中名列第二，他转而攻读法学，准备实现父母的愿望。后来，他的父亲突然获悉他决定从事宗教活动并已被接纳入奥斯定会艾尔福特修院，因此大为震怒。如果路德在作决定前经历过思想的冲突，那么他的家人并未得到任何暗示，而对混乱的证据的评价最好不超出他自己说过的一些话："我并非自由地或渴望地成为修士的……而是因为受到突然死亡的恐惧和痛苦的包围，我才迫不得已发了愿。"路德要是当了律师，很可能是非同寻常地拙劣的律师，但他却有完美的天赋担任神职。

路德在加入圣奥古斯丁隐修会改革会时，他加入的是一个托钵修会，该修会在艾尔福特和大学有重要联系。新的世界富有吸引力且引人入胜，这位见习修士顺利而迅速地学会了隐修生活的规矩和纪律，学会了在单人小室祈祷和集体祈祷的方法。1509年9月，路德发了终生愿，然后准备接受圣职授任。他于1507年4月担任神职，一个月后主持的第一次弥撒对他是一次严肃而巨大的考验。

路德由于具备条件而被选拔继续深造，他在一所由奥卡姆派管理的大学重新开始学习。1508年，他被送往新建的维滕贝格大学，准备将来在文学院任教，但他发现强制以亚里士多德为前提不合他的口味，因而渴望回到神学的研习。他成功了，在获得圣经学学士学位后回到艾尔福特大学，任讲授《神学全书》的讲师，讲授彼得·郎巴德的《神学意见汇编》。有人建议把奥古斯丁会在德国的住院派和严规派修院联合起来，这一建议引发了一场辩论，艾尔福特大学被卷入其中，路德被派遣到罗马呈交一份七所持不同意见的修院的请愿书。这是一次有趣的度假和虔诚的朝圣，他在罗马发现的是一派空谈，这预兆了因信称义教义的产生。对他看到的意大利神职人员的职业作风，他产生了条顿人的那种认真的反感，罗马这座城市有许许多多东西令不谙世故的人感到震惊，他便是带着这种反感和关于后者的混杂记忆返回艾尔福特的。1512年10月12日，他获得了神学博士学位，而且几乎立即继承了其友人、庇护人、教区主教代理人约翰·冯·斯陶皮兹担任的维滕贝格大学圣经神学教授职位。

当时维滕贝格城正在实施一项雄心勃勃的修建房屋和修道院的计划，因此路德是在一间极其简陋的临时性棚屋里开始其影响重大的布道生涯的，1514年他高兴地转移到教区教堂的讲坛布道。他获得了一系列由低到高的事务性的教会职务，其中最高者是1515年获任命的区牧，管理11座修院。但他主要的工作是授课。近年来编辑并出版了路德的授课材料，这是现代学术的一项伟大成就。这些讲义有：彼得·郎巴德的《名言集》（1509年）、《诗篇》（1513—1515年）、《罗马书》（1515—1516年）、《加拉太书》（1516—1517年）、《希伯来书》（1517—1518年）。这些文献中有的是路德的原稿，宽阔的页边空白处密密麻麻地写满了细小而整洁的注释，对这些文献的研究表明，路德神学的许多要点形成于赎罪券之争以前，不可以再被认为是教会斗争的理性化或为教会斗争而临时拼凑出来的东西。

对路德关于自己的修道院生活的记述的真实性，有名望的史家们再也不怀疑了。他遵守规章，以特有的全心全意踏上了通向《新约·圣经》所要求的完善的道路。有一段时间一切都顺利，但后来他发现自己陷入了深深的精神潮流之中，把他带到了灾难的边缘。教会有许多预防这类苦恼的措施：可以缓和修道院的纪律；可以研读道德神学；随时随地可举行圣事，可得到老练的忏悔神父的忠告，有圣典可消除疑虑。路德从这一切找到了一定程度的安慰，但得不到永久的解脱。他教授的全部内容从最好的方面估量也不能支撑一个战栗的心灵。关于补赎的教导已经开始不适当地强调外在的苦行赎罪的行为，以至当斯陶皮兹向路德指出"基督的伤痕"是内在的悔罪的真正方向时，他指出的是一种有益的平衡力。奥卡姆派在自由意志和善功的教义范围内关心保护上帝和人类的选择自由，这种关心是对意志的大力强调。一个人可以出于自己的道德力量而有爱上帝之行为；对那些行了自己内在的善的人，上帝是不会不赐给恩典的——这是一种路德由于对反驳（Anfechtung）① 的体验（一个在上帝之愤怒下陷入困境、受到谴责、孤独的人感到的绝望的有罪的孤立）而被永久清除了的强烈的乐观主义。奥卡姆派承认没有［得救的］把握，这一令人困惑之点是区别真爱上帝还是假爱上帝的试金石。然而，路德感到不安，他的信念、他的令他痛苦的认识的根子正在这儿——他的信念是爱上帝必须是自由的、喜乐的、不受限制的，他痛苦地认识到，

---

① P. 比勒：《马丁·路德的反驳》（1942年），第4页。

就他自己的情况而论："我的隐修生活不管怎样无可责备，我仍感到在上帝面前（coram Deo）自己是个罪人，良心极度不安，我也不相信上帝对我的苦行赎罪感到满意。对这个惩罚罪人的公义的上帝，我不爱，毋宁说我恨。"

这里，他对《圣经》的研究增加了他的苦恼。《圣经·新约》中的《罗马书》开宗明义地宣布上帝之义（justitia Dei）正在这福音上显明出来，这宣布似乎是最后一根稻草。从奥古斯丁时代起便有人根据赐予罪人的救恩对这种上帝之公义加以阐释，这一事实路德实际上不知道。后期经院哲学家们发展出一套关于上帝之属性的逻辑论证，以至加布里埃尔·比尔总是用"怜悯心"（misericordia）代替上帝之仁慈，用根据亚里士多德而不是圣经来想象的"正义"（justitia）代替上帝之积极的惩罚的正义。根据圣保罗，这不仅是由律法而且由福音本身显示出来。这就把路德推向了最后的绝望以至他希望自己没有出生到这个世界上，把他推向了公开亵渎这个可怕的罪的边缘。

然后，奇迹发生了：当他在解经学研究中思索《罗马书》第一章第十七节的经文并了解到上帝之正义必须"消极地……"解释为"仁慈的上帝借以因信而称我们为义人的那个东西……此时我感到自己获得了新生，通过敞开的大门进入了天堂本身"时，他找到了安慰。我们不必讨论深深地埋藏在摆在他面前的《圣经》材料中的东西是否新颖。正如罗尔茨所说："对他来说这是新的。"假如证据没有留存下来，我们就应该发掘像这样的证据来解释因信称义的教义对路德何等重要，解释此教义在后来的新教的议程上的重要地位。

近来的研究试图确定这一思想在路德早期的讲稿中出现在何处。有学者提出路德继承的涉及多方面的圣经解经学也许帮助了他。因为通过首先根据"字面上的先知的"意义（即根据基督论），然后比喻地根据上帝在灵魂里的工作来解释"正义的上帝"，一种通过由信所领会的基督的工作来解释"正义的上帝"的混合解释方法便近在手边了。我们可以提议路德在讲解《罗马书》（1515—1516 年）前已经解决了他个人的冲突似乎是可能的，从而缩短一场未结束的讨论。① 无可否认，1508 年至 1518 年间路德的讲义显示他的思想处于

---

① 欲了解另一种观点，见 E. 比策尔《得自聆听的信仰》（诺伊基兴，1958 年）。

变动状态。如果在关于彼得·郎巴德的讲义中所作的教义评述主要是传统的，那么显然有一种对哲学，特别是对"那个腐臭的哲学家"亚里士多德的哲学之侵入神学的强烈的仇视。还有使教父们的基本教义摆脱维格诺兹（Vignaux）称之为后期经院哲学的"外壳"的东西的积极尝试。16世纪最重要的一个声音不是任何宗教改革家或反宗教改革家的声音，而是圣奥古斯丁的声音，而路德对他的热情在这些早期讲义中可以找到蛛丝马迹，虽然对他从不是不加批判的。目前关于奥卡姆主义的研究日新月异，因此对路德和奥卡姆主义，路德熟知的一种经院哲学的关系只能试探性地论及。这里可以提出三点。第一，就像加布里尔·比尔，路德并不受惠于奥卡姆的反教皇著作。第二，路德的因信称义教义，他对"归因"和"不归因"概念之使用是在基督中心论的框架内，和中世纪后期在上帝之"无限的"和"规定的"权柄的辩证关系内来讨论这些概念大相径庭。第三，路德受的唯名论教育，尽管他激烈反抗，一定对他的思维方式的潜在倾向产生了影响，引发问题并暗示他的许多思想的方向。

路德关于《诗篇》的第一批讲义是材料的大量堆砌，经院哲学的成分和经改造的奥古斯丁主义并存其中。但更为重要的是显示出他以《圣经》为中心的倾向在发展，因为任何对路德的阐释，如果未能考虑到整部《圣经》材料而不是一些精选的教义或心爱的书信在形成路德神学的规范性要素中所达到的程度，都不可能是公正的。后来的关于《罗马书》的讲义更加紧凑，更加感人得多。这里保罗的主题引发了对人类困境的描述，罪是在人类身上的一种影响及于整个人的内在的不安定的酵素，是一种伪装成壮观的偶像崇拜的自我中心，但当活生生的上帝在审判人的反叛和骄傲中面对人时，罪便暴露"在上帝面前"。在这种可怕的环境中，没有人类的、固有的义能够保持不变，但上帝准备了另外一种义，即通过他的儿子作出的拯救，通过信来领会的慈悲和宽恕。而信并不仅仅是理智、感情，或意志的气性所进行的活动，而是整个的人对亲身为活生生的上帝所遇见作出的反应。正是在这种关系中——在上帝那一方面，它是出于纯粹的、不受约束的、自由的慈悲——人找到了其新生活、爱上帝和邻人以及真正的基督徒的自由的源泉和动机。这种称义并不在某个开始阶段或在某一次独特的经验中结束与完成，而是基督徒从罪到完善的运动永远不变的参照标准；路德把这运动总结为下面这句伟大的名言：永远有罪，永远悔罪，永远称义。

1516年路德阅读了陶勒的著作，还读了《日耳曼神学》。这些书加深了他对罪的自我中心性质以及基督徒和基督的谦卑和苦难保持一致的必要性的强调。这"十字架神学"，连同它和经院哲学的思辨"荣耀神学"，是他以后讲授《加拉太书》和《希伯来书》的讲课的一个着重点。在这些年里，更为重要的是他明白了律法和福音的辩证关系，在此种关系中罪人通过"基督的非常的工作"，通过对律法进行谴责，被带领入"上帝自己的工作"的领域，从而由于上帝之慈悲而得救。到1517年中期时，路德已经把维滕贝格变成了重新确定了方向的神学研究的中心，而且他可以谈论"我们的神学"了。他甚至能够打算把运动扩大到其他大学，送一份反对后期经院哲学家的《九十七条论纲》到艾尔福特和纽伦堡，这是一次当时还没有考虑到的冒险挑战。麻烦迅速从一个没有料到的地方发生了。

基督徒的悔罪涉及一个古老而艰难的问题。这问题在很大程度上有赖于内在的动机和外在的行动间、理论和实践间、进行教育的教会和对俗人的教育间的恰当平衡。到16世纪开始之时，在涉及特赦制度方面这些脆弱的调节机制已经被打乱。特赦原先是属于补赎圣事的苦行赎罪行为的代偿。在中世纪早期，凯尔特人和日耳曼人中接受补赎圣事者引进了一种世俗观念，该观念夸大了通过付钱代偿道德过错的可能性。在十字军时期特赦范围为财政困难极严重的教皇所扩大。教皇卜尼法斯八世于1530年实行的大赦大获成功，后世的教皇对此不可能予以忽视。该制度在圣徒相通，在功库的思想中找到了解释。黑尔斯的亚历山大对此加以了阐述，克雷芒六世1343年发布的诏书（*Unigenitus*）断言"基督为教会的战斗者获得了一座功库"。1476年，教皇西克斯图斯四世把特赦的范围扩大到炼狱里的灵魂，这一教义要求敏锐的神学判断力，开辟了歪曲和滥用的不祥的可能性。关于许多尚未界定之点，难以预料之处甚多，许多天主教道德主义者对赎罪券表示怀疑，而一些天主教统治者对这整个事情持不信任态度。到16世纪开始之时，赎罪券已成为教皇岁入的重要组成部分，在大银行家族富格尔家族的监管之下，涉及各级教会的中间人如此之多以致发生令人作呕的丑闻决不是遥远的事。

1513年，勃兰登堡亲王阿尔贝特当上了马格德堡大主教兼哈尔伯斯塔特主教教区行政长官，时年23岁，在以后的年月他又当上了美因茨大主教和日耳曼首主教。由于这［权力的］积聚欠下的巨额费用包括一笔欠福格尔家族的债务和一场财政危机，阿尔贝特同意在他的土地上颁布发行用以重建罗马圣彼得教堂的新的赎罪券才解决了危机。诚然，美因茨的阿尔贝特和教廷之间的这一秘密安排直到教会斗争已完全开始才广为人知。赎罪券之争的直接原因是一件简单的事：多明我会代理主教约翰，泰泽尔在维滕贝格附近布道。这件触及人的良心和涉及得救希望的事，这件现在成了财政上获取利益的工具的事，竟然引发了使欧洲的统一解体的连锁反应并非偶然。与其说萨克森的智者腓特烈禁止在他的领地上出卖这东西不可归因于他对此感到义愤，毋宁说相反。在过去几年他在维滕贝格的建设上花费了巨资，该城的城堡和教堂由包括丢勒和克拉纳赫在内的德国最杰出的建筑师和艺术家设计，是富丽堂皇的哥特风格的火焰式建筑。城堡的教堂是大学的机构，一边和大学紧相连，另一边则是周围的教区。但决定其外观的引人注目的特征是腓特烈收集的大量圣物，1518年时达17433件，陈列在沿巨大中殿修建的12个陈列室里。这远不仅是一个虔诚的博物馆，因为在这儿向接受补赎的观光者颁发赎罪券，其时效超过10万年。腓特烈不准泰泽尔到他的领地，其动机是他耿直地决定不让萨克森的钱外流，禁止和当地他自己的神殿竞争。

给代理主教们的指示和赦罪证书似乎总是措辞审慎。但毫无疑问，泰泽尔的布道造谣中伤，对虔诚的人来说不堪入耳。关于这些事情的最有力证据是他的朋友后来和他断绝往来。路德本人长期以来便对赎罪券感到不安，而现在当他的堂区信徒从数英里外的采尔布斯特和于特博格带着赎罪券归来并在他面前挥动时，他被激怒了，因为这些信徒完全误解了赎罪券的真正意义。泰泽尔的阐述会使当时许多道德主义者感到震惊，但对路德的冒犯却深入骨髓，因为它们触及他高度敏感的一些信念——赎罪大得惊人的代价和真心悔罪具有引起巨变的内在性质。他选择了万圣节前夜提出抗议，这时的维滕贝格挤满了朝圣者；这说明他不怕直捅这个道德的中心地。意义重大的是，他写《九十五条论纲》进行争论，其"愿望和目的是阐明真理"。《论纲》

用拉丁文写成,显然不比他驳斥经院神学家的论文引人注目。但因为《论纲》触及教会政治,所以他写了一封附信和一份《论纲》一道呈送给美因茨大主教阿尔贝特;他俯伏在地祈祷,请求上帝在这场冒险中支持他。1517 年 10 月 31 日大约正午,他步行穿越维滕贝格城区,把巨幅《论纲》招贴张贴在城堡教堂的大门上。大体而论,《九十五条论纲》并不是革命性的,有些条是以争论的方式表达了仅仅是试探性意见的东西。然而其中有对路德所谓的"我们的神学"的共鸣,值得注意的是第一条中有"我们的主希望信徒的整个生活都是悔罪的生活",第六十二条中有"教会的真正宝库是上帝之荣耀和恩典的神圣福音"这样的文句。

这时印刷术的发明产生了灾难性的后果。路德的《论纲》被译成德文刊印,迅速到处流传。他对此感到惊恐,于是着手认认真真撰写一篇长文为之辩护,呈送一份给他的教区长勃兰登堡主教,并附有一封极其恭顺的信。但美因茨大主教阿尔贝特已经把《论纲》寄往罗马并要求对路德加以约束;1518 年 2 月,代理行政长官、奥古斯丁会修士加布里埃尔·德拉·沃尔塔给斯陶皮兹下达了大意如此的指示。威胁着路德的更加公开的危险来自多明我会。该修会气势汹汹的恐吓暂时使奥古斯丁会紧密团结起来,1518 年在海德堡召开了修士大会,这是路德本人的胜利。然而,在以后的数月间路德的处境开始充满危险。他也许把自己得以幸存归功于斯伯拉丁的坚定友谊,斯伯拉丁(1484—1548 年)是选帝侯腓特烈的图书馆馆长、秘书兼附属教堂牧师。腓特烈的信仰、忠诚以及利益肯定为路德的抗议所冒犯,他竟然没有采取抛弃一个自己从未谋面的教授这一极其简单的步骤实在是历史上不可预测的事件之一。

1518 年 10 月,路德被召往奥格斯堡,和宗座代表、多明我会总会长卡叶坦红衣主教进行了一次值得纪念的会谈。卡叶坦是杰出的托马斯主义者,他坚定的正统思想当时并未显露出他的主张在晚年会发生伊拉斯谟式的崩溃的任何预兆。按得到的指示,他要求路德立即撤回自己的主张,将来不得再提。当这两位神学家,一位守旧,另一位具有现代思想,为"宝库"一词在诏书(*Unigenitus*)中的含义开始激烈争论时,立即解决这一事件的努力便宣告失败。路德找到了一个漏洞由下述事实可以看出:会谈一结束卡叶坦便向罗马寻求并获得了一份关于赎罪券的措辞较为含混的声明，即教皇在 1518 年 11 月 9 日的教令（*Cum Postquam*）。但路德已不是对辩论点加以补救所能挽回的了，也许第一次某个掌握权力的人认识到这位眼窝深陷、滔滔善辩的修士不只是一个固执的道德主义者。会谈不欢而散，然后是一段预兆不祥的暂时的平静，路德的朋友们催促他逃离奥格斯堡城；他回到家乡，接着卡叶坦便发来一道愤怒而轻蔑的命令，要求把这个小人交出来。

路德的忠诚感情到现在已经有些勉强，并受到公开侮辱；虽然他主张公会议理论时间非常短暂，但他在奥格斯堡时就已强调了公会议具有更高的权威，并于 1518 年 11 月 28 日起草了一份正式的呼吁，要求将来召开一次公会议。现在，他等待被捕或流放。危机在 12 月 1 日降临，当他在参加告别宴会时便来了两道命令，第一道催促这位学者赶快上路，第二道却要他暂缓离开。事实上他后来又留在维滕贝格 28 年是高层政治人物干预的结果。12 月 8 日，腓特烈给卡叶坦发去一份态度坚决的回信：他无意把路德送往罗马受审，或听任他未经至少某种形式的审讯就被关押。这时正是教皇和神圣罗马帝国皇帝争取腓特烈的好意的时候。因为腓特烈是帝国七个选侯之一，他本人也是皇帝候选人之一。皇帝想确保其孙子查理继承帝位，而欧洲其他列强对出现一个其统治权自查理大帝以来无与伦比的皇帝的前景大感惊恐。马克西米连皇帝于 1519 年 1 月 22 日驾崩，查理五世 6 月末在法兰克福当选为皇帝，其间教皇极其需要腓特烈支持，以至让他的特使查理·冯·米尔蒂茨采用新的安抚战术。但这种战术，从教皇的观点看，除浪费时间导致灾难之外一无所获。因为随着宝贵的时间这样一周周地悄悄逝去，路德事件可望平息下来的最后历史时机错过了，革命即将爆发。现在，各种力量已处于躁动之中，以至教皇和皇帝准备采取一致行动之时，他们面对的将不是一个神职人员，而是一股全民对罗马发泄怨愤的日益高涨的骇人浪潮。

当奥古斯丁会修士们，包括斯陶皮兹在内，开始变得冷漠超然时，大学坚定地支持路德。随着菲利普·梅兰希顿（1497—1560 年）的上任，神圣语言的学习大大加强，梅兰希顿是青年平信徒，罗伊希林的侄孙，可算得上一个天生的奇才。

安德烈·博登斯泰因·冯·卡尔斯塔特（1477—1541 年）是路

德上大学时的高班同学,"传统神学"教授,正在努力沿着城堡教堂的教阶等级往上攀登的在俗神职人员。他开初持怀疑态度,后来屈尊俯就突然成为比路德还要赤诚的奥古斯丁会修士,这正是此人的特点。因此,当难对付的因戈尔施塔特的神学家约翰·冯·埃克(1489—1543年)散发他谴责路德的小册子《方尖塔》时,卡尔斯塔特热情地投入了捍卫自己不在的同事的活动,为此他写了《三百八十条论纲》,后来又补充了二十六条。结果,这两位神学家陷入了一场争论,这场争论导致了著名的1529年6月在莱比锡举行的辩论。主要的辩论仍然在埃克和卡尔斯塔特之间围绕恩典和自由意志这个主题进行。但路德一直是真正的目标,并终于获准参加辩论。预备性的小争论再次提出了教皇的权力问题,而路德近来开始深入细致地阅读教会法规和教会史,通过这些阅读他不久便越过了公会议权威更高的立场。莱比锡辩论是埃克个人的胜利;埃克年纪较轻,他虽然单枪匹马对付路德和卡尔斯塔特,但却使后者显得滑稽可笑,诱使路德陷入危险:路德看来是在攻击伟大的德国康斯坦茨宗教会议,并被怀疑同情胡斯派。这次辩论引起了对比赎罪券更广泛的问题的注意,并加速了小册子之战的发生。同时也迫使路德检查自己过去所言所行的含义。然而,即使到现在教廷的行动仍然犹豫拖延。路德的案子仍然杂乱无章。科隆大学和卢万大学审查了路德的一卷本著作,弗罗本纽斯在巴塞尔出了该书的一种版本,从其中的神学论文和早先的文章中整理出对路德不利的四十一条,这四十一条后来收入1520年6月15日发布的教皇诏书中。不过该诏书断章取义的引文因为路德在以后的几个月中的言论而很快过时。

　　路德现在已经开始了大规模的写作活动。一项新的事实进入了局面:这位遭受谴责的神学家也是写作天才,他使用本国语之流畅前无古人;他的写作天才表现在潮水般涌现出来的短文和小册子中,这些作品时而以论战的辛辣令人震惊,时而又充满喜剧性,令人捧腹,但他的教诲性作品也表现了其写作天才,这类作品把深刻的直觉真理、温柔的美和畅达的简朴熔为一炉。就这样,在基督教世界一个难以到达的角落,在一位势力强大的王侯的保护下,有他的大学的热情支持,有德国学术界的同情,有为他说话的王侯、骑士、商人和农民作为强大的同盟,路德再也不孤立,他迅速成为国民对罗马的反教权主义的愤恨象征。

德国的人文主义者开初对路德是热情友好的。随着莱比锡大辩论引起的激动逐渐平静下来，随着对路德的指控继续进行，他们变得较为缄默，1520年教皇发布的诏书和路德的激烈反击分裂了他们的队伍，许多人从支持路德的立场退缩。热度的变化可从伊拉斯谟的著作中看出。然而在此时他仍存充当调解人的希望，他也不隐瞒自己的观点：路德谈论过许多紧迫而有益的事情。在1520年11月与智者腓特烈在科隆进行的一次著名会见中，他用一句措辞精辟的话把要他明白裁定的要求搪塞过去，但意义重大的是他没有用他的巨大威望来反对这位改革家，而且选侯认为路德应该有申辩的机会的决心加强了。

对于正式的谴责，路德的回答是公开蔑视。1520年夏季，他写作了三篇革命宣言。第一篇宣言是《致德意志基督教贵族书》，就对舆论的影响而论数这篇文章最大，同时也很能迎合国民的骚动情绪。就形式而论，该文是有缺陷的，因为文章逐渐演变为列举已经广泛表达了的牢骚和补救办法，但单纯的激情和直爽的大胆足以弥补这些缺陷而有余。三条主张像三道护墙般保护着教皇的专制：宗教权力凌驾于世俗权力之上；只有教皇有权解释圣典；只有教皇有权召开公会议。针对过分自信和傲慢的教权主义，路德求助于所有基督徒都是其成员的基督教的根本等级。他正是凭借一切信徒皆为祭司这一教义向德国的基督教行政长官们发出了呼吁。因为在这场危机中，宗教权力如此长久而固执地拒绝自我改正，行政长官们便可凭上帝给予的职权，代表全体信徒进行正当的干预。

第二篇宣言是《教会的巴比伦之囚》，用拉丁文写成，是写给神职人员和知识界的。文章直接抨击了神职人员的权威和威望起源于礼仪和圣事的教义。路德把圣事从七种减少到三种，即补赎、洗礼和圣餐。他对不让平信徒领杯、变体论、弥撒的献祭作用加以痛斥。这些都是大胆的举动，对胆怯或保守的人的震撼比路德过去所写的任何东西都大。第三篇宣言《论基督徒的自由》完全不一样，这是一篇劝诫性的文章。从某些方面看，该文是对他的优秀布道文《论善功》的补充，它探索了因信称义的宗教含义和道德含义。但正如其标题所表明的，主要强调基督徒之自由的不受约束的、喜乐的和创造的性质，这种自由通过对上帝之出于爱的顺从以及服务邻人表现出来。善功不是教会施行的技术性活动，而是信仰的果实，善功源于信仰。《论基督徒的自由》属于最初两篇宣言，不仅从其写作日期来看如此，而且从它说明了路德的方案的完整性——说明该方案不只是出于义愤的道德主义或反教权主义这一事实——来看也是如此。路德在讲堂上、修道院的单人小室里、布道坛上制定的教义，他以切利尼式的激情在他自己在受试探的烈火中锻造出来的这些教义，并不是脱离我们可以称之为1518年至1520年间即兴创作的实用文章的某种东西，而是构成所有这些文章的基础低音的东西。这些是1520年的大事件。12月，路德在维滕贝格的埃尔斯特门庄严地焚烧了教会法，后来他又把教皇诏书投入火中，这是象征已经更有力地表现在写作中的蔑视的姿态。1521年1月3日，教皇发布了最后一道诏书（*Decet*）将路德革除教籍。

在查理五世统治期间召开的第一次帝国议会上，这位新登基的皇帝面临着错综复杂的体制问题和经济问题。他必须小心对付，这就是教廷大使吉罗拉莫·阿莱安德未能阻止路德出席沃尔姆斯帝国议会的原因。阿莱安德（1480—1542年）是人文主义者，后转任外交官，从前是伊拉斯谟在威尼斯的朋友。至少他对形势的严重性不抱任何幻想，他发往罗马的急报试图震动教廷，使之认识到这儿发生的危机不仅是德国的而且是整个基督教世界的危机。让路德出席帝国议会可能成为一则灾难性的广告，无论如何意味着教皇对他的谴责不够。然而，阿莱安德又是收买，又是恳求，再加上慷慨陈词都无济于事，尽管下述情况确系事实：随着时间的临近，皇帝的谋士们变得忧心忡忡，做了点努力想把路德吓跑。路德的朋友们也试图阻止他出席会议，不过就像往常一样，他们想使他镇静下来的意图适得其反，以至当他们越来越愁苦时，路德反而越来越高兴，并对他们的恐惧报之以安详宁静的信心和不可动摇的决心。当1521年4月16日上午他步入沃尔姆斯的街道时，跟随他的人越来越多，形成了一长列队伍，他们不是从屋顶上窥视他的无数魔鬼，而是一群对路德大声疾呼同情的德国人，对此种情况阿莱安德愤愤不平，抱怨不已。

第二天下午，路德出现在拥挤的与会者面前。情况很可能是他对将发生什么事情一无所知，而发生了的事情却使他感到很窘。几乎就在他弄清自己的处境前，帝国骑士团首领乌尔里希·冯·帕彭海姆用严厉的声音命令他在得到说话的命令前不许说话。他面前的一张方桌上堆放着一大堆书：收集到的马丁·路德博士的著作。向他提了两个简单的问题。他是否承认这些著作是他写的？他是否愿意收回它们？阿莱安德是否设法使路德的"听审"降低到这一令人苦恼的最后通牒不得而知，但路德感觉到了自己处境危险。片刻间一切都可能结束，他可能被撵出议会，有声有色地履行他对选侯的诺言，这样后来所有的戏剧性事件都可以避免了。当他要求给他时间考虑时，他的声音听起来微弱无力，局促不安；议会为他而休会，这引发了灾难。

第二天发生的事件超出了阿莱安德最严重的担忧，将留存在欧洲人的记忆中。在一间更大却更拥挤的大厅里，观众因几个小时待在污浊的空气里而躁动不安，在闪烁的火把照耀下，路德站在帝国最高权威面前，面对青年皇帝查理五世那苍白、严厉、令人望而生畏的面孔，而他最近才面对面向日耳曼帝国的基督徒贵族发出强烈呼吁。在路德和帝国官员约翰·冯·埃克之间似乎有过口头交锋。然后路德回答问题，他说对他的著作他必须区别对待。劝诫性的作品他不应该，也不必收回。针对教皇专制的著作，他不能收回。他针对个人的争论性文章中有情绪上和表达上不合适的东西，为此他愿意道歉。然而，即使在这些文章中也有基督教教义的核心内容，这些内容也是他不能撤回的。可是——在这里他巧妙地把问题扔给了对手，要让他们用令人信服的理由或以《圣经》为依据说服他认识错误，那时他愿意高高兴兴收回自己的著作，付之一炬。他干得太漂亮了：被迫回答问题，他却成功地发表了一篇演讲，对许多人来说他借助于主动提出收回使问题变得模糊不清，其讽刺意味他们也许没有领会到。那位帝国官员尖锐地要求直截了当地回答，"不许有棱角"，但路德迅即报之以无情的蔑视。他不愿意撤回，"因为违背自己的良心行事既不安全，也不正确。愿上帝助我。阿门"[①]。在一定的混乱中，皇帝让他离开，于是他穿过一群气势汹汹的西班牙人，到了他的德国朋友一边，感到了安全。

路德出了庭，但几乎不能说他得到了听审。当一队队武装骑士带有威胁性地在附近出现，当一夜之间便听见了农民的喊杀声时，"下

[①] "我的立场就是这样；我只能如此行事"，这句著名的话未见于原始文献中。

一步如何办"的问题便不能由当局根据严格的法律上的功过来加以讨论了。路德被给予他长期徒劳追求的东西：和友好的讯问者们进行真正的讨论，现在这批人中有特里尔大主教。也许有这么一些人，他们随随便便地考虑过路德可能在政治上有用处，可以用作一场争取召开一次日耳曼公会议的民族运动的喉舌，而且在以后的几天里使他回到公会议的立场上来的尝试也许不仅只有叫人高兴的合理性。无论如何，讨论在这一点上，在公会议是否可能有谬误上，当路德拒绝在这时妥协从而撤回其态度坚决的蔑视时，讨论破裂了。

皇帝将尊重安全的处理方法；无疑他不会食言。无论如何，处决胡斯后发生的全国性起义是德国的诸侯们这些月来牢记在心的事件，这一事件劝他们小心为妙。路德被告知在20天的期限未到之前离开此地回家去。他按要求和他的伙伴们一道撤离，穿过他的故土静悄悄地向家乡行进。突然他消失了，最荒诞的谣言开始流传。直到后来许久人们才知道路德在他的诸侯的默许下被绑架了，朋友们把他从那人数不多的护送队中拉了出来，穿越森林把他送进了一处安全的堡垒。

路德现在被世俗权力和宗教权力宣布为不受法律保护，在路德被打发走以后由残余议会通过的帝国敕令的激烈措辞是阿莱安德的杰作。沃尔姆斯敕令后来成为天主教诸侯的一种号召力，尽管其直接影响被迫使查理在以后的10年中离开德国的政治事件所削弱。它的阴影终生笼罩着路德。然而，路德公然违抗了教皇和皇帝，他在有生之年写了80卷对开本的书讲述这不平常的经历。路德说："是道做成了这一切；假如我有意挑起事端，我本来是能够给德国带来大流血的。对了，在沃尔姆斯我本来能耍一点小小的花招，以至皇帝也不得安全。那会是什么呢？是恶棍的游戏。我把一切都交托给道了。"虽说如此，绑架路德这一事件本身是政治势力的干预活动。在以后的数月中，路德说服了美因茨的阿尔贝特通过更大的宗教讹诈撤销了在哈雷出售赎罪券的计划。运用权力、道德的、宗教的、政治的、法律的权力，仅仅才开始。

路德在瓦特堡的城堡中得到了他极其需要的休息。但是突然的松弛，不常有的丰富膳食，加上孤独给他带来了身心两方面的疾病，一系列的被试探。不过他不久又开始写作——评注《诗篇》第六十八首，写"圣经评注"，写他擅长的《圣经》中的礼仪部分的评注，而其中最重要的是从《新约》开始迈出了翻译《圣经》的最初步伐（和梅兰希顿合作修订的《新约》[德文译本] 第一版于 1522 年 9 月出版）。在以后的有生之年，他不断加以修改，争取到许许多多合作者，因为他从来就认为翻译不是一个人能胜任的工作。但他的天才在翻译上显露无遗：他对大众语言有直觉的认识，他本有根基深厚的简朴文体，他有在《圣经》世界里思维的能力，因此这个译本由于其质量卓越而大受欢迎。虽然他远离自己的藏书，但就在此时他仍写出了他最出色的辩论文《驳拉托姆》（*Contra Latomum*），该文是他阐释使人称义的信仰的最引人注目的文章。

除了描述路德在流亡中取得的这些积极的成果外，还必须谈谈维滕贝格的形势，虽然路德不在该城，但改革的势头依旧。在路德的追随者看来，有一些实际问题要解决：对教会里的滥用职权怎么办？宗教职业又如何？许愿弥撒、圣坛、圣像怎么办？守斋、两种方式的圣餐礼、神职人员独身又该如何处理？1521 年，卡尔斯塔特应邀去丹麦帮助规划那儿的改革，但该国的运动流了产，他感到灰心丧气，带着一套改革方案回国。现在，他在维滕贝格采取主动。为了阐述自己的激进方案，他写了无数篇论文，大量小册子（"印刷于基督教之城维滕贝格"），经常布道，起初在他任领班神父的城堡教堂，后来在他无权在那儿讲道的堂区教堂路德的讲坛上。

温和的方案和激进的方案在一定程度上重叠，区别仅在方法上和选定时间上。1521 年秋，路德开始用拉丁文写作《论隐修誓言》和一篇短文，用德文写作《弥撒之滥用》，当斯伯拉丁阻碍它们的出版时他甚感愤怒。10 月，大学的一个委员会开始对改革加以研究，但菲利普·梅兰希顿和城堡教堂的主持神父尤斯图斯·约纳斯缺乏领导才干。梅兰希顿最近撰写了《神学精义》，这是一本论述之清晰预示着灾难的纯教义便览，路德欣喜若狂地加以赞扬，但梅兰希顿的才干在于学术，他对处理事务没有多大热情，而且在危急关头常常惊慌失措。卡尔斯塔特控制着市议会。12 月初发生了反对圣像崇拜的骚乱，学生使全城处于大混乱之中达 36 小时。朝廷为之惊恐，部分原因是他们给乔治公爵以催促在萨克森各国强制执行沃尔姆斯敕令的借口。12 月 19 日，卡尔斯塔特宣布他打算在元旦举行圣餐礼，用两种方式让信徒领圣餐，但他认为提前实施这一创新是合宜的，所以在圣诞节那天，他让平信徒领了酒；主礼仪式时他没有穿法衣，采用拉丁仪式，但省略了其主要部分。这时他宣布和一位16岁的女士安娜·冯·莫豪订婚。然后从波希米亚边境来了一批茨维考的先知，他们年高德劭，留着胡须，外表简朴。他们动人地谈到惠赐给他们的上帝之谈话和天堂的异象，梅兰希顿和约纳斯大为感动，同时着了迷的卡尔斯塔特开始讲授《玛拉基书》和《泽迦利亚书》，不久他便夸口说关于梦境和显圣他所讲述的，维滕贝格大学的任何教师都不能与之相比。

现在出台的《王侯之城维滕贝格应有的宗教仪式》是市民和大学师生联合行动的结果。它试图推行一项温和的撤销圣像的计划。更重要而且也是有价值的先例是开始实施济贫法，采取对付身强力壮的乞丐的措施，建立一个工匠们可以由之获得低息贷款的公共金库。1月6日，在与路德取得联系后奥古斯丁会修士大会在维滕贝格召开，会议决定凡感到被迫这么做的修士可以离开修道院。

在以后的几个月中，卡尔斯塔特制定了一种别具风格的神学和伦理学，是《圣经》、极端奥古斯丁和神秘主义的混合物。在路德用《圣经》里的"信仰"概念之处，卡尔斯塔特用最高的德行"平和"——灵魂在完全的自我克制中的奉献。在路德使用律法与福音的辩证关系的地方，卡尔斯塔特则保留奥古斯丁的字面形式和精神实质的二分法。在路德为一般性的事物，为基督徒的自由，留出大量空间的地方，卡尔斯塔特则仰赖清教主义的和《旧约》的律法主义，这种律法主义坚持圣餐礼有两种方式，用本族语举行仪式，谴责一切圣像，甚至谴责唱诗班和教堂音乐。他不久便代表单纯的福音宣布放弃所有纯理论区别，为可以称之为"一切祭司皆为平信徒"的教义，他把自己描述为"新平信徒"，赤足在室外行走，戴农夫的阔边帽，称自己为"安德烈兄弟"。

由于两件事他在维滕贝格的运动宣告结束。首先是大学当局敌视他。然后是1522年3月路德回到维滕贝格，他的回归影响重大。路德中止了躲藏，他在其书信中最著名的一封里向选侯宣布了自己的意图。他安全抵达维滕贝格，老天爷也因为乔治公爵的大败而没有威逼他。在过去数月间他穿着俗人的服装伪装成"容克贵族格奥尔格"，现在他脱下了这套服装，故意穿扮成奥古斯丁会修士（他的改革的整个方法受到检验）在堂区教堂讲了一系列具有决定意义的道。他把市民从平信徒的清教主义争取回来，回到了保守的改革上来，而他是靠讲道取得这一成绩的，因为他之所以战胜卡尔斯塔特仅仅是因为选侯支持他的党派路线这一看法并不正确。再一次他把真正宗教的内在性，把道战无不胜的大能——道通过获得内心的赞同而赢得整个的人，把尊重软弱的兄弟的良心、以爱来对待他们的必要性摆在了听众面前。

路德拒绝卷入德国骑士们的反教权主义的战争计划，并回绝了其领袖乌尔利希·冯·胡滕和弗朗茨·冯·济金根提供的帮助。他认为向神职人员发动战争就是向妇女和儿童发动战争。但骑士们发现特里尔大主教身上毫无女子气和儿童气，在兰施图尔的灾难后骑士们的政治权力，在较美满的情况下本可能成为德国体制上的混乱中一股起稳定作用的力量的东西，才宣告寿终正寝，在那次灾难中济金根丢了性命，胡滕遭流放。1532年，皇帝开始在他继承的领土上积极迫害改革派，第一批殉教者是两名荷兰奥古斯丁会修士亨利·弗斯和约翰·冯·埃斯。

在维滕贝格，布根哈根（波梅拉努斯）的到来不只弥补了卡尔斯塔特的变节造成的损失，他的伟大才干先运用于维滕贝格，后来用于在整个北欧组织教会。因为到1523—1524年时，通过路德的朋友和门徒宗教改革已经扩散到德国许多城市：朗在爱尔福特，林克在阿尔滕堡，布伦兹在施瓦本哈尔，米科尼乌斯在哥达，阿姆斯多尔夫在马格德堡，奥西安德尔在纽伦堡推动改革。其他人较少受维滕贝格的约束：布塞尔和卡皮托在斯特拉斯堡，布劳雷尔在康斯坦茨，奥科兰帕迪乌斯在巴塞尔，茨温利在苏黎世活动。激进派也不乏门徒，卡尔斯塔特的学生赖因哈特和韦斯特贝格活跃于科隆和耶拿。路德在这一时期的书信和著作主要涉及正在出现的福音派教会的实际问题。他的短文《论教会圣礼》（1523年）对公共崇拜仪式提出了建议，按这些建议固定的读经和惯常的讲道恢复了宣道的应有地位。他的《弥撒经与领圣体》（1523年）是一种拉丁仪式，除了删除了主要部分这一点外，是保守的。直到1525年才在维滕贝格举行了德语弥撒，路德的《德语弥撒》于1526年出版。到此时，在许多城市，值得注意的是闵采尔在阿尔斯泰德和茨温利在苏黎世，都举行本地语仪式，而在施瓦茨·特奥巴尔德的仪式1524年在斯特拉斯堡出现以后，在马丁·布塞尔的指导下在该城迸发出一连串礼仪试验。路德写出了他的第一首赞美诗，向1523年殉教的两位荷兰人表示敬意。路德证明是杰出的赞美诗作者，在众多优秀作品中，他的"Eyn'feste Burg"成为欧洲历史上的一件大事。

社会的动荡在萨克森加剧了改革派和激进派之间的紧张关系。在德国找不到可和英格兰诸郡的骑士、缙绅和自由民、治安法官相比的人群，这些人可以承受在社会金字塔结构的中间部分的应力。在诸侯和农民之间存在着巨大的不平等和令人痛苦的冤屈，而纠正的机器，笨重且常常随心所欲，不能够跟上经济革命的步伐。宗教改革本身对普通人产生了无可否认的影响，改革强调基督徒在上帝面前根本的平等，断言普通信徒皆为祭司。织布工施托尔希竟然属于先知的行列使选侯智者腓特烈感到的窘迫可能和其同行工匠布里·鲍托姆的翻译使雅典公爵感到的一样。但这是时代的标记。路德的德语《圣经》很重要，因为他的译本与只有受过教育者才有能力享用早先的本国语译本不同，成为教育无产者的媒介，迄今为止没有发表意见和陷于贫困的社会阶层借以在宗教方面有了发表意见的能力，有了谈论神学问题的能力。

但是，这部德语《圣经》又引出了新问题。它起源于一所大学；它是一种学术成就；是进行教导的教会的产品，只不过以新的伪装出现。但激进派诉诸的是简单的福音，对文士和法利赛人的智慧隐藏着的福音，却启示给虔诚的平信徒。在闵采尔的著作中关系紧张最为明显。

托马斯·闵采尔（1491—1525年）像路德一样也是萨克森人，他是在俗神职人员，相当有学问，受神秘主义和启示文学作品影响甚深，其中错误地认为卡拉布里亚先知菲奥雷·达·若阿基姆的评注。他原来是路德的崇拜者，后来成为其死敌。1524年无意中受到路德重大影响的奥科兰帕迪乌斯通过来访者尖刻地贬低路德而认出了他是谁。他指控路德和教皇至上主义者宣教一种错误的信仰教义（*Von dem gedichteten Glauben*）（1524年），抨击路德耽于感官之乐（"追求舒适生活的兄弟"），抨击路德虚伪，是"撒谎博士"。路德在其《论世俗权力》（1523年）中深信不疑地说政府在上帝之秩序中有其适当的地位，这对基督教地方行政官的良心是安慰。闵采尔对当权者持大得多的怀疑态度，对他们甚为尖刻，而对"贫穷的普通人"和"上帝拣选的朋友"则大力迎合他们的趣味。在茨维考进行了一番急风暴雨式的传道活动后，他在布拉格发布了一篇宣言，但捷克人没有响应他的召唤，他随后去到小城阿尔斯德特，控制了该城，在那儿进行的礼仪试验吸引了成千上万的参观者。其中有中世纪圣诗的优秀本地语言译文，用本地语言的晨祷和晚祷，一种完全集体朗诵的弥撒仪式，这种仪式唯一古怪之处是规定祝圣词由全体会众重复。后来路德派来到该城，他们抹去了"宗教改革时代"第一阶段的最有趣的礼仪改革试验之一的所有痕迹，这是1525年发生的事件令人遗憾的后果之一。

闵采尔的共产主义的证据仰赖于在折磨下让人"忏悔"这一可疑的证据是否成立。但确凿无疑的是，他每到一处便在矿工和织布工人中征募追随者，按秘密盟约要求他们发誓在末日斗争中拿起武器。特别使路德愤怒的是，这些行为只能在他自己的宗教改革运动起保护作用的自由下才可能发生，却不敢渗透到天主教的势力范围内。路德在谈到闵采尔时说："他在我们的荫庇下，分享我们的胜利却不承担我们的斗争，他坐在我们的土堆上，冲着我们大喊大叫，这不是勇敢。"

1524年7月，阿尔斯德特出现了危机，当时约翰公爵，公爵之子约翰·腓特烈以及萨克森的一些高级官员来到该城出席一次试验布道以检验闵采尔是否适合担任阿尔斯德特的传道人。闵采尔当着他们的面布道，他布道的内容是阐释《但以理书》第二章，这次布道有权被认为是该世纪最杰出的讲演。《罗马书》第十三章，民众服从的教义之经典章节（*locus classicus*）被大胆放肆地转化为革命的工具，因为他煽动萨克森的统治者们用剑来消灭不信上帝的人，以此证明自己是上帝旨意的执行者。这次布道给朝廷留下的印象坏到极点。闵采尔立即奉命受接见，在接见中他很快便因恐惧而无言以对，面色泛黄，后来只得逃之夭夭。他一路迤逦来到纽伦堡和巴塞尔，历时数月，和一些激进派传道人通了信，之后便停留在米尔豪森，但他在该地从未获得他原先在阿尔斯德特的支配地位。

在萨克森，现在有两个"宗教狂热"的中心。在奥拉明德，卡尔斯塔特自命为牧师，他在自己原有的教义上又增添了否认婴儿受洗和圣餐具有象征意义的教义。路德在《反对神圣的先知》（1524年）中已深刻地判断出他自己和极端分子之间的神学分歧，他嘲笑了这些宗教上的邦托尔内斯（Bunthornes）的晦涩难懂的胡言乱语，并激怒了卡尔斯塔特，因为他把他的寂静主义和闵采尔的反教权主义的叛乱计划混为一谈。他在萨勒河谷作布道旅行时，在耶拿的一家小旅店里碰见卡尔斯塔特，他们越过桌子相互怒目而视，其中一人从钱包里拿出一枚金币扔给对方，这是古代表示公开的敌意的一种方式。到此时，选侯已认定卡尔斯塔特无可救药，于是将他放逐。如何对付这种人的问题使任何时代任何掌权者感到不安（关于卡尔斯塔特，10年以后布林格和米科尼乌斯所说的不友好的话和路德与梅兰希顿现在说的一样）。但也许萨克森当局如果稍为考虑稗子的比喻的话，也不会放逐他了，因为他从一个城市到另一个城市流浪，引起人们的怜悯，毫不隐藏他的不幸（"未经审讯和定罪，安德烈·卡尔斯塔特便被马丁·路德博士驱逐"），一路散发了成千册恶毒的小册子，对他们的名声和事业产生了巨大的伤害。

1524年6月，在黑林山的施蒂林根爆发了农民战争，叛乱迅速扩散到莱茵兰、施瓦本、弗兰科尼亚和图林根。大体上他们关心的是一个中世纪的计划，特定的自由和革除特定的弊病：废除奴隶制，减轻封建税收、教会的勒索，什一税。叛乱者中有文化修养的人起草了宣言，其中最值得注意的是梅明根人的《十二条》。运动很快便处于无法控制的状态。叛乱者的队伍中有许多受胁迫参加的人，由于缺乏充足的给养，他们不得不就地为食，并不可避免地被吸引向防卫相对薄弱的宗教会所。极端分子的行为，如魏恩斯贝格大屠杀，损害了整个运动的声誉。当叛乱者围攻陶伯河上游罗滕堡时，卡尔斯塔特在行军中被俘，但他并不同情这类暴力行动，据当地人传说，他采用使徒的方式坐在一只筐子里被从城墙上放下来得以逃生，尽管他带着家眷一道却不是使徒的方式。但由于他原先在城里的所作所为，在以后的几天他处于极大的危险中，以至他只有可怜巴巴地向路德求助并卑躬屈膝放弃信仰才得以脱险。闵采尔则毫无疑惧，在一种特有的精神陶醉状态下发布了令人毛骨悚然的命令，签发了"上主和基甸之剑"。5月初，叛军控制了弗兰科尼亚的大部分地区，看来势不可挡。突然间分裂和瓦解的迹象大增。5月15日，闵采尔和他的同志们被围困于弗兰肯豪森，当时福音派的黑森的菲利普成功地阻挡住叛军的前进，直到天主教的约翰公爵率领炮兵到达。在随后发生的屠杀中，闵采尔带头率溃败的叛军从田野逃走，在城里躲藏时被抓获，饱受折磨后被处决。但是，正如黑森的菲利普所证实的那样，他死得体面。尽管他十分狂热，但我们在他身上感受到一种对正义的呼唤，在随后发生的可怕报复中这呼唤横遭践踏。

温和的反叛者们热切地转向了改革派领袖。路德的态度是坚定而一贯的。有三年的时间，在一系列比德国任何人都阐述得更清楚的著作中，路德预言过宗教上的煽动性行为必定以社会动乱和政治上的毁灭告终。他还对基督徒服从的义务作了阐释，并断言叛乱是邪恶的，叛乱总是引起比它能够矫正的更多的弊病。他认识到（如1522年发生在维滕贝格那样的）民众骚乱将归咎于他："因为我清楚地看到魔鬼，他未能通过教皇毁灭我，现在试图借助于嗜血成性的谋杀的先知和骚乱的精灵来铲除我，吞食我。"不过，他的《和平的告诫》（1525年）只对《十二条》作了十分温和的评论，该文对双方都加以指责，并赞同农民的要求中有许多是正当的。他断然谴责的是叛乱这个罪和狂热，因为它们可能把暴力和谋杀当作"基督教革命"加以炫耀。他通过责怪双方结束文章："你们都错了，你们的战斗是错误的。"

到这本小册子出现时农民的势力正如日中天，为谣言所夸大的放火、抢劫和暴力比比皆是。路德曾冒着生命危险在图林根有不满情绪的地区布道，现在写出了小册子《反对杀人越货的农民暴徒》。他是在农民看来可能取胜时写作该小册子的（"即使农民碰巧占了上风——因为在上帝那里一切都是可能的，而我们不知道通过魔鬼来破坏一切秩序和规则是否是他的旨意"），他求助于想要服从上帝旨意的基督徒诸侯，肯定地对他们说，他们可以行使地方行政官的职权，动用司法权来惩罚干坏事的人。这本小册子措词激烈，有时候人们使它看起来很糟糕，但在当时的环境下并不如此糟糕。但事态的发展再一次比路德的笔来得快：当这本小册子作为他早些时候写的《和平的告诫》的附件而印刷出来之时，在叛乱者正处于节节胜利之时，他说的这些话在他们冷静下来时却有了不同的理解。

在他的朋友和追随者中有许多人为他的言论所触犯，因为他的言论似乎同意无节制地残暴的报复。他证明了自己的一贯性，但他得到一点神性是以牺牲其人性为代价。现在，他以那种无疑是他身上一大缺点的固执写出了《关于〈反对杀人越货的农民暴徒〉的公开信》，或许是这封公开信而不是那本小册子才包含有野蛮、残忍和无可辩解的东西。虽然如此，即使是这封信也以针对年轻的诸侯的强烈言词断定："有两件事我感到忧虑：假如农民成了领主，魔鬼将当上修道院长；但假如暴虐的诸侯成为领主，那么当修道院长的将是魔鬼的母亲。"

就在此时，当路德认为世界的时光正在耗尽，他自己的日子也屈指可数，为了对魔鬼表示蔑视，他和卡特丽内·冯·博拉结了婚，她是逃离隐修院的一批修女中的最后一名。这一婚姻开始时缺少浪漫，但结果极其美满。可以肯定，路德的床铺多年来无人整理，他需要人照料。在家庭生活中，他找到了欢乐，感到心旷神怡，当一个个孩子出世后（有的死去），他的家成了比任何文章都更有效地为神职人员结婚辩护的工具，成了大大丰富了欧洲历史的基督教牧师家庭的样本的原型。

1525年他写了《论意志之束缚》，在文中他回答了伊拉斯谟的抨击。1521年后，伊拉斯谟不得不对付自己的困难。在卢万、意大利和西班牙有一批人数日增的天主教神学家决心击败他，为首者是他的宿敌阿莱安德。他的朋友和庇护人，其中有国王亨利八世和教皇阿德里安六世，长期以来就催促他加入对路德辩论者的行列。现在他不情愿地同意了，因为他对改革派的暴力越来越反感，作为一种类型——路德是那种他最讨厌的死守教条的托钵修会的神学家。但伊拉斯谟的《论自由意志》（1524年）并未获得伟大的成功，既没有激励他的天主教朋友，也没有满足他的天主教敌人。对批评敏感的他被路德的回答激怒到无以复加，路德对挖苦的小小刺激报之以响亮的耳光。而且路德的神学素养达到的论证说理的高度是那位更伟大的学者不可企及的，结果路德的文章虽然片面、判断有误而且偏激，但其中难忘的警句比比皆是，至今仍是有成效的神学研究主义的对象。作为回答伊拉斯谟写了两篇冗长的专题论文 *Hyperaspistes*，而路德所做的仅限于写了一封极不公平的公开信和在晚餐桌上作尖刻的评论。

1524年在改革派中爆发了关于圣餐的争论，这场争论是宗教改革第一时期最复杂的神学辩论，其重要性不可小看。全体改革派一致抨击关于弥撒的教义，一致拒斥阐述真正临在之正统教义的实体转化论和经院哲学。但改革派并不能就此了事。一场辩论，根据圣典（用语文学这一新工具）、根据教父著作研究得出的证据（用新近印刷的文本）对该教义进行考察，用《圣经》而不是用经院哲学的范畴来阐释基督教真理将不可避免。但真实情况是热度高声音大而有启发性内容的光亮少。圣餐礼成了基督教意见分歧的焦点，1524年卡尔斯塔特曾提出象征论教义（其中有这样狂热的诠释：在"这是我的身体"中的"touto"指基督的物质的身体，并不指饼酒）。但辩论的真正开始是当茨温利收到荷兰学者科内利斯·赫恩的一封信后，该信促使他相信［基督］制定圣餐礼的句子中的是这个词应该解释为一种比喻：似乎 *est*［是］是 *significat*［象征］。奥科兰帕迪乌斯汇集了引自教父们的文句，他的《论主的真言》（1525年）成了象征论观点的手册，他在其中强调德尔图良使用的语词身体之形。他的士瓦本同乡、路德派的布伦兹及其同事们撰写了 *Syngramma* 一文回答奥科兰帕迪乌斯，该文大伤感情并使情绪越来越激动。

在其早期著作中，路德时常想着其天主教对手们，因此他强调对信仰之需要，强调［基督］在圣餐中的临在是在"使用圣餐礼之时"这一事实。同时，他在1520年摈弃了经院哲学的范畴，并对实体的概念作了如此大的修改，以至把他本人的观点描述为"圣体同质"，或用奥科兰帕迪乌斯杜撰的词"圣体圣餐合一说"加以描述，都是使人产生误解的。路德在一篇重要的文章《关于主晚餐的大表白》（1528年）中对他的教义作了最清楚的阐述。该文显示他对真正临在的不可动摇的信仰依赖于这样的观点，即和上帝之交通必须通过一种为信仰所领会的可感知的媒介起中介作用为有罪的人促成：基督作为神一人是救世的中介，因为其位格的不可分解的统一性，他不仅以其神性而且也以其人性临在于圣餐中，即使他的真正临在的方式不可能用空间概念来加以解释。

布塞尔开初为茨温利和奥科兰帕迪乌斯所争取过去，但1529年路德的《关于主晚餐的大表白》说服了他：他认为自己误解了路德，他认为路德的意思并不指局部临在。他本人赞同使用教父的切合实际语言来表达对真正临在的灵性解释的套语，他相信这里有福音派团结的真正基础。路德继续认为凡是和他意见不同的人都是卡尔斯塔特和闵采尔的同伙，所以对这整个事情持强烈的怀疑态度，现在他也全然不愿意做 1521 年在沃尔姆斯他拒绝做的事——为了教会的团结而放弃自己的信仰。1529 年举行的马尔堡会谈是由黑森的菲利普促成的，他坚信福音派的团结是压倒一切的政治需要。会谈一开始便取得了积极的成绩：德国和瑞士最杰出的宗教改革家在 9 月的最后几天会聚一堂。辩论坦率而认真，只是偶尔有人发火，比如在以下场合：当茨温利说（关于《约翰福音》第六章）"这将折断你们的脖子"时，路德反驳说"没这么快！在这儿脖子没这么容易就折断。你是在黑森，不是在瑞士"。大范围的误解得到澄清，尖刻而偏激地相互指责伤害对方的事再也不会发生了。路德对布塞尔说的那句名言"你的心灵与我们不同"暴露了维滕贝格、苏黎世和斯特拉斯堡宗教改革模式的深刻差异。虽然如此，在签署的《马尔堡十五条》中仍达成重要的一致，写进其中的根本分歧仅仅是关于圣餐的。但这一点失败是严重的。作为基督教神学家，路德派拒绝为了民众阵线的利益而放弃自己的信仰无疑是正确的做法。但最终还是政治事件阻止了《马尔堡十五条》成为一项重要的协定。茨温利离开马尔堡时深感失望，没有达成他希望的同盟，他将要面对危险的政治形势。梅兰希顿甚至比路德更为对皇帝和帝国的忠诚所感动，这是瑞士人无法理解的，但却使他们产生了在德国的天主教徒和改革派之间进行某种调和的希望。1524—1529 年，德国明确地分裂为两派：天主教诸侯和福音派诸侯。沃尔姆斯敕令一直是天主教派施压的号召力量，但随着 1525 年德绍同盟的形成，改革派诸侯在托尔高同盟的旗帜下联合起来，托尔高同盟以萨克森的约翰公爵（智者腓特烈在农民战争期间去世）和黑森的菲利普为首。他们与不伦瑞克公爵和梅克伦堡公爵、安哈尔特亲王和曼斯费尔德伯爵一道组成了一个协调一致的集团，1526 年在施佩耶尔召开帝国议会时通过了一项法令，其中规定关于沃尔姆斯敕令各路诸侯"生活、治理国家、为人处世均可各行其是，只要他认为自己所作所为能向上帝和皇帝陛下交代得过即可"。

在萨克森，制订了意义重大的教会视察计划，并于 1527—1528 年付诸实施，梅兰希顿撰写了《训导》，路德为之写了序言。由神学家、朝廷派来的平信徒代表和传道人组成的混合委员会视察了5个地区。这次视察成了德国其他地区改革的榜样。其直接效果是揭示出神职人员和民众令人震惊的无知，实施基督教教育乃头等重要的需要。路德因此于1529年撰写了两份值得注意的文献。第一份是《大教理问答》，这是一本供牧师和教师使用的手册。第二份是《小教理问答》，这也许是路德最优秀的著作，其朴素美在新教文献中无与伦比，儿童可以用作祈祷的工具，路德在以后的日子里也据以作祈祷，这是颇有特色的。

黑森的菲利普面临军事和政治危险而心神不宁，因而上了冒险家帕克的当，此人于1528年用一些伪造的文件说服他相信天主教列强的进攻迫在眉睫，他因此谋取在帝国境外和法国和匈牙利结盟。骗局暴露出来后福音派的事业大受伤害。在1529年召开的施佩耶尔帝国议会上，意见不统一的福音派不得不面对占多数且态度坚定而凶狠的天主教派。1526年的法令被宣布作废，福音派被禁止搞任何新的改革和世俗化更多的教会财产。这引发了福音派诸侯提交《抗议书》，签署《抗议书》的有萨克森选侯约翰、勃兰登堡侯爵乔治、黑森的伯爵领主菲利普、不伦瑞克－吕纳堡公爵恩斯特（Ernest）、弗兰西斯安哈尔特亲王沃尔夫冈和帝国的14座城市。《抗议书》的结尾颇为著名：“关于上帝之荣誉和我们灵魂之得救与永生问题，人人都必须亲自面对上帝并向他交代。"这样抗罗宗①在当地找到了一个聚集点，得到一个名称，以及作为一种政治势力开始了其存在。事情再也不会交托给道去处理了，现在路德曾经谴责为"恶棍的游戏"的东西玩起来了，人们不祥地预感到血腥手段的使用。

第二年，即1530年，问题尖锐化。自1521年起，皇帝之目的从未改变：他坚持沃尔姆斯敕令，坚持其对新教义的谴责。但他的政策，虽说取决于他的处境，却并不那么明确。1529年末，他在缔结康布雷夫人和约因而牢固掌握了意大利以后②，他第一次获得了把注意力转向解决德国的问题的自由，他下令第二年夏季在奥格斯堡召开帝国议会。1526年的施佩耶尔帝国议会将路德派问题推延到一次大

---

① 在我国通常译作"新教"。——译者
② 见本书边码第345页。

公会议召开之时解决；现在查理终于得到教皇的允许：只要能使路德派就范，便可召开一次公会议。查理将破例一次亲自出席，他希望土耳其人的威胁加上呼吁在帝国境内效忠皇帝（在路德派诸侯中有强烈的效忠思想）将导致和解。皇帝的命令要求持异议者准备信仰声明作为讨论的基础，而且这么提出时并非以不容变更的态度。几乎各方都怀着看见和平得以恢复的最良好意愿出席了奥格斯堡帝国议会。

但事态已发展得太远。到这时，不仅新教已牢固地确立起来；不仅皇帝本人太正统以至不能对固执的教皇产生影响；而且还因为世俗化教会土地问题（1529年提《抗议书》的主要原因）路德派诸侯的表现不可能尽如人意。比维滕贝格的教义更为偏激的教义到这时已在瑞士和德国南部广为流行，康士坦茨和斯特拉斯堡准备的信纲便是明证。在奥格斯堡发生的争斗是三角的，天主教派、路德派和"德国南部讲高地德语的"一派各自往不同方向拉扯。结果，《奥格斯堡信纲》是作为路德派的信仰声明而产生出来的，信纲是温和的，在此之前与会者等待数周之后查理五世才到达。信纲的作者们——梅兰希顿特别得到人文主义者、最近任智者腓特烈的秘书的乔治·斯伯拉丁的帮助——在批评声中准备信纲，批评不仅来自茨温利而且来自路德本人。这位改革家仍然不受帝国法律保护，他待在科堡的城堡中，不能再靠近奥格斯堡；他从那儿焦虑地注视着会议的进展，唯恐他的观点被歪曲。其实他不必担心：信纲体现了新信仰的基本点。信纲的语言是和解的；它把路德派和再洗礼派以及煽动性的教义区别开来，可谓用心良苦；关于圣餐的条款如此温和，以至天主教派应皇帝之要求作驳斥陈述时竟几乎挑不出错误。然而，会议显示和解仍是幻影。一方面，梅兰希顿的温和态度确认了和瑞士人在圣餐上的冲突，瑞士人没有受到忠诚于帝国的感情的影响，而路德派正是在这种感情的驱使下怀着对德国和平与对土耳其人采取联合行动的真诚希望来参加帝国议会的；另一方面，甚至更加严重的是教皇政策表里不一，执行此政策的坎培基奥枢机主教受命宣布这次公会议无效并坚持沃尔姆斯敕令有效。他和梅兰希顿进行的长时间的谈判显示罗马寻求的并非相互让步，而仅仅是投降。

因此，《奥格斯堡信纲》——今天被正确地认为是特殊环境的产物，尽管温和冗长，其调子是解释说明，甚至几乎是辩护，成了分裂的路德派教会坚定而长久的基础。它远没有弥合分裂，反而巩固了分裂。而且，继其后突然出现了一连串的信纲和教会，现在这些教会已扩散到整个欧洲。在以后的 30 年，基督教世界将大谈和解、大公会议和恢复团结。然而，惹人注目的事实却是无论发生什么事情，教廷在分歧的基本点上不会让步，这由克雷芒七世在他势力最弱的时候在奥格斯堡帝国议会上证明了。从沃尔姆斯到特伦托，罗马在教皇至高无上、弥撒是献祭、关于圣事的正统教义、善功和向圣徒祈祷方面态度坚决。另一方面，即使他们有世界上最良好的意愿——有时候的确表现出良好的意愿，也不可能在不放弃自己内心深处的信仰的条件下接受这一切。当布塞尔提出《四城信纲》——南部德国对梅兰希顿的圣餐教义的反应时[1]，和《奥格斯堡信纲》的圣餐教义一比较，事实就清楚明白了。奥格斯堡帝国议会使伊拉斯谟的梦想终成泡影：从内部以理性与和平的精神进行了改革的教会再将不会回归统一了。它同样使查理五世的希望落空。从现在起他不得不也在德国战斗。

（孙善玲　译）

---

[1] 见本书边码第 111 页。

第 四 章
瑞士的宗教改革及其教派

一 苏黎世、斯特拉斯堡和日内瓦的宗教改革

莱茵兰和瑞士各城市的宗教改革有其自身的特点。在这里整个地理、政治、文化环境赋予改革的冲动以不同的速度和方向，改革的结果不同于德意志各拥有土地的公国，也不同于统一的法兰西王国和英格兰王国。

到中世纪末，许多欧洲城市里的世俗领主和宗教领主都已取得独立。对教会事务已开始行使由于宗教改革运动而扩大和加速产生的干预权。在瑞士教区机构和极重要的郡县结构无关系，这具有重大的意义。内部势力的平衡，各城市均不相同。在伯尔尼坚持的是贵族政治；在斯特拉斯堡，有一个主教座堂教士会和几所大学校园教会；在巴塞尔，有一位常驻主教，同时该地手工业行会也成了施加改革压力的工具，该地一所大学的存在为宣传提供了便利条件；而在苏黎世和斯特拉斯堡则移交给了教区神职人员。在瑞士，军队的勇武、兴旺、独立性激发了警觉性和自信心。在苏黎世，"市议会的大人们"习惯于采取与萨克森的小城镇政客们不同的方式来管理重要事务和对事件加以控制。瓦克纳格尔在宗教改革发起之时绘制了一幅巴塞尔城的精致图画，画上有宏伟的建筑、著名的出版家、艺术家和学者，这幅作品给予商人，即能干的富人，以适当的地位，他们对重要的问题有聪明而虔诚的认识，蜂拥去听取奥科兰帕迪乌斯的演讲。

在这些城市里，人文主义和宗教改革之间存在着连续性。瑞士和莱茵兰的一些大会社使这一过渡成为可能，不仅是从"优雅文学"

向"神圣学术"——采用新的工具和文本对宗教语言和教父们进行研究——过渡,而且超出于此而过渡到我们称之为福音文学的东西,过渡到圣经人文主义,16世纪20年代的苏黎世、斯特拉斯堡和巴塞尔为此提供了令人印象深刻的证据。这些仍然小到所有重要人物彼此能叫出姓名的城市自然为一种基督教共同体的概念所吸引。路德已经为教会确立了两个大的方面:道和圣事,并且强有力地恢复了教会存在的核心:基督当前的统治。如今第三个方面出现了,这第三个方面就是"基督的戒律"。随之而出现的是一整套与基督教周围环境有关的问题。其中最值得注意的是虔信上帝之治安法官纠正谬误的权力和教会的教牧戒律之间的关系。在宗教改革最初几年,所有老的教会机器都受到妨碍、堵塞,并被既得利益者所把持。无裁判权的福音派牧师们发现那些虔信上帝之治安法官是使事情办成的名副其实的天赐之物,是有效的、称职的工具。只是后来进一步的考虑才使人想到利用来源于古代的道德和政治势力将给新教带来危险。但到此时,这些治安法官们已不情愿放弃自己的任何权力了,当他们对一种新教权主义敏感和怀疑时,他们就更不情愿。在城市里再洗礼派的反叛就是尖锐地针对治安法官之行使基督教的职责而发动的,虽然他们以自己的方式在更加具有启示意义的背景下常常高举的也是一种基督教共同体的教义。

可是,[只论事]而不考虑人并不能解释宗教改革。要考虑到是人发起了宗教改革,而当我们对宗教改革进行思索时,只有数量少得惊人的人联系到他们取得的创造性成就来进行思考。这些学者、传道师和牧师的才干给人印象之深令人吃惊。他们绝大多数是好人,许多是伟人。因为有茨温利、布塞尔、加尔文这些巨人,苏黎世、斯特拉斯堡和日内瓦在宗教改革史上地位突出。

1. 苏黎世

在所有宗教改革家中,乌尔利希·茨温利(1484—1531年)在他所处的环境中是最安适自在的了。他的一个敌人在他的遗体旁边低语时说过以下的话并非没有道理:"一个腐朽的异端分子,但却是一个好同盟者。"茨温利1484年元月1日出生于威尔德豪斯村,该村位于杜根堡河谷的高处,他在他的演说和写作中用比喻栩栩如生地再现了河谷山坡的景色和声音。

他从他的叔叔、韦森的首席牧师巴托罗缪学习过拉丁文，后来到巴塞尔和伯尔尼上学，1498年进入维也纳大学。在该大学他遇见了一批瑞士学者，其中有学识渊博的瓦狄亚努斯和豪放不羁的格拉雷亚努斯；他们把对古希腊和拉丁语文钻研和对地理、数学和医学这些新学科的热情结合起来。茨温利曾被勒令退学；我们倒不必和那些虔诚的传记作者一道去寻找［他被勒令退学］的高度灵性的和可信的原因，因为这些瑞士青年自以为了不起，本科生行为轻率，几乎达到了可耻的程度。但他后来获准复学，完成了学业，之后他到巴塞尔大学继续求学，于1506年在该大学获得文硕士学位。在巴塞尔大学期间他和讲授传统神学的教师托马斯·威藤巴赫交往，在以后的岁月里他对这位教师一再加以赞扬。1506年他到格拉鲁斯当牧师，此后的数年间他尽其所能一边做教牧工作一边学习。他至少两次和瑞士军队一道去意大利。他还加入了一个人文主义小组。在正统的研究中对这个相互钦佩的社团有所提及，这些珍贵的材料虽不可全信，但由此可以知道他在其中是出类拔萃的，并于1516年引起了他心目中的英雄伊拉斯谟对他的注意和好感，伊拉斯谟翻译的希腊文《新约·圣经》对他来说是很重要的。

1516年他接受了艾恩西德伦的圣职，并在该地成功地抵制了兜售赎罪券的贝尔纳迪诺·萨姆松，但并没有招致教皇的责难，反而成了教皇年俸的领取人直到1520年。1518年，他的朋友奥斯瓦尔德·米科尼乌斯提名他为大教堂的"人民牧师"。他购置的演奏乐器的设备让比较稳重的教友们感到吃惊，更为严重的是他1516年和一位理发师的女儿发生了不名誉的恋爱事件，尽管如此，他仍然被任命担任了一项本身虽不重要但事实上却成为苏黎世宗教改革的关键的圣职。

老一些的历史学家们强调他的人文主义思想，并认为他是一位在宗教和神学的表浅的层面上关心实际上滥用职权的知识分子。然而，现代瑞士学者们的学术研究已经摧毁了这种观点；他们的研究虽尚未结束，但已经明确地重新提出了一些问题。茨温利似乎受到传统神学方面的训练，阅读了司各脱的许多著作。（虽然，假如有证据说明他是唯名论者的话，那么对他的圣餐论的解释会简单得多！）他显然和佛罗伦萨学园的柏拉图主义有过接触，虽然有关他这方面的材料的不足再次阻止我们对这一太诱人的资料——他的圣事论里的"唯灵论"——的采用。他得益于伊拉斯谟是无可置疑的。这激发了他热情学习希腊文，使他像伊拉斯谟一样在教父们中偏爱哲罗姆和奥利金，因为他是在后来才逐渐得益于奥古斯丁的。然而，他又与伊拉斯谟不同，他高度重视《旧约·圣经》，并准备为此孜孜不倦地学习希伯来文。有人（克里斯蒂安尼）指出，1516年在他的成长中是关键的一年，这一年伊拉斯谟的希腊语《新约·圣经》出版，这一年教皇和法国国王签订的宗教协定坚定了他反对教皇制度的决心，这一年他感到的道德危机迫使他去寻求圣典的帮助和安慰。另一个重要年代是1519年，这一年他染上瘟疫，几乎丧命。康复后他写作的那首优美的赞美诗显示，由于这次他得到人难免一死的暗示，他的宗教意识加深了，虽然对下面这一诗句我们不应加以过分的解释：

> 无论沉没或远航，
> 我都是你的一叶小舟。

茨温利的宗教越来越以《圣经》为中心，了解《圣经》的关键不单单是语文学，而是信仰，这是确定无疑的。他说：

> 我终于得出了如下结论："你必须离开其余的一切，从他的简单的道中了解上帝之意图。"然后我向上帝要求光明，于是光明就来临了。

毕竟这就是那个把福音传道的号召——"凡劳苦担重担的人，可以到我这里来，我就使你们得安息"，写在自己著作的扉页上并把它置于自己的礼仪的中心的人。韦恩勒说："上帝之旨意在茨温利的思想中取代了路德思想中恩典的地位。"这句话值得讨论，但它也许并没有正确对待以基督为核心的要素（甚至在他于1529年作那次重要讲道时对所作的著名解释中），也没有公正评价按照《圣经》思索关于上帝之旨意的教义所达到的程度。当然，在茨温利的著作中有一种持久不变的人文主义基础，而且直到最后都有许许多多对古典的提及，这点他自己是有些意识到了的。虽然他有理由强调自己与路德无关，但他在 1518 年却和人文主义者一道对这位"德国的赫尔克里斯"满怀热情，这是很可能的事实。

这位传道人 1519 年 1 月 1 日开始任职并宣布他要违反先例，直接通过圣马可的福音讲道，这时苏黎世的宗教改革就已经开始了。"啊，那些王侯、城市、民族有福了，主在他们中间通过他的仆人——先知们自由地讲话。"（1529 年）茨温利颂扬基督教社团、先知的团体、在道之下的城市的概念。他的宗教改革的开始、继续和结束都是通过先知式的讲道来进行的。茨温利眼睛近视，声音微弱，他缺少向公众讲演的才干，然而他能够控制这座伟大的城市的秘密却正是他的讲道，而他在小议会或大议会中的全部活动就重要性而论都不能与此相提并论。在这方面很少有人（加尔文、诺克斯、拉蒂默）比得上茨温利——在一个小到人人都相互认识的社会中，在一个一切有效的领导都在道之下的城市中，适应于不断变迁的每一天的实际需要都继续不断地对《圣经》加以解释。1520 年议会颁布一项批准福音传道的命令，此事的真实性虽然一直受到置疑，但这福音传道的事实却是无可怀疑的；在瑞士所有城市中，这种以《圣经》为依据的讲道率先在这里继续进行。

其第一批成果之一和雇佣兵的输送有关。谈论茨温利的和平主义是与他所处的时代不合的，因为他完全缺乏有节制的温顺，他不只具有现代反战者空谈的好战性。他思想上的真正存在的紧张关系大体反映了瑞士人感情上的分化。一方面他们对瑞士的军备感到骄傲，瑞士的军备在整个基督教世界赫赫有名，求者甚众，这部分地引起了也部分地反映了对军事艺术的兴趣。在自己那本约瑟夫斯的《犹太战争》上写满了条分缕析的评论的茨温利被朋友们认为绝不是一个纸上谈兵的战略家。瓦狄亚努斯有一句评论是能说明问题的："我们就像茨温利一样爱使用武器，其目的不是报复，而是为了维护和捍卫真理。"他关于一次战役的速写（1524 年）是一份出色的文献，论述了战略、战术和给养问题，还为随军牧师和号手制定了规章，尽管是速写，但用意是严肃认真的，人们也这样看。另一方面，大多数瑞士人对当雇佣兵参加战争感到良心不安。随着武器交易的发展，丑恶的见利忘义行为进入了瑞士政治，由于贿赂和津贴而愈演愈烈。而且瑞士人并非总是获胜。茨温利目睹了当马里尼亚诺的血腥战斗和比科卡的惨败

（1512年）的消息传到失去亲人的村民和寡妇孤儿那里时，当伤兵一瘸一拐地回家时，舆论如何为之大变的。对战争，茨温利有从战场到村庄里举行的追思弥撒的第一手感受。他的《上帝的告诫》（1512年）是伊拉斯谟主义的，且文辞华丽，但却是一次真正的心理突变。他早年就对他的祖国之卷入强权政治的大游戏持反对态度（这在他1516年写的政治诗《迷宫》中有鲜明的反映，在这首诗中他呼喊："难道这就是基督教导我们的吗？"），现在这态度成了一种强烈的信念。他在讲道时极力鼓吹之，终于结出果实：首先，在瑞士各州中只有苏黎世拒绝和法国国王订约，后来又反对令人畏惧的红衣主教希内尔和教皇本人，最后议会于1522年决议禁止参加雇佣战争。

奥斯卡·法尔内尔说明了1525年当最初的危机过去之后茨温利的日常讲道开始越来越注重实际，在道的轨道之内考察紧迫的事务。茨温利的圣经主义比路德的更加激进，给无关紧要的事情留的地盘狭窄得多。他以梅兰希顿式的谨慎提出了一份卡尔斯塔特式的纲领。他令人吃惊地承认《圣经》里很少有对什一税和婴儿受洗的支持。他在圣典中找到了根据，要求撤除圣像和图画，取消唱诗和教堂音乐。但在1522年他却谨慎行事，总是小心翼翼不超越事态发展的步伐。在大斋首日，一群改革者在印刷商家里故意不守大斋，但茨温利特地不去碰那两节作为反叛象征的熏香肠，尽管他在《食品选择和自由食用》这篇大胆的讲道中为改革者们的原则作了辩护。7月，茨温利和他的朋友们向康斯坦茨的主教请愿，要求准许神职人员结婚，但被驳回。（茨温利本人于当年晚些时候结婚，但他直到1524年才公开宣布此事。）同月，方济各会修士阿维尼翁的弗朗索瓦·朗贝尔到达茨温利所在的地方，此人身材修长瘦削，弯腰骑在驴背上，像个堂·吉诃德，他仿效格列柯[①]在整个宗教改革期间骑着一头驴子从一个城市到另一个城市。他和茨温利就圣徒的中介作用进行了辩论，结果丢人现眼地惨败。几天以后，市长发布一道命令允许福音传道，"以圣典为依据，将司各脱、托马斯之流排除在外"。年底，茨温利在其作品中驳斥了康斯坦茨的主教的抗议，使他无言以对，预示了一整套改革纲领的出台。

---

① 格列柯（1541—1614年），西班牙画家。——译者

现在，他把该纲领具体化为67条（1523年1月19日），开首第一条对福音作了总结，继而抨击了教皇的权威、变体论、圣徒的中介、守斋和朝圣。接下来按市议会的命令，于1523年1月29日举行了一场公开辩论。约翰·法贝尔——康斯坦茨主教的能干的教区代理主教，大败于对手的计谋。他原先以为这是一场通常的辩论，可以请远处的神学教授仲裁，结果他发现这是一场公开的大示威，要在其中采取决定性的行动。

他发现听众达600人，市议员们也在其中，福音传道师们组成一个小组，三种神圣语言的大开本《圣经》翻开放在他们面前，准备用全部听众都能听懂的德语进行辩论。他试图用沉默来对付这一场面，后来当他决定辩论时已经太迟，这是他犯的致命错误。当他大喊"必须要有一位仲裁者"时，茨温利反驳道："来自圣典的上帝之灵就是仲裁者"——他这么说时虽然是在回避论点，但却获得了听众的热烈支持。事实上，那天的辩论已经由于市长宣布因为没有找到答案、茨温利应该继续布道而决定了胜负。在秋季发生的反圣像动乱之后，在10月举行了第二次辩论，在辩论中茨温利的同事利奥·尤德抨击了圣像的使用，茨温利则对弥撒进行了抨击。年底，和主教权威的决裂完成，次年夏季，风琴、圣物和圣像均被从教堂正式移出，城里的修道院被解散。1525年，茨温利重新对弥撒加以抨击，以至弥撒于4月12日被取消。接着是茨温利制定的圣餐仪式的出台，他在一张摆有大酒杯和木质容器的桌子边主持仪式，坐着的信徒们首先领受圣餐，然后牧师们领受，这种表示纪念的仪式很简单。还出台了一种新的洗礼仪式。茨温利1525年的礼仪改革完成了他于1523年实施了一半的改革措施。他制定了一种使用祈祷的布道仪式，有人认为这起源于一种中世纪时期在讲道前作简短的宗教训导的一种仪式（而且与斯特拉斯堡的起源于圣餐的仪式大不相同）。更加有创新意义的是"先知讲道"仪式，该仪式取代了原有的早晨唱诗仪式。茨温利在1525年当再洗礼派运动方兴未艾之时开始举行这种仪式的，这一名称并不表示对自发性和主观性的偏爱，而是——正如对《科林多前书》第14章的一项研究所揭示的那样——对在一种阐释《圣经》的仪式中对监督和控制的偏爱，在这种仪式中布道者依次对前面已讲过的内容添加自己的评述。在先知讲道仪式中阐释的是《旧约》；下午则对《新约》加以阐释。伟大的苏黎世《圣经》便是这些仪式的结果，它是一批支持茨温利、利奥·尤德、佩利卡鲁斯和比布利安德的学者合作的成果。苏黎世《圣经》中的《诗篇》译本深入到尼德兰和英格兰，其影响至今尚未完全发现和研究。1525 年 5 月，组建了一所法庭来整顿和监督婚姻，1525 年颁布了全面监督公共道德的法规，并于 1530 年加以扩充。

茨温利真心诚意地接受了虔信上帝之地方行政官的纠正谬误的权力。他对基督教纪律的关心在他的 67 条中是显而易见的，虽然——正如莱伊指出的那样——他的构想更多的是预防性的而不是治疗性的，受《旧约》的影响太大。然而，议会虽然于 1526 年"以全教会的名义"接管了革除教籍的权力，但议会仍与牧师们合作开展工作，而且直到 1531 年都主要受茨温利的影响。1528 年，茨温利在致安布罗斯·布劳雷尔的一封重要信件中强调了上帝之国必须和外在的事物相关并号召议员们尽改革的责任。在他生命的最后一年对基督教信仰的阐释中有这么一句名言："没有地方行政官参与的教会是残缺的、不完全的。"他是在再洗礼派的反对下被迫作出的对于虔信上帝之地方行政官的不断增强的强调的，再洗礼派在苏黎世的杰出领袖康拉德·格雷贝尔和费利克斯·曼茨是他自己的学生和门徒。不管在别处其起源如何，苏黎世的再洗礼派运动竟然貌似有理地表现出首尾一贯的、彻底的茨温利主义。茨温利本人对婴儿受洗所持的犹豫态度，他的原罪教义（认为原罪是一种病——即使这种病像瘟疫，这种看法也不如奥古斯丁或路德关于罪的教义激烈），他对礼仪的简化，他对圣餐的看法，再洗礼派都可以声言把它们推到了合乎逻辑的极限。但在茨温利的教义的核心问题上，在基督教社团和地方行政官的职责上出现了尖锐的分歧。在一次气氛激烈的会见中，当茨温利告诉反叛者们什么时候取消弥撒礼应该由议会决定时，曼茨喊叫道："不，应该由上帝之灵决定。"茨温利完全支持现在瑞士各城市对再洗礼派的野蛮惩罚，这些惩罚使一场本来正迅猛发展的运动急剧衰落下去。茨温利本人越来越卷入了关于圣餐礼的神学论战，由于像他的优秀著作《真伪宗教记》（1525 年）之类的较积极的著作，我们本可能对其中一些论战小册子持宽容态度的。他本人的神学是深刻唯灵论的，浸透了字面意义和精神间的二分法。对他而言，一段伟大的经文是"对什么也无益的肉体"。他厌恶感性的东西能够传送属灵的恩典这一观点。因此，他认为圣礼并非是不可见的上帝借以会见堕落了的人类的手段，毋宁说是誓约和象征，是上帝和选民之间所立之约的标记。他一旦确信圣餐礼中基督所设立的话具有象征意义后，越来越强调基督的身体在天国里，他仅仅在上帝之统一性里临在于圣餐中。他关于圣餐的小册子中最惹人注目的是《〈圣经〉善解》（1527年）。

茨温利强烈地感觉到苏黎世在与天主教各州的对立中政治上的虚弱，感觉到奥地利的强大。他梦想看到他的城市在一个福音大邦联中居于领袖地位，他终于在1528年建立了基督教城市同盟，到1529年时该同盟包括了伯尔尼和巴塞尔、康斯坦茨、比尔、米尔豪森、沙夫豪森、圣加尔，1530年斯特拉斯堡加入同盟。他认为同盟也许可以向外扩张和托尔高同盟的日耳曼各诸侯联手，如果需要，甚至准备和法国或威尼斯结盟。他越来越想发动一场破坏性的先发制人的战争，到1529年时他已创建了一支可怕的军事力量。但也许由于他的领导者们对他在早先的年代的优良讲道太过于注意了，因为当部队与敌国人民亲善之时，政治家们举行了谈判，结果缔结了第一次卡佩尔和约。他认为这是姑息，他厌恶地喊叫道："你们要的和平意味着战争；而我要的战争却意味着和平。"确然，在以后的数月间他的同盟的力量逐渐消融，以至在马尔堡会谈上当计划中的福音派联合政府失败之时，眼里噙着泪水的是茨温利。1531年，他孤注一掷地策划了对天主教各州的制裁（制裁是奇怪地在圣灵降临节时在讲道坛上宣布的），结果于10月引发了一场致命的军事反击。在战斗的前夜茨温利遇见了年轻的布林格，含着眼泪道了再见——"亲爱的亨利，上帝保佑你。坚持信我主基督和他的教会"——随即消失在黑暗中。那天的战斗十分混乱，充满灾难，而且很可能有人背叛。在苏黎世的部队里有13位传道师，卡佩尔的隐修院院长也在其中。茨温利的尸体在战场上被发现，对尸体先加以侮辱，然后焚毁。他是如何死的将永远是个秘密，但如克勒所言，他没有戴钢盔，手持一把巨剑和一把斧头纯粹是为了装样子。

第二次卡佩尔和约虽然结束了苏黎世的冒险对外政策，但并不像它本来可能的那样带来诸多灾难；亨利·布林格继续执行茨温利留下的政策，只是对其虔诚地略加修改而已。茨温利怀抱《圣经》、手持宝剑的塑像，如果路德看见似乎认为是两个王国的邪恶混合，它招致并应该得到它实际上得到的下场。但是，我们对茨温利的政治的评价太容易受它们所遭到的军事灾难的影响了，而我们不应该低估他对一个以他为首脑的福音派的瑞士邦联的希望的大胆和远见卓识。因为茨温利的希望并非是不光彩的梦想，他梦想的是这样一个共同体：上帝可以通过他的仆人——先知们在其中就基督教社团的公共生活与私人生活的各方面自由地讲话。

在茨温利死后几周之内又出现了第二次打击：巴塞尔的宗教改革家约翰·奥科兰帕迪乌斯（1484—1531年）去世。奥科兰帕迪乌斯是学者，性格内向，属于宗教改革家中最富有吸引力者。他下巴上留着胡子，长着一只悬垂鼻子，面色灰黄，透过眼镜凝视着《圣经》抄本，这副容貌可以作伦勃朗的"哲学家"的模特儿。路德在谈到他背叛圣礼时叹息道："这样一个人"，并认为他是陶醉于茨温利的代达罗斯式的迷宫里的伊卡罗斯。奥科兰帕迪乌斯生于士瓦本的魏恩斯贝格，他在求学时就接触到了"莱茵学派"的学者们，其中有罗伊希林、温普斐林等老一代的伟人，在年青一代的伟人中则有布伦兹、布塞尔和梅兰希顿。他在海德堡、博洛尼亚和蒂宾根受的教育，获神学博士学位，令人惊异地熟练地掌握了拉丁文、希腊文和希伯来文。当他的朋友沃尔夫冈·卡皮托1515年以教授和大教堂传道师的身份来到巴塞尔时，奥科兰帕迪乌斯在弗洛比尼的大出版社里担任了修改校样这一较为朴实无华的工作，他写了许多条语文学注释，对伊拉斯谟翻译的伟大的《新约》的出版作出了贡献。后来他受雇编辑伊拉斯谟版的哲罗姆著作，从而进入了第4和第5世纪的教父们的世界，他们的学问、禁欲主义和虔诚使他着迷，以至对教父的研究成了他全神贯注的工作。因此，在奥科兰帕迪乌斯身上我们接触到了宗教改革中的一种真正的重要的因素，即在"老教父们"那儿为后来的时代发现了新的天地，这要素与牛津运动的共同之处较多，与福音复兴运动的共同之处较少。

他从克里索斯开始，一部接一部地翻译和出版了一系列希腊教父的著作。他同奥格斯堡和纽伦堡的人文主义者皮克海默和阿德尔曼·维利巴尔德兄弟有了友好交往，他们为他谋到了奥格斯堡主教座堂传道师的职位。他发现教会工作的压力颇像"踩踏车一样单调"，突然加入了布里基泰因修会（该修会由男女修道者组成，专门从事学术和晚近问题的研究），住进了该修会在旧明斯特的巴伐利亚隐修院，这难免不引起朋友们的反感。阿德尔曼厌恶地写道："可鄙透顶，你知道，[这座隐修院]是由妇女管理的！"但他不久便感到失望并于1522年离开隐修院，留下了珍贵的图书，和布塞尔一道藏身于埃伯恩贝格城堡。11月，他和胡滕一道到达巴塞尔，在那儿他目睹了他的最新译作出版，并行使了他作为博士的权利在学校讲学。不久，他被聘任为教授，并在那儿以惊人的全神贯注开始了一项工作，因为除了西门·格里纳埃乌斯外，他没有一批支持他的出色的福音派同事，像在苏黎世支持茨温利那样，或者像在斯特拉斯堡那样形成一支令人敬畏的队伍。不多时，他就用三种语言再加上德语一卷卷讲授《旧约》各书，听众是数百名市民。他先在圣马丁教堂，后来在大教堂讲道。1522年，他和茨温利建立了亲密的友谊并开始通信，他的书信在很大程度上倾向于这位苏黎世的宗教改革家。1524年，关于圣餐的辩论开始，奥科兰帕迪乌斯用自己关于教父的知识帮助了他的朋友。他的《论主的真言》（1525年）成了圣餐象征论者的手册和武库，像费希尔和科克拉乌斯这样的天主教徒，还有像布伦兹这样的路德派都把它当作抨击的目标。

1526年5月，在巴登城举行了一场公开辩论；天主教徒由于吸取了苏黎世辩论的教训而得益，他们在会议中安插了自己的人，并邀请了大名鼎鼎的约翰·埃克担任主角，他表现得很顽强。茨温利以其特有的慎重不愿意去参加辩论，他恳请议会即使在有安全通行证的情况下也不批准这次出访，他几乎没有给奥科兰帕迪乌斯任何意见，而且几乎是单枪匹马地挑起了福音派事业的重担，他对此感到满意，而奥科兰帕迪乌斯发现自己在数量上处于劣势，在投票时居于少数。奥科兰帕迪乌斯表现出色，当埃克以他最动人的方式咆哮暴跳之时，他以平静的尊严和力量坚守住了阵地，显示了他在过去数月间已从对学问的浅薄涉猎有了多么巨大的长进。下一次辩论于1528年在伯尔尼举行，那天正值福音派的户外集会日。茨温利、布塞尔、卡皮托等人在城市各处讲道，奥科兰帕迪乌斯有特色地挑选的题目是《论基督对他的教会的爱》。随后在伯尔尼改革迅速开展，而在巴塞尔，天主教在议会中势力强大而且有一批有凝聚力的布道人。1528年末，危机出现了。那年的圣诞节期间，一队队武装的天主教徒和福音派晚间在街上走动。但在元月4日举行的一次会议上，人们看到福音派的人数以千计，而天主教徒仅有数百人。并不很疯狂的破坏圣像活动持续了数小时，震动了这座城市。之后，议会于2月8日宣布弥撒礼将被取消，在巴塞尔及其周围的农村地区圣像将被撤除（伊拉斯谟、格拉雷亚努斯及其朋友们收拾行李去了较为平静的牧区）。1529年4月1日颁布了伟大的改革法令，该法令对教区组织、教育和公共崇拜提出了新的框架。在以后的数月中，奥科兰帕迪乌斯对教会行使了真正的主教监督权，教会按苏黎世的模式开始组织宗教会议体系。从他年轻时在巴塞尔担任听忏悔的神父之时起他就关心基督徒的纪律问题，这是他对道德主义的希腊教父们的研究所促成的。他越来越关注捍卫教会的宗教纪律并把它和信基督教的地方行政官采取的维护治安的行动区别开来。他在1530年发表的一篇伟大讲演《论限定施罚》中对二者之间的重要区别作了阐释。这篇讲演，施特林正确地认为，在基督教会史上具有头等重要的意义。奥科兰帕迪乌斯认为教会在牧养方面的纪律是补救性的，旨在使忏悔者得以复员，因此和地方行政官的惩罚是有区别的。他提出了一项设立平信徒长老的计划，这些长老执行这一纪律，并代表传道师、教徒和宗教会议。他希望瑞士其他城市也采纳他的计划，但他发现它们不大愿意放弃已由地方行政官行使的权力并怀疑会出现新的福音派教权主义。布塞尔尖锐地指出，奥科兰帕迪乌斯的计划更多地带有"教父的严厉"的味道，较少"保罗的宽容"，虽然宗教自治的主张给他留下了相当深刻的印象；通过他这两种危险地被混淆了权力的区别重新被引进了斯特拉斯堡体系的福音派纪律中，加尔文后来对之加以巩固和整理，从而成为一种具有永恒重要意义的方法。

卡佩尔战役的消息传来后，奥科兰帕迪乌斯陷入深切的悲伤之中，由此引发了身体上的疾病：他长了一个痈，其毒液置人于死命。11月22日，他对其家人和牧师们道了再见。其间，当他被问及强烈的光线是否使他感到厌烦时，他拍拍胸部有气无力地笑了，用自己的姓名说了一句双关语："这里已经有足够的光亮"。

在巴塞尔，奥科兰帕迪乌斯的追随者是奥斯瓦尔德·米科尼乌斯，此人的职务是首席传道师也就是"首席牧师"之意。他是优秀的教育工作者，但在学术上没有名气，他把这方面的事务多委托给西门·格吕奈乌斯。1534年，安德鲁·卡尔斯塔特到达巴塞尔，被任命为该地大学教授，数月之内便变戏法般地引发了一场有特色的、极其丑陋的吵闹。米科尼乌斯对自己之没有学术地位一直有点敏感。卡尔斯塔特现在对神职人员（在米科尼乌斯领导下的教区神职人员）和实施教育的教会（大学）的权威逐一开始挑剔和反对。卡尔斯塔特本人几年前还对一切学术称号加以嘲笑，现在却认为学位低于博士者不得在该城任教，必须先获得博士学位才有资格讲授大学学术课程，尽管米科尼乌斯和格吕奈乌斯二人可以免于考试！但这种恩赐式的让步并未使局势得到缓和。格吕奈乌斯为这件令人不愉快的事感到伤心，而米科尼乌斯则非常愤怒。1541年，卡尔斯塔特患瘟疫病逝，此事终于得以了结。卡尔斯塔特死后留下大量恶作剧式的争吵；他的可怜的寡妻四十余岁，处境悲惨，她跟随丈夫无休止地各处游荡，由于这些没完没了的长途跋涉的辛劳而致残。

亨利·布林格成了苏黎世人的天才领袖。亨利由于缺乏茨温利那样的天分和政治冒险（无论如何，第二次卡佩尔和约的签订使这座城市最终摆脱了政治冒险）能力，他满足于做一名模范牧师和教师，他和欧洲所有的宗教改革领袖们大量通信，从而成为宗教和解方面的重要人物，其重要性仅次于精力更加扩散的布塞尔。是布林格的苏黎世而不是茨温利的苏黎世使瑞士对爱德华六世、玛丽和伊丽莎白统治下的英格兰的宗教改革作出了贡献。

1534年，米科尼乌斯在巴塞尔提出了一份信纲。1536年，苏黎世和巴塞尔合作提出了第二份巴塞尔信纲，又称第一瑞士信纲，这是一项享有权威的杰作。1549年，布林格和加尔文之间订立的意义重大的《共同纲领》(*Consensus Tigurinus*)打开了瑞士所有归正宗教会和解的道路。1566年，布林格的第二份瑞士信纲出台，该信纲为大多数瑞士宗教改革家所采用。布林格的讲道和辩论记录虽然缺乏深度和创新，但却使改革了的基督教从茨温利的事业向约翰·加尔文的成就过渡成为可能。

2. 斯特拉斯堡

帝国自由城市斯特拉斯堡在宗教改革史上起着特殊的作用。斯特拉斯堡位于莱茵兰平原上，比瑞士联邦的其他城市更易受到攻击，处于帝国权力的范围之内，这对它来说是灾难性的。由于地处欧洲交通要道，斯特拉斯堡享有生机勃勃强劲有力的繁荣，因此，是一位斯特拉斯堡的宗教改革家（在布塞尔的《论基督之国》中）给予新教所谓的"艰苦工作的福音"第一次原则性阐述。从1482年《誓约》之时开始，该城的宪法便包括了寡头政治和民主之间的平衡的复杂结合，运作得相当良好，同时，频繁的选举保证了手工业同业公会多有表达意见的机会。与大多数城市相比，斯特拉斯堡的地方行政官有更多的监督权，同时，一项重要的情况是在这一时期该城出了一位伟大的政治家约翰·斯图尔姆。

斯特拉斯堡的图书业很是繁荣，很早就参与了路德和梅兰希顿的著作的发行。斯特拉斯堡宗教改革的先驱是马修·泽尔（1477年生），他于1521年以神父和听取忏悔的神职人员的身份开始在大教堂的侧室小教堂讲道。他的口才和他对积弊的抨击使教众群情激愤。当局禁止他使用教堂中殿的石头讲道坛（这个讲道坛是为凯塞尔斯堡的盖勒修建的），木工同业公会便为他制作了一个木质讲道坛，他在该讲道坛布道时听众超过3000人。1523年5月，沃尔夫冈·卡皮托到达斯特拉斯堡。卡皮托（1478—1541年）拥有法学、医学、神学三个专业的博士学位。他曾在巴塞尔任教授，还担任过大教堂传道师。他是杰出的希伯来语文学家，曾与伊拉斯谟合作，得到后者的敬重。他曾为美因茨大主教阿尔贝特主管秘书室，当过他的助理教士。也许一种更加坚忍不拔的性格本可能使这一职位在宗教改革的历史中起重大作用。但他一方面受不了天主教徒的攻击，另一方面又受不了来自维滕贝格的谴责，便离职去了斯特拉斯堡，任圣托马斯大圣堂的教士长，过他希望的较为平静的生活。然而，他和泽尔一见之后便毅然全心全意地投入了艰苦的宗教改革战争。不知何故，卡皮托属于那种"即将出现但却始终未出现的伟人"，因为他的才干逐渐降低，历史的裁决虽然给他以崇高的地位，但在宗教改革家中却属于二流人物。

卡皮托到达斯特拉斯堡时已是在学术上和教会里公认的杰出人物。布塞尔的情况则不同：他于同月到达斯特拉斯堡，贫穷、失业、默默无闻，但他在一年之内便成了"斯特拉斯堡教会的灵魂"。马丁·布塞尔（1491—1551年）曾在施莱特斯塔特的优秀拉丁文学校学习，他早年便加入了多明我会，由于入会时太年轻，以至后来没有遇到什么困难便解除了誓言。他的朋友比亚图斯·雷纳努斯把他引进了伊拉斯谟的著作，后来他成了伊拉斯谟的忠实门徒。此后，他于1518年在奥古斯丁会在海德堡的集会上听过路德的讲演，那天他被争取到改革事业方面，他对路德的热情之高以至遇到任何挫折也不稍减。1521年，他成为冯·济金根的助理牧师，在骑士暴动之后他到达维桑堡，再由那儿到斯特拉斯堡。泽尔对他印象很深，不久便请这位新来者讲解《圣经》，直到园丁同业公会请他在圣奥列利亚（St. Aurelia）教堂担任他们的神父。10月，美因茨的神学博士、多才多艺的学者卡斯巴·赫迪欧来到斯特拉斯堡。阿维尼翁的兰伯特也加入了他们的队伍。其结果是在《圣经》神学方面的感人合作，这是16世纪20年代宗教改革的至高无上的需要。卡皮托讲解《旧约》，布塞尔讲解《新约》。赫迪欧先讲授希腊文，后转而讲授教会史和拉丁教父，并开始把奥古斯丁的著作译成德文。对《圣经》的评注一部接一部完成，其中准确的语文学解释成为神学阐释的基础。1525年，兰伯特评注了《何西阿书》，次年卡皮托评注了《哈巴谷书》。布塞尔则源源不断地写出了大量书写几乎不可辨认的著作，其中有对《福音书》和《以弗所书》的评注，1529年，他出版了《诗篇》评注，后来共出了五版，加尔文赞之为那个时代最具权威的著作之一。

1523年末，市议会（以苏黎世为典范）发布了一条命令，准许福音传道。布道师们紧接着便要求举行一次公开辩论。但并非只有宗教改革家们才记得往事，斯特拉斯堡主教在大圣堂教士会的支持下避免了一场公开冲突。1523年末，马修·泽尔结婚，而且公开在大教堂举行婚礼。次月，七位著名的已婚神职人员被革除教籍，这一处罚的结果只是表现了在该城主教权威的脆弱。1523年，传道师们发表了一项理由充分的申明，说明为何圣像应该废除；在斯特拉斯堡圣像之废除的过程中没有发生别处那么多的暴力行为。1524年，对福音传道师管理下的教区作了重大改组，颁布了新的纪律，开始了教育改革，教育改革的高潮是建立了在约翰·施图尔姆领导下的著名学园。

按布塞尔的观点，政府的措施必与解释和对公众良心的教育配合进行，这是宗教改革中绝对必要的。对于只凭公法进行宗教改革的无价值，他比其他任何人都更了解。因此，他于1523年出版了引人注目的小册子《人不应该只为自己生活，人应该为邻人生活》。他在1524年所作的清楚明白的理论阐述（Grund und Ursach）预示着礼仪改革的开始。1538年当新的城市秩序建立起来时，出现了给人以深刻印象的文献《论牧养》。布塞尔同意了地方行政官的改革法。但从1530年起，他对奥科兰帕迪乌斯教会应该有自主的纪律的主张深有所感。1530年，当局任命了一批教区委员，此事在当局和布塞尔对这一职分的解释上引起了一定的紧张。这些平信徒委员们认为批评传道师不违背他们的职责，他们欣然向议会报告，马修·泽尔［布道］唠唠叨叨，布塞尔的讲道太高深，大多数教众理解不了。但1534年布塞尔确实成功地使人们在一定程度上承认了下述观点：这些平信徒委员代表了圣典里的一种职分，事实上他们是教会的长老。他对教会纪律的关心转向了另一个方向。也许他从路德的《德语弥撒》（Deutssche Messe）（1526年）得到了提示，也许提示来自宗派成员的秘密集会，他提出成立小型的基督教基层组织 Gemeinschaften，平信徒小组在这种组织中相互监护灵魂。尽管地方行政官员们不以为然，这些小组仍旧聚会，直到1550年。1529年4月20日，议会表决正式取消弥撒礼，184票赞成，1票反对，94票主张推迟取消，21人缺席。1534年在举行了一次由地方行政官主持的宗教会议之后，以传道师们提出的十六条信条为基础作出了最后决定，随后于1535年发布了一道有关纪律的条例，其影响一直持续到1789年。

部分地由于其位置，但更多地因为其统治者促进和解的倾向，斯特拉斯堡成为接纳宗教改革中的流亡者的主要城市。该城在减轻苦难方面有着崇高的记录。当农民军于1525年跨过阿尔萨斯之时，泽尔、卡皮托和布塞尔在阿尔特多夫会见了其领袖们。他们严厉的训斥得到反叛者们的尊重。但在后来发生的可怕后果中，斯特拉斯堡的市民们在神职人员的领导下，特别在发动所有牧师妻子参加救助行动的泽尔夫人的带领下，给大量无家可归者提供食物、衣服和住所。在1529年的大饥荒期间，这一善举又得以重复，成千上万的人得到了救助。布塞尔在新教教会的三个方面（道、圣餐礼、纪律）加上了"爱"并非没有效果。

这一时期几乎所有重要流亡者都来到斯特拉斯堡。在这份辉煌的流亡者名单上有：勒费弗尔、法雷尔、兰伯特、加尔文、卡尔斯塔特、茨维考的先知们、登克、赫策尔、萨特勒、考茨、罗特曼、胡布迈尔、霍夫曼、约里斯、塞尔维特、斯斐克费尔德、弗兰克。此外还有一批批不那么显要的流亡者来此避难。他们中许多人特别给泽尔和卡皮托留下深刻的印象，了解到他们并非都是狂热分子。泽尔和卡皮托在真正的宗教的内在性，在虔诚的生活的重要性方面和这些外来者看法一致。不过，也有足够多的顽固而凶残的狂热分子居然迫使当局采取行动，于1527年6月27日下令驱逐各教派成员，并威胁到给这些人以庇护的市民，但在以后数年，一再重申这一法令，表明执行起来困难重重。卡皮托似乎不止一次被他们的教义所陶醉，最值得注意的是为斯斐克费尔德的教义所陶醉。1529年，卡皮托重病，后来爱妻的亡故耗尽了他的精力。在为朋友找对象方面大有办法的布塞尔在一封致玛格丽特·布劳雷尔的令人难以置信的"公开信"中，代人求婚，遭到那位令人畏惧的女学究的拒绝，迫使布塞尔另谋人选，终于为朋友赢得了性格较不开朗的寡妇韦布兰迪丝·奥科兰帕迪乌斯的心，她后来成为卡皮托的第二任妻子。但卡皮托一直陷于忧伤而不能自拔，1541年染上瘟疫病故。

1524年2月16日，提奥巴尔德在大教堂引进了一种德国弥撒礼。这是创造性试验的开端，在以后的10年里产生了24种有趣的礼仪。布塞尔起了主要作用。布莱特曼对布塞尔的礼仪中说教成分过多进行了批判，但我们必须记住，对他来说这仅是总体改革的一个方面，其中的每一点变革都必须伴以解释和教育。恢复道在布道和解经中的至高无上的地位是首要的问题。传说布塞尔把大教堂里的祈祷书上的对神的名（the divine Name）——晚期经院哲学家们用微妙的辩证法就此相互攻击——的赞美之词涂掉，在原来的地方写上"我们的父"（Our Father）。像奥科兰帕迪乌斯一样，他在其圣餐仪式中为默祷作了规定。他给予教众唱赞美诗如此重要的地位，以至人们声言对布塞尔而言"教会是围绕赞美诗而建立起来的"，在那些年出版的赞美诗集的收藏品中最漂亮的是1541年的版本。斯特拉斯堡的改革者们和在阿尔斯泰特的闵采尔一道率先在早课和晚课仪式中使用地方话。鲁塞尔于1526年描述了这座城市里的崇拜仪式：

早上5时，在每一座教堂举行讲道和公祷，7时再次举行。8时，人们被召集到一起，但这次只在大教堂里，对他们再讲一次道。在宣读上帝之道以前和以后，都要唱诗，所唱之诗已从希伯来语的诗篇翻译成当地人的语言……在早餐后4小时人们又在同一教堂集会并用同样的方式上演基督的事工。

布塞尔的洗礼仪式试图避免罗马的和茨温利的仪式的极端做法，而他对基督教教育的关心使他比其他任何宗教改革家都更强调坚信礼的重要性。

他的两个有特色的话题是牧养和关于教会的教义。他追随路德和奥科兰帕迪乌斯，把教会的概念解释为圣徒的团体。他从预定、从在基督里被拣选的选民开始。但布塞尔认为，凭慈善行为使基督徒可以认为那些过着虔信上帝的生活并参加教会的崇拜和圣礼的人事实上属于选民之列，因此，执行包括排除不良分子领食圣餐在内的基督教纪律是可能的，这在实践上具有重要性。他对《以弗所书》的阐释，特别是对第4章的阐释，强调了《圣经》里的神职的重要性，他认为神职分为四重：牧师、教师、长老和执事。在所有宗教改革家中，布塞尔最热心传教，玛格丽特·布劳雷尔开玩笑地称之为"［教会］合一的狂热分子"。布塞尔和卡皮托相信，在主要问题上的合一是紧要的，而存在的别的问题基督徒可以达成一致意见，或允许有分歧，这是斯特拉斯堡宗教改革的一个重要特点。所以，布塞尔能够写道："避开信仰表白书，对弱者要有耐心。当全部信心都放在基督身上时，事情就稳妥了。并没有规定所有人在同一时刻要看见同样的东西。"

在关于圣餐礼的大论战中，他犯了两点不可原谅的过错，从而严重破坏了他作为调解人获得成功的机会：他未经公告便把自己的观点塞进了原先打算作为布根哈根和路德的著作的正式译本中，以至当他们在马尔堡会见时，我们不难理解，为什么路德对他摇晃着指头说："你这个无赖！"但当他读了路德1528年关于圣餐的信仰表白时，他认识到自己误解了路德，认为路德意指局部的、范围有限的临在，他于是确信有可能取得意见的一致，在马尔堡会谈失败以后仍坚持之。

在他看来，他可以用教父们的唯实论语言来表达一种真正临在的灵性的教义，他愿意说基督的身体和血真正分发给了信者，未悔改者按自己的判断得到了基督的身体和血，但不信上帝者得到的只是面包和酒。他虽然不愿意接受1530年的《奥格斯堡信纲》有关圣餐的条文，并以巴克斯特式的欣然态度提出了（斯特拉斯堡、康斯坦茨、梅明根、林道）《四城信纲》，但他仍于1532年在斯韦福特，1535年在卡塞尔，奋力进行调解，终于和梅兰希顿一道实现了1536年维滕贝格协议的缔结，之后他仍继续在巴塞尔（1536年）和苏黎世（1539年）寻求和瑞士人达成一致。他和加尔文、梅兰希顿一道在沃尔姆斯、哈格诺和雷根斯堡与天主教徒会谈（1539年至1541年，1546年再次会谈），这些会谈尽管都破裂了，但他们和进行斡旋的神学家格罗珀、皮吉乌斯、孔塔里尼之间在称义和圣灵的工作这两个重大问题上达成了真正的谅解。

1546年，发生了施马尔卡尔登战争的军事灾难，雅各布·斯图尔姆只得跪在胜利的查理五世脚下为他的骄傲的城市乞求宽恕。这位皇帝不愿意和布塞尔提出的新信纲发生任何联系，并坚持要斯特拉斯堡签署他的临时协议。这位马丁·布塞尔断然予以拒绝。在他步入老境身体很虚弱的情况下，他在众多的邀请中挑选了最艰辛者——和家人一道冒险渡海到了那个遥远的、不文明的、落后的国家。在英格兰，他居住在剑桥，任神学钦定讲座教授直到去世。英王爱德华六世赐给他一个火炉，这火炉冒出的一股股硫黄火焰让他想起欧洲大陆，抵消了剑桥附近的低地散发出的潮湿的雾气。为表示感谢，他献出一件高贵的礼物作为回报——论文《论基督之国》（*De Regno Christi*），这一高贵的文献总结了斯特拉斯堡宗教改革25年的梦想与计划（其中大多数现已破灭）。该论文部分地是一篇实际的回顾，但在另一个层次上读起来更像是17世纪的清教运动的绝妙预兆。最重要的是论文试图使基督的统治适应人类的历史，用的是政治家式的、先知式的有足够预见性的语言，令人敬佩。

临时协议结出了果实。当斯特拉斯堡的新教徒迎来了较为美好的日子时，在马尔巴赫和帕普斯的领导下不妥协的路德宗占了上风，布塞尔的工作为之黯然失色。所以，布塞尔的斯特拉斯堡从来都不能和路德的维滕贝格、茨温利的苏黎世和加尔文的日内瓦相提并论。在名声方面，他未能进入前三名。他太认真，缺乏幽默感，难以纠正地冗长，这些都限制了他的著作的范围和影响。他用心良好，却惹怒了如此多的人，以致我们怀疑他气质上有某种缺陷。但他得到极大的称赞和真诚的爱，因为他是一个真正的伟人，是一个"人物"，在他流亡的英格兰也是如此。M. 斯特罗尔说，他具有一种"同化人的超凡能力"，他思想开通，明白真理具有多面性，这是他的大多数同时代人所望尘莫及的。这就是为什么在那个争斗的时代的所有猛烈的声音中，只有他向那些今日像他自己那样为了耶路撒冷的和平辛苦操劳的人欢呼致敬。

3. 日内瓦

在加尔文身上，法兰西给过深地浸染着条顿精神的新教增添了一种新的生机勃勃的品质。似乎怜悯之神预见到了冷酷的复仇之神在未来的日子里要对法国的归正宗教会做些什么，因此从一开始便从他们手中夺取了主动权，使归正宗各教会的这个决定性的、超级的、持久的伟大礼物成为可能。

日内瓦的宗教改革之兴起和伯尔尼市的改革有着密切的联系。繁荣、野心勃勃、富于进攻性，沃州地区的伯尔尼是强大到足以抵御萨伏依公爵和日内瓦的天主教主教的唯一城市，伯尔尼鼓动日内瓦寻求摆脱世俗宗主权和宗教的宗主权的统治，到1536年时几乎大功告成。在伯尔尼市，一般强大的贵族势力对变革起到了制动作用。但贝特霍尔德·哈勒（1492—1936年）和塞巴斯蒂昂·梅耶的活动导致了1528年的大辩论，这场大辩论瑞士所有主要宗教改革家都参加了，卡皮托和布塞尔在其中起了突出的作用。大辩论的结果是弥撒礼于1825年2月7日正式取消，并正式通过进行宗教改革，因此改革迅速扩大到附近的骑士管辖区。在这一工作中担任领袖的人物有威廉·法雷尔、安托万·弗罗芒和彼得·维雷特；威廉·法雷尔（1489—1565年）是勒费弗尔的学生，学识平平，不切实际，但滔滔善辩，言词激烈大胆，他和安托万·弗罗芒（1510—1584年）是法国人，彼得·维雷特（1511—1571年）是瑞士法语区人，不久便成为洛桑的宗教改革家。法雷尔在对艾格勒和纳沙特尔宣讲福音后于1532年10月4日来到日内瓦，但不得不立即离开。弗罗芒留下来了，以开办一所现代语言学校为掩护，宣传改革。日内瓦的冲突就双方面来说都是暴烈而厉害的。天主教方面行为之轻率令人难以置信，煽起了本来已经强大的反教权主义火焰，同时多明我会修士富尔贝蒂的鼓动招致了伯尔尼市议会站在改革派一边进行干预。1533年12月20日，法雷尔两次来到该城。1534年1月的一次辩论击溃了反对派，3月法雷尔获准使用方济各会的小教堂。主教试图使用武力制伏该城，结果迫使改革派表示他们和市民争取城市自由的事业休戚相关。〔天主教方面〕企图毒害改革派，反而为他们赢得了更多的同情。1535年3月和5月举行了公开辩论，天主教徒的表现令人惋惜。8月，该市各义会下令暂停弥撒。次年2月，通过了整顿公共道德和教堂纪念的命令。1536年5月21日，大议会在大教堂集会举手庄严宣誓按照上帝之道生活。改革派的胜利一直是迅速的，但领导人十分清楚胜利是表面的、靠不住的。正如加尔文后来说的那样："他们布过道。他们烧过圣像。但并没有真正的改革。一切都还在熔化锅中（*tout etait en tumulte*）。"两个月后当约翰·加尔文经过这座城市并被法雷尔拦截住（这是值得纪念的）时，这座城市的形势就是这样。

约翰·加尔文（1509—1564年）1509年7月10日生于努瓦永城，他的父亲是主教秘书，有足够的权势在自己的儿子12岁时便为他谋取到大教堂的圣俸作为他的教育经费。1523年，加尔文到巴黎大学求学，进入马尔舍学院。在那儿，他从伟大的马蒂兰·科尔迪埃学习拉丁文，养成了西塞罗式的精美的风格。后来，也许是在约翰·马若尔的指导下学习神学，马若尔是"现代方式"的著名倡导者。1525年，他获得硕士学位，继而前往奥尔良，在杰出的皮埃尔·德·勒图瓦尔门下学习法律。也许就在此时，他开始在路德宗信徒梅尔希奥·沃尔马尔的指导下学习德语。但不久他便移居布尔日，那里有一个人文主义小组，加尔文于是全心全意投入优秀文学的学习中。1531年5月他的父亲去世，从此他可以自由自在地走自己的路，于是回到巴黎，恢复了古典语言的学习，他在奥尔良获得法学博士学位。在巴黎，他写作了自己的第一部书，出版于1532年4月4日。该书是塞涅卡《论仁》（*De Clementia*）的翻版，在很大程度上是青年人的作品，书中充塞的学识略嫌太多，引自古典和教父作品的典故虽使该书熠熠生辉，但有卖弄学问之嫌。这本书当然没有销路，但却是他的彻底的人文主义的明证，正如 M. 文德尔所说："加尔文一直或多或少保持了他1532年时的人文主义思想。"然而，在以后数月间的某个时候他经历了一种心灵的变化，这变化不仅是从优雅文学到神圣文学的理智上的过渡。他后来在《诗篇》前言的谜一般的著名证言中如此写道：上帝"凭借一次突然的转化降服了我的心，使之驯服"。这时他交往了一批危险的朋友。其中一位是巴黎大学校长尼古拉·科普，此人于1533年11月1日发表了一篇正式演讲，引发了一起骚动。这篇演讲稿主要是引自路德和伊拉斯谟的文字的并不起眼的拼凑，主要由于其中对迫害的抗议而具有煽动性，现在看来加尔文似乎不可能参与起草。但结果却是包括加尔文在内的许多改革家东躲西藏。他逃到普瓦捷和昂古莱姆，然后到奥尔良，在那儿写作了他第一本神学小册子 Psychopannychia。① 这本小册子是一篇讨论死者的状况的专题论文，该文暗示他认为古典思想和《圣经》里的思想并不完全相合。1534年10月，张贴"标语"引发的愤怒致使加尔文离开这个国家，逃到学者之城、书籍和伊拉斯谟之城巴塞尔。在那儿他出版了一本小书。他没有让该城的大出版商出版这本书，而交给托马斯·普拉特尔的颇带业余性质的出版社出版。书中有一封致法国国王的大胆而优雅的书信，八开本，532页，书名简单地题为"基督教原理"，看起来像是又一本篇幅相当长的初级读本。出版社和作者本人当时都不可能梦想到，他们给世人的是一部规范的宗教文献。他继而到了意大利，进入纳瓦拉的玛格丽特的宫廷，和流亡在此地的诗人同胞们交往。他似乎因紧急的家庭事务到过巴黎，返回时为绕过法兰西斯一世和查理五世布好阵式准备交战的军队，他作了一次大迂回，在迂回中偶然经过日内瓦。他的希望和计划全部在文学世界，现在却被粗暴地召唤到狂暴汹涌的实际改革的世界。只有法雷尔用他那最先知式的召唤苦苦哀求才使得他没有像伊拉斯谟那样拒绝。但是，他一旦接受召唤便永不动摇。

在日内瓦，加尔文在教堂里任读经师，悄悄地开始了他在该地的生涯。1536年10月初，他出席了在洛桑举行的辩论会。在令人疲乏的辩论快结束、听众都感到疲倦时，这时一位身材瘦削过分讲究的陌

---

① 这本小册子部分地是对再洗礼派的抨击，见本书边码第129页。

生人站了起来，凭记忆连珠炮似的说出了一长串引自教父的话以及其他种种引证，从容不迫，令人惊异，听众为之振奋，全神贯注，他们知道那天一位奇才出现了。

　　日内瓦市议会和巴塞尔、伯尔尼、苏黎世的一样决不愿意承认一种新的新教的教权主义。但加尔文和奥科兰帕迪乌斯及布塞尔都认为，教会监督自己的宗教纪律是至关紧要的。1537年1月，他提出了重新组织教会的条款，还有一份信仰表白，其中明确提到纪律。于是法雷尔和加尔文便卷入了一场和学者皮埃尔·卡罗利的长期而猛烈的争吵，卡罗利指控他们贩卖阿里乌主义，有不承认亚大纳西信条之嫌。争吵被带到了伯尔尼和洛桑的议会，最后以卡罗利大败而告终。虽然如此，在伯尔尼却引起了怀疑，当法雷尔和加尔文拒绝接受伯尔尼的礼仪时，怀疑达到了顶点；日内瓦市议会接受了伯尔尼的礼仪，传道师们大感不解。同时，议会否认神职人员有权革除教籍。加尔文和法雷尔被驱逐出该城。

　　加尔文在斯特拉斯堡的停留期间（1538—1541年）硕果累累。有人说他到达那儿时是一位青年神学家，他回到日内瓦时已经是教会的政治家了。他担任法国人的教会的牧师，在一个密集的社团中医治灵魂的疾病。他和阿尔萨斯的宗教改革家，尤其是布塞尔，进行实际合作，讨论神学问题，从中所学甚多。布塞尔对有关教会的教义和牧养的强调在他自己心灵中引起了共鸣。布塞尔此前就强调过有关预定的教义，早在1536年便以基督中心论为背景论述过这一问题。是布塞尔坚持了圣经里规定的神职，认为神职有牧师、教师、长老、执事四种。斯特拉斯堡的礼仪是加尔文的较简单的礼仪的样板，同时两人对会众唱诗的价值和重要性意见一致。正如M.斯特罗尔说的那样，我们一定不要把影响和模仿混为一谈，而加尔文把他学到的东西变成了自己的语言，极其清晰的语言。

　　他写作了一些重要的短论。《致萨多莱托书》是一篇优秀的辩护文章。1539年，他出版了《基督教原理》的修订版，增补了两章。1541年，他出版了该书的法语译本，译本被认为是法语文学杰作，法语史上的一个里程碑。《圣餐礼小议》是一篇值得注意的说明文，具有和解性质，论点处于路德派和茨温利派两种极端之间。1540年8月，他和伊德蕾特·德比尔结婚。几周前，日内瓦市议会已决定请他回来。他对法雷尔抱怨说："我甘愿受死一千次也不愿在那个十字架上每日受死亡的折磨一千次。"但他毕竟还是回去了，而且他和日内瓦的那种奇特关系——德·拉·图尔（De La Tour）把它比作有某种谋利目的之婚姻——一直保持到他去世之时。地方行政官员们急于讨好他。他们给他分配了一座房子，著名的尚努安内街11号，还给他丰厚的薪俸。他一到达便立即带着一份改革计划去议会并要求成立一个委员会来处理该计划，这样办事是他的特色。

《教会宪章》（*Ordonnances Ecclessiastiques*）（1541年11月20日）说明加尔文和他的大多数追随者不同，他不是教条主义者，他是政治家，愿意接受让步和限制。圣典中有关教会和神职的教义是用牧师、教师、长老、执事四重结构来说明的。争端仍然是纪律和革除教籍权。平信徒长老们由地方行政官提名。他们的集会就是教会法庭，但传道师和长老的集会由该城的四位地方行政官之一做主席。长老们可以行使一般的道德监督，但无地方行政官的同意与合作便无权实施制裁或革除教籍。直到1555年加尔文才得以随心所欲，自主行事。在这以前，在瑞士各教会间发生了一场重要的争论，两派神学竞相争夺在沃州地区的控制权：加尔文的神学和茨温利的神学，前者在非宗教的纪律和教会的纪律之间作了明确的区分，后者关于信奉上帝之地方行政官的教义在伯尔尼由埃拉斯都的前任沃尔夫冈·穆斯库鲁斯加以阐述。

加尔文不得不接受一些其他的修改：圣餐礼每季度而不是每月举行一次，举行授神职礼时不再按手，传道师为进行"兄弟般的忠告"而举行的集会每季度一次（加尔文的意图是每周一次）。议会仍牢固控制着任命教师、婚姻管理和审理公民犯罪的权力。加尔文出版了《教会祈祷和颂歌的规范》（*Forme des prieres et chants ecclesiastiques*），这是他早先在斯特拉斯堡的礼仪的修订。1542年，他发表了法文和拉丁文教义问答的修订本。他善于讲道，改革者们在日内瓦定期举行的《圣经》讲道成了当地以及其他地方改革的主要媒介。但加尔文很关心教育，邀请了他能够邀请到的最优秀的教师，先是马蒂兰·科尔迪埃，后来是塞巴斯蒂昂·卡斯特里奥。约翰·斯图尔姆领导下的斯特拉斯堡的学院给他留下深刻的印象，他加紧筹建，日内瓦终于在1559年建立了自己的优秀学院，狄奥多安·贝托任校长。在一个接一个的布告中,加尔文试图借助于一系列的措施把堕落的大众争取过来,让他们养成正确的道德习惯,这些措施触及生活的每一方面,执行时无论地位高低皆不得幸免。自然,加尔文树敌众多,而原先的压力集团则利用宗教手段来达到政治目的。和卡罗利的事情使他对不正统的指控很敏感。1544年在一场尖锐的神学争执后,卡斯特里奥被驱逐,争执的问题是《雅歌》的作者是谁,但这只不过是借口,而不是原因。更严重的是塞尔维特被处火刑。迈克尔·塞尔维特(1511—1553年)是西班牙人,多才多艺的学者。他爱标新立异,由于这一癖好他至少作出了一项重大医学发现,但他危险地把它用于对三位一体教义作批判研究,他写作的《论三位一体之谬误》(1531年)使同时代人不寒而栗,同时他自己陷入受异端裁判所审判的危险。否认神的名不仅是异端,而且是公开亵渎,一千年来的基督教帝国的法律上明文规定如此。他还写作了刻薄的文章来抨击加尔文的《基督教原理》,而加尔文公开地警告他,他如果在日内瓦露面将被处死。1553年他居然愚蠢大胆到在日内瓦的一个教堂露面,这一警告事实上得到了兑现。他被逮捕并判罪。加尔文试图改火刑为非火刑,这一让步只有吉尔伯特①式的诡辩才能使之感动人;塞尔维特之死刑虽然得到当时大多数人的赞成,但对后世而言,似乎是加尔文的日内瓦历史上的最严重的污点。

加尔文在生命的最后数年统治了这座城市,是该城光荣而受尊重的领袖,他的羞怯的天性掩蔽了他颇有吸引力的友善,以至群众从未看见这点。日内瓦成为难民的伟大城市,成为福音教育和宣传的中心。如果在有些人看来,比如在约翰·诺克斯看来,它似乎是"基督的最完善的学校",那么该城的慕道友们,如像奥利金的慕道友们,则不会忘记殉道的范围有多大。从日内瓦派出的神职人员训练有素,遵守纪律,忠诚事业,他们是新教中最接近耶稣会的一批人。数年之内,便有161名牧师被派往已经是"十字架之下的教会"的法兰西归正宗教会。

加尔文的《基督教原理》一直被称作新教的"神学大全"。但它对于学者而言,远不止是一本神学概要。对救赎机制的这一解说也是

---

① 英国喜歌剧作家。——中译者

在人世间的教会好战分子的纲要,基督教武士的手册。1543年,新拉丁文版已增补至21章。1550年,该书被分为节和段,此时全书共33章。1559年终于出了定版,共80章,增补多达四分之一以上。其中有些部分是短命的,而和奥西安德、威斯特伐尔、塞尔维特的论战有损该书的形象。但在这儿,最终展现出的是加尔文全部的崇高的智力资源,是他的圣经知识和教父知识的完整范围(书中引述奥古斯丁达341处)。

加尔文是那个时代的最伟大的研究教父的学者之一,是他那一代人中最伟大的圣经神学家之一。《圣经》是重要的。今天,我们尽量利用我们的历史想象力,在证据中抓住每一点宝贵的闪光,以便接近这些400年前的男男女女,我们一定不要忘记他们做的正是这点:了解圣洁的先知和使徒,聆听主的道,而且他们这么做时怀着更加强烈的感情,把更多的东西押在了赌注上。加尔文每周两次讲解《圣经》多年,出版了除《启示录》外的对《新约》各书的评注,对《旧约》许多书卷,也出版了评注。他对以前的宗教改革家们那里凡是有益的东西,他一概吸取进自己的著作中。他之吸取路德的思想颇像圣托马斯之浸透奥古斯丁的观点,尽管他在福音和律法的关系上,在圣餐的教义上与路德有分歧。他还从布塞尔和梅兰希顿学到许多东西。

以往有一个观点认为加尔文的主导思想是上帝之至高无上的权威,甚至当这一观点以至高无上的统治者的恩典来加以解释之时也是如此,但这一观点已经为神学研究的成果所修改,近年来的神学研究已使其基督中心论处于突出位置。他把新教二十余年的争论已开始拆分开来的东西结合在一起了,关于道和圣灵的教义:他的伟大的口号是,"唯有信仰唯有神恩";"唯有《圣经》";"唯有上帝之荣耀"。关于预定的教义必须放在中世纪后期对这一问题的阐述的环境中去看待,而我们几乎不能把后来的新教徒对它的解释归咎于加尔文。此外,如果我们认为他的教义有悖常情而且谬误,那么我们必须记住:在加尔文看来上帝之旨意中费解的东西只不过是过分强烈的光造成的黑暗。加尔文在一些段落中以对不可言喻的善的令人难忘的敬意来论述上帝之无限的恩赐,这些段落达到了庄严而动人的美,即使他有几分缺乏路德的温柔和喜乐。他的严谨虽然是真实的,但却有几分缺乏茨温利的那种快乐的坚实。

在关于圣事的论战中,他是幸运的,因为他加入之时论战最初的仇恨已经过去,而布塞尔已经使调解的希望随时有实现的可能。他坚持(圣餐中)真正的、精神的临在,在其中凭信仰升入天国的信者接受基督的身体和血的力量和品德。1539年至1541年,他和天主教神学家们一道举行会议,他和他们一道分享而他本人从未停止抱这样一个大胆的希望:建立一个也许能把所有分裂的教会联合起来的自由的、基督教徒的议会。他和许多国家的宗教改革家们的通信显示出异乎寻常地不褊狭,对于和他自己的大不相同的情况和性格,他具有少见的天赋去设身处地加以理解。

正如人们常说的那样,加尔文是第二代宗教改革家,是后继者中的巨人。新教运动已经减速,最初的动力已经消耗,已经出现了分裂、疲惫、泄气。加尔文之后新教再次运动起来,高歌猛进,准备为自由发起新的打击。他恢复了基督徒情谊的活跃。他复活了勇往直前去征服并一定要征服的大胆想象。

二 再洗礼派

伟大的宗教改革家路德、茨温利和加尔文及其主要支持者,如梅兰希顿、布林格、布塞尔等辈,发现自己不仅卷入和罗马的论战,而且还要和观点比自己更激进者论战。他们不得不同时在两翼作战。当他们仍然在和罗马当局进行斗争时,在宗教改革运动的左翼出现了一系列独立的思想家。浮现在我们脑际的有卡尔斯塔特、登克、弗兰克和斯文克斐尔德。还有一些相当大的团体,正如麦金农所说,"不是一个教派,而是一群教派"。这些分布颇广的群体有一个共同之处,即否定婴儿受洗。他们认为这一仪式只应在表白信仰以后施行。他们对《新约》的理解导致他们认为给幼儿行洒水礼不是真正的洗礼,所以对接受这一圣事他们毫不迟疑,并对他人施行,作为个人悔改和信仰的一种表征,不管幼小时可能有什么别的经历。对天主教徒和新教徒来说,这是荒谬绝伦的。洗礼此前一向被认为是不能重复施行的。再洗礼被认为是严重的犯罪。当这种做法再加上别的错误和危险的见解和倾向时,[天主教和新教]这两个主要宗教团体都认为自己有正当理由施加最严重的惩罚。再洗礼派这一名称——是茨温利最初使之流行起来的——成了普遍辱骂的词语，该词充塞着一种恐惧在其中起了相当大的作用的情感方面的内容。

在 16 世纪，甚至在 100 年以后，这一名词用得如此宽泛，以至今天仍不容易确定哪些人和人群应该包括在对这一运动的研究对象之内。宗教改革是如此深刻的剧变，在人们的观点和习惯方面的变革如此之大，以至无论如何在一些地方都会出现过激行为和反律法主义倾向。"再洗礼派"受到的野蛮对待，特别是 1529 年以后受到的野蛮对待，助长了受迫害者中的狂热和反常的倾向。只有现在才渐渐有可能尝试对运动的过程和运动的最优秀代表人物为之奋斗的原则作出不偏不倚的公正评价。

我们应该从何处开始叙述？从 1521 年维滕贝格的茨维考的"先知"们和托马斯·闵采尔开始，还是从 1523 年苏黎世的康拉德·格雷贝尔、巴尔瑟萨·胡布迈尔和瑞士兄弟会开始？认为在维滕贝格抨击婴儿受洗是再洗礼派运动这一戏剧性事件的开始，如此主张的人有下述理由：茨维考的先知们似乎鼓吹过建立接近于政教分离型的教会，尽管他们很可能从未对信徒施过洗礼。闵采尔以宗教革命家的身份开始，他和路德就圣典、信仰和洗礼问题展开论战。如果不是更早，也是在 1524 年，他肯定已经和瑞士的激进派有了一定的接触，虽然他们拒绝接受他的暴烈的方法。他领导的农民起义在后来有许许多多人同情再洗礼派的地方煽起了广泛的不安定和怀疑情绪。[①] 闵采尔的中尉之一汉斯·胡特后来成为再洗礼派的著名宣传家；农民军在弗兰肯豪森战败后他躲过了大屠杀。但这一切只是对再洗礼派运动起了促进作用的细流，而不是最重要的主流。那些把注意力集中于苏黎世发生的事件的史学家们发现该地是再洗礼派运动的源头，运动实际上是从那儿扩散开来的，在这一点上他们几乎肯定是正确的。

茨温利于 1523 年元月在和罗马天主教的代表进行公开辩论后确立了自己在苏黎世的地位。[②] 在数月之内，他和自己的一部分支持者就在什一税和利息、教堂的圣像和弥撒礼的改革诸方面，他们究竟应该走多远展开了争论。胡布迈尔断言，在那年 5 月茨温利承认过还未

---

① 见本书边码第 89 页。
② 见本书边码第 101 页。

接受过信仰教育的儿童是否应该受洗是值得怀疑的。但在10月举行"第二次辩论"时，那些主张更激进的改革和教会秩序（努力更加严格地恢复《新约》中的秩序）的人未能获胜，虽然他们由康拉德·格雷贝尔和西门·斯通普夫领头；茨温利称格雷贝尔为"高尚而有学识的青年"，斯通普夫原先是方济各会修士。然而，在1524年洗礼问题越来越使这些人及其朋友们不安，他们的关切也许由于和卡尔斯塔特（当时他已被逐出萨克森）、马丁·塞拉利乌斯（Martin Sellarius）、闵采尔的接触加深了，接触方式要么是会见，要么是通过写作。在苏黎世城和周围地区一些人无视市议会的命令，拒绝让自己的孩子受洗。1525年1月，格雷贝尔、菲力克斯·曼茨（曾任神父，自1519年便一直支持茨温利）、威廉·罗依布林（也曾任神父）和茨温利与布林格当着议会的面讨论了该问题和其他类似问题，但未得到满意的结果。有未受洗礼孩子的家庭得到命令在一周内让孩子接受洗礼，不从命者将受驱逐出境的惩罚。

　　数日以后，也许是1525年1月21日，一小群朋友在举行例行的《圣经》学习会时采取了两个决定性的步骤。乔治·布劳洛克，另一位前神父，在表白自己的信仰后由康拉德·格雷贝尔以注水方式给他施了洗礼。然后，他给学习小组的其他人施了洗礼，约有15人。此后不久，他们一道举行了简单的圣餐礼，认为这是纪念基督所受苦难和受死，这是一次团契餐，只有信徒才应分享。此时在苏黎世，弥撒礼仍在举行。这批人决定他们不能再受茨温利和议会的支配了。

　　数日之内，在沿湖东岸5英里的一座村庄措利孔也举行了洗礼。议会试图通过逮捕和监禁来维护自己的权威，但一场群众性的信仰复兴运动已经被触发起来了。其详情难以理清，但有一点却是明白的：这个小组的领袖们在附近的乡村到处走动。到复活节时，在圣加尔和瓦尔茨胡特，数十人，也许数百人，受了洗，格雷贝尔和布劳洛克显然是在河流和溪水里用浸入水中的方式给男男女女施洗礼。教堂没有人去了，仪式在私人住宅里和田野里举行。在同道们的布道中，偶尔可以听到《启示录》的调子，不过这并非整个运动的特点。群众的激动不可能和德国的农民起义全然无关。1525年5月，路德发表了臭名远扬的反对农民的小册子，茨温利也发表了一本小书《论洗礼再洗礼和幼儿洗礼》。1525年下半年，格雷贝尔、布劳洛克和曼茨都受过监禁。当过隐修士的青年米夏·萨特勒被驱逐出该州。胡布迈尔被逐出瓦尔茨胡特，后在苏黎世被捕，在严刑拷打下承认了自己的洗礼观点是错误的，后来又撤回认错，再后又一次认错，最后终于获准离开该市。但运动并未被阻挡住。1526年5月，议会决定有必要采取更加严厉的措施。下达了"毫不留情地"淹死再洗礼派的命令，大约同时，教区出生登记员得到指令要尽力保证所有婴儿受洗。1526年11月，再次颁布淹死再洗礼派的法令，而且听［再洗礼派］布道的人也受到处死的威胁。热心的格雷贝尔已于数月前去世，要么死于狱中，要么死于瘟疫。11月，曼茨和布劳洛克再次被捕。1527年1月，在茨温利知道并同意的情况下，曼茨被捆在一个囚笼上投入利马特河淹死，至死英勇无畏。性急如火的布劳洛克虽然也许要对再洗礼派运动在措利孔及附近的传播负主要责任，但因为他不是该州的公民，所以未将他处死。但被沿街鞭打后驱逐出境。再洗礼派运动在邻近的一些谷地继续传播了一段时间，但幸存下来的领袖们逃往别处。再洗礼派运动在瑞士分散地、秘密地继续到17世纪，但已不再对当局构成严重的问题。

　　格雷贝尔及其同道们很少有机会详细拟定完整的教会制度。然而，他们说明了主要原则，这些原则后来出现在别的地方。他们主张克勒所谓的"内在的、使徒式的圣经主义"，断言他们只不过在把茨温利本人的以圣典为依据的原则推进到其符合逻辑的结果而已。瑞士再洗礼派运动的主要特点有：信徒受洗，"自愿的"教会，强调登山宝训的戒律，拒绝宣誓，反对战争和诉讼，坚持影响深远的物质上的相互帮助。再洗礼派的兄弟们是否实行了财产公有似乎不能肯定，但无疑他们朝此方向有所进展。

　　尽管起源于茨温利和布林格的对再洗礼派的猛烈谴责广为流传，但苏黎世地方行政官们的行动助长了再洗礼派运动在别处的传播。再洗礼派传教士被逐出苏黎世，他们穿过格里松领地，进入意大利北部，在那儿他们的教义为许多令人感兴趣的反叛天主教的知识分子所接受，这些人最终加入了索齐尼派。① 劳洛克一路来到蒂罗尔，证明自己福音传道很成功，给数以百计的人施洗礼，1529年被捕并烧死。

---

　　① 见本书边码第269页。

蒂罗尔直到该世纪末都是再洗礼派模范的传教地，力量的蓄积库，这些蓄积的力量从雅各布·胡特（布劳洛克的继承人）时起便被引向摩拉维亚。

胡布迈尔于1524年给他原先的朋友约翰·埃克发了一封题为"关于异端分子和烧死异端分子者"的值得注意的呼吁宽容的请求；胡布迈尔作为信徒由威廉·洛依布林施了洗礼。他在被逐出苏黎世后一路来到斯特拉斯堡。1526年6月，他出席了一次该城再洗礼派同情者的重要集会并给汉斯·登克施了洗，此人在圣加尔目睹过一些人的洗礼并被托马斯·闵采尔的著作所感动。登克被他的一位同时代人描述为"再洗礼派的阿波罗"，但他和运动的主流的联系很可能是短暂的，不过却是密切而明确到为汉斯·胡特施洗的程度。登克是一个品格高尚的青年，超凡脱俗，相当有学问而且大有个人魅力，他逐渐对宗教形成了一种更加独特的神秘的看法，在他于32岁英年早逝前不久对自己由于洗礼而放弃了自己的精神使命表示后悔。就在同一时候胡布迈尔又再跋涉300英里，到达了摩拉维亚的尼科尔斯堡。

摩拉维亚证明是再洗礼派取得成功的主要地区之一。该地南部的居民大多数有德国血统。胡斯和布拉格的哲罗姆的著作仍然被人们珍藏。路德派的宗教改革的一般原则和实践已经在那儿确立。胡布迈尔迅速成为一场激进的民众运动的领袖，把该城主要福音传道师、利希滕施泰因的两位伯爵莱奥纳尔德和约翰以及当地其他一些贵族争取到自己的观点方面来。一年内便至少有6000人成为运动的支持者，虽然很可能在他们受洗前几乎没有接受教导。印刷业人士弗洛绍尔从苏黎世到来给再洗礼派小册子的传播以机会。可是，不间断的成功延续的时间是短暂的。已经养成了强有力的个性的汉斯·胡特动身到尼科尔斯堡。他并未抛弃从托马斯·闵采尔接受来的观点。邻近地区已有一些人试图实行财产公有，拒不相信地方行政官，拒绝为战争纳税，尽管土耳其人的威胁就在附近。胡特和他们的领袖雅各布·维德曼——"独眼龙雅各布"——通力合作，不久便出现了一场启示主义的千禧年运动，使再洗礼派运动的力量发生分裂。胡布迈尔坚决反对一切狂热，但许多原先追随他的人被胡特的疯狂热情席卷而去。当利希滕施泰因的领主把胡特监禁起来时，胡布迈尔赞成他们的行动，他在一本小书《论剑》里一一陈述了自己的观点，该书以圣典为依

第四章 瑞士的宗教改革及其教派

据清楚而有节制地为支持地方行政官进行了辩解。但帝国当局正在追捕胡布迈尔，不出数周他及其妻子就作为囚犯踏上了前往维也纳的旅程。胡布迈尔有学识而善辩，曾担任要职，包括有雷根斯堡主教座堂的传道师，被约翰·法贝尔认为是"再洗礼派的守护神和第一位创始人"。他是再洗礼派的最知名的领袖。1528 年 3 月 10 日，他作为异端分子被处火刑，三天后他的妻子被投入多瑙河，脖子上绑着一块大石头。胡布迈尔在自己的许多著作上加上"真理不死"这句名言，通过这些著作他仍然有相当大的影响。

汉斯·胡特越狱逃走，回到奥格斯堡，但不久又被抓获，在神秘的情况下死去。在摩拉维亚，持剑的人（Schwertler）和持长枪的人（Stabler）之间的争论继续进行，前者准备接受胡布迈尔对地方行政官的态度，后者则追随维德曼。莱奥纳尔德·利希滕施泰因鼓励后一派离开他的领地。他们迁居到奥斯特利茨，不久雅各布·胡特尔和来自蒂罗尔的相当大数量的再洗礼派加入到他们之中。胡特尔是一位明智的领袖，颇有组织才干，不迟于 1523 年，在一次新的迫害浪潮中他们被押往因施布鲁克烧死。他们的居留点的数量不少于 86 个，大多数居留点有数百人，有一个人数多达 2000 人。这些再洗礼派证明自己是有节制而勤劳的殖民者和手工业匠人，实行财产公有和严格的宗教纪律。1536 年对他们的攻击（主要起因于明斯特发生的事件）逐渐平息，但 10 年后重新开始。1547 年到 1564 年这一时期在胡特尔派编年史上被书之为"受大迫害时期"。布鲁德霍菲（Bruderhofe）的居住者被驱赶于摩拉维亚和匈牙利之间达一个世代或更久。

这些摩拉维亚的再洗礼派社团的故事虽然在许多方面是悲惨的，但也充满着浪漫和光荣，这浪漫和光荣产生于其男女成员为自己的信仰甘愿吃大苦受大难的坚定不移的献身精神。16 世纪中叶，胡特尔派和波兰以及欧洲东南部的再洗礼派团体有了接触。从意大利北部来的难民也加入到他们的队伍中。常有像莱利乌斯·索齐尼乌斯和彼得·戈内西乌斯（Peter Gonesius）这样的具有自由神学观点的人拜访他们。1540—1560 年间在萨洛尼卡定居下的那个小小的再洗礼派难民团体也知道他们。1567 年，贝尔纳迪诺·奥基诺便是在胡特尔派中去世的。他们与中欧和西欧的再洗礼派也有相当经常的接触。

16 世纪 20 年代后期，当布劳洛克进入蒂罗尔和胡布迈尔沿多瑙河谷旅行时，瑞士兄弟会的其他成员则顺莱茵河而下。斯特拉斯堡对许多难民而言成了他们的"希望之城"，"公义的庇护所"[①]。尤其是卡皮托最初对激进派的观点抱同情态度，他听见费利克斯·曼茨被淹死的消息时深为震惊。布塞尔本人一度曾表现出对成人受洗礼是否更不好持怀疑态度。有6年或7年时间，斯特拉斯堡是就宗教改革家们提出的神学问题和实践问题进行轰轰烈烈的辩论的场所。在这期间，可以在那儿发现威廉·洛依布林、迈克尔·萨特勒、路德维希·赫策尔、汉斯·登克、皮尔格兰姆·马尔贝克和梅尔基奥尔·霍夫曼，还可以发现和再洗礼派运动主流联系较不密切的人士，例如卡尔斯塔特、弗兰克·斯文克斐尔德和塞尔维特。大家都明白瑞士的运动提出的挑战。1530年弗兰克写道："在我们的时代已经存在三种不同的有大批信徒的信仰，即路德派、茨温利派和再洗礼派。"到1533年时，布塞尔和卡皮托在反对瑞士兄弟会的分裂主义倾向方面达成了一致意见，次年以奥格斯堡信纲为基础正式成立了斯特拉斯堡新教教会，奥格斯堡信纲责成给婴儿施洗礼，在其条款中有5条特别谴责再洗礼派。但在当时的斯特拉斯堡人口仅2万多点，再洗礼派就约有2000人。

萨特勒、马尔贝克和霍夫曼须进一步谈及。1525年被逐出苏黎世的迈克尔·萨特勒是少数考虑过把许多地方涌现出的小教会团契按某种形式组织起来的人之一。他作为卡皮托的客人在斯特拉斯堡短暂逗留后，定居于内卡河谷，他把一种个人的清教主义和热烈的福音传道热情以及一贯的和平主义结合起来。"假如土耳其人果真来了，不应该抵抗；因为［《圣经》上］写着，你们不得杀戮。"1527年初，再洗礼派于沙夫豪森附近的施拉特集会，通过了一份他们称之为《上帝之儿女关于七条信纲之兄弟联合声明》，现在更常称《施莱特海姆信纲》。无论萨特勒是否是起草人，该信纲都代表了他的观点似乎无大怀疑。在施拉特通过的信纲如下：

1. 洗礼只施予"已经知道忏悔并在生活中改正……和生活在耶稣基督之复活里的人"。

2. 革除教籍（即逐出教门）施予"有时失足而陷入错误和罪

[①] 另见本书边码第109页。

里"的人，但只应在两次私下劝诫加上一次公开劝诫，即第三次劝诫之后施行。革除教籍应该在进圣餐之前施行，俾使教会一起坐下开会时是纯粹而合一的。

3. 圣餐只应由已经受洗者领食，圣餐主要具有纪念性质。

4. 远离世俗，其含义是"远离一切天主教的和反天主教的著作和教会仪式、会议和教堂集会，远离酒吧、市民事务，不作言不由衷的承诺和其他类似的事情"，"所以，毫无疑问，一切非基督教的、魔鬼的暴力武器，诸如剑、盔甲之类及其使用，都应离开我们"。

5. 上帝之教会的牧师必须是为"信仰以外的人"公认的正直的人；牧师的职责是"在教会里读［经］、劝诫和教导、警告、执行纪律、逐出教门、领导祈祷……进圣餐时将饼拿起，并在一切事务里关照基督的身体；牧师应得到教会的支持"。牧师如果被放逐或殉难，"应同时按立另一位牧师，以便上帝之羊群和人民不至被毁灭"。

6. 剑，按规定应由世俗地方行政官用于惩罚恶人，基督徒即使为自卫也不可使用。基督徒也不应诉讼，不应承担地方行政官的职务。

7. 根据《马太福音》第 5 章第 34 节和《雅各书》第 5 章第 12 节，严禁起誓。

《施莱特海姆信纲》在 16 世纪时广为流传。该信纲通过后数月内，手抄本便到达茨温利手中，他把这些条文收入他的作品 In Catabaptistarum Strophas Elenchus（1527 年 7 月）中。加尔文在 1544 年发表其著作《简短训导》时似乎案头已有一本印刷的法文译本。德文、拉丁文和荷兰文译本也相继问世。这 7 条代表了很可能是欧洲各地大多数再洗礼派的观点。在施莱特海姆集会后不久，萨特勒及其同道便被捕并残酷处死。

皮尔格兰姆·马尔贝克受过良好教育，出生于蒂罗尔，职业是采矿工程师。他的精神历程把他从天主教带到路德宗，又从路德宗到再洗礼派。他在斯特拉斯堡 3 年，在此期间成为该城的一位主要人物，他因其专业技能得到人们的尊重。然而，1532 年他因为发表反对婴儿受洗的言论和著作而遭放逐，在其余生之年他是内卡河与乌尔姆城之间的再洗礼派诸社团的领袖。他和斯文克斐尔德进行文字论战若干年，后者对教会的外在的仪式失去了信仰，鼓吹一种个人主义的基督—神秘论。马尔贝克的著作 Vermanung 为准备受洗和领圣餐的人提供教导。该书可和彼得·里德曼大约同一时期写作的作品《我们的宗教、教导和信仰的解释》相比较，里德曼从1542年至1556年在摩拉维亚任"首席牧师"。这两本书都表现出对使徒信经的忠诚，强调出自个人虔诚的严格遵守纪律的生活，对洗礼和圣餐的态度在本质上和瑞士兄弟会和《施莱特海姆信纲》的态度相似。

梅尔希奥·霍夫曼被描述为"再洗礼派的怪才"。最初听说此人的姓名时，他是瓦尔茨胡特附近地区的毛皮加工匠，很早就被卷入宗教改革运动，但一直有独立倾向，不久便和茨温利发生冲突。1523年，茨温利在给瓦狄亚努斯的信中写道："那个加工毛皮的饭桶在这儿开始扮演福音传道师的角色了，他对我提出了异议。"霍夫曼只有在宣传自己的观点时才感到快活。他一路来到维滕贝格，路德鼓励他继续往前到波罗的海地区和斯堪的纳维亚。① 到1529年时他已在丹麦和布根哈根争论，他说路德只不过是"开早期阶段的使徒"，是将迎来教会的最后阶段的更加激烈的变革的先驱。从丹麦，他到达斯特拉斯堡，在那儿加入再洗礼派。议会命令他放弃布道，不要管闲事，但他仍在德国西北部和低地国家从事广泛而且成功的传教工作。从一座城市被驱逐，他又在另一座城市出现，他先知式地宣告主的日子即将来临，组织并牧养不断增多的再洗礼派教会，宣讲一种非正统的基督论，这种基督论他似乎直接取自或出于误解取自斯文克斐尔德。霍夫曼说，基督是"从"童贞女玛利亚生"出来"的，而不是"由"她所生。"正如天上的露珠落入蚌的壳，在那儿变成珍珠，但没有从蚌壳获取任何东西，圣灵，上帝之道落入玛利亚的子宫并在那儿自发成长为灵性的珍珠，耶稣基督。"佛兰德地区的世俗当局和宗教当局当时仍忠于罗马。它们烧死一些再洗礼派以示警告。随着迫害的增强，霍夫曼对自己的传教及其高潮即将来临的信心反而日增。"梅尔希奥派"的数量日益增大，他们的领袖宣布斯特拉斯堡已被挑选为新耶路撒冷，真正的福音和真正的洗礼将由144000名义人从这儿传遍整个地球。这一伟大的应验将于1533年开始。霍夫曼怀着不同于闵采尔和汉斯·胡特的确信，自动重演了以利亚的角色，回到斯特拉

---

① 另见本书边码第157页。

斯堡，他到达时正当布塞尔和卡皮托终于促成了对再洗礼派的谴责。他立即被投入监狱。斯文克斐尔德勇敢地友好对待他，但斯特拉斯堡当局态度坚决。霍夫曼被严密监禁，10年后死于狱中。

霍夫曼假如仍有自由，悲剧后果是否可能避免？结局是否更加悲惨？谁能说得准？他之被监禁并未阻止住他鼓动起来的兴奋的期盼。迫害反而煽起了狂热的火焰。詹·马蒂斯，哈勒姆的面包师，成为尼德兰的领袖。在阿姆斯特丹周围，在坎彭、兹沃勒和代芬特尔，人们成百地皈依再洗礼派。当局施加的惩罚加重时，那些饱受折磨的牺牲者——其中许多是单纯而虔诚的信徒——决定前往比较友好的地区寻求安身之处。闵斯特市看来有希望提供自由。他们租了30只船，希望沿海岸航行到埃姆斯河口。这些船要么遭拦劫，要么沉没，要么被迫退回。一些人阖家带着全部财产从陆路出发，被军队追杀。仍滞留在代芬特尔的再洗礼派被逼入绝境，于1534年12月试图夺取这座城市的控制权，但未成功。在莱登和阿姆斯特丹也作了类似的尝试，均未获成功。1535年初发生了一件事，后来常被传说，整个再洗礼派运动的名誉都为之蒙受损失。7名男子和5名女子脱光衣服，他们说，这是一种象征，表示他们说的是赤裸裸的真理；他们在阿姆斯特丹街上边跑边喊叫："哀哉！哀哉！哀哉！上帝发怒了！"他们遭到围攻并被打死，迫害随之上升到一个新的强度。皇帝颁布敕令：给他人再施洗礼者处以火刑，再受洗礼者或窝藏此等人者处以死刑，妇女犯有以上情节者活活烧死。数以千计的再洗礼派遭受了这些惩罚。

这些悲惨事件不能和同一些月份在闵斯特发生的事件分割开来。市议会在手工业同业公会的支持下任命了一位福音传道师伯恩哈德·罗特曼，此人已经表现出强烈的社会同情心。富有的布匹商人贝恩哈德·克尼珀多林当霍夫曼在瑞典时便和他交往。当罗特曼开始对婴儿受洗表示怀疑并赞成基督徒间某种形式的财产公有时，一般的平民百姓支持他，反对当地地方行政官员。大约同时，杨·博克尔松，杨·马蒂的好友，设法从荷兰到达闵斯特，数月以后詹·马蒂本人也到达该市。再洗礼派控制了市议会，克尼佩尔多林格成为市长之一。马蒂不久便成为控制该市的人物。他下令一切不信教者，即是说未受洗的成年人，不得在该市居留。离开意味着冒落入罗马主教派来夺取该城的军队手中的危险。于是在市场上出现了大批大批的人受洗的场面。

128

随后采取了一些措施强制实行财产公有。林赛谨慎地说过:"开初只不过是在舆论的压力下大量的基督教慈善行为,后来,能用于支持一座被围困的城市的全部人口的所有东西,一概加以征用。"这句话应予注意。

但是,1533年4月,马蒂和他的20位伙伴冲出城去攻击围城的部队,但战败被杀死。领导权转入年轻的杨·博克尔松(莱登的约翰)手中。他解散了议会,任命了12位长老统治这座城市,并宣布自己为国王。他被描述成能干而有辩才的人。他是裁缝,到处流动打短工,闵采尔的小册子对他影响颇大。城内的情况越来越艰难,但仍然成功地坚持防守。1534年7月,博克尔松采取了措施,不仅他自己的名誉加上闵斯特的再洗礼派的名誉因此永久扫地,而且给各地激进派的反对者们提供了辱骂的新武器和镇压的新借口。当时在闵斯特仅有1700名男子,妇女的人数为此数的4倍,儿童有几千。博克尔松建议允许男子娶数位妻子,他从《旧约》引经据典证明此举是正当的。传道师和长老们迟疑不决达8天之久,但最终同意了。博克尔松本人娶妻16名,其中有他的朋友马蒂的遗孀。城内有人抗议。围城的军队更加强大。1535年夏季,一位叛变者出卖了自己的同志。守城者在克尼佩尔多林格和罗特曼的带领下齐集市场作殊死的抵抗,但被打垮。城市遭到抢劫,市民遭到屠杀。博克尔松、克尼佩尔多林格和马蒂的遗孀,还有少数其他人,被留下活口,经折磨后被公开处决,他们的人头被挂在教区教堂的塔楼上示众。

关于闵斯特发生的事情,许多世代流传的描述多有夸大和歪曲。但实际发生的事情只能在全欧洲引起一阵恐怖的浪潮。布林格尔说:"通过闵斯特的反叛,上帝打开了政府的眼睛,所以没有人会相信甚至那些声称自己无辜的再洗礼派了。"在瑞士各州,在摩拉维亚和匈牙利,在德国和低地国家,罗马天主教和新教消灭再洗礼派的努力变本加厉。路德派从再洗礼派的竞争中有效地解脱出来,虽然路德派因此比从前更加是王侯和中产阶级同情的宗派。估计在闵斯特陷落后10年间单在荷兰和弗里斯兰被处死的再洗礼派就不下30000人。"在教会史上,没有别的争取精神自由的运动有这样多的人殉难。"①

---

① 卢弗斯·琼斯:《神秘宗教研究》,第392页。

第四章 瑞士的宗教改革及其教派

1534年，当闵斯特仍被围困之时，当时亡命于奥尔良的青年约翰·加尔文写作了他的第一篇神学论文的前言，该文驳斥了灵魂在［人］死后要到末日审判时才有意识这一古代异端，这种观点，他说，为"一些再洗礼派的渣滓"所复活。该观点肯定当时在许多激进派中流行，一个世纪之后在英国也有人倡导。加尔文在其《基督教原理》中对再洗礼派毫不宽容。按他的说法，他们是"疯狂的"，"为上帝所摈弃的妖精"，"魔鬼"，他不仅抨击了他们对洗礼的看法，而且还抨击了他们对誓言和地方行政官的态度。那些依靠"内在之光"的人同样使他厌恶。1544年，在胡布迈尔的一篇短论（有法文译本流传）的启发下，加尔文发表了他的《短训》。塞尔维特之被捕、受审和处火刑于1553年发生在日内瓦。他和再洗礼派的任何主要团体都无联系，可是他在其著作《基督教的恢复》中说过："我称婴儿受洗是极令人厌恶的事情，是对圣灵的压制，对上帝之教会的践踏，使整个基督教信仰混乱，宣告基督造成的新生无效，将他的整个王国放在足下践踏。"在1559年出版的《基督教原理》的定版中涉及再洗礼派的文句属于最激烈的，也许这是再自然不过的了。

在1548—1551年间，在英国至少出版了4种反再洗礼派的小册子。其中3种是约翰·韦龙的作品，韦龙是法国人，1536年定居于剑桥，1551年在英国教会受按立。这3种小册子以利奥·于德对布林格尔谴责激进运动的著作的增补版为依据写成。第4种小册子是加尔文5年前发表的《简短训导》的英语译本；该译本也可能是韦龙的作品。此外，约翰·胡珀在他的《基督之道成肉身的教训》中批评了霍夫曼的基督论。［当时］爱德华六世在位，英国的宗教改革已进入了一个关键时期。① 在这几年间，彼得·马尔蒂尔和约翰·厄·拉斯科（John à Lasco）在这些年间访问过英国，1551年布塞尔死于剑桥。贝尔纳迪诺·奥基诺也有一段时间在这个国家，家庭派的领袖亨德里克·尼古拉斯很可能也在英国。关于与欧洲大陆出现的问题类似的问题，在这儿也有许多辩论。克兰麦的《宗教四十二条》（初稿写于1549年）至少有3条——关于世俗地方行政官；关于基督徒的财产，这些财产不是公有的；关于基督徒的誓言——是直接针对再洗

---

① 见本书边码第243页。

礼派中某些宗派的观点的，而且有不少于17条可能作类似的解释。

在何种程度上再洗礼派在英国已有了立脚点？这一问题难以回答。在东部和东南部各郡肯定有许多持激进观点的团体。1550年，提议授予年轻的约翰·诺克斯罗切斯特主教职，正如诺森伯兰致塞西尔的信中所言，其目的是希望他"不仅激励坎特伯雷主教，使他活跃而锋利——这是他需要的，而且要大挫最近在肯特郡出现的再洗礼派的锐气"。约翰·胡珀已经就再洗礼派在肯特和埃塞克斯两郡制造的麻烦，以及他在伦敦开"讲座"时出现捣乱分子致函布林格尔。有一个名叫罗伯特·库奇的人看来是第一个冒险印刷材料为再洗礼派辩护的英国人，他遭到威廉·特纳和诺克斯的回击。1550年5月，琼·鲍彻，一位出众的妇女，曾在肯特和埃塞克斯工作达10年或更久，在经克兰麦、里德利和其他宗教改革家审讯以后被烧死。数月后，乔治·范·帕克，伦敦异乡人教会的成员，遭到类似的命运。这两人都和大陆有联系。

再洗礼派最初出现在荷兰难民团体中。他们的观点在英国人中传播有多广不能肯定。20年前，沃哈姆大主教提醒过他的同胞警惕这类激进观点，亨利八世发布的公告有直接提到再洗礼派者。1535年或1536年，与闵斯特陷落同时，有14名荷兰人被烧死，其中2人在史密斯菲尔德，其他人在伦敦周围各郡的城镇。他们被指控持有与霍夫曼类似的观点。1538年又有更多再洗礼派被火焚。玛丽继承爱德华的王位后，继续搜捕和烧死再洗礼派。随着伊丽莎白的登位，出现了一股从低地国家的新移民浪潮。英国宗教改革运动揭开了新的篇章，关于教会和洗礼的激进观点后来在其中起了重要的作用。

假如在闵斯特的反叛后数十年的黑暗时代，大陆上的再洗礼派运动完全销声匿迹，这几乎不足为奇。然而，正如前面已经说明的那样，胡特尔派的社团的数量锐减到可怜的程度，但仍熬过了剧烈迫害的时期。在低地国家，情况仍旧极端混乱。在那儿，再洗礼派是对罗马天主教的唯一严重挑战；加尔文宗是后来才出现的。在该世纪中叶，被处死的荷兰再洗礼派数以万计，但就是从这血洗中慢慢出现了现在称作门诺派的社团，他们主要从荷兰兄弟会获得灵感。路德认为再洗礼派面对死亡时表现出来的英雄气概是魔鬼附身的证据。但目睹过这种英雄气概的人并不都有同感。1536年元月，博克尔松和克尼佩尔多林格在闵斯特被处决一周或 10 天之内，门诺·西蒙斯，荷兰弗里斯兰省西部海岸边的村庄威特马森的教区牧师，断绝了和罗马天主教会的残余联系，并在表白自己的信仰后由奥贝·菲利普施了洗礼。菲利普是和平主义再洗礼派的一个团体的领袖。当时西门已 40 岁。采取这一行动后，他成了无家可归的人。为他提供住处的人有可能遭监禁或处死。然而，在以后 25 年间，他到处走动，看管备受折磨的信徒的小小教会。到 1539 年时，他已完成了他最重要的著作《基督教救赎教义基本读物》的第一版，该书仍是了解一般的再洗礼派和特别了解再洗礼派中的门诺派的基本书籍。

数年之内，奥贝·菲利普退居罗斯托克，把领导权交给了门诺·西蒙斯。门诺活动的痕迹不仅可以在阿姆斯特丹和低地国家，而且可以在科隆、埃姆登（1544 年他在此地和约翰·厄·拉斯科举行过一场公开辩论）、吕贝克，甚至往东远至普鲁士找到。门诺具有出色的组织能力，尽管提倡严格的教会纪律，但他性情温和；他于 1561 年去世，在此以前他挽救了欧洲西北部残留的再洗礼派社团并使之有所增加。他直言不讳地反对"闵斯特派"，虽然他的基督论与霍夫曼和斯文克斐尔德的基督论有些相似之处。通过他的社团，许多再洗礼派的教义流传到 17 世纪。但并非所有荷兰再洗礼派都接受他的领导。例如，大卫·约里斯的追随者"约里斯派"便是如此；约里斯是玻璃绘画工，到过英国。他认为圣灵的时代已经开始，他经验过显圣，在其影响下他开始认为自己是"第三个大卫"。他以大致和门诺·西蒙斯相同的方式到处走动，谆谆劝导他各地的教众严守纪律。在低地国家他们经常处于危险之中，1544 年，他和一些追随者一道离开低地国家来到巴塞尔，在那儿他确立了其虔诚堪称楷模的高尚的外国绅士的形象，等待他似乎相信即将来临的天国，他自己是天国的先知，他和他留下的教众仍然保持联系。他成为卡斯特里奥的朋友，勇敢地抗议烧死塞尔维特。他的身份直到 1558 年，即他去世后两年，才被发现。当局大为震惊，立即掘出他的遗体，加以焚毁，凡当局能收集到的他的著作也一道被焚毁。

亚当·帕斯特，原先是天主教神职人员，1533 年加入再洗礼派，曾和门诺·西蒙斯合作，但到 1547 年时他表白了反三位一体的观点，成为下莱因地区一个小小的团体的领袖，该团体人数虽不多，但继续存在了几个世代,对后来荷兰的门诺派并非没有影响。还有一位领袖亨德里克·尼古拉斯也把原有的再洗礼派社团分散在各地之残余聚集在一起;他是成功的商人,受大卫·约里斯的影响。尼古拉斯认为自己是宗教史上第三个,也就是最后一个时期的先知,1540年至1560年间,他以埃姆登为基地开展工作,建立了"爱社"(*Familia Caritatis*),这是一个至善主义的兄弟团契,在英国有代表,也许是尼古拉斯亲自到英国的结果。

然而,最值得注意的是门诺·西蒙斯的追随者。他们继承了整个再洗礼派运动的最优良的传统,并且珍视这些传统。1562年在荷兰出现了的一部自传和证言集 *Het Offer des Heeren*,也许是以早先的一本书为基础写成的。书中增加了一些赞美诗。两个世代以后,阿姆斯特丹门诺派教会的牧师汉斯·德·赖斯在其著作《殉道史》中使用了该资料,赖斯的书后经T. J. 范·布拉特扩充,扩充后的书现在通称《殉道者宝鉴》。该书现在仍旧是了解16世纪再洗礼派的观点和精神的最感人最重要的书籍之一。书中可以读到曼茨、萨特勒和其他许多瑞士与荷兰的再洗礼派信徒是如何提供他们最后的证言的。范·布拉特不仅是一位编年史家,他还努力解释基督教的历史,追溯殉道者的事迹从使徒时代直到当时,并提出结论:真正的教会一直是"十字架下"的教会。这就是支持那些组成再洗礼派会众的单纯的信徒们的信念。这在胡特尔派的手抄本史书中,在他们的诗集《化身》中都可以找到;该书是再洗礼派最早的赞美诗集,其核心是大约50首据说是一批被囚禁于巴伐利亚的瑞士兄弟会的信徒于1535年创作的。

再洗礼派有时被描述为在灵性上主要属于中世纪,直接与早先的分裂教派,特别与韦尔多派,有联系。他们被描述为"宗教改革的继子女"。不过,现在已放弃了[把他们]与韦尔多派直接建立联系的努力。再洗礼派与中世纪的神秘主义肯定有某种联系。再洗礼派有几位领袖了解并珍视约翰·陶勒尔和托马斯·厄·肯培的著作。他们受《日耳曼神学》的影响。但路德也是如此。他们中许多人也像路德,受的是天主教的培养和训练。说"第四宗教改革",或借用彼得·泰勒·福赛斯的用语"共生的宗教改革",也许更为准确。[1] 重

---

[1] 《教会与圣礼》,第213页。

要的是注意那些赋予其多样性以一定的统一性并在后来对现代世界的自由教会产生影响的那些主要特点。如果瑞士兄弟会、胡特尔派和门诺派被认为是这一运动最有影响的代表，那么 H. S. 本德尔（Bender）就说得对："再洗礼派的看法包括了3个主要着重点：第一，基督教的本质就是（做耶稣的）门徒的新观念；第二点，教会就是兄弟团契的新观念；第三，爱和不抵抗的新伦理。"① 在他们看来，追随基督包括沿着十字架之路跋涉，而他们从未由此退缩过。他们决心"让世界和他们的看法一致，容不得半点降低，容不得丝毫调和"②。他们是狂热者（Schwarmer）。他们中有许多人是狂热者，或者说被推入狂热。他们中大多数人对道德表现得极其认真。像大多数宗教改革家，他们诉诸的是《圣经》。其中有些人成为极其拘泥于字面意义的圣经主义者，但应该特别提到的是，一些最有灵性和最深刻的以《圣经》为根据的见解是在再洗礼派中出现的。大家一致同意婴儿洗礼并不是《新约》中的洗礼，教会按其本性就是和国家分开的，就是有别于国家的。在对地方行政官的态度上，他们意见并不一致，有的完全加以拒斥，有的则承认其在自己的范围内的权利。除了在导致闵斯特事件的相当例外的情况下，个人使用暴力遭到几乎全体再洗礼派的反对。从长远看，再洗礼派对现代世界的最伟大的贡献在于他们对宗教自由的请求。胡布迈尔的文章《关于异端分子和烧死异端分子者》先于弗兰克和卡斯特里奥提出宽容和信仰自由的请求。但比他们的请求更为重要的是他们面对逆境时所提供的证据。菲利普斯·雅各布·斯彭内尔说过："从再洗礼派可以学到许多东西。"这句话仍然是正确的。

（林成西　译）

---

① 《门诺派季评》（*Mennonite Quart. Rev.*）（1944年第18期），第78页。
② 琼斯：前引书，第31页。

第 五 章

斯堪的纳维亚半岛和波罗的海国家的宗教改革

一 丹麦

15世纪20年代初，宗教改革开始在丹麦安营扎寨，很快就产生了广泛的影响。这里和德国一样，改革的基础早已准备就绪。诸多迹象表明，在中世纪后期，民间的宗教热情有增无减，但对教会的堕落和滥用权力却颇为不满。这个时代，不称职的主教比比皆是，贵族地主对宗教也不是真心地向往。主教的头衔乃至更高的职位都给贵族留着，这无疑更加模糊了高级神职人员与贵族之间的界限，从而加深了他们与教区神父之间的隔阂。人文主义在教士中间广为流传，因为他们许多人都曾留学国外。

保卢斯·赫利是加尔默多会的修士，圣经派人文主义和天主教改革运动最重要的代表之一，他于1520年成为这个修会在哥本哈根新创会院的主持，同时也在大学讲授《圣经》。他的思想基础源于他根据教父著作来解释的《圣经》。他强烈反对教士的世俗化，反对由教会滋长出来的礼俗和迷信，起初他为路德而欢呼，并把他看作自己的盟友，但当他意识到路德派运动的发展将导致与社会的决裂时，便彻底地割断了与路德的联系，因为对教会的"谴责不是要取消教会的存在"。赫利的观点虽不矛盾，但却是站不住脚的。然而，保卢斯·赫利的圣经人文主义却有重大的历史意义，因为它在中世纪后期的宗教生活向福者派基督教的转换过程中起到了缓冲作用，宗教改革在

1536年取得的成绩并不意味着断然的决裂；实际上所有神职人员都留任原职。

除了赫利，另一位必须提及的圣经派人文主义的头面人物是克里斯蒂安·彼泽森。他是隆德的一位教士，曾在巴黎学习数年，并在那里发表了许多关于祈祷、礼仪以及历史方面的著作。后来他转而支持宗教改革，并在安特卫普发表了丹麦文的《新约》译本（1529年）、《大卫诗篇》和许多路德派的小册子。之后他作为出版商在马尔默生活了许多年。天主教的改革思想得到了国王克里斯蒂安二世（1513—1523年在位）的支持，这从他的法律和他对教会的改革中可以明确地看到。克里斯蒂安二世想通过牺牲贵族和神职人员的利益来提高王室、自由民和农民的收入。他按自己的需要任意指派和撤换主教，敏锐的教会察觉到了此番用意的后果，国王的妄举终于酿成了1523年的反叛，自己也被迫流亡国外。之后到1531年，他一直客居尼德兰，密谋策划，以图光复他的王国。1524年他访问了维滕贝格之后便皈依了路德教，并遣人把《新约》译成丹麦文，第一部丹麦文本的《新约》送往丹麦后对宗教改革的迅速传播起到了巨大的推动作用。

克里斯蒂安二世逃离丹麦后，议会推举他的叔叔石勒苏益格-荷尔斯泰因公爵腓特烈继承王位。腓特烈一世在其加冕状中许诺要维持教会的权利和特权，镇压路德派宣教士。但他很快就采取了另一种态度：一方面尽可能地保留教会的现有权利，另一方面在举行一次公会议作出最后裁决之前，任何教义只要与《圣经》不相抵触，皆可宣讲。

与此同时，民间福音派运动正在兴起。石勒苏益格的商城胡苏姆成了福音派最初的活动中心，赫尔曼·塔斯特可能早在1522年就在此地宣讲路德宗教义了。石勒苏益格是宗教改革的重要据点。腓特烈在这里不受丹麦宪章的约束，贵族中的一些人组成了路德派，并且成了国王处理王国宗教事务方面的首席顾问。在伦茨堡会议（1525年）和基尔会议（1526年）上，神职人员没能说服腓特烈一世对异教徒进行迫害。国王的长子北石勒苏益格公爵很想支持宗教改革：他曾出席过沃尔姆斯议会，路德在会上给他留下了难以磨灭的印象。1528年，哈泽斯莱乌和托宁两者按照与一种路德派教会规条如出一辙的哈泽斯莱乌规条进行改革，其影响波及60个教区。禁欲主义被废除，规定不打算结婚的神父得向公爵提出理由。从仪式上看，该规条仍是保守的。不但要求神父们要兢兢业业地向会众传授《圣经》和教义问答手册，向他们反复灌输对权力的服从（诸如纳税之类的事情），还要求神父们对公爵领地中正在扩大影响的再洗礼派进行迫害。

1526年，日德兰半岛上的维堡成了福音派公开活动的场所。丹麦最重要的改革家汉斯·陶森就活跃在这里。他是西兰岛安特沃尔斯科夫修道院圣·约翰修会的会士，几年的大学生活曾使他饱受人文主义教育的熏陶。1519年他在罗斯托克获硕士学位，之后到哥本哈根从师保卢斯·赫利，他非常精通希伯来语，很可能是在勒芬学到的，1523年5月之后的18个月里，他一直住在维滕贝格。1525年他返回丹麦后便进了维堡修道院，院长允许他向公众授业和传教。在市民们的喝彩声中度过了数月的布道生涯之后，他因为拥护宗教改革而名声大噪，终于在1526年春被逐出修会。同年10月，维堡市民获得了一封国王的保护信，信中任命他为国王的牧师，这才使他不受主教的管辖。福音派运动发展迅猛，还成立了一个出版社，大量发行拥护改革的小册子。没过多久，陶森在容根找到了一位名叫耶尔根·延森·萨多林的助手，他也是（在1526年）获国王恩准到本城创建教会学院的。陶森委任萨多林为牧师，并娶他的妹妹为妻，明确地表述了与天主教的决裂。很快宗教改革就在维堡拉开了帷幕。除了陶森和萨多林在两个托钵修道院担任牧师所在的教堂外，另外12个多余的教堂和修道院都被撤毁。同时还向日德兰半岛东部派去了几位福音派传教士，路德宗也在广大的乡村地区迅速传播。在菲英听说路德宗的影响已波及阿森地区，赫利以前的追随者彼泽·劳伦森正在这里满腔热忱地从事宗教改革。

丹麦东部的贸易重镇马尔默成了福音派运动的中心。一个重要的因素是它与德国北方广大城镇的联系，船只在向丹麦运货的同时也送去了福音派传教士和小册子。这次运动在克劳斯·莫腾森·通德宾德牧师和汉斯·奥卢夫森·斯潘德马格修士的领导下开始于1527年。1529年福音派神学院创立了。牧师中有像彼泽·劳伦森和加尔默多会会士、人文主义学者弗兰斯·沃尔莫德森这样的人。马尔默的改革者们也有自己的出版社和大量宗教论辩、祈祷及礼仪方面的著作。1528年出版了第一部丹麦文的赞美诗集，其中包括了路德创作的赞美诗译文，随后又不断地再版和增版。同年还出版了一部新编丹麦文仪式集即《马尔默弥撒》，以多贝尔的《纽伦堡弥撒》和路德的《德语弥撒》为蓝本。1529年议会决定推行福音派的改革。哥本哈根遂于同年爆发了福音派运动，陶森被派驻圣·尼柯拉斯教堂，第二年本市的路德派宣教士已达4位。

1526年和1527年的欧登塞议会以及1530年的哥本哈根议会制定了明确的教会法。[137]

1526年的欧登塞议会规定，以后主教应向大主教而不是教皇申请授职礼，所收费用应纳入国库。这些主教作为王室议会的成员，对丹麦教会与罗马教皇分道扬镳的决定负有一定的责任，但他们仍然成功地说服国王采取措施，以对付福音派运动。他们答应与天主教的改革步调一致，但要求国王收回侵犯其管辖权的保护信，以后没有主教的许可任何人不准布道。国王只是回答说，他的信只维护公正，他本人只允许传播圣经的人布道。欧登塞议会上对未来的教会改革作出的决定很大程度上受制于当时国内外政治发展的影响。自由民和农民对克里斯蒂安二世都有好感，这就是一个巨大的威胁，人们期望他那位刚才打败法国的妻兄查理五世皇帝会以武力相助，帮他收复丹麦。与此同时，在日德兰和斯堪尼亚发生了农民暴动，暴动的农民由于教会无人问津、上帝之道也无人传讲而拒绝缴纳什一税和其他应付税。

在1527年的议会上，主教们要求惩罚农民领袖，保留教会传统的特权，废止国王写保护信，禁止教士结婚和修士离开修道院。国王就教会的特权问题向高级神职人员们作了肯定的答复，同时也肯定了普通老百姓有缴纳什一税的责任，但不赞成主教拥有法律的权威。他的答复堪称名言：

> 基督教的信仰是自由的。你们中没有人愿意被迫放弃自己的信仰。但是你们也必须明白，那些笃信圣经或被称作路德派的人同样不愿被迫放弃他们的信仰。双方都相信自己是对的，但却无人可以作出裁决。朕作为国王和法官，主宰的是王国的生命和财产，而不是灵魂……每个人当如此行为，以便在世界末日面对全能的上帝对全体基督徒作出审判之时而无可指责。

国王允许不再写保护信,但却把所有传教与《圣经》相吻合的人都置于他的保护之下。于是,腓特烈一世与当时的几次德意志帝国议会,最近的一次是1526年的斯佩耶尔议会采取了同样的立场:在召开一次公会议对信仰之争作出决定之前,必须实行宽容政策。《圣经》中的上帝之道是教会的唯一基础,使用天主教的阐释还是福音派的阐释只是个人的选择。按照这个决定,国王感到有必要拒绝镇压福音派宣教士和社团的请求,重申教士可以结婚,修士可以离开修道院,只要他们"为自己的行为负责"即可。

建立一个社会宽容机构的法律根据就这样确定了。丹麦教会此时已分裂为官方的天主教会和独立的福音派教会。但这个法律机构在现实中并未持续多久。许多教会都接纳了由国王和亲路德宗贵族团体资助的路德派牧师。1529年,约阿希姆·伦诺为竞选付了3000荷兰盾后,国王才承认他为罗斯基勒的主教,他只得同意对任何宣讲福音的人都不加干涉。天主教会和福音派教会双方都在期待着最后的裁决,都在指责对方是异教徒,是离经叛道,所以是非法的。此外,高级神职人员们还提到国王在加冕状中所作的镇压路德教徒的允诺。

1530年,议会在哥本哈根召开。本届议会一项新的内容是,共有21名福音派宣教士声明为他们的布道负责。在会上高级神职人员得到了丹麦最著名的神学家的支持,其中包括保卢斯·赫利和一些来自德国的神学家。通过一次辩论以德国的方式来解决宗教纠纷,这很可能是国王的主意,但与路德派的愿望相反,他并不希望宗教改革取得最后的胜利。出于眼下政治局势的需要,为了支撑庞大的军费开支,他必须确保得到主教们和教会的支持。克里斯蒂安二世又倒向了天主教,他此时的威胁已迫在眉睫。整个丹麦都认为,克里斯蒂安在皇帝的帮助下正在组建一支干涉舰队。鉴于这种情况,丹麦的主教们只得妥协让步,满足国王的财政要求,但要求国王本人反对路德宗运动,以此作为回报。会谈开始后,福音派为其所盼望的辩论准备了一份信仰声明,即《哥本哈根信纲》作为辩论的基础,并向广大对那些高级神职人员及其追随者极端反感的民众逐条宣讲。然而辩论并未发生,双方交换了大量的论文,但对由谁来裁定却无法达成共识。天主教派希望由一位博学的神学家来充当法官,而路德派则认为,他们的信条并不复杂,本议会的成员完全能够确定它是否有悖于《圣经》。在使用语言的问题上双方也各执一端：改革派坚持要用丹麦语，天主教神职人员则主张用拉丁语，以防大众介入。会谈最终破裂，这个结局大概对国王是最有利的。从宗教上看，本次议会形成的决议只不过是维持现状而已，双方都失望而归。

《哥本哈根信纲》可能是出自彼泽·劳伦森之手，它在当时并未产生历史性的影响，但作为丹麦宗教改革的一种表现形式却别具一格，非常有趣。《哥本哈根信纲》与《奥格斯堡信纲》完全没有关系，前者在形式上具有明显的论战性、非神学性和大众化的倾向。丹麦的改革者是从圣经派人文主义中孕育出来的，没有经历过修道院墙内的路德式的斗争。他们对人文主义和圣经真理的执着与早些时候出现的人文主义的路德思潮不无关系，后者普遍流行于16世纪20年代早期德国南部和北部的一些为丹麦改革运动提供了火种的大城市。丹麦的改革者与维滕贝格的神学家不同，为路德的教义辩护在他们看来并不是特别的重要，关键是要建立一个特别注重改革要求的、简明而无分歧的基督教，它以《圣经》为准则，但并不是完全以路德派阐释的《圣经》为依据：它按照中世纪的传统，把圣典看作律法书即："上帝的律法"。《哥本哈根信纲》是对马尔默的改革著作的复述，其内容总的来说比陶森和萨多林的思想更为激进。

天主教会在腓特烈一世去世的前几年已是风烛残年。受苦最甚的要算那些托钵修士，他们被赶出城镇，大多时候是在暴力之下完成的。很快教会领地的世俗化运动便起劲地推行开来。1530年，西兰岛上所有拥有土地的修道院都奉命撤出，搬进了贵族的采邑。此时改革还未触及菲英，那儿的于尔登谢恩主教拥护改革，他把萨多林纳为自己的助手。1532年，为反对克里斯蒂安二世，于尔登谢恩被派往前者最终于此登陆的挪威，萨多林便在主教管区内安排了一次巡视，为此按照由他译成丹麦文的路德的《小教理问答》和《奥格斯堡信纲》在牧师中间推行改革。1537年，萨多林成了菲英第一位福音派主教。

腓特烈一世死后，高级神职人员力图讨回失落的权力。在1533年的哥本哈根议会上，他们反对推举克利斯蒂安公爵为王，力选他尚未成年的弟弟来取而代之，可望用天主教的信仰来加以培养和塑造。这期间由于王位空缺而干戈四起，国家因此而遭受极大的不幸。1534

年，马尔默因大主教把斯堪尼亚的神父逐出教会而发生了一场暴动，哥本哈根和马尔默结成联盟，并向西兰岛派去了一支由奥尔登堡的克里斯托弗伯爵率领的军队。日德兰半岛北部也爆发了农民起义，之后在1534年夏季，半岛上的贵族推举克里斯蒂安三世为王，由于雇佣军装备精良，克里斯蒂安三世很快又收复了王国，于1536年进入陷入饥荒的哥本哈根。国王胜利了，却因此而负债累累，他向教会求助却一无所获。在德国顾问的鼓动下，他决定发动政变，以武力解除主教的职务，令教会财产还俗。以后王国就完全掌握在世俗政权的手中，主教的职位就纯粹是精神性的了，战争酿成的不幸要由那些主教负责，是他们推迟了国王的选举。国王攫取了教会的土地和什一税，这笔财富是王室收入的三倍。但他得给新上任的福音派主教（起初叫主管）支付薪水，资助学校和医院。1536年10月，议会接到了新的指令。主教们除了伦诺夫之外很快就随波逐流，继续享受他们的贵族和地主生活去了。

国王立刻倡导起草一种新的福音派教会法规。甚至议会还未召开之前，国王就在力图说服布根哈根以及后来的梅兰希顿到丹麦来，尽管没有成功。1537年1月为了制定一部新教会章程而成立了一个由路德派牧师及大教堂的全体教士组成的委员会。4月份完成了最后一稿，准备送往维滕贝格交路德批准。1537年夏，布根哈根来到哥本哈根，与国王的一些谋臣一道对草案作了最后修改，于是克里斯蒂安三世在1537年9月2日颁布了新的（拉丁文）教会法规，布根哈根也于当天在哥本哈根大教堂委任了7名福音派主教。新法规实施起来很困难，遂要求国王和议会以普通法的形式予以公布。1539年在欧登塞举行的议会通过经专门修改和增补过的丹麦文译本为"真正的"教会法规。该法规（1542年印刷）在克里斯蒂安五世的《丹麦法》（1683年）和《教会礼则》（1685年）颁布之前一直为丹麦教会的宪法，并且在后两个法案中得到了部分体现。虽然它的实际有效范围应是整个王国，包括丹麦、挪威和石勒苏益格—荷尔斯泰因，但最终只是在丹麦（和挪威）推行，公爵的领地石勒苏益格—荷尔斯泰因的情况不同，它需要一部特殊的低地德语法规，这是在1542年的伦茨堡议会上表决通过的。

这部法规是以基督教国家这个概念作为基础的。国王作为基督教的领袖乃是处理教会问题的最高权威,但教会事务则掌握在教会自己的代表手中。即耶稣基督的法规与国王的法令之间最显著的区别在于:前者(传讲上帝之道、圣礼的施行、用基督教教义培养儿童、对教会职员和学校的支持、对穷苦人的关怀)是不可更改的;后者是服务于前者的,所以必要时可以改变。在这部法规中,各种圣事以及布道和仪式、学校、主教和牧师的地位等分门别类,都有极为明细的规定。主教由教区城镇的牧师选举产生,经王室批准。城镇的牧师由市长和议会挑选,乡村牧师则由教区内德高望重的绅士和副主教一起共同推举。保留了贵族作为庇护人的权利。从这部法规的内容可以看出,它所定义的基督教类型是梅兰希顿式的路德教。宗教改革一旦兴起,来自维滕贝格的直接影响就会变本加厉、更加强烈。神职人员们对《圣经》所怀有的质朴的信仰逐渐被路德的《教理问答》中所陈述的基督教教义所取代。1536年前那段时间由于福音派的觉醒而导致的冲突和纷争已偃旗息鼓,教徒们变得消极起来,他们的目光也逐渐转移到了教会的体制和牧师的尊严上。

　　1537年9月2日由布根哈根——没有使徒传统,因为布根哈根仅是一位牧师——委任的7位新主教中,最有影响的一位是西兰岛主教彼泽·帕拉第乌斯。他没有参加丹麦宗教改革的斗争,但在维滕贝格研习6年,并于1537年6月成为神学博士。由于布根哈根、路德和梅兰希顿的力荐,克里斯蒂安三世任命了年仅34岁的帕拉第乌斯为该岛的大主教,而他没有辜负国王的信任。帕拉第乌斯的名著《巡访书札》(*Visitation Book*)堪称丹麦文体的典范,寓严肃性和温馨的幽默为一体,乃是一部非常重要的文献,其中显示了他在教会管理和大众演讲方面的非凡才能。截至1543年,帕拉第乌斯视察了本辖区内的390个教区,而他的影响远远超出了这个范围。他是国王处理所有教会事务的顾问,他负责规劝自己的同僚,并主持主教会议,还处理挪威和冰岛的教会问题。大学经历了一段时期的衰落后又开始复兴,帕拉第乌斯作为大学教授,以其频繁的演讲来影响他的学生。他的神学著作在新教国家中广泛传阅,他的《导引》(*Isagoge*)最负盛名,该书是对《圣经》著作的介绍,其拉丁文本再版了16次之多,并被译成德文、英文、波兰文和丹麦文。此外,他还用丹麦语发表了大量的专题论文。从神学上看,帕拉第乌斯是梅兰希顿的门徒,但他没有尾随梅兰布顿偏离路德的教义。

汉斯·陶森有"丹麦的路德"之称，不在1537年委任的新主教之列。他是大学的希伯来语讲师，1538年开始讲授神学，并担任罗斯基勒大教堂的牧师，此地的天主教势力仍然很强。他在1541年才成为里伯的主教。为此他不辞辛劳，创办学校和医院，千方百计地改善教士的培训和财政状况，他要克服重重困难：世俗大众、再洗礼派和桀骜不驯的贵族分子所表现出的无知以及在他们中间广泛流传的迷信，等等。陶森的重要著作中需要提到的有基督教《摩西五经》的译本（1533年）和《布道集》（*Book of Sermons*）（1539年），后者是一本重要的牧师指南，还有一部赞美诗集曾再版过多次。

首批福音派主教为推动宗教改革而耗尽了精力，在1560年左右相继去世，这标志着第一代宗教改革的结束。克里斯蒂安三世作为君王通过自己的表率领导了这场改革之后，也于1559年离开了人间。这个时代充满了困难、贫穷、无知和天主教习俗的残余，以及人民对道德沦丧的怨声载道，通常在每一次伟大的精神震荡之后皆是如此。当然这代人也有乐观主义的一面，他们知道自己冲破了教皇制度的黑暗，迎来了"《福音书》的光明"（帕拉第乌斯）。简洁明了的丹麦仪式和用来培养后人的、单纯的基督教教义问答乃是改革留给子孙后代最为重要和持久的遗产。1550年，伟大的《克里斯蒂安三世〈圣经〉》出版，这是第一部丹麦文本的全译《圣经》，是这场改革所留下的最伟大的丰碑。

二 挪威

乘着克里斯蒂安三世在丹麦取得胜利的东风，宗教改革和《教会法规》也被引入挪威。这里正值政治、文化和宗教的萧条时期。些许零零星星地也出现过一些天主教改革和圣经派人文主义的迹象，但总的来说，挪威的改革缺乏准备，全然不能像丹麦那样上演一场群众性的运动。

挪威第一位路德宗宣教士是个德国修士，名叫安东尼乌斯，他是1526年卑尔根地区德国人中的活跃分子。他在卑尔根城的宣教活动引起了巨大的不安，使德国人对教会和当地人的态度显得颇为放肆。

1529年，腓特烈一世对卑尔根的两名福音派传教士颁发了保护信，其中一位叫延斯·维博格，此人后来成了当地教区神父。在斯塔万格和芬马克隐隐约约也能感受到一点路德派的影响。这时有些贵族正开始破斋，转而施行福音派的习俗，但他们最渴望的还是占有教会的财产。1528年夺取了几座修道院，教会财产的世俗化运动随即迅速铺开。

奥拉夫·恩格尔布雷克特松大主教是天主教会和挪威独立最有力的捍卫者。他有能力，有学问，政治上却摇摆不定。1523年在罗马逗留期间，获教皇批准任命的诏书，也发誓效忠流亡的克里斯蒂安二世，但1524年回国后却加入王室议会对克里斯蒂安二世的声讨，并选举腓特烈一世为挪威国王。然而腓特烈迫不得已签署了一份苛刻的宪章，和丹麦宪章一样，里面载有迫害路德派教徒的条款。不过他很快就因其他一些问题明显疏远了与国王的关系，因为腓特烈支持卑尔根的宣教士。1531年，克里斯蒂安二世在奥斯陆附近登陆，力图取道挪威夺回失去的王国时，得到了大主教和高级神职人员的支持。克里斯蒂安被监禁后，一支丹麦舰队开到特隆赫姆，奥拉夫迫不得已屈尊俯就，与腓特烈一世重归于好。1533年国王死后，奥拉夫在皇帝的支持下，力举克里斯蒂安二世的侄儿，一位德国伯爵为王，但随着1536年克里斯蒂安三世在丹麦的胜利，挪威的独立以及罗马教会在挪威的统治很快结束。1537年，在丹麦舰队到达特隆赫姆之前，奥拉夫·恩格尔布雷克特松逃往尼德兰，次年便死于该地。

挪威此时归附了丹麦，其议会已不复存在，独立性也受到极大的削弱。在克里斯蒂安三世的诏令下，挪威和丹麦一样开始了宗教改革。1539年，在奥斯陆和卑尔根会议上通过了《丹麦教会法规》。国王攫取了主教的财产，大部分教会的金银珠宝都运到丹麦去熔化。另一方面，丹麦人对仪式和教义的改革只得小心翼翼地推行，以免招来不必要的反抗。在任命新主教之前相当长的时间里都是如此。斯塔万格、哈马尔和奥斯陆的主教都被监禁。奥斯陆主教于1541年复职，哈马尔主教区和奥斯陆主教区合并。特隆赫姆在1546年前主教职位一直空缺。只有卑尔根很快就有了新主教。1536年，卑尔根的神职人员大会选择盖布莱·佩代尔森副主教为主教。他是天主教徒，也是人文主义者，在卢万获硕士学位，但他很快就站到了克里斯蒂安三世一边，非但避免了其他主教的下场，甚而被国王封为福音派主教，与其他丹麦主教一道于1537年接受了布根哈根的委任。以前主教辖区内的一部分收入给他保留下来，其中一部分被用作教会的重点工作。盖布莱·佩代尔森是帕拉第乌斯主教的朋友，后者的拉丁文著作《为挪威教区神父所撰教义问答阐释》（1541年）多次再版。

然而在丹麦传播改革的确遇到了很多麻烦。这里的牧师基本上未接触过路德宗，有一个时期，许多教区都没有牧师。人们墨守成规，遵守天主教的习俗为时已久。对于普遍的贫穷和道德堕落的神职人员和平信徒都是满腹牢骚。最大的难处是语言问题，因为官方语言是丹麦语，而《圣经》《教义问答手册》以及赞美诗集都还未译成挪威文。改革是以一种半生不熟的语言、以过去在挪威推行丹麦文化的种种方式来传播的。它从未形成群众运动，教育人民信仰路德宗花费了几代人的工夫。在推行改革的主教中，最著名的要数斯塔万格的约根·埃里克松（Jorgen Eriksson，1571—1604年），这位充满改革精神的铁腕人物恢复了教会的秩序，他发表的布道集被当作神职人员指南，同时也被公认为挪威宗教改革时期在文学方面所达到的最高成就。《挪威教会法规》在1607年颁布。

三　冰岛

冰岛对宗教改革也是毫无准备的。冰岛天主教的最后两位主教斯考尔荷特的奥格蒙杜尔和候拉尔的约恩·阿拉松都是著名的铁腕人物，都牢牢地控制着自己的教区。他们的神学素养可能都不高，但约恩·阿拉松则是一位颇有几分名气的诗人。他结了婚，生了几个孩子，这在当时的神职人员中是司空见惯的。有一个时期，两位主教的不和几乎酿成了公开的冲突。然而在1526年他们又各自统领一支庞大的武装卫队来到阿尔辛讲和，之后双方慑于共同的敌人路德宗的日渐壮大，又紧密地携起手来。

路德宗何时传入冰岛已无法知晓。那些宣传宗教改革的小册子肯定是在与德国尤其是汉堡的贸易往来中传入的。1533年在阿尔辛通过了一项决定："所有人都必须继续坚持神圣信仰，遵守上帝之律法，这是上帝为我们制定的，也是经历任教皇认证了的。"同一时期，在国外待了几年并接受了福音派教义的奥都尔·戈特沙尔克森返回冰岛，做了斯考尔霍特主教的秘书。他在这里把《新约》译成了冰岛文，但却不是一名公开的路德派斗士。他未受按立，而是作为农民生活在自己的田庄里。

吉苏·埃纳尔松才是冰岛第一位真正的改革者，他在德国留学期间熟悉了路德的思想，1536年任斯考尔霍特主教的助手，他并没有立刻表示出对路德派的同情。

丹麦的宗教改革成功之后，克里斯蒂安三世力图把改革引向冰岛。1538年他在阿尔辛实施《教会法规》，但立刻就遭到两位主教的拒绝。丹麦人用高压手段强制推行，其中包括解散修道院。奥格蒙杜尔主教年事已高，老眼昏花，视若盲者，遂决定卸任，并荐举吉苏·埃纳尔松作为自己的继承人，后者被派往哥本哈根接受神学家的考核，于1540年3月被国王任命为斯考尔霍特的主教。

然而事实上，这位25岁的主教很难维持自己的权力，老主教和神职人员都反对他。1541年国王派了一位密使到冰岛促进《教会法规》的实施，奥格蒙杜尔主教因态度顽固而被逮捕，并死在押往丹麦的艰难路途中。这位使者虽然成功地说服了斯考尔霍特接受了《教会法规》，但在候拉尔仍然遭到拒绝，主要是因为约恩·阿拉松的影响。由帕拉第乌斯按立的吉苏主教尽管环境于己不利，仍然竭尽全力要在他那庞大的教区内，按照路德宗的原则组织教会。每次出访期间他都反对使用天主教的仪式和迷信，他规劝神职人员结婚，并为他们改善生活条件。他动员奥都尔·戈特沙尔克森翻译德文的福音派布道集，并下令神职人员人手一册，外加一本1540年版的《新约》译本。他自己也翻译了《旧约》的部分章节和《教会法规》。

1548年初吉苏·埃纳尔松去世，尽管神职人员们都反对，约恩·阿拉松还是占领了斯考尔霍特主教区，并把吉苏的接班人投进了监狱，为此他被国王宣布为不受法律保护的人，此后不久他和他的两个儿子被抓获，并交送丹麦人处理。丹麦人不敢留他们在冰岛过冬，又无法将他们押送丹麦，遂于1550年11月将他们处死。1552年，候拉尔主教区也屈服于克里斯蒂安三世，承认了《教会法规》，对改革的公开反抗被粉碎，随着教会财产被世俗化，对教堂和修道院进行有组织的剥夺便开始了。

此时对于新上任的主教而言，要敦促人们遵守路德宗的信条和社团生活，可谓任务艰巨，所以进展不大，两个教区都出版过教会手册和袖珍赞美诗集，里面还有丹麦文的赞美诗，但译得很糟。拥有教堂的城镇办起了学校，培训神职人员。帕拉第乌斯对冰岛的情况，表示了特殊的兴趣，亲自担任冰岛教会的总监。几代人之后，宗教改革才获得牢固的基础，人们才逐步地习惯了新的宗教生活。尤其值得一提的是1571—1627年间荷拉的居布兰迪尔·索尔劳克松主教，此人颇有才干且精力充沛，在为基督教的社团教育和神职人员培训的改进中，他可算是呕尽心血，并且还发表了大约90本小册子。1584年，第一部全译本的冰岛文《圣经》出版。然而，作为冰岛最伟大的主教之一的居布兰迪尔，严格地说，属于紧接着宗教改革以后的那个时期。

四　瑞典

在古斯塔夫·瓦萨（1523—1560年在位）的引导下，瑞典的改革经历了一条与丹麦截然不同的道路。这里主教制的传统和教会的独立性都要牢固得多，改革不可能突如其来，其过渡期近似于有机体的发育，持续了许多年。斯德哥尔摩以外地区的改革根本不是靠民众的觉醒，完全是取决于国王的态度。

古斯塔夫·瓦萨因领导了1521年反对丹麦统治者克里斯蒂安二世的民族起义，于1523年被推选为国王。他的目标是要在一个独立的国家建立强大的王权，所以教会在这里丧失了国中之国的地位，其多余的财产均被国王没收。国王处理教会事务的首席顾问、身为大法官和斯特兰泰斯副主教的劳伦蒂乌斯·安德烈埃是一个具有伟大的政治才能的人，因为曾在国外留过学，对中世纪后期教会存在的问题了如指掌，所以赞成对天主教进行改革。他提出一个建立民族教会的方案，并在其中声称道，既然教会是信仰者即基督教人民的社团，那么教会的财产就应属于人民，并由人民的国王来掌管。只有《圣经》而不是教皇颁布的法令才具有至高无上的权威，所以在阅读路德的著作时，也必须以上帝之道为标准来加以审视。

效忠克里斯蒂安的古斯塔夫·特罗勒逃往丹麦后，最初的那些年月时局动荡不定，天主教的职位一直空着。在教皇仍然支持特罗勒的情况下，暂时不可能推举他人。但国王逐个地把拥护天主教改革的亲信安插进教会，填补了主教职位空缺所造成的权力真空。1524年，国王在其保留首年圣俸的努力归于徒劳的情况下终止了与教皇的直接联系。林库平的老汉斯·布拉斯克是瑞典主教中最有影响的人物，也是路德宗最强劲的对手，早在1522年，他就威胁要把那些携带和阅读路德著作的人逐出教会，如果不是因为斯德哥尔摩住着许多德国商人，路德宗是不可能在这里落地生根的。

瑞典伟大的改革家奥拉夫·佩特利于1493年生于厄勒布鲁，是一位铁匠的儿子。1516—1518年间，他在人文主义的中心维滕贝格学习，并获硕士学位。他在那里受到了广泛的人文主义教育，学会了希腊文和希伯来文。在此期间，他还可能目睹了路德成长为改革家的历程。1518年秋，奥拉夫做了斯特兰奈斯的主教秘书，1520年受按立为副主祭，并在大教堂里的学校教书。他投身改革的转变过程与他逐渐理解路德思想的程度是一致的。虽然他一直认为自己是路德的信徒，但他心中的权威仍然是圣经。不管怎么说，从1523年起，他的训示完全是路德式的。就在这年的斯特兰奈斯议会上，古斯塔夫·瓦萨开始注意到了奥拉夫，可能是通过劳伦蒂乌斯·安德烈埃，此人和国王一样，很快就意识到了新的宗教观念对于制定宗教政策的重要性。

1524年，奥拉夫·佩特利做了市府秘书，并开始在斯德哥尔摩传教，影响颇大。这个城市的居民半数是德国人，教区神父是一位德国的路德教徒，名叫尼古拉斯·施特克。1525年奥拉夫完婚时，布拉斯克主教对他和他所传的路德宗教义发起了猛烈的攻击。主教在致国王的信中把他的婚姻说成是瑞典教会乃至整个基督教世界的耻辱。古斯塔夫·瓦萨回答说，如果不是学识浅薄的话，他对此感到不可理解，一个牧师若按上帝所认可的那样娶妻完婚就会被逐出教门，而不顾上帝的反对与女人私通则安然无事。这类婚姻在国外已蔚然成风了，所以他建议举行一次公会议来作决定。

也有人在处心积虑地捍卫古老的信仰。乌普萨拉大教堂的印刷所出版过许多有关信仰的著作。然而在国王的恩惠下，这个印刷所搬到了斯德哥尔摩，奥拉夫·佩特利发表了一部代表福音派观点的有关信仰的书《实用教诲》（1526年）以示对传统信仰捍卫者的反击。这是瑞典首次出版的宗教改革著作。该著作的理论基础是路德的著作《贝特手册》；但它所受到的影响更多的是来自德国南部的福音派而不是维滕贝格，同时也标志着奥拉夫一系列内容丰富的著述的开始。改革的小册子从纽伦堡和弗兰科尼亚经哥尼斯堡传到瑞典，奥拉夫对这些书籍进行了研究。1526年出现的首部瑞典文本的《新约》可能就是他与劳伦蒂乌斯·安德烈埃联袂的译作。这部书基本上是译自路德的德文译本，但母本是1526年的斯特拉斯堡版本，这也是奥拉夫与德国西南部有过联系的最早的文字证明。他还参照过伊拉斯谟的希腊版本和拉丁译本。无论是从宗教的角度还是从文化的角度看，瑞典文本的《新约》都具有非常重要的价值。

148　　1525—1527年德国、波罗的海沿岸和丹麦改革的成功加速了瑞典改革的进程。其中与普鲁士公爵阿尔雷希特的联系至为关键，是他在1526年与古斯塔夫·瓦萨缔结了一项条约，才使改革的小册子能够顺利地送到瑞典。国王瓦萨和普鲁士的使节一道筹备1527年在韦斯特罗斯召开的议会，他还设法安排了一次博学的托马斯主义者乌普萨拉的佩德·加勒和奥拉夫·佩特利之间的宗教辩论。在瑞士、德国南部和德国北部都曾采用过论辩的方式来解决神学的争端。然而，佩德·加勒对国王提出的问题只作了书面回答。奥拉夫也在1527年撰写了《对十二个问题的回答》对此进行详细的答复，与加勒的文章一道刊出。这本小册子以《圣经》作为依据，简明扼要地阐述了福音派的学说，强调传达上帝的声音乃是教会的唯一职责，它对基督教会政治作用的陈述至关重要，可以说为韦斯特罗斯议会作了直接的准备。

　　1527年夏，国王召集了这次重要的议会。在会上，国王重述了王国政治和经济所面临的悲惨处境，如达莱卡尼亚暴动、吕贝克要求偿还战争债务等。他说自己在目前的状况下无法维持统治，但他没有自作主张，只是要求议会找到一条摆脱困境的途径，并谴责了那些富有的高级神职人员。他否认了他要引入新宗教的传闻，并提出当着议会的面举行一次辩论。议会很快就通过决定，支持国王反对达莱卡尼亚农民暴动的战争，因为暴动可能得到贵族和神职人员的响应。为了使神学争端有个结论，改革派力主安排一次论战。然而，布拉斯克从主教的利益出发，认为没有必要作这样的安排，因为教会对什么是真正的信仰已有定论，他不想和异教徒争论。他保证给国王提供财政援助，条件是必须维持教会的特权，所有神职人员的变动都应得到教皇的批准，为此他得到了贵族的支持。国王一气之下宣布退位，当即离席。在这生死关头，改革派分别与各阶层的人士会谈，在随后几天那剑拔弩张的氛围中成功地说服了大家坐下来倾听国王的要求。有位倾向于天主教改革的主教提出在政治和经济问题上作出让步，但坚定地坚持天主教教义和礼仪。这就动摇了主教之间的团结。国王的退位的确是一项聪明的政治举措。议会此时投票通过了大幅度削减教会财产的决议，主教的殿宅连同其"多余"的财产以及大教堂神职会和修道院的财产都被王室没收。贵族们也收回了自1454年以来所有送给教会的财产。甚至连论战也举行了，各方人士都注意到，改革派的辩护非常有力，他们只传讲上帝之道。议会决定在整个王国宣讲纯粹的上帝之道——流行于丹麦和德国的容忍原则。韦斯特罗斯议会打破了教会在政治和立法事务中的特权地位，但保留了教会的组织机构和主教处理教会内部事务的权力。瑞典和罗马教廷的关系问题无声无息地不了了之。议会结束后，布拉斯克主教便逃离了瑞典。

从形式上看，韦斯特罗斯议会只是规定，争论的双方中要能用福音书为自己辩护，就应该享有宗教信仰的自由，因为福音书即纯粹的上帝之道，是天主教徒和新教徒都予以认可的最高权威。事实上，议会的决定不仅是一次教会政治上的转变，也是一场宗教上的变革，因为它肯定了路德宗的布道是合法的。这就为改革派传播信仰铺平了道路。

其后的岁月可谓艰难时世。国王毫不留情地削减教会的财富，甚至把教堂的钟和固定装置都没收了。人民对路德宗运动的反感导致了一连串的暴动，但都遭到了古斯塔夫·瓦萨的无情镇压。宗教改革在国内的风云变幻左右着他对瑞典改革的态度。然而，施马尔卡尔登联盟成立后，大大加强了德国新教的安全，他便旗帜鲜明地采取了反天主教的立场。

1528年，在古斯塔夫的加冕仪式上，奥拉夫在其重要讲道中表述了改革派对教会与国家之间关系的看法。他用大众的教会这个观点作为立论的基础，陈述了主教和牧师的地位是一样的，认为他们的唯一目的就是宣讲上帝之道并用上帝之道来主宰人们的良心。世俗的权威是上帝赋予的，所有人都必须服从。但是国王也要和全体人民一道，共同遵守法律。当权者对教会的义务就是保障它能够自由地宣讲福音。1528年，奥拉夫翻译了路德的《布道集》，并发表了一系列论辩性的著作，反对天主教的礼仪、习俗、圣事、告解、独身和修道生活，等等。他的著述垄断了整个图书市场。随后的几年里，他还撰写了大量作品，旨在最终改变瑞典人的礼仪，并在仪式中使用本国语。1531年，他发表了《瑞典语弥撒》。

同年，他的32岁的兄弟劳伦蒂乌斯被任命为大主教。突如其来的任命乃是因为国王忙着举行结婚典礼，想使王后的加冕尽可能地符合时尚，富丽堂皇。由于教皇仍然支持流亡的古斯塔夫·特罗勒，天主教的主教中不可能有人接受大主教的职位，古斯塔夫·瓦萨只得在福音派主教中进行挑选，并且认为奥拉夫的弟弟是合适的人选。授圣职礼是按天主教习俗进行的，即是说保持了使徒传统，虽然主持仪式的人私下宣称，他们这样做是被迫的。

劳伦蒂乌斯在维滕贝格念过书，深受梅兰希顿的影响。他受过广泛的神学和人文主义训练，兼有组织者和牧师的良好素质，并且精通圣事和礼仪的语言。他既能顺应环境，又不丧失立场，所以虽历尽沧桑，却始终保持着对一位烦躁不安的专制国王的忠诚。他任大主教四十多年，极大地影响了改革后的瑞典教会。

1536年，大主教在乌普萨拉召集宗教会议，会上规定：不管什么地方的牧师都应宣讲纯粹的上帝之道；奥拉夫的《瑞典语弥撒》和手册要在全国普及和推广。神职人员独身被废除了。国王对会议的决定表示默认就意味着与天主教的彻底决裂，瑞典教会此时已正式成为福音派的瑞典国教。奥拉夫·佩特利的布道书、赞美诗和弥撒又出新版发行。路德的《小教理问答》也在瑞典首次出现，此举的功劳似乎要归于奥拉夫。此刻教会的主要任务是用福音派的信仰去教育人民，所以改革派特别强调《教理问答》的讲授和家庭祷文，因为这些才刚刚入俗。

如要描述这些年来奥拉夫勤于著述的非凡能力，所要提及的就不只是他的《瑞典语拉丁语词典》，还有他那至今仍是瑞典法律典籍入门的《审判规则》，以及他的《瑞典编年史》。后两本书使他对瑞典人的文化与生活产生了巨大的影响。

宗教会议过后的几年，宗教改革在各个方面都取得了相当大的进展。但是由于国王针对教会的政策总是朝令夕改，动摇不定，新的问题很快又出现了。大约在1538年前后，他改变了对教会的看法，因此与改革派发生了分歧。国王的傲慢和疑心日益加重。鉴于德国路德宗的状况，他开始逐渐把注意力转移到这一观念上来，即地方长官是上帝委派的，因此，所有臣民都有服从他的义务。他希望扩大路德宗的战果，让教会完全听命于国王，这就和改革派发生了冲突，因为他们仍然信守瑞典的传统原则，即法律面前，人人平等。他们的理想是在瑞典建立一个由主教领导的大众教会，它有权处理教会内部的一切事务。三位改革家就此达成了共识。人民臣属于上帝而不是现世的统治者，所以他们是自由的公民。奥拉夫作为传讲上帝之道者，大胆地强调了当权者的责任，猛烈地抨击了他们的不良行为。

很明显，奥拉夫·佩特利的一次布道是铸成他与国王关系破裂的原因。和其他任何地方一样，瑞典的宗教冲突也造成了严重的道德腐败。天主教的原则已被打倒，新的福音派信条又还未深入国民的生活。奥拉夫在斯德哥尔摩的一次布道中对日趋明显的胡乱发誓和诅咒的现象进行了强烈地抨击，并公开批评国王未能给国人作出表率。大约在奥拉夫进行布道的同时——布道文于1539年春印发——劳伦蒂乌斯·佩特利因抱怨国王未给学校提供足够的资金而惹恼了国王。历来就对主教们怀有戒心的古斯塔夫·瓦萨谴责大主教妄图恢复昔日主教的权力。劳伦蒂乌斯·佩特利虽保住了职位，但却被迫退居幕后，一位德国的路德教徒乔治·诺曼作为国王的代表，实际上成了教会的领袖。奥拉夫·佩特利和劳伦蒂乌斯·安德烈埃被起诉，在一次有失公正的审判后被判处死刑，死刑定于1540年元月2日执行。然而两人都在交付重金之后获得宽恕。营造这种紧张的气氛不过是要迫使他们妥协，不与国王的教会政策唱对台戏，所以他们很快又恢复了对国王的忠诚。1542年奥拉夫成了斯德哥尔摩的教区牧师，劳伦蒂乌斯·安德烈埃则退隐于斯特兰奈斯，1552年在该地逝世。

乔治·诺曼此时成了瑞典教会的"总管"。他是典型的梅兰希顿的信徒，是他为梅兰希顿的神学和教会观念在瑞典的传播铺平了道路。宗教改革要按德国的模式进行，不管是教义还是仪式都必须德国化。教会丧失了独立性，具有独立意识的主教已不复存在，新的教区头领还未找到。相对说来，从1539—1544年这段所谓的"德国化"时期并不算长。这期间诺曼到处视察，在教区内强制推行改革，掠夺教堂的银器和值钱的东西。1542年，瑞典南部爆发了一次最大规模的反古斯塔夫·瓦萨的起义，主要是人们对社会和经济现状不满，起义的矛头直指国王的贸易条例，这个条例破坏了斯莫兰和布莱金尼地区边民与丹麦人的交易。但天主教神父则在一旁火上浇油，旨在恢复天主教的信仰。皇帝和其他外国统治者也对起义表示关注，1543年当起义向纵深发展的时候被古斯塔夫·瓦萨扑灭。但在获取胜利之前，他不得不废除所谓"德国式"的教会敕令，恢复以前瑞典的教会体制。诺曼并没有失去国王的信任，只是他扮演的角色换成了国王的政治顾问而已。

这次暴动使国王觉悟到，必须与天主教彻底决裂，必须牢固建立民族的世袭君主国。所以1544年在韦斯特罗斯召开的那次重要议会上，瑞典被正式宣布为福音派王国，与会全体成员保证"决不放弃刚才确立的信仰"。圣徒崇拜、安魂弥撒、朝圣以及其他天主教习俗统统禁止。由瓦萨的家族世袭国王。

在随后的几年里，民众对宗教的态度改变了。从反面看，这是镇压天主教习俗和过去的异教迷信所取得的成果：路旁的十字架搬走了，兄弟会解散了。从正面看，这是福音派布道和讲授《教理问答》的成果。1541年，佩特利兄弟二人发表了著名的《瓦萨圣经》，这是第一部瑞典文本的《圣经》全译本，对瑞典的基督教、语言和文化都具有十分重大的意义。

1544年后，劳伦蒂乌斯、奥拉夫·佩特利及众主教再次取得领导地位。然而古斯塔夫·瓦萨对主教和教会的独立始终存有疑心，因为他不愿看到"神职人员的统治"。根据德国的做法，新的主教称为主管，不再授予主教头衔，其地位与王室派到教会去的监察员相当。为了削减主教的权力，国王对几个主教区进行了分解，新的主教区不设神职人员会，领头的是国王派去的"主管"。以前的神职人员会基本上没有了。教堂乃至神父的宅邸都属于要没收的财产和家具之列，主教区的经济受到了严重的威胁。值得慰藉的是，新的教育体制已开始走上正轨，它在培养人们的基督教信仰方面将起到关键性的作用。

奥拉夫到死都是国王所关注的几个重大问题方面的顾问。他生命的最后几年因沉溺于个人的伤悲而显得黯然无光。1552年他终于走到了生命的尽头,诺曼也在来年去世,劳伦蒂乌斯·佩特利才在教会中成了无可争议的领袖人物。和他的哥哥从前一样,他几乎主宰了整个书市。除了关于《圣经》翻译的著作和主持仪式所必读的书外,他的学术创作中还包括大量论战性的文献以及宗教实践方面的著述。尤其是在1560年古斯塔夫·瓦萨死后,大主教才迎来了他一生中的辉煌时期。他的工作能力以及他在教会生活的一切方面所显示出来的独创性都是卓越的。在当时的神学纷争中,他采取旧式的瑞典路德宗的中间立场。

大主教毕生都在致力于为瑞典教会起草一份代表福音派观点的法规。1547年他把定稿后的草案呈交国王审阅,但未被采纳,因为他仍然抱着改革派的理想,要建立一个独立的、受到国家保护的教会,它能够独立地处理教会内部的一切事务。其后的几年,大主教设法通过在各个独立的区域内颁布暂行条例来管理教会事务。这些法令都被纳入于1571年发布的教会法规草案,并在1572年的乌普萨拉宗教会议上获得通过。教会法规正式采取了1527年韦斯特罗斯议会的立场。重申上帝之道即《圣经》是瑞典教会的信纲,是教会法律的准绳。禁止任何人以德国路德宗的信纲作为依据。路德和梅兰希顿处于同等地位。同样,为了显示与德国式的诸侯统治教会的区别,有意识地强调了以主教为代表的瑞典教会的相对独立性。主教由神职人员和平信徒选举,由国王最后定夺。牧师一般由会众指定。对宗教仪式的程序以及礼仪的常规也在会上详加讨论。一种复杂的崇拜仪式的制定表示了对中世纪传统的尊重。学校由教会管理:有关学校的法规都带有梅兰希顿的教育学和人文主义的印记。为了配合教会对人民的教育,法规中采纳了路德宗教会的纪律和独自忏悔的方式。1571年的这些法令构成了后来发展的基础,其对瑞典的影响和1539年的《教会法规》对丹麦的影响一样重大。

1560年,古斯塔夫·瓦萨在遗嘱中表述了自己作为一个平信徒对路德宗所怀有的质朴的信仰,之后不久便去世了。大主教临终前也是如此。同时,瑞典急风暴雨式的宗教改革中的主要人物相继去世,于是瑞典的路德宗历史的第一章宣告结束。

五 芬兰

宗教改革兴起的时候,芬兰正值瑞典人的统治时期,所以芬兰的宗教改革很大程度上是步瑞典教会事务发展的后尘。然而,芬兰改革的实际运行是由一帮留学德国耳濡目染了这场新运动的年轻人操作的。芬兰的改革有其自身的特点。和别的国家在这个时期的情况相反,芬兰从中世纪传统向宗教改革的过渡没有遇到什么麻烦。

中世纪末,天主教教会在芬兰仍然享有崇高的地位,其主教和高级神职人员都曾留学国外,受过非常好的神学训练,皆属能人之辈。其下层神职人员当然要略逊一筹,但教会内部通常发生的抱怨和争端对当时整个芬兰教会尚不构成威胁,所以也就不足挂齿。改革的进程缓慢,改革的要求也不像其他地方那么强烈。改革在这里还只是主教和牧师的事。芬兰人思想保守,因循守旧,故不能出现像丹麦和德国那样的群众运动。在宗教仪式的举行还是由拉丁语唱主角的情况下,中世纪的教会就无法向人民灌输真正的基督教信仰,但是当构成罗马上层建筑的圣事的魔力、因善功称义和使徒崇拜等,被打倒之后,改革者就能在中世纪后期着手建立真正的基督教生活,使人们在迈向新时期的时候,怀着基督受难的秘密和对基督的敬畏,按福音派的方式进行赔罪。这些都在阿格里科拉的著作中写得清清楚楚。改革派的目的是树立个人的信仰,并努力在芬兰用本国语主持仪式和进行宗教著述。改革家米卡埃尔·阿格里科拉因此成了用书面芬兰语的鼻祖。

根据教会的看法,芬兰教会只有一个以阿博为中心的主教区。1528年由一位年已七旬的虔诚的多明我会会士马丁·斯屈特出任主教。他是圣经派人文主义者,也是天主教改革家。他曾经留学国外,在罗斯托克等地求学,对宗教改革的思想并不完全反对。他对在维滕贝格念书的年轻人表示支持,这些人后来都成了芬兰宗教改革的先驱者,他们利用在大教堂学校教书之便积极活动,使学校实际上成了芬兰的神职人员研讨班。斯屈特主教上任时只得向古斯塔夫·瓦萨保证,他的神职人员将按照1527年韦斯特罗斯议会的决定宣讲上帝之道。由于他自己的神职人员会成员的反对,他显得小心翼翼,缩手缩脚,结果国王于1528年来信命令他推行福音派教义而不必在意他手下的神职人员。韦斯特罗斯议会关于削减教会财产的法令在他任主教期间同样有效：主教的库斯托宫被拆除，教会的财产被没收，什一税被王室占为己有，教堂和修道院的财宝也被抢走。

16世纪20年代，路德的影响开始进入芬兰。第一个"路德派教徒"叫佩德·萨尔基拉克斯。他生于贵族家庭，是阿博一位市长的儿子，在罗斯托克、卢万或许还有维滕贝格等地求学多年后回到阿博，成了一名法政牧师，后来升为副主教。萨尔基拉克斯在布道中反对罗马天主教的圣徒崇拜和偶像崇拜，反对独身和修道生活。他的言辞遭到一些神职人员会成员的反对，但作为大教堂学校的教师，他那清新和自由的思想对那些年轻而富有热情的听众产生了极大的影响。1529年他过早地去世了。

在东部，维堡和当地的学校成了宗教改革运动的中心。这主要是因为它与雷瓦尔和地中海国家的城市毗邻，16世纪20年代宗教改革通过当地的德国居民得到了迅速发展。到1529年，或许更早在1526年，维堡就有一位叫佩德·索罗伊的教区神父倾向路德宗。芬兰真正的改革家米卡埃尔·阿格里科拉也是从维堡起步的。他生于芬兰南部的佩诺教区，时间大约是1510年。他在维堡完成学业后，于1528年来到阿博，开始是做主教的书记员，后来升为秘书。在阿博期间，萨尔基拉克斯的布道对他产生了深刻的影响。他在大教堂，当主教外出视察期间也在乡村教区传讲福音派教义。阿格里科拉是主教决定送到国外深造的年轻人之一，1536年他来到维滕贝格，1539年回国后便开始进行文字工作，很快就为芬兰教会翻译了《新约》及《圣经》的其他部分，还用本国语发表了一些教会手册。9年后，他以阿博大教堂学校校长的身份升为斯屈特主教的助手，以此身份在全国各地巡游视察。1550年主教死后，阿格里科拉继任主教职，由于当时正值国王在考虑重新组织主教区，所以对他的追认一直拖到1554年。此时主教区的划分已经完成，维堡成了一个新的主教区，可能是为了削减主教权力的缘故。阿格里科拉满腔热忱，为了属下的牧师和教徒而不辞辛苦，但他任职的时间并不长。1557年他被派到莫斯科，和其他使者一道，为俄国和瑞典双方的和平进行谈判。回国途中他不幸患病，于1557年在卡列林地峡逝世。

阿格里科拉的影响在于他的文学作品，为此他获得了"书面芬兰语之父"的美名。他的《新约》翻译完成于 1543 年，但直到 1548 年才出版，本书以希腊文本《圣经》为基础，参照了路德的德文译本、伊拉斯谟的拉丁文本和奥拉夫的译本。他还吸纳了大部分路德的导言和旁注，包括《致罗马人书》中的重要导言。阿格里科拉最有趣的著作要算《圣经祈祷》(A Biblical Prayer Book)（1544 年），这是一本时髦的供牧师用的手册，版面虽小，但内容纷繁复杂，足有 875 页。他不但翻译宗教改革作家（路德、梅兰希顿）的书，也翻译人文主义者（伊拉斯谟）和神秘主义者（施文克菲尔德）的著作。许多礼仪的祈祷文都是出自他的《阿博弥撒》。1536 年的乌晋萨拉宗教会议之后，出版芬兰文本的礼仪书籍成了当务之急，芬兰的宗教生活只是在 1549 年阿格里科拉的礼仪书和《弥撒仪式》（以奥拉夫的有关著作为基础）发表之后才有了固定的形态。阿格里科拉还出版了一本关于耶稣受难的故事和一些关于先知以及《大卫诗篇》（1551 年）的故事。在《新约》和《诗篇》译本的导言中他还叙述了芬兰人对基督教的皈依，瑞典人对芬兰的殖民，芬兰的地形、家庭、方言和芬兰异教徒之神等，所有这些都证明了他对人文主义的兴趣。

　　阿格里科拉改革活动的特点是对传统的尊重。他接受了福音派信仰的基本要素——因信称义、在上帝里的新生、极度敬畏上帝之道，但另一方面，他也常常执著于一些模糊不清的传统观念，如关于炼狱的教义和圣母玛利亚的教义。关于耶稣受难的神秘主义和中世纪后期一般的虔诚在他的宗教思想中始终占据着重要地位。他的祈祷书是一部耶稣受难日的祷文集。同样，他保留了基督圣体节，这是中世纪晚期最为流行的节日，也是中世纪神秘主义在圣礼中的主要表现形式。阿格里科拉的保守态度也体现在他的改革行动中。他希望改革的推行务必要谨慎从事。和路德一样，他认为改革之前要先搞启蒙，但他总是避免攻击天主教的体制，这一点又和路德不同。他的作品侧重于人的敬畏感和基督教的实践，并不以神学理论见长。他特别强调祈祷的作用。从他的几部作品的导言中可以看出，他具有牧养信众的非凡能力。他给牧师们写信，对无知和粗枝大叶进行谴责，并鼓励他们在这变幻莫测的乱世之秋要忠实地履行自己的使命。阿格里科拉是芬兰的改革家，没有他就不可能在芬兰实现由中世纪的虔诚向一种路德宗的基督教形式的过渡。由于他对于各式各样的宗教生活和教义所采取的宽容态度以及他对实际的基督教生活的推崇，他才成了芬兰人笃信宗教的典型代表。

路德派的宗教改革在北欧比在其他任何国家都取得了更为彻底的胜利。改革根据不同的政治和民族状况分为两种主要的类型：一类是丹麦—挪威—冰岛式的改革；另一类则是瑞典—芬兰式的改革。北欧教会实际上仍然是统摄全体人民的路德宗民族教会。

六 波罗的海国家

福音派运动大约在1520年传到波罗的海国家，进展很快，尤其有德国人居住的城市更是如此。由于地区主教、三个最主要的城市议会（里加、雷瓦尔和多尔帕特）以及在本地区拥有大部分土地的条顿骑士团之间权力之争，使宗教改革得以顺利进行。起初，条顿骑士团大统领瓦尔特·冯·普勒腾贝格设法维持这三种政治势力之间的平衡，以免外来势力的插手。但本地的自由民和骑士皆有路德宗的倾向，很快城市议会就和条顿骑士团联合起来对付主教们，后者转而寻求外援，甚至是俄罗斯的帮助，从而导致国家的解体，各部分依附于各自的邻国，大统领的策略也就落空了。

在1522年的沃尔马议会上，城镇代表和骑士代表联手反对主教，抗议公布沃尔姆斯敕令和把路德革除教籍的教皇诏书，声称用刀剑征服的土地不能由手握革除教籍权的主教来统治。实际上在这场宗教斗争中，双方势均力敌，只得留待将来召开一次公会议作出最后的裁决。在1524年的雷瓦尔议会上各方表示要誓死捍卫"神圣的上帝之道和他的福音，而不是人的教义或者是人对上帝之道和福音所作的增补"。至此，改革得以迅速发展。虽然强劲的福音派运动已经为各大城市所接受，但是1524年在里加和雷瓦尔及1525年在多尔帕特由德国狂热分子梅尔希奥·霍夫曼挑起的暴乱中发生的数起洗劫和捣毁教堂和塑像事件说明，波罗的海国家的宗教改革史并不是一帆风顺的。

改革史上最精彩的一章是在里加谱写的。改革者是一位名人，叫安德烈亚斯·诺伯肯。他是土生土长的波美拉尼亚人，1517年担任里加的副牧师。诺伯肯曾受过人文主义思想的影响，甚至和伊拉斯谟通过信。在里加待了几年后，他来到波美拉尼亚由布根哈根任校长的特伦普托学校念书。他以前曾在此求过学，如今在布根哈根的指导下继续其人文主义的学业，尤其是潜心研究《圣经》和教父。1520年后，布根哈根和他的弟子们通过阅读路德的力作而了解到宗教改革的思想。于是一场导致主教进行干预的声势浩大的运动便开始了。就在布根哈根在维滕贝格加入路德的阵营，并在那里从事改革活动的同时，诺伯肯和一大群学生一道于1521年从立窝尼亚回到里加。此时他作为一名福音派信徒在圣·彼得教堂重新开始了他的牧师生涯，并通过他的传教很快就召集了一大帮追随者。诺伯肯在其富于论战性的反对现存秩序的著作中保持了温和的态度。除了布道之外，他还对市民们讲授《罗马书》。他写的评论还未刊印就被广泛传抄，后由布根哈根作序于1524年出版，并多次再版。作者以现场布道的方式，把论辩的矛头直接指向被罗马教会歪曲的教义和教会的弊端，并扼要地总结了福音派的学说，尤其是路德和梅兰希顿在16世纪20年代推演出的关于称义的教义。

福音派运动很快就在里加赢得了许多人的支持，其中包括市长康拉德·杜尔科普和市府秘书约翰·勒米勒。于是大主教林德便要求大统领进行干涉，但是普勒腾贝格主张参照别国的做法，组织公开辩论来解决宗教争端，而不愿采取强制措施。1522年6月12日在圣·彼得大教堂唱诗班席上，诺伯肯与他的一些天主教对手就其《罗马书》评论中的15条基本论点展开了辩论。诺伯肯驳斥了对方的抨击，证明自己的教义与《圣经》并不相悖。听取论战的有市议会的成员（包括杜尔科普）和大批会众，最后议会决定在里加进行宗教改革。由于大主教反对改革，拒绝委任福音宣教士，市议会便与本城的两个兄弟会的长老一道指派诺伯肯为圣·彼得教堂的副主教。

诺伯肯属于思想保守的路德派神学家，对改革的要求并不过分，而圣·雅各教堂的牧师西尔维斯特·特格特迈尔则是一位感情冲动的人，他对改革所持的激进态度很快就酿成了一场攻打教堂和修道院以反对偶像崇拜的破坏性运动。1524年3月，里加的两个教区教堂即圣·彼得教堂和圣·雅各教堂遭到打劫。神坛被捣毁，圣物被搬走，使徒的雕塑和画像被拖到城外用大火烧掉。当时的圣·彼得教堂有32个以上的祈祷室和神坛，后来特格特迈尔带人冲进教堂，大肆进行玷污和破坏。一天清晨，市议会用暴力相威胁，使可恶的方济各会修士弃城而走，到了5月，天主教神父都被赶走。与此同时，议会收缴了教堂的财宝，8月，教堂再次遭到亵渎，甚至把庄严的圣母塑像从高高的神坛上拖到德里纳河上去接受神裁，用水冲打，然后用火焚烧。

此时，市民们与大主教的关系日趋紧张。1524年，大主教死后，[159] 多尔帕特—雷瓦尔的主教布兰肯贝尔吉被选为他的继承人，市议会宣布，从今以后不承认任何主教为世俗的领主。勒米勒在一本重要的小册子《教皇、主教和教士不应占有土地和统治人民》中表述了市民的看法。与此同时，市民们要求得到普勒腾贝格的保护，普勒腾贝格一阵犹豫之后接管了该市的世俗政权，并在1525年9月21日的声明中保证给予路德宗教会以更大的自由。在日后的发展过程中，市民、贵族和大统领的利益紧紧地捆在了一起。在1526年的沃尔马议会上，各阶层代表建议普勒腾贝格像阿尔布雷弗特公爵在普鲁士所做的那样，以福音派诸侯的名义统治整个立窝尼亚，但被他拒绝。不过他迫于压力，迅速制定了反对大主教的措施，后者在寻求皇帝、教皇乃至俄国人的援助时被宣布为叛国者给抓了起来，后来显然是因为对普勒腾贝格表示屈服而获释。但在1526年8月为了向皇帝和教皇控告大统领他离开了立窝尼亚，次年便亡命他乡。他的后继者托马斯·舍宁只关心如何恢复主教的特权和财富，为此他承认了路德宗信徒的权利和自由。

16世纪20年代末教会的组织和礼仪规则有了固定的形式。1527年，约翰内斯·布里斯曼博士这位在哥尼斯堡和东普鲁士的宗教改革中举足轻重的保守的路德派神学家被召请与诺伯肯一道为里加制定一套礼仪规则，于1530年在罗斯托克发表，并于同年在里加传播。按照法令，教会事务由市议会派两名议员负责处理。当这两位"监管人"和市长忙于应付教会外的事务时，教会内部的管理便留给了后来称为教士监理的"首席牧师"。1532年的牧师议会决定，由诺伯肯和特格特迈尔轮流担任议会的主席，任期6个月。广大会众则通过他们中的长老参加教会的管理，诸如挑选牧师、赈济贫民以及执行教会纪律等。

改革之初，教会在波罗的海其他城市的地位和在里加的地位大致相同。雷瓦尔是毗邻里加的最重要的城市,1525年5月19日在这里颁布的教会法规是最早的路德宗教会法规之一。约翰内斯·朗格、赫尔曼·马尔索(Herman Marsow)和扎哈里亚斯·哈塞(Zacharias Hasse)都在这里传讲新教义。正如里加一样,改革很快就得到了行会的支持,并导致了最遭痛恨的多明我会与人民之间的暴力冲突。宣教士们向修士们提出就何谓真正的信仰进行辩论,但未获响应,所以市议会决定有组织地进行改革,并且下令福音派神职人员要连续3个礼拜日在修道院的教堂布道,对广大修士进行启蒙。结果却发生了这样的情况,一伙愤怒的暴民在1524年9月14日闯入修道院的教堂,捣毁了"偶像"、神坛及其他贵重物品。紧接着供奉圣灵的教堂和圣·奥拉夫教堂被夷为平地,圣·尼古拉教堂由于已经关门上闩才幸免于难。然而市议会很快就控制了局势,并于暴乱后的第二天作出决定,凡劫得教堂贵重物品的人必须将其送交市政厅,否则将按偷窃罪处理。但同时也决定,圣·尼古拉教堂内的神坛、圣徒塑像及类似物品必须搬走,否则将被没收。1525年元月,修士们被逐出城外。

教堂风波过后几天,三位福音派宣教士提议要制定一部教会法规,如上所述,这部法规在来年5月为议会所接受。和里加的教会法规一样,这部法规的特点在于教会的心灵使命与其世俗管理之间泾渭分明,后者全部交给议会和会众。另外,首席牧师在履行职责时不受议会的左右,只对上帝和自己的良心负责。约翰内斯·朗格被挑选出来,担此重任,他尽心尽力,努力工作,为改革的成功而奋斗,于1531年英年早逝。

可以说当1554年的沃尔马议会宣布普遍推行宗教宽容,个人有宣讲福音的自由时,宗教改革已经取得了全国性的胜利。大统领与主教之间的持续斗争使后者为了保住权力而与邻国结盟,致使国家迅速解体。1558年伊凡雷帝侵入立窝尼亚,大肆掳掠,导致了国家的彻底分裂。[1] 分裂的各部设法得到邻国的庇护,并且很快就被邻国兼并。整个分裂过程完成于1559—1561年间。爱沙尼亚的大部领土并入瑞典。奥塞尔主教区落入丹麦君主马格努斯之手,但他未能从中得

---

[1] 见本书边码第559页。

到任何好处。立窝尼亚与里加和多尔帕特合并为波兰—立陶宛,立窝尼亚大统领把库兰变成了一个世袭的公爵领地。尽管发生了政治上的分裂,路德派基督教仍在蓬勃发展,教会法规仍在广泛实施。

(赵亚麟 译)

第 六 章
宗教改革陷入困境

一　1555 年前的德国宗教改革

在 16 世纪，改革教会等于是在改革世界，因为教会就是世界，所以只有赢得这个世界的当权者的支持，改革事业才可能获得成功。罗马教皇从一开始就拒绝改革。1530 年在奥格斯堡帝国议会上，皇帝也表示了同样的态度。此次议会签订的法案即恢复沃尔姆斯敕令，无异于向改革派公开宣战。改革派怎么办？视改革为生命的粮食的人不可能停止传讲福音。他们只能依靠其正义的事业所蕴含的力量在自己的有限范围内建立新秩序。如果作为最高上诉法庭的公会议不站在他们一边，宗教改革的领导权将落入主张特殊神宠论掌握大权者手中。

本次议会扬言要使用武力，而武力只有用武力才能对付，所以新教王侯提出再次结盟的构想也就不足为奇了。但这个方案被一些重大的神学问题复杂化了。用武力能够捍卫福音的事业吗？可以用武力来反抗皇帝吗？谁是福音的真正的支持者？围绕圣餐问题而引发的争论导致了新教内部的分裂，以至于相互之间已经无法达成共识。人们在捍卫福音的时候可能会发现，他们正在捍卫的可能正是福音中已经失去了生命力的东西，这正是他们在建立联盟时所面临的风险。因此，解决上述两个问题乃是当务之急。

神学家首先出面。奥格斯堡议会还未结束，马丁·布塞尔这位刚才草拟过《四城信纲》与《奥格斯堡信纲》[①] 针锋相对的改革家便

[①] 见本书边码第 111 页。

与路德在科堡会晤,以求在圣餐问题上达成协议。路德起初抱有敌意,尽管他清楚布塞尔并无意把圣餐解释为一种纯粹的"象征",而认为在圣餐里人体验到个人与基督在精神上相遇,而路德所期望的远不于此。他认为和基督的相遇也必须是外在的,必须发生在饼酒里,与领餐者的信仰无关,但强化信仰——即所谓"以口领取"(manducatio oralis)和"无信仰者领取"(manducatio impiorum)。然而两人都看到了新希望,虽然思想的统一还有待努力,但统一的端倪已经出现,这是迅速促成联盟的一个政治因素。

是否可以用武力来捍卫新教会,乃至武装反抗皇帝的合法权利,这也是让人头痛的问题。这不是完全背离了路德本人及其信徒至此在著述中所表述的甘为信仰而受苦的观点吗?此时所需要的不只是一个联盟,而且要有健全的良心来支撑这个联盟,这就要求从神学上为反抗的权利提出令人信服的理由。但是路德不允许反抗,他满足于向王侯们及某些个别人士提出警告,要他们不要参与对福音派的镇压。路德寄希望于祈祷的力量:

> 我不可能也不会惧怕那些上帝的可怜的敌人,他们的愤怒正是我的骄傲,他们的狂暴正是我的欢笑。他们从我这儿能够拿走的只是一堆罪恶的肉体,但他们很快就会明白,我能够从他们那儿拿走的是什么。

他仅仅是同意自卫,并不想看到反叛的出现。但律师们却找到了根据。帝国法律本身就有这一条:若是皇帝明显不义,可以起而反抗。在福音并不排挤世俗法律的前提下,路德作了让步,承认律师们提出的法律依据,但他决无任何反抗之意,而这是一切行动的基础。只有纽伦堡仍然坚持原来的立场,路德本不主张联盟,也不赞成抵抗,但他很难对他们解释清楚。路德的主要宗旨在于:信仰是一切行动的基础,如此行为才会有好的结果,"即使这个结果是一个错误,甚而是一个罪恶"。另一方面,黑森的伯爵则不仅保留了反抗的权利,并把这看成是义不容辞的责任。政治家们正如梅兰希顿所说的那样,对路德的书面意见任意解释——如梅兰希顿所说进行肢解——以满足其建立联盟的愿望,而无视他为此所做的保留。

与此同时，布塞尔在其谈判中提出用一本关于主晚餐的小册子来综合各种不同的观点，虽然未能如任何一方的意，但统一的希望还是存在的。于是1530年12月，各路王侯与各城市签订了实行联盟的初步协议，1531年本协议相继在各城市获准通过。[①] 这将是一个防御性的联盟，"只是为了坚持基督教的真理，保证神圣罗马帝国的和平"，反对非正义的武力。他们已无须征求路德的意见。从此，新教徒组成了一股政治力量，从此福音是否有效成为一个由权力来决定的问题。瑞士人则置身于联盟之外。布塞尔发现，要和茨温利达成协议已不可能，后者的信徒在信仰表述的问题上发生分歧后便收回了原先所作的承诺。他们提出要求，要么就承认他们的信纲，要么就建立一个信纲在其中不起作用的联盟。两者都遭到萨克森代表的拒绝，尽管以黑森为首的诸侯已准备接受。所有这些都令德国南部城市感到深深的失望。因为它们与瑞士在政治和神学上有着密切的联系，并强烈希望瑞士人而不是遥远且行动缓慢的萨克森人的军事援助。然而，诸如此类的考虑很快就因苏黎世的失败和茨温利的去世而告吹了。

之所以要提到这段失败的历史，不仅因为它所造成的政治后果，而且还因为它显示了苏黎世改革的"另一种精神"。茨温利从一开始就是政治家兼教会改革家，而路德总是害怕触及政治。在茨温利看来，律法和福音是一致的，二者并不矛盾。苏黎世的宗教改革特别强调破除大斋节守斋，这在路德看来却一点也不重要。茨温利实际上是在推行苏黎世政策，并且公开地、毫无宗教或信仰顾忌地把它作为沿北海和亚得里亚海国家联盟反对哈布斯堡王朝的总方针。1531年初，他向法兰西国王呈送了描述自己的信仰的著述《论信仰》，该著述的用意是表示苏黎世决不会责难当局和宗教。这本小册子（直到1536年才发表）之所以特别有趣，在于它非常明显地揭示了茨温利和路德之间的区别。对于路德来说，上帝之道等于是上帝的恩典，而对于茨温利，道也只是一种象征，否则，"猿"这个词就等于一只猿本身了。道和圣礼并不是上帝的安慰，也不是个人与上帝相遇的奇迹，而是对基督的指向和纪念。路德认为茨温利的死是命运，是该得的，因为它结束了苏黎世的基督教政府，虽然在亨利·布林格的宗教

---

① 参见本书边码第350页。

指导下，苏黎世依然保持了福音派的信仰。

然而，德国的新教徒此时已结成了施马尔卡尔登同盟。施马尔卡尔登是位于萨克森和黑森边界上的小镇，同盟常在此集会，故因此而得名。虽然不管从内部还是外部看，同盟都远称不上稳固，但在当时能走到这一步已经是重大成功。在法兰克福举行的一次会议期间，皇帝因萨克森人的强硬态度而不愿对各城市提供支援，但成员们则听说，美因茨和巴拉丁的选侯已答应充当皇帝和新教徒之间的调解人。皇帝对维持内部和平是感兴趣的，他要集中力量对付外部敌人，尤其是土耳其。紧接着开普尔大灾难后在施魏因富特召开的同盟会议上开始了真正意义上的谈判。这次会议又出现了严重的危机，茨温利派的城市要和路德派的城市分离，出于防备，斯特拉斯堡的神学家们奉命就是否能接受《奥格斯堡信纲》进行调查，回答是他们对《奥格斯堡信纲》不管在意义上还是在内容上都毫无异义，于是市议会宣布，斯特拉斯堡将与另外四个城市一道承认《奥格斯堡信纲》。

谈判持续了很长时间。施魏因富特议会的首要任务是解决同盟自身的组织问题。复杂而庞大的机构面临着物质供应和人员安排的困难。在关于宗教和约的谈判中，新教徒起初的期望过高。既然和约好歹只能维持到议会的召开，那么新教徒就有理由要对这个只得在德国召开的、自由的基督教大公会议的概念进行严格的限定。他们希望和约的有效范围能够扩大到所有的福音派，茨温利的信徒在各加盟城市不会遭到排斥，新入伙的同宗信徒也能得到法律的保护。作为帝国最高法院的帝国议院无权过问宗教问题。很自然，皇帝并未打算作这样的让步。谈判中断了一个月后，又在纽伦堡重新开始。神学家们陈述了自己的观点。斯特拉斯堡和黑森的代表认为，把将来拥护《奥格斯堡信纲》的人都纳入和约的范围是良心问题，因为他们也有权接受福音。路德竭力反驳道：接受福音就要自担风险，这是每个人的责任，皇帝提议和解是一次施恩的行为，不可能强迫他再施予别人。谈判以黑森方面的观点为基础重新开始，数星期后，同盟消除了分歧，通过了路德在1532年6月29日曾强烈敦促各方予以接受的这份"外在的和约"。"上帝向我们致意，该是我们感恩的时候了。"

最后，皇帝重申了帝国和约宣布"在召开公会议之前"，宗教事务的处理以帝国和约为根据，并下令帝国议院停止受理宗教方面的诉讼。同时答应为公会议的召开再作努力，争取在6个月内宣布，年内举行。和约通过一项帝国敕令而生效。但此时在雷根斯堡举行的议会并未同意。查理有关帝国议院的协议没有写进帝国敕令，只是对作为调解人的选侯进行了传达。必须考虑到皇帝的困难处境：作为一国之君，却不让他对国家如此生死攸关的问题进行裁决。事实上，他宁愿一次又一次地作出承诺，进行赦免，也不愿全面暂停法庭的审判。新教徒这边答应帮助他反对土耳其人。但黑森和萨克森之间在最后一轮讨论中又爆发了激烈的争吵：黑森的特使表示同意，但以黑森领主以后批准为条件，后来领主的确批准。

然而，在公会议召开之前新教徒的存在的合法性，已有明文规定。但是，对于诉讼的审理和裁判仍然令人头痛，因为，宗教的事务并不完全看似宗教的，往往与政治和财产这样一些问题纠缠在一起，这就给法官和皇帝的恣意妄为留出了很大的余地。就帝国本身而言，这份和约还是很有必要的，至少它能使大家携起手来，共同对付土耳其人。查理五世亲自出访维也纳（在此他受到了盛情的款待），之后再到意大利和他的西班牙领地。其间，他一直在琢磨何时召开公会议这个在德意志人看来已是迫在眉睫的问题，而公会议能否召开则取决于意大利能否保持和平、教皇能否使罗马教廷的利益服从整个教会的利益以及法兰西能否恪守条约的规定。所有这些都还悬而未决，需要皇帝一方施展其非凡的政治技巧，也需要作为另一方的各派确有诚意。

和平意味着改革将进一步扩展，这正是改革的敌人所惧怕的。施马尔卡尔登同盟的建立使得许多城市的改革得以正式推行，不时还有一些城市加入到通常是民主与改革并举的进程中来，其中有东北部的波美拉尼亚和梅克伦堡以及东部西里西亚地区的公国列格尼茨和布列格。

改革的最大收获要数符腾堡公国的归附。自从乌尔里希公爵被施瓦本同盟赶走之后，这片领地就归奥地利当局管治。在奥格斯堡帝国议会上被查理五世正式赐给自己的弟弟斐迪南从而成了哈布斯堡王朝的财产。此举再次激怒了流亡公爵的所有朋友以及王朝的敌人。此时，公爵正住在蒙佩加德（Mopelgard）自己的小郡里，他在这里与瑞士人取得联系后便开始进行改革。后来，因为和黑森伯爵是亲戚，他去了黑森宫廷。尽管他感情冲动，脾气不好，叫人讨厌，但是，他的出走毕竟不是自愿的，剥夺他的领地也没有法律根据，就连巴伐利亚那些严奉天主教但反对哈布斯堡的公爵们也赞成为他恢复领地。他的儿子也是巴伐利亚王室的外甥克里斯托弗公爵虽曾受教于维也纳宫廷，但却在巴伐利亚人的帮助下逃走了。

这一事件刚好使两个正为反对斐迪南大公当选罗马王而忙乎的公国黑森和巴伐利亚携起手来。法国人也被说服，对它们的行动表示支持。此刻的形势对它们似乎很有利，因为施瓦本同盟包括乌尔里希的宿敌已在宗教纷争的压力下开始解体，当然，要是没有黑森的参与，情况就完全不同。1534年元月，黑森伯爵菲利普在巴勒迪克与弗兰西斯一世会晤，并且赢得了他的支持，此事教皇是否知道至今尚不清楚。弗兰西斯想和哈布斯堡大干一场，菲利普的兴趣却只限于为乌尔里希收复失地。达成此举并不困难，一场短战突击就了结了，但却引发了一系列政治问题，幸而萨克森选侯从中斡旋，不顾乌尔里希的强烈反对，在波希米亚签订卡丹和约，才使事件得以平息。条约规定：符腾堡是奥地利皇室赐给乌尔里希的封地，但是乌尔里希有权在此实行改革（条件是不能推行茨温利的改革）。后来的情况表明，乌尔里希的改革大势所趋，很快就得到了贯彻。教会很大一部分财产都落入他的手中，为他解决了债务上的燃眉之急。但是，公爵也面临着由于神学冲突而带来的难题：在施瓦本，他需与之保持友好的那些城市都倒向了茨温利，他本人的改革思想也是在瑞士受到启蒙的。然而，他必须恪守和约规定，与茨温利的改革划清界限，否则，施马尔卡尔登同盟和黑森是绝对不能容忍的。最后，公爵只好妥协，把领地的宗教改革一分为二，北部地区的改革由路德教徒艾哈德·施内普夫执掌，南部地区连同杜宾根大学一道的改革则由布塞尔的一位来自康斯坦茨的朋友安布罗斯·布劳雷尔领导。两位神学家在斯图加特就关于圣餐的信条达成了共识，决定采用路德派在马尔堡会谈中向瑞士人提出但立刻就被驳回的说法。原以为这是双方握手言和的一大进步却很快成为新的麻烦：瑞士人认为这种说法太过于路德化；同样，路德派对安布罗斯·布劳雷尔也不信任，对他指定的宣教士表示怀疑。牧师们根据斯特拉斯堡人雅各布·施图尔姆的提议，起誓时采用《奥格斯堡信纲》中的规定用语，而非上述协定中所达成的条文。签订协定所碰到的问题又重新抬头，人们不得不尝试再次召开会议来加以解决。

1534年底,梅兰希顿和布塞尔在卡塞尔黑森伯爵菲利普的宫廷举行会谈,双方在这次会上通过的信条暂时获得了路德的承认。由于这次会谈的成功,符腾堡的改革与路德曾经提出的所有原则和要求大体上保持了一致。它纯粹是一项政府行为,由诸侯发布命令,从上到下地推行。这种方式尽管不尽如人意,但还是产生了效果:规模庞大的新教区在南部建立起来了,它成了联结黑森和瑞士的纽带,周边城镇所向往的中心,就像一块楔子,插在奥地利和哈布斯堡王朝的领地之间。在来自施瓦本哈尔的约翰内斯·布伦兹的领导下,它很快就成了那些路德教意识极强的新教国家的典范。起初顽固不化的杜宾根大学此时也成了福音派学子的圣地。

几乎与此同时,明斯特城的情况同样表明了,改革也可能会释放出危险的力量,改革所带来激情需要加以引导和疏通。和其他由主教管辖的城市一样,明斯特也在为争取城市自由与主教作斗争。下层老百姓及行会也在反对富有和保守的市镇贵族,并致力于从市镇自治向市镇民主的过渡。就在这样一种还不明确的背景下,伯恩哈特·罗德曼在市外一个由主教管辖的教堂里开始了福音传道。当主教按照帝国敕令将他驱除时,他没有抗命,而是转入本城,在一家商业行会中继续布道。两个月后,他的信徒为他争取到了一座教堂,5个月后即1532年8月,福音派宣教士充斥了市内所有的教堂。短短几个月时间,罗德曼就把明斯特人变成了新教徒。当然,其中不可能没有过激行为,但它一开始就纳入了福音派事业的轨道。并且,早在1532年12月,路德和梅兰希顿就来信警告,要避免神秘主义的狂热所带来的危险:"魔鬼是狡诈的,它甚至能把优秀、虔诚和博学的宣教士引入歧途。"危险在于狂热分子的存在。神秘主义在莱茵河下游一带根深蒂固,这里是共同生活兄弟会实践其《效法基督》(*Imitatio Christi*)中的思想的一个中心,并且在韦塞尔甘斯福特(Wessel Gansfort)还产生过一位神秘主义的前期改革家,路德自己早年曾编辑过他的文章。这里也是再洗礼派频繁活动、吸纳会员的地方,因为他们的幸存者惯于保密,所以对于他们的情况,我们几乎一无所知。他们在明斯特的成败前面已有叙述。[1] 它同样表明了,仅仅仰赖激情是危险的,

---

[1] 见本书边码第127页以下。

这样会把所有良好的秩序统统破坏。这些事情本身仿佛都在提醒采用非常手段的必要性：只有黑森伯爵菲利普的行动要温和一些，他设法利用布塞尔把再洗礼派拉回了教会。天主教当然要把明斯特革命竭力说成是宗教改革的结果。但是，路德实际上长期以来一直是再洗礼派及其思想的最强劲的敌手，路德派甚至认为，在那些福音派没有自由而思想又放任自流的地方，再洗礼派的势力是最强大的。事实上，精神禁锢最严重的地方当属尼德兰，此地在皇帝的统治下，宗教改革屡屡遭到镇压。

如前所说，符腾堡事件促使人们再次努力就圣坛之圣事达成协议。路德并不反对布塞尔在卡塞尔提出的信条，但他并不打算以这个仅由两个人认可的信条为基础，不管它的名声有多大。一个协定是否有效要由全体教会来决定。况且，维滕贝格人的怀疑也不是毫无根据，布塞尔能否真的为他表面上代表的所有人说话还远未确定。另一方面，布塞尔已经在向路德的观点和立场靠近。在奥格斯堡这个被称为"日耳曼的科林斯"的地方局势尤其艰难，布塞尔在讲坛上承认他对该问题有误解，于是，奥格斯堡的牧师们便拟了一份新的信纲交给路德，并要求他派一位路德宗宣教士。无可否认，他们之所以如此，显然是迫不得已，而并不完全是出于神学的激情，因为施马尔卡尔登同盟必须作好准备，把那些表明态度、旗帜鲜明的城市吸收进来。瑞士的情况也一样，领袖们也在讨论这个问题；尽管布林格也看出，圣餐不只是基督的临在的一种"象征"，但是，他不可能像茨温利那样一味地附和布塞尔。1536年初，瑞士人遵照地方行政官的命令，也拟订了一份信纲——赫尔维希亚第一信纲，该信纲起源于在巴塞尔举行的一次会议。作者们并未考虑要和路德派保持一致，只是觉得有必要向公会议阐明自己的信仰。圣餐在他们看来不只是一种象征，也包含着"实质"，在圣餐里上帝应许某事并"立即实现之"；但就他们提出的阐释而言，仍然是在坚持这种观点，即象征所传达的东西，只有在该圣礼之外才能获得。卡皮托和布塞尔以肯定的口吻向路德报告，好像全瑞士此刻都已改信了路德宗似的。瑞士人自己认为，兴许路德对这个信纲会表示满意；唯独康斯坦茨因为吸取了符腾堡的安布罗斯·布劳雷尔的教训，才明了其间的差异。按照他们的观点，说"通过圣餐，罪人的拯救得以展示"是不对的，因为这样一来，圣餐就不是拯救的记忆，而是拯救的工作了。但是，这恰好是路德思想的核心。瑞士人反复撰文，力图把他们的观点表达得更加明白，也正是在这个时候，茨温利的《解说》发表了，这本书突出地表现了茨温利主义不愿妥协的精神。

要消除争议，订立协定，就必须召开神学会议。于是，布塞尔向德国南部人发出了邀请，不过，那些著名的路德教徒却不在其中。瑞士人没有更多的动作，只是向布塞尔提交了他们的信纲，要求在会上进行传达。梅兰希顿对会议的前景忧心忡忡，生怕弄巧成拙，到头来不但没有达成团结，反而使分裂不可弥合。会议的首选地址是爱森纳赫。但因为路德有病在身，行动不便，这些南方人只得北上，于1536年到达距离更远的维滕贝格。

谈判是在极困难的情况下开始的。由于路德拿出瑞士人最近出版的著述，指责瑞士人并没有改变他们的观点。布塞尔不得已而为此进行自辩，同时也为他的朋友辩护，处境十分尴尬。于是，路德要他承认，基督的临在不仅是因信或不信，而且是凭基督的代人祈祷与领餐者本人的主观品质无关。信或不信并不影响基督的代人祈祷。用专门的神学术语来说，路德要他承认"无信仰者领取"。为此，布塞尔感到很棘手，因为在他看来，人们在圣餐是应该领受到一种精神的、灵性的实体，这种实体只有那些拥有必须的器官即精神（the spirit）的人才能领受，这一点是至关紧要的。维滕贝格的牧师布根哈根在会上提出了一个新的解决办法：不配的人只能领受基督的身体。言下之意是在"不信上帝者"和"不配者"间作出区分，前者什么也领受不到；后者是基督徒，因此拥有作为领受器官的精神，但由于不能恰当地使用，领受到的只是没有果实的恩赐。毫无疑问，这样的区分完全是人为的，所以遭到强烈的非议。令人惊讶的是，路德居然对此表示满意。梅兰希顿根据这一信条为所谓《维滕贝格协定》起草了条款，这份协定并不是谈判双方妥协让步的产物，而是一份由维滕贝格与会者认可的南方人制定的信纲。他们就这样接受了维滕贝格会议的立场，而路德本人也不认为他改变了自己的观点。

毫无疑问，重大的分歧仍然存在，这些分歧路德是知道的。布塞尔并没有放弃他历来主张的象征说观点，他只是作了某些修改，以至于不会被路德完全否定而已。他承认，产生恩典的并不是思索信仰，而是在圣餐里基督因其允诺而临到领餐者；同时，他也不否认，基督的行为与牧师的所作所为是有联系的。但是，他仍然坚持认为，只有精神才能领受到灵性的实体。奇怪的是，路德对此并不表示反对。很清楚，路德之所以如此，乃是这种说法符合他的宗教利益。因为，在他主张那些不信上帝者有权领圣餐时，他并不在乎这些人中是否包括土耳其人或犹太人（因为圣餐礼不是为土耳其人和犹太人设的），他只是觉得有必要向所有领圣餐的人讲清楚，他们的确是在领受基督的全部恩典；如果说路德反对灵性圣餐的话，那也不是说他想用唯物主义的观点来阐释基督肉身的实在性，而是因为他不想把恩典的确实性建立在领餐者主观信仰的确实性上。恩典不靠信仰，而信仰要靠恩典。基督徒的信心不在其自身，而在于他在圣餐里所领受的那个东西。既然这些观点在他看来都已被接受了，他也就不再反对与那些南方人签订协议了。当然，仍有含糊不清的地方。布塞尔的态度中就有表现：对于瑞士人，他不但不打算进行遏制，而且反观他的言行，好像瑞士人的观点已无须改变似的。他为了满足政治家的希望而不惜牺牲神学家所追求的明晰。然而，只要有人哪怕稍微强调一下那些适用于不配者的条件，那么，布塞尔的看法就会大不一样了。加尔文关于圣餐的教义同样含糊不清，他作为斯特拉斯堡的一位牧师，也同意了这个协定。总之，就路德而言，这项协议也只是临时性的，还得在以后得到所有教会的认可。所以，布塞尔得设法争得瑞士人的同意，但是，茨温利对文中不管是明白的部分还是含混的部分都予以否决。分裂还在继续。当南方人用布塞尔作为桥梁通向路德主义时，当维滕贝格协议在德国南部城镇中长期具有信纲的效力时，瑞士人却保留了对圣餐所作的特殊解释，后来加尔文和这种解释建立了关系。

在那些年月里，新教的向外传播和内部发展只有在推迟召开公会议的情况下才有可能实现。德国的王侯们，包括天主教王侯们都认为召开公会议势在必行。自奥格斯堡议会以来，皇帝一直在为此努力。新教徒很早就提出了这样的要求，并在《奥格斯堡信纲》的前言中表达了他们的想法，但被教皇取消，其中有神学上和教会政策上的原因，也不乏一般政治的原因。的确，召开公会议的要求涉及一大堆尚未解决的问题。早在 1519 年的莱比锡论战中，路德就坚持认为，即使公会议也会出错。新教徒会屈从于一次公会议吗？他们能够得到准许［参加］吗？他们会被宣布为异教徒吗？教皇和公会议是什么关系？谁在谁之上？另一方面，是否还可以找到其他的办法来推行势在必行的改革，并恢复教会的统一呢？起初，教皇认为，召开公会议等于是在给已病入膏肓的教会送上一服"致命的药剂"。然而，皇帝也看不出，如果要避免暴力的话，还有别的途径可走。至于法兰西的立场，它的国王则把整个事件看成是一种政治，他随时都可以选择英格兰国王的道路。

在1532年的雷根斯堡议会上，天主教徒建议由皇帝亲自召集议会。查理并不打算这样做：他是尊重罗马教廷的。但在博洛尼亚，他却竭力敦促教皇采取行动。克雷芒七世最初想与其他大国商量，但法国出于政治原因，破坏了这个计划，教皇也未生气。尽管如此，罗马教廷还是向德国派去了一位使节，以便事先转达教皇的意向。这位使节在德国受到了天主教徒的盛情接待，但是，新教联盟的反应则是：一次宣称承袭"教会习惯做法"的公会议不是他们所期盼的，也不是帝国议会所应允的，因为它不是"基督教"的，不是由《圣经》决定的；并且它也不是"自由"的，而是由教皇主宰的。路德向使节递交了一份书面意见，力陈了以上缺点；然而，他还是主张参加会议，如果会议的召开能够成为现实的话。紧接着，新教联盟就宣布，不能接受罗马教皇的条件，但是，只要会议对福音的传播有利就要保留出席会议的权利。他们不想阻止召开宗教会议；但要皇帝保证，这是一次真正的基督教会议。于是，便出现了这样的情形，新教徒和天主教徒都提出了召开公会议的要求，但双方所强调的内容则大相径庭。然而，会议还是搁浅了，但不是新教徒从中作梗，而是由于法国的反对，弗兰西斯一世在一次与教皇在马赛的会晤（1533年10—11月）中表明了以上态度。就是在这次会晤期间，邦纳博士当面向教皇请求，针对教廷谴责亨利八世与安妮·博林的婚姻的裁决在将来召开一次公会议。在他提出这一请求前，亨利八世甚至未回答教皇的询问。对于天主教徒来说，会议的延期实在"令人烦恼"；甚至整个天主教会都认为是教皇不再认真对待，尽力不够。

然而，新教皇保罗三世（法尔内塞）对此则十分认真。1535年初，罗马教廷的使节被再度派往各国，向王侯们传达教皇已下定决心，并向他们征求意见。派到德国去的使节叫彼得罗·保罗·韦尔杰里奥：人们把他当作传福音消息者来接待。然而，他的出访并未取得预期的成功。他在维滕贝格会见了路德：后者并不相信教皇是真诚的，但仍然答应，"即使我知道你会把我烧死"，也定来赴会。这位使臣以为，路德的话表明选侯们也同意了，但却被告知要与各加盟者进行磋商。1535年，在施马尔卡尔登召开的同盟会议上，与会者既不表示赞成，也未表示拒绝，只是反复陈述，他们所盼望的是什么样的公会议。就在此时，英国使节赫里福德大主教爱德华·福克斯奉其国王之命在会上发表了一篇反对教皇的言词激烈的讲话，指责教皇一心只想维持自己的统治，并宣称，英国所希望的是召开一次自由的、基督教公会议。接下来便开始谈到新教同盟与英格兰结盟的问题，但是，新教徒们得事先弄清英格兰教会的教义是什么。这个问题后来在维滕贝格会议上加以讨论，结果便产生了《维滕贝格信条》，然而，好景不长，随着召开公会议的计划再次化为泡影之后，该信条很快就被遗忘。法国又一次充当了绊脚石。这次弗兰西斯一世想通过自己与梅兰希顿的谈判来恢复教会的统一，但他的希望破灭了，因为梅兰希顿遭到萨克森选侯的禁闭，来不了法国。最后，经过不懈的努力，法兰西国王终于同意召开一次公会议。查理五世在访问罗马期间把会址定在了曼图亚。教皇于1536年6月4日颁布诏令，宣布会议的日期是1537年5月23日，并规定了会议的任务：纠正错误，排除异端，改革道德，恢复基督教世界的和平，并着手准备对异教徒进行大规模的讨伐。教皇又一次派去使节，不过，这次他们的任务只是以适当形式传达教皇的邀请而已。

现在是新教徒们下决心的时候了。萨克森选侯立刻命令他的神学家们仔细商讨，他是否可能接受邀请而又不"使自己默默承担"出席会议的义务，"承担"不管会议采取什么形式都予以承认的"义务"。由于梅兰希顿南下出访，讨论拖了很久。大家都认为，这次公会议肯定是教皇说了算，不可能符合新教徒的要求。尽管如此，神学家们还是觉得，为了给信仰作证，出席会议是恰当的，也是必须的。而选侯本人及他的法学家们得出的结论恰好相反：他们认为，他要是接受邀请，就等于承认公会议及其决定，这样一来就否定了自己的信仰。从选侯的备忘录中可以看到，他的脑子里一直在盘算召开一次新教徒的公会议来和这次公会议对抗。在商议过程中，他要路德重新撰写一份福音派信纲，作为在公会议上甚至在新教的对抗性公会议上谈判的基础。这份文献是后来路德的《施马尔卡尔登信条》。不知不觉地，抵制又出现了：普遍认为，新教徒在此次会议上肯定会遭到谴责，皇帝肯定会履行职责，对新教徒采取行动。此刻，甚至连路德也宣称，防卫在这种情况下是允许的。他甚至说，他要"尽自己的责任祈祷，（如果情况如此）甚而挥舞拳头"。黑森的神学家们也提出要求，应该通过新的信纲来对罗马教皇的行动予以公开回击。

此时，新教同盟把神学家召集起来，在施马尔卡尔登集会。他们要在这里就公会议问题拟出详细的声明。在所有新教的活动中心，讨论的内容都写成备忘录。对于教皇通谕以及即将召开的公会议，所有人的看法都是一致的；至于采取什么样的对策，则各说各的一套。黑森人主张立即行动，全力备战；其他人仍旧对皇帝陛下抱有幻想，希望在他的帮助下，公会议满足新教的要求；梅兰希顿希望重新审定一套教义公式，清楚、明白，不会产生歧义；维滕贝格的神学家们则坚持要对会议发难，但仍然认为出席会议是明智的，这样做可以为其信仰作证。很明显，这与他们选侯的意图是截然对立的。

路德在去施马尔卡尔登之前，曾郑重其事地号召他的维滕贝格会众进行祈祷；钟"就要铸成，它将响彻世界，福及子孙"。但在施马尔卡尔登，则是由王侯们说了算。出席会议就意味着要服从会议的决定，基于这种想法，他们立刻就达成共识，拒绝邀请，并告知帝国使臣黑尔德副宰相；市民们以及梅兰希顿本人就此作了让步。帝国使臣认为，新教徒可以力争改变会议本身的形式和程序，但新教徒认为这是不可能的。刚好在这个时候，教皇的使节来到了施马尔卡尔登，向选侯和伯爵面呈邀请函。选侯虽然接见了他，但却让梅兰希顿答复说，教皇使节应当在同盟会上发表演说，并把他的那些信带上。教皇使节拒绝了这项要求，理由是，选侯本人保持缄默，表明他已接受了邀请。选侯并不打算羞辱这位使节。他拒绝邀请是因为这样他就没有理由不参加会议并接受会议的决定：递交传票是一种法律行为，它对接到传票的人是有约束力的，因此，传票一般都是在公证人在场的情况下交代的。黑森的菲利普对教皇使节甚至连面都不见。皇帝借此提出，要新教徒为反对土耳其给予特别援助，新教同盟的条件是，必须获得稳固的和平的保证；于是乎，拒绝出席会议这一行动立刻就在政治上结出了硕果。

在这种情形下,神学家们在施马尔卡尔登也就无事可做了;由于新教徒拒绝参加会议,提交路德的条款也就显得多余。总之,市民们也害怕,讨论教义只会带来新的分裂;梅兰希顿似乎完全没有弄懂路德手稿的深层含义,所以竭力阻挠对手稿的考虑。大家所做的只是审议了《奥格斯堡信纲》,并增加了一段由梅兰希顿撰写的《论教皇之权力》。早先就圣餐引发的争议很快就引起了人们的注意。所以,当路德的条款送交神学家们讨论时,至少他们愿意在上面签名表示同意。布塞尔和路德在哥达会晤,商讨协定;路德提醒布塞尔,协定不能含糊其词,他虽然已病入膏肓,生命垂危,但仍然心平气和,对协议最终达成完全一致充满希望。

新教同盟会议的正式结果就是,新教徒拒绝参加会议。为此,梅兰希顿只得草拟一份正式的道歉,以同盟的名义发表。尽管他个人另有看法,并且害怕引起战争,但还是扼要地归纳了几条拒绝的理由。可以说,新教徒如果不把基督教的最高法庭放在眼里,那么对任何法庭都可以不予承认。但是,同意参加会议就等于承认教皇是信仰问题的法官,也就意味着不是由上帝之道,而是由现存的教会法规来进行裁决,那就会导致对信仰的否定。

会议在解散之前,收到一封法王的来信,告知他也不同意召开公会议。新教徒的拒绝加上法国所表明的态度,使召开公会议的计划再次流产。实际上,法国的拒绝并不是出于和新教徒同样的理由。弗兰西斯只是强调,在他与皇帝开战期间,他是不可能到曼图亚的,出于同样的原因,也不会允许法国主教接受邀请。此外,曼图亚公爵因为会议要在此召开而提出了叫人无法接受的条件。公会议就这样两次被迫搁置,不再有人相信它果真会召开。路德发表了一系列反对教皇的小册子,随后又在 1539 年出版了他的伟大著作《论公会议和教会》(*Of Counsils and Churches*),就天主教关于这些方面的思想进行了全面的讨论。他的主要论点是,公会议不可能与教父们谋求一致,因为教父们本来就不是统一的;想要真理,就到《圣经》中去找,《圣经》之外没有确实的真理。公会议不可能再发现新的真理,只能捍卫古老的真理,就像学校和教会每天都在做的那样。只有凭《圣经》来进行裁决的公会议才是庄严和必要的,因为只有《圣经》里才有教会的"法律"。的确,因为滥用教义，生活腐败，有必要召开这样的公会议——皇帝和王侯们甚至应迫使教皇召集会议；但是，如果不能召开一次令人满意的公会议，那还不如保持沉默，不召开更好。路德在其著作的最后一章里，就教会这个概念作了清晰的说明。教皇看重的是外在的形式、法律和秩序；而教会则只是由上帝之神圣的道——由传道——和传道所必须的教职——祈祷和信仰构成的。由于罗马教会没有严肃地对待这些事情，所以它便成了魔鬼在教会旁边为自己建造的一座小教堂。所有这些便是新教徒拒绝出席会议的基本理由；它说明了，新教徒与旧秩序已相去甚远，尽管他们所有人都要求召开一次公会议。

  1538年4月25日，教皇无限期地推迟召开公会议。紧接着，教皇与皇帝以及法国国王在尼斯会晤，遂有其后10年的休战，虽然其间也不乏风风雨雨的时候。按道理，这样一个和平的环境正是举行公会议的好时机，但在1539年的教令中，教皇无缘无故地将会议延期。现在，整个世界比以往任何时候都清楚，教皇不愿意召集公会议。以至连皇帝都在抱怨教皇的热情在冷下去。的确，教皇对这件事情的态度是改革时期最让人琢磨不透的现象之一。人们可以举出很多政治上的理由；而真正的理由是：教皇害怕召开一次公会议将使势力过分强大的皇帝处于支配地位。但是，这些难道不是谴责教皇对教会的需要置之不理的根据吗？①

  如果不召开公会议将发生什么，可能会发生什么？除此之外，还有什么别的方式吗？如果不召开公会议，德国的公会议就会导致公开的分裂，皇帝对此束手无策。即使他想过使用武力，他也不能使用武力，这是因为，他虽然有极其巨大的储备力量，但由于为外交政策的需要所搁死，无法动用。皇帝该如何办呢？

  甚至在最后一次作出推迟公会议的决定之前，似乎已经露出了解决问题的端倪：尼斯会议不久，勃兰登堡新选侯（约阿希姆二世）就答应从中斡旋，通过和谈来弥合分裂。斐迪南对此表示支持，他希望这样能获得新教徒的支持，反对土耳其；甚至连教皇也看不出有拒绝的表示，因为这样一来，他兴许就能摆脱公会议问题的纠缠。之所以能够提出这个建议，并不仅仅是出于新选侯的一番好意，更主要的

---

① 欲了解教廷和公会议，另见本书边码第270页以下。

是，它是一种广为流传的意见。不管是维滕贝格还是罗马，都不可能完全主宰它的追随者的思想，比如使他们往后看。许多人看不见，或不愿承认冲突的尖锐，许多人已认识到改革教会的必要性，同时又认为，天主教会是可以保留的。伟大的伊拉斯谟在他的《论教会协和之恢复》（*De sarcienda ecclesiae concordia*）（1533 年）中表达了这样的看法；虽然他能用教条来谈论路德主义的实质，但他所说的信仰是指形成的信仰，他坚持这种解释；教会属于更高的品级。至于称义，他谈到两种义——信的义和爱的义；难道两者之间就不能互相补充吗？对许多人来说，这很简单，就像哥伦布竖鸡蛋一样。这样做既满足了新教徒的利益，又避免了因忽视善功而招致的危险。难道这不能使人同时既是福音派信徒又是天主教徒吗？伊拉斯谟有很多弟子，其中一些人还身居高位。天主教的头面人物像尤利乌斯·普夫卢格、格奥尔格·维策尔、约翰内斯·格罗珀都对他言听计从。康拉德·冯·黑雷斯巴哈本是克利夫斯公爵的大臣，1532 年他推行了一种几乎是改革过的教会制度，但并未因此而成为新教徒。萨克森公爵的顾问卡尔罗维茨（Carlowit）接受了这些思想，并在与布塞尔举行宗教对话的过程中（似乎）打开了一条希望之路。甚至于意大利都有与伊拉斯谟遥相呼应的改革团体，连最著名的红衣主教也在其中。

但是，在道路铺平之前，需得再次奠定政治基础。新教徒拒绝了公会议之后，转而寄希望于战争。黑尔德副宰相在施马尔卡尔登栽了跟斗，便在纽伦堡组建天主教联盟，给迫在眉睫的战争火上浇油。新教徒则担心，那些纽伦堡和约签署之后刚入盟的成员是否具有合法地位，否则，它们在休战期间将不受和约的保护。一系列针对它们的诉讼悬而未决；帝国城市明登尚处在停止一切宗教活动的禁令之中。这些都是得首先排除的疑虑。

皇帝从容备战。1539 年 2 月，新教徒召开议会，大会关注的似乎也将是如何备战，而不是和平。然而，流亡的隆德大主教韦扎的约翰以帝国全权大使身份出现，这表明皇帝同意在没有罗马教皇代表在场的情况下举行谈判。这次谈判的过程跟 7 年前的施韦福特和纽伦堡谈判大致相同。新教徒的要求太高，遭到了隆德的拒绝，全权大使认为，如答应这些要求，就会扰乱教会的秩序，破坏帝国议会的法令，影响正常的司法管理。他主张暂时休战以促进和平，组织一次辩论来廓清宗教是非。双方在协议签订之前得保持充分的耐心；新教徒再次提出，和平的范围应该包括未来加入同盟的成员，这是谈判中最令人棘手的问题。双方努力的最终结果是1539年4月19日签署的协定《法兰克福临时敕令》，其中规定，新教徒从5月1日开始在未来的15个月中将不会受到攻击。对于现存的《奥格斯堡信纲》的遵约者，协定仍然有效，甚至将延续到规定期限之后，直至下次公会议召开为止。那些悬而未决的诉讼案将推到这段和平时期之后去裁定。另一方面，新教同盟在15个月之内将不再吸纳新成员，不再推行世俗化运动。辩论将在纽伦堡举行，日期暂定为8月1日；新教徒拒绝罗马教廷参加。他们宣布准备参加支持反对土耳其的谈判，并服从关于这个问题召开的大会的决定。将和平的范围扩大到所有新教徒以及纽伦堡同盟在和平期内不得吸收新成员的要求现已摆在皇帝面前，他要是拒绝，目前的条约就只能维持6个月，之后将再次被纽伦堡和约所取代。

这只是一系列条约之一，这些条约全部都应该签署，这是更重要的事，至于条约中的具体条款的争议，那倒无关大局。新教徒可以把这看成是一次成功，本来他们拒绝参加公会议之后，皇帝是准备调转矛头来收拾他们的。此刻，战争的危险已消除。在这样的气氛下，大家又才坐下来关注宗教谈判。双方唇枪舌剑，相互攻击。布塞尔认为，新教同盟同意暂停扩大是对福音的背叛。天主教徒同样也感到愤怒。教廷派驻斐迪南处的特使阿莱安德尔谴责隆德接受了新教徒的贿赂，认为即将组织的论战不让教皇出席乃是德国全国性公会议的恐吓。罗马方面企图加以阻挠，很快便提出要皇帝终止履行和约。尽管查理实际上并没有批准条约，但他还是坚持了条约所规定的原则；甚至原本忠实于天主教的萨克森当1539年4月17日公爵去世后却改信了新教这件事也未能对他产生影响。所以，尽管有人竭力反对，有人动摇不定，皇帝还是在1540年4月18日对定于6月6日在斯佩耶尔举行的论战发出了邀请。

为了阻止全部按原方案运行，罗马尽了最大的努力，并且成功地做到了，不让教皇像新教徒反要求的那样被排斥在事件之外。要教皇同意在没有他在场的情况下来解决宗教问题，那简直是异想天开，天主教徒也绝对不会答应。另一方面，新教徒虽然乐于参加讨论，但要他们牺牲自己的整个教义来服从罗马教皇的绝对权威同样是不可思议的。他们对自己的事业深信不疑；比如，维滕贝格的神学家们就说："就他们而言，如此分裂会使上帝高兴。"他们害怕寻找所谓"中间道路"，因为基督所真传的教义是不可更改的，即令那些"世间的圣贤"无法理解这一点。他们看见的只能是存在于异教徒心中的那种"尘世差强人意的和平"的希望。教会的统一是不可能实现的，因为新教徒不会承认教皇的精神权利，而作为另一方的天主教徒也不会放弃这种承认。至少维滕贝格从一开始就很清醒，所谓新道路是没有出路的。

由于瘟疫流行，论战地点从斯佩耶尔转到哈根诺。教皇派出的代表叫莫罗内，他不参加论战，但却充当天主教辩方的顾问。论战之前开了个预备会，商定了像会议日程这样一些细节问题，论战本身则推到沃尔姆斯会议上进行。新教徒现已同意让教皇的代表参加，但不能将此看成是承认教皇的领导。情况就这样发生了巨大变化，以至这些争论已经不再像是一次全国性公会议讨论的问题了。

在沃尔姆斯会议上，教廷特使真的露面了。他的使命是捍卫教会的权威，保证教皇对所有解决议案的审批权。新教徒的任务则是拒不退让，无论如何也不承认教皇的权力。这次的预备会议也一样拖了很久：天主教徒千方百计不使自身的利益受到投票方法的影响，并希望对言论自由进行严格的限制。他们的所作所为清楚地表明他们对整个事情不感兴趣。代表皇帝赴会参加谈判的格兰维尔已不抱任何希望，遂要求查理再次推迟会议。真正辩论的时间很短，只有3天，双方仅就原罪的信条达成了共识。然而，真正的成果是私下获得的，与会者并不知道。科隆的约翰内斯·格罗珀和帝国秘书费尔特维克与布塞尔和卡皮托进行了秘密会谈，双方就上面提到的教义分歧取得了一致意见。当然，布塞尔并不想牺牲福音派的教义，他之所以表示同意，只是想给统一保留一线希望，以避免宗教战争。会谈的结果形成了文字，这样就为1541年在雷根斯堡召开的帝国议会上重开谈判奠定了基础。

与此同时，格兰维尔正在为沃尔姆斯协定大作宣传。路德收到了勃兰登堡选侯寄来的文件副本，他断言，作者的意图是好的，但他们提出的建议则是教皇和新教徒都无法接受的。萨克森选侯认为，对方会首先要求承认教皇的权威，为此，他们可能会在一些细节上作出让步。不过，人们充其量只能希望一种表面稳定的和平。

皇帝亲自出席了雷根斯堡议会。根据他的提议，议会委托一个由神学家组成的委员会就统一［教义］问题进行谈判：新教一方有梅兰希顿、布塞尔和黑森人皮斯托里乌斯，天主教一方有普夫卢格、埃克和格罗珀，教皇派去的代表是红衣主教孔塔里尼，天主教与会者每天在会前和会后向他汇报，因为他的谨慎，埃克才不至于显得鲁莽和出格。会议所讨论的蓝本并不是新教徒希望的《奥格斯堡信纲》，而是《沃尔姆斯协定》，会议向与会各方逐章宣读协定的内容，几乎未作任何改动。起初，会议相对来说开得比较顺利；到了5月2日，眼看已经胜利在望，简直出乎所有人的意料，双方从各自的证明中找到了共同的准则，以至连埃克和来自斯特拉斯堡的加尔文也无可挑剔，只好赞成；皇帝则认为，这是上帝在相助。但是，当谈判涉及弥撒时，双方的分歧立刻暴露出来。双方在告解、赦罪和补赎、教会和教会政府之类的问题上各执一端。最后的结果是，双方在协议签署一系列条款的同时，也留下了一长串无法解决的问题。到底会发生什么呢？因为有人认为，路德较有可能看到其意义，所以勃兰登堡选侯就派了一位使臣去探路德的口信，看看路德对天主教徒提出的这些条款持什么态度，是不愿承认呢？或者至少暂时宽容呢？路德的回答却令人失望；他支持梅兰希顿的条款，只要能够保证福音派教义的"纯洁"，他可以接受其他的观点。黑森的菲利普，本是新教徒中最担心协定会遭到夭折的，可连他都站了出来，反对作进一步的妥协。作为另一方的天主教徒对皇帝诏书则颇有微词，并坚持认为，宗教的统一是不可能达到的。议会对此也束手无策，只能提出再进一步讨论，如果还没有结果，那就只得再开一次公会议。皇帝决定将这个问题移交给教皇的使者孔塔里尼，与他一道协商处理。但是，正如人们所预料的那样，孔塔里尼要皇帝听从罗马教廷的决定，不管是以公会议的形式，还是以其他别的形式，总之，罗马教廷的决定对于教会、对于日耳曼国家都是最有利的。同时，他迫不及待地给日耳曼的主教们去信，号召他们行动起来，以天主教的精神进行道德改革。

这样做无疑把所有的路都给堵死了；就连皇帝此时也别无他法，只得召开一次公会议来解决。如果后者再被推迟，那就只能留待帝国大议会来处理了。新教徒立刻提醒皇帝,他们早先就反对召开公会议,并且已经表示拒绝参加。而本次帝国议会的最后决议中的确再次提请要召开公会议,据说,孔塔里尼曾答应不久就会实现,为此,皇帝还得继续努力。如果这个愿望落空了,那就只能召开一次全国性公会议或留待下一次帝国议会。同时,高级神职人员们要"奉命改革",促成"良好和健康的管理,以及最后达到一致"。不出所料,教皇的使者立即抗议,反对召开全国性公会议,尽管如此,召开这样的会议的可能性还是存在的。纽伦堡和约直到公会议接近尾声时才获得通过,虽然天主教徒一再抗议,那些诉讼案还是被搁置。在正式公布的法令中又补充了两条帝国声明。要形成统一的决议已经不可能了。帝国政府在其全盛时代是如此庞大的一部机器,却由于宗教分裂而陷入停顿,它对帝国的统治还能继续下去吗?

　　双方在关于称义的教义上达成了共识,这是本次帝国议会引以为豪的成果,但是,其中的水分很快就暴露出来了。萨克森选侯敏感地察觉到,其中没有提仅因为信仰(sola fide),所以说是背信弃义的。路德和布根哈根把雷根斯堡条款称为"异想天开的拼凑"。孔塔里尼甚至无法征得其意大利朋友的同意。卡拉法只允许这项宣言按照天主教的意思来理解。5月27日的罗马教会议议会作出决定,日耳曼人要坚持其错误,那是他们的事,罗马不能向他们让步,这样做会损害宗教的尊严。罗马在给红衣主教孔塔里尼的正式答复中只是说,既然谈判不能取得积极的成果,那正说明,谈判这些问题的时机还不成熟。没过多久,孔塔里尼就因异端倾向而受到指控,他不得不为自己进行辩护。后来的特伦托会议断然否决了同一个教义两种解释都正确的做法,从而把最后一点统一的基础也推倒了。

　　毫无疑问,皇帝是真心诚意地想从中进行斡旋,他在雷根斯堡为此花了不少力气,调解不成肯定使他感到深深的失望。可以说,从那一刻起,他已开始怀疑德国能否用和平的方式实现统一,尽管对此他并没有留下只言片语。但是,除此之外,他还能有什么别的想法呢?从他与黑森的菲利普(后面还要提到)和勃兰登堡的约阿希姆二世签订的条约可以断定,他正着手准备动用武力,而巴伐利亚公爵、不伦瑞克公爵以及罗马教廷早就认为,只有动武才是唯一可行的方法。此时,虽然此时从维滕贝格传来的著述反复鼓吹要维持表面上的和平，要相互宽容，但是，像查理五世这样的人是不可能再起来响应了。

皇帝不费吹灰之力便成功地与黑森签署了上面提到的那项条约，这笔交易是那个混乱的时代留下来的最令人不愉快的记载之一。菲利普伯爵是新教徒最积极的领导者，但他本人在性方面却是激情满怀，异常亢奋。由于过度纵欲而身患重病，到了1539年，他的健康完全崩溃。由于对自己能否保持婚姻的忠诚缺乏自信，于是便渴望与别的女人长期结合。为此他选中侍奉他姐姐的一位宫女，而这位宫女的母亲作为监护人很难对付，她不愿意自己的女儿仅仅作为选侯的情妇，但是，如果势在必行，只要有权威的理论根据，她对重婚的做法也还是满意的。布塞尔一直是菲利普的忠实顾问，所以被派去搜集权威的论据。此举使路德产生了这样一种印象，选侯正在为自己良心上的不安寻找出路；此外，菲利普经常引用《旧约》，有时也引用路德的语录，似乎这样做便打开了特殊通道。他很想让路德公开出面来处理这件事，但无论如何要有个书面的字据。对于那些以政治相威胁的种种暗示，路德并不在乎，相反，倒是菲利普良心上的不安使他大为感动。所以路德在处理此事时开了绿灯，类似于主教的特许，但要求保密，以免使人反感。路德并不想模仿再洗礼派那种时髦的做法，增补什么新的规定或条例；他只想把这个案子作为例外情况特殊处理，赦免其罪。菲利普征得原配夫人的同意后，随即举行了婚礼，梅兰希顿是婚礼上的客人之一。当然这样的事是无法保密的。所以，菲利普害怕引起皇帝的愤怒，因为查理五世的刑法法典菲利普本人也是赞同的，其中对重婚的惩罚是非常严厉的。他希望路德能够公开站出来为他说话。路德拒绝了，并不是因为路德言而无信，不坚持自己的主张——他坦白地告诉这位选侯每个忏悔神父都清楚，有些案子靠求助于一般的规则是毫无用处的——而是因为把事情张扬出去对菲利普并无好处。忏悔神父的特免并不等于世俗的法律，忏悔神父只能说什么在上帝看来是对的，但是，世俗的法律毕竟是法律，这是无法更改的，要听从神父的劝告，就得准备承受因其与尘世的冲突而带来的痛苦。此外，路德还听说，选侯的那帮政治伙伴不相信选侯的良心会有不安，如果把事件的原因归咎于选侯良心上的顾忌，那只会遭到众人的奚落和嘲笑。我不能同意说路德因此而玷污了自己的名声，或者说作为一个神学家他的做法是错误的。不过，伯爵此时已经得到皇帝的庇护，他们之间的谈判早在沃尔姆斯会议期间就已经开始，并且在雷根斯堡达成了协议，也就是上面提到的那个条约。实际上，伯爵已经成了皇帝的盟友，他摒弃了与所有非日耳曼势力的联系，并阻止施马尔卡尔登同盟接纳皇帝的敌人克利夫斯公爵，为此，皇帝原谅了他迄今为止为反对帝国及其宪法所做的一切，"如果由于宗教的缘故而引发一场针对所有新教徒的全面的战争，那又另当别论"。伯爵没有食言，继续发挥其干扰新教同盟行动能力的作用。然而，他还远未走到这一步，即放弃新教信仰，停止黑森的宗教改革。

另一方面，在另一个选侯的领地科隆，由于雷根斯堡议会的影响，又重新燃起了改革的希望。鉴于明斯特事件的教训，身为大主教和选侯的赫尔曼·冯·维德得出结论，今后的改革必须是严肃认真的，否则就难以防止类似事件的发生。他的第一次改革尝试尽管有格罗珀从神学上给予支持，结果还是失败了。这一次，有议会通过的法令作为依据，他得以放开手脚，把布塞尔叫到他的首府波恩来布道：科隆是帝国的城市，从来就有反对主教统治的传统。为了帮助重组教会，梅兰希顿也赶来了。然而，这位主教此时发现自己遭到他的顾问科隆的神职人员格罗珀的强烈反对。他们通过交换信件这种新的方式来攻击和驳斥对方。科隆的这位神职人员并不想卷入布塞尔所提出的论战，但是他决不允许对天主教会关于教皇和主教团的基本教义存丝毫的怀疑。布塞尔是主教团的敌人，他违反了他们的规则，因而被视为异端，对付他的办法不是论战，而是驱除。虽然选侯有自己的领地支持他，但他的对手也达到了自身的目的。皇帝是他们的后盾，当教皇下令把大主教赫尔曼逐出教会时，由于得不到施马尔卡尔登同盟的积极支持，赫尔曼只得离开他的侯国，几年后，默默无闻地死在他那小小的维德封邑里。这是福音派事业在帝国境内首次遭遇的巨大失败；紧接着，诉诸暴力成了解决许多问题的迫切手段。

然而，在此次宗教改革时期，最难解决的莫过于最终把查理五世拖入战争的问题。雷根斯堡议会之后，皇帝出访意大利，在卢卡会见了教皇。会谈的结果是令人鼓舞的：教皇同意召开公会议，但和以往一样，对会议能产生什么样的实际效果表示怀疑。当土耳其人在匈牙利发动的战争和在阿尔及尔对异教徒的远征惨遭失败之后，皇帝奔命于西班牙，为处理伊比利亚诸王国事务，整整耽搁了两年才得以返回德国。1542年春在施佩耶尔召开的议会不过是为了进一步昭示时局的艰难而已：此次议会的结果与上次大同小异，通过一部总的法令，外加两条声明。同年，皇帝与法国重新开战，并取道盖尔德斯进攻尼德兰，盖尔德斯自最后一位公爵死后，一直被克利夫斯所占据。但是，当查理于1543年春回师德国的时候，仅仅通过一次小规模的战役便击败了克利夫斯的威廉公爵。此次胜利结束了所有想在克利夫斯进行改革的尝试；五花大绑的公爵交给天主教方面处理，盖尔德斯成为尼德兰领土的一部分。皇帝似乎对以武力作为政治武器会如此奏效而感到惊奇。紧接着，他又得回过身来对付法国。与法国的战斗因为在斯佩耶尔召开的第二次帝国议会而暂时中断，在此次议会上，他甚至赢得了新教徒的支持以反对法国和土耳其。由于教皇支持法国，皇帝与教皇的关系紧张到了极点，致使他同意在下次议会召开之前进行"一次基督教改革"，即是说：德国全国性公会议即将成为现实。皇帝完全放弃了他早先对这个问题的态度。为此，路德和加尔文都站出来为皇帝辩护，反驳教皇的攻击。在随后的战斗中，皇帝长驱直入，向法国的纵深挺进，克雷斯皮和约的签订表明，他是胜利者，他不仅使法国答应出席公会议，而且还使法国秘密作出保证，支持他反对德国的新教徒。

公会议终于能够召开了；教皇把会议的地点定在特伦托，时间是1545年3月15日。然而在此之前，德意志帝国议会不得以再度碰头，按照斯佩耶尔议会上皇帝许下的诺言，打算把它开成一次德国全国性会议。但是，公会议此刻已经召集，皇帝似乎不受承诺的约束，敦促新教徒承认由教皇召开的公会议。他们不仅对此毫无准备，甚至在帝国议会上决定他们的所有让步将取决于在不召开公会议的条件下保证和平。由于新教徒坚决抗命，帝国政府实际上已经瘫痪。事情到了这个地步，皇帝只得召见教皇的来使，双方在会谈中决定用武力来扭转目前的局势。教皇的使节一口答应给予支持，为了获得［教廷］明确的承诺，他立刻就返回罗马。在意大利，立即召集了军队。

然而，查理再一次犹豫：他并不想在这一年发动战争。因为他的脑子里并没有摆脱沃尔姆斯议会留给人们的希望，即可以再举行一次宗教论战，最后在下一次帝国议会上形成决议。为此，他和教皇的谈判花了很多时间,如果迟迟不作最后的决定,特伦托会议就不可能召开(聚集在特伦托的神职人员们已经显得不耐烦了)。在雷根斯堡举行的另一次议会上,争论仍然没有结果。自此以后,皇帝所做的一切不过是做做样子以掩盖事件的真相而已。教皇与皇帝达成了协议;巴伐利亚人出于宗教的同情,消除了对于王朝的仇恨。最后,皇帝通过与之签订条约来对一些信奉新教的王侯如黑森伯爵菲利普的女婿萨克森公爵莫里以及勃兰登堡—库尔姆巴赫侯爵阿尔西维亚德斯等进行制约,事实证明,这个办法是行之有效的。这些年轻的王侯不再把廓清宗教观点看得那么重要。尽管皇帝竭力从纯粹政治的角度来阐述即将爆发的战争,但谁都知道,他并不是真的渴望信仰。虽然施马尔卡尔登同盟因为内讧而陷于困境,然而同盟证明了它在关键时刻的作用仍然是不可忽视的:同盟的领袖们很快就召集起了自己的军队,时间之短简直不可思议。这样一来,决议就只能通过战争来形成了。

路德于战争爆发前的1546年2月17—18日晚在艾斯勒本逝世。此时他正在为当地那些吵闹不休的权势者即曼斯菲尔德的伯爵们进行仲裁。直到生命的最后时刻,他仍未停止对特伦托会议的思索,在他看来,特伦托会议对信仰构成了真正的威胁。

施马尔卡尔登战争史在别处已有撰述。[1] 它和历史上大多数战争史没有什么明显的区别,都是由于双方难以置信的错误造成的。这场战争使皇帝成了无可争辩的胜利者:同盟的两位领袖萨克森选侯及黑森伯爵都成了他的阶下囚。选侯被帝国法庭判处死刑,但是他至死也不承认特伦托会议。最后,选侯允诺将来遵守帝国法令,皇帝以此聊以自慰。[2]

但是,战争的胜利并没有使问题得到解决,特伦托会议也不是一次和平的会议。相反,却引发了一系列新的难题。当战争进程过半的时候,教皇曾疏远过皇帝。与查理的愿望相反,会议首先关注的问题是宗教教条,而不是教会改革,这样一开始就破灭了所有企图重新统一的希望。很快,皇帝方面的人便认为,会议由专制的教皇使者把持比由路德来把持还要糟糕;很难相信这些精神卑下的人会接受圣灵

---

[1] 见本书边码第355页以下。
[2] 萨克森选侯约翰·腓特烈并未被执行死刑,他以放弃选侯职位及割让领地等为条件保住了性命。——译者

的指引。1547年春，不顾皇帝的一再抗议，会议改到博洛尼亚举行，之后又暂时休会。于是，要在奥格斯堡议会上（1547年9月至1548年6月）说服新教徒参加公会议已不可能；为了信仰的统一，皇帝终究还是尽了一份努力，颁布了所谓"临时敕令"，一方面在某些枝节问题上满足新教徒的要求，又一方面又小心翼翼地就某些引起争议的教条给出天主教的定义，但是，因为它仅是作为使迷途的羔羊返回羊栏的桥梁，所以，它所看重解决的只是一些鸡毛蒜皮的非本质问题。麻烦马上就出现了。天主教徒不予承认，新教徒莫里斯公爵也不予认可，而此时的维滕贝格已纳入了他的领地；在梅兰希顿的帮助下，他对原敕令进行修改后发布了《莱比锡临时协定》，梅兰希顿认为该协定是可以接受的，因为它并未涉及教义，只是要求恢复被认为是不置可否（adiaphora）的天主教仪式。在整个德国北部，由于皇帝的军队鞭长莫及，抵抗仍然非常剧烈。那些神学反对派们在"主的住所"马格德堡集会，莫里斯奉帝国之命对该城进行封锁，他的军队就这样在城外田野上安营扎寨。南部也一样，临时协定颁布起来容易，实行起来困难。宣教士们迫不得已，只好作罢。布塞尔远走英格兰，布伦茨藏了起来，其他人都给抓走了。但是，会众们并不欢迎天主教神职人员；自然，精英们现在都不肯继续卖力，况且，地方当局也未向他们提供帮助。协定的推行处处受阻。这场危机清楚地表明，甚至在那些从上到下，强制推行改革的地方，福音也已被接受了，且深入人心。决不是靠一声命令或者是动用武力就可以根除的。

另外，路德的弟子们由于神学的争论而导致了严重的分裂。梅兰希顿成了猛烈抨击的目标，开始是因为他同意了《莱比锡临时协定》，后来是因为其他的原因。麻烦起于他关于信仰与善功之间的关系以及自由意志的教义。不久，围绕着安德烈亚斯·奥西安德尔这位来自纽伦堡的人以及他的神学产生了激烈冲突，他在普鲁士公爵领地避难，他的布道与那些得道于梅兰希顿的同行们的布道大相径庭；冲突的焦点在于，基督究竟是临在于信仰者里还是临在于信仰者之间。比路德与瑞士人之间的冲突更严重的是梅兰希顿学派与由饱学之士弗拉希乌斯领导的"极端的路德派"之间的新一轮的争斗。毫无疑问，他们很快就会在圣餐问题上进行交锋。然而，所涉及的内容远远超出了神学家们争论的范围。的确，梅兰希顿这位曾经与路德并肩战斗并且为改革提供坚实的理论基础的人已经踏上了一条难以觉察但却日益明显地偏离路德教义的道路。他一边尝试着尽可能客观地把上帝之恩典建立在上帝之行为中，一边又为人们从主观上获得客观的恩典恢复了余地。这样一来，他不仅可以和他早在1535年在维滕贝格就曾经捍卫过的伊拉斯谟学说达成谅解，而且也可以和瑞士人达成谅解；但在这个过程中，他却背离了路德的初衷。路德在世时，他的声望和权威成了梅兰希顿的保护神，尽管后者——正如他在马堡事件之后写给卡洛威尔茨的信中所说的那样——因为受到这位更伟大的人的压力而深感痛苦。值得注意的是，极端路德派既是梅兰希顿的学生，也是他的对手；他们感觉到梅兰希顿的主张有问题，但是他们水平有限，缺乏洞察力，抓不住问题的根本，只是抓住一些细节问题不放。正因为如此，人们从其长年累月的争吵中所获得的只是一种"拉比神学"的印象：即使正确的路线就在眼前，他们也没有弄清分歧的能力，所以分歧的原因永远没有被认识。

1551年5月1日，在皇帝的敦促下，宗教大会又召开了。这一次新教徒再没有理由不出席会议了。萨克森的梅兰希顿和符腾堡的约翰内斯·布伦兹都为此起草信纲，还有其他一些人也参加了。但是，新教徒的使者出现在特伦托会议上本身就表明了，皇帝关于教会会议的政策是行不通的，即大会不能接受长期受到谴责的异端分子作为谈判代表，大会也不能中止以往会议所做出的决定。帝国代表作了长时间的努力才获得允许让他们交出信纲。没有安排神学家们进行讨论，尽管布伦兹作为公爵的外交大臣此时就在特伦托。萨克森的神学家们却被滞留在纽伦堡，无法前来。这次会议不但没有平息分歧，反而成了天主教会加以利用的工具。这次会议标志着皇帝所奉行的依靠宗教会议的政策的失败，实际上也标志着所有试图统一的努力终结。

结果倒是出来了，但与初衷大相径庭，是一份以暴力作为特征而形成的决议，内容是狡猾而肆无忌惮的萨克森公爵莫里斯密谋策划，鼓动信仰新教的诸侯们举行叛乱。他们的动机主要还不是宗教的；叛乱的宗旨在于维护德国的自由——诸侯反对皇帝的自由——而与宗教无关。他们对事态发展的态度完全出于政治的考虑，根本不像路德派那样顾虑重重，犹豫不决。为了换取法国的支持，他们不惜把帝国的领土梅斯、图勒、凡尔登等主教辖区出让给法国。所以，他那身为荷兰摄政王的姐姐以及好心的路德教徒符腾堡公爵克里斯托弗提醒他要当心事态发展的动向时，人们一点也不感觉惊奇。但是，叛乱者旗开得胜，经过艰苦的谈判，他们成功地于1552年8月2日与皇帝签署了帕绍条约。① 既然特伦托会议和施佩耶尔议会都无法解决宗教纠纷，莫里斯便提出至少在表面上要建立持久的和平，皇帝以良心上不安为理由，推说到下一次帝国议会上再作批准。危险过去了，但皇帝没能光复被法国占领的梅斯。虽然他本人并不主张和平，但是失败的沮丧、时局的无望促使他倾向于和平。于是，他把帝国的大权交给了斐迪南，后者在第二次奥格斯堡议会上同意了所谓奥格斯堡宗教和约。本次帝国议会于1555年9月25日公布的法令以帝国法律的形式暂时承认《奥格斯堡信纲》以及天主教信仰；然而，其中也有条款明确规定，要为恢复统一作进一步的努力。既然找不到更好的解决办法，这项和约实际上也就成了开辟新时代的基石。不是特伦托宗教大会，也不是皇帝本人，而是帝国议会结束了争斗；议会所形成的决议既不是宗教的，也不是神学的，而是政治的。就在德国开启和平年代的同时，宗教战争却在法国、尼德兰和英国达到了高潮；这是一个政治主宰宗教的时代，一个屈从而非信仰的时代。

二　波兰、波希米亚和匈牙利

16世纪的新教改革在拉丁教会的东部前沿地带波兰、匈牙利和波希米亚三个王国并未留下任何值得一书的成功范例。改革在这个地区的命运之所以引起历史学家的兴趣很大程度上在于，因为它在政治、社会和经济等方面与西欧有所不同，所以它的改革和法国东部地区一样，具有独特的表现形式。不论是在德国和尼德兰，还是在法国和不列颠，我们都可以看到改革的理想对整个社会产生的影响，强大的君主们因此而获益匪浅，贵族们的分离主义遭到了沉重的打击，商业和市镇日益兴旺，社会不再以契约劳役制的农业为基础了。相反，在易北河、柏梅沃尔德河和莱塔河以东的国家，我们也可以看到政策对社会所产生的影响，但是，国王的势力弱小，贵族的权力很大，中

---

① 见本书边码第357页。

世纪的议会仍然占据着主导地位，相对说来，城市很少，规模小，力量弱，农奴制已经合法化，并以前所未有的规模急剧地向前发展。西部斯拉夫人和马扎尔人自从被纳入基督教世界之后，不断地从德国、意大利和法国这样一些率先发展起来的社会中输入技术和艺术形式，引进制度、思想和人才，以推动自身的变革，并且逐步形成了各自的特点，即所谓波兰式的、捷克式的或马扎尔式的。16世纪所出现的这一引进和变革的过程与维滕贝格和日内瓦宗教改革家的原则和实践是分不开的。

16世纪初，波兰教会与欧洲其他地区的教会一样，改革的条件已经成熟。从11世纪到14世纪，波兰与罗马教皇之间一直维持着良好的关系，然而，由于罗马教皇一而再、再而三地支持波兰的敌人条顿骑士团，这种关系变得紧张起来。直到1505年，尤里乌斯二世敦促大主教发誓效忠波兰国王亚历山大时，这种紧张的气氛才得以缓和。为了从波兰教会获得更多的捐助，波兰国王也一直在和罗马教皇争吵，其结果是，格涅兹诺大主教由罗马教廷指派，主教和修道院长则根据皇室的推荐进行选举，这种做法常常败坏了教会的虔诚和德行的美誉。

在宗教会议期间，波兰教会人士一直是宗教会议权威至高无上的理论和实践的主要阐释者：在康斯坦茨会议上，他们几乎成了胡斯的唯一支持者；他们始终保持着对巴塞尔会议的忠诚；他们学会并养成了批评政府、批评罗马教廷的做法的习惯。整个15世纪，尤其是在克拉科夫大学神学院，人们一直怀着改革的情绪，这种情绪一直保持到16世纪为伊拉斯谟思想提供了温床。由马丁五世明令，并由巴塞尔会议形成决议，定期召开省宗教会议和教区宗教会议，这项举措在波兰结出了硕果：波兰教会法规和神父会法规已编纂成典，对教士们滥用职权、酗酒、非法同居、跳舞、赌博、逛酒店、无故缺席、迫使收入微薄的教区代理通过开旅店之类不务正业的工作来捞取外快等恶习进行披露和谴责，尽管没有根除。和欧洲其他地方一样，16世纪初波兰的高级神职人员都是一些愤世嫉俗的圣徒和学者。这些神职人员，不管是修会的还是非修会的，都是贵族出身：1515年，利奥十世接受了波兰议会提出的要求，即父母不是贵族的人不能成为教堂的教士或有俸神父。1538年，这项要求经议会批准成了一条法律，其中涉及的人除了上面提到的教士或有俸神父外,还增加了修道院长和副院长。15世纪,世俗化趋势像传染病一样到处流行,人们蒙昧无知,丧失了宗教热情,只关心财产,只贪图享受,受此影响,教会的房产和财富急剧地增加。人文主义的影响没有波及波兰的修道院。教区神父大多是由当地领主或市镇议会提名当选的,他们的社会地位低下、贫穷、无知、玩忽职守,对牧养人的灵魂根本不感兴趣。自1406年起,主教管辖的法庭得到了政府的承认,它们对神职人员的不法行为和冒犯神职人员的行为,只需起誓证实的如婚姻、嫁妆、遗嘱的认证、合同等大小事情,以及异端罪拥有独占的司法权。这种广泛的不分青红皂白一概由教会来进行裁判使贵族和绅士们极为愤怒,尽管进行裁判的这些神职人员是他们的亲兄弟或堂兄弟,他们仍然认为,教会法庭是他们谋取教会财产的障碍,是对他们的行为自由和信仰自由的干涉,是对贵族独立的侮辱。

宗教改革运动前夕,教会在波兰的地位与其在西方基督教世界各国中的地位是截然不同的,因为在新教到来之前,波兰境内教会分裂的状况是受到保护的。不只是加利西亚的罗塞尼亚人多数仍然是正教徒,立陶宛公国的俄罗斯居民更是顽固地坚持其东正教信仰和斯拉夫民族特殊的礼拜仪式。亚盖沃王朝支持1439年从佛罗伦萨联盟产生出来的希腊公教会,但是王朝的统治者们企图在波兰和立陶宛建立希腊公教会的尝试却遭到了彻底的失败。所以,在新教和天主教的斗争白热化期间,多数立陶宛人只认基辅的东正教大主教为他们的头;同样,多数罗塞尼亚人只拥戴加利西亚的东正教大主教。利沃夫罗马天主教大主教的权力只限于少数移民过来的乞丐、地主和自由民。

16世纪初,匈牙利的宗教状况和教会与波兰不分伯仲,日渐虚弱的亚盖沃国王弗拉迪斯拉夫(乌拉斯洛)和他的继承者路易二世以及后来权倾一时的豪门显贵和高级神职人员把匈牙利教会搞得比波兰教会更为世俗化和政治化。安杰文国王查尔斯·罗伯特和路易一世以及紧接其后的本地统治者约翰·亨亚迪和他的儿子马加什·科尔文尽管在削弱贵族的政治和经济实力方面显得无能为力,但却成功地把匈牙利教会降格为国家的一个部门,这种状况甚至到1490年"杰出"的弗拉迪斯拉夫接替科尔文为王以及他的小儿子路易二世于1516年继任王位时还在延续。圣·斯特凡戴上王冠后,宣称他是使徒的继承人，拥有教皇使节的权力，按照传统的说法，这个权力是公元1000年西尔维斯特二世授予匈牙利国王的。强有力的国王自作主张而软弱无能的国王则在那些权高位重的豪门显贵的训谕下指定皇家土地上的大主教、主教、神父会人员及修道院院长和副院长，教皇也只好同意，但却常常拖延批准皇室的任命。在16世纪初匈牙利君主制度非常虚弱的情况下，拥有皇室对圣职的授予权意味着匈牙利的主教管辖区不过是少数几个控制王权和垄断教会的大家族的私有财产而已。由于土耳其人和新教徒的袭击，匈牙利富庶的教区很少由像沃尔西或克拉默这样出身贫寒的大主教来掌管。那几个自己出人担任大主教的家族伙同其他的贵族绅士一道指定在俗神职人员作为资助人。只有在城市，圣职授予权才掌握在市镇议会的手中，贵族没有权力任命各级神职人员。在这样的状况下，匈牙利教会缺乏生气、虔诚、美德和学问也就不足为奇了，而这些东西恰恰又是它在土耳其人侵略、新教运动渗透以及内战影响的情况下能够保全自身的法宝。

就像波兰的西吉斯孟一样，国王路易二世有许多笃信东正教的臣民：在特兰西瓦尼亚，弗拉其神职人员使用罗曼语，从而保住了自己的东正教信仰、教会组织和斯拉夫仪式；在巴纳特和巴克斯卡，操塞尔维亚语的南斯拉夫人越来越多，但都信仰东正教，采用东正教的教规或仪式。

波希米亚在宗教改革运动前夕的情况却很特别。它的大部分国民已经接受了被教会谴责为异端的信仰和仪式；他们都是胡斯派民族教会的成员，带有明显的分裂主义色彩。在胡斯派教会确立其存在的这个世纪，胡斯主义成了大多数农民、牧场主、乡绅和市民所信奉的宗教；居少数的天主教徒主要包括那些豪门显贵和他们的仆从，以及边境地区讲德语的市民和村民。胡斯派在其教义或实践上与天主教会的主张并无多大区别。事实上，它们之间只有一个严重的问题阻碍着二者的统一：胡斯派认为，在举行圣餐礼时，应该让平信徒领杯。即使在这一点上，他们也认为它不是一个教义问题，而只是一个应用问题；他们只是想要教会放弃一个引入时间相对较短的习俗，回到一个早就为教皇和宗教大会认可了的由基督和他的门徒以及早期教会所采用的实践。但是，康斯坦茨会议和巴塞尔会议（后者是长时期争论的结果）以及1462年教皇庇护二世的声明都把平信徒领圣餐时既食饼又饮酒的做法斥责为异端的做法，因为教会和那些更为实际的饼酒同领派都很清楚，这已经不是一个简单的采用何种仪式的问题了。胡斯派坚持认为，把酒杯交给平信徒不只是合情合理、有利无害，而且是符合神意，所以对于人的拯救是必不可少的；这就是他们给自己的小孩施洗礼后立刻就举行这种仪式的缘由。从1415年到1620年致使饼酒同领派从天主教会中分裂出来的根源在于，饼酒同领派拒不承认罗马教皇和议会法令的权威可以超越《圣经》的权威。所以，捷克人早在路德因教会贩卖赎罪券而向教会的权力挑战以前就已经提出了权威这个带有根本性的问题。胡斯派教会的仪式相当简单；祭服很朴素，由于早些时候那场狂热的偶像破坏运动，圣画和圣像已经所剩无几了；不管是在布道坛上还是在祭坛上都使用本国语；胡斯和他的同伴殉道者布拉格的哲罗姆被当作圣徒来缅怀；到处都在传阅《圣经》译本，人们用本国语创作了大量的赞美诗在公共场合和私下崇拜时唱颂。宗教改革之前，胡斯振教会的确已经显示出了"新教"的特征，但从教义上说，它的确又是保守的。在早先的塔波尔派时期，和激进的离经叛道行为相反，饼酒同领派相继接受了天主教会的变体论教义以及所有七项圣事。尽管他们捣毁了许多十字架耶稣像及圣母画像，但是他们并不拒绝以圣母或圣徒为荣，也不否认善功的效用；他们的基督论和基督救世说完全是正统的；他们坚持神父要过禁欲生活。胡斯派内部在一个关键的问题上产生了分歧：保守的右翼势力为了尽快与天主教会重归于好而作出让步，即平信徒可用两种方式领圣餐；但是大多数人，包括神职人员和平信徒，在急风暴雨的16世纪皆为他们过去取得的成绩而自豪，并相信他们已被上帝选中，要带领人类返回到以《圣经》为准、清明廉洁、崇尚道德的基督教大同世界，他们根本就不愿意放弃作为民族教会事实上已经获得的教会的和政治的独立。

胡斯派教会因为国王接受了两种圣餐方式而吸纳了几乎所有波希米亚王国的臣民；胡斯派的神职人员都是照此主持仪式的。教区的教堂大部分由饼酒同领派掌管，他们有一定的薪俸，但没有封地。乡村的教区神父通常是由当地领主任命的；在布拉格和其他的皇家城市，教区神父由教区信众推选或由地方行政长官任命。神职的授予仍然是一个难题；胡斯派希望保留由主教授职的教规；他们想要一个恪守教规并甘愿奉献的属于他们自己的大主教，但是天主教会拒绝委派。因此，胡斯派只得把自己的候选人交由有授予权的地方来加封，为此他们求助于威尼斯大主教或其他在此事上并不过分要求与罗马教皇的原则保持一致的高级神职人员。在布拉格大主教空缺期间（1431—1561年），胡斯派教会的管理靠的是两位行政长官和一个宗教法庭，两者都是由议会指定的结果，饼酒同领派教会的统治权属于平信徒，而不唯独是饼酒同领派的上层人士，尽管像信仰和道德这样一些重大问题通常要由神职人员和大学教师开会来讨论和决定。

自1471年起，这个分裂派教会的世俗首领是一位天主教国王，他在当选时曾发誓，要坚持1436年的"协定"，该协定把胡斯社团的自由奉为神圣。身为天主教徒的亚盖沃国王弗拉迪斯拉夫以及路易并不热衷于强迫胡斯教徒归顺天主教，而是通过允许恢复原先的天主教教会来达到目的；特别是许多在1471年至1526年间在这个国家实际掌权的豪门显贵都是天主教徒或者说都皈依了天主教。另一股天主教的主要势力是居住在边境地区的日耳曼人以及那些日耳曼人占压倒多数的城镇。第一代胡斯派教徒几乎把天主教会的地产洗劫一空；主教管区和修道院的财产不仅遭到胡斯派领主和乡绅以及胡斯派城市的掠夺，同样也遭到国王西吉斯孟的争抢，他用这些抢来的财富去换取那些仍然效忠于他和天主教会的贵族和城市的支持。从1419年到1434年这段时间，所有修道院内的财产都被抢走，修道院的大多数房屋被拆毁或被夷为平地；修士和修女们全遭驱逐，他们中许多人被杀害。但是，不论是1436年到1439年天主教国王西吉斯孟和阿尔贝特的短期执政，还是亚盖沃王朝的长期统治，这个国家都做了一些恢复天主教教会的工作。国王和教皇承认圣·维特斯大主教领地上的修士大会及其行政首脑为本地天主教的最高权威，尽管这位天主教的行政首脑经常不在天主教控制的比尔森，在国王在布达的另一处宫殿里也见不到他的人影。从前教会的财产，虽然是少得可怜的部分，还是还给了大教堂的神职人员大会，10所修道院获得重建，只是其中的修士和修女所剩无几，他们和神父会成员一样，因为不愿成为教会地产的新主人而过着贫穷的日子，此间，天主教徒交出的掠夺物几乎和胡斯教徒交出的一样多。

众所周知，分裂导致的还是分裂。胡斯派运动本身在早期就已分裂成众多的派别，如塔波尔派、霍尔比派、"孤幼派"、裸体派和

"皮克哈蒂派"，等等。其中大部分宗派团体要么被那个更为保守的中产阶级派别"布拉格人"或称"加里斯丁人"所挫败，要么被它所吞并，只有"兄弟联盟"得以幸免，它从天主教和胡斯派统治者的迫害中死里逃生，虽然在16世纪初"兄弟联盟"的人数还很少，但它却是国家宗教生活中一个充满生气的重要因子。胡斯主义早期的兄弟会就包含着激进和民主的成分：它的圣经神学、它的清教主义和福音派实践，还有它的民主管理，经常召集具有自主权的会众召开全体社团大会，明确信仰，制定方针，推选"主教"或"高级神职人员"、神父、执事和女执事、行政人员或"小议会"成员。其活动范围开始只限于手工艺人和下层农民，后来其社会基础逐步扩大，以至许多富裕且有影响的领主也参加进来。这一发展过程之所以可能，乃是因为在15世纪末的最后10年中，兄弟会大多数成员完全放弃了和平主义，以及对战争、死刑、参加陪审团和担任地方行政官员的谴责，而这些东西正是兄弟会在初创时期从彼得·海尔奇茨基那儿学来的。在他们的"老前辈"卢卡斯兄弟那颇具政治家风范的领导下，兄弟会已经整装待发，要在波希米亚乃至波兰的宗教改革中发挥积极的作用。

任何一个研究中欧宗教改革的起因的学者都会问：胡斯派的出现以及胡斯思想对波希米亚邻邦的宗教改革究竟作了多少准备？今天，尤其是捷克的马克思主义历史学家们把渲染胡斯主义的巨大影响，特别是胡斯主义在波兰、匈牙利和罗马尼亚所起的作用，当作一种时髦。的确，胡斯主义对德国和匈牙利北部的影响是相当巨大的，对波兰和摩尔多瓦的影响也是值得重视的。但是，将所有零星证据汇集起来似乎也不足以说明，胡斯主义对波兰和匈牙利的影响已经达到如此地步，以致倘若没有胡斯派的分裂运动，它们就不那么容易接纳新教思想。有关胡斯派在宗教改革运动来临之前的50年间，在国外产生影响的证据确实一点也没有。

吸引波兰和匈牙利接受宗教改革的原因不是胡斯主义的传播，而是比胡斯主义影响更大的人文主义。人文主义同样也在波希米亚流传，不过仅限于少数文人之间，并且他们大都是贵族出身，因为布拉格的查理大学不像克拉科夫大学那样是倡导新学术的中心；布拉格王宫也是如此，因为自1490年波希米亚与匈牙利合并以来，国王经常起居的是布达王宫。弗拉迪斯拉夫和路易二世的匈牙利宫廷里不仅保留着马加什·科尔文时代引进的文艺复兴时期的文化典籍，更为显著的是，在路易国王和哈布斯堡家族的玛丽联姻之后，宫廷与德国保持着密切的联系。德国人文主义的探索精神被来访或旅居的德国贵族、骑士和文人带了进来。匈牙利人自身也已和伊拉斯谟取得了联系。波兰的情况也大体如此，克拉科夫大学、西吉斯孟一世的宫廷以及大教堂的神职人员大会都对新学术表示欢迎和支持。德国、瑞士和意大利的人文主义者（如博纳科尔西）都访问过克拉科夫。波兰自己有任神职的人文主义者如利沃夫大主教萨诺克的格热戈日，波兰贵族人文主义者像扬·奥斯特罗格等。博纳王后的神父意大利人利斯马尼尼在扬·切切斯基的邸宅组织学术圈子，从事探索研究；后来成为格涅兹诺大主教的雅各布·乌哈斯基就是这个圈子里的一员。许多波兰贵族和居住在波兰城市中的德国商人都把自己的儿子送到德国和意大利的大学中去接受教育。

来访的德国人及回乡的本地人早早地就把路德的所作所为传到了波兰和匈牙利。于是，靠近德国的奥地利边境地区的商人、学生、外交官、朝臣及旅游书商开始传播来自维滕贝格和沃尔姆斯那振奋人心的消息，而此时路德正安全地在瓦特堡避居。从但泽到克拉科夫，从肖普朗（奥登堡）到布达，从斯洛伐克的矿业城到特兰西瓦尼亚的德国市镇，到处都在复述路德派的论点和实践。四面八方，尤其是在城市，教区神父们开始用本国语宣讲带有改革意味的教义。任何一个持批评态度或要求改革的人都被那些令人反感和惧怕的神职人员和诸侯们叫作"路德派分子"，但这并不是说这些改革者在最初的10年间就已确信自己或者说被他们的听众认为是路德的公然的门徒了。许多布道者和会众当他们的情感和态度开始倾向于改革的思想和实践时，他们正在不知不觉地从天主教会中游离出来，无意识地站到了维滕贝格异端一边。正是由于政府和教会对每一个批评者的辱骂才使得路德主义的发展更为迅速，规模更加浩大，如此反而使那些本来只满足于教会内部改革的人走上最初连他们自己都感到厌恶的分裂教会的道路。的确，匈牙利和波兰长期以来一直存在着大批像封建领主托马什·纳达斯迪和波兰王室秘书弗里茨·莫杰夫斯基之类的平信徒以及许多高级神职人员和教区神父，他们不脱离教会，而是伊拉斯谟式的改革斗士；还有许多教区，特别是在匈牙利北部，虽然公开采用路德的信仰和实践，但却长期缴纳什一税，并且承认天主教高级神职人员在教会里的权威。两国都没有出现过灾难性的、精心策划的大规模脱离教会的情况。我们随处都可以看到的是，某某教区神父开始越来越多地利用布道坛来宣讲当时流行的概念，诸如必须悔罪和补赎，须崇敬而不是崇拜圣母及圣母像，为活着的人尽职比为死去的圣徒献身更重要，斋戒本身并不是目的，等等。在这些未经安排和协调的鼓吹改革的布道的同时，出现了越来越多的实践方面的革新，如祭服的简化，采用本国语赞美诗，有意不过大斋节。大塞本（赫曼斯塔特）的情况典型地反映了这早期的特征，这一点从大塞本城神父会于1526年写给埃斯泰尔戈姆的拉斯洛·绍尔考伊的信中可知道：

> 在塞本城……有位校长创办了一所学校，里面用德语唱《尼西亚信经》，与弥撒和日课有关的曲调也用德语来唱……教会的司法权几乎完全被摧毁，因为几乎所有人都不把教会法庭放在眼里，他们说，他们有世俗的法官而无需接受神父的审判……他们侮辱那至圣的圣母玛丽亚，不为死者出殡，并宣称一天七次的日课为愚蠢之举；还想规劝修女及其他笃信宗教的妇女放弃对上帝的侍奉。

匈牙利北部和东部那些日耳曼人居住的城镇自然要受到新日耳曼病毒的影响；他们和德国的关系密切；他们十分珍惜德意志文化，只有在以德意志文化为背景的宗教生活中，他们才能够心情愉快，表达自如。他们的市民出访德国归来，总要带回一些路德宗的印刷品，由于宗教书刊小贩的叫卖，宗教改革的作品像潮水一般涌流进来，为此，其中一名小贩于1524年被处以火刑，活活烧死，这位匈牙利新教的第一个殉道者乃是改革家康拉德·科达图斯一位兄弟的仆人。而康拉德本人正是布达王宫中最受路易国王和玛丽王后欢迎的布道者。正因为人们最初极少把改革的热情和路德宗异端联系起来，科达图斯乃至其他一些德国改革家如约翰·亨科尔等才会在这里如此风靡。克拉科夫的人文主义者、物理学家、科西策的约翰·安托尼在1526年是这样描述亨科尔的：

在匈牙利的时候,我还未见到有谁像他那样受到王后、国王以及其他王国大臣如此热烈的欢迎;我也未见到有谁像他那样不管是在国内还是在国外以及在任何场合布道时对伟大的伊拉斯谟表现出如此强烈的崇拜。

不过,国王还年轻,一经别人蛊惑,便以他的名义,要着手根除路德派这株杂草。教皇的使节博尔焦劝说他下令于1524年焚毁路德的著作,这仿佛是在推波助澜,致使匈牙利国会在1523年要国王"以天主教诸侯的名义,对所有路德派及其支持者进行起诉,处以极刑,并没收其全部财产,因为他们是最神圣的圣母玛丽亚的公开敌人和异端"。但是,正如斯洛伐克矿区所发生的事件那样,只有在改革者试图煽动社会暴乱时,国家才会采取有效的措施。1525年,玛丽王后最喜欢的布道者康拉德·科达图斯和另一位布达的教区神父约翰·克雷斯林因对班斯卡·比斯特里察(伯茨特切班尼亚)和克雷姆尼察(科尔莫克巴尼亚)的矿工们宣传路德思想而遭逮捕,次年,博尔焦向教皇报告:"在富格尔铜矿干活的工人举行武装起义。他们中有4000人去攻打市镇教堂,并对附近主要为日耳曼人的工人进行煽动。"一个由著名法理学家维尔伯齐领导的委员会前往调查起义的原因,结果起义领袖以反叛者和路德分子的罪名被处死。

在波兰,也需要这类宗教与社会政治暴动恰好凑到一块的条件来促使国王和国会采取强有力的行动。同样,在王国最日耳曼化的地方也发生了类似的冲突。按照1466年的托伦条约,西普鲁士被条顿骑士团割让给了波兰。其城市但泽、托伦和埃尔宾(埃尔布隆格)完全是德国式的。自1518年起,由学生和商人带回来的路德著作影响了但泽的一些德国神父,使他们在教区的布道坛上公开拥护改革。其中为首的便是男修道院的三位修士:多明我会的雅各布·克纳德、方济各会的亚历山大·斯费肯尼和加尔默罗会的马蒂亚斯·比内瓦尔德。起初他们并不引人注意,直到1523年,他们的信徒急剧增多,其中一位神父被当地主教马切伊·杰维茨基抓起来后,他们才开始名声大震。经不住其门徒所施加的强大压力,主教被迫在半年之后将他释放。这次胜利使但泽人冲昏了头脑,1524年底,他们对所谓反对改革的中心据点但泽教堂和修道院发起攻击，并将其摧毁。但泽市贵族议会采取强硬措施，逮捕了暴动的头目。此时的宗教冲突与手工业者、雇佣工人及城市无产者仅对商人和金融家的显贵统治的社会矛盾交织在一起。情绪激昂的人们要求取消税收，公布市镇议会财政项目。1525年元月22日，起义者冲进议会大厅，迫使议会颁布了改革措施。这些措施还未来得及实施，起义者就把议会解散了，并重新组织议会，新议会根据路德宗精神立即着手立法：天主教的习俗予以废止；教会财产收归城市所有；修会会院除两座外，都被捣毁；把主张改革的牧师派到各个教区。被迫出走的地方官员向国王西吉斯孟发出了请求。国王和他的大臣们显然被这次起义所惊动，害怕但泽及整个西普鲁士会落入德国人的手中，为此，波兰国会敦促国王亲自出马，恢复原来的政治和宗教秩序；马林堡（马尔堡）的西普鲁士议会达成一致意见。1526年4月，西吉斯孟在波兰贵族军队的支持下进入但泽，立刻就成立了特别法庭，处理异端分子的叛乱。革命的市镇议会被取缔；路德派领导人遭到逮捕，其中15人被处死；前地方官员又恢复原职。同年7月，西吉斯孟颁布法令，规定对教会的变节者处以死刑。

宗教改革运动自进入中欧起到1526年，乃是一个逐步发展、有限推进的过程；它最初基本上是在日耳曼人的社团中发生影响，很难对本地的捷克人、波兰人、马扎尔人或这些国家中后来成为改革最有力的支持者和赞助者的贵族们产生重大影响。随后中欧新教的迅速扩展则是一系列政治事件推波助澜的结果，首先是此时的两个宿敌普鲁士和波兰之间的冲突。由于14世纪末立陶宛人的改宗，条顿骑士团没有了合法的职能，逐渐在波兰失去了生存的基础，只好在1466年把西（皇家的）普鲁士交给了卡齐米日四世。条顿骑士团最后一任大统领、霍亨索伦－安斯巴赫家族的阿尔布莱希特已于1512年着手准备把东普鲁士变为一个世俗领地。1525年4月，他宣布效忠西吉斯孟一世，遂被封为公爵；阿尔布莱希特就这样成了参议院即波兰国会上院的议员。三个月后也就是1525年7月，阿尔布莱希特承认自己是路德宗信徒，并放弃了自己的半牧师身份，以便能够结婚，并使他的公爵领地成为霍亨索伦家族的世袭领地（100年后，他的领地由大勃兰登堡支系承袭）；阿尔布莱希特在后改革时期首先采用在谁的领地，信奉谁的宗教这条原则，是他把路德主义变成了普鲁士公爵领地上的国教。这些事件对于波兰的新教非常重要，因为阿尔布莱希特自此（直到他1568年逝世）便开始注意保护波兰新教徒的利益，培育波兰新教徒的势力，有了他对波兰宗教流亡者的友情款待，有了他在其首府哥尼斯堡鼓励出版商用德文和波兰文出版福音的著述，并首先向他的马苏里亚领地讲波兰语的臣民发行，路德教才得以在波兰流传开来。波兰文的路德的《小教理问答》于1530年在哥尼斯堡出版；紧接着又出版了波兰文的赞美诗集和忏悔文集；1544年，他又在哥尼斯堡创建了一所新教大学。

莫哈奇之战这一政治事件深刻地影响了匈牙利和波希米亚的历史，1526年8月19日土耳其苏丹苏里曼的军队消灭了企图阻止他们由贝尔格莱德向布达胜利挺进的基督教武装。① 莫哈奇之战导致的一系列事件同样深刻地影响了路易国王属下两个王国的历史。路易本人从战场逃跑时被杀。他的表兄哈布斯堡的斐迪南遂成了胡斯派波希米亚的国王；同时又被少数匈牙利贵族和高级神职人员推选为匈牙利国王，但是，在此之前，多数贵族和神职人员已经选举了本地行政官员中的首富特兰西瓦尼亚的总督约翰·扎波利亚为王。于是，长达20年的内战的蹂躏使匈牙利苦不堪言，斐迪南从他的北方基地发难，约翰王及他的后继者则从他们的特兰西瓦尼亚要塞出击，整个国家被搞得支离破碎。在此期间，匈牙利又在土耳其的入侵面前屡遭失败：1529年对维也纳的包围只不过是这次破坏性侵略获得成功的标记而已。几乎所有匈牙利的重要城镇包括埃斯泰尔戈姆大主教的领地先后都遭到土耳其人的围攻和占领。从1541年起，土耳其人便永久驻扎下来，在布达建立帕夏，他们所占的领土呈一个大三角形，其大本营在萨瓦河与多瑙河之间，其顶端伸向南斯洛伐克。自这时起，匈牙利便名副其实地分成了三个国家：西北部的哈布斯堡的匈牙利、东部的特兰西瓦尼亚公国以及布达的帕夏；直至1606年，内战和与土耳其人的战争除了一些短暂的间隙外从来没有中断过。

在匈牙利宗教史上，内战及土耳其战争所造成的主要后果就在于，它们给匈牙利的神职人员集团带来了空前的劫难。王国的16位

---

① 见本书边码第512页。

高级神职人员中，有7位死于莫哈奇之战：2位大主教，埃斯泰尔戈姆大主教拉斯洛·绍尔考伊和考洛乔大主教帕尔·托莫里；5位主教，杰尔（拉包）、佩奇（芬夫基兴）、乔纳德、瑙吉瓦劳德（大瓦代恩）和波斯尼亚的挂名主教。整个16世纪匈牙利教会都没有恢复元气。很长一段时间，许多主教职位都是空着的，部分原因是由于教皇对两位敌对的国王都不想疏远，所以对对方的主教提名都未予批准。从1573年到1596年，埃斯泰尔戈姆根本就没有大主教，甚至在此之前，本地的大主教就经常只得住在西斯洛伐克的特尔纳瓦（瑙吉松博特），因为相当长的时间，埃斯泰尔戈姆都控制在土耳其人的手里。另一个大主教管辖区考洛乔差不多成了土耳其人永久性的占领区，1528年至1572年之间从未向那里派过主教。乔纳德、杰尔拉斐厄瓦尔（卡尔斯堡）和塞赖姆（希尔米乌姆）等主教区在异教徒的控制下长期处于没有牧师的状态。布达的帕夏没有天主教指派的主教，倒是有一些新教传教士在那里活动，他们没有遭到天主教的反对，土耳其人也因为他们在反对圣像崇拜上是同路人而对他们采取了宽容态度。如果主教的职位不是空着的话，那么，由两个敌对国王之间任命的任何一方的主教都会给本管辖区带来不幸和灾难，因为任何一方都会在对方不在的情况下趁机增税。有些主教背弃了天主教而改信路德宗，如尼特拉主教费伦茨·图尔佐，他于1534年皈依路德宗，并两次结婚；还有佩乔主教翁德拉什·斯鲍尔代洛蒂因1568年娶妻而被削职；大主教的侄儿维斯普富姆的马丁·凯切特以及萨格勒布名誉主教埃尔多蒙的西蒙也都成了新教徒。还有一些主教区，有时因为其税收被用来支付圣战的费用而显得软弱无能，或者甚至完全世俗化。1528年，斐迪南一世把杰尔主教区的15000弗罗林抵押给他的司库约翰·霍夫曼，又从他的手中转到世俗贵族帕尔·巴基奇的名下，这个人是大宗有争议的教会领地和财产的暂行保管人，尽管他对宗教事务丝毫不感兴趣。1534年，国王约翰·扎波利亚为了赢得大富豪佩泰尔·派伦伊的支持，把埃格（埃劳）主教区的税收给了他，但这并没有能够阻止他于5年后投奔斐迪南。

莫哈奇之战不但削弱了匈牙利的罗马天主教，而且也重创了匈牙利的君主政体。斐迪南就像他在波希米亚王国所表现的那样，富于忍耐，精明狡猾，是力主基督教世界统一于天主教会的现实捍卫者。但是，在匈牙利他却无力做到这一点，他的地位巩固与否要看他是否能够赢得或者说买到马扎尔贵族们的支持，因为他们的城堡是解决军事冲突的关键。所以，他和国王约翰一样，都不可能对任何潜在的拥护者的宗教倾向过于友好。他们都是天主教徒，但都不敢一如既往地与他们的支持者保持一致。他们挥金如土的生活都得仰仗主教区和修道院的收入。他们都是教会财产世俗化过程的总代理，同时也是教会走向衰落新教得以生存的确切保证。对于新教在匈牙利的传播，斐迪南和约翰都未进行过认真的阻挠。的确，1535年斐迪南曾在普雷斯堡（布拉迪斯拉发，波若尼）召集会议，立法规定归还所有在1526年被非法占有的教会财产和世俗财产，1538年在瑙吉瓦劳德签订的临时和平条约中也有一项条款，明令赔偿教会的全部财产，但剥夺者对这两条法令根本不予理睬。

　　从1526年到1541年土耳其人在匈牙利中部建立永久性统治期间，新教的发展非常迅速，不管是在斯洛伐克和特兰西瓦尼亚的日耳曼人居住区，还是在本地人更多的马扎尔地区，情形都是如此，因为马扎尔的达官贵人此时已经认识到新教在精神上和物质上的吸引力，并开始成为宣传新教的积极分子。很多基础工作都是由那些从未脱离天主教会的贵族们准备的，是他们在资助那些研究伊拉斯谟的学者、赞美诗作者和《圣经》翻译者，这些人发表的作品又成了新教发展的推进器，这是作者或翻译者们始料不及的。亚纳斯·亚尔维斯特翻译出版的《新约》是匈牙利新教的理论根据，而他是天主教徒托马什·纳达斯迪的被保护人，后者本人显然未曾和教会脱离关系。但此时很多或者说多数豪门显贵都公开接受了新教。由于他们在自己的领地内提供神学资助是不受限制的，所以他们能够用路德宗的牧师来充斥乡村教会，信徒们无权选择，只能屈从于新教的教义和实践。新教的显贵们就这样使一个又一个的郡皈依了新教。越来越多的牧师公开声明信仰路德宗，这样更加速了新教在整个王国的发展，他们中有些人是本地的日耳曼人、西里西亚人或来自波希米亚的日耳曼人，大多数则是匈牙利的日耳曼人，这些人通常有一部分教育是在维滕贝格获得的；在最活跃的路德宗传道人中，有一部分是叛教的修士或托钵修会修士；有些是斯洛伐克人。内战时期，斯洛伐克和西尔本布根日耳曼城镇的路德宗化从未停止过。科西策（卡萨；卡绍尔）、班斯卡·斯塔弗尼卡（谢姆尼茨）、班斯卡·比斯特里察（诺伊索尔）、克雷姆尼察、普雷绍夫（埃佩列斯赫；埃佩耶斯）及莱沃恰（洛策；洛伊查赫）的市镇议会都任命了日耳曼的路德宗"传道士"和学校教师；同时，他们没有忘记自己的斯洛伐克市民伙伴，在斯洛塔弗尼卡和比斯特里察都有"文德人"被任命为传道人，这些人都是来自西里西亚的波兰新教徒。

约翰·扎波利亚统治时期，特兰西瓦尼亚尤其是"萨克森"城镇的路德宗化也在迅速发展。特兰西瓦尼亚的"萨克森人"是一个享有特权和特许权的社团，正是他们的首席地方长官，即那位颇有影响的马克·佩姆弗林格从一开始就对路德宗的传教表示鼓励。大塞本、布拉斯湖（克罗龙斯塔特）及瑙吉瓦尔德（大瓦代恩）都是最早的路德派中心；1533年，约翰·洪特尔来到特兰西瓦尼亚，后来成了特兰西瓦尼亚路德宗的领袖。

在那些清一色是马扎尔人居住的地区，路德宗是由传道人来传播的，他们大多是马扎尔人，有富豪显贵的支持，生活在宫廷和城堡中。他们中最有名气的是马贾什·德沃伊·比罗。比罗原是天主教的神父。但据史料记载，他曾于1529年至1530年在维滕贝格学习过，并因此成了路德和梅兰希顿的朋友。回国后先是得到托马什·纳达斯迪和费伦茨·包贾尼、后来是佩泰尔·派伦伊的资助，他在三位贵族的全部领地上都创立了路德宗。1533年，有人试图对他的活动进行检查，之后他被逮捕并押送维也纳，接受维也纳主教的审查，但他逃了出来，仍然继续活动，此后再未受到盘查。比罗在维也纳回答对他的指控时，对当时路德宗在匈牙利的传播提供了极有价值的描述：他承认他相信平信徒可用两种方式领圣餐；相信祝圣之后圣体中仍有饼和酒的实质；相信仅凭信仰即可得救；相信所有信徒皆为祭司。他不承认涤罪的教义，不承认意志的绝对自由以及临终涂油礼。比罗在蒂萨河地区马扎尔人中间所开展的工作得到了塞盖德的伊什特万·毛焦里·基斯这样一些同伴的有力帮助，他们一直在此地及匈牙利中部活动，甚至在土耳其人的统治结束之后仍未停止。基斯的工作异常出色，他似乎是在没有贵族资助的情况下独立开展工作，并且直接深入到农民家里。到1547年，马扎尔路德宗的中心是蒂萨河上游的主要城市德布勒森。

第六章 宗教改革陷入困境

莫哈奇之战所带来的灾难同样对波希米亚王国宗教史的进程产生了深刻的影响。波希米亚国会在受到威胁和贿赂的情况下，只得选举路易的表兄哈布斯堡的斐迪南继任他的王位。虽然推选条件之一是，他得保证给予天主教和胡斯派以相同的尊重，但是捷克人还是有了一位与其前任截然不同的国王。斐迪南采用了与他同时代的君主们以及他在西欧国家王位上的亲属们的策略。他对宗教统一高度重视，他的宗旨是调和他的饼酒同领派臣民与罗马教会之间的关系，防止在王国内部出现新的宗教派别。斐迪南确实不是一个宗教狂热分子；他刻意敦促教皇及后来的特伦托会议承认那些无关信仰本质的枝节问题如：平信徒领杯、神职人员的婚娶以及波希米亚大主教的任命，等等。因为他知道，此时的饼酒同领派非常强大，单靠自己有限的实力不可能将其剪除；况且，斐迪南过于依赖捷克贵族的支持，其中大多数是饼酒同领派，又都是教会地产的拥有者，他不可能立刻向分裂的波希米亚教会公开宣战。但是他对其他非天主教宗派所制定的政策就不同了，因为他相信在这里有饼酒同领派作为依靠。他试图争取波希米亚国会和摩拉维亚国会的支持，开展一场反对波希米亚兄弟会的运动，不能眼睁睁地看着这个组织完好的宗派一天天发展壮大。但是，此时兄弟会在贵族中间的影响日趋强烈，国王手中握有的行政权力非常有限，国会的势力又很弱小，要想在1547年之前限制兄弟会的发展是不可能的。同样，斐迪南要想阻止路德宗在波希米亚和摩拉维亚的发展也是不可能的。不过，新教在这里受到的威胁并不像在匈牙利和波兰那样严重，斐迪南的捷克臣民自己已经成功地实现了宗教改革，这主要是路德的思想和实践在讲德语的波希米亚人中间传播的结果。早在1520年初，路德的思想就开始在波希米亚边境的条顿人居住区以及那些仍然拥有大量德语居民的城镇中流行了。在斐迪南统治的头20年，我们发现波希米亚西部和北部的城市中如比尔森、阿什、约阿契姆斯塔尔（亚基莫夫）、卡丹、奥西希（拉贝河畔的乌斯季）、埃尔博根（洛凯）以及摩拉维亚的奥尔米茨（奥洛穆茨），都有经本地市镇议会介绍到各个教区去的德国路德宗传道人。虽然捷克的饼酒同领派并不同意路德关于仅因信仰便可得救以及牧师可以婚娶的观点，但是胡斯派和路德派之间的良好关系却更加牢固，因为路德欠约翰·胡斯的情，是胡斯运动为路德宗的传播铺了路搭了桥，做了大量的准备工作，作为回报，路德鼓励在德国出版胡斯的著作、胡斯的赞美诗集及本国语《圣经》。波希米亚兄弟会和路德的友好关系还要亲密一些；1528年卢卡斯兄弟死后，兄弟会中接替他的"前辈"们尤其是那位果敢而专横的奥古斯塔兄弟期望在两个教派之间达成某种程度的统一。德国再洗礼派进入捷克乃是维系德国改革和捷克改革的另一条纽带。截至1526年，到摩拉维亚南部定居的再洗礼派信徒已经超过千人。尽管斐迪南一再规劝摩拉维亚国会将他们驱逐出境，但是这些因为当地议会立法反对而从德国南部、瑞士和蒂罗尔流亡出来的再洗礼派难民对于摩拉维亚的领主贵族们实在是太宝贵了，他们当中不仅有手艺高超的磨坊工、织布工、锁匠、陶工，甚至还有外科医生。对再洗礼派的迫害是野蛮的，而且时断时续，没有真正停止过。1528年再洗礼派的第一位领袖巴尔塔扎尔·胡布迈耶被处死后，再洗礼派在摩拉维亚南部的居民点随着1529年激进的雅各布·许特尔从蒂罗尔的到来而获得新生。从那时起，虽然斐迪南一再敦促议会采取强制措施镇压再洗礼派，并且有时也能取得一定的成果，但是在地方贵族的保护下，再洗礼派社团绝处逢生，躲过了厄运，尽管人数减少，终于还是坚持下来了。①

在波兰王国，宗教改革的进程从未受到任何像莫哈奇之战这样剧烈危机的干扰，也从未被像波希米亚的分裂派教会之类现象搞得如此复杂。在普鲁士公爵阿尔布雷希特强有力的庇护下，皇家普鲁士的日耳曼城镇但泽、埃尔宾、托伦及布劳恩斯贝格（布拉涅沃）的路德宗得以在1526年的运动中幸存下来。公爵是在波兹南（波森）传播新教的前多米尼克教徒安杰伊·塞缪尔和扬·塞克卢恰的保护人；1542年此二人受到刑事起诉时，阿尔布雷希特公爵的首府哥尼斯堡成了他们的避难所，塞克卢恰在这里发表了他用波兰文撰写的《路德宗信纲》和四福音书的波兰文译本。大波兰的这个省，与勃兰登堡毗邻，最先受到路德宗的冲击。这儿传播异端的传道人有大贵族作为靠山，出钱资助。小波兰的情况也差不多，在立陶宛已经有人开始传播这种新的教义。早在1528年，克拉科夫的市民和贵族们就开始在聆听伊萨的雅各布关于宗教改革的布道，并且发出阵阵喝彩。但

---

① 见本书边码第122页。

是，在克拉科夫发生的这些活动中有许多仍是受伊拉斯谟的影响，不过路德的影响也同样存在。国王的秘书阿尔萨斯人约斯特·迪茨（德西乌斯）和克拉科夫要塞司令塞韦伦·博内尔都与德国的人文主义者保持着频繁的通信联系。

国王西吉斯孟一世和斐迪南一世一样，渴望自己的王国能够保持统一，忠于罗马。尽管他憎恶变节叛教的行为，害怕他的臣民会改变信仰，但是他对教会自身的污点以及教会的批评者们所提出的许多正确的意见并没有熟视无睹。他直率地拒绝了约翰·埃克的建议，即所谓像亨利八世在英格兰所做的那样，对路德派采取强硬态度。西吉斯孟的第二个妻子斯福尔扎的博纳年轻幼稚，骄横跋扈，因为对那位传道人弗兰奇斯·利斯马尼尼推崇备至，便放任自流，随便地去搞那些激进而危险的活动。但是，西吉斯孟不可能全然不顾教会的压力，因此，他通过地方会议和教区会议制定和颁布一系列法令和法规来强化打击路德派的措施。1523年，他宣布对引进异端书刊的人处以火刑；1534年，他下令所有在异端大学里念书的臣民回国；1540年颁布法令对拒不服从者处以死刑，在1543年又废除了这项法令；很显然，所有这些法令并未得到广泛的重视，只有高级神职人员对反对新教显示了极大的热情，但是，即使在他们中间意见也并不完全统一：至少卡米尼克主教莱昂纳德·斯洛切维斯基和库亚伊瓦主教扬·德罗霍约夫斯基是同情路德宗的。另一方面，彼得库夫省教会法院却在1542年下令对异端采取最强硬的追查措施。教会法庭三天两头开庭，分期分批地对那些无视斋戒，散发异端宣传材料，宣称反对涤罪、圣餐变体以及秘密忏悔等教义的人进行惩罚。但是，但泽起义遭到镇压之后，教会的训谕和判决中已经没有了火刑，只有1539年六十高龄的凯瑟琳娜·魏格尔被烧死除外，但她为何被烧死，是作为路德宗信徒、阿里乌教徒抑或是犹太教徒至今尚不清楚。这样直至1548年西吉斯孟一世去世，波兰以路德宗形式出场的宗教改革虽然称不上轰轰烈烈，却一直在稳步发展；改革只受到一小部分人的青睐：豪门显贵中有一部分人热衷于改革，改革的思想在知识分子中间十分流行，并在城市站稳了脚跟。然而，作为国家中最有力量的下层贵族和乡绅并未受到这种日耳曼和埃拉斯都（Erastus）式的新宗教的深刻影响。但在1548年之前，另一套对他们吸引力更大的宗教思想体系——约翰·加尔文的教义已在中欧逐渐引起人们的注意。

从1536年开始，加尔文在波希米亚声名鹊起，到处都可以听到他的名字，但他的神学以及他关于教会政府体制的构思却从未在这个国家引起过广泛的关注和认同，因为大部分捷克人对胡斯主义已经相当满意了，同样，波希米亚的日耳曼人则满足于路德主义。然而，波希米亚的改革在世纪中期却出现了一场危机。当1546年施马尔卡尔登战争在德国爆发时，波希米亚国会不顾国王的反对，着手帮助萨克森选侯约翰·腓特烈；1547年4月24日腓特烈在米尔贝格之战的失败使捷克的反叛者们再度受制于斐迪南，他特意利用自己的牢固地位来削弱议会和城市的宪法地位，但却小心翼翼地避免得罪那些他还得依靠的领主贵族。他采取一些试探性的措施，力图通过控制神职管理人员和世俗"保护人"的任命来降低饼酒同领派教会的地位，使它隶属于自己；但没过多久，他又慎重地回到了原来的政策轨道，想通过罗马教会与胡斯派的合作恢复宗教的统一。他还试图利用1547年叛乱夭折的那次机会一劳永逸地摆脱兄弟联盟。在国会和保守的饼酒同领派领导人的支持下，1508年颁布的反"皮克哈蒂"法延期至1547年，次年颁布的皇家敕令勒令所有的兄弟会成员要么遵守教令，要么流放境外。许多人被赶出了家园，到普鲁士和摩拉维亚寻求避难的人成千上万。许多人在一位"老前辈"伊日·伊兹拉埃尔的率领下，在波兰的西部找到了避难所，得到安杰伊·吉尔斯基、雅各布·奥斯特罗格以及其他波兰领主的保护。到了1551年，波希米亚兄弟会便成功地建立起来了；它以托伦、波兹南和莱什诺为中心，从波兰的地主贵族和市民中吸纳了大量的信徒。当然，并不是所有的兄弟会成员都逃离了斐迪南的领地，因为像领主佩恩斯切恩这样一些波希米亚显贵们并不想失去那些有价值的农奴和工匠，于是便保护自己领地上的兄弟会成员免遭迫害。皇家敕令在摩拉维亚并未得到真正的贯彻，许多流亡者都逃到这里，兄弟联盟在这里照样兴旺发达。为了进一步削弱联盟的势力，斐迪南下令逮捕了它的大主教扬·奥古斯塔；从1547年到1564年，他一直被关在监狱里，刚进监狱时，大主教惨遭凌辱，受尽折磨，但尽管他人不在，联盟还是熬过了那些血雨腥风的岁月，并于斐迪南死后，在扬·布拉霍斯拉夫的领导下重新又繁荣起来。布拉霍斯拉夫不仅是历史学家和神学家，同时也是原文《圣经》的翻译家，他以自己的行为表明，他是科美纽斯出现之前兄弟联盟最伟大的领袖。

斐迪南非常巧妙地利用这次反宗教改革的浪潮来解决波希米亚的宗教问题。1556年，他从维也纳带回彼得·卡尼修斯，让他在布拉格创立耶稣会；他还出资在那儿的克雷芒提那（Clementinum）修建耶稣会大学，在布拉格和奥洛穆茨设立学校。在斐迪南的规劝下，罗马教廷终于在1561年恢复了布拉格的天主教大主教区，任命安东尼·普鲁斯为大主教。为了实现与胡斯派的和解，普鲁斯费尽心机，他甚至把一批胡斯派教徒任命为天主教的神职人员。1564年4月16日当他和斐迪南无视特伦托会议法令，说服教皇庇护四世发布一封宗座简函，允许斐迪南领土上的平信徒可以用两种方式领圣餐时，他们的大计差一点就成功了。但是为时已晚。除了少数极端保守分子，几乎所有胡斯派成员都拒绝利用这次机会来结束教会分裂；事实上，他们在1567年成功地促使斐迪南的后继者马克西米连二世及波希米亚国会同意正式废除（1436年的）协定，并承认饼酒同领派为独立教会，"根据圣经"实行自治。斐迪南的计划失败了。尽管他尽了一切努力，波希米亚和摩拉维亚的天主教仍在继续滑坡，走向衰落；耶稣会的努力成效甚微；修会会院日渐衰败，只有普雷蒙特雷修会例外。反之，到处都是饼酒同领派以及路德派在摧关拔寨，一个城市一个城市、一个村子一个村子地将传统信仰的份额夺走。到马克西米连统治末期，新教在波希米亚和摩拉维亚已经根深蒂固了，只有像1620年发生的那场巨大灾难才能将其铲除。

虽然加尔文宗在波希米亚没有什么市场，但在波兰和匈牙利则有一个人多势大的阶层即当地的中下级贵族对此怀着强烈的兴趣。他们对罗马教会的财富感到嫉妒，对宗教法庭管辖权过宽表示不满；此外，波兰和马扎尔绅士不喜欢路德宗的日耳曼风格，认为它的教义过于保守，并且看不惯它对世俗权力的阿谀奉承。然而，在这些地主看来，加尔文宗似乎没有这些缺点。它不是德国的，甚至从根本上说也不是法国的。它热情激进，毫不妥协，逻辑严明，民主共和。它拒绝任何凌驾于宗教之上的权威，不论是教皇还是君主。因此，它对那些正在为土地而战而且正在取得胜利的地主们具有强大的号召力。但最主要的还是，加尔文宗教会的长老管理制赢得了波兰、立陶宛和马扎尔贵族及绅士的拥护。加尔文教会中从地方教务评议会到国家宗教会议各个管理层面上的牧师都是由平信徒推选和委任的，并且平信徒长老在其中起主导性的作用，这简直就是地主们在其县议会、省议会及国家议会的世俗政府中正在争取的东西在教会的精确翻版。①

许多波兰领主贵族和绅士接受加尔文宗长老制主要是其内在因素必然发展的结果，并不完全是外国传教士的功劳。加尔文、贝扎和布林格的著述在西吉斯孟1548年加冕为王的那个时期开始产生影响。波兰的平信徒和神职人员中，有些只是人云亦云的伊拉斯谟信徒，另一些已经信了路德宗，此时纷纷改信这位日内瓦人的神学和宗教实践。其间有三个人的影响特别显著：首先是人称"黑人"的巨富米科莱·拉齐维尔，他把所有的地产及无数财物都送给了加尔文宗。其次是扬·拉斯基（约翰内斯·拉斯科），他兴许是波兰宗教改革中涌现出来的最崇高的人物。他出身贵族，是以前一位大主教的侄儿。起初，他到普鲁士公爵领地组织新教教会；但因怀疑路德神学的正确性而被迫出走。拉斯基到伦敦待了三年，正值爱德华四世统治的后期。他在这里负责组织和领导外国新教徒的集会。玛丽女王当政后，他再次被迫出走，但因拒绝接受《奥格斯堡信纲》关于圣餐的教义，使他在哥本哈根、罗斯托克、维斯马、吕贝克和汉堡遭到驱逐。在法兰克福与加尔文的会面似乎解决了他的宗教皈依问题。1557年，他回到波兰，在其生命的最后3年里，他在利斯马厄尼和拉齐维尔的支持下，为建立波兰全国性的福音派教会而努力奋斗；但是，不论是波兰的路德宗信徒还是波希米亚的兄弟会信徒都不承认他的神学和组织。第三位波兰加尔文社团的创始人叫费利克斯·克日扎克或称克鲁齐格。最先他是塞采明的一位路德宗牧师，1544年小波兰地区的路德派推选他来管理本省的路德宗教会。但是，领主贵族们对该教会管理机构由神职人员把持很不满意，于是在同年的平丘夫宗教会议上决定，要选出一些德才兼备的贵族作为首要的教会成员来支持和维护这些有神职的"老前辈"，告诫他们在做决定之前要采纳贵族的建议。到了1577年，小波兰的这个福音派教会便建立起了一套完善的长老制。尽管从理论上说，自由民和农民皆有资格选入教务评议会，但事

---

① 见本书边码第466页。

实上却是什拉赫塔（Szlachta）作为长老和赞助人在掌管教会。在小波兰的这个波兰人省份和立陶宛，加尔文宗占据着主导地位；而在大波兰和普鲁士则是路德宗和波希米亚兄弟会保持了优势。

直到16世纪中叶，路德宗才在匈牙利拥有了一块比较清晰的地盘。我们的确听说过，1530年在大塞本、1540年后在德布勒森都出现过茨温利派或称"圣礼派"。但很有可能他们实际上是从茨温利的苏黎世被驱逐出来的再洗礼派。1533年，13个施皮斯（齐普斯）城镇的最高行政长官和法官接到命令，对那里的一些再洗礼派采取行动；1535年，他们被禁止在萨罗斯帕塔克的佩泰尔·派伦伊的城市居住。但他们并不是匈牙利新教徒中的主流部分。另一方面，加尔文宗如同在波兰一样，取得了迅速和引人注目的成功。与波兰的情况相似，它受到了当地领主贵族的欢迎，他们对日耳曼市民及其日耳曼宗教并无多少好感，只是对长老制提供的平信徒掌权的可能性感兴趣。同样在匈牙利，加尔文宗不是由传教士而是由本地的改宗者来传播的。马贾什·比罗这位优秀的马扎尔人从路德宗转信加尔文教，并带领整个德布勒森城的马扎尔人一起改了宗；1560年后，德布勒森成了"匈牙利的日内瓦"。比罗在马扎尔贵族中以及在蒂萨河谷岸边和上匈牙利地区推行加尔文宗时得到了莱纳尔·黑克尔牧师和他的资助人佩泰尔·派特罗维奇的帮助。匈牙利东北部加尔文宗社团的使徒和组织者叫彼得·米柳斯·朱哈茨，他在德布勒森当了25年的主教。他能言善辩，1561年的信纲，即马扎尔加尔文宗的普遍信纲，关于圣餐以及命定论等教义严格比照日内瓦模式，这主要归功于他。在特兰西瓦尼亚，在那位颇有权势且臭名昭著的瑙吉瓦尔德主教弗拉泰·捷尔吉任国王约翰·扎波利亚的遗孀伊萨贝拉和幼子约翰·西吉斯孟的老师期间，改革的进程受到了阻碍。但是，由于弗拉泰·捷尔吉于1551年遭到谋杀，防洪的闸门又打开了，加尔文宗又开始在马扎尔领主贵族中迅速传播。1563年，特兰西瓦尼亚的加尔文宗信徒在科洛斯堡（克劳森堡，克卢日）发表信纲。至1551年到1571年期间，特兰西瓦尼亚的改革绝对没有受到统治者的干涉。约翰·扎波利亚的遗孀伊萨贝拉靠已被还俗了的瑙吉瓦尔德和于拉弗赫堡主教领地上的收入为生；教会财产的世俗化是1557年特兰西瓦尼亚会议召开后实现的；修道院及修道院的修士都消失了。的确，要不是斯特凡·巴托里这位天主教徒在1571年被推选为诸侯,特兰西瓦尼亚的罗马天主教会恐怕也已经不存在了。因为在他的前任约翰·西吉斯孟当政期间(1559—1571年),新教徒拥有自决的权力;1564年议会决议在其第15款中写道:

> 科洛斯堡的马扎尔信众(加尔文宗信徒)塞本的萨克森人(路德宗信徒)正在争论不休,为了王国的和平,拟同意双方各自实践自己的宗教,传道人不管是在城镇还是乡村都不能强迫其居民信奉他的宗教;无论传道人的宗教信仰是什么,只要不受欢迎,任何城镇和村庄都有自由将他赶走。

这种地方宗教自治实际上可能意味着地方领主贵族的意志可以支配一切。

著名的"特兰西瓦尼亚式宽容"实际上并不是与16世纪的精神全然不同的某条原则的胜利,而只是君主力弱以及路德宗的日耳曼城市与马扎尔的加尔文贵族势均力敌的表现。但是,波兰和特兰西瓦尼亚特有的这种宽容为那种形式的新教提供了避难的场所与活动的空间,而该形式的新教不管从神学还是从社会角度看都是新教的合乎逻辑的终极形式,即索齐尼主义。

16世纪40—50年代,波希米亚的神学思想混乱不堪,偶尔也有人起来指责反三位一体说的错误,但在大批移居国外的意大利神学家到来之前,任何地方都未发现坚持此种异端的团体,这些意大利人认为甚至加尔文的日内瓦对他们也过于激烈,所以把波兰和特兰西瓦尼亚当作最终的避难所。宗教改革最奇怪的现象之一乃是:不论是从神学的意义上还是从社会学的意义上,宗教改革的最极端的神学表现和社会表现竟然源于这两个国家:西班牙和意大利,而在其他方面改革在这两国是最不成功的。但这实际上并不使人感到惊奇,人文主义和理性主义、洛伦佐·瓦拉和萨伏那洛拉的母国曾经诞生过二十几位行为极古怪的人,后来又把他们给驱逐了,他们在对信仰的基础作了一番考察之后,便开始对赎罪说和三位一体说提出批评。这些人包括奇瓦尼·真蒂莱、莱利奥·索齐尼和他的侄儿福斯特·索齐尼、弗朗西斯库·斯坦卡罗、乔瓦尼·阿尔拾蒂、贝尔迪诺·奥基诺以及乔尔吉奥·布兰德拉塔等，他们所有人在虔诚和学识的有力推动下，自然而然地便接受了各种思潮的影响：伊拉斯谟对《新约》的令人不安的评注、加尔文的神学激进主义、新柏拉图哲学的复兴以及早期教父们关于基督教论的争论，等等。像阿里乌和聂斯脱利，他们已经确信亚大纳西已使教会误入歧途，去建构一个毫无必要、非理性及错误的三位一体的谜。伊拉斯谟在其头两版发行的《新约》中故意省略了"约翰的逗号"，导致他们对《圣经》作为正统教义的权威提出了质疑。

波兰反三位一体说的运动可以说是始于1549年斯坦卡罗在克拉科夫被任命为希伯来文教授。其后的25年间，他的老乡大索齐尼、真蒂莱、阿瓦拾蒂、保利、奥基诺、布兰德拉塔最后还有福斯特或长或短都把波兰当作避难所。他们在小波兰和立陶宛受到了那些在神学上更富有冒险精神的加尔文宗社团的平信徒领袖和神职首领的欢迎。但是，1559年斯坦卡罗的论聂斯脱利的专题论文《论三位一体和基督的介在》以及稍后奥基诺的《对话》（*Dialogus*）和真蒂莱的《反驳》（*Antidota*）发表后，使大多数较为保守的波兰加尔文宗信徒非常警觉，分裂已在所难免。1562年，反三位一体说的那批人与小波兰的加尔文宗教会决裂，并创立了他们自己的"小社团"。本地支持它的波兰人越来越多：加尔文宗的神职人员，他们中许多人原本是织布工、纺纱工和其他行业的工匠，像戈尼翁兹的彼得、布热茨尼的格热戈日·帕维莱、瓦伦蒂·克拉维奇和马尔青·加霍维兹等。什拉赫塔把持着归正宗教会，这大概就是牧师们时常退出该派教会转向阿里乌派的原因。这个新宗派吸引了许多人，也有一些大贵族和乡绅对它表示忠诚，但它的基础就像再洗礼派一样，仍然是那些手工艺人和小店主，因为他们在其中看到了从社会压迫中挣脱出来的希望和梦想，而这一点正是路德宗、加尔文宗以及其他类似的教派所做不到的。波兰的反三位一体派向摩拉维亚的再洗礼派派遣了一个寻访使团，有意识地去吸收再洗礼派的许多关于社会和道德的观念；从1562年起，他们就在宗教会议上反复讨论携带武器、杀生以及充当地方行政官员和陪审员的合法性。他们中有个别牧师经常不断地谴责人压迫人的贵族制度和财产世袭的占有制度，宣扬所有人不论是贵族、牧师还是农民和工匠都应该靠自己的双手谋生。

西吉斯孟·奥古斯都连同以新教徒为主的议会及天主教统治集团

并未竭尽全力,使波兰摆脱眼下各种异端的影响。1564年一些创立异端的意大利人被迫暂时离开波兰。唯一可去且相对自由的国家是特兰西瓦尼亚,这里国家权力的影响要小得多。斯坦卡罗和布兰德拉塔曾经访问过此地,并且在东匈牙利的加尔文宗信徒中播下了反三位一体说的种子。1563年,布兰德拉塔成了特兰西瓦尼亚诸侯扎波利亚的儿子约翰·西吉斯孟的御医和私人顾问。他与其他来自波兰的人一道,在特兰西瓦尼亚的马扎尔人和塞克勒人中间开展工作,动之以情,晓之以理,使许多人都皈依了他们的异端信仰,其中包括约翰·西吉斯孟本人以及他手下的廷臣和牧师。但是,最重要的皈依者当属"科洛斯堡",即加尔文宗特兰西瓦尼亚社团的"主教"费伦斯·戴维。戴维1567年发表的《关于真假唯一上帝及圣父圣子圣灵的思考》是他彻底加入反三位一体说行列的标志。同年在托尔达召开的特兰西瓦尼亚议会允许所有教派都可以自由布道。1568年,当王子公开自己的信仰时,科洛斯堡大教堂成了身为特兰西瓦尼亚阿里乌教会"主教"戴维的活动中心。和波兰的情况一样,特兰西瓦尼亚反三位一体说派成员中也存在着非常剧烈的争论;1579年,布兰德拉达和福斯特·索齐尼都因戴维宣扬极端上帝一位论而判他有罪,随后戴维在监狱里度过了他生命中的最后几个月。不管怎么说,特兰西瓦尼亚反三位一体说躲过了这场风暴,并继续作为一个充满活力的社团一直延续至今。

自路德发表那些改革论文后的半个世纪里,新教在中欧一直在持续不断地发展。之后又出现了回潮现象。宽容的统治者死后,权力又交给了天主教的支持者:1571年,天主教徒斯特凡·巴托里继阿里乌派信徒约翰·西吉斯孟之后成了特兰西瓦尼亚诸侯,4年之后被选为波兰国王;1576年,就学于西班牙的鲁道夫二世继开明的马克西米连二世成了奥地利、波希米亚和匈牙利的统治者。新一代的统治者发现,他们的王国被两种信仰一分为二。在波兰,绝大多数人仍然笃信天主教;但也还有4个有组织的持不同意见的教会:以承认1551年修正的《奥格斯堡信纲》为基础的路德宗,统一在1568年《赫尔维希亚信纲》基础上的加尔文宗,大波兰的波希米亚兄弟会以及其神学理论尚未统一、其组织尚未定型的上帝一位论派的社团。在哈布斯堡国王统治下的那一部分匈牙利,到1576年天主教会仍然处于下风，尽管大主教欧拉（1553—1568年）和韦龙奇奇（1567—1573年）费尽心机，想通过引进特伦托会议改革计划及创建耶稣会来复活天主教，但都没有成功。在那些矿业城市中，路德派信徒既有日耳曼人也有斯洛伐克人根据1549年的《五城信纲》发展了自己的组织。在以土耳其为宗主国由扎波利亚和巴托里家族统治下的特兰西瓦尼亚以及邻近的县郡，路德宗、加尔文宗和上帝一位论派三种新教都组织起了自己的教会，并占据了主导地位；天主教在特兰西瓦尼亚仿佛已经无人过问，直到巴托里出面干涉，才保住了残余势力，不至于销声匿迹。在土耳其控制的匈牙利，加尔文宗和上帝一位论派各自都有自己的组织，16世纪的方济各会和17世纪的耶稣会曾在那里竭心尽力，公开维护天主教的权力。在马克西米连二世统治期间，波希米亚和摩拉维亚的各个宗派都已经确立了其至高无上的权威，不仅是人数众多的饼酒同领派和日益发展壮大的路德宗，甚至是在摩拉维亚仍然困难重重的兄弟联盟的规模和影响也在扩大。

1576年以前，中欧反改革的势力并未取得多大成果。埃斯泰尔戈姆大主教欧拉和韦龙奇奇、布拉格大主教安东尼·普鲁斯和他的同行奥洛穆茨主教威廉·普鲁西诺夫斯基、波兰大主教乌哈斯基及他那才能超群、成绩卓著的同僚红衣主教兼沃米亚（埃姆兰）主教霍修斯都在从事恢复天主教的神圣使命；此外，在斯洛伐克、布拉格和奥洛穆茨、波兰和立陶宛都建立了耶稣会社区、神学院和学校。虽然至此除波兰之外，收效都不大，但却成功地提醒了新教徒要着力解决宗派间的纷争。1575年，饼酒同领派、路德宗和兄弟会在波希米亚共同签署了一个信纲即著名的《波希米亚信纲》，虽然它并未造就出一个统一的波希米亚新教教会，但却成功地向鲁道夫二世及反改革势力展示了新教联合阵线的力量。1555年波兰的加尔文宗和波希米亚兄弟会在科日米内克达成了相互承认的协议，到了1570年，由于无子嗣的西吉斯孟二世突然死亡，波兰的新教徒不得已又得提防某个较穷兵黩武的天主教国王会继位。加尔文宗、路德宗和波兰的波希米亚兄弟会在桑多米耶兹订立了一份协议，极其艰难地就圣餐的形式达成一致，只因其词义含混、晦涩难懂才被各方接受。桑多米耶兹协定使有三方参加的大宗教会议间或召开，但它还远不是一个有组织的联盟。1573年1月当安茹的亨利确信无疑要成为波兰的国王时，波兰的新教徒和一些天主教徒纠合在一起,在华沙起草了一份"联盟宣言",这是一份宣传宗教自由的宪章。据说,安德雷奇·菲尔莱伊把这份宣言呈交给了巴黎的安茹王室成员,其中有这句话"如果你不就此宣誓,你将不再统治"。这一次,不论是桑多米耶兹"协议"还是华沙"联盟宣言"都未能拯救波兰的新教徒免于天主教徒的全面反攻。新教在波兰绝没有像在波希米亚那样具有如此深厚的民族基础,以至于要通过大规模的军事打击去进行围剿,波兰的新教也不像匈牙利的新教那样受益于君权的长期分裂和弱小。尽管带有讽刺意味,但它毕竟是历史发展的必然,新教仅在中欧的这一部分,即破碎不堪的匈牙利王国躲过了反宗教改革运动的劫难。

三　1519—1559 年的法国

要了解宗教改革在法国所经历的风风雨雨和兴衰变迁,我们必须将自己置身于这出戏降下帷幕的那一瞬间、在幻想破灭的那一时刻才能体会到。事实上,到 16 世纪末,法国仍然保持着天主教信仰。亨利四世被迫承认这样一个根本事实,要继承全部遗产,就必须放弃新教信仰。新教在法国即使是在其最辉煌和最具有反抗能力的时候也只是少数人的信仰。新教精神只适合少数人。新教打入法国社会多彩生活的结构或者说内部结构的方式本身就是历史上的一幕伟大的戏剧。如果通盘考察的话,我们会发现,导致法国开始宗教改革的这一系列良心上的危机(我们在考虑新教改革运动的同时也必须考虑天主教的改革运动)引发了一个毫无疑问在 16 世纪上半叶对于法国历史来说乃是关键性的问题。

其次,这一点必须记住,在法国只占少数的新教群体能够使南特敕令(1598 年)得以颁布,从而通过政治权力的保障,甚至通过增强地位来保护其精神生活。就这样新教徒建立了自己的组织结构。

此外,这时已经开始走向对立的宗教时常又表现出一种互补性的特征。不了解宗教之间的冲突就无法了解(和解释)宗教,这对我们来说是再熟悉不过了。然而它们之间又存在着相似性,可以相互依赖。于是,法国的宗教改革虽然表现为加尔文宗这种极端的思想方式和行为方式,但只有将它置于反宗教改革运动(另一种在自由意志

第六章　宗教改革陷入困境

支配下的过激思想和行为方式）的背景下，甚至只有根据反宗教改革运动，我们才能够对它作出正确的评价。这现实、这相互作用的两方面的运动加深了我们对这两种既相对立又相联系的力量的比较和认识，而两者都是在 16 世纪上半期建立起来的。

还有一种支持这种观点的看法：必须把宗教重新植入到它的社会环境中去考察。于是，在那时的法国这样一个奉行天主教的社会，经过改革的信仰之自由，只有和其他的自由一道，不管两者之间是友好的或敌对的、互补的乃至相互依存的，才能够或者说才有可能试图表达自身；于是后者根据前者而存在。在缺少一种有机的、专制的制度，一种既普遍又有效的制度的情况下——在 16 世纪的法国一切或几乎一切东西都表现出自身的社会差异，大量的独立的权威的存在要么防止，要么导致无序和无政府状态的出现。在这种社会状况下，君主政体的权威总是处在风雨飘摇之中。① 然而，正是由于这种多元化，自由才是相对的。这不是也不可能是社会各阶层丧失了宗教的问题，因为它们全都被包容进一种单一宗教的结构和强制性的统一中去了。

整个初期阶段直到 1530 年左右，人们发现，宗教生活与理性生活关系密切，处于相对和平之中。结果在最初的时候，各种情况纷繁复杂，充满微妙的差别，很难界定；它们表现为下列几个独立的分支内容：天主教会和君主政体、路德宗影响的扩散、人文主义和宗教改革，最后是传统势力的反应。

弗兰西斯一世统治时期，法国的天主教会有其自身的特点，它源于 1438 年的布尔日国事诏书，产生于宗教会议时期。法国教会因其自身的独立性而免于罗马所遭受的或者罗马发生的重大打击。年轻的弗兰西斯一世在 1515 年马里尼亚诺之战取得胜利的第二天便与教皇利奥十世谈判，于 1516 年 8 月 18 日签署协定。按照协定的第一条，国王获得了在其王国内的全部 620 个神职中任命大主教、主教、神父的实权。这样一来，法国教会早先主张的高卢主义（起源于它所主张的宗教会议高于教皇这一特点），或者更确切地说独立，便让位给

---

① 见本书边码第 440 页。

王权高卢主义了。王室采取强硬措施，使国家与教会关系问题一下子便得到了解决。但同时弗兰西斯一世及他的后继者们立刻就面临着一个难题：他们看到教皇极权主义的日益增强的压力成为对他们的权力的一种实际威胁。

　　大力加强王权，对法国天主教会中的高级神职人员进行控制，这一点不难理解。上述协定通过条款拒绝自由选举、降低会议的作用、废除处理教会事务时的一致同意原则，更是加强了君主的绝对权力。王室的权力范围又增加了从废除这些古老的惯例争取到的地盘。国王对教会的征服拓宽了通向君权神授理论的道路。于是便在1538年出现了由沙尔·德·格拉塞撰写的《法国王室》，支持国王有权增税和任命高级神职，以及1539年由杜莫林撰写的《巴黎习惯法刍议》，主张国王对神职人员有司法权。布尔日国事诏书的颁布才过了一个世纪。与此同时，罗马法研究的勃兴也促进了国王的事业。法律和律师学校率先对地方权力以及处理政府事务中必须遵循的一致同意原则进行了攻击，布尔日就是有名的例证。在布尔日以及其他地方已经露出了专制主义思想的可怕端倪。

　　弗兰西斯一世在统治初期的斗争中，小心谨慎、自然而然地扩大他的权力，并不轻信那些对王权的每一步发展都表示反对的议员们献出的阴谋诡计。协定提交巴黎高等法院之后，拖了差不多两年才于1518年3月22日获得通过。最后法院也只得让步了。

　　这一问题还有一个关键性的特点值得注意，法国的宗教改革在初期事实上在法王努力推行和玩弄其外交政策时有意无意地给了它以巨大的推动。法王在意大利的冒险活动，杀气腾腾，旷日持久，吸引了许多法国人，用科明内斯的话来说就是："他的前来参军打仗纯粹是为了耀祖光宗"，法王有一个疯狂的念头，要率领一支军队穿过阿尔卑斯山，向那片美丽而富庶城市星罗棋布的平原进军，此举的目的并不是真心要帮助教皇和教皇极权主义。事实恰恰相反。然而，法国在帕维亚战役（1525年2月）被打败后，欧洲的均势曾一度被打破，为此，教皇克雷芒七世被迫与法国结成科尼亚克同盟，以此缩小查理五世的巨大战果。几乎与此同时，查理五世立刻作出了反应：1527年罗马遭到了洗劫。从那时起，直到1559年，教皇的政策一直受到西班牙的和帝国的政策的左右和摆布。查理五世这位意大利的主人控制了教皇。法国失去意大利后，罗马就不再是它的支持者了。

此外，法国因为要越过阿尔卑斯山去打仗，便忽略了其东北边境上法德交界处的那条大道。法国意识到自己不得不采取一条最终有利于新教徒的迂回政策。法国在帕维亚战役战败伊始就昧着良心向苏里曼苏丹疯狂地发出解围的呼吁，结果引爆了莫哈其（1526年）之战，随之而来的是土耳其人大肆掠夺，横扫匈牙利，甚至打到维也纳的城下，使德国受到了一次又一次间接的打击。这位真正的基督教国王搞垮帝国的策略要求，与那些信仰新教的、作为路德及其后继者保护人的诸侯们重修旧好或达成谅解，这些活动通常秘密进行，有时也公开（就像1534年把符腾堡还给乌尔里希公爵；在1552年又重新夺回了这个主教区一样）。

1520年左右，法王对思想自由采取的宽容和鼓励政策使整个国家受到了德国宗教改革之暴风骤雨的袭击。实际上，法德之间的广泛交流在活跃商业的生活的掩盖下从来没有停止过，如果需要的话，可以举出大量的事实证明，里昂这个商贾云集、商品荟萃的著名集市就是一个巨大的宗教改革的传播中心。路德对法国的影响是无可置疑的。① 德国这位伟大的改革推广者那直率、真切、热烈并富有人情味的风格和文体立刻引起了人们的兴趣，像法雷尔以及德·迈格雷的法文著作乃至纳瓦尔女王玛格丽特的《罪人灵魂之鉴》中都带有这种风格的痕迹。大量翻译作品的印刷和流传也扩大了路德的影响。这些急急忙忙从德国的出版社拿出来然后又急急忙忙运往法国的出版社去印刷的书籍是德国宗教改革思想有力的传播媒介，甚至可以说是一股革命的力量。于是，在法兰克福和安特卫普可以看到这些书的法文版上市；在巴塞尔书市上装帧精美的弗罗本印刷的书籍得到了伊拉斯谟、勒费弗尔和法雷尔的认可；斯特拉斯堡皈依了新教并成了法国流亡者（有时是勒费弗尔和鲁塞尔）的避难所；在纳莎特尔和日内瓦，还可以举出更多的源头，这些书从所有那些一直与里昂这座巨大的国际交流中心保持联系的城市中运出来，然后穿过边境到法国流通。在法国，尤其是在里昂、莫城、阿朗松和巴黎也有秘密出版社，其出版物很快就可以沿着大道流向四面八方。1519年，弗罗本写信给路德，

---

① 欲了解这一问题，见 W. G. 莫尔纳《德国的宗教改革与法国文学》（斯特拉斯堡，1930年）。

通报已经有600本书正在通往法国和西班牙的路上:"它们要拿到巴黎去出售,甚至在索邦神学院也可以读到这些书。"1520年,有1400本在法兰克福市场上出售。法国就这样遭到了大规模的思想入侵。在这个令人兴奋的时期,路德的著作成了抢手货,"深受所有新教前卫分子的欢迎",1524年4月勒费弗尔(后来在莫城)写信给法雷尔"从你和德国来的一切都令我十分高兴",这些书用木桶装着,混在商品中,或放在小贩的背包中,或藏在大包里。比如,在秘密偷运时以法律书和历史书作掩护,成百上千类似的箱子就这样进入法国,甚至运往很难到达的西班牙。

这种迅捷的地下宣传,其作用是无法用精确的数字来测算的。有一个例子明确地告诉我们,这类书籍不仅限于在新教徒中流传。这个例证取自一个罗曼家族米芳家一位成员的遗嘱。他是一位绅士,从他列入目录的那些小圣母像和圣徒像可以判定,他还是一位天主教徒,他留下了一个更令人感兴趣的图书馆。从里面的149卷书中,我们发现了卡斯蒂利奥内的《朝臣》、龙萨的《颂诗》和《乱伦》、马基雅弗利、普林尼和柏拉图的书以及一套多卷本的伊拉斯谟著作,还有1522年被索都神学院定为禁书的梅兰希顿的《论灵魂》。

此外,千万不能忘记,所有这些出自路德以及其他德国和瑞士改革家的思想译成法文后影响力更为巨大。法国的宗教改革得益于像弗朗索瓦·朗贝尔这样的翻译家,他本是一个绳索腰带修士[①],1522年后到德国避难,1526年成为黑森伯爵的宾客;以及纪尧姆·迪莫兰,1525年住在维滕贝格,后来去了斯特拉斯堡;其他像路易斯·伯尔坎、帕皮永、朗佩勒和迪布瓦就更不用提了。1535年前有十几本德国著作被译成法文出版。它们是:《圣经精义——基督徒常规经》(巴塞尔,1523年,1544年出第二版);《福音解读》(安特卫普,1528年);《耶稣预言》(1527年);《最佳祈祷书》(巴黎,1529年);《现世痛苦与良心不安之基督教告慰》(巴黎,1528年);《纳瓦尔女王编译之天主经要义对话》(年代不详,原作年代1519年);《祈祷法训导以及如何组织仪式队列和举行丰收祷告》(年代不详)。还有一个人的活动值得一提,他叫罗伯特·埃蒂安纳,他参加出版了

---

① 指方济务会修士,因他们腰束打结的绳索而得此名。——译者

1522年、1541年、1542年、1543年和1545年的《圣经》节选，以及1528年、1535年、1540年、1545年和1546年的《圣经》全文。正是翻译家、出版商和书贩子的这些活动给法国注入了一种新的精神，它从根本上动摇了法国的观念和传统。

法国的早期宗教改革情况不明确，一方面，观念含糊不清，信仰摇摆不定；另一方面，其中有人文主义在推波助澜。朝气蓬勃、充满活力的人文主义是法国的民族传统，因为与来自国外的人文主义学者一直保持联系而不断地得到滋养和鼓舞，并且根植于（这一点不可忘记）自发的也几乎是传统的反教权主义的土壤中。路德之前，让·布谢已经在1512年发表的《战斗教会悲叹》中写道：

> 得了，不要再对我花言巧语
> 也请收起你的圣餐杯、十字架和奇装异服……

同样的评论适用于埃塔普的雅克·勒费弗尔，他早路德几年在《评圣保罗的书信》(*Commentaire sur les Epitres de St Paul*) 中就主张因信称义。1534年奥当主教就宣称，"我们已处在这样的时代，只有，或者几乎只有最怯懦和最卑劣的人才渴望从事如此应受尊敬的职业……"而且马修·马兰格雷1533年在他的诗中是这样唱的：

> 无论什么都与我无益，
> 即使是方济各和他那或黑或白或灰的宽衣：
> 我也摒弃了多明我和他的篷船，
> 全心力投向你——我的上帝，因为你已将全部的善包括无遗。

宗教改革运动开始以来，第一次有组织的活动发生在莫城，开展活动的是一个以纪尧姆·布里松内主教为核心的团体。布里松内（1470—1534年）出生于一个律师、商人和金融家的家庭。他的父亲纪尧姆·布卫松内是查理八世的全权大臣，差不多等于首相。他本人早年曾受命参加比萨会议，并参与谈判签订了协定，遂被提升为洛德夫主教，之后在1515年12月31日当上了莫城主教。他的周围很快就聚集了一帮生性活跃、勇于思考并富有人文主义精神的朋友和学者。他的主教宅邸成了学者聚会的场所。戴塔普的雅克·勒费弗尔（1455—1536年）离开巴黎圣日耳曼后，大约在1520年末来到这里，奉命管理本城的医院（1521年8月11日），1527年5月1日升为教区主教代理；能言善辩的热拉尔德·鲁塞尔（1480—1550年）很快当上了神职人员会司库；学者瓦塔布莱和德·金塞伊、神学家马夏尔和马聚里丽（被指派担任莫城圣·马丁大教堂的有俸神职）、多才多艺的卡罗利、躁动不安的纪尧姆·法雷尔，除此之外还有其他人。1523年，勒费弗尔出版了他翻译的《四福音书》；之后在1527年出版了他的《旧约》译本。在倾向于保罗教义的莫城到处可以看到传道人在向会众们大声呼吁，其市中心成了复制德国思想、模仿德国样板的最佳场所。作为传播改革的中心，莫城在法国是最有影响的，它的命运更是不同凡响。当然，在这些领袖们的行为背后，我们也必然记住那许许多多散布在各行各业的小人物——漂洗工、羊毛梳理工、织布工以及各类工匠——这些人自1553年后就像两年之后德国农民一样骚动不安。这就是莫城的小"羊群"。除此之外，布里松内肯定还在构想更广泛的改革，并且在考虑如何拯救纳瓦尔女王玛格丽特那颗杰出的灵魂，他是她的朋友，是她可信赖的人，是有权听取她告解的神父，而她也只信仰基督的善功。

布里松内努力工作，力图在自己的主教管区内，按照罗马奥利托拉会的方式重新整顿纲纪。1519年10月15日他颁布法令，规定神职人员应当住在自己的教区内，但是这命令不得不在1520年元月7日和10月27日重复颁布两次，由此可见抵触情绪的顽固。改革的这一尝试尽管很温和，仍然激起了那些不想受新规定和新思想约束的反启蒙主义者和保守派的愤怒。然而，他的朋友乔西·范·克利希托夫在1520年宣布自己反对这种危险的革新，紧接着反对之声此起彼伏，轻而易举地就把布里松内拉回到了传统。1522年他应召返回巴黎，答应要采取措施防范路德的著作。次年他回到莫城，下令（10月15日）不准销售和藏匿此类书籍；12月13日他下令禁止教区神父接纳有激进思想嫌疑的传道人。1524年3月和4月他公开抨击那些怀疑基本教条如弥撒、圣徒、涤罪等的教义，同时设法复兴宗教仪式并恢复其自发性的特征。在宗教改革早期的这塘浑水中潜藏着一股逆流，

第六章 宗教改革陷入困境

克利希托夫就是最好的例证，的确水太浑了，以致当时的人总是糊里糊涂，摸不着头脑。后来倒向改革的纪尧姆·法雷尔（1489—1565年）在1524年4月2日写给科尔马内·舍费尔的信中说道："我的法兰西已极其喜悦地获悉上帝的声音。"事实上，这一断言大成问题。那么，对于布里松内、勒费弗尔、鲁塞尔、法雷尔以及克利希托夫这样一些人，对于他们的思想、对于他们如此隐蔽的信仰以及相互之间如此之大的内心差异我们怎样进行分类呢？

216

大约在1530年，尤其是在此之后，一系列重大的变化影响了法国的知识潮流和情感氛围。这些变化只会使本来就不简单的处境变得更加恶劣。教会已敏锐地意识到，它的统一和它的权威正在受到严重的威胁。竭力想通过强化传统来反对那些它认为会导致教会分裂的思想和观念。在巴黎有两股势力在帮助教会阻碍新教义的教播：巴黎高等法院和巴黎大学神学院。前者反对加强王权，更不用说宗教中出现的新思想了；后者知道自己在巴黎乃至在整个欧洲在理性判断方面享有崇高的声誉。1530年，亨利八世曾向其神学家征求过关于离婚问题的建议。1532年，安特卫普的商人向他们陈述过在高利贷问题上所存在的顾虑。正是巴黎被伊纳爵·罗耀拉认为是继罗马之后值得在此培养弟子的地方。正因为其声名显赫，所以，一般人要想恭维某人时总是说他辩论起来"像索邦神学院的博士"。

就在教皇谴责了路德的著作后，神学院也在1521年4月15日发布一篇相似的声明，对路德进行谴责。同年8月，巴黎高等法院大张旗鼓地下令，要求在一周内交出路德的著作，然后组织搜查。1523年6月路易丝·伯尔坎在巴黎被捕，这期间被盘询的小人物中他是唯一有身份的人。由于国王直接插手以及国王的妹妹纳瓦尔女王玛格丽特的私下请求，他才获释。8月，让·瓦利耶被定罪，在巴黎被烧死，成了这次行动的第一个罹难者，尽管他不是因为信奉路德宗而被定罪的。全国各地都发现了异端书籍：1523年，索邦神学院的人在巴黎仍在发现这类书籍。波尔多和格勒诺布尔也传来了同样的消息。1524年在布尔热、1525年在诺曼底也出现了同样的情况。

处境变得严峻是与弗兰西斯一世第一次反对神圣罗马帝国皇帝查理五世的那场戏剧性的战争分不开的。政府出于战争的需要宽恕了高等法院和索邦神学院挑起事端的行为。1523年法雷尔已经逃往巴塞尔。大约在1524年，刚好在勒费弗尔出版他的法文版《新约》之际，莫城的那个团体受到了严重警告。卡罗利和马聚里丽相继在元月和2月重申拥护天主教；12月迈格雷遭到监禁。1525年2月，弗兰西斯一世在帕维亚战败被俘，并从意大利押到马德里。可以说，1525年大概就是莫城那个团体终结的日子了。布里松内接受了高等法院的判决，重新开始搜查禁书。稍后他受到曾在莫城被他禁止宣道的那些绳索腰带修士的揭发。10月到12月，他被召回巴黎，向高等法院回答对他的指控。他被指控在其教区散布"谬误连篇、充满邪说的法文书"。10月，勒费弗尔和鲁塞尔逃到斯特拉斯堡。

1525年5月，在摄政王的请求下，教皇把对异端的审判权交给了高等法院中的4位法官，其中两名是神职人员，两名是平信徒。这个特别法庭仅维持到1527年就关闭了。情况是如此严重以致弗兰西斯一世从马德里的狱中写信给高等法院，要求它暂停审判。1526年2月国王获释。4月，由于玛格丽特的再次干预，勒费弗尔和鲁塞尔又回到法国。但是高等法院不听劝告，坚持奉行强硬政策。1526年3月12日它再次谴责路易斯·伯尔坎的著作，只是由于国王的坚持，他才幸免于难。10月8日国王不得不又一次给高等法院写信："朕命令你们……宽恕伯尔坎。"国王再次感受到，自己的权力受到了威胁，所以起而支持思想自由的事业。然而他自己还有足够的影响来主宰这敌对的形势吗？在意大利，他的权威由于帕维亚的失败、马德里条约（1526年）及康布雷和约（1529年）而遭到严重削弱。根据最后一项条约，国王被迫用200万埃居的赎金为扣在西班牙作人质的两个儿子赎身，其中的120万要用金币一次性付清。这对于由于战争过度超支而感到吃紧的王室财政来说无疑是一笔沉重的负担。在1527年的应召显贵会议上，波旁枢机大主教对王国目前的宗教状况以及国王在宗教问题上的所作所为进行了批评。这次会议之后接着召开了一些重要的外省宗教会议，尤其是桑斯和布尔日的宗教会议。

桑斯会议是在法国大法官、枢机主教、阿尔比主教及桑斯大主教安托万·迪普拉的主持下在巴黎召开的，会议从1528年2月3日开到10月9日。乔西·范·克利希托夫应召出席了会议。会议的议题包括筹集国王要求的款项、宗教生活以及教会生活问题。会议颁布的关于教义的法令旨在恢复教会的权威，法令规定：只有教会才有权甄别书本中的思想是异端还是正统；凡涉及弥撒、圣礼、圣像、恩宠论等事宜也只能由教会进行裁决和定义。此外，桑斯会议还强调了教区的纪律，并强调要由修会对布道进行控制。布尔日会议在土伦红衣主教的主持下，制定了一整套控制异端布道和异端书籍的措施。米歇尔·弗朗索瓦写道："书籍和言词'是'宣传新教义最好的工具。"法国教会就是这样来拼命进行自卫，重组自己的宗教力量的。然而即使这样，是否可以说，法国教会在恢复自身的纪律和权威的时候，只能求助于省宗教会议而非国家宗教会议呢？如果不坚持这一点，法国在 16 世纪的基本特点就必须重新认识。就君主国家来说，法国无疑是统一的，但它的幅员广大，外省——最广义的外省——的干预起着强有力的作用。[218]

这些外省宗教会议召开正值大追捕路德宗信徒之时，随后于 1527 年 10 月、1528 年 12 月在巴黎；1528 年 6 月在鲁昂处决路德宗信徒，皮埃尔·巴尔实际上并不是路德派成员，也在鲁昂以拒绝承认基督的神性而被定罪。伯尔坎又一次遭到攻击：1528 年，他第三次被监禁，结局很悲惨，1529 年 4 月 17 日经审判后被处死。必须提到的是，大批的人因受到怀疑而被捕，有一些人被处死：1529 年在朗格勒；1531 年、1534 年、1536 年、1538 年、1539 年在第戎；1534 年在博讷；1532 年、1533 年、1535 年、1536 年在蒙彼利埃（1527 年有报道说"这个城市有一大半人是路德宗信徒"）；1530 年、1532 年、1538 年在图卢兹；1526 年、1530 年在图尔；1530 年、1534 年、1535 年在波尔多；在整个南方如卡奥尔、卡斯特尔、芒德、罗德兹、蒙托邦、卡尔卡松；在诺曼底的好几个城市；里昂也不甘人后。所有这些都明示了未来的血雨腥风。宗教改革的初期阶段就是在这种形势下画上了句号。

从这时起，色彩不同后果各异的种种倾向开始形成。这样，正如前面提到的神秘主义和人文主义开始分道扬镳。也正因为如此，这一时期物质生活上的安乐似乎已败坏，因为直到此时它只靠易于获得的东西和某种愉悦的情绪来支撑。一个从肉体到精神焕然一新的法国出现了。只不过在那些至为关键的年代里，它的容貌终无常形，变换得太快了一点。

人文主义者和宗教改革者离异分手是一桩意义深远的大事。虽说他们之间的分裂并不十分明显，但实际上，他们在对问题的看法上发生了相当复杂的变化。知识分子生活在各种各样的保护之下。克莱芒·马罗虽是一个囚犯，但因为有沙特尔主教的关照，他的待遇很好，行动也十分自由；艾蒂安·多莱特在利莫热主教处供职；鲁塞尔不断得到纳瓦尔女王玛格丽特的同情和关照；麦格雷是杜贝莱家的常客。因此他们有文学艺术事业资助者，有知识的赞助者和保护者的荫蔽。事实上，知识分子所获得的这类资助和保护正在逐渐地有时甚至是大幅度地减少。一方面是那时的米西勒斯（文学事业的资助者）们对于此道已感厌倦，这或多或少可以说是对他们祖先的公开背叛；另一方面在于社会上层，在于王室又改变了政策。这本是一场主题和结局不断重复的伟大戏剧。那些头脑清醒、明了正反两方论点的温和派人士已经不再有市场了。时局已不再需要像纪尧姆·杜贝莱这样的人了，他曾千方百计想通过发动一场类似梅兰希顿在德国导演的运动来修补教会的裂痕，恢复教会的统一，但是失败了。在这些变故的背后，是不是也有老一代相继去世的因素在起作用呢？布里松内死于1534年，勒费弗尔死于1536年，伊拉斯谟也是在这一年离开人世的。现在，年青一代开始发言了。新的一代正在新的形势下脱颖而出。

　　文艺生产和宗教热情之间的剥离很快就完成了。除了日益加剧的宗教迫害之外，这是不是和对先前那些改革精英的一定程度的贬低也有关系呢？迫害是坚持真理和表现大丈夫的决心的时刻——在这一切之中确立起了采取行动和民众暴力的整个现实。关于当时的形势流行着一首歌谣，其中对索邦神学院的做法极端憎恶：

　　　　光明所至，
　　　　阴影顿生。
　　　　福音传来，
　　　　罗马反讽。
　　　　索邦虔信，
　　　　索邦缄声。

但是，索邦并没有保持沉默，它对新事物毫不留情，对新思想一追到底。大约在1530年，由于王室读经会开始实施，法兰西学院的骨架搭起来了。索邦神学院立刻通过纳尔·伯达的言辞以示抗议：

> 《圣经》的希腊语或希伯来语文本大部分出自德国人之手，其中不少可能还是修改过的。而那些希伯来文《圣经》更可疑，因为许多印行希伯来文《圣经》的犹太人都是路德教徒。

言辞的攻击不断升格，迫害和追捕异端分子日益猖獗。剑已出鞘，屠杀已在所难免。伯尔坎于1528年，让·达·卡蒂尔瑟1532年在图卢兹先后被处死一定是例外情况。然而，他们的死也掩盖不了许许多多地位低下的人受害这一事实。实际上，在文艺复兴这场理性的运动的核心，反民众的传统显示了自己的威力。5年前即1525年，路德在面临德国农民起义时不也同样是如此吗？人文主义与宗教改革的分裂从许多方面显示了宗教改革的大众化特征，这种情况与过去相比有过之而无不及。布道取得的伟大的发人深省的成功，布道在后来加尔文宗的传教浪潮中更加值得注意的成功便是明证；胡格诺派的歌谣和《新教》诗篇的普及和流行也是明证。1524年出版了德文版的诗篇，1539年出版了法文版；但最有影响的是后来的克雷芒·马罗（1496—1542年）版本。着手于1532年、完成于日内瓦的这部《诗篇》（译成法文的50首诗篇）直到1543年才由艾蒂安·多莱特出版，从1543年到1560年再版了28次；1562年狄奥多尔·贝扎完成的译本《诗篇》一年之内就印刷了25版。法文版的《诗篇》与《基督教原理》一道在法国的民众的宗教改革过程中发挥了巨大的作用。再没有比《鲁昂编年史》（*Chronique de Rouen*）更有启迪作用的文献了，它记录了这个城市1560年3月，"下层民众中许多人咿咿呀呀地哼唱着大卫的诗篇和圣歌，那歌词译得极粗俗，颇像克雷芒·马罗的格调"。

所有这些因素使我们很容易把1533—1534年看成是关键性的两年。1533年复活节，鲁塞尔在罗浮宫给纳瓦尔女王玛格丽特讲道。对此，索邦人极为敏感，恼羞成怒，因为他们刚刚才对《罪人灵魂之鉴》的再版（1531年第一版）进行了谴责，这个版本增加了克雷芒·马罗用法文翻译的《诗篇》第 6 首。这是一场力量的较量，因为国王站在他的妹妹一边。由迪普拉和巴黎主教率领的一个调查委员会在 1533 年 5 月 18 日作出决定：鲁塞尔留下来，伯达被逐出巴黎。这对索邦是一个沉重但却是间接的打击。11 月 8 日，索邦神学院撤回了它早些时候所作的谴责。至此，一切又恢复到了以前的和谐状态。表面上看，国王成功了，温和派胜利了，应当注意的是，改革也因此得到促进。然而，刚刚才宁静下来，又爆发了一场严重的"海报"事件，有如一声惊雷，令人们大为吃惊。1534 年 10 月 17 日至 18 日，一夜之间到处都贴满了各种海报，标题是："实话实说：揭露教皇弥撒的各种可恶的、重大的和影响恶劣的流弊，这种弥撒纯属杜撰，旨在对抗我主耶稣基督——唯一的中介者和唯一的救世主——的圣餐礼。"这些海报同时出现在巴黎、奥尔良、鲁昂、布卢瓦、图尔和昂布瓦斯。国王此时正在昂布瓦斯，一张海报恰好钉在他卧室的门上。国王看到后的第一反应是极其愤怒。紧接着便开始了镇压。11 月 26 日，大约有 200 人被逮捕，其中 24 人后来被处以火刑。大部分受害者都是普通百姓，他们中有些人是从德国带回禁书的饰带制造商。此后没过多久，国王又恢复了温和主义政策：通过库奇宣言（1535 年 7 月 16 日），国王宣布对在半年之内发誓悔过的逃亡者实行大赦。然而，宗教改革已到了一个重要转折点。

与此同时，最后一位斯福尔扎去世，在由谁来继位的问题上发生了争夺，因为谁都想拥有富庶的米兰。为此，法国和西班牙之间的战争从 1536 年打到 1538 年，尼斯停战协定（7 月 18 日）签署后才算平息。事实上，敌对双方之所以要握手言和，目的是要携起手来，共同对付异端，就像 8 月份所安排的那样，国王和皇帝在艾格莫尔特就此进行了谈判。之后，国王又在法国开始对新教徒进行镇压，此种政策许多年来激起的感情给反君主主义者 E. 德·博利厄以灵感，他于 1546 年创作了下面这首歌：

> 一旦失去他的城市的支持，
> 一旦被起义的人民推翻，
> 我不信这样一位君王不会感到悲哀，
> 也不信上帝还会让这位无道暴君继续统治。

王室的这一政策方向一直推行到弗兰西斯一世在世的最后一刻。弗兰西斯的统治的悲剧在于此，但其原因很难说清，尽管他所采取的一系列行动十分清楚，一目了然。1538年12月16日发布的敕令授权最高法院"采取一切手段来监控有异端思想者"，1539年6月24日发布的敕令和枫丹白露敕令（1540年6月1日）授权给世俗法官即高等法院来镇压异端。类似的行动还可以在里昂和巴黎的印刷商罢工时发布的维莱科特雷敕令（1539年8月31日）中看到：

> 依照我的亲爱的巴黎书籍印刷师傅们谦恭的请求［国王宣布］，我们应为上帝的荣耀来获取知识，应大力支持并扩张神圣的天主教信仰，让神圣的基督教传遍全球，为我们的王国争光……

或许，要讲清楚这些错综复杂的情况会显得冗长乏味。只要举出1542年索邦神学院开出的禁书单就够了；1543年，它提出了为弗兰西斯一世所能接受的天主教24信条；1544年又公布了一个新的禁书索引。

弗兰西斯一世在签署克雷斯皮和约（1544年9月18日）时重新保证要对异端进行围剿，从而进一步加剧了对新教徒的打击。他的统治的最后几年因为以下的事件而蒙上了阴影："莫城14君子"被处死（1546年），按照1540年11月18日颁布的梅里多尔法令，沃州在1545年遭到了毁灭性的打击。

弗兰西斯一世于1547年3月去世，他的儿子亨利二世继承了王位。亨利二世上台时期，法国新教团体正处在历史上具有决定性意义的阶段，但是他并未改变他父亲在世时的最后几年所制定的路线。从父亲到儿子，只是使这出戏的悲剧色彩更加浓厚而已。如果从因果关系上看，加尔文宗要承担一部分责任。按照传统的说法，加尔文宗的蓬勃兴起是从1541年法国出现加尔文的《基督教原理》时算起的。这个说法是相当准确的。接着特别值得一提的是，加尔文宗在法国的发展，尤其是在亨利二世统治末期的发展，从1577年算起。也正是这出戏向纵深发展并走向灾难的时期。

亨利二世的统治,从许多方面都可以看作影响法国乃至法国以外地区 16 世纪后半叶长期走势的分水岭或出发点。法国经济在这个交接时期似乎停滞萧条,倒退不前。与此同时,在 1540 年后甚至更远一些的 1550 年后,法国各个省的情况又发生了变化。在这个转变过程中,大道沿线城镇的前途成了人们谈论的话题。这里所讲的城镇是指那些信奉异端的城镇。在早期宗教改革和人文主义发展的历史中,法国广大内陆中心地区的作用是显而易见的:比如,莫城、图尔、布尔热、特鲁瓦、蒙彼利埃及里昂等。确切地说,16 世纪下半叶,这些城市为了支撑自身的物质生活而与新思潮脱钩了。里昂经济遭受了长时期的停滞和衰退就是这方面的一个典例。1557 年里昂因经济崩溃而受到了沉重的打击,大伤元气,物质生活已远不如过去。正是在这个前提下,在 1540 年至 1560 年之间,法国的宗教改革转向了沿海一带,这里因为商业的欣欣向荣而变成最活跃、最有生气的地方。相对照的是,内陆省份则显得顽固不化,死气沉沉:香槟和勃艮第曾经一度向路德的宗教改革思想开放过,但它们并不热情,对加尔文的思想,它们甚至怀有敌意。在吉斯这个封建大家族的影响下,这儿的人唯命是从,没有独立的思想,于是,香槟、勃艮第便与邻近的洛林一道,成了经意大利穿越西班牙低地国家这个反改革大走廊的一个组成部分。毫无疑问,提出这些基本观点并非突发奇想,而是十分慎重的。不管怎么说,法国的宗教改革运动向大西洋沿岸倾斜只能在法国最后一次军事行动——宗教战争爆发的前夕使法国的宗教改革趋于复杂化。我在最近出版的一本书中,尽量从金融史和经济史的角度来展示这场拉锯式的运动。① 有一点需要指出,这场深刻的运动是从亨利二世的统治开始的。与通常讨论宗教改革方法不同,这种观点着重强调法国的经济和物质生活的重大改革对宗教改革的影响。

这个国家又一次卷入了欧洲历史的旋涡,这道门大开着,进去很容易,但要想从里面逃出来就困难了。的确,亨利二世统治下最后几年出现的危机如果不参照欧洲所发生的重大事件就无法认识清楚。1555 年这一年,随着《奥格斯堡和约》的签订,不管是表面上还是

---

① 《1493—1680 年的世界经济与法国的货币铸造》(巴黎,1956 年)。

事实上都看得出来，德国重大的宗教争端已经停止和平息了。德国这一边出现了幸福和宁静；法国这一边却没有如此幸运，它笼罩在不断加剧的紧张气氛中，时刻准备采取果断行动。对外战争对法国的承受能力是一次检验。从这场使人精疲力尽的战争中可以看出，法国整个国家机器和组织结构都有问题。这场战争已经完全失控，沃塞勒停战协定（1555年）根本解决不了问题，最终的结果是，敌对双方亨利二世的法国与菲利普二世庞大的西班牙两败俱伤。双方在国力枯竭的情况下签订了《卡托—康布雷齐和约》（1559年4月）。帝国的西班牙重新获得了喘息之机。法国却没有如此好运，它敞开国门，把自己变成了邻邦入侵的战场。然而，这场冲突同时也是精神的冲突，是由两支军队、两位意志坚强的领袖、两个伟大的战士来规定的，他们进行的这场旷日持久和无休无止的争论最终传给了他们的后继者：让·加尔文（1509—1554年）和董·伊尼戈·洛佩斯·德·雷卡尔德或称圣·依纳爵·德·罗耀拉（1491—1556年）。

把他们两人稍作一下比较是值得的。本质上说，他们对当时的法国都非常了解。甚而可以说，他们在巴黎读书期间很有可能在蒙泰居学院会过面。这的确是一次重要的奇遇！本质上说，他们都反对那些囿于地域或民族的传统，而这些传统正是高卢天主教会或者说《奥格斯堡和约》的谈判者们最珍惜的。加尔文宗信徒以及耶稣会的"战士们"都不知什么叫国界。另一个奇怪的特点是，首批耶稣会会士自称为使徒，拒绝修士的着装和行为方式。他们组成支部和行动小组，甚至组成积极行动、争强好斗的军团。这种比较可以无休止地进行下去。

耶稣会在法国的命运具有非常重要的意义。1540年9月27日教皇下诏书，批准了耶稣会。罗耀拉想集中力量创建两所学院，一所建在罗马，一所建在巴黎。耶稣会在法国得到了洛林红衣主教强有力的支持。在他们的撺掇下，亨利二世于1551年元月发出特许状，允许耶稣会"在巴黎城用其所得的捐款盖一座学院"。王室的同情就够了吗？1551年8月，法国天主教又面临一场真正的危机，这是因为国王改变了对德国新教诸侯的政策而达成谅解造成的，这种形势对耶稣会是不利的。耶稣会遭到巴黎高等法院的无情反对和索邦神学院的拒绝承认使维护古老的教会的坚定不移的努力达到了紧要关头。但是，耶稣会不属于古老的教会。1553年元月10日，新的特许状和敕令书显示了实力，使高等法院下定了决心；1554年12月1日，索邦神学院通过了一个反对耶稣会的法令。面对这些压力，耶稣会被迫等待，直到1561年9月15日才注册登记和得到官方的承认——这是一个重要日期，它正处在宗教战争爆发的前夕。就在这个时候，耶稣会已开始在奥弗涅传道讲学，迪普拉于1555年在这里创立了比洛姆学院。

加尔文宗信徒们所起的作用更为引人注目，尽管这并不意味着加尔文宗最后取得的效果更好。日内瓦是新教的首都，地理位置优越，它从高处俯瞰着法国的边界；另一个所幸之处在于，加尔文生在法国，长在法国，具有法国人的思维。没有人会怀疑，他在思想上对自己的母国产生了巨大的影响。他在1541年发表的《基督教原理》和1551年发表的《圣经》译本轻而易举地就从日内瓦出版商的手中进入了法国。并且，他还给法国的加尔文宗团体及斗士们去过很多信，对他们循循善诱，为他们指点迷津，给他们下达命令。于是，这个来自边境之外的力量给予了法国加尔文宗团体一种超越民族的特征，一种"国中之国"的地位。这些话同样也可以用来形容耶稣会。

亨利二世很有一套办法进行迫害和镇压。他采取的惩戒措施和他的前任不相上下。1546年7月20日，罗伯特·埃蒂安纳的受谴责的《圣经》被列入禁书目录的索引。1547年12月11日，依照枫丹白露法令，所有书籍尤其是那些来自德国和日内瓦的书籍未经索邦神学院的正式批准一律不准在市场上发行。1547年12月3日，亨利二世下令由高等法院执行"审判权，主要是路德教派案的审判权"。"路德教派"这个名称已经过时。实际上，现在是加以狠狠打击的时候了。1548年5月2日，高等法院内设立了特别法庭，即有名的火焰法庭（又译火刑法庭）。它在香槟、布里、法兰西岛、皮卡迪、曼恩、安茹、图赖纳、普瓦图、欧尼斯、昂克穆瓦、博斯、奥尔良地区、索洛涅、贝里、尼维尔地区、里昂地区、福雷、奥弗涅、波旁、莫尔旺以及马扎地区拥有管辖权。最后，沙托布里扬敕令（1555年6月27日）委托新的初级法院法官来惩罚异端分子。

有条不紊的暴力镇压与加尔文宗在法国的迅速传播比肩而行，传播多半是得人心的（从火焰法庭的案例清单上便可看出），由此集中反映了宗教战争前夕宗教改革史的实质。在这一点上，1553年后在日内瓦受过培训的传道人的到来具有十分重要的意义。1533 年，菲利贝尔·哈梅林到达圣通；1555 年，德·洛内和弗朗索瓦·德·莫雷尔来到巴黎，并在这里建立了一个教会。到处都在组织加尔文宗团体：1553 年在普瓦蒂埃和昂热；1556 年在布尔热；1557 年在布卢瓦、鲁昂、康城、拉罗歇尔、里昂、艾克斯、波尔多、伊苏丹、昂迪兹；1558 年在迪耶普、勒阿费尔、图尔、桑特、蒙塔尔吉、圣让-当热利、马赛、贝尔热拉克、圣福瓦、蒙图瓦尔；1559 年在南特、塔拉斯孔、加普、瓦朗斯、吉昂、维勒弗朗什、沙托鲁、图阿尔、内拉克。1558 年估计至少建立了 34 个拥有牧师的教会；1561 年法国舰队司令科利尼宣称，按照卡特琳·德·梅迪西斯王后的说法，全国有 2150 个教会组织。1559 年 3 月 25 日在巴黎召开首届全国宗教会议。一个新教教会就这样成立了，它既是一个国家教会，又是一个超国家的教会。如此迅速的传播速度就连同时代的人甚至包括加尔文自己都感到吃惊。1560 年，他在写给蒙特利马尔的加尔文宗信徒的信中说道：

  我们要求你们节制……我们不明白你们为何要走得这样快。[225]你们应该稳步地发展自己的团体，不必操之过急。

  这是一个出人意料的明智的忠告，但对于日内瓦的这位倔犟的老人来说则很平常。然而，事态的发展并未得益于人们或各国的深谋远虑。

  战争又一次爆发了，从 1552 年军队向莱茵河挺进的那一刻起便昭示这是一场费力而广泛的战争。战火绵延，硝烟四起。在日内瓦的新教徒中，人们认为，不打开内战的闸门，外战就不可能结束。马卡尔 1558 年 8 月 17 日写信给加尔文说，"倘若国王取得了和平，他就将像他断言过的那样，倾其全力打一场围剿路德派的战争，直至把他们斩尽杀绝"。1559 年 4 月 3 日签订了卡托—康布雷齐条约。天主教两强国所签署的和约开辟了内部动乱的机会。1559 年 6 月 2 日天主教根据埃库昂敕令向新教宣战，该敕令宣告："该死的异端分子们活动猖獗，要败坏我们的宗教信仰，是可忍，孰不可忍！"

  之后在 1559 年 7 月 10 日，亨利死于持矛比武事故中。

  然而，事态的发展并没有中断，战火就要在王国燃起。这场旷日持久、错综复杂的争斗揭开了法国历史的新篇章。如果把战场的地点在地图上标出来就可以看出，新教徒并未在整个法国扎下根来。经过1569年的第三次战争，我们发现，新教的势力已向大西洋沿岸转移，拉罗歇尔成了它的大本营。值得注意的是，在亨利二世戏剧性的统治期间，事态的发展早就为新教在法国划定了地域，早就预示了新教在法国的命运，同时也早就规定了它发展壮大和走向衰弱的线路。这里存在着一种共时发生现象，可以肯定这是拙劣的共时发生，但这是经济活动和战争之间的共时发生，是新教的渗透和旧宗教的抵抗与复兴之间的共时发生；旧宗教的复兴是通过可以称作天主教改革的运动而实现的，天主教复兴在别的地方借助于传统的力量如此牢固地站住了脚，以致新教丧失了控制力和独立存在，此时的新教尽管不乏英勇的壮举，却并未占上风。

（赵亚麟　译）

第 七 章
英格兰的宗教改革

众所周知,英格兰的宗教改革与其他地方的宗教改革有所不同。在别处,宗教动乱之后紧接着出现政治和体制的重建,而英格兰之脱离罗马是由政府领导的,其原因与宗教或信仰关系微乎其微。然而,有些因素,如环境、感情和激情、冷漠,是可以解释英格兰的宗教改革的。在整个西欧出现的对神职人员和教会的权利以及权利要求的反感并非对英格兰无所触动。民间大量流传着关于神职人员劣迹的故事,证明公众中存在着一种意见,其准确性虽成问题,但其意义十分重大。教会之滥用职权、买卖圣职、任人唯亲、兼领圣俸、卖弄财富、贪污腐化、追名逐利使得像托马斯·沃尔西这样的优秀的正统基督教徒也踌躇不前,当对教会的谴责已被认为与异端有联系时,他们刚开始否认和这些事情有关。托马斯·沃尔西[①]这位伟大的枢机主教自1515年起便管理着教会和国家,他全面具体地体现了教会的一切弊端。同他的主子一样,他今生之志已酬,对来生只给予形式上的关注。尽管后世认为,他对建筑、他对艺术和学术的保护以及他的宽容可以减轻其罪恶,但对他自己那个时代而言,这一切似乎更加重了他那厚颜无耻地追名逐利的作风。在英格兰的神职人员中,有比沃尔西虔诚的基督教徒,但在身居高位者和任低级神职的人中,在主教和教区牧师中,灵性生活差者大大超过其他人。两个世纪以来,晋升主教职位是通过为王室效劳、担任律师、外交官和公务员等而实现的;这

[①] 托马斯·沃尔西(约1475—1530年),伊普斯威奇一位牧场主之子,牛津大学莫德林学院特别研究生,1509年任国王的施赈吏,1514年被任命为林肯主教和约克大主教,1515年被任命为大法官,1516年被任命为教皇特别代表。他从国王和教皇二者授予他的种种职位而达到其显赫地位,他的外交政策的目的虽然是为支持教皇,但他的权力实际上依赖于国王。

样的主教的确可能（事实上也如此）效率高、勤奋，甚至是正直的楷模；但却不可能提供许多灵性指导，或对无可怀疑的滥用职权进行真正的改革。这种制度下培养出来的教会的统治者必然要终生使这种制度永久存在下去。

在对神职人员的这种普遍反感——拒绝再受他们统治——之上，平信徒们又增添了别的更加明显的愿望。教会拥有的财产和追求的财富激起了人们的愤恨。英格兰三分之一的财富为教会所掌握。像圣奥尔本斯修道院院长或温切斯特主教那样的大领主（沃尔西将他们的封地纳入他的约克大主教管区）控制的税收比世俗贵族还多。那些租用修道院土地的绅士现在希望将使用权转变为真正的所有权，而让渡土地所有权的计划在历史上早已有之。当时教会收取的苛捐杂税，尤其是什一税，经常引发怨恨。神职人员对举行宗教仪式收取的费用，尤其是葬礼费（送葬费）和由教会法庭收取的税收几世纪以来就经常受到人们的抨击。曾经如此有用的教会法庭此时遭到人们的仇恨。其腐败人所共知，办事拖拉，难以捉摸，不仅如此，它们对私人生活的干涉程度是世俗法庭难以望其项背的。此外，它们代表的是那个致命的事实：教会是独立的组织，是国中之国。

所有这些情绪，虽然古已有之，但现在依然活跃，事实上与日俱增，通常用一个标题来加以概括：反教权主义。毫无疑问，英格兰是反教权主义的；对教会的种种制度尊重少，反感多，甚至常常怀有刻骨仇恨。这种感情在人口众多的南部尤为显著，在伦敦更是如此。1514—1515年发生的一次著名事件显示了其力量。一个伦敦商人理查德·胡恩因被怀疑为异端而遭逮捕，后被发现吊死于主教的监狱内。虽然那位主教发誓说该商人系自杀，但验尸陪审团指控狱卒和主教的司法官犯有谋杀罪。接着在伦敦市和国会里发生了暴动和骚乱。虽然该司法官交了一笔罚金而得以了事，但教会却因此一蹶不振。胡恩的真正罪行在于他曾向世俗法庭控诉，要求取消过高的送葬费；教会试图通过把他当作异端焚毁其尸体的办法来伪造成绩，这一令人厌恶的企图应该归罪于神职人员的思想状态，这是令人悲哀的。当国会终于找到机会攻击教会时，胡恩事件又旧事重提。

反教权主义的产生并不意味着异端在英格兰盛行，记住这一点是十分重要的。总体而论，这个民族坚持正统，但其虔诚在任何情况下

第七章 英格兰的宗教改革

与其说是发自内心还不如说是形式上的。150年前威克利夫对正统之学究气的抨击最后残留下来的罗拉德派的教义在宗教改革中没有起作用。更加可怕的是正开始在各大学传播的路德宗新异端。1524年,威廉·廷代尔逃离这个国家,在国外出版了《圣经》英语译本,并领导了英格兰新教运动。(1536年他被帝国当局逮捕并烧死。)在剑桥,一个名为"小德意志"的讨论小组开始对路德的教义作出学术上的响应;当沃尔西从剑桥调动一些神学家充实在牛津新建的学院时,他无意中影响了另外一所大学。英格兰国教会的殉教史开始于这些年托马斯·比尔嶷和约翰·弗里斯的殉教。沃尔西的世俗倾向使迫害受到了抑制;在他1529年倒台后,平信徒托马斯·莫尔继任内阁大臣,他鼓励主教们采取行动。但总的来说,一方面英格兰国教会可以公正地回顾廷代尔,另一方若不是因为国王,他的呼声本来会消失在旷野里;国王仇恨他,国王在一本自己写的书《七圣事辩护》(*Assertio Septem Sacramentorium*)(1521年)中表白了反路德的信仰,对这本虔诚但在学术上平平之著,教皇甚为感谢,授予他信仰维护者的称号。英格兰的反教权主义是出于世俗的原因,不是由于对福音的信仰。我们也不应指望把理性运动作为宗教改革的一种原因。对"新学问",对学校里的人文主义革命,英格兰像其他国家一样已有所闻;英格兰不是庇护过伊拉斯谟,伊拉斯谟及其朋友们不是把年轻的亨利八世指望为自己的伟大保护者吗?但英格兰的人文主义者仍然忠于罗马教会;他们中为教皇的事业而殉难的烈士很少,莫尔和费希尔是其中两个。虽说英格兰的宗教改革开始时既不是灵性的运动也不是理性的运动,但并不因此就不具有极大的破坏性、持续性,并不因此就不值得重视。

英格兰宗教改革的真正的主因是政治。可以发现人民的反教权主义虽然得到那些反对教皇的外来干涉的民族主义活动的支持,但本来不会导致和罗马的决裂的,假如国王认为没有必要对付教皇对教会的控制的话。因为教会代表了一种中世纪意义上的特权,一种豁免权,有独立的法律、法庭,在控制英格兰人的精神生活方面也是独立自主的。英格兰的国王们总是找得到方法来干涉教会事务:他们向神职人员征税并通过协议分享神职任命权。但正如亨利八世后来以难以置信的吃惊神态发现的那样,神职人员效忠于两个主子。英格兰教会并不严格准确地存在：只有坎特伯雷和约克两个教省，是普世的拉丁教会的部分，受罗马的专制统治。借助于上诉和撤销罗马法庭每年从英格兰抽取很大数量的案件；英格兰的教会法就是罗马的教会法；英格兰的神职人员向罗马缴纳相当多的岁入。在 14 世纪时英格兰的国王和领主们发现自己的圣职授予权受到威胁：教皇越来越习惯于在全欧洲"提供"教区牧师领取圣俸，此时他们通过了保护国王的"王权"的法令——委任有俸圣职法和蔑视王权法，关于这两项法令的不公开的意图不得确知，以至于 16 世纪时能够以一种新的势不可挡的方式来利用它们。但是在整个 15 世纪及以后，英格兰王室和罗马保持了最友好的关系，英格兰是最拥护教皇至上论的国家。亨利八世努力反对路德，教皇授予他那个著名的头衔，这两件事只不过是根深蒂固的合作传统的继续，当时体现在托马斯·沃尔西的地位上：亨利的大法官，教皇的特别代表。如果说有人因这种平淡的和睦关系而吃苦头的话，那就是英格兰教会——受到两主子的勒索和折磨。

当然，在这和睦关系中偶尔也会出现麻烦，尤其是涉及教会的豁免权时，因为教会豁免权是与王室积极巩固统治权的政策相抵触的。教会享有的神职人员不受普通法庭审判和庇护犯人的特权危及秩序的恢复，按第一种特权任何罪犯只要坚称自己哪怕只有次级神品头条罪状便可得到赦免，按第二种特权教会可给一般逃犯以避难权。在亨利七世统治时期和亨利八世统治初期都通过了限制这些特权的恶劣影响的立法，1512 年通过了一项法律，引发了一场暴露了潜在麻烦的冲突，因为该法律剥夺了拥有次级神品的神职人员的神职。1515 年，基德明斯特修道院长罗伯特·温奇库姆，发表了一篇讲道反对该法，结果遭到亨利·斯坦迪什的反击，亨利当时是一托钵修会修士，后来任圣阿瑟夫主教。主教会议试图起诉斯坦迪什，他则寻求国王的保护，在后来的辩论中亨利有机会预示英格兰国王在人世间从来没有过上司。显然，在这个问题上他从不怀疑，也不惊诧：他从未想到过英格兰以外的任何权力可能阻挠他。

当他认为自己在这一点上错了时，[英格兰的]宗教改革就开始启动了，如此说并不过分。贵族们可能对神职人员的财富感到愤慨，人民可能看不起神职人员，对什一税仇恨，对传唤人恐惧，因为他传唤他们到会使总的法庭卷入深不可测的令人烦恼的官司，但只要国王站在教皇一边，教会便是安全的——既不会搞一般的改革也不会进行宗教改革。亨利想要离弃阿拉贡的凯瑟琳的重要性在于：国王因此从教皇的保护者成为教皇的头号敌人。这样，它就把英格兰人反教皇和教会的感情释放出来，而这种感情到当时为止尚不能突破这位"外国统治者"躲藏在其后的防御工事。没有这次离婚［英格兰］便没有宗教改革，但这并不等同于说除离婚之外没有别的东西引发了宗教改革。宗教改革的洪水来势之凶猛、泛滥之迅速说明引发宗教改革的真实的自发的情绪有多么大。再者，正如后来发生的事件所显示的那样，一旦英格兰和罗马决裂，由纯政治因素引发的英格兰宗教改革很快便获得了一种真正宗教的，甚至是真正灵性的伴随力量。

关于［英格兰］教会本身的态度有必要交代一句。教会的崩溃，虽然不像通常设想的那样突然，那样无可争辩，但仍然颇为迅速。1529年以前在英格兰（除少数异端分子外）没有神职人员怀疑教皇认为自己是基督之下教会的最高元首的主张，甚至当1534年以后坚持这一主张必然冒生命危险时仍旧如此。英格兰教会在宗教改革以前和以后可能都是天主教的，但肯定是在宗教改革后才成为安立甘宗的。开初教会没有理由保卫自己，因为它受到的攻击并未大到足以使它记住国王有自己的权利，教会应在一定程度上效忠国王。在教皇开始受到攻击以前这场战斗就已经输掉。此外，沃尔西并非故意地准备好了教会的末日。他通过作为教皇使节的独断专行的行政管理，首次在两个领域间建立了某种持久的统一；他把所有权力集中在自己手中并变主教为他的伟大权力的纯粹代理人，这样便削弱了教会的独立生存能力；他把除自己外的所有神职人员从国王的决策班子中赶走，从而降低了教会的影响①；由于他本人极不得人心，他因此让教会确信教皇的权力中有内在的危险；最后，在他倒台时他为敌人提供了一种制伏教会的战术武器。在沃尔西的邪恶的影响被适当研究后，［人们发现］真正令人吃惊的并非是教会屈服于亨利八世，而是在这位枢机主教15年的强有力的、自私且颇具灾难性的统治之后，教会居然有足够的力量进行其实际上的抵抗。

---

① 宗教改革的一个奇怪的直接后果是在国王的顾问班子中神职人员成分得到加强，斯蒂芬·加德纳1528年被任命为秘书长，1530年被任命为主教，他是自沃尔西1515年任大法官以来第一任官职的主教，在16世纪30年代有4位主教任国王的顾问。

1527年某个时候亨利八世得出了下述结论：娶其寡嫂为妻是违反上帝的律法的。他认为上帝的愤怒明显地表现在其子女的命运上。由于死胎、流产、婴儿夭折，他现在只有一个合法的子嗣，当年11岁的玛丽。对于亨利是否真正关心王位继承问题，或只不过把它用来掩盖他对安妮·博林的不成体统的爱及其对衰老中的凯瑟琳的可耻的反感，从来就无定论。王位继承悬而未决和没有把握无疑使他烦恼。他和他的国家都还没有忘记上一个世纪的麻烦；如果要保障王朝和王朝的和平，国王似乎有必要增加自己的后嗣的数量。同时，他无疑爱恋着安妮。但是他的头脑并不这样理性地分析问题，因为这位国王尽管意志坚强，头脑敏锐，有学者的兴趣，却缺少明智。他也有一个自负者具有的最高天赋——对自己一贯正确深信无疑。在此事上并不存在虚伪：他的良心总是而且颇诚心诚意地把理性所要求的东西和愿望混合在一起，使之成为正确的保证。他想要换妻，或确保王位的继承，最好是找一个高尚的幌子来掩盖这些愿望，但他并不这样想；他认为自己和凯瑟琳一道生活是罪过，最好彻底解决此事。因此，所有这些策略和个性的问题现在都成了教会法问题。

解除不合适的王朝婚姻的步骤是十分清楚明白的：教皇可根据教会法提供的众多理由中的一项宣布其无效，而且在通常情况下教皇很愿意迫使国王们支持亨利八世，因为他已证明自己是忠于圣座的。但在此事件中出现了两个障碍。其一产生于该婚姻的情况：凯瑟琳和亨利的兄长早先的婚约当然是实现了的，后经教皇特别恩准解除。因此，克雷芒七世被要求否认自己摒弃圣典律法的权力。甚至更重要的是，在亨利就此问题首先开始协商后不久，罗马便为[查理五世]皇帝的军队所洗劫，教皇也成了阶下囚，陷入那个要迫使他拒绝亨利的请求的人的控制。查理五世是凯瑟琳的外甥，他的强烈的家族观念和对王朝威望的看法都促使他无可改变地反对解除其姨妈的婚姻。①西班牙的影响和克雷芒的胆怯是沃尔西不能忍受的。反复派遣使节和两年的协商取得的结果仅只是授权沃尔西和坎佩基奥枢机主教在英格

---

① 有时候有人争辩说查理五世对一位中年姑妈不可能那么关心，但这么说是忘记了对他而言家族感情是政策问题（参见本书边码第303页）。

兰审理此案件，但教皇暗中授权与坎佩基奥让审理无结果。然而，这令人讨厌的诉讼除了显示凯瑟琳天生的尊严和善良外毫无进展。由于巧妙的拖延，诉讼一再耽搁，克雷芒将屈服于西班牙的压力，沃尔西被取消授权并撤回案件交罗马审理的危险不断增大，他被迫得走投无路。这位枢机主教深知自己的国王，以至他预言如此的诉讼将导致他的倒台，随着他的倒台教会在英格兰也将丧失独立。1529年6月，沃尔西的世界在他周围崩溃了。在查理五世的逼迫下，克雷芒撤回该离婚案；坎佩基奥宣布教皇使节法庭休庭至10月，或者不如说休庭至末日；而由于法国和西班牙签订康布雷和约，沃尔西再次扭转意大利局势的最后希望也化为泡影。

和罗马和平合作解决离婚问题的尝试便这样收场了。其暴露于前台的主角——教皇使节很快便被处决：到10月时沃尔西充分体验到了诸侯们准备抛弃他这个失败的大臣。众叛亲离，大法官职位被革，被指控犯有蔑视王权罪，受到终身监禁的威胁，这位枢机主教请求亨利宽恕。这至少使他免受私人仇敌的报复，并保留住约克大主教的职位，但其政治生命就此结束。他统治英格兰和操纵欧洲达15年之久，现在无法相信这一切。他虽然去到北方致力于教会的职责，但从未到达约克，并保持对伦敦发生的事件的关注。不出一年，他的敌人们便掌握了他幕后暗中破坏的证据。他因此被捕押往议会受审，但这位老人于1530年11月在南下途中死于莱斯特修道院。他的倒台和死亡标志着事物的一种秩序的终结。同时也生动地描述了在他掌权的年代实质上并无成果，目的没有达到。

劝说和要求都不能获得罗马的合作，亨利现在急忙另寻良策。托马斯·莫尔爵士接任大法官职，但他接任此职是被迫的，并以答应不必卷入离婚案为交换条件。他即使这样不与那些年代唯一重大的政治问题发生联系，仍将使自己处于靠不住的地位，后来只有殉难才把他解脱出来。其他大臣们也没有激发起什么信心。其中以自1528年任秘书长的斯蒂芬·加德纳最能干，他真心实意地忠于都铎王朝，也同样真心实意地忠于一个从政的神职人员的抱负，但在以后整整25年的生涯中他从未做到将二者调和在一起。亨利花了几乎3年的时间实际想出了他后来实行的策略。他的目的仍旧固定不变：另娶妻子和王位安全、合法继承；他也不能摆脱必须得到教皇批准才能实现这两点的信念。但既然教皇不自觉自愿地满足他的要求，现在就有必要采取威胁、恳求、表示敌意等手段来强迫他顺从。他自然想到了召开国会。亨利八世就像西方各王国所有国王一样，当他认为召开国会可能对自己有用时就召开，对亨利的据说的政治天才通常给予的带敬畏的钦佩是不对的。假如在这样一个危急时刻都不召开国会，那才令人吃惊。但这并不是说亨利在利用国会方面没有表现出相当高的技巧。他要求国会爽快合作，因此不可能要求国会给予特别津贴，而且关于1523年的记忆劝告他要小心，那年沃尔西在金钱上的要求导致会议陷入大混乱，令人不满意。不过，国会勾销了国王的欠债，从而缓解了他的困难（这是沃尔西的另一份遗产），但却助长英格兰教会产生了一种更为顺从的心态。众议院至少不仅记起了理查德·胡恩，而且还回忆起教会使平信徒感到烦恼的许多榨取钱财的劣迹。国王给了他们自由发泄不满的机会，神职人员们不久便感到极为惊恐——一位法国使节已为他们预言过。几个律师委员会起草了限制遗产布施和遗嘱验证费的议案，还起草了抨击诸如不居住在任职处、兼有俸圣职、神职人员从事世俗职业以谋取利益的议案。整个教会法庭制度都受到了抨击，尽管当时只引起了罗切斯特主教约翰·费希尔的激烈抗议。

然而，民众愤恨的自动爆发并未给予国王直接的帮助：离婚仍无进展。现在离婚取决于克雷芒七世是否准许在英格兰解决这一问题，或坚持在罗马审理这一案件（亨利坚决拒绝考虑）；几乎又是3年时间在毫无结果的会谈和相互指责中度过。亨利隐晦地谈到利用国会解决问题，但当他的法律顾问们宣称这类灵性的问题在国会的权限以外（1530年12月）时，亨利放弃了这唯一有希望的攻击路线。剩下的办法只有恐吓，而恐吓的力度随着时间的推移逐渐减弱；尝试利用法国从中斡旋，以及1530年进行典型的和典型地无用的活动：通过一些优秀大学的意见——亨利的理由是正当的——来说服教皇。最后一条办法是剑桥大学一位默默无闻的神学家托马斯·克兰默提出的，作为报偿他因此得到了副主教的职务。

1531年元月，在一场自1529年12月以来持续进行的宣传运动之后国会和神职人员代表与主教会议再次召开，此时采取了一个效果更为重大的步骤：全体神职人员在教牧人员代表与主教会议上向蔑视王权罪的起诉——因为他们行使其宗教司法权时无视国王的权利！——屈服，并花费 118000 英镑购买了一张赦免状。同时，他们承认亨利为"他们唯一的最高主人，而且只要基督的律法允许，甚至是最高首脑"。在这次屈服中埋藏着革命的胚芽，但当时亨利并未表现出对此事的含义心领神会的迹象。按他本人对此的解释，这一称号给他的仅仅是首脑的世俗权利，并未给他宗教权利。费希尔和大主教沃哈姆插入的保留条件清楚地说明英格兰国王并未取代教皇成为英格兰教会的首脑，这是因为基督的律法无论如何定义，都是否定此事的。尽管亨利可能大声威胁，尽管神职人员和凯瑟琳的支持者们可能惧怕，但罗马是不会向这种打空拳屈服的，而亨利甚至对自己的神职人员的控制尚未达到弗兰西斯一世——比如说按 1516 年的宗教协定——享有的控制程度。1531 年末，亨利显然无计可施，以至谣言四起，说他已决定放弃离婚的要求。

然而，在此关键时刻，他找到了能解决他的困难的人：托马斯·克伦威尔。此人不久前还是沃尔西的仆人，于 1529 年进入国会，此后在国王的顾问班子中扶摇直上。他出身卑微，才智甚高，游历颇广，博览群书；他曾经商，做过初级律师，当过沃尔西的总代理，从各方面看他对国内外政治都有透彻的了解；他生性对宗教持怀疑态度，非同寻常地不受先入之见的影响，因此他能够作出最激进的决定并出色地加以执行；此外，由于他明白传统的价值并忠诚于国会和普通法，所以他总是有坚实的基础依靠。他只是提出使多年来漂浮不定的所有模模糊糊的威胁和要求成为现实的方法而已。亨利一旦被说服律师们（还有他自己）错了——离婚无须教皇批准，国会可能在此问题上采取行动，办法就明摆在面前了。克伦威尔的意图是建立一个独立和自给自足的王国，一个主权民族国家。他采用存在于其统治者不承认世间有权力凌驾于其上的任何政体中的平民的帝权（*imperium*）概念，称该主权民族国家为英格兰帝国。他对这个帝国的结构的最重要的贡献是他认为在英格兰这个"帝国"可以表现在体现于法令之中的国王在议会中至高无上的立法活动。他解除了过去对法令的限制，这种限制希望参照一定的外部规律——自然规律、基督教世界的规律——来检验法令（托马斯·莫尔的检验），因此他认为法令是有全权的，必须服从。

这项工作国会举行了 4 次会议才完成。1532 年，克伦威尔利用

1529年众议院议员们的一些不满迫使神职人员把对教会法规的权力交给国王（神职人员让权法），并促使〔国会〕通过了一项剥夺教皇从英格兰获取首年圣俸或第一批果实的权利的法案，不过亨利不愿意走极端，以至在该法案中加入了一项随国王之便推迟法案生效的条款。这样，随着逐渐削弱罗马教廷对英格兰教会的立法权和财政权对教廷的真正攻击终于开始了。1533年通过的一项重要法案，禁止向罗马上诉法，摧毁了教皇干预英格兰事务的最重要的武器，因为该法案禁止王国境内的法庭向境外法庭上诉。该法案的著名导言通过对英格兰帝国的描述概括了克伦威尔的国家理论。1534年召开的两次会议把教廷在〔英格兰〕教会里的其他权力全部转移给国王，其中有特许状授予权、主教任命权、自由征税权。1534年的至尊法案只不过宣布了国王是英格兰教会的最高首脑而且必须如此看待他而已。同年通过的一项叛逆罪法附加了对〔至尊法案〕的要求的惩罚条款。在此期间，已不再真正成为问题的离婚已自行解决。克伦威尔的政策一旦得到国王的注意，娶安妮·博林的阻力便迅速被克服。到1533年元月时，她已怀孕并举行了秘密婚礼。同月，托马斯·克兰默被提升为坎特伯雷大主教，此次提升使他感到眼花缭乱；准备殉教并拒不让步的沃哈姆已于1532年去世，而谋取该教职的加德纳已在就神职人员让权法进行的谈判期间失宠。5月，克兰默使用禁止向罗马上诉法赋予的权力宣布亨利的第一次婚姻无效，6月亨利公开与安妮结婚并立她为王后。罗马的反应不出所料——宣布这些行动无效并要求亨利回到凯瑟琳身边，国王于10月要求召开一次大会，不过这些都只是表面文章。禁止向罗马上诉法已向罗马宣了战，而在以后若干年间虽然言及谈判并声称基督教世界的团结并未遭到破坏，但分裂已是显而易见的了。

国王的立场是直截了当的。他的至尊地位来自上帝：由于他的国王身份，他在其世俗领土所及范围之内也是上帝在人世间的牧师。这一观念可以说起源于君士坦丁。他的至尊地位从任何意义上说都来自国会，这种说法并不正确（虽然有人如是说）。没有人认为这样的职务可能取决于国会的法令：所有法规都认为这至尊地位之事实是理所当然的。而此时此刻至尊权力也不在国会里或通过国会行使：正如教皇的至尊地位——国王至尊地位起源于此——一样，国王之至尊地位是个人的、君主的甚至是专制君主的。这一点在 1536 年最明白地表现出来，是年亨利按授权把他掌握的教会事务的全部权力——国王的全部至高无上的权力——转移给了托马斯·克伦威尔，任命他担任教会事务副督察；这次权力转移仅凭最高首脑自己的权威。不过，国会在这场革命中仍然占有非常重要的地位。由于实际的原因，还因为可用于宗教事务的法规不能确保一场革命，至尊权力必须通过王国的普通法庭来行使。这就意味着必须在现行的法典中增添刑法的立法，确定新的叛国罪，而这种增添只有法规——只有国会有资格作出。这一基本的必要性加上克伦威尔对法规的确切与清晰的热心足以说明国会里惊人的革命气氛。当到适当的时候英格兰教会需要对教义加以说明时，真正的信仰便由至高无上的首脑以类似的方式规定，只不过有时由国会予以实施罢了。

然而，至高无上的权力的首次行使却与宗教真理之确立无关。有时候解散修道院在英格兰宗教改革的历史中被赋予了首要地位，虽然此事不如国王至尊地位之确立重要，但仍然是一次惹人注目的事件。在一种意义上，对修道院的攻击宣布了和教会之过去的绝对必要的决裂，和摆脱罗马的束缚同样必要，而且有可能克伦威尔认为修道院是危险地亲教皇的，尽管事实上它们对英格兰的忠诚并不比在俗神职人员逊色。但是，这次攻击大体上必须认为是对教会财富的憎恨的一种结果：国王需要钱，贵族需要土地。现在，对于克伦威尔的代理人 1535 年末对所有修道院进行大视察期间收集到的对〔修道院〕腐败的指控，已没有人认真对待了；同时大家都密切注意《教会财产评估》（*Valor Ecclesiasticus*），这是数月前以一次财务普查为依据编纂的一份资料，以惊天动地的准确性记录了教会的全部财富。该资料不仅提供了评估第一批果实（全体新上任的有俸神职的人员一年的收入）和什一税（每年对全体神职人员的收入课税十分之一）的依据，而且成为解散修道院的必要的促进因素。1535 年宣布解散年收入在 200 镑以下的修道院；1536—1539 年，规模较大的修道院要么自愿解散，要么被迫解散；1540 年通过了一项法案把全部修道院财产划归国王所有，从而圆满完成了整个没收计划。

所有一般修会和托钵修会就这样在 4 年期间从英格兰消失了。修道院的解散是有序而高效地进行的，对被逐出修道院的修士们考虑之周到令人吃惊,条件是他们不抵制。规定并付给他们足够的年金——付给修道院长们的年金可以说是丰厚的;肉体上的折磨极少。国王增加了大大超过10万英镑的年收入,这笔收入大致使普通岁入翻了一番。然而,从一开始部分土地便被转移。免费赠送的土地不多,获得此项利益的是主要的大臣和侍臣;其他人则付出相当多的钱才能得到土地,否则只得满足于租赁。1542年以后,管理效率的下降和耗费巨大的战争的再爆发导致[土地所有权的]大规模让渡,以至到爱德华六世统治末期国王保留的新获得的土地已为数极少。金钱大量流入王室的金库,但这些金钱被挥霍掉了。如果说解散修道院是为了确保国王的财政独立,那么并未达到这一目的;另一方面,拥有土地的新老贵族、根基深厚的郡县家族以及后辈青年、新兴自由民和商人,都在购买土地,这一现象把保存修道院房产的兴趣扩大到这个国家政治影响所及的整个地区。

这些广泛的剧变并非没有遇到抵抗,尽管抵抗给人们最深刻的印象是规模小而且没有实际的目标。从一开始,社会各阶层的许许多多人都持观望态度,对广泛认为会导致灾难的种种事情感到惊讶,但后来的成功取得了回报:消除了这样的担忧。较为严重的是支持教皇地位至高无上者的反对。当时,一位贫穷的精神不正常的女仆伊丽莎白·巴顿狂热地布道反对[国王]离婚,并在幕后人支持下公开为教皇说话,她因此获得了肯特修女的称号,1534年她和支持她的神职人员一道被处决。同年晚些时候,第一继承法要求对新事态宣誓认可,但遭到少数正式被要求宣誓的人拒绝;可是托马斯·莫尔、约翰·费希尔以及伦敦加尔都西修道院的修士们在其中。这些人中有的为旧信仰而殉道:经过大成问题的审判后被处决,就修士们而论,他们在被监禁期间惨遭折磨,但只有这些人为自己的良心而拒不顺从。(当然,也有人为良心而支持亨利。)莫尔的案件最为费力。莫尔受的教育是忠诚于王室,作为政治家,他经过长期的自我斗争之后才决定坚定不移地走自己的路,但他在受监禁期间私下拯救个人的良心极其小心翼翼,以至只有亨利急切的报复心和审判时作伪证才导致了他被处决。当第二年安妮王后增加到被处决者的名单上时(她被处决是因通奸,但真正的原因是失宠于亨利),亨利残忍嗜杀的恶魔的名声便确立起来了。人们一方面必须承认亨利国王有才智有政治技巧,另一方面又实在无法否认他的同时代人对他的这一评判。

不管欧洲如何恐怖，但直到修道院的解散使事态在王国最不安定的地区——北方达到了紧要关头之前，英格兰是很平静地对待这场革命的。在北方，不满从来就没有完全消失过，自从亨利表现出与罗马决裂的迹象以来，不满日渐增强。北方人对来自中央的控制感到愤恨，不喜欢从爱德华四世以来便奉行的摧毁边境地区自古就有的但具破坏性的各种各样的忠诚的政策，对养羊业的扩大和圈地感到愤怒，对1535年通过的用益权法（the Statute of Uses）及其对贵族非法的但根深蒂固的遗赠土地之做法的打击感到恼怒，所有这些情绪再加上对宗教变革的满腔怒火终于引发了一场起义运动，起义者的组成和起义的动机同样地混杂。骚乱首先在林肯郡爆发（1536年10月），迅速蔓延到约克郡。在约克郡起义运动找到了自己的领袖罗伯特·阿斯克，此人是约克的律师，他用基督的5处伤口的图案作旗帜从而大得人心，他认为起义是一次朝圣，称作求恩巡礼。反叛者的要求以宗教上的保守主义为核心：他们要求惩办异端主教和政客，要求恢复修道院。但是除此而外，他们还表现出北方特有的独立自主精神以及贵族和平民的自私性。起义一度看起来很危险，特别因为政府无力镇压起义；但亨利和克伦威尔在自己选定的道路上决不犹豫。谈判和起义者内部分歧把起义限制在特伦特河以北，王国的其余部分仍旧绝对忠诚于国王；国王的陆军中尉诺福克公爵召集了一支所谓的军队；在国王允诺赦免后，阿斯克于1536年12月解散了他的追随者。在以后的数月中发生的骚乱较小，亨利因此不履行自己的诺言，却进行了可怕的报复，阿斯克被处绞刑。起义运动作为中世纪英格兰的最后一次表现和老百姓对宗教改革的抵制吸引了众多的同情；但事实上——假如我们把阿斯克和几个真诚的人排除在外，这次起义证明的只不过是这些闻名的动荡不安的地区的落后和任性。起义的主要结果是诱使克伦威尔改组北方的议会，[改组后的]议会积极执行了一项重要任务，即摧毁特伦特河线，这条线自罗曼征服以来一直把英格兰一分为二。真正打动一位不带偏见的观察者的并非是北方针对都铎王朝的统治和与罗马决裂的反叛，而是地域更广大更得人心的南方对二者都感到满意。

镇压求恩巡礼和继续消灭剩下的修道院结束了英格兰宗教改革的

第一阶段：以政治国家的重新构组和民族国家的胜利为特征的政治阶段。1535年至1539年间逐渐解决了由这次革命性的变革造成的问题：国王的至尊地位的性质和英格兰教会的信仰。这些内部的政治和教义争执，由于欧洲舞台上的变化和英格兰外交政策的需要而进一步复杂化，至于一场重大的经济危机引起的麻烦，那就更不用说了。假如说克伦威尔在关键的第一阶段起主要作用，那么说克兰默在第二阶段处于事件的中心并不为过。克兰默是一位慢性子的诚实学者，一旦有了信念便坚定不移，在这些年间经历了内心的变化。这位坎特伯雷大主教表现的形象和教会事务副督察大不一样，后者冷酷无情、有政治家才干、直截了当地世俗化。克伦威尔无疑个性较强，目的更明确，但克兰默性情温和，较有宽容精神，这些品质更具吸引力。他们是好朋友。

亨利八世似乎原先以为可以不改变英格兰教会的教义和崇拜便和罗马决裂。他，如果说不是别人，显然坚持自认为没有发生革命，只不过是恢复真正的古代的组织。可是在别处带政治性的宗教改革正在开始激起宗教骚乱。有些神学家已经接受了路德和廷德尔的教义，这批人数量不多但直言不讳，他们认为时机到了，而克兰默——他继续进行在剑桥时就已经使他脱离了正统的研究——感到倾向于支持他们。克伦威尔也有此倾向：他急于找到消除法国—西班牙同盟的潜在危险的盟友，他在德国路德派诸侯中寻找，他们至少在遏制教皇和使皇帝忙于应付方面［和英格兰］有类似的利害关系。征兆是清楚的但绝不是光明的：脱离现有的惯例和信仰，尤其是改革派特别厌恶的以炼狱教义为基础的惯例和信仰，将小心翼翼地进行。1536年由教会事务副督察对神职人员和平信徒下达的禁令而开始实施的《十信条》体现了这一妥协：他们"丢失了"除路德宗也承认的三种圣礼（洗礼、圣餐和补赎）外的所有圣礼，并且审慎地隐约表现出对向圣徒祈祷和为死者祈祷的反感日益增强。这一禁令之所以值得注意是因为禁令要求每一教区拥有一册本族语《圣经》并陈列出来。1539年一种官方译本（以廷德尔和迈尔斯·科弗达尔的翻译为基础的"马太《圣经》"）出版使各教堂有可能服从这一命令。英格兰新教的这种具有特色的工具就这样在这场战斗的早期便出现了。

然而，1536年也是阿拉贡的凯瑟琳去世和安妮·博林被处决的一年，是法国和西班牙重开局部战争的一年。亨利因此认为不再需要这些朝路德宗方向的［改革］动作了；每当外来压力不复存在，他便无例外地对克伦威尔在北欧建立反教皇集团的尝试加以阻止。所以，在1537年当国王（又娶简·西摩为妻）得到一个儿子却失去一个妻子时①，他批准出版了一本识字祈祷书《基督徒的基本原则》，该书甚至从《十信条》取得的审慎的进步后退了。但在1538年夏季，欧洲大陆的列强缔结了尼斯和约；有一段时间情况看似它们终于将转而对付英格兰了，将利用它们在那儿能找到的不满了。克伦威尔因此暂时得到了放手大干的权力。他现在忙着加强这个国家被忽视了的防务；约克王室的波尔家族和科特尼家族的残余代表旧信仰和教皇，把家族的野心和叛逆活动结合起来，为了满足他对安全的希望和消除亨利的［都铎］王朝的恐惧，他消灭了这批人；他在1538年9月发布的禁令中以新的气势推行其改革政策，该禁令抨击了"迷信习惯"、圣物匣和朝圣。他还重新作出努力建立一个路德宗同盟。但是，他已开始在国王头脑中引起猜疑；他筹划防范的危险看来永远不会发生。雷弗维尔·波尔枢机主教1539年初出使英格兰清楚说明各大国只愿漫骂亨利，不愿进一步采取行动，而在国内改革派的号角和对像坎特伯雷大教堂里的圣托马斯·贝克特的圣物匣这样的古老的崇拜中心的攻击正在引发骚乱。即使在北方许多人抵制了对他们熟悉的修道院的攻击，英格兰人民已经以显著的平和心情接受了亨利之取代教皇。只是当习惯于形式上的虔诚和赎罪手段——这时对很多人来说基督教的全部意义就是这些——的缺少宗教热情的一代听说他们的神职人员中有一部分人把这些安慰说成是可疑的、否认向圣徒祈祷和为死者做弥撒的效力并指责向圣像和圣物匣祈求产生奇迹是迷信时，真正的不安定出现了。宗教方面的改革肯定是出现在16世纪30年代，是政治剧变的直接后果，这些剧变清除了年代久远的对意见分歧的障碍；接着它便立即开始培育那种宗教热情，那种神学狂热（*furor theologicus*），这种热情是以后150年的特征，既和被推翻的制度的形式主义有别，又和克伦威尔的世俗头脑之冷静的清晰不同。

到1539年时，这个国家在日渐增强的抱怨声中活跃起来，在这

---

① 简·西摩于1537年产下一子，她于产后12日去世。——译者

些抱怨声中可以察觉出动乱的迹象：这个国家被新宗教的狂妄的傲慢和旧宗教的粗野的固执分裂为二。然而，从上面来的一句话将解决一切问题，平息争论。因此，下令于1539年4月召开国会与神职人员代表和主教会议，两会召开的时间是非同寻常的——接近夏季和疾病多发季节，这说明问题之紧迫性。在教会的会议和贵族院中都进行了长时间的辩论，终于产生了一份教义解释，即著名的《六信条》，它裁定天主教为正统信仰。《六信条》标志着以加德纳为首的保守派主教们对克兰默和克伦威尔的胜利；当国王看到《六信条》得到大多数人意见的支持时，便接受了它们。然而，《六信条》尽管一直标志着官方的正统标准，但实际上被暂时搁置：在亨利在世的日子里未对新教徒进行大规模迫害，虽然有少数人将吃苦头。

然而，《六信条》法结束了克伦威尔逐步走向新教的政策。这位大臣仍大权在握时成功地度过了一段困难时期，但他很烦恼以致犯了一个致命的错误：他迫使亨利接受了一次令他讨厌的婚姻。计划和施马尔卡尔登同盟建立同盟关系于1539年5月被放弃了；作为替代，克伦威尔为其主子找到了一位新妻子安妮，这位安妮是克莱沃公爵之女，公爵的领地控制着神圣罗马帝国从意大利通往勃艮第之通道。从第一次见面起亨利就讨厌克莱沃的安妮。这次婚姻并非是克伦威尔失势的起因，但国王却因此产生了听他这位大臣的敌人的意见的倾向。1540年初约有5个月之久秘密进行着这场激烈的战斗。个人仇恨加上国际关系的考虑起了重要的作用，但表面上，而且在一定程度的实际上，斗争是在宗教上的保守派和改革派之间进行的。亨利继续信任，或者说继续支持克伦威尔直到最后，但终于听信了似是而非的谎言：他的宗教事务副督察是异端分子，6月10日亨利下令逮捕了克伦威尔，未经审判便被褫夺公权后于7月23日被处决。同时，克兰默和国会顺从地解除了国王和克莱沃的安妮的婚约。

克伦威尔的垮台对英格兰而言是一场灾难，因为尽管亨利沾沾自喜地认为自己有政治家的品质，但现在留下来的人中没有一个能够以克伦威尔那样的熟练、敏锐和勤奋来指导国家事务。对新教的事业来说，此事则证明远不那么具有灾难性。克兰默仍旧得到国王的信任：这是截然不同却又被相互钦佩和甚至挚爱维系在一起的人之间的一种奇怪的关系。再者，尽管国王势力强大，但他不可能单枪匹马地阻挡几乎由他一人释放出来的潮流；他关于分裂所发的吹毛求疵的牢骚以及就宗教问题发生的争吵于他毫无助益。在教会的前头并没有明确的目标，因为直到亨利去世之时，事务仍在一位仅只在机会主义方面出类拔萃的人掌管之下。但如果说此人的品质制止了国王给予这场风暴以方向，那么这些品质也救了他，使他在下一任国王统治时没有采取鲁莽和脱离实际的措施。事实上，他在各方之间维持了一种摇摆不定的平衡有 6 年之久。

克伦威尔垮台以后，当保守派为国王找的王后因不贞于 1542 年被处决时，他们的迅速崛起便宣告结束。一年以后，和西班牙的结盟与改革派狂热分子的过激行为使天平略向另一方向倾斜。立法规定英语《圣经》保留给富人使用；新出版一本识字祈祷书《基督教基本教义与知识基础》除去了 1537 年出版的祈祷书中的全部路德派痕迹；天主教主教们数次试图像除掉克伦威尔一样除掉克兰默。可是，不久以后事态的发展推进了新教的事业。在宫廷中，由爱德华王子的舅舅哈特福德伯爵和莱尔子爵约翰·达德利为首的年青一代正转向新思想，而亨利在把自己的继承人交托给像约翰·切克爵士这样优秀的新教徒教育时，他便认识到未来是何样子了。1546 年末，自从克伦威尔掌权以来天主教在俗界的中流砥柱霍华德家族终于走错了一步。此事不应责怪老诺福克公爵：他有两个侄女嫁给国王并且得罪了国王，他幸存下来，这证明了他的能耐。可是，他的儿子萨里伯爵亨利却不负责地、不成熟地表现出倾向于改革的迹象，不仅如此，他还大谈他有爱德华一世的血统。霍华德父子树敌甚多，因此亨利驾崩后，萨里伯爵于 1547 年元月 27 日被斩首，他的父亲被判处死刑关进伦敦塔（不过判决从未执行）。

无可否认，亨利统治的最后几年在宗教改革方向上并未有正式的进展。《六信条》继续保护着正统信仰，偶尔烧死几个新教徒使这一事实显而易见。克兰默忙于翻译连祷文，但他没有发表其成果。同时，亨利当然没有从他是教会最高首脑这一立场后退一步，而且以卖国罪处死了几个教皇至上主义者，以表示他在此问题上的决心。在这些年代，从表面看教会是名副其实的亨利派教会：在教义上和罗马一样是天主教的，但作为基督徒的团体则是和罗马决裂了的。可是从一开始大陆上反教皇的新教的存在便使这种带有个人特异性的妥协处于危险之中。改革派迟早会壮大;"亨利派"迟早会认识到,假如他们放弃国王至上的立场,他们便只能保持天主教的信仰。正因为亨利看到了这点,所以他从不信任加德纳和其他正统派主教们,而且他在去世之时把国家交给一个信奉新教的孩子手中,辅佐这个孩子的人中新教徒占优势。作为最后一招,国王不可能毁掉自己和克伦威尔已经建立起来的东西。亨利的改革的本质在于主权民族国家对在英格兰的教会的胜利;宗教方面的变革——信仰和教义的变革——只是在亨利去世以后才具有头等重要的地位。

然而,一旦王权落入懦弱无能的爱德华六世手中,这些变革无须多久便发生了。在他统治的 6 年间(1547—1553 年)发生了一场宗教革命,其意义和 30 年代管辖权方面的革命同样重大。亨利八世刚一安葬,新教胜利的征兆便开始频频出现。先王努力避免一位大臣的权势压倒其他大臣而处于支配地位,他的这一努力立即付诸东流:哈特福德伯爵在威廉·佩吉特的帮助下使自己被封为护国公和萨默塞特公爵,开始以他的外甥的名义进行统治。无可否认,萨默塞特公爵担当这一角色的资格是显而易见的。他不仅是这个国家最杰出的军事指挥官和国王的舅舅,而且中改革派的意,改革派在议会中的势力使他占有优势。不幸的是就他的性格和能力而论不能胜任这一任务。他虽然宽宏大量,政治上属于自由派,愿意消除穷人的疾苦,但他也证明自己傲慢、贪婪,在和他的对手打交道时不圆通。最严重的是他没有表现出那种使都铎王朝维持至今的敏锐的政治判断力——那种在正确的时机采取正确的行动的嗅觉力。他从废除先王时期制定的使政府成功地压制了宗教上的不顺从的残酷法律开始改革。《六信条》仍有效,叛逆法也有效;准许在两种情况下举行圣餐礼;克兰默发表了一本《讲道集》(*Homilies*),对该书的攻击导致加德纳被送进弗利特监狱。政府已经表示打算走什么路了。

创建了英格兰新教教会的爱德华朝的宗教改革分两个明显的阶段进行。首先,在 1549 年发布《公祷书》,继而于同年通过准许神职人员结婚的法令,又于 1550 年颁布《授圣职礼书》,从而建立了温和的新教。《授圣职礼书》消除了英格兰神职的一切祭司职分的痕迹:神职人员只是按新教方式传道的牧师。就其对圣礼(书中只保留了洗礼和圣餐礼)的态度而论,《公祷书》本身显然是新教的;书中包括一套简化了的以《诗篇》、读经和指定的短祷文为中心的仪式，颇像诸如雷弗维尔·波尔和方济各会修士、枢机主教基尼奥内斯这样的天主教改革派提出的仪式。只保留了洗礼和圣餐礼表明了问题的关键：爱德华朝的宗教争论的核心圣祭坛之圣礼——弥撒和圣餐礼之间的争吵，以及圣礼变体问题。克兰默的头脑策划出他的笔写出了几乎所有仪式书和礼拜书，而他本人迟至1546年还相信真在论，至少他在亨利统治时期没有加以否认。但从1547年起他开始受到来自大陆的人的影响。由于压制性的立法的撤销，一些主要的［大陆上的］改革家被吸引到英格兰，他们完全是故意请来帮助大主教解决他的问题的：发现真正的宗教并强加之于英格兰教会。从德国、意大利、波兰来了一些最负盛名的新神学家，马丁·布塞尔在剑桥任教，彼得·马蒂尔·韦尔米格里在牛津任教，还有约翰·阿·拉斯科（John à Lasco）和弗朗西斯·德赖安德。对克兰默影响最强烈的是体现在苏黎世的教皇亨利·布林格尔身上的茨温利派的教义，在布林格尔看来英格兰新教将在未来大约30年间寻求帮助和意见。不过在圣餐礼问题上，克兰默拒绝完全接受茨温利的主张，他得出了一种具有英格兰特色的解释，这种解释是弥撒是献祭和瑞士教派的圣餐仅仅是纪念的主张的折中。

如此，［英格兰］宗教改革的第一阶段是足够的新教改革，但有所保留。萨默塞特公爵忠诚于自己的自由性格，他只通过一项宽容放任的法案来推行《公祷书》，不愿意再进一步，克兰默对完全割断和天主教的历史联系的理由也感到没有十足的把握。可是，到头来《公祷书》只使少数人高兴。大陆上来的人以不情愿的态度接受了《公祷书》，但一当加德纳（他因公开反对新教的布道从1548年7月被关进伦敦塔）发现《公祷书》可能具有天主教的解释，他们便决定加以反对。要克兰默进一步改革的压力在增强；特别是当1550年第一批清教徒（英格兰新教后来产生大量清教徒）崭露头角时更是如此。约翰·胡珀诚实、热情、不妥协，常常口出恶言、令人难以对付，他不仅对从政的神学家们，而且对像伦敦主教尼古拉·里德利这样的激进派都证明是一个难对付的人。克兰默和里德利都感到无意尊重胡珀对法衣和礼拜用品的吹毛求疵式的顾虑，而最感无意如此的是议会，但优秀的新教主教难以得到，因此他们需要他的服务。结果，胡珀作了大让步，接受了格洛斯特主教职位（后来又增加了伍斯特主教职位），但他在宗教上对极端主义的抵制有助于推动教会进一步改革。

不过，真正的压力来自另一方面。英格兰的宗教改革毕竟从不是宗教和神学家们独占的领域；政治和世俗的力量总是更为重要。1550年世俗力量正处于转变之中。在议会里，萨默塞特公爵的敌人比朋友多；这是由于他有意不把他们放在眼里而造成的。在危机四起的1549年，当两次同时发生的起义震撼了这个国家时，强大的贵族（议会代表他们）吓了一大跳。在这两次起义中，康沃尔郡的起义似乎主要是针对宗教革新而发的：康沃尔郡人抱怨《公祷书》和圣经是外国的，用的是像拉丁语这样不寻常但较不熟悉的语言。更为严重的是诺福克农民的大起义；这次起义因其领袖是凯特而称为凯特起义，一度在东英吉利亚（East Anglia）建立了一个几乎是独立的政治组织。在这儿起义的主要缘由是农民的不满，特别是对圈占公地和不合情理的地租不满，而在宗教方面凯特及其追随者们似乎同情新教。对萨默塞特公爵的敌人而言，这些分歧显得无关紧要；动乱说明的问题是他未能履行都铎王朝政府的首要职责。他在宗教方面的革新激发康沃尔的起义；他的社会政策——调查非法圈地和试图强行实施针对贵族本身的法律（1548年）——鼓励了凯特及其同伙。这些指控有一部分是公平的，但并不重要。议会的愤怒，还由于这位护国公的个人野心和在法国进行的战争之失败而越发高涨，终于迸发出来；在约翰·达德利（此人现在已是沃里克伯爵，不久将受封为诺森伯兰公爵）的带领下，他们向萨默塞特公爵发动了攻击，逮捕了他，最后在1551年以伪造的叛逆罪处以死刑。人民对"好公爵"之死感到悲伤，这既说明他在权势堪与相匹的对手们中不得人心，也说明民众的这类感情根本不起作用。

诺森伯兰公爵的胜利开初有意作成像是天主教的反攻倒算，但不久便成为进行一场更积极的宗教改革的前奏。诺森伯兰公爵行政管理能力强，精力充沛，他本可成为一位典型的都铎王朝君主的优秀仆人的，但他最后得到的却是这样的无可争辩的指控：他太肆无忌惮和谋求私利，以至他做的事对这个王国只有百害而无一利。他，还有其他人，代表了那些靠国王的慷慨和没收的土地而发迹的人，因此他只能支持最严厉的反教权主义的政策。解散修道院遗留下的尚未满足的贪欲，萨默塞特公爵于1547年满足了，是年他实现了亨利的意图解散了小教堂并没收了其基金。设立这些小笔基金的主要用意是支持牧师为创立者的灵魂唱弥撒，对否认炼狱和代祷的改革派而言，无疑令他们讨厌；基金也是地产。有一种看法认为解散修道院毁掉了欣欣向荣的语法学校体系，但最近证明这种看法是站不住脚的；相反，16世纪对教育的贡献比以前的世纪都大，事实上国有化了的土地中有一部分用于办教育。① 不过，绝大部分还是用来扶持拥有土地的贵族了。现在剩下来可供掠夺的只有在俗神职人员的，特别是主教们的土地了，没收这些土地的最佳办法是把现任高级神职人员免职和向继任者强索捐赠。谋取私利就这样规定了诺森伯兰公爵的一种新教政策，假如他像克兰默和萨默塞特公爵一样在这一问题上有更多的真诚感情的话，那么这些感情从来就没有被观察到。

因此，无论英格兰的还是外来的改革派事实上都发现新上任的公爵比老公爵更合他们的意，尽管有一段时期他们为自己已取得的成绩担惊受怕。克兰默不久便发表了经修订的《公祷书》（1552年），该书抛弃了原书中残留的天主教教义，从而完全站到了新教一边，虽然他继续相信基督的灵临在于圣餐之中，这一信仰把该圣礼提升得比茨温利派的绝对简单的圣餐礼高。这本《公祷书》还去除了遭到拉斯科和其他人反对的罗马天主教的所有痕迹；至于教义和礼仪，英格兰教会现在以大陆上的归正宗教会为榜样。严厉的划一法不仅使其他所有崇拜形式可能遭到重罚，而且强制人们参加国教的崇拜仪式。1553年，克兰默发布《四十二信条》，从而为改革的大厦加上了压顶石，《四十二信条》是一部信仰汇编，要求全体神职人员订购；该汇编从头到尾全部是新教的信仰，不过有些往后看的折中的痕迹，暴露了这位大主教从根本上对革新持小心谨慎的态度。

现在至少就立法和法令的作用所能达到的程度而论，英格兰已成为一个新教国家了。事实上，上层的变革产生的影响甚微。在一些地方的确可看到热烈的新教。国王本人以一个少年人的超人的热情赞同

---

① 琼·西蒙的论文《A. F. 李奇和宗教改革》（载《英国教育研究》，1955年）打破了这种公认的看法。

新教，国王从童年就受到新教信仰的灌输，自萨默塞特公爵垮台后他在事务方面能起一些作用；高级神职人员是经过仔细挑选的，包括越来越多的有利于新思维方式的人（不过当时最杰出的布道家修·拉蒂默和托马斯·利弗由于致力于批判现存权力而未被授予高级神职）；在一些人，至少是一些贵族和受过大学教育的人那里，对改革过的宗教的真诚信仰甚至比土地占有阶层的利益更为重要。但没有任何一个人比克兰默更明白，如他现在所见到的那种真理必须通过长期的宣传和强制实施在国民——神职人员和平信徒——中反复灌输，他制定的教会法典（《教会改革法》[Reformatio Legum Ecclesiasticarum] 于1553年完成，但从未颁布）就是为这场战斗提供武器。最乐观地看，这个国家大多数人似乎并不关心；在许多神职人员和地方行政官员不喜欢革新的地方，仍继续使用旧的崇拜形式。有人说爱德华朝的宗教改革只触及皮肤。关于其影响程度，没有足够的证据可下肯定的结论；但这一点是清楚的：像后来伊丽莎白朝的解决一样，改革是否能持久有赖于一段时期的应用和强制实施，而由于政治上的不测事件的发生，改革的倡导者们没有必需的时间。

关于爱德华朝的宗教改革，还有一点值得一提：它结束了亨利八世型的，即个人的和实际上暴君型的国王在教会中至高无上的权力。不仅是至高无上的首脑的地位由于一个孩子占据了王位而削弱，真正重要的变化发生在法规的措辞方面。在亨利八世利用国会来强制实施最高首脑亲自作出并说明其正确性的决定的地方，爱德华朝的国会，当由立法确定的崇拜形式成为国会一项立法的附件时，则参与了最高权力的行使。伊丽莎白在教会里最终继承的地位是其弟弟的而不是其父亲的，由于她的性别，这一地位就更加虚弱，由于她是女性，她不适合当握有全权的首脑；尽管她为阻止国会干预宗教事务进行了顽强斗争，但她未能否定其参与的权利，而且不得不退守第二道次要防线，为提出涉及教会的法规的权利而争吵。

随着1553年的临近，人们清楚地看到爱德华六世在世的日子已屈指可数。除非做点手脚，继位者非其姐玛丽莫属，玛丽为阿拉贡的凯瑟琳所生，拥护罗马天主教的决心不可动摇。在当时的人看来，这样的王位继承意味着宗教政策的完全逆转：16世纪时各地政府都在这样的问题上发号施令，如果人们记得，英格兰人民认为不问其宗教观点如何便忠于世俗政权是上帝之律法所禁止的,那么英格兰发生的剧变就不难理解。诺森伯兰公爵已走得太远,在他有生之年再也不能希望车轮会倒转。由他的恐惧产生出一个世纪最无耻最无望的阴谋,其中不乏许多漂亮的典型。诺森伯兰公爵决心维护其权力,试图破坏王位继承,排除玛丽,立简·格雷郡主为国王。简是萨福克家族提出的王位继承人,他安排自己的一个儿子娶简为妻。他以超凡的精力和冷酷的魄力在议会里占了上风,但爱德华于7月驾崩,他的阴谋遂成幻影。国民决心要一位正宗都铎家族的成员当国王,因此拥立玛丽为王;诺森伯兰公爵为反对玛丽而退入东英吉利亚,在伦敦的议会抛弃了他;最后玛丽郡主顺利继承了王位。诺森伯兰公爵被斩首,但玛丽一时发慈悲赦免了其他参与阴谋者的死罪,其中有那个年仅16岁的无辜的工具——简。

就这样开始了为期不长的天主教复辟,在这一时期英格兰最后一次构成了指靠罗马的教会的一部分。对玛丽、对其政策以及对关于她的记忆不幸的是,这也是英格兰第一次构成哈布斯堡王室的领土综合体的一部分。玛丽压倒一切的抱负是让王国回归正宗信仰,得到教皇赦免分裂之罪并根除异端。另一方面,查理五世在他这位有一半西班牙血统的表妹登上王位时看到了把英格兰引入他的家族而通过多宗精心选择的幸运婚姻而建立起的势力圈的机会。自始至终,这两项政策就从未足够平行地加以执行。查理五世皇帝欢迎英格兰回到教皇的羊栏中,但他又希望阻止对新教采取强有力的行动和真心实意恢复玛丽的纯朴信仰,因为他担心这些步骤将导致分裂,从而降低英格兰在他的欧洲政策中的价值。因为他打算让他的儿子勃艮第大公菲利普娶玛丽,所以他更加强烈地感到这点;实际上,在挫败了议会中一部分人的强烈反对后于1554年初举行了婚礼。国民对这一婚姻的反对和敌意从未缓和过:菲利普得到的充其量是容忍,同时英格兰人和西班牙人都发现了一个古已有之的事实:性情和传统大不相同的民族间的交往更可能产生的是敌意,而不是友好。和西班牙的联姻使女王大为高兴,但这个国家却因此卷入他人的战争,结果导致加来的丢失,破坏了英格兰政府的团结并摧毁了其目的,而且并未能阻止对新教的迫害,而查理五世不管在原则上如何赞成迫害,但认为在这种情况下是一个严重的错误。

玛丽朝的全部成绩常常被描述为不结果实，这一结论只有最认真的支持者才会发现容易对之持异议。英格兰被归还给罗马。被挑选来实现玛丽的虔诚愿望的工具是波尔，此人是英格兰枢机主教，不幸的结果是他是那种诚实而才华横溢的神学家，而这种人往往是满不在乎的政治家。大约 30 年前，克伦威尔就曾提醒过他不可认为哲学家的教导可应用于这个世界的事务，但这一教导波尔从未领会（有人认为这是对他的赞扬）。他于 1536 年和他的同胞亨利八世决裂，此后有一段时期忙于发动欧洲君主们反对英格兰国王，但未有结果；后来他退隐过一种对他更为相宜的从事学术研究和虔信宗教的生活。然而现在他的时机到了。他被从退隐生活中请了出来，前往自己的故土，口袋里装着教皇的赦罪诏书，期望恢复这个王国古老的［对教皇的］顺从。他遇到的障碍有两个。其一是英格兰所有统治阶级的担心——每一个重要人物的担心：回归罗马意味着势必交出自 1533 年以来从教会夺取的土地。其二是查理五世希望在他的儿子在那儿稳固确立自己的地位前，引发不安的因素不应进入英格兰。因此，从 1553 年末至 1554 年 11 月，教皇的使节一直在尼德兰等待许可，以便横渡狭窄的海峡去执行和解的使命。

　　在此期间，玛丽努力要从国会获得对其反宗教改革的一定的支持。她认为反教皇的立法虽然本身就是无效的，但她不得不屈服于包括加德纳（现在任大法官和首席大臣）在内的一些人，他们宣布只有国会才有资格取消国会所作的决定。于 1553 年 10 月召开的玛丽朝的第一届国会废除了爱德华朝的［反教皇］立法，但拒绝重新向政府提供萨默塞特公爵丢弃了的镇压异端的世俗武器。第二届国会于 1554 年 3 月召开，这届国会除剥夺了托马斯·怀亚特爵士最近发动的叛乱之参与者的财产和公民权利外（其后果之一是被囚禁于伦敦塔的简·格雷郡主及其亲属被处死），不愿另有作为。同年 11 月，在菲利普已巩固了作为英格兰国王的地位并一再绝对保证不再提及没收教会的土地后终于让波尔枢机主教进入英格兰，同时召开第三届国会废除了亨利朝的立法并谦卑地请求教皇使节赐给教皇的宽恕。20 年的成绩就这样废于一旦；分裂已弥合，剩下的工作仅仅是惩罚其尚活着的责任人并扑灭异端的残余。

　　事实上，在玛丽统治余下的时间里集中进行了大迫害，关于她，公众只记得这点。第三届国会重新颁布过去的惩治异端的各项法令,但甚至在此以前便出现了将采取行动的迹象。伦敦主教埃德蒙·邦纳,还有林肯主教和受新教影响最深的教区诺里奇的主教,在惩治异端的各项法令重新生效以前便试图镇压异端,他们的行为使政治家们感到愤怒。加德纳也表示自己在亨利统治期间虽然离弃了教皇的事业,但这并不削弱他处理别人身上这种懦弱造成的后果的决心。玛丽和波尔确信有必要根除异端,这两个人必须承担大部分罪责;虽然就其个人而论他们温和慈悲,但他们也有宗教狂热者的致命禀赋:有在个人和事业之间作出区分的能力,对个人慈悲为怀,为事业大开杀戒。

议会发现对迫害表示认可是比较容易的事,因为总的来说涉及的仅是下层人士。相当数量的新教领袖已逃往国外;在玛丽统治的整个时期,在法兰克福、日内瓦和斯特拉斯堡的英格兰社团虽然不无内部争吵,但保持了新教的传统并为回归祖国作准备。但有 4 名领袖受到迫害:胡珀、拉蒂默、里德利和克兰默以重犯异端罪为名被处以火刑。已知在史密斯菲尔德和别处的烈火中被焚死的牺牲者有 273 名,除以上 4 人外大多数是小人物——工匠、店主、劳工,而妇女所占比例大得惊人。被处死的人中有许多是宗教狂热者,而其中有些人可能持有新教政府也会因之对他们加以迫害的见解——再洗礼派及诸如此类的见解。可是,而且不无理由,这种集中迫害和为警告民众而故意扩大火刑(无可否认因为约翰·福克斯的宣传性著作《伟绩与丰碑》[Acts and Monuments] 大获成功而加剧,该书于 1563 年首次出版)使英格兰人民在以后数世纪都仇恨天主教,认为它是残酷的迫害人的宗教。16 世纪时生命总是不值钱,在那个时代随时都有通过法律手段进行的滥杀。然而,已变得冷漠的一代人对于为宗教而烧死人的反应是惊恐。不管人们对这次迫害有何别的看法,它都是一次头等严重的政治错误。

玛丽朝回归罗马最坏的一个特点是满足于迫害而不努力,比如在灵性复兴方面,有所作为。没有引导人们走正道的宗教热情和渴望;波尔老朽,甚至于最后被怀疑为异端,而其他主教们早已失掉了正直。一切都是政治。在玛丽的统治结束前,波尔被一位疯狂的教皇以纯政治理由革除教籍,而玛丽则看到自己的丈夫和自己的精神之父不和。事实是在英格兰，无论迄至当时新教的传播多么微弱，只有新教代表着一种真正的宗教精神。这个国家也许依恋弥撒和旧的崇拜方式，但旧的方式的显著特点是缺少真实的信念和真正的信仰。诚然，信念和信仰将产生冲突和迫害，但玛丽朝的历史本身说明这样的结果不仅是宗教狂热者可以造成，而且不关心宗教的俗人也可以造成。如果英格兰要从由于谋私利和贪婪而滋长的腐败——自从1547年政府遏制腐败失败以来腐败蔓延越广——中得到拯救，那么她不仅需要回归良好的治理，而且需要注入一种积极的信仰。在16世纪50年代罗马是不能够提供这种信仰的；而日内瓦能，这也许是不幸的，对伊丽莎白来说肯定使她大感恼怒。

玛丽和波尔在1558年11月的同一天去世时，他们知道自己的政策失败了。他们驱逐了信不过的神职人员，看到异端分子被烧死。从表面看，就如同亨利八世怀疑自己的婚姻以前一样，英格兰是十足的天主教国家。可是事实上玛丽的统治摧毁了罗马再次统治英格兰教会的机会。战争，加来的丢失，西班牙的崛起，这些事件和对迫害的反抗结合起来使这个国家终于脱离了自己的过去。反教权主义，对罗马教廷的厌恶，还有对教会土地之渴望较之30年前有增无减；现在，对西班牙和教皇的影响的经验已进一步为接受新教做好了准备，而在爱德华朝［宗教改革］猛烈进展期间却鲜有这样的迹象。对天主教在英格兰的未来最糟糕的是，作为妇女和女王玛丽没有生育她渴望的孩子。王位将由她的妹妹伊丽莎白继承，伊丽莎白是安妮·博林所生，在玛丽统治期间始终被认为是对天主教的反攻倒算和西班牙的支配地位的威胁。

事态的发展证明这些担心是正确的。不管伊丽莎白个人信仰如何（这一点从未弄清），她发现自己事实上是新教提出的王位继承人。流亡国外的人蜂拥回国，在新天堂的旅居使他们精神振奋。1559年元月召开的国会有一个由优秀新教徒组成的热心的核心，他们把女王推向改革，其程度之深和速度之快都是女王原先所不愿意的，到1559年夏季时《至尊法案》和《划一法》再次切断了英格兰和罗马的联系，恢复了国王的至尊地位（在理论和基础上比亨利八世的地位弱，但在其女儿手中是同样令人畏惧），新教的《圣公会公祷书》重新启用。

（孙善玲　译）

第 八 章
意大利与教皇统治

路德的活动和教导的消息、接着茨温利的活动和教导的消息，以及后来再洗礼派、反三位一体论者和加尔文等活动教导的消息，在意大利半岛各国，像在中欧和西欧其余诸国一样，有如种子落在肥沃土壤里，深受人们的欢迎。萨伏那罗拉讲道的声誉，在许多教士中也并非总是受人青睐。例如，以路德路线为依据，最知名的意大利《圣经》翻译家佛罗伦萨人安东尼奥·布鲁乔利就对萨伏那罗拉抱非常敌对的态度。[1] 但第五届拉特兰教务会议（1512—1517年），特别是佛罗伦萨人和同他们有密切联系并接近威尼斯元老和卡马尔多利修道院修士，被宣称为有福者[2]的保罗·朱斯蒂尼亚尼（1476—1528年）[3] 在人们中间却燃起了希望。人们希望平信徒、僧侣统治集团和教廷都有更崇高的德行和更严肃的生活；他们充分意识到所谓"弊端"，本来都是为了应付教会在财务管理和中央集权主义政策方面对金钱和干部的需要而制定的，并非仅因教廷在政治和军事方面是意大利国家之一员。人们对天主教宗教生活应具备更高尚的观念也抱有强烈的愿望：因为像朱斯蒂尼亚尼这样的人（其朋友包括威尼斯贵族后来成为著名枢机主教的加斯帕罗·扎塔里尼在内），这种高尚精神注入的结果在人们心目中占据了非常重要的地位。诸如此类的倾向决不意味着要对教条、礼拜仪式、戒律、传统等天主教会基本结构施加

---

[1] G. 斯皮尼（G. Spini）：《文艺复兴及宗教改革修士 A. 布鲁乔利》（佛罗伦萨，1940年）。
[2] "被宣称为有福者"，指天主教的一种宣福礼，即教皇在这种仪式上宣称：死者已升入天堂。——译者
[3] H. 耶丁：《扎塔里尼和卡马尔多利——关于玛利亚痛惜耶稣之死故事的意大利档案》卷三（1953年）。朱斯蒂尼亚尼及其友人在这方面的态度只是在最近才受到应有的重视。研究和出版他们著作和书信的工作正方兴未艾。参看本书边码第278页。

任何影响,而是希望由于提供了充分活力能使教会首脑及其成员('in capite et in membris')获得净化。平信徒中也常有这种类似教士们的激动情绪,但更像历史学家弗朗切斯科·圭恰迪尼那样,对于教士们的罪恶进行严正批评的人也屡见不鲜。①

不应把这类表现理解为对路德的活动、保护他的王侯们或他的追随者们的支持。他们是平信徒中反对教士滥用职权的表示,也是许多教士中没有任何实际教务会议基础的反对教廷主宰一切的思想的表现。② 因信称义教义的最初迅速传播,人文主义者、神学家、传道者和一般人民之对此教义普遍深感兴趣,也并不意味着阿尔卑斯山以北的宗教改革的努力已经取得长足进展。尽管早在15世纪,神学家和哲学家对于这项教义就进行了讨论,德国和瑞士宗教改革家们还利用它作为改组天主教僧侣统治集团结构及改善其对平信徒和世俗当局关系的教条主义基础,而对大多数对其感兴趣的意大利教士来说,则仅因其所引起的希望足以鼓励人们对教务会议和讨论感兴趣,且其在个人中间的宣传常能产生半隐蔽活动和在政治上的一种模棱两可态度。这正标志着意大利新教运动所能达到的最高限度。因此,当彼得罗·卡尔内塞基③取得某些受俸神职职位时,虽然有些人因教廷把这种俸禄赐予不愿执行有关职务的人是滥用权力而痛加指责,但他和他的朋友们则很高兴,因为他们可以利用这些俸禄来帮助穷苦和受迫害的新教徒。

法国查理八世远征意大利以后,意大利诸国领土即沦为战场,其宫廷则沦为强国外交争夺的对象。萨切雷·博尔吉亚的雄心,由于给意大利的统一和独立提供了机会,曾被马基雅弗利加以理想化,其实,那不过是对(1503年)亚历山大六世及其儿子死后短短15年间之回忆而已。④ 尤里乌斯二世(1503—1513年在位)继续了切萨雷·博尔吉亚的工作,彻底改组了天主教各国的民族和军事管理。其

---

① 关于这整个时期,请参看 H. 耶丁《吉罗莫·塞里潘多》(维尔茨堡,1937年:两卷本,附文件;英译本,不附文件,伦敦,1956年)。
② 天主教关于教皇管理教会权力的理论:一种认为教皇有权主宰一切;另一种则认为教皇一个人不能说了算,必须经过有关教务会议决议才行。——译者
③ 参看本书边码第266页。
④ 亚历山大六世和其儿子萨切雷·博尔吉亚并非死于同一年,亚历山大六世死于1503年,其儿子萨切雷死于1507年,原文含糊不清。——译者

第八章 意大利与教皇统治

恢复教皇古代管辖领域的企图,使他同威尼斯发生了冲突。但他的旨在挫败当时正在谋划争夺意大利领土的法兰西、西班牙和(神圣罗马)帝国阴谋,增进意大利自由(Liberta d'Italia),在国际领域所从事的军事和政治活动,只在击退法兰西权力方面取得了成功,而教廷政策则仍在其他列强的控制之中。尽管如此,在1559年以前,使意大利诸国摆脱法兰西、西班牙和神圣罗马帝国而独立,暗含以教皇为盟主的"意大利自由"这一口号,仍旧为教廷政策的指导原则。再次巩固了拥护教皇权力的各国之后,尤里乌斯二世召开了以着手天主教改革为目标的拉特兰教务会议(1511年)。虽然利奥十世(1513—1521年在位)一直生活在路德宗教改革初期和列强参加查理五世和弗兰西斯一世抗衡斗争时期,仍然继续执行了尤利乌斯二世的政策。为了报答给教皇国家增添领土的好意和提高梅迪奇家族的利益,他协助了神圣罗马帝国一方。阿德里安六世①在其短暂的教皇任期内(1522—1523年),在政治方面为天主教宗教改革可能做的事很少。另一方面,克雷芒七世(1525—1534年在位)所最关心的只是扩张和巩固梅迪奇家族的利益,趁着时局混乱,浑水摸鱼,试图为他的亲属谋取封地和采邑。不过,克雷芒改变政策,使教廷反对西班牙而亲近法兰西,并非仅因查理五世的权力终于获得巩固,终止了他的这些尝试,而是因为作为教皇他认为:帝国权力无上强大,对于天主教非常危险,特别因为查理五世从未停止过干涉教会事务,偏袒天主教改革派,并且主张召开天主教教务大会。正是由于克雷芒的这些弱点,他的联结法兰西政策和为梅迪奇家族谋利益政策,把从尤里乌斯二世以来的"意大利自由"纲领解释成了"天主教自由"的同义语。查理纵容其部队抢劫罗马以后,意大利各国军队就不再对教廷提供坚定的支持。佛罗伦萨反抗梅迪奇家族的统治,威尼斯试图侵占教廷领土,而作为同盟国的法兰西则显示其无能为力、无所适从和不守信用。1528年,为了酬谢把佛罗伦萨重新归还梅迪奇家族的许诺,克雷芒七世(像在他以前的安德烈亚·多里亚②所做的那样)抛弃了意大利事业,把意大利自由理想完全置诸脑后。然而,只是在1530年

---

① 阿德里安六世原名 Adrian Florens Baeyens(1459—1523年),是唯一荷兰籍教皇。——译者
② 安德烈亚·多里亚(1466—1560年)热亚那海军将领,先同弗兰西斯一世结盟,后投查理五世麾下。——译者

梅迪奇家族才回到佛罗伦萨做公爵。从那以后，他们就受西班牙的支配，并和教廷紧密地结合起来。

保罗三世（1534—1549年在位）的教廷政策，把住内部全力增强教廷国家势力改变成在国际方面保持中立，这不仅是一深思熟虑的纲领，而且也已证明颇有成效。自从查理五世的权力在意大利登峰造极无人敢与之抗衡以来，教皇作为不惜牺牲教廷领土以自肥的法尔内塞家族的一个成员，在国际方面继续保持中立，对教皇制度来说，不失为有利之举，同时对天主教本身也是有利之举；为了给会议做好准备和贯彻执行天主教改革计划也需要和平。教皇的儿子，倾向于对法国友好的皮尔·路易吉·法尔内塞在一次由西班牙人策划的阴谋中遇害（1547年）；另一方面，热亚那的菲耶斯基策划的反西班牙阴谋失败了（1547年），像矛头指向梅迪奇家族，也就是指向西班牙的卢卡的布拉马基的阴谋失败一样。撇开教皇的任人唯亲和教廷辖地内部问题不谈，保罗三世领导下的教廷政策，开始更多关心意大利问题与更多关心宗教和普世教会问题，也就是说，开始更多关心教务会议问题。克雷芒七世总是拖延召开教务会议，而保罗三世则自1536年起就开始提出召开教务会议的命令。但由于战争，法国人的蓄意破坏和对会议组织问题同查理五世发生争论所招致的困难，直到1545年①12月才得以召开。会议地点选择在靠近哈布斯堡家族领地边界，但在君主—主教（prince-bishop）领导下为意大利独立城市的特伦特。由于时疫和害怕来自比罗马更近得多的因斯布鲁克的（神圣罗马）帝国的干涉，1547—1549年的教务会议改在博洛尼亚举行，接着教皇又宣布休会。保罗三世于1549年11月逝世时，雷金纳德·波尔有相当大的继任机会这一事实显示：这时纯粹教会利益已占了意大利政治利益的上风。除了做过无效的绥靖尝试外，尤里乌斯三世（1550—1555年在位）对于意大利政治问题（1551年的帕尔马战役和1553—1554年的锡耶纳战役）没有积极参与过，因为教廷自身的财政状况非常糟糕。他所奉行的中立，并不反映深思熟虑的政策，而是由形势需要所迫不得已。尤里乌斯三世1551年重新召开了特伦特教务会议，但当德国的宗教战争危及该市安全时，他就被迫再度休

---

① 参看本书边码第171页以下。

会。他没有参与耶稣会会士在欧洲及更远地区的挺进，或天主教会在英国的复兴。教皇马塞勒斯二世（Marcellus Ⅱ）的任期太短，不可能有任何建树，那不勒斯人教皇保罗四世（1553—1559年在位）时期的教廷中立政策暂时停止了，该教皇重新开始了引起战争的反西班牙活动。尽管有法兰西亨利二世的参战，菲利普二世麾下的西班牙部队不仅重新确立了西班牙在意大利的最高地位（1556年），而且1557年在圣康坦终于战胜了法军。威尼斯虽然在短时间内曾与教皇联盟，但托斯卡纳的科西莫一世（Cosimo Ⅰ）则以略取锡耶纳为西班牙封地为限。1556年以后，教皇卡拉法①则专心致力于其家族和天主教改革和反改革问题。

不难看出，意大利宗教情况首先（1518—1534年）是由罗马教廷所支配，而与之有关的各方面则受皇帝与教皇对于教务会议的矛盾斗争所左右。贯穿整个时期值得注意的是，写反路德论文的意大利作者——1536年以前至少有63人——他们所讨论的并不是严格的意大利问题，他们所关心的主要是由多明我会修士和方济各会修士所进行、构成教务会议一般辩论的一部分的问题，首先是占优势的传统论题，即教皇权力（De Potestete Popae）这一问题。连许多对路德所阐释的保罗教训感兴趣并怀着极大的新奇感（受到人民和王侯赞许），把它们逐个城市逐个国家地应用到基督教改革上的教士们，他们所关怀的，与其说是意大利形势和意大利教会，不如说是一般天主教和基督教的命运。意大利半岛被划成不同的国家，由于丧失了"意大利自由"或独立所产生的混乱以及外国民政和政治当局（法国的、西班牙的和神圣罗马）的存在，其结果是特定意义的"意大利教会"已不复存在。吉贝蒂及其少数伙伴们已孤掌难鸣。在最初时期曾有个别的皈依日耳曼和瑞士新教信仰的事例发生。

必须注意的是，一般来说，1519年至1563年间，对整个意大利宗教运动的历史研究，仅以新教在意大利的传播为限。没有任何近代研究把各个不同国家之间和各个不同城市及不同地方之间的不同情况加以考虑；没有任何研究试图说明某种运动的存在在一定程度上对各处寺院、教士、学校、法庭、机关和商店所产生的影响，确定其特征

---

① 教皇卡拉法即保罗四世。——译者

和真实意义。这不仅涉及教条和教义的不同，一般知识分子和社会名流的个人行为，而且也影响到民众信仰、较低地位教士的生活、教会和国家行政和经济结构。① 但从一般意大利观点可以这样说：贯穿社会各个阶层，从农民到君主，从工匠到法律教授，对于阿尔卑斯山那边已经确立的观念和宗教改革实践模式，莫不寄以同情和关怀。就连在教会镇压已经开始以后，这种改革运动仍然受到许多教长和一些王侯的支持以及其他人士的善意宽容。

关于宗教改革的早年情况（1519—1530年），我们占有的资料极少。个别人的姓名被保存下来，是因为他们逃到新教国家或受到骇人听闻的刑罚；不管对天主教意义的教会改革赞成或不赞成的当局，只是在公开和明目张胆的情况下，例如改革派为了论战的缘故，宣读并公开利用保罗书信和改革派著作的时候，才对这种新异端进行斗争。在战争和被占领的痛苦中，这些宣传悔改的宣教师们所构成的危险除了对教会当局外似乎并不很大，就连对教会当局也并非都有危险，因为连在他们当中有些人对教条也是半信半疑。在意大利首先散发路德和梅兰希顿著作的人是帕维亚书商弗朗切斯科·卡尔维，他是伊拉斯谟的一个朋友。这是早在1519年的事，而且纯粹是商业性质，并没有宗教宣传的意图。1519年左右，以假名出版的梅兰希顿著作，在被揭发以前，曾在罗马和教廷宣读。帕维亚、威尼斯、波洛尼亚和米兰的商业中心以及帕多瓦大学是这些书的主要销售处。被谈论得最多的人是路德，在很长一段时期，意大利持异端论的教徒一般都称为路德派；在费拉拉有次检察官称他们为圣餐形式论的路德派，这是一个会令路德派信徒和茨温利信徒惊恐万状的名称。无论如何，除了和茨温利派后来又和加尔文派密切结合，自1532年以后，重新募集改宗者活动的韦尔多派以外，这只是个别人物的历史而不是集团的历史。甚至在费拉拉著名女公爵法兰西的勒内的宫廷里也没有任何募集改宗者的活动：她的宫廷简直就是新教徒的避难所。她于1528年来到费拉拉，是一个有诚挚宗教信仰的妇女，怀有强烈的人文主义兴趣，后来又扩展为把新教及其教义也包括在内。

---

① M. 贝伦戈和 A. 里斯托里在研究卢卡；E. 波米耶在研究再洗礼派，并请参看 S. 卡波内托《西西里宗教改革的起源和特征》，《文艺复兴》，第 7 卷（1956 年），第 219—342 页，F. 卡贝德：《米兰国在查理五世统治时期的宗教史》（波洛尼亚），1940 年。

第八章 意大利与教皇统治

不过，个人或孤立集团事例甚至在更早时期（1521年、1523年、1524年、1530年）就已经发生。1531年在帕多瓦大学学生中，路德教义似乎已经很时髦。威尼斯市政当局迫切希望不致因对宗教讨论施加严格查禁而影响对日耳曼的贸易关系。元老派惯常采取的慎重态度，他们对印刷厂商和帕多瓦大学许多外国人利益的关怀，帮助了早在1520年就在寺院里开始的革新派所进行的宣传和他们著作的传播。1530年开始了对革新派的审讯、判刑与处决。但有案可查的资料则主要表现了教会当局对世俗当局的漠不关心和过分宽容的抱怨。例如，对阿尔卑斯山那边异端书刊控制不严和在当时已经明显很时髦的以保罗著作经文为讲道题目的广泛流行等问题。威尼斯政府和教廷间的政治关系随着国际政局变化起伏不定也对形势产生了影响。

在那不勒斯王国，除了在卡拉布里亚殖民地的韦尔多派行动和他们在皮埃蒙特殖民地同一宗派人相似以外，这一运动主要以首都为限，只是在下一个十年中才具有重要性。在其他城市和国家，这一运动的存在开始产生影响也是在这样的早期（在波洛尼亚，1533年）或以后十年的末期，不过它并非一直以地区为限。几乎所有来自方济各会、加尔默多会、奥古斯丁会和本笃会的宣教士，由于镇压行为一直只在主教一级进行——每一主教在他们自己的教区里进行——而且进行的方式也随地区和个人情况而各不相同这一事实所提供的优越条件，宣教士们得以从这一城市迁移到另一城市。监督管理的热情变化无常，对异端派的镇压甚至还伴随着对臭名昭著和骇人听闻的滥用权力的毫不妥协的谴责。这样一来，通过随地迁移，宣教士们就有可能避免一切危险，把新教教义带到另一些地方。由于他们以一种形式或另一种形式公开承认自己的信仰，还吸引了那些不受特定地区限制的人们：主要是修会成员、贵族妇女和教士出身的各式各样的人文主义者，他们彼此间的互相交往，突破了政治和行政界限。他们之出现在那些直接或间接依靠皇帝的国家特别引人注目。在早年时期，由于希望促进教务会议的召开，由于皇帝对同法兰西友好的克雷芒七世进行的政治斗争，由于伊拉斯谟思想对皇帝大臣们的影响（这种思想很适合作为西方基督教思想代表的查理五世的帝国政策），此外，它也是一种对教皇们施加政治压力的工具，因而凡赞同新教教义并倾向于对天主教会特别是对教皇滥用职权行为进行批评的人们在实践上，如果不是在理论上，都享有相当多的活动自由。

主教们的行动受到教廷的奖励和配合本是意料中的事，不久教廷就发出训令（bulls）、敕书（briefs）和公函（missives），（根据所收到的情报）恢复了反对路德、路德派和其他宗教中追随他们之人的各种通谕（encyclicals）的主题。不过，事实上，除了从一开始就强烈要求撰写反对路德小册子的多明我会修道士和方济各会修道士外，在教廷里特别是在克雷芒七世任职期间，也还有一些非常赞成天主教改革的其他人士，经常以旁观者态度看待那些为天主教会在宗教、道德和制度方面的改革而奋斗，在意大利各不同主教辖区，各女修道院、各贵族社会奋起的战士们，而没有任何迫害他们的意图，有的甚至还对他们表示同情。

这些人就是后来被称为天主教改革派领袖而在早期不妨称之为福音派领袖的人们。这是一种通过强调伦理和宗教，强调福音书和使徒书信以达到革新天主教传统宗教生活为目的的运动。这种强调丝毫也不包含摈弃教条仪式和等级制度的意义，更没有抛弃教会的统一性，而只是纯洁所有这一切，恢复其原始福音性质的一种手段。它同欧洲和意大利的两种改革运动在改革标准以及不仅包括教会管理而且包括所有等级在道德、训诲和教育上的教士行为诸如救济穷人、慈善事业、看护贫苦者、开办医院等都有联系。15世纪在对修道会的改革和改组等工作上已经有很多成就。现在这些运动又带着某种恢复宗教活动和在俗教士良知的倾向重新开始其工作。这种倾向还伴随着对修道会特别是对托钵僧的谴责。一般来说，领导人物主要是诞生于前一世纪并在利奥十世和克雷芒七世时期参加教廷或教会生活的人们。他们戴着教会头衔而所干的却常是政治任务。他们中最著名、最典型的是被他们同时代人认为是模范主教和模范教区改革家的马泰奥·贝吉蒂（1495—1543年）。他在早年是克雷芒七世的秘书和政治顾问，曾鼓励和引导克雷芒的反皇帝和反西班牙政策，坚信这种政策会导致意大利自由和作为意大利主要列强之一的教皇国的自由。然而，就在同一时期，据说吉贝蒂还是一批过严肃生活的教士中最早的一员。他致力于祈祷和慈善事业，他们决心革新天主教会以达到革新整个基督教的目的。这使奥拉托利神爱会（Oratorio del Divino Amore）修士中包含加埃塔诺·迪·蒂内、路易吉·利波马诺、吉安·彼得罗·卡拉法即后来的保罗四世和贾科莫·萨多莱托,很快他们又和诸如加斯帕罗·孔塔里尼、雷金纳德·波尔等人取得联系,只是在1528年吉贝蒂在教廷所实行的反西班牙政策失败以后,退职回到自己主教辖区,完全献身于其事业时,才在他的同代人中享有盛誉。他创办了一所印刷厂,出版了宗教书刊特别是教父们的著作,把一些宗教界、文学界和政治界的重要著名人物聚集在自己身边,亲自对包括低级教士和一般人民信众,在信仰和道德上进行教诲。不幸的是,近代研究家们还没有对这样一个人物进行过什么调查研究工作。

当克雷芒七世教皇任期接近尾声的时候,吉贝蒂等人正以各种不同方式参与管理教会的工作。他们经常做这样一些主教的保护人,这些主教在他们的教区内试图促进人民道德标准的改革,使教士们重新过严格纪律和有教养的生活,要求他们讲道要简单明白,易于理解具有启迪意义。像吉贝蒂这类的人物受到敌人的非难是很自然的,保罗三世任期内,在教皇亲自明确的指令下,他们从教会内部指导教会的改革运动。在新枢机主教名单中,上述诸人的名字也赫然在内。像《关于纠正教会弊端的建议书》(*Consilium de Emendanda Ecclesia*,1536年)等文件,就是比较引人注目的表现。这一运动表明,教皇自己愿意直接行动,而且在皇帝所传的伊拉斯谟意义的天主教改革和教务会议以外,提供了另一种可供选择的办法。这时教廷作为精神权威,在执行其作为意大利国家政策的同时,已不可能坚持一般意义的中立声明,而必须是真正的中立才行。然而,无论是这一点或者是对追求的信众日益增长的迫切需要、对路德派和茨温利派指控的明确答复都不是问题的全部:对于新教教义及其传播的关切,在比较严肃认真的教士们心中产生了不安情绪,发生于修道院及研究室的论争正在通过宫廷和低级修道会广为传播。在这种情况下,虽不必对传统作任何背离,却不得不对哲学—神学(philosophico - theological)方法和兴趣有所取舍。由于这种原因,同时也是由于这些人中有许多人对神学和基本教条问题试图采取中立立场,甚至还由于他们有些人后来作为异端同情者受到了迫害,于是关于他们就产生了一种历史传说,认为他们是真正革新教会和改造教会的人,他们向教会提供了使教会适应新社会和在欧洲出现的新政治形势的新工具。由于他们的和解精神,人们在提到他们的时候几乎把他们当作"自由派";难道他们不是承认有进行改革的必要,因而在阿尔卑斯山以北的改革活动有很多正义和合理的地方,他们(在私下里)难道不是对那些研究和讨论新教教义的人采取了容忍态度吗?

实际上他们对任何同教会改革有关的问题都倾向于采取一种向后看的态度。他们希望以往的好日子能够再度出现,那些在一定程度上使舆论认为新教徒的行动有道理的滥用职权、堕落和腐化得以消除。有名的《建议书》的提出就是为了消除和纠正已经成为教会祸害的教廷滥用职权;镇压危险的哲学学说:把伊拉斯谟的《会谈》(Colloqnia)从学校里清除出去,并制定检查书刊的条例。甚至在最重大的问题上他们传统的见解,例如在主教和非常驻教士的关系问题或者在主教和修道会关系问题上,特别是和传教与倾听信众认罪的修道会关系问题上,《建议书》所主张的解决这一问题的方法是重新肯定主教的权力。在神学上采取中立立场,一般来说,起源于教父们所主张的非教条精神,或哲学上的新柏拉图主义,或保罗所主张的福音虔信型的教义。所有这一切立场都起源于前一世纪或者说路德以前的时代。路德、茨温利和稍晚时期的加尔文,由于创立了教会组织的新体制,使新教义的实践成果得以集中体现,其在神学家中所产生的新形势不在他们考虑之列。他们所认为特别重要的似乎是找出一种妥协性教条以维持并恢复他们所认为是最重要最必需的东西即教会的统一。此外,路德派的许多福音主义信条,就其本身而言,也并没有被认为最异端,特别是梅兰希顿所掌握和《奥格斯堡信纲》(1530年)发表后路德和新教君主及城市所达到的改革成就,在他们看来似乎也没有极端而令人震惊的茨温利或宗教改革那么危险具有煽动性。因此而出现了假定路德宗教改革的"革命"时期已经过去的兆头,以为这种革命正在取得一种公共制度的特征:尽管有论战性的教条和组织上的改变,它仍然在回复到传统上去。然而,这只是问题的一个方面,而且是一个普通的方面。尽管希望并试图在雷根斯堡会谈(1541年)时达成协议,但连这些人中最著名的代表也未能取得一致意见:路德不承认梅兰希顿,教皇不承认孔塔里尼。[①]

[①] 参看本书边码第179页。

有利于新教或路德教的运动迅速发展，1535年至1549年间越来越强烈。在皮埃蒙特由于在法国领导下的占领军甚至在其高级将领中包含有归正宗教会成员，还由于世俗当局采取了一种宽容态度，韦尔多派享有一定程度的自由。尽管天主教审判异端的宗教法庭有禁令，在米兰公国，由于地方世俗当局的支持，这一运动仍然日益发展壮大。1539年，奥士定（奥士定会）托钵修道士曾向一群平信徒追随者和少数方济各会宣教士宣讲异端；其后数年中，此类人员中不仅有教士，而且有一次还有一个商人。1541年对帕维亚路德派和茨温利派大学生活动进行的一次调查，发展成为对在米兰、托尔托纳和帕维亚传播新教传教士的袭击，而在这些大学生被捕以前却没有任何人谴责过这些传教士。后来在帕兰扎（1543年或1544年），克雷莫纳（1547年）特别是在卡萨尔马焦雷发生过这样一些事情：一个信仰加尔文主义的方济各会宣教士，在自己身边聚拢了十来个门徒和宣传人员，几乎赢得了整个城市的拥护，还在克雷莫纳接收了改宗者。1547年和1548年间约有30名被认为最坚定最活跃的领头人被逮捕，其中有些是地主绅士，有些是中产阶级成员，一个医生、一个药剂师、一些工匠和一个农民，贫富都有。在这整个时期中，这类事件一再发生，托钵修道士占主导地位，但在1550年和1552年间，在克雷莫纳有一批坚强的平信徒被捕受审，这些人也属于不同社会阶层：一个医生、一个皮匠、一个书商、一个金匠、一个商人、一个仆人、一个律师，这些人中大多数是名门望族的绅士。当局哀叹这类不幸事件正在从普通百姓（工匠和农民）蔓延到上层人士，这次是些适当组织起来的社区成员，他们和其他类似社区人员有接触，是加尔文主义模式的会众，即使在这次离散以后，直到1576年关于他们的记录依然保留着。他们从地方世俗当局对宗教法庭法官们干涉的不断抗争中获得间接的和不自觉的援助。

约在1541年，曼图亚的档案里记载了关于宗教的论争，但没有比这更早的资料。1543年有过一次对于不懂《圣经》和语法，以做工匠为职业，妄自僭称有权讨论宗教问题的平信徒的谴责。1539年有一处原始资料暗示由枢机主教莫罗内的代理人庇护异端派，在摩德纳比在别处更危险更活跃。这里有一个叫保罗·里奇的西西里人（他作为人文主义者又名利西阿·菲莱诺，很可能和卡米洛·雷纳托是同一个人，后来在他们被流放到格里松斯时成了再洗礼派和反三位一体派的名家和代言人）。他们集合了显然经常聚会在私人房屋里的一个小集体。这批人不仅由学者和富裕的人们所组成，而且也有来受教育和目不识丁的人们，不仅有男人也有女人，不仅在私人房屋进行关于信仰和基督的律法的论争，而且也在市场、商店和礼拜堂里。摩德纳的名声传遍了阿尔卑斯山以北，布塞尔写了一封祝贺和勉励的信给该城的弟兄们。里奇被逮捕，带到费拉拉，发誓放弃信仰，但有些被派往摩德纳的天主教宣教士因公众意见认为该城已净是路德派，太危险，拒绝前往。官方对学者的态度仍旧是劝导和善意的。1542年枢机主教费科莫·萨多莱托曾写信给哲学家、文学批评家兼语言学家卢多维科·卡斯特尔韦特罗，1555年因在一场争论中诗人安尼巴尔·卡罗指控他为路德派并警告他说，在天主教宗教法庭（Consistory）里已经有人提出了对他的正统性的怀疑；但他自己却以卡斯特尔韦特罗给予他自己和他们整个团体的保证为满足。从那时起，公开运动就停止了，私下运动的情况不明，不过，1539年的人名中有4个人在1555年曾重新出现。

在这几年中也出现了以法国的勒内为中心的最重大的加尔文主义活动。1537年，加尔文的费拉拉之行，在女公爵宫廷讲道，博得了女公爵的青睐和祝福，接纳了改宗者，曾轰动一时。但由于埃尔科莱二世（Ercole Ⅱ）公爵的干预，这位法国宣教士在费拉拉逗留的时间很短（他的名字是后来才发现的）。加尔文给勒内的信充满了鼓励和劝勉，同时也指责了她犹豫不决的弱点，显示了10年前在茨温利身上所看到的把对皈依新教的君主政治利益的考虑同对所宣传的上帝纯正之道具有神异能力的信心混杂在一起了。意大利的宗教改革家们由于深信自己是上苍所挑选执行上帝旨意的工具而具有一方面积极策划一方面苦修心灵的同样复杂的心情。他们希望通过使少数重要教士和王侯接纳新教，就可以再次实现路德的成就。

即使在她离开意大利以后，女公爵仍旧继续了她和加尔文、布林格和切·塞·库廖内的通信，较早时候她曾参加保护像法恩扎（Faenza）的法尼诺·法尼尼那样著名的受迫害新教徒的活动。这次公爵支持了她，设法延缓了法尼尼在信仰问题上认错之后又重新宣传新教所遭受的死刑判决。对埃尔科莱二世来说，重要的是保持同教皇国和托斯卡纳有共同边界的罗马涅人民的好感。在勒内宫廷里还有个人文主义者富尔维奥·佩莱格里尼·莫拉托和他的博学女儿奥林匹亚·莫拉托。由于她的人本主义教导和1551年离开费拉拉之后曾漫游各处在新教徒中很有名气。无论如何，据她自己说，她是从蓬波纳齐式带有唯理主义偏向的人文主义皈依加尔文主义基督教的典型代表。其实，所有这一切并算不了什么，但在当时却名噪一时，公爵不仅不得不对女公爵加以密切注意（这是从一开始就如此的行动），他还必须让她蛰居在城外一座大别墅里，直到公爵逝世，这时她的虔信天主教的儿子阿方索出于敌意迫使她回法国（1559年）。教皇一直对费拉拉公国享有封建特权，而且总是试图把它并入教皇国之内。约在世纪末，这一野心终于实现，埃斯特家族再也不能让勒内政策前进一步了。

在威尼斯本土，维琴察是新教的坚强中心。1546年保罗三世直接对那里的最高行政长官（*potesta*）和人民领袖（*captain*）讲话时还提到了即将召开的特伦特教务会议，为的是使他们摆脱其"不冷不热"的心情。甚至在1546年以后，人们已不再提路德派时，强有力的再洗礼派仍继续在那里存在。1531年左右，当路德派的第一次浪潮过去以后，除了关于反三位一体派的谈论以外，这段期间，已没有多少关于帕多瓦的消息了；大学生们获得了平安学习的机会，只是在1550年的十人会议上才提出了帕多瓦路德派大学生的问题。在威尼斯本土，元老院和十人会议对镇压大学生并不热心，但在保罗三世任职期间，教皇大使在谴责和逮捕以方济各会修道士为主体的路德派宣教士方面很活跃。该大使的继任者继续了这项工作，但他恳求教皇授予他以赦免悔改者的特权并在阅读新书方面适当放宽限制。所涉及的人士中有被革的托钵修道士和受过教育的平信徒，但也有工匠，这是令人不安的事情。所涉及的神父人数较少。威尼斯运动的名声很大，以致在1539年竟有人认为他可以用梅兰希顿的名义致书元老院，就教士滥用职权的改革问题提出建议，不过他同时也指明，在德国，比较极端的运动正在受镇压，还警戒他们，米格尔·塞尔维特的反三位一体教义正在广为传播。1540年《关于运用耶稣基督钉十字架恩典的专题论文》第一版在威尼斯发行，这是一篇在意大利出版被广泛阅读的新教小册子，曾被译成法文、西班牙文和德文。①

自1541年起,镇压行动愈演愈烈。然而,从巴萨诺的弗朗切斯科·内格里所写的另一本书《自由意志的悲剧》受到普遍欢迎,同样被广泛阅读还被翻译成别国文字,就知道这项运动仍在威尼斯继续进行着。1546年、1547年和1550年迅速连续印了三版。不过在威尼斯最令人感兴趣的事莫过于阿布鲁奇人巴尔达萨雷·阿尔铁里,他是英国驻威尼斯大使西吉斯孟·哈维尔的秘书;利用其外交豁免权从事宣传活动,特别是在路德派各团体间建立接触点。1542年他受威尼斯、维琴察和特雷维索公众的委托,把他们的情况写信告诉路德,尤其因为当时的新形势引起了一阵逃亡、囚禁和恐惧,阿尔铁里就利用机会向这方面求援;他恳求这位能引起奇迹的德国宗教改革家同施马尔卡尔登联盟的新教王侯一道进行调处,向元老院施加压力,在会议闭幕以前,为新教徒取得在礼拜和信仰方面的宽容。阿尔铁里和其他方面一致同意,认为单此一举就足以重新燃起革新运动之火,使其向前推进一大步。但一时间他并未取得任何结果,因而不得不再度要求英国驻威尼斯大使的保护。不过从1546年起,他又能够以黑森伯爵领主和萨克森选侯代理人的身份进行活动,尽管不是以强有力的施马尔卡尔登联盟名义。1548年英国驻威尼斯大使逝世,阿尔铁里职务被解除,他又求助于瑞士。1549年他向布林格表示希望被任命为伯尔尼和苏黎世驻威尼斯代表,但所得到的还是几封推荐信而已。无论如何,施马尔卡尔登会议之瓦解,标志着威尼斯对教皇和皇帝两者政策的转变。1552年阿尔铁里逝世,使意大利新教团体的命运和政治及外交关系有所改变的另一尝试亦随之而失败。改革运动在伊斯特里亚和弗留利的历史也遭到了同样命运:改革派宣教士和主教们受到相当大一部分人民的热烈欢迎,但他们继续被孤立起来,在随后的镇压时期则遭受逮捕或被迫逃亡。

卢卡的情况亦复如斯,几乎同一时期,几位著名人物聚在一起:彼得·马蒂尔·韦尔米格里、库廖内、马丁南戈伯爵和吉罗拉莫·赞

---

① 作者为本笃会僧侣贝内代托·卢奇诺(Benedetto Lucino)即贝内代托·达·曼托瓦(Benedetto da Mantova),不是3个世纪之前人们所认为的奥尼奥·帕莱亚里奥(Aonio Paleario),参看 B. 克罗切(B. Croce)《基督的恩典》,载《批判》(*La Critica*)第38期(1940年)第115—125页,及 B. 卢奇诺(B. Luchino)《基督的恩典》(*Beneficio di Cristo*),绪言和注释由马里亚诺·莫雷斯基尼(Moriano Moreschini)撰写,罗马,1942年。

基全都是闻名海外的意大利改革运动的未来领袖,还有韦罗利的人文主义者奥尼奥·帕莱亚里奥,他是教皇国的本土人士,后来因被审判、定罪(1567—1570年)以及从泛神主义的人文主义进而接受巴尔德斯学说而闻名于世,这是从他的作品里明显看得出来的。由于科西莫一世(Cosimo I)争夺扎斯卡纳盟主地位,当宗教法庭通过向行政当局施加压力对他们进行袭击的时候,卢卡的这群人就首先被袭击并发现自己处于防守地位。布拉马基阴谋(1544年被发现,经过长期费力的辩论后,弗朗切斯科·布拉马基于1548年在米兰被砍头),其矛头指向梅迪奇和西班牙,而且很可能含有一些萨沃纳罗拉主义(Savonarolism)意味。不管怎样,1545年卢卡元老院迫使公民们参加弥撒和所有他们应尽的各项义务。1549年这项命令又重复了一次。在这一时期里,不满情绪迫使很多家庭不得不从卢卡迁居日内瓦,在那里马丁南戈伯爵做他们的牧师,构成了一个强有力的意大利殖民中心。不过,更大一部分人的迁居则发生在1559—1560年间。

关于佛罗伦萨情况所知不多。1525年有少量宗教论争,但当代人和历史学家所特别关注的仍然是佛罗伦萨丧失自由的问题和萨沃纳罗拉问题的余波。1544年,科西莫一世的代理人彼得罗·杰利多对路德教书刊很感兴趣,但不久即逃离意大利。1548年,翻译过托马斯·莫尔《乌托邦》的誊写员兼翻译家卢多维科·多梅尼基由于翻译了加尔文的《尼哥底姆论》(Nicodemiana)被判刑监禁十年,但旋即获得赦免。1551年宗教法庭在佛罗伦萨举行了一次真正西班牙式的"死刑宣判"(auto-da-fe),有22人公开认罪,一些异端书刊被焚毁。卡特琳娜·基伯公主(1557年逝世)在佛罗伦萨过隐居生活,她同巴尔德斯圈子里的人有过接触,但显然没有接触过当地任何团体,没有任何可资利用的有关比萨的消息。在另一托斯卡纳城市锡耶纳,该城于1552年转向梅迪奇家族。在该处再生学园(Accademia degli Intronati)举行过有关宗教问题的辩论会。1541年市政当局不得不颁布命令,禁止讨论教会批判过的教义问题。1545年还认为有必要重新颁布这项禁令。还有关于亵渎的谈论。1548年最令人伤脑筋的问题是关于异端书刊流行的问题,在涉嫌者的名单中有各式各样行业的从业人员。德国路德派大学生的存在也是人们担心的原因之一。

1543年罗马教廷不得不发布严禁异端书刊的命令,所提到的出版和销售这类书刊的中心城市包括罗马、费拉拉和波洛尼亚。来自波洛尼亚和摩德纳的团体同在斯特拉斯堡的布塞尔有书信往来,他们寻求澄清所辩论的关于圣餐的问题。1549年许多来自波洛尼亚的人被遣送到罗马的宗教法庭,但在保罗三世逝世以后都获得了自由;在尤里乌斯三世任教皇期间,由于他们自己的要求他们接受审讯后,被重新释放。但在1550年认为有必要在波洛尼亚建立一所宗教法庭,这里的新教运动同摩德纳及费拉拉的大学生团体有联系。

1535—1550年间,再洗礼运动和反三位一体倾向出现、获得巩固并广为传播;同时,以巴尔德斯为中心的团体也开始发展。① 这些运动的共同特征是,尽管他们散布在意大利各个不同部分但却没有地方化。参加他们的人们之间彼此有接触,从西西里向米兰迁移,却并不属于任何地方主教辖区、寺院或宫廷,而仅是作为某一大地区的个体成员,不属于任何正式组织,尽管威尼斯可能称为再洗礼派中心而且提供了有关再洗礼派的极大部分证明材料,而那不勒斯则是巴尔德斯追随者的中心。最后这个团体的立场介于以天主教、路德派和加尔文派为一方与以再洗礼派和三位一体派为另一方的两者之间。这种运动有贵族气派,包含着贵族、主要教士、人文主义者和名门贵妇。它通过著名家族的大厦、寺院、宫廷、官邸以及谈话、通信而广为传播。不可能说它有什么组织哪怕是再洗礼派那样最简单的组织;像反三位一体派情况一样,摆在我们面前的仅仅是一条理智之流而已。然而,几乎所有胡安·巴尔德斯的追随者,在胡安·巴尔德斯逝世之前,他们都直接或间接地同他有过接触。他们彼此之间过去有过接触,此刻仍有接触。他们中的一员,贝尔纳迪诺·奥基诺的讲道,吸引、感动了大量的人们。还得加以说明的就是此项运动具有独特的意大利式,它不仅扩展到整个意大利半岛,而且那个有意大利风采的西班牙人的追随者几乎都是意大利人。此外,所有赞同在意大利进行宗教和教会改革的绝大多数是宗教和知识分子领袖,他们的改革热情,甚至超出或违反了罗马方面的愿望;不管他们同巴尔德斯本人及其朋友是否接触过,他们最初都是附从于巴尔德斯圈子的人们。

---

① *Valdesiani* 指胡安·巴尔德斯的门徒和追随者而言,不可与 *Valdesi* 即韦尔多派（Waldensians）混为一谈。

胡安·巴尔德斯是曾任查理五世大臣的阿方索的弟弟，像他哥哥一样也是一个伊拉斯谟式的人文主义者，1529年来到罗马，充当皇帝侍从中的一员，后来成了驻克雷芒七世教廷的皇帝代理人。克雷芒逝世时，巴尔德斯来到那不勒斯，于1534年获得永远定居权，在那里他把一群朋友聚拢在自己身边，他们讨论和思考宗教问题，完全以《圣经》和教父权威为依据，宁愿详细研究有关苦行和神秘的问题。明白地或暗含地认为，相信基督及其牺牲而得救，和个人与上帝直接发生关系为基本信条的总原则是理所当然的。这就使他们能避免明确规定神学立场或不承认天主教的一切告诫、礼仪和圣餐有任何重要性，遵守或不遵守这些都无关紧要（adiaphora）。巴尔德斯劝勉他的追随者，如果由于其他原因认为有必要的话，就不要忽视它们，但要用神秘意义予以解释。就这样，巴尔德斯这群人，不像法兰西的勒内和她的追随者那样，必须照路德派和加尔文主义者所要求的，参加圣餐仪式，也不必避免参加弥撒。其实，巴尔德斯本人，就是以最虔敬的态度，在天主教怀抱中逝世的（1540年）。

在他的追随者和宾客中，我们发现有像维科的加利佐·卡拉齐洛侯爵那样未来的严格虔诚的加尔文主义者，嘉布遣会总会长贝尔纳迪诺·奥基诺（稍后在移居摩拉维亚的意大利再洗礼派中逝世）、（在巴塞尔茨温利派中逝世的）贵妇人伊莎贝拉·布里塞尼奥以及卡特琳娜·基伯公主和著名的朱莉娅·贡扎加，她们隐居在天主教女修道院，虽被认为涉嫌分子，宗教法庭却未加任何伤害，毫无疑问，这和她们的地位有关。以上两人都平平安安地在天主教怀抱中死去。维多利亚·科隆纳也是如此，尽管同巴尔德斯没有直接接触，却是贝尔纳迪诺·奥基诺和巴尔德斯的许多其他追随者的女保护人。一项文件在列举巴尔德斯的朋友和追随者名单时，说其中有11位主教和大主教，例如，吉罗拉莫·塞里潘多，未来的枢机主教和奥斯定会总会长，自始至终一直是特伦特教务会议的重要人物。塞里潘多从青年时起就是巴尔德斯的朋友，坚决主张波尔枢机主教所阐释的柏拉图主义是引述保罗教义的前奏。稍后，他成了许多被指控为异端者的保护人，使他们获得了较轻的判决和缓刑，更后（1549年），正是这同一个人，禁止了两方的任何一方讨论天主教和异端之间有争论的教义问题。他竭力敦促人们只讨论教会初期学者们所处理过的问题而不是近代问题。1550年他甚至绝对禁止讨论有争议的问题；万一不得不讨论时，也应该对问题加以明确澄清，防止任何偏袒异端之嫌。

与此大不相同，其命运在巴尔德斯的追随者中更为典型且更为始终一致的是巴尔德斯在那不勒斯的另一位客人彼得罗·卡尔内塞基。他出身贵族，有敏锐的智力，具有良好的人文主义思想和法律训练基础，是克雷芒七世教廷中最为才气焕发的人员之一，克雷芒曾任命他为教廷首席书记（apostolic protonotary）和自己的秘书。他留在罗马一直到克雷芒逝世，和吉贝蒂及罗马的奥拉托神爱会人士有接触。1540年他常去那不勒斯巴尔德斯家里，1543年常和维泰博（Viterbo）的英国枢机主教雷金纳德·波尔小圈子的人们交往。同年，他先到威尼斯，接着又到法兰西卡特琳·德·梅迪奇的宫廷。1543年他面临第一次审讯。部分地由卡特琳和科西莫·德·梅迪奇的干预，在所有控诉理由方面他都被宣告无罪。在法兰西继续旅行一段时期后，他前往帕多瓦和威尼斯，同这些地方的高级教士和新教保护人有接触。保罗四世任教皇时期形势发生了变化。1559年卡尔内塞基被传至宗教法庭，因未遵传出庭，他被宣判为异端者，财产被没收，因危险很大，逃至日内瓦。1561年，再度由于科西莫·梅迪奇的干预，宣判被撤销，财产发还。从那时往后，他隐居佛罗伦萨。但科西莫终于因政治原因，被迫向重新恢复保罗四世镇压异端活动的庇护五世让步。卡尔内塞基致宗教法庭法官们的信，尽管由于长期令人精疲力竭的审讯，他苦心孤诣，委曲求全，陈述不尽准确，供词显得过分低声下气，但就义时则正气凛然，视死如归，穿着时髦白色衬衫，戴着一副崭新手套，手执白色手帕，像赴喜筵似的，正如科西莫代理人1567年在罗马描述的那样。

像卡拉法（教皇保罗四世）那样坚持己见毫不妥协的人们，以怀疑眼光看待巴尔德斯、波尔、吉贝蒂和同他们一样的他们圈子的成员的"福音主义"以及维多利亚·科隆纳的朋友们并没有弄错，因为这些圈子虽然的确包含着主要忠于天主教会和教皇权威的高级教士，其中也的确产生了一些异端分子和罗马的敌人。另一方面，还有迹象表示（试从狂热者中举一例）迫使诸如贝尔纳迪诺·奥基诺和韦尔杰里奥对教廷敬而远之的，通常正是德亚底安会成员那样毫不妥协的狂热态度。

加尔文劝勉其国人要公开承认信仰并为之奋斗的话似乎正是为正气凛然就义前的卡尔内塞基说的。在这句话里加尔文仿佛是向那些仅以纯正信仰为满足而不愿为之冒任何风险的教皇的脆弱书记们嗤之以鼻。加尔文就这个问题的论述（其矛头部分地是指向法兰西的勒内）似乎对意大利情况也很合适，因而有好几次被不同人士译成意大利文。有人曾着手印行意大利文版本，但1553年在日内瓦以小册子形式发行以前，并未能公开发行，更未能流传。这本小册子对于面临迫害讨论逃跑问题的读者作出了忠告，劝勉意大利人除非他们有明确当牧师传道的呼召，或者是绝对的统治者，否则就应以选择流亡为上策。序言的作者决不是什么乐观人物，他说："众所周知，在意大利有些教会和信众……对他们来说，一切都不足取、没趣味、没有多大价值……"抛弃这一切决不是重大的不幸，"因为很明显，在它们里面没有任何好东西"。凡已经离开他们或即将离开他们的人不可能被指摘为使教会变得空荡无物（因为它们本来就是空空如也），也不可能指控他们帮助了敌人或放弃斗争，因为他们可以从国外用宣传或写作的方式更好地进行斗争。无论如何，这位作者把加尔文主义者所特别爱用的"尼哥底姆主义者"这个词应用在他们写作的对象身上，尽管他也指明在其他问题上，加尔文所谈的是法国情况而不是意大利情况。① 尼哥底姆主义者实质上意味着那些愿意度天主教徒生活而把天主教所认为基本教条和圣餐礼仪看为对得救无足轻重的人们，因为如果不能确信因信称义的道理，弥撒和炼狱就更不足凭信了，他们甚至还谴责天主教有些实践和教条是非基督教的。根据加尔文的说法，他们援引尼哥底姆为例，尼哥底姆获得称义，是在于他夜间来见耶稣，也就是说话，隐秘地相信耶稣（《约翰福音》第19章第39节）。

的确，尼哥底姆主义在意大利很流行，主要由于巴尔德斯教导的影响，但并不以巴尔德斯及其弟子或再传的追随者为限。这种立场的自觉的和明确的表述，1544年已在日内瓦被确认，而在瓦登西流域，则约于1555年，由一个佛罗伦萨人带到那里，也被确认。不过，对于这一问题并未作过详细精确的研究。这种立场同民众对教务会议的

---

① D. 坎蒂莫里：《16世纪意大利的尼哥底姆主义和对教务会议的希望》，载《贝尔法戈尔手册》《特伦特教务会议和反宗教改革历史文献》（佛罗伦萨，1948年），第12—23页。参看《消除迷信与厌恶承认真理及坦率公开承认信仰》。

希望有密切关系：由于上苍的干预有可能使和解成为可能，而如果放任宫廷和教廷的影响与阴谋充分发展，也可能鼓励人们期待依靠政治与外交发生相互作用的希望。这就说明了为什么许多意大利逃亡者，尽管严格说来并不是再洗礼派或反三位一体派成员，而在加尔文看来，却都是些老于世故、模棱两可的不信者，同时这也说明了这些人所以离开意大利，其最主要原因并不是因为向往按教条规定的真理，而是因为向往思想和宗教讨论的自由，因此，他们因在流亡中并未发现他们所向往的自由而感到震惊。这一点从卡米洛·雷纳托和许多别的意大利人在米格尔·塞尔维特被焚后所提的抗议中最清楚不过地表现出来，这些抗议后来逐步发展为在法律和神学方面应当有宗教宽容的学说"索齐尼主义"。

再洗礼派和反三位一体派并不是同一回事，因为即使在意大利，也并不是所有再洗礼派都反对三位一体教义。然而，意大利最早的反三位一体者却都是在再洗礼派中发现的。莱利奥·索齐尼死在一个再洗礼派家里。这些事例表明，意大利的两个激进宗教运动虽然互不相同，它们彼此之间却有密切的联系。两者都是通过不同阶层的人民隐秘地传播的，他们中有工匠、农民和低级教士，还有律师、教师和人文主义者。1539年，反三位一体的危害曾在威尼斯元老院受到申斥。塞尔维特本人在1554年曾想到威尼斯去，在那里波斯泰尔曾为他出版了他的《辩解书》（*Apologia*）。1555年教皇的训令中曾提到过反三位一体派，而从一个反三位一体者在其受审期间所暴露和揭发出来的最早资料则起源于1550年。同一年，再洗礼派在威尼斯召开了一次坦率的会议，讨论在他们的一些成员中开始出现的反三位一体苗头，这些人显然主要来自维琴察。代表们来自意大利各不同地区和移民中心。在运动内部有比萨、那不勒斯、托斯卡纳、教皇国和西西里的意大利人，但这次威尼斯会议或会众中最大多数人则来自威尼斯本土城市格里松斯、维琴察、帕多瓦和特雷维索的再洗礼派社区。一种声称早在1546年在维琴察组织的会议中就产生了反三位一体运动的传说正是这次威尼斯聚会中出现的。但在那些年间甚至更早就有再洗礼派宣传家们在那一带活动。由以上提到的再洗礼派的冗长供词中就已得到了证明：它还表明再洗礼派已经采用了门诺派的巡回传教制度。在暴露了这些情况之后，再洗礼派就很容易受到突然袭击、被逮捕并驱散。他们中有些人设法逃到摩拉维亚,不久（1559年）,他们试图从那里差派两位密使,劝说留在意大利的弟兄们采取比较温和的立场,但密使被宗教法庭抓获。值得注意的是,在路德教运动被镇压以后,维琴察的再洗礼派迅速得到发展,这大概是因为对付由天主教反宗教改革运动所产生的形势,需要有更大的警惕,他们已经明确宣称自己是尼哥底姆主义者。

根据1550年一个涉嫌异端而受审者的证词,在那不勒斯,巴尔德斯圈子中有人主张耶稣只是一个被圣灵感动的先知,他们不承认童贞女生子；揭发者指控巴尔德斯也抱这种观点,也许他只是容忍了他们。可以确定的是,在巴尔德斯的朋友和门徒中,有人公开宣称自己是反三位一体主义者。上帝一位论历史学家 E. M. 威尔伯（Wilbur）称巴尔德斯是一位自由派天主教徒,他还认为,如果巴尔德斯不是一位先驱者至少也是我们的运动的通报人（herald）。[1]

面临征兆和疑点两方面都有充分资料的这种意大利宗教形势,教廷发现自己不得不采取越来越制度化的措施。这并不是说旧法律的运用还不够严厉,而是说,由于异端运动的新奇和规模,大量追随者团体的行动隐秘,人文主义者的团结一致,各团体在法庭、主教及枢机主教和教廷所受到的保护,最后,由于犹豫不决和推迟召开教务会议所引起的在教条和教义方面的不确定,使得有必要采用新的武器和新的镇压措施。从1524年1月15日,即教皇驻威尼斯大使奉命实施第五届拉特兰会议有关传教及审查书刊条例那天起到1543年,记录在案的教皇致意大利主教和高级教士的敕书约80起,要他们采取行动反对路德教异端。最后10年间,由于运动的开展和强化,使原来交由主教在其各自辖区和领地所执行的传统宗教法庭体制已经很不够。由于1530年天主教宗教改革家之一（枢机主教卡拉法）的推动,保罗三世在1542年7月21日颁发的训令（*Licet ab initio*）[2] 里创立了有名的中央组织"Holy Office"[3] 这个罗马最高宗教法庭。主教设置的

---

[1] 《上帝一位论、索齐尼主义及其先行者的历史》,哈佛大学出版社1947年版,第33页。
[2] 教皇所颁发的训令,一般都由该训令开始的前几个拉丁词语命名,这种做法,同我国《论语》一开始说："学而时习之",一般即称该章为"学而"章,或孟子"见梁惠王",即称该章的"梁惠王"章的做法很类似,但因其并非完整的句子而无法翻译。——译者
[3] Holy Office 一般也译为"宗教法庭",但同地区性法庭有所区别,故特加"最高"二字。——译者

法庭和地区性宗教法庭都应服从最高法庭；它们都应遵守最高法庭所制定的统一程序，把审判记录抄本送到罗马，听候罗马对每一案件应如何判决的指示；他们通常甚至还把罪犯送到罗马最高法庭受审或由罗马最高法庭派专员至地区会审。就这样，在意大利的宗教改革还未取得大势所趋的统一性质和还未在民众中扎根以前，最高法庭就作为镇压和管制的单一工具而存在了。在卡拉法强有力的引导下，形势很快就发生了变化。著名的贝纳尔迪诺·奥基诺和韦尔杰里奥案件，就是典型的事例。奥基诺作为一个传教者，曾被选为新建的嘉布遣会总会长，享有盛名。他同巴尔德斯发生了接触，自此以后，在他的讲道里就明显地看出有巴尔德斯的影响。他的名声传遍了意大利，听他讲道的群众的热情保护了他，使他免受主教和地区宗教法庭的干扰。但当他被罗马新宗教法庭传讯的时候，他就宁愿移居国外（1542年）。[①]

移居国外的现象早在8年前就已经开始，但最初是零星的，所涉及的人只是些狂热的极端分子，而且通常仅发生在意大利北部边境的国家。正式移民出境是逐步发展起来的，自从奥基诺逃亡后，形势日益严峻。但最知名的涉嫌分子虽多逃往瑞士、斯特拉斯堡和英格兰，多数人则仍留在意大利境内，寄希望于教务会议和他们的朋友们的保护。这种保护由于来自主教、枢机主教和王侯，通常是很有效的。

经过长时期的讨论之后，1545年教务会议终于召开。主张天主教改革的人和巴尔德斯的追随者们希望它首先将会颁布有关教会改革的法令，然后再进一步对"因信称义"教义作出建议，容许人文主义者和福音派对圣保罗的信息所作的解释；他们对1546年参加教务会议者，如英国的枢机主教吉罗拉莫·塞里潘多和许多别的人，抱有极大希望。尽管后来有些高级教士和贵族感到希望破灭，但正如卡尔内基的审讯所显示，甚至在著名的韦尔杰里奥受审后，这些希望仍然残存着。韦尔杰里奥曾充当教皇克雷芒七世驻日耳曼大使，在他的卡波迪斯特里亚主教辖区里是一位主张改革的主教。1542年他移居出境，成了意大利流亡者中少数真诚路德派的领袖和符腾堡公爵克里斯

[①] 参看本书边码第284页。

托弗的顾问，他同1542年逃亡的圣餐形式论者切·塞·库廖内争当大主教未能成功。在公开露面的有利时机来到以前人们用耐心和镇静保住了对教务会议所抱的希望。他们希望当对改革持友好态度的人们成功地通过容许对教条作某些宽大解释和行动的决议时这一时机即将来到。这主要是通过含混不清的措词同枢机主教莫罗内的立场妥协达成的，1557年5月到1560年6月莫罗内曾被囚禁、审讯，但宗教法庭没有定他的罪。有些事情并不是单凭保罗四世的热情和严格正统性就能完全解释清楚的。

除了这些情况复杂的希望以外，还有些比较简单和更为确定的因素。许多人并不愿逃亡，鼓舞他们的这种精神纯属宗教性质，因为他们所召集的这些信众，不管人数多寡，都是他们不惜以殉道为代价得来的，不能抛弃他们，尽管实际上他们最终并未能作出最高的牺牲，在韦尔米格里逃亡以后，曾明确地讨论过这个问题，正如我们所看到的，以后也一直考虑过。因此，在意大利人圈子里，认为弗朗切斯科·斯皮耶拉案件很重要。斯皮耶拉是靠近帕多瓦的奇塔德拉的一位富裕律师，有11个孩子。显然是由于他的法律实践而产生的对于道德问题的顾虑和阅读了有关书籍，他皈依了新教，先利用福音书刊带领家人和朋友改变宗教立场，后来就公开传教。看来追随他的人们主要是"贫苦和微贱的人们"。从各方面资料都非常强调、连在宗教事务上也非常忽视城乡贫苦人民这一事实来看，这是很可能的。斯皮耶拉被谴责并受到审讯。他害怕如果被定罪可能影响其子女继承遗产的资格。1546年他公开认错，但立刻又因好像听到了他所出卖的基督谴责他的声音而陷于失望和深沉的沮丧。医生们诊断他的病况认为是患了严重的忧郁症，并给他开了各种不同的处方。消息传到了帕多瓦，好些人从那里来看望他，有的是像韦尔杰里奥和马泰奥·格里巴尔迪那样杰出的人物，他们从1547年至1548年先后两年来安慰斯皮耶拉，但他本人却说他知道自己现在是该死的人了。1548年他因失望而死。这件事引起了很大的轰动，还出版了一些不同的记述。韦尔杰里奥在1549年离开了他的主教辖区和意大利，但另外一些人则把斯皮耶拉的事例理解为是对他们的一种温和的警告，要他们继续传教，对抗罗马的宗教法庭。

这时已经到了教皇保罗三世任期的末尾，经过马尔切卢斯二世的短暂插曲后,到达尤里乌斯三世和保罗四世任职时期。①其趋势是从强调教会在道德、管理、纪律和组织上的改革应居首位逐渐向镇压异端运动让步。这种镇压是以最严格的教条正统性和对凡不能卑躬屈膝服从教士者或对有关教皇权力的最极端理论稍持怀疑态度者的蓄意猜疑为基础的。这些理论既然是在教条上还没有作出定义的问题,公开讨论就应该是合法的。从保罗四世往后,西班牙式严厉认真的教权体制在罗马占了上风。人文主义者被严厉而一丝不苟的神学家所取代,他们对平信徒和异端派都抱着粗暴和毫不妥协的态度。事实上,在大主教中存在着一种单一的运动,但它有两个方面,天主教的改革和反改革,两者交替出现。当教会政策以反改革形态表现出来的时候,并不意味着另一方面已经消失,每一方面的要点往往可以从另一方面的文件中辨认出来。

尤里乌斯三世和保罗四世任职期间(1550—1559年),尽管政治形势很不相同而且充满矛盾,但其主要特征实为天主教改革者的缓慢退却。有些人是依照塞里潘多的模式,另一些人(如莫罗内)则蒙受严重猜疑。应当大书一笔的是,卡尔内塞基虽然没有出庭受审,但在莫罗内之后几个月,其判刑即被免除。还可举乔瓦尼·格里马尼为例,他本是阿吉亚尔宗主教,1549年被指控偏袒路德派异端,1550年被迫辞去主教职务,1552年受审并被宣判无罪,从此一直隐居至1561年,为谋复职而重新开始活动并终于被教务会议批准。他的名字曾列于提升候补主教名单中,威尼斯议会虽曾坚持以外交方式为其说情,终未获得成功。主要活动家的情况大抵一如既往,但他们现在的地位在怀有更为严格和更不妥协倾向的代表中越来越软弱了。新一代的人正在开始出现。卡洛·博罗梅奥和米凯莱·吉斯利埃里(Michele Ghislieri)正在发迹。在这段历史前20年占显要地位的许多人物已逐渐衰老,另一些人则移居境外。本来为天主教改革派的莫罗内、波尔和塞里潘多,越来越被认为有异端嫌疑。最初以作为受迫害的异端分子保护者为满足的这些人,最终竟以最严格的正统支持者姿

---

① 此处原作者叙事混乱不清,易滋疑难。因教皇保罗三世任职是从1534—1549年,尤里乌斯三世是从1550—1555年,马尔切卢斯是1555年4、5两月,保罗四世是1555—1559年。正确的说法似应为:从保罗三世任职(1534—1549年)末尾,经过尤里乌斯三世(1550—1555年),马尔切卢斯的短暂插曲(1555年4—5月)到达保罗四世的任职时期(1555—1559年)。——译者

态出现，尽管这种姿态同他们原先的倾向和理想大相径庭。早在卡托—康布雷齐条约以前就已经出现的意大利政治形势是不能改变的。其主要情况是西班牙的无上统治，教廷和西班牙结盟以及认识到同新教徒（路德教和其他）达成协定之不可能。西班牙的无上统治意味着反宗教改革的镇压愈来愈强烈。尽管在枢机主教成员中，强有力的一派希望波尔继续任教皇而不愿任何别人当选，但当保罗三世逝世时波尔并未当选。尤里乌斯三世任职末期，波尔成了主张恢复英国玛丽女王职位的领导人之一，令他的新教朋友们大为失望并丢脸。然而，这并未能使新教皇保罗四世对于莫罗内和吉贝蒂的这位朋友的怀疑得以消除。1558年，波尔也从舞台上消失了。其遗嘱中绝对拥护教皇的表示曾受到朱莉亚·贡扎加和卡尔内塞基的批评，后者所写表示不赞成此举的信成了其被判死刑的原因。

庇护四世（1559—1565年）任职时意大利形势趋于稳定。经历了使所有意大利国家遭受严重损失，特别是税收方面严重损失的战争蹂躏之后（威尼斯的损失比其余国家较轻）经济重建工作已经开始。战争的结果是到处都遭受了相当严重的不同形式和程度的社会痛苦。形势所要求的不是建设而是重建。政治形势已经改变，但尽管事件性质发生了戏剧性变化，而所作的调整则无足轻重。从1545年起，法尔内塞家族就掌握了帕尔马和皮亚琴扎公国的政权，1547年虽然有导致皮尔·路易吉·法尔内塞被杀的阴谋，他们仍然牢牢掌握着政权。锡耶纳和其周围农村对西班牙政府所怀的敌意，从不同形式的起义不断表现出来。1552年有法国军队协助的一次起义达到了登峰造极的地步，导致了又有佛罗伦萨流亡者参加的锡耶纳战争。战事以1555年锡耶纳有条件投降告终。以后，随着1559年法国军队撤走，蒙塔尔奇诺陷落，共和政体的最后残余宣告绝迹，蒙塔尔奇诺不仅在宪法上是共和体制，其人民也实实在在参与了政府管理。经过同菲利普二世（1555年查理五世曾将该城授予他管理）短暂辩论之后，除了"行政长官"（Stato dei Presidi）的国家以外，1557年锡耶纳连同其领土和资产，全都落入了科西莫·德·梅迪奇手中。1554年，别号布朗达诺（Brandano）的巴托洛梅奥·达·佩特罗伊奥逝世，在整个锡耶纳地区，他曾被认为是一个以宗教形式表达了人民永不休止的不满情绪的先知。

1556年，卢卡终于逐渐转变为一个冷酷的寡头政治国家。这一过程经历了由新公民们和中产阶级构成的1531—1532年的所谓的乞丐叛乱危机，他们大都是得到贫苦和普通人民支持的富有人士。1557年罗马的犹太人被关闭在少数民族聚居区（Ghetto）。尽管像托斯卡纳大公国或萨伏依公国那样的意大利国家专制主义改组历史属于另一时期，但通常伴有同教会当局争辩的立法倾向则已于此时略露端倪。主要是西班牙无上统治的巩固，来自威尼斯的消极抵抗，在这种无上权力的阴影下教廷作为意大利主要国家之崛起，以及教皇权力在天主教国家之重振，赋予它们更大的自治权和更多的灵活性。卡拉法家族受审的悲惨丑闻和其在1560—1561年的覆灭并没有削弱教廷的威望，尽管此项审讯明显地构成了保罗四世大部分任期中的丑闻之一，其实也是教皇无上权力时期的丑闻之一；从反面来说，所表现的能力反倒增加了教皇的威望。1562—1563年莫罗内和塞里潘多曾协助1560年召开的教务会议达成一项决定，不过其所处理的问题已不仅是或主要不是意大利的问题，尽管根据历史学家保罗·萨尔皮（Paolo Sarpi）的说法，决定中曾提到过意大利主教的优势问题，这种优势通常都是教皇利用压力或协商办法从有关方面或意大利王侯方面取得的。庇护四世和科西莫·德·梅迪奇之间的协商进展得特别顺利。虽然教皇庇护四世同托斯卡纳教士之间有管辖权和财政问题的激烈争论，他并没有对托斯卡纳主教施加压力，要他们参加教务会议并按照教皇旨意选举，科西莫还从教皇那里获得了政治上的照顾；阿方索·德斯特（Alfonso d'Este）也是如此。

　　像教廷的所有意大利政策一样，这一时期的政策从那时直到目前，曾被天主教史学家解释为一种意大利政策，这就是说，是一种有利于意大利诸国的"自由"，半岛的和平并有利于意大利"民族"和"人民"的政策。总之，是一种意大利民族团结的政策。最近一位作者，意大利历史学家蓬蒂耶里（Pontieri）教授，在一本涉及同一时期和这里所讨论的同样问题的重要著作中曾持同样意见。[1]他还断言，教廷对于天主教宗教改革和反改革认真而有力的探索，证明了教皇所自称在一个对教会和意大利造成极大灾难的时代来到以前，"教

---

① E. 蓬蒂耶里：《意大利独立的最后希望》，载《暗淡时期的意大利历史》，那不勒斯，1949年。

廷具有挽救意大利民族宗教统一无可争辩的功绩"之言为不虚。他还说：在这种统一里，尽管意大利臣服于外国，但它发现了它自己，到时机充分成熟的时候，就为它无上光荣的政治统一创造了基础。实际上事物发展与此很不相同，而且也不是没有争论的。关于这一点，从事复兴运动的人们从马志尼到加富尔都清楚知道，尽管对于政治家们历史著作的歪曲和简单化不能不有所原谅。正如克罗齐明确而且有时还雄辩地说过的那样，所谓"无上光荣"，归根结蒂，还是指由于教廷同西班牙势力结盟，通过天主教宗教改革和反改革活动，成功地镇压了那些运动而言。

（吴永泉　译）

第 九 章
新 修 会

　　众多形式各异的宗教生活深深地交织入天主教的结构中。修会的状况通常可靠地指示整个天主教会的健康状况，而从早期开始天主教的各大形成时期就有不仅改革现存修会而且创建新修会的特点，创建新修会首先是对一个新时期的需要或思想倾向作出反应，虽然总的说来这掩盖了［修会］令人惊奇的生存力和适应力。16 世纪和 17 世纪时天主教在反宗教改革运动中的复兴也不是这一规律的例外。这是一个在欧洲社会发生了影响深远的变化的时期，而这些变化确实把至关重要而又令人困惑的问题摆在了一次天主教复兴的面前，但实际上天主教再也不能享有宗教垄断地位，而且在欧洲面临着疆界的缩减，在许多地方简直在为生存而苦苦挣扎。这一时期修会的历史显示了努力摆脱恢复和新建之习惯程式，但其环境远较从前经院哲学所面对的复杂得多，不利得多。

　　要对宗教改革运动爆发之时修会的情况作一个全面的评价是极其困难的。过去 150 年间的改革潮流把意大利、西班牙、德意志、奥地利和法兰西所有托钵修会分成了两派，即严规派和住院派，并且产生了各式各样严守会规的本笃会，但这些潮流早就一直在减弱，虽然并不是在所有地方都完全止息下来。由于没有更一般的改革运动的支持，其成功仍旧是不协调的，局部的，常常是短暂的，而且当时社会的各方面似乎都对进一步的前进持反对态度。极其多样的物质因素和对整个修道理想所持批评态度对共同生活的解体和热情的减退及其产生的全部道德后果起了推波助澜的作用。富人和穷人似乎对其结果都不满意。主要对修道院的财产问题感兴趣但自己对这些问题的干预却不加限制的世俗力量，总的来说是不如此害处很可能更大，并且利用了住院派和严规派院长们之间经常发生的管辖权之争。除了在英格兰，灾难性的有俸神职的暂时代理制度就像植物枯萎病一样难以对付。用无耻的办法而且常常在申请者自己的院长不知情的情况下便可从罗马教廷获准免除修道义务。见习修道者和修道者，无论男女，所受之培训和教育普遍不足。人文主义者的敌对批评，加上诋毁苦修与形式上遵守的价值的宗教态度的成长，最终发展成为新教的激烈谴责——然后是毁灭性的实际上的胜利。不过这并不是否认仍然存在着值得尊敬的，甚至热诚的宗教团体，这类团体经常和其他团体中最严重的弊端劣迹形成鲜明的对照，但［修会］给人的总的印象是，就像整个教会一样，纠缠在世俗世界的复杂的社会和物质罗网中以一种特殊方式为生存而进行着斗争。他们号称是"从不堕落，所以从来不需要改革"，但是他们与平信徒的交往也很多，特别是在那些长期有重要影响的会院，如在伦敦和科隆的会院，这种交往颇多。缺乏的是一种具有独立精神活力的力量，这种力量在最高水平上得到经过革新的、专心致志的、能够判断并面对真正困难的教会领导的支持。直到这样的条件显示出产生的迹象时，是不可能指望出现朝好的方向发展的永久性变革的。

就托钵修士而论，其处境尤其严重，因为教会的牧养工作大部分是他们做的，而且有趣的是第一批新教领袖——像路德本人——中有许多竟然来自经过悔改的严守会规的托钵修士。但他们在西克斯特四世1474年和1479年发布的诏书中达到了顶峰的广泛的特权和免受主教控制的种种豁免权引起了和主教团关系的高度紧张；而教会改革的中心目标——重建教会使徒式的效率便永久性地受到修士及其豁免权这个问题的妨碍，1512年至1517年的拉特兰会议对此有所考虑但未能加以解决。结果，是作为新灵性（这是意大利和别处由严肃认真的人组成的一些小组的特征）之必不可少的一个部分的牧养和慈善方面的动机创造了一种宗教社团的新形式，即神职班修会，以耶稣会为最重要的例子，不过耶稣会并不起源于意大利。这些团体为反宗教改革的教会和教皇提供了组织精良、受过良好教育、习惯于服从但与修道院无关的牧养工作者，他们不受当地关系之干扰，不受修士和托钵修士的礼仪制度和团体规章的束缚，同时同样地不受世俗生活的种种诱惑；它们在使天主教内部有一定的秩序，稳定天主教和改革派之间的边界以及在一定程度上适应新时代方面起了极其重要的作用。同样，是在嘉布遣运动复兴方济各会努力中在牧养方面的动机从一开始便使之得到世俗保护者的欢迎,并最终为之获得了罗马的支持。

然而,有一段时间在罗马对整个宗教修会问题存在着相当大的怀疑。在保罗三世的改革委员会于16世纪30年代发起的辩论中,谈论的中心更多的是镇压修会而不是鼓励建立新的修会。诸如镇压所有住院派并把其他宗教组织合并为三四个完全废除修会免受主教控制,以及全面禁止新建修会之类的建议显示出在一些地方恼怒和失败主义所达到的程度之高。但是,这些激进的方案无论在纸上吸引力有多大却几乎不会成为教会的实际政策,只有一个极端主义派别支持这些方案。前面已经指出,在著名的《教会改革纲要》和其他当时类似的文献中找不到许多属于积极建议改革的内容,比如给予青年修士修女更好的灵性和知识方面的培训,或者其他实际措施,如类似于最终将逐渐提高较古老的修会的修道生活水平的措施。在本章所覆盖的整个时期,嘉布遣会、德亚底安会、耶稣会和其他新修会早期所取得的使徒式的成功,当代人似乎难以置信的自我牺牲的热情所结出的果实,在全面的努力肯定在不断扩大但对于改革是否可行,甚至对一些较古老的修会将来是否继续存在从根本上缺乏确信的背景下,显得颇为突出。直到1563年特伦托会议举行的最后几次会议期间制定出一份修道院改革的一般准则时才为一项被大家所接受的一般性政策打下了坚实的基础,这项政策随着反宗教改革运动在快到世纪末时有了较大的自信心和集中指导从而获得进展,逐渐——如果说仅仅是断断续续地——提高了绝大多数过去的修道机构的总体水平。

各式各样的神职班修会是天主教在16世纪在宗教修会方面的杰出创造。但这里为方便起见先论述正在回顾的这段时期更为重要的沿着传统路线发生的修道生活的复兴。卡马尔多利会的修士们在意大利新建的修道院虽然看来仅仅是那种15世纪地区性的修道制度改革的继续,但由于其创建人的个性以及他们和反宗教改革运动的发源地意大利当时其他重要的虔诚团体的密切联系而具有更为广泛的意义。保罗·朱斯蒂尼亚尼和文森佐·奎里尼是出身贵族并受过先进教育的威尼斯人。1510年和1512年,他们及其虔诚的人文主义圈子内的其他人遁世入教,在卡马尔多利加入了独居修士的行列,他们从那儿尽了最大的努力劝说其友人加斯帕罗·孔塔里尼参加了他们的队伍。可是,他们尽管卓有成效地帮助这位未来的红衣主教关注自己的良心,但最终未能说服他相信仅仅在修道院里自己才能得救。① 卡马尔多利会起源于11世纪圣罗穆埃尔德创建的修会,既有独居修士也有住院修士。到16世纪初,卡马尔多利会已在住院派和严规派中有了分机构。但朝向完全而严格地恢复原来对规章的遵守的新冲动正受到会长德尔芬诺的阻挡。奎里尼英年早逝,但朱斯蒂尼亚尼不久便成了改革派的领袖。1519年他当选为独居修士的院长,1520年他带着一批追随者离开卡马尔多利,在别处如马萨其奥、帕塞鲁波和科罗纳山,建立了新的经过改革的卡马尔多利会的定居点。在这些地点,他对圣罗穆埃尔德的理想的新观点被付诸实施,而且最终出现了一个准自治的由一些卡马尔多利会修道院组成的修会,该修会称科罗纳山修会。

朱斯蒂尼亚尼于1528年逝世。在意大利通过悔罪、施舍、遁世隐退寻找上帝时许多热心者的团体中,他是一位有影响的人物。他和卡拉法、圣卡耶坦以及未来的教皇保罗三世法尔内塞交往甚深。像他那样的人竟然成为当时存在的最严格的隐修制度之一的独居修士,这件事在那时的虔诚者和爱嘲笑者中都留下了显著的印象。但此事也表明了时代潮流:甚至对这个最注重默祷的修会朱斯蒂尼亚尼也认为某种使徒式的行动是必不可少的。由于有这样的看法,他认真考虑过在美洲建立经改革的新修会的可能性。然而,他最终确信善举应该从家里开始。他的运动具有的特点和嘉布遣会有共同之处,但先于后者;是在马萨其奥两位最早的嘉布遣会修士卢多维克·达·胡松布罗内和拉斐尔·达·胡松布罗内在1526年大斋节期间找到了一个临时避难所,以逃避追捕;他们还提出长期居留的请求,但遭到卡马尔多利会修士的拒绝。

嘉布遣运动是作为反宗教改革运动的核心——灵性总复兴的一部分而发生的,在众多回归方济各会会规(从最早期开始这便标志着小兄弟会的历史特征)的字面意义的尝试中该运动显然是最成功的。经过一段时间,嘉布遣运动创立了一个新的独立的小兄弟会修会,如果在一些地方它逐渐被认为是一些预言的真正实现,这是不足为怪的,这些预言说创始人所教导的生活方式最终将得以恢复。1517年,利奥十世设法简化复杂的方济各会,他的办法是将现存的方济各会的

---

① H.杰丁:《青年孔塔里尼教堂生活的经历》,1951年。

所有机构合并为两个,而且是两个独立的组织。住院派接受了官方对会规的全部"解释"和放宽。人数较多的严规派起源于14世纪和15世纪回归立会初期之简朴的运动,但他们中有许多人现在已经偏离了简朴的修持生活方式;现在打算在严规派各教省拨出房舍供希望过更加严格的生活的修士用。但关于此事几乎没有或根本没有实际进展,而说明方济各的理想在意大利具有广泛的不可抗拒的吸引力的嘉布遣运动在严规派中兴起,而严规派是借助于严格解释会规的新的热情的大浪潮而产生的,在现存的严规派框架内这种热情在任何情况下都不可能得到满足。

嘉布遣运动并不在翁布里亚这块"着了魔的土地"上而是在安科纳的边界地区兴起的,这是一片乡村,在从翁布里亚和阿西西延伸出去的群山的另一面,是14世纪时属灵派的避难地,严规派的摇篮。出身农民家庭的马泰奥·达·巴斯其奥是一位单纯的青年牧师,属于严规派在蒙特法尔科纳的修道院。他感到自己受上帝之召唤严格按照圣方济各立下的会规生活,并遵守这位圣徒在其最后的信仰表白中提出的告诫,但这些告诫的强制性已遭到罗马的否认。他给自己制作了一件粗布袍子,戴一顶缝在袍子上的尖顶风帽(用以代替当时穿着的用较柔软布料做的袍子和分开的圆形风帽)。他认为这代表圣方济各实际穿着的样式,而这种样式的风帽后来成为嘉布遣会修士复兴早期方济各主义的外在标志,他们为之进行了顽强的斗争。胡须是嘉布遣会修士的第二种极其重要的外在标志,也许是从卡马尔多利会输入的,该会的习俗对嘉布遣会会规的制定可能有一定的影响。但正如圣方济各遇见麻风病人是其生活的转折点一样,对马泰奥而言在他的经历中起了决定性作用的是他在1513年和1527年两次瘟疫流行期间全心全意为病人和瘟疫患者服务;到那时他已有了三位同道:卢多维克和拉斐尔·达·胡松布罗内兄弟、保罗·达·基奥贾(Paolo da Chioggia),这三人都和他一样是要求更严格遵守会规的严规派。嘉布遣运动并不是不切实际的,而是以全心全意的慈善工作为牢固基础。这就把嘉布遣会和当时意大利天主教所有其他改革派联系在一起,这也是克雷芒七世的侄女卡梅里诺女公爵支持嘉布遣会会士的原因,假如没有她保护他们免受严规派院长们的敌意的伤害,那么关于马泰奥、卢多维克以及尖顶风帽也许不会有更多的情况为大家所知晓了。

然而，马泰奥并没有想到自己会成为一个修会的创始人。当他在朝圣年1525年去罗马时，他想望的，还有他从克雷芒七世口头得到的一切——也许有教皇侄女的暗中帮助——仅仅是私下准许他过游方福音传道的生活，一年向他的院长们汇报一次，可以戴尖顶风帽和蓄须，努力忠实遵守圣方济各立下的会规。他的榜样产生的精神推动力在一个新组织中找到了表现的渠道，是因为其早期追随者卢多维克·达·胡松布罗内的品格和精力。卢多维克是个老兵，他身上的战斗精神不减当年。他逃脱了院长们数次逮捕，于1528年，即罗马被洗劫的次年7月，获得《宗教热忱》（*Religionis Zelus*）诏书，标志着一个小兄弟会的新团体合法开始，这个新团体是由那些聚集在最初四位领袖周围的人形成的。诏书准许他们按圣方济各的会规独居隐修，接纳其他人入会，享受卡马尔多利会的所有特权。1529年在阿尔巴基那召开的第一届大会制定了章程，选举马泰奥为会长。不久马泰奥便将会长职交给卢多维克担任。这次权力的不合法转移显然得到其他会士的默认。

在1529年最早的章程中这个新团体自称为独居隐修小兄弟会。但应该说明的是，设想的"独居隐修"生活并不像当时卡马尔多利会修士，以及意大利正规宗教修会外的许许多多人过的独居隐修生活，这些人间或从自己独居隐修的山里下山布道叫人悔改，宣告灾难即将来临。可是，显然是因为人们喊叫着 Scapuccini！（这是对独居修士的通俗称呼）把他们当作独居修士来欢迎他们，嘉布遣会修士才获得了"嘉布遣小兄弟"（Fratres Minores Capuccini）这一称呼。该称呼最终流传下来并于1535年首次出现在一份教廷的文件中。但集体生活、使徒式的布道工作、关心穷人病人等才是嘉布遣会之理想的实质，正如它们是圣方济各之理想的实质一样。独居隐修生活对他们的意义正如其对圣方济各的意义一样。他们的社团中心设在安静的山区或乡村地区，以避开喧闹的城市生活的直接压力，一般不在通常的旅行路线旁边，却又离人口集中的地点足够近，以便兄弟们能履行在大众中传福音的天职，也可不远离他们赖以为生的施舍来源。他们坚决放弃遍布欧洲各地之众多圣方济各会社团的巨大而精美的城市教堂和修道院。兄弟们宁愿生活在小型社团中，因为大批人生活在一起会带来危险，住在用泥和树枝搭的最简陋的隐居室里，居室很小，礼拜堂也极小。只有在这样的条件下他们才能实践绝对的贫困、极端的肉体苦行和一心一意祈祷,祈祷是他们不外出时的活动。自1528年起便开始修建这样的隐修处,1529年就已存在的最早四个隐修处在卡梅里诺附近的科门佐内和波伦扎、阿尔巴基那和福松布罗内(卢多维科及其弟弟之家乡)。

在这些以及后来修建的隐修处圣方济各及其最初的伙伴们的精神开始复兴。嘉布遣会最早期的资料和传说再现了菲奥雷蒂派(the Fioretti)①的氛围。就像大约同时的最初一批德亚底安修士一样,他们努力要以最极端的、几乎是超人的形式来证明与当时流行的邪恶和陋习相对立的美德——贫穷、纯洁、悔改、祈祷和受大众欢迎的使徒职责。他们明确声明放弃对会规,特别是关于贫穷和拥有财产方面的放宽和解释,这些放宽和解释是住院派,甚至部分地是严规派,已从教皇那里接受了的。他们在吃食、睡觉、场地、享受方面追求的是最低标准。他们不折不扣地做到了不为明天着想,甚至于除非极度需要绝不去乞讨。在他们的小小的教堂里,他们举行极简单的仪式和诵经。每天拨出两小时为个人祈祷时间。因此有一种纯粹的敛心默祷的强烈成分,这后来在该修会的其他地点变得更加强烈。但方济各会的使徒式的活动的原有的精神得到充分的维护,并且无论在开初还是在后来都压倒了偏离敛心默祷的所有倾向。在悔罪和祈祷的生活方面树立榜样的确是他们的使徒职责的一个方面,尽管并不是其全部。他们放弃了大量给予托钵修会的特权和豁免权,开初试图使自己在布道和施行圣礼方面直接受主教管辖。可是后来改变了这一政策。作为宣教士,他们自觉地避免复杂精巧、华丽夸张、专业神学的语言和内容,从而培养出了一种福音传道和道德方面的直接感染力。由于这一原因,还以方济各会崇尚简朴的名义,他们不鼓励研究神学,因为最早期的会士要么已经是神职人员,要么就像拉斐尔·达·福松布罗内一样已经是平信徒修士。开初盛行的是神职人员和平信徒修士完全平等的原始制度,甚至达到安排平信徒修士当权的程度。然而,快到世纪中叶时只得放弃这种制度。另一方面,似乎并非所有神职人员都是宣教士,而在整个16世纪非宣教士占多数。而且,正如当时正统改革派的情况一样,更经常求助于补赎和圣餐这两种圣事是他们在进行劝诫性的布

---

① 意大利语,意为"小花"。——译者

道时的一个中心题目，但除在非常特殊的情况下，他们并不听取忏悔。这是他们不侵犯堂区牧师的职责这一政策的一部分，还是他们对研究不信任的自然结果，并不很清楚。但是这一做法虽然遭到种种非议，却肯定保持到1619年嘉布遣会完全确立了管辖权的独立之时。

1529年，即举行第一次大会的那年，在经历了开初的一些困难之后，在马泰奥和卢多维科建立的组织和一些由雷焦的贝尔纳迪诺领导的卡拉布里亚严规派之间实现了联合，这批严规派希望以改革为名摆脱其院长的控制。这表明起源于边界地区的嘉布遣运动在地域上的扩大，而且此后开始传播到意大利其他许多地区。这也把来自一个对弗洛拉的约阿希姆及其对属灵派之影响的记忆也许尚未完全泯灭的地区的人们带进了这个新修会。但整个看来，嘉布遣运动显而易见没有约阿希姆的著作在属灵派和弗拉蒂塞里派（the Fraticelli）[①]中帮助激发起来的过度的观点和虚幻的启示论。卢多维科早就采取了在罗马建立一个定居点这一重要的实际措施。他的面向未来的方针还包括在那不勒斯（1530年）和意大利其他地方建立组织。到1535年召开第二次大会时，这个新修会已有大约700名修士，其中大多数是从严规派吸收来的。然而，卢多维科统治的这些年中，尽管修会建立起来并有了显著的发展，但也遇到巨大的困难，既有内部的困难，也有外部影响造成的困难。事实上，这段时期经历的不只是成长期通常有的剧痛。

卢多维科本人的地位是名不正的。他从未被选举为院长，他只不过在马泰奥把权力交托给他时从后者手中接管了权力。他实行专制君主式的统治，从不召开大会，违背了方济各会所有正常的规章和惯例。不管他对嘉布遣运动作出了多么突出的贡献，他越来越严厉无情的独裁引起了一帮人的反对。反对派迫使他于1535年召开大会，在会上他的院长职为贝尔纳迪诺·德·阿斯蒂所取代，这使他感到惊讶。在心理完全失去平衡的情况下，他进行了一年的与其身份不相称的阴谋活动，导致了另一次大会于1536年召开，修会的枢机主教—保护人（cardinal-protector）亲临大会。但与他的期望相反，大会再次拒绝了他的要求，重新推选贝尔纳迪诺为院长，同时采纳了贝尔纳迪诺准备的修订章程。生性骄傲的卢多维科在这次对他的最后抵制中未能以适

[①] 意大利语，意为"小兄弟"。——译者

当的谦卑默默服从。他一怒之下退隐到一处隐修地，在那里孤独地度过余生。大约同时，显然由于教皇克雷芒七世1552年的口头准许，马泰奥再度成为他一向渴望的游方宣教士。很可能这是因为他名义上依附了严规派的当权者，甚至放弃了嘉布遣会的风帽。关于他后来的生活，所知不多。1546年，他作为嘉布遣会修士目睹了米尔贝格之战（博瓦迪利亚，首批耶稣会修士之一，也亲临战场），1552年死于威尼斯。这两位嘉布遣会创始人皆退出了修会，命运之离奇竟至于此。马泰奥个人的冒险事业点燃了嘉布遣运动的火星并立下了该运动的基本原则：遵守会规比修会的利益更重要；而卢多维科则以其精力和管理才干把星星之火扇大成为经久不灭的火焰。在他们销声匿迹之时，这火焰由贝尔纳迪诺·德·阿斯蒂及其继任人熟巧地重新照料保全下来；贝尔纳迪诺似乎是第三代创始人，继其后者是弗朗切斯科·达·杰西、贝尔纳迪诺·奥基诺和犹西比乌斯·丹科纳（Eusebius d'Ancona）。这四个开创并使嘉布遣改革运动长期进行下去的人都是从严规派过来的。而这显示了改革的最大困难是严规派院长们的敌视。

严规派院长们的敌视态度是完全可以理解的。在严规派院长们中肯定有同情嘉布遣改革的人。但分离主义的嘉布遣组织通过从严规派拉走最为热心的成员严重损害了严规派计划的改革。1525年马泰奥个人向教皇提出的请求实际上是有代表性的：罗马不负责任地给单独的修士发放了无数的特许状，从而削弱了隐修生活的共同约束和院长们的权威。由背叛严规派的修士们组成的分离主义组织的表现很可能是不负责任的，捣乱的。嘉布遣组织的迅速发展，特别是当地之严规派教省长（minister-provincial）乔万尼·达·法诺（首先，此人曾竭力压制马泰奥和卢多维科）脱离本派加入嘉布遣会，事态因此更加严重。1530年，严规派总会长西班牙人基尼奥内斯的会长职由意大利人皮索蒂继任。这是不幸的选择。皮索蒂没有作任何有助于严规派内部改革的事，却努力要以暴力镇压嘉布遣"分裂活动"。再者，他是一个爱虚荣、爱出风头的人，视察时的排场太过分。他的行为的后果只能是助长他想要结束的严规派修士流向嘉布遣会的现象。但当时的教廷，以及优柔寡断的克雷芒七世就是有这样的特点。嘉布遣会的对手们现在发现获得削弱嘉布遣会的地位的官方文件就像当初嘉布遣运动的倡导者们获得建会所必需的批文一样容易。这些文件和相反的文件——有时从大不相同的官员手中获得——的消长过于复杂，不是这里所能讨论的。但皮索蒂于1533年被免职并不是决定性的，因为继任者也敌视嘉布遣会，而克雷芒的去世则是对嘉布遣会的打击。他的侄女、嘉布遣会的主要支持者卡梅里诺女公爵不仅立即被新任教皇保罗三世剥夺了权势，而且领地也被剥夺。然而，是克雷芒本人在1534年初向嘉布遣会的对手屈服，下令解散嘉布遣会并将他们逐出在罗马的居留点。所有这些打击都被卢多维科以某种方式加以对付和挡开。到1536年他退隐之时气氛已较为平静。嘉布遣会找到了一位更加强大的新保护人维多利亚·科隆纳。1536年和1537年保罗三世批准他们合法存在。不过，为了平息严规派的愤怒，他禁止改革派再从严规派吸收新成员和在意大利境外建立修道院。他还要求嘉布遣会会长在选举时寻求住院派教长的正式批准。最后这一项非正式协议一直延续到1619年，是年协议的废除终于使嘉布遣会成为方济各会家族的一个完全独立的支派。禁止改革派再从严规派吸收新成员也许完全对嘉布遣会有利，因为这使嘉布遣会从一开始便培训自己的人才。在整个16世纪和17世纪早期新入会者并不缺乏，而且值得注意的是嘉布遣会虽然主要在穷人和未受过教育的人中开展工作，但吸引的贵族和受过良好教育者的数量也是值得注意的。

但是，1536年嘉布遣会仍然面临着对他们来说在某些方面是最为可怕的考验——他们的院长、最卓越的宣教士贝尔纳迪诺·奥基诺背叛并逃往罗马。几乎毫无疑问的是，这一差不多整垮嘉布遣会的灾难性事件也有助于他们获得对新教思想之盛行和力量的较为敏锐的意识，这意识后来对他们的整个团体产生了影响。贝尔纳迪诺作为宣教士获得了巨大的成功和声望。1541年，虽然有违他的意愿，他的院长任期延长三年，他被认为是模范修士和杰出的领袖。但是，他专注于称义问题，他读路德著作，也许还有他在那不勒斯和胡安·巴尔德斯交往，这一切终于把他引向了只能有一个结果的立场，对此他在某个难以准确确定的时间一定已有认识。当然事后诸葛亮有的是，但人们说要不是奥基诺后来背叛，他直到1539年的讲道和著作仍旧可以被认为是当时天主教苦行主义文献的一部分。然而，1524年时意大利的气氛变得更加紧张。人们感受到路德的思想在产生影响。罗马的异端裁判所正在重建。教会认识到潜藏着的危险，因此心肠变得硬起来。卡拉法是铁腕人物。奥基诺因公开批评一位奥古斯丁会会士被监禁一事已经受到教廷驻威尼斯大使的处罚。在他留在嘉布遣会里的最后几个月，他在罗马已受到怀疑。保罗三世邀请他访问，这封邀请书决定了他的逃亡。

教皇的本能反应是全面镇压嘉布遣会。他们受一位暗藏的新教徒控制达四年之久。现在谁能信任他们？他们最大的支柱——民众的巨大支持——垮掉了。仅仅圣基维利诺红衣主教的干预，再加上弗朗切斯科·达·杰西（他接管了贝尔纳迪诺放弃了的领导权）的熟巧和维多利亚·科隆纳的影响，才阻止了镇压的执行。对该修会所有宣教士的教义观点进行了一次调查，要求他们递交书面说明。调查结果令人满意，宣教士重新得到许可，嘉布遣会幸存下来。不久他们便恢复了过去的声望，在奥基诺逃亡后的那几年，嘉布遣会及其工作在弗朗切斯科·达·杰西、阿斯蒂的贝尔纳迪诺、安科纳的犹西比乌斯的领导下稳步发展。就在奥基诺背叛后大有影响的平信徒修士坎塔利切的圣菲利克斯加入了嘉布遣会，而且尽管有接纳严规派入会的禁令，会士人数仍稳步增长。早在1535年，已经建立了多达8个，也许12个独立的教省。到1550年时教省的数目上升到约15个，托钵修士达2500人。嘉布遣会遵循方济各会的正规路线，但显然一定程度上偏爱严规派而不是住院派的术语。院长（superior）或总代牧（vicar-general）有时，也许在1619年以前不准确地称作教长（minister-general），由选举产生，任期三年。1512年对章程进行了重新编辑。当时认为有必要对原先规定的极端的苦行加以一定程度的放宽。随着该修会的发展，较大的较永久性的修道院被认为是可取的。城镇里的居留点得到默认。有一处地方被指定作学习用。最初对主教之完全管辖的承认未予重申。后来特伦托会议于1563年有关修道院的立法使嘉布遣会进一步改变其活动——主要在学习的组织方面——成为必要。1572年，不许在意大利境外建立机构的禁令取消。此后，嘉布遣会在全世界迅速发展，从禁令取消之时到16世纪末修院和会士的数量都不止增加一倍，在反宗教改革运动的贡献方面仅次于耶稣会。

嘉布遣会不是，也不声称是革新派。他们对之作出回应的是一种已经令人崇敬的理想的感召——积极的生活与敛心默祷的生活相结合，这是托钵修士的理想；这个新组织只不过是一个已经存在的修会的经过改革的一个分支。但是这些神职班修士新团体是在对当时的特殊问题作出特别反应的过程中出现的。在 16 世纪最初几十年间在许多意大利城市中越来越多的虔诚的神职人员和平信徒的团体中——其中以罗马奥拉托利神爱会（该会是以热那亚一个类似的组织为榜样建立的）为最著名①，对个人的圣洁、神职的尊严和效率的恢复以及针对受苦受难者和赤贫者的慈善工作的关注共同导致了各种神职班修会的建立，神职班修会修士是按规章和发三绝誓愿共同生活的神职人员。1534 年建立的德亚底安会是罗马奥拉托利神爱会的四名会士共同努力的结果，四人中有两位杰出人物：加埃塔诺·达·蒂埃内（圣卡耶坦）和尼亚波利坦（Neapolitan）主教吉安·彼得罗·卡拉法，前者是维琴察人，后者后来成为教皇，称保罗四世。主意似乎最初是卡耶坦出的，但组织上的推动力更多是卡拉法的。这位温文尔雅、喜独处的圣者和暴躁好动但博学的主教相辅相成，这很像嘉布遣会首批会士中马泰奥和卢多维克的关系。这个组织的名称德亚底安（Theatine）来自卡拉法的主教管区之一基耶蒂（Chieti）之拉丁文形式，当时他已放弃了该管区。修会采用这一名称说明卡拉法处于主导地位。虽然他和卡耶坦，后来还有其他人，轮流担任任期为三年的院长，但部分是因为其主教品级，他总是认为自己与众不同，地位显赫。在 1530 年至 1533 年间，会规详细制定出来，1533 年该修会得到克雷芒七世的批准，1536 年保罗三世再次加以批准。

  德亚底安会会士既不是修士，也不是托钵修士或律修会修士。他们是发绝财、绝色、绝意誓愿的共同生活的牧师，以便尽可能完善地过使徒式的神职人员的生活。他们集体背诵日课，不像当时所有神职人员的社团中流行的那样唱日课。虽然卡耶坦本人似乎重视集体背诵日课，但该修会在早期便为部分会士寻求并接受了对甚至私下背诵日课的免除，以便节省时间从事其他工作。第一批会士在入会前都分散了自己的财产，放弃了圣俸，接受绝对贫困的生活方式，就像嘉布遣会那样不接受固定的收益，也不定期乞讨。在神职人员的行为和穿着方面，他们为自己定下了最高的标准，通过榜样来纠正当时神职人员生活中的失职和弊端，达到了英雄的境界。新吸收的会士在入会时有

---

① 见本书边码第 258 页。

时采用新名。一方面他们不接受教区和慈善组织的正式管辖，另一方面却忙于布道、听忏悔、规劝人们更经常地领圣餐，忙于为病人和受痛苦的人的慈善工作，忙于学习，特别忙于为礼仪改革作准备。他们过着退隐的不引人注目的生活，他们不像嘉布遣会和早期耶稣会那样在露天布道。但卡拉法保持住了在克雷芒七世那里的地位，后者继续以各种方式利用他的服务。德亚底安会在罗马的修道院很快便成了热烈的灵性生活与有影响的中心。

德亚底安会对神职人员界的影响虽然重要，他们通过自己的榜样和作为培养未来意大利主教的苗床注定将对天主教作出的贡献虽然价值甚高，但其影响在创会的最初几十年受到两种因素的限制。第一个因素是会士的数量有限。自愿过艰苦的退隐生活——这种生活夺去了一切外在的吸引力，甚至修士的服饰——人的数量必然很小，但不仅仅因为这一原因，还因为修会的创始者们从一开始便敏锐地认识到让不能坚持过如此艰苦的生活的人宣誓入会所带来的危险。因此，德亚底安会人数较少——而且主要由贵族组成。虽然这并未使该修会完全不发生变节，但是却减少了修院的数量。第二个因素是1527年罗马遭洗劫，在洗劫中德亚底安会在罗马的社团——主要是圣卡耶坦本人——在西班牙士兵手中遭到骇人听闻的野蛮对待，此后他们被迫到威尼斯避难。他们在威尼斯留下来，直到1557年才回到罗马，那时卡拉法当了教皇，卡耶坦已进了坟墓。作为一个修会，他们的利益结果受到了损害，这样认为是合理的。1528年至1529年在维罗纳进行了一次不成功的冒险，甚至1533年在尼亚波利坦建立的机构在早年也遇到严重的困难。直到1557年，他们仅有威尼斯和那不勒斯的两座修道院。但有一点是他们给人们留下印象的证明："基耶蒂诺"（Chietino）被普遍用来指天主教中的"清教徒"——无论神职人员还是平信徒，在一些地方一度曾用来指第一批耶稣会会士。然而，在圣伊纳爵看来，整个德亚底安会的观念显然太局限，他1536年至1537年在威尼斯认识了该修会的成员，不过在此期间他和卡拉法之间关于这个问题交换了些什么意见在一定程度上仍旧是无法确知的。①

---

① 请比较 P. 帕斯基尼的《S. 加埃塔诺·蒂耶内、吉安·彼得罗·卡拉法和德底安会固定神职人员的起源》（1926年，第137—139页）和耶稣会 P. 塔基·文图里的《意大利耶稣会史》（第2卷，第一部分，1950年第2版，第79—80页）。

另外有两个习惯上和德亚底安会一道考虑的神职班修会：巴拿巴会和索马斯基会。它们的建立是否受德亚底安会的直接指使，现在尚不清楚。积极从事慈善工作这一动机是建立两会的强劲原因，该动机是由战争及战后的贫困、疾病和罪恶在意大利北部造成的苦难景象所激发起来的。巴拿巴会原名圣保罗神职班修会，后来改名是因为该会拥有米兰的圣巴拿巴教堂；在三名创建人中担任领导的是圣安东尼奥·马利亚·扎加利，他是克雷莫纳人，在任牧师前行过医；第二位叫巴尔托洛梅奥·费拉里，曾当过律师；第三位是贾科莫·安东尼奥·莫里吉亚，此人是数学教授。德亚底安会是1533年在米兰创建的，准许首批入会者庄严宣誓。尽管他们献身于牧养工作，特别是关心和教育青年人，但他们采取了如此苦修的生活方式以至于有人向保罗三世报告他们过着奇特的生活，保罗不得不于1535年进行了调查。然而，调查结果是他批准了该修会，准许他们不受主教控制并授予某些特权。1537年，它在威尼斯、维琴察、帕多瓦、维罗纳以及别处建立了修道院。会规于1542年制定，但直到1579年才最后定型。在17世纪时，巴拿巴会发展到了法国、西班牙和奥地利。作为其生活方式的一部分，他们保持集体背诵日课，并为此着专门的服装，罩在牧师的普通长袍上。

圣吉罗拉莫·阿埃米利亚尼于1532年在贝加莫附近的索马斯卡（Somasca）建立了一个神职人员的团体，后来称为索马斯基会，此人曾是军人。他和一批在1527年、1528年和1529年在维罗纳、布雷西亚和贝加莫瘟疫流行期间一道工作的朋友们建立了该团体，反映了他对战争及其社会后果的厌恶。他主要的慈善工作是建立孤儿院。第一批会士没有宣誓。在阿埃米利亚尼于1537年去世时，要不是他的主要追随者安吉洛·马尔科·甘巴拉的努力，这个团体本将作鸟兽散；由于安吉洛，它存在下来并于1540年得到教皇的批准。1547年，该团体试图并入耶稣会，但未获成功。从1547年至1555年，它和德亚底安会联合，但这两个团体的精神不同，当卡拉法当上教皇后，联合被解除。保罗四世仍然鼓励恢复后的索马斯基会保持独立。1563年得到庇护四世再次批准，1568年通过引进起誓被圣庇护五世提升为真正的宗教修会，并被授予免受主教控制的特权。就像巴拿巴会一样，索马斯基会深得圣查理·博洛梅奥的青睐。索马斯基会一直是个小修会，但在17世纪后半叶通过在大学和神学院开展教育工作经历了一次相当大的发展。

卡马尔多利会、嘉布遣会、德亚底安会、巴拿巴会和索马斯基会的故事说明当时意大利北部在起作用的相互关联的灵性影响和动机之复杂性。前面提到的创建人无一不和别的创建人有接触，无一不和改革派的主教们，如像利波马诺和有影响的吉贝蒂有接触，后者是维罗纳主教，他已辞去了罗马教廷审查教廷官员候选人资格的职务；而卡拉法——实际上他是他们中唯一的南方人——插手是无处不在的。卡拉法无疑做了许多工作使克雷芒七世和保罗三世对所有这些运动始终保持真正的兴趣；他和早期嘉布遣会士有密切的接触，对他们抱同情态度；他是阿埃米利亚尼的灵性导师。为了全面了解意大利天主教灵性更新的这一不断扩大的潜移默化的影响，我们不可忘记两个并不总是得到足够强调的因素：第一是来自过去的修会的修士和修女的灵性影响，第二是16世纪最初几十年间意大利人民在肉体上受到的苦难。例如，圣卡耶坦便受到奥古斯丁会修女布雷西亚的劳拉·米尼亚尼的强烈影响，而劳拉仅仅是当时几个潜在影响大但知名度不如维多利亚·科隆纳之类高的虔信宗教的妇女之一。卡拉法总是和他的姐姐、那不勒斯的多明我会士保持密切联系，他本人为妇女创建了一座经改革的修道院。多明我会托钵修士克雷马·达·巴蒂斯塔是一位有影响的灵性导师，圣卡耶坦向他请教，他很可能推动了巴拿巴会的建立，虽然他在晚年脱离自己的修会招来卡拉法的责备。然而，所有这些组织在哀叹文艺复兴后期折磨着意大利的战争、瘟疫、饥馑和贫困方面是一致的。每一个"奥拉托利会"，每一个虔诚的团体，每一个托钵修士或神职人员的新团体都关心救济病人、饥饿者、赤贫者、孤儿，关心改邪归正的妓女，关心为梅毒患者建立特别医院。梅毒据说是由入侵的法国军人带来的新的天谴。纯粹的灵性动机当然是占主导地位的，是基本的，但它自然地、有机地外溢入社会救济的善举中，而此种善举是意大利天主教改革的基本要素。

称作奥拉托利会的神职人员的组织的建立是较后一个时期的事。但这里应该提到的是，1533年未来的罗马使徒、年轻的圣菲利普·内里从佛罗伦萨带着自己奇异的灵性体验来到不朽城罗马，他在该城过着奇特隐士生活达18年，然后才决定受按立担任神职。在佛罗伦萨，他还是孩童时便从圣马可教堂的多明我会士和圣凯瑟琳·里奇接受了对萨沃那洛拉的崇拜，他也从未忘记原先多明我会对他的恩德。但在罗马，他接触到了许多别的，特别是耶稣会的、强大的宗教思想潮流和影响；他的成熟的和发展了的灵性，虽然主要来源于他的性格和气质的独创性，但也是他多年和所有这些活跃于16世纪中叶的罗马各种各样的灵性力量密切联系所造就的，这些灵性力量是产生上面描述过的各新修会的一种因素。

　　1535年在布雷西亚发生了一件在妇女宗教团体史上意义颇为重大的事件。一批未婚妇女——来自社会各阶层，大多数是青年，不过也有少数寡妇——组织了一个献身于圣乌尔苏拉的连队。其成员继续过在俗生活，和自己的家庭住在一起，除每月共同举行一次全体参加的团结契合外在自己的教区教堂参加礼拜，而且不着统一服装。但她们应遵守一种会规并服从院长，过退隐的苦修生活，做慈善工作，特别是在自己家里对青年女子进行基督教虔诚精神的教育。1536年，布雷西亚主教批准了该组织，将其置于主教管辖之下并有神职人员给予帮助和指导。鼓动并创立该组织者是圣安吉拉·梅里奇，当时她已经61岁，多年来她的高度的圣洁和苦修及其对善功的追求已广为人知。她吸入的灵性空气是方济各会第三会的，她曾到耶路撒冷朝圣。据说1525年克雷芒七世试图劝说她到罗马工作。她的组织在意大利北部，特别是在米兰，发展迅速，后来传入法国。该组织的意义不仅在于它是妇女对当时的社会和道德需要的反应，而且在于它是在俗信徒的一次冒险行动，在其中她们拒绝了要起誓的和关在修道重地里的隐修生活。世俗意义上的教育——也许教读写除外，起初并未加以考虑，要到1595年才着手进行。是年世俗意义上的教育在帕尔马的一个社区里开始进行，该社区已实现了修道化的生活，已重新承认了过去的社会差别。这个在俗信徒为开展社会工作和"主日学校"教育而建立的阶级差别已消失的组织在一个世纪内便被转变为一个宗教修会，入会必须庄严宣誓，申请神职要交纳钱财，有严格的修道重地规定，开办女子学校——这是一件有价值的工作，但并非原先的计划。

　　圣安吉拉于1540年去世，她似乎曾希望她的连队发展和改编，而1544年教皇的批准诏书为未来的改编作了规定。但实际的发展否定了她的许多基本思想。在意大利或法国，社会或教会关于反宗教改革的舆论都没有为在俗妇女的自由宗教组织这种想法做好准备,这些妇女私下发愿独身,过不脱离社会的退隐生活,但为了开展慈善工作而按一套规则组织起来。首先于1546年规定了制服或修道服;然后于1566年在米兰的一处公共住宅里住院修持;最后由要求发简单誓愿最终到发大愿,以及制定了修道重地之规定,这一切把这个连队改变成了一个修会。在这一过程中,圣查理·博罗梅奥和特伦托会议的教令——所有虔诚修行的妇女必须在修道重地修行的严格规定起了主要作用。按圣安吉拉的思路组织在俗信徒的团体,或甚至没有严格修道重地规定的积极活动的修女组织的时代还没有到来。17世纪时圣简·弗朗西斯·钱特尔和玛丽·沃德建立的组织也有类似的经历,只是随着圣保罗的味增爵创立仁爱女修会潮流开始转变。可是,从圣安吉拉·梅里奇及其少女们中涌现出许多派别的乌尔苏拉女修会,它们在女子教育方面成绩突出。为完全起见,这里应该提一提巴斯蒂塔·达·克雷马和圣安东尼奥·马利亚·扎加利支持过一个成立于1533年的不大的妇女团体,该团体是由原先的女庇护人路易莎·托雷利女伯爵创立的,目的是为帮助巴拿巴会在妇女中开展传道工作。1557年,她们也被迫接受了修道重地之规定。嘉布遣女修会1538年由隆加·玛丽亚创建于那不勒斯,该组织从一开始便执行严格的修道重地规定,隆加是西班牙人,是一位意大利官员的遗孀。

然而,所有这些新修会在重要性上很快便为耶稣会所超过,耶稣会正式批准于1540年建会。在这个团体中,神职班修会的基本思想被推到了极端并为新的成分所丰富。耶稣会是由一名巴斯克人和他的九位同伴建立的,这9人中还有1名巴斯克人,3名卡斯蒂利亚人,1名葡萄牙人,2名法国人和2名萨瓦人,但没有意大利人;这个组织从其构成看从开始便具有国际性,并有广泛的目的。耶稣会虽然建立于教会的中心罗马——因为它是建立来奉献给教皇的,而且在意大利这10名"外国的"或"朝圣的"神职人员(最初的耶稣会会士在意大利被如此称呼)居住了四年之久才实际建会,但在能查明的事件中应归功于意大利的环境者却微乎其微。

伊尼戈·洛佩斯·德·罗耀拉(后更名为伊纳爵)1491年出生于阿斯佩蒂亚一个巴斯克骑士家庭,该家族在罗耀拉及别处拥有财产。他在30岁以前当过军人和侍臣,勇敢、鲁莽过人、乐于——或者说他晚年如此记述——决斗、赌博、谈恋爱。1521年在潘普罗纳抗击法国人的战斗中他腿部受了重伤，痛苦不堪，长期卧床，无所事事。他在此期间没有浪漫事件可参与，阅读了圣徒传奇故事和加尔都西会士鲁道夫的《基督生平》的西班牙文译本，此时他的宗教信仰发生了转变，把他的效劳和冒险的理想导入了全新的渠道。伊纳爵努力要在侍奉上帝和他的圣母方面效法圣徒们，因此他康复后便告别了家人，到蒙塞拉特山加泰兰（Catalan）修道院朝拜著名的圣母殿。在这里他向一位法国修士作了一次总忏悔，也许他接受了有益的灵性指导。然后他整夜在圣母像前祈祷，恳求过悔罪和侍奉上帝之新生活。他用自己的骑士服和一名大惑不解的乞丐换得一套乞丐服，然后他退隐到附近的曼雷萨城八个月，在那儿他作了最严厉的悔罪，实行了最严酷的苦行，经历了最不同寻常的宗教体验和启示，这些体验和启示形成了他未来生涯的基础，也为他写作《灵修》打下了基础。在这儿他还发现了《效法基督》，那个北方"新虔敬派"的伟大杰作。这部书和他在第一次病中所读之书是对他的灵性的唯一的直接而无可争辩的文学影响。他离开曼雷萨时罪得到了涤净并得到上帝之启示，他单独赤足穿越意大利到耶路撒冷朝圣（1523年）。在耶路撒冷，他试图加入方济各会并在圣地作托钵修士终其一生。由于未能如愿，他回到巴塞罗那，考虑加入加尔都西会。但是他侍奉上帝之理想逐渐宽阔。他不再仅仅希望隐姓埋名于默默无闻的修道院生活中，他感到一种冲动，要将上帝在曼雷萨教给自己的关于通向上帝之路的知识带给别人。他认识到为达到这一目的，他必须学习，这对他的未来是一个极其重要的决定。此后是他的早期学习阶段，他先后求学于巴塞罗那（1525年）、阿尔卡拉（1526年至1527年）和撒拉曼卡（1527年）。但无论他到什么地方，都有男男女女聚集在他周围听他讲宗教，他也已经试图按《灵修》中的计划对他们加以指导。此时《灵修》的雏形似乎已写出。

一个平信徒的这种未经授权的活动几乎肯定会使教会当局不悦。在西班牙有人声言直接得到上帝启示，教会当局早已对此极其敏感。在阿尔卡拉和撒拉曼卡，伊纳爵成功地证明了自己的正统性，不过并未能避免遭一时监禁。但异端裁判所试图对他作为灵性导师的活动加以限制，这促使他在西班牙境外寻找一块比较自由的地方进行学习和使徒式的传道努力。因此,他在巴黎度过了几年(1528年至1535年),这是他生活中的第二个转折点,在此期间他的眼界从多种意义上看都扩大了。在巴黎,他也在自己周围聚集并组织了一批门徒,他们注定要和他一道建立组织;1534年8月15日,他和其中六人——勒费弗尔、莱内斯、萨尔梅龙、博瓦迪利亚、罗德里格兹和方济各·沙勿略——在蒙马特尔发了那著名的誓愿,决心终生以安贫贞洁守神,在圣地——如不能如愿——就通过效忠教皇,侍奉上帝。在完成学业后,伙伴们于1537年再次会聚并乘船前往威尼斯,此时又有勒热、布勒特和科杜尔加入他们的行列,扩大了队伍。伊纳爵也在威尼斯,他已完成学业,正在熟悉意大利的情况。正是在这时他与卡拉法和德亚底安会有了接触。包括伊纳爵在内的还没有神职者在那儿接受了按立,然后伙伴们分散到意大利各城市开展工作,直到能乘船前往圣地之时。

但由于威尼斯人和土耳其人的敌对行动,他们未能于1537年成行。经过不长时间的等待后,他们决定执行蒙马特尔誓愿的替代计划,主动提出为教皇效力。作为准备,伊纳爵和勒费弗尔、莱内斯一道去罗马察看情况。在罗马郊外拉斯托尔塔(La Storta)的一座小教堂,伊纳爵经历了一次神秘的体验,增强了他的信念,他声称上帝"将他安放在他的儿子身边";在罗马,他的努力不久便为他本人及其伙伴们赢得了许多有影响的人物的好感。有人从他过去在西班牙和巴黎的生活中收集了材料据以指控他为异端,指控他不负责任,对此他成功地为自己作了辩护,并终于在教会最高层掌权人物们的支持下于1539年初把伙伴们召集到自己身边来决定他们的未来。对于为使自己成为教皇手中更为有效的工具是否有必要组织一个宗教团体问题,他们进行了严肃的辩论。到6月24日时他们一致同意组织起来,并在安贫和贞洁之上再加一条誓愿:服从会长。他们起草了一份由五章组成的文件,在该文件中耶稣会的基本原则和工作第一次书之成文。几乎毋庸置疑的是,伊纳爵在这一切活动中是主导力量,现在概述的这些思想在他头脑中并非是新的。这份文件交到教皇的谋臣们手中,然而他们的意见有分歧。其中有些论点似乎新奇;而且当时的基调是反对建立新修会。几乎可以肯定,是孔塔里尼红衣主教确保了他们获得有利的结果,经过修订他们的建议被接受。1540年9月27日

第九章　新修会

教皇发布《教会军事化管理》诏书，耶稣会由此诞生；耶稣会这个长期以来有人认为有问题的名称应回溯到伊纳爵在拉斯托尔塔的经历。1541年，伊纳爵在伦特（Lent）当选为总会长，当时在罗马的6名成员于1541年4月22日在圣保罗教堂（墙外）庄严发愿。

罗耀拉的伊纳爵从军人到创始圣徒的长期演化过程现在大功告成，从此时起到1556年7月31日去世他一直住在罗马，周密指导他的组织各方面的生活与活动。批准成立耶稣会的诏书审慎地对发愿成员的数量限制为60名。1544年，保罗五世取消了这一限制，尤里乌斯三世在1550年当选后不久便发布了重要的诏书（*Exposcit debitum*）确认耶稣会，该诏书是在前任教皇的领导下起草的，对耶稣会的目的和组织有更为详细的说明。这两任教皇都热情支持耶稣会，他们对耶稣会的价值甚为赏识，授予了该修会大量的特权。但在保罗五世统治期间气氛变得较为冷淡。教廷撤回了对耶稣会的一些机构的支持，在伊纳爵死后对总会长终身任职制进行了抨击，在罗马的耶稣会神职人员们被迫像德亚底安会士一样集体背诵日课。然而，庇护五世再次允许耶稣会奉行自己的章程。这些，再加上一些补充公告，组成了一份有10部分的周详冗长的文件。这是对1539年起草的短短的五章文件的详尽充实，是伊纳爵本人的成绩，在他的秘书、帕多瓦大学毕业生波朗科的帮助下完成于1547年至1551年间，波朗科起草了大部分内容。1551年，该文件为发愿神职人员大会所采纳，大会期间伊纳爵试图辞去总会长职，但为大会所否决。以后的数年耶稣会迅速发展。伊纳爵在1540年至1549年间写的书信尚存约920封，1549年至1556年间写的书信尚存者不少于6740封。

耶稣会公开宣布的目标有一个特点：都少不了有益的活动。除了培养自己的会士虔诚圣洁外，还有"宣传"——1550年的教皇诏书中加上了"保卫"——信仰，通过布道、教育、组织静修、举行圣事、开展灵性方面的和物质上的慈善工作，包括用基督教真理教育男孩，促进人的善。一切安排都考虑到这牧养的目的，特别值得一提的是取消了集体背诵日课和不参加唱大弥撒。斋戒和严厉的肉体苦行不再是正常生活的组成部分，甚至耶稣会会士的祈祷要以保持其意志和心思专注于积极的任务和避免沉思默想的诱惑为条件。在摈弃隐修生活方式和精神方面，耶稣会比当时其他神职班修会都走得更远，这成了对保守的批评者的一块绊脚石，这些批评者有意在一个特殊的修会的特殊政策中看中一条大体上带有伊拉斯谟的人文主义或甚至新教味道的谴责理由。然而，耶稣会实际取得的成功基本上是由于这些多方面的革命性的特点以及对会士的长期培养。

未来的见习修士首先要经过"第一次见习修道期"，在此期间根据章程第一章规定的标准对品格和动机进行彻底审查。这次见习修道不是惯常的一年，而是两年，不进行不间断地隐修，而是在可能的地方，如一家医院服务一段时间和赤足乞食朝圣一次。然后是更为激进的革新：要求在见习期和发愿入会之间进行一段不定期的学习，称为初学院学习。这实际上是一段视情况而定的在人文学科、哲学和神学方面接受教育的时期，也可能包括布道和慈善工作。初学院学生须发安贫、贞洁、服从之简单誓愿，并保证在其院长认为适当的时候正式入会，定为哪一级也由院长决定。如果他到一定的时候被吸收入会，他将受按立并进行为期一年的第二次灵修见习，称为"第三次见习修道期"。此后，在三种可能的方式中，他以其中一种被吸收入会。在知识或文化方面尚未达到最高等级但可用于纯灵性工作者成为"熟练灵修助手"。其他人则发大愿——通常有三大愿——成为正式的发愿会士，此后照例不得被开除。在这批人中，有一部分获准发第四愿，这是耶稣会创始者们原先的意图的反映。第四愿是如蒙教皇差遣到国外传教，个人须直接服从教皇。"发第四愿的会士"构成耶稣会的最内层的核心，是其统治机构。1556年，在大约1000名会士中只有43名发过第四愿；另有17名发过大愿，灵修助手5名。会士等级的划分——还包括熟练在俗灵修助手——是伊纳爵的天才发明之一。从这些等级来看反映了他自己的生涯的几个阶段。还有人提出，他可能受到威尼斯宪法或他在该城时正在威尼斯知识界讨论的"理想社会之宪法"的影响。①

耶稣会的最高权力和对章程的解释权掌握在已发第四愿的神职人员或他们推选的代表的大会手中。然而，该机构并不定期开会，只是在选举新总会长或在现任总会长召集时才开会。在很不寻常的情况

---

① J. 克里恩、S. J.：《圣伊纳爵和波尔红衣主教》，Arch. Hist. Soc. Jesu，xxv（1956年），第11—12页。

下他们可以开会处理愚蠢的或严重不称职的总会长。为了便于事务的管理和对选举负责，过去150年的修道制度改革都在限制院长任职期——甚至本笃会也如此，在按托钵修会的方式召集的神职人员大会中寻求安全感，可是耶稣会的总会长却终身任职，该修会也不知道神职人员大会。总会长任命整个修会的所有重要职务，总会长在终身任职期间只受其选举产生的助手的制约。按规定应有四名助手。实际上，总会长的权力看来至高无上，这就像反宗教改革时期的教廷，可以不无道理地被认为是在教会组织体制方面作为16世纪初叶特征的中央集权新精神的反映。从反面看，服从的美德受到特别的尊重，伊纳爵详尽地反复灌输，他希望完美的服从成为其追随者的特殊标志。耶稣会被构想成教皇手中用来侍奉基督及其教会的工具。同样，一个个耶稣会会士在其院长的掌握之中。然而，死尸和手中的杖的比喻并不是新的，而是取自方济各会的以及其他中世纪的会规。但耶稣会的服从没有严格的修道规章和外部活动受限制这两方面的制约因素，因而可以说是耶稣会的工作的多样性和可变性拓宽了其应用的潜在范围。还有一种服从要求思想和精神在许多灵性问题和神学问题上和该修会的特殊见解保持一致，这是比"想教会之所想"这个一般性的责任更紧迫的要求。不过，耶稣会的服从本质上是军事性的概念还不是整个真情。大力关心[会士的]个人性格是章程特别要求院长们的，伊纳爵本人和他的臣民打交道的技巧堪称典范，许多早期耶稣会会士在该修会的谨慎而有弹性的框架内表现出一种真正文艺复兴时代的多样性和性格的独立性。对耶稣会会士的灵性产生巨大影响的是《灵修》，这部书提供了调理和集中意志与感情的系统而有目的之祈祷和默念的卓越方法，从记载清楚显示这方法在无数人身上产生了洗心革面的效果，永久地重新燃起了新下决心的热情，因此在不同程度上再现了伊纳爵本人的转变历程，他的《灵修》起源于这些转变的体验。《灵修》不仅是耶稣会的个人灵修的依据，也是其履行一般的使徒职责最强有力的精神武器之一。这部书是伊纳爵为培养指导灵修的会士而精心写作的课本。从西班牙原文翻译的拉丁文本于1548年获得教皇的批准，并于同年首次出版。

  耶稣会会士发誓除非教皇明令不得接受主教或教会的职务。他们还审慎地拒绝对妇女社团进行灵性指导，伊莎贝拉·罗瑟尔，伊纳爵在巴塞罗那最早的追随者之一,试图在罗马建立一个受耶稣会管辖的妇女社团,这一考虑欠周令人为难的尝试以失败告终。他们也拒绝直接管理堂区,但迅速在罗马及别处建立了一整套宗教和慈善组织。在这些方面,他们步德亚底安会的后尘。耶稣会进行的特殊的更加广泛的活动到1556年时已经使这两个修会有所区别了,它们显示了这两个修会在见识和眼力方面的巨大差异。这些活动首先是教育和学术,其次是到不信教和异教国家传教,还有和意大利境外的新教作斗争。

耶稣会和初期的乌尔苏拉会一样不是作为严格的或独特意义上的"教育修会"而建立的,如像后来圣约瑟·卡拉桑奇奥和圣让·巴莱斯·德·拉萨勒创立的修会。但圣伊纳爵很了解神职人员的无知带来的耻辱和灾难,虽然他本人并未成为大学者,但他决定他自己的"经过改革的神职人员"应该具有与其神职相称的最高文化和教育水平,能够既对天主教徒也对不信教者切合目前情况深透讲述所传信仰。他自己准备学习,在巴黎时从同学中挑选人共建修会,规定初学院制度,只让最有学问的人成为最高级的会士等并非事出无因。事实上,在有关教会的学问方面,也在人文学科方面,最初的耶稣会会士皆是杰出人物,他们不仅因牧养工作的效率,还因为对教义和圣典的阐述而得到保罗四世的好感。耶稣会会士作为教义和道德神学家以及辩论家在未来的重要地位从创会之时便隐埋其中,并尤其得到1546年莱内斯和萨尔梅龙出席特伦托会议大获成功的预示,他们的成功如此之大以至1552年当他们重返特伦托参加会议时,其身份是经正式认可的圣座神学家,他们在讨论中扮演了重要角色,并使耶稣会更加著名。开办章程规定的大学——与发愿神职人员的会院不同,允许享有固定收入是为了在人文学科、哲学和神学方面对会士实施教育。课程可以在社会承认的大学修习,也可由耶稣会的神职人员讲授。第一所大学于1542年在帕多瓦创办,伊纳爵为这所大学起草了后来成为范例的章程。其他大学相继创办,最负盛名者是1551年开办的罗马学院。1556年,保罗四世授权耶稣会向该学院学生颁发学位。

耶稣会精心设计的培训自己的会士的教育制度取得极大的成功,不久其他修会便开始热情仿效。执行现在应该称作男子中学的学校(当时与大学教育重叠)的任务并不包括在耶稣会对男孩进行宗教教育的最初计划中。伊纳爵开始并不急于发展这种学校。但外来的压力推动了办学的步伐。1545年在果阿首次让一批平信徒男孩进入一所耶稣会办的学院学习人文学科,此事由于在印度传教的特殊情况而被认为是正当的。然后在1546年在甘迪亚公爵——后来的圣方济各·博尔贾,耶稣会总会长,当时已秘密发愿入会——的要求下,准许耶稣会会士在甘迪亚大学修一门为平信徒开设的文科课程。最后,应西西里总督的坚决要求,伊纳爵作了原则性让步,于1548年在墨西拿开办了第一所男子学院,该学院的成功引发了其他无法回绝的办学要求。在伊纳爵去世时,耶稣会有三十余所为青年平信徒开办的学院,已开始了其不可逆转的对欧洲天主教地区的上层阶级实施教育的生涯。与他人相比,伊纳爵最不配被称作"文艺复兴的产儿",因为他早年坚决拒斥伊拉斯谟的观点;但正是在拉丁文和希腊文方面具有高学术水平的耶稣会会士将大量经典文艺复兴的学术和人文主义精神引入了正统天主教教育。为了道德和基督教教义而清除古典原著无疑会引起全心全意的人文主义者的反对,但从耶稣会有关基督教教育之目的的观点来看,这是可以理解的。经过无数次试验之后直到1599年耶稣会的教育方案《求学要义》才最后定版。

在耶稣会的早期办学中法国有强大的影响。伊纳爵力主坚持巴黎的教学制度,尽管意大利人不了解且常常很不喜欢这种教学制度。罗马学院——其课程不久便对平信徒开放——的首任院长以及早期耶稣会在罗马、甘迪亚和墨西拿的许多教师都是法国人。十分不合常理的是在法国本土耶稣会开初[在办学方面]进展不大。在巴黎,主教和大学由于其法国天主教观点对耶稣会不信任,因为该团体得到教廷赐予的如此多的特权,其活动领域又往往和大学的重叠。1556年时在法国仅有2个耶稣会社团,一个在巴黎,另一个在比永,而且后者的法律地位尚有些不确定。另一方面,在葡萄牙已经有4个耶稣会社团,在西班牙有二十余个,在意大利甚至更多。在意大利,耶稣会在克服地位稳固的当地教师和学院的反对方面比在其他地方成功更快,他们不愿意把直接控制的地盘拱手让给用巴黎的方法办学的外国神职人员——他们还把不收费定为一项原则。

认为耶稣会的建立特别是为了和新教作斗争,这种观点是错误的。作为西班牙人,与注意德国的新教相比伊纳爵更容易注意穆斯林世界和东方。伊纳爵去世时,圣方济各·沙勿略在印度和远东的不平凡生涯已经有四年,他的事业代表了早期耶稣会后来也从未衰退的理想。葡萄牙国王及时和热情的支持促进了[耶稣会]在印度(以果阿为基地)、巴西、埃塞俄比亚的早期传教活动,在伊纳爵去世之时,赴埃塞俄比亚的传教团正在路上,其中有两名受按立为主教的耶稣会会士。还有一个传教团到刚果。伊纳爵在其生命行将结束之时考虑过在耶路撒冷、君士坦丁堡和塞浦路斯开办大学。然而在西班牙控制下的新世界,耶稣会却姗姗来迟,在奥古斯丁会、方济各会和多明我会之后来到该地区。但伊纳爵在巴黎、威尼斯,还有在罗马期间无疑开始重视新教运动的重要性。尽管如此,第一批耶稣会会士赴德国考察情况却不是伊纳爵本人主动倡议的,而是保罗四世明确指示的。在16世纪40年代,勒费弗尔、勒热和博瓦迪利亚作为莫罗内红衣主教和其他教廷代表的助手分别去德国。平信徒和教会的有权有势者都想求教于他们,因此他们被传唤到许多地方,他们与这些人交往,收集了许多自己不了解的关于德国的印象和资料,做了一些和新教领袖建立关系的尝试。但从所有这一切都分别得到了同一结论:只有用新的、更为积极的、自信的天主教精神培养出的新一代神职人员和平信徒才能拯救德国天主教。不久便出现了请耶稣会办大学的要求。1554年在科隆的关键地点建立了第一个耶稣会[在德国的]永久居住点。杰出的人物有卡尼修斯和凯塞尔,两人都是低地国家人。就像在巴黎的居住点一样,由于市政当局支持大学和其他敌视新来教师的人的反对态度,该居住点最初举步维艰。但科隆对德国天主教而言是一个至关紧要的地方,因为它和低地国家联系密切,而许多早期耶稣会会士来自低地国家。后来建立的居住点,比如在因戈尔斯塔特和维也纳的居住点,开始较为容易。在伊纳爵去世时,耶稣会已在德国扎了根,并得到维特尔斯巴赫家族和哈布斯堡王室的青睐,尽管博瓦迪利亚直言不讳地谴责奥格斯堡临时协议。耶稣会还管理着罗马的德意志学院,该学院是在莫罗内红衣主教的鼓动下于1522年建立来培养适合于将来任神职的德国青少年的,是耶稣会办的第一所寄宿学院。后来,耶稣会办了一些神学院,在培养各国在俗神职人员方面起了巨大的作用。波尔红衣主教和伊纳爵意气相投,和他本人及其年轻的修会保持联系。他关心布勒特和萨尔梅隆1541年流产了的到爱尔兰传教的活动,尽管在玛丽女王执政时天主教复辟期间派遣一个耶稣会传教团到英格兰的建议未能实现——因为伊纳爵有别的似乎更为重要的事务，但波尔更系统地培养神职人员的计划显然是受到耶稣会的实践和经验的影响，波尔的计划出现在1555年至1556年召开的伦敦会议的教令中，1563年特伦特会议的教令中关于神学院的部分是仿此计划制订的。①

1554年，伊纳爵的健康状况每况愈下，因而给他配备了3名助手。纳达尔被任命为代总会长，到德国以及别处进行了重要访问。然而，在伊纳爵去世后当上代总会长的却是十位创始人之一莱内斯，因为大会由于保罗四世制造的种种困难而推迟，1558年他才正式当选为第二任总会长。在伊纳爵去世时大约有1000名耶稣会会士，其中大多数仍是见习修士和初学院学生。他们分布在100个各种各样的机构——发愿会士的会院、学院、居留处中，组成大约12个教省，覆盖了欧洲的意大利、法国、德国和低地国家，此外还有印度、巴西和刚果。也许有五分之一至四分之一的会所不在欧洲，但住在罗马的会士不少于170名。建立学院和机构的要求源源而来，远非耶稣会的人力和物力资源所能满足。但这个修会在某些方面仍处于试验阶段。耶稣会里的意大利成分仍不强。也许直到第一位意大利总会长克劳迪奥·阿夸维瓦（1581—1615年）任职期间耶稣会章程的详细条款才得以完全和顺利实施，这个修会才以其全部成熟了的特性站立在世人前。然而，耶稣会的独一无二的性格和巨大的潜能在1556年已经充分显现出来了。耶稣会是进行反宗教改革运动的天主教的先锋，在牧养方面具有积极的活力，有国际性、自信、坚定、不屈不挠，同时灵活、变通、讨人喜欢、现代化。其创始人教导耶稣会要和教会和政府两方面的最高当局建立良好关系并把他们的权力和支持善加利用。但是，按其创始人的传统耶稣会也决意不让任何事情妨碍其按章程的目标和精神服务教会的目的。在教会中，耶稣会处于重要而独一无二的地位，因此注定不仅在推动反宗教改革运动方面，而且在近代天主教的生活与精神的每一方面都产生了深远影响。

（林成西　译）

---

① J.克里恩、S.J.：前引文；V.P.布拉塞尔、S.J.：《特伦特会议神学院改革方案的前奏》（曼雷萨，1938年）。

第 十 章

查理五世在欧洲的帝国

  16世纪是先知辈出的时代。路德、茨温利和加尔文解释了上帝之道，对罗马天主教认为只有自己的解释才是唯一有效的主张提出了挑战。这些先知们在诺克斯、科利尼、奥兰治的威廉那儿找到了自己的武装保护者。天主教会则用自己的军队、用罗耀拉、用菲利普二世、用异端裁判所来反击他们。但是，在宗教冲突爆发为公开的战争以前有一个多世代欧洲的政治和宗教生活是由一位大不一样的为上帝而战的斗士所主宰：哈布斯堡王朝的皇帝查理五世。此人是中世纪最后一位皇帝，对他而言，基督教世界的宗教和政治团结既是他生活的理想目的，又是政策的一个实际目标。伊拉斯谟在献给查理的著作《圣马太释义》的题词中写道："恺撒不是福音书博士，而是福音书的保护人。"查理皇帝本人则于1535年7月在巴塞罗那自称为"上帝之旗手"，当时他在该地起锚出征，要把突尼斯从土耳其人手中夺过来。

  查理满有理由抱这样的信念。总理大臣加蒂纳拉1519年［对查理］说过："上帝把你送上了建立一个世界君主国的道路。"联姻和继承给予查理这独一无二的机会。在15世纪时，奥地利和勃艮第之王室已在北欧联合，阿拉贡和卡斯蒂利亚的王室在南欧联合；但16世纪初勃艮第的腓力和卡斯蒂利亚的乔安娜的婚姻仅仅由于一系列出乎意料的死亡才产生了北欧王室和南欧王室之间类似的联合。结果，查理继承了哈布斯堡王室的财产，奥地利、蒂罗尔和德国南部一些地区、尼德兰和弗朗什孔泰，在阿尔卑斯山以南，继承了西班牙及其新获得的美洲殖民地和西班牙在意大利、西西里、萨丁尼亚、那不勒斯。对查理来说，这些继承是上帝对自己的信赖，是上帝之意图的证

查理五世的家族

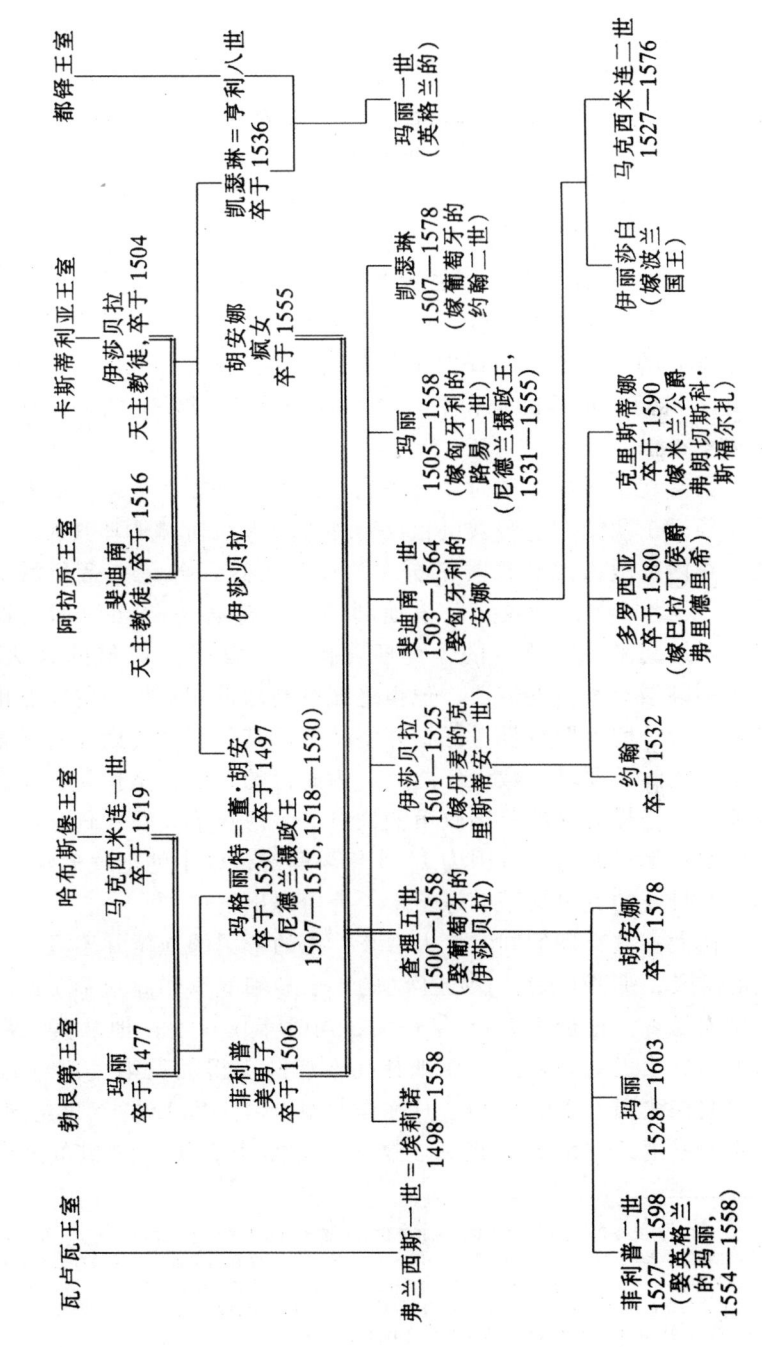

```
瓦卢瓦王室    勃艮第王室    哈布斯堡王室              卡斯蒂利亚王室    阿拉贡王室        都铎王室
              玛丽         马克西米连一世            伊莎贝拉,卒于1504  斐迪南,卒于1516
              卒于1477      卒于1519                 天主教徒           天主教徒
                    │            │                        │               │
                    └────┬───────┘                        └───────┬───────┘
                         │                                        │
              菲利普      │                              伊莎贝拉   │       凯瑟琳=亨利八世
              美男子      │                                        │       卒于1536
              卒于1506    │                                        │             │
                    ┌─────┴──┬──────────────┬──────────┬──────────┴┬─────────┐  │
                    │        │              │          │           │         │  │
            玛格丽特=董·胡安   伊莎贝拉      斐迪南一世   玛丽       胡安娜      │ 玛丽一世
            卒于1530 卒于1497 1501—1525    1503—1564   1505—1558   疯女       │ (英格兰的)
            (尼德兰摄政王,            (嫁丹麦的克       (娶匈牙利的 (嫁匈牙利的 卒于1555   │
            1507—1515,1518—1530)      里斯蒂安二世)    安娜)       路易二世,              │
                                                                  (尼德兰摄政,            │
                                                                  1531—1555)             │
                                                                                          │
           查理五世           约翰        多罗西亚      克里斯蒂娜           凯瑟琳   伊丽莎白  马克西米连二世
           1500—1558        卒于1532     卒于1580      卒于1590             1507—1578 (嫁波兰   1527—1576
           (娶葡萄牙的                    (嫁巴拉丁侯爵 (嫁米兰公爵           (嫁葡萄牙的 国王)
           伊莎贝拉)                     弗里德里希)   弗朗切斯科·            约翰三世)
                                                      斯福尔扎)

弗兰西斯一世=埃莉诺诺
1498—1558
           │
           │        胡安娜
           │        卒于1578
           │
           菲利普二世        玛丽
           1527—1598      1528—1603
           (娶英格兰
           的玛丽,
           1554—1558)
```

明，也是实现这一意图的物质手段。其他人，虽无正当的资格，却已经妒忌地对属于他的一些地方提出了要求。但在上帝帮助下，加上自己不懈的努力，他总是能为其继承人保持他继承的财产不致减少。查理在给儿子的秘密教训和遗嘱中如此写道：在查理统治期间的此时或彼时，他本人或其家族的某一成员要么作为统治者，要么作为统治者的配偶，端坐于欧洲差不多每一个王室的王座上。王室的联合已经作为实现上帝之旨意的有效工具而出现了，而且王室的联合是这位皇帝毕生喜爱的政策，是他为增强在欧洲的力量而自由选择的唯一的一项政策。查理在1548年告诫儿子说：“因为上帝最着力向［王侯们］推荐的是和平。”他对基督教王侯发动的每一场战争都是迫不得已。

只有在反对异教徒时才有正当理由发动进攻性战争。查理的任务是领导一个团结的基督教世界反对外部敌人穆斯林土耳其人，后来还要反对内部敌人路德派异端分子，他认为这任务是上帝指派给自己的。[①] 为此目的，勃艮第、奥地利和西班牙各王室在他那里奋发起来，团结起来。为此目的，查理支持其［家族］成员的合法权利，甚至不顾国家利益的需要：他拒绝在亨利八世和阿拉贡的凯瑟琳的离婚案中给予前者照顾性考虑，并坚持推进其侄女多罗西亚对丹麦王位的不切实际的要求达数十年之久。为此目的，他还坚持要其家族成员像他自己一样为他的帝国政策牺牲自己。他在给其妹妹匈牙利的玛丽的信中就是如此写的，因为1535年玛丽对拟议中的把他们年仅12岁的侄女丹麦的克里斯蒂娜嫁给米兰公爵提出抗议。

在大多数查理的同时代人看来，他的帝国的地位并不具有这种超凡的意义；那些负责让这位年幼的王子顺利继承如此众多土地的人也不作如是观。查理于1506年丧父，当时年仅6岁；他从其父那里继承了勃艮第王室的财产：弗朗什孔泰连同获得勃艮第公国（自1477年起便在法国人手中）和当时称作帕德卡诸邦后来从16世纪30年代才叫做尼德兰的地方的权利。这些地方是卢森堡公国和布拉班特公

[①] 这事实上是P. 拉索夫的见解，见其著作《皇帝查理五世的观念》（1932年）。50年前，E. 阿姆斯特朗在《查理五世皇帝》（第2版，1910年）中争辩说这位查理皇帝之政策纯粹是防御性的，他的一切战事都是别人强加于他的。K. 布兰迪在其《独裁者查理》（*Kaiser Karl V*，第1卷，1937年；C. V. 韦其伍德的英译本出版于1939年）则坚持认为查理的政策更为积极，以增进哈布斯堡王室之伟大为最终目的。该书收入现代传记大全和精选书目大全。

国、佛兰德、荷兰、泽兰、埃诺和阿图瓦的郡县，连同一些较小的郡县和贵族领地。查理的母亲卡斯蒂利亚的胡安娜虽然活到1555年，但她患精神病不能执掌政务。结果，由这个孩子的祖父马克西米连一世皇帝通过其女奥地利的玛格丽特、萨伏依公爵未亡人摄政。1515年1月议会贿赂马克西米连宣布王子成年，玛格丽特的摄政随之结束。

此事发生之后不出一年，阿拉贡的斐迪南去世（1516年1月23日）。天主教国王斐迪南和伊莎贝拉的全部遗产现在落入勃艮第的查理手中。对谢夫尔的领主纪尧姆·德·克罗依、查理政府的实际上的首脑而言，这问题既不是新的，也不是出乎意料的。10年多一点以前，勃艮第的贵族陪同查理之父菲利普到西班牙，帮助他实现了对卡斯蒂利亚王位的要求。自从那时起，西班牙各大公便出入于勃艮第朝廷，并被允许获得金羊毛勋位。西班牙商人在布鲁日和安特卫普成了熟悉的人物。对谢夫尔和在其谋臣班子中的贵族而言，是否接受查理继承西班牙王位的问题从未出现过；这只是一个如何实现继承的问题。谢夫尔是古老的瓦龙贵族的领袖。从文化、家庭的联系以及在法国边境附近甚至那边占有地产而论，他们有亲法国的传统。现在，谢夫尔必须使"英格兰"派顺从，玛格丽特是在他们的帮助下进行统治的。他必须争取马克西米连和亨利八世的充分合作，并诱劝弗兰西斯一世保持善意的中立（1516年12月3日签订了努瓦永条约）。

谢夫尔没有加蒂纳拉和查理的帝国使命意识，所以他能听任法国控制意大利北部，只要这意味着和他的强大的邻邦保持和平与友好。当他终于在1517年9月和哈布斯堡王朝的宿敌盖尔德斯的查理（Charles of Guelders）签订了停战协定时，勃艮第的外交就已经达到了主要目标——欧洲和平与排除对西班牙王位继承的一切干涉。

西班牙本身的形势则问题多得多。西班牙各国王的联合并不意味着西班牙各王国的联合，而且在每一个王国都仍然有强大的势力乐意看到分割而治的局面的回归。在卡斯蒂利亚，虽然伊莎贝拉作了努力，但国王的权力仍旧远未牢固确立。在每一位国王去世之时，大公间和城市间的旧有的对立都爆发成为公开的冲突。自从伊莎贝拉去世以来，卡斯蒂利亚的摄政大权便掌握在她年迈的大臣枢机主教、托莱多大主教西门内斯·德·塞斯内罗斯手中。在斐迪南死后，西门内斯很清楚，查理只有早日到达西班牙才可能保证顺利继承王位。努力要在空位期捞取利益的贵族们试图重新获得他们过去对城镇的控制权。托莱多和巴利亚多利德都发生了反叛，拒不服从国王在城市政府中的代表——镇长。枢机主教试图招募3万民兵，但遭到来自为自己的权力感到担心的各城镇和大公们两方面的破坏。西门内斯害怕引起更严重的麻烦只得让步。最困难，也最激怒人的是王室任命官职。西班牙人指控尼德兰人贪婪和钻营官职。但事实上，除了在少数实例中，在布鲁塞尔的宫廷谨慎地做到了手下留情；不过在西班牙，西门内斯的秘书写到，不赐给封地和奖赏（mercedes）便不可能进行统治。

　　谢夫尔用了18个月为查理出发〔到西班牙〕作准备，对西班牙来说这一段空位期太长。当查理于1517年9月到达西班牙时，支持他的人已经失望，而贵族和各城镇则情绪消沉，对这位外国人已无可免除的统治感到畏惧。枢机主教兼摄政王奄奄待毙，正如查理宫廷的弄臣恶意地说的那样，是因为国王的到来高兴得要命。查理本人则年轻、丑陋且缺少经验，不会说西班牙语，为勃艮第的谋臣和朝臣所包围，一开始就没有给西班牙人一个好印象。西班牙人把勃艮第宫廷的豪华、比赛和舞会的奢侈和天主教国王们的朴素节俭的习惯作了对照。虽然只有三个主教管区给了外国人，但其中包括托莱多，该管区给了谢夫尔的亲戚，此事很容易被认为是为勃艮第人而劫掠〔西班牙人〕。还有，曾经在尼德兰的西班牙人看来比在西班牙为国王的事业服务的西班牙人更受优待。1518年2月，巴利亚多利德的议会向查理提出了影响深远的要求和很直截了当的意见，作为该地效忠和分三年付清的一笔60万达卡的款项的条件。朝廷爽快地答应了，纵使关系不热情友好，查理现在毕竟是得到承认的卡斯蒂利亚国王了。

　　阿拉贡王国的议会比卡斯蒂利亚的议会保留了甚至更大的自由。与在卡斯蒂利亚相比，〔谢夫尔〕费时长得多才和萨拉戈萨的议会和巴塞罗那的议会达成妥协并从这两地分别获得20万达卡和10万达卡的款项。谢夫尔不愿在巴伦西亚重演这样的拖延。查理戴上了阿拉贡的王冕，他现在继承了古阿拉贡帝国、巴利阿里群岛、萨丁、西西里和那不勒斯。这是一个诸王国的联合，而每一个王国都有自己的历史，自己的传统、义务和仇恨。必须保卫意大利南部不受土耳其人侵犯，这就必然使查理五世的帝国和奥托曼帝国发生冲突，更不用说查理自认为是基督教世界的卫士了。阿拉贡人和安茹人都对那不勒斯提出针锋相对的要求，这就迫使查理和法国冲突，而这一冲突是谢夫尔的纯从勃艮第着眼的政策至少可以暂时避免的。对土耳其人的防御必然转化为控制地中海中部的斗争。对法国人的防御必然转化为控制意大利的斗争，并转化为——正如查理皇帝的谋臣加蒂纳拉和格兰维尔后来所说的那样——争取在整个欧洲的霸主地位的斗争。即使查理不被选为查理皇帝，卡斯蒂利亚和法国的传统友谊（尽管卡斯蒂利亚人恐法，但友谊仍然维持至今）现在不可避免地破裂了，与此类似的是瓦龙贵族的法国和勃艮第亲善的政策也破裂了。

查理五世的继承还有最后一步：继承哈布斯堡王朝在意大利和德国南部的领地和被选为德意志国王，被选为德意志国王就理所当然地成为神圣罗马帝国皇帝。① 由于教皇支持弗兰西斯一世，而且选侯们仍未拿定主意，所以奥地利的玛格丽特提议，与接受尼德兰、西班牙和半个意大利的强大统治者相比，更容易劝诱教皇和选侯们接受查理之弟斐迪南。查理从巴塞罗那作出的尖锐的回答读起来就像他的统治纲领。他写到，经验说明，即使像马克西米连这样德高望重而又成功的查理皇帝在保护他的世袭财产和帝国权利方面也经常遇到麻烦。但是他，查理，掌握着他全部伟大的王国和领地赋予他的权力，将令王侯们感到敬畏，将获得帝国臣民的真正顺从，将打败信仰的敌人。与获得对基督徒的控制权相比，对斐迪南和他本人而言，这都是更大的荣耀。但查理允诺要为斐迪南当选为罗马人国王，也就是说作为皇帝称号之假定继承人而努力。最后，查理被德意志选侯们一致选举为国王（1519年6月28日）。

说来奇怪，这一胜利是新上任的总理大臣皮埃蒙特人梅尔库里诺·阿尔波里奥·迪·加蒂纳拉的胜利，他于1518年受任命担任现职。加蒂纳拉是才华出众的律师，极善于行政管理，热衷于人文主义，崇拜伊拉斯谟，在为奥地利的玛格丽特服务期间受到器重。在以后的12年间，在形成他的主子的政治理想方面他的功劳比其他任何人都大，当时查理还处于年轻气盛的成长阶段，按勃艮第宫廷的传统骑士般地追求个人荣誉。加蒂纳拉在自己的回忆录中，在对西班牙议

---

① 参见本书边码第338页以下。

会和尼德兰议会的演说中,在给查理皇帝及其谋臣班子的备忘录中,一再重申他的信念:皇帝之称号赋予查理统治全世界的权力,因为这是"上帝亲自规定的……是我们的救赎者基督之降生、生平和受死所证明了的"。这是但丁的帝国观念的复活。加蒂纳拉就像他那学识渊博且有历史意识的本国同胞但丁,认为帝国权力的中心在意大利。不是个人拥有米兰或其他领地,而是意大利各国和全体基督教王侯的支持(无疑这是由哈布斯堡王朝的军事力量所保证的)将确保皇帝作为全世界的道德和政治领袖的地位。经过一段时间以后,查理把这些见解变成了自己的见解,但很少有这位意大利人的人文主义学识,而是更加强调他的地位的宗教和王朝统治的方面。1530年加蒂纳拉去世时,查理已在智力和道德上成长为一个独立的人了。此后他再也不需要总理大臣了。由于长期掌权,他的责任感提高了,他那迟钝而少创见的头脑变得自信且对政治驾轻就熟,他在理想的专一和策略上的灵活与精明方面都胜过他的同时代人。他34岁时给他的妹妹玛丽(匈牙利皇太后,不久前被封为尼德兰的摄政王)写了一封信,就她在摄政时遇到的麻烦进行宽慰,他写道:当她的经验和他一样多时,她就不会再为困难而感到绝望了。若干年后,玛丽向他(她)们的弟弟斐迪南抱怨说:"查理皇帝难以相处,事情要是不出自他,他并非总是认为是好事。"所以在提香的著名人物画中,这位查理皇帝显得自信而专横,而在晚年有点多疑。

查理的同时代人,甚至他自己领地上的人,并非都能接受他和加蒂纳拉的观点:帝国为基督徒间的和平,为保卫基督教不受穆斯林和异端分子的侵犯而奋斗。加蒂纳拉对意大利的政策被归之于他在米兰公国拥有地产。在帕维亚战役后,他极力主张兼并多菲内和朗格多克,此后他的皇帝是[帝国]道德领袖的政策便大可怀疑了。查理皇帝有一个外甥女嫁给米兰公爵,查理的部队控制了米兰的要塞,因此他声称的他是在保卫米兰的独立,在威尼斯人和法国人听来便是缺乏诚意了。欧洲主要从权力的角度来看查理的帝国,因为这种看法,欧洲唯一的另一个力量堪与帝国抗衡的大国法国便永久敌视帝国,较少独立的英国、丹麦以及意大利诸国断断续续地与帝国为敌,充其量只维持冷淡的友好关系。还有,查理坚持其宗教目标,坚持宗教目标与政治目的之融合,这就有助于使两个在任何情况下都难以解决的问题成为无法解决的问题：和德意志各王侯的关系与和教皇的关系。在德意志王侯看来，查理的政策代表了帝国的压力和宗教的压力的双重威胁；由于天主教王侯对查理的政治权力感到同等的恐慌，所以他们从未给他以政治上的支持，而只有政治支持才能使他解决宗教问题。

教皇似乎是"上帝之旗手"的天然同盟，查理也从未放弃教皇将证明自己果真是如此的希望。但是，克雷芒七世和保罗三世作为意大利王侯，看到那不勒斯和米兰在一个人手里联合起来，就和他们12世纪和13世纪的前任们一样感到恐慌。所以，他们从未停止过和法国密谋反对帝国在意大利的权力。查理完全明白这一事实。他永远不明白的是教皇作为基督教会的精神领袖从未考虑过他的下述主张：他是折磨基督教世界的宗教冲突的最高仲裁人。在奥格斯堡和雷根斯堡，查理的神学家们竟然努力和新教徒达成一项对所有基督教徒都有约束力的妥协，这是不能接受的①；一个世俗王侯居然在改革教会方面采取主动并扬言要召开一次公会议，这是不能容忍的。在土耳其人和新教的威胁下，查理皇帝和教皇结成了不稳固的同盟，只有一次，即在1527年，潜在的敌意爆发为公开的灾难性的战争；但查理皇帝不能诱导教皇在他的政策上全心全意合作却是其地位的一个主要脆弱点。

查理五世的帝国的存在——把一些国家联合在一个人的统治下——就这样产生了一些单个的国家要么从来不会面对的，要么即使面对也容易处理得多（正如英格兰和法兰西的历史所证实的那样）的问题。除了这些困难之外，还有治理这个各式各样的国家的大杂烩这一史无前例的问题。归根结底，查理五世的帝国只存在于查理皇帝其人里。它甚至不被称为帝国。帝国这称呼是保留给古老的神圣罗马帝国（Empire）的，这里用一个大写字母把它和查理五世的帝国（empire）区别开来，而查理五世的帝国应该明确地被理解为是一个纯现代的称呼；查理五世的同时代人万一要用一个集体的名词来指他的全部领地，那么他们用的是君主国（monarchia）。在他的同时代人的头脑中，对那个令人崇敬的组织的含义是混淆不清的，这是因为它

---

① 见本书边码第179页。

突然有了这样一位强有力的领导者。但至少对加蒂纳拉而言，有一点是清楚明白的：帝国的各个国家在一个人身上的联合必须有一种功能上的联合与之相称。就教育和经验而论，加蒂纳拉属于罗马律师的派别，该派大多数人是弗朗什孔泰人，借助于建立议会和法庭并通过它们来管理各省，他们帮助勃艮第公爵们把尼德兰融接成为一个功能上的同盟。① 他作为勃艮第总理大臣，其权力现在扩大到查理的全部领地。在各议会中，上院（the Council of State）是大贵族能成为其成员的唯一的议会，上院就一切重大问题向查理皇帝提出建议，现在加以扩大，不仅接纳勃艮第议员，也接纳西班牙和意大利议员。颇有特色的是，德国人视自己的查理皇帝为全世界的立法者，"沿着好皇帝查士丁尼的道路"，改革法律，简化司法程序，以便全世界都想要采用，并有"可能说只有一个查理皇帝，只有一种普世的法律"。

这一幻想并无成果。加蒂纳拉设大司库的计划也无成果可言，按他的计划皇帝所有领地上的金库都应向大司库结账。在加蒂纳拉去世和他的总理大臣的职务撤销以后，另一些全帝国的机构甚至从原来已达到的不大的规模退缩到更小。帝国之中央控制越来越成了查理和他挑选来就某特定问题征求其意见者的个人的控制。大量的文书工作（迄今为止其中只有一小部分出版了）由两个独特的机构处理：西班牙国务秘书处和法兰西秘书处。前者继续按天主教国王们开创的传统办事，负责西班牙、意大利和地中海的事务；后者以勃艮第传统为基础，负责阿尔卑斯山以北的全部事务。原来的德意志帝国总理府继续在纯技术性事务方面独立行使职权，但是在政治上从属于法兰西—勃艮第秘书处。这些发展不可避免地导致这两个秘书处权力大增。西班牙秘书长弗兰切斯科·德·洛斯·科波斯（Francesco de los Cobos）和法兰西—勃艮第秘书长、格朗维尔领主尼古拉·佩雷诺（Nicolas Perrenot）都是大有能力的人，但在1530年以前，他们的职责和个性都不能使他们的地位和影响堪与加蒂纳拉相比。

查理，而且只有查理，越发代表帝国。他就像16世纪大商人家族的族长般统治这个帝国，在这样的大商人家族中晚辈们在公司的驻外分部任主管。让哈布斯堡家族的成员在他的领地上任行政长官、摄政

---

① 见本书边码第441、445页。

王甚至国王好处很大。他们在当地比甚至最大的非皇族血统贵族更容易被接受,卷入当地世仇的可能性也小得多;他们受雇用担任他的个人代表是与查理本人的王朝起核心作用的观点相一致的。1529年以后,尼德兰、帝国和西班牙,至少在名义上总是托付给哈布斯堡皇族成员或其配偶统治。只有在意大利领地上任命的总督不是皇族成员。结果,除了在一次灾难性的事例中①,皇帝的政策都是成功的,他的家族忠实地为他服务,他任命的两位尼德兰行政长官,他的姑母奥地利的玛格丽特(1518—1530年任尼德兰摄政王)和妹妹匈牙利的玛丽(1531—1555年任尼德兰摄政王),都是才干出众忠心耿耿的人。

如果查理五世信任自己的行政长官和总督们,如果他不像他那多疑到病态的儿子菲利普二世,准备让他们任职数十年并支持他们压制当地的反抗,那么他依然把对政策的最终控制权和行政权完全留给了自己。他及其秘书们每周和总督们通信一次。信使传递信件必须长途跋涉,众所周知,查理皇帝作决定磨磨蹭蹭,总督们和将军们疯狂地要求更充分的权力处理紧急情况;查理不顾这些困难,坚持一切重大决定亲自作出,只依靠他从一个领地到另一个领地作经常性的视察时随行的谋臣们。这一制度实现了他所期望的控制,但其代价是丧失了许多机会和效率很低。至少有一次,在科穆内罗斯人叛乱期间几乎毁灭了他在西班牙的权力。②

除了这些定期政治通信,行政长官和总督们还受任职时得到的指令的约束。他们必须听从查理为他们任命的枢密谋臣团的意见。他把一切重要的任命都留给自己,因此任何一个领地之施政都从不是总督的施政,而总是查理皇帝之施政。他在1548年写下的政治遗嘱中告诫儿子不可让行政长官们窃取大于他授予的权力;菲利普一方面不可全信对他们的种种抱怨,另一方面又不可不听,这样总督们才不至于独断专行,王侯们才不至于对正义感到绝望。这不失为正确的意见,查理本人适当而合理地遵循之,但后来被菲利普二世推到极端,成为怀疑和口是心非。

查理皇帝决心不仅控制公职的任命权,而且控制一切其他形式的

---

① 见本书边码第332页。
② 见本书边码第319页。

恩惠的施予权。他对有功者迟迟不给奖赏是人所共知的。但一位大臣或仆人总是能指望最终得到奖赏（merced）：有俸圣职、称号、津贴、城堡或较小的官职或闲职，查理可用这些使一个人成为富人而对他本人不造成什么损失。因为希望得到这些奖赏，大领主和大臣们都愿意为查理皇帝效力，而地位较低者则依附于大领主和大臣。总督和行政长官们，有时甚至一些行省和城市，都在查理皇帝宫廷中安插有代理人，通过在谋臣和书记中分送礼品（此举有远见卓识）来表达自己的利益。这些人中有些成了富人。查理本人认为，科波斯没有接受礼品却得到许多而且要求得到更多。小格朗维尔（他继承其父成为查理皇帝之主要谋臣之一）并不拒收礼品，虽然他喜欢假装拒收。据说格朗维尔父子聚集的财产多达100万达卡。

查理处于一切恩惠的分配者的地位，大可说明他的臣民们为何热烈渴望他居住在他们自己的国家。正如任命施予权在查理首次到西班牙时是西门内斯最重要的问题，它仍旧是他所有的行政长官和总督们的一个关键问题。在尼德兰的玛格丽特和玛丽得到了一份名单，俸饷和官职出缺时只能授予名单上有名者，而且必须严格按名单所列顺序授予。玛格丽特提过抗议，但无结果。假如她不能奖赏那些支持她并为她效力的人，她便得不到为查理皇帝办事时她所需要的支持。她说，她自己作出的任命和赏赐被查理皇帝撤销，她的信誉因此受到严重损失。最后，她提出至少获准处置 1/3 的俸饷，但即使这一要求也被查理驳回。

毫无疑问，查理皇帝的政策在把对其领地之政治控制权集中在自己手中方面是行之有效的，但却引起其臣民经常的不满，总督们的工作也因此异常艰难。皇妹玛丽对此有24年的经验，她在摄政结束时写到，臣民们更愿意服从查理皇帝本人而不愿意服从他的总督，因为无论总督有多么健全的见识，总督对他们用处不如查理皇帝大，所以反对总督的人总比支持他的人多。

然而，查理皇帝未能为帝国建立一种非个人的组织制度，并非仅仅是他对自己的职责所持个人见解造成的结果，而且也是他统治下的不同领地所持态度造成的结果。他不是亚历山大，也不是拿破仑，他们的帝国是自己征服的；他是自己的每一块领地之世袭的合法的统治者，他已发誓要维持其法律和风俗。西西里人以其自愿效忠阿拉贡王室而感到自豪，他们暗示假如他们的特权得不到维护，他们就要再举行一次西西里晚祷事件，这使西班牙人吃惊。西班牙人坚持认为西班牙国王的称号胜于德意志查理皇帝之称号，希望查理在西班牙时不用后一称号。德国人对外国军队特别疑惧，而且他们担心查理皇帝正在安排儿子的"西班牙王位继承"，这一担心是查理在其统治末期在德国丧失权威的主要原因之一。他的帝国之最初缔造者尼德兰人甚至抵制把尼德兰各省联合为一个较紧密的联邦的尝试。1534年，总督向议会建议组建一个防御性联盟，由各省定期捐资维持一支常备军。这一建议遭到拒绝，议会说："因为假如我们接受这一方案，那么我们无疑将更为统一，但是将受到法国那样的待遇。"即是说丧失自由。查理皇帝各领地之自主独立不仅是对中央集权而且是对独裁统治的斗争。当查理抓住出现的每一次机会来增强自己在每一块领地上的权力时，他从未试图向任何领地上的臣民的自由发动全面的攻击。任何一种建立一个帝国政府的企图都会被认为是这样的攻击。

在这样一些情况下，查理未能为他的帝国提出一种经济政策，甚至未以同时代的单一国家的统治者们同样的方式构想他统治下的各领地之经济统一，这不足为奇；而这些统治者们已开始以这样的方式思考自己的王国的经济统一了。在这方面正如在其他方面一样，只有加蒂纳拉了解帝国之全部含义。他曾提出发行一种通用的帝国通货，但毫无结果。

查理皇帝在经济事务上一贯采取最小阻力路线，这是由既得利益、地方传统和帝国政府之压倒一切的财政上的需要决定的。对海上贸易的垄断固然坚决维护，但颇具特色地留给了卡斯蒂利亚人。然而，卡斯蒂利亚却不能提供西班牙在海外的殖民者所要求的产品。卡斯蒂利亚人远不能利用为进口产品支付黄金和白银的第一流的殖民地市场，他们对出口感到惊慌，把自己的王国内的高价格归因于出口。1548年的议会甚至请求禁止向西印度群岛出口，因为现在殖民者应该已经有充分时间来建立自己的工业了。这正好与重商主义或帝国主义的态度背道而驰。皇帝没有接受该请求。早些时候（1542年）的一项禁止从西班牙出口一切原料的请求他也没有接受，这项请求如果被接受，将会切断把他的最重要的两块领地联结起来的经济联系：西班牙对尼德兰的羊毛贸易。让查理的所有臣民都可参加西班牙殖民地贸易本来会使帝国的各部分都得益。卡斯蒂利亚人垄断贸易的结果是法国、英国、威尼斯和热那亚商人和制造商在平等条件下同加泰罗尼亚人和尼德兰人在向卡斯蒂利亚提供出口西印度群岛的商品方面竞争。也没有进行任何努力来维持往日的阿拉贡—加泰罗尼亚帝国的经济联系的残余,该帝国在其鼎盛时期曾是威尼斯和热那亚商业帝国的竞争对手。巴塞罗那已失去了往日的重要性。该地商人仍在奥特朗托和巴勒莫购买谷物,在特拉帕尼购买盐,在那不勒斯和墨西拿购买丝绸。但热那亚人、威尼斯人和拉古萨人的船只更多资本更大,他们已摧毁了加泰罗尼亚人的卓越地位,而那不勒斯人和西西里人宁愿把原料卖给威尼斯和佛罗伦萨,因为威尼斯和佛罗伦萨的工业能够为他们提供制成品。①

1492年天主教国王们驱逐了犹太人;西班牙军人和行政官员们在帝国政治生活中起的作用越来越大,驱逐犹太人使西班牙失去了其公民中本来可能在帝国经济生活中起同样作用的唯一重要的人群。填补犹太人在西班牙的消失留下的真空者,首先是德国南部的银行家们。1524年,已经拥有蒂罗尔和匈牙利大多数矿业资源的福格尔家族租得了西班牙国王从圣地亚哥、卡拉特拉瓦和阿尔坎塔拉三个骑士团的岁入。到[查理的]统治结束时,福格尔家族还控制了瓜达尔卡纳尔的银矿和阿尔马登的汞矿。德国第二大的银行业家族韦塞尔家族偶尔也对这些租借感兴趣并努力要在委内瑞拉按西班牙征服者(conquistadores)的经典方式建立自己的殖民帝国。② 甚至于比德国人更重要的是热那亚人。安德烈亚·多里亚于1528年从为法国效力转而为查理皇帝效力,这就给热那亚人以机会。在以后的数十年间,琴图里奥尼家族、帕拉维西诺家族、斯皮诺拉家族、格里马尔迪家族以及其他许多家族不仅被公认为查理皇帝的银行家,而且是西班牙控制的地中海地区最大的贸易商。在西班牙和意大利南部的每一个重要港口都有热那亚商人定居。他们在经济方面的效力对查理皇帝来说,犹如多里亚的战舰在海战方面的效力一样不可缺少。这是他们对其宿

---

① F. 布罗代尔:《腓力二世时期的地中海》(1949年),第88页以下。这是关于16世纪地中海沿岸国家的政治、社会和经济史最全面的现代著作。
② R. B. 梅里曼:《西班牙帝国之兴起》,第3卷(1925年)。此书虽然陈旧,但仍是这一时期西班牙通史的最佳著作,其中的书目颇有用。

敌加泰罗尼亚人的最后的决定性的胜利。

在北方，尼德兰无疑从和西班牙的关系中获得好处。帝国的财政左右了安特卫普的货币市场。但帝国的政策证明对尼德兰人的经济利益的帮助并不如他们希望的那样有效。1523年，查理的妹夫克里斯蒂安二世被逐出丹麦。此事件以后，在帝国境内没有别的地方利益的分歧之明显胜于荷兰与波罗的海沿岸列强之间复杂而曲折的关系了。① 对荷兰而言，其船只自由通过松得海峡意味着繁荣；关闭该海峡则带来沉重的损失、失业和饥饿，因为尼德兰人依靠波罗的海沿岸的谷物。在阿姆斯特丹的商人们看来，丹麦不落入敌国，特别是其死敌吕贝克人手中是至关重要的。在布拉班特和佛兰德的商人们看来，荷兰的困难意味着他们自己的机会，因为吕贝克人自己在与荷兰交战时狡诈地给予他们影响深远的让步。在查理皇帝看来，丹麦问题首先是他的家族的权利问题。他先支持克里斯蒂安二世，后来又支持克里斯蒂安的女儿多萝西娅及其丈夫巴拉丁领地之弗里德里希重新获得王位的努力。他希望通过他们在北欧扩大帝国的影响，即使把荷兰卷入并不需要的代价高昂的战争也在所不惜。只有在布鲁塞尔的匈牙利的玛丽的政府尽了最大努力使各方和解，有时甚至威胁说查理皇帝之全部军力将参战，这种虚张声势地吓唬倒也奏效。然而查理皇帝并不愿意全力参战。在他看来，与法国和土耳其问题相比，丹麦只不过是次要问题；他颇想让尼德兰自己去和丹麦与吕贝克打交道，他自己只保留支持其甥女〔对王位的〕要求的权利就行了。所以，二十多年以后尼德兰和丹麦之间的关系问题才在斯派尔和约（1544年）中得到最终解决，而坚持要查理皇帝为他的所有领地签字的是丹麦人。这是政治和经济观念对帝国的王朝观念的胜利，不过查理皇帝是极不情愿地接受该条约的。

在帝国的不同地区都有强大的势力愿意支持查理和他的帝国政策。勃艮第高级贵族们在为自己的王侯谋取成功地继承他的诸王国的王位方面效力甚大，即使他们中大多数人认为，加蒂纳拉和查理的基督教理想对他们来说只不过意味着他们的骑士教养在勃艮第宫廷中时髦地成为寻常事物，他们也始终不渝地忠于查理皇帝。为基督教最强

---

① 参见本书边码第135页。

大的王侯效力，有机会被任命为行省的长官或者甚至被任命为总督，或者率领他的军队和法国人、土耳其人异端作战，这就足矣。西班牙贵族们也这样想。他们早期对查理的敌视很快便转变为热情支持。他们对查理发动十字军式的圣战的理想和他的帝国理想之同情胜过尼德兰人。卡斯蒂利亚人难道不是在自己人的土地上和摩尔人作战吗？阿拉贡人难道不是通过征服意大利诸国而获得权力名声，通过轻易得到西西里人和那不勒斯人的财产或教会圣俸而成为富豪吗？骑士游侠生活与掠夺的双重诱惑使西班牙人在欧洲成为帝国主义分子，正如在美洲使他们成为征服者（conquistadores）一样。而对意大利贵族来说，晋升和高官的吸引力并不更小。查理皇帝作为西西里和那不勒斯国王，是他们自己的王侯，这正如他是西班牙和德意志的统治者一样。贡扎加家族、佩斯卡拉家族、德尔·瓦斯托家族宁愿当帝国总督或殖民地总督而不愿当雇佣军司令。

律师是仅次于高级贵族的查理皇帝之最热情的支持者。他们受的是以帝国和专制为传统的罗马法教育，其中不少人是人文主义者和伊拉斯谟派，他们发现把对查理五世关于帝国的主张的同情和在帝国各级议会中的灿烂生涯的前景联系起来并不困难。对查理统治下的各领地上的人口之其他部分而言，属于一个世界帝国的好处看来较可怀疑。有些人，特别在商人阶层中是能够利用意大利、西班牙和尼德兰之间的政治联系的。但是，正如我们已经看到的那样，帝国各部分间的经济联系极少依赖于帝国的政治结构或查理的政策。在查理皇帝旗帜下在西班牙步兵团中服役的数以百计的西班牙下级贵族（hidalgos），代表的是一种西班牙的帝国主义，而不是普世帝国主义。对大多数人来说，帝国似乎是基督教世界内部和平的最后机会，若干世纪以来，这一热切的渴望就把自己和罗马帝国的名字联结在一起。而今，它在查理五世身上实现了。或者说，对那些欢呼查理皇帝或皇子巡视各国时进入自己的城市的人群而言，似乎在他身上实现了；对那些向他致敬的凯旋门来说显得如此，在这些凯旋门上，当地的拉丁文学者们展示了自己的学识和对"罗马帝国之光复者"和"全球未来的统治者"的热情。但是，查理未能给予他的臣民的正是这渴望已久的和平。当朝廷走上正轨后，税收就一直用以支付各行省常常似乎并不关心的战争的费用。如果说对查理的忠诚少有动摇，他的总督们，无论是外来人还是本地人，常常遭到仇恨，而查理皇帝为帝国的事务经常离开则引起深深的愤恨。结果，在每一事例中地方利益和忠诚一直是突出的问题，帝国团结的感情从未充分发展以至于形成一种有效的政治力量。

战争和不断增加的赋税似乎是查理的臣民的命运。它们压在数以百万计的人民身上，而帝国的利益似乎只为几百人所获得。查理皇帝和他的行政长官之间的每一封信件，大臣们提交给他的每一份备忘录，都直接或间接与财政问题有关，因为只有现钱才会保持查理皇帝之军队驰骋于战场上，战船航行于海上，而军队和战船是他的全部政策和帝国的存在最终依赖的工具。查理的财政需要越来越成为他和各领地之间的关系围绕其旋转的支点。

这在尼德兰表现最为清楚。尼德兰的大城市，正如它们从不厌倦地坚持的那样，靠贸易和工业生存，因此它们要和平。尼德兰的贵族，虽然就个人而论和欧洲其他地方的贵族一样渴望在战场上立功扬名，对和平时期的追求兴趣索然，但他们参与本国的经济生活如此之深以至于支持对和平的渴望。1536年，尼德兰总督匈牙利的玛丽亲自向其兄长请求让尼德兰在即将发生的同法国的战争中保持中立。对此请求，查理予以拒绝。他在信中写到，如此显然的虚弱只会鼓励法国人和盖尔德人进攻各行省。

如果说和法国的战争更花钱，潜在的危险更大，那么和盖尔德斯的战争破坏性更大，看似更无意义。盖尔德斯公爵埃格蒙特的查理也许是查理五世面对过的最坚决的敌人。他主张小王侯独立，反对布鲁塞尔政府的中央集权政策。他得到法国的支持，用法国的金钱装备了自己到处劫掠的军队。他的司令马尔滕·范·罗塞姆，人称"黑马丁"，是荷兰人用来吓唬孩子的妖怪，在整个荷兰和布拉班特北部纵火破坏。1528年，他劫掠了海牙；1542年，几乎夺取安特卫普和卢万。荷兰和布拉班特人数次请求一位积极于此事的总督和盖尔德人和谈，但埃格蒙特在法国的怂恿下破坏了每一次停战条约。最后，他的政策不战自败。终于弗里斯兰、格罗宁根、德伦特、上艾塞尔和乌得列支开始仇恨这位自命的自由的捍卫者胜于仇恨查理皇帝。它们一个接一个让自己为荷兰和布拉班特所征服。1538年，埃格蒙特去世，在他的公国，他仍旧未被打败。其继承人克莱沃的威廉努力继续执行他的政策，但其政策的政治基础已不复存在。1543 年，查理皇帝首次有了自由倾其全力对付盖尔德人，终于兼并了该公国，从而结束了这次长期的反常的战争。尼德兰的东北边疆现在安全了，但这次战争拖得太长，它告诉尼德兰人他们从其王侯的伟大力量中获得的利益是多么少。①

查理五世追随勃艮第诸公爵的传统政策：使各行省更加密切联合并给它们提供效率更高更强有力的统治。各行省的议会和各国议会则用它们的传统特权和自治反对这些中央集权的政策。最后，国王和议会之间的关系成为一种实力关系，以至在菲利普二世统治期间只得用公开的战争来加以解决。在查理五世统治期间，没有一方愿意把自己的要求推向极端，甚至不愿坚持推行一种攻击对方的权力的政策。议会并未认真怀疑这位"天生的王侯"进行统治的权利，也不怀疑他要求得到金钱以保卫国家的权利。尼德兰人比法国人享有更多的自由而且自己的王侯不随意对他们课税，政府认为这是一件值得骄傲的事，至少是一点效果不错的宣传内容。尽管如此，每一次新的财政要求都遭到各省议会的顽固抵制和削减。每一项政府的建议都必须向各省和各市镇回报。在布拉班特，以及 1540 年以前在佛兰德，手工业小资产阶级和同业公会在市镇议会中有代表，不得不同意所有提议。因为，一般而论，要求全体一致同意，比如卢万的手工业者完全能阻碍整个国家议会作出决定。查理皇帝由于未能诱使市镇议会给予其代表完全的权力，他便采取了针对市镇的坚定不移的反民主政策。无论在什么地方有机会出现，他便把同业公会排除于市政府之外。继市镇反叛他的总督后，1522 年，他在图尔奈不顾自己的许诺做到了这一点；1528 年，他在布鲁塞尔再次成功；1540 年，在根特又一次成功。总体而论，被留下来的贵族对他的财政方面的要求是较迁就的。但是，他和他的总督们要各省议会不再坚持在讨论新征税前纠正抱怨的弊端的努力却彻底失败了。他甚至没有做出努力去阻止各省议会建立自己的行政机构来控制它们已表决通过的税收的征集和使用。

各省议会都阻止建立像法国那样的绝对的皇权。但是，城市贵族

---

① A. Jacopsz, *Prothocolle van alle de reysen*，手稿，存阿姆斯特丹 Stadsarchief, E. van Bienna 打字本。蒙海牙的 P. A. 迈林克博士的准许，我才有机会研究该打字稿。

的利益，也是国会的利益，是地方性的和局部的；他们维护的特权同是地方性的，常常和其他行省的利益相对立。因此，即使在尼德兰其他地方出现饥荒的情况下，荷兰仍坚持其自由出口谷物的特权。结果，查理五世的摄政王们从未面临过普遍的反叛。国会一直是一股保守的力量，能够阻挠政府重要政策，诸如1534—1535年提出的联合，但是不能也不愿意挑战国王对政府的控制。虽然如此，帝国政府在尼德兰的地位是不稳固的并且倾向于恶化，特别在大约1530年以后。不断增加财政要求这一帝国政策要对地位恶化负主要责任。迄今为止还没有人试图详细研究查理五世统治期间尼德兰的财政史，下面的情况也并不令人惊讶：16世纪的会计是极其随意的，计算准确是罕见的，连帝国的财政官员们也坦率地承认会计普遍混乱。但有许多证据说明，赋税沉重且不断增加，由此引起的不满虽然断断续续但却稳定地增强。1522年和1525年，摄政王奥地利的玛格丽特两次担心即将爆发叛乱。1525年，布瓦—勒—杜克（Bois-le-Duc）发生骚乱；1532年，布鲁塞尔发生骚乱。荷兰各省议会和总督霍赫斯特拉滕伯爵间的关系更趋紧张。1534年，通常坚定支持政府的布拉班特各大修道院院长组织了一个秘密联盟来抵制进一步征税。最为严重的事件是根特拒绝缴纳1537年国会投票通过的它应缴的那一份税款。到1539年时，该城公开反叛政府，尽管口头声称忠于查理皇帝。正如在该城风波迭起的历史上从前经常发生的那样，建立了一种民主的专制并开始对贵族和政府的支持者实行恐怖统治。查理皇帝亲自率领大军到达才使之驯服（1540年2月）。

在查理皇帝统治的最后几年，和法国的战争要求比从前任何时候都更多的款项。查理留给儿子的债务高达450万里弗尔。即使如此，尼德兰人声称他们在5年之中额外给查理皇帝的钱就达800万达卡。他们抱怨说，他们正被迫为查理皇帝征服意大利；他们认为——不管对还是不对——查理皇帝在尼德兰驻军是为镇压人民。物价上涨，比如根特和莱登这样的纺织工业古老中心的衰败，在瓦隆佛兰德的乡村和小城镇纺织业的发展，所有这些变化正在打破尼德兰社会的平衡，创造一种革命形势，这种局势又被战争和高赋税大大激化。大约从1530年以后，路德派和再洗礼派宣教士们在古老工业城镇的手工业匠人和劳工中轻而易举就找到了大量追随者。在查理皇帝退位后不久，加尔文派的宣教士们在安特卫普和瓦隆佛兰德获得的成功甚至更大。乡村贵族，至少在尼德兰的部分地区，发现由于物价上涨他们的地租收入在减少。他们中鲜有人能像高级贵族那样通过在政府任职来增补收入。他们在当地之传统势力遭到中央政府及其法庭的侵犯。到那时为止，他们仍然完全忠于查理皇帝，但他们在下一任统治者掌权期间进行的对抗的基础已经打好。查理五世的勃艮第出身和个人的名望在一定程度上掩盖了形势的严重性。但是，1555年10月25日，当查理皇帝在布鲁塞尔皇宫的大厅里，在深切感动的国会和流着泪水的金羊毛骑士团的骑士们面前宣布退位时，哈布斯堡在尼德兰的政治体系已经接近于解体了。十几个月以后（1557年），政府不得不宣布财政上破产，而国会变得几乎无法控制。几年后宗教和社会麻烦达到白热化，尼德兰终于开始了持续80年之久的内战、宗教战争和民族战争，这次战争不仅摧毁了他们以如此愉快的心情帮助建立起的帝国，也摧毁了他们自己的国家。

在查理五世的帝国中，西班牙的历史和尼德兰的历史形成鲜明的对照，同时它也同样受帝国财政的左右。

卡斯蒂利亚比其他领地更早面对这些要求，而它立即作出的反应敌意之大几乎不可能更有甚者。为了给查理返回尼德兰和竞选查理皇帝筹措资金，谢夫尔把卡斯蒂利亚议会召集到边远的圣地亚哥的加利西亚城召开（1520年3月），要求议会通过新增拨款税，而此时1518年的拨款还未缴清。从一开始就有种种困难。宫廷坚持代表们应该享有充分的权力。各城镇则努力用限定性的指示来约束代表，因为他们不无理由担心代表们会为要求他们投票通过的税收中抽出的钱所收买。托莱多人根本未出席议会。其他城镇则要求在提供经费前对抱怨的弊端先进行讨论。加蒂纳拉于是将议会迁移到科鲁尼亚港，朝廷已经在该地开始工作（1520年）。借助于贿赂加让步，在议会中有代表的18座城市中有8座现在被劝诱投票赞成征税；5座城市坚持反对；其余城市意见不统一，没有投票。当船队1520年5月20日起锚开航时，革命已经开始了。

在西班牙没有一个人，甚至查理自己的谋臣班子也不认为新税合法或能够征收到手。暴民们袭击投票赞成征税的代表的房屋，在塞哥维亚甚至谋杀代表。查理皇帝之权威在大多数卡斯蒂利亚城镇垮掉了。议会镇压未果，特别是查理皇帝的军队纵火焚烧里奥塞科城，只能是火上浇油，使反抗更加激烈。1520年整个夏天和初秋，贵族们没有动一根指头来帮助他们的国王，他们还没有忘记他的勃艮第谋臣们及其被指控的抢掠，尤其激怒他们的是任命一位外国人，乌得勒支的阿德里安为摄政王。以托莱多为首各反叛城镇组织了一个同盟并建立了一个执政团（junta），实质上就是一个革命政府。阿德里安被逐出巴利亚多利德，不得不在卡斯蒂利亚的海军上将法德里克·恩里克斯的庄园里避难。反叛者的首领帕迪利亚夺取了巴利亚多利德，抓获患精神病的太后。看来查理在西班牙的权力将要彻底崩溃。阿德里安在越来越绝望的信中写到，只有赦罪和与科穆内罗斯运动进行谈判的全权才能挽回局势。他的要求得到海军上将法德里克·恩里克斯和卡斯蒂利亚王室总管伊戈尼·德·贝拉斯科的响应，这两个人于1520年秋和阿德里安一道被任命为摄政王。

帝国对遥远的领地行使有效控制的问题在其他任何时候都没有像现在这样明显。但查理和谢夫尔只做出不触及皇帝权威的让步这一政策最终证明是成功的：暂停征收税，任命法德里克·恩里克斯和伊戈尼·德·贝拉斯科并允诺今后不再任命外国人，查理迅速赶回西班牙。但有若干月，这一问题吉凶未卜，而为查理挽回了局势的并非是他的直接努力。

在各城镇，得人心的激进分子们越来越占了上风。当反叛扩散到大公们的庄园上时，他们开始感到惊恐。城镇和贵族间由来已久的敌意再次突然爆发。在安达卢西亚，拥有大庄园和大量摩里斯科佃户的贵族们比卡斯蒂利亚的贵族们更早意识到自己的危险。他们从一开始便阻止科穆内罗斯运动向南方发展。在科穆内罗斯运动阵营内部，敌对的派别各施策略谋取对运动的控制权。1520—1521年冬天，从城市贵族中来的温和派领袖一个接一个叛逃到皇党方面。1521年4月23日，卡斯蒂利亚贵族及其扈从在维拉拉尔（Villalar）击溃了科穆内罗斯叛军。巴利亚多利德和卡斯蒂利亚北部其他城镇立即和国王议和；只有发动反叛的托莱多坚持抵抗到1521年10月。

王国的权力就这样在卡斯蒂利亚得以恢复，以后在哈布斯堡家族历任国王统治期间再也没有遭到严重动摇。各城镇保留了大多数自治权,但查理皇帝之控制通过重新确立镇长的权力而得到维护。议会代表们现在不得不用全部权力来支持查理,他们的薪水是用他们投票通过的税收支付的。恢复在提供经费前先纠正抱怨的弊端的原则的所有尝试都遭到坚决拒绝:在1521年战败后各城镇便再也无力坚持自己的主张。查理已无必要对议会发动进一步的攻击。它们愿意投票通过税收,它们的请求常常在一届届议会上反复提出,可能被接受,也可能被拒绝,得看查理皇帝是否高兴。

贵族虽然在内战中获胜,但正由于这一原因他们不可能摆脱和王国的联盟。王国现在能够驾驭议会并有费用维持一支常备军,所以是实力较强的一方。查理有步骤地将各公国排除于西班牙政府之外,这使阿尔瓦公爵大为懊丧。但他仍然有许多奖励和头衔赐给贵族们,作为他们失去政治权力的补偿。甚至更有直接重要性的是贵族免缴赋税。这一特权皇帝并不乐意准许。1538年10月,贵族和神职人员加上18个城镇的代表被召集到托莱多举行会议,在会上政府提出对食品征收消费税,不允许任何豁免。贝拉斯科隐晦地暗示,在卡斯蒂利亚每当引进任何"新奇事物"时总是要发生骚动,贵族们几乎全体一致投了反对票。为避免公开分裂,查理作了让步,但他以后再也没有召集贵族参加议会的会议。王国在卡斯蒂利亚获得的政治胜利是以让贵族订约免除其对政府和帝国的财政义务为代价而取得的。

对卡斯蒂利亚来说,后果是惊人的。是卡斯蒂利亚和尼德兰一道满足了查理五世进行的战争的大部分财政需要。在查理皇帝统治期间,政府从税收得到的岁入大约上升了50%。① 在同一时期,价格大

---

① 最近由拉蒙·卡兰德(Ramon Carande)完成的开拓性研究《查理五世和他的银行家》(*Carlos V y sus banqueros*,1949年)第2卷给我们描绘了查理五世在卡斯蒂利亚的财政状况,使我们对此比对他的其他任何领地的了解都更清楚。撇开政府从由墨西哥和秘鲁进口的贵金属得到的岁入,从神职人员和出卖教会的赎罪券得到的税收,还有其收益或者不稳定或者在查理统治期间未有可观增长的其他国内税收,我们有可能制作出下面这张查理的岁入表:

卡斯蒂利亚国王的岁入
(单位:百万马拉维迪,11—12世纪在西班牙的摩尔人使用的一种金币。——译者)

	约1516年		约1553年	
	数额	指数	数额	指数
普通岁入(主要是分摊税额)	380	100	500	132.3
租赁骑士团财产岁入的收入(Maestrazgos)	51	100	89	173.7
议会拨款(Servicio)	37	100	136	370.0
总额	468	100	725	155

约上涨了一倍。由于人口的增长，显然赋税的总体负担减轻，而不是增加，但赋税在社会不同阶级中的分配变化颇为迅速。普通岁入的绝大部分原先来自商业税，一种包括贵族在内的社会各阶级都必须缴纳的销售税。在各城镇的要求下，商业税被改变为分摊税额，是一种每一城镇或村庄按配额缴纳的款项。定额保持不变，而其实际价值随着价格的上涨而趋向于减少。另一方面，税的收益的上升远比价格快。控制城镇议会并在议会中代表城镇的下级贵族们愿意投票通过征收他们自己可像大贵族一样免缴的税收。国会通过的赋税的重荷就完全落在了平民（pecheros）身上。正如注释中的指数显示的那样，这些税收的现金收益近乎增至4倍，而价格只翻了一番，在这个表格上它们在赋税总负担中所占比例从8%增加到19%。国王和贵族的联盟把帝国的负担转移到了最无力负担者的肩上。

  皇帝在西班牙的政府完全明白这一情况。"普通百姓不得不缴纳税"，菲利普亲王1545年在给父皇的信里写道，"他们被逼迫到如此贫困悲惨的境地以至许多人赤身裸体"。他继续写道，贫困如此普遍以至不仅扩展到皇帝之直接封臣，而且还扩展到那些普通百姓无力继续向他们缴纳地租的贵族。然而，贵族作为一个阶级似乎并未蒙受损失。在大多数情况下，他们能够提高地租，其速度至少和物价一样快。[①] 这一见解也得到卡兰德的支持，他在1956年元月30日给本书作者的信中表达了这一见解。他们和外国商人和银行家们是年金，即以政府岁入为基金建立的终身年金的主要购买者。1558—1559年政府出售属于在皇家地产上的城镇的土地和村庄时，购买者也是贵族。

  随着来自美洲的贵金属的流入，16世纪物价在西班牙的上涨比欧洲别处更加急剧。本来可以指望这些金钱的注入和殖民地市场的扩大产生的刺激将促进经济的迅速发展。但是西班牙的农业落后，势力强大的养羊业主同业公会梅斯塔（Mesta）的武装牧羊人赶着羊群跨越数百英里，从高地牧场到低地牧场，又从低地牧场到高地牧场，穿过整个卡斯蒂利亚，践踏玉米地，毁坏栅栏和许多耕地，而这个国家的干旱土地和英国或法国的土地相比无论如何是极端贫瘠的。政府不顾土地所有者的强烈敌视态度坚持维护梅斯达的特权，因为梅斯达为

---

① 布罗代尔：《地中海》，第631页。

这些特权慷慨付款。羊吃人现象在西班牙远比在英国真实,西班牙对佛兰德繁荣的羊毛出口的阴暗面使赤贫的西班牙农民买不起自己的城市工业的制成品。由于农产品短缺,那些从贵金属的流入获利的人又不愿意投资贸易,所以城镇未能繁荣起来。与意大利或尼德兰相比,卡斯蒂利亚的城镇仍旧很小。工业不发达,不能和外国工业不断扩大的贸易的令人眼花缭乱的机会竞争。1546年菲利普在给他父亲的信中写道,帝国的赋税越来越沉重地落在平民身上,其沉重已达到这个王国的土著人不能从事任何形式的商业活动的程度。

　　如果说沉重的赋税倾向于阻碍中等阶级和下等阶级进行投资和经营商业,那么贵族则没有因这种不利条件而蒙受损失。但下级贵族和大公们,由于在反抗摩尔人的长达若干世纪的斗争中形成的倾向和传统,比欧洲其他地方的贵族对经济活动更加反感。教会工作和从军,以及下级贵族在萨拉曼卡和埃纳雷斯堡学习法律然后为国王效力,这些事业提供的机会比以不光彩的商业为职业更有吸引力。议会经常抱怨外国商人的活动,但1525年当菲利普提出逐步赎买当时最大保险金额已达620万达卡的年金时,引发了年金持有人猛烈的反对;除了投资土地,他们不知道有别的什么可以投资,同时担心不动产的价格会过度上涨。

　　因此,令外国人惊异的是,从秘鲁流入的大量白银不能变西班牙为富国。美洲来的财富帮助皇帝支付战争费用,使热那亚银行家们发了大财,但这些财富中投资于生产的部分太少,不足以克服该国的经济落后状况。随着查理五世的帝国越来越成为西班牙帝国,西班牙在经济上的虚弱就日益成为它在和西欧各敌国的斗争中的不利条件。

　　最成功地抵制了中央集权政府的侵袭和帝国财政的压力的,是皇帝在西班牙的领地中较小和较贫穷者。如果说阿拉贡人和加泰罗尼亚人在承认查理为国王的过程中比卡斯蒂利亚人制造了更大的麻烦,那么他们至少没有起而反叛查理。只有在巴伦西亚,查理第一次到西班牙期间唯一没有去的王国,爆发了一场革命。这场革命最初并不是针对皇权,而是针对贵族。巴伦西亚的贵族不愿意向一位不在当地的国王表示效忠,而巴伦西亚城的手工业工人和劳工却匆匆表示了他们的忠心。巴伦西亚的百姓,为了抵御摩尔人入侵的危险早已武装起来并受过训练,现在则在针对贵族和摩尔人的兄弟会(*Germania*,一种民

第十章 查理五世在欧洲的帝国

间基督教兄弟团契）中组织起来（1519年）。查理不可能仍旧和这样一种运动结盟，但是，他就像在卡斯蒂利亚一样仅仅任命了一位卡斯蒂利亚人迭戈，乌尔塔多·德·门多萨任行政长官，此外几乎别无动作。这个兄弟会控制王国的大部分18个月以上，但他们未和科穆内罗斯运动合作，也未能引起邻邦加泰罗尼亚的下层阶级的同情。他们屠杀，强迫贵族庄园上的摩尔人佃户改变宗教信仰，这些都影响了其反叛的阶级感染力，同时未能为他们赢得乡村贵族和神职人员的同情。兄弟会首领贝森特·佩里斯的部队于1521年10月被贵族的军队打败，之后巴伦西亚立即在其城市选举中投票通过回归合法当局，但直到1523年在首府以外的所有抵抗才最终被镇压下去。

然而，这个兄弟会的战败并未影响阿拉贡王室各王国原有的权利和特权。阿拉贡贵族们像国王般统治着自己的臣属，对社会各阶层都拥有司法权。在加泰罗尼亚他们有权发动私斗。在议会中，他们成功地维护了在提供款项前纠正抱怨的弊端的原则，"所以一位皮匠、铁匠或这类人有权坚持任何要求直到满意为止"，大为震惊的威尼斯人大使孔塔里尼如此写道。

如果在阿拉贡，一个人因皇帝下令而被逮捕，他可以要求由大法官审理自己的案件，大法官是王国最高法官，终身任职，因此执法不受皇帝喜怒的影响。孔塔里尼声称查理请求过教皇免除他维护这一特权的誓言。但没有证据说明这一步取得了成效，也无证据说明查理在任何时候试图向阿拉贡人和加泰罗尼亚人的特权或自由发起全面攻击。如果说阿拉贡、加泰罗尼亚和威尼斯议会的拨款比较少并且受附有义务的条件的限制，那么是否能迫使这些小王国多拨款达到值得和它们发生正面冲突的程度是可怀疑的。再者，查理的阿拉贡和加泰罗尼亚臣民已经长期习惯于承担帝国的义务，而且，至少对他的地中海政策，他发现他们的传统比卡斯蒂利亚的传统更有助益。

这些传统是和热那亚竞争西地中海的贸易，和法国人竞争对南部意大利的控制权。16世纪上半叶出现了两个新问题：北非和北非穆斯林海盗，奥斯曼帝国作为一个海上强国的兴起。这些问题本来是不相关联的，但在查理五世统治期间变得如此紧密交织，以至终于演化为西班牙帝国和奥斯曼帝国间一场争夺地中海控制权的斗争。

北非问题基本上是西班牙征服格拉纳达（1492年）和强迫卡斯

蒂利亚的摩尔人改宗基督教（1502年）产生的后果。地中海西部海峡两岸历史上几乎第一次由个别的敌对政治势力所控制，它们的商业和文化联系被中断。然而，尽管基督教徒对伊比利亚半岛的重新征服现在已完成，西班牙仍旧是一个多民族社会，是西欧和中欧唯一的这样的社会。在其边境内，被强迫改宗的摩尔人经常构成威胁，因为非洲的摩尔人——其中许多是来自安达卢西亚的一心想报复的难民——袭击西班牙海岸并常常得到西班牙摩尔人的帮助。西班牙的基督教徒以两种方式作出反应：内部同化和外部征服。1525年，皇帝把卡斯蒂利亚强迫改宗令［的适用范围］扩大到巴伦西亚，异端裁判所帮助他用该敕令来对付由穆斯林和犹太教徒改宗的"新基督教徒"。在外部，西班牙的反应是试图征服北非。这是伊莎贝拉女王和西门内斯枢机主教的政策。在取得最初的成功后，这一试图因西班牙人的精力被阿拉贡人在意大利南部的政策所转移而中断。

　　直到16世纪30年代早期，西班牙在地中海西部的诸问题仍基本上是各不相干的。最古老的问题——热那亚和加泰罗尼亚之间的竞争，已经因为西班牙和热那亚的海上联盟而得到解决，这一联盟使安德烈亚·多里亚成为皇帝在地中海上的船只的司令，并确认了热那亚对加泰罗尼亚的霸权。然而，在此期间西班牙未能完成对北非的征服带来的是一场厉害的报复。1516年，阿尔及尔的摩尔统治者们请求海盗兄弟巴尔巴罗萨从西班牙人手中夺取佩农（the Penon），位于海湾进口处的一块设防的岩石。巴尔巴罗萨费时13年才达到这一目的，但在此以前许久他就使自己成为阿尔及尔的主人并自认为是在君士坦丁堡的苏丹的分封王。基督教徒在数世纪中第一次在地中海西部面对一支真正强大的敌对海军力量，这支海军力量的袭击令西班牙和意大利沿海的村庄和城镇经常感到恐惧。更坏的事情还在后头。作为对多里亚夺取摩里亚半岛上的科伦（Coron）的反击，苏丹任命巴尔巴罗萨为帕夏兼任整个土耳其舰队的总司令。1534年，他带领土耳其100余艘战船劫掠了意大利南部海岸，然后挥师突尼斯，把它的摩尔人国王西班牙的盟友赶出该国。①

　　皇帝领有的意大利诸省现在受到严重威胁，威胁者不仅有海盗，

---

① 参见本书边码第517页以下。

而且有土耳其人与帝国为敌的实力极其强大的全部海军力量。实际上，这成了一场争夺地中海中部控制权的斗争；如果在西班牙控制下，它将保护西西里并切断巴尔巴罗萨和君士坦丁堡的联系；如果在土耳其控制下，它将使各穆斯林势力联结在一起并打开进攻意大利和地中海西部的道路。查理第一次集中自己的全部力量，并亲自率领军队，于1535年征服了拉戈莱塔和突尼斯。这也许是他最伟大的个人胜利，是他作为基督教骑士和十字军战士的证明。但是，巴尔巴罗萨并未被打垮。数周内他便进行了报复，袭击了梅诺卡的马翁港。更为严重的是多里亚1538年9月在普雷维扎战败，这次失败主要是由于结盟的帝国舰队和威尼斯舰队之间缺乏信任。普雷维扎战役是皇帝之拥护者把战争推进到地中海东部的一次重大的尝试。毫无疑问，这是查理的最终目标，征服君士坦丁堡则是最后的战利品。1538年8月，玛丽大感担心，从尼德兰写信劝说其兄长放弃他的宏伟计划。她争辩说，跨越如此遥远的距离作战困难极大；与法国最近才达成和解，是相当靠不住的；教皇和威尼斯人给予的帮助将很少；他们冒的危险很小，只有皇帝一人冒险蒙受不可弥补的损失；他的各领地首先需要的是和平，而不是进一步的冒险。在普雷维扎战败后，玛丽的见解占了上风，查理进攻性军事行动有了严格限制的目标。甚至这些目标也经常达不到，1541年皇帝亲自率领大军远征阿尔及尔遭到惨败就是证明。

土耳其人方面，在查理五世皇帝统治期间也只认真进行了一次以武力进入地中海西部的尝试。这次远征始发于1543年。[①] 法国和土耳其的联盟早在1525年就进行过讨论，16世纪30年代公开确认；法土联盟是皇帝在地中海必须面对的最致命的潜在危险。但土耳其人在1543—1544年的远征后并未再有行动。即使他们有法国基地可使用，但距离过于遥远；远离国内基地1000多海里采取军事行动的危险，对苏丹就和对皇帝一样大。西班牙征服一个北非帝国的努力彻底失败了。和西印度群岛，甚至和意大利相比，北非对掠夺成性的西班牙士兵没有吸引力。从经济上看，西班牙的要塞是一种不利条件。到北非海岸的威尼斯人和其他贸易者宁愿去摩尔人的港口。纯粹由于战

---

① 参见本书边码第531页以下。

略原因，西班牙人才保持在北非驻军。但是，他们实际上维持的是地中海西部盆地的海上霸权。土耳其人的基地离基督教控制的地中海的心脏地区太远，不能对此霸权提出挑战。

西班牙在意大利成功地对付了法国从而保卫了阿拉贡帝国，这与西班牙在北非地位之恶化形成鲜明对照。① 阿拉贡国王在意大利最古老的领地西西里的确从未受到过严重威胁。正如在阿拉贡本土，皇帝在这里继承的是一个比较贫困的小国，其上层社会等级享有影响极其深远的特权。在西西里议会中，神职人员、贵族和城镇成功地抵制了西班牙总督的侵犯，保住了这些特权。1516年，即皇帝刚开始统治[西班牙]的那年，他们就起来反对众人仇恨的总督戈·德·蒙卡达，迫使他逃离巴勒莫。领导这次起义的贵族表示忠于查理，他们派往布鲁塞尔的使节至少获得一项成功：蒙卡达被撤职，由那不勒斯人蒙特莱昂内公爵继任总督。但是，当查理和蒙特莱昂内都未有表示取消蒙卡达不得人心的种种命令的迹象时，1517年爆发了另一次起义。这次起义由巴勒莫的资产阶级的成员领导，起义扩大到西西里岛大部分地区。义军烧杀抢掠，起义不久即演变成反对贵族的社会性叛乱。贵族作出的反应是在巴勒莫暗杀了起义运动的领袖，6个月后当西班牙军队到来时，局势已经得到控制。

与科穆内罗斯人的叛乱不同，西西里人1516年和1517年的叛乱（以及1523年贵族策划的一次流产了的阴谋）对政治力量的平衡影响极微。西西里贵族和城镇根本上是忠于阿拉贡国王的。他们怀念1282年的西西里晚祷事件，那是他们对自己的民族意志的一次最重要的维护。但是，民族团结的精神由于刻骨的党派仇恨和巴勒莫与墨西拿的对抗已荡然无存，因此西西里人几乎完全失去了采取联合行动的能力。在尼德兰，地方自由和特权的维护最终导致一场反对西班牙化的君主专制政权的中央集权政策的革命，而在西西里，类似的贵族和城镇的利益却导致更多的内部争吵和仇恨。这是因为，正如在阿拉贡和加泰罗尼亚一样，王国并未作出认真的努力去干涉该国的特权。西西里官员腐败是众所周知的，法院贪赃枉法，贵族间有刻骨的血

---

① 参见本书边码第342页以下。

仇，土匪无处不在并像现代黑手党一样得到当地贵族的保护；由于历任总督采取任何一项行动时都受到这些特权的牵制，又得不到来自西班牙的足够支持，所以他们在反对这一切的斗争中节节失利。不像在14世纪时，贵族的派系斗争再也不能把整个国家推进内战的火坑，但他们及其武装家臣仍然相互攻击城堡和城市，他们的争斗必须通过签订由总督担保的正规的和约来解决。

正如在查理的整个帝国一样，财政是政府政策的关键。经历了数世纪的外部和平，西西里现在受到土耳其人入侵的威胁。查理五世的最后两任总督，费兰特·贡扎加（1535—1546年任职）和胡安·德·维加（1547—1557年任职）不得不修筑全新的海岸防御设施，维持一支由10艘船只组成的西西里舰队和一支步兵团的西班牙骑兵，训练一支当地民兵，以击退摩尔人的袭击。由于摩尔人的这些袭击，西西里人甚为看重西班牙统治提供的海上保护，因为这保护避免了更大的灾难。但是，在查理统治期间议会把"捐赠"从每年平均10万斯库只增加到大约17.5万斯库，在同一时期一般价格至少上升了同样的比例。除阿拉贡和加泰罗尼亚，西西里王国一直是皇帝统治下的各王国中赋税最轻者。皇帝退位时，在意大利流行着一句新谚语："西班牙人在西西里小口小口地吃，在那不勒斯大口大口地吃，在米兰狼吞虎咽地吃。"

查理五世的政府在那不勒斯的财政问题与在他的大多数其他领地上相比，确实比较容易解决。这个王国的议会很软弱，不能与西西里的议会相比。那不勒斯城本身在给予捐赠方面没有投票权——虽然该城派代表参加议会的会议，但它为此目的设有自己的代表机构。神职人员在议会中没有代表，贵族尖锐地分裂为阿拉贡派和安茹派，以致没有严肃考虑过使议会成为实现自己的政治抱负的工具问题。在这里，要求在提供拨款前消除抱怨的弊端问题根本不存在；皇帝及其总督完全随自己的意处理请愿。因此，查理可以从该王国抽取大笔款项并把它们送往国外：在1525年至1529年间给帝国驻意大利北部的军队送去175万达卡；1530年为他的加冕礼拿走30万达卡；1543年抽取的金额为15万达卡，下一年增加到17.5万达卡，1552年又抽取50万达卡——全部送往米兰和德国。但即使是皇帝的最铁腕的总督能从这个国家榨取到的财富也是有限度的。彼得罗·托莱多总督一再拒绝查理皇帝对钱的要求，或拒绝接受在他的政府兑现的汇票。随着土耳其人的威胁越来越紧迫，防务开支陡增。从大约1530年起，皇帝不得不用西班牙的钱来给予补贴。但是，只要阿普利亚和卡拉布里亚不时遭到海尔·阿德-丁的袭击，那不勒斯人便和西西里人一样意识到多里亚的舰队提供的保护。

然而，有充分的政治理由不过分激怒那不勒斯人。阿拉贡人和安茹省人的确使所有贵族合作反对政府成为不可能。阿拉贡派已接受了许多没收支持过洛特雷克1528年入侵的人的土地。更多的地产赐给了支持皇帝的已在这个王国定居并和那不勒斯贵族通婚的西班牙人和热那亚人。所有这些人都是效忠皇帝的，可是他们和那不勒斯诸城镇就像西西里人一样为自己的自愿的效忠感到骄傲。他们也同样高度看重自己的特权；他们的财富和他们在自己的庄园上行使的权力也许甚至更大。领主们随意向自己的下属征税，禁止他们向皇家法庭上诉。皇家法庭的法官假如来自贵族的领地，则受贵族的压力的支配。贵族中即令有一人反叛也可能造成危险，1552年萨莱托（Salerto）亲王在查理的统治最关键的时刻试图引法国人和土耳其人进入这个王国便是明证。

因此，国王采取反对贵族这些过分的权力的立场既是策略的又是正当的。保护穷人和弱者不受富人和有权势的人的欺凌是查理五世1536年给彼得罗·德·托莱多的指示的基调。1532年，他委派这位卡斯蒂利亚的大公去重建一个饱受法国和帝国军队蹂躏的国家，并清理一个软弱政府的长期统治留下的遗产：压迫和不义。几任总督——其中有些，比如尼德兰人拉努瓦，甚至不想了解那不勒斯的情况——都短命，他们一个接一个走马上任，根本不能对付腐败的皇家官员、暴虐的贵族和受大领主保护的土匪。托莱多颁布法令并处决人犯，和这些罪恶现象作斗争21年，但他的成绩却很有限。1550年他告诉佛罗伦萨大使在他任总督期间被判处死刑者达18000人，他不知道自己还能做些什么，1559年他对继任者所作的指示描绘的该王国状况的图景就和1536年的一样黑暗。

但是，托莱多的政策在分裂贵族和平民方面却是成功的。贵族和平民只有一次联合起来，帝国在那不勒斯的统治立即陷入极其严重的危险之中。1547年，查理五世想要把西班牙的异端裁判所引进那不勒斯。在西西里，异端裁判所已经为天主教徒斐迪南所引进，最初很不得人心。1516年，巴勒莫人把异端裁判所审判官连同总督一道逐出该城。只是在查理的统治临近结束时异端裁判所才通过给予数以千计的平信徒家庭免受王室司法权管辖的权利而较为得人心。那不勒斯人对［异端裁判所］的反应比西西里人更加激烈。那不勒斯城的贵族和中产阶级市民成立了一个同盟；他们的代表大会，接管了市政府；和西班牙军队发生了冲突，总督的战船向城市开了炮。不久，谣言四起，说"同盟"正在和法国人谈判。最后，托莱多提出撤销异端裁判所，作为对中产阶级市民，而不是对整个城市的特殊恩惠：他断定市民和贵族之间的仇恨与异端裁判所相比是西班牙统治较为坚实的基础。在那不勒斯，贵族的特权及他们在当地政府中的势力被用于促进总督的利益，因为民众对外国统治的愤恨许多被转移到当地贵族身上。结果，那不勒斯的暴民虽然爱聚众闹事，总的来看，该城是查理五世的帝国中一个感到满足的部分。

在西西里和那不勒斯，查理五世是承袭的国王，他在米兰则没有这样的权力。当最后一任斯福尔扎公爵弗朗切斯科二世于1535年去世之时，德尔瓦斯托侯爵率领的帝国军队已经控制了该公国，但皇帝对如何解决继承问题多年拿不定主意。在与法国谈判期间，在拥护皇帝的阵营中讨论过把米兰或尼德兰转让给弗兰西斯一世的一个年纪较小的儿子。查理本人及其勃艮第谋臣们，值得注意的是格兰维尔，想要保留尼德兰，放弃米兰。诸如托莱多的大主教塔韦拉之类的卡斯蒂利亚的民族主义者支持这一观点，因为他们既不喜欢西班牙卷入意大利的事务，也不喜欢为有利于一块被征服的领地而放弃一块承袭的领地。可是，大多数西班牙人，比如阿尔瓦公爵，还有西班牙裔意大利人，则坚持保留米兰作为西班牙在意大利的权力的关键。① 最后，尼德兰没有被放弃，米兰也成功地保卫住了。但是，实际上，西班牙派是胜利者。菲利普王子被授予该公国（1546年）；在皇帝之谋臣班子中其事务的处理被委托给科波斯（Cobos）；其要塞的指挥权被授予西班牙人或尼德兰人。米兰成为西班牙的一个军事前哨基地。

西班牙人并未实质上改变这个国家由其传统当局实施行政管理的

---

① 沙博：《米兰国》，第39页以下。

状况,这与在西西里和那不勒斯的做法并无二致。米兰贵族相对而言较贫穷,在政治上则由于分裂为归尔甫派(the Guelph)和吉伯林派(the Ghibelline)而力量虚弱。因此,在西西里和那不勒斯总督的权力为往昔的种种封建制度的残余势力所限制和抵消的地方,在米兰则受到一个较为现代的、半自治的文职部门的类似的限制和抵消,这个文职部门由受其监管的参议院和专业化的城市管理机关组成。总督和参议院争吵只能给自己带来危险,1554年费兰特·贡扎加就有此经历,是年参议院诱劝皇帝派一个调查团到米兰并召回他的总督。

参议院和市行政官员可以限制总督的行政权力,但与西西里的议会不同,他们无权限制总督征税的权力。必须付钱给驻扎在伦巴第的庞大的帝国军队,而军队有权保证这笔钱的筹措。各城镇的抗议,甚至文职总督卡拉乔利枢机主教的抗议,在德尔瓦斯托侯爵的雇佣步兵的长戟面前是毫无效果的。在卡拉乔利于1538年去世后,德尔瓦斯托侯爵便身兼总督和总司令两职(1538—1546年),继他以后的费兰特·贡扎加也如法炮制身兼两职(1546—1554年)。现在,西班牙人可以随心所欲地征税,仅只因为担心公国发生叛乱而法国可能立即重新进行干涉时才有所收敛。

然而,如果说西班牙人在米兰"狼吞虎咽地吃",那么米兰也狼吞虎咽地吃西班牙。1535年,格兰维尔就曾希望公国不仅支付自己的防务开支,而且对帝国的开支要有所贡献。失望迅速来临。1537年,西班牙驻热那亚大使写道,7个秘鲁都不足以满足皇帝在伦巴第的需要。40年的战争留下的遗产是贫穷和破败。在1536年至1538年的战争期间,西班牙不得不拨款一百余万达卡供驻扎在伦巴第的军队开支,在米兰的花费约为60万达卡。在皇帝统治的最后5年,西班牙给了米兰人大约200万达卡,作为对他们缴纳的防务税的补偿。西班牙驻军的费用使米兰政府[的财政]出现几乎永久性的赤字。不过,公国本身在西班牙的统治终于提供了的和平环境中得到恢复。在16世纪下半叶,公国的人口增加,城市和工业的强劲有力的重建使伦巴第在17世纪的灾难来临以前又保持了50年的繁荣。

查理五世之当选为德意志国王赋予他获得皇帝称号的权利,而有了皇帝称号他就有了道义上的理由来推行他的帝国政策。但最终是在德国他的帝国政策遇到了最彻底最不可弥补的灾难。查理履行了对其弟弟斐迪南的诺言。他把自己对在德国继承的领地的一切权利（1521—1522年）都让予了斐迪南，而且任命他为 *Reichsregiment*，即德意志帝国政府的首脑。1531年，查理在教皇为自己加冕后劝诱诸选侯选举斐迪南为罗马人的国王。查理一定知道这一步对他的儿子菲利普继承他任皇帝之前景是严重不利的，甚至对哈布斯堡王室的联合权力的未来存在都是不利的。但菲利普当时年仅4岁。假如查理本人过早地去世——他的许多遗嘱和表白显示他头脑里总是想到这不测的事件，那么至关紧要的是要有一位继承人，他将保护哈布斯堡王室在帝国的权利要求和幼儿菲利普在尼德兰、西班牙和意大利的权利。最为重要的是查理在德国需要有一位尽可能强硬的代理人。查理在1531年给斐迪南的指示中授予他的权力比他的其他任何总督或行政长官都广泛得多。不过，他要求在赐予高级贵族头衔上要与他商议，他还要求他自己作出的任命应予维持，他的所有命令都得遵守。所以，查理实际上继续控制帝国在德国的政策。

　　德国问题的症结是路德的改革运动和一些德意志王侯的联盟。长达二十余年之久，查理致力于将这联盟的重要性减少到最低限度，在一个对教会进行总体改革的框架之内解决宗教问题。仅只在这些努力肯定已失败和新教集团的施马尔卡尔登联盟开始和法国勾结之时，他才改变了政策。① 在仍旧努力要使宗教问题和政治问题保持分离的设想下，他对新教王侯们进行了打击，表面上称他们反对帝国的权威，实际上为使改革运动丧失其政治后盾。他在米尔贝格的胜利本可能提供同时解决德国政治问题和宗教问题的基础，但事实上任何一个问题都未获解决。特兰托和波洛尼亚公会议是教皇的会议，而且对新教徒来说仍然是不能接受的。德意志诸王侯，无论信奉新教还是信奉天主教，比从前任何时候都更不愿意通过彻底修改帝国宪法来增大皇帝按宪法享有的权力。查理尽管获胜并享有巨大的威望，但并未强有力到能强制所有的王侯。他试图用下述建议来避开这个问题：成立一个以皇帝为首脑的王侯同盟，在该同盟中每一成员都缴纳固定数量的特别税以维持一支同盟军。这一想法并不新奇。1519年，士瓦本同盟把

---

① 参见本书边码第181页以下。

亲法国的符腾堡公爵驱逐出了他的公国,查理因为其在意大利和德国南部的领地而担任该同盟的首脑。在竞选皇帝的运动中,士瓦本同盟的军队是查理的一项极有用的资产,1520年又帮助他获得了符腾堡。他竭尽全力保持士瓦本同盟的存在:可是在德国各上层社会等级眼中他的权力已经大到危险的程度了,他们不愿让这种情况继续存在。在施马尔卡尔登战争前,皇帝又有了建立同盟的想法,但充其量只取得了部分的成功。1547年秋天他提出的更为全面的计划进行得并不顺利。帝国"将陷入受奴役状态",勃兰登堡选侯这样说,因此王侯们拒绝这一计划。

这一计划的失败促成了皇位继承的危机。菲利普现在已经成人。对新教徒的战争说明,只有在来自西班牙和尼德兰的钱和军队的帮助下,皇帝才能维持在帝国境内的权力。查理比其他任何时候都更相信他1519年的分析的正确性。① 没有直接证据说明,他在1546—1547年冬天想到过要他的弟弟放弃罗马人的国王的称号以利于菲利普,但斐迪南对有这样的意图的谣言的极其激烈的反应却令人几乎不会怀疑这就是查理正在考虑的理想解决办法。斐迪南的态度,他的儿子马克西米连的态度,还有德国人对"西班牙人继承[帝位]"的极度的敌视态度都促使查理放弃这一想法。1551年,哈布斯堡家族的老资格成员在进行了激烈的辩论后终于达成了一项妥协。斐迪南仍保留罗马人的国王的称号并继承查理的皇帝称号,他本人的称号则由菲利普继承,当轮到马克西米连时则由他继承菲利普的称号。

双方都不满意,因此哈布斯堡家族的团结首次受到严重的损害。1552年,萨克森的莫里斯和其他德国王侯联合亨利二世(他们许诺把梅斯、图勒和凡尔登给他)向查理发动进攻,迫使查理从因斯布鲁克逃命。他们的成功至少部分地是由于斐迪南态度暧昧。查理从因斯布鲁克逃命以及和反叛的王侯们订立帕绍条约使在米尔贝格取得的成果化为乌有。他在德国的权力实际上已崩溃,他未能从法国人手中重新夺取梅斯(1552—1553年冬季),这两件事说服他相信他的帝国纲领,如像他在1519年构想的那样的纲领,已经失败了。教会改革的路线并没有做到把新教徒领回到原先的信仰上来;新教徒也没有为

---

① 参见本书边码第306页。

第十章　查理五世在欧洲的帝国　　　　　　　　　353

武力所制伏。意大利是安全的，但法国仍和以前一样有威胁性，法国不但远不会参加［讨伐新教的］十字军，而且还是异教徒的同盟。帝国仍旧是难以驾驭的，下一任皇帝虽然仍享有哈布斯堡王室西班牙—勃艮第分支的同盟，但已不再能掌握帝国的全部权力。他的地位不可避免地会比查理虚弱；他的利益将纯粹以欧洲为中心。查理于1555—1556年间退位，这标志着他本人承认了自己的帝国概念的失败，这失败是试图重建在皇帝和教皇领导下基督教世界的统一这个中世纪的观念的失败。

　　查理退隐于一座紧邻着埃什特雷马杜拉的圣热罗尼莫·德·尤斯特修道院修建的乡村宫殿。在那儿，他临朝听政，在祈祷之间愉快而且经常是积极地继续关注他帝国的命运，直到1558年去世。帝国本身并未因为他的退位而土崩瓦解，但帝国的性质已经开始变化。帝国正从一个有着勃艮第的核心和灵感的普世的、基督教的帝国变成一个有着卡斯蒂利亚的核心和灵感的西班牙的、天主教的帝国。全帝国的行政机构机能不全是查理五世的帝国的弱点之一。但古老的阿拉贡帝国至少具有一个帝国政府的雏形，即阿拉贡议会，阿拉贡国王在西班牙和意大利的领地的最高法庭。西印度群岛议会，为卡斯蒂利亚的海外帝国而设立，以类似方式运作，但在行政和政治事务方面有广泛得多的权限。1558年，菲利普以这两个议会为模式建立了意大利议会。这为西班牙及其在意大利的领地提供了比自罗马帝国时代以来任何其他国家集团有过的紧密得多的行政上的统一。①

　　在皇帝之领地中，尼德兰是经济上最先进和最富有的国家。"这些是西班牙国王的财富，这些是他的矿山，这些是他的西印度群岛，支撑了皇帝之全部事业"，威尼斯人索里亚诺在1559年写道。但是，即使他这样写，情况已不复如此。与尼德兰更多的财富相比，西班牙给自己的统治者们提供金钱更为乐意。大约从16世纪中叶开始，从美洲流入西班牙的白银增加之迅速超过原先的一切预料。在意大利和德国进行的战争越来越清楚显示西班牙骑兵比其他军队优越。在加蒂纳拉于1530年逝世前，查理五世的大臣班子是一个名副其实的国际机构，尽管勃艮第人占优势。乌得勒支的阿德里安是皇帝在西班牙的

---

① 欲了解皇帝之诸议会，另见本书边码第445页以下。

摄政王；两位勃艮第人，沙尔·德·拉努瓦和菲利贝特·德·沙隆是他驻那不勒斯的总督。在勃艮第受教育的皮德蒙特人加蒂纳拉是对他影响最大的谋臣。可是，在他统治的后半期，西班牙人和西班牙裔意大利人垄断了阿尔卑斯山以南地区的全部高级职位，接着，他们又出现在德国和尼德兰。像费兰特·贡扎加这样的人从这一趋势得出合乎逻辑的结论，鼓吹把查理五世的帝国谨慎地变成一个地中海君主国。他提出西班牙应该撤离德国和尼德兰，因为这两国是不可能长期保留住的。在西班牙本土，光照主义和伊拉斯谟主义正在消亡，而这两种主义是皇帝早期关于教会的改革和与新教徒和解的看法的理智的和精神上的伟大动力；其最后一批倡导者在异端裁判所的权力不断增强的情况下或者被监禁或者逃亡。西班牙有圣特雷莎和圣伊纳爵，有耶稣会士和异端裁判所，尤其是有其新国王菲利普二世，现在这个国家不仅成为宗教战争年代反宗教改革运动财政和军事上的主力，而且成为这一运动的精神前锋。

（孙善玲　译）

第十一章

哈布斯堡王室和瓦卢瓦王室的斗争

在西方史学著作中，哈布斯堡王室和瓦卢瓦王室在16世纪上半叶的斗争已成为一场经典的悲剧。在许多情况下，史家已经把这场悲剧演得淋漓尽致——事件的进程，显著的特征，行动的动机；的确，他们全力投入了弄清事实和精简归纳的工作。弗朗索瓦-奥古斯特·米涅是这方面的行家，是这场大争吵的导演；他把斗争的第一阶段缩短到10年，即从1519年查理当选为皇帝到1529年康布雷齐和约签订为止。在这10年一切都尝试过。从骰子一掷下开始，这场争吵就是复杂的、就是冲突和冗长枯燥的变化的重复。

从1519年至1529年，这两个王朝为了控制欧洲半岛和地中海西部这个角斗场进行了10年的斗争。1529年以后，甚至在1525年2月帕维亚大战役以后，瓦卢瓦王朝的失败对其未来的事业就成了一个障碍，虽然这并不是说其对手就更为成功。历史仍然把人和政府一劳永逸地分为征服者和被征服者吗？

的确，把注意力转向这场旷日持久的斗争就会为研究的进展所吸引，甚至更为历史之范围和解释的变化所吸引，从而创造出一种大有别于传统的写照。虽然把聚光灯留给了主要人物，但越过主角和背景演员直接到那些可以肯定地说虽未形成整个历史但却在决定历史的命运中起了重大作用的集体力量是值得的。对制度的进化、对16世纪皇帝之"天职"以及对经济发展的浪潮的思考，将必然发现一些和米涅——即使以伟大的技巧——勾绘出的观点不相同的观点。这确实将有创新并减轻对个人责任的强调，减轻对沉默寡言的、睿智而精明的皇帝之功过的强调，或减轻对弗兰西斯一世——那个在其统治早期在马里尼亚诺战役的胜利带来的令人陶醉的日子里备受赞扬，但在对伟大的统治的快乐追求中失败之时，在这令人沮丧的时刻遭受严厉批评的赌徒——的错误和愚蠢的强调。威尼斯的大使们把他描述为着迷于"恺撒"的行动、言论和计划的人。对他而言，这场斗争是他生活中的大事。其实，这些人的行动不像我们想要相信的那样自由，他们因为一些——即使不总是——也常常把不可回避的竞争强加于他们的更伟大力量，而一再地采取行动，发生碰撞。

还有，这场旷日持久的斗争的新历史不可能限于1519年至1529年的序幕，尽管这一时期毫无疑问是决定性的。这场戏的收场，即在1529年缔结"夫人和约"（Paix des Dames）之后，也需要懂得历史的观众的注意。30年的冲突、诡计、行动、前进、后退，从1529年到1559年卡托—康布雷齐条约的签订毫不蹒跚地过去的30年，当一切都说过做过时，毕竟构成了一个世纪的三分之一，也并非没有重大的变革。弗兰西斯一世于1547年先消失；1555年查理退隐，1558年逝世。这场戏的最后一幕是几近于轰动效应的终止——一个由强渐弱的音符——卡托—康布雷齐条约的签订。

因此，在把这场戏延长到早期以后的年代时必须谨慎从事。首先，不应把它限于欧洲这个狭窄的舞台。整个世界，或多或少，直接间接，都被牵涉进去。西班牙假如未控制大西洋和更远处的美洲及其金银财宝，它能够如此长时间地起这样伟大的作用，将自己的统治强加于人并占据领导地位吗？费尔南德·布罗代尔（Fernand Braudel）的潜心研究说明不可能。造就查理五世的与其说是他的德国金王冠，不如说是西班牙——西班牙及其在美洲的矿山。这一切都不应该忘记：既不应该忘记金银，也不应该忘记远比欧洲大、并有形形色色引人入胜的问题的世界的各个部分。

人们经常谈论16世纪"皇帝之天职"，假如"皇帝之天职"指的是对不久将被称作普世君主专制的全面控制的追求，全面控制的必要性以及全面控制的光荣，那么这是再正确不过了。然而，这天职需要从两方面加以限定。第一，必须将它置于原本的环境之

第十一章 哈布斯堡王室和瓦卢瓦王室的斗争

中。因为争夺领导地位的斗争是在超级大国——即根基深厚幅员广阔的国家——间进行的,而在16世纪,未来是操在根基深厚、有引人注目的领土、人员和资源的国家手中。小国消失了:未被吞并的是例外情况。这一趋势减少了瓦卢瓦王室和哈布斯堡王室间斗争的个人戏剧成分。第二,查理五世,用他的对手的话来说,并非是第一个想要"到处发号施令的人"。控制世界的梦想,即使未能实现,也一直伴随着欧洲的历史而存在,这个欧洲总是不忘记自己在基督教世界的疆界之内。再者,查理五世的政策是从更古老的梦想以及从创新集聚起来的遗产。查理既为过去的阴影所困扰,也同样为诸如追求光荣、荣誉问题、经常热切寻求摆脱困境的方法、屈服于他的命运之星的变幻无常的恩赐等"文艺复兴"的思想所困扰。

然而,当人们谈论无疑是那个时代最值得重视的政治英雄查理五世时,这就不仅是一个遗产问题。无可否认,他是至少两笔遗产的继承人——或者说受害人。直接(而近在手边)的遗产让他有可能用他的国家及其意图的沉重枷锁来围住瓦卢瓦王室统治下的法国。这一点不久将有说明。另一笔遗产较为复杂,虽然并非更不重要——它更为深奥,更难以确定、估量、判断。在16世纪时,欧洲本是并且仍旧是基督教的世界。而且,不管是否喜欢,这个基督教世界和为土耳其人的成功所复兴了的伊斯兰教世界面对面。在君士坦丁堡被夺取以前,伊斯兰教的压力便危险地增大了,在该城于1453年被夺取以后其压力就更大了。[伊斯兰教的]威胁从格拉纳达(1492年才对基督教徒开放)一直延伸到希腊;沿地中海南岸,沿小亚细亚海岸激烈增强,一直渗透到巴尔干的广大地区。在这个格斗场之外,伊斯兰教传播到广阔的地区,直达黑人种族居住的地区、红海、波斯湾、印度洋、印度,甚至穿越中亚腹地到达中国。欧洲要继续存在取决于是否能抵御这个敌对集团。①

正如在过去一样,有别于在罗马的精神领袖的基督教世界的世俗首脑接管了十字军式的讨伐的领导权,因而不可避免要和伊斯兰教发生冲突。所以在15世纪,由于单纯的勃艮第公爵们在进行这场光荣

---

① 另见本书边码第324页以下及本书第十七章。

的斗争中长期坚持不懈的努力，他们在基督教世界的地位上升到首位，虽然他们并没有王冕或皇冠。还有，1494年查理八世在进入那不勒斯前所作的看似虚张声势的讨伐计划，其用意比人们可能想象的要严肃，这些计划表现出法国方面的"皇帝的"尝试。后来在帕维亚战役（1525年）以后法国人和土耳其人的协议，法国的"对应行动"，标志着这样一种梦想的终结。这同一种梦想在查理五世的思想上和其人身上得到复活与体现。在各处，在他的君权的影响所及之处，他都充当了十字军式的讨伐的先锋：在那不勒斯（在那儿土耳其人于1480年到1481年这两个生死攸关的年头围困了奥特朗托）；在维也纳（1529年土耳其人进攻该城，但未获成功）；在西班牙他更是先锋，这是天主教诸国王的西班牙，靠近并面对非洲海岸，这个西班牙就是一支活生生的十字军。他在十字军之海地中海确立了自己的地位：在突尼斯他于1535年大获全胜，在阿尔及尔他于1535年在看得见那个古老的海的地方失败了，在圣路易之后几乎3个世纪，他算得上是一位真正的十字军战士。要不是他的亲生儿子奥地利的唐·约翰于1571年10月7日在勒班托打败土耳其人的舰队从而摘取了这一传奇式的荣誉的所有桂冠，那么他本来将是一长列名单上的最后一位十字军战士了。

337　　这一切都赋予查理五世作为皇帝在身体和思想方面的经验以一种特殊表现，对这种表现后世持怀疑和几乎不赞成的态度。正如往常一向的那样，欧洲先要求然后又拒绝了可能把欧洲组织起来和联合起来的权威。在面对强力时，欧洲较弱小的成员倒团结一致。居于支配地位的强国在总是重新爆发的地方性的斗争中耗尽了力量。欧洲同时既支持又反对欧洲。在16世纪，甚至更早，各民族国家已把一个基督教世界闹得四分五裂，而这个基督教世界在宗教改革运动中更要经历别的甚至更加严厉的考验。

　　这是一份包裹在过去中的遗产，这也是一份近在手边的遗产。这份遗产，出生于1500年的查理在其生命的头20年不间断地加以继承。一步一步地，靠他自己的力量，在一个国家的结合体中他让自己的存在为人们所感觉到。他是那不勒斯、西西里、撒丁尼亚的主人，在非洲有立脚点，这些立脚点是西班牙人在1506—1511年间经过一场斗争获得的。这样，第一个西班牙"地中海"帝国建立起来了。

他也是一个广阔的美洲和大西洋帝国的主人，这个帝国的分量越来越让人感觉到。因此，他是基督教世界的伟大王侯之一——要是没有从1515年初路易十二世死后便坐在法兰西王位上的弗兰西斯一世与他抗衡，他便是天字第一号王侯。就在那一年，弗兰西斯在马里尼亚诺战役中征服了米兰，以及随之而来的对意大利北部的直接和间接的控制，意大利北部是当时基督教世界第一国的意大利的物质生活与权力的中心。所以，在这两大王侯之间机会是均等的，一个占有意大利南部，另一个占有北部，而事实上北部是这个众城之国的较好的部分；前者统治西班牙，后者统治法国。然而，查理还拥有低地国家，这可算是另一个意大利和另一个主要的经济区：安特卫普是世界的中心之一。诚然，法国的威望和财富在力量对比上是大有分量的。还有的事实是意大利从未被野蛮人入侵者征服过；法国人在北部获得的成功并不比西班牙人在南方获得的成功大。正如未来将要显示的那样，甚至西班牙也没有做好归顺一个佛兰芒人——在1516年还是根特的查理——的准备。最后，美洲当时还不是一个喷涌着贵金属的宝库，尽管后来这个宝库震惊甚至支撑了整个世界。查理早期对帝国的希望是寄予尼德兰的，还没有寄希望于美洲。但下述情况是会突然跳出来的：在历史学家看来，当时的人甚至更这样看，天平似乎在这两个将要在冲突中对面的人之间摇摆。不过，在幕布升起以前最后说一句话：不可认为机会在造就查理五世上起了太大的作用，因为毕竟查理五世是一些精心策划的婚姻的产物，这些婚姻都是在以国家利益为重的理由的借口下通过谈判达成的。通过这些婚姻，天主教国王们和哈布斯堡王室联手提前许久便包围了法国，这是他们压倒一切的雄心壮志。查理五世的地位是在这引人入胜的有远见的对弈中创造的。

现在按时间顺序来组织本章就比较容易了。这场戏明确地分为三幕：

从查理1519年当选为皇帝到1530年在博洛尼亚加冕；从1530年至1550年的非决定性时期，这一时期的结束可定于米尔贝格战役（1547年），查理在该战役大获全胜，但这次胜利却是昙花一现的，或定于奥格斯堡临时协议的签订（1548年），甚至定于奥格斯堡和约的签订（1555年），在这20来年期间是德国而不是法国是这些错综复杂的斗争的核心；最后10年，这10年在各方面都有引人注目的一贯性，直到卡托—康布雷齐和约签订（1559年4月1—3日）前帝国彻底失败国力枯竭为止，此时法国恢复了其作用。

神圣罗马帝国皇帝马克西米连（在德国未加冕），查理的另一位祖父，于1519年元月12日去世。竞争帝位的新选举不多耽搁便开场了。在这场较量中似乎没有不许用的手段。选侯们毫无廉耻地拍卖自己——经常拍卖两次而不是一次。教皇在谈到查理时说过"金钱将使他成为罗马人的王"，而我们不妨加上"或者说什么也将不会[使他成为罗马人的王]"。法国国王也有供自己支配的财富，也有意要获取这一头衔和威望及其提供的成功的希望。此外，在只关心自己的德国王侯中存在着分裂和敌意。于是，找钱便成了排在其他事情前面的第一件心事。查理在西班牙迫使议会允诺给予一笔特别津贴。然后他转向已是那个世纪新的大领主的金融家们求助。雅各布·富格尔答应给他30万弗罗林，不久查理又得到其他德国银行家——韦尔塞家族和热那亚和佛罗伦萨的金融家——的支持。结果，所有这些商人都脱离了法国人的事业。

起初，查理和弗兰西斯似乎都得到由7名选侯组成的选举团中4票的支持。然而，在3月过去以后，虔诚的基督教国王明白了竞争已经失败，即使他有利奥十世的支持，利奥"准备做任何[弗兰西斯]希望他做的事以阻止天主教国王当选"，弗兰西斯这么认为是大有理由的："你知道从这儿到他的国土的边界有多少英里吗？40英里！"但这害怕和默许是不够的。虽然处于劣势，但这位法国候选人仍然把[竞选的]花费提升到大大超出预料的数额。竞选最终花费了获胜者85万弗罗林，其中54.3万弗罗林是雅各布·富格尔提供的，14.3万是韦尔塞家族提供的。法国国王用金币支付，而天主教国王用在奥格斯堡兑现的汇票支付。汇票是一种许诺；它和现金支付价值是一样的吗？不过，美因茨选侯得到了大约10万弗罗林，并得到每年津贴1万弗罗林的许诺。拥有一支由弗朗茨·冯·济金根指挥的军队的士瓦本同盟事先已宣布支持查理，其帮助在心理上是巨大的，共花费171360弗罗林。

当然，如此之慷慨与挥霍无度，法国的资财便早已不足；里昂和

第十一章　哈布斯堡王室和瓦卢瓦王室的斗争

热那亚的金融市场的能力显得不足。弗兰西斯一世于1519年6月和7月暗中降低了他的金币的成色，这是法国的资财不足的明证。对弗兰西斯不利的还有本身就很重要的这样的考虑：在德国舆论认为他是外国人。他是德国的邻居，本来会成为比在远方的天主教国王更起作用的主宰的。更有甚者，他难道不是对其人民实行"暴虐的"统治吗？最后，疏远哈布斯堡家族就是忽视边境上的麻烦，忽视土耳其人的威胁。所有这些考虑无一不是有分量的。

无论如何，1519年6月28日，查理在法兰克福当选——而且是全票当选：这是一个具有讽刺意味的细节。7月6日，这一消息传到在巴塞罗那的查理耳中，但法国大使不在向他致贺的人们中。无论代价多大，这一成功是巨大的。不过，允诺是一回事，付款是另一回事。欠富格尔家族的债长期未清。不得不对他们在蒂罗尔作出让步（值得注意的是在采矿业方面的让步），然后是在西班牙，1525年把几乎是一个国中之国的三个骑士租借地、首领领地转让给他们。这是他们辉煌历史的阴暗面。

再说，这次选举皇帝解决了任何问题吗？为了公正地加以评判，我们必须估计并理解帝国的含义，至少尽可能估计并理解能被理解的含义。这决非易事，因为有上千个障碍横亘在路上：布下了政治纠纷的罗网和陷阱的路德宗的反叛；打击到西班牙中心地区的卡斯蒂利亚科穆内罗斯起义（1521年）；在德国，帝国骑士暴动（1522年至1523年）和激动人心的农民战争（1525年）；在国外，发生了和法国的大战中的第一次战争，这次战争本身把一切都吸引进去；还有其猛烈程度倍增的土耳其军队的攻击。在这一切事件中，有两个年份将加以比较：1521年和1522年，和法国的冲突开始于前一年份，在后一年份罗得岛为［土耳其人］夺取，地中海从而危险地对土耳其人的猛攻和前进敞开了大门。整个基督教世界现在处于危险之中，为自相残杀的斗争付出了沉重的代价。

不过，让我们回来看德国的场景。在那儿重要的沃尔姆斯帝国议会于1521年元月8日召开。首先，棘手的路德的反叛问题被提出来，而查理也已发现了自己毕生的大敌。① 按沃尔姆斯帝国议会

---

① 参见本书边码第81页以下。

通缉路德令，新的教义被禁止；但禁止并不是制胜。其实，在欧洲正逐渐被烈火所吞噬的时候，这位年轻的皇帝有时间致力于帝国的种种问题吗？查理把在奥地利继承的土地转让给其弟斐迪南，这不失为明智之举。该转让于1522年2月7日为布鲁塞尔会议所批准。斐迪南于是接管了5个奥地利的公国，即奥地利、卡林西亚、卡尼奥拉、施蒂里亚和蒂罗尔，后来（1530年）成为罗马人的国王。查理通过他，通过尼德兰总督奥地利的玛格丽特，还有自己家族的帮助，对他这个命中注定不连成一片的过于庞大的帝国进行治理。这个帝国包围了法国。然而，法国打破了帝国的整体性并从一开始就使帝国不能正常运转。

因此，他只得对德国内部的争斗听之任之；只得尽可能不去捅这个危险的马蜂窝，让宗教斗争的火保持在火盆里燃烧。如果情况不是这样，他本来会对准备支持和保护路德的萨克森和黑森的诸侯加以打击的；或者对欢迎新宗教的富裕城市——纽伦堡、奥格斯堡、乌尔姆、斯特拉斯堡以及后来的马格德堡——加以打击；或者制服条顿骑士团的大统领，此人在娶波兰国王的女儿后没收了骑士团的财产，自称为普鲁士第一公爵，采纳了路德宗的教义。然而，皇帝考虑到其他分心的事他应该做什么呢？等待并伺机行事——这就是这位青年皇帝采取的路线。他在执行这条路线方面，在1525年12月召开的奥格斯堡帝国会议上并未获得多大成功，但1526年6月在斯佩耶尔由于德国各王侯的共同谋划收到了较大的效果。无论如何，即使他想要并能够击败新教异端，他那时也没有教皇实质上的支持。一切情况都有利于达成妥协，而在1526年8月27日的条约中果然达成了一项协议，该协议宣布：

> 我们，帝国之选侯、王侯、议会……在召开一次全国大会以前［协议］在生活、治理国家、为人处世方面人人皆可各行其是，只要认为自己所做所为能向上帝和皇帝陛下交代得过去即可。

召开一次公会议的呼吁只能有利于而且实际上有利于新的教义，承认每位王侯的良心的权威甚至更是如此。然而，这必然是表面的平静。反对派正在形成：托尔高同盟（1526年），由黑森、萨克森、普鲁士、吕讷堡各王侯和一些改革派城市组成，另一派是科尼亚克同盟。① 这时一点火星就可能在德国燃起熊熊大火，不过这种情况后来才发生。

是弗兰西斯一世——或者更确切地说是国王和皇帝之间的斗争——救了德国。在查理当选为皇帝后，战争再也不可能推延了。这只是集中财力、订征兵协议、收买和拉同盟的问题。弗兰西斯一世的确并非没有办法。马里尼亚诺战役的胜利树立了他在意大利北部心脏地区的权威。通过1516年的［弗里堡］永久和约，他得到了瑞士各州的实际支持，通过1521年的协议得到了欧洲最优秀的骑兵的支持，该协议允许他在瑞士各州征集一支16000人的军队。然而，［弗兰西斯一世］有一个小小的障碍：苏黎世，该城在茨温利的领导下不参加协议。② 但是，大问题是英格兰是否支持法国国王反对皇帝。因此就有了加来附近的［军队］调动，亨利和弗兰西斯在金缕地壮观得过分的会见（1520年7月7日）。然而喜庆结束了，如果说不是没有代价，那么至少是没有结果。小小的英格兰为其所能表现自己，时而站在一边，时而站在另一边，时而使天平向基督教国王倾斜，时而向皇帝倾斜。然而，也许除了在1528年，选择并非是很自由的。沃尔西支持教皇，英格兰准备屈服于查理五世的巨大权力。投向皇帝一边是否明智有待观察。的确，英国难道对帕维亚不分担责任？亨利八世及其谋臣们对查理五世的力量抱有幻想。他们把赌注押在查理这边，也许他们玩得很不高明。

然而，查理五世抓紧时间孤立法国国王，而国王则轻率地去鼓动反叛的科穆内罗斯人，科穆内罗斯义军于1521年4月23日在维拉拉（Villalar）被击溃，这对查理来说是一件幸事。在不久后的1521年5月29日，皇帝和利奥十世签订了一项秘密条约。于是，教皇和皇帝的联军在11月19日袭击了米兰；该城无力抵抗，为联军所夺取，弗兰切斯科·斯福尔扎的在米兰的地位立即被恢复。这一打击是直接而沉重的。甚至更重要的是查理五世和亨利八世亲自举行的会谈。按1521年8月25日签订的布鲁日条约，联盟得到了认可。查理将娶亨

---

① 见本书边码第343页。
② 见本书边码第100页。

利的女儿玛丽为妻；查理和亨利两人都将于1523年3月［对法国］公开宣战。这些协议为查理访问英格兰时于1522年6月19日签订的温莎条约所确认。这两个盟国决定于1524年5月一道入侵法国领土。所有这些协议加强了查理五世本来已经强有力的地位。武装远征法国，特别以勃艮第为目标，早已于1521年秋开始。弗兰西斯一世入侵纳瓦拉未达目的并以彻底失败告终并无助益。战争决胜负的地方并不在法国或西班牙边境，而在意大利这个有富有的城市和肥沃的平原的国度，在那儿抢劫和征服可以激励王侯和支持军队。这个由相互敌视的国家和相互争吵和仇恨的军队拼成的意大利是一个理想的战场。道道大门都是敞开的。对法国而言，有两个地点是非常重要的——米兰和热那亚；正如已指出的那样，热那亚是拥有一支能进行远距离战争的舰队的女霸主。

这样，教皇和皇帝之军队于1521年在科隆纳·普罗斯佩罗和莱斯卡雷（Lescaire）的指挥下把洛特雷克子爵奥代德·富瓦和法军逐出了帕尔马和皮亚琴察，而且几乎兵不血刃便夺取了米兰。第二年，洛特雷克在北部平原和一支瑞士军队会合。然而，由于急躁他在比科卡在不利的条件下发动进攻（1522年4月27日），遭到惨败，但这次失败阻抑了法国人的攻势的影响，而锐气受挫的瑞士雇佣军被迫龟缩回瑞士。由于失败不是孤立的事件，帝国军队向热那亚发动了攻击，倾全力夺取了该城，然后大肆抢劫（1522年5月30日）。

数月以前利奥十世去世（1521年2月1日）。乌得勒支的阿德里安六世当选为教皇，此人曾是查理五世的老师。他试图在这两个对手中间奉行中立政策，集中力量对付土耳其人在东方的进攻，但未能成功。他逐渐被拉进了帝国的齿轮系统中，在他于1523年9月去世前仅一个月更是公开站在了皇帝一边。他死后继其位者是帝位候选人朱利奥·德·梅迪奇，当选教皇后称克雷芒七世。这是皇帝的一次新胜利。教皇似乎对皇帝言听计从。

在法国，弗兰西斯也发现事情一团糟，需要成功地加以对付。1523年，法国元帅波旁的查理背叛。这是一个时期以来的混乱和斗争的高潮。1521年春，波旁的查理丧妻，其妻苏珊娜（Suzanne）是博热的皮埃尔和安娜之女。她没有在世的子女。她在遗嘱中把自己的丈夫立为全权继承人。国王和昂古莱姆的女公爵都声称有继承权。元帅在和国王的敌人会谈后于1523年秋逃之夭夭，最终到达勃艮第并为查理五世效力。次年7月，他和一些西班牙将军以及佩斯卡拉侯爵一道越过阿尔卑斯山入侵法国，穿越普罗旺斯，围困马赛。在这些不幸事件中，发生了一起小小的幸事：同情法国的安德烈亚·格里蒂于1523年被选为执政官。加倍努力筹措经费的弗兰西斯一世把王后和自己的银器押出典当。1524年8月13日，他在里昂要求得到所有能得到的金银餐具，"因为现在我所从事的事业如果没有大量的金钱便再也无法进行下去了"。面临这些准备措施，皇帝的军队放弃了对马赛的围困。1524年12月12日，因皇帝的成功而感到惊恐的克雷芒七世、威尼斯和佛罗伦萨秘密和法国结盟。这引起查理五世对教皇的愤怒，教皇原是受他保护的人。同时，法军再次进入意大利，一支分遣队向那不勒斯进发，主力仍留在北方。米兰再次易手。

2月，驻守在北方的这支部队在帕维亚附近的米拉贝洛的公园筑壕固守，地位稳固；如果坚持不动，则只有好处。可是，不听种种明智的劝告，该部队向查理的军队发动挑战。在随后发生于1525年2月24日的战斗中，法军遭到毁灭性的失败。弗兰西斯一世被俘。从意大利他被押送到马德里。帕维亚的丢失是由于法国国王的优柔寡断、轻率莽撞以及其他种种过错，还是西班牙军队的勇气和堪称瑞士雇佣兵的对手的德国长矛兵的高素质？无论原因如何，这次战斗立刻便产生了影响。查理的胜利打破了欧洲的均势。自马里尼亚诺战役以来的第一军事强国法国被打败了。哈布斯堡王朝的报复威胁到那些坚持顽抗的人，而克雷芒七世并非是其中最不坚持顽抗者。所有这些问题都按新条件重新加以了构想，这条件就是：欧洲有了一个新主人。

弗兰西斯一世在关押他的西班牙监狱中勉强地接受了马德里条约的条款（1526年元月14日）。他把路易十一世夺取的勃艮第遗产、弗兰德、阿图瓦和图尔奈三属国并因此也就把勃艮第公国归还给了其征服者。此外，他还放弃了对意大利、米兰、那不勒斯、热那亚和阿斯蒂的主权要求。最后的耻辱是宽恕波旁的查理并恢复其财产和土地。弗兰西斯将娶查理五世之妹埃莉诺。尽管我们承认查理是一个精于算计的人，愿意公平对待被他征服的人，但我们能说他是温和稳健的吗？他的政策努力要做到放眼世界，矛头指向土耳其人。马德里条约第26条说：

皇帝和虔诚的基督徒国王陛下们的主要意图，过去是而且现在依然是依据该特别和约获得对全世界的统治权，并由此实现对土耳其人以及其他一切非基督徒和异教徒的精神控制……

一个月后，重获自由的弗兰西斯一世留下两个儿子作为人质，越过了比利牛斯山脉中的边界。实际上，法国的地位并不像人们从当时的记述可能认为的那样绝望。法国由于在帕维亚的失败而失去了其显赫地位，但这失败也立即招来了盟友。人人都想到了要对付皇帝以保全自己。在任摄政王的萨伏依的路易丝的儿子被囚期间的任务颇为容易。她求助的呼吁并非没人理睬。在帕维亚战役的次日便向土耳其人发出了呼吁，后者的回答是有利的：此事以后讨论。同时，教皇的使者吉安·贾科莫·帕萨诺在英国和沃尔西枢机主教开始了会谈。这一切努力的成果是科尼亚克神圣同盟的建立（1526年5月24日），在该同盟中罗马和威尼斯支持法国以摧毁西班牙在意大利的势力为目的之事业。该同盟得到佛罗伦萨的承认，后又得到1526年7月24日被西班牙人逐出米兰的弗朗切斯科·斯福尔扎的承认。亨利八世虽未公开宣布加入同盟，但抱同情态度。

科尼亚克同盟帮助法国缓过气来。土耳其人1526年8月在莫哈奇的胜利几乎使整个匈牙利落入异教徒之手，这是对法国的另一个强有力的帮助。这打击到斐迪南和查理五世本人。后者在这些新的挫折中的感情，特别是他对克雷芒七世的感情，是可以想象得出的。为了最大限度地宣扬他的事业，他于1527年9月17日给枢机主教团发出一封公开信。数月后的1527年5月6日，查理的军队开进并洗劫了罗马，克雷芒七世只得逃往圣安吉洛城堡避难。这是该世纪最可怕、最富有戏剧性的事件之一。11月，教皇全盘接受了皇帝提出的协议，但却于1527年12月16日逃往奥尔维埃托（Orvieto）以逃避立即执行协议。毫无疑问，查理否认对洗劫罗马负有责任。此事并不妨碍"上帝之正义"追随其事业。后来许多年，尽管偶尔有独立的姿态和行动，教皇都唯皇帝马首是瞻。

然而，一些事件本身继续有利于法国。1527年5月17日，佛罗伦萨驱逐了梅迪奇家族并宣布成立共和国，由尼科洛·卡波尼任领导。通过威斯特敏斯特条约，弗兰西斯一世使亨利公开加入了他的事业。7月，洛特雷克再次率领一支军队进入意大利，虽然未能夺取米兰城，但却穿越了米兰公国，和安德烈亚·多里亚与热那亚舰队协力成功地把皇帝的拥护者逐出了热那亚，宣布该地由法国管辖，由泰奥杜诺·特里武尔齐任首脑。最后，显贵会议（1527年12月16日）向弗兰西斯保证他可以征收需要的税款以赎回两个王子。

不过，形势仍旧是脆弱的。双方都被如此长久的斗争拖得精疲力竭。一次事件就可能改变一切，使之朝这一方向或另一方向发展。引人注目的打击是在热那亚发生的。1528年的战役之所以值得注意是因为一支由洛特雷克率领的法军穿插到半岛的南端，围困了那不勒斯，致使该城几乎投降。多里亚的热那亚舰队切断了那不勒斯和西班牙控制下的西西里之间的联系，使封锁得以生效。在此关键时刻，热那亚，或者确切说安德烈亚·多里亚投向查理。热那亚对法国的事业的忠诚早已令人怀疑。1527年，热那亚人就已派遣一位使者温琴佐·帕拉维奇尼到洛特雷克处要求归还萨伏内，法国人威胁说要发展该城，这将不利于热那亚。法国代表雅克·科兰在1527年10月和1528年元月间几度劝国王保留这座珍贵的城市。1528年6月，安·多里亚的不满已是众所周知，结果查理努力离间他脱离法国的事业。1528年6月7日，让·德·塞尔维（Jean de Selve）致函当时在巴黎的蒙莫朗西说"皇帝正在做多里亚的工作，要把他争取过去，并通过多里亚许诺给热那亚城以自由"。事实上，多里亚待价而沽，先要求查理承认热那亚的独立，然后要求在意大利分两年连续付给他12万斯多库。他拒绝了克雷芒七世的开价。7月4日，他向其侄子下达了从那不勒斯前面的水域撤离舰队的命令。不久他便包围了热那亚（9月9日），终于恢复了按贵族宪法实行统治的共和国。弗兰西斯一世努力要对这一打击作出反应。8月，他计划在布列塔尼召集一支舰队，开往意大利以重新打开局面。10月，克雷芒七世建议他把萨伏内给予热那亚。但这一切都是徒劳。热那亚背叛产生的后果继续增大。在那不勒斯城前的法军大量死于疾病并由于洛特雷克的死而失去了指挥官，终于不得不于8月28日撤退。

热那亚投向皇帝，或者确切地说投向西班牙（热那亚的金融家们在西班牙已经有强大的势力）一边——这次重修旧好也是16世纪的伟大事件之一。它确认了一个不仅是政治性的同盟。它比从前更加牢固地确立了西班牙在意大利的地位，因为意大利的生存既靠陆地也靠海洋。这样，意大利西部的重要海军阵地被这位热那亚雇佣军舰队司令拱手送给了西班牙。

在这样的形势下，达成一种总体解决还会遥遥无期？通过1529年6月29日的巴塞罗那条约，皇帝和克雷芒七世达成一项协议。后者保证承认斐迪南为波西米亚和匈牙利国王；梅迪奇家族在佛罗伦萨的地位重新得以确立，和法国缔结了和约。按康布雷和约（1529年8月3日缔结，亦称夫人和约，因为是王太后路易丝和查理五世的姑母玛格丽特谈判达成的），弗兰西斯一世放弃对意大利的主权要求，也放弃他作为佛兰德和阿图瓦的大君主的权利。作为交换条件，查理五世同意不再坚持对勃艮第提出要求。波旁的查理和奥兰治亲王的领地转移给法国，而法国的同盟者罗伯特·德·拉·马尔克（Robert de la Marck）和盖尔德斯公爵则被抛弃。米兰公国被给予弗朗切斯科·斯福尔扎。弗兰西斯一世将娶奥地利的埃莉诺。两位王子的赎金订为200万埃居，其中120万必须用黄金一次付清。

这一显然是广泛的解决办法在弗兰西斯一世和查理五世的关系方面开辟了一个新时期。一个新的历史时期开始了。"我在这次的和平中看到两件好事"，克雷芒七世宣布，"第一件是法国国王将领回他的两个儿子，从此不再受皇帝的约束。……另一件好事是为了土耳其人的事，也由于路德派的原因，皇帝除去德国之外，别无选择"。

从1529年夫人和约的签订到1547年的米尔贝格战役形成了一个瓦卢瓦王室和哈布斯堡王室之间的政治对话的明确时期。弗兰西斯一世（死于米尔贝格战役前）统治的最后阶段冲突不那么剧烈和较少暴力。战争肯定断断续续地进行，但打运动战却遇到越来越大的困难。在意大利，火炮的设置，隐藏的防御墙的修筑，更重要的是石墙——过去极易被突破——的修筑，所有这些工程和军事技术的进步使防御工事更加牢靠。① 现在已不可能像在洛特雷克在世时那样可以轻松愉快地进入意大利了。

---

① 参见本书边码第491页以下。

第十一章 哈布斯堡王室和瓦卢瓦王室的斗争

还有第二点原因，这原因本身就是充足的：除了1536—1537年和1542—1544年有两次战争外，查理五世和弗兰西斯一世没有冲突。毫无疑问，经济条件不能支持这些吞食了诸侯和国王们岁入的长期战争。在弗兰西斯一世的明智判断中有这一原因吗？这说明许多问题。开初，他也许认为这是他和独裁者之间的个人问题。然而，还有别的势力——亨利八世和不安的教廷包围着他们，在他们之间，准备既反对他们又调和他们。鉴于这种形势，我们必须正确评价信奉伊斯兰教的土耳其人在1540—1541年以前发动的强大进攻，以及德国缓慢而稳步地为突然发动米尔贝格战役作准备。弗兰西斯一世的政策——不管是否是事先的智慧——反映在并非是他引起的、他也未为之付出代价的事件的影响中。

在瓦卢瓦王室和哈布斯堡王室之间的斗争中，还有第三支巨大的力量——土耳其帝国。土耳其人在1529—1530年以前许久，即在1519年查理五世正在接受全欧洲对他当选为神圣罗马帝国皇帝的祝贺时，便进入了这场斗争。甚至在此以前土耳其人的威胁——在巴尔干半岛诸国，在中欧，尤其在西方世界的财富仍然依靠于它的地中海——就已经是一个政治现实了。土耳其人无论向什么方向推进，碰见的都是弱国，这些弱国要么由于内部原因而腐败，要么太小以至不能对基督教世界给予任何实在的保护。就意大利的情况来看，这种情况在地中海是再正确不过了；意大利既面对西方又面对东方，但这个国家四分五裂，虚弱不堪，这是危险而不祥的。在中欧也是如此，波希米亚和匈牙利是脆弱的堡垒。贝尔格莱德和布达佩斯是南欧重要的前哨阵地。它们是否会投降？1520年时匈牙利就已经表现出对自己的任务和责任未做好准备。这个王国从内部受到宗教改革思想的滋扰，并受其君主政治甚为虚弱之害。路易二世及其一帮朝臣（大封建主）倾向于接受德国的影响；他们遭到主要由马扎尔贵族组成的由特兰斯瓦尼亚总督约翰·扎波利亚领导的民族派的反对。哈布斯堡王室企图利用这些不和，其政策助长了匈牙利的身心两方面的长期虚弱。而且，在政治的阴影中潜藏着大工商业的影响。在波希米亚和匈牙利广有企业的福格尔家族——主要是（比如说）诺伊索尔和克雷姆尼茨（Kremnitz）的铜矿和银矿——在德国的渗透掩盖下推进自己的利益。他们的出口和赢利引起了民族主义者，尤其是约翰·扎波利亚的批评。

在地中海，形势也是同样令人惊慌。在恐怖者谢里姆苏丹（1512—1520年在位）的统治下，奥斯曼帝国的压力急剧增大。在查尔德兰战胜波斯人（1514年）后，土耳其陆军夺取了叙利亚和巴勒斯坦（1516年），然后夺取了埃及（1517年），再后接受了麦加的行政长官的归顺。所有这些胜利必然是对西方的威胁。为了对付这不难想象的危险，建起了一条由威尼斯帝国和热那亚帝国组成的脆弱的防线，特别是扎营于罗得岛的医院骑士团实在是非常脆弱。在这相互争夺的地区那边，有巴巴里海盗造成的危险，16世纪初在海尔·阿德丁当头目时其势力之崛起令人触目惊心。① 必须指出，哈布斯堡王室的势力在各个方面都受到直接或间接，甚至马上直接和间接的威胁。在匈牙利和地中海，冲突是在两条战线上展开的，假如考虑到和法国的斗争，事实上是在三条战线上。查理五世像这样在各个方面保卫自己，耗尽了他庞大的力量。

1520年9月22日，苏里曼大帝继承谢里姆的苏丹位。在他统治期间，对基督教世界施加了力度大到令人难以相信的打击。那时是[基督教世界]生死存亡的时候。1521年，即他统治的第一年，苏里曼离开君士坦丁堡（5月10日）。7月8日，他顺路夺取了沙巴茨，月底前便完成了对贝尔格莱德的包围。威胁是很严重的。教皇已经使大家注意到了这危机，事实上匈牙利国王的使者希罗尼穆斯·巴尔布斯已出现在沃尔姆斯帝国议会上（4月3日）。然而，查理五世忙于对付德国的问题和路德的反叛，对他的要求未予重视。贝尔格莱德的命运只能靠自己了。面对土耳其人的炮火与爆破坑道的打击，该城终于在8月3日屈服。威尼斯知道自己虚弱，赶紧和苏丹讲和，苏丹确认其商业特权和在君士坦丁堡设领事的权利，允许其保有塞浦路斯，作为这一切的交换条件，威尼斯向苏丹缴纳1万达卡的贡金。

苏里曼1522年如何把力量转而对付罗得岛下面将有叙述。② 土耳其人的胜利是慢慢得来的，但围困一天天过去，没有帮助，没有增援。那年发生了比科卡战役，教皇的和平呼吁没有得到响应。阿德里

---

① 参见本书边码第324页以下，及边码第518页以下。
② 参见本书第510页以下。

第十一章　哈布斯堡王室和瓦卢瓦王室的斗争

安六世致函查理说，假如罗得岛或匈牙利落入土耳其人手中，他恐怕基督教世界的王侯们联合起来也不可能夺回来。1524年，匈牙利的刘易士再次求援。1525年2月发生了帕维亚的灾难。法国开始与高门①建立联系。这位摄政王先派了一位代表，后于12月又派了一位大使，1526年2月苏丹对此作了满意的答复。这样土耳其便加入了欧洲的"音乐会"。匈牙利仍旧处于孤立状态；波兰于1525年续订了休战协定；威尼斯受其签订的条约的约束。弗兰西斯一世和查理五世间的斗争也是对东方问题的这种普遍不关注的一部分，这是史家必须指明并加以详述的。

自1516年任波希米亚和匈牙利国王的路易二世（当时年仅10岁）统治的是，正如已经指明的那样，一个政治上、社会上和宗教上分裂的国家。民族主义派由于国家经济上的种种困难而势力日增，1521年的货币大贬值便是经济困难的明证。该派领袖约翰·扎波利亚就是在反对德国的影响和保王派中声望大增的。1524年，路易对这恐外症作了让步，1525年再次让步。福格尔家族在宫廷中的同盟者被撤换，其矿山被没收。后来，安东·福格尔（1525年雅各布去世后他接管了控制权）估计损失达206714弗罗林。然后，1526年8月匈牙利在莫哈奇遭到毁灭性的失败。② 路易被杀，匈牙利如果说不是被征服了，也是对入侵敞开了大门。10天后，胜利者进入布达。

莫哈奇战役的后果之巨大有如帕维亚战役，甚至胜过帕维亚战役。从这时起哈布斯堡王室发现自己首当其冲，独当难局。斐迪南，查理五世之弟，帝国总督，已故国王路易之姻兄，为自己既继承了亲德的保王派的计划，而且也继承了对波希米亚和匈牙利王位的要求。现在他发现自己有责任保卫基督教世界免受异教徒的侵犯。一部分地是出于野心，另一部分是由于深谋远虑，因为——正如一位观察家在德国评述的那样——斐迪南的国土被置于极大的危险中。自卫也是保卫他人。10月23日，斐迪南在布拉格被宣告立为国王，12月17日在波若尼匈牙利贵族承认他为匈牙利国王。他立即发现遭到扎波利亚的反对，因为后者也被选为国王，这次是被民族主义派于11月10日

---

① The Pome，奥斯曼帝国政府。——译者
② 参见本书边码第512页。

在施图尔韦森堡选为国王的。一场夺取后方的帝国的反哈布斯堡王室的运动的前景吸引了科尼亚克同盟的注意。但扎波利亚被调解的提议分散了注意力,于1527年9月26日在托考伊被斐迪南打败,后者于11月5日举行了加冕仪式。

莫哈奇战役的惨败使匈牙利损失了三分之二的国土。① 土耳其人逐渐巩固了自己的地位。在哈布斯堡王室控制下的那部分匈牙利,斐迪南确立了自己的权力。由于他,福格尔家族重新获得了他们的矿山和工业企业,一直开发经营到1540年。在此期间,扎波利亚隐蔽于特兰西瓦尼亚的山区并投向苏丹,苏丹承认他为国王和臣属。然而,1538年他和斐迪南和解。不过,在经过几次大战后匈牙利的国王、诸侯、领主们变得几乎无足轻重。大斗争是在德意志帝国和奥斯曼帝国之间进行的,而后者至少在1540年以前没有减轻过其压力。事实上,土耳其人沿多瑙河继续进攻,1529年9月土耳其国旗已插在了维也纳的城墙前。这时,德国才注意到这致命的危险。3月在因斯布鲁克召开的帝国议会表决通过拨款12万莱茵盾供抵御土耳其人用;5月,斯佩耶尔帝国议会答应组建一支16000名步兵和4000名骑兵组成的陆军。关于维也纳围困的失败在别处叙述。② 在维也纳,土耳其人入侵欧洲的浪潮达到了最高点。这一事件很重要,事实上既显示了苏丹的力量之巨大,也暴露了其限度。1529年在维也纳城前的挫折,1532年在小城金斯前的厄运,同年在安德烈亚·多里亚率领下的舰队在袭击阿尔及尔附近非洲海岸边的小港市舍尔沙勒时只获得小小的胜利,这些大大小小的事件都说明土耳其人并不是不可战胜的,阻止其攻势并非不可能。不过,在1540—1541年以前,苏丹仍旧能发动一些可怕的打击。对当时的人来说是可怕的严重形势有历史为证。

现在是完成对德国的描述的时候了,德国在皇帝的事务和优先关注的事情中越来越处于最显著的位置。有两个至关紧要的运动在德国发展,从事情来看它们各有不同程度的重要性方面。一方面,稍稍地、几乎察觉不出地开始了积极的天主教的复兴,强劲有力并

---

① 参见本书边码第552页以下。
② 参见本书边码第514页以下。

富于进攻性，德国的史家们指出这就是势不可挡的反宗教改革运动。另一方面，新教运动并未停止前进和巩固其对德国的尚不牢固的控制。天主教的复兴和新教的扩张——这两个运动是相辅相成的互为说明的。一个运动的胜利对另一个意味着忧愁，恐惧和成功经常互换位置。德国的世界尽管在16世纪上半叶显著地繁荣，但不可能无限期地繁荣下去。这两个运动发生冲突，从早期便为该世纪中期的爆发作了准备。

必须指出，大约在1530年路德派就显然获得了成功，或更准确地说他们稳步走向巩固。那些签署施佩耶尔《抗议书》(*Protestation*)的团体开始有了较明确的形式。在施马尔卡尔登，从1530年12月22日至31日，各路王侯讨论了这一问题，在1531年2月27日举行的第二次会议上正式成立了著名的施马尔卡尔登同盟。其成员有黑森伯爵领主菲利普、萨克森选侯、不伦瑞克公爵和吕讷堡公爵（即菲利普、奥托、恩思特和弗兰西斯）、安哈尔特的沃尔夫冈亲王、曼斯菲尔德伯爵（格布哈德七世和阿尔伯特七世）、斯特拉斯堡市、乌尔姆市、康斯坦茨市、罗伊特林根市、梅明根市、林道、比伯拉赫、伊斯尼、吕贝克、马格德堡和不来梅。"在任何场合"，协议说，"我们中任何一员为上帝之道和福音的教导或为其他任何与此有关的事遭受攻击，其他全体成员将立即尽其所能前往援助，帮助他脱离危难。……"然而，该同盟并未消除建立更加严密的新教联合体的障碍。一次偶然事件改变了这一形势。1531年10月11日，茨温利这个令人烦恼的因素在卡佩尔战场上消失了。他的失败促使新教徒解决分歧，紧密团结。同盟不久便取得决定性的进展，其军事组织在1531年11月和12月完成。萨克森选侯和黑森伯爵领主将分担领导责任。有新成员加入同盟：格丁根、戈斯拉尔、艾恩贝克、汉堡和罗斯托克，后来在1537年，又有奥格斯堡、法兰克福和汉诺威加盟。新教就这样在德国北部牢固确立起来。但他们组织起来保卫自己从性质上说是对一场气势汹汹的坚定的天主教运动所作的反应，该天主教运动即使在政治层面也已成为历史上的一股伟大力量。在德国，这些年代就像万花筒里的图案般一闪而过。

这种情况的出现是有许多原因的。新教和天主教之间的桥梁并非一朝一夕便全部遭到破坏。有一大批温和稳健的人指望能重新编织教会的结构。德国的史家,例如卡尔·布兰迪(Karl Brandi)和彼得·拉索(Peter Rassow,他甚至更持以下观点),已正确地认为在1530年举行戏剧性的奥格斯堡帝国议会期间所做的求和解的尝试具有头等重要性。尽管皇帝和梅兰希顿作了努力,这些尝试终于失败。① 尽管如此,但它们揭示的不仅是一种思想状态,而且也是一种很复杂的形势。在多种多样和深奥莫测的灵性生活以外,我们不应忘记在帝国境内外复杂的政治情况。在西方有敌对的法国,在东方正和土耳其人交战。因此,朝宗教战争发展的诸阶段需要追溯。在1532年的纽伦堡帝国议会上,匈牙利的诸问题和在匈牙利进行的战争的必要耗费首先浮现在与会者心头。国外的斗争和国内问题的解决导致了1532年7月23日在纽伦堡正式缔结和约,该和约宣告了德国境内一切宗教战争的结束,并因此暂时停止了对萨克森选侯的迫害和其他针对新教徒的诉讼案件:"我们认为应该维护帝国和王公领土内的和平与公共和谐,如此我们才能更好更有力地抵抗所有基督徒的共同敌人——土耳其人,制止他们杀戮基督徒。"

所有这些因素——所有或几乎所有——使从德国所处的中心地位来理解贯穿于这场王朝之间的斗争的第二幕的事件的进程变得较为容易。像往常一样,困难在于安排场次和指出能说明问题的起索引作用的事件,一系列因果关系。在这方面我们不应忘记一条基本法则:德国境内的和平,在德国天主教和路德派交替占优势,时有内战的虚惊,时有冲突发生却没有引发内战的烈火——这和平有赖于在东方和西方进行的国外战争。现在,西方的战争于1536—1537年和1542—1544年爆发;而东方的战事相当频繁。经常的情况是处于戒备状态而不爆发公开战争;在陆地上和海上都往往如此,表现为抢劫和袭击。必须指出,哈布斯堡王朝从各方面尽了一切努力来限制破坏和财力与精力的消耗。他们的确很懂得如何在苏丹的朝廷进行谈判——也许不是皇帝本人懂得,因为他不想在讨价还价中丢失面子,而是皇弟懂得,皇弟被安放在维也纳,其领地使他成为土耳其人的邻居。1532年,在派遣使者到君士坦丁堡后,苏丹和斐迪南达成了一项永久停火协议(事实上停火只是短暂的)。在罗马人的国王看来,协议在形式

---

① 见本书边码第93页以下。

上是屈辱的，但实际上是有利的。毕竟，苏丹有别的事要操心（1534年，1548年，1553年在波斯进行的战争）①，也有别的野心。在法国国王和巴尔巴罗萨（他已被任命为苏丹的舰队的总司令）的要求下，他投入了一场地中海的大战，这场战争如此猛烈以至连威尼斯也未能幸免，1538年他看到了皇帝的舰队在普雷韦扎附近的撤退和失败。地中海即将成为土耳其的一个内湖。② 1542年，战事在匈牙利边境重开，于1547年结束，然后有5年的和平，但1551年战争又重新爆发。以上所有这些例子说明，伊斯兰教和哈布斯堡王朝间的战争永无休止，但应该补充说明，这并非是一场无意义的斗争。然而，土耳其人不是唯一的异教徒。即使是半叛依，在西班牙也有穆斯林；在意大利和西班牙对面有巴巴里的海盗。1535年，查理五世亲自率军夺取了突尼斯，但1541年引人注目地试图夺取阿尔及尔时遭到失败。③

和法国的战争也是断断续续。在经过7年的休养生息后，需要一次惊人的事件才能促使查理五世和弗兰西斯一世重新开战。1535年，米兰公爵弗朗切斯科·斯福尔扎亡故无嗣。他的死再次激活了在意大利引发战争的地方性刺激因素。整个意大利靠上千种欲望和仇恨生活。意大利甚至不是自由的，因为西班牙的控制自1529年以后取得了巨大的进展。撤退的代价，查理是承担不起的。作为皇帝，他是米兰的宗主。他安排了爵位继承并在米兰驻扎了自己的军队。对此，已为自己过去的热情所耗尽的弗兰西斯一世重新提出了过去的要求，这一要求在此激动的时刻看似合法。米兰是弗兰西斯一世所关爱的地方。他加倍努力筹划战争，吁求帮助，首先是向土耳其人求助。没有土耳其人，就没有舰队。没有舰队在东方钳制，他如何能战胜这样强大的对手？亨利八世和路德派都决定中立观望。苏里曼在匈牙利施加了压力并派遣其舰队西进。这一次，与前面讲过的情况相反，既没有"协议"，也没有正式的同盟，毋宁说只有——用史家约尔加（Jorga）古老而总是贴切的描述——两个大国的"对应行动"。

战争需要额外的开支。查理五世立即向金融家们求助。1536年4

---

① 参见本书边码第516页以下，边码第524页以下，边码第528页。
② 参见本书边码第519页。
③ 参见本书边码第518页，边码第531页。

月14日，福格尔家族以14分的利息贷给他10万达卡，用从新大陆来的金银偿还。1537年2月26日，又借得10万达卡。此外，一支满载财富的舰队到达塞维利亚。同年铸造了著名的埃斯库多，一种较轻的金币。铸造金币本身说明，庞大而散乱的西班牙帝国的经济并非一切都好。

然而，这场战争的范围并不广。弗兰西斯一世侵入萨伏依和皮埃蒙特，4月夺取都灵。查理五世采取了反对行动，派遣军队第二次进入普罗旺斯，但远征再次未获成功。在北方，埃格蒙特的查理（1538年去世）将其领地置于法国保护之下，但在海利赫来战败后放弃了格罗宁根。事实上，这是一场规模小时间短的战争。战争由于保罗三世的干预而结束，1538年6月18日签订了尼斯停战协定。协定维持10年；肯定了康布雷和约，交战双方保留各自占领的土地：弗兰西斯一世保有萨伏依和皮埃蒙特的三分之二，其余三分之一仍旧在皇帝手中。这样，按法国史家的看法，法国夺取了保护王国的土地。协定签署之后的7月，查理五世和弗兰西斯一世在艾格莫尔特亲自举行会谈。他们很快便达成反对三位一体的异教徒——土耳其人、路德派、英国人——的协议。

从这一切——在这两个对手之间一场短暂的斗争后，皇帝穿越法国到达尼德兰，该地的根特正处于叛乱之中——我们必须说明，法国获得了垂涎已久的通往意大利的通道。然而，甚至此时真正的基督教国王也并未在搅乱场面方面有所克制。这时，查理五世感到自己足够强大和安全，可以让儿子就任米兰公爵了。几乎不可想象弗兰西斯一世会对此既成事实听之任之。1542年7月3日两名法国密探兰科尼（Rinconi）和弗勒戈西（Fregos）在帕维亚附近被暗杀，弗兰西斯一世以此事为借口于1542年第四次向查理五世宣战。他立即向土耳其人求助。法国和巴尔巴罗萨的联合舰队夺取了尼斯，但未能占领该城的要塞。在法国于1544年在切雷索莱获胜——其重要性不可夸大后，皇帝从尼德兰进攻并在法国北部夺得一些土地：8月17日夺取尚皮涅的圣迪济耶，9月夺取蒂耶里堡和苏瓦松。亨利八世在布洛涅城前安营扎寨。瑞士军队正在抛弃法军。弗兰西斯一世被孤立，只得求和。不久，即1544年9月18日，在克雷斯皮缔结了和约。查理放弃了对勃艮第的主权要求；弗兰西斯则放弃对那不勒斯以及佛兰德和阿图瓦的主权要求。他的次子奥尔良公爵将娶皇帝家的一位公主为妻（1545年3月），但他于1545年9月9日去世，由于他的死，米兰重新回到查理五世手中。

由于这些在东方和西方，甚至在意大利南部和地中海上进行的战争，德国没有出现其国内问题本来会必然导致的那些后果。然而，这些颇大的益处是短暂的。当新教徒从天主教方面获得一些援助时，它们就更加短暂。的确，在转而讲述导致米尔贝格战役的那些事件以前，值得说明大致在对法战争期间新教的很具特色的发展。

有一次小规模的战争结果于1534年夏恢复了符腾堡公爵对自己的公国的统治。15年前他为士瓦本同盟所驱逐，现在施马尔卡尔登同盟恢复了其地位（随着他的复位，宣布该公国改奉新教）。黑森的菲利普是此事的组织者。在弗兰西斯一世的公开支持下，施马尔卡尔登同盟于1534年4月入侵，弗兰西斯进行干预得到蒙贝利亚尔作为回报，他喜出望外。6月末，一切问题皆在卡丹和约（1534年6月29日）中得到解决——或者说至少看似得到了解决。[①] 最重要的问题，德国境内的和平，仍旧未获解决。其他事件对路德派有利，特别在勃兰登堡和萨克森。1535年，天主教徒、勃兰登堡选侯约阿希姆一世去世，由约阿希姆二世继位，他起初归属于天主教的黑勒（Helle）同盟，但后来在1538年却拒绝加入天主教的纽伦堡同盟。到1540年时他已经改奉路德宗。1539年在萨克森公国也发生了类似的变化。是年虔诚的天主教徒乔治公爵亡故。爵位由亨利继承，亨利为新教徒，1541年再为莫里斯继承，此人也是新教徒。这些变化虽小，但其本身意义重大。德国新教正在扩散到全境。另有一件小事此时发生了，其细节无关紧要。1538年至1539年出现了复杂的于利希-克莱沃-贝格继承问题。

其中一个继承对另一个都意味着恐惧。天主教方面的恐惧随着纽伦堡同盟的建立（1538年6月）而结束，哈布斯堡王室将按施马尔卡尔登同盟的模式来组织该同盟。其成员有皇帝、斐迪南、巴伐利亚公爵和萨克森公爵、不伦瑞克的两位公爵、美因茨和萨尔茨堡的两位

[①] 参见本书边码第165页以下。

主教。好处和挫折都有，交替出现。1540年发生了一起著名的丢人现眼的事件，击中了施马尔卡尔登同盟的要害，当年黑森的菲利普脱离同盟，后来与查理五世结盟（1541年6月13日）。[①] 他抛弃了和英国、法国和克利夫斯原有的联系，答应帮助查理，并承认斐迪南为查理的继承人。这一事件在施马尔卡尔登同盟的队伍中打开了一个颇大的缺口。它为查理提供了征服很重要的盖尔德斯公国的机会。1543年8月24日，查理成功地进行了对迪伦的进攻，9月6日在芬洛接受了威廉公爵的投降，1546年威廉回归天主教。

到此时，形势已有相当大的变化。事实上，德国境内的冲突具有更为严重的性质。1542年7月，处于孤立的天主教诸侯不伦瑞克－沃尔芬比特尔公爵亨利目睹了他的公国被萨克森的约翰·弗里德里希和黑森的领主伯爵所蹂躏。他的公国在他逃离之后立即被改奉路德宗。当时查理的处境几乎不容许他干预此事，因为他很可能激起法国、瑞典、丹麦和苏格兰联合起来与自己作对。甚至教皇也不可信赖。此时此刻他有亨利八世作为盟友，因为亨利在英格兰不断加强天主教改革，曾使他疏远了德国新教的事业。1543年2月11日，这两个大国秘密结盟对付法国；皇帝和亨利八世分别于5月和8月公开宣布这次结盟。尽管如此，对新教控制下的德国施加打击的时候尚未到来。它仍然倾向于弗兰西斯一世。1541年4月，正如孔塔里尼评述的那样，弗兰西斯一世热情地鼓励德国新教徒反抗哈布斯堡王室的控制，甚至宣布对他们的教义他并非不同情。前面已经提到，1542年基督教国王向查理皇帝宣战。从此时起，在德国采取坚决的行动是轻率的。查理五世是小心谨慎的人，懂得如何等待时机。1544年9月在克雷斯皮缔结和约后，他从这克制状态解脱出来。和约有一条：

> 使他得以放手对我们神圣的宗教信仰和基督教同盟加以整顿，防止基督教当前所面临的危险恶化到不可收拾，以使该同盟得到普遍的安抚，使大家能够同仇敌忾地去跟土耳其人及一切非基督徒作斗争。

[①] 参见本书边码第179页以下。

然而，在沃尔姆斯帝国议会之后的四分之一世纪里，提前许久为查理五世在德国的进攻性政策做好了一切准备。① 他已花钱买到了支持。萨克森的莫里斯于1542年退出施马尔卡尔登同盟，在对法战争期间他参加了查理的军事行动。1546年6月9日，他和查理签订了中立条约。哈布斯堡王室的外交在花钱收买支持方面，在软化人的良心方面是首屈一指的，这是无须补充说明的。为了使这位青年公爵脱离新教的事业，皇帝利用了他个人野心。毕竟，他难道不愿意把萨克森选侯的领地添加到自己的公国的领土上吗？1546年10月27日，莫里斯得到许诺将获得他垂涎的这一荣誉。此外，正如可以预料的那样，虔信天主教的巴伐利亚公爵通过1546年6月7日签订的条约站到了皇帝一边。6月9日，查理五世落实了和教皇的一项协议，教皇在特兰托公会议上允诺给他一支军队和一大笔津贴。1546年5月，一心想打仗的皇帝开始动员其部队。可是，在战斗的前夜，并非一切都如皇帝所希望的那样。在缔结克雷斯皮和约后，黑森的菲利普重新加入施马尔卡尔登同盟。而新教方面已经为这不可避免的冲突作好了准备。1545年至1546年冬季（12月到2月），该同盟在法兰克福进行了商讨。在雷根斯堡帝国议会（1546年6月后）上，新教对特兰托公会议表示反对，并要求召开一次全国大会，但未获通过。战争已经在进行了。

起初，新教方面有相当大的军事优势：50000步兵、7000骑兵和110门火炮。其指挥官塞巴斯蒂安·沙尔特林·冯·布滕巴赫有卓越的才能，他的战略目标是封锁蒂罗尔诸山口，不让皇帝的军队通过，切断他和意大利的联系，并阻隔帝国境内的交通。然而，由于缺少强有力的控制和坚强的领导，这些计划被放弃，以至新教徒逐渐失去主动权。1546—1547年，命运出现了离奇的转变。在数月之内，伟人们一个个从舞台上消失——路德（1546年），巴尔巴罗萨（1546年），亨利八世（1547年元月），弗兰西斯一世（1547年3月）。现在只剩下皇帝一个伟人，他的威望增高，间或还有好运的帮助——不过可以肯定，命运宠爱的是年轻人。他只需耐心等待，计算时日。他

---

① 欲了解关于查理五世的政策的一种有些不同的见解，参见本书边码第181页以下。

一步步成功地对付了下列城市：1546年底夺取梅明根、比伯拉赫、海尔布隆、埃斯林根、罗伊特林根、法兰克福，次年元月夺取奥格斯堡和斯特拉斯堡，2月，仍在抵抗的只有康斯坦茨，在此期间天主教再次在科隆复辟。接着，他转而对付约翰·弗里德里希，约翰已侵入莫里斯的领土。4月13日，他进入萨克森；同月24日，他在易北河的薄雾中赢得了决定性的米尔贝格战役。约翰·弗里德里希落入他的手中；6月20日，黑森的菲利普投降。就像在帕维亚一样，这次皇帝似乎获得了完全的成功。萨克森的莫里斯得到了允诺给他的选侯领地，并随之获得了维滕贝格和萨克森的富矿。

哈布斯堡王室的势力从来没有如此之大，如此傲慢，但同时也从未如此脆弱。在米尔贝格战役后10年间这令人敬畏的地位的崩溃是这场戏剧性的王朝斗争的最后阶段。

随着世纪中叶的到来，欧洲进入了一个伟大的转折点。仅仅在数年内，在查理五世发动的混乱战争中西班牙的支配地位便被感受到了，而神圣罗马帝国和德意志将进入历史的阴影之中。皇帝失掉了其威望，他的德意志帝国则失掉了其经济威力。的确，另一个欧洲出现了，人们几乎可以说一个西班牙的欧洲出现了，它比查理五世的欧洲对大西洋、对全世界的问题更加开放。地中海丧失了部分重要性，而土耳其，那只大胡蜂，则受到了遏制。不过，我们不在此论述这一段广泛的历史，而应该讲一讲查理五世的最终命运。在这些富于戏剧性的年代里，步伐加快了，在这快步前进中他浪费了自己的生命力。

施马尔卡尔登同盟战争耗资巨大。1547年2月，福格尔家族就说过，由于不能按时偿还，他们"对皇帝借债感到厌烦"。就在皇帝的政策本应向前推进从而招致新的开支时，其政策变得精于计算，成为资金不足的吝啬的管家。人们秘密地或公开地指责查理，说他的政策对大家，无论是敌是友，都是昂贵的节俭。就他个人来说，教皇保罗三世不希望特兰托公会议成为皇帝的工具。1546年元月，他从查理五世的军队中撤回了自己的部队。为了摆脱皇帝的直接影响，他于3月将会议迁往博洛尼亚。他对费兰特·贡扎加之被提名任米兰总督感到惊恐是很有道理的。然而，保罗三世于1549年元月去世。

对新教控制的德国之突然征服本身是不够的。还有必要对这一胜

第十一章 哈布斯堡王室和瓦卢瓦王室的斗争

利加以整理，并将新教重新统一进基督教世界中。其结果只能是专制的，因此是困难的。1547年9月1日召开的奥格斯堡帝国议会于1548年6月30日接受了一份倾向于天主教的临时协议。路德派和天主教两方面对妥协均不满意。① 皇帝则较不费力地宣布（1548年7月）尼德兰的17个省获得自由，不再受帝国法律的管辖：促成这些权威的决定的与其说是宗教，还不如说是政治。德国境内的叛乱在蔓延。1550年2月，在柯尼西斯贝格成立了一个防御性的同盟来对付哈布斯堡王室，加盟者还有屈斯特林的汉斯，梅克伦堡的约翰·阿尔布雷希特和普鲁士公爵阿尔伯特。6月以后，法国的使者与萨克森的莫里斯开始重要的谈判，结果于1551年10月5日达成洛豪协议，之后又于1552年元月15日议定了尚博德条约，该条约最后由黑森的威廉和梅克伦堡的约翰·阿尔布雷希特于2月19日完成。性格忧郁的法国新国王亨利二世允诺给其盟友一支军队并给予补贴。其盟友则将梅斯、图勒和凡尔登三个主教辖区割让给他作为回报。这些协议得到苏里曼的支持，也得益于查理五世和斐迪南关于提前解决皇位继承问题的意见分歧。②

帝国的外交十分奇怪地落后于德国和欧洲的阴谋，自认为可以不依靠战争就获得成功。帝国外交随波逐流，终于遭到欺骗。尼德兰摄政王匈牙利的玛丽建议应该采用任何可用的手段抓获萨克森的莫里斯，但未被采纳。因此，不可避免的事发生了。1552年3月13日，法国在德国境内发动了战役，他们首先攻击的目标不在意大利境内。一支35000人的军队穿过洛林，占领了三个主教辖区。同时，萨克森的莫里斯和勃兰登堡-库尔姆巴赫侯爵侵入德国南部并突然袭击了查理五世。查理只得逃往因斯布鲁克，然后翻越积雪的阿尔卑斯山到菲拉赫避难。不过，他的士气尚存。1552年4月4日，他写信给斐迪南说："假如我必须在受奇耻大辱和冒大险之间作出选择，我将选择冒险。……"他向安东·福格尔求助。这位奥格斯堡的商人不愿看到自己的企业陷入危险，借给皇帝40万福洛林。同时，多亏了斐迪南，部分地也由于那位出色的统帅萨克森的莫里斯的骑墙和算计，一

---

① 参见本书边码第183页。
② 见本书边码第332页。

切都迅速发生变化。查理五世的诸王国，尤其是西班牙，救了年老的皇帝。查理回到奥格斯堡，和阿尔瓦公爵联手，在德国天主教势力的支持下，围困了法国人从皇帝手中夺取的梅斯。该城在吉斯的弗兰西斯的指挥下固守，查理不得不于1553年元旦撤军。然而，1553年7月9日，在西弗斯豪森（Sievershausen），就在战胜勃兰登堡-库尔姆巴赫侯爵的时刻，萨克森的莫里斯被杀。这位侯爵在施泰特堡（1553年9月12日）和施瓦察赫（1554年6月3日）再三战败，后逃往法国。

在经历了这次挫折后，未老先衰并受身体上的疾病折磨的查理五世认识到并承认了自己的失败。问题已经不再是使用武力解决德国的事情。通过《奥格斯堡和约》——皇帝并不愿意缔结该和约，宗教和平在路德派（但并不是新教各派，因为加尔文宗被排除在外）和天主教之间得以确立。后来，这一解决方案被总结为这样一句话："在谁的领地，信奉谁的宗教。"随后，查理退位，退隐，去世。① 帝国的皇冠落在他的弟弟斐迪南头上。查理的儿子菲利普二世得到西班牙、新世界诸国、那不勒斯、米兰、弗朗什-孔泰和尼德兰。和解已为期不远。承认在德国的失败、政区的分割、西班牙利益的优势，尤其是1557年西班牙和法国的全国性的破产致使损伤了战争的力量，这些都是导致结束这场争端的要素。所以，1559年4月1—3日在卡托—康布雷齐签订了和约。法国放弃萨伏依和皮埃蒙特，并随之放弃对意大利领土的要求。不过，法国保留了五座要塞，包括都灵、萨卢佐和皮涅罗尔；在北部保留梅斯、图勒和凡尔登三个著名的主教管辖区。在意大利，梅迪奇家族得到了锡耶拿作为封地；伦巴第被分裂——西部归萨伏依，南部和东部归法尔内塞家族和贡扎加王室。由于这一大解决，欧洲的外交活动出现了一次间歇。

卡托—康布雷齐和约以欧洲近代史上伟大的和约之一著称于世。和约的许多决定后来维持了一个多世纪。和约持续有效，这对历史来说是一件大有好处的事。那么，和约为何持续有效？至少有两点原因。第一点与该时期的经济形势有关。和约缔结后，欧洲，也许全世界的所有活动都受到了刺激。一种更有活力的血液在循环。第二点，

---

① 参见本书边码第332页。

第十一章 哈布斯堡王室和瓦卢瓦王室的斗争

正如我们已经说过的,该世纪中叶是一个分水岭,一个转折点。与其说这是一个时期的结束,还不如说是未来的开始。16世纪的后半叶将揭示和展现西班牙统治的长期的、充实的路线。欧洲的重心,实际上是世界的重心,偏离了欧洲中部诸国。查理五世本能地意识到其统治地位的不确定性;他认识到自己的帝国的中心在西班牙。他的退位解决了这一问题。它清楚地说明菲利普的支配地位,让德国处于昏昏欲睡的状态,听任法国内部纷争不已。卡托—康布雷齐和约不知不觉地获得了成功,因为它是一个新的欧洲的宪章,这个新欧洲的重心转移到了西部,那儿大西洋带来了珍贵的新的生命。土耳其人仍旧可能在匈牙利逞凶斗狠,但匈牙利已被征服被野蛮化了。欧洲中部瘫痪了,很快意大利,有着繁荣兴盛的城市的意大利,衰落了。未来的路甚至不仅在西班牙,而且在大西洋彼岸,在世界七大洋的彼岸。

(孙善玲 译)

第 十 二 章

知识发展潮流

一 著述：印刷的书籍

到了1520年，印刷术已在出版业中正式使用。印刷术已被公认为人类历史上最伟大的发明之一，正是这项发明使人们开始了对凸版印刷文物的收集。

尽管16世纪的文物收集家对此项发明颇感兴趣，尽管从那时起一直到今天关于这项发明的学术研究几乎从未中断过，但是我们对印刷术早期发展史的认识仍然相当模糊。对此有以下几个方面的原因。首先，这项新技术最初是作为商业秘密严加保护的，尤其是当印刷的书籍在一段时间内，即令不能完全冒充手写本而和手写本展开了竞争的情况下更是如此。其次，最早的书籍清一色都是十分流行的著作，很可能由于时间久远和经常使用而破损，没有流传下来，或者说留下来的只是一些残篇断简。还有一种情况，印刷的书籍由于其性质在很长时间里没有引起善本收藏家的注意，所以没能有系统地出现在同时代的图书馆里。最后，研究早期印刷的书籍的学者们多数只有自己本行的专业知识，他们对手写本书籍的制作和发行所知甚少，对这两个领域的研究是孤立进行的，只有当把手写本书籍的证据和印刷的书籍的证据放在一起时，对15世纪图书贸易的探究才会取得长足的进展。

所幸有一点是无可争议的。15世纪毫无疑问经历了一次图书需求的高涨，这丝毫也不奇怪。因为在贵族和城市资产阶级这个队伍中，能阅读会写作的人在迅速增加。同时财产管理和商务管理都得靠书面的账目,过去那种需要学问的专业队伍——神职人员、律师及官僚——的人数已经不少了。如果说15世纪大学的教育质量下降的话,那么受教育的数量倒是大大上升了,并且中等教育也获得了长足的发展。随之而来对于图书的需求也就决不仅限于上面提到的那些职业阶层,虽然光是这些人就已经够多的了。印刷术的发明同样也影响到供灵修的著述和供消遣的著述。除了神职人员们需要拉丁文版《圣经》和礼拜仪式书外,修士和平信徒都极其需要本国语版的经典和神秘主义著作,编年史家、诗人和小说家在城堡和市镇中都拥有自己的读者。到底残留下来的拉丁文《圣经》、每日祈祷书以及其他礼拜仪式的手写本有多少已无法计算:各个大型图书馆都拥有许多这类套本。但是,英文版《圣经》的誊本只剩下了200本;曼德维尔的法文版《旅行记》不超过60本;傅华萨的《编年史》剩下100本左右;英文版的英国《布鲁特编年史》(Brut)据查证有120本。这些大部头书籍非常昂贵,从一开始就是按照永久性保存的要求来制作和设计的。这些书籍照例都是大部头,这有助于说明中世纪后期图书业生产的那些保存期较短和更适合个人的书籍的篇幅,比如学校用书像《多那特教程》、虔修著作如《效法基督》等。

到了14世纪末期,图书的交易已经世俗化了。除了修道院里的缮写员及个别神职人员出于热情偶尔还在缮写经文外,一般场合下,不管是神职人员还是平信徒,要购书都去找专职的抄写员,毫无疑问,这些抄写员预先考虑到并满足了大众对书籍的要求。流行的书籍不断地被赶制出来,虽然仍然是供不应求,但是许多书已不再需要每个客户专门委托制作了。就在手写图书交易高度组织化的同时,尤其是在大学集中的地方,对图书的需求是和对原文精确复制的需求同步增长的,鉴于顾客数量不断增加,其制作是相当困难的。只要有大学的资助及校方的批准,书商和图书制作者的生活还是不错的,能够得到垄断行会的保护也是如此。但是,抄写员通常是费力不讨好的,尽管超负荷工作,还是不能从供不应求的产品中获得好处。因为任何一个职员也都可以经营此道,合理合法地赚钱。出于经济上的压力,也是出于虔诚心的驱使,这些抄写员在14世纪末和15世纪初在代芬特尔以及荷兰别的地方成立了自己的协会,这些协会构成了共同生活兄弟会的核心。同样,技术的进步也会带来图书产量的增长。其中主要是纸张的生产。纸最先是从东方引进的，12世纪在西班牙、13世纪在意大利开始生产。15世纪头10年，大多数西欧国家都建立了造纸厂，原本打算寻求新材料的企图很快就消失了，尽管在16世纪有些出版商偶尔还在使用羊皮纸来制作少量豪华型图书以作礼赠。图书生产有大量相对便宜的原材料作为保证，其他的发明与革新也就接踵而至了。图书的页数大大地增加了，样本可以化整为零交给抄写员，就和后来的"拼版"过程相似，抄写员把缩小的本文写在未装订的纸上，就像迄今保存下来的几本毛边手稿所显示的那样。遇到特别流行的短篇著作，就把它刻在木头上大量复制，在亚麻布上进行印刷设计的方法在它被用来制作"大部头"图书之前，最先是用来制作卡片和神圣（Heiligen）印刷品（圣徒像和简短铭文）的。所有这些发明都出现在15世纪初期，并在印刷术发明之后还在使用。

根据一项长期的传说，也有文字材料的支持（尽管并不那么明确），活字印刷术是由美因茨人约翰·古腾贝格（约翰·根斯弗里希）发明的。虽然在此之前，活字印刷在中国已经发展了好几个世纪，但古腾贝格的发明的独创性并不因此而降低。因为使用汉字给这种新技术的自由发展设置了难以克服的困难，并且也没有任何一项证据清楚地表明，西方印刷术的发明得益于中国印刷术的知识。倒是有清楚的记载显示，在欧洲中心地带的另一个地方（哈勒姆和阿维尼翁）与古腾贝格同时，有人一直在从事这方面的研究和实验，但这仅仅是证明了，探索加快图书生产的途径乃是人们普遍的愿望。如果我们一定要把资本家富斯特以及他的女婿抄写员舍费尔与古腾贝格牵扯在一起的话，这也只是表明，在那个时代，不管是商人还是抄写员，对于图书采用新方法制作所带来的利益都是极端敏感的。

1456年印刷的篇幅仅为42行的《圣经》，尽管不是古腾贝格亲手完成的，一样表明了他发展的这套制作程序首次取得了巨大的成功，并且它是在古腾贝格和他的合伙人发明印刷术至少10年过后才成就的。早期印刷品仅存的一些残篇断简揭示，有相当多的人大胆使用这种新方法，旨在印制：一首德文启示诗，多纳图斯的一个句子，一页天文历法；1454年印制的一份教皇特赦状（留有受纳人亲笔签名的空白）表明，印刷术很快就要在一个新的领地里大派用场了。最后，1457年富斯特和舍费尔出版的宏伟巨作《诗篇》印上了出版者的商标，并且第一次在上面标注了出版商的姓名和出版日期。后来出版的许多图书都没有如此精确的日期，但从那以后，印刷术发展的年代顺序更为确定了，并且使我们有可能相当准确地探索这种新工序在欧洲的传播。

当欧洲大陆到处都奇怪地处在踌躇不前、停滞拖沓的时候，唯独印刷术的传播是如此之快，令历史学家颇感兴趣。印刷术从美因茨传到班贝格和斯特拉斯堡（1458年前），就在意大利本土由斯韦因海姆和潘纳茨在苏比亚科修道院（1464—1467年），之后在罗马（1467年以前）印刷第一批书籍之前，德国印刷商已经印制了一本意大利文祈祷书。意大利早期最值得纪念的印刷之乡威尼斯于1469年成立了一个出版社。在法国，有三位德国人于1470年在索邦神学院开始从事印刷活动，同年，乌得勒支也开始出现印刷业。1474年有位佛兰芒人在西班牙的巴伦西亚从事印刷业，与此同时，威廉·卡克斯顿为英国的图书市场设计和印制了第一本书，从1476年起，他一直在威斯敏斯特搞印刷。实际上到了16世纪初，欧洲每一个国家都有了自己的印刷所和本地的印刷商。大城市是印刷商云集的地方。到了1500年，就是在一些人口集中的小地方，也会发现一两个印刷所，时断时续地传来机器的运转声：法国开展印刷业的地方总共有45个，德国有64个，意大利近80个。图书需求量小的地方印刷商和印刷业中心都比较少；英格兰的圣·奥尔邦斯有一个印刷所，但时间不长，并且除伦敦之外，英国15世纪长期有印刷业的地方只有牛津。像巴黎这样的较大的中心地区，印刷业也主要是为了满足外国人的需要。于是便出现了这样的情况，苏格兰在1508年创办了一个印刷所，但只维持到1510年就关闭了，并且在此后的30年间，印刷业在那里没有绵延不断的历史。

所以，印刷业在整个欧洲的确立实际上大约花了一代人的时间。不管怎么说，印刷业的推进速度主要依赖于当时的图书贸易。印刷的图书的生产和发行显然提出了新问题：资金和市场。书籍本身就是一种主要的商品，长期以来就作为商业中的一个项目而起重要作用，尽管在国际贸易中，它还是一种需求不高的奢侈品。此时图书进出口成了长途交易的一个相当重要的特点。图书交易会——主要设在法兰克福、莱比锡和里昂——有利于图书批发和大宗交易，有些城镇甚而把图书生产当作主要产业：这方面首推威尼斯和巴塞尔，其次是巴黎。就生产的经济规模而论，我们对同一版的印刷数量（在印刷业出现的第一个世纪，一般不低于200本，也很少突破1000本，学校用书除外）和生产成本知之甚少，所以不敢冒昧猜测早期印刷出版业的利润。有一点是肯定的，印刷商只在那些具有固定销售渠道的图书上进行风险投资，比如学校用书、流行的宗教著作以及那些已经声誉卓著的书籍，至于把握性不大的图书，尤其是那些无名小卒的新书则按正规程序，谋求与作者或第三者共担风险（和利润）。印刷和出版的大规模经营——威尼斯的阿尔杜斯、巴塞尔的弗罗本以及巴黎的埃蒂安纳——显然需要巨额资本来购置和维修机器，购置各种类型的全套活字、纸张、油墨及其他天然原料，还要准备贮存成品图书的地方，有些图书部头非常大，足够卖上好几年。进行这方面投资的人虽然发不了大财，但也相当富足，得到的尊重则更大。此外便是一些规模较小的商号，有好几十家，通常为大书商做批发生意。还有大量巡回的流动印刷所，其库存和原料就装在马车上。到了16世纪中叶，出版业和印刷业之间出现了分工，印刷所都集中在欧洲的大城市中，这样做的效果更好。

在很长一段时间内，这种新技术的采用，对书籍的作者并未产生多大的影响。起初并不存在什么版权的问题，后来版权是通过市政或王室特许，以一种不稳定的专利形式获得的。即使如此，受保护的也只是出版商，而非作者本人。除非他是印刷商的合伙人，其支付常常是用实物兑现的，即一定数量的图书。这点微薄的报酬一般来说是由保管图书的出版商支付的。印刷商可以任意复制由他人最初印刷的图书，尤其是当原书的出版商不在本地时更是如此，一部畅销书（伊拉斯谟的许多著作皆属此列）可以在欧洲各地到处印刷而无须征得作者的认可或同意，作者也就谈不上从中获取多少利润了。因此，印刷业兴起后，作者仍然和从前一样，依靠他们的赞助人，依靠从教会或国家领取奖金。只有很少一部分作者，比如伊拉斯谟，可以说是靠笔为生的，并且即便是伊拉斯谟，也主要是因为他同时为弗罗本做编辑。另一方面，印刷术扩大了书籍传播的范围，加快了书籍传播的速度，同时也加快了赞助人和作者成名的速度。彼得拉克和傅华萨的著作要是在生前能够得到印刷的话，他们就不会那么穷困潦倒，靠领取私人津贴为生了，他们的名声可能会传得更快更远。

如果赞助人的作用几百年都不受影响，不被削弱，剽窃和盗版的机会剧增，那么，就审查制度而论，印刷术的采用对著述就具有更为直接的意义。按照正统的道德观、神学观或政治观来对书籍进行监督管理，这在手抄本时代就已经够难的了，然而，那时只要某位主教或异端裁判所官员态度坚决，他就能够挖空心思剔除其中的异端思想，因为抄本的数量非常有限。但是，采用印刷术后情况就不同了，上述那种做法几乎是不可能的。16世纪印刷术的成长是与宗教分裂和政治独裁的发展同步而行的，许多既得利益者对印刷术的使用表示怀疑，甚至采取不宽容的态度。书籍可以自由发行，通常不是作者而是书成了禁止的对象，收藏受谴责的书成了犯罪行为。教会在这方面起了带头作用，早期留下来的证据表明，教皇曾经对此深表不安，并两次作出禁书的重大决定：1520年，利奥十世禁止传播和阅读染上路德宗思想的作品；1559年，保罗四世公布了第一份教廷禁书目录。[364] 在这两次大的行动期间，还零零星星地发布过一些禁令和进行迫害，禁书和迫害在公布卢万大学和索邦神学院神学家们系统的禁书目录时达到了顶点。教皇谴责的书籍一点不比那两所学院少，要使谴责产生效果，还有赖于各国政府的支持。对于正统派的这些要求，各路诸侯和地方行政长官的反应总是显得迟缓且反复无常，至于禁书的作者反而因此而感到欣慰，因为天主教权力机关的审查等于是为他在新教徒中作宣传，伊拉斯谟之所以在新教国家中享有崇高声誉，毫无疑问，部分原因就在于1559年公布的禁书目录对他的所有著作进行了全面的谴责。至于新教的图书审查，自然不那么雄心勃勃且远不那么奏效，因为改革后的教会被分为20个辖区，它们之间也还达不到天主教那样的内部连贯和统一。但在改革派控制的小国城邦中如1542年的日内瓦，也能看到肆无忌惮和不负责任的审查。有必要强调的是，教会对思想的禁锢到头来都被印刷出版的书籍所打破。当然，不定期进行迫害的恐怖打乱了许多有良知的作者和印刷商平静的生活，这也是事实。罗伯特·埃蒂安纳因为神学博士们爱找岔子而遭到迫害被逐出巴黎，1550年移居日内瓦，在那里规规矩矩地接受甚至连加尔文也得在口头上打帮腔的特许制度。最后不要忘记还有几次运动以及几个新教和天主教都不喜欢并且要加以迫害的人。协同的不宽容政策可能发展到窒息舆论：当时印刷的 1000 册塞尔维特的《恢复基督教教义的本来面貌》（维也纳，1553 年）仅有三本有幸躲过劫难，其中一本已残缺不全。

据估计，从印刷业的所谓摇篮期到 1500 年，欧洲至少生产了 3 万册不同版本的图书。① 不管是从数量还是从题材上，拿它们去和 15 世纪头 50 年的手抄本相比会把历史学家搞得晕头转向。虽然在印刷业摇篮期出现的书籍已差不多全部列入目录，但对于其中哪些属于中世纪后期的手抄本我们并未作鉴定分析。虽然更多的新书出现在印刷业建立之后（当代著述家约占摇篮期著述的六分之一），这一点似无疑问，但也有可能出版的著作的种类与大家熟悉和公认的种类非常接近。印刷业的生存发展有赖于知书识字的人数量不断增长，反过来它对文化的进一步普及推动很大。但参与读书的那些群体虽然人数更多，却仍是早期光顾手抄本书贩子的那些人群。英国的图书交易反映了北方人兴趣的保守。宗教作品的比重很大（如果包括从欧洲大陆进口的有关礼拜仪式的作品，比重会更大），其次是法律书及学校图书。这些书种大部分是为了满足专业人员的需要，中世纪晚期大量的手抄本都属此类书籍。卡克斯顿出版的图书中大约有一半从广义上说都是宗教作品。看看大印刷商温金·德·沃德的图书产量：大约 40% 与文法学校的课程有关，大约 27% 与这样和那样的宗教著作有关，还不算他在 1535 年临终前发行的 40 种风格不同的礼仪书。②

在意大利，虽然流行的灵修书、法律著作、《圣经》、弥撒书以及其他礼仪书的发行量很大，但早期的出版业对人文主义在学术、教育和道德方面的关注也有所反映。③ 的确，意大利曾于 1472 年在罗马和威尼斯经历了两次生产过剩的危机，都是因为印刷商对这类书籍需求的预测失误造成的。类似的危机在阿尔卑斯山北部似乎没有发生过，因为这里更注重按照实际需求来规定产量。1500 年前，欧洲图书总量中大约有一半是宗教书籍，德国、法国和英国为维持这一比例花了不小的力气。在印刷业摇篮期出版的 130 种左右的通俗拉丁文本

---

① 公告及类似的印刷品除外。
② H. S. 贝内特：《英国图书和读者，1475—1557 年》（剑桥，1952 年），第 188、242—276 页。
③ 维克托·斯科德勒：《15 世纪意大利的出版商与读者》，《不列颠研究院公报》第 35 卷，1949 年。

《圣经》版本中，只有 27 种出自意大利；有 11 种版本的马莱尔米翻译的意大利文《圣经》，而德国方言的《圣经》版本则达到了 15 种。到 1500 年，托马斯·阿·肯皮斯的《效法基督》再版不下于 70 次。

在采用印刷术的最初几十年所出版的书籍还带有老一代人的趣味：书籍本身保留了手抄本的物理特征。活字的字体制得和出版地职业抄写员的手写体几乎一模一样，印刷时使用黑墨，用手书的红字做标题，有时还要用精制牛皮纸取代一般的纸张，其用意是让读者产生新书和过去的书一模一样的错觉。像乌尔比诺公爵费德里戈这样颇具鉴赏力的藏书家是不会允许印刷的书籍进入他的藏书的，如果一般人并不持这种态度的话，毫无疑问，许多早期印刷的书籍质量是相当糟糕的。所以，15 世纪末，一种新的图书设计方式的涌现成了文化和文学领域中的一件大事。首先采用这种方式的是威尼斯的印刷商和出版商，尤其是法国人詹森（卒于 1480 年）和阿尔杜斯·马努蒂乌斯（卒于 1515 年）。意大利的印刷模仿当地手写体，但这种字体主要为人文主义者所使用；由于"罗马体"和"意大利体"[①]两种字体的采用，更为清晰的油墨以及印刷得不那么密密麻麻的书页，在 16 世纪初期生产的书籍也许不再被错当作手写本，但自身就很美观。总而言之，16 世纪意大利先进的凸版印刷术传到欧洲北部乃是对意大利人文主义某些要素的传播的最佳说明。在德国以外的地区，"黑体字"正在逐渐废弃不用，它之所以保留下来，主要是为了照顾一些守旧的顾主，尤其是那些律师。从 15 世纪 20 年代起，采用先进印刷术和出版学术著作的中心由威尼斯移到了巴黎，这和一种更大的文化发展趋势是相吻合的。

这里且不说图书印刷在绘画艺术发展中所起的重要作用，但扼要地谈一下印刷术对学术进步的意义却是恰当的。印刷术在这一点上功不可没，早期出版商使科学和文学著作能大量地为读者所获得，这是普遍承认的事实。由威尼斯的阿尔杜斯开始，其他出版商紧随其后，印刷出版了一系列价格适中、文体简洁的经典作品。很难评价印刷术在推动学问技巧方面所起到的作用。在手抄本后面附上索引，这纯粹是藏书者个人的癖好；在印刷本后面附上的索引则不得不满足广大读

---

① 即"正体"和"斜体"。——译者

者的要求，撰写索引乃是一种做摘要的练习，并导致对正文作出更具批判性的评价。到了1480年，印刷本也和手抄本一样，在每一段法律或宗教章节的周围有很多注释，但明显没有脚注的效果好。同一部著作存在着大量基本相同复本，参照起来很容易。随着印刷业的兴起，我们相应地也就进入了书与书之间大量相互参照的时代。如果没有印刷业提供的便利，词典的编纂活动是不可思议的。1545年首次出版的书目提要总表即康拉德·格斯纳的《目录大全》标志着把印刷的书籍作为一种学习工具的开始。

现在我们必须转到1520—1559年的著述上面来，这个时期的著述几乎全部是通过印刷来传播的。新的图书生产方法的一般影响上面已经讨论过了，所以必须记住。然而，对16世纪的印刷的图书进行概括远比对印刷业初期要难得多，原因很简单，1500年以前印刷的书籍差不多全部让目录学家列出来了，但是我们对之后出版的书籍的了解绝对不能说是全面的。在《1475—1640年英格兰、苏格兰和爱尔兰出版书籍简要书名目录》① 这部书中有一份关于英国整个16世纪出版情况的系统和名单，其中也收录了外国印刷的英文书，但是（拉丁文的宗教仪式书除外）没有纳入在国外印刷用外语写作然而是针对英国市场或者由英国作者完成的书籍，这是一个不小的数目。有这本无价之宝的目录作为根据，我们对英国16世纪书籍的数量和质量的把握就要比了解同时期欧洲大陆上的书籍要可靠得多。除了巴黎国家图书馆有一本不完整的作者目录外，大陆上没有一个大型图书馆拥有类似的图书印刷目录，想知道16世纪著述全貌的学者还只得到不列颠博物馆查阅这本目录书。但是有一点也必须引起注意，据测算，不列颠博物馆所收藏的1600年前的法文书籍"最多不超过已知在巴黎印刷书籍的五分之一以及在法国各地印刷版数的六分之一"②。也就是说，要像对15世纪下半叶的印刷书籍那样来对16世纪的书籍出版量或题目进行分析是不可能的。另一方面，已有一大批作者成了

---

① A. W. 波拉德和 G. R. 雷德格雷夫，伦敦，书目协会，1926年；1946年和1949年两次再版；目前正在修改之中。

② 《不列颠博物馆藏1470—1600年法国出版图书简要书名目录》（伦敦，1924年），第 iii 页。有类似的目录，涵盖西班牙（1921年）和葡萄牙（1940年）的图书。

目录学研究的对象,并且有许多重要的出版商和印刷商已被研究过了。

和1500年相比,到1520年时图书出版的总量已大大增加了,这一点毋庸置疑。图书生产量连年递增的状况一直持续到今天,就英国的情况来看,据测1550年的印刷量是1500年的4倍,即是说,1500年出版一本书,1550年就要出版4本。没有理由相信,欧洲大陆的图书生产量的增长会小于这个数目;或许比这更高,特别是法国,它有相当一部分书籍要拿到西班牙和意大利的市场上去交易,并且,在基督教世界分裂之前,它要印刷许多宗教仪式方面的书籍运往英国和德国去销售。甚至在德国的路德的改革和英国的亨利的改革之后,巴黎、巴塞尔和其他印刷中心仍在继续出版国际上流行的学术著作。尽管从1520年到1559年这段时间英国只出版了3部拉丁文版的西塞罗的书(《反腓力辩》1521年,《论老年》1535年,《论职责》1558年),但这并不表明英国学者缺少新版的西塞罗原文书籍,只不过是出自威尼斯、巴黎和巴塞尔而已。较为古老的英国图书馆都有堆满了16世纪大陆出版商的经典教育课本的记录。

如果复活了的拉丁语,即人文主义者的拉丁语曾有过演变成一种能够容纳西欧人的想象和思考的语言的话,那么这种可能性在我们眼下正在考虑的这40年最终消失了。意大利仍然存在着大量用拉丁语谈话和写作的人;但大批用本国语写作的人则表示,几乎所有的题目都可以用意大利语来完成,尽管他们对意大利语的构成仍然争论不休(就像我们就要看到的那样)。法国和西班牙本国语著述家的才能和志向都不像意大利人的那么明显,但还是有所表现。同样的趋势也清楚地出现在不列颠和德国,虽然在后者的某些地区以及整个北欧和东欧,实际生活仍然离不开拉丁语,因为操本国语的人连那种昙花一现的作品也写不出几本,更不用说严肃的作品了。然而,除了浪漫作品这块园地,要在语言运用的其他方面使用拉丁语从性质上来说是不可能坚持下去的。如果拉丁语在它曾深深扎根的地方都不能继续发展,它又怎么能在条顿语域和斯拉夫语域繁荣昌盛呢?于是乎,用本国语写作就成了这一时期欧洲人著述的特征。虽然如此,大部头的作品仍然是用拉丁语创作的。

拉丁语的威望很高,功效卓著。正是这两点保证了使用拉丁文从事创作的人生活安定。那些诸侯和贵族们都喜欢看到自己的名字出现在书信题词的抬头，而那些教授、市长、主教、议员和军人们也概莫能外。这些教会和政府中的大员都是有权提供赞助的人。意大利诸共和国及其君主、阿尔卑斯山北部欧洲的城市和国王都需要通晓拉丁语的职员来应付国际的书信往来。16世纪，欧洲各地知识分子的地位要高于商人，他们中大部分也常出现在该世纪拉丁文著作的题献中。这在很大程度上给这种圈子的存在营造出大量需要拉丁文学作为著述一种小圈子的色彩：学者为学者写作。这话有理，但也不全都在理。每一个国家的学校、大学和政府机关里都有学者，这些人在他们所在的社会中占的比例非常小，但是，如果把他们都凑在一块就会构成一个庞大的群体，这个群体就性质而论是国际性的，他们不会去听某个法国人讲法语，或者某个德国人讲德语，但都渴望并能够共享一部不知有国界的著作。有这样一群公众的存在说明，16世纪中叶拉丁文作品的数量是巨大的，但是现存的这个时代的拉丁文作品之少则使我们的研究大为扫兴。我们的图书馆里仍然保存着大量这种被遗忘了的拉丁语的对开本，人们当前对欧洲文明史缺少了解的部分不是手稿文献，而是印刷出版的著作；至今还没有专门研究文艺复兴时期拉丁文著述的历史学家。[①] 然而这个时代拉丁语写作的资助者和大众读者实际上包括了所有知识界的名士和许多政界要人。所有这些都在警告我们，不能小看拉丁语所发挥的重要作用。

按照传统的划分（当然也有例外），所有严肃的作品都是用拉丁语写作的，所有通俗和昙花一现的作品都是用本国语写作的。这种两分法尽管在14—15世纪的人文主义者中间颇有影响，但却不断受到拉丁文人的挑战。到了16世纪，大量以前被本国语所垄断的各类作品都是在古典范例的刺激下创作的。各种诗歌（抒情诗、叙事诗、哲理诗和史诗）都尝试过；拉丁文在戏剧领域里则拥有自己的传人；讽刺剧、幽默剧、流行的道德剧以及故事性作品都是用拉丁语写成的；希腊文本和东方语言文本常常翻译成本国语，也被翻译成拉丁

[①] 正如保罗·冯·蒂格姆在他那篇重要的长文《文艺复兴时期的拉丁文学》中所指出的那样，《人文主义和文艺复兴藏书》第四卷（1944年），第177—418页。本文是讨论这个题目的一般性论文中唯一有价值的。由于缺少一部详尽的著作，查阅哈勒姆的《15、16和17世纪欧洲著述介绍》仍将获益，1837—1839年版以及后来的再版。

文；人们对于模仿西塞罗和普林尼优秀散文的书信集甚为欣赏。文艺复兴时期拉丁语著述较为轻松的一面，除了作为同一种工具的本国语用于怡情以及表现崇高和记录学术成就提供了范例外，几乎没有留下什么值得永久纪念的作品。[用拉丁文]大量创作了各类诗歌，其中大多数描写的是爱情和尘世间的事情，虽然到处尤其是在宗教改革的德国都可以看到以宗教为主题的作品。这些诗歌有许多创作很成功，甚至有些还很感人。然而，它们的重要性则在于对后来的本国语作家产生了极大的影响，比如荷兰诗人约翰内斯·塞肯达斯（卒于1535年）的《巴西亚》以及意大利诗人维达（卒于1566年）的基督教史诗《基督》（1535年）和《诗人》（1527年）都是这种影响的产物。其他国家创作的挽歌、牧歌、讽喻诗和机智短诗而扬名的杰出诗人更是数不胜数。以教化为目的的剧本创作很快就成了宣传和攻击的工具。1530年到1560年间，拉丁文宗教剧在德国和低地国家非常流行，诺乔治（托马斯·基希迈耶，卒于1563年）乃是这类剧本最重要的作者之一。在北欧，有据可查的宗教剧少一些，乔治·布坎南（卒于1582年）的 Jephthes 受到广泛阅读，并被大量翻译，便恰好印证了这一点。16世纪后期，这一传统被耶稣会剧作家用来为天主教的宣传服务。

在讽刺作品和流行的道德作品创作方面伊拉斯谟（卒于1536年）是首屈一指的人物，尽管我们后面谈到他时，是把他作为学者来讨论的。他的《格言集》反复再版，不断扩充，已不只是一部格言集，常常扩展成为论文，讨论当时争论的问题。他的《对话》（1518年）很快就背离了作为拉丁语对话手册的初衷，成了辛辣讽刺和嬉笑怒骂的生动对话。伊拉斯谟这些类型的著述模仿者甚多，但却没有与之媲美者。在书信领域里，伊拉斯谟也代表了他那个时代的趣味。他的书信最初发表于1516年，后来扩大为书信集。这些仅是他通信的一小部分，发表前曾作过筛选和修改。其他拉丁文作者的书信带有更明显的雕琢色彩，以萨多莱托（卒于1547年）或本博（卒于1547年）为例，可以公正地说，他们写的书信是一种文学练习，"写出来不是为作为书信寄出去"，正如一位同时代人所说的。

虽然我们谈到的各类型的新拉丁文学上都笼罩着一种非现实主义的倾向，但它并不妨碍我们对这一时期拉丁文学术成就的欣赏。对于写作严肃作品的作者来说，拉丁语不仅是唯一的跨语言边界进行交流的工具，而且仍然是欧洲大部分地区唯一精确的语言。此外，那时有一种传统，即把懂得拉丁语和学识渊博联系在一起，在几乎每一种学科，专门术语和方法都表明拉丁语是写作工具。所以，神学家、科学家、教育学家、语言学家和历史学家通常都用拉丁语写作。本书其他地方对大量神学著述的内容进行了详细的讨论。[①] 我们在这里只是就宗教改革对学术的这一方面所带来的某些后果进行考察。第一个后果是神学价值观在一切思辨领域的影响。

要区分文艺复兴时期的神学和哲学就和区分中世纪的一样困难，但在路德向罗马挑战后的那令人焦急不安的几十年，这位思辨的思想家发现自己的著作被人们用了13世纪特有的苛严仔细地检查以寻找其中的神学含义。各派神学家都不惜把最宝贵的精力用来诋毁和攻击他们的对手。在这场论战中，路德圈内的人认为，罗马的意大利辩护士们装腔作势，缺乏修养，令人无法忍受。路德自己则满足于"操着蹩脚的拉丁语大吼大叫"，并且，这种情形在梅兰希顿为路德派的论战树立起良好的风格之前，一直持续了很长的时间。另一方面，贝扎，在很大程度上还有加尔文却不是等闲的拉丁语学者。这个时候，伊拉斯谟站在中间，一边是意大利天主教徒、卢万大学和索邦神学院，另一边是他们的敌人，他在这个世界上形影相吊，眼看着粗暴的教条把优美的文学连同"基督教哲学"一道摧毁。就像他自己所说的那样，在世纪初还显得无害的新柏拉图主义或泛神论学说此时遭到全体宗教的一致谴责。卢克莱修主义，就像意大利人帕林吉乌斯（卒于1543年）的学说一样，以及像给荷兰剧作家尼亚法埃乌斯（卒于1568年）的著作打上印记的那种再洗礼主义同样都遭到了谴责。蓬波纳齐（卒于1525年）在帕多瓦大学提出的阿威罗依主义和斯多葛主义的杂烩，人们也几乎同样地不予赞同。在那个时代，亚里士多德的声望在各领域都扶摇直上，圣托马斯在天主教徒中威信与日俱增，这些新情况虽然对未来甚为重要，但在当时却湮没在一片急迫而辛辣的神学争论和谴责声中了。

用拉丁语写作的历史学家很多，后来的批评家把他们分为两派，

[①] 见本书第3—9章。本章的第二部分和第13章讨论了其他拉丁文学术著作。

一派是弗拉维乌斯·布隆杜斯（比翁迪，卒于1463年）的追随者，主张研究古代要准确精细，另一派则是第一位伟大的工于修辞的作家阿雷蒂乌斯（莱昂纳多·布鲁尼，卒于1444年）的信徒。但是到了16世纪，两个学派很大程度上也在相互吸收或同化，新的历史编纂学——和新的外交联系紧密——吸取了两派的特点。人文主义作家倾向于使用优美的语言；引语丰富，既有直接引语式，也有间接引语式；人名和机构名称的拉丁化有时叫人不知所云。虽然许多这类历史学著作辞藻华丽，修饰精湛，但却渗透着一种新的批判精神，这些作品避免采用神秘主义的内容和真伪难辨的传说，把基础建立在可靠的史料来源上，并且经常采用（尽管不情愿）基督教历法和基督教编年史中那些朴实无华并且会使整个文章风格受到损害的术语。新的历史书以意大利的公国和共和国作为开篇，这种写法最早主要是由移居国外的意大利人兴起的，他们是：在法国的保洛斯·埃米利乌斯（卒于1529年）、在英国的维吉尔·波利多尔（卒于1555年）、在西班牙的马里努斯·西库卢斯（卒于1533年）和彼得·马尔蒂尔（安吉埃雷的，卒于1526年）。就像西班牙人安东尼奥·德·莱布里哈（内布里森西斯，卒于1522年）、塞普尔韦达（卒于1573年）和保洛斯·埃米利乌斯的法国继承人阿鲁尔·勒弗隆（卒于1563年）所做的那样，本地作者很快就掌握了这种新方法。德国人（在历史编纂学和在其他领域一样）抵制运用意大利人的方法，继续把兴趣放在大编年史上，在其他地方这种写法已不流行；德国因为探索用坦白的态度对待过去的理由引发的争论而分裂。在新教地区，此类著作中也有一些写得非常成功，比如约翰内斯·卡里翁（卒于1537年）的《编年史》，后来梅兰希顿还对这本书进行了扩编（1558—1560年）。在持帝国立场的这一方，同样值得注意的是斯莱达（约翰·菲利普森，卒于1556年）的《诠释》。而按人文主义传统写的概述性著作只有一部，即贝亚图斯·雷纳努斯（卒于1547年）的《德国史》；还有一大批成绩斐然的区域性历史学家。然而，德国的宗教论战产生了一个重要的结果：它促使被称为马格德堡"世纪记年历史学家"的一批合著者在弗拉希乌斯·伊利里库斯（卒于1575年）的领导下撰写了一本让人耳目一新的教会史，1559年出版了第一卷；巴罗尼乌斯（卒于1607年）的《教会通史》是天主教会批驳新教的著作，后来经他人修改和续写，今天仍然是历史学家们的案头书。此时意大利有相当一批声誉很高的用拉丁文写作的历史学家，但是意大利人在历史学领域里的真正创新之作（保卢斯·焦维乌斯［卒于1552年］的那些华丽而肤浅的传记和当代史除外）却是用本国语写成的。这些用拉丁文写作的历史学家之所以重要就在于他们对本国语历史编纂学的影响无处不在。在这些历史学家当中，我们或许可以举出两位兴趣主要在法律方面并在这方面受过严格训练的学者：纪尧姆·比代（卒于1540年）和安德烈·阿尔恰蒂（卒于1550年）。比代的名声在于他是一个希腊语学者，而不在于他是一位古代法律的著述家；阿尔恰蒂之所以著名也不在于他用历史学的方法来写民法，而在于他那本道德象征画集《寓意画》（1531年），这本集子通常以插图版的形式发行，对后期文艺复兴时期的图像书产生了深刻的影响。

比代和阿尔恰蒂在其专门性著述中所用的方法本质上是语文学的，而语文学从广义上说明了16世纪的拉丁语是一种学术的语言，也说明了为什么拉丁语会有那么大的价值和影响。不说远的，就说1520年以后伊拉斯谟的工作：在世俗著述方面我们发现了他校订的西塞罗、塞涅卡、库尔提乌斯、亚里士多德、托勒密的著作，他翻译的加伦和色诺芬的著作，他校订的早期教父们的著作有哲罗姆、西普里安、阿诺比乌斯、希拉里、依里奈乌、安布罗斯、奥古斯丁、拉克坦修斯、奥利金的作品以及他翻译的克里索斯托姆和巴西尔的译本。这份令人生畏的清单必须加上其他许多学者的作品，他们作为个人来说并不多产，但把他们出版了的著作加起来实际上就等于是希腊、拉丁和基督教古代遗产中的所有重要（和许多不重要的）文本。这些著作中的主要版本我们提到过好几次了，即使我们不能确定这些流行的文本被再版的次数。然而，有一点是清楚的，法国和德国都在仿效阿尔杜斯，出版价格适中，具有权威性和文体简洁的古典作品；原本在印刷希腊古典著作方面居于主导地位的威尼斯现已让位给巴黎，这在很大程度上是因为罗伯特·埃蒂安纳（卒于1559年）是一位学者型的印刷商。

虽然反动的神职人员对人文主义持怀疑态度，并且不时地对希腊研究和希伯来研究表示公开的敌视，但总的来说，宗教的仇恨并未严重阻止古典学术的研究；对古典文坛的尊重或许是感情脆弱的一种表现，但这决不是个别的现象。然而，教派之间的仇恨造成了《圣经》研究的浩劫。路德宗运动的兴起与伊拉斯谟发表其《新约全书》（1516 年，希腊文版和拉丁文版，1519 年拉丁文新版）是同时发生的，最后伊拉斯谟在红衣主教希梅内斯（阿尔卡拉，1520 年）的鼓励下发表了《多语种圣经合参》。伊拉斯谟的评注方法在他校订的瓦拉的《手记》（1505 年）中已经有所暗示；希梅内斯门下的学者的方法要谨慎得多。但是，神学家们对新近出现的将学问用于《圣经》研究进行了猛烈抨击，他们的愤怒无以复加；他们的怀疑是由许多从事此道的学者、值得注意的是伊拉斯谟本人的福音传道者的癖性引起的。后果是严重的。伊拉斯谟被迫修改其文本（对《约翰一书》第 5 章第 7 节的篡改就是有名的例子），尽管他明知这样做是错的；罗伯特·埃蒂安纳遭到索邦神学院的谴责，最后只得离开巴黎，前往日内瓦（1550 年），他的校订的通俗拉丁文本《圣经》（1538—1540 年）数世纪以来一直是学者们使用的主要版本；特伦托会议通过的有效决定之一便是使通俗拉丁文本《圣经》成为天主教神圣不可侵犯的文本。新教徒也在小心翼翼地寻找一种对待它的科学方法。另一方面，那些苦心致力于希腊语、希伯来语和拉丁语《圣经》研究的学者们所运用的语文学工具则显得残缺不全。因为古文书科学还未诞生，所以伊拉斯谟把 11 世纪的手抄本《圣经》当成了古本。许多相关手抄本藏书的目录根本没有，所以导致人们校勘甚至像埃蒂安纳这样不知疲倦的工作狂使用的文本也是冒险一试或者抱着也许能接近原文的心理。

虽然 16 世纪还没有古文书学，但已经有了系统的词典编纂。15 世纪的人文主义者在这方面的兴趣浓厚，却很不稳定：他们只对个别的作者进行了研究，但是作为供学生使用的一般性词典，最好的还是卡莱皮努斯（安布罗焦·卡莱皮诺，卒于 1511 年）的词典，尽管它的质量也许不如以它为指导而编纂的大多数词典。1531 年，罗伯特·埃蒂安纳出版了他的第一版《词典》，经过 1536 年和 1543 年两次再版，这部著作的容量更大了，可信度也更高了，不愧为古典语言和现代语言词典编纂者的楷模。也正是这个亨利·埃蒂安纳为希腊语（1572 年）做了同样的工作。

罗伯特·埃蒂安纳的《词典》通过剔除"非古典"派作者对早

期的词典作了改进。这使我们想起 16 世纪早期新拉丁文学的那个最让人头疼也最使人兴奋的问题：西塞罗式文风以及西塞罗式文风的提倡者和反对者。在 14 世纪后期和 15 世纪由于各种非文体的原因，西塞罗研究在人文主义的当务之急中占有很大的比重。然而，就在人们普遍对西塞罗的文风顶礼膜拜之时，那些朝气蓬勃的拉丁语学家们实际上长期以来并不是始终一贯地沿袭西塞罗的词汇的句法；严格的语法规则为作者的情感所削弱。还有瓦拉这位 15 世纪初期最有才华的语言学家对当时的西塞罗风格崇拜者发动了猛烈的进攻。然而，瓦拉的严谨却昭示了新批评时代的来临。紧接着便是波利欣和保罗·科尔泰西、詹弗朗切斯科·皮科·德拉·米兰多拉和本博之间断断续续的争论，在争论中慢慢地西塞罗式文风的崇拜者数量增多影响扩大。最后一次冲突远比早期那些小规模的争论要剧烈得多。总而言之，伊拉斯谟自 1516 年起一直在深入地思考这个问题；1528 年他发表了《西塞罗式文风》：这个问题立即便和民族威信和宗教正统问题纠缠在一起。在法国军队和德国军队的蹂躏之下，意大利只得在蒸蒸日上的文化中寻求安慰，作为政治上软弱无能的补偿。利奥十世以及他的继承者们推行的"帝国主义"鼓励这种情绪。罗马成了严格的西塞罗式文风的中心，而西塞罗式文风则成了一个失败的民族和一个仍然坚持其世界使命的教会的象征。伊拉斯谟的攻击不只伤害了数量不多的学者们，也伤害了罗马的爱国热情和宗教地位方面至高无上的自尊心。伊拉斯谟完全不懂得古典罗马与基督教罗马的这种认同的本质：他的对手们——缺乏他那种独创精神，虽然为他的讽喻所刺，仍然确信其语言的纯洁性——全然忘记了他们所使用的词汇在北欧已引起了异教徒和无宗教信仰者的怀疑。伊拉斯谟列举罗马学派在语词方面的创新（用"朱庇特"［Jupiter］指"神"［Deus］，用"阿波罗"指"儿子"［filius］，用"派别"指"异端"，用"基督教信条"指"信仰"，用"使节"指"使徒"，用"元老"指"枢机团成员"，等等）并且得出结论，"我们口头上表白信仰基督，而我们心里装着的却是朱庇特和罗穆卢斯"。意大利的文人圈子对伊拉斯谟发起攻击，不仅说他是一个蛮子，而且还说他是信奉路德的异端分子，通过鼓吹既丑陋又亵渎的折中主义公开挖整个基督教世界的墙脚。这场风暴所反映的问题已经超出了文学方面的内容，并且更为重要的是，伊拉斯谟最活跃的对手生活在法国：尤利乌斯·恺撒·斯卡利杰尔（卒于1588年）和艾蒂安·多莱特（卒于1546年）。即使是在拉丁文学方面，意大利处于领导地位的时代正在消失。同样，只有拉丁语才能作为创作文学作品之工具的时代也一去不复返了。拉丁语的推崇者们过于迂腐，过于讲究语言的纯洁（西塞罗式文风和维吉尔风格将再主宰一个世纪的文坛，即便是在它们曾经遭到抵制的新教国家也是如此），以至于摧毁了这种语言对富有创造性的著述家的想象力的把握。拉丁语后来只作为课程的一部分教教而已；本国语提出了生存的权利。

在讨论本国语文学时要切记，这个时候的作家通常是用拉丁语和本国语两种语言写作，即使是那些正式用俗语创作的作家也在读书时接受过拉丁语的训练和熏陶。这种情况的例外者尽管不容忽视，尽管在后来的发展中作用重大，但毕竟人数不多。到16世纪中期，意大利和法国的作家不论是在文体和词汇方面，还是在文学的兴趣方面，都受到了古典作品和文艺复兴时期拉丁著作的深刻影响。既然意大利是人文主义者的主要活动中心，那么，此时意大利的文学远比阿尔卑斯山脉以北地区的作品要成熟也就不足为怪了。文艺复兴时期的拉丁语旨在成为表达各种体验感受的媒体；它提供了固定的正字法和语法的一种范例，并传送了一套丰富但严格的形式。贯穿16世纪，在整个欧洲，如此的实例到处都可以看到：而意大利语本身就能向那些较不发达的语言的文学显示，一种同复活了的拉丁语的亲密关系塑造成形的本国语进一步的发展阶段是什么样子。因为，除了古代和当代的拉丁语作品范例外，16世纪的意大利人还有14世纪的作家如但丁、彼特拉克和薄伽丘在乡土语创作方面为他们作出的表率。这些人受到崇拜的程度几乎和维吉尔和西塞罗不相上下。总之，意大利人既有古代的"经典"，也不乏现代的"经典"，尽管意大利文学的标准到16世纪还没有牢固地树立起来。

意大利优秀文学作品所取得的重要成就有力地说明了，意大利的文学创作在这一时期处在领先地位，关于这些作品，下面还要提到。但是，意大利半岛上还有另外三个展开讨论的问题也表明，此时意大利文学发展所达到的高度是北欧文学不能自夸的。所争论的第一个问题涉及意大利本国语本身的性质和价值。"语言问题"包含两个极不相同的问题：本国语适宜用来创作严肃的作品吗？如果回答是肯定的，那么，在众多意大利方言中应该采用哪一种呢？或者说，是否应当发展一种能够超越地区方言的统一的意大利语呢？尽管头一个问题在16世纪仍然争论不休，但实践已经对此作了回答，本博的《意大利语言探讨》（1525年）还从理论上为本国语进行了辩护，而这本书的作者是当时最杰出的拉丁语学家之一，这使辩护更有分量。争论并没有停止，保守派一方痛惜拉丁学术的衰落，进而指出，14世纪意大利文学艺术大师们是用拉丁语创作严肃作品的，但是，本国语创作结出的丰盛硕果足以对此进行反驳，詹巴蒂斯塔·杰利（卒于1563年）甚而说道，学习古代语言简直是浪费时间。随之而来的另一个让人进退两难的问题更不容易得到明确的解决。本博（尽管是威尼斯人）赞成采用托斯卡纳方言，但这个问题却引来了地方政治势力的干预和竞争，因为意大利没有都城，罗马、那不勒斯、伦巴第和威尼斯都有可能向佛罗伦萨的文化中心地位发起挑战。的确，正是由于小小的乌尔比诺宫廷的影响，伦巴第人巴尔代萨·卡斯蒂利奥内才力言要建立一种高贵的意大利语，一种兼容并蓄、典雅的绅士语言，同样的倡议早在200年前但丁就提出来了，他在《为乡土语辩护》一文中曾呼吁创立一种"卓越的、主流的和高贵的"语言。对这个问题的争论一直很活跃。但实际上，但丁、彼特拉克和薄伽丘（N. 利布尔尼奥的语法研究的三大渊源，1526年）在14世纪留下的杰作已成了16世纪大部分作家所公认的标准或典范，许多理论家都孜孜不倦地鼓吹对它们进行"模仿"。这样一来，佛罗伦萨语和"卓越的方言"，实际上就不是相互排斥的了，在这场旷日持久的论战中所要解决的重点就成了方言的成熟性这个正在进行分析的问题。

其次，从泰奥菲洛·福伦戈（卒于1544年）的那些不同凡响的诗作中，我们看到了意大利语过早成熟的一面。1577年，当福伦戈发表他的《巴尔杜斯》（*Baldus*）时，写作中意大利方言和拉丁语双语并用已不是什么新鲜事了。因为日常生活中，拉丁语和本国语混杂使用已经司空见惯了，并且，在中世纪的诗歌中已经发现了这种双语并用的现象；这种现象的出现几乎总是包含着讽刺的意味。但是，福伦戈的六韵步诗把这种形式推向了一个更高的层次。他的诗采用流行的意大利史诗结构，具有生动活泼的现实主义特点，在拉丁语和意大利语双语并用方面展示了惊人的灵活性，和他那冷嘲热讽的精神完全合拍，很有吸引力。同样，他的诗和其他此类风格的作品一样，受到意大利民众的欢迎，到1552年已再版了4次，他们喜欢福伦戈思想中的反修辞的癖好。这种独出心裁的风格与精神并不是只有意大利人才能领略的：拉伯莱就读过福伦戈，并且承认他在词汇的运用和讽刺史诗的兴趣方面都曾受惠于福伦戈。但《巴尔杜斯》这样的诗篇只有在拉丁语和本国语的读写能力均已得到广泛普及、资产阶级的价值观明显已被接受、高度严肃性已不再是对作家的要求的社会中才有可能出现。

再次，意大利之所以能够如此还有一个特殊的原因，就是彼得罗·阿雷蒂诺（卒于1556年）所享有的声望。阿雷蒂诺的名气使他能够向大人物邀宠，得到教皇和皇帝的亲近，在威尼斯过着奢华阔绰的生活，这一切全靠他那支残酷无情的笔。他写作的收入十分丰厚，他以犀利的笔锋相威胁而获得资助，他拥有使人名扬天下或使人名声扫地的能力。他的作品像新闻一样人们争相传阅，不管写的是关于占卜预测以及像《论辩》（1534年）之类粗俗的讽刺作品，还是像《基督的人性》（1534年）这类描述奢华习俗的著作。他那支笔有驾驭一切的本领，其犀利而婉转、刚柔并济的文风使本国语的运用别开生面，不管是口头语、私下用语还是非正式用语在他的笔下都能够得到完美的表达。这一点在他于1537—1557年间发表的6卷书信里表现得尤为充分，正是这些信件引发了竞相出版本国语书信的时髦。阿雷蒂诺的成功全在于他所处的那个社会，人们崇尚务实，左右文学的是都市人的价值观，公众所需要的是取乐和猎奇，而不是道德和灵魂的升华。

在欧洲的其他地方，本国语作家渴望拥有的读者数量较少，而且更显保守。意大利的城市主导着意大利半岛的文化。而在别处，资产阶级的作用虽然重大，但并不是决定性的，其艺术的形式和风格要么透视出旧式贵族和教会的价值取向，要么就还带有未与高雅文学认同的通俗色彩。巴黎和伦敦都是正在崛起的文化中心，但在法国和英国，国家和民族的团结仍然要看是否能够把那些有钱有势的人吸引到国王的周围；伊比利亚诸王国的情况也是如此；在德国，就是那些生意兴隆、欣欣向荣的大城市还是用老式的、多半是宗教的词汇来传达其文化追求的，它们以这种方式承袭和包容这个国家贵族阶级的态度。15 和 16 世纪，由于意大利诸侯对文学的鼎力资助，才改变了意大利文学的格调，使之为北欧的读者所接受；但是，意大利文学由此而染上了矫揉造作的宫廷文风却在文坛上持续了很久才被革除。意大利文化风景吸引北欧作家的魅力在于意大利人的博识饱学，而不在于他们的大众现实主义能力。对于意大利文学，非意大利人顶礼膜拜的是本博，而非福伦戈或阿雷蒂诺；是那些工于修辞的文人，而非那些反对学究的作家。意大利文学的胜利使意大利语几乎被看成是与拉丁语和希腊语同样高雅和完美的文学载体，受此鼓舞，若阿基姆·杜贝莱（卒于1560年）毫不怀疑，法语也能做到与之媲美，他在其《法语辩说》（1549年）中所列举的论据几乎全部出自意大利，尤其是出自斯佩罗内·斯佩罗尼（卒于1588年）的《关于语言的对话》一文，了解这一点很重要。只要我们简略地回顾一下欧洲大陆主要国家重要文体的发展，就能管窥到上述过程的某些方面。

诗歌方面，在我们的考察的这些年代中几乎没有出现什么杰出的诗人。意大利在阿里奥斯托到塔索这一段时间，尽管诗人多如牛毛，但相对说来都很平庸乏味。主宰诗坛的是彼特拉克式诗体，即使是那些反对循规蹈矩的人也只能模仿彼特拉克的作品。彼特拉克和本博式的诗句虽然精美和华丽，但并不是主流艺术，在所有意大利城镇中，这类创作仅限于少数文人圈子内，像弗朗切斯科·马里亚·莫尔扎（卒于1544年）、加莱亚佐·迪·塔尔西亚（卒于1533年）和路易吉·坦西洛（卒于1553年）等人的诗作只存在于诗集里，并不为人们所知；韦罗尼卡·甘巴拉（卒于1550年）、维多利亚·科隆纳（卒于1547年）和加斯帕拉·斯坦帕（卒于1554年）三位女诗人中只有最后一位才超越了因仿照彼特拉克而必然导致的痼疾：过分追求形式的完美而缺乏感情。弗朗切斯科·贝尔尼（卒于1535年）的模仿虽然也属彼特拉克风格，则要归到另一类，因为他的诗作体现了意大利文化背景中通俗而有趣的格调，即上面已经提到的那种讽刺精神：他对博亚尔多的修订也是为了迎合大众的口味。唯有一位诗人真正令人信服，就是米开朗基罗（卒于1564年）。在那个时代诗坛上的一片软声细语中，他的诗别具一格，粗糙刺耳，让人难受，只有他一个人冲破了流行的规则，用自己的声音说话。

第十二章 知识发展潮流

然而，与其说彼特拉克式诗体在意大利俨然已成为桎梏，不如说它对欧洲其他地方的文学发展却起到了极大的刺激和推动作用。从克莱芒·马罗的著作中可以清楚地看到意大利对法国诗歌的影响，尽管马罗的迷人之处更多地在于运用传统的形式和题材时所表现出的机智和真诚，而不是对新风格的推崇；马罗对《圣经》诗篇的翻译更是一次重大的创新，为此，他的名字和法国的改革派人士、瑞士的加尔文宗信徒以及他于1544年逝世的地方意大利连到了一起。那个时代的诗人，大部分都满足于运用修辞学中的古老方法，但是，纳瓦尔王后玛格丽特（卒于1549年）这位在文学资助方面甚至超过她的哥哥、国王弗兰西斯一世的诗人，就像受她保护的马罗一样，其诗文显示出意大利风格的影响，并展现了改革感情的潮流；这两者结合在一起，使她的诗具有自己的特色，反映她自身的精神困惑。然而，就在玛格丽特死后的10年间，普遍认同的新诗传统建立起来了：1558年，若阿基姆·杜贝莱发表了《罗马古迹》和《遗憾》；1560年，皮埃尔·德·龙萨（卒于1585年）出版了他的第一部诗集，杜贝莱和龙萨无疑是七星社的泰斗①，而七星社的思想和感伤情调的渊源可追溯到以龙萨为核心在巴黎成立"社团"以及1549年这个社团的第一部宣言杜贝莱的《辩护》发表之前：与他们最初准备承认的相比，他们更多地把这归到罗马学派、梅兰·德·圣热拉（卒于1558年）和莫里斯·塞夫（卒于1564年）的名下，莫里斯·塞夫是里昂诗人中最杰出的一位，是他在意大利及意大利之发现古典文化和法国之间调和折中。杜贝莱在其《辩护》一文中，对中世纪的诗歌风格痛加责难，并提出苛刻的要求，要法国文学赶上古典文学的水平，甚而和它分庭抗礼，文章的观点前后不一，缺乏连贯性，并未提出富有见地的新方法。风格的形成不是通过实践，而是通过杜贝莱本人对彼特拉克风格的练习以及对罗马和"甜蜜的昂热"所怀抱的那份乡愁；更重要的是通过龙萨，通过他因不满足于自己在感伤诗方面所取得的成就而在颂诗、赞美诗和英雄史诗方面所作的尝试。

西班牙和英格兰也受到了意大利的影响。胡安·博斯坎（卒于

---

① 按传统的说法，七星社的其他成员是：J. A. 德·巴伊夫、E. 若代勒、蓬蒂斯·德·蒂亚尔、R. 贝洛和J. 多拉。

1542年）有意识地尝试采用意大利的形式，他的朋友加西拉索·德·拉维加（卒于1536年）用这种新的风格来表达柏拉图式恋爱的细致入微，显得更为成功。西班牙作家在15世纪已经受到了意大利的影响。英格兰和意大利之间在文学方面的联系直到16世纪中叶仍然不甚明显，托马斯·怀亚特爵士（卒于1542年）的彼特拉克式诗体的尝试进展缓慢；萨里伯爵（亨利·霍华德，卒于1547年）对十四行诗心醉神怡，他把无韵诗用作《埃涅伊特》的部分翻译可能是受意大利人的启发。但是，不列颠文学在"中世纪晚期"比在随后的"无生气时代"显示出更多的活力，取得更大的成就[1]；最好的证明就是16世纪上半叶苏格兰诗歌的繁荣。和南方的邻居相比，苏格兰更加远离外国的影响，但它此时产生了一批重要的诗人，像道格拉斯、邓巴[2]和来自高地的戴维·杜赛爵士（卒于1552年5月）等。这些人处理传统的韵律和形式靠的是技巧和自身的敏感；那位性情古怪的英国诗人约翰·斯凯尔顿（卒于1529年）也是如此。在西班牙、苏格兰和英格兰，尤其显著的是在斯堪的纳维亚半岛国家，诗歌是在民歌传统的基础上建立起来的，民歌准确地说就是通俗的诗，而且大多都不是为发表而写作的。然而，再没有一个地方比德国接受意大利影响更少的了，因为前面已经说过，德国人对意大利人文主义所代表的许多东西都怀有敌意。也没有一个地方像德国那样，中世纪的传统会延续如此之久。汉斯·萨克斯（卒于1576年）是德国最多产的诗人。教会改革之后所写的那些赞美诗，值得注意的是路德本人的诗作，虽然有独创性，但在许多方面都属于较古老的抒情传统。

对欧洲诗歌的这番短暂的回顾表明了，主宰意大利诗坛的这种主要为都市人所创作的典雅的彼特拉克式诗体到了1560年很大程度上已为法国所接受，一定程度上也为西班牙所接受，但对其他地方的影响却明显微小。戏剧领域的发展状况大体上也是如此。16世纪在北欧的大部分地区，中世纪的戏剧仍然很盛行：总而言之，神秘剧在宗教纯粹主义者对其表示不满之前，以大众的宗教理解为基础，一直拥有大量的观众。从流传下来的记载可以看出，16世纪早期的确上演

---

[1] 这些术语是如像 C.S. 刘易斯在《16世纪的英国文学》（牛津，1954年）中使用的。
[2] 见本书第一章，边码第190页。

过一些精心创作的戏剧，比如 1547 年在瓦朗西安上演的戏剧。但是到了 16 世纪中叶，神秘剧在天主教徒和新教徒中都已名声扫地。另一个传统剧种道德剧或者说被改编为戏剧的寓言在 16 世纪后期只是被与之竞争的娱乐形式湮没而已，尽管它因为蕴含有进行政治讽刺的潜力而常常成为诸侯们和地方官批评的靶子。道德剧在法国的发展最快。在首都巴黎有得到官方承认的剧团，比如"欢乐儿童会"，皮埃尔·格雷古瓦（卒于 1538 年）便是该会的成员之一。还有专门的娱乐剧种：趣剧和闹剧，两者都是道德剧本身的分支；闹剧的生命力尤其顽强，新派诗人的傲慢的轻蔑并未使它屈服。在这方面，苏格兰又一次为我们提供了发人深省的说明，因为林赛的道德剧《讽刺三个等级》尽管创作的时间晚，1540 年才在林尼斯哥出版，但其结构和语言的风趣堪称此类作品中的经典。16 世纪中叶，法国和英格兰出现了历史剧；英格兰历史剧在后来的戏剧发展中影响极大。西班牙也是如此，它有一种源于宗教的流行剧种圣礼剧，该剧种注定要在 17 世纪达到其发展的极限。

到 16 世纪中叶时，只有在意大利有一种新潮剧用的是本国语。到现在仍可发现圣剧，但这个剧种已被贬谪到边远地区和未开化地区。在意大利也和在别的地方一样，神秘剧留下了一份更为恒久的遗产：幕间喜剧表演（幕间剧）。然而，这一点被人文主义者忽略了，因为他们正在寻求一种建立在古典戏剧复兴基础上的更具学术性的戏剧形式。翻译过来的普劳图斯和泰伦斯的作品以及类似的当代拉丁戏剧在费拉拉和乌尔比诺的舞台上演，供贵族们消遣，并且很快就在罗马及别的地方流行开来。这些局限于小范围内的演出尝试本身只是一时间心血来潮的表现而已；但它们毫无疑问促发了阿里奥斯托和马基雅弗利（后者的剧本《曼陀罗花》尤其引人注目）① 更为重要的喜剧创作。然而，意大利的本国语喜剧自 1520 年后实际进展并不大，悲剧亦然。② 另一方面，古典的喜剧形式与古老的幕间表演传统相结合产生了即兴喜剧。剧团根据剧目中的固定情节和角色进行即兴表演，这一惊人的发展很自然在起步阶段是不可能留下什么惊人之作的

---

① 见第 1 卷，边码第 75 页。
② 给维特鲁威的威望以及戏剧设计师的影响所带来的效果被认为是令人沮丧的。

（这方面最早的文学证据是1545年的帕多瓦的一份合同），它也就没有引起作家们的注意。况且，这些作家们脱离舞台实际，他们已经不可能再创作出具有戏剧上的价值而不是文学上的价值的剧本了。这样一来，意大利流行的戏剧实际上和文学已经分了家。在欧洲的其他地方，正如我们所看到的那样[①]，许多剧本都是用拉丁文写成的，伊拉斯谟的许多对话生动活泼，颇富戏剧色彩。这些作品中多数都具有教育意义，总的来说，对戏剧发展产生了有利的影响。学术和流行戏剧的联姻最终在英国、法国和西班牙获得了辉煌的成功，这在很大程度上得归功于这些国家中央集权政府和京都名城的存在。

另一方面，想象丰富的意大利散文形式多样，活力强大，有力地说明了资产阶级价值观在意大利半岛上的广泛传播。就像在诗歌领域里一样，14世纪意大利的散文界也产生了一位天才的典范作家薄伽丘。他的精神一直激励着16世纪中叶的小说家们，尽管文学创作的源泉此时已显出干枯的迹象：艺术才能的发挥正在降格为仅仅是为了取悦于读者而已；或者说艺术风格（通过不计其数的作者对柏拉图式恋爱的对话和评说）正在趋于矫揉造作。所谓阿卡迪亚小说或牧歌小说都是源出于此，而现实主义创作仅仅因为有难度便被尘封起来。虽然现实主义在许多散文和对话体作品中不见踪影，比如乔凡尼·德拉卡萨（卒于1556年）的《礼范》，或阿尼奥格·菲伦佐拉（卒于1543年）的《论爱》，但是，很难否认卡斯蒂利奥内的《侍臣论》是一部现实主义的作品，它的确真实地再现了那个让人纸醉神迷和富丽堂皇的乌尔比诺宫廷。不过，严格意义上的小说家倒是更贴近老百姓，甚至在尝试制造惊恐效果时，他们也在条件允许的情况下，比人文主义者更进一步地运用流行的传统手法。于是，优秀的小说家获得了普遍的认同，他们的作品便在欧洲流行起来。吉安·弗朗西斯库·斯特拉帕罗拉（卒于1557年）、安东尼奥·弗朗切斯科·格拉齐尼（卒于1584年）和马泰奥·班戴洛（卒于1561年）的小说很快就在阿尔卑斯山北部地区被翻译和改编。

然而，北方人的小说爱好是有其自身的根基的，即韵文故事、短篇小说以及正在衰落但仍在流行的散文体的骑士史诗。后者的确在

[①] 见本书边码第369页。

16世纪上半叶有过一次复兴。篇幅宏大而散漫的骑士小说特别具有西班牙的特征:《阿马迪斯·德·高尔》比之流浪汉冒险故事《拉扎里洛·德·托尔梅斯》(1554年)中的现实主义更能表现西班牙人的趣味。《阿玛迪斯》在法国获得了巨大的成功,并为朗塞罗、特里斯特朗及其他人所继承和发扬,它在英国也受到了人们的普遍关注,这一点从伯纳斯勋爵(约翰·鲍彻爵士,卒于1533年)的译作——傅华萨的著作《小不列颠的阿瑟》《波尔多的于翁》——中便可看到。骑士爱情也是纳瓦尔王后玛格丽特的作品《七日谈》中的内容之一;虽然这部故事集的框架出自薄伽丘,但其中表现出来的道德感则基本上属于北方特色。

欧洲北部这一时期最伟大、最有独创性和想象力的作家是弗朗索瓦·拉伯莱,实际上我们所讨论的文学倾向的方方面面在他的作品中都有所反映,比如史诗、人文主义和现实主义,等等。他原是一位外省的布尔乔亚,在宗教上他先后做过托钵修士、修士和任过在俗神职,但他基本上是个大学的学子,他的最后学历是医学博士。他以这个身份成了让·杜贝莱的随员,之后曾数次访问意大利,而他的首次出访便是随让·杜贝莱而成行的。毫无疑问,和意大利的这些接触坚定了他的人文主义倾向,正是在里昂,他第一次受到了人文主义的鼓舞,也正是在里昂,他发表了自己的医学著作和考古学著作,以及1533年发表《庞大固埃》。1534年,他发表了《高康大》,但本书的第三部直到1546年才与读者见面;1548年发表了第四部。1553年,拉伯莱在巴黎逝世,之后在1562年发表了第五部的一部分,1564年全书出完。① 《高康大》和《庞大固埃》展示了拉伯莱的文学天才,后人为这两本书写的续集真是五花八门;拉伯莱被称为无神论者、新教徒、天主教徒;同时也被叫作伊拉斯谟式的人文主义者、诚实人中的第一人、中世纪人中最后一位、近代人中第一位,等等。由于他对自己所深爱的这个世界所做的讽刺性的观察,由于他作为一个人文主义者所表现出来的非凡才能和无所不包的学识,以及对自然尤其是对人性所具有的乐观主义态度,他在文学上的地位至今不可动摇。当时,对读者有吸引力的是幻想,是中世纪式的或文艺复兴式的讽喻,

---

① 现在普遍认为,第四部并不完全是拉伯莱独自完成的。

是仿英雄体诗和滑稽讽刺作品，是在作品中穿插道德说教（在后来的作品中，这种说教的篇幅拉得更长），尤其是遣词造句的风味。这种对言词如痴如醉般的玩味可能会使20世纪的读者感到乏味。而在当时，这是把交汇于一个充满喜乐、丰富多产、广知博学的头脑中的哥特语的世界和拉丁语的世界，巨人的哥特语世界和特勒米修道院的拉丁语世界，大众化的北方传统和异国情调的南方传统加以令人兴奋的混合的适当的工具。

用本国语进行创作并不稀罕：这是本国语在中世纪就已经为人们所承认的作用。本国语是通过戏剧舞台才打进严肃创作领域的，因此，观察戏剧舞台的情况是我们了解方言创作逐步走向独立的最佳途径。这一步的确是在意大利完成的，因为在其他国家，本国语创作的进展要慢得多，进入16世纪之后的很长一段时间里，拉丁语一直是学术的重要媒介。无论怎么说，16世纪中期，本国语的使用获得了惊人的发展，部分是通过翻译，部分则是通过文学作品的直接创作。

这期间翻译的数量之大，着实让人吃惊。虽然，有许多作品是一种"现代"语言译成另一种现代语言（比如说，把当时的法语骑士小说译成德语），但是大量翻译的还是拉丁语、新拉丁语和希腊语的作品；当然，正是这后一种翻译使本国语在词汇、句法和文体上受益匪浅。毫无疑问，意大利人在翻译方面先声夺人，尤其值得一提的是把希腊语作品译成意大利语，在这方面法国人紧随其后。这股翻译浪潮中产生的许多作品并没有经受住时间的考验。希腊文本和拉丁文本都有错误；希腊原著通常是从有缺陷的拉丁文译本转译过来的；诗句被翻译成诗句，但损害了文字的忠实；译者总是想方设法迫使原作符合16世纪约定俗成的模式。因此，只有当译者的风格和他要翻译的文本巧合的时候，这样的翻译才能成为艺术（且不论思想的传播，不管多么不确切）。在我们讨论的这个时期，这是很罕见的，但是，正是由于雅·阿米欧把他为之写作的公众的世俗道德倾向和自己的学术成就带到他的翻译中，才使他的译作《普鲁塔克的一生》（1559年）成了名著。人文主义者的拉丁语著述的翻译却不存在用现在语言来容纳古代思想的困难。所以，几乎是与伊拉斯谟的《愚人颂》（1511年）同步进行的翻译文本就获得了普遍的共鸣，后来的译本就无法做到这一点（比如1520年的法文译本和德文译本，1539年的意大利文译本和1549年的英文译本，等等）；莫尔的《乌托邦》在最初的本国语译本中所遇到的情形大体上也是如此（如1524年的德文译本，1548年的意大利文译本，1550年的法文译本和1551年的英文译本，等等）。

《圣经》的翻译归入一个单独的范畴。《圣经》的性质决定了对《圣经》的翻译必须严格，不能像对待世俗著述那样轻率，长期以来，不管是《圣经》全译或是节译都已形成了固定的传统，许多章节都已经译成了本国语，这对于译者来说无疑是一种限制；这一切很快就成了改革者和反改革者之间争论的一个主要话题。至于最后这个问题，只得留待宗教改革通史去解决。而对于《圣经》在文学中的重要性来说，有两点必须指出。首先，《圣经》的某些章节对于16世纪的作者具有很大的吸引力，这与作者虔诚与否无关：法国的马罗和英国的怀亚特都把对《圣经·诗篇》的翻译看成是一种挑战。我们很难知道早期的著述家们是怎样抵御纯文学的诱惑的；这可能是需要一种圣经学术研究氛围，这种氛围要能释放出成为后来的文学所永久全神贯注的东西："释义"《圣经》。其次，那就是《圣经》被译成本国语在全国范围内广泛阅读对文学所产生的影响。值得一提的也是最为惊人和最容易被人们引以为证的例子就是路德的德文《圣经》译本，从1522年起，这部书到他1546年去世为止，出了377版。在这个语言和政治上都处于分裂状态的德国，一部叫人非信不可的《圣经》译本所起到的统一作用当然值得大书特书：天主教的译本（1537年的埃克译本）没有得到认可，正统派所能做的也不过是对路德译本稍作修改而已，这个译本是对形成一种统一的德意志语言的最伟大的一项贡献。在别的任何地方，圣经的翻译都没有获得如此戏剧性的结果，尽管从1520年到1560年这段时间，到处都有人在从事《圣经》翻译工作：勒费弗尔·戴塔普尔和奥利维坦为法国和法语瑞士、廷德尔和科弗达尔为英国、彼得森为丹麦等等。

不论16世纪的《圣经》翻译看起来如何新颖，但翻译《圣经》的实践是很古老的。另一方面，神学是中世纪大学的高年级课程，拉丁语自然就是它的表达工具。这种状况在16世纪固然难以改变，但这一时期用乡土语进行宗教论战的势头却在攀升。路德和加尔文的许多论战性作品分别是用德文和法文写成的。加尔文为自己的《基督教原理》（1541年）一书所作的法文版翻译给人留下了更为深刻的印象，一位神学家用一种现代语言来撰写学术论文，这在历史上还是首次。此外，虽然天主教在回答新教徒的诘难时，不得不用新教徒的术语，因此不得不用本国语，但是，本国语神学（和《圣经》翻译）与宗教改革的关联却坚定了正统派当权者对这些问题的看法，从16世纪20年代索邦神学院满腹牢骚的敌对态度到特伦托神父们谨小慎微的怀疑心情都是如此。其他由社团掌握的科学—法律（教会法和民法）、自然科学、哲学和医学不要求进行宣传，也不要求改宗，所以从拉丁语迈向本国语的步子要慢得多，尽管在医学方面，不够高级医生的档次的开业医生的数量日益增多，这就导致了医学书籍和论文的乡土语化。

把本国语用于严肃写作只是在史学领域才取得了惊人的进步。这方面也有许多先例。从13世纪起，到处都有人在用本国语编写历史，科明内斯的事例表明，北欧甚至在还未受到人文主义影响的情况下，就已经开始在用批评或分析的眼光看待过去了。低估16世纪旧式编史传统的价值是完全错误的。16世纪法国的普通百姓正是通过《大编年史》译本而不是历史学家保洛斯·埃米利乌斯才了解其过去的；在约翰·利兰（卒于1552年）和那位于1560年发表《法国研究》第一部的作者艾蒂安·帕基耶（卒于1615年）渊博的历史和文物研究学识背后，是否明显受了人文主义的影响也确实让人怀疑；爱德华·霍尔在很大程度上被喻为英国土生土长的城镇编年史学传统的代表人物，是年代学上的一次意外事件使他把意大利人波利多尔·维吉尔的观点传给了这一传统的其他代表人物。在16世纪的西班牙、德国以及其他地方，编年史学还处在发育阶段。然而，当这一点被认可之后，它对史学编纂以及对人文主义的政治思考的重要性便值得注意了。对君主形象的拔高使政治这门关于君主的科学成了引人入胜的趣事；只有从历史当中，才有可能分辨出政治的结构；也正是根据希腊和拉丁的模式，才有可能撰写出政治在其中被给予光荣地位的历史。于是，人文主义者全神贯注于当代或近当代史的撰写，其意义比那些以现代手法去影响（用我们已经描述过的方法）民族故事改编的方式更为深远：从这个意义上说，布鲁尼比比翁多更加切合实际，也更符合时尚①，所谓"佛罗伦萨第二历史学派"作品的兴趣超出了他们的题目所涉及的狭窄范围。

"佛罗伦萨第二历史学派"是意大利的，使用的是意大利人的语言，显示的是意大利人的兴趣，表达的是意大利人的老练风格和情感。但是，使尼科洛·马基雅弗利（卒于1527年）和弗朗切斯科·圭恰迪尼（卒于1540年）成为重要人物的是：他们的思考对整个欧洲具有非同寻常的重大意义。马基雅弗利的《君王论》早在1532年全书首版发行之前的手稿阶段就已经名声大振了，他的《论文集》和《佛罗伦萨史》（分别出版于1531年和1532年）同样也成了政治思想史研究的必修文献②，圭恰迪尼的两本历史著作《意大利史》（1561—1567年首版）和《佛罗伦萨史》（直到1859年才出版）也是如此。仅把它们当作历史看，这些著作便是相当重要的。马基雅弗利的《佛罗伦萨史》在敢于不顾编年史传统和充满自信的总结和分析，以及强调社会力量和社会运动而非个人的作用等方面，都远比人文主义的拉丁历史更具有现代色彩。圭恰迪尼作为一个历史学家的独创性从他的《意大利史》而非其《佛罗伦萨史》中便可看出：一种比支配着意大利和欧洲历史编纂学的地方主义要宽泛的毫不含糊的政治史观。

这样一来，佛罗伦萨的历史只有放到整个意大利所发生的历史事件中去看才容易被理解，因为外交和战争就像一根无情的纽带把各诸侯国绑到了一块。具有讽刺意味的是，这些由曾试图插手实际事务的人所撰写的著作都是他们在作为政治家遭到失败后而留下的作品，并且都是在流亡期间或孤独之时完成的。然而，这本身就是一件了不起的事情。为人文主义者如此羡慕的悠闲甚至对这位为公文搞得心力交瘁的马基雅弗利和那位被个人和家庭的志向压得喘不过气来的圭恰迪尼来说也是令人愉快的，对他们两人来说，摆弄文笔乃是一种解脱。他们转向写作，部分原因只是想改变他人的看法，更多的原因则是为了澄清他们自己的观点：值得一提的是，这两人的著作中，有相当一部分都是在死后才发表的。尤其是阅读圭恰迪尼的作品，你会感到一

---

① 见本书边码第371页。
② 见本书边码第460页。

种以极度悲观的形式表现出来的并且有意加以引导和控制的反省精神。本是为圭恰迪尼自己的家庭而不是为发表而写的《杂感》(*Recordi civili e politici*)① 有可能是我们正在回顾的这个时期所产生的最不同凡响的著作。在马基雅弗利看来，历史能够给人以教训；对于圭恰迪尼来说，除了人自身的处境之外，一切都是相对的。圭恰迪尼在回顾他为罗马教廷当差的生涯时，承认他对在教会任职的抱负感到厌恶，他承认神职人员们的贪婪和奢侈本来会促使他成为路德宗信徒的，要不是首先考虑谋生之道的话（《杂感》，第28节）。他的理想有三：一是在佛罗伦萨建立共和政府；二是建立一个清除了所有野蛮人的意大利；三是建立一个废除了罪恶的神职人员专治的世界（《杂感》，第236节）。但是，他对自己的理想能否实现表示绝望。明白事理的人常把事情办糟；计划不能达成就像是没有制订；未来总是捉摸不定。"但是，人不能像动物一样任凭命运摆布，因为人有理智。明智人做事，只要动机纯正，就应当心满意足了，即使这样做的后果糟糕透顶也无所谓，而不应当采用卑劣的计划或手段去达到某个善良的目的。"（《杂感》，第382节）德·桑克蒂斯（想到阿雷蒂诺）曾经写道：16世纪的意大利被笑声给窒息了，圭恰迪尼却得出了相反的结论。

到了16世纪中叶，本国语已经战胜了拉丁语，这是确定无疑的了，尽管在意大利以外，其他地方运用本国语的实际状况并不理想。除此之外，通过以上的考察，我们还可以得出其他具有普遍意义的结论吗？很明显，拉丁语的影响无处不在，意大利语的影响也在到处蔓延。欧洲的作者接受的是拉丁语教育，他们翻译并模仿拉丁语和意大利语的作者。这样做明显收到了良好的效果。但是也要看到，在取得良好效果的同时，也伴随着某些负面的影响。在诗坛上占统治地位的拉丁模式和意大利模式既促进了本地诗歌传统的形成，也抑制了本地诗歌传统的发展；经常会出现一些"学究气"的用语，虽然显得博学，但却晦涩难懂，这样的文风就是再好的作家也在所难免，以至于连拉伯莱也不得不在其《巨人传》第四部中把"晦涩用语"列入一张表里。这样做不仅导致了故作风雅和绮丽夸饰的文体，并且还滋长

---

① 部分未经授权的版本，巴黎，1576年。

了本国语作家的文人圈子意识，与使从事拉丁文学的人文主义者的形象遭到损毁的拉丁文人圈子相似。然而，和16世纪西班牙、法国和英国以前所未有的速度丰富本国语言的词汇，和那些被证明是令人愉快且具有不朽价值的文学情感和形式得以传播比较起来，这点代价算不了什么。否则，萨纳扎罗的田园牧歌风格怎么能传给西班牙的蒙特马约尔和英国的锡德尼呢？若非如此，十四行诗又怎么能够在所有欧洲的主流文学宝库中开掘出只有严谨而具有贵族气派的体裁才能释放出来的财富呢？

然而，正是通过对16世纪散文的分析，我们才有可能更有把握地对这一时期的思想潮流作出判断，这个时期散文体的丰收是以牺牲文学内容中的诗意换来的，这样说似乎更公正一些。之所以这样说不只是这一时期伟大的诗人凤毛麟角，也不只是由于价值取向的逐渐演变，使诗歌落到与剧作或论文等同的地位。16世纪作家日渐看重的价值观是讲究实际：个人道德和公共道德受实际上通过观察和经验得出的准则的约束，尽管人们在口头上是多么赞成古代的道德哲学。正因为如此，我们在评价蓬波纳齐派或卡耶坦派的哲学成就时必须有所保留；学院派哲学，不管是唯物主义还是托马斯主义，和从前相比更与现实不相干了。在一个资产阶级情调日趋浓厚的社会里，人们可以说它，那种史诗般的联系使它与这个社会格格不入。意大利的马基雅弗利和圭恰迪尼、法国的拉伯莱一直到蒙田一脉相承。这位当过波尔多市长后来成为领主的他在《随笔集》中消化吸收了本章讨论过的书籍，所以通过阅读他的著述，我们便能在一定程度上了解16世纪的著述在本世纪中认为有价值的东西。

二 科学

科学史上，16世纪是科学思想和科学方法缓慢形成的变革时期，但这些变革要到下一个世纪才最终完成并为世人所接受。此时的科学中世纪的成分多于现代的成分。尽管发生了文艺复兴和宗教改革；尽管有从两个印度传过来的惊人发现；尽管确实出现了哥白尼和维萨里的技术革新；有学问的人和没有学问的人一样，对他们生活于其中的自然环境所具有的情景自14世纪以来几乎没有什么变化。从这情景所得到的意象对于莎士比亚和对于乔叟都同样适合。

因为，科学一方面要对自然现象进行描述和分析；另一方面，还要对自然现象作出解释。所谓解释就是把那些看似复杂和令人迷惑的现象归结为简单明了的本质性特征；中世纪科学解释的一些核心观点在16世纪仍未受到挑战。在生理学和医学方面还是盖伦的四体液说；在物质概念及其变化形式方面还是亚里士多德的四元素说；在天文学方面，还在坚持天体必然作完美的圆周运动；在物理学方面，仍将运动分为两类：暴力引起的运动和自然的运动。这些以及诸如此类的科学原理似乎还跟早先一样是不容置疑的，就像现代的科学家在解释各种各样的自然现象时必须借助于惯性定律和能量守恒定律一样。哥白尼和维萨里对于描述的修改并未超越这些解释的基本法则，科学在物理学方面的活动或科学的理性的活动的新发展也并未真正把它们推到危险的境地。直到下一个世纪，在对亚里士多德的逻辑方法以及仅仅引证古人的权威的做法提出异议的同时，才没有反复断言观察、实验和数学证明是科学理论是否有效的最高标准。

16世纪初，或者说在整个16世纪的大部分时间里，科学知识的来源首先是古代的经典著作，其次是中世纪从13世纪到14世纪这一伟大和富有创造性的时期所涌现出来的成果。科学入门和科学鸟瞰如萨克罗博斯科的《球体》及盖伊·德·肖利亚克的《外科学》之类的通俗作品几乎都是中世纪的产物。至于物理学和宇宙论之类高深的理论，亚里士多德则已经为其提供了整体的结构和大部分的内容；盖伦之于解剖学和生理学、迪奥斯科里斯之于药物学、托勒密之于天文学情况也如此。虽然，把阿拉伯语译成拉丁语的时代早已过去，但是，在中世纪希腊语学者压倒阿拉伯语学者之前，仍然存在着对伊斯兰的科学经典尤其是医学著作的需求。比较起来，1500年以前出版的科学书籍中，近期作者的手笔几乎没有，即使有，也不过是对传统经典的提炼而已。就是16世纪称得上第一流或者说编得最成功的教材格雷戈·赖斯的《哲学的明珠》也是如此。其中，没有一样东西不是这个世纪以前就讲授过的；它并没有体现出新时代的精神，对自然界的看法也没有提出什么新的观点。16世纪的科学很少像中世纪哲学家那样一味追求逻辑的精密，也不在意聒声于14世纪的亚里士多德的机械论的批评，展示了中世纪人类理智经验中既活跃又有几分

第十二章 知识发展潮流

迟钝的情形。

很难对文艺复兴时期的科学从中世纪自然哲学家和医学著述家那里得到的恩惠给予过高的评价。虽然中世纪的拉丁语有失典雅叫人瞧不起，虽然掺杂了阿拉伯语的古希腊科学传统是否纯正让人怀疑，但不能因此就说，拒绝这份思想是正确的。因为中世纪晚期希腊科学在西欧各国的传播很大程度上都是通过伊斯兰教作为中介而达到的。中世纪基督教在罗马帝国彻底崩溃的地方取得了胜利。并且还在大学里设立机构，使古典学术得到永久性的保存，这样一来，巴黎、帕多瓦和牛津自然而然就成了雅典和亚历山大的后继者。长达4个世纪之久的翻译、教学和评述以及对古代著述的分析、批评和比较恢复了由于社会灾难和蛮族入侵而被打破的文明结构。

此外，中世纪的科学探究对经典例证或作修改，或作增补，其方法如果进一步加以发展，定会对16世纪的科学进步产生重大影响，也是能对17世纪的"科学革命"作出贡献。在方法上，中世纪哲学家非常强调对特殊现象进行直接观察和实验是支持其论点是否具有普遍性的必然条件。这一合理构想的运用尽管有限，但却引人注目。人体解剖在古代事实上是不可能的，而此时在大的医学院校已是屡见不鲜了，虽然只是用视觉给盖伦的著述作评注而已。这时，磁力现象的基本特征通过实验已经得到验证，罗盘也已经用于航海。在光学方面，折射现象受到了认真的研究，并且，通过直接实验对彩虹形成作出的解释明显优于亚里士多德的理论。中世纪在技术工艺方面取得了重大进展，技术革新产生了诸如机械钟和玻璃镜头等，而这些东西在近代科学的早期对于制造观察和实验的工具起到了关键性的作用。

同样令人吃惊的是，通常认为的近代史的开端都不是和科学革命中具有战略意义的概念之产生同步的，它们的起源得从近代史之前的任意一个时期中去寻找。哥白尼在天文学上的创见既离不开中世纪对托勒密天体几何学的探索，也离不开中世纪对地球运动可能性的讨论。关于物质和物质变化的化学理论起源于中世纪伊斯兰教的炼金术，在18世纪后期的拉瓦锡时代之前，虽经历了一系列的变迁，但却停滞不前。这当中最有趣的要数动量概念的演变[①]，从古代动量概

---

① 见本书边码第401页。

念的产生到 14 世纪广义机械论的状况都是和亚里士多德的动力理论直接对立的。同样一个理论，几乎未作任何进一步的修正，便由亚里士多德《物理学》一书的评注者一直讲授到 17 世纪初；正是从动量机械学这块知识跳板而非直接从亚里士多德的理论，伽利略为近代科学奠定了基础。他对自己的发现的阐释显然带有中世纪的痕迹，他之得益于 14 世纪的让·布里当和尼科勒·奥雷姆比这两位科学家之得益于亚里士多德或文艺复兴更多。

在 15 世纪，即意大利文艺复兴早期，科学和哲学曾一度丧失了由翻译别人的著述转向发表独创性见解的推动力。对科学史上这段时期的一种解释集中在两点：一是 16 世纪早期放松了中世纪十分看重的科学阐释的逻辑性；二是文艺复兴时期的学者对古典权威的不折不扣的忠诚。针对这种解释，也有人指出，列奥纳多·达·芬奇广博的兴趣和全新的视角，指出这一时期对希腊思想的真正精神的更真诚的赞同，指出安德烈亚斯·维萨里（1514—1564 年）和尼古拉·哥白尼（1473—1543 年）的创造性工作，都说明了文艺复兴对科学之再生的影响。关于文艺复兴时期科学的看法聚讼纷纭，并且由于人们认为对广义的文艺复兴显示出来的特性或导入思想史上的特性没有明确的界定而显得模糊不清。

科学与整个文艺复兴运动之间存在着重要的交叉联系，这是一目了然的。在这些联系之中，发明印刷术所产生的影响最为显著。[①] 由于抄写书籍要花费大量的劳动，所以被选中的少数书籍便被赋予了人为的突出地位，从而限制了新书的传播。到 16 世纪中叶，即使是学术上的无名之辈也能拥有相对来说数目庞大的某一题目的专著。一位死于 1551 年的剑桥物理学家拥有超过 200 卷的藏书，其中包括四十多册医学专著，一本是盖伦的希腊文著作，其他都是古典时期、中世纪以及当代著述家最著名的著述。在引进印刷术之前，只有修道院的图书馆才能收集如此众多的权威著作。有了印刷术，就可以对各种观察和见解进行比较，这是中世纪望尘莫及的。同样，如果没有印刷的书籍的作用，葡萄牙新的航海科学要想得到如此迅速的发展、维萨里

---

① 参见本书边码第 361 页以下。

和帕拉切尔苏斯（1493—1541年）的著作要想引起如此广泛的争论也是不可思议的。更早一些时候即15世纪末出现了一种新的疾病叫梅毒，一时间引发了大量的文章，这充分地说明了，印刷术对科学争鸣著作的传播作用。

首批出版的书籍中，科学著作和医学著作相对居多。据克莱布的书目（1938年）统计，1500年前出版的书籍有1044种，三千多版，大约650位作者。当然，意大利出版社的发行量占了很高的比例。虽然在未来的两个世纪中，大部分科学和医学著作是用拉丁文撰写的，但在最有名的中世纪文本中（如英国人巴塞洛缪的《论物性》、曼德维尔的《旅行记》以及卡克斯顿的《养生之道》之类书籍），也有一部分采用了本国语。16世纪出版的书籍，种类更多，范围更广，包括医学和外科学，航海以及应用数学的其他分科等方面的论文。然而，伽利略是近代天才的科学家中第一位用本国语从事大量写作的。

在科学中，运用视觉形象进行交流的重要性一点也不亚于运用印刷文字的交流，就像凸版印刷刺激了人们力图以最完好和最纯正的形式来再现古代的知识、改正抄写员和译员世世代代造成的笔误（印刷术提供了可以重复印刷而不会出错的方法）的渴望一样，从木刻印版到后来铜凹版的运用，既可增加图例的数量，又不至于出现错误，从而使人们产生了通过适当的形象来图解文本的想法。把中世纪动物标本和植物标本中的图片和难得一见的解剖图拿来与16世纪类似的木版画相对照可以看出，差别是显而易见的。精确地复制一张图画要比复制一篇拉丁散文困难得多，所以，技艺高超的画师远比抄写员的数量少得多。由于采用新技术，15世纪末最后一个年代第一次出现了印有插图的解剖学书籍和植物标本集。以后的50年在这方面又有了重大的改进。

木板画极大地促进了医学外科教学、植物学和解剖学的发展。但是，要想获得最佳的效果，还需搞科学的人与搞艺术的人进行协作，文艺复兴时期素描艺术和绘画艺术的繁荣对科学产生了深远的影响。抛开明显的美中不足之处不说，中世纪的艺术是象征的和理想主义的；文艺复兴的艺术是描述的和现实主义的。文艺复兴的画家已经掌握了透视原理，即在平面上描绘三维结构的技术。艺术家能为读者几乎像目睹一般描绘出一部机器各部分之间或人体器官之间的空间关系，相反，中世纪显然没有攻克描绘科学和技术物品的制图方法。自波提切利以后，艺术家们都乐于对花、叶、紧张的肌肉、光线的反射和折射进行精确的描绘。为了深入了解动物和人体的组织结构，使作品更富于现实感，像米开朗基罗和列奥纳多这样的画家都作过解剖，他们的素描远远超过了专业解剖学图解的标准。所以，有人把维萨里《人体结构》（1543年）中第一流的图形当成了提高画派的作品，这并不使人感到意外。也许在生物图解这一小块领域内，科学与意大利文艺复兴的精神之间的交流是最紧密的。

然而，文艺复兴时代的纯学术也产生了强大的影响。这影响将人们的注意力集中在以下的三大任务上：一是再现曾经失传和被人忽略的文本和知识；二是寻找希腊文原稿以取代中世纪的阿拉伯—拉丁文译本；三是对最有用的原稿进行仔细的研究和核对，以恢复其本来面目。这样的学术研究大量投向古典科学著作。因此，许多在中世纪鲜为人知的著述到了16世纪便不再陌生了。1417年由波吉奥·布拉乔利尼发现的卢克莱修的《物性论》被多次再版。这是古希腊原子论思想最为精致，也是最晚时期的陈述，中世纪的人们对它的了解几乎完全是从亚里士多德那充满敌意的引述中得知的，我们从17世纪机械唯物论的粒子观中可以看到卢克莱修这部诗作的影响。赛尔苏斯《医学》这部罗马人对希腊医疗科学的汇编1426年前几乎还没有人知道，此书引人入胜，甚至在希波克拉底和加伦的著作还未印刷之前就已经出版了。在数学和机械学方面，发现希腊人阿基米德（1544年）[①]产生了革命性的撞击；近代数学史实际上应当从阿基米德算起。然而，新的文本并未全部取代已为人们熟悉的权威版本，以伊斯兰传统为基础的医学论文虽然受到希腊语学者的怀疑，但大多数人并不拒绝。代数的发展和几何学一样在16世纪欣欣向荣，这并不是希腊根源推动的结果，因为数学的这个分支本来就是伊斯兰文化的创造。如果说，解剖学中的阿拉伯术语已被涤除，代之以相应的希腊用语，但化学则依然保留了"alcohol"（酒）和"alkali"（碱）以及其

[①] 阿基米德的一些著作已在13世纪下半叶由穆尔贝克的威廉从希腊文译成拉丁文。他的译文于1543年印刷成书。希腊文本的新拉丁文译本于1558年出版。

他大量由伊斯兰语派生出来的词汇。正因为欧洲中世纪科学几乎清一色起源于古希腊科学，也正因为16世纪并没有完全拒绝阿拉伯文化的中介作用，所以在文艺复兴的古典主义影响下取代阿拉伯文化的范围并不是非常巨大。要求对"阿拉伯"天文学家引入的托勒密数学常数进行修改的争论以及用"阿拉伯"人的静脉切开放血术与希腊人的这项技术相对立而引发的争论都是一些枝节问题，而不是带根本性的概念和方法。文艺复兴时代在这方面的专家未必就更高明，或者说就一定比中世纪的前辈们知道得更多。

很明显，16世纪早期的学者——科学家在医学和自然史方面是最活跃的。没有哪位著述家的著作像加伦的那样受到如此细心或者说反复不断的编辑。英国学者参加了阿尔定版（1525年）的编纂工作，并且，维萨里（之前他再版了约翰·金特的《根据加伦的解剖学原理》）也参与了1541—1542年季翁塔版的工作。植物学的发展是由瓦莱里乌斯·科杜斯（1515—1544年）以及彼得罗·马蒂奥洛（1500—1577年）这样的博物学家去推动的，以迪奥斯科里斯的《药物学》的希腊文本作为坚实基础，并按照要求，为适应西欧截然不同的植物区系对这部书作了补充。在初版译本中依然色彩浓厚的中世纪植物学传统（一直到1526年的英文本都是如此）被彻底抛弃了。虽然，百科全书式的博物学家康拉德·格斯纳（1516—1565年）和乌利西·阿尔德罗万迪（1522—1605年）实际上是引经据典，以古人的话作为界限，但是，他们在其他方面也有许多优点。

文艺复兴提倡古希腊学术本身就很难激发具有独创性的思想，如果这样说意指愿意批判公认的科学阐释原则，愿意寻找未曾尝试过的探究方法，愿意真正地去观察事实。对亚里士多德、加伦和托勒密的普遍正确性提出质疑，这在16世纪和17世纪初仍然要冒被斥为傻瓜的风险，或者受到更恶劣的对待。中世纪哲学家凡采纳和传授希腊自然观的就不会受到文艺复兴时期人们的谴责，反之就要遭到批评。后者的错误就在于，在还没有吃透古典的情况下就胆大妄为，以至迂腐到要尝试改进古典文化中的智慧结晶。是经院哲学本身，而不是它以之为基础的哲学成了伊拉斯谟和蓬波纳齐之类思想家攻击的靶子。如果说，中世纪通过把"阿拉伯人"和希腊人都尊为科学和医学的权威，既发展又批判传统思想、促进技术和实用科学的进步，显示了其承认文明进步的一定倾向的话,那么,文艺复兴则更着重于对古典文化的模仿。所以,某些背离中世纪传统的文艺复兴是倒退,而不是进步,这并不会使人感到吃惊;所以,像帕拉切尔苏斯之类真正反传统的人,公开承认既反中世纪,也反希腊,这不只是在16世纪,就是在之前的任何一个时期都会遭到强烈的不信任。

那么,从什么意义说"科学的文艺复兴"才是无可非议的呢?根据以上所述可以清楚地看到,在科学思想的延续和发展中,没有出现过突然中断,也未出现过像后来所发生的那样的断然拒绝过去。然而,对于科学遗产,更明智的做法是力图理解它,而不仅只是把它们列举出来。解剖学家和植物学家可能会将书本和肉眼耐心观察的结果加以比较;或者(像哥白尼所说的)可以像古人所做的那样,自由地去提出和检验新的假设。这里,更大范围的文艺复兴时期的古典知识发挥了作用。古代遗产不是单一的,值得一提的是,柏拉图、毕达哥拉斯学派和阿基米德在16世纪比以往更为频繁地为人们所提及和认同。在人文主义的剧烈推动下,人们在力图从字面上理解古代科学的真正含义的同时,对实实在在而非想象的自然也表现出了更大的兴趣。这样,中世纪自然滋长起来的修辞训练、宗教象征主义和朴素寓言大多也就烟消云散了。

从哲学家的书房走向田野和作坊的实践活动可以从16世纪科学的方方面面清楚地看到:博物学家宣称自然中蕴含着美和道德教训,他们云游四处,渴望找到新的物种。帕拉切尔苏斯详述了那些理发师、浴室管理员和巫婆们所掌握的实用医疗技巧。阿格里科拉(1490—1555年)和比林古奇奥(约1540年)描述了从事矿山开采、金属品制造和早期化学工业的经历,并收集了大量新的事实数据和观察结果。几何学被用于制图、航海、射击和测量后,在教学运用上出现了新的难题,但都依次被解决了。人们在测量和观察的方法上投入了大量的注意力,并且取得了很好的效果。甚至这一时期最伟大的科学成就也基本上都是实用型的,比如,维萨里通过解剖标本和图例来改造解剖学;哥白尼把一个奇怪的假设置入精确的数学形式中;尽管科学阐释采用的基本术语没有什么改动,但确定的事实的陈述还是有了根本性的改进。到1600年,世界比过去有了更好的地图;天上的星体比过去有了更准确的定位;人体结构比过去有了更精确的描述;

第十二章　知识发展潮流

化学作用比过去有了更明晰的陈述。科学在这方面取得的成就虽谈不上辉煌，却是实实在在的。尽管在科学上获取全面丰收的年代被推迟了，但它却为提出与所有享誉于古代、中世纪以及文艺复兴时代本身的科学思想完全不同的全新概念铺平了道路。

数学的发展呈现出三个明显的趋势：一是在几何学方面发展较为复杂的希腊人的方法，这些方法是阿基米德和阿波罗尼奥斯在其著作中所研究过的；二是更好地掌握代数方程；三是强调应用，推动通俗教学的发展。因为数学向更深奥的分支方向发展对自然科学的影响并不大，所以没有必要详加考虑。代数向符号化发展，以及用代数方法解决科学上的问题，两者都是17世纪而非16世纪的创新。在笛卡儿的《几何学》发表以前，乃至在这之后的一段时间里，科学家、天文学家和应用数学家几乎沿袭希腊人的做法，纯粹用几何学来解决问题。问题的展开方式要求计算长度、面积和体积，由此得出解答。由于希腊人对圆锥曲线的分析的重新发现和三角函数的广泛运用，更由于阿基米德面积计算法向"无穷小法"的发展，这样的演算就容易得多了。由于在技巧的运用上具有更大的灵活性，在机械科学中用几何推理解题的前景就被打开了，事实证明，后来由伽利略、笛卡儿、卡瓦列里以及许多其他17世纪早期科学家加以发展的这套几何推理方法，乃是一个强有力的数学工具。

要使数学更加通俗化，就要剥去数学技巧的神秘性，剥去它与一般人无法进入的艺术之间残留的联系，在这较为低级的层面的努力是非常引人注目的。一方面是银行、金融和交易所的管理，另一方面是船舶的航行、工程项目的指导和战争的指挥，都在趋于复杂化，这就为开发一般人能够精通或运用的计算规则提供了许多机会。这种情况对像英国这样相对落后的国家来说更是如此。在英国，第一部算术书卡思伯特·滕斯托尔的《算术论》（*De arte supputandi*）直到1522年才出版。紧接着便出版了罗伯特·雷科德的4部本国语著作，其中包括名气很大的《艺术的基础》（1540—1542年）①和《知识堡垒》（1551年）——这是第一部用英文写的、其中提到哥白尼的天文学著

---

① 这部书第一版已失传。

作——以及引进代数的《智力的磨刀石》（*The Whetstone of Witte*）。至于迪格斯关于测量和测绘的英语论文如《论度量》（*Pantometria*）（1571年）中所讲授的应用几何，其基础是欧几里德定理，这在许多数学手册中都有方便的归纳。欧几里德的《原本》的英文译本（由约翰·迪作序）于1570年出版；其他语种的版本出版日期更早一些。本书作为测量高度和长度的工具被广泛地运用于教学。英国人撰写的同类著作也以多数大陆语种出版。

几何学的两种特殊用途都与天文学密切相关，因此受到了极大的重视，获得了长足的发展。制造日晷的技艺经历了许多稀奇古怪的改良，在使用轻便型仪器后于15世纪得到简化，办法是在它里面安装了一个小型磁罗盘，这样盘面上的指针轻而易举地对准南北方向。理论上，一天的时辰可以通过几种方式来确定，一是测量太阳在子午线方位角上的位移；一是测量太阳距离地平线的高度，再就是结合两种方式的测量。在后两种情况下，仪器必须提供某种方法以测定太阳偏斜时引起的季节性变差。使用超过一个纬度时，要求日晷的标度盘可以被调整。当把这些原理付诸实践，以及当建造固定日晷用于不同的场合，适应不同的用途时，几何学上的问题便出现了。解决这些问题的著作有一大堆，其中最圆满的或许要算克里斯托弗·克拉维尼斯的《日晷测时学》（1581年）。

航海乃是更为重大的商业活动。综观整个古代，一直到15世纪，船只从一个港口航行到另一个港口，导航全凭海员对风向、海底情况以及界标的熟悉程度。此外，太阳和星体的位置也可为航行大致指出一个方向。13世纪采用了磁罗盘后，使人们能够更好地测定航向，但船体自身所处的位置还是无法确定。16世纪的近海航行采用了同样的方法，许多关于领航术的教科书出版了，比如教人怎样确定某个码头的潮汐状况以及"北斗星群"。但是，船长们的技术和记忆并不足以完成在大西洋上向南和向西的航行以及横穿印度洋的任务。在远洋航行中，船员有数月时间看不到陆地；航海员得用新的方法来测定自己的位置，并且把自己的位置标在航海图上。其中的问题，部分已在15世纪通过天文学和几何学解决了。纬度通过测量正午太阳的高度（适当考虑太阳的偏斜变化）或极点的高度来确定。经度只得根据航线进行粗略计算，并估计每一个方位的航行距离。然后，在海图上找到船只所到达的地点。比如环非航行，可以先向西，再适当向南，直到好望角的纬度，然后"顺着纬度"一直到达海角。

远洋航行靠的是测程仪和海图、磁罗盘与天体观察的综合并用，这是这个时期唯一重要的完全出自自然科学和数学的技术，是葡萄牙人的创新。它要求除了懂得基本的科学原理之外，还要掌握操作仪器和使用图表的技术。渐渐地，这项技术传到了西班牙，而后又传到欧洲的其他地方，因为，对于那些想要进入东印度或从事美洲贸易的人来说，掌握这门技术是必需的。揭示航海这门新科学的书中最有影响的要数马丁·科尔特斯的《航海术》（1556年），1561年由理查德·艾登译成英文。虽然，就航海这门科学来说，主要的东西并没有改变，但对仪器和图表的改进却一直没有中断。从理论上说，测量经度变化的方法也在进步，但是，没有一种方法的使用能够超过两个世纪。威廉·吉伯在那篇伟大的论文《论磁石》（1600年）中开始部分地对地球作为一个磁体的活动进行了考察，结果证明，其中的奥妙比人们最初认识到的要复杂得多。虽然地极的磁移引起了人们的注意和考虑，但是，磁针从根据地极确定的北向发生偏移在整个地表遵守一种简单常规这个原先为人们所期望的结论被证明是错误的。到了16世纪末，人们普遍认识到，可以通过深入的科学研究来改进航海技术，与此同时，许多人主动提出教那些没有受过教育的海员改进他们的驾驶方法。

与航海密切相关的地理学和制图学从15世纪最后10年开始的努力探索中迅速发展起来。这个时期，另一个与此并不完全相关的重大事件乃是，托勒密的《宇宙结构学》于1475年首次出版了。文艺复兴时期试图根据他的理论重新绘制世界地图，中世纪在这方面所做的理论补充没有引起足够的注意。当人们认识到，哥伦布发现的地方并不是亚洲的一部分时；当太平洋水域出现在人们眼前时；当人们对探险家的报告进行分析后并得出结论时，托勒密的地理学终于显得过时了。在奥尔泰利乌斯和默尔卡托的努力下，地球上被探险过的地区在16世纪下半叶有了精确绘制的地图也就是理所当然的了。欧洲有限地区的认真细致的地图测绘始于15世纪后期，到了1600年，人们都已充分地认识到，在制作地图时，要用三角测量术进行勘查。然而，却没有人尝试精确地测出一个地理度的长度（并由此而确定地球的大小)。人们考察了对海图制作尤为重要的设计方法；这方面由于引进了默尔卡托的设计（1569年）而有了长足的进步，因为它能够制作出特别适宜于航海的地图。其数学基础首次由爱德华·赖特（1599年）作了全面的解释。

几何学最引人注目、最广泛的用途是计算和预测天体的运动。这不只是一个抽象的科学兴趣问题，也不只是仅与航海家有关联的问题，因为明断占星术以及类似的迷信依然盘踞在人们的心中，影响人们的思想。当哥白尼的天文体系引起争议时，最初的反对者们就曾迫不及待地指出，这个体系对传统占星学的计算没有丝毫妨碍。无论是文艺复兴还是宗教改革都没有对占星术或任何现存的迷信加以过约束。毋宁说由于以下三种原因人们更倾向于认为人是神秘力量的玩物：一是各种各样的知识都是人类探究的适合对象这种意见的提出；二是对古人的秘传知识兴趣日益浓厚；三是关于自然界和超自然界的纯基督教的观点走向衰落。对危险的神秘力量，人们更多的是采取鼓励而不是回避的态度。哲学家和诗人都毫不讳言地把人生的不测事件归因于星体的排列；物理学家和炼金术士也是按这些神秘力量来调节他们的工作。所以，人们把各种奇迹怪事如：彗星、怪胎、新发现的星体等看作是不幸和神秘的征兆也就不足为奇了。行星之间的相互靠近和离去以及月食、日食等现象不仅是少数天文学家，也是许多阅读历书的人们所关心的事。

公元2世纪时，托勒密所面临的问题是，如何建立一个规则的几何运动模型来描述从地球上固定一点所观察到的天体运动。如果像托勒密所说的那样，地球稳定不动，位于宇宙的中心，那么，太阳、月亮、行星和恒星就要围着地球由东向西绕行一周。但是，人们以星体作为背景看到的却是另一番景象，太阳、月亮和行星由西向东朝着相反的方向、以不同的速度运动。此外，托勒密坚信，开卜勒以前的所有人也和他一样持同样的观点，即：所有天体运动都呈完美的圆周运动，但是人们从观察中清楚地看到；只有太阳和恒星以地球，即宇宙的中心，为中心作圆周运动。托勒密只能用假设来说明为什么对行星和月球的观察结果与其理论不相吻合，即：它们围绕着一个中心（本轮）旋转，而这个中心又围绕着地球作另一种完美的圆周（均轮）运动。通过观察后的计算，托勒密从各种不同运动的周期和许多圆周半径中找出恰当的值，然后通过补充各种假设来建构一幅宇宙的几何图像，从中可以计算出天文图表，并对未来将发生的事件作出预测。然而，他的几何学并未完全遵行统一的模式，他也不打算建立一个能够简化为几条简单原理的严格体系。

托勒密没有用物理学术语来解释天体现象，实际上要用物理学来对他几何图像作精确的阐释是不可能的。相反，倒是亚里士多德这样做了，他在其著作中讲述道：有一组同心的球面，天体在其上旋转；地球物质与天体物质不同以及各种现象有其原因和目的等等。所以，自然哲学家以亚里士多德为研究对象，而数学家则以托勒密为研究对象，因为数学家虽不总是，但却经常坚持不懈地继续实际观察的传统。

尼古拉·哥白尼是中世纪数学天文学传统最后一位伟大的捍卫者，尽管他用这种方法证明的是一个全然不同的假设：地球本身是运动着的，它是一颗绕太阳旋转的行星。整个天空由东向西旋转实际上是由于地球绕着地轴自转而造成的错觉，这种观点在中世纪已广为人知，但并未使人信服。对于托勒密体系，五大行星以太阳而不是地球为其运行轨道中心的观点自然是另外一种选择。但是，自从亚里士达克宣称：太阳和恒星是固定不动的，地球围绕着轴心自转同时又按照某种运行轨道环绕太阳旋转以来，再没有人提到这一思想了。日心说体系真正伟大的价值在于，除了免去宇宙必须每天旋转一周的麻烦之外，还可以从每个行星运动的几何描述省去现在可以归因于地球每年实际公转的成分。这样一来，哥白尼就可以比较公正地宣称，从数学上说，他的体系比托勒密的更为简洁，更为和谐。

正是在考虑这一让人感到亲切的、严格说来已超越了科学的评价之时，哥白尼迫不得已声明，日心说的假设不仅在数学上是站得住脚的，在事实上也是确凿无疑。哥白尼的天体几何只不过是托勒密的天体几何的倒转，派上略有差别的用途而已。他保留了完美的圆周曲线、本轮和均轮等学说，甚至保留了亚里士多德的天体概念。他借用托勒密的劳动成果以及托氏引用的观察结果来计算天体的旋转周期和轨道运行的圆周半径，并采用了一大批伊斯兰教天文学家的数据以及一小部分他本人的劳动来加以补充。结果，尽管他和托勒密的基本假设南辕北辙，但各自使用的几何方法则是可以互换的，也就是说，不管是用哪一个体系来运算，从地球上看到的天体的相对位置在任何时候都是相同的。不可能用天文观察来对二者进行检验，日心说体系也不可能比地心说体系作出更为准确的预测。哥白尼的首要任务是证明，日心说的假设在数学上并不是荒谬的，它的准确性不会比地心说差。再往前走就不是他力所能及的了。然而，他并没有停下来，他要证明现存的观点是错误的。而当他这样做的时候，他所要解决的就只是可能性的问题而非现实性的问题了。是所有天体都在旋转，还是只有地球在旋转，哪种可能性更大？在天球层上，谁是宇宙的中心？是小小的地球呢？还是那巨大而炽热的太阳？是相信恒星的距离相对来说要近一些呢（比土星的距离远不了多少）？还是相信它们的距离是如此遥远，以至于我们不可能从它们那里得到地球公转一年的暗示呢？地球是独一无二的天体呢？还是和其他行星一样，能作相似的运动呢？

　　哥白尼在对付这些问题时，便进入了一个与数学天文学不同的思维领域。随着他努力证明日心说体系是对客观现象的真实描述，而不只是一个运算工具，哥白尼从托勒密的领地进入了亚里士多德的地盘。因为，如果地球环绕太阳作圆周运动，那么，亚里士多德对物理现象的解释就不再有意义了。如果宇宙的中心不等于地球的中心，或者轻物体离开地心向气和火的区域上升，那么，重物体朝着它在宇宙中心上的自然位置下落就不再是真的了。如果地球既公转又自转，那么，重的要素，即土和水，自然而然地呈直线向下运动就不再是真的了。并且（很久以前就有人这样极力主张），如果地球是运动的，那么，物体怎么会具有稳定性呢？地面上的建筑物怎么会不倒呢？所有物理学和机械学的解释都认为，地球位于宇宙的中心，它是不动的，并且所有的解释都说明，是哥白尼而不是托勒密错了。但哥白尼是数学家，不是物理学家，也不是哲学家；他没有这种意愿也没有这份才能去完成如此深刻的观点的转变，赋予他的日心说假设以物理学的意义。当然，他对亚里士多德的概念还是作了一些修正，比如他认为：圆周运动是符合自然的，适合于所有像地球和月球之类的球体，但是，他并没有解决亚氏理论中的主要难点。因此，在同时代大多数人看来，他称自己是一个为了数学的高贵和典雅可以牺牲一切健全的科学思考的人是自我谴责。

我们不能把他们的态度斥之为蒙昧主义或偏见。因为，如果说中世纪在宇宙的数学天文观和自然哲学观之间存在着严格的差异，那么，哥白尼是拉大而不是缩小了这个差异。亚里士多德的物理学和他的日心说假设是相互矛盾的，尽管哥白尼对二者都保持着忠诚；几乎没有人步他的后尘，多数人宁愿稳妥一点，坚持传统的看法。他们正确地看到，如果哥白尼是对的，亚里士多德便是错的；如果拒绝承认《物理学》，取而代之的便是思想的虚无。直到1632年，伽利略勾画出一种全新的自然哲学观，并与地球运动的思想相吻合时，这种二元对立的状况才被打破，从这时起，日心说体系的拥护者才一下子多了起来。

在《天体运行论》于1543年发表之前以及之后的40年里，关于天文学上"哥白尼改革"，的确有过同样多的讨论。哥白尼是一位受尊敬的天文学家，他曾在意大利工作多年，传说他的伟大著作在国外尘封了20年之久才出版。他的新天文学的第一部著作《纲要》（Commentariolus）好像曾以手稿的形式流传过一段时间，有记载表明，哥白尼曾于1533年向克莱门特七世解释过他的思想。没有任何迹象显示，日心说理论此时由于神职人员的敌视而遭到挫折，或者说学术界（也有例外）除不感兴趣外对此有什么看法。直到16世纪末，情况对哥白尼的信徒们才开始变得不妙起来。试想，要是每一个星球都被一群星体环绕着，宇宙的大小尽管是有限的，但和地球比较起来就会显无限之大。然而，如果地球是运动的，太阳和恒星是固定不动的，那么就有可能出现这样的情形，宇宙无边无际，布满星体的宇宙空间从太阳向四周无限地延伸，即使是离我们最近的星体，其距离的遥远也必定是不可思议的。这个观点受到了英国数学家托马斯·迪格斯（卒于1595年）的拥护。但是并没有什么新的证据说明宇宙是无限的。尼科勒·奥雷姆在14世纪就已经讨论过（并打消了）这种看法，即：在我们自己的这个宇宙之外有可能存在着其他我们不知道的宇宙。可能存在着众多的世界，可能在别的世界上也存在着生灵，早在16世纪末焦尔达诺·布鲁诺进行这样的思考之前，这种观点就遭到了驳斥，认为它在哲学上是荒谬的，在神学上是危险的。1600年布鲁诺受到谴责并被处以火刑，在新教徒看来，这乃是一起恶名昭著的丑闻，结果使天主教反对哥白尼主义的态度更为坚决，并进一步导致了对伽利略的著名审判。天文学的讨论因为和神学问题搅在一起而变得剧烈起来。然而，这一切的发生并不是哥白尼革新所带来的必然后果。

要使天文学更为精确，就要改进观察手段，这项工作最初是在15世纪下半叶由波伊尔巴赫和雷齐蒙塔努斯开始的。在丹麦天文学家第谷·布拉厄（1546—1601年）之前，不管是日心说的假设，还是16世纪对仪器制造技术的改进，都没有带来多大的实际成果。第谷是反对哥白尼的，主要还不是数学上的原因，而是因为，地球的运动把所有解释物理现象的路都给堵死了。他的天文学体系就像哥白尼的一样，主张每一个天体都在作同样的相对运动，但却假定，地球的位置是固定的，是太阳和星星绕着地球旋转。这是对日心说几何学的合乎逻辑的回应，并且使有利于哥白尼信徒的数学论据和观察论据归于无效。然而，从科学上看，这个体系是第谷的研究工作中最微不足道的部分。他是他那个时代最优秀的天文观察家，他的观察记录对于其后的两代人都没有过时。由丹麦国王腓特烈二世资助，在松德海峡的文岛建立天文台（天文堡），把第谷等人召集到那里进行研究，这个有组织的研究中心在欧洲是史无前例的。第谷自己设计仪器，并雇用德国最好的工匠进行生产，许多仪器都尽可能精确地加以校准，以适用于一种目的。他用带缺口表尺的仪器对在角度测量中心出现的种种错误进行仔细的研究，并且发明了尽量减少误差的方法，也懂得了对观察结果进行适当更正的必要性。

就像他的所有前辈一样，行星运动中的难题吸引了他的全部注意力。然而，自从行星位置的观察可参考相邻恒星的位置轻而易举便能找到之后，他的首要任务就是准备一份新的恒星位置一览表。为此目的，他设计了一种确定天球经度的新方法。不管是实施这项任务，还是对行星进行观察，他都要用不下于两位的系数来改进以前规定的精确度。他的误差范围大约是4分，事实证明，这个限度对后来的理论天文学乃至整个物理学都是至关重要的，因为有了它，开卜勒才能创立行星沿椭圆形轨道运行的"定律"。于是，就像维萨里之于解剖学一样，第谷通过辛勤的劳动，达到了对天体观察的精确描述，为就连他自己也无法预测的观念的转变打下了基础。然而，他自身的影响并不全都是消极保守的。除了坚持地球不动的信念外，他既不恪守亚里士多德，也不迷信托勒密，特别是他1572年对新星的讨论打破了天体本质不变的教条，并且证明了，彗星不是一种大气现象（大气层之上层的现象），而是实实在在的天体。

16世纪的物理学研究，除了在阿基米德的影响下，机械学作为数学的一个独特的分支更加突显出来，除此以外，中世纪的模式几乎没有什么改变。亚里士多德基本上是把物体的物理特性和四要素（土、水、气、火）的特性联系在一起来对物理世界进行解释的：物体是通过四要素的组合，并通过四特质（干、湿、冷、热）的作用而形成的。这种解释仍为人们所接受。中世纪那种"形式幅度"（即是说：估计某物体所拥有的特质的度）的讨论仍在继续。中世纪时修正过的亚里士多德源于动量概念①的运动理论仍然在讲授，并没有作重大改动。14世纪关于动量效果（被认为是落体加速度的原因）的几何分析为一些人所重做并加以坚持，以证明如下重要结论：落体有一个"匀速的非匀速"运动，该运动被认为等同于一个匀速运动，即物体下落到中点时的运动。但是，要想把中世纪和16世纪提出的那些含糊不清的新概念弄明白，要想找到一种数学分析方法，能够把时间、速度和距离联系起来，纳入到一个单一的公式中，对作匀加速运动的物体进行描述，还得等到天才的伽利略。为了驳倒亚里士多德的理论，即：重物比轻物下落的速度快，伽利略在比萨斜塔进行验证。今天普遍认为，这是一个神话，但类似的实验肯定在大约1590年由其他人做过。

在层次较低的静力学和流体静力学上，科学倒取得了更为实在的进步。中世纪对希腊人关于杠杆和平衡的一般原理所作的研究并非无足轻重；16世纪初还在使用中世纪的论述。然而到了1586年，西蒙·斯蒂文（1548—1620年）这个有名的十进制拥护者和讲求实际的工程师的虚拟速度原理用于非平行力的作用，解决了许多另外的难题。他在这方面的观点非常接近矢量的概念。他也是第一个讨论"帕斯卡悖论"的人，即：液体对表面的压力随表面面积和液体柱之高度而变化，与它的横截面无关。另一个阿基米德的学生、敏锐的伽

---

① 实质上，由于某种动原（比如，肌肉力量或重物自然下落的趋势）引起的运动使重物获得了某种"传送功能"或持续运动的"动量"。这种动量正是这种动原运动停止以后物体还在继续运动的原因，也是自由落体产生加速度的原因。亚里士多德对这些运动的解释非常含混，难以让人满意。

利略也完成了类似的研究，这些研究后来纳入了他论述物质强度的著作中。伽利略也正是在比萨生活期间，首次意识到了钟摆的等时性。

在液压工程方面，这是一个重要时期。斯蒂文和伽利略在这方面都做了踏踏实实的工作，他们有意识地把自己的理论研究和液压工程联系起来。把科学用于机械工程就不那么容易了，尽管16世纪产生过许许多多的小发明。在光学方面，实际上几乎什么也没做。阿尔贝蒂（1404—1472年）之后，丢勒和其他一些人撰文论述过透视几何学，然而，就光线和色彩理论来说并没有什么新鲜内容。关于镜头和镜子的观察实验有一些详细的报告，一种类似望远镜的装置在大约1609年"伽利略"式望远镜真正出现之前，影响了整整一代或不止一代的人。这里或许我们需要再次强调，正是在实用技术的发展方面，才最清楚地看到脱离中世纪世界的变化。

化学的知识和技艺经两个不同性质渠道——工业和炼金术——传入16世纪。在古代和中世纪，二者之间存在着密切的联系，情况可能是这样，有些工业技术是从炼金术士的实验室里借来的，比如蒸馏技术以及用无机酸溶解和提取金属的技术等。炼金术以其神秘的哲学、晦涩难懂的行话而著名，圣功的制备就是用这种语言描述的。工业程序诸如金属的冶炼和纯化，肥皂、玻璃和明矾的制造，染料和药品的提取等，都是用作者尽可能掌握的明晰的语言来描述的，几乎看不到通过某种理论对这些程序进行解释的尝试。把化学传统中这两个方面的历史叠在一起，等于是在以下两方面积累了大量经验：用化学工艺制备日益增长和适销对路的商品，不仅如此，还制备出大量在当时还是奇物珍品的物质。

16世纪的发展因为新观念和实践的出现而变得更加复杂。炼金术当然还在继续；人们对工业经验产生了强烈的兴趣；出现了由帕拉切尔苏斯发源的化学医学派的双重发展，一半显得深奥和神秘，具有强烈的炼金术倾向，一半趋于理性和经验，具有在未来形成一门真科学的潜能。

到16世纪初，炼金术已不能再为化学工艺和化学观念的发展出力了，然而，直到17世纪，炼金术的那套理论的遗风仍在发挥作用，要在化学理论的阐述中作比较现实的解释是很难办到的。在帕拉切尔苏斯影响的刺激下，利用炼金术去寻求一些虚幻的东西仍然很有市场，就连罗伯特·波意尔（1627—1691年）和伊萨克·牛顿（1642—1727年）也不能简单地加以排除。许多论文被错误地归在阿尔伯特斯·马格努斯、维兰诺瓦的阿尔诺德以及雷蒙德·勒尔这样一些中世纪巨匠的名下到处流传，在这些数量庞大的集子中，有一本名为《被称为化学的炼金术》，于1572年在巴塞尔出版。还有许多关于炼金术的小册子问世。一方面"喷着烟的人"在熔炉旁没完没了地干，常弄得一身污秽却毫无成果（例如勃鲁盖尔在1558年就做过这样的描绘），另一方面，"行家"却翱翔于语言和图解的象征之中。比如，从《哲学家的玫瑰园》和图尔内塞的《第五要素》（1570年）中我们可以看到，这一时期炼金术士的想象力简直达到了登峰造极的地步。但接下去的下个世纪上半叶，炼金术更为盛行。

炼金术方面的著述转向了过去，作者们声称是在阐述古人的智慧。还有一类书籍在表述旧传统的同时，也预示了未来化学工业的发展。有一本无疑是继承了关于化验的手写本的传统著作，早在1520年就在德国印刷出版了。尤其是瓦努奇·比林古奇奥的《论烟火制造术》（1540年）和阿格里科拉的《金属学》（1556年），对所有与金属制造有关的东西都作了非常全面的叙述，从矿石的化验分析、矿物开采的焙烧和熔炼、金属的分离和精炼到合金生产和铸造技术，等等。为了在欧洲降低生产贵金属的成本（拉萨努斯·埃克尔在1576年发表的论文丰富了这方面的论述），起码要具备矿石品位的可靠知识，掌握在金银离析过程中进行精心控制以及在精炼过程中对金属纯度作精确化验的技术。因此，由于化验员被委以确保货币合金的精确性的重任，所以他们率先将精确测量质量的方法引入了化学的所有分科，质量的精确测量从那时起一直到现在都是至关重要的。

比林古奇奥和阿格里科拉讨论的化学题目绝不仅仅限于冶金学的范围。他们还谈到了玻璃和火药的制造，明矾、硫酸、硫黄及其他矿物的制备和几种试剂的配制。在地质学和矿物学方面，阿格里科拉更富于传统风格的写作也很重要，他关于采矿技术的说明也是独一无二的。其他作者的视野较窄，只是紧随其后而已。埃克尔关于化验的论文已经提到过了；这篇论文晚至1683年才被译成英文。从布伦什维格的《提炼术》（1500年）开始，涉及当时化学制作中最重要的程序、蒸馏的论文一直绵延不断，持续了几个世纪。随着对酒精的嗜好的不断增长（医生对此表示鼓励而不是责难），蒸馏者变成了酒精生产商；蒸馏术也进入了医用和工业用的许多非酒精类提纯物的制作。在奇普里亚诺·皮科帕索（1524—1579年）那篇谈及意大利伟大的陶瓷工业以及它在釉料和颜料化学方面一流的凭经验进行控制的技术的手稿论文之后，再也没有看到在这方面作全面论述的文章了，不过，这个缺陷由于法国伟大陶工贝尔纳·帕利西（1524—1589年）的著作而多少得到了一些补偿。关于威尼斯的玻璃工业，安东尼奥·勒利在1612年发表的文章中作了精彩的描述。其他许多著述者，包括世纪初的科内利乌斯·阿格里帕和世纪末的巴普蒂斯塔·皮尔塔都饶有趣味地展示了化工技术各个方面的知识，如金属处理、染印、上色及珠宝工艺，等等。

于是，炼金术由于在神秘主义的泥潭中陷得更深，它在实用性方面获取成功的断言日益遭到经验丰富的冶金家的怀疑，倒是化工技术给人以更大的信心去做成功的探索。这些技术的工序和制作方法（至少是大体上）已不再是某个作坊或行会需要保守的秘密。它们将人们的注意力转向了在由工匠们所利用的复杂的化学变化现象与由哲学家或炼金术士所作的空泛的总结性解释之间进行比较和对照。但是，这些技术问题的著述者实际上都是师傅；他们的知识显得零碎，缺乏组织；他们的观察带有随意性，并且有时会产生误导的作用。化学作为一门系统的、描述的科学不可能只有这一个源头。

帕拉切尔苏斯（1493—1541年）那暴烈和非理性的个性向化学发展的二元传统发起了有力的冲击。就像路德一样，他全然不是现代人，然而他却助长了现代世界的创生。他不拥有也不渴望拥有他那个时代渊博的哲学家和医生们所拥有的经典学问，他只是通过对古人声情并茂的谴责，通过使他的惊人见解为人所采纳的过分要求，通过宣称自己掌握了非凡的医疗方法，直接向下层文人和那些卑微的医术拥护者们呼吁。他的主张很简单。即是说：那些正统的医护人员全然不了解生命、疾病和死亡的奥秘，只有他帕拉切尔苏斯才知道。在这些问题上，他的大部分观点都是中世纪的，比较粗糙，甚至连他的同时代人都认为他很迷信。他认为所有东西包括动物、蔬菜和矿物质对人都有效力，通过它们的药效形象就可得知。① 医生的医术在于了解疾病，并知道怎样获取治疗所需的"效力"。药物学家的技术在于从药物中提取这种效力，并加倍地发挥其作用。这里，帕拉切尔苏斯进入了一个他自己所无法预知的新领域，也正因为如此，他才在化学史上占有一席之地。因为他相信，效力可以通过烟火制造的工序，通过炼金术士们所采用的水煮和溶解、沉淀和蒸馏来提取。按照他的规定，所有人造的化工产品都应当在药典中占有适当的位置，和原先就在里面的一些自然矿物质排列在一起。甚至许多化学生产出来的毒药也潜藏着效力。

这一学说并非全然没有先兆。酒精、含锑药剂和汞化合物以及无机酸已被一些医生认为是益药，尽管遭到另外一些医生的反对。然而，帕拉切尔苏斯提倡全部用化学治疗取代复杂的植物制剂，即后来所谓的"加伦制剂"。他本人实际上对化学知识的增加并没有什么贡献，但是，他的化学医学学派的弟子们在实验室里以及在行医实践中（通常是非法的）大胆地进行了试验。到17世纪初，"化学"这个词已被习惯性地用以指一种独特的职业，即：用化学程序配制药剂。化学家们用"三种主要元素"（盐、酸、汞）来解释所发生的事情时，他们的名声变得更响了。帕拉切尔苏斯的那些名副其实的继承者们通常也是炼金术士，他们对帕拉切尔苏斯的那些狂野的主张为庸医们所利用并不姑息，而是毫不犹豫地进行斥责，是他们第一次发现了许多新的化学反应和物质并作了描述，也是他们第一次迈出了向真正的化学理论挺进的脚步。安德烈亚斯·利巴维乌斯的《炼丹术》（1597年）抛开它的书名不说，乃是第一本化学教程，从中可以看出，16世纪在化学实验方面作出了榜样，它使化学在后来的一个半世纪里不断发展，硕果累累。

16世纪初还未有植物学家、动物学家和生物学家，解剖学家也非常罕见。另一方面，却有很多医护人员（以及其他一些人）对这些科目很感兴趣，因为它们据说都含有某种东西，可以起到药物的作

---

① 药效形象说利用某种疾病的症状或人体的某一部分与某种物质或物种的相似性，多多少少带有随意性。于是壳内的核桃肉与头骨里的大脑相像，所以可以用来治疗头部的疾病。

用。就像医学本身一样,生命本质的研究也受到了希腊学说和思想的强烈影响,尤其是在16世纪上半叶。在亚里士多德和加伦的学说处于支配地位的情况下,这方面在继承古代经典上明显要胜于物理学和数学。与后者相反,观察和描述占据着主导地位;理论的发展没有什么意义。但是,传统科学只限于地中海区域,而16世纪的人所面对的则是一个从北极的冻土带到南非的好望角,从东印度到西印度的世界。他们怀着值得一试的心情去响应这个世界的挑战,对丰富多彩的现存的物种进行分类和了解,尽管他们并不乐意承认这在古代是没有臆测到的。

亚里士多德写过三篇关于动物学的论文(《动物史》《动物的起源》《动物结构》),这些著述显示亚氏研究面之大,知识面之广,确实让人吃惊,17世纪后期之前还未见有人超越过。中世纪在这方面对亚里士多德传统的直接继承显得特别乏力。动物寓言集以传说为主体,再罩上一层厚重的象征,这就是中世纪动物学的主流,像皇帝腓特烈二世的《猎鹰驭术》(约1248年)那样采用第一手的观察资料则是例外。文艺复兴的研究趋向发生了改变,重心从一般转向了特殊,从象征转入了现实,同时强调有关动物及其行为的资料的重要性,这些资料尽管为亚里士多德、普林尼及许多古典作者所采用,但迄今为止,并未引起人们的重视。然而,效果在16世纪中期以前并不明显。甚至连画家似乎也觉得植物比动物更能给人以灵感:列奥纳多对鸟类飞翔的研究实属罕见,但他的灵感似乎更多是出自机械学而非生物学。

就在文艺复兴越过意大利边界,对法国、德国以及欧洲其他更遥远的地方的艺术和学术进行改造时,生物学复兴了。苏黎世的康拉德·格斯纳(1516—1565年)是当时动物学方面最伟大的人物,只有博洛尼亚的乌利西·阿尔德罗万迪(1522—1605年)能够与之匹敌;法国人纪尧姆·隆德莱(1507—1566年)、皮埃尔·贝隆(1517—1564年)和英国人约翰·凯尼斯(1510—1573年)和威廉·珀尼(1530—1588年)对动物学的发展也功不可没。如果要对他们从事这种研究的动机作出解释,那么必须这样说,部分是出于宗教的虔诚,部分是出于美学的鉴赏,部分则是出于纯粹的好奇,而且都伴随着十分浓厚的书卷气。因为这些人不只是观察家和收藏家,他们更是学者。这段时期，人们到处收集能够让人吃惊的东西，完全是出于盲目的冲动，但却产生了意想不到的效果，就像在阿尔德罗万迪自己的博物馆里所看到的那样。他们从几乎所有著名著述家的作品中去收集材料，但仅从生物学的角度来研究形态和产地并不能满足他们的探索，所以其探索的范围扩大到了语文学、传说、寓言和饮食学。他们对中世纪的虚构并没有全部采纳，像鳄鱼的眼泪、白额黑雁之类便属拒用之列。动物物种的声音信息的最初一些资料便是他们收集的，这些工作以及为了真实地显示他们所描述的生物所作的努力乃是这些所谓"百科全书"式的博物学家们所取得的最伟大的成就。然而，就图示方面说，动物学著述家所取得的成功还是赶不上植物学著述家。对众多不同的有生命、能活动的东西的记录总算开始了，但在更严格的科学学科分类学、胚胎学、比较解剖学和生理学方面，16世纪的博物学家们并没有作出什么新的贡献。当然，他们要取代亚里士多德还为时过早。

植物学的状况是更有作为，也成熟得更快一些。对于医术来说，拥有草本植物的知识是最基本的，中世纪的一些草药医生既了解权威的典籍，又有野外采集的经验，他们保存了一种科学传统。早期印刷出版的草药书并未显出什么新趋向；这方面的新阶段也是在后来才开始的，而且是在北方，不是在意大利。普遍认为，奥托·布隆费尔斯著作的出版（1530年）是这一新阶段开始的标志；因为，尽管布隆费尔斯不是一个知名的著述者，但是，是他想到了这么一个好主意：雇用艺术家按实际标本制作图例。伦哈特·富克斯的《植物志》（1542年）更是给人留下了深刻的印象，这部书简直就是一本艺术名作，从书中可以看出，富克斯学问精深，经验丰富。然而，他的著作和他的许多后继者的著作一样，显示出来的是功利思想，而不是科学精神。至于生物学本身所固有的难题，他以及他们似乎根本就没有意识到；他的视野仅局限于识别和医学上的用处。其他许多植物志，不管是拉丁文的，还是本国语的，有图解的，还是没图解的，都是在随后的半个世纪出版的，英国在这方面最先作出贡献的是约翰·杰勒德（1597年）。不管是直接的还是间接的，这一切都是在模仿迪奥斯科里斯；这一时期，抄袭和剽窃成风，印刷工之间相互购买或偷盗木刻印版。

16世纪初后期，标本采集在西欧更加深入细致，范围更大，甚至扩大到了新大陆和东方。富克斯介绍了玉米；杰勒德介绍了马铃薯和红薯；马蒂亚斯·德尔洛贝尔介绍了烟草；博物学家们渴望在自己的园子里种上由加西亚·德尔韦尔托和尼古拉斯·莫纳德斯这样一些具有植物学头脑的旅行家所描述的那种非本地的物种。在这样的压力下，用古人所描述的物种来对至少每一群植物进行识别的习惯做法已经行不通了。人们认识到，西北部乃至海对面的那个大陆的植物群与地中海区域的植物群不同。古人连愈创树这样的药物和巧克力这样精美的食物都给忽略了，可见，他们也不是无所不知的；同样清楚的是，自然界的生物是丰富多彩的，大陆与大陆之间，各有不同。这些发现向人们提出了，必须找到一种"方法"来确认成千上万种植物物种之间的关系，并且能够按规则对它们一一进行分类，而这些规则又不像字母顺序或其他分组形式那样武断。这种方法只能通过挑选某种形态特征来作为关联和分类的标准。于是，种类的选择标准的运用就成了在其后200年的植物学史上声名显赫的系统分类学所面临的难题。在这个方向上，尤其是通过安德烈亚斯·皮萨切诺（1519—1603年）和德尔洛贝尔（1538—1619年）的思想，16世纪的植物学取得了重大的进展。总的来说，是在采集、整理和描述方面有了巨大的进展。此外，植物学自身的研究所取得的进步得益于药物学研究的独立，其独立的标志就是官方药典的首次出版（佛罗伦萨版，1498年；纽伦堡版，1551年；奥格斯堡版，1564年）。但是，16世纪的博物学家们更关心的是作为一个物种的植物，而不是作为一个有机物的功能。就像动物学的研究一样，植物学的研究仍然有许多由亚里士多德遗留下来的问题尚未解决，所以，对植物的生存级别的知识就算稍多于亚里士多德的学生泰奥弗拉斯托斯也谈不上大的进展。生物学已在着手其伟大任务之一：列数物种。但向另一个难题，即考察生命状态的条件和过程发起冲锋的任务则拖了很久才到来。

在这方面，唯有对人本身的研究鲜有所见；这时关于人体整体结构的知识得到了修正和澄清；人体健康时才运转并受制于疾病的旧观念受到了批评；甚至对人的心理的认识也不像从前那样教条了。虽然思维重心的转变和理论细节的修改导致了富有成果的争论，但是，希腊和中世纪关于这些课题的理论支柱并没有被取代。这些都依次在医学实践中得到了反映,为医疗提供了新的提示,使从中世纪承袭下来的书卷气十足且顽固不化的医学传统多少软化了一些。那些愿意从事观察和实验的医生那里,医学的可信度更高了。

解剖学是医学研究的基础,它被认为是医生必须具备的医学素质。16世纪解剖学家的成就是通过他们以在大学任教为己任讲解加伦的著作而体现出来的,他们的成就也在人的身体上证明了其真实性。这是已确立的传统做法,文艺复兴借助于精练解剖技术,修正但不抛弃加伦的思想,把文字描述和视觉经验融合在一起,将这种做法的潜能充分发挥出来了。因为,想一下子取代加伦解剖学论文的影响是不可能的,即使是维萨里的著作《人体结构》也办不到,威廉·哈维虽然成功地对解剖学的新发现作了新的综合,但他在1628年还是把自己的论点建立在加伦思想的基础上,在上世纪真正伟大的解剖学家当中没有一个人是一开始就直截了当地去证明加伦错了。他们宁愿等到加伦的错误不断暴露出来时,一次又一次地感到吃惊。和其他科学门类中的情况一样,批评不会如此张扬,直接对准真正的典籍,因为用来对中世纪的阐释进行批驳的那些更新的标准也是从这些典籍中产生出来的。促使人们去解剖,偶尔也做做实验的真正动机看来不过是想对加伦的文字叙述有一个全面的了解(这样,解剖便成了对研究文本的学者的工作的补充),并且,对材料的搜寻可以使他们对加伦的叙述作忠实的评述,并为之作图解。既然加伦的解剖学论文是尚存的最有用的论文,那就必须在它们被取代之前先把它们搞懂和吃透。

当贝伦加里奥·达·卡皮(1470—1550年)、维萨里及巴尔托洛梅奥·欧斯塔基奥(1520—1574年)这样一些人转向解剖后便立刻把它作为研究和教学的一门工具时,他们仍然滞留在加伦的框架内。但是,解剖学家们并不情愿把他们的知识局限于教室里的听众,他们利用印刷机之际,采用图示来对文字进行补充。的确,经过一段时间后,就像维萨里的《图说梗概》一样,文字在某些场合反而成了图解的附属物。这种手法并不新鲜;16世纪开始以前,除了一幅珍稀的中世纪解剖图外,还出版了一些制作粗糙的木版画,但是,严肃的解剖图示史则是从贝伦加里奥和查尔斯·埃蒂安纳(1520—1530年)时代开始的。虽然他们绘制的图像相当粗糙,但其中透露出一种向维萨里（1543年）富丽堂皇的木版画和欧斯塔基奥（1552年）那技术高超的铜版画迅速过渡的迹象。后两人的作品不断地被人复制。① 配有图解的解剖学书籍的制作更进一步促进了图解之用于解剖学，因为，艺术家的作品是否杰出，是否有用，乃是和操作员的技术和经验成正比的。此外，艺术家的见解也加快了解剖学的学术探讨和科学研究。列奥纳多的解剖学素描闻名于世，是他那个时代或者说任何一个时代都无与伦比的，并且，他在这方面的爱好也是独一无二的。图示的现实主义特征为解剖学的教学提供了前所未有的工具。维萨里的《人体结构》的名气和重要意义在很大程度上应归功于其制图人，不管是谁制的图。

在第谷的天文学著作发表之前，维萨里的《人体结构》是文艺复兴时期解剖学的最高成就，其最伟大的功绩就在于达到了科学的精确。维萨里不是理论家，然而他揭示了实际上阻碍加伦对心脏活动作出解释的主要原因，但他并未努力去寻找替代的解释，并且更多地以事实和方法为理由（例如，他提到加伦讲的人体结构只能在动物中找到）而不是因为加伦的解释，对加伦的权威大加挞伐。尽管作了如此批评，维萨里在人体解剖的处理上还是尽量地模仿加伦；但对当时的人而言，经过解释、修改和图解的加伦比加伦本人的著作更有用，也更易懂。虽然没有经过全面而仔细的考察，但这条路是明摆着的，就是要使解剖学回到对人体的实际观察，维萨里在帕多瓦创立了一所学校，该学校在这方面的做法比维萨里本人还要走得远。在比较解剖学、特殊器官的解剖以及胚胎学的研究方面，等等，维萨里的意大利接班人为现代人建立了许多分支科学。实验室解剖被规定为动物学研究的主要手段，人成了主要的解剖对象，解剖学家的技术被用来为与当初的目的——证明——相去甚远的探究服务。

然而，16世纪在解剖学上获得的知识成果只是到了17世纪才为人们所理解。在人体生理学方面也是如此：哈维的血液循环理论（1628年）在这方面迈出了伟大的第一步，这和帕多瓦解剖学家的工作是直接相关的。和具体的解剖学上的发现相比，关于人体是怎样运

---

① 维萨里的印版相当流行；在狄德罗的《百科全书》中又重新流行（稍作改动）。欧斯塔基奥的铜印版被发现并首次印刷后，于18世纪也被大量使用。

转的观念的变化与世界观和医学经验的巨大转变之间的关系更为密切。法国医生让·费内尔在其思想的成熟期对人们之相信天体影响人体和魔法治疗同样持反对态度。他的怀疑主义出自他自己对这些迷信说法有害无益的经验，出自他对理性、对加伦的学说所抱有的信心，而不是建立在任何新的科学事实或观念的基础上的。在费内尔看来，人体及折磨人体的疾病都属于理性的因果关系的范围，不受神秘力量的支配，但是他讲的因是加伦的因，他讲的生理学是加伦的生理学，是对加伦生理学逻辑地、连贯地表述。费内尔不知道，生理学能够通过实验来研究，他相信，生理学不能靠解剖尸体来获得启迪，因为主宰人体的灵魂和"功能"已经离开了尸体；人体的功能只有依靠对医生的经验"沉思冥想"才能理解。唯一对此正统理论发起挑战的是帕拉切尔苏斯及其追随者，他拒绝承认由热促成消化的理论。相反，他认为是居于胃中的"原尺度"或者说体内化学师把食物中有害的牙石从有益的成分分离出来，并将这些有益的成分转化为"汞"，然后被吸收。这种凭空幻想虽然在当时并未赢得多少支持，但在鼓励17世纪的"化学"理论朝着更为合理的方向发展上还是起到了一些间接的作用。

因此，医学实践方面的变化应该归功于较为显著的医学科学方面的进步者也甚微。维萨里参加了关于放血的争论，但是，几乎没有证据表明，他的解剖学经验对他的论辩产生了影响。塞尔维特是"小循环"理论，即血液从心脏流出，经过肺部再返回心脏的最早的倡导者，但他关于糖浆剂的演说就像老生常谈，非常沉闷。医疗实践对发病率的变异、对由于帕拉切尔苏斯对药典的影响而引起的变化、对允许生僻药的使用以及在最优秀的医生中对积累的观察材料不可避免地比在解剖桌旁的工作更为敏感。然而，外科医学的进步与令人满意的解剖教学是直接相关的。这一点在当时便得到普遍的承认，而且还有一种相应的倾向：外科医生只要刻苦努力，学识越多，技术越好，社会地位也就越高。看起来，医学在操作和实践方面确实比医学的理论本身取得了更切实的进步。

毫无疑问，科学的世界到17世纪开始的时候比早先哥白尼和列奥纳多·达·芬奇所处的那些年代要广阔得多了，人们在这个世界中的穿越也更加自由了。在大学的外面，到处都充满了对科学的好奇，这种好奇心在平信徒中比在神职人员中更富于创造力，因为长期以来神职人员几乎是学术的唯一的监护人。在意大利以及别的地方，科学团体正在兴起，讲师的职位正在设立，重要的本国语著作也不乏人在撰写。应用科学包括数学、物理学和化学正在飞速发展；不久，培根将强调自然知识的功用，并把手艺人的经验提升到几乎与哲学家的见识相等同的水平。尽管到此时为止对古典著述家公认的权威提出的重大挑战还很少，尽管这些挑战遭到大多数人的抵制，但挑战毕竟开始了，而且后来证明是卓有成效的。就是在古代资料的范围内，人们的认识也更加广泛和深入了；希腊科学的遗产不像中世纪时看起来那样，有那么多狭隘的限制，有那么多僵化的教条，有那么多严格的门户观念。

　　所有这些都代表着一种发展，都在强化而不是偏离中世纪科学的趋向。在16世纪科学史上所发生的几乎一切在中世纪就已经露出了端倪，虽然令人不悦，但却能够以一种牛顿时代的科学所办不到的方式为早些时候的几代人所理解。重要的是，从根本上对科学的目的和方法（由弗朗西斯·培根、伽利略、笛卡儿以及所有重要人物）重新进行陈述的尝试是在17世纪而非16世纪。在后来的一个时期，理性和逻辑在与它们对路的领域里受到了尊重；数学作为一种分析技术正越来越受到人们的重视；实验和观察的重要性已为人们所接受。然而，尽管人们利用所有这些要素来建构自然界的图景，但是，决不会想到它们构成自然界的总体。那些在17世纪被当作宗教、形而上学和迷信的命题在16世纪的科学传播中则畅通无阻，没有受到怀疑。阻碍科学态度获得全面发展的痼疾像轻信权威、迷信、祈求上帝和神意、忽视观察和实证等还未克服，的确在某些方面，它们造成的麻烦较之以前有过之而无不及。自然能够以非常奇特的方式运作，并产生出奇怪的造物，然而没有人敢于对奇怪的自然设置界限。"自然律"的概念、机械论的科学的基础本身还没有得到系统地阐述。涂在武器上的药膏"或许"能治好一个伤员；"或许"有美人鱼、人头兽、鸡身蛇尾的妖物、火怪；金属"或许能"在它们被挖出来的矿脉里像苔藓一样生长。很难把未证实的东西和不可能的东西区别开来，几乎没有人会因为缺乏充足的理由而怀疑某个设定的后果。正是古典学术

第十二章 知识发展潮流

影响力下降，才使人们对自然产生了如此不可思议和混乱的看法，直到一种新的、更富有活力的科学方法将古典学术取而代之后，这种局面才告终止。

16世纪经历了技术的进步，欧洲人获得了全球四分之三的第一手知识。16世纪带给他们许多新的事实和新的传说。但是，却没有给他们提供新的原理来帮助他们区别事实和虚构，便于他们对事实进行有组织的积累，除了对少许实例作系统观察之外，培根认为这种积累是科学面临的最紧迫的任务。16世纪也没有提供新的理论，对人们所熟知的事实进行说明，并指出它们之间的相互联系，比如重物的下落、磁石的引力、光和色的变化以及化学上的"嬗变"，等等，尽管从事所有这些科目研究的一些人确实意识到了自己所提供的理论的脆弱，他们还是无能为力。这是一个神秘主义与早期机械主义相对立、对古典学术的崇拜与批评相对立、沉闷的保守主义与大胆创新提出假设相对立的世纪。解决这些对立、建构新的自然哲学以及与之相适应的新的理论、铸造科学探索的新工具乃是17世纪的伟大成就，但16世纪为此在提出设想和进行探索方面留下了许多宝贵的东西。

（赵亚麟　译）

第 十 三 章

学校和大学

这个时期，教育理论和教育实践的迅速发展非常值得注意。人们对教学目的和教学方法倾注的思考大量增加，并且建立起了一大批积极推行新原则的学校。然而，对这个问题考虑远不是简单的。一方面，如果可能的话，有必要先给教育改革方案的本质下一个定义，以便对学校和大学采用新方法后的实际效果进行评估。另一方面，必须将教育改革运动从宗教改革运动中清理出来，因为后者在这个领域里的深远影响是显而易见的，由于存在着公开的偏见，不仅混淆了当时的人们对这个问题的看法，而且使后来对这个问题的解释变得复杂化了。教育是发展了还是倒退了？宗教改革是损害和挫伤了文艺复兴呢，还是相反？就连不知不觉中已实施了3个多世纪，并被视为理想的教学方法以及此时还在坚决予以推行的古典教育，其价值在后来也受到了质疑。所幸的是，有一点是大家都没有疑义的。打入16世纪的新思想并没有立刻取得胜利。它们只是对现存的机制逐步地加以修改，因为在欧洲大部分地区和大部分时间里，16世纪中期的教学条件与几个世纪之前相比并无二致，所以，有必要先全面考察学校和大学的传统结构。

更为重要的是，有一点必须牢记，纯粹出于培养神职人员的需要而发展起来的学校的正规教育与大部分人没有什么关系。构成欧洲人口绝大多数的农民便是如此，这一点无须证明：对于大多数人来说，季节、天空以及祖先传下来的农业智慧就是他们的老师。的确，担任神职是处在最底层的孩子改善自己及其家庭地位的可靠途径；托马斯·布拉特尔不辞辛劳寻找老师说明了，在一个没有文化的阿尔卑斯山谷教师所拥有的威望。但是有他那样的毅力的孩子寥寥无几，而且教会用来新招人员的职位总是有限。在城市，虽然找老师较容易，但是系统的拉丁语教学不如学徒的实际知识的学习来得重要，学徒，和大学里文科的学习时间一样长，一样要受到细心的管理。甚至对绅士和贵族，尤其在意大利以外，真正重要的科目都是按古老的方式传授的：骑术和武器运用、狩猎（练就一双好眼睛，能够分辨出富有的女继承人、丰厚的财产和强健的动物）。的确，中世纪后期的绅士不只是讲究风度，他们也重视阅读和写作。为了了解复杂的财产账目，一个人不仅需要识字，而且有可能的话，需要涉猎法律知识，还要有数学头脑。但是，这些实际知识的获得，并不是由学校或学院的训练提供的。所以，各色各类的家庭教师就成了大户人家里的重要成员，贵族子弟通常都有家庭神父或者本地神职人员教他们识字读书；核对账目的程序通过计算赢利和亏损的艰难途径获得，法律知识则依靠丰富的诉讼经验以及日益普遍的习惯：把家庭中至少一名成员培养成为律师。

　　现代教育对小学、中学和大学的划分并不是从中世纪开始的，但实际上那时的教学类别和现在是一样的。教小孩读写的基础教育到处都可获得，因为资金经常不足，所以总是断断续续。就像其他所有的教师一样，从事基础教育的男女教师须得到主教的认可，尽管人们不禁会怀疑，这些纯粹只是临时性地靠教几个孩子读书、写字和计算来挣点外快的男女们是否真能获得主教的特许。然而，正规学校更多一些。由于唱诗班歌手缺乏，所以中世纪晚期的小教堂和教堂都设立了正式的歌咏学校，在这里，阅读和基础教育乃是音乐训练的主要内容。培养写作的学校属于另一种类型，所有西方国家都有，尽管这类学校以及它的下线学校即：识字学校或称阅读学校通常都是由一些资历浅的人来管理的：在朗斯顿，1540年的识字学校就是由"一位市长挑选的老年人"来掌管的，也是在康沃尔的格拉斯尼，识字学校则是由一位敲钟人在看管。最常见的情况是，本地神父出任本地学校的校长：莎士比亚把他们称为"掌管教会学校的书呆子"；1526年，在沙特尔的一次主教会议上规定，每个教区必须有一所学校，"可以由神父或执事来教识字和教义"；1529年的坎特伯雷会议要求"所有的学校由堂区神父……教男孩学识字和阅读"。这些基础学校课程的基本内容都是与主祷文、信经以及其他祷文和感恩祷文的拉丁文本和本国语译本有关联的基础知识。这些在英国发展成为"识字初级读本"的教程既介绍了宗教的基本信条，也介绍了阅读的基本技能，并与紧随基础教育之后的培养神职人员的进一步教育衔接在一起。但是，许多不想担任神职的孩子只读基础学校；重要的是，有充分的证据表明，在大一点的城镇的学校都开设有实用算术课程，因为商人或管家需要懂得"计算"。完全有理由设想，上述这类基础教育在15世纪后期和16世纪早期日益普及：在英国，这场运动尤其是和小教堂的增多分不开的；在大陆上的莱茵兰地区仿佛有大量的学校，比如：在克桑顿，我们发现在1491年有个小学校长抱怨他和他的助手工作量过重；几年之后就有5位教师被韦瑟尔学校录用；甚至在莱茵河流域一些很小的村庄里也发现有学校。此外，无论它们尽量想保证的入学条件，实际上，许多语法学校还是设有初级班，即"小班"，由年轻教师或大男孩来教。

中学或称语法学校和教堂的联系更为密切。通常和小学一样，其发展也是和小教堂和大学预科的增多分不开的。教区长对语法学校校长的管理（在一些大学城，由大学当局管理）比他的小学同行更为严格；因此，中学校长对授予自己并能够独立支配的特权更为珍视。他的职能是为男孩能够进入大学接受更高的神职教育打基础，尽管他的学校可能会承担年纪很小的学生的教育任务，但一般说来，孩子接受语法教育的年龄是7岁。语法学的是拉丁语法，虽然对低年级的学生用本国语教学，但基本课文选自拉丁文仪式书和部分通俗拉丁文本《圣经》，同时采用像多纳图斯、亚历山大·维莱·迪约（多伦西斯）这些人所编写的教材。之后的教材是《格言集》和从西塞罗·奥维德及维吉尔的作品中选出来的文章。在大学集中的地区，语法学校名副其实；而在别的地方，特别是大城市，很少有学校开设的课程覆盖了大学文科的大部分课程。"说拉丁语，过虔敬生活"：假如没有宗教教育这门课，那么所有的科目教学都渗透了这方面的教育，其目的是为进教会的那种机构即大学，作准备，孩子们在青春期进大学。有证据说明，就像小学一样，在宗教改革之前的这个世纪，拉丁文学校或称语法学校的数量一直在稳步增加，毫无疑问，许多不打算上大学的孩子也进了语法学校。在德国大一点的城市中，都有设备齐全的学校，它们附属于主要的教堂；在英国，即使是那些文化相对来说不甚发达的城镇虽然也办有这类学校，它们附属于教堂、小教堂和行会，也有一两所"私立"语法学校。私立学校中，温切斯特公学和伊顿公学是最有名的。另一方面,约翰·布茨巴赫和托马斯·普拉特尔的痛苦经历也警告我们,不要把16世纪早期教育普及的图画描绘得太美妙了。因为这个时期,学校的数量或许是在不断地增加,但是,教学的质量通常很低。

然而,扩大教育最有影响的证据是由大学提供的。14世纪末,大学(studia generalia)的总数达45所,(人们可以设想)足以满足基督教世界的需要了。但在15世纪超过33所大学又建立起来了①,到1550年又增加了一半。15世纪和16世纪早期创办大学最显著的特点就在于,它们大部分都建立在13和14世纪没有大的学园(studia)的国家如,西班牙、葡萄牙和苏格兰,尤其是在神圣罗马帝国,1400年时才有5所大学,到了1520年就增至18所。从理论上说,在大学里,学生在接受法律、医学和神学这些更为高级的专业训练之前还得接受文科方面的训练,但16世纪早期乃至之前的很长一段时期里都是这样,在所有的大学都有相当一部分青年读文科,但他们并无意于成为文学士,只是想体验一两年称心如意的大学生活。对他们而言,听文法、修辞和逻辑等规定课程是无关紧要的。从牛津大学和巴黎大学起用严厉的体罚便可推断:大学里的这一现象愈演愈烈,校长的荆条转到了学监的手中,因为学监逐步接管了本是属于校长的工作。

以上所概述的这种教育结构一直延续着,尽管变化缓慢。在中等教育领域里,像代芬特尔的那所伟大的学校一样的与共同生活兄弟会有联系的学校正在开辟新的事业:在这里,在八个大班级中,要把男孩逐步引向学习在当时是不同寻常的课文,即大量维吉尔、西塞罗、贺拉斯及巴蒂斯塔·曼图安纳斯的作品,由黑吉乌斯(卒于1498年)这样既是学者又是语法学家的教师来讲授。兄弟会的许多学生在新的地区开始了类似的传统;德林根伯格在谢勒茨塔德推行这种教学体制,温普斐林就是在这里接受教育的,后来约翰·施图尔姆也成了这里的一名学生。1509年,科利特已经建立了圣·保罗学校,它在精神实质上或许与早期由城市商号掌管的学校并无区别,只是规模更大,接受的资助更多而已,它明确地提出要致力于"拉丁文和希腊文优秀的文

---

① 要查这些数字,可见拉什多尔(编辑,波威克和埃姆登),第1卷,第24页;多勒大学和贝桑松大学被算作一所,同前,第2卷,第192页。

学作品、拥有罗马人那充满智慧和雄辩的优秀作家,尤其是古典作家"的教学;规定不仅要教传统的、为大家熟悉的课文,而且要教伊拉斯谟的《基督徒的教育》和《德库比阿》。在巴黎和牛津,由大学负担的学院正在迅速增加;各地所接纳的自费生比以往任何时候都多。专业化使"硕士或博士变成了教授"。至于大学的教学,文科课程的性质、特许访问教师的传统为革新,比如大陆上几所大学诗歌教授职位和由像巴黎的阿莱安德这样一些访问专家开设的讲座,提供了可能性。中学和大学的教学都在逐渐受到印刷业的影响。课文的辩论和听写以及讲评乃是基本的教学方式,但是,书本的售价便宜了,这就使得讲评更为细致,听写的作用也就慢慢地降低了。比如到1520年,维莱—迪约的亚历山大的《教义》出版了250多版。

无论如何,这些变革都不能与15世纪意大利迅速发展的教育理论和教育实践相提并论,这些理论和实践是欧洲其他地方在16世纪推行的大量教育法的基础。意大利有数不清的城镇,有繁荣兴旺的大学,有富足和闲适的资产阶级,这些条件本身就是文艺复兴的原因。这反过来又成了一项最主要的教育方案。"优秀"的人文主义者都是人文主义的教育家。当然,如果说满足欧洲阿尔卑斯山那边的教育需要的专业学校在那里不存在或者说根本不同,那就错了,博洛尼亚大学或多或少对所有北方的大学施加了深刻的影响,巴黎大学作为典范同样影响了意大利半岛上的"学园"。但是,当致力于拉丁古代遗产和古代道德观念的兴趣开始被培育起来的时候,真正独立于教会控制但缺乏主要的神学系科的意大利大学便积极地起来响应。古老一点的大学像博洛尼亚大学和帕图瓦大学对新学术绝没有采取敌对的态度,而是给予极大的鼓励,尽管是断断续续的;佛罗伦萨大学(之后是比萨大学)、帕维亚大学和费拉拉大学则更是讲授人文主义的基地。同样意义重大的是意大利人思考教育原理的方式和他们得出的结论。这一点从维托里诺·达·费尔特雷给安布罗焦·特拉弗沙里的信中强调西塞罗的格言"美德贵在行动"便可看出。与其说这是15世纪最知名的一位校长在袒露他的感伤,还不如说这是他在向那位虔诚的修士和未来的圣徒诉说他自己的观察,因为在早些时候,虔诚和圣洁与积极行动的生命是矛盾的,就像中世纪的神职教育忽视了市民和平信徒一样。在维多里诺以及此时其他的意大利教育家们看来,教育的目的不只是为了学术,不只是为了技术,也不只是对教条的反复灌输。现实的"学校",不管是得到官方鼓励的修道院和大学的专业教育,还是由城镇商人的儿子或由贵族的孩子接受的系统性略有欠缺的专业教育,实用性都不足。在这一领域的意大利的理论家们最终与人文主义的普遍精神走到了一处,他们坚信,古代的道德说教即"诚实感恩的道德"是对基督教价值观的补充,文科知识和科学知识的获得只能建立在对古典文化进行研习的基础之上。所以,学术不论从何种意义上说,都是在为社会生活作准备:它们反复灌输伦理的原则,修饰行为的方式,深化人的理解。当一个人做好了这样的准备,具备了应付公共事务所必要的各项素质时,这便极有可能使人们在闲暇中的社会交往变得高洁文雅和丰富多彩。

韦尔杰里奥、布鲁尼、埃涅阿斯·西尔维乌斯以及其他人所详述的教育方案之间惊人的一致。孩子的早期教育由母亲照管,之后由家庭教师或教师接管对孩子进行较为正规的教育,而后当学童,到10岁时,就应该去上大一点的学校,是他们著述中的老生常谈。叙述学习的科目时也是如此。当获取百科全书式的知识还只是一种理想时,强调拉丁语的掌握,首先是对最优秀的文章进行理解,其次是语法的学习,这是一个较为有限的目标,并且是一个为自豪而光荣的爱国主义情操所强化并激发了许许多多人文主义行动的目标。在课程中,特伦斯因其在说明拉丁语会话方面的价值而受到称许,西塞罗作为无拘无束、善于论辩的散文大师,奥维德和维吉尔作为诗人而得到肯定。史学家的地位几乎被看得与这些作家一般高,因为他们提供了大量的道德范例,并且,这些被选中的作者的文章的伦理内涵与他们在文学上的价值同样重要。在尽可能当作活的语言来教的拉丁语之外,又增加了希腊语,不过一般而论学习希腊语的时间短一些,而且甚至教希腊语的老师当中,几乎也没有人把用希腊语进行会话当作目标。教希腊语的主要理由在于,只有它才能对拉丁语进行全面的阐释,同样也只有它,才能对古代的地理学和自然史研究进行全面的阐释。当对物理学或数学尤其感兴趣的人文主义者显然必定会通过对希腊和拉丁作者的适当学习来加深他对这些科目的知识的时候,这并未构成理想的课程的一部分;几何学作为学校的一个科目有其特定的价值,但算术与店主的计算太相似了,所以没有多大帮助。

这些原则能在16世纪如此有条不紊地传播到欧洲北部，部分原因在于，它们主要是在各国诸侯的宫廷氛围中而不是在意大利共和国的氛围中得到了详细的阐述的。虽然新派的或者说人文主义的学校是在佛罗伦萨和威尼斯创办的，但是，新教育理念的两位伟大的拥护者则是曼图亚贡扎加宫廷的维多里诺和费拉拉东宫的瓜里诺·韦罗内。即使是在他们那个时代，在贵族家里养着一位有声望的学者作为家教的习惯在意大利也不是什么新鲜事。此后，这成了一种固定的时尚，并且成了教育家们总体的构想中的一个部分，即：教师乃是推进学习方案的基本手段。大人物的随员中包括一群孩子，其中有他自己的子女，也有他的仆从、受庇护人和朋友的孩子，这在欧洲是一种颇具中世纪色彩的、司空见惯的时尚；意大利诸国的宫廷也流行这种做法，供养着一位训练有素的男教师，由于他们的宫廷位于城市，这位男教师就可能像费拉拉的瓜里诺所做的那样，形成一个该社团的文化贵族的中心。在北方，当诸侯和贵族们对某个家庭教师或神父的思想观念习惯了之后，他们就可能以学术水平为标准，考虑重新换人。当然，作这样的调整肯定是有困难的。总的来说，意大利人文主义的学校规模较大；而北方在有闲阶级中流行的是，一个家庭教师带几个孩子。意大利的维多里诺以及其他一些人认为，教育不应该放弃体育和军事训练活动，意大利在这方面的经验明显和传统的贵族原则是密切相关的，为北方一些教育学家所接受；但是，伊拉斯谟和比维斯对此并不完全赞同，他们把体能训练仅仅看成是保持健康的一种方式，而不是把它看成渴望实现的目的本身。但是，出现这点分歧算不了什么，重要的是，北欧人从来都是把早期意大利人关于教育方法和教育目的的观点当作法宝来进行宣传和实践的。

在北方的理论家当中，伊拉斯谟[①]和路易斯·比维斯不论是在影响力还是在独创性方面都是卓越的。伊拉斯谟虽然不是一个真正意义上的教师，但是他从事过大量的教育实践，其中一些后面还要提到。他提出的教育学原理主要包含在1529年出版的《论孩童教育》中；其他与此直接有关的著作是《论学》（1511年）和《论孩童举止》

[①] 欲知他的文学活动，参见本书边码第369页和第372页。

(1530年);但他还有其他许多文章都谈到过教育问题。[①] 在伊拉斯谟看来,人文主义所规划的教育本身就具有存在和发展的理由,因为它提供了直接研究圣典和活生生的基督教的根源的方法,因为它具有教化的力量,因为它使健全的古典学术能为人们所用。它和传统教学只提供技艺性和专业性的知识不一样,它将宗教信念的培养、文科各学科、社会职责和纯洁的行为方式在同一时间以同一方式反复灌输,因为这些是每一个人必须具备的。孩子从母亲那儿学习虔诚,学习书写,有可能的话,还要学习拉丁语的入门知识,到了7岁,就应该交给他的父亲、某位学校教师或家庭教师去管理:很少有父亲能够担当此任,也很少有学校的教师是信得过的。所以,由家庭教师来教一小群男孩乃是最好的解决办法。家庭教师的任务是通过直接的方式,运用交谈、对话、简易课文加上大量的口头和作文练习来教孩子们学习拉丁语,旨在使他们从中吸取道德的教训,并获得流利的自我表达能力。修辞技巧,按昆体良的教导,应从西塞罗的文章中学习。希腊语的教学在精神实质上略有不同,得采用另外一种教学方式:不必要求掌握口语,学习希腊语的价值在于它有助于对《圣经》的理解,有助于对罗马文学的阐释以及希腊语本身在各门科学的研习中所具有的价值。

胡安·路易斯·比维斯(1492—1540年)和伊拉斯谟一样,是一个具有世界意义的人物。他生于西班牙,早年生活却是在法国、英国和低地国家度过的。和伊拉斯谟一样,他也是教科书的作者,也写过关于教育的论文。他的这些论文中,最重要的是1531年发表的《论传道》。比维斯比伊拉斯谟更加重视家庭和母亲的作用,然而他也承认,尽管学校教育是最好的教育方式,但是,寻一个好的家庭教师比找一所好的学校更容易。就像15世纪末意大利的教育学家们所推崇的那样,比维斯认为,熟练地掌握一门本国语的阅读和写作能力是值得向往的;他还准备把本国语历史学家作为道德范例的源头纳入古典历史学家的行列。但讲到语言学习,他指的是拉丁语言的学习,文法只是达到目的的手段,而不是辩证中一个方面。在这里我们看到,比维斯同样看重直接教学法的运用,同样最终还是把西塞罗作为

---

① 参见伊拉斯谟涉及文学、教育的著作目录,该目录收入《书信集》(编辑,阿朗),第1卷,第38—39页;第8卷,第373—374页。

其阅读方案的内容，把学习希腊语看成是学习拉丁语的补充。因为对逻辑和旧式的辩证法表示反感，所以他愿意采纳数学和物理学，尽管好的教材很缺乏。比维斯和伊拉斯谟一样认为，深层的宗教驱动力对所有的教育产生影响。学术本身虽然值得尊重，但必须从属于基督教生活的实践。于是，教师尽管有百科全书般的知识，在学生面前也要保持谦虚，要设法向学生逐渐灌输与"虔诚"相协调的"博学"。

第三位对这一时期的教育学说进行阐述的人是伟大的红衣主教贾科莫·萨多莱托（1477—1547年），从他的《儿童正确教育法》（1533年）中，我们又一次听到了对缺乏好学校的哀叹及求助于家庭教师的劝导。但在他的论述中，我们发现，他更注重希腊语的学习，因为当时意大利人所倾心的柏拉图理论和所爱好的"哲学"都出自同一个源头。此外，萨多莱托还设想过一种教育，旨在用普遍的方式获取所有方面的知识，尽管他争辩说，每个学生也应该培养某种特殊的兴趣和能力。

伊拉斯谟、比维斯和萨多莱托提出的教育方案基本上都是学术性质的；虽然他们赞美文学的教化作用，但还是把它放到了从属的地位。然而，如果把那些写作的宗旨并不完全是为了教育以及那些把主要兴趣用于描写社会风尚的作家都排斥在外，那就错了。因为卡斯蒂利奥内的《侍臣论》（1528年）和乔凡尼·德拉卡萨的《礼范》（1558年）都曾对欧洲北部关于绅士素质的一般看法产生过强烈的影响。这两部书都曾被大量翻译，并且自然而然地便引起了法国人、英国人和德国人的注意。在他们看来，贵族绅士构成了最有影响的一个社会组成部分，这种关于举止、谈话和道德行为的新思想对于他们来说，可以与古老的骑士理论嫁接在一起："风俗时尚造就人"，这是中世纪的看法，然而不断变化着的是时尚，而不是对时尚的尊重。伊拉斯谟和比维斯主张的文学教化论以及卡斯蒂利奥内提倡的礼貌行为在托马斯·埃利奥特（卒于1546年）的《治人者》（1531年）里都有明晰的表述。伊拉斯谟和比维斯都是这个他们所批评并试图纠正的教育体制的产物，埃利奥特并不是大学毕业生，然而他的长篇故事著作则向我们展示了一位活跃和聪明的青年在伦敦和不在大学所能够获得的知识成就。他未受过专门教育，所以比大多数北方人更符合意大利教育学家的所谓显示天才的目的。他的《治人者》一书旨在要求放宽对世俗社会中的中心人物的限制；所谓"治人者"指的是所有担负行政职责的人，从国王的近臣到像治安官那样恪守尽职的谦恭的绅士。为教育这些人的孩子，他吩咐要像伊拉斯谟的方案那样，把拉丁语作为一门活的语言来学习，并承认家庭教师的必要性。但是，他同意（伊拉斯谟却不是这样）不只是要学习语言这门艰难的课程，还要学习音乐、绘画和体能训练。总的目的在于通过古代典籍的教学使孩子获得一种促进社会道德和社会功利的发展的智慧。

理论家的这些思考对实际的教育产生了什么效果呢？毫无疑问，它们传播了15世纪的意大利理论家们的基本学说；也给那些大人物树立了新的理论权威，使他们养成送孩子上学或给孩子们请家庭教师的习惯，不过，此时被规定的或者说通常更多被指定作家教的是语法学家，而不像过去那样是神职人员。结果，连地主最终也接受了正规教育的必要性。它们到底对学校教育方面的影响有多大，较难估计，因为理论家们首先是从家庭的角度来思考的。学校和大学好歹都在不断地发展和变化，随时都有可能产生新的方法，所以不必依赖他们。在教科书方面，正如后面要指出的那样，人文主义者的贡献是巨大的。

在意大利之外，有3个在中等教育方面有名的类型可以作为人文主义的原则实际运作的典例：波尔多的吉耶纳学院、斯特拉斯堡的施图尔姆学校和第一耶稣会神学院的课程。很明显，这些学校虽然各不相同，第一所是法国学校，深受改革的影响；第二所是德国学校，公开主张新教；第三所是有名的反宗教改革运动的"工具"，但它们的办学方式则有很多相似之处。并且，它们采用的方法也不全都是新的。吉耶纳学院有一批"著名的讲师"，他们是安德烈·古维亚1534年接受波尔多行政长官的邀请离开巴黎后带来的。这所学校在古维亚的领导下繁荣昌盛，并且它所开设的课程在中世纪是很有名气的。十年级，即最低的一个年级，课程包括字母或拼写，通过本国语以礼拜仪式材料和包含曲折变化的《拉丁语法小手册》学习拉丁语基础。能够掌握这些材料、能够指出拉丁语的动词变位以及名词变格并且能够字迹清晰地进行书写的男孩将升入这所学校中最大的一个年级九年级。本年级的目标是流利地运用法语，尤其是要流利地运用拉丁语；要一方面阅读更高级的语法，一方面阅读加图的道德《格言》。到了八年级，要学习西塞罗书信选和特伦斯剧作选，以此作为掌握"措词"的途径，并且每周学习一篇散文以补充每天逐字逐句地解释。能力强的男孩在11或12岁时进入七年级，开始对同样的课文进行更为详细的学习。六年级和五年级学习的课文篇幅更长一些，包括特伦斯戏剧全集中的某一个剧本，并开始学习诗体学。四年级的课程变动更大：要学习西塞罗的演说辞和一本修辞手册，写作的篇幅更长了，包括诗歌的写作，并且开始了希腊语的学习。以后三个年级的课程全是这个模式，尽管三年级要教一点数学，往下的年级所学的主要课文有：西塞罗的散文；维吉尔、奥维德和卢堪的诗歌；昆体良的著作；历史学家的作品，此时的作文包括演讲稿的准备。辩论是高年级教师常用的教学方式，虽然在翻译和评论作者的时候可以自由地运用法语，但是，学习的目的还是要达到用流利的拉丁语进行演讲和写作。1538年，约翰·施图尔姆（卒于1589年）被指定为在斯特拉斯堡的文科中学（Gymnasium）的校长，尽管他安排希腊语的学习要早一些，使用的《圣经》选文要多一些，但是他开设的课程实际上与波尔多的古维亚和维勒所开的课程并没有什么两样。耶稣会的学校从1546年起开始增多，其课程设置大致也差不多；最后的课程安排直到16世纪后期才草拟出来，但耶稣会方案的概要在1551年的章程中就已经明确了。七年级开设语法课（先拉丁语法后希腊语法），方法与新教学校一样，只是体罚要少得多，大力坚持奖励制度，用竞争来刺激孩子们的学习热情，毫不留情地从选自古典作品的课文中删掉那些被认为是对年轻人具有煽动作用的内容。耶稣会士注重教学心理学，他们在这方面比耶稣会以外的大多数从事实际教学的老师要技高一筹；但他们的宗旨与其他人文主义教育家是一样的：通过修辞学和语言学方面的训练来规范人的道德和行为举止。当新教徒和天主教徒都在宣扬文法的优点时，古典课程对中学的主宰如此全面和长久也就不足为奇了。

这类古典学校的推广并没有那么惊人，假如人们记得它的编制本身实际上谈不上新颖。中世纪文法学校的课程安排不太清楚，但在大一点的学校，其编制一般都在6个年级以上。代芬特尔的黑吉乌斯学校有8个年级；16世纪早期的布雷斯劳学校有9个年级。沃尔西计划在伊普斯威奇创办但中途夭折了的学校准备设8个年级；伊顿公学在1528年有7个年级，但在16世纪中期降为6个，这在后来成了根深蒂固的英国传统。因为可以按季度或按半个学年从一个年级升入另一个年级，所以在年级的数量上，学校之间的差别并不大。那些规模大的学校即使已经定型，但用新文法取代旧文法的速度却快得惊人。让我们来追踪一下马蒂兰·科尔迪耶这个人的工作足迹，他先后在内韦尔、波尔多、日内瓦和洛桑任过教，每到一处，他都有新的教学方法留下来；还有谢勒斯塔德那所名校的学生约翰·施图尔姆，他母校的荣誉因为他在斯特拉斯堡中学的杰出领导而显得暗淡无光。施图尔姆学校的崇高声誉使它成了其他许多教师模仿的对象；加尔文在考虑日内瓦的学校发展计划时曾经访问过它；托马斯·普拉特尔1541年被派往巴塞尔市立学校时也曾征求过施图尔姆的意见。在新教德国，梅兰希顿在关键时刻给予新课程的支持使得当局只好对教育进行改革：他在教育事务方面的倡议得到了56个城市的响应；在艾斯莱本的拉丁语学校（1525年）和纽伦堡的中学（1526年），他的影响显得更为直接；并且，他自己在维滕贝格管理一所私立学校长达10年之久。从约翰·布根哈根的身上也可以看到梅兰希顿的影响，而布根哈根为不伦瑞克学校（1528年）颁布的条例也成了其他7个德国北方城镇制定规章的基础。这位"德国教师"使他的对手耶稣会士学到了许多东西，尤其是有意识地制定制度是卓有成效地办学之本。有强大的修会作为后盾，有优秀的、训练有素的教师为之服务，耶稣会的学校数量增多乃是理所当然的：1556年当耶稣会的创始人去世的时候，耶稣会除了为本修会的见习修士办学校外，还为其他人办有三十余所学校，并且数量仍在不断增加。他们在天主教控制的那部分德国所取得的成功是非常了不起的。

新课程的标志和象征更多的是它的教科书，而不是教材中的课文。多纳图斯的语法、维莱·迪约的亚历山大的《学理》、贝蒂纳的埃伯哈德的《语法》以及其他中世纪的语法著作仍为人文主义的语法学校大量采用：梅兰希顿和耶稣会士都规定使用多纳图斯的语法；让·德斯波特勒（范·波特朗，卒于1520年）的语法著作只是对《学理》作了一点改进，同样也获得了资助。但是它们都只提供给低年级学生使用，它们被当作纯粹的语法来对待，所以不能作为逻辑论证的题目，并且逐渐地让位于新潮的语法手册。许多老师编写新教科书，使那些惯用旧教科书的教师感到不满。在这种压力之下，所有大城市都在不断地发行由当地语法学家和教学法家撰写的著作。英国远未站在这场运动的前列,然而我们发现,马格达伦高级中学校长约翰·安威凯尔在 1483 年发表了他的《文法纲要》。他的接班人约翰·斯坦布里奇 1501 年迁居班伯里;1505 年到 1550 年,他的 *Accidentia* 印刷了 17 次;1508 年到 1529 年,除了别的为人所知的版本之外,他的英语拉丁语词典 *Vulgaria* 印刷了 7 次。到 1533 年,罗伯特·惠廷顿的《名词变格》已经印刷了 16 次,并且大约在同一时期,他的其他语法著作发行了 128 版。科利特和他创建的圣·保罗的学校的校长威廉·利利在这方面的努力更为重要,因为他们的著作质量更好,并且由于伊拉斯谟的认可而增色不少。利利的《文法 11 讲》和利利与科利特合著的《文法短论》是由亨利八世在 1540 年正式钦定的语法基础教程。大陆上也在经历同样的过程:梅兰希顿的《拉丁语法》在新教学校的教师中享有同样的声誉,后来葡萄牙人耶稣会士伊曼纽尔·阿尔瓦雷斯的《文法教程》在天主教徒中的地位也是如此。还可以举出其他许多人,在他们的著作中,有些著作的影响已经超出了本地区的范围,如迈森的里维乌斯的著作以及到大学教书之前曾是纽伦堡学校教师的卡梅拉里乌斯的著作。

  人文主义教师为他们的学生编写的拉丁语会话书籍使新教学法更具特色。就像人文主义的技术从中世纪那里受益匪浅一样,这种对话形式也是从中世纪承袭下来的,它和主要与宗教教育有关的教义问答方式有着密切联系。但是,旧形式具有新含义,里面装的全是流行的会话内容。在这方面,伊拉斯谟或许不是第一位但毫无疑问是其中最伟大的一位对话体作家,他的《对话录》长盛不衰,也许由于该书前几章部分内容源于伊拉斯谟亲自作出的不多的有关实践的教诲。本书于 1497 年抄写完毕,1518 年,贝亚图斯·雷纳努斯在伊拉斯谟本人并不知道的情况下将其出版。伊拉斯谟本人首次出版该书是在 1522 年;此后,本书的修订、扩充和重印一直没有中断,到 1536 年伊拉斯谟去世时,这部著作已发行了 100 版。最初的《对话录》只是在列举问候用的词组或短语。然后是两位初次见面者的会话方式,再后是家庭会话。然而,紧接在这些会话后面的是伊拉斯谟斥责当时人们的愚蠢行为的著名谈话,它们不仅属于教育史的范围,而且也属宗教史和文学史的范围。尽管《会话》遭到索邦神学院的猛烈攻击,并因为里面有些轻薄语和不好的内容而受到路德和罗耀拉的谴责,但却为全欧洲的国家所采用，不论是天主教国家还是新教国家概莫能外。然而，在这个领域内，它们并不是孤立存在的，同类型的书籍还有很多，只是缺少伊拉斯谟的讽刺精神而已。P. 莫塞拉努斯的《幼儿学》、C. 黑根多夫的《儿童会话》以及巴兰德的《会话》都是伊拉斯谟同时代人的作品。类似的许多著作中，有两本获得了超常的成功，那就是比维斯的《拉丁语言练习》（1538 年）和科尔迪耶的《学生会话四讲》（1564 年）。这些书的重要意义在于明确地提醒人们新语法学校开设课程的宗旨，即：使学生迅速掌握拉丁口语，并且做到流利、典雅和正确。这个宗旨，也导致了对特伦斯的剧作和卢奇安的会话的拉丁文译本的重视（前面已提及），这些作品是许多学校规定的教材。同样，通过对拉丁剧本的实际演出反过来刺激了尤其是在德国和耶稣会中的新拉丁语剧本的创作，这是斯特拉斯堡的斯图尔姆方法的首要特色，使用这个方法也是为了实现上述宗旨。①

如上所述，对人文学科的重新关注深刻地影响了中等学校的教学。对大学的冲击则不是那么显著。16 世纪的教育学家更多关心的是中学的教学，不太重视高级课程的质量。16 世纪的大学基本上还是培养专业人员的机构，文科各系自然要受到来自文学和语法的新观念的影响，而医学、法学和神学这些专业所受的影响要少一些。总之，似乎可以肯定地说，老牌大学对新式教育并不总是敌视的，尽管索邦神学院对此持怀疑态度，并且，牛津的"希腊人"和"特洛伊人"一度就接受新的学习方法问题挑起争论。欧洲的大学里出现了许多新派学者；这场中学改革运动对缩小中学教育和大学教育之间的距离产生了作用；出版古典作者的作品时，同时兼顾中学高年级同学和大学生的需求。然而，令人奇怪的是，博大精深的学问所带来的伟大而不朽的成就往往与学术的摇篮是分离的。伊拉斯谟决不是大学里的人。罗伯特·埃蒂安纳的《拉丁语词典》（全版，1543 年）不是在大学里产生的作品；他的儿子亨利（1572 年）的《希腊语词典》也不是。值得注意的是，威尼斯和里昂出版了那么多文献和著作，却没有一所大学；没有人会把巴塞尔的学术出版社与它那规模又小又没有什么名气的大学联系在一起。公平地说，为了文学而牺牲逻辑这种新风尚出在德国的大学。

---

① 见本书边码第369页。

不管是何处，学习加伦和希波克拉底总是要用更好的版本，总是对正文而不是注释倾注更多的注意力，然而，巴塞尔大学医学系一开始就怀着像对待维萨里那样的崇敬心情对帕拉切尔苏斯表示欢迎，可以说，大学里那种主要是通过书本来学习医学的方法对医学的长足进步不可能有什么帮助：那种为大家公认了的教科书，即使作过很多改动，[①] 仍然拥有至高无上的权威。民法教学使用的教材也更好，但是，教会法的教学减少了，在新教的大学里尤其是在德国自然而然地就完全消失了。另一方面，值得注意的是，这里的神学系和巴黎索邦神学院一样，显得很重要，尽管在维滕贝格以及其他地方，神学教学的内容已经相当狭窄，仅限对《圣经》的阐释和教义学。

如果把希腊语和希伯来语的好坏作为衡量新学问学术水平高低的标准（当时的人经常臆断应该如此），那么必须指出：相对而言，大学未能给予普通学科充分的地位。16世纪中期，许多大学都有希腊语教授，其中很多人学识极为渊博，著作也非常丰厚。但是，他们的活动领域仅限于教材编辑，尤其是翻译。希腊语的资料少得可怜，那些资深的教育学家甚至认为，所有这些资料都是中学就应该具备的，对于大学里面的一个中等水平的学生来说，用这点资料是不能为严肃的学习打下足够坚实的基础的。甚至在中学，直到16世纪末，也并不是全都开设有希腊语课程的。1561年，麦钱特·泰勒学校（伦敦）的章程重复了16世纪以前圣·保罗学校的科利特章程使用过的言词：校长应该掌握拉丁语和希腊语，"如果可能的话"。虽然在大学里面希腊语成为文科课程，但不是必修课，只有少数升到高等专业的学生才把希腊语作为必修课。理所当然，希伯来语的处境就更不利了，完全局限于神学教学，有如在维滕贝格，按照1546年的条例，希伯来语教授的教学内容实际上只是对《旧约》进行解释。

人们深信语言，即：拉丁语、希腊语和希伯来语，非常重要，但却没有引起大学的足够重视，这才有了三语学院的发展。在16世纪20年代以前，在大学设置古代语言学的教授职位，几乎不是先例。利奥十世在罗马和红衣主教希梅内斯在阿尔卡拉推行的教育革新更标志着一个新的开始，但是，没有人对在卢万创办三语学院的独创性表示

---

① 见本书边码第391、409页。

异议。它的创办人哲罗姆·布斯列登于1517年去世，他死后留下一笔钱，用来在卢万大学创办一个学院，这笔钱除了用作学生的奖学金外，还要提供三位教师的薪水，由他们提供免费教学，他们"将用三种语言——拉丁语、希腊语和希伯来语——向所有来者公开阅读和阐释基督教的、其他道德学说的以及备受人们称颂的作者的作品"。尽管有来自那些谨小慎微的神学家方面的阻力，因为这三位教师的做法有异端之嫌；尽管有来自其他教师方面的阻力，因为他们自己的听众在减少；新学院还是办得欣欣向荣。三语学院体现了伊拉斯谟的理想，所以直接得到了伊拉斯谟的庇护和劝告。自从它与正规大学的课程脱钩后，不仅吸引了卢万大学的学生，而且还迷住了许多绅士和访问学者，使他们能够从学习语言和文学的现代方法中大受裨益，无须为了一个学位而伤心劳神，拼命苦读了。卢万的三语学院反映了社会在这方面的广泛需求，这一点从别的地方也在追求同样的发展便可推断出来。理查德·福克斯在牛津（1517年）创办的基督圣体学院和沃尔西的学院（1525年）都是这同一种思潮的反映，尽管它们办得没有卢万那么成功。在法国，类似的发展在1530年任命王家教授时达到了顶点。1531年有5位：两位教希腊语，两位教希伯来语，一位教数学；1534年增加了一位钦任拉丁语教授；就这样，一个新的三语学院成立了，没有多久就演变成了法兰西学院。与此有关的方案比纯粹是文学改革的方案要多；在卢万和那个尚处在萌芽阶段的法兰西学院出现了一种针对高级学习的新观念。拉姆斯（皮埃尔·德·拉·拉梅，卒于1572年）——一位大学人，如果有过大学人的话——一生的事业对此作了生动的说明，他使传统的教学恢复青春的徒劳尝试在巴黎遭到了强烈的抵制。对他来说，他从1551年至1562年一直在此任教的这座新近成立的皇家学院并没有提供实行根本变革的机会，倒是提供了一个自由讲学的场所，这种自由精神在大学本身已经不存在了。

  以上提到的所有教育方面的变革都是在教义纷争日趋严酷的时期进行的。改革派和正统派之间、一种改革过的教会和另一种改革过的教会之间的宗教分歧在几个主要的方面影响了中学和大学。因为老学校基本上是培养神职人员的，新学校的目标则是要把学术和虔敬在一种 pietas litterata 中结合起来，所以，关于宗教本质的争论在某种意义上说就是教育特点本身的争论。此外，改革派重视对圣经的直接研习，这也有教学法上的含义。旧的教育捐赠制度的毁灭导致新的教育捐赠方式的建立，伴随改革而来的混乱从物质层面上捣毁了一些中学和大学，并遗传下来毒害教学氛围和教室的神学家之间的反感的传统。最重要的是，宗教改革和反宗教改革的展开进一步强化了市镇官员对教育的控制：王侯们成了决定中学和大学命运的主宰。

如何排除人们投身于教会工作的刺激乃是摆在新教国家面前的一道特殊的难题。如上所述，宗教改革之前，提升晋级的希望对各个阶级的人都具有强烈的吸引力。当这条生路断绝之后，（似乎对于许多人来说）做一个严肃学者的愿望也就随之消失了。贵族绅士的子弟仍然上中学，上大学，但是，即使是像接受捐资相对充裕的英国教会里的那几个可以得到的职位，他们也无心去争取了，更何况到大陆改革过的教会中去做传道人。拉蒂默在一次布道时曾抱怨说："学院里只剩下大人物的孩子们在念书，而且他们的父亲不希望他们成为神职人员。"类似的报道在德国也可以听到。路德本人就曾在1524年和1530年先后两次把古老的神职出现空缺与少有人愿意求学联系在一起，他甚至主张由国家颁布法令，推行义务教育。除了生计不多外，改革者对劳动价值的争论以及对神职人员的劣迹所进行的抨击，也起到了令人灰心丧气的效果。安斯巴赫侯爵曾在1531年将这种现状归咎于"那些如此强烈地抨击读书，并且还扬言要培养孩子们长大后去做体力劳动的传道人"。然而，如果本国语《圣经》是通向拯救的唯一可靠的途径，孩子们干吗还要费心去和拉丁语和希腊语打交道呢？

只是在教育资金的供应问题上，改革的发展起到了干扰作用。当然，那些没收教会土地的人是打算把所收土地的一部分用作教育目的的。例如，1543年，萨克森公爵莫里斯在和议会达成的一个协议中把普福尔塔、迈森和格里马3个修道院的捐款分给了3所学校，每个地区一所；然而，财产是一个很不确定的问题，事实上对财产的要求是难以满足的。由市镇议会创办的学校其情形大体如此，比如1531年，在奥格斯堡用加尔默多会的财产创办的那所中学，市镇当局不得不追加捐款。宗教改革之前，大量教师职位要靠教会的收入来维持；现在教会财产没有了，教师的生计总的说来，一是靠赏金；二是靠时有时无的赈济以及从王侯或市镇当局发放的不定期的薪水。其结果，大多数前景不错的学校发现，很难保证优秀教师的正常教学，教师本来应该花在教学上的时间却耗费在替当局撰写编年史上，或者耗费在小本生意或四处奔波另谋职业上。让学生沿街乞讨乃是德国教师惯用的招数。在明斯特从1537年到1541年之间，这种老师就出现过6位。此外，给教育提供资助或便利这种刺激主要是用来鼓励人们创办拉丁语学校。老式的"写作"或"德语"学校则留给那些失去了任何赚钱方式的人去管理。1531年在法兰克福美因河畔就有一位鞋匠请求议会批准他兴办一所德语学校，理由是他的处境不妙；1551年在奥格斯堡，也有一位装订工提出过类似的要求。看起来，总的来说，宗教改革在英国严重地干扰了中小学教育的发展，这一点是毫无疑问的，但是，严重的程度则过于夸大了，特别是1547年成立附属小教堂捐赠委员会，所带来的不良后果远比人们想象的要少得多。① 总之，英国的发展和大陆上的情况一样，并没有长时期地阻碍教育经费的增加，而是还进一步助长和鼓励上述那种由世俗来管理学校的趋势。

　　虽然牛津和剑桥的那些焦虑不安和奉承讨好的教师们害怕亨利和他的儿子采取措施，实行更大规模的裁员，但是，只有修道院在牛津和剑桥兴办的学院由于宗教改革而不复存在，学院大部分教师的收入并未受到影响。在德国，宗教改革对高等教育的财政收入所造成的不良后果更严重。捐赠给学院和教职的款项被王侯或市镇当局所没收，教会学院里附属于教职的俸禄也被取消了。特别是3所新成立的大学，马堡大学（1527年）、哥尼斯堡大学（1544年）和耶拿大学（1558年），和其王室创办人的其他所有政治机构争夺资金。依靠地方上私人的慷慨赞助是不稳定的，大学的报酬低，而且不定时。至于中学，和大学的情况差不多，在这里你可以看到反复不断地因贫困而抗议，无休无止地发出要求救助的呼声：海德堡大学杰出的希腊语教授米西鲁斯（马尔什姆）1537年向校方请愿，理由是每年60个弗罗林的收入连单身汉的生计都维持不了，况且他还要养家糊口；校方的反应是给他薪水多加20弗罗林；那位享有王权选侯此时正好来到

---

① 见本书边码第244页。

大学，他建议米西鲁斯应当被开除。就在中学教师靠乞讨和叫卖来维持生计时，大学的教授们也被迫在教学之外通过其他途径来增加收入，海德堡大学1558年的条例规定，允许教授们每年零售一定数量的酒。在天主教德国，雇人的报酬和条件还不是那么混乱，王侯和市镇当局尽管不情愿，也不得不经常采取措施来恢复由于管理不当和通货膨胀造成的破坏。

宗教的变革所造成的是因神学论战而出现的分裂以及不时发生的政权的转手和交替，这对于财政和行政方面产生的混乱来说，可谓雪上加霜。在这方面，英国的经历与德国相比，也要温和一些。亨利八世的政策变动对大学的影响是轻微的：教义之争也是如此，暂时还构不成一个问题，剑桥与牛津铲除异端的行动也没有给大家造成什么影响。但在爱德华六世和玛丽统治期间（正如他们的统治所反映的那样，他们代表当代宗教对立的两极），大学的情况与大陆上动荡不定的学校现状也有几分相像。比如在牛津，在爱德华当政的时候，新教神学被一个名叫彼得·马尔蒂尔的人塞了进来，大学被关于圣礼本质的论战搞得四分五裂；大批老师离开了学校，直到玛丽掌权、他们的敌人逃走后，由两位西班牙修道士入主牛津，对新教徒的破坏进行清算时才回来。在德国，神学的瓦解力更强，诸侯的行动也更为严厉。比如1535年在蒂宾根大学，坚持旧信仰的教师被强行驱逐；1539年在莱比锡大学，根据维滕贝格神学家的建议，所有不接受路德主义的教授都被萨克森公爵剥夺了教职。神学家之间没完没了的争论以及在所有学科的教学中明白表现出来的倾向性同样令人泄气。新教徒和新教徒辩论：路德和茨温利之间的分歧导致了剧烈的学术争论；特别是路德死后，路德阵营一分为二，分别为梅兰希顿的门徒和弗拉希乌斯·伊利里库斯的门徒。[①] 维滕贝格坚守梅兰希顿的观点，耶拿则成了弗拉希乌斯派的大本营，每一个新教的大学都为这些争论所滋扰。之后，加尔文主义火上加油，加入了新教的纷争。在坚持天主教信仰的地方，这类麻烦自然要少得多，尽管耶稣会的到来不断挑起愤懑和仇恨，有时在古老的大学中导致公开的敌视，就像1556年在因戈尔施塔特大学、1559年在维也纳大学所发生的那样。在法国，直到强

---

① 见本书边码第184页。

第十三章　学校和大学

硬的保守派逼迫大学圈子里温和的改革派人士必须在敌对的两派中进行选择时，才出现了怀疑和分裂。索邦神学院是保守路线的顽强斗士，它对待耶稣会士就和从前对待"皇家讲师"一样凶狠好斗。只有在大学教学这一时期普遍低落的意大利以及多数大学仍然维持中世纪一成不变的课程的西班牙，才很少发生教义争端：在这两个国家，宗教法庭对大学的异端实施了有效的监督；同样在这两个国家，教育阵地后来都被耶稣会牢牢地控制着。

　　上述这些因素的后果是，大学的入学率普遍下降，此时的德国可能比别的地方更严重（表见下页）。以下列举的大学入学人数在 16 世纪初期一直在上升，这个趋势在 16 世纪一直在延续，几乎没有中断。只是在 16 世纪 20 年代一度停止过：为了进行数字比较，有必要再回到 16 世纪早期去看看：1515 年前 5 年创下的最高点直到 1556—1560 年才又重新达到。其结论必然是：德国的宗教改革运动尽管是暂时地，但严重地影响了大学的入学人数。据说，牛津大学入学人数的下滑虽然没有如此严重，但也好不了多少。实际数字已无法作精确计算，因为这个时期的入学注册记录已经不能用了。然而，确有材料显示，回落现象是存在的。那份学位授予花名册①显然残缺不全，但它首次记录了 1505 年至 1509 年间，每年授予的学位平均超过 150 人；之后每 5 年的平均数似乎在下降：1520—1524 年是 116 人；1540—1544 年是 70 人；1555—1559 年是 67 人。然而在 1552 年，牛津大学的在册人数大约是 1000 人，就是和现在一所完全由学院组成的大学相比，这个数目似乎也是可观的了。在伊丽莎白统治时期，入学人数又开始上升，16 世纪中期宗教和政治上的干扰似乎使这里的入学人数也受到了影响，然而明显的是，这种影响并没有持续多久。

　　总的说来，教育在这个时期意义最为重要的一个方面是教育逐渐陷入受世俗权力、市镇议会或王侯控制的方式。不可否认，严格说来，这不是什么新的现象。不管怎么说，从 14 世纪开始，最大限度地使社会"世俗化"开始趋于明朗，大学，某种意义上也包括中学，明显地都成了雄心勃勃的世俗统治者们猎取的目标。由于大学直接领受教皇的诏书，所以具有超国家的性质，并且满足期盼从罗马教廷获

---

① 牛津历史学会，编辑 C.W. 博尼斯，1885 年。

1501—1560年德国大学年度入学人数估计*

(5年平均数)

年 度	海德堡	科隆	爱尔福特	莱比锡	罗斯托克	格赖夫斯瓦尔德	弗莱堡	因戈尔斯塔特	蒂宾根	维滕贝格	法兰克福	马堡	哥尼斯堡	迪林根	耶拿	总人数
1501—1505	201	586	461	740	322	81	207	172	155	527	—	—	—	—	—	3346
1506—1510	266	556	473	789	333	63	208	291	219	308	—	—	—	—	—	3687
1511—1515	299	581	502	819	359	77	203	371	212	364	257	—	—	—	—	4041
1516—1520	247	469	541	705	284	72	170	422	161	600	273	—	—	—	—	3850
1521—1525	156	322	95	331	140	44	147	184	123	379	93	—	—	—	—	1994
1526—1530	84	152	44	175	37	—	77	149	95	250	49	47	—	—	—	1135
1531—1535	140	121	108	256	44	—	131	154	105	371	75	140	—	—	—	1645
1536—1540	170	173	124	301	100	—	177	229	156	586	112	182	—	—	—	2307
1541—1545	178	129	136	486	122	?	203	406	194	879	201	205	—	—	—	3121
1546—1550	181	228	302	489	182	?	282	360	224	640	288	154	125	—	—	3455
1551—1555	153	243	158	378	224	?	257	392	312	866	286	206	63	132	—	3670
1556—1560	187	261	156	490	177	?	341	402	341	960	349	203	80	118	269	4334

* 弗朗茨·奥伊伦贝格,"Die Frequenz der deutschen Universitaten von ihrer Gründung bis zur Gegenwart", *Abhandluugen der phil. - hist. Klasse der konigl. sachsischen Gesellschaft der Wissenschaften*, 见第 24 卷 (莱比锡, 1904 年), 第 55 页, 第 102—103 页。这张图表略去丁特里尔和美因茨以及格赖夫斯瓦尔特大学 1539 年恢复后留下来的那些不确切的数据。至于奥伊伦贝格对上述数据的计算方法, 见第 7—45 页, 出处同上。维也纳的招生人数在 1530 年降到了最低点; F. 奥伊伦贝格, "Ueber die Frequenz der deutschen Universiaten in früherer Zeit", *Jahrbucher fur Nationalokonomie und Statistik* Ⅲ · *Folge*, *Bd. 13* (耶拿, 1897 年), 第 543 页。

取特权和晋升的学生和博士，它是教会最有可能引起一心想控制自己地盘上的教会的君主们兴趣的一个方面。此外，任何一个有地位的国家都应当有自己的大学，这种感情到处都感觉得到，正像在都市社会中，市镇议会常常发出类似的感情一样。正因为如此，在14和15世纪，我们发现有大量证据表明，各国王侯和地方行政官员一直在考虑，怎样操纵旧的大学，如何创办新的大学。在意大利，教会从一开始对大学就没有多少影响力，这一点非常突出。但在北方，大学是公爵和国王们作为其王权至上的象征而创立的；如此建立起来的大学通常是靠其统治者禁止人们在其他任何的学校学习来支撑的。巴黎大学和牛津大学尽管是北方伟大的学术中心，其地位却是非常卑微的。巴黎大学虽然仍具有世界性，但却由于大学像雨后春笋般地出现在德国、苏格兰以及法国本土的其他地方而受到了冲击；因拥护高卢主义，它发现自己只能与君主结盟。由于分裂事件和威克利夫的插曲，牛津大学也被迫屈从于王室的意志。在牛津和剑桥，大学校长实际上是由王室任命的，遗憾的是，王室的慷慨取代了真正的独立。

如此发展将把王权推向至高无上的地位，这一点终于在16世纪变成了现实。在英国，与阿拉贡的凯瑟琳的离婚案成了国王首次显示其潜在权力的机会；随后出现的变化并未引起什么麻烦就被人们接受了，因为国王迅速派出使者去巴结和说服了大学中对法庭影响重大的人物。大学和修道院一样，被视察搞得苦不堪言，在爱德华和玛丽统治时期，成立了两个皇家委员会负责对大学实行全面检查。委员们无所不能的权力迫使人们记住，国王已经成了英国的教皇。虽然王国政府对处理日常的行政事务并无兴趣，但它的权力仍然是很大的：在牛津大学，王室的态度和倾向足以消除希腊人与特洛伊人之间的敌对；能够准确地规定谁应当参加选举学监的投票。从亨利及其继位者对大学福利漠不关心的背后，那些神经紧张的教师看出了国王和议会已经掌握了令人生畏的绝对权力。修道院被解散了；附属小教堂也被解散了；这难道不是说，很快就要轮到牛津和剑桥了吗？然而，王室在英国的权势也有重要的补偿作用。它保护了希腊语不受保守派的侵害；并在设置了一些文科学科的讲师职位；1549年，牛津委员们对课程设置作了轻微的改动，这和大学的要求是一致的，这些改动如果没有王室的支持，肯定会拖上好多年。

在法国，国王的地位与此非常相似。巴黎的神学家们正是凭着自己的鼎鼎大名才能够坚持抵制弗兰西斯一世对新学和伊拉斯谟的改革采取宽容态度。但是，他们的抵制最终还是没有什么结果，这是由于1534年的公告发布后，弗兰西斯的态度发生转变而造成的；即使是那时刚刚成立的法兰西学院也是在王室的保护下才得以幸存。在德国，王侯们对其学府的主宰就更为突出了。正如前面提到的，有3所新教大学即马堡、哥尼斯堡和耶拿，都是由王侯们创办的。这些大学一成立就面临着地位问题，因为，一所真正的大学经教皇授权后可以颁授具有普遍效力的学位，其毕业生可以在任何地方授课。马堡大学可以从查理五世那里获得此项特权，耶拿大学则可以从查理五世的继承人那里获得此项特权，但是，教皇和皇帝都不承认哥尼斯堡大学。这类新成立的学校自然要维护其创办人的利益。创办马堡大学的王侯可以开除马堡大学的教授，同时也是裁定他们的思想行为是否合乎正统的法官。在哥尼斯堡大学，教职员和学生们发誓效忠的对象更多的是信仰和普鲁士公爵而不是学校本身："我不以任何理由，不以公开或隐蔽的方式恶意和充满敌意地策划、进行和煽动对公爵不利之事。"在那些接受了新信仰的老牌大学里，情况也是一样，在路德主义的发源地维滕贝格，大学同样按照国家法令，由教会的地产资助，到1550年，它便具备国家教会的职能。当格赖夫斯瓦尔德大学1539年重新开始招生的时候，同样要仰仗波美拉尼亚公爵的慷慨赞助。在那些其创办人不是王侯的大学，或者像爱尔福特大学那样，其王侯不在当地，市议会就会承担起管理的职责。爱尔福特市议会在爱尔福特大学强行推行新教，并不顾及它从严格的法律意义上来说所具有的独立性；在巴塞尔，市议会和大学都是见风使舵，谁在宗教斗争中处在上风就服从谁。但是，明确由地方行政官控制的市立大学是日内瓦大学，1559年，加尔文在这里又建了一所日内瓦学院，完全由当地的神权政府管理。国王获得在其土地上掌管大学的权力这种现象不只局限于欧洲的新教国家。在维也纳，从1533年起，斐迪南大公就把大学置于他的监督下，并且颁布了一系列旨在推行改革的法令，使学校完全处于从属地位：派人对日常教学进行监督，就连具体的教学内容也要接受当地政府的审查。在因戈尔斯塔特，巴伐利亚公爵也公布了一项具有同样效果的"改革法令"。这个时期天主教德国新成立的唯一一所大学便是迪林根大学，由奥格斯堡主教创办，并于 1551 年得到了教皇的承认。中学对于王侯们没有明显的直接利益，虽然在德国，地方统治者偶尔也进行干预，要在教师中保持宗教信仰的一致，而在英国，到亨利八世统治末期，连小学的识字课本和拉丁语法书都要由政府来校准。

学术界的"地区化"进程在宗教改革之前就开始了，在本书所描述的这个时期进入了一个关键性的阶段。从某种意义上说，这是王侯们对大学群起而攻之的阶段，因为这些大学建立在他们的领地上，却属于一个普世教会——这个教会包括修院、教会法和大学——结果，对学者的管制更为严厉了。这和学术界的理想是冲突的，似乎只有伊拉斯谟这样的人文主义者才可以达到这个理想。最后不可避免地要把科学和国家的尊严、威信联系在一起，使政府有权把学术院校基本上看作是为政治家所定义的公共目的而存在的，并且一度曾使大学的高等教育呈现明显的停滞。这在德国最为突出，明显的理由是，由于上述的"地区化"运动造成了高等学府发育不良和缺乏朝气，德国文学界和学术界的生命力在三十年战争以前就开始衰落了。然而，德国只是这一普遍现象中的一个特例。宗教改革之后，欧洲的大学总的说来进入了这样一个时期，虽然大学在社会上的重要性稳步上升，上层阶级家庭的青年应当到大学里去学习一段时间已经成为惯例；但是，从狭义上说，大学在学术上的重要性正趋于降低。17 世纪所取得的巨大的知识进步与那些在死气沉沉、行将就木的学院中执教的博士和教师的关系甚微。颇具讽刺意味的是，当大学在很久之后开始复苏的时候，复兴正是在德国开始的。

可以这样问，我们所讨论的教育的变革到底带来了什么样的实际后果，学术界和王侯们对改革者所带来的新型的语法学校和改变了的大学到底作出什么样的反应？这个问题的提出要比这个问题的回答更容易一些，尽管有些资料是现成的。

就占人口大多数的农民而言，他们对人文主义教育家的主张没有多大兴趣。有材料显示，由其社会地位决定只能做卑微的工作的人们中也有人渴望上学，渴望掌握文字这种工具。对此，罗伯特·威廉斯 1546 年在刚买到的一本书上用潦草的字迹写道："辛巴里山上的克平治羔羊"，对于只允许贵族和富商而不准所有平信徒阅读《圣经》的做法提出了诚恳的谴责。不过,罗伯特·威廉斯这样说是出于宗教而非教育的动机,而且在农村地区,学校的老师们普遍抱怨,孩子们只在他们方便的时候才去上课:在德国,据说农民只在冬天才送孩子去念书,夏天则利用他们去干农活。

然而,语法学校是直接为贵族和市民们开办的。虽然传统的观点从来就认为,在学校里待上一段时间对成长中的男孩是必要的,但是,有大量的事实证明,孩子们上学往往是敷衍了事,他们以及他们的家长都未给上学以高度的重视。拉丁语法与绅士的儿子有什么直接的关系呢?对于埃利奥特来说,要想成为一个真正意义上的"统治者"就必须学习拉丁语。不过,在世俗的管理比以往任何时候都充满生机的时期,主要的"统治者"中又有几位是埃利奥特意义上的学究先生呢?尤其是不是大学出身的克伦威尔取代了从大学出身的沃尔西:父母不能因为从中获得了暗示而遭到责备,埃利奥特要男孩子在未满14周岁以前不应离开学校的要求也太过分了。14 和 15 世纪,上层阶级送孩子读书、上大学已得到了充分的证实,并且获得了明显的进展。[①] 历史上间或出现的那些诗人的和政治家的心智肯定从学校吸取了养分,但是,对于大多数人来说,上学只是一种习俗:普通的乡绅能从拉丁语法的学习中得到什么帮助呢?至于商人,实际算账的训练和现代语言的掌握都用不着去进语法学校。"因此,富裕的市民当男孩念完一年级或二年级后,便继续把他们送到瑞士、英国、威尼斯和布鲁日去学习流行的商业语言。"科尔迪耶在他的一次对话中解释说,父母"显然对长时期看不到实际利益的拉丁语教学感到焦虑不安"。他的托词是,拉丁语虽然在商场上不怎么行得通,但适宜用于国际的交往。事实上,16 世纪兴办学校的成功看起来几乎无一例外都是与其人文主义的内容成反比的。保守的英国语法学校逐渐采用了新的课程,但它们的做法太温和,在教育上也没有明显的乐观态度。在大陆上,尤其是在德国,学校倒闭的记录不少。斯特拉斯堡的施图尔姆学校、伊尔费尔德的尼安德学校,还有巴塞尔的普拉特尔学校,它们的成功很大程度上是由于个人行为所致;蒙田称这些个人有着"精明而非平庸的头脑",并且,他们的成就为那些知识造诣更高

[①] J. H. 赫克斯特:《文艺复兴时期的贵族教育》,《现代史杂志》第 22 期(1950 年),第 1—20 页。

的人文主义学者的失败记录给抵消了。就像蒙田早期接受的家庭教育是一个例外一样,波尔多(他在此地上的中学)的吉耶纳学院也是一个例外。因为蒙田对理论家倡导的这种教育方式感到满意。他还在摇篮里就在这样一个家庭里开始了拉丁语学习,他的父亲把这个家庭管理得适合于培养出模范儿童。他的母亲和仆人尽量用拉丁语和他交谈,他就这样学会了拉丁语,"既无技巧也无图书,既无语法也无训诫,既无鞭责也无眼泪"。后来在古维亚领导的学校:"法国最了不起的、无可媲美的中学校长",这孩子的教师是尼古拉·格劳齐这样著名的希腊语专家和乔治·布坎南这样杰出的拉丁语专家。然而,他觉得自己的学校生活并没有多大的收获;他的拉丁语能力下降了;并且,他作为人文主义教育最完美的产品只是用他的拉丁语来强调某种道德或装饰某种见解。

各种各样学会的出现使我们能对文艺复兴时期的学校和大学作进一步评论。无可否认,这不是教育史范畴内的题目。不过,它确实具有某种意义,因为在中世纪很难看到这样的成人团体和文人圈子,他们不仅由于个人之间的亲密关系,而且由于共同的学术追求而走到了一起。这类团体产生于15世纪的意大利,佛罗伦萨的柏拉图学园便是其中的典例。16世纪,这样的学会在意大利多如牛毛,其中的一些已开始表现出正式的立宪主义思想,这种思想后来成了学会传统的特点之一;其中的另一些则以某个专业的研究而著名,如佛罗伦萨的克鲁斯卡学园(1552年)专门致力于意大利语言的研究。北方的人文主义圈子中也有类似的非正式团体,被称为"阿德沃特学园"的协会便是早期的一个例子;广义上说,伦敦的"民法博士协会"也属此类,它看起来基本上是学者尤其是民法学家的俱乐部,律师学院也对普通的律师提供类似的服务。意大利树立的榜样对法国产生了特别强烈的影响,其学会运动显得非常强劲。在这场运动中,专业学术社团和业余学术社团,从零零星星开始发展壮大,在以后的数世纪为推动和控制学问和科学的发展做了大量的工作,而学问和科学从前为大学和学校所垄断。

(赵亚麟 译)

第 十 四 章
西欧的宪政发展和政治思想

　　16世纪上半叶是沿欧洲西海岸的各民族国家要求统一的时期。这一时期对小一点的国家没有什么影响。苏格兰民族国家的形式是60年代宗教改革到来之后的事，不属于本章考察之列；勃艮第虽然正处在中央集权化的进程中，但却没有抵挡住以后100年间王国的支离破碎和重新瓜分；葡萄牙在1580年西班牙人的占领之前已经拥有了所有它应具备的体制。因此，本章叙述的内容只能集中在3个主要的地方：英格兰、法国和西班牙各王国。在所有这些国家里，中世纪的王权在15世纪初开始走向衰落。百年战争以及随之和随后发生的内战摧毁了法国和英格兰的君主专制。在地方和阶级要求独立面前，卡斯蒂利亚和阿拉贡国王的地位突然被削弱。所以，16世纪下半叶这些国家同时出现了恢复强大的君主专制以维护法律和秩序的努力。西班牙的天主教国王们、法国的查理七世和路易十一世、英格兰的约克郡王和亨利七世都在用大致相似的手段来达到大致相似的目的。但是，如果这些和平与善政的恢复者们只能以"中世纪"的方式来达到目的的话，那么，由此开始，下一代人应当坚持不懈地做出更多的创造和革新也就不足为奇了。在英格兰，王室与罗马教廷的决裂引起了一场体制上的革命，在这场革命中，独立的民族国家小心翼翼地建立起来了，行政实行了改革，君主立法的原则实际上已经发展起来了。在西班牙，查理五世的统治使迄今为止仅靠婚姻来维系的诸王国获得了更大的政治统一，这再加上勃艮第的统治方法的引进使中央集权取得了明显的进步。在法国，弗兰西斯一世的统治在传统主义的掩盖下，加快了向君主专制主义和统一迈进的步伐。所有这些国家碰到的问题大致相似，尽管解决这些问题的方式极不相同，但还是有很多共同的地方。

任何关于立宪问题的讨论都必须从君主制度开始谈起。君权象征着国家的统一，在一定程度上得到臣民的尊敬，有时近乎盲目崇拜。中世纪早些时候王权的衰落为下一个时代对君主制的过度忠诚奠定了基础。因为，正是通过君主政体才有了一种世俗的拯救，人们不必为屈从于新的救世主而大惊小怪。君主的力量是强大的，从传统的意义上说，他是上帝在人间的代言人，是统治者和管理者，是正义的源泉和封建等级制度的头领，现在他作为国家的拯救者和民族自我意识的化身站出来了。说得更实际一点，他是一切荣耀和成就的源泉。人们在上司的手下，通过为他们效劳来寻求恩宠和升迁；而国王在远处掌握着数量最大的恩惠。一套逐渐发展起来的仪式（在法国最为华丽，在英格兰最正式）把君主和下面的人之间的距离拉开了；旧贵族的败落和由王室恩宠创造出来的新贵族的成长常常使这两种形势造就的新贵族成为国家最高的等级；君主专制充分繁荣的时代看来成熟了。

然而，不管其臣民的感情是多么的虔诚，也不管其暴君的行为是多么的专横，都不能说明专制主义和完美的君主统治真正建立起来了。阻挠查理五世的国王不是一个，而是好几个，虽然他成功地削弱了卡斯蒂利亚的特权，但却不能完全摆脱阿拉贡国王和勃艮第国王的牵制。在英格兰，就像我们就要看到的那样，从亨利八世大吵大闹、恣意妄为的背后，不难看出立宪主义和限制国王意志所达到的惊人程度。即使是弗兰西斯一世和亨利二世统治下的法国，虽然在摆脱中世纪王权不稳的影响方面取得了长足进展，但在宗教战争期间却显示出这些成绩的基础是多么的脆弱。尽管如此，法国的君主政体依然是最接近理想的制度。其成功的努力始于百年战争末期查理开创的君主政体，它超越了对手的妒忌、能自由课税并获得了随心所欲制定法律的权力。路易十一、路易十二以及弗兰西斯一世的努力则导致了一个表面上看似中世纪、实质上则更像17世纪开明专制主义的君主政体。到1546年时，有一位威尼斯使臣认为，法国人把一切自由都交给了他们的国王。尽管法王的权力，诸如立法、任命官员、决定和平与战争、行使最终裁判和铸币等，在法学家经过反复推敲后写成的特权条文中有规定，但是，法国君主的行为只要身体条件允许是没有限制的，或者说是不受规定权利的限制的。虽然法王的立法权要受不可变更的基本法概念的限制，但事实证明，这些基本法是毫无意义的；省大理院，尤其是巴黎大理院可以拒绝登记某项敕令从而使之无效，但他们从未这样做过。在其理论、权力和无限制的行动自由方面，法国的君主政体为所有君主主义者树立了榜样，早在16世纪30年代就有人给法王安上了暴君的绰号。

查理五世所处的地位则完全不同，原因是他从未统治过一个统一的国家。即使是法国，某种程度上也仍是一个采邑和封地的集合体。虽然法王通过政策，再加一些侥幸的事件吸纳了许多大采邑，比如，1492—1532年间收回布列塔尼，1523年收回波旁，1525年收回阿朗松，最后在亨利四世时收回了纳瓦尔的波旁领地；虽然一个财政机构权力基于整个王国（各税收区），但王国仍然是一个由各种各样地方性和社会性的组织构成的整体，它们各自都有自己的习俗和权利要求，国家的统一是靠一系列单独的契约来维持的。① 然而，这种差异和混乱与查理五世的帝国比较起来就单纯多了。从尼德兰到西西里，从卡斯蒂利亚到（一段时间）波希米亚，除了体现在帝国统治者（他在其每一块领土上都保留了不同的身份）身上，帝国从未有过统一。正如我们所看到的那样，这里并不存在一个帝国君主政府机构：只有一系列的统治者，从神圣罗马帝国皇帝到卡斯蒂利亚诸位国王、阿拉贡国王和两位西西里王到米兰公爵、勃艮第公爵再到阿图瓦伯爵、弗兰德斯和荷兰伯爵等等，所有这些统治者恰好就是同一个人。② 相对帝国的每一部分来说，查理的地位是不同的。甚至在他的权力中心西班牙，他是相当专制的，但对阿拉贡实行寡头政治统治的残余分子则采取听之任之的态度。斐迪南和伊莎贝拉对恢复中世纪的君主政权、压制贵族的过分影响以及改编 Hermandad（城市同盟，主要由市镇支持的一种警察组织）这样的流行的组织来为自己的君主政体服务感到满意，这是必然的。这样的统一因为没有统治者之间的婚姻关系作为纽带，只得部分依靠阿拉贡这样的小国对卡斯蒂利亚这样的大国的屈从，部分依靠那所建于1481年的宗教法庭在政治上发挥的作用，这所法庭一开始就是为控制这两个王国而兴建的。

---

① "这个王权在16世纪具有某种契约性质，正在从封建王权向绝对王权过渡，到路易十四时代终于完成了这一过渡。"参见R. 杜塞《十六世纪的法国制度》（1948年），第1卷，第36页。
② 见本书边码第308页。

在这样的环境中，当我们发现下述情况时，我们并不感到吃惊：查理五世并不着力主张新的君主政体学说，但另一方面，由于他扮演的角色，他必须保持他的各领地凝聚在一起，这又使得他在坚持个人的专制统治上手段异常强硬。他在低地国家这样做的可能性或许是最小的。虽然他在得到图尔奈（1521年）、弗里斯兰（1523年）、上艾塞尔和乌得勒支（1528年）、格罗宁根（1536年）和盖尔德斯（1543年），并且使阿图瓦和弗兰德斯脱离宗主国法国的控制后，完成了17省的统一；虽然他把那个聚集体式的公爵领地这种高级组织作为模式在他那个总体上是由各种不同民族构成的帝国内进行推广，但是，他在其统治早期以后几乎没有出访过尼德兰，而是由他的女性亲戚对尼德兰实行卓有成效的治理。15世纪，查理通过一个中央政府机构（官员中很大一部分是来自弗朗什孔泰的法律学家）和一个各地议会代表组成的总议会来维持摇摇晃晃的统一。但是，到了查理五世统治的后期，地方议会的重要性超过了总议会，各地的习俗和特权也未受到触动，并且个别的地方根本就不把他看成皇帝、看成西班牙国王，甚至看成是勃艮第大公，只是把他当作和他们自己领地的公爵或伯爵一样的人物来服从。在这些面积虽小但差异甚大的领土上建立一个真正的君主国所遭受的失败足以解释在下一代腓力二世所面临的困难；同时也说明了查理五世企图以类似的方法去统治其他更大但差异同样大的领土为什么会失败。

然而，这位统治者位居各机构之上，有那些其利益超越了国界且只依附于他的人辅佐。如果在查理的实践活动中看不出有什么特殊的君主政体学说在作指导，如果他穿梭来往于一个又一个的王国时不得不扮演成变色龙是事实的话，那么这位后来成为颇具影响和聪明的统治者查理提供了一个君主专制统治的实际榜样，对这个统治他的大多数领地是臣服的，这也是事实。由于如此巨大的一个帝国的财政和治理情况复杂，致使官僚机构日益膨胀，但帝国的统一和生存——因为查理的癖好，还有一切行动①——继续要靠这位君主。查理五世以这种初始的、非理论的方式从他在尼德兰和阿拉贡继承的遗产中世纪立宪主义迈入了一种官僚专制制度，在这种制度中勃艮第的技巧和卡斯

---

① 参见本书边码第309页以下。

蒂利亚的权力将发挥最重要的作用。

通过这些巨人的比较可以看到，英格兰君主制的任务相对来说要容易些。众所周知，英格兰是最后从中世纪的衰落中恢复元气的：在路易十一（1461—1483年）的统治下，法国的复兴进展顺利，致使斐迪南和伊莎贝拉能够在1498年放弃他们自己的版本的城市同盟，但是，英格兰的王朝之战一直持续到1485年，其影响在亨利八世统治末期对可能提出权利要求者的打击中仍可看到。然而，英格兰国王不必像大陆上的国王们那样，他只需通过在自己的家庭内重新发挥国王的个人作用来恢复中世纪君主制的权力和方法就行了。中世纪的英格兰从集中的领土获取了非同寻常的利益，按照中世纪的标准，它是一个异常强大和效力显著的君主国。当然，早期的都铎王朝还有待加强：1536年，威尔士与英格兰合并，同时颁布了反特权大法案，终于使所有曾经获得部分豁免权的地区归附于民族国家，听命于国王的诏书。爱尔兰的问题却没有得到解决。亨利七世放弃了虽然大有希望但却代价高昂的使爱尔兰英格兰化的努力，转而支持依靠当地贵族的政策，尽管这种由来已久的政策令人不安；亨利八世（1540年）放弃了克伦威尔提出的征服和渗透政策，尽管一年后他实现了一项有名无实的要求：给自己安上了爱尔兰国王这个新头衔。尽管存在上述情况，都铎王朝统治的是一个在中世纪的环境已不复存在的情况下长期以来非同一般地统一的国家。关键在于它没有违背一项法律即：英格兰普通法，这项古老的法律起源于12世纪，到那时已经处于僵化的危险中了。与此相反，法国对各个地方不同的风俗和法律采取了包容政策。在弗兰西斯一世统治时期，曾多次尝试在罗马法的基础上制定一部大法典，与其说因为这样做有助于专制主义的实施，不如说因为所有能担此重任的专家都是民法学家；但最后只完成了个别习惯法的部分编纂。查理五世的帝国拥有的法典和拥有的国家一样多，并且帝国应拥有一套共同的法律的观念简直荒谬到不值一提。[①] 可以认为英格兰普通法也有不足，需要改革（的确如此），有些人认为含有一些野蛮的内容，应当废除（并不如此）；但它在维护地方和个人权利的基础上保持了王国的统一，而在别的地方，在有君主制特点的罗马法

---

① 加蒂纳拉制定的除外；见本书边码第308页。

帮助下建立起来的统一却导致了专制主义。

如果臣民们有了自己的权利，拥有特权的英格兰国王们也就有了他们的权利，所谓特权指一组已知的特权以及一些残留的旨在使统治者能够实施统治的未界定的权力。在英格兰和法国，皇室领地、关税以及依附于封建统治的权利和义务都是皇家财政的基础；按照特权，几乎所有这些都是属于国王的。但是政府的开支越来越庞大，因为对内对外的管理需要大量的职员，战争也变得更为复杂，并且由于物价普遍上涨，国王们的固定收入因此减少。在这方面，弗兰西斯和神圣罗马帝国皇帝的情况都要好于亨利八世：在英格兰，严格说来，额外的税收通常要征得议会的同意。当然也有逃避议会的办法，比如宣称是自愿送礼（捐款在1483年被宣布为非法）或强行借贷，永不归还。但是，这些都是权宜之计，没有一种可以过多地运用，或用得太出格，因为沃尔西在1524年发现，弥补议会拨款不足的一系列努力结果在广大地区差一点引发暴乱，因此不得不放弃。英格兰国王不能立法，而这正是法国君主的特权之一。1539年制定的一项臭名昭著的法案宣称，皇家的公告和议会的法案具有同等效力；但是，皇家的公告不能用于重大的问题，因为它们不能裁定叛国罪或重罪。皇家公告只能涉及一些不重要的和临时性的政令，而法案的目的主要在于为这些政令的实施提供工具，英格兰君主政府不能征税，不能按照自己的意志立法，缺乏能够建立真正的专制主义的基础——但这并不是说，英格兰曾经有过建立专制政权的企图。

这种情况必须和下述事实加以比较：在亨利八世的英格兰国王崇拜乃是普遍现象——允许用大量谄媚和奉承的语言来遮盖现实，以及出现勾起人们对英国君主制加以大量思考的政治事件，即亨利与教皇的争吵。通常的情况是，国家主权这个特殊问题在这场冲突中将具体化，因为教廷不仅要求拉丁基督教世界精神上的忠诚，而且要求对所有神职人员进行直接统治，不管他在何处。西班牙王国解决这个问题的办法是，一方面毫不动摇地坚信罗马是至高无上的精神权威，另一方面，坚定不移地坚持控制本国教会：由国王任命所有的主教以及类似的神职人员，并强迫他们服从，但他并不设置障碍，阻止西班牙教会与罗马教廷在司法和财政上的联系。当查理五世在意大利的战斗中取得胜利，教皇成了皇帝的私人神父后，这类问题事实上已不成问题了。法国好像在很长一段时间内切断了与罗马的联系：1511 年，路易十二在和尤里乌斯的战争中甚至自行负责地召开了一次宗教会议。但在 1516 年的政教协定中双方达成了谅解，形成了与西班牙极为相似的情况，法王得到了他想要的一切。① 这个协定也使英格兰成为教皇最有价值的金钱来源和保护者，这是为什么克雷芒七世要固执己见，拒绝对亨利八世作任何让步的部分缘由。

然而，即便如此，这场争端到最后本来是可以用类似法国的方式加以解决的（亨利的初衷也是如此），但是，迫于当时的国际形势，克雷芒拒不退让，于是，在托马斯·克伦威尔的影响下，英王决定利用此次机会与罗马彻底决裂。这样一来，君主国家中的大多数教皇至上主义者又走向了另一个极端。他们的行动基于一种构思清晰的政治理论。英格兰是一个帝国，一个在自己的领土范围内享有主权不受一切外来控制的国家，由一位在国家教会中同样行使最高权力的国王统治。于是这个君主国获得了自其发端以来最大的一次权力的增长，尽管这样的权力要求的先例可以追溯到在教会中出现教皇专制制度以前（即是说，约公元 1000 年前），但这并不重要。至少在理论上，亨利八世所扮演的双重角色代表了王权地位的上升，这在西欧的任何地方都是无与伦比的，即便王位后来传给他那虚弱无力的儿子以及再后来传给他那桀骜不驯的大女儿的时候也还是如此。虽然他的君主地位实际上是否能与弗兰西斯一世相比仍有待观察；但他凌驾于教会之上的权力则是大到不能再大了，并且他的个性足以给人们造成一种宽松的专制主义的错觉。

如此，在整个西方国家中，君主政体成为国家地位的必然体现，君主政体在其发展过程中不仅获得了更为惊人的荣耀，也获得了广泛而实际的权力。这个发展的阶段——不管其前景如何好，也不管多么不完善——几近于一种新生事物，这可以从这些君主国着手建造一个更加复杂、更有能力的统治机器的方式中看出。相似之处是明摆着的，但要究其根源和影响看起来是不可能有结果的。中世纪的行政理念遭到了普遍的拒斥，包括国王、国王的朋友和随员，或者用英语说，就是国王的 household（王室）的拒斥，而且考虑到当时的情况

---

① 见本书边码第 211 页。

人们可以称之为职业化官僚机构的东西逐步建立起来了。16世纪的勃艮第在民法学家的影响下已经指出了这条路,查理五世在西班牙采用的制度许多带有他的尼德兰谋臣们的主意的痕迹。法英两国在重建的那些年代曾满足于沿袭传统的方法,但在16世纪进行了值得注意的革新。在英格兰,最显而易见的做法就是革命,托马斯·克伦威尔在16世纪30年代突然推出了一套连贯的改革措施。沃尔西满足于作为一个有无上权力的首脑来进行统治,他仍然沿用亨利七世的体制,由他亲自负责并且只关心结果,尽管和亨利七世相比他给予该体制略多一点条理性。行政改革这个题目太宽泛,这里只能作最粗略的考察。三条典型的路线共同促成了"国家"官僚之取代"王室":一是利用皇家议会;二是新官员或新近发迹的官员的崛起;三是广泛的财政机构改革。

  皇家议会是16世纪君主政体的特有工具。议会在中世纪就有了一段长久而复杂的历史,在这段历史期间王权之基本上占优势(挑选议员,操纵议会的活动),和利用议会来抑制君主专制的雄心相互交织。15世纪后期旧贵族的衰落和王权的巩固造成了这样的情况:议会成员一般都是由国王钦定并受国王控制,所以对国王绝对忠诚。之后,随之而来的是日益增长的官僚机构化,不仅引进了组织(职员、档案、程序),而且还形成了一种把议会的各种职能在不同的机构中加以专业化的趋势。1497年和1498年颁布的特别法令把法兰西议会的司法职能移交给了一个名为"大法院"的分支机构,而它的政治和行政职能仍由一个名称不一的机构(*conseil du roi*, *conseil prive* 或 *conseil d'etat*)来掌管。1534—1540年间,虽然没有发布特别的命令,英格兰还是从过去在整个大议会中模模糊糊地看得出来的由主要议员形成的核心集团创立了枢密院;1540年枢密院的最终确立标志着枢密院和作为法庭的议会即星法庭之间在组织上分开了。与此同时,法国和英格兰都一样,同一个人可以而且确实在议会的这两个部门之任何一部门任职,这一事实说明,16世纪官僚机构的分工仍然很不明确,但不可用该事实来否认十分明晰的机构划分。弗兰西斯一世越发依赖国家行政法院中的一个核心集团(正如英王只靠枢密院的几个顾问处理大部分事务一样),后来,亨利三世(就像都铎王朝的玛丽对她的机构所做的那样)对这个机构作了进一步的划分。但是，这些进一步的变动只是到了下一个世纪才具有公共机构的形式，那时它们再次达到和英格兰的机构齐头并进的程度。在我们谈论的这个时期，枢密院在法、英两国的作用不是很大，它由几个可靠的贵族，有时是作为国家重要官员的主教，以及一些职业政治家或行政管理人员组成（英格兰倾向于任用前者，而法国则倾向于任用后者）；国王控制着枢密院，尽管两国的国王都很少出席枢密院的会议。

然而，真正对议会加以利用的君主政体是查理五世的。在帝国的这些组成部分如卡斯蒂利亚、阿拉贡和尼德兰中，情况的发展是我们所熟悉的。在前两者中，天主教国王们对旧式的皇家议会进行了重组，限制其成员的人数，规定他们做些官样文章和文书工作，纯粹把他们当作王室的工具。在哈布斯堡王朝之前几乎没有什么专业化分工。另一方面，"好人"菲利普（1419—1467年）则通过这种方式来确立自己的统治，用枢密院处理日常事务，用大议会负责司法。查理五世对议会的早期发展做了大量的工作。他在布鲁塞尔帮助完成了专业划分，于是那里的摄政王有了3个议会：国家议会主管政治事务（调解贵族之间的矛盾）；由专业人员组成的枢密院负责行政管理；还有一个议会管理财政。在西班牙半岛也存在3个议会。对于一般性的、庄严的问题要召开隆重和比较正式的会议来处理：国家议会成立于1526年，表面上，它的任务是就国家事务提出建议，但在西班牙大公们的眼里，它不过是一堆废物，毫无意义；另一个是负责战争事务的议会，只在必要的时候才召集；还有一个宗教法庭议会，有时是一个，有时是两个，负责两个王国的审判任务，但总是只有一个议长。其次，王国的每一个部分都有适当的治理议会：阿拉贡议会在1522年具备了和卡斯蒂利亚议会同样完全的机构组织，1555年在意大利成立了另一个议会，以帮助菲利普亲王接管他父亲在这里的统治。根据新大陆的需要，（1524年）成立了西印度事务院。所有这些议会都是集行政和司法于一身，后者占主导地位。议会的多种职能之间保持协调，当然部分靠的是君主本人，但也部分地靠对卡斯蒂利亚议会拥有支配权的默认，因为在查理外出期间，整个西班牙半岛由卡斯蒂利亚议长主政。最后提一提在每一个王国内有级别低的议会便足够了：军事修会的议会，城市同盟的议会和金融议会，等等，还不要忘记那个由奇怪而强有力的牧羊主协会麦斯达的具有半官方性质的议会，所有这些议会都效忠国王，并帮助国王在整个王国树立王室的权威。

这些议会和整个行政机构职员配备的确引出了一些难度很大的新问题。法国和查理的帝国可以依靠大批在罗马法方面训练有素且有志于仕途，致力于外交和内政管理的职员，但英格兰，尤其是在宗教改革结束了对教会的传统依赖之后①，只得到别处去寻找为其服务的公务员（尽管也雇用了一些法学家）。这一正在演进的制度直接源于一种社会组织形式，该组织形式使得每个人都与他为之服务的主人或领主联系在一起。新的公务员趋向于在那些其家庭和职务提供了训练的王室仆从和大臣的仆从中招募。然而，我们对下级官吏所知太少；对他们的上司知道得多一些。那些老派的高官们，在管理技巧上保持着优势。英国大法官和法国大法官仍然不失其尊严，比如，仍在枢密院主持工作，但是已失去了对行政的控制，除非他们还是主要的议员，所以才和行政事务保持接触。沃尔西是一位属于中世纪的大法官，作为大法官他是首席大臣，几乎是唯一的大臣；在他之后，大法官首先是王国中地位最高的司法官员。法国的情况与此相同，不过，法国的宫廷主管和宫廷法官这两个古老的官职却派上了新的用途，他们成了一个普通警察系统的核心人物。大法官加蒂纳拉从1518年到1530年实际上一直是查理五世的首席大臣，致使他的管理和沃尔西的管理一样，都是"中世纪"的。由于所有旧的形式和官职都还保留着，因此，这个世纪希望找到新的形式和官职来做实际的工作。

原因很简单：16世纪面临着新的任务，至少在重要程度上说是非常新的任务。对内来说，中央集权和统一意味着，中央政权现在要处理一大堆本来是由下级单位处理的事务。对外来说，新的外交（一套等级分明的新班子，包括外交大使和外交特使以及他们的随行职员，有永久性的，也有短期的）和新的战争，需要一个发达的组织机构。在所有这些国家里，处理这个问题的答案都掌握在国王的秘书手里。那些和君主本人特别亲近的官员，以前常为国王撰写书信，

---

① 以出任圣职作为其仕途生涯之开端的这种风气是逐渐消失的，但到了伊丽莎白女王统治时代便寿终正寝了。所有国家，尤其是英国，招募未受专门训练的人乃是司空见惯的。通常，西班牙和法国聘用的是军人，英国聘用的则是有教养、有抱负的绅士。

447 在英国，这些人也被委以重任，为国王保管私印，他们一般都受过良好训练，精通数种语言，例行的公事也不太多，显然适宜于为中央集权的君主政体效力。甚至在天主教国王们统治的国家西班牙，政府的真正的大权掌握在两位秘书手中，那就是米格尔·佩雷斯·德·阿尔马萨和他的侄儿佩德罗·金塔纳。查理五世对勃艮第的类似情况了如指掌——让·德·马尼克斯是萨伏依的玛格丽特的得力助手，尽管他在议会里要了一个空有其名的席位，但他的重要性实际上应归功于那个级别不高的秘书职位——自然也就在帝国全境保留了这种做法。1530年，加蒂纳拉死后，大法官的职位空了出来，由两位秘书科布斯和格兰维尔来接替他的权力，这两人可以称得上是国务秘书了。①他们两人的手下又有不同级别的秘书，处理不同部门的事务，并负责在各议会之间进行联系和沟通，他们的职责是筹划议会的工作。说查理五世的帝国是由显赫程度各异、一般都有秘书头衔的职业管理者在统治，一点也不为过。

　　英格兰顺应这一趋势的时间相对要早一些，主要是因为克伦威尔利用秘书这个职位使他成了全权在握的大臣（1534年）。在他那个时代之前，这个职位因能够贴近国王而显得相当重要，但是，这个职位的拥有者几乎没有一个是议会的议员，而且他们的级别从来都不是最高的。虽然，克伦威尔后来升到了更为显赫的职位，但是，由他开始的举足轻重的秘书职位，后来从未真正消失过，甚至没有倒退过，即便是出于管理上的原因把这个职位一分为二，由两个人（1540年）来负责的时候也是如此。法国在国王的秘书向国家重臣的过渡上稍微慢了一点：直到1547年这个职位的正式确立，他们的真正权力才得到承认，而国务秘书这个头衔是从1559年才开始使用的。在法国这样一个比英格兰更多地依靠法令来规定和组织的君主国里，上述的日期表明，法国［的秘书］迟一些时候才获得克伦威尔在16世纪30年代就已获得的地位，虽然克氏当时还没有正式的头衔。部分原因是由于法国君主政体已经在小额债权法院的官员中找到了另一个官职来为中央集权的和官僚化的君主制效力。任命这些官员原本是用他们来代表国王实施公正司法的，1493年首次确定这个官职时，规定人数

---

① 参见本书边码第309页。

为8人，后来证明，这些人的作用非常之大，以至于到16世纪中期，他们已被用作国王的总监察人数超过了60。他们的权限不明，权力极大，要对从中央到地方所有的行政、财政、军队和异端问题进行监察——"王权的全权代表"（杜塞）。不管是在英格兰还是在西班牙，与此哪怕是略微相似的官职也不存在，不过，英格兰把这个官衔授给了4位好心肠的法官，由他们来解决穷人的诉讼问题。

所有这些改革和发展都要花钱；总之，就像前面解释过的，政府开支正在变得空前地大。现在不是调查三个王国的实际财政状况的时候：三国的财政从来就不是很有保障——几个世纪以来，亨利七世在聪明人的眼里一直很突出，是一个奇迹，因为他实际上聚敛了大量的储备——因为战争的重负总是把财政拖到崩溃的边缘。法国和英格兰的解决办法是增加税收的负担，而这个负担又往往是落在那些较缺乏支付能力的人的头上；前者也靠出卖官职以及向神职人员征收什一税；后者有从西印度用不名誉的手段弄来的财富。查理五世实际上大量增加了从他的西班牙领地征收的赋税。但是，物价涨得更快。[①] 英格兰国王不可能过多地征税，不管是直接税还是间接税，只能靠征拨教会的收入来避开灾难：1534年，王室获得征收神职人员首年圣俸和每年征收神职人员圣俸十分之一的权利，1536—1540年解散修道院期间，政府一时富得流油。但是，更使人感兴趣的是征收问题，也就是说，是财政体制的问题，因为在一定程度上这也是这个世纪切实面临的财政问题。政府从来未曾有把握获得应得的收入。三个王国中没有一个妥善解决这一问题，原因很简单，它们缺乏有效而具体的控制手段。有一段时间，英格兰看似有可能提出一套真正改革过的制度。亨利七世采取他的王室惯用的手法，把皇家办公室变成一个巨大的征集处，使古老而庞大的税务署相形见绌。沃尔西对税务体制作了一些新的规定，但效率下降，克伦威尔则进行了根本的改革：把财政机构从王室的手中分离出来。他的方案是建立两个平行的征收机构（税收庭），每一个机构征收税收的一个特定部分，并将盈余上缴中央金库。这项计划还没有完全实现，克伦威尔就死了，他的后继者们被16世纪40年代的一大堆问题（战争、萧条、通胀）搞得焦头烂

---

① 见本书边码第321页。

额，只好放弃了这个方案中的一些不切实际的方面。到1554年，英格兰的财政机构已经确立了一个多世纪：权力部分地还给了改革后的税务署，几乎所有王室的收入都由它来征收，但是，它既没有足够的人力，也没有足够的时间来全面落实政府的权力，还达不到克伦威尔计划的税务庭的要求。克伦威尔所期盼的中央集权只是在一定程度上获得了成功，但是，亨利七世和克伦威尔引进的许多现代方法却保留下来了。不过，这个臃肿庞大、循规蹈矩的税务署连同它的那些腐朽、头脑僵化的官员以及他们那褊狭的猜疑不可能确保这台管理机器像克伦威尔所向往的那样顺利运行。直到17世纪后期实行进一步的改革之后，它才恢复到了原有的功能。

法国和西班牙（在这两国，国王卖掉广泛的征税权）在许多方面税收机器要简单得多。直到1523年，法国的岁入还是由两套官员管理：皇家领地由4名法兰西司库在财务总管督导下管理；数额大得多的"非常的"税收（盐税、间接税、人头税、集市税）则由4位财政税官负责。就在这一年，对分支机构实施了合并，成立了中央金库，由一位国库财务官主管，还设一名（临时收入）财务官，负责管理近期和临时的收入。进一步的改革试图逐步将税收集中由一个机构负责，但这一改革没有全部完成。1547年任命了两位审计官，后来在1554年改成任命一位审计大臣，这样便解决了审计问题，但在英格兰，审计改革直到19世纪才进行。在西班牙，查理五世从谨慎的斐迪南那里接过了一个由两总司库集中管理的审慎的机构，一个财政委员会（contraduria）每天的例会则由三位秘书（porteros）协助办理。收税、司库和审计的这种周详组织在西班牙证明是卓有成效的，在英格兰和法国在不同时期着手解决过这一问题，仅获得不同程度的成功；皇帝查理五世感到有必要增加的只是一个监督委员会。这个机构成立于1523年，由勃艮第的一位专家纳索伯爵领导；到菲利普二世统治的时候，它发展成一个高度官僚化的机构，成为效率的严重障碍。西班牙财政所遇到的麻烦不那么像英国的那样仅仅是管理引起的，英国的财力由于管理上的原因而得不到合理的调度；西班牙的财政困难起因于皇帝的政治任务太多以及对美洲黄金的依赖。

尚需讨论的中央政府的一个方面是司法的管理和法律的实施，16世纪所有的中央政府都会承认这是它们首要关心的事情。实际上，这是对普通管理和司法管理进行落伍过时的严格区分。遵循若干世纪以来的习惯，16世纪时人们认为政府的基本职能是实施法律和为争议各方进行裁决；所有或者说几乎所有上面提到过的组织机构都有一个综合性的特点，那就是议会和法院合二为一。因此，1536年为处理没收修院的土地而成立的增收法院（Courn of Augmentation），由一个高官重臣组成的议会掌管，他们要解决这样一些问题，如：处置被驱逐的修士、土地的出卖和出租，以及岁入的征收和支出等等，同时也要履行法官的职责，处理他们管辖的土地上出现的简单的诉讼。巴黎高等法院，在法国的高级法院中无疑是最负盛名的，从不会轻易忘记，它实际上起源于国王的普通近侍，也从未停止过要行使"政务会"（包括政治和行政）职能的努力，尽管国王试图把他们的职能限制在司法范围。然而，真实的情况决不都是模糊不清的。到处都有古老的法庭存在，它们是真正的法庭而不是别的，正像法、英两国枢密院的历史所表明的那样，真正的功能划分肯定不会超出这个世纪理解力的范围。虽然，由于篇幅的限制，我们讨论的对象只能是更为重要的中央法庭，但是，必须记住，除了教会法庭这个系列之外，也还存在着古代盛行的法庭、几乎同样古老的封建（庄园）法庭以及中央皇家法院的地方分支机构。这个世纪的主要特征之一就是运用王室的权威逐渐废除所有级别低下的司法机构。

面临这项特殊的任务，英格兰再一次显示出其不寻常的优越的地位。它不仅有普通法，而且有一套实施普通法的法院体系，以威斯敏斯特为中心，并且还拥有一套在全国各地实行司法的手段，其中最为荣耀的是王座法院，处理刑事案件和涉及王室的案件；民事诉讼法院（最忙碌），处理当事方的民事案；财务大臣法院处理税收案。不幸的是，这些法院事实上在程序上显得太拘泥于形式，其法律在应付不断变化的情况时又显得太古板：15世纪时它们在维护正义或实施法律和维护秩序方面失败的例子太多了。前一种失败导致了大法官法庭的成长，该法庭执行一套尚在发展中的规则，这些规则的制定是为了用来改变法律，使之能够适应司法的需要，因此被称为衡平法；在沃尔西、托马斯·莫尔以及他们的后继者这样一些积极进取的大法官的领导下，这个法庭才成为常设机构，才具有制定规则的地位，才有了大量的业务。为了弥补普通法法院的另一种缺陷，为了给一个越来越喜好打官司的时代提供足够的正义，早期的都铎王朝（沃尔西在这里再一次成了推动力）发展了皇家议会对剩余财产拥有的司法权，首先把案子吸引到议会的正式会议上审理，然后又成立了政务会法院。1530 年出现了上诉法院，处理穷人的民事诉讼和任何可以获得听讯的人的案子，在以后的 20 年里，它确立了不很庞大的组织规模；星法庭的成立最初是用来处理聚众闹事罪和其他尚未达到重罪的刑事案例的，从某种意义上说，它是从议会发展出来的一个司法部门，不论如何，最迟从 1540 年起，它成了一个真正独立的法庭，专门办理法律事务。星法庭本来的任务是对扰乱治安的人进行镇压，并惩罚那些有权有势、影响巨大以至普通法院处理不了的人，但很快就掺杂处理了一些私人争端的案子，甚至到后来审理的多数案子是这一类的，在这类案件的控告状里用虚构的扰乱治安罪来进行伪装以获取星法庭的受理。其他的政务会法院在动荡不定的边境地区实施法律（北方议会和威尔士议会）或处理特殊问题，如像税收法院（增收法院是这类法院的原型）和存在时间最长的王室财产事务法院（1540—1643 年）。虽然，这些法院的某些程序源于罗马法，但是，它们所实施的仍然是英格兰的法律，即普通法和成文法，而就星法庭的情况看，是文告。

或许可以这样说，如果按照大小和多少来进行比较的话，不论是法国还是西班牙都不能夸口说它们已建立起了具有如此广度和深度的法院体系。但是，皇家中央司法结构简单并不意味着法制较少或者说诉讼较少，而是反映这样一个事实：这些国家后来在一种司法结构的指导下而达到了统一，它们没有必要再去复制早先的法院。法国有许多处于中心地位的高等法院，其中大部分是财政性质的，但只有两个需在这里提一下。一个是上面提到过的大法院，它虽然组建于 1497 年，但是它的作用直到弗兰西斯一世统治期间才完全发挥出来。这位国王利用议会的这一分支机构来协调审判，而不顾及法国是以法律和司法的多样性著称于世的。的确，不管是在民事还是刑事方面，它的权力都是无限的，但是它在运转过程中真正一贯坚持的是王室的利益。它是王室实行中央集权的工具，完全受国王的支配，它的多样而又单一的目的在亨利二世的统一法令中得到确认（1552 年），所以，它比王室法庭的地位要重要得多。所幸的是，在 1484 年至 1560 年间没有召开过议会,而在1484年和1560年的议会上曾两次出现过针对它的抗议呼声。但是,它对王室的用处太大了,还可以说,它对法国当时的法律和法律管理来说太有必要了,所以它的权力是不能削弱的。对另一个大法院巴黎高等法院就不能这样说了。虽然从严格的法律意义上说,它只是几个地方最高法院或高等法院中的一个,但是,它凭借其古老的历史,凭借其法学家的名气,凭借其在16世纪上半叶又大量增加的精细的组织而具有较大的影响。它是从国王的大议会中发展出来的,所谓 litde justice 即御临法院这一名称便可说明这一事实。然而,直到16世纪君主政体开始施加压力之前,它在很大程度上是自行其是,未受国王控制的。亨利二世的火刑法庭从暂时的意义上说是一次成功的举措,它剥夺了最高法院的刑事裁判权[①];这个法院可以通过拒绝登记来阻止立法,但这一权力只是停留在理论上而已。但是,作为一个普通的初审和上诉法院,倘若对王权表示顺从的话,其权限也可以是无限的,也可以对王国实施普遍的监督。对于像弗兰西斯一世和亨利二世这样能够使它唯命是从的国王来说,它的存在不过是使那个中央集权和专制君主政体的武库中又多了一件兵器而已。

无须多说,查理五世没有在其帝国境内设置一个全国性的司法机构,至于人们期望绕过普通法院或者说期望更正普通法院的判决而恳请他亲自出面干涉的情况则属于例外。在尼德兰,枢密院竭力想使各式各样的地方法典和法院具有某种一致性,但是直到查理退位的时候,这项工作也没有取得多大进展。另一方面,在西班牙半岛上,已经做了许多工作,从而各王国都有了真正而充分的司法公正。这些从中世纪承袭下来的中央法院一般称为大法官法院(*chancellarias*)或检审法院(*audiencias*),它们通常行使的是以日耳曼习惯法为基础并掺入了大量罗马法内容的法典。天主教国王们把这套系统推广到了格拉纳达、巴伦西亚以及其他边远地区;他们还为一个个的大法官法院增加更多的法官和开庭次数来确保审判更公正更快捷。查理五世统治期间没有什么重大的改革:总的来说,由于没有一个长住的君主进行监管,这些法院的效率似乎降低,因此西班牙开始尝到了现代欧洲早

---

① 这个法庭有数年(1547—1550年)垄断了异端案的审判权;见本书边码第224页。

期摆脱不掉的麻烦的苦头,即大量拖延的悬而未决的诉讼。在阿拉贡,查理五世采取了一些措施,以图打破古代人为防止专制主义而设置的保护措施。最高司法官职(集摄政王、司法官和特权保护者为一体)受到斐迪南约束,他在此之上设立了一个由5位皇家法学家组成的控制议会,第一次(1518年)扩充时,人数增至7人,之后又废除了(1528年),因为,希望尊重阿拉贡特权形式的皇帝想要确保君主政体的支持者被选为最高司法官。

以上对西欧诸王国君主政府的概述一定是很不完整的,但它阐述了这些统治者建立、扩展和深化其中央集权所达到的程度以及所采取的方式。由于有像战争、宗教以及外交这样一些更为重大的利益的不断干扰,这一工作很少有连续坚持哪怕是一段时间。查理五世是不会把这种西班牙得自阿拉贡的斐迪南和勃艮第得自好人菲利普的对组织结构的关心用于他的领土的。在英国,亨利八世和克伦威尔这两位热衷于改良政府机构的人所实施的管理就像普遍充斥着考虑欠周的政治抱负的大海上的孤岛。法国在这方面可谓尽了最大的努力,但这更多地要归功于大批训练有素的、富有献身精神的法学家和公务员,而不是国王。这项工作是一点一点打补丁似的完成的,而且在整个弃旧迎新的过程中,从来就没有希望,也没有心存哪怕是一丁点打算要摧毁所有特权并消除过去承袭下来的差异:人们一定不可忘记当时普遍未能做到把政府坚定的决定转化为有效的行动并使各地区欣然服从。

直到相当近代的时候,中央集权政府才老是发现,执行政府的命令不知比制定这些政策和命令要困难多少倍。16世纪的政府的效率差异颇大。它们通常都能够镇压实际的叛乱,并且一般都有一套可用的手段,来强制偶然出现的反抗顺从其权威。但他们在一定程度上依靠神秘仪式,而不是物质的力量,如果反抗的情绪只是广泛的存在,还未酿成暴力,那么这种办法通常都是成功的,这在现代人看来是难以理解的。比如,任何人如果认为,正是由于亨利八世的暴政,英国才很不情愿地被迫割断了与罗马的关系,那么他最好研究一下,当那些举足轻重的人们——尤其是贵族,也包括商人和工匠、自由民,甚至农民——的确不喜欢政府采取的措施时所发生的事情。他们不想纳税,那么亨利八世在他的人民面前的退路总是面对这种情况;他们不愿遵守禁止特定商品的进出口规定,政府的经济政策充其量仍是发一封有气无力的公函而已。在上述两种情况下,失败都不是由于不想尽力为之。虽然法国和西班牙的国王拥有更有效的控制手段,但是,他们也不能明确地宣称他们在自己国家的日常统治中取得了更大的成功:的确,英格兰仍然是16世纪西欧治理得最好最有效的国家。只要消息、命令和报告的来回传递还要花上数天或数个星期;只要国家还处于半无人居住状态,还有大片的荒野来藏匿坏人;只要地方的成见和偏见继续左右陪审团和司法;中央集权的政府要达到绝对的或极权主义的统治是永远不可能的。

如果要对地方行政所展示出来的图景作出恰当的评判,以上各点务必要记住。在所有这些正在讨论的国家中,这个时期增加的东西很少可以称为新的。所有这些国家都有从过去继承下来的、为执行中央政府命令而设计得相当好的机构。其中的一些到此时只是过去的残存,像英格兰的郡长和法国的省长(1542年禁止使用,3年之后又恢复使用,以此讨好大贵族)——这些曾经是国王忠实仆从的官员都在即时屈从于破坏性的封建制度,现在不过是一种个人的荣誉而已。财政区的组织(1542年对财政区进行了改组,从而给18个税区提供了一种统一的制度)使法国政府能够对所有难题中这个最难的问题进行有效的控制,类似的做法在英格兰和西班牙都是不可能的。但是地方政府机关所采取的主要职能形式是司法。在卡斯蒂利亚和阿拉贡,问题出在城镇上:控制了城镇,就控制了这个国家。所以,天主教国王们通过地方长官(corregidores)来建立他们的控制,他们把这些皇家官员充实到城市政府中去,很快就控制了这些城市。英格兰拥有自己的治安法官,他们是被任命来执法的地方绅士;在整个世纪,他们的职责和权限都在不断地扩大,最后,他们不仅成了有即决裁判管辖权的治安法官,而且也成了社会行政官员。法国的司法系统依靠的是一个古老的职位,即执行官(bailli)或司法总管(senechal),他想成为他的管区上的大人物,在这种意义上他与英格兰的治安法官并无二致,可是,另一方面他又和治安法官很不一样,因为他在其地盘上的影响、他的统治权力要大得多,个人地位也高得多。执行官代表国王处理所有的事务(财政的、司法的和军事的),并且在16世纪依然如此,尽管已经说过,他的表现常常更像他的执行官辖区在国王宫廷里的代表。部分地为了削减这些大人物在当地的支配地位，增设了一些下属官职，从而使执行官不能像原先那样独断专行：从1523年起，每一个执行官辖区都增设了刑事副执行官和民事副执行官，同时还进一步增设了助理官员、王室公诉人、王室律师等等，不断地扩充人数，直到官僚机构化的法院形成为止，英格兰的地方司法机构从未经历过这样的发展历程。1554年颁布的一项敕令强化了这一系统，并且在王国建立了警察总署。为下个世纪这个古老的制度实行全面官僚化的专制主义奠定了基础，不过，有一点必须记住，在此发生之前，半封建的执行官不得不为省长让路。

总之，在这个时候，就是法国国王也不敢夸口，说他对自己领地上的所有部分都确立了名副其实的统治。这倒不是因为机构无能，而是通讯困难的地方豪强在挡道，再加上边远地区的态度冷漠，总是不厌其烦地强调首府城市在国家政治中的重要地位。现实的情况是，当地人得管理当地事务。像英格兰那样依靠当地无俸的知名绅士进行管理，也并不意味着有例外的情况：法国的行政官员是任命的，在一定程度上，是由王室支付报酬的，当然，用的是地方的人才，西班牙的情况也是如此。法国实行官职买卖，结果对当地人和当地的独立有利；它在外省开创了一种由世袭的资产阶级官僚取代旧的世袭贵族的管理。英国的体制可能受王室的支配要少一些，但实际上，都铎王朝的议会对治安法官们采取了小心审慎和还算有效的监视，对这些法官来说，丧失所委职责是在郡一级社会组织中一件相当严重的事情，就像免职会给每一个领取薪俸的官员造成严重影响一样。政府至少对其执法官员实施了有效的控制；只有出现重大叛乱造成非常情况才可能对此构成威胁，就像英格兰北部的贵族加入求恩巡礼时那样。我们提醒，不能过高地估计这个时期的政府权力，但也必须看到，所有这些君主国都实现了更为牢固的控制，都操纵着比从罗马陷落以来在欧洲所能见到的更加令人生畏的权力武器。

至此，我们已经对王国政府作了详细的讨论。我们已经看到了西欧王国统治者们用来扩张权力，巩固地盘和在这个地盘上进行统治的机器，以及通过这个机器，就表面现象看，发展了君主政体通常所固有的专制主义趋向。但是，所有这些国家又都存在着与此相对的另一类组织：代表大会，不仅在国家层面上有英格兰国会、法国和勃艮第的三级会议以及卡斯蒂利亚和阿拉贡的议会，而且在地方层面上如法国和尼德兰各省以及加泰罗尼亚和巴伦西亚也有同样的组织。实际上，从13世纪开始，这样的大会就在拉丁基督教世界迅速发展；它们是德国、斯堪的纳维亚、匈牙利等国所特有的，也是整个西欧所特有的。并且，它们是中世纪晚期政治的特点，也是君主政体本身的特点。当然，它们的存在更多的时候是断断续续的，这一点无疑是很重要的。但是，它们的确是存在的，并且一位德国学者发现，所有这些国家在统治者和代表大会之间都存在着一种结构的二元化，这在他以及其他人看来是从14世纪开始出现的一个具有关键意义的宪政问题。[1]

然而，决不能因此就肯定地说，这种二元性就是中世纪晚期议会的显著特征。它们毕竟是王室制造出来的，它们的存在取决于王室的召唤。国王经常召集议会，因为它们能够为王室的某些目的服务，这是再自然不过的了。王室最明显的目的就是要钱，所有这些议会都拥有并行使批准征税的权力。在法国，当国王在1440年宣布有权直接征税后，议会也就失去了这项权力；卡斯蒂利亚的议会实际上在1538年后就放弃了这项权力。议会在两个国家最终失去作用几乎扼杀议会本身。此外，除了在英格兰——因为在那里每一个人包括贵族、神职人员以及普通百姓都要纳税，这一作用对于那些政治上最有权势的等级总是最提不起兴趣的问题，必然会减弱他们对参加那些费用高昂和没完没了的会议的热情。至于立法，法国议会从未有多少机会以英格兰国会的方式利用法定办法来发泄不平。在西班牙的议会中，对立法权的要求各不相同，阿拉贡议会紧抓住立法权不放，而卡斯蒂利亚议会只是在这方面作了一些初步的尝试；但在16世纪，这个半岛上所有的君主制政府都确立了制定和颁布法律的特权。不管怎么说，议会还是经常召开会议以发挥它们的有益的作用，除了法国，从1484年那争吵不休的议会团体到1560年陷入危机的等级议会这段时期一直没有召开过会议：查理五世一直设法在财政方面得到合作，只是在其意图一次次遭到失败而感到失望时，才召集了大约15次卡斯蒂利亚议会，尽管他感到满意的还是那6次开得更为艰难的阿拉贡议会会议。

---

[1] O.欣策，载《历史杂志》，缩写，《历史年刊》第141卷（1929年）。

国王利用议会的另一个原因是政治：这些议会有助于领土的统一，并且是统一的象征。14世纪，英格兰国会在这方面取得了很大的成功，不过，亨利八世为了同样的目的，直到1536—1540年才动用议会，当时他召见来自威尔士、柴郡和加来的当选代表。勃艮第在这方面表现得最充分：召集议会是为了压制地方的排他主义，为君主政体打下坚实的基础。议会只在有限的范围内发挥作用；直到菲利普二世统治期间，议会一直是用来装点门面的团体，实质性的工作，甚至征税，一直掌握在各地方议会的手中。法王路易十一承袭前朝的方针和实践，所以在一段不长的时期内，法国议会经常召开具有重要意义的全体会议，但是，当法王有了独立的收入来源，王国的官僚机构羽毛渐丰之后，法国君主政府便撇开议会，自行其是，即使遭受批评也不在乎。在西班牙各王国，议会作为王室反对地方独立或贵族独立的武器在早期也是受到鼓励的，并且在恢复活力后的君主政体之下，仍在这方面发挥作用。但是，因为卡斯蒂利亚和阿拉贡宪政发展的层次差别非常之大，并且两个王国之间的分离由来已久，所以，在1709年以前，全西班牙议会一次也未开过。顺便说一句，葡萄牙议会在16世纪迅速走向衰落，终止参与立法。

一方面，此时这些议会只有迎合国王的意愿才真正具有生命力，另一方面，国王的需要和议会已确立的凌驾其上的权利又给一些人提供了反对国王及限制其自由的机会。这种情况也见于阿拉贡，尤其是英格兰。英格兰国会有过一段抑制王室专制主义以争取特权和发展权力的历史，即使是在15世纪，国会陷入宗派之争时，国会仍在立宪方面有所收获。然而，约克王朝和都铎王朝所发生的事件最初表明，国会也只是王室权力的附属而已。亨利七世召集国会是要国会通过他的政策，批准给他的拨款；如果他两样都不需要，他就不召集国会。亨利八世当政的开头几年，召集过4次国会，目的是为战争筹款；之后沃尔西主政，直到他倒台这14年间，只开过一次国会，并且，从国王的角度看，这是一次失败的会议。1523年的国会坚决反对政府要求提供经费的议案，1538年出现的类似情况使查理五世深信，他再也无法利用卡斯蒂利亚的议会了。英格兰国会史上也出现过危机式的情况：在沃尔西当权的时期，人们毫无把握，当所有的议会都处在风雨飘摇之时，唯独英格兰国会能于16世纪幸存下来，不但生气勃勃，而且还起着更为重要的作用。另一方面，和其他各国议会相比，英格兰国会享有特殊的优势。它控制着国王无法通过其他合法手段征收的非常税。虽然，立法可能由政府来策划（这种做法在现代社会是司空见惯的），但是，如果得不到国会两院的通过也不能生效；王室除了发布公告外，没有独立的立法权，而公告的局限性上面已经讲过了。国会制定的法律被认为是至高无上的，只有国会才能对王国的普通法进行增补或修正；当然，也只有国会才能规定新的叛国罪或重罪。至于国会的组织成分，前面已有说明，按照传统的说法，由骑士和自由民组成的众议院要优于法国仅由资产阶级组成的"第三等级"，这是由于对后者的误解造成的，但是，众议院与欧洲所有其他的下院相比，是一个更具有自我意识的组织。它的人数（从300人起还在增加，和卡斯蒂利亚议会的38位城市代表或"第三等级"的150个左右的成员形成了鲜明的对照）以及它的社会成分的单一性（城市从未像欧洲大陆那样占有如此重要的地位，至少从1400年起，它就越来越倾向于从贵族中寻求代表）足以把它与别的地方的类似团体区别开来。英格兰国会产生于中世纪，与任何其他的等级议会或议会比较起来具有更强的适应性和生存能力。但是，它在猛然间所达到的重要地位却是政治环境和政治家式的洞察力促成的。

1529年，当亨利八世意识到，不进行斗争就离不了婚时，危机出现了。就像西方的君主们在此情况下通常所做的那样，他召集了国会；这一行动本身表明的只不过是亨利按习惯程序办事，并非政治上的天才举措，但人们一直对此予以过分的称赞。差不多3年时间，国会几乎没有起到一点作用；所要处理的这个问题对于当时负责处理此事的人来说太重大了，并且也没有先例可循。直到1532年，亨利也想不出什么好的办法，只能叫国会去威胁神职人员，去矫正他们的弊端劣迹；国会对他的意向给予了含糊的支持，这虽然也有帮助，但他被告知，国会不能同意他所希望的自由以便再婚。要不是托马斯·克伦威尔开始掌权，从而事态发生了意想不到的转折，那么国会本来仍将无所作为，很可能会像大陆上的国会一样被废除掉。但是，克伦威尔解开这个结的方案包含两条重要的思路。一是他鼓励国王把在自己的领地上拥有无可争议的至高无上的权力的主张变成现实；把国王内心深处根深蒂固的神学信念以及自君士坦丁以来的历史都被征用来证明罗马教皇权力至高无上乃是一种篡权的行为。但是，这些都不过是些言辞而已：这第二种进攻才是天才的一击。为了使王室至高无上的权力得以实施，有必要规定新的叛国罪——将由法庭施加惩罚的新罪行，而国会正是适合这类立法的机构。然而，可以说，1533年之前的确是这样说的，国会不能涉及由上帝的律法掌管的这个领域，而教会法规才是上帝律法的恰当的反映。这种观点不管是实际上还是理论上都遭到了克伦威尔的反对，在一个国家中，唯有由至高无上的立法者明确制定的法律才有约束力，并且，这位立法者事实上是不受任何限制的。当然，这其中反映了君主专制的实质，如果有人想这样认为的话。然而，在16世纪30年代的英格兰，很明显的是，至高无上的立法权掌握在国会中的国王手里，而不是某个单独的拥有无限权力的专制统治者手里。英格兰的立法史显示出了这种走向；克伦威尔是一个训练有素并抱有偏好的议会拥护者；然而，君权问题被如此明确地提出又得到了如此明确的解答是非同寻常的，就像在那个国王崇拜时代，对国家的最高权力将逐渐属于立宪和有限君主政体抱有信心那样非同寻常。亨利八世和伊丽莎白的精力和断然无疑的傲慢在某种程度上掩盖了事实的真相：尽管他们天性是独裁者，但他们决不是专制暴君，因为他们自己不能立法。克伦威尔用和罗马断绝关系的办法建立了一个持久的、作为宪政必不可少之一部分的国会。

所有我们涉及的国家都在明确无误地朝着一个方向发展：更有凝聚力和更加巩固的国家，更强大和更多管事的政府，权力更集中的君主制。英格兰以及其余国家的情况都是如此，不过，幸亏英格兰历史的影响，英格兰才不至于在这个一致的方向上走那么远，所以不那么需要与过去决裂。这个时期，任何一个王国的君主专制都未获得成功；现实的困难、历史的羁绊、封建思想的残余都是拦路虎。然而，在瓦卢瓦王室和哈布斯堡王室的王国中，向专制主义发展的走势是明确和一贯的；尽管有失败和退却，专制主义最终还是到来了。议会作为王室政府唯一能够调转枪口对准国王的武器停止了活动，或者说其作用降到了零。唯独在英格兰，国会远不是削弱了，反而在这个时期开始了一个新的生命历程，因为国会（国会包括国王）成了一个主权民族国家的至高无上的权力机关。往昔的二元对立被这一尽管实际上鲜有人看到的政治创举（即包容二者的最高权力机构）解决了。

国会的成果是引人注目的：经过两代人的努力，政府管理的结构、程序、思想和方法已经打上了可以辨认的"现代"的印记。16世纪30年代的国会第一次向我们提供了政府大规模立法的计划、贵族院和平民院的委员会、真正意义上的言论自由、议会对政府的管理以及政府对选举的影响等的迹象，这是不可轻视的。19世纪才须加以改革的国会制度在16世纪已经定型了，而此时，所有其他的代议制体制都在衰退。① 表面上看，英格兰王室的权力也明显加大了。但是，明眼人肯定能够从中看出都铎王朝君主政体的立宪主义实质。

这些倾向和事件在多大程度上反映在当时人们关于国家的思想中呢？一般说来，重要的政治思想只有在重大的政治动荡中才会出现。西班牙因其国内政局异常平静，故没有什么值得注意的著作。16世纪初期，法国和英格兰关于国家的学说都曾产生过向后看的传统主义观点。克洛德·德·赛塞尔于1519年发表《伟大的法兰西君主》，他在书中认为国王在适当的范围内具有至高无上的地位和绝对权力，但是，国王要受神圣律法、自然法和习惯法的制约。就像其他许多人一样，他也运用法人团体的比喻来表达他的看法：国家是一个有机的、共同的单位，首脑确实可以在其中进行统治，但其他各部分成员也有其不可取消的权利。② 他承认，国王有权修改不好的或过时了的习俗，并且不得不同意，法国国王可以通过税收的权力来侵犯他人的财产权。但是，他很钦佩法国的宪政中的制衡，并坚决主张对国王使用超人类法、劝告和同意这样一些传统的制约的手段。克里斯托弗·圣杰曼是一位普通的法学家，他写了好几篇文章，其中数《博士和学生》（1528年）最有学术价值，他同样强调存在着一种独立于人类的法；虽然他对英格兰国王的特权范围和国会的立法权同样予以承认，但他还是保留了中世纪自然法中的保护条例，或者说，就像他（以英格兰法学家的方式）所称呼的理性法。这些人是传统的法学家，属于老的一代；圣杰曼在八十多岁时，突然遇上了宗教改革，他赞同改革但没有理解宗教改革对其国家观的重要性。

---

① 尼德兰议会的前程远大，但其历史则是一部共和主义的叛乱史，与英国"皇家"议会形式的发展截然不同。

② 埃德蒙·达德利是这个时期唯一一位对这种比喻持不同说法的人，他的目的大体上一样，就是要人们了解有机统一的国家概念，见他的著作《共和国之树》（1509年）。

宗教改革之前英格兰的著述中有一种怪诞的思想必须要提一下。1516年，年轻的托马斯·莫尔发表了他的《乌托邦》。描写的是一个想象中的岛上王国，它除了不信基督教之外，各方面都很理想。《乌托邦》部分地是一个梦，部分地是对当时英格兰状况富于激情的尖锐批评。然而，谈到立宪问题时则显得很苍白；乌托邦既不是作者对其所熟知的英格兰进行观察的结果，也没有对英格兰产生什么影响。此外，认真思索就会发现，就像所有道德主义者的建构一样，乌托邦是一个令人惊恐的社团。这本书给人以高尚、诚实，也不乏幽默（莫尔的思想鲜能如此），同时，它也使人感到压抑、狭隘、清教徒式的古板拘谨和缺乏宽容。莫尔不同意私有财产是万恶之源的说法——这一说法是基督教的一条信条，不是一直牵强附会地推断出的原始共产主义，但是，他也像所有这些空想理论的鼻祖柏拉图一样，把那些陈腐的、行将就木的功利标准运用到所有人的行为中去。乌托邦人的许多社会习俗都是理性的、宽厚和明智的；然而，其政治体制所产生的总体效果可能会使一个有思想的人掉头而去。这部著作之所以享有盛誉，部分原因是由于它那激进的社会思想（尽管是建立在对英国经济问题理解不够的基础上）得到了后来的激进派的青睐；部分原因是由于它对非道德的治国之术所作的堂堂正正的抨击，但主要原因还是它那引人入胜的风格以及作者迷人的个性。撰写《乌托邦》的莫尔是人文主义者、道德主义者，而不是时事评论员；但他对周围的世界并不是漠不关心。有位16世纪早期思想家中的佼佼者对现实有深刻得多的研究。此人是尼科洛·马基雅弗利。① 他死于1527年，他本人的经历仅限于意大利，在我们研究的这一时期的意大利在政治上犹如死水一潭，尚不能证实1560年以前，他对任何人，不管是著述家还是政治家产生了影响。② 另一方面，他的政治思想，既普遍适用又狭隘，是他死后那一代人的典型代表，所以，有必要在这里为他费一番笔墨。

马基雅弗利1469年生于佛罗伦萨，以出任外交官开始其仕途生涯，以1498年到1512年任执政委员会的秘书，梅迪奇家族复辟后，

---

① 见第1卷，边码第177页。
② 把托马斯·克伦威尔看成一位马基雅弗利主义者，这种陈旧的观点经不起检验（G. R. 埃尔顿：《托马斯·克伦威尔的政治信条》，翻译，历史协会1956年）。

他无可奈何，只得在家隐居。他的目光锐利，尽管我们必须记住，他的经历其实只限于外交，尤其是博尔吉亚和梅迪奇的意大利外交；他对古典作品有过广泛的涉猎，并对罗马共和国情有独钟，把它看作现代意大利效法的对象；毫无疑问，他生性喜欢显得心怀恶意、愤世嫉俗和惊世骇俗，尽管他实际上并非完全如此。他的有重大关系的著作是《君王论》和《李维论》。普遍认为，后者更多地反映了马基雅弗利的本色，而前者更加愤世嫉俗，较缺乏思想深度，前者写得更好，因此，一般倾向于用此书来对他进行评价也就不足为奇了。在马基雅弗利的思想中，重要的是他的目的和方法，而不是他的结论。他想把本来就是如此也应当如此的权术传授给人们，他的经验和研究告诉他，要从道德戒律的束缚中解脱出来，因为这些道德的戒律他在书本外还未能见到。他没有看到，他所描述的那些方法和技巧经过宣传后并没有什么改进。马基雅弗利真正的创见在于他的分析方法。著述家按自己对政治的解释去看现实，这一观念并不像有时候人们所说的那样新颖，但他用严格而专一的逻辑将其贯彻始终。他竭力想把他的所有理论都只建立在可查明的事实的基础上：他说，这些事都已经发生了，这就是这些事所发生的方式，这些就是它们留下的教训。这是政治学研究方法的一次革命，因为第一，它剔除了那种关于在生活中根本不现实的看不见的法则和类似的准则的哗众取宠的空话；第二，它用目前是否有利作为标准来检验一切。马基雅弗利的问题总是："这对眼前的目的有帮助吗？"而绝对不会是："这是对的吗？"当然，他为此而背上了骂名，但是，当你想到正是他提出的问题而不是道德学家提出的问题在支配着大多数人，特别是政客们的处事行为时，他毕竟是正确的，所以，真正的政治哲学家必须予以充分的重视。

　　马基雅弗利非常清楚他的方法将会带来什么样的革命性的影响，为此他感到很自豪。尽管如此，这套方法并不像他本人和他的崇拜者所认为的那样诱人；其中的缺陷是不能归因于这位先驱所遇到的困难的。特别是在《李维论》中，他更关心的是历史的事实而不是经验的事实，他不加批判地有选择地使用这些事实来支持某种预设的理论。对因果关系的功效和历史上的类似事件，他常采取教条主义的态度；他的整个方法要求有一些这样的教条，但是，例如圭恰迪尼就不一样，他在对待那些历史的先例以及那些具有影响力的典例时抱较为明智的怀疑主义态度。马基雅弗利本人的经验并不多种多样到足以把他从他那革命性理论的狭隘运用中解救出来；他似乎从未越过军事和外交行为来探讨过经济问题或国家的结构。实际上，他对国家并没有经过深思熟虑的看法，他考虑的只是怎样用权力来对国家进行保护。必须明白的是，马基雅弗利对权力问题的专注是政治学认识上的一大进步，从哲学的意义上说，乃是一次解放。此外，马基雅弗利想把自己打扮成一个冷酷无情的分析家和观察者，但事实上他是一个充满激情尤其是政治激情的人，这在他对古罗马的消亡感到幻灭和失望中表露无遗。最后，他犯了"现实主义者们"的通病：对人性太过于理性化了，结果使他过于不尊重人性，并认为只有人才有能力对他们的利益进行预卜，然后再根据这个从纯粹形式上说他们并不拥有的利益去行动。

既然对他的思想还存在着这样一些异议，因此没有必要对他的结论长篇大论地进行评述了，总的来说，他的结论为那些不负责任的政府行为提供了一些相当理性但常常是短见的格言。① 他宁要共和而不要君主，他甚至希望这个目的能够在意大利实现，这是他理解不了自己的那个世界并且对李维保持着依恋的又一个例证。如果说他的直接影响并不大，那么，他最终的地位必定是高的。不论他在实践自己的学说方面有时候多么的不足，他依然是伟大的，因为他理解了按照事物的本来面目去认识事物的重要性。他对人的某些行为的惊人洞见、他对权力问题和怎样保护权力的清醒认识、他拒绝建立一种体系或硬推行一种道德，这一切使他比那些让人惬意的作者高明，因为他们总是虚情假意地重复着过去那些习以为常的陈词滥调，总是表白他们知道和传授的都是对的。

让我们回过头来谈谈那些虽不那么重要但在当时更具影响的著作。法国君主政体向专制政体的发展并非没有引起国际法学家的注意，并且王权的捍卫者主要是从罗马法的学生中产生的。由于有像格拉赛这样的法学家和像比代这样的人文主义者进行联手，才使得君主政体从过去的封建理论和宗教理论所设置的理论桎梏中解放出来。为此，他们极力主张扩大王室的特权，直到他们看见"绝对的权威"，

---

① 参见第1卷，边码第273页。

即不受限制的权力,在君主政体的统治中出现为止。虽然像基本法这种旧时代的遗产以及［国王作出决定之前］必须进行商议的做法保留下来了,但是它们不起作用,因为王室的行动自由实际上根本不受限制。最重要的是,这些理论家开始就国王的双重权力进行区分:一是普通权力,国王在法律之下或按照法律用这项权力来执政;一是绝对权力,这项权力使他为了国家利益的需要甚至可以无视实在法。有趣的是,你可以看到那些传统的繁琐程序是如何保留下来的,而从这些程序演绎出的结论导致的君主制和赛塞尔的君主制大相径庭。或许应当指出,这些理论反映了法国君主政体的进步;而不是它们促成了这种君主政体。不那么专制的政体的论述也幸存下来了:纪尧姆·德·拉·佩里埃尔晚至1555年才发表了他的《政治》,他在书中坚持法律是至高无上的,对此,赛塞尔肯定会从心底里为他喝彩。1560年之后,随着宗教战争的爆发,法国才出现了真正的政治危机;其主要的政治学著作当然也是在这个时候才出现的。

另一方面,英国的政治危机爆发于16世纪30年代,宗教改革运动尽管没有产生伟大的思想家,但却产生了耐人寻味的著述。对英格兰政治改革产生重大影响的思想家是亚里士多德和帕多瓦的马尔西里奥;许多著述家实际上都是从他们那里得到启发的。以下是一些不太引人注意的捍卫王权至上方面的理论著作:像爱德华·福克斯对政府驾于教会之上所作的枯燥论述《论王权与教权真正的差异》(1534年)或斯蒂芬·加德纳的《论真正的服从》(1535年)。克伦威尔的宣传班子用本国语写作使我们更感兴趣。这些人都受过人文主义的训练,且受雇于政府,他们进行著述是出于坚定的信仰,新的事态,满怀热情,这使我们想起,亨利八世的宗教改革在当时对许多人来说确是一次伟大的对自由的呼吸。他们中具有代表性的人物是托马斯·斯塔基,他于1535年发表了《基督教统一的劝诫》,但留下了部头更大、更有独到见解的手稿《拉普塞特与普尔的对话》;外交家和政治家理查德·莫里森,他的著作包括《整治煽动言行》(1536年)和《所有英格兰人起来保卫国家》(1539年)。他们的著作以及另外一些人的著作,不仅是捍卫了王权至上,更重要的是坚持了立宪主义和法律至上;他们不走极端而崇拜中庸之道,并且看到了,倘若政治变革要持续进行,社会和经济改革十分重要。尽管亨利八世有那样的个性，但我们找不到这些英格兰著述家中有谁鼓吹法国模式的专制政体。但是，在这样一个实际上已接受了立法权高于一切这一观念的国家，在使之理论化方面却连试探性的步子也未迈出。另一方面，宗教改革的法令这一实践性理论（如果可以这样用词的话）——其前言部分含有许多最早出自克伦威尔本人的重要的政治思想——则显示出关于正在发生的事情的一种具有连贯性的观念：这些法令不仅对国家主权的总概念作了精确的界定（《上诉法案》，1533年），而且对议会里的国王具有至高无上的立法权的表述作了勾勒（《特许法案》，1534年）。然而，正是由于这些著述家中缺乏敏锐和强有力的思想，才使英格兰不至于失去轻松自如和便利实效的直觉，以把握那通常是难以捉摸的"限制因素"，唯有这种直觉才能使严格的受立法约束的君权成为可以承受的，这样说也许不错。

（赵亚麟　译）

第 十 五 章
东欧的宪政发展和政治思想

波兰、波希米亚和匈牙利都属于16世纪欧洲最大的王国。它们与德国、波罗的海、俄罗斯和巴尔干半岛接壤，用自然地理的术语，属于奥德河、维斯图拉河和多瑙河中游流域。在政治发展中它们也占据着中心地位，因为它们虽然落后于西欧国家，却领先于俄国和土耳其。正是这种中心地位构成了它们在历史上的重要性：领主们与君主之间势力贯穿整个世纪是如此平衡，以至赋予它们之间的关系——无论是冲突还是合作——一种重要的意义，与此同时在欧洲远离中欧的地区正在发生的更具决定性意义的冲突可由之得到说明。

亚盖沃王朝的"老人"西吉斯孟一世1506年入主波兰，1526年，皇帝查理五世的弟弟、已经成为其世袭领地奥地利诸国统治者的哈布斯堡王朝的斐迪南一世在波希米亚和匈牙利登基，此二人的继位标志着冲突的开始，因为他们的前任都是懦弱无能的国王，领主们实际上是各行其是。他们继位的王国政治结构松散，仍然属于中世纪。西吉斯孟所继承的是一个甚至连名称都不叫王国的"共和国"（*rzecz pospolita* 或 *respublica*）；波兰王国12世纪衰落后分裂成为的6个公国，此时尚未全部直接纳入国王的治下，因为马索维亚公国直到1526年最后一位公爵死后没有继承人才并入波兰。直到1525年，东普鲁士才完全向波兰国王俯首称臣，即便是在此时，霍亨索伦公爵阿尔布雷希特作为波兰的封臣也几乎享有他当条顿骑士团大统领时同样大的权力。此外，和一般的主权国家不一样，西吉斯孟的领土有一半以上即立陶宛大公国直到1569年建立卢布林联盟后才与波兰王国进行组织上的合并。

斐迪南1526年被选为波希米亚国王后所继承的领地是一片更松

散的版图。严格来说,它们是"圣·瓦茨拉夫王室的领地",包括波希米亚王国的捷克领地和摩拉维亚的侯爵领地、一打左右的波兰—日耳曼西里西亚公爵领地、分属上、下卢萨蒂亚的两个独立的文登—日耳曼公爵领地以及各式各样像海布(埃格尔)、克拉克茨科(格拉茨)、洛凯(埃尔博根)和奥帕瓦(特罗保)这样一些孤立的和未归化的公爵领地和贵族封地。斐迪南的匈牙利王国是三者之中最松散的,因为"圣·斯蒂芬的王室领地"显然还可分成两个王国即:匈牙利王国和克罗地亚王国。匈牙利境内还有一个难归化的特兰西瓦尼亚公国,这个公国本身又是由三个实行部分自治的马扎尔人、日耳曼人和塞克勒人的"国家"组成的。克罗地亚包括3个独立的部分:达尔马提亚、中部克罗地亚和斯洛文尼亚。

欧洲这个地区在16世纪的共同特征就是地主们在经济上享有并加以利用的巨大的优势。这些地主不管其地产是多还是少,都是贵族。这个阶级在波兰称为 *szlachta*,在波希米亚叫作 *šlechta*,在匈牙利则名曰 *köznemesseg*,它不受制于任何统治者,也不受长嗣继承制习俗的约束,它清楚自己拥有的权力,并小心翼翼地守护着能为自己谋利的特权,通过实实在在的经济大权的独揽,在中欧占据着统治地位。地主和王室、教会以及市镇拥有所有的土地,随着该世纪时光的流逝,世俗地主的份额也在稳步增加,其来源有王室土地的抵押、教会土地的充公以及对市镇土地的强取和没收。所以,封建法理学家,如维尔伯齐才能断言,"国家",不容争辩也无须证明,等同于王室和地主。[①] 贵族的政治权力是通过地方议会或郡议会体现出来的。在波兰它们被称为"小议会"(*sejmiki*),通常每一个伯爵领地都有一个小议会,全波兰有37个,立陶宛有12个。议员清一色地都是地主。色姆米基并不是地方行政和司法的常设机构,波兰的行政和司法乃由王室委任的地方官员行使。它们的功能基本上是议会性质的。王室直接向它们下达推选省议会或国家议会的命令;于是,"前议会"(*przed-sejmowe*)色姆米基便着手向下议院推选领薪代表,然后根据国王召开议会的令状下达的议事日程的一般方法加以批准。之后,色

[①] 至于地主的经济政策,见本书边码第35页以下。它的基础是"地产"所有者的土地之完全保有权(几乎是至高无上的),这项权利的不断扩大是以牺牲王室和农民的利益为代价的。

姆米基代表共 6 人便召开省议会，共同制定为本地区所奉行的政策，以便在国会中加以捍卫。国会解散后，代表们便向本地的"听取汇报的"（relayine）色姆米基汇报，然后由色姆米基采取措施来实施已颁布的法律，批准税率比事先由"前议会"色姆米基所同意的更高的税收，并任命官员到伯爵领地上去收税。

波希米亚的地方议会（sjezdy krajskè）与波兰的差不多，只是权力没有那么大。在 1439—1458 年这段空位期，波希米亚处于无政府状态，地方议会（lamdfridy）的权力极大，包括立法、行政、司法和财政，自从波德布拉迪的国王乔治推行中央集权的政策之后以及亚盖沃王朝实行寡头政治时期，地方议会的这些权力被剥夺了，到斐迪南当政的时候，它们所要做的就只剩下选举议会成员和地方官员以及规定如何执行法令了。斐迪南还规定，禁止地方议会在没有王室诏书的情况下召集会议，违者处以死刑，从而进一步削弱了地方议会的权力。在匈牙利，郡（megyek）的地位和权力截然不同，因为斐迪南急需得到贵族们的支持，以战胜他在内战中的敌手约翰·扎波利亚和他的继任者以及他们的盟国及其宗主国土耳其，因此，他不敢贸然侵犯贵族们在地方自治中享有的特权。的确，一直到 1867 年缔结奥匈协约时，匈牙利郡的存在或许正是哈布斯堡匈牙利维持其相对自治地位的最好保证。匈牙利郡法院并不是一个临时性的集会，而是由各郡的贵族议会（megyegyules）推选出来的永久性委员会，具有司法、行政、经济和财政的功能；郡议会不仅像波兰的色姆米基一样具有选举的职能，而且也是有效的地方立法机构。

16 世纪中欧国家的最高权力机构是国会或议会，在国会里，各王国的 3 个等级（Stany, Stavy, Rendek）不时参与——通常和国王一道——行使最高职能。3 个中欧王国的这类议会中有很大一部分同时既是握有重权的象征，又是软弱无力的标志。波兰有王国的大议会（sejmwalny）和大波兰、小波兰、库亚维亚、皇家（西）普鲁士、1525 年合并后的公爵（东）普鲁士以及马索维亚等省议会，马索维亚直到 1526 年公爵的后裔中无继承人之前，一直是一块独立自治的封地。立陶宛在 1569 年卢布林联合前一直有自己的议会，但在联合中并入了波兰的议会（sejm）。在"圣·瓦茨拉夫王室领地"，波希米亚王国议会（snem）拥有一些统治全国的最高权力，但有大部分权力留给了摩拉维亚、上西里西亚和下西里西亚、上卢萨蒂亚和下卢萨蒂亚的议会。还有海布、洛凯、奥帕瓦和克拉茨科的自治议会。有时，为了举行加冕典礼，处理公共秩序中出现的危机（1511年、1518年），多数场合下是为了补贴土耳其战争的费用（1530年至1595年之间共爆发了11次战争）才召集大议会，其代表来自波希米亚王国的所有议会。但是，各地的等级议会不无怀疑地都把如此大规模的议会看成是王室进行勒索的工具，没有人试图把它发展成一个捍卫全波希米亚国家复合体主权的永久性机构。在"圣·斯蒂芬王室领地"，也存在着许多议会。匈牙利王国等级议会在内战中一分为二，斐迪南的支持者通常在波若尼（普雷斯堡，布拉迪斯拉发）开会，扎波利亚的拥护者则在布达佩斯集中；特兰西瓦尼亚公国有自己的议会，在16世纪的大部分时间里，它都是独立于匈牙利国王和议会的；克罗地亚王国在它那部分未被土耳其人占领的国土上存在着3个议会：萨格勒布议会、达尔马提亚议会和斯拉沃尼亚议会。有趣的是，人们习惯于把斐迪南看成是议会政府的敌人，然而正是他千方百计地在自己的全部领地上创建了一个至高无上的议会。1528年，他下令要各地的议会在布尔诺召开一次共同的或联合的议会，竭力使奥地利货币在他的所有领地上流通；类似的等级议会于1530年和1541年还在林茨召集过，目的是为土耳其战争提供经费。由于波希米亚人拒绝参加在其国界以外召开的任何会议，斐迪南力图于1534年和1541年在库特纳霍拉（库滕贝格）或布拉格利用大会的形式来召集议会，但是，匈牙利人要么不到场，要么拒绝提供津贴。由于各民族议会之间的相互排挤，在哈布斯堡王朝领地上建立大议会的机会失去了。

16世纪中欧议会的组织成分说明，地主在其中占据着主导地位。它们实质上都是等级会议，但是，不论会议在何处召开，只有一个等级是必须在场的，并且议会通常也是由这个等级构成的，这个等级就是贵族。国王不管他是本人亲自到会，还是由别人代理出席，都算是议会中的一个等级。但是，如果国王死后无男性直接继承人或继承人年幼，那么议会无须王室召集令便可召集会议，实施国王选举法案。贵族在任何一个议会中都是最大的也是最有势力的组成部分，但他们很难形成一股统一的力量，因为权贵与绅士之间存在着利益上的分歧，反映在议会中就是两个议院（curiae）并存。波兰议会包括一个上议院，即参议院，和一个众议院（izba poselska）。参议院的成员有天主教的大主教和主教、省总督（wojowodowie）、城堡主、王室最高军务官和宫廷法官、国王的秘书、副秘书和司库。在 1529 年以前，参议院有 87 名议员；从 1529 年到 1569 年，由于马索维亚封地不复存在，议员数增至 94 人，与立陶宛合并后达到了 140 人。严格地说来，波兰参议院是由王室的中央和地方官员以及由王室任命的高级神职人员组成的一个团体，但是，因为这些官员和高级神职人员中，除了少数几个新贵（novi homines）和王室的宠臣外，全部都是来自大贵族家庭，所以它是一个代表大地主利益并执行其寡头政策的议院。参议院表决由议员逐个进行，很可能执行多数票通过原则。波兰议会下院除了克拉科夫市以及 1569 年后威尔诺的代表外，乃是清一色由什拉赫塔（szlachta）组成的议会。每一个贵族出身的成年男性都有权进入下院并参加投票，只不过因为耗时又耗资，多数人才敬而远之。在 16 世纪早期，下院半数的成员要由参议院指定，但从 1520 年起，中层贵族对此举发起挑战，1540 年后，这种做法显然终止。1520 年公布的一项条例规定，下院的议员由色姆米基推选，国王同意支付每个选区 6 名代表的费用。尽管西吉斯孟二世竭力控制议员的人数，但议院的规模还是在不断地扩大，1504 年为 45 人，1553 年为 93 人，1569 年为 110 人，1570 年扩大到 158 人。被选上的成员一定要出席会议。有证据说明，重要的宪法如 1548 年、1553 年、1563 年和 1565 年的宪法都是由多数票决定的。但在处理那些不太重要的事情上，则出现了一种不幸的趋向，寻求全票通过，或者至少无反对票。但那时还没有否决的自由，尽管单独的 sejmik（"色米克"，议会）可能有，有时的确拒绝承认某项法规适用于本地区。

　　波希米亚议会（sněm）是三院制议会。显然上院就是贵族院；每一个"潘"（pán）只要被上院承认为贵族，只要祖上至少四代为贵族，就是上院的成员；所以，它和波兰的参议院不同，其成员不是王室的大臣或地方行政长官，它属于最富有的地主，是可以增补成员的议院。它的成员中没有神职人员，因为在胡斯战争的暴风骤雨中，波希米亚的主教团已经消失，直到 1620 年后才恢复其在立法机构中的席位。斯内姆中的二级院（curia）是绅士院（vladykové），或者像后来所称的骑士院（rytiri）。每一个有盾形纹章的绅士只要拥有一份地产，且名字被列入土地册中便有权在议院享有席位和投票权。这样的贵族家庭大约有 1500 个。但是，议员得自己维持生计，因此就和波兰的情形一样，只有较富有和较显要者才去出席会议。家境较贫寒的贵族在本地区的议会中选出 2 至 6 位代表，他们在议会期间靠领取国王的薪俸为生，但是，每一位贵族都有权参加议会。1526 年后，斐迪南设法阻止推选贵族进入议会，并取得了巨大的成功，因此，二级院实际上已为中层贵族中较富有者所垄断。议员人数通常在 100 人至 200 人之间，从未超过 300 人。波希米亚议会中的第三院由自由民组成。这种例外现象乃是波希米亚王室领地上城市力量较强大和富庶的标志。他们在胡斯战争期间获得和巩固了自身在斯内姆中的地位，虽然贵族曾经在 1485 年至 1508 年间成功地将他们排挤出去，但后来他们又重新回到了议会。斐迪南一世因为他们在 1547 年的起义中所充当的角色而把他们的代表降到仅仅为王室议会充当顾问的地位，以此进行惩罚，但他们的力量已足够强大，因而能从这一惩罚性措施中坚持下来。所以，到 1564 年国王死时，市民等级又成了议会的一个组成部分，恢复了它从前的地位。30 个国王城市和 6 个 "女王" 城市派出代表加入波希米亚议会，6 个国王城市派代表进入摩拉维亚议会。① 市民议员由市镇议会委派并付给薪水；小城镇有时会同意由毗邻的大城市代表。波希米亚议会中的三院自 1440 年起便开始独立进行商议，事务的决定都以多数票为准。法院的最终通过要由三院全体会议决定，每级议院有一票，三票必须完全一致，法案方才有效。

匈牙利议会（Országgyules）是 16 世纪中欧最纯的贵族议会。它由两院（tabulae）组成，其中上院是一个小型议会，其成员包括显赫家族的头面人物，按照惯例，单独地召集他们举行会议；还有两名大主教、若干主教以及大宗教议院的几位主持。由于大多数国家重要职位由高级神职人员或权贵们充任，匈牙利的上院和波兰的参议院一样，也有许多类似寡头政治的特点和偏好。下院（tabula inferior）则是一个成分不明的议院。16 世纪早期，下院都是逐个召集贵族们开

---

① 西里西亚和卢萨蒂亚的议会中也有市镇的代表。同样值得一提的是，摩拉维亚有天主教高级神职人员议院，西里西亚和上卢萨蒂亚也有，但下卢萨蒂亚无。

会，但由每个郡推选代表的做法逐渐流行起来。1552年，国王宣布，他不想因为出席议会而给绅士们带来开销上的负担和麻烦，遂邀请他们派代表参加。但有些人迟到1572年还单独接到邀请，尽管是最后的一次。匈牙利的城市在议会中的地位并不重要：上匈牙利有8个"自由"城和两个"矿业城"（*bányavárosok*）派了代表，但是这些代表就算全部到齐也构不成独立的议院，只能夹在下院的绅士之中。

虽然，波兰王国、波希米亚王国和匈牙利王国的等级议会都是拥有土地的贵族的机构，但在许多方面，国王和议会之间的利益是一致的。在匈牙利，斐迪南一世和匈牙利人民一样受到土耳其人永久性威胁的影响；他需要从领主的农奴和市镇那里获取税收，就像领主们需要哈布斯堡的军队来保护他们的财产免遭苏里曼及其帕夏们的攻击一样。斐迪南也不敢冒犯匈牙利贵族和自由，以免把他们逼到在特兰西瓦尼亚的对手的阵营中去。出于这个原因，16世纪匈牙利的宪政史与都铎王朝的英格兰宪政史有许多共同之处；两国都处在一个国王和议会相互利用、相互合作，又不断发生摩擦、搞得双方都不愉快的时期，但两国之间又有两点大不相同。在匈牙利，地方政府掌握在由贵族组成的郡议会手中，而不在国王委任的向枢密院负责的官员手中，并且国王还是选举产生的。这两点正体现了匈牙利王权的脆弱，斐迪南对此是清楚的。毫无疑问，他很想削弱议会的权力及贵族的议事权，但他至多只能使国家中央行政机构服从于他在维也纳的君主权力工具的权威而已，因为他太需要他们的支持了。在这一有限的方面，他是非常成功的。匈牙利的国王会议无事可做，所谓国王顾问的头衔只是一个荣誉的称号而已。1528年斐迪南按照奥地利和波希米亚的模式改造过的国王财政部由于1528—1531年的土耳其人造成的危机而休会，之后又重新恢复，名为财政管理署，仅负责维也纳宫廷会议厅（Hofkammer）所下达的预算，根据1548年和1561年的法令，除了关税和贸易管理方面某些特定的事务，它所做的一切都要听令于宫廷会议厅。为了把匈牙利政府置于维也纳的控制之下采取了一项更为有效的措施：1532年到1554年间中止了匈牙利巴拉丁（*nádor*）职位。1554年，斐迪南对议会推举才能卓著、忠心不贰的托马什·纳达斯迪为巴拉丁一事的确未加干涉，但在他于1562年去世之后，斐迪南便不愿再委任继任者。巴拉丁作为"国王的代理人和首席长官"，乃是大法官、议长以及"贵族和皇帝之间的官方调解人"，确实具有很强的独立性，不为斐迪南的个人目的所左右。所以，斐迪南在他统治的大部分时间里，委任的是无权指挥匈牙利军队的副大臣（helytarto），而不是巴拉丁，他任命的两位副大臣埃莱克·图尔佐和帕尔·瓦尔道伊大主教下设一个政务会，这个政务会的主要任务是在斐迪南统治期间维护匈牙利的国家地位和司法独立。

斐迪南一登上匈牙利和波希米亚王位，便着手对维也纳国家中央机构实施改革，使它们成为为其所有领地制定政策和进行审议的机构。这些中央部门无一例外都是由斐迪南的日耳曼大臣和官员们把持着，尽管有些部门设有负责匈牙利和波希米亚事务的秘书或委员会。它们分别是宫廷大臣官署（Hofkanzlei）、就财政问题给地方下达指令的宫廷会议厅（Hofkammer）、宫廷议会（Hofrat）以及至关重要的枢密院，枢密院有4名至5名成员，都是日耳曼人，负责就对外政策、国王的个人和家庭事务向国王提供建议，并为匈牙利议会、波希米亚议会以及其他议会制定议事日程。

斐迪南十分关心的另一个问题是他的君主制国家具有的选举〔国王的〕资格。1526年，摩拉维亚议会承认他的妻子、国王路易的妹妹安娜为合法的继承人，但她把权力让给了斐迪南；西里西亚议会接受他为"世袭的和推选的国王"。但波希米亚议会只是从一批候选人中把他推举出来，并坚持要他发表一份声明（revers），宣称他是议会自由选举出来的，他的继承人在他加冕以前不能成为国王，并且任何外国继承者必须在边境上起过誓后，才能进入王国。在加冕典礼的誓词中，斐迪南不得不起誓保护波希米亚议会的"规程、权利和特权"，不得让渡王国土地上的一切。1526年，斐迪南在匈牙利的最初阶段的地位甚至更微妙。扎波利亚已被大多数领主推举出来，为了站稳脚跟，斐迪南不得已在普雷斯堡选举会议上同意，维护王国的法律和习俗，不让外国人进入匈牙利议会，不把地产赐给外国人。就像在波希米亚已经做过的那样，斐迪南一当选便发表了一份声明，称自己的王位是真正的自愿的选举的结果。斐迪南居然能把自己统治期间这不称心的一页涂抹掉，是他对哈布斯堡王室之能够凌驾于匈牙利和波希米亚王位之上的贡献。1539年，他迈出了尝试性的第一步：要匈牙利议会承认，他是凭世袭权获得的王位；这项要求未获通过，但在

1547年制定的法案中，匈牙利议会却出人意料地宣布，他们"让自己不仅接受国王陛下本人，而且永远接受其继承人的统治和权力"。斐迪南在其生命临近结束时要求，马克西米连应当为王，不用选举；议会虽然表示反对，但并没有坚持。1563年，议会同意马克西米连在父亲的生前加冕。对此，议会只提了一个条件，即推选一位巴拉丁，国王连这点要求也未满足。

斐迪南为使波希米亚王位世袭化所作的努力更为清楚地显示了他那富于忍耐的机会主义精神。在他当选国王的那一年，那些腐败和愚蠢的波希米亚权贵们就曾诱使斯内姆宣称，只要斐迪南起誓保护"这片土地的自由"，他的成年子嗣就可以在其父的有生之年加冕。1541年发生了一起很快就为斐迪南加以利用的意外事件，载有国家所有庄严法案的波希米亚土地册被大火烧了；编纂新册时，斐迪南设法让他在1526年承认自己只是一位当选国王的那份声明漏编。于是在1545年，斐迪南便尝试性地迈出了实质性的一步，他草拟了一份声明，声称"波希米亚议会承认和接受安娜女王作为其兄路易的继承人，并出于自由意志和善意，推选和接受斐迪南"。议会敏锐地察觉到其间所蕴含着的威胁，不同意把这份声明收进新的土地册。1547年的叛乱是1618年以前波希米亚宪政史上出现过的最致命的危机，叛乱的失败却给斐迪南创造了更好的机遇。1546年，德国酝酿已久的冲突导致了施马尔卡尔登战争的爆发。斐迪南力图说服波希米亚议会同意出人出钱，帮助他去向德国的新教王侯宣战。但是波希米亚的领主们却一反常态，不合时宜地轻率作出决定，支持萨克森选侯约翰·腓特烈。还未等他们为此叛逆的目的把队伍拉起来，腓特烈在米尔贝格战败和被俘使整个波希米亚行政区任凭斐迪南摆布了。斐迪南利用这次机遇的手腕，最充分地展示了他在政治上的机敏和狡猾。因为这位国王很清楚，只要他对那些领主们出于宗派和经济的缘故加以嫉妒的团体进行镇压，就会得到领主们的支持，于是就把波希米亚兄弟会和城市当作冒犯了他的领主们的替罪羊。为此，他颁布了驱逐兄弟会的法令；剥夺了城市的自治权，用王室委任的 hejtmans 和行政长官（rychtari）取代选举产生的地方官员并没收了他们的不动产。通过对有罪的领主实行赦免，并声明"国王陛下无意于采取对议会的自由和特权造成影响的行动"，斐迪南赢得了领主贵族的支持。概括地说，他利用1547年的胜利迫使愚蠢的领主们把1545年的那份声明塞进了1549年的"土地法令"，并宣称他对"波希米亚领地拥有的特权包含以下原则：任何一位国王的长子在其父去世后都将成为波希米亚的国王"。同年，波希米亚议会顺从地接受马克西米连二世在其父尚在人世时为世袭而非选举的国王，就像后来在马克西米连死前两年同意并宣布他的儿子鲁道夫二世为王一样。

16世纪波兰的宪政发展并未使王权得到任何强化，有如哈布斯堡王室的统治者在波希米亚以及在较小程度上在匈牙利强化王权那样。的确，1572年亚盖沃王室的消亡以及随后安茹的亨利和斯特凡·巴托里试图在波兰王位之上建立瓦卢瓦王朝或特兰西瓦尼亚王朝的失败使波兰处于贵族当道的无政府状态，波兰也因此而成为政治无能的代名词。这并不是说西吉斯孟一世（1506—1548年）和西吉斯孟二世（1548—1572年）无能，也不是说他们没有意识到16世纪赋予欧洲统治者们的重任。实际上，西吉斯孟一世本人就有独裁者的气质，他在其第二任妻子即那位把米兰暴君管理国家事务的本领带到克拉科夫的博纳·斯福尔扎的唆使下，为维护自己的权力而争斗。他的儿子西吉斯孟·奥古斯都至少在1562年以前也是如此，之后他似乎不得不与什拉赫塔分享他的权力。

在世纪之初，波兰君主的宪法地位就已经是不牢固的卡齐米日四世（1446—1492年）当政期间有意识地把注意力放在开疆扩土方面，而不是在国内维护自己的权力，为了实施他的西里西亚和普鲁士计划，他向什拉赫塔做了许多让步才换来议员们的支持。他的两个儿子约翰·阿尔贝特（1492—1501年）和亚历山大（1501—1506年）不是按长嗣继承制（他们还有一位哥哥叫弗瓦迪斯瓦夫，是波希米亚和匈牙利的国王），而是靠不得已的妥协被推选为国王的，因为统治的时间太短，加上战争灾难不断，所以他们不可能阻止为寡头所把持的上院的权力的扩张。被称作新宪法的著名的亚历山大1505年宪法通过了下列准则："从现在起，在没有获得议会和领主贵族代表完全同意的情况下，我和我的继承者们都不会推出任何有损于共和国，或者给私人带来伤害，或者导致基本法和公众自由发生改变的新措施。"

老人西吉斯孟是卡齐米日5个儿子中最小的一位，是他们中第三个登上波兰王位的人，所幸的是，与前两位国王相比，他的性格坚强，政治领悟力敏锐，并且在位的时间长；他还有一个儿子作为继承人，这也是两位前任所缺乏的一笔最宝贵的财富。1530年，当小西吉斯孟还只有10岁时，博纳王后和她的丈夫便诱使色姆推选他为波兰国王，这样一来，他就可以在任何时候轻而易举地接过父亲的王权。但是贵族们很快便意识到了这种做法的愚蠢。他们不停地纠缠西吉斯孟一世，大吵大闹，要求他们的所谓的"法律的完成"。贵族们提出的这项著名的方案最初是在1520年的比得哥什（布罗姆贝格）议会上宣布的，方案要求召开全国性司法会议（conventus justiciae），收集所有的法律，把它们统一起来进行修改，编纂成典，然后付诸执行；正是这一方案的内容使所有贵族的特权获得了永久的法律效力，而这些特权都是他们在过去两个世纪中从君主手中争取过来的。这项方案还要求王室重新购买它所让渡的土地。为了解除教会法庭对什拉赫塔所拥有的裁判权，议会也不断地施加压力，并最终取得了胜利。首次重大的成功是1538年和1539年在彼得库夫和克拉科夫召开的国会上获得的，西吉斯孟一世在会上被迫答应，他将永不违法，也不主动地颁布新的宪法，同时还被迫宣布，1530年对他儿子的王位选举是不合法的，等小西吉斯孟死后，新的国王将由全体贵族参与选举。为此，西吉斯孟唯一所保住的就是，他儿子定于1548年继任王位一事无须再作决定。

　　西吉斯孟二世·奥古斯都在位期间正值现已大多皈依了新教的贵族争取发展和要求权利以及为立窝尼亚和白俄罗斯与伊凡雷帝之间战争连绵不断和劳民伤财的时期，所以他没有闲暇也没有机会去成功地解决宪政冲突的问题。1562年，他承认自1504年以来非法让渡的王室土地之"完成"。1569年，当波兰的王室与议会和立陶宛大公国按照卢布林联盟协议达成统一时，他未能阻止波兰什拉赫塔将其自身在法律和经济上拥有的特权向整个广大的立陶宛公国扩散。西吉斯孟·奥古斯都死于1572年，没有儿子继承王位，王位只得由那些现已权力至高无上的贵族们来进行拍卖。他们抓住了这一机会，取得了成功，却带来了灾难，迫使由他们挑出来的候选人安茹的亨利态度坚决地许下诺言，尊重所有他们已获得的所有特权，包括政治、社会、经济和宗教方面的权利，极其明确而详尽地规定在以下三个文件中：《聚会协议》、被称为《华沙联盟》的宗教宪章以及《亨利条例》。最后一个文件在关于不服从的条目中对什拉赫塔所取得的胜利作了总结："如果国王的行为触犯了这些法律、特权、条款和条件，或者不落实它们，那么他就解除了贵族对他的服从和效忠。"紧接着王朝遭受的灾难又进一步巩固了波兰贵族的胜利。安茹的亨利在波兰只待了几个月，为了抓住机会继承其兄查理九世成为法国国王，1574年他离弃了令他感觉不自在的波兰王位。他的继任者是被选为国王的特兰西瓦尼亚王子斯特凡·巴托里，因为忙于和俄国打仗，新国王对波兰新教社团的打击只是开了一个头；1586年他去世时也无子嗣。什拉赫塔遂推选西吉斯孟三世继承王位，是为瓦萨王朝三位国王中的第一位。但是为时已经太晚。波兰已为少数土地所有者所牢固控制，丧失了按它的版图、财富及民族资质本来可能在政治上大展宏图的机会——倘若16世纪的这场阶级和民族的冲突是由不同的因素所确定的话。

在本章所讨论的三个国家当中，只有波兰人从学术上进行了尝试，试图对贵族的习惯做法进行合理的解释。与捷克人或马扎尔人相比，波兰的显贵和国家官员与法国、意大利和德国学者的联系较为密切，捷克人的异端运动长期以来割断了他们与西方学者的联系，而马扎尔人则由于文化上较落后且全神贯注于对付土耳其人造成的危险，也少有和西方学者交往。马扎尔人和捷克人的政治理论几乎只有从像弗谢赫德的维克托林·克内尔和伊斯特万·维尔伯齐这样一些16世纪的布雷克顿①所撰写的"法律书"中才能找到。克内尔的著作《关于波希米亚国家的法律》是在1508年最后成书的。里面有大量关于土地法庭（zemsky soud）的司法方式及土地登记（zemské desky）的法律程序的描述；克内尔在这两个地主的核心机构里都发现了弊端，并提议对它们进行改革；他是土地登记部门代理书记员，他怀着一份律师和一位官员提高效率的愿望着手探索过这些问题，并且希望废除领主的那些较为恶劣较为专断的特权。至此，此类论文中最著名也是最重要的法律论文要数伊斯特万·维尔伯齐的《匈牙利王国习惯法三编》，它是应匈牙利国王乌拉斯洛（弗瓦迪斯瓦夫）的要求编纂

---

① Henry de Bracton（？—1268年），中世纪时期英国法学家，《论英国法律和习惯》的作者。——译者

的，并于1513年得到了国王的认可。虽然它从未被议会通过，不具备法律的有效性，但逐渐对法庭的判决却具有决定性的权威，并在其后三百多年中一直是匈牙利宪法和私法的基础。该文基本上涉及的是不动产法，拥有大量篇幅的第一部分全部用于论述继承法、没收法、契约法、遗孀法和监护法，这些显然都属于习惯法的范围。维尔伯齐不加论证便承认了不动产所有权的来源与合法性以及因这种所有权而拥有的贵族地位是君主的奖赏，同时他们之间借以建立了一种相互关系："因为君主只能由贵族选举，而且贵族从君主那里获得贵族的尊严。"《匈牙利王国习惯法三编》的第二部分涉及刑事案件的司法程序，在开头还讨论了立法的权威性，对此维尔伯齐认为，基本法（宪法）只能由君主和人民共同制定，并且这样的法律"首先用来约束按照人民的要求向人民公布法律的君主本人，根据这条原则：'［君主］须恪守你自己所定的法律'"。《匈牙利王国习惯法三编》的第三部分论述下属的立法机构：克罗地亚和特兰西瓦尼亚议会、各郡、王室和议会的市镇以及行会。全书的结尾部分陈述了农奴（jobbagiones）的法定地位和司法地位，书中认为，虽然农民过去曾有改变居所的权利，但这种自由因为最近的叛乱已被剥夺，如此叛逆行为致使他们成为从属于他们的地主的完全和永久的农奴。

波兰的贵族老是抱怨没有人像维尔伯齐对匈牙利人所做的那样为他们的自由和特权作出权威的阐述。在议会要求"法律的完成"的鼓动下，波兰的政论家和文职官员发表了大量的论文和演讲，贯穿一致的中心思想就是议会至上。其中最具才华的大概是那本《怎样成为一个好的统治者》，该著作是斯坦尼斯拉斯·奥热霍夫斯基以《忠实仆人》为标题献给1549年新登基的国王西吉斯孟·奥古斯都的。在点明其主题"骑士制度是王国的根基"之后，他继续说道：

> 国王是为王国而挑选出来的；但王国并不为国王而存在。这是因为法律——王国的灵魂和精神——的权力毫无疑问大于王国，自然也就大于国王……因此，如果有人像古罗马公务员特里波尼安和乌尔皮安那样阿谀奉承，说你在你的王国里是至高无上的，你可不能听信，并且要告诉他，是法律在统治你的国家。

奥热霍夫斯基用相当肯定的口吻说波兰是唯一的自由的发祥地。他在1553年出版的《致波兰骑士》一书中问道：

> 你能告诉我，除了波兰，你还看到过或者听到过哪个国家是自由的吗？……你的血肉同胞波希米亚人在他们的法律中还剩下多少自由呢？……我看英格兰也没有自由，因为它把自己的两道伟大的光芒上议院议员罗彻斯特的约翰主教和托马斯·莫尔送上了刽子手的行刑台。

波兰在16世纪宪政实验的激励下在政治思想方面所取得的最伟大的成就当数安杰伊·弗里茨·莫杰夫斯基的《共和国的改革》，此书写于1551年，1558年出版。它一开篇就列出了西塞罗关于国家的定义以及一部理想的混合型宪法的定义。国王应当通过选举产生，而当选的条件不在于他的出身，而在于他对统治艺术的精通：

> 因此，既然波兰的国王不是与生俱来的，而是按各阶层人民的意志选出来的，那么他们就无权运用自己的权力去制定法律或者随心所欲地强迫别人缴纳贡金。他们做任何事都要征得各阶层的同意，都要遵守法律的规定。

除非得到骑士等级和参议院的批准，否则就不能制定法律。因为议会的职责是使国家免于王室暴政的威胁，所以阻止寡头特权的非法横行就成了国王的责任。莫杰夫斯基没有把自己局限于抽象的理论；他的许多著作都是用来阐述一个井然有序的国家所具有的实际功能：提供教育，控制贸易和关心穷人。其中关于国家有职责修建济贫院的那一章（第18章）好像是埃德蒙·查德威克本人的手笔。使莫杰夫斯基良心不安的是，波兰与德国相反，仍然允许农奴制的存在。他不止一次地重申，法律不只是贵族的特权，它对任何人都必须是平等的："如果我们取消农奴向他们的领主讨个说法的权利，我们就剥夺了他们的所有自由。如果我们给予领主们以其自己的理由对他们的农奴进行审判的权力，我们就破坏了公正判决的原则。"在《共和国的改革》的结尾，作者慷慨激昂地对财政制度发起了攻击，领主们自己不纳税，都把整个国防费用强行摊到那些可怜的农民身上。莫杰夫斯基深信，波兰共和国的这部和谐的宪法如果能够消除其不公正的部分，波兰就能成为最完美的国家；这一信念可以说是中世纪欧洲的送葬辞，但它本身也包含着这样一个国家理念，即公正是高于一切的，公众的利益是政府和法律追求的最高目的。

德国宪政发展纪要[①]

1519年，查理五世花费了大笔钱财并作了大量允诺[②]之后被选为皇帝，登上了哈布斯堡王朝独占的皇位，而日耳曼民族的神圣罗马帝国在此之前早已不成其为一个政治实体了。但是这个概念并没有消亡，德国16世纪狂热的民族主义重新点燃了帝国复兴的希望。路德及其追随者就从未停止过呼吁德国的统一。即使是那些王侯对皇帝以及帝国这个概念的忠诚也还是相当真诚的，虽然不得不承认，一到紧要关头，这种感情被领土独立和宗教纷争所压倒。如果查理的抱负只限于"日耳曼"而不是"全世界"，那么也许另有一番景象。他既不可能把德国看作自己的国家，也不可能看作其领土的中心；虽然他本人对帝国这个概念怀有深度的信念，但在他的脑海里，帝国不是一个明确的日耳曼人的帝国。有一点再清楚不过了：作为一个讲法语的勃艮第人，统治着如此广大和众多的领土，仰仗西班牙而不是中欧获得他的基本权力，他有什么理由要把自己视为日耳曼人呢？当人们对那些至今为查理未能做一个十足的日耳曼人仍然耿耿于怀的人不予理睬的时候，也必须认识到，查理在利用帝国的威严去建立一个统一的日耳曼国家方面尤其不够格。

当然，这个错误远不是他一人酿成的。在他祖父的时代，通过体制改革来使帝国成为现实的各种各样的尝试达到了高潮。[③] 但无论是通过建立一些共同机构，还是通过把议会变成实现统一之工具的尝

[①] 这个纪要需要说明。原定关于德国宪政的发展和思想这一章由弗赖堡大学的E.哈辛格教授撰写，使他大感悲伤的是他不幸突然患病，以致不能着手这项任务，病情又一直不见好转，这样由他撰写的这一章便无法完成。当最终作出决定取消这一章时，想到别处去找人来填补空白为时已晚，但这一空白又几乎不能完全不予以填补。编辑无奈，只好勉为其难。当然，指望用这样一篇纪要来代替一个章节是不切实际的，但它至少说明这一问题并未被遗忘。

[②] 查理被迫同意了第一份选举宪章（Wahlkapitulationen），其中要求皇帝答应遵守以前的法律，尊重王侯们的特权，自他开始，这便成了大家奉行的习惯做法。

[③] 本书第1卷，第7章。

试，以及通过在王侯领地和帝国（"各行政区"）之间建立一些中间部门的权宜之计都没有收到任何成效。1521年，当查理离开德国赴西班牙时，建立帝国的统治的思想复活了；他的弟弟斐迪南奋斗了将近10年才把摄政王掌握的进行民事控制和军事控制的脆弱工具建成实实在在的机构。议会的反对加上施瓦本联盟对其指令不屑一顾使这项计划遭到破坏，1530年左右便任其销声匿迹。1559年，斐迪南继承帝国皇位，他终于成功地设立了一些多少还算有效的帝国机构：一个帝国大臣官署，由一位在以后的历史中将发挥重要作用的首脑（副总理）负责；两个法庭即：皇家枢密院和帝国枢密法院，由于采用罗马法而对后来的德国法学产生了深远的影响。但是，到这个时候采用这样一些乏力的权宜之计尽管能满足奥地利王室的利益，却再也无助于恢复帝国的政治统一。

帝国议会的失败是不那么可原谅的。它不仅是改革派1500年左右选中的工具，而且由于它实际上把德国所有强大的利益集团聚集一堂，从而为各种政治势力的合作与结合所作的重大努力提供了一个现成的舞台。实际上，帝国议会（Reichstag）主要是用作王侯们对抗皇帝争取独立的武器。从1497年起，议会作出的决议几乎都是以法令（Abschied）的形式下达的，这是皇帝与议会之间达成的协议；查理五世试图把议会当作皇权的工具，用它来签发皇帝的决定，这从一开始就注定是行不通的。议会的章程同样是有利于王侯独立的。实际上是选帝侯这一等级在决定一切；就连王侯等级也几乎没有机会改变他们的决定。至于下层贵族帝国骑士（Reichsritter）——自弗朗茨·冯·济金根骑士战争（1522年）失败之后就已经不再成为一支独立的力量了——或帝国城市，在这些封地统治者把持的会议上，他们的呼声从未有人认真听。虽然只是在1555年的奥格斯堡帝国议会之后，帝国议会的会议才成了由各公国派外交使者参加的代表大会而不是各等级的会议，但这种倾向老早就露出苗头了。因此，帝国议会由那些赞成独立自主而非倾向联合的人把持着。在西欧不管是哪一个国家，代议制机构总是对强有力的国王的中央集权政策有利的；而在德国，皇室的衰弱和议会的非代议制特点结合在一块，摧毁了这一时期在巩固王权方面最有力的工具。

地方同盟与级别较低的同盟是带来较好结果的希望之所在。1500

年的行政区组织，尽管维持下来而且后来在行政管理上有一点重要性，但在剥夺独立封地的主权方面从来都不是必不可少的。而像15世纪后期在皇帝的鼓励下建立起来的重要的施瓦本同盟这样的组织虽然志向不大，但看起来似乎更有作为。为了在德国重要的西南地区保持帝国的和平（Landfreiden），同盟在此部署了一支令人生畏的军队（马克西米连和查理有时对这支军队拥有相当程度的控制权），它不仅吸引了城市以及一些下层封建领主的支持，甚至获得了一些王侯的拥护。最后连巴伐利亚也成了其中的一员，但是，像乌尔姆和奥格斯堡这样一些使公爵大伤脑筋的城市却进入了同盟的领导层。同盟最辉煌的岁月在这一时期之初就来到了。1518年至1519年，同盟轻而易举地就战胜了符腾堡的乌尔里希公爵；1519年，在法兰克福城外安营扎寨的同盟军队被认为对查理五世的当选起了明显的推动作用；从1523年起，同盟对帝国的统治的命令置若罔闻，不屑一顾，向多瑙河上游和莱茵河上游迂回。但是，济金根的背叛使同盟丧失了一位重要的指挥员，也丧失了帝国骑士的支持，1530年之后，同盟就解散了。

虽然如此，施瓦本同盟仍树立了一个榜样。1530年施马尔卡尔登同盟成立[①]后，同盟的数量便开始成倍增长，各种同盟如此之多，以至当黑森的菲利普被要求加入重建的施瓦本同盟时竟然回答说，他归属过的类似的同盟实在太多。然而，施马尔卡尔登同盟证明，部分结盟的原则很容易造成帝国的分裂而不是促进帝国的统一。在以后的岁月里，查理五世总是忘不了1519年施瓦本同盟拥有权力时所带来的好处；所以他把实现统一的计划依然奠定在同盟的建立上，于是，1547年他打败新教徒之后，便把谈判的注意力引向他建立大日耳曼联盟的倡议上来。这一切并没有结果：就像施瓦本同盟已经证明了那样，建立这样一个组织的希望在于其基本成员势力的不断强大，而不在于拥有封地的王侯，但是到1547年的时候，这些基本成员，不管是帝国的城镇还是下层贵族，都已经衰败了。一个个统治者的分裂野心战胜了所有旨在统一的尝试。在王侯们，尤其是各选帝侯看来，查理的目标受改革思想和外来思想的制约。当他们宣称要维护由来已久

---

① 见本书边码第350页。

的特权，反对皇帝实行中央集权时，他们并不完全是虚伪的，但他们的确给古老的帝国敲响了丧钟。1550年以后萨克森的莫里斯领导的反查理联盟，皇帝之战败和蒙受耻辱，帕绍条约的签订（1552年），最后，1555年的谈判——就像是在各独立的君主之间进行的——结束了德国史上的这一时期，本来它早就名存实亡了，只是由于查理五世的努力才又回光返照，苟延残喘了一阵。

查理五世的努力曾经从那最终将肯定导致德国分裂的事件中获得过惊人的支持。乍一看，宗教改革运动一定会给人这样的印象：它将使统一的一切残留的希望破灭。然而通过关于宗教以及宗教统一性的冲突，宗教改革增添了一种新的不和的成分；宗教改革更加坚定了一些王侯维护其自由的决心，因为他们认为，新信仰的持续存在有赖于此；虽然路德的成功很大程度上要归功于德国的民族主义精神，但是宗教改革最终却湮没了这种激情。当1529年的新教徒拒绝接受帝国议会大多数成员做出的决定时①，他们在法律上虽然拥有充分的理由，但否定了帝国古老的传统并永远地摧毁了对议会仍然抱有的一切希望。这样一来，由于宗教改革成功地确立了自身的地位，并在其过程中强化了德国的独立自主精神，所以宗教改革在这一段历史发展中的作用是明确的。但一度它也可能导致出人意料的效果。正是因为宗教纷争的爆发，才使查理五世行动起来并一直在战场上为其德国领土的近乎统一的东西而战斗；否则，他很可能会满足于让斐迪南按照与王侯们和其他等级达成的半心半意的协议管理国家事务——这是马克西米连统治后期的特点。同时还应当看到，查理本人精明、果断而有毅力，他的这些性格对德国历史在这段时期的发展起了非常重要的作用；这足以证明这场冷酷无情的斗争。当施佩耶尔会议（1526年）的决定，即每个王侯都可采用他认为合心的宗教（只要他向上帝和皇帝陛下交代得过），但只是因为查理的强硬固执，第二个保留条件才具有意义，最终纳入1555年的奥格斯堡条约之时，皇帝已经通过自己要在德国建立一种君主制度以恢复宗教统一的决心使这场斗争进行30年了。

此外，宗教改革造成了他的敌对阵营发生分裂，王侯中的一派归

---

① 参见本书边码第93页。

到了他的帐下，使他的大业有了一半的成功机会：宗教改革迫使天主教教徒们不由自主地结成了紧密的同盟。然而，他在1547年的胜利的规模使情况发生了改变。王侯们恢复了往常的态度，世俗的利益压倒了宗教的关注，查理未能乘胜出击扩大战果，全都因为王侯们恢复了他们的阵营。然而其中的复杂情况通常未被完全认识。如果萨克森的莫里斯是死于1548年而非1553年；如果马格雷夫·阿尔贝特·阿尔西比亚德斯1552年至1553年在库尔姆巴赫的劫掠没有转移查理的一些支持；如果皇帝在那个紧要关头没有疲惫和昏聩，当然，这些"如果"通常都只是一些无用的假设，但却能使我们明白，查理之所以差一点就毁灭了德国的宗教改革运动，为在德国建立君主政府创造出更有利的条件，就是因为宗教分裂给他提供了实现这伟业的同盟者。

然而独立自由原则最终战胜了皇帝那些不再有活力的希望。主宰德国未来命运的是领地，即由选帝侯、王侯、伯爵等统治的一个个的国家。在这些事实上的主权国家里，宪政发展路线与西方的普遍路线大体上是一致的。也就是说，其中大多数国家都显示了君权扩大和巩固的趋势，这也是法国和西班牙的特点，但是正如这些国家一样，它们太受制于历史留下来的限制因素和习惯权利，以至我们没有理由说它们实现了专制主义。王侯们重新整顿财政，从议会的办公部门中辟出新的财政机构（办公室），并且享有大量不受议会同意征税的限制的收入。他们越来越依赖于由训练有素的文职官员——通常情况下是民事律师，组成的顾问班子；市镇的情况也是如此，在16世纪的德国，很少有什么东西能像那些在市镇机构担任大大小小公职的市民们通常所拥有的高等学术资格那样令人惊奇的了。这一时期流行的是家长式统治伴以集权化管理；一些王侯用自己关于贸易、劳动、贫困救济等方面的法律取代了行会和帝国颁布的法令。同时，领地议会（Landstage）似乎经历了一个其作用日益重要的时期。目前关于这个问题所知甚少，但是正在进行的研究迟早会向我们揭示更多的东西。领地议会在财政方面扮演着相当重要的角色：在一些地区，它们接管和担保统治者的债务，结果在控制财政方面，它们一般都取代了统治者本人。随着市镇力量走向衰落和拥有土地的乡绅和贵族经济实力的增长，议会的构成跟着也发生了改变；在北部和东部地区，情况尤其如此。其他地方在王侯与议会之间似乎还未出现严重的对立。王侯仍然是握有实权的统治者，虽然他们的行动自由因为一个机构的存在而多少受到限制，不过这个实体的主要特征是时刻准备与其合作并分担政府的工作。这里和西方其他地方一样，权力向真正的专制政治方向转化是以后的事情。然而，我们不能一句告诫的话也不说便丢下这个话题。几乎可以肯定，说所有日耳曼国家都是按一个样式剪裁的是错误的。以上所说反映了眼下人们在最主要的问题上所达成的共识，但是，尽管还有许多工作留待我们去做，有一点却已经明朗化了：从根本上说，各诸侯国之间的差别点看起来一点也不亚于它们之间的共同点。①

(赵亚麟　译)

---

① 我在这方面的资料得益于伦敦大学的 F. L. 卡斯滕博士，目前他正在从事 16 和 17 世纪德国宪政史的研究。

第十六章
陆军、海军与战争艺术

　　1519年查理五世登基与1559年签订卡托—康布雷齐条约之间的40年对于战争艺术的演变比其后在18世纪晚期以前的任何时期都具有更为决定性的意义。此前的二三十年是真正的过渡期：各种不同的武器、各种不同的作战方法，新旧同时并用，它们各自的长处尚未确定。帕多瓦保卫战的胜利似乎证明了内部防御工事能有效地增强旧式城墙作用；诺瓦拉之战彻底证明了瑞士的传统战术是正确的；手枪仍然不如弓弩使用得普遍。但是，在这段时期的后期，出现了某些与过去彻底的决裂，而且未来两个世纪的各种作战方式也在此时形成。在棱堡图形的基础上使野战防御工事系统化，而且颠倒过来暂时强调内部防御而不是外部防御；不再使用弓弩；独立作战的密集的长矛纵队消失了；从此以后，没有骑兵、步兵、炮兵这三个兵种之间的某种程度上的协调行动，就没有哪支军队敢于开始作战；每支军队都寻求并找出在某种程度上介于一百多人的编队与庞大而不实用的"兵团"之间的一种组织单位；火绳枪与长矛开始习惯性地一起使用，而前者开始让位于滑膛枪；手枪出现在战场上，并由此产生了一种新的中型骑兵：手枪兵。新武器需要有新的战术。到1559年，武器大体上稳定下来，这一事实意味着，到那时战术已达到比较明确的阶段。战略主要取决于新兵的征募、财力、运输、设防措施与围攻手段之间的关系以及军队的人员构成。在这一时期，以上各方面都呈现出长期稳定的态势。军队依靠外国雇佣兵，如果军饷不能按时发放，他们就要回国；即使是最富有的国家也难以按时拿出足够的钱来支持长期战争；除最重型的攻城炮以外，所有军用物资的运输在道路允许的情况下变得尽可能快速；围攻花的时间太长，使军队长时间不能调动，以至财力和供应都处于非常紧张的状态。另一方面，所需的守备部队数量很大，因此，行军途中的军队不得不分出很大一部分实际作战部队用于守卫新征服的土地和保护军队的基地。构成成分相类似的军队在出现非常明显的进攻机会之前避免发生冲突并小心防守。这样，战争的节奏放慢了。帕维亚战役（1525年）之后，对阵战变得罕见。军饷出纳与军需官对将军的重要地位提出挑战。正如一直是斗智的战役日益成为神经战一样，宣传和控制士气变得更为关键。

所有这一切并不是说在一固定成形的时期没有过渡期的特征。将军们仍然能够在格拉夫林战役中莽撞行事而给德·泰梅斯带来灾难。民兵的功绩与职业军人的功绩相比仍然显得很突出，正如1552年至1553年在锡耶纳发生的情况那样。1522年对罗得岛的系统防御工事发起强攻的土耳其人，7年后在维也纳的旧式城墙前被击退。但是，总的说来，这些年间传统的战争之树的老枝迅速枯萎，新枝茂盛生长，显现出一种迥然不同的景象。

当然，由于在这段时期的大部分时间里，在欧洲某处总有战事发生，这就有助于新的军事思想得到传播和巩固。人们迅速吸取教训，对得出的结论也能及时加以检验。军队成分的国际性也有助于取得进步。将军们不仅从敌人那里学得知识，而且也向自己的外国雇佣兵学习。人们不仅打仗，也写有关打仗的事，因而军事知识开始更加快速地积累起来。

诚然，两种原因使军事著作的出版发行受阻。人们历来担心这些危险知识可能被异教徒随意利用。出版有关建造要塞的著作是很安全的，因为基督教徒不是侵略者，但是，人们认为刊印关于如何炸毁城镇或在野外击败对方士兵的方法是危险的。至少这是一种论点。但是，如果没有人如此过分以至做出像瓦尔托里厄斯在1463年向苏丹赠送手稿《论军事》（*De re militari*）那样的事来，那么大量的技术著作的确会出现的，与其说是崇高的思想不如说是垄断能更好地解释对出版这类著作的节制：比如，只要对意大利人的枪炮制作技术和构筑要塞的技术保守秘密，其他国家就被迫雇用意大利的铸造师和工程师。在出版军事文献最多的3个国家中，法国以其军事分析家和战史作者最为著名——如果没有富尔克沃、蒙吕克和拉努的著作，我们对当时的战争的知识就会贫乏；意大利以理论与技术著作闻名——比林古奇奥和塔尔塔利亚的著作成为以后200年间几乎一切论述炮术的著作的基础；而德国人则以对军队及其组织所作的百科全书式的描写著称——弗朗斯佩格和佐尔姆的《军事文库》（the Kriegsbucher）是一部带插图的书，对兵法作了包罗万象的指导，从军队的组成、战术及武器装备到管理上的最小细节应有尽有。

我们不应期望军事题材的著述家们没有引用古典先例的热情；罗马帝国的真正伟大之处首先是其军队，其次才是在军队保护下得以繁荣的艺术。正如上一代人一样，人们继续到处寻找特别是维吉蒂乌斯和弗朗蒂乌斯的著作，而艾利安、波利比奥斯及恺撒、莫代斯特与维特普威的著作也仍然对乐意读的人有吸引力。人们对他们的思想不是囫囵吞枣地接受，而最讲实际的技术题材的著述家则喜欢加上自己的看法作为对古代权威思想的附和。没有人能轻易使马基雅弗利的眼睛从现代战争转移到古人对战争的闲言碎语上，即使如此，他也（在1521年出版的《论战争的艺术》中）谈到古典的先例："我不会在各方面都完全仿效它，而仅以最适合现代情况的方式加以仿效。"例如，在比较了古今步兵各自的优点之后，他认定，理想的步兵单位的组成应是一半士兵以古罗马的方式武装起来，手持短剑和盾牌，另一半的人按现代的瑞士方式手持长矛和火绳枪。乔瓦尼·巴蒂斯塔·赞基于1554年撰文论述设防时谈到，尽管有了火药，但是，处理他的高度专业化的题目的最佳方式是不仅从现代的实践也要从古代的实践演绎出作战的法则。

的确，古代的实践经验并非总是无意义。当维吉蒂乌斯说："以饥荒、突然袭击或恐吓来战胜敌人比采用常规行动要好得多，因为在采用常规行动中，运气要比勇气占更大的分量"，他这是说给16世纪中期的军事指挥官听的。另外，由于古罗马人没有马镫，所以，他们把骑兵用于投射而不是突击战术中。他们把重点放在大量的稳重的步兵和敏捷但又令人担心的马匹上。由于这种先用长矛然后用火绳枪的古罗马式的组合对于使中世纪式的重型骑兵的冲锋失去效力起了很大作用，所以又再一次受到青睐。新的设防技术也不是没有先例的。在亚德里亚海的另一边，位于斯帕拉托的罗马皇帝戴克里先的皇宫的门楼呈六角形，按对角线方向在各个角落建有方塔，这种古典时期末期的防御工事显示了如何引开箭矢和投石以及用突出的防御工事形成屏障即上首不会遭到来自其他防御工事的火力攻击的一块空间，这样就不会有较古老的圆塔的缺陷。

如果说古代人预先考虑到了16世纪大部分战略上的及部分战术上和技术上的需要的话，那么有一种新的要素他们未能预见到：火药。当弗朗蒂乌斯谈道"武器的发明早已达到其极限，对其在应用技艺上的改进我看不出还有什么希望"的时候，他只是代表旧世界说话。在现代世界，由于有了新武器，作战方法起了天翻地覆的变化；对这一点无知的人所提供的意见倘若非常注意，那么后果不堪设想。然而，古代著述家们的吸引力仍然存在。与现在相比，他们的战争似乎计划非常巧妙，他们的军队训练十分合理，他们的战斗井然有序。这一印象主要是由于像李维那样的历史学家们造成的。他们按应该发生的而不是实际发生的情形来描写战斗。维吉蒂乌斯也是按照应该的情况来描述兵法的，热衷于宣传理想化的过去和比任何实际存在的更完美更有效率的组织。这种完美性征服了甚至像阿尔布雷希特·丢勒这样讲求实际的人。在论述设防的著作中，他把一整节的篇幅用于详细描述一个设防地的城市规划。描述根据的是维吉蒂乌斯对设防营地的分析，而古罗马人本身已摈弃了这种营地。在16世纪没有哪位将军试图按这些方法来安营扎寨。在几种情况中，实际的组织要点承袭了古罗马人的习惯。例如，弗兰西斯一世的"军团"有6000名士兵，每100人为一个单位，由一名百夫长率领。但是，尽管这些著述家描述的有关古罗马的军备和战术的大部分内容因不适用于火药时代而遭到拒绝，但人们对他们所谈的有关古罗马军队的道德规范和军事纪律却听得如痴如醉；虽然武器已变，但士兵仍然相同。

把军事问题当作一个整体加以认真对待的每一位著述家都关心军队的素质：士兵及士气。本来应该打赢的战争由于无纪律行为或缺乏勇气一次又一次输掉。懒散而无经验的军官会影响他们的士兵。浪费和盗用钱财增加了战争的费用。士兵开小差，野蛮掠夺造成一个地区的敌对态度，由于只对战利品感兴趣的部队很涣散，难于继续取得胜利，这一切都使战役受到制约。最好的装备，最精明的战术，最有灵感的统帅，如果没有稳定而可靠的部队，它们全都是无用的。这个问题与本国军队关系最大。草率而不加选择地招募新兵，然后又尽快地遣散，会造成这一问题。但是，外国雇佣兵的表现也会造成这一问题，他们通常都任性凶残，不愿在所得报酬之外多打一天仗，而不管雇主处境何等危急。每支军队都有自己的惩戒机构：督军和他手下的军官加绞刑架。但是，忙碌的军事法庭和一排排歪扭着的脖子不一定能使士兵们在炮火中行为更稳定。即使由土耳其人和瑞士人对怯懦者强制执行的死刑也无法使懒散胆小的士兵成为好士兵。

　　士气和训练造就优秀士兵。而士气本身受训练和纪律的影响。"秩序使人勇敢，混乱使人怯懦。""在战争中，纪律胜过实力。""服役期或军龄本身决不会造就一名军人，因为服役许多年之后，一名不遵守纪律的士兵在职业上仍然是新手。"第一句话是马基雅弗利说的，其余的来自维吉蒂乌斯。人们在这个问题上的看法完全一致。可以毫无保留地接受古人对纪律和士气问题的意见。甚至技术问题的著述家也反映了在战争中人的因素这一普遍关心的问题。丢勒写道，为了保卫一个要塞，"首先需要的是虔信宗教的、充满活力的人，他们才真正能保卫自己"。在军纪方面，富尔克沃于1548年尖刻地写道：

　　　　古人在所有事情上都比我们做得好。与我们相比，他们的士兵更守纪律、更吃苦耐劳、道德更高尚，是更优秀的战士。

　　古罗马士兵按固定规则进行艰苦训练，他们遵守严格的纪律，对自己的职业感到非常自豪，生性勇敢俭朴。
　　法国、意大利和英国的著述家随时将他们自己的部队与那些看来表现出古代军队长处的国家的部队作比较，找出不利之处。西班牙人受到广泛称赞。他们性情稳重而不爱激动，习惯于过艰苦生活并乐于吃苦。对西班牙有身份的人来说，从军是最高尚的职业。在被派遣到战场去之前，士兵们先在国内驻地经过良好训练。瑞士人也能吃苦耐劳。他们经过刻苦训练——长矛兵的性命取决于同伴们的坚定可靠。直到在比柯卡战役（1522年）他们的信心受到动摇之前，他们一直确信自己是世界上最优秀的军队。他们宁愿杀死而不愿俘获战俘，不肯为劫掠财物而违反命令，对动摇者给予无情惩罚，这些严酷的特征突显出了一个以武装确立了自由主权、而且仍然在以武装扩大其疆界的民族。德国的职业军人雇佣步兵也具有瑞士人的坚定稳重和团结精神，但没有他们的那种爱国主义精神。对他们来说，士气与他们作战的原因是完全脱离的,士气只是职业上信赖自己能力的产物。但是,最广为传颂和最受人羡慕的是土耳其人。当与异教徒相比,西方士兵的名声受到贬损时,他们的耻辱就更加严重。"土耳其人的军纪非常公正严明,远远超过了古希腊人和古罗马人",焦维奥这样写道:

> 土耳其人有三个理由胜过我们自己的士兵:他们服从指挥官的命令很敏捷利索;他们在战场上毫不吝惜自己的生命;没有面包和酒他们照样能长期生存下去,只要有大麦和水即可。①

访问者对土耳其士兵在列队行进中和在营地上所表现出的秩序井然印象很深。他们把勇武好斗的精神积蓄起来用在战争上,他们在和平时期不会趾高气扬、喧闹作乐和打架斗殴,这与西方士兵不一样。事实上,道德主义者们将土耳其人的品德理想化,是为了斥责整个基督教世界的堕落倒退,但是,他们和军事改革者发现土耳其人有一种性格同样很重要:他们尊重"那些快乐的幸运者,那些不是在妻子儿女的哀痛声中死于家里,而是在敌人的呐喊、在盔甲与长矛的铿锵声中死于国外的人"②。

对土耳其人的这种赞扬有许多都是恰当的。正规军队的军人从少年时代起就经过严格训练。他们对苏丹怀有绝对的忠诚。他们的宗教信仰促使他们坚决地参加对不信教者的战争。没有不愿当步兵的势利现象。不是按出身而是按功绩进行定期提升,这与法国和英国的情况形成鲜明对比。英国的托马斯·奥德利在爱德华六世统治时期抱怨说,许多人"没有当过兵就被任命为上尉军官"③。老兵退役时生活有保障。部署战役不受军方与其政治雇主之间的任何冲突的干扰,因为土耳其人不知道西方的那种军事部门与文官政府之间的区别。由于宗教和社会学上的原因,西方人不可能仿效其中一些优点,西方国家的组织也不可能是基本上为战争服务的。但是,西方的改革者们因此不仅异想天开:他们正在称颂的是一颗已在暗淡的明星的完美,而且他们对土耳其军队的动人的描述忽视了其缺点。土耳其禁卫军在平时

---

① *Turciarum Rerum Commentarius*(巴黎,1539 年),第 83 页。
② 约翰尼斯·博穆斯:*De Omnium Gentium Ritibus*(奥格斯堡,1528 年)lib.3,c.2。
③ 《关于论兵法的论文》,载《陆军史研究学会期刊》(1927 年),第 113 页。

和战时都是危险的。他们所受的教育就是打仗，此外一无所长。随着16世纪时间的推移，他们日益暴露出禁卫军士兵的不利之处：他们成了国家的主人而不是仆人。由于允许他们结婚，并且到苏莱曼统治末期，允许禁卫军的儿子进入部队，他们的战斗力也就下降了。他们对苏丹的绝对忠诚大打折扣。此外，土耳其人取胜的原因除了军事效率之外，同样重要的是人数上的绝对优势，如像1522年在塞浦路斯那样，或是由于敌人在政治上不团结，如像在匈牙利屡次出现的情况那样。在16世纪，当他们的战术和武器装备趋于停滞不前、纪律稍微有些松懈的时候，欧洲军队却更愿意进行革新，并且逐渐能训练出为正确掌握现代武器所必需的坚定沉着的品质。然而，即使是对于那些最了解土耳其人因而最不害怕他们的人来说，显然，与欧洲大国截然不同，他们拥有一支常备大军使他们有着巨大的优势。

意大利战争已非常清楚地显露出雇佣兵的种种不利之处。如果未付军饷，他们要么开回老家，要么像在比柯卡战役中那样，在作战时机还不成熟时要坚持开战。即使付了军饷，他们的可靠性也是值得怀疑的。在帕维亚战役前夕，6000名瑞士军人虽然领了全饷，当听说基亚文纳陷落时，却开拔前往保护他们自己的边界去了。即使有过极其良好的表现之后，他们也很容易使他们的雇主大吃一惊，这是不受欢迎的。例如，在帮助拯救维也纳之后，德国的雇佣步兵要求得到3倍的报酬，并威胁说如果得不到就要洗劫该城。忠于特定的首领，如像弗伦茨贝格或乔瓦尼·德·梅迪奇，有时可能比个人目的更重要。但是，在通常情况下，金钱是能使雇佣军留在战场上的唯一原因，而在战争所必需的一切东西之中，现金是最难搞到的。

富尔克沃在他那受人广为传阅的《战争学》（1548年）一书中写道：雇佣兵与该国没有利害关系，不是为保卫自己的家园或财产而战。他们得到优厚的报酬，退役时满载赠品而归。然而，正如像帕维亚战役所表明的那样，他们并不总能克敌制胜。他们在战斗中不愿首当其冲，而是把真正危险的阵地留给当地部队，因此，当地部队承担了大部分战斗风险却没有得到胜利的荣誉。当然，这些论点连同马基雅弗利对雇佣兵的批评要点一起都是片面的。雇用雇佣兵确实能带来一定的好处，这些瑞士人、德国人或意大利人随时可供雇用。他们训练有素，他们携带的武器比由本国勉强装备起来的国民军的武器更好、更新式。只要付酬，他们就能长期留在战场上而无须担心由于无人照管导致庄稼受损或生意衰败。瑞士人的民族感情很强，不愿打自己人或危及自己国家的命运；除他们之外，其他雇佣兵叫他们进攻谁他们就进攻谁，而不问其民族或宗教信仰。德国雇佣步兵千百次地对神圣罗马帝国作战。意大利军队在他们的半岛上进行的战争中帮法国人打仗。信天主教的意大利人帮助镇压德文郡的天主教徒，而信新教的德国人在1549年帮助镇压造反的诺福克新教徒；在法国内战中，瑞士人帮助天主教徒进攻自己的教友。此外，雇佣兵愿意帮助雇主捍卫其领土，也乐于进攻别人的领土，而国民军随时准备在紧急情况下保卫他们紧紧相邻的地区（这时他们可能战斗得非常英勇，如像1529年佛罗伦萨人所做的那样）但不想为外国打仗，虽然从诸如西班牙那样的贫穷国家中和像法国小贵族那样的贫穷阶级中随时可以征召到士兵。

另一方面，对常备军也有确凿的反对理由。当然，第一条而且也是最重要的一条是在平时维持一支常备军的费用问题。为维持各个要塞、炮场及王室禁卫军已使社会各等级不堪重负，他们还不得不支付上司们的军事计划的费用。军队的不法行为是人们要尽可能少见到他们的另一个原因。当《论公共福利》（约1549年）一书中的骑士谈到法国军团时，英国农民回答说：

> 但愿上帝不让任何这样的一些暴徒来到我们中间；因为正如人们所说，这些人会像在法国所干的那样，拿走穷人的鸡、猪和其他物品而不付任何钱；此外还干诸如强奸穷人妻女这样的坏事。

正如许多敕令表明的那样，英吉利海峡对面也在提出同样的反对意见。在火器使职业军人比带钩镰枪和弓箭的农民占优势的时代，常备军可能成为政治上的一种威胁，有可能产生傲慢情绪和寻衅闹事。如果士兵在服役时对温顺的平民构成威胁，那么在其休假或退伍时老百姓就更加畏惧了。使用雇佣兵就是把这种社会混乱的包袱转移到提供雇佣兵的国家身上。然而，并非所有的政府都认为武装自己的臣民是安全的。马基雅弗利不得不竭力为他的民兵辩护。"罗马帝国保持独立达400年，斯巴达维持了800年，尽管在这整个期间他们的公民都是武装起来的；而许多其他国家在不到40年的时间里就丧失了独立。"可是，即使在1512年和1524年这些危机四伏的年代，佛罗伦萨人也不让臣属的城镇招募军队来保卫自己从而也是保卫佛罗伦萨自身。

虽然对本国常备军的许多反对意见涉及他们在和平时期的存在问题，他们在平时充其量不过是引起混乱，但所有对雇佣兵的反对意见都涉及他们实际上可能使战役失败的问题。因此，尽管本国的常备军有种种不利之处，但还是努力招募和训练他们，并用他们来至少取代一部分雇佣兵。一个不利之处是，现代军队需要各专门兵种配合行动：炮兵、轻重骑兵、长矛兵和火绳枪兵。使用其中一些兵器的特长最终不仅取决于训练，而且取决于民族特性。尽管瑞士和德国的长矛兵也有打败仗的时候，但他们依然是欧洲最优秀的部队。法国作出许多努力来训练自己的长矛兵，但从来没有获得成功。在其他国家培训出自己的火绳枪兵之后很长时间，仍然需要意大利的火绳枪兵。事实上，没有哪个国家拥有高质量的所有兵种，所以必须通过使用雇佣兵来进行适当的补充。第二个不利之处在于某些武器的特性：长矛、火绳枪，该世纪中叶之后还有滑膛枪，都需要经过长期坚持不懈的训练才能熟练使用。但是，各国能够承受而老百姓的偏见又能容忍的是本国后备军制度，间隔相当长一段时间才召集起来进行训练，其核心部队长期驻守要塞。

英格兰遇到的这种问题没有如此尖锐。英格兰不常在大陆上打仗，时间也不长，而英吉利海峡是防范入侵的有效屏障，通过亨利八世的海岸设防又得以加强。北方所征的军队两次证明足以打败苏格兰人，一次是佛洛顿战役（1513年），另一次是索尔韦莫斯战役（1542年）。经过训练的武装人员足以使伦敦人放心。仅有的常备军是皇家义勇骑兵和加来及贝里克的守备部队。由于国内没有紧迫危险的鞭策，除了在海军领域外，英格兰一直是军事保守主义的堡垒。亨利八世经过反复考虑，曾对火绳枪产生了短暂的兴趣，但弓弩仍然是重要得多的投射武器。虽然采用了长矛，但过程非常缓慢，所以在1543年至1545年他打的最后一次战役中还得租用外国的长矛。同样，到这一时期末，英格兰还得使用勃艮第的骑兵和西班牙与意大利的火绳枪兵。因为像西班牙一样，英格兰也很少饲养承载能力大的马匹，承载全身披挂盔甲的骑士和战马铠甲。

　　神圣罗马帝国面临的问题更加严重，因为尽管西班牙、德国和低地国家能提供各种兵种，但是在东方、南方和西方前线的需要量非常巨大，而且尽管德国拥有众多的重型步兵和中型骑兵（Reiter），但也不是轻易就能给帝国使用。总体繁荣程度相当高，所以当职业军人对大多数人没有吸引力，而马克西米连向德国雇佣步兵灌输对哈布斯堡王室忠诚和敬重的感情的企图失败了。甚至当他们在为自己的国家作战时，他们也是首先忠诚于他们自己的指挥官，作为帝国仆从，他们固执而难于两者兼顾。和平环境将他们从军人转变成土匪。在16世纪中叶，曾企图重新实行早已中止的封建服役制度。例如，帝国军需官拉扎勒斯·冯·施多迪希望，土耳其人的威胁能改变（满不在乎的）找人代服兵役或以现金代替服兵役的长期传统做法。他想建立一支领全饷的未被德国雇佣步兵的工联主义所败坏的常备军，这一冒险行动失败了，但至少通过1548年、1551年和1555年的法令，使雇佣步兵与国家的关系密切联系起来，并剥夺了他们一贯滥用的一些特权。

　　然而，正是欧洲最具侵略性的法国感到最迫切需要建立一支常备军。召集令（Ban）和因拥有封地而应该服兵役的土地占有人带马匹应召入伍（arriere-ban）继续在使用，不过，随着步兵，特别是经过严格训练的火绳枪兵越来越重要，其效用一直在下降。最精明的新兵更喜欢在正规的重骑兵队（gendarmerie）中服役，1534年以后，喜欢在正规的步兵，即军团中服役。曾试图改造这些征兵制度。间或减少免服兵役义务的类别；采取的一个办法就是修改错误的兵役档案。为了减轻服役负担，到国外服兵役的义务暂时从40天减少到将敌人从法国国境线赶走所需的时间。为召集令和封臣应召入伍的制度制订了培养步兵和中型骑兵的计划，以代替旧的持重型武器的重骑兵及其骑马的助手。尽管作了这些尝试，所征兵员从来没有好的表现，而且，尽管他们得到民族主义者的偏爱，但却受到那些主张创建一支全新的队伍来取代他们的军事专家的鄙视。

　　法兰克弓箭手（franc-archers）仍然残留下来，但是，尽管短期内将他们召集起来，由于装备的是各种混杂的武器，又缺乏纪律，他们几乎没有什么用处，因而于1535年被解散。仍然残留下来的另一支15世纪部队是重骑兵队，由有身份的志愿兵组成，他们仍是法国骑兵部队的坚实基础。他们的服役是正规的，因为他们每年必须集结3次以领军饷并接受检阅。平时他们大约一半的人休假而另一半人留下来执行驻防任务。随着意大利战争继续进行，重骑兵在决定战役命运方面所起的作用逐渐减少，他们的作用也就下降了。尽管这种部队仍然存在，但是，到16世纪中叶，它的威望已经大部分丧失。他们思想极端保守，态度傲慢，不容纪律约束，把服兵役看作是一种要是觉得不方便就可以放弃的等级特权。当然，更有职业感的是法国王室部队、苏格兰和瑞士卫队与弓箭手队，但他们人数少，而且，苏格兰卫队和弓箭手队还是骑马作战。

本国步兵是由持有国王委任状的军官临时一批批招募的。这些士兵是志愿兵，在战场上表现良好，但是，由于无论何时何地实现和平他们即被解散，所以他们的目的是在敌对行动期间劫掠尽可能多的财物。在许多情况下，由于没有和平时期的安身之处可回归，他们保持武装状态，靠农村供应给养，直至再次爆发战争。这是一些雇佣兵，他们是鼓吹建立定期付酬的步兵团（legion）的活生生的理由。这样的步兵团于1531年组建起来。当时在香巴尼、皮卡迪、诺曼底和朗格多克地区招募这些兵团，每个兵团6000人。招兵时费尽苦心以便挑选到优秀兵员。他们的制服和武器——长矛和火绳枪的比例因兵团而异——是由国王提供的。召集令及应召入伍可以免按征召令服兵役吸引了贵族，而可以免税和有晋升为贵族的机会吸引了平民。在和平时期，大多数人一年要集合两次，而每个兵团的骨干则长期保持武装状态。创建这些兵团时进行了大量宣传，得到热情的参与。富尔克沃写书的目的主要是为了对他们进行指导。但是，他们要在10年内取代雇佣兵的希望结果证明是不切实际的。臃肿的管理机构漏洞很多；这些士兵通常很穷，在1543年的战斗中表现很差。1558年，改组他们的尝试失败，于是，注意力转移到另一个更持久的试验的进展上，即创建不那么庞大臃肿的团队。在16世纪中期，法国仍然依赖步兵队（bandes），特别是像皮卡迪队和皮埃蒙特队这样一些步兵队。它们常常被定期反复征用，以致可以视同常备军。1543年和1549年，对步兵队的失败作了可悲的让步——对瑞士雇佣兵的旧有的依赖关系以新条约加以确认。16世纪的战争不是可以通过匆匆忙忙给老百姓穿上军服然后给他们取个罗马名字而取胜的。

这些战争的特性主要是由技术发展来决定。新武器要求有新战术，新战术决定了军队构成的变化。通过迫使人们改变对待战斗的态度，新武器又影响了战略及战役的时间长短；在国内，从财政和物资供应的角度来看，在外部，从外交政策和外交活动的角度来看，他们以这种方式影响着整个政府。因此，谈谈武器及其演变是非常必要的。看看设防的发展特别重要，因为由这门科学所引起的作战速度的变化是影响16世纪战略的最重要的一个因素。如果军队在战场上靠经仔细设计的临时防御工事就能使自己几乎不遭到攻击，如果城墙的牢固程度足以抵挡围攻者的枪炮，那么，急于求战和乐意应战、城市迅速落入胜利者之手的那种战争，像查理八世的入侵带给意大利的那种战争，便不再可能了。

问题是要保护城墙免受枪炮毁坏，在次要程度上，不让其被挖坑道所破坏。在前一时期人们已预先给出了这个答案的要点：人们已明白，必须降低城墙的高度以缩小目标，加厚城墙以增加抵抗射击和承受报复性火力打击的能力。随着城墙高度的下降，防卫者的视野也降低了，而在城墙之外，就更需要有宽阔的壕沟和外围工事，以便将攻击挡在安全距离之外使主要防御工事不受攻击。随着城墙的加厚，要立即看到贴近城墙下面发生的情况就更困难了；这就需要侧翼观察和侧翼火力，并加强使用棱堡。与战场成突出锐角的棱堡取代了圆堡。系统规划的一排棱堡——由固定间距的棱堡组成的屏障——仍有待于未来才出现。即使是在安特卫普（1540年）和埃丹（1554年），防御工事的样子也有点特别，棱堡的间距不规则。枪眼继续扩大外部尺寸，而内部尺寸却缩小了，呈喇叭状展开。停止使用大而低的法国式枪眼，因为它们在猛烈攻击下难于防守。作了各种努力来弥补在受攻击时防卫者的射击速度慢的问题。要么是照弗朗切斯科·迪·乔治建议的那样，防卫者在棱堡的凸角里增加火力的层数，但这样就会使结构薄弱，要么修建外围工事暗炮台，或者以骑兵增补来自幕墙和棱堡的火力。在这段时期，无论哪种方法都未得到系统地利用，靠的是轻武器的密集射击和城墙内的辅助防御，以防御土墙掩护的壕沟。一般来说，城市是在遭到攻击之后才以现代方式大规模加固防御工事。因此，防卫者被迫从内部对现存的防御工事进行增补，并全力以赴地保卫经常出现的缺口，在维也纳（1529年）、布洛涅（1544年）和梅斯（1552年）发生的情况就是如此。外科医生昂布鲁瓦兹·帕雷在他写的《旅行记》（*Voyages*）一书中描绘了那里发生的情况：

> 每个人都日夜忙着运土去修补土墙。王子、贵族、上尉、中尉和少尉军官——全都在挑篮运土，以鼓励士兵和市民效法他们。甚至连贵妇淑女也参加进来，那些没有篮子的人就用水壶、挂包、袋子、被单以及一切可以用来运土的东西帮着运土。所有的人都以这样的方式参加修补土墙，所以，一旦城墙被攻破，敌人发现城墙后面还有更牢固的土墙。

到这段时期末，设防理论已大大超越了实践。例如，教科书上理想的设防城市是圆形的，而实际上的城市不是这样的。地形上的差异意味着专家们的想法不是普遍适用的。但是，对进步的最重大的阻碍是当时存在的防御工事。每座城市都有自己的防御工事，再改变这些防御工事费用太大。充分意识到这一点的唯一理论家丢勒提出，把防务作为一种济贫方式。市民和统治者都以高耸的城墙而感到自豪，不愿意降低它们的高度。只有1526年在处境极端危急的情况下，佛罗伦萨人才降低了一些塔楼。降低一点城墙通常是为了利用防御大炮，而再降低一点是为了保护特别危险的地点，仅此而已。几乎没有像安特卫普（1540年）那样新的大规模的防御工事，甚至连新的要塞也不多：米凯莱·桑米凯利在威尼斯的利多修建的S.安德烈城堡和亨利八世在英格兰南部海岸的防御工事是改建总规律的例外情况。像丢勒（1527年）和瓦拉（1528年）这样的16世纪20年代的理论著述家将很大的篇幅用来阐述保卫现存的城墙的新方法。维罗纳的防御工事是从1520年逐渐改造的，但维罗纳处于从布伦内罗来的干道上的至关重要的战略位置上，通过1509年和1516年的战争已显示出它的防御工事的缺陷。迟至1552年，梅斯仍然在改造它的旧防御工事，用泥土填满塔楼以便把它们变成临时代用的堡垒。

通过把这段时期的初期出版的马基雅弗利的《论战争艺术》与1546年出版的尼科洛·塔尔塔利亚的著作作比较，就可以看出这段时期获得理论上广泛赞同的设防技术的变化。马基雅弗利利用亲自参加围攻比萨的经验以及他所听到的围攻帕多瓦的情况，集中精力改造现存的城墙和准备修筑内部防御工事。虽然塔尔塔利亚承认必须要有某种对付已攻破城墙的敌人的方法，但他却集中精力于如何以极精确的火力将敌人阻挡在一定距离外，以保护重新规划过的城墙。敌人强攻马基雅弗利的防御工事，爬上或攻破城墙之后，会发现自己处于一条既深又宽的壕沟的边沿，受到从土墙顶部射来的炮火的控制，还受到沿土墙底部的暗炮台发射的炮火的侧面攻击。土墙是用挖壕沟时堆在靠城这一面的废土筑成的。巴列塔的最高执政官曾问过塔尔塔利亚，他是否认为都灵的新设防方式——每堵城墙都建有一座棱堡，每堵城墙的中段建有一个炮台——是可能有的最好的设防方式；在这次对话中，塔氏的思想得到了详尽的阐述。就蛮力（*materia*）来说这些防御工事不错，但就设计（*forma*）而言则很差。城墙不应是直线的，而应是曲线形的。敌人最多抵达棱堡而决不能让敌人接近幕墙。任何时候敌人都应暴露在至少从4个侧面发射的炮火之中。最高执政官对这些意见的反应是："要是果真如此，大炮就已失去它在攻城中的大部分声望了。"

　　塔尔塔利亚的理论在英格兰已付诸实践。弗兰西斯一世与查理五世和解意味着亨利八世面临着针对整个东部和南部海岸的任一地点进行联合入侵的可能性。因此，他加紧完成了精心计划的海岸防御体系，从赫尔到米尔福德·黑汶相隔一定距离构筑要塞和堡垒，重点放在泰晤士河、唐斯、南安普敦、怀特岛和法尔茅思。其中许多防御工事都相当完好地保存下来：唐斯的迪尔和沃尔默，索伦特的赫斯特堡，法尔茅思·黑汶的彭登尼斯（Pendennis）和圣莫斯。它们与早先的英格兰防御工事毫无共同之处。它们是要塞而不是别的：设计的功效决不因住宅的需要而受损害。它们是直接由国家而不是按习惯由得到王室特许的个人或团体建造的。在英格兰新近建造的要塞中没有对设计的独立性起抑制作用的例子。由于本国没有培养工程师的学校，因此，这些要塞是由从外国引进的专家，如像斯蒂芬·冯·哈希恩珀格，按最现代的方式建造的。虽然并不是按统一标准规划的，但所有要塞都很隐蔽，周围有壕沟，有曲线形的墙体和圆拱形的胸墙，以及有带炮眼的几道土堤，其中一些炮眼（如桑当和沃尔默的）几乎完全向外展开呈喇叭状。由于政治上的危险逐渐消失，这些要塞从未试用过。如果当时试用过的话，很可能它们不会被强攻所夺取。罗得岛的防御已表明，如果有现代装置的帮助，即使是旧城墙也可能是非常有效的：它的棱堡有助于击退一次又一次的攻击，即使当外墙已被攻破时①也是如此。富尔克沃写道：在最近的30年中，在城防方面已发生了一场革命。当人人都在忙于改造防御工事时，"从现在起要征服一个国家确实是很困难的"。

在君主们的积极关照下，火炮的研制在继续发展。他们珍视枪炮，因为拥有枪炮就有威望，还因为枪炮确实能起作用。由于每个国家都自己生产枪炮和火药，所以，枪炮和火药的制造更加普遍。还有一个武器种类增多而造成浪费的问题，其中包括供应问题难以克服，在某些特殊情况下，完全无效率可言，因为石弹（尽管不如铁弹好）仍在继续使用，石弹可以在现场按一定大小来制造，以弥补弹药供应上的缺口。在围攻布洛涅（1544年）时，英格兰人仍然在使用11种不同口径的火炮，每一种都需要自己的炮架和炮弹。或许值得对其中使用时间较长的4种炮的详细情况给予介绍，这些中型炮的特征在其后的100年间或多或少是保持不变的。

	重量（磅）	口径（英寸）	射程（码）近距平射	射程（码）以10度仰角	每天整发炮弹的发射率
重　炮	4000	5.5	460	2650	60
次重炮	3000	4.5	400	2400	70
隼式炮	1500	3.5	360	2170	80
小　炮	800	2.5	320	1920	120

虽然早先的大炮已经被其他较灵巧较精确的枪炮取代，但是亨利八世用那些用带子背在背上的庞大的仿制木炮（有小型的真炮）来对着布洛涅的要塞，他以这种方式来深深怀念这些令人生畏但难于操作的炮管。

正如枪炮的口径没有统一，材料也是这样。铁制的和黄铜制的枪

---

① 参见本书边码第511页。

炮在同时生产。黄铜在铸模中的流动性要好一些，因此，更适合作大炮。另一方面，发射造成的高温使其变软并容易爆炸。铁制枪炮的优点是它们可以由当地铁匠制造，但它们较重，而且不如浇铸的枪炮精确，因此在这段时期不受欢迎。枪炮制造业成为专门的集中的行业，后来一直如此。精确度大大提高，枪炮的膛孔钻得更好，支架更好调节，炮手的象限仪使得不必作费时费力的试射，对发射学的研究也给予了适当注意。随着铸铁在迫击炮的制造中取代了锻铁，迫击炮在围攻战中越来越有用，到16世纪中叶，发射出的是能有效爆炸的炮弹。如果说巨型炮在围攻战中的使用逐渐减少，那么，很轻型的炮也开始从战场上消失。德国的枪炮匠早已研制出一种能放在四轮炮架上拖着高速前进的轻型炮，1554年开始在伦蒂（Renty）使用，但它已是一种过时的东西。滑膛枪在开始使用，口径差不多，效果几乎一样，但更容易运送。

　　除了长弓在英国顽强地保留下来之外，火器作为投射武器在这段时期取得了最后胜利。石弓从16世纪20年代的战斗中消失了，持保守观点的人无不感到痛惜。火绳枪容易遭到非难，因为它在潮湿的气候中不可靠，而且射击速率比弓弩慢。但是，意大利造的最好的火绳枪的最大杀伤射程是400码，比长弓强而与石弓相等。火绳枪在震扰和弹着方面因而也在杀伤力方面确实无疑占优势。非常有趣的是，火器从手枪到滑膛枪最快速发展的那些年代正是弓箭的射程在东方扩大到无以复加的程度的时期。所用的弓是复合短弓。甚至为了取得加入由穆罕默德二世所建立、由苏里曼大帝鼓励支持的弓箭手同业公会的资格，射程必须要至少达到630码。最高等级是专门留给那些射程超过770码的人的。然而，达到这些射程用的是轻箭，借助于风力，而且没有指出从在战斗中的精确度和命中率的角度看究竟用途有多大。欧洲人并非不了解短弓，但有几个因素不利于采用它：西方使用的盔甲较厚；极难制造而且从异教徒国家获取行业秘密也极端困难；最重要的一点是火器迅速扩展开来。当然，几乎从一开始，土耳其人自己就已使用了火器。

　　火绳枪的有效性已得到西班牙和意大利军队的证明，他们首先大规模使用火绳枪。于是，德国和瑞士步兵（后者特别是在比柯卡战役之后）按一定比例同时使用火绳枪与长矛。在西班牙，这两种武器各自的价值无一例外地反映在给第一流的火绳枪手的报酬要比给最优秀的长矛兵的高。富尔克沃是痛惜石弓突然衰落的人之一。他这样谈到火绳枪："只要由技术熟练的人使用，这东西很好。但问题是，目前人人都想成为火绳枪手；我不知道干这一行是应拿更高的报酬，还是应少装备火绳枪，抑或是应进一步摆脱它。"他还给予有益的提示：把火绳枪交给不熟练的士兵会造成浪费。"由于这一玩忽行为，在一场小规模的战斗中就发射10000发枪弹，甚至连一个人也没打死，因为这些火绳枪手只想打得热闹，漫无目标地乱射一阵。"滑膛枪不久将取代火绳枪，但在这段时期，它仍处于发展初期：沉重的一英寸口径的火绳枪在攻城时使用。枪管很长，安在座架上，因此，它类似于一门小炮。在16世纪20年代的战场上，人们已见到一种装有轻便支架的滑膛枪，但它是一种很难操纵的武器，改进工作进展缓慢，其广泛使用有待于未来。

　　火绳枪由骑兵部队使用，但它用作骑兵武器不尽如人意。它需要用两只手发射，在发明转轮打火机（在扣动扳机时，由一只弹簧启动，将一块硫铁矿石抵住一个快速旋转的钢轮）之前，保持导火绳不熄灭格外麻烦。很可能需要先放下缰绳，甚至要下马，然后才能进行有效发射。但是，当转轮打火机在16世纪20年代普及时，骑兵用的短筒马枪和重型手枪问世了。两者都是为即刻使用而配备的，携带时放在马鞍上的皮套里。这些武器，特别是重型手枪，是16世纪40年代问世的。正如我们将要看到的，它们对骑兵战术产生了重要的影响。从整体上说，对于火器，正如炮一样，不必寻求千篇一律。正在进行大量的试验，由最好的工匠造出的样品几乎与下个世纪最好的武器不相上下，只是少量生产来供富有的人使用。但是，普通士兵——特别是非雇佣兵——所使用的武器较落后，简单而价廉。

　　尽管火器有了巨大的发展，但盔甲制造业从未像现在这样兴旺。火药使得盔甲需要加固。从这时起，更重、更坚固，而且，只是为了满足个别人异想天开的念头，在外形上做得更圆。由于惧怕枪伤以及随之而发生的血液中毒，能搞到盔甲的士兵都坚持穿上盔甲以抵御射击——即是说，抵御大于近距离平射射程的轻型武器的射击。这些盔甲在头前部和胸前部作了特别加固，腿甲和肩甲的金属片也加厚了，尽管这些部位的保护更多地来自按常规相互搭接的金属片。这种较重的盔甲使用起来不方便，但是由于火器的缘故，甚至像在西班牙和意大利这样天气炎热的国家也必须穿盔甲，在此之前，在那些地区穿全副盔甲较北欧国家滞后。额外增加的重量使步兵感到特别恼怒，他们常常宁愿灵活点、少穿点防护不足，也不愿受穿在身上的防护装的束缚。有人埋怨士兵们把盔甲当作军用行李而不是个人装备，因此，在遭到突然袭击时来不及穿上。他们受到非议还因为平时穿盔甲的时候太少以致在战斗中几乎无法承受其重量。

举行马上比武的理由之一就是它能养成士兵穿盔甲的习惯。马上比武本身又迫使盔甲的性质发生了重大变化，这些变化在这段时期到了决定性阶段。战斗中的实际应用与马上比武的应用之间的差距非常之大，同一副盔甲难于两者兼顾；专门为比武而设计的盔甲本身在战场上是没有用处的。每一种战斗各有特点，采用的是不同的打击方式，或骑马或步行，使用长矛、短剑或狼牙棒，而为适应每一种情况，盔甲必须在最需要它的地方给予最有效的保护。这一问题的解决部分是通过用一块甲片替换另一块甲片，部分是通过额外加固某些甲片。1547年为奥地利斐迪南大公制作的那套野战铠甲和步战盔甲有34个替换甲片和加固甲片。这并非不同寻常，已知的实例达100个。像查理五世和亨利八世这样的君主们的明智赞助维持了工匠们的制作水平，他们的样式为朝臣所仿效。盔甲的重量对战术有某些影响。盔甲越重，马负载穿戴盔甲的人快速行走的能力越低。在15世纪发展起来用以代替按纵队密集骑马缓行的按横列冲锋的作战方式，当以缓步或即使以快步发动进攻时，就失去了效力。16世纪又恢复到按纵队作战，以冲击的分量代替了冲击的速度。但是，影响战术的最重要的单一因素当然是火药。

尽管已提高了炮架的机动性，但大炮在战斗中起的作用仍然不如枪支的作用重要。像马基雅弗利和富尔克沃这样的著述家在描述假想的战斗时，在受先头部队阻碍或被敌人的骑兵部队压制之前，只让炮兵部队发射一两发炮弹。这是夸张，但事实上至此时还很少有在公开战斗之前进行长时间的第一轮炮轰的例子。炮兵的主要功用，像在比柯卡战役的情形，是为了加强壕沟防御阵地，在拉文纳战役中是为了用炮把敌人从阵地中轰出来，或者是为了打乱敌人的队形，如像在平基战役中海军炮火打散了苏格兰人的左翼、在格拉夫林之战中打散了法国人的右翼。土耳其人将炮兵作为后备力量，置于两列骑兵之间，向突破防线的敌人开火，这一作战技法在1514年的查尔德兰战役中已获得成功，在1526年的莫哈奇战役中也同样获得成功。但是，西方国家没有仿效这种作战技法，部分原因无疑是基督教军队对于大炮从后面开炮感到不那么乐意。

比柯卡战役（1522年）和帕维亚战役（1525年）彻底表明，面对火绳枪，必须修改战术。比柯卡战役说明它在设防阵地上的能力，帕维亚战役说明它在旷野中的能力。比柯卡战役的主要受害者是瑞士步兵，在帕维亚战役中是法国骑兵，两者都是该兵种的最佳代表。瑞士人不顾总司令洛特雷克的劝告执意发动进攻，冒着火绳枪兵从低洼的道路后面的一堵土墙射出的枪弹稳步前进。他们的损失极大，而且，虽然他们抵达并开始猛攻帝国军队的阵地，但是，由于他们的力量消耗太大，从火绳枪兵中穿越上来的长矛兵轻易就把他们打退了。在帕维亚战役中，佩斯卡拉侯爵对抗重骑兵猛攻的方式是：把他的火绳枪兵向前调动，不断扰乱先头部队，利用他们能利用的一切掩蔽物——战斗是在稀树草原上进行的，那里有许多树篱和灌木丛——后又撤退到能得到长矛队保护的地方。布朗托姆引述一份西班牙的资料，它强调这些战术的新奇性，他本人将这些战术称之为"一种令人迷惑不解的新奇作战形式，它易于想象而难以描述"①。提示一下这一点或许有助益：随着用火绳枪兵进行散兵战和用较小股军队作战的战术变得更公开，对战役的描述人为的内容往往越来越多。虽然法国人愤愤不平地抱怨这些战术标新立异，但内心却在吸取教训：从1529年起，在骑兵部队中增加了骑马的火绳枪兵，一当发现德国人的骑兵能起那么大的作用，就马上雇用了骑马的手枪兵。而且，在帕维亚战役之后，骑兵不再用来对抗火绳枪兵，而是用来对付其他的步兵，或是在有枪弹支持的长矛兵与其他部队正面交战时用来攻击他们。由于步兵与骑兵都开始避免直接针对火绳枪兵的军事行动，所以枪弹不再是一种决定性的武器。火药在拉文纳战役、比柯卡战役和帕维亚战役中获得巨大成功之后，人们才制定出合理的对策。从16世纪20年代中期起，枪弹虽然仍很重要，但已成了一种次要的武器。

---

① 拉兰纳编：第1卷，边码第337页。

虽然骑兵与步兵的比例在这段时期下降到大约1∶7或1∶8，但骑兵仍然在战争中起着决定性的影响。侦察、突袭或骚扰已与之交战的敌军部队仍然需要轻骑兵。重骑兵以反复的突然冲击，对于遏制大批步兵仍然起着非常宝贵的作用，因而能给炮兵和投射部队提供固定目标，如像在平基战役中那样。长矛步兵因枪弹射击而紧张越来越成为规律，所以直接向纵深冲击逐渐失宠，虽然对这种运动方式的优点还在进行热烈的辩论，但已倾向于为半旋转式轮番进击所取代，以这种方式进攻时，配备有手枪的一个中型骑兵纵队稳步前进至近距离，一排骑兵开枪之后立即转开，另一排骑兵接着上来接替。这种战术的好处就在于能连续不断地开火打击敌人。不利之处在于它需要镇定自若的勇气去接近有火绳枪兵在内的步兵并要仔细瞄准。由于大部分骑手是以右肩托枪，这就意味着他们只能向左边让开，这就削减了他们一半的效用。但是，某种中重型或重型骑兵仍然非常重要；缺乏骑兵的军队必然是那些配备有更优秀的这个兵种的军队打败的对象。

到这段时期中期，社会加在步兵身上的大部分污名已经消除。这有多种原因。在某些国家，如像西班牙，骡子是主要的乘骑，而在英格兰，那儿的马体格瘦小，由于骑马的机会较少，所以骑兵要少一些。君主们偶尔以戏剧性姿态来宣传步兵在战术上日益重要的作用：查理五世与长矛兵一起作了短途行军，就像在他之前马克西米连已做过的那样。徒步比武在贵族中越来越流行，因此他们看惯了身披盔甲站立的人。火器使得步兵更受欢迎，不过征募长矛兵因此变得非常困难，以致瑞士人和德国人不必为市场对他们的需求感到担心。这两个兵种都需要。单有长矛兵容易受枪炮的攻击，单有火绳枪兵则容易受到突然冲进来的骑兵的袭击，而没有充裕的时间或宽阔的空间来瞄准目标。如果有长矛兵阻止敌军的冲击而给火绳枪兵重新装填弹药的时间，或者在敌军猛攻长矛兵时由火绳枪兵来减弱敌人的攻击力，那么，骑兵取胜的机会就很小。在这段实验期，问题是要找到将两者结合起来的最佳方式。在切雷索莱战役（1544年）中，两种实验互相抵消。法国军队和帝国军队都把射击安排在第一排长矛兵的后面，并命令要等到双方军队实际相遇后才开枪：法国军队的手枪和帝国军队的火绳枪同时开火，击倒了最前面的长矛兵，但并未造成力量平衡的改变。

托马斯·奥德利也有同样的想法。他论兵法的论文是在爱德华六世统治时期撰写的。他的理想的战斗队形是以庞大的步兵方阵为基础，要么是完完全全的正方形（这使人联想起瑞士人的纵深队形），要么横排是纵列的两倍。队形应由5个分队组成。前5排或6排是长矛兵，在第一排之后是射击队但也可不安排；第二个分队由戟兵或钩镰枪兵组成，两端有长矛兵小队保护，以防这些武器装备较差的士兵受到骑兵的侧面攻击。中部是另一个长矛兵分队；之后是像前面一样由长矛兵掩护的戟兵和钩镰枪兵组成的混合分队，最后是由长矛兵单独组成的分队。这一密集队形两侧的每一边由一支"袖套状"的射击队（弓箭手以及火绳枪兵，这是一种英格兰的队形）作掩护；在射击队之外，在每一侧还有炮兵，在炮兵之外，还有骑兵。在整个编队的前面是一排细长的投射部队，由弓箭手和火绳枪兵混合组成。在战斗中，这一散兵战斗队列所造成的麻烦同它撤退前可能造成的麻烦一样多，于是，部队的主力一行接一行地靠拢来，目的是要有足够的骑兵来阻挡敌人并足以派出兵员去骚扰其侧翼。

这并没有什么先进之处。而且，从整体来看，直到16世纪第3个25年间，战斗队形仍然是极其保守的。其部分原因是，一旦吃了火药的苦头，就很少有大规模的激战，而另一部分原因是，在国际性军队中很难把新征兵员和职业雇佣兵联合起来。国际性军队的忠诚常常为总司令和分队指挥官所分享。大规模密集队形与大规模密集队形对阵（中世纪时的战斗）的传统继续存留下来，并由于人们没有忘记罗马人的纵深战斗队形而得到加强，罗马人的队形由相互支持的三个分队组成，分别叫第一列、第二列和第三列。难于联合肯定促进了这种密集队形的采用，却失去了具有更灵活的先头部队的更小、更自由的分队。由6000士兵组成的军团和3000士兵组成的步兵团是试图保证将部队单位的规模控制在易于管理的范围内。已有几个小"队"被纳入统一指挥。但是，还没有出现既有相当的总体规模又能独立作战的分队的部队，如像纪律严明、拥有自己连队的团级单位。军队的战斗力比它们各部分应有的战斗力的总和低下。

军费短缺影响了战略，因为它影响了军队的规模和运输能力，有时还影响战术，由于缺乏现金——哪里有银子，哪里就有瑞士人——可能引起某个部队单位叛变。但是，这并没有严重影响到是否开战的决定。对于受到进攻的国家来说，这个问题反而要容易解决一些：由于免税、过时的财产评估以及收税效率低，16世纪的税收很少像本来计划的那样深地去掏人们的腰包，而且在战争威胁之下，明显被过重征税的人通常能再多交一些。法国这个经常进行侵略的国家可以辩护但并不能证明有强制性的需要，却一次又一次为其新的冒险成功地筹集到款项：时而向全国普遍征税，时而向个人或公司贷款，时而又向社会上特定的某一部分人，如像神职人员，征收特别税。而且，到国外打仗的军队总是能指望以战利品和释放俘虏的赎金来补偿少而又不定期发放的军饷。

　　随着技术上的每一进展，投入军队的资金数量就会增加。枪炮、炮架以及弹药车都象征着日益增加的经费。虽然其中的许多经费在和平时期也要开支，但是，运输炮场上的炮和其他东西需要租用数以千计的牲畜。一门中型炮需要10匹马，一门大型炮所需的牛则达20对。随着国家投资金额的增长，政府就越来越不愿让战利品流散在个人手中。理想的办法是，以战养战，就像古代人那样，他们将大部分掠夺物上交国家，其余的由部队均分，其中少量的留作军团的救济基金。士兵们进行掠夺的合法权利——至少是在一场从法律意义来讲的"正义"战争中——并未受到置疑。但是，曾作出努力以防止国家完全得不到补偿，同时为了维护军纪而试图控制抢劫行为。1527年颁布的斐迪南一世的战争条款是那个时代最持久最具代表性的法规之一。未经允许禁止劫掠；在发信号准许行动之前必须严格遵守命令。任何大炮、弹药、火药和粮食储备必须留给皇帝。不准劫掠投降的城市。在劫掠罗马那一年发布这些条款，这一事实表明这样的规定是多么必要，实施起来又是多么困难。人们想发战争财。有许多人，如像参加了抢劫罗马的塞巴斯蒂安·谢特林·冯·伯顿巴赫，带回国的劫掠物足以购置房地产和买贵族头衔。军队经过的城镇和村庄被洗劫一空，除了更值钱的东西之外，连衣物、器皿、畜禽也统统抢走，以致行李多得妨碍了军队的前进，不得不对行李的数量加以限制。但是，在各方都得益的情况下，这样的限制必然是无效的。而且，国家通过有效控制抢劫或通过拨给自己更多的战利品是否已从中获益，这是值得怀疑的，因为劫掠战利品一直是征兵中一种强大的吸引力。

　　此外，在对军费开支及其预期的回报作了冷静的审查之后，不再发动战争了。荣誉、威望、冒险——这些仍然是最强大的刺激因素并影响着那些决定参加战争的人，正如战利品和释放战俘的赎金对参战的人的刺激作用一样。在1525年和1558年之间，法国在既无海上霸权又没有对伦巴第和意大利地区实现有效控制的情况下，竟然4次发动夺取那不勒斯的不可能取胜的战争。那些在激发查理八世统治集团中贵族们（与审慎的政治家相对而言）的冒险热情方面起了推波助澜作用的骑士传奇故事，人们仍在阅读，而事实上这段时期再次兴起崇尚军旅生活和军人美德的热潮。其原因不仅仅是激发堂·吉诃德的狂热的那种过分夸张的骑士传奇故事，对这些传奇故事的适度赞扬也起了同样的作用。"战争艺术比所有其他艺术要高级得多"，维吉蒂乌斯在他的第3本书中写道，"有了它，我们的自由得到维护，我们的尊严得以永恒，各行省及整个帝国本身则将长存"。纪尧姆·迪舒尔在他的《论古罗马人的设营术和军事训练》（1556年）中的《致国王》一文精确地阐释了这种感情。为了激发佛罗伦萨民兵对其陌生的新职业的热情，在1528年对他们所作的演讲中又再次提到同样的论题。皮尔·菲利波·潘多尔菲尼赞扬军事训练"胜过所有其他的科学和美德"。路易吉·阿拉曼尼激励他们以参加礼拜时同样多的"崇敬和纯洁"来看待服兵役。巴托罗米奥·卡瓦尔坎蒂用来描述"好军人"的话一位道德主义者可以一字不改用来描述"好人"。在这些情况下，自然而然地要强调基督教徒的勇于战斗的美德，因为仍然有一种坚强的萨沃那洛拉派的信念，认为佛罗伦萨是基督选定的城市，它的敌人就是基督的敌人。但是，人们在习惯上对军人美德的赞扬调子太高，以致在《高康大和庞大固埃》第3卷的序言中拉伯雷有充分的理由用自己的说法对此进行了讽刺：

> 我确实相信，在拉丁语中战争被称为Bellum（好事），不是像古拉丁语警句的某些拙劣修补者从对立面所猜想的那样，因为他们几乎没有看到战争的美妙之处，而是要按照字面意思从肯定角度来理解，因为在战争中，每一种美与善都显露出来，每一种丑与恶都被彻底消灭。睿智与和平之王所罗门除了将神的智慧那不可言喻的完美比作是一支旌旗缤纷的军队之外，不知道有更好的表达方式。

尽管少数人按伊拉斯谟的传统表达了基督教徒出于和平主义的不安情绪，但在欧洲战争上几乎没有得到支持，不过，他们最终却证明是用以抨击西班牙人在新大陆残忍的侵略行为的一根有用的棍棒。富尔克沃对他们感到不耐烦，根本不予考虑他们的意见，这代表了多数人的看法。战争只要不是仅出于野心或为报复而发动，就是合法的。

> 在我看来，如果依照圣经提出相反的看法，宣称虔诚的基督教徒应该耐心地忍受伤害和冤屈，不要抵抗那些打他或夺走他的财产的人，这是徒劳无益的。因为我认为，那只是说给使徒及使徒式的人听的，如果他们宣讲的教义要想产生良好的结果，他们就不得不表现出谦卑和耐心。

军事著述家们知道有两类读者大众：由对立国家组成的欧洲和基督教世界。"我的目的不是帮助基督教大家庭的成员互相对抗"，丢勒在他论设防的著作里写道，"我的目的首先是要援助那些与土耳其相邻的国家对抗异教徒的政权和军事行动"。这种十字军式的思想仍然有生命力，但是十字军式的战争并不需要谴责这样的战争，而仅需要将它引导到这一方向上来。有两种极端的看法：一种是，必须更有力地向人们逐渐灌输基督教的原则，以便消除人们的好斗本性；另一种是，应该为基督教削弱了人们的尚武精神而感到痛惜（马基雅弗利的观点）；在这两种观点之间是大多数人承认战争是社会生活一个必不可少的特征，至于战争是好是坏，则仅视战争对个人的生活或国家的名声产生何种影响而定。这反映在贵族平时的娱乐活动上，而平民的通常很野蛮的决斗是仿效贵族的马上比武。这种观点还充塞于骑士故事之中并且是许多在罗马更广为传阅的文学的主题。这样的读物不仅描写了战争的最高尚的方面——无私的牺牲，拒绝接受政治奴役，它还强调找碴儿的重要性，以及（源于诸如弗朗蒂努斯的《战略三书》之类的书）为了取胜无论采用多么残忍或不光明正大的手段的重要性。

马基雅弗利抱怨说，战争已变得太仁慈，对于战败已感到没有什么可怕的，所以，人们不再愿意进行为取得军事胜利所必需的严格训练。这种草率的推论几乎没有事实作依据。土耳其人很少活捉战俘，除非已及早将投降条件给守军。即使那样,投降条件并不总是能得到履行:1529年布达守军根据协议投降之后,当他们撤离出城时,还是遭到大屠杀。除了通常将贵族留下活口以获取赎金外,土耳其人也不分贵族与普通士兵。在以简单化的态度对待战败者方面,他们并不是独一无二的。瑞士人几乎也如出一辙,令人生畏,因为,他们自夸说从不收容战俘,落入他们手中的俘虏统统被杀死。其他国家有时也同样冷酷无情,1522年,埃丹附近的科普特堡陷落时,法国人就是这样干的。他们下令立即把所有俘虏杀死而不扣押起来索取赎金。然而,更通常的做法是,当敌人被打得显然不可能恢复元气时,指挥官就命令士兵给予宽恕。然后把那些有能力付赎金的人扣留下来,而那些付不起赎金的人,如果运气好的话,被夺去财物之后便允许自由离去。对待无利可图的战俘的问题太复杂了,16世纪的军事管理部门无法解决。但是,给予宽恕是出于仁慈而不是出于任何道德的或法律的义务感。当梅斯城解围时,法国人出城去给那些被战友撤退时遗弃的西班牙伤兵包扎伤口。外科医生帕雷说:"我们愿意这样做",但又闷闷不乐地补充了一句"我想他们对其他人可从来不会这样做"。

当人们想起对一支军队自己的伤员的关心太少时,对敌军伤兵的关心难以确知似乎就不那么引人注意了。对伤员的治疗护理很马虎。大贵族随身带有自己的外科医生,有时,这些人也能关照普通士兵,但他们首先关心的是雇主及其朋友,这是很自然的。3000名士兵组成的步兵团为每1000人配一个医生;参加1544年战争的大约有32500名士兵的英格兰军队没有军队直接雇用的外科医生,法国军队也没作正式的规定。玛丽·都铎捐赠了一所医院供贫穷、年老或伤残士兵就医,而1551年科利尼的条令建议部队自己征税来为医院的经费和设备提供资金。的确,在法国,伤残军人不是完全没得到照管。有些伤残士兵被安置在国王有委任其有俸神职权的修道院中(愤愤不平的修道士为了得到津贴通常花钱贿买得到这些伤残军人入住自己的修道院);其他伤残军人被安置在安全的城镇,安排他们在那里担任一些有名无实的职务以换取微薄的收入。但是,这只占很少一部分。提供正规的医疗队,建立专门的军队医院和一套补偿伤残士兵的体制,还有待于建立大规模的正规军。然而,在这段时期,能得到的医疗服务虽少,但医疗质量开始提高,特别是在治疗枪伤方面。在

1545年昂布鲁瓦兹·帕雷发表《火绳枪及其他火器伤口的治疗方法》之前，枪伤一直是用烧灼剂来处理的。他采用较温和并且烈性较小的药物治疗，结果挽救了许许多多人的生命。在10年之内，又有4位作者出版了有关治疗伤口的书，其中3位作者专门谈治枪伤。

虽然在1519年至1559年间很少有海上激战，没有一次决战，但这段时期的造船业却非常活跃，用于海军及其各项装备的费用急剧增加。随着军队规模的扩大，各兵种联合作战所需的运输及护卫队的规模也随之扩大。1535年，查理五世用大约25000人进攻突尼斯；10年之后，法国人从海上进攻英格兰南部海岸用了将近60000人。政治上的敌对状态导致边境很容易遭到海上进攻的大国之间展开军备竞赛。在这方面，威尼斯为自己树立了一个理想的目标：建立一支拥有100艘战舰的后备军，以便在紧急时候增援其巡逻舰队。这就意味着要建立的舰队比任何一个大西洋强国的更大。但是，即使如此，威尼斯也只能与其他国家的海军联合起来，才有希望在战舰的数量上与土耳其及其北非支持者相匹敌。在北方，主要的挑战来自法国，而亨利八世热心于发展海军意味着，除了要在数量上与之相匹敌以外，英格兰还力图在设计与管理上胜过敌手。如果说政治上的对抗需要的是数量上的优势，那么统治者的威望则一定有赖于船只的庞大。每一个统治者都希望至少有一艘外表令人望而生畏的船只。继1511年苏格兰的皇家船只"大米歇尔"号和1514年英格兰的皇家船只"亨利谢主"号之后，法国于1527年建造了"大弗朗索瓦"号王室船，瑞典于1532年建造了"大象"号皇家船，以及1534年葡萄牙人建造的笨重的"桑若昂"号皇家船。甚至马耳他的骑士们也被这些庞大而带有华丽装饰和令人敬畏的装备的船只所吸引，他们自己的"奇物圣安娜"号船于1525年下水，企图以此成为引人注目的中心。载重量1000吨及1000吨以上的商船并非罕见，它们的载货能力证明它们的规模应该很大，但是，这些庞大的军舰就像火药使用初期难于控制而又"显赫"的射石炮一样；如果不是为了荣耀，这些钱本来可以用来建造几艘较小型的船只。

在设计、对现有型式的修改和采用新型式方面所做的试验也刺激了造船活动。地中海海军建筑师主要关心的是提高大型桨帆船的速度和机动性。直到16世纪30年代，这种船一直被尤其是威尼斯人用作

第十六章 陆军、海军与战争艺术

强力武装货船。有了重型装备和众多的船员，他们就能抗击袭击者，而且，只要他们载有贵重的船货，则货运费足以弥补船员与载货空间比例过大造成的损失。由于香料贸易衰退，这些船赚不到钱，而且，由于海军装备同时在改进，需要一种比轻型船能给桨手提供更多保护的船，于是，重型武装商船就成了军舰。它们主要是用帆航行载货而建造的，因此，牺牲了划行和作战性能。问题是要使它们像轻型桨帆船一样快，如果可能，驾驶起来一样灵便。有三种解决办法。第一种，也是最不实用的一种是修建一个以上的桨手甲板。皮凯罗尼·德拉·米兰多拉向参议院呈送的船舶设计方案，分别有2层和4层甲板，但是，由于两层桨帆船的上层划桨有大约60英尺长，而4层桨帆船的上层划桨长达180英尺，这个设计方案遭到否决就不足为奇了。事实上，威尼斯没有建造过多层甲板船。第二个建议是，一人一支桨，这样一个坐板上的桨的数量便超过通常的3支。人们见到过一个坐板上有4支桨、一人一支桨的船，但是，当威尼斯希腊雄辩术公共演说家韦托雷·福斯托向参议院提出建造古代战无不胜的5排桨大帆船的建议时，引起许多争论，经过一番犹豫之后才命令兵工厂造一个样品。在1530年的一次公开的速度试验中，尽管它很复杂，却在群情激奋中超过了一艘标准的一个坐板3支桨的桨帆船，但在福斯托的船之后，再也没有建造过这样的船了。未来的船只在于要有第三种设计原理：一种由几个人，通常是5个人操作的一个坐板一支桨的船。

当南方强调把桨帆战舰和弧形船作为独立类型的船只加以改进时，北方却在努力将两者结合起来，建成一种既有战舰的机动灵活又有弧形船的海上适航性和坚固性的船。经过对帆船索具、炮位和桨位安排方面做了大量试验之后，到16世纪中叶，在西班牙大帆船中出现了一种介于两者之间的船舶，在轮廓上比武装商船更接近于同一平面，比大型桨帆战舰更高更庞大，几乎只靠船帆航行，但在紧急情况下也能用桨推进并在船头和船尾配备有桨帆战舰的重型火力装备以增加弧形船的舷侧炮火的威力。所有这些对设计的试验（在南方，似乎甚至已在进行装甲船壳的试验）意味着，每艘船的造价都随着它与常规建造标准的差别程度而提高。在发展战舰的过程中，这段时期是关键时期，但是，在账簿中找到的证据比在战斗中找到的要更清楚些。

就商业运输而言，上一代人已解决了桨与帆之间的基本区别，在狭长快速帆船还是弧形船的问题上，选择了弧形帆船。有些特征表明，当时可能为战舰作了同样的选择。对弧形帆船的帆和滑车索具进行了修改，从而它们在海上的普遍适航性方面明确超越了桨帆船。而且，由于四周都有炮，它们成了浮动要塞，甚至能击退数量很大的桨帆船队，正如在地中海本身不时表明的那样，如在普雷韦扎（1538年），当时一艘停泊着的威尼斯大帆船击退了敌军桨帆船的一系列进攻。另一方面，桨帆船也有一些严重的弱点。与弧形船不一样，它们容易受到侧面撞击，即使受到偶尔的一击，损坏了桨或危及划桨甲板，就可能使其动力装置丧失工作能力。由于船身很长，它们转向很不灵便，而且，由于发射强大的炮火时，只有让船身的长度吸收后缩力船才安全，所以只能通过船自身的运动来转动这些大炮（而在大多数情况下是需要升高）。此外，1541年将查理五世的舰队刮到阿尔及利亚海滩上毁坏（从而阻止了土耳其战舰对其拦截）的大风表明，桨帆船只是在冬天才有不太大的可靠性。尽管如此，桨帆船仍是地中海的主要军舰；桨帆船不仅影响了北方帆船的设计，而且制造了名副其实的桨帆船供在英吉利海峡和北海使用。军舰设计不能只靠造船木工的意见来决定。传统很有价值，尽管人们应当注意：北方民族憎恶强迫劳动被看作是桨帆船未能在其水域安家落户的一个原因。基督教徒的桨帆船上的桨手几乎都是自由人，自愿应征入队，允许拥有自己一定体积的货舱，在大部分航程中能利用船帆航行时就不划桨。很难使这些自由人在港口时行为规矩，也难于使他们按时回到船上，这就是有人建议，就像1556年一位威尼斯的营造总督所做的那样，应该使用更多的罪犯来做船员的主要原因之一。妨碍造船木工的理想全部付诸实践的一个更加重要的因素是在任何特定的水域占优势的舰队是由桨帆船组成的，就不得不用桨帆船来对付。在平静无风的天气，当敌舰在数量上足以超过自己、16世纪中叶开始在巨型桨帆船上装备的远程重炮也能相匹敌时，弧形船组成的舰队就无能为力了。单靠弧形船也不能迫使桨帆船参加它们不准备接受的交战。仅有一种类型的桨帆船的能力也不够——例如，造价比较低廉的轻型桨帆船，即使与重型弧形船一起使用也不行。由桨帆船组成的舰队只能用同等的军力、由重型桨帆船支持的轻型桨帆船（同时后者也支持前者）来对付。由于风向变幻莫测，联合使用帆和桨并不总是可靠。在普雷韦扎，安德烈亚·多里亚正要与土耳其人开战时风就停了。由于不想与其弧形船分隔太远，于是他停止了进攻。土耳其人也停下来，希望把那些性能比它们差的桨帆船队吸引过来。多里亚不愿靠近，结果没有发生全面交战。安东尼奥·多里亚在其未出版的《论土耳其事务》一书中强调，由于帆和桨的作用随风向和海面的变化而差别很大，所以决不要允许弧形船到战斗前线；而只应用来作运输、补给和预备队。同样，由于法国人使用了桨帆船，英格兰人被迫用自己的划艇来对付，就像1545年英格兰人用桨划动的驳船保护自己的弧形船免遭丹尼包尔特的意大利战舰攻击一样。

还有一个因素妨碍了人们单独考虑这种理想的作战性能。商船与战舰之间仍然有着密切的联系。没有哪一支海军大到可以不依靠商船的援助；没有哪一个国家富裕到足以单独使用其战舰来作战。例如，在英格兰，王室给达到一定规模的商业船队以补贴，其着眼点就在补充海军，而在和平时期又把海军的船只租给商人。军舰的性质不可避免地受到对商业最有用处的船舶类型的影响。大西洋强国的海上利益驱使他们主要考虑使用弧形船，而威尼斯人由于其海洋运输业的萎缩，他们做到了用自己的桨帆船来反击土耳其人的桨帆船，而不致为军事需要牺牲太多的商业上的便利——不过，到16世纪中叶，地中海的商业船舶与海军船舶之间的差异大于北方；土耳其人对威尼斯的不断威胁，以及桨帆船作为货运船的用处日益减小，这意味着威尼斯在大西洋强国被迫同样做之前一个世纪就不得不把资金搁置在一种专门的战舰上。与此相类似的是，在北方把军舰作为巡逻舰的这一特殊用途对威尼斯人来说早已司空见惯，因为自从土耳其人海上力量增强以来，威尼斯人就一直甘心于不仅仅按照令人敬畏的临时舰队集结或有利可图的商业冒险观点，而且也要根据非赢利的警戒任务来看待海军。

当海军舰队互相遭遇时，其行为在战术上类似于两支陆军部队的行为。不管在理论上还是在实践上仍然没有看到海军的战术有其独特之处的任何明显迹象。古代人的看法是保守而不明确的。古罗马人依靠其船只的重量优势来逼近敌舰并尽快集中力量咬住敌舰。消灭敌人的实际任务是由登上敌舰的一队队军团士兵完成的。因此，在作者们的论军事的著作中，海军问题所占的篇幅不大。当维吉蒂乌斯进行著述的时候，罗马几乎不关心海军事务，而他对海上知识比对海战更感兴趣，将大部分篇幅用来给指挥官谈什么时候能安全上船以及如何设法找到敌舰；由于接受了海陆类比的观点，如果找到了敌军那么以后发生的事就不必细谈。结果，理论家们很少写海上战争的情况，而舰队指挥员中许多是陆军军人，在航行方面依靠部下，根据他们自己在陆地上的经验来确定战术。就桨帆船的作战而言，这是完全合乎常情的；复杂而又受到严密控制的调动可以不考虑风的影响来进行部署。但值得注意的是，同样的原则却支配着对大型帆船作战队形的部署。因此，阿方索·德·沙维叶在1530年左右写到关于西班牙的弧形船时强调：

> 一支海军舰队同另一支海军舰队交战时需要有整齐的队形，就如同一支陆军部队同另一支陆军部队交战时需要有整齐的队形一样。因此，在陆军中，重骑兵单独列队发起攻击或迎击敌人，而轻骑兵在另一个地方支援重骑兵，追击和骚扰敌人；海军舰队也是如此，舰队司令应该调令最强大的舰只到一个区域列队进攻，较弱的舰只在相隔一定距离的另一区域，如果敌人逃跑则用大炮骚扰和追击敌人，并到最需要的地方进行救援。①

目的就是在广阔的战线上发动进攻（结果只用能向前发射的炮），以便较大的军舰能咬住并尽快强行登上敌舰，在需要时由停在一旁应急的轻型舰只进行支援。和纯粹桨帆船的战术唯一的差别是，虽然对桨帆船进行侧翼攻击是有效的，但对弧形船的舷侧进行侧翼攻击则有危险，而且弧形船受到撞击不容易沉没。1545年在写给英格兰舰队的两份起航命令中，出现了这些西班牙战术的另外一种版本。英格兰舰队主体分为3列，在有桨手的两个侧翼舰队和一个后备舰队的支援下向法军发动攻击。当第一列舰队与敌军的第一排战舰遭遇时，应从敌舰之间穿过去，然后转身从敌后攻击敌舰，与此同时，由舰队司令指挥的英格兰第二列舰队开上前从正面与敌舰交战。当然，

---

① 《作战指南，1513—1816年》，J. S. 科贝特编，海军档案学会，1905年，第7页。

第十六章　陆军、海军与战争艺术

这不是一种能照搬到陆地上的调动部队的方法,但是这种战斗队形从根本上来说是军事队形,就像一排排急于开始投入战斗的士兵排成长长的行列向敌人发起正面攻击一样,每一种依靠正面进攻的队形都是如此。真正意义上的海军战术要等到对阵战受到连续炮击的作战方法影响之后才会有。连续炮击战就是充分利用舷侧火力并依靠大炮而不是强行登船的作战方法。事实上,当时人们认识到远距离作战方式是帆船之间最有效的交战形式。这种发展(对装备桨帆船的海军来说不重要)要到16世纪70年代才出现。它不是在对阵战中所获经验的结果,而是以前由军人们控制的军事会议感受到参加小规模连续炮击战的老海军们的看法时产生的。但是,这些新战术也只得待到研制出更好的火药之后才出现,因为有了性能更好的火药,短筒炮在舷侧发射时才更容易操作从而增大射程和攻击力。到16世纪50年代,尽管桨帆船战舰的作战情况在地中海上仍然没有什么变化,但是海上战争的性质在北方却经历了一场革命,因为舰艇的设计和武器装备的技术改进,加之军事上的类比逐渐减少,使得远距离作战方法取得绝对优势。自此以后,解决问题靠的是技术而不是数量。一旦参加老式的正面交战就再也不能穿越队形,在接着发生的大混战中,重量是主要的优势。在远距离作战时,在整个交战过程中在某种程度上(因为当时信号仍然处于初级阶段)能控制舰队。虽然间或仍有登船作战的情况,而有大批船员的大舰只仍有某些优势,但胜利的可能性往往在较灵便的舰只一边。在16世纪中叶以后,陆上和海上的战争艺术不但在内容而且在方式上开始分道扬镳。

(曾佑昌　译)

第 十 七 章
1520—1566 年的奥斯曼帝国[1]

谢里姆一世在其统治末期，一直在准备发动一场新的进攻，但没有人能肯定攻击将朝向何方。这位伟大的苏丹却于 1520 年 9 月去世。当消息在信奉基督教的国家中传开的时候，人们以为阴霾已散，化险为夷了。据说谢里姆的独生子苏莱曼不谙世事，性情温和，因此，是一位不好战的皇太子。很少有比这更草率的预言或更快速破灭的幻想。1521 年，苏里曼向匈牙利进军了。

这次战役经过精心组织：鲁梅利省省长（*beglerbeg*）[2] 率军向沙巴茨进发，苏丹与他的大部分王室警卫团随后而行；宰相皮里帕夏（*grand vizier piri pasha*）[3] 则率领强大的近卫兵分遣部队携带大量的攻城炮向主要目标贝尔格莱德挺进。穆罕默德二世曾于 1456 年试图攻占该城，但失败了。同时，阿金吉斯（Akinjis）[4] 骑兵队分两支纵队向前挺进。一支纵队去牵制特兰西瓦尼亚，另一支纵队劫掠了萨瓦河与德拉瓦河之间的土地。沙巴茨和塞姆林的陷落切断了通向贝尔格莱德北面和东面的道路，因此，苏莱曼这时就能放手袭击这个大要塞。从多瑙河的一个岛上用大炮袭击城墙，一次强攻便把守城部队赶入城堡；奥斯曼帝国的舰队逆流而上，切断了由水路而来的所有援军。由于匈牙利人与其塞尔维亚雇佣军之间产生了意见分歧，该城的末日便到来了。匈牙利人想要坚持战斗，而塞尔维亚雇佣军却主张放

---

[1] 欲知对奥斯曼帝国国家结构的分析，参见第 3 卷第十一章。
[2] 贝格勒贝格（beglerbeg），奥斯曼帝国的省长、总督，其职位次于宰相。——译者
[3] 维齐尔（vizier），指伊斯兰国家尤指奥斯曼帝国时的高官或大臣；大维齐尔（the grand vizier），相当于宰相；帕夏（pasha），是旧时奥斯曼帝国和北非高级文武官员的称号。——译者
[4] 阿金吉斯（Akinjis）意为袭击者，此处指为获战利品而服役的轻武器装备的自愿骑兵。——译者

弃防守。1521年8月29日，贝尔格莱德投降。

这时苏莱曼又转向去征服罗得岛。圣约翰骑士团长期以来骚扰穆斯林的商业贸易，抢劫载有去麦加朝觐者的船只，杀死或奴役奥斯曼苏丹的臣民。他们的劫掠活动过于猖獗，以致穆罕默德二世于1480年试图夺占该岛，但未获成功。1517年谢里姆一世征服麦木鲁克（Mamluk）① 苏丹国，实际上已决定了罗得岛的命运；此后奥斯曼土耳其人无法容忍这个梗阻于从伊斯坦布尔到叙利亚和埃及各新省海路上的海盗大本营继续存在下去。然而这个要塞几乎坚不可摧，苏莱曼很清楚地知道，骑士团作了精心准备来防守它。1522年的苦战说明了这位苏丹在这场战役中应该多么感谢他的父亲谢里姆。在谢里姆统治的最后几年里，他已加强和提高了他的海军力量，似乎其意图是要征服该岛。

攻击舰队于1522年6月24日到达罗得岛。一个多月之后，部队登陆，军需品运上该岛，开挖战壕，修筑攻城炮台。苏莱曼率领强大的增援部队，穿过小亚细亚半岛，于7月下旬跨海到达罗得岛。数次猛攻要塞的尝试清楚表明，只有在城墙下挖坑道并轰击城墙才有成功的希望。结果成了一场旷日持久的战争。奥斯曼土耳其人在断断续续的强攻中人员和物质损失惨重。随着冬季的到来，雨水和寒冷使围攻行动难于进行，苏丹只好提出宽大的投降条件。但直到12月21日，骑士团精疲力竭到极点，在得到自由而不受骚扰地撤回欧洲的保证后投降。

在新的统治时期的头几年，在叙利亚和埃及也发生了一些重大事件。在那些已被谢里姆一世纳入奥斯曼帝国统治之下的麦木鲁克人中，仍然残留着对他们从前光辉业绩的怀念。而这时，随着苏莱曼登基，更多的不满分子认为重获独立的时候已经到来。曾为麦木鲁克人埃米尔的大马士革帕夏占勃第·加扎里于1520—1521年起来造反，围攻阿勒颇未果而遭失败，在抵抗伊斯坦布尔派来征讨他的军队时阵亡。在埃及，动乱与阴谋比比皆是，海尔·贝伊帕夏死后，在1522年发生骚乱。在其后的年月里，在1523—1524年的冬季，掀起一场更严重的反叛。当时，奥斯曼土耳其人派来的新帕夏艾哈迈德联合一

---

① 麦木鲁克（Mamluk）指13世纪至16世纪统治埃及的军人集团的成员。——译者

些麦木鲁克人的贝格（begs）[1]和阿拉伯酋长，企图消灭驻开罗的土耳其近卫军，以便使他成为该地的真正首领。他的野心注定不能得逞，因为麦木鲁克成员中以及各个部落联盟之间相互倾轧，就不可能统一抵抗奥斯曼土耳其人的统治。尽管这次造反没费多大周折就镇压下去了，但它使苏莱曼深信，需要修改在征服时临时决定的解决办法。他把这一任务交给首相易卜拉欣，于1524—1525年在埃及实行广泛的司法、财政和行政改革，重新确立的政府基本体制一直沿用到几乎三个世纪以后穆罕默德·阿里兴起之时。易卜拉欣实现了在帕夏、近卫军、麦木鲁克贝格和阿拉伯人酋长之间权力与特权的平衡。自此以后，他们的联合和关系紧张对于埃及内部的事态发展起着举足轻重的影响。此时确立的微妙平衡总有一天会打破，从而有利于麦木鲁克而不利于帕夏；但这种变化要到很久的将来才出现。在此期间，这些改革使埃及有了很长一段稳固而有利的统治时期。

苏莱曼已有多年没打仗了。闲着无事使土耳其近卫军产生了不满情绪，结果，1525年3月突然爆发一场骚乱，警告苏丹不得将准备新战争的时间拖延太久。宰相被从开罗召回，于9月到达伊斯坦布尔，决定沿多瑙河发动大攻势。1526年4月，苏莱曼向匈牙利挺进。由于天气恶劣，行进困难，进展缓慢。直到8月下旬他才跨过埃斯泽克（Esze'k）附近的德拉瓦河，继续前进，穿过一片沼泽与河流涨水交织的地区，阴雨绵绵，偶有薄雾，最后奥斯曼土耳其人抵达莫哈奇平原。

匈牙利人处于危急存亡之际，互相倾轧毁灭了精诚团结、抵御外敌的一切希望。[2] 匈牙利的达官贵人既不努力守住德拉瓦河防线，也不同意在布达抵挡围攻以期将防卫战拖延到冬天来临，迫使苏丹撤退。8月中旬关键的一两周时间在激烈的辩论中浪费了，剩下的是极其危险的最后选择：冒险同一支无论在人数上还是在武器装备上都占很大优势的敌军打一场阵地战，而这时扎波利亚的士兵，所有从克罗地亚招募的兵员以及从波希米亚召集的部队都还未到达。

多瑙河流经莫哈奇平原的东部，平原的南部和西部是有树林的低

---

[1] 贝格（begs），中亚细亚、土耳其或莫卧儿印度的族长或长官。
[2] 参见本书边码第348页。

矮山丘，挡住了视线，使人看不到奥斯曼土耳其人的纵队在向前挺进：在先头部队中有塞门德里亚（Semendria）的边防武士；接着是鲁梅利省的瑟帕希斯（sipahis）① 部队，然后是安纳托利亚的瑟帕希斯部队；在他们后面是苏莱曼率领的土耳其近卫军和王室骑兵团；由波斯尼亚的战士殿后。1526 年 8 月 29 日，匈牙利人还没有打算在大篷车和二轮车后进行防卫战。他们的重型骑兵队在首次猛冲中，将鲁梅利部队向后猛推，撞上安纳托利亚部队。但匈牙利骑兵队自己也停下来，当时波斯尼亚和塞门德里亚的贝格穿过山丘已行进到左面，他们从西面下来进入基督教徒的先遣部队的右侧翼。这时，国王路易率领其余的骑兵发起第二次强攻，绕过安纳托利亚的瑟帕希斯部队，向前猛冲进入土耳其近卫军中，枪炮射击到苏丹周围。猛烈的炮火粉碎了匈牙利人的进攻，大规模的侧翼攻击将他们击溃，朝多瑙河方向逃去。国王及其大部分达官贵人，要么阵亡，要么掉入河流沼泽中溺死，只有少部分残兵败将在大雨和夜幕的掩护下逃走。苏莱曼于 9 月 10 日抵达布达。一星期后奥斯曼土耳其人跨过多瑙河到达佩斯。阿金吉斯骑兵队朝拉包（杰尔）和科莫恩方向到处劫掠，被召回后，将掠夺得来的贵重物品和在布达找到的所有枪炮顺流运走。在所有胜利中最赫赫有名的一次战役结束之后，苏丹迅速撤退，先撤到塞盖丁，然后撤到派泰尔沃尔代和贝尔格莱德。

在回国行军途中，传来西里西亚的土库曼人起义的消息。他们对于派来为财政和行政管理目的登记他们的土地和财产的奥斯曼土耳其官员的行为感到愤怒。在卡拉曼也有麻烦，在那里，有一个叫卡连德·奥卢的人及追随他的托钵僧激励土库曼部落反抗奥斯曼土耳其人的统治。在差不多两年的时间里，阿纳多卢②、卡拉曼、阿马西亚和迪亚贝克尔的部队在来自大马士革和阿勒颇的增援部队的援助下，进行了一场此起彼伏的战争。形势非常危急，以至终于需要宰相易卜拉欣帕夏亲自过问。他以圆滑老练的外交手腕和赠予封地的许诺诱使土库曼贝格放弃与卡连德·奥卢的联盟。之后，这次造反很快失败而平息了。但即使如此，在托鲁斯山区还发生过一起暴动。直到 1528 年

---

① 瑟帕希斯（sipahis）指奥斯曼土耳其人所征的骑兵，见本书索引。——译者
② 阿纳多卢，即安纳托利亚。——译者

夏季，这次起义的最后一点余火才熄灭。

在此期间，在北部边界外发生了严重冲突。匈牙利兼波希米亚国王路易（二世）娶了哈布斯堡王朝的公主、大公爵斐迪南和神圣罗马帝国皇帝查理五世的妹妹玛丽亚，而斐迪南本人又娶了路易的妹妹安娜为妻，然后，从神圣罗马帝国皇帝那儿接管了奥地利及其属国。路易在莫哈奇去世时，未遗下后嗣继承他，斐迪南要求得到这份丰厚的遗产。如果他的雄心能够实现，匈牙利和波希米亚就可以和奥地利融合为抵抗奥斯曼土耳其人侵略的一个难以逾越的屏障。这样，苏丹所面临的就不止是一个像路易那样独立而弱小的匈牙利国王，而是一个属于当时欧洲最伟大王朝、属于牢牢掌握大权的王室的亲王。在紧急情况下，这个王室有能力在多瑙河边召集起远远超过苏丹在莫哈奇地区战胜过的兵力。虽然斐迪南很快就获得了波希米亚的王权，但在布达他却未能轻易得手。他首先得击败一个可能与之竞争的对手、特兰西瓦尼亚总督约翰·扎波利亚。1526年11月，当地贵族已将扎波利亚扶上王位。一年以后，斐迪南在施图尔韦森堡被拥立为国王，他的军队把特兰西瓦尼亚的扎波利亚驱赶至与波兰接壤的地区去躲避。这时，扎波利亚只好转向伊斯坦布尔求援。①

虽然苏丹把匈牙利王国看作是他靠征服夺得的领土，但他明白，与他在瓦拉几亚和摩尔达维亚所使用的统治方式相比较，间接控制比长期直接占领更容易取胜也更容易维持下去。如果在布达扶植起一个附属于自己的王公，那么，由附庸国组成的一道屏障就可以保护他的帝国从黑海几乎延伸到亚德里亚海的北方边界。因此，他欣然接受扎波利亚的请求，将死去的路易的王国赠予他，并保证要保护他不受奥地利敌人的侵犯。不久维也纳派来的大使要求奥斯曼土耳其人放弃在贝尔格莱德战役和莫哈奇战役期间和以后所占领的沿萨瓦河和克罗地亚边界的所有要塞。宰相易卜拉欣以令人难堪的轻蔑口吻说，他不明白，当苏丹最后一次接见的时候，曾给使者们传达不祥的口信，他本人要亲自来维也纳重新兑现大公爵的要求："吩咐他做好欢迎我的一切准备"，斐迪南为什么没有提出要求得到伊斯坦布尔。

多瑙河畔的一次大攻势是对奥斯曼土耳其人的军事能力的严峻考

---

① 欲知斐迪南如何遇到这个问题，参见本书边码第348、470页。

验。苏莱曼在匈牙利战争中，战期从8月中旬延长到10月底，但是，单是到贝尔格莱德的距离就非常遥远，苏丹的部队几乎不可能在7月1日以前大规模跨过萨瓦河。行军常常缓慢而吃力，因为即使在夏季，天气似乎也一直很恶劣，苏莱曼的官方战争日记不断提到暴风、冷风和绵绵不断的雨水。① 补给品与运输问题尤其难以解决。必须架桥才能渡河，这是需要高技能的壮举。在困难地段还得修路，因为匈牙利国土上河流纵横，沼泽遍布。多瑙河小舰队只能在有限程度上分担运送枪炮等军需品的任务，因此，大部分现场急需使用的军需品必须用马车和手推车、骆驼和其他牲畜运送。然而，由于天气和地形条件不利，牲畜常常遭受严重损失。储备大量的粮食非常必要，因为撤退时经过的地区可能已被阿金吉斯部队在前进过程中将粮食扫荡一空，或者是在前几年的袭击中，遭受基督教徒和穆斯林之类的蹂躏，结果成为不毛之地。而且，在长时间战役的最后阶段，总是会出现新的危险——冬天过早地突然开始。从来没有比1529年的那些困难更明显、更难于克服。苏里曼于5月10日离开伊斯坦布尔，直到7月中旬才到达贝尔格莱德，9月27日才终于来到维也纳城前。由于雨水连绵不断，河水上涨，他失去了至关重要的一个月。在这一个月中，斐迪南能够调集作战力强的老兵部队驻守该城。时间短促，粮食渐渐匮乏，而奥斯曼土耳其军队离他们最近的基地也很远。如果他们要夺取维也纳，就得速战速决，否则就完全不可能。但是，基督教徒的防御抵抗住了每一次强攻。10月14日，苏丹发出撤军命令。"雪从傍晚一直下到第二天中午。""在沼泽中损失了大量的马匹和人员"，"许多人死于饥饿"——向贝尔格莱德行军的艰难历程就这样进行着。但是，这次战役还没有完全失败，因为它取得一个重要的结果：扎波利亚重新统治布达。

大公爵斐迪南没有发动有力反攻的手段。他的部队待遇很差；牢骚满腹，他急需要钱。尽管德国的王侯们准备在危急时刻援助他，但决不会为了哈布斯堡王朝的利益在多瑙河上打一场长期而费钱的战争。他也不能指望从查理五世皇帝那里得到迅速的援助，当时查理五

---

① 参见J.冯·汉默的日记，第3卷（佩斯，1828年），第621—625、639—644、647—652、665—671页。

世的心思全部放在天主教徒和新教徒之间的冲突上。因此，斐迪南尽力与苏丹讲和，提出以贡金来交换对全部匈牙利领土的占有，但努力未获成功。他本人一点也不愿放松对整个匈牙利王国的要求，而苏莱曼也坚决拒绝抛弃扎波利亚。

苏丹在1532年4月离开伊斯坦布尔，他的公开目的是要找到并打垮斐迪南和查理五世的联军。他于6月末跨过萨瓦河，沿多瑙河远达埃斯泽克，然后折向西南穿过巴布克萨（Babocsa），跨过拉布河，直到抵达小镇贡斯（Guns）。在这里，一小支守军进行了一场艰苦卓绝的保卫战，抵抗奥斯曼军队全力以赴的强攻，支撑了几乎三个星期，最后才在8月28日投降。这时，夏季的大部分已过去，雨水连绵不断，而在此期间，正如苏丹也一定知道的那样，德国、意大利和西班牙的有作战经验的士兵已与维也纳的斐迪南部队会师。由于苏莱曼不想重复他三年前遭受过的痛苦经历，所以放弃了原来的打算。从此时起，这场战役始呈大规模袭击性质。阿金吉斯骑兵队远奔进入奥地利，而主力部队穿过斯蒂里亚山谷朝格拉茨行进，在那儿让克里木汗鞑靼人沿穆尔河离开。这次行军"简直像最后审判一样令人乏味"。这时苏丹撤退到德拉瓦河另一边，然后一路烧杀从整个斯拉沃尼亚扫掠而过，来到萨瓦河的支流博苏特河。袭击到此为止，因为这条河流的那一边就是奥斯曼土耳其人控制的希尔米乌姆地区。10月12日，苏莱曼再次来到贝尔格莱德。

对奥地利发动了使人精疲力竭而又未能决胜负的两次战役之后，苏丹意识到，时间和距离至少是与哈布斯堡政权一样难对付的敌人，除非能在遥远的萨瓦河北方获得一块永久性的基地，否则他就几乎不可能给斐迪南以突然而毁灭性的打击。因此，他于1533年同意给大公爵以和平。"维也纳国王"可以保留他当时占有的那部分匈牙利王国的国土。他还可以在奥斯曼土耳其政府同意的情况下与扎波利亚签订单独的协议。事实上，苏莱曼所给予的只不过是一个没有时间限制的停战协定。一位仰仗于他恩惠的王公继续主宰布达。他的话仍然能确定多瑙河畔大事的进程。在此期间，他还得到一个直接好处：放心处理东方的紧急事务。

奥斯曼帝国与波斯的边界是不确定的。在小亚细亚半岛北部，苏丹的直接统治只延伸到厄尔津詹和巴伊布尔特。在这些要塞以外的国土仍然在土库曼贝格的控制之下,他们按照自身的需要,时而效忠于伊斯坦布尔,时而效忠于大不里士。在南方,奥斯曼帝国占有库尔德斯坦的西部和大部分中部地区,但未能控制凡湖周围地区,在那一带,沙王的势力仍很活跃。1514—1516年的战争平息下来,演变成边境地区随时都可能爆发的紧张局势。苏丹与沙王之间没有正式言和。长期不和与袭击事件继续困扰边境地区。将东正教或伊斯兰教逊尼派奥斯曼土耳其人与伊斯兰教什叶派波斯人分隔开的仇恨情绪并未见比从前有所缓和。[1]

当苏莱曼正在朝贡斯进军的时候,卡拉曼、阿马西亚和迪亚贝克尔的部队与叙利亚派来的分遣队一起正在库尔德斯坦对已倒向沙王的比特利斯可汗作战。这个边境酋长的背叛使苏丹深深感到需要巩固和加强小亚细亚的不稳固的边界。还有一个发动战争的理由,因为波斯驻巴格达总督曾自愿归顺奥斯曼土耳其政府,不料在奥斯曼土耳其人的援军到来之前他就被杀害了。苏莱曼不想放弃征服伊拉克的这么合适的一个借口。

与奥地利一签订和约,首相易卜拉欣就匆忙赶赴库尔德斯坦。但是,一接到比特利斯再一次落入奥斯曼土耳其人手中的消息时,他便隐居到阿勒颇的冬季住所。次年春天他出发去对付波斯,到7月中旬,已攻占大不里士。沙王塔赫马斯普不忘他父亲易司马仪在查尔德兰与苏丹谢里姆交战(1514年)中遭受惨败的教训,他宁可放弃该城而不愿面对奥斯曼土耳其近卫军及其野战大炮的袭击。苏莱曼在1534年6月才离开伊斯坦布尔。在他前进途中,横越了几乎整个前线地区,通过厄尔津詹到厄尔祖鲁姆,然后南向到凡湖,再向东到达大不里士,在那里他与易卜拉欣帕夏于9月28日会师。接着是翻越波斯西部山脉的非常艰难的行军。"雪像隆冬一样"困扰着大地,食物匮乏,运输用的牲畜损失严重。但是,苏丹终于在11月30日进入巴格达。他在那儿一直停留到1535年4月。在作好了伊拉克的防卫准备和管理方面的安排之后,通过库尔德斯坦向北撤回到大不里士。沙王仍然决心避免一切打大仗的危险。对于这种回避战术,苏丹无法

---

[1] 关于伊斯兰教什叶派的波斯萨非王朝的兴起及其对奥斯曼帝国在小亚细亚的统治造成的威胁,参见本书第1卷第14章。

找到有效的对付办法。大不里士位于阿塞拜疆的心脏地区，是一个离最近的奥斯曼土耳其人的基地也很远的山区。试图占据这个地区将是一种后果很难确定的冒险。只要沙王的军队仍然不采取行动的话，要迅速地一举消灭那支军队的可能性几乎没有。8月下旬，苏里曼发出撤退命令。这次战役取得了两个显著的结果：在东方边境地区的厄尔祖鲁姆建立了一个新省和征服了伊拉克。

1536年，在从波斯战争归来不久，苏丹给予法国类似于威尼斯早就在奥斯曼帝国内拥有的那些商业特权。这项协议是使法国国王和苏丹团结起来的日益增进的友谊的明显象征。在帕维亚战役（1525年）失败被俘以后的几年中，弗兰西斯一世力求使奥斯曼土耳其人持续进攻奥地利，希望这样能减轻哈布斯堡王朝对他自己的王国施加的压力。[1] 苏莱曼意识到与一个敌视查理五世皇帝和大公爵斐迪南的基督教国家达成协议所带来的好处，因此他愉快地接受了非常贴近于他要有效控制匈牙利王国这一愿望的请求。然而，正如维也纳和贡斯战役所证明的，多瑙河畔的那场战争不但未能保证使弗兰西斯一世获得确实的收益，反而使他处于不利地位，以致使德国的新教徒更不愿意和他一起公开反抗查理五世皇帝，迫使他们为自身利益与奥地利团结一致反对苏丹。

然而，另一条战线上提供了更为有利的合作前景。查理五世在地中海加强了海军力量。热那亚人对其法国盟友感到不满，于是在1528年投靠查理五世。这是头等重大的事件，因为热那亚共和国拥有一支本来可以使法国获得有效制海权的独一无二的舰队。而且，在同年经查理五世同意，圣约翰骑士团在非洲海岸的的黎波里建立要塞，并在1530年接受查理五世交给的保卫马耳他的任务。西班牙早就渴望征服北非的穆斯林各公侯国，现在看来似乎处于接近实现其愿望的边缘。至关重要的问题是，作为穆斯林的至高无上的统治者而且又是阿尔及尔的太上皇的苏莱曼绝不可能无视这个问题：北非应该保留还是丧失穆斯林统治？只有在海上大胆进攻才能防止受基督教统治的危险。同时，如果派奥斯曼帝国的舰队去对抗查理五世，就法国而言，这将起着代替热那亚战舰的极好作用。对苏莱曼来说，其作用与

---

[1] 参见本书边码第343、352页。

对弗兰西斯一世的作用一样大，地中海的战争比起在多瑙河上再与查理五世打仗看来似乎具有直接的好处。①

苏丹在伊斯坦布尔和加利波利有巨大的兵工厂，沿爱琴海和地中海东部海岸有优良的港湾，在小亚细亚有丰富的木材并能为造船厂提供充裕的劳力。他的海军组织的主要缺陷是缺乏胜任的舰长和能与技术娴熟、经验丰富的威尼斯和热那亚的舰队司令相匹敌的富有作战能力的高级指挥部。尤其是有一件事提醒苏莱曼要注意急需消除这一弱点。查理五世的大臣们建议加强意大利海岸、特别是阿普利亚的防务，同时，作为使苏丹从多瑙河转向的最佳手段，开始在地中海东部发动强有力的海上攻势。1532年9月，热那亚海军司令官安德烈亚·多里亚在属于教皇、马耳他及西西里的三支海军中队的支援下，率领舰队去征服摩里亚的科龙。奥斯曼军队于1534年4月重新夺回这个要塞，但是，由于多里亚成功地给留在那儿的西班牙驻军以救援，所以，只是在经过长时间的艰苦围攻之后才夺回的。苏莱曼准备向波斯进军，但他不能在他离开时听任地中海没有防卫。多里亚向马耳他以东发动新袭击的危险并不亚于对北非日益严重的威胁和与法国合作的问题，需要立即采取措施以保证重新组织苏丹的海军，然后发挥最大的能力和作用。阿尔及尔的海盗集团（taife）是可供利用达到这一目的的一个极好工具，这些人在对基督教徒进行不停的袭击中正锻炼成为富有经验的海员。他们的著名首领海尔·阿德·丁应苏丹邀请来到伊斯坦布尔。② 他带来了舰长和海军技术人员，建造了新船只。在到达奥斯曼土耳其首府8个月之后，他于1534年8月率领奥斯曼舰队出航，占领突尼斯，这样就抵消了查理五世对地中海中部狭窄水域的制约。这仅是一个短暂的胜利，因为次年7月查理五世攻克该城，恢复了穆斯林统治者的附庸王公的地位，受驻扎在拉戈莱塔要塞的西班牙军队支持和控制。然而，海尔·阿德·丁逃到阿尔及尔，在秋季袭击了巴利阿里群岛和巴伦西亚海岸。

弗兰西斯一世希望重新获得米兰和热那亚，于是在1536年再一次发动了对查理五世的战争。苏丹愿意合作对付共同的敌人，但是要

---

① 另见本书边码第351页。
② 海尔·阿德·丁为报答对抵抗基督教徒所给予的援助，已归顺谢里姆一世（1512—1520年）。

在完成了海军准备工作之后才行动。1537年夏季，他进军到亚德里亚海岸的发罗那。同时，海尔·阿德·丁率领一支大大扩大了的奥斯曼帝国舰队航行到奥特朗托并蹂躏了毗邻的地区。法国国王发现这场战争费用昂贵而又无利可图，非但没有进攻米兰，这时反而同查理五世进行意大利前线停战谈判。因此，苏里曼拒绝冒险强行跨过亚德里亚海。多里亚在爱奥尼亚海上巡航，他不用担心法国袭击热那亚，因而可以集中他的军舰试图从海尔·阿德·丁手中夺取对奥特朗托海峡的控制权。8月，苏丹放弃了对阿普利亚的袭击，转而攻击威尼斯的科孚岛。

苏里曼无须费心就能找到指控威尼斯的理由。基督教徒海盗在地中海东部掠夺穆斯林的船舶，长期以来一直在亚德里亚海和爱琴海的威尼斯人的港口出售掠夺物并获得补给品。在达尔马提亚和摩里亚，执政团的由克里特人、希腊人和阿尔巴尼亚人组成的雇佣军经常卷入当地与奥斯曼土耳其人贝格的冲突。在海尔·阿德·丁开始重新组建和改进苏丹的海军以来的年月里，这种紧张关系加剧了。每当奥斯曼帝国的舰队从伊斯坦布尔驶出，威尼斯就比以前更加感到需要加强在科孚岛附近水域的海军中队。于是，威尼斯共和国就只好谨慎从事，但真正的危险在于，尽管警告过船长们要最大限度地忍耐，但经常处于戒备和克制的紧张状态下，难免会失去自我控制。一次严重的"事件"很可能给威尼斯带来灾难，因为它已失去了从前在奥斯曼土耳其政府中的大部分影响力。在易卜拉欣帕夏一生中，他一直是执政团的忠诚朋友，但他已于1536年被处死。而这时，在那些深得苏莱曼欢心的官员和大臣中，没有谁比海尔·阿德·丁享有更多的特权——而他却是发动海上无情进攻的鼓吹者。如果有了麻烦，威尼斯发现很难平息苏丹的怒火。在袭击阿普利亚时，威尼斯巡逻队确实夺取了奥斯曼帝国的许多船只，然后，又犯下一个致命的错误：攻击了一支海军小船队，船上的一位大使带有苏莱曼给执政团的抗议书。为了报复，奥斯曼帝国的军队蹂躏了科孚岛。但是，当发现除了以长期围攻为代价外无法攻取主要堡垒时，于1537年9月撤退。威尼斯意识到所有的和平希望都已破灭，于是便指望同教皇和奥地利皇帝结盟。1538年春签订了协议条款，但是，直到那年秋天才终于调集联盟的海军对奥斯曼帝国进行联合作战。9月28日，战争的决定性时刻到来了，当时，海尔·阿德·丁在阿尔塔湾普雷韦扎外的海面上击败了基督教徒。这次成功在很大程度上是由于多里亚的表现取得的，因为他决心要使他的舰队保持完好无损，从而把最激烈的战斗留给威尼斯和教皇的指挥官。① 这次战斗本身只是一件小事，盟军只损失了少许船只。可是，它标志着海上霸权冲突的一个更为不吉祥的阶段：奥斯曼土耳其人已经迎战并击退了仅有的能挫败他们获得地中海控制权野心的两支舰队的联合兵力，从这时起直到1571年的勒班陀之战，海上主动权大部分操在苏丹手中。

威尼斯没有从与奥地利皇帝的联盟中得到实际的好处。的确，联合舰队取得的唯一成就是在1538年10月占领达尔马提亚海岸上的卡斯泰尔诺沃，但是即使这么一个不太大的收获也很快丧失了，因为海尔·阿德·丁于次年8月重新占领了这个要塞。威尼斯共和国把该联盟看作是保护它在亚德里亚海和黎凡特地区的领地的一种手段，而查理五世最关心的是保卫地中海西部免受阿尔及利亚海盗的袭击，将其视为最多不过是一项有限的承诺而不愿为执政团的利益去冒毁灭他的海军的危险。威尼斯对来自奥地利皇帝的有效援助感到绝望，于是寻求结束这场灾难性的冲突。它更急需和平，因为它要从奥斯曼的国土上获得必不可少的粮食供应，战争使粮食贸易受到严格限制，以致在1539年威尼斯严重缺乏谷物而很难养活其居民。同年达成一项休战协定，经过长时间谈判，最终导致1540年10月的和解。为继续得到苏丹的优惠，威尼斯付出了高昂代价：割让它在摩里亚的最后几个据点（那波利·迪·罗马尼亚和莫南瓦西亚）及其在爱琴海所控制的一些岛屿。

同时，苏莱曼已开始对另一个敌人葡萄牙人发动海上进攻。在遥远的印度洋水域，葡萄牙人正在试图切断东方香料的贸易路线，这一条贸易路线经叙利亚和埃及再到地中海北岸各大商业中心。葡萄牙人于1509年征服果阿，这样就在印度西部获得一个极好的基地，他们的舰队依靠这个基地可以控制通向阿拉伯的海上航线。扼守曼德海峡入口处的索科特拉岛已于1507年被占领。此后，尽管夺取亚丁的努力从来未获成功，但是葡萄牙人能够深入红海——1541年，埃斯特

---

① 欲知对多里亚的行为的一种不同解释，参见本书边码第507页。

瓦奥·达·伽马甚至还进行了远袭苏伊士的大胆之举。葡萄牙人还谋求同长期以来与苏丹国的穆斯林埃米尔有冲突的信仰基督教的阿比西尼亚结盟。在波斯湾，葡萄牙人也非常活跃，霍尔木兹（1515 年占领）、马斯喀特和巴林是他们控制的主要港口。

麦木鲁克苏丹甘萨伍赫·高里急于要保住他从过境贸易中获得的大笔税收，于是向印度西部派去一支小舰队，1508 年在焦尔外的海面上击败葡萄牙人的一个海军中队，但在第二年，它自己又败于第乌。尽管有这次挫折，但高里从奥斯曼土耳其政府获得木材、枪炮和其他军需品的援助，在苏伊士建造了新船只，并于 1515—1516 年试图在也门获得对海岸城镇的有效控制。谢里姆一世征服叙利亚和埃及（1516—1517 年）使得这次战役夭折，不过从舰上登陆的麦木鲁克军队与当地阿拉伯酋长之间的陆上战争还在继续进行。

现在，奥斯曼土耳其人在保卫红海中有了直接利益，可是由于长期全神贯注地投入巴尔干事务中，以致几乎没注意到来自葡萄牙人的危险。宰相易卜拉欣帕夏在巡察开罗期间，在苏伊士改组海军机构，结果，麦木鲁克的旧舰队于 1525 年起航，想要使也门不只是名义上归顺奥斯曼苏丹。这次冒险行动并未获得大的成功。直到征服伊拉克之后，一次事件表明，奥斯曼土耳其人和葡萄牙人除了在红海的冲突外，很快又会在波斯湾爆发一场战争，苏丹才终于决定开始进行一场强有力的反攻。

埃及总督苏莱曼帕夏受命在苏伊士建立一支新舰队，他于 1537 年开始执行这一任务，急征他在亚历山德里亚港找到的威尼斯海员，于第二年春天完成任务。1538 年 8 月，他占领亚丁，9 月，在跨过阿拉伯海到达印度之后，与古吉拉特邦的军队一起，试图夺取由努尼奥·达·库尼亚于 1535—1536 年在第乌建立的要塞。这时帕夏远离基地，又无进行长期围攻的手段，而在第乌的基督教徒顽强坚守抵抗。11 月 6 日，苏莱曼帕夏放弃了这一冒险计划，撤回到也门，在那儿组建了奥斯曼帝国一个新政权，其主要中心是亚丁和宰比德，然后回到埃及。

1538 年末，葡萄牙人仍然控制着通往阿拉伯及邻近国家的贸易路线。他们的封锁最初产生的影响是很严重的，因为威尼斯商人常常发现在黎凡特市场上几乎没有香料出售。实际上，执政团有时被迫从里斯本获得大宗的胡椒和其他东方商品。然而，虽然原来的贸易遭到破坏，贸易量大幅减少，但仍然逆势而继续进行。葡萄牙人可以限制但无法消灭穆斯林长久以来在马拉巴尔和古吉拉特海岸建立起来的商业权益。他们的海军中队可以进入但未能控制住红海，而且很快面临对他们在波斯湾的统治地位的强有力的挑战。如果苏丹愿意锲而不舍地更加积极抵抗葡萄牙，那么，通往巴士拉和苏伊士的贸易无疑会重获昔日许多光彩。① 与奥地利媾和并未结束多瑙河边境地区当地的敌对活动。波斯尼亚、塞门德里亚及毗邻地区的边境战士是加兹（ghazis），即献身于伊斯兰圣战的士兵。对他们来说，加扎（ghaza），即进入非穆斯林国土——战争场所进行劫掠和虏人出售为奴的远征——是宗教信仰的一种义务，也是他们抢劫和虏人出售为奴作为获取物质利益的一种手段。为奥地利效劳的匈牙利和克罗地亚边境贵族的行为准则与加兹的行为准则并无二致，他们为保卫基督教世界而战的意识与为捍卫他们直接管辖的领地而战的愿望同等重要。伊斯坦布尔颁布的法令也好，维也纳发布的敕令也好，都无法阻止边境地区无休止的冲突。在那些地区，劫掠性远征可以说已构成有其自己特殊的行为和信仰模式的一整套生活方式。

　　奥斯曼土耳其人沿德拉瓦河进行的袭击使人感到十分头痛，因此，1537年，一支大约24000人的军队——德国和波希米亚从卡尼奥拉、斯蒂里亚和卡林西亚征集的部队——向南进击埃斯泽克的要塞。边境地区的贝格将神圣罗马帝国的卫士们围困在瓦尔波附近他们的临时营地中，切断了他们所有的粮草补给，杀死或偷去他们用来拉车和大炮的大部分牲口。这时已是11月下旬。基督教徒开始撤退，夹在成行的四轮马车和用链条拴在一起的轻型野战炮之间向前移动。暴风雪阻碍了队伍的行进，最后，在猛烈追击的压力下，长长的纵队终于断开了。在12月2日进行的一场拼死战斗中，卡林西亚的士兵们连同德国与波希米亚的几个团几乎遭歼灭。

　　在多瑙河下游也发生了冲突。即使在这时，摩尔达维亚在有关奥斯曼土耳其政府问题上，还保持了一定程度的独立性，因为苏丹在1529年向贵族们确认了他们选举自己的王公时有提名权，只要奥斯

---

① 欲知葡萄牙人的这些活动，另见本书边码第596、599、604页。

曼土耳其人批准他们所选出的候选人即可。当时的摩尔达维亚王公彼得·拉雷斯涉嫌与威尼斯勾结。因此,伊斯坦布尔的人认为必须将他赶下台,而且必须马上着手。1538年9月,苏里曼占领摩尔达维亚当时的首都沙恰瓦,把一个新的王公扶上王位,并且兼并了南部的比萨拉比亚,从此以后,成为奥斯曼帝国的一个省,其税收用于维持奥斯曼帝国的阿克尔曼和基利亚两个要塞所需费用。苏丹有理由对这一成就感到满意。摩尔达维亚将会受到更有效的控制,从克里米亚到多瑙河的陆上路线比从前要安全得多。当年克里木汗的鞑靼骑兵响应号召来参加匈牙利战争走的就是这条路线。

到这时,苏丹与大公爵斐迪南议和已有5年。在此期间,尽管经常有使团从维也纳到伊斯坦布尔,但未能找到调解扎波利亚和大公爵同时对匈牙利王权的要求的办法。1534年,苏莱曼在同奥地利大使谢佩尔谈话时,他明白无误地阐明了他自己的态度。他说:

> ……这个王国属于我,我已在那里安排了我的仆人,我将这个王国给了他,如果我需要的话,我可以从他那里将它收回,因为我有权处理它及其所有的居民,他们都是我的臣民。因此,叫斐迪南别想违背这一点……贾诺斯·克拉尔①在那里的所作所为,皆是以我的名义行事。……

1538年,扎波利亚与大公爵签订了一个协议:每一方都将拥有国王的称号,每一方都将保留其当时拥有的那部分匈牙利王国的国土。但是,在扎波利亚去世时(当时还未结婚而无后嗣)他的国土将转给斐迪南,而条件是,如果他娶了妻,应给其王后及后嗣以适当的赔偿。为了使该和解协议生效,需经苏莱曼批准——当时还未征得他的同意。此外,在匈牙利贵族中,以大瓦代恩教区主教马丁努齐为首的一个势力强大的派别,不赞成将来受奥地利统治。1539年,扎波利亚娶了波兰的伊萨贝拉。次年7月,在王后刚生下一个儿子之后,他去世了,这立刻引起一场头等大的危机。

马丁努齐知道,斐迪南会谋求实施1538年的协议,而斐迪南本

---

① "约翰王",即约翰·扎波利亚。

人在国内也遇到危险的竞争对手，因此，马丁努齐要求苏丹立即给予援助。苏里曼明白，对于匈牙利问题，除了间接控制以外，不可能有其他的解决办法。世代的刻骨仇恨使这个王国四分五裂，所以，不可能让伊萨贝拉及其婴儿杨·西吉斯孟德名义上统治这个国家，也不可能找一个人来替代小王子，他是唯一一个可以使"当地"派聚集在其周围来对抗斐迪南的要求获得王位继承权的人。需要有一个能足以制止大公爵的阴谋的新办法。苏丹一定在头脑中掂量过在维也纳和贡斯城前所吸取的深刻教训：在遥远的多瑙河畔打一场持久战会有重重困难。他的最后选择仍然是进行永久性的征服。事实上，战争已变得不可避免，因为在此期间，神圣罗马帝国的军队正在向布达进军。苏莱曼命令鲁梅利省省长去增援布达的守军。他大发雷霆，怒气冲冲地责骂从维也纳来的大使："你已……告诉过你的主子……匈牙利王国是我的吗？为什么他派军队进入我的王国？你们此举的目的是什么？信誉何在？你们的国王只想骗我……现在是冬天，但夏天会再来嘛。"

1541年8月，苏丹在布达扎营，波斯尼亚和多瑙河地区的贝格与伊莎贝拉的支持者一起将反对他们的基督教徒部队击溃。对于此时由斐迪南派到他这里来的使者们，苏莱曼要求他们的主子归还自扎波利亚去世以来夺占的所有要塞。大公爵还应向奥斯曼土耳其政府就那次事件前控制的匈牙利国土交付贡金。杨·西吉斯孟德及其母亲被护送到利帕，在那儿作为苏丹的附庸统治特兰西瓦尼亚。布达本身将是奥斯曼帝国在多瑙河地区的一个新省的中心。

下一次战役的组织工作做得极为精细。1543年夏季，苏莱曼率领一支无比强大而极为壮观的军队从贝尔格莱德向北进军。长长的骆驼队驮运食物和军火，河流小舰队载运攻城炮以及大量粮食和其他补给品。近卫军和王室警卫团、工兵部队和炮兵部队都已全体总动员。瓦尔波、锡克洛斯和佩奇被鲁梅利的贝勒贝攻陷，从而扫清了通往布达的道路。苏丹的主要进攻目标格兰于8月10日投降。施图尔韦森堡于9月4日遭到猛攻。既然已在多瑙河畔为奥斯曼帝国的统治打下坚实的基础，苏莱曼便回到伊斯坦布尔。1544年的战役委托给边境地区的贝格。布达的司令官穆罕默德帕夏占领诺格拉德、豪特万，还有维舍格勒，这是一个阻碍河上舰队来往于格兰的坚固堡垒。与此同时，波斯尼亚人占领了斯拉沃尼亚的韦利卡，深入到瓦拉日丁进行劫掠，在朗斯卡，大败斯蒂里亚、卡林西亚和克罗地亚的军队。大公爵斐迪南见既无希望从德国王公那里，也无希望从他兄弟那里得到有效援助，于是在1545年寻求并实现了停战。苏莱曼并非不愿意结束战争，他的注意力现正集中于波斯边境。经过长时间的争辩，1547年6月签订了有效期为5年的和平条款。斐迪南同意为仍在他控制下的匈牙利王国西北部地区向奥斯曼帝国政府支付30000匈牙利杜卡特的年金。

自1536年以来与波斯一直没有重大冲突。在边境地区，地方性的敌对活动仍然时有发生。苏丹和沙王竞相争取得到亚美尼亚和高加索的穆斯林及基督教徒酋长们那不可靠的忠诚。沙王塔赫马斯普的一个兄弟埃尔卡斯·密尔萨（Elkass Mirza）逃到伊斯坦布尔，这可能有利于苏莱曼巩固东部边界。1548年夏季，他向大不里士进军，但发现沙王宁愿再次放弃该城，而不愿打一场决定性的战役。这时，苏丹向西撤退去围攻凡城这个大要塞，他曾于1534年拿下该城，然后又在第二年又丢失给波斯人。经过短暂抵抗之后，凡城于8月25日投降，连同毗邻地区，成为奥斯曼帝国一个边疆省的中心。在阿勒颇过冬之后，苏莱曼来到埃尔祖鲁姆，1549年派维齐尔艾哈迈德帕夏去攻打阿哈尔齐赫的格鲁吉亚人。这些格鲁吉亚人曾伙同波斯萨非王朝的贝格一起劫掠过卡尔斯、奥尔图和阿尔特温之间的边境地区。维齐尔在这次持续6个星期的远征期间，将托尔图姆周围地区置于奥斯曼帝国更加有效的控制之下。在此期间，埃尔卡斯·密尔萨在波斯国内徒劳地企图煽动起义，结果被沙王擒获。由于推翻塔赫马斯普的一切希望皆已破灭，苏丹只好回到伊斯坦布尔，于12月21日到达那儿。

这时，一有可能，沙王随时准备收复刚刚从他手中夺去的领土。1551年萨非王朝的骑兵蹂躏了凡湖北岸的阿赫拉特和阿迪尔杰瓦兹地区，还击败了埃尔祖鲁姆省的省长，伊斯坎德尔帕夏的部队。苏莱曼命令大维齐尔鲁斯泰姆帕夏和鲁梅利省的省长穆罕默德·苏科鲁去收复亚美尼亚的失地。计划于1552年开始的战役推迟到1554年，因为在此期间苏丹在他本人与他的儿子穆斯塔法的关系上面临严重危机。最终去进攻波斯时，由苏莱曼而不是大维齐尔指挥。他于1554年4月从阿勒颇出发，穿过迪亚尔贝克尔和埃尔祖鲁姆到达卡尔斯。

波斯的边防，特别是在埃里温和纳希万，这时遭到彻底摧毁，卡拉巴的富饶之乡经过他们烧杀劫掠之后变得一片荒凉。如果苏莱曼无法消灭沙王的军队（他们像前几年一样早就撤退并绕到奥斯曼帝国先头部队的侧翼），他至少要破坏长久以来一直是波斯人袭击小亚细亚的主要出发点的前沿地带。由于他的目的大部分已达到，苏丹便撤回到埃尔祖鲁姆，9月，在那里与沙王签订停战协定。1555年5月，在阿马西亚签订了奥斯曼帝国与萨非王朝之间的第一个正式和约。苏莱曼放弃了对大不里士、埃里温和纳希万的所有要求，但保留了伊拉克以及库尔德斯坦的大部分和亚美尼亚西部。

与波斯作战的地区距离伊斯坦布尔十分遥远，所以，一般来说，苏丹要在6月之后才能进入沙王的领土。运输问题难于克服，因为萨非王朝的骑兵在亚美尼亚和阿塞拜疆的山区地带骚扰奥斯曼帝国的纵队，使得骆驼和其他用于驮运的牲口常常遭受严重损失。根据实际战争情况，必须在三至四个月内进行和完成每一战役。漫长而严酷的冬天突然降临，撤退时被雪围困的苦境是所有危险中使人最感害怕的危险。沙王牢记在查尔德兰的教训，避开所有打大仗的危险，在山谷地带坚壁清野，然后撤退，让边境地区的贝格去监视和阻挠奥斯曼帝国军队的前进。对于这种回避战术和距离遥远、地形崎岖和气候恶劣所带来的种种无法克服的困难，确实没有简单而有效的对付办法。苏莱曼的胜利并未使奥斯曼帝国有效而持久地征服东部地区。兼并格鲁吉亚、波斯所属的亚美尼亚和阿塞拜疆的战争肯定会使该国耗费大量的人力和物力。成功甚至可能比失败的害处更大，因为需要许多要塞和大量驻军来阻挡萨非王朝的军队，同时要控制土库曼部落和高加索信仰基督教的各个民族。苏莱曼发动的历次战役已使问题很清楚了：满足现状还是前进？伊斯坦布尔就此作出重大决定的时刻不会很遥远。

1549年，即苏丹从波斯回来之后两年，他感到有必要再一次对奥地利宣战。大瓦代恩教区的主教马丁努齐无视伊萨贝拉王后及其忠实支持者要求他结束控制所作的努力，长期以来一直实际主宰着特兰西瓦尼亚。他明白自己在奥斯曼宫廷中不大受尊重，因为1548年苏里曼就曾警告过他不要无视伊萨贝拉及其儿子的利益，于是，他开始与维也纳的斐迪南暗中勾结。1551年，他强迫王后将特兰西瓦尼亚放弃给大公爵并以接受西里西亚的某些领土作交换。这时斐迪南派遣西班牙和意大利士兵,在吉亚姆·巴蒂斯塔·卡斯塔尔多指挥下,去控制主要要塞。同年夏天穆罕默德·苏科鲁对利帕和泰梅什堡进行的袭击使马丁努齐深信,冬天一结束,苏里曼就会对帝国拥护者发动一场大规模的战役。因此,他谋求在苏丹和大公爵之间充当调解人,希望以此维持他在特兰西瓦尼亚的权力,而无论事物发展的趋势如何。他的行为使帝国拥护者们认为,他出卖了他们的事业。卡斯塔尔多在得到维也纳许可的情况下,凭自己的判断,犯下致命的错误,1551年12月18日,他策划谋杀了马丁努齐。由于这件事,斐迪南失去了将特兰西瓦尼亚吸引到自己一边来的一切希望。

1552年的那场战争对大公爵来说打得很糟糕。在塞盖丁,布达省长(beglerbeg)阿里帕夏击溃了由西班牙和匈牙利部队组成的一支军队,于4月占领维斯普雷姆,8月在富莱克再次战胜帝国军队。穆罕默德·苏科鲁和维齐尔艾哈迈德帕夏在特兰西瓦尼亚西南部攻克特梅斯瓦尔(从此以后一直处在奥斯曼帝国直接统治之下),然后沿泰斯向北迅猛推进,去进攻埃劳的要塞。但是,基督教徒守军拼死战斗,奥斯曼土耳其人于10月只好放弃围攻。虽然战争一直持续到1562年,但在匈牙利战场上并没有发生进一步的真正重大的变化。因为大公爵和苏丹都未能发动持久的攻势。一方是由于缺乏进攻手段,另一方则是由于很快要投入进攻波斯的新战役并为奥斯曼帝国王位继承权陷入长期而危险的冲突。大公爵知道,他无法以武力驱逐扎波利亚的儿子杨·西吉斯孟德,他便在奥斯曼土耳其政府中使用外交手腕以达到他的目的。维也纳派驻伊斯坦布尔的大使力求从苏丹的困难中获取最大的好处,他们坚持特兰西瓦尼亚应割让给他们的主人。苏里曼并不很想继续打这场战争,然而,尽管他深切关心国内危机,他还是坚持拒绝了这一要求。1561年,苏丹终于又能自由采取行动时,斐迪南已毫无有效的对付办法。1562年的和约实际上是重申1547年的和平条款。奥地利向奥斯曼土耳其政府支付贡金,数额同以前一样,3万杜卡特。特兰西瓦尼亚仍然是受奥斯曼帝国控制的附庸国。

1541—1562年的历次战役的结果出现三个截然不同的匈牙利:奥地利占领区,在最西北端;特兰西瓦尼亚占领区,在泰斯以东;两者之间是苏丹沿多瑙河中游占领的领土。奥斯曼土耳其人并无企图将这个新的省份全部殖民化。而是在像贝尔格莱德和特梅斯瓦尔、布达、格兰和施图尔韦森堡这样的一些设防的大城镇附近建立起有效占领的"岛状区",贝格及其瑟帕希斯骑兵部队以武装纵队从一个要塞到另一个要塞转移,事实上是作为驻军生活在外国土地上。帝国拥护者也培植了以他们自己的据点(如凯尼塞、拉布、科莫恩和埃劳)为中心的军政权。此外,双方都修建了被称为"帕兰卡"(用木材、泥土筑成再围上木栅栏)的那类小堡垒用以保护主要交通线和河流渡口。因此,随着时间的推移,在基督教徒边境领主与穆斯林贝格不断进行游击战的不稳定的边境地带渐渐变成或多或少有些稳定的边界。虽然大公爵斐迪南缺少打一场再征服的大战役的手段,但他能够而且确实找到了建立一道抵挡奥斯曼土耳其人的难以逾越的屏障的对策。在他的整个统治期间,他把大部分的精力都投入到重建和完善占领区内的匈牙利要塞上,常常把这些任务委托给意大利人、瓦龙人、西班牙人和德国人的部队,即精通当时最先进的军事技术的职业军人去执行。1564年斐迪南去世时,组织一个复杂的纵深防御体系的这一努力远远未完成。然而,早在完成之前,其效果就很明显了。由于奥斯曼土耳其人进行强攻的是坚不可摧的防御体系和决意不冒险打一场大阵地战的敌人,所以,他们不得不打一场吃力而又浪费人力物力的围攻战。总之,这场战争不可能不增大摆在他们面前的时间漫长、距离遥远、地形复杂以及交通和后勤补给方面的一些根本困难。迅速征服的年代将很快成为过去;现在的胜利比过去花费更多而收效更少。因为在亚美尼亚,同样在多瑙河流域,奥斯曼土耳其人有效而合理的扩张几乎已达到最大限度。

　　苏丹登基时要杀死他的兄弟及他们的男性后裔以便消除内战危险,这是奥斯曼帝国的惯例。因此,皇族王子们生活在极其严格的管束之下。随着他们父亲的年事增高,控制愈严厉,气氛愈紧张,这标志着在为新的统治时期开始的紧急时刻作准备。在1552年苏里曼还剩下的几个儿子中①,长子是古尔巴哈尔所生的穆斯塔法。这位王子

---

① 苏莱曼这时已过了壮年期,因为他生于1494年11月,或者按其他资料的说法,他生于1495年4月。

深知，苏丹一直宠爱的妻子胡雷姆是他的死敌，她决心要搞垮他，以便为自己所生的孩子之一争得王位。胡雷姆已把诡计多端的鲁斯泰姆帕夏争取到她这一边，因为他娶了她的女儿米尔乌马公主为妻。鲁斯泰姆于1544年成为宰相，除了有短暂间隔外，他担任这个职位一直到1561年去世时为止。这位帕夏力求组织和维持一个反对穆斯塔法的派别，将那些依靠他的人提拔起来掌权。①

苏丹的儿子们青年时代都要从伊斯坦布尔派出去管理小亚细亚的一些省份，他们每个人都有一个小朝廷，有官员和辅佐大臣来教给他治国之术。这时，穆斯塔法掌管阿马西亚。为了反击胡雷姆和宰相的阴谋，他一直在努力争取得到他的私人随从人员的信任并努力争取得到土库曼部落、他控制下的瑟帕希斯（即采邑）骑兵、还有土耳其近卫军以及奥斯曼帝国政府中的显贵们的好感。他的努力获得引人注目的成功，因为在1552年，当鲁斯泰姆作为对波斯发动新进攻的总指挥来到安纳托利亚时，军人中私下的抱怨显出一种不祥之兆：苏里曼年龄太大了，不适于带兵打仗，还说最好是立一位年轻而精力旺盛的苏丹为王。苏莱曼别无选择，只好亲自掌握预定参加波斯战役的部队的指挥权。他于1553年8月末离开伊斯坦布尔，向他的长子发出诏令，要他带领阿马西亚的瑟帕希斯骑兵队在外出行军途中与他会合。10月，在卡拉曼的埃雷利附近，穆斯塔法来到他父亲面前，结果立即被处决。

看来苏丹采取这次严厉的行动似乎也有正当的理由。瑟帕希斯或帝国内的"采邑"阶级，以及库勒（Kullar），即"苏丹的亲兵"（包括近卫军、皇室骑警团和许多在宫廷学院中受过教育的人）之间存在着明显的、日益加剧的紧张关系。瑟帕希斯阶层是出生在土耳其，一般说来属土耳其血统的穆斯林，他们构成军队的主体，但是无法得到省级政府以上的高级职位的掌权机会。库勒是从战俘和在巴尔干地区强征的用以抵贡金的儿童中征募的人，他们改信了伊斯兰教，被训练成为一批精兵，用以几乎全部控制国家事务并在高级指挥部和省级以及中央政权中任职。在苏莱曼统治时期，社会和经济两方面的

---

① 鲁斯泰姆的兄弟锡南帕夏于1550—1554年担任海军司令一职。大维齐尔知道，如果舰队牢牢掌握在他手中，穆斯塔法就难于跨过伊斯坦布尔海峡。

压力开始影响采邑阶层的地位和态度，频繁的远征所要求缴纳的赋税更加不堪重负，并使瑟帕希斯阶层更加意识到和妒忌让库勒所起的较大作用。农村地区的贫困也导致所谓"土匪"的产生，他们是一些被赶出家园的人，有时求助于通常是受封建武士纵容的匪帮，他们很希望为像他们自己那样的铤而走险的事业效劳。可以说，穆斯塔法成了这次动乱的中心和象征。宽容他实际意味着所谓的危险不仅有在安纳托利亚彻底的反叛，而且还有因严重不满而引起的难对付的造反，更糟糕的是，他们在战斗中得到瑟帕希斯骑兵这样的一些精通兵法的军人的帮助。在埃雷利军营中，使人清楚地看到这种严重危险确实存在，因为聚集在该军营中的部队对穆斯塔法之死作出的反应十分强烈，以致苏里曼认为解除宰相鲁斯泰姆帕夏的职务是明智的做法，因为人们普遍认为他是这次悲剧性事件的罪魁祸首。

这时，胡雷姆的两个儿子谢里姆和巴耶济德之间又发生严重冲突。危机进一步加剧的预兆在1555年变得明显了，那时，宫廷中有人策划阴谋使宰相艾哈迈德名誉扫地并想以此召回鲁斯泰姆帕夏，艾哈迈德因此而丧命。这年还发生以"假"穆斯塔法名义发动的短时间造反，这预示着奥斯曼帝国内仍然存在着不满情绪。只要谢里姆和巴耶济德的母亲还活着，他们之间就不会产生不能弥合的裂缝。胡雷姆依靠鲁斯泰姆，在奥斯曼帝国政府中控制了一部分能影响事态进程的显要人物。对于她的最终目的仍然只能作主观猜测而无法作明确论断。然而，在伊斯坦布尔的西方观察家倾向于认为她偏爱巴耶济德。

1558年4月胡雷姆的去世加快了内战的到来。在安纳托利亚动乱中得利的谢里姆和巴耶济德在土库曼的"土匪"和瑟帕希斯阶层中征集自己的军队。援军的确即将到来，但只是以对奥斯曼帝国政权充满严重后果为代价换来的，而帝国本身也显示出"采邑"阶级及其同盟者对"苏丹的亲兵"感到不满的迹象：几位王子不得不给予他们部队的大批军人以近卫军人的身份，从而使他们有希望进入库勒的特权阶层。1558年秋季刮起大风暴。与谢里姆地位相等的巴耶济德长久以来就力争从苏丹那里得到靠近伊斯坦布尔的一个区。地理上的优势很可能决定争斗的结果，因为一旦苏里曼去世，王位无疑会落入最先到达帝国首都并夺取国库的儿子手中。当时苏丹将巴耶济德从库塔希亚（kutahya）调到更偏远的阿马西亚，同时谢里姆正从马尼萨转移到更遥远的卡拉曼的科尼亚。巴耶济德担心听从命令就意味着毁灭他的事业,于是公开反叛,这样使苏里曼别无选择,只好站在谢里姆一边加以干涉。巴耶济德于1559年夏天在科尼亚附近的战斗中被击败,撤退到阿马西亚。由于丧失了成功的信心,他逃往波斯。

苏丹沿东部边界调集部队,试图劝诱河间地带的乌兹别克可汗和高加索的酋长们准备参加进攻波斯萨非王朝的战争。尽管波斯沙王已下决心要从好运中得益,但他也无意卷入一场与奥斯曼帝国的危险的新冲突中。因此,经过两年的外交活动,他同意交出这位倒霉的王子,以此换得一大笔酬金。巴耶济德于1561年9月被处决。长期的危机已结束。了解这次事件究竟给老苏丹造成多大的个人痛苦并无意义,但是,在威尼斯大使多尼尼认为是老苏丹说过的悲哀的话中,人们或许能觉察到少许真相:他很高兴看到穆斯林免受他的孩子们之间的内战带来的苦难,并感到他本人能平静地度过余生而不致在绝望中死去。[1]

与此同时,自1538年的第乌之战以来,沿阿拉伯海岸和在波斯湾中一直在进行时断时续的抵抗葡萄牙的战争。奥斯曼土耳其人已于1546年第一次将巴士拉置于他们的直接控制之下,在那里建立了一支小舰队和一个军火库。皮里·雷伊斯率领一支庞大的海军中队,于1551年从苏伊士起航,袭击了马斯喀特和霍尔木兹,开往巴士拉然后返回苏伊士,留下的大部分部队被封锁在沙特阿拉伯。新的海军舰队司令穆拉德·贝伊于1552年试图冲破对波斯湾的封锁未果。西迪·阿里·雷伊思曾在伟大的海尔·阿德·丁手下当过海员,在普雷韦扎打过仗。他于1554年从巴士拉出发,在与葡萄牙人的交战中损失了一些船只,在乌克兰海岸外遇上大风暴受到严重损失之后,躲避在印度西部的苏拉特,他的舰队的残余部分在那里解散。在红海的非洲海岸上,奥斯曼土耳其人长期以来据有萨瓦金,这时,为了进一步防范阿比西尼亚的基督教徒与葡萄牙人之间结成强有力的联盟,又于1557年占领了马萨瓦。尽管海战的规模不大,但在继续进行,一直持续到穆拉德统治时期(1574—1595年)。那时,一个名叫阿里·贝

---

[1] 参见阿尔伯里的马尔坎托尼奥·多尼尼(1562年):《威尼斯大使报告集》,丛书第3辑(佛罗伦萨,1840年),第3卷,第178—179页。

伊的人率领一支以也门为基地的海军中队，执行在乌曼对马斯喀特的袭击并在非洲海岸袭击了马林迪和蒙巴萨。为了尽力在红海和波斯湾维持一支能抵抗葡萄牙人的舰队使奥斯曼土耳其人需要花费大量的人力和物力。补给品和设备、枪炮和木材都必须由陆路运到苏伊士或顺着伊拉克的河流运到巴士拉。适用于地中海的造船方法在阿拉伯水域却不管用。因此，必须找到具有建造和驾驶适用船只技术的技术员和船员。然而，尽管有这样的一些困难以及在阿拉伯半岛缺乏良港等其他的困难，但奥斯曼土耳其人还是取得了不小的成功。葡萄牙人没有力量取得对印度洋的绝对控制权，这一点甚至在苏莱曼去世之前就很清楚了。由于穆斯林的反攻而逐渐获得重要性和动力，穿过红海和波斯湾的古老贸易又重新繁荣起来，丰富多彩的商品又再次涌向埃及。亚历山大港在1564年前后所接到的大宗胡椒的货物量等于或许超过了当时到达里斯本的货物量。阿勒颇是从伊拉克到波斯的商队的起点，这时也繁荣起来，成为地中海东部地区香料和丝绸大市场之一。新旧两条贸易路线之间建立起不稳固的平衡。这种平衡最终要无可挽回地向绕非洲的海上路线倾斜，但是，只有当比葡萄牙更为强大的海洋国——荷兰和英国——闯入印度洋并为他们自己争得东方贸易的统治地位时才会最终打破这种平衡。自1538年的普雷韦沙之战以来，在地中海也一直在进行长期的战争。查理五世明白，他很快会与法国再次发生冲突，因此，他于1541年狠狠打击阿尔及尔，希望这样以先发制人的办法防止北非海盗与法国海军重新合作的危险。一支装备精良的舰队从巴利阿里群岛驶向非洲海岸，在那儿突遇狂风暴雨，损失太严重，所以放弃了这次战役。海尔·阿德·丁于1543年焚烧卡拉布里亚的雷焦城，并联合杜克·德昂吉安（Duc d'Enghien）指挥的一支海军中队夺占尼斯城，不过未能攻占该城的要塞。基督教世界十分厌恶的奥斯曼土耳其舰队在土伦港过冬，该城大部分人都被强行迁走，以便为穆斯林让出住房，所以事实上成了第二个伊斯坦布尔。接着是一段相对平静的时期，因为神圣罗马帝国皇帝与法国于1544年签订了一项和约，而且苏里曼于1547年同意给予奥地利的休战也包括皇帝在内。在此期间，海尔·阿德·丁于1546年夏季去世，留下许多素质优良的船长继续他的事业，其中著名的德拉古特（托尔格胡德·雷伊斯）于1551年从圣约翰骑士团手中攻占北非的的黎波里，其后由于对地中海西部大肆掠夺，西班牙的菲利普二世最后下决心荡平他。但是，派去对付的黎波里（当时托尔格胡德以苏丹的名义统治该地）的一支大军遭遇灾难，由皮亚莱帕夏指挥的一支奥斯曼帝国舰队于1560年5月在杰尔巴岛进行突然袭击，大败这些基督教徒。这次辉煌的胜利鼓舞了苏里曼，使他试图攻占马尔他岛。土耳其海军司令皮亚莱于1565年4月1日率领一支强大的舰队离开伊斯坦布尔，阿尔及尔和的黎波里的海盗集团也应召参加这次战役。围攻期间战斗一直极为激烈，但圣约翰骑士团拼死抵抗，一直坚持到9月，援军终于到来，并迫使奥斯曼土耳其人撤退。基督教徒的事业在马尔他战役中取得胜利，并在苏莱曼去世5年后，于1571年的勒班陀之战中再次取得胜利。然而，这些著名的胜利并未带来持久的好处。1574年，进行了一场更有决定性意义的战役，当时，奥斯曼土耳其人征服了突尼斯，这样就以对他们有利的方式解决了海战这一极其重要的问题——北非是得救还是失掉而受穆斯林统治。阿尔及尔、的黎波里和突尼斯这时都效忠于奥斯曼土耳其政府，而且作为地中海的三个海盗大国出现于一个黄金时代的开端。基督教统治的威胁在大约两个半世纪中事实上得以消除。

1562年与奥地利签订的协定在1564年斐迪南皇帝去世时即失效。虽然苏里曼愿意继续保持和平，但是，马克西米连二世皇帝与特兰西瓦尼亚的杨·西吉斯孟德之间的战争爆发使他感到愤怒。他要求奥地利的帝制拥护者归还某些属于特兰西瓦尼亚总督的城镇，他的这一要求被拒绝，战争因而不可避免。苏丹于1566年夏再次向贝尔格莱德进军。这是他的第13次也是最后一次战役。维齐尔佩特夫帕夏率领的一支强大的纵队事先被派遣占领特兰西瓦尼亚西部克勒什河畔的久洛。由苏里曼亲自指挥的一支更为强大的军队向锡盖特堡进发。其中的第一个要塞投降了，第二个也受到猛烈攻击。9月初，就在锡盖特堡陷落前，死神降临在这位老苏丹的头上。

苏里曼统治时期的辉煌业绩远不只是靠大规模的征战取得的。这一时期，人才辈出，涌现了像宰相易卜拉欣、鲁斯泰姆和穆罕默德·索科卢这样具有卓越才能的行政官员和政治家。在乌理玛（以伊斯兰教教法培训出的神学家和法学家）中最为著名的是凯末尔－扎德帕夏和阿布·苏乌德。这是一个充分展现最典型的奥斯曼土耳其文化与文明的辉煌时代，诗坛王子巴基和著名建筑师锡南为这个时代增辉添彩。苏丹不但把大量的国税收入投入到边防建设上，如在罗得岛、贝尔格莱德、布达和泰梅什堡整修要塞。他还将国税收入用在麦加、巴格达、大马士革、科尼亚和卡法等地修建清真寺、桥梁、沟渠和其他公用设施。最重要的是，他在黄金角倾力美化首都。为达到这一目的，他大兴土木以完成由穆罕默德二世开始的这项任务，将拜占庭帝国统治末期处于民穷财尽、人口减少的君士坦丁堡改造成为奥斯曼帝国的伊斯坦布尔，这是一个辽阔帝国引以为豪的中心。

苏里曼被他的人民称为 Kanuni，即立法者。他不能改变或违反伊斯兰圣法这部涵盖人类思想和行为准则的广阔领域的法典。在基督教世界，人类思想和行为准则是属于世俗范围而不是宗教范围的事务。这些法令冠以他的名字，虽然在西方人看来其范围和性质都有点狭窄，更多的是解释而不是独创，但是，它们仍然象征着他为改善奥斯曼帝国复杂的国家结构并使之适应新时代的需要所作的长期努力。与他同时代的人强调指出，他热心于主持公道。威尼斯的红衣主教纳瓦杰罗对他倍加敬重，他写道，如果苏里曼能了解全面情况，他就不会使任何人受冤屈。

在这位苏丹处于权力顶峰和名声显赫之时见过他的人中，不少人记录下他们对他的个性和品质的永久印象。纳瓦杰罗看出他脸上有着"非凡的高贵气质"。对安德烈亚·丹多洛来说，他是一位贤明公正的君主，然而当他的帝国和他本人受到危险威胁时他又过于残酷。比斯贝克在描述奥斯曼帝国舰队在杰尔巴取得辉煌胜利苏丹归来之后马上就到清真寺去的情形时，觉察到他面部显现出的至多不过是令人捉摸不透的坚定、严肃的表情而已。"那位伟大的老人的内心自制力很强，训练有素，能适应无论是多大的命运变化。"历史学家肯定、粉饰、有时又贬损死者的名声。关于苏里曼在他统治时期取得的胜利和成就方面所起的作用的最后定论应由将来的研究去裁夺，但是，几乎没有理由认为，对我们来说，他不会像当时对基督教世界那样，现在仍然是伟大的苏丹。

（曾佑昌　译）

第 十 八 章
1462—1583 年的俄罗斯

　　伊凡三世于 1462 年继承他的父亲瓦西里二世的王位，莫斯科大公国开始进入一个历史新纪元。到瓦西里动乱不安的统治结束时，莫斯科对大俄罗斯其他公国和共和国的霸权就已得到确认。但是，特维尔、梁赞、罗斯托夫和雅罗斯拉夫尔仍是独立国；诺夫哥罗德和普斯科夫两个共和国以及维亚特卡城还未效忠于莫斯科大公；沿第聂伯河和奥卡河上游的俄罗斯西南部国土还处于立陶宛的控制之下。而且，大俄罗斯民族的大多数至少在名义上还臣属于金帐汗国。

　　伊凡三世统治初期一直在为完成摆在面前的主要任务作准备。在着手从立陶宛手中夺回乌克兰之前，伊凡三世必须保障东部和南部边界的安全；首先必须征服诺夫哥罗德及其北方的帝国，才有把握将大俄罗斯的其余独立国兼并入莫斯科大公国并将莫斯科大公国的国土拓展到波罗的海和白海。只有摆脱鞑靼人的有辱国格的桎梏，才能恢复俄罗斯的自豪感与尊严，才能使俄罗斯列于世界强国之林。

　　15 世纪 60 年代，西南边境基本上相安无事，因此，伊凡三世能集中注意力对付强大而富侵略性的喀山鞑靼汗国。结果对喀山发动了一系列的战役（1467—1469 年）。除了 1469 年那次夏季大远征之外，这些战役都不过是些全面的侦察活动。这不仅使他获得了进攻喀山领土的宝贵经验，而且还有了一段平静的时期，1469 年签订休战协议后的 9 年期间，莫斯科大公国的东部边境未受侵犯。由于东部边境有了暂时的安全保障，在其后的 10 年中，伊凡三世就能集中精力解决诺夫哥罗德问题。这个大自治共和国长久以来分裂为两派——受"多数派"支持的亲立陶宛的寡头政治集团和亲莫斯科的少数派集团。诺夫哥罗德无法长久维持其传统的独立，在雅热尔比茨和约

（1456年）之后，这一点就变得很清楚了。伊凡三世只好等待亲立陶宛派与波兰国王兼立陶宛大公卡西米尔勾结到一定程度时，他便可插手进来将他的"世袭财产"从东正教的宿敌手中拯救出来。这样他就能将大多数人团结到自己一边，他的行动也有了正当的宗教理由。15世纪60年代末，这一机会终于到来了，那时，诺夫哥罗德请求卡西米尔兼并该城，将该城大主教置于基辅大教区的管辖之下，并给他们派一个王公来。不管在1470年年底出现在诺夫哥罗德的那位立陶宛王公是否是诺夫哥罗德人请来的，他在该城的存在很可能促成伊凡三世下决心采取行动；无疑是由于受到来自莫斯科的越来越大的威胁，他匆匆离去（1471年3月），这使得亲立陶宛派作出最后努力，建议订立一个条约，想以此引起卡西米尔注意他们所处的困境。但是，条约尚未批准，卡西米尔还未能给他的同盟国提供任何帮助，伊凡三世就已彻底打败了诺夫哥罗德人（1471年）。诺夫哥罗德被迫声明完全断绝同立陶宛进一步交往，并将其面积相当大的数片北方领土割让给莫斯科。

然而该城至少名义上仍然是一个"自由城市"，保留了选择大主教的权利。直至1478年初，它才正式丧失其独立地位。在该城爆发反莫斯科情绪，"韦彻"（veche 民众会议）愤然拒绝承认大公对诺夫哥罗德的统治权之后，伊凡三世包围了该城（1477年11月）并迫使该共和国接受他的条件。他下令搬走召集民众会议的那座大钟，也就是说，解散了韦彻——废除当地选举的市长的职位，而大公对该城拥有了完全的统治权。至于土地要求，伊凡三世没收了10个州的大主教的财产，有一半的土地属于6个最富有的修道院和托尔诺克各州。但是还需要采取更加严厉的措施来制服莫斯科在诺夫哥罗德的敌人。由于得知诺夫哥罗德与卡西米尔和条顿骑士团的交往有谋反意图，伊凡三世发动了第三次进攻（1479年10月），接着处决和放逐了大批的人。到15世纪80年代末，又发现了一些谋反计划，结果，8000名最富有、最有影响的公民被迁移到莫斯科附近地区，在他们原有的土地上安置了从内地去的较可靠的人。同年（1489年），诺夫哥罗德最后一块前殖民地维亚特卡也被武力征服。从卡累利阿到乌拉尔的所有土地这时都成了莫斯科的领土。由于帝国不复存在，最可靠的公民被放逐，贸易也大大减少（1494年，伊凡三世关闭汉萨同盟驻该城的办事处），诺夫哥罗德再也不能反抗莫斯科。它被完全征服，就好像政治自由的最后一点残余已从俄罗斯的土地上消失了。

至于伊凡三世统治初期仍保持独立地位的大俄罗斯其余的领地，没有一个具有认真反抗大公的实力。雅罗斯拉夫尔和罗斯托夫分别于1463年和1474年通过条约被兼并。诺夫哥罗德的陷落决定了特维尔的命运，因为自1478年起，特维尔的国土就被莫斯科大公国的领土包围。1485年秋，在最后一个大公逃亡之后，特维尔愿意接受莫斯科的统治权。在伊凡三世统治时期，独立的普斯科夫共和国仅在名义上保留了自治权，被兼并只是一个时间问题。梁赞的情况也是如此，它的外交政策完全受莫斯科控制，它的王公们不过是大公的附庸而已。

到15世纪70年代末，将大公的世袭领地"收集拢来"的过程差不多已完成。在紧急情况下，伊凡三世能依靠大俄罗斯所有领地的军事支持。然而，在完成从立陶宛手中夺取乌克兰这一主要任务之前，伊凡三世还须对付卡西米尔在南方的盟友，金帐汗国的鞑靼人。1472年，鞑靼人的首领艾哈迈德可汗，根据与卡西米尔国王签订的协议，入侵莫斯科大公国的领土。伊凡三世意识到这种伙伴关系的危险性，因此，他在克里米亚半岛的鞑靼人中寻求同盟者。起初，克里米亚的蒙里－吉雷汗不愿卷入，但在被卡西米尔的同盟者艾哈迈德暂时驱逐出克里米亚（自1475年起受土耳其宗主国的统治）之后，他同意与莫斯科签订一个条约（1480年）。莫斯科大公国和克里米亚汗国将在反对卡西米尔的进攻性和防卫性战争中联合作战，在遭到艾哈迈德的攻击时，每一方都同意帮助另一方。然而，尽管有了这个盟约，伊凡三世在1480年初还是感到自己不安全。这不仅是因为立窝尼亚骑士团（无疑是由于与艾哈迈德订有协议）在普斯科夫领土边界进行异常紧张的活动，而且还由于伊凡三世的两个兄弟安德烈和鲍里斯恰恰选择在这个时候叛逃。对伊凡三世来说幸运的是，卡西米尔拒绝援助这两兄弟。秋天，面对鞑靼人的侵略，他们听从劝说与哥哥重新和解。因为在1480年10月8日，艾哈迈德的军队已出现在莫斯科大公国领土西南边界的乌格拉河边。经过一场试探性的小规模战斗之后，双方都表现极为谨慎：伊凡三世是由于害怕立陶宛的干预，而艾哈迈德在期待立陶宛的干预。但是卡西米尔没有显示出要协同其盟军一起作战的迹象。不仅是因为蒙里-吉雷汗不时袭击使他忙于应付南边境的战争，而且根据编年史记载，"他还有内乱"。或许由于意识到没有卡西米尔的合作就不可能对莫斯科发动一场大战役，① 艾哈迈德撤走了全部军队。他的首都被来自伏尔加河东岸地区的鞑靼人洗劫一空，而他本人也在1481年初被杀。

经过两个半世纪之后，鞑靼人从乌加拉河的撤退标志着鞑靼人施加的桎梏的结束，提高了莫斯科在克里米亚和诺盖鞑靼人眼中的威望，并使莫斯科大公能够不再以可汗的附庸，而是作为有自主权的君王的身份进入欧洲外交领域。但是艾哈迈德的后裔仍然在不断进行骚扰，从而构成对莫斯科的潜在威胁。伊凡三世寻求以外交手段而不是诉诸武力来消除这一威胁。他还必须寻求同克里米亚鞑靼人的友谊，因为他们在艾哈迈德驾崩之后已与卡西米尔有外交往来。1482年，蒙里被说服与卡西米尔国王断绝关系并进攻他的领土。结果基辅遭到劫掠（1482年9月），这是莫斯科外交上的重大胜利。从此时起，蒙里成为大公的坚定盟友。要将喀山的鞑靼人纳入莫斯科的联盟范围却不那么容易，但是，通过利用可汗内部的王权之争，通过此时支持这个觊觎王位者，彼时又支持另一个觊觎王位者，伊凡三世就能保证达到自己的最终目的。1487年，他的军队将蒙里的继子、亲莫斯科的穆罕默德·埃明捧上王位。他的继位还为莫斯科赢得诺盖鞑靼人的友好感情，因为穆罕默德与之有着婚姻纽带联系。这个为反对金帐汗国的残余势力而建立的联盟是非常牢固的。入侵克里米亚的几次尝试失败之后，艾哈迈德的子孙于1491年遭到沉重打击。尽管他们最后败于蒙里之手是在1502年，但从15世纪90年代初起，他们就不再对莫斯科大公国的南部边界构成严重威胁了。

伊凡三世与西部强国组成反卡西米尔联盟的成效甚少。1483年，他让长子伊凡与摩尔达维亚的斯特凡四世之女叶连娜结婚，这样，伊凡三世就在立陶宛的西南边境有了一个重要的同盟国。与匈牙利的外交往来始于1482年，这是由于匈牙利国王马加什·科尔文企图诱使伊凡三世同卡西米尔开战，以便转移波兰对匈牙利的注意力。但是，

---

① 喀山的编年史家提出艾哈迈德撤退的一个同样令人信服的理由，他提到，伊凡三世向伏尔加河下游地区派出了一支突击队。

当马加什于1490年去世并由卡西米尔的儿子拉蒂斯拉斯（弗拉迪斯拉夫）继任波希米亚国王时，由于波希米亚王国和匈牙利王国是联合于亚盖沃王朝之下的，所以，匈牙利便中断了同莫斯科的外交关系。与神圣罗马帝国建立关系同样没有成效。罗马国王在同匈牙利的拉蒂斯拉斯的斗争中一心想获得伊凡三世的帮助。而当罗马国王马克西米连于1493年不策略地提议组成一个包括波兰和莫斯科在内的反土耳其同盟时，伊凡三世便意识到不能指望得到哈布斯堡王朝的帮助。与神圣罗马帝国的外交关系就寿终正寝了。

虽然伊凡三世在西方的外交努力失败了，但他这时比以往任何时候都有更强大的实力对立陶宛开战。由于他使喀山保持中立态度，而同诺盖鞑靼人和克里米亚鞑靼人有着友好关系，所以，他的东南翼是安全的。由于在1481年适时而成功地攻入立窝尼亚，结果有了10年的休战期，因此他对条顿骑士团已无所畏惧。到15世纪80年代末期，诺夫哥罗德不再使莫斯科感到担忧。第一次立陶宛战争并没有认真打仗，只是一系列前线小规模战斗和谈判。到1491年底这场战争实际上夭折了。但是，第二年，卡西米尔意外死亡。立陶宛匆忙指定他的儿子亚历山大为立陶宛大公，波兰的王位则落入他的年长的儿子约翰·阿尔贝特之手。前线爆发全面战争。懦弱的亚历山大无力应付局势，他徒劳地寻求波兰帮助。由于愿意以任何条件获得和平，立陶宛的贵族们最后建议亚历山大与伊凡三世联姻。1494年缔结和约。伊凡三世坚持要得到"全俄罗斯的君主（Gosudar）"的称号。根据该条约的条款，他获得大片领土，整个维亚济马地区和奥卡河上游两岸的一些小公国都割让给莫斯科。第二年，伊凡三世的严格信奉东正教的女儿叶连娜被送往威尔诺，嫁给信奉天主教的亚历山大。

到15世纪末，伊凡三世对立陶宛发动大战役的时机更为有利。在整个80年代和90年代，与奥斯曼帝国政府维持着谨慎策略的关系，这使他能保证得到苏丹的附庸蒙里-吉雷的连续不断的支持。他与丹麦的约翰保持友好关系，他对瑞典的战争（1495—1496年）帮助约翰战胜了瑞典（1496—1497年），从而确保斯堪的纳维亚保持中立。就在开战前夕，反东正教的宣传日益加剧，企图将佛罗伦萨宗教联盟的信条强加在执拗的信奉东正教的立陶宛人身上，这促使边境地区的几个俄罗斯王公主动为莫斯科效劳。

战争于1500年夏季开始。一支莫斯科军队开往南方，占领了杰斯纳河与第聂伯河之间的差不多全部地区，南达普季夫利和切尔尼戈夫，西抵戈梅利。伊凡的其余部队对斯摩棱斯克构成威胁。立陶宛人在多罗戈布日附近的韦德罗沙河畔遭到大败（1500年7月）之后，立陶宛的处境十分危急。亚历山大徒劳无益地企图使蒙里－吉雷和摩尔达维亚的斯特凡转而反对他们的盟国。匈牙利和波兰的国王向伊凡提出调解，并威胁说，如果他不接受调解，他们将出面干预。但是，亚历山大得到的唯一积极的帮助来自立窝尼亚骑士团。这些德国人入侵普斯科夫的领土，但是他们的胜利由于流行痢疾而夭折。为了报复，伊凡三世派遣一支军队去立窝尼亚。1501年秋，德国人在多尔帕特附近的赫尔曼德被彻底打败。

1502年，伊凡三世继续进攻立陶宛。他的目标是要夺取斯摩棱斯克。他的部队在围攻该城的时候，克里米亚鞑靼人的一支大军蹂躏了加里西亚和沃尼亚，向西远至克拉科夫。但是这次大劫掠太靠南方，未能起到援助莫斯科人的作用。同年秋天，解除了对斯摩棱斯克的围困。匈牙利国王再次提出调解。这一次，他的使节给莫斯科带来教皇亚历山大六世的请求：希望停止敌对行动，加入到反土耳其的十字军中来。匈牙利国王拉蒂斯拉斯的调解建议被拒绝。但是在第二年，签订了一项为期6年的停战协议。协议的条款完全有利于莫斯科。亚历山大（自1501年其兄死后成为波兰国王）被迫放弃占领的立陶宛东部领土（大致南部以杰斯纳河和色姆河为界，西部以第聂伯河为界）及以西德文纳河和第聂伯河上游为界的北部领土。莫斯科大公国的新边界就对斯摩棱斯克和基辅构成直接威胁。虽然伊凡三世未能从立陶宛手中夺回曾经属于俄罗斯的全部国土，但是至少为将来征服西部奠定了基础。

伊凡三世的外交政策和他在"聚集俄罗斯领土"方面获得成功很大程度上是由于他统治时期较少内乱。大公显示出不仅能对外交使节，而且能对他自己的家族和波雅尔[①]应付自如。在他统治时期的末期，他已成为这片领土上无可争辩的主人，即使是他宫廷中的最保守

[①] 波雅尔——此处用于指莫斯科大公国社会中的世袭贵族。在16世纪通常有特殊的含义（指政府和军事等级制度中的一个专门的高级职位）。

分子也不得不对他抱有敬畏之感。在与家族的所有交往中，他也表现出同样的刚毅和一贯的冷酷。因为他并不满足于当家族的族长："全俄罗斯的君主"，"沙皇与专制君王"（在他孙子的加冕典礼上都主教使用的称号）不能容忍限制他的权力，他的兄弟们也不能要求得到他们认为是自古以来属于他们的权利。伊凡三世的每一步行动都得到教会的公开支持。伊凡迈步走向绝对专制，而他的兄弟们却落后了。他们不能也不愿意放弃在王族内传统的平等意识，这是很久以前尤里柯维奇（Ryurikovichi）留下的遗产。长嗣继承制的惯例实际上已得到瓦西里二世的彻底确认，我们没有听说伊凡的兄弟们有夺取王位的企图。他们只是要求捍卫自己作为封邑王公自古以来应享有的权利。使他们感到气愤的是，伊凡不愿与他们分享世袭财产，这就引起他们的不满进而起来造反。纷争开始于1472年。伊凡的最大的弟弟尤里在那一年死去，没有留下后嗣。在遗嘱中他没有提到他的封邑问题，于是伊凡将其据为己有，使其余三兄弟大为不满。第二年，伊凡和他的两个大弟弟，安德烈和鲍里斯，签订了协议。根据协议，后者答应把伊凡及其儿子当作"兄长"，不谋求伊凡或其继承人的王位，也不干涉尤里的那份转归伊凡的遗产。

一个名叫季米特里·奥博连斯基－利科的人与大公发生冲突，他行使了所有"自由仆人"古来有之的权利，从原来效忠于大公转向效忠于伊凡的弟弟鲍里斯，结果在后者的领地上遭逮捕并送往莫斯科，这就进一步增加了兄弟们的不满。虽然这不是限制"离开"的权利的第一例，但他是第一次在大公的家族成员的领地上否认这种权利。鲍里斯向他的哥哥安德烈发泄他的不满：

> 我们的哥哥尤里死了——他的所有遗产都归大公所有，而他一点也不分给我们。他和我们一起攻取大诺夫哥罗德——但他一点战利品也不分给我们。而现在无论谁从他那儿跑到我们这里，不经审判他就抓走了。在他心目中他自己兄弟的地位还不如波雅尔。

1480年，这两位兄弟公开反抗大公。他们带着家人和侍从向西行进到诺夫哥罗德领地，希望得到卡西米尔的支持。面对两败俱伤的

第十八章 1462—1583年的俄罗斯

战争危险,伊凡派遣罗斯托夫大主教去恳求他的两个反叛的弟弟。但是,安德烈和鲍里斯没有得到任何方面的援助。在初冬时候,他们带着部队回来保卫抵御鞑靼人的乌格拉防线。这次造反结束了。但是,在准备同立陶宛作战的紧急关头,他经受不起国内再次发生武装反叛的危险。通过修改同他的两个弟弟安德烈和鲍里斯签订的协议(1481年和1486年),他强迫他的两个弟弟正式承认自己获得的领地(尤里及1481年死去的小安德烈的遗产,以及诺夫哥罗德和维特尔两国的领土)并重申他们不再同外国往来的誓言。然而,尽管有这些忠诚声明,伊凡三世还是怀疑安德烈会反叛,于是,只等找到一个借口就把他除掉。1491年,安德烈因本能派部队去援助克里米亚的鞑靼人而授人以口实。他被人出卖而遭逮捕,与他的儿子们一起被监禁。三年以后,他死在监狱中。当都主教为他说情时,据说伊凡说过:"我死去时,他会谋求王位;如果他本人得不到,他会挑起我的子孙们兵刃相见。"

伊凡的家族纠纷并未因除掉安德烈而结束。在15世纪90年代末期发生王朝危机,卷入这场危机的不仅有莫斯科大公国贵族和教会中的主要代表人物,而且还有大公家族的最亲密的成员。1490年,假定继承人,伊凡原配所生的儿子伊凡·伊凡诺维奇去世。伊凡三世面临指定谁为王位继承人的问题,是指定他的孙子,即伊凡·伊凡诺维奇与叶连娜·斯蒂潘诺芙娜的儿子季米特里为王位继承人,还是指定由他的第二个妻子索菲亚·帕拉叶奥洛嘉所生的长子瓦西里为王位继承人。季米特里作为已故的生来就有大公头衔的王位当然继承人的儿子,无疑有更充足的理由做王位继承人。而且,他和他的母亲显然已得到宫廷中主要的波雅尔们的支持。他们不喜欢索菲亚·帕拉叶奥洛嘉。而且,他们很可能在季米特里身上看出了他们所中意的王公的特点——温顺,年幼而体弱。另一方面,瓦西里也有理由做王位继承人。他是罗马帝国皇帝的后裔,因为他的母亲是东罗马帝国最后一个皇帝的侄女。从编年史中提及的少量情况来看,他的支持者是宫廷司书和小贵族,"波雅尔后裔"[①] 新的服役阶级,即那些不是靠出身而

[①] 波雅尔后裔——出生于贫穷的波雅尔家族的服役贵族成员;司书——16世纪在较重要职位上任职的原为文书或次要秘书的人,其中有些人甚至进入枢密院。

是靠功劳取得现有身份和职位的职业人员——换句话说，其生存依靠他们为之效劳的君主的人。他们是特权贵族的天然敌人，是绝对君主专制的拥护者。在瓦西里和索菲亚背后还有当时最有影响力的教会人士、沃洛科拉姆斯克修道院院长约瑟夫。他反对叶连娜，如不是因其他缘故，则是由于她受了犹太教徒的异端邪说的影响。①

1497年，大公被迫下手。一场要夺取国库并当场除掉季米特里的阴谋被揭露出来。这个集团的领导者（主要是波雅尔后裔和宫廷司书）被立即处决。瓦西里被软禁于宫廷，而索菲亚被指控窝藏"带有邪药的女人"（很可能是要用来毒死季米特里）而失宠。1498年2月4日，季米特里被加封为弗拉基米尔、莫斯科和诺夫哥罗德的大公。关于瓦西里和索菲亚遭到暂时挫折的起因，编年史只提到这次宫廷阴谋。但是，令人关注的是，1497年，叶连娜的父亲、摩尔达维亚的斯特凡与立陶宛的亚历山大之间再次爆发敌对行动，而许多被处决的波雅尔后裔原先就与封邑王公的侍从和在立陶宛的莫斯科大公国移民有联系。然而，叶连娜和季米特里的胜利是短命的，1499年1月，莫斯科宫廷中两个主要的波雅尔，伊凡·尤里维奇·帕特里科夫及其子瓦西里被迫削发为修道士，帕特里科夫的女婿谢苗·梁波洛夫斯基-斯塔罗杜勃斯基则被处死。除掉他们之后，瓦西里便获胜了。他被加封为诺夫哥罗德和普斯科夫的大公。三年之后，叶连娜和季米特里被逮捕。季米特里被剥夺了大公的称号，而瓦西里被加封为弗拉基米尔和莫斯科大公，全俄罗斯的专制君主（1502年4月14日）。编年史没有说明伊凡三世的态度前后180度大转弯的原因。沃洛科拉姆斯克修道院院长约瑟夫的极力劝说可能影响了伊凡三世的决定，从而使他的妻子和儿子得以东山再起。但是，比起王朝问题来，除掉波雅尔很可能与俄罗斯—立陶宛之间的事务有更多的关系。因为帕特里科夫父子和梁波洛夫斯基都与1494年的和平谈判及叶连娜和亚历山大的订婚有密切关系。在伊凡三世积极准备同立陶宛打仗时，他们可能会反对伊凡的侵略性外交政策。

不管1497年至1499年的王朝危机的起因是什么，有一点是很清楚的：到伊凡三世统治末期，莫斯科大公国的贵族的权力被大大削

---

① 参看本书边码第545页。

弱，不再能有效地反对大公。确实，在15世纪后半叶，在大公与波雅尔、君主与臣民之间的关系发生了显著的变化。旧时的公国事实上已不复存在。只有少数以前的封邑王公的后裔保留了和他们祖宗时一样多的世袭财产。许多旧时的王公破产了，他们的土地被家族瓜分或抵押给修道院。他们别无选择，只好加入到莫斯科大公的仆役队伍充当"服役王公"。随着莫斯科宫廷中"服役王公"的出现，"自由服役"和"自由仆人"的旧观念自然就消失了。因为"自由服役"的本质在于自由离开的权利，即所有自由人选择为哪一个王公效劳的权利。从前一个独立公国与另一独立公国之间可以自由行使这些权利并在王公之间的每一个条约中作了保证。但是随着俄罗斯领土的积聚，所有的大俄罗斯公国实际上都被莫斯科兼并，在这种情况下服役自由就成为一种过时的现象。一个王公或波雅尔可以转而效忠大公。但是"脱离"大公去效忠一个封邑王公，或更严重的是，去效忠于立陶宛大公，那就简直可以说是叛逆行为了。

但是，仅仅去掉王公间协议中的传统惯例（"我们的波雅尔和自由仆人应有〔脱离主人〕的自由"）还不足以防止背叛。对于波雅尔中的显贵，丹尼尔·季米特里耶维奇·霍尔姆斯基王公，无疑受到怀疑谋反或叛逃，伊凡三世采取了更为严厉的措施。1474年，霍尔姆斯基被逮捕，只是在签写了效忠誓词之后才获得释放。在效忠誓词中他写道："我将为我的君主及其子孙效劳，至死不变，决不背离……去效忠他人。"8个人（包括都主教）为他担保。如果他背叛了，他们将被处以8000卢布的罚金。通过立誓和担保来将一个服役王公束缚到封建君主身上这一做法，虽然早在14世纪后半叶在特维尔和立陶宛就实行过，但由一位莫斯科大公加以应用，这还是头一次。

然而，一定不要以为，一个王公或波雅尔，一支加入大公的仆役队伍，就被剥夺了领地权。在大多数情况下，他保留并继续掌管可自由处置的庄园。而且，他还有任意处理世袭财产的自由，抵押、出售、交换或遗赠的自由。但是，莫斯科大公国的宫廷和莫斯科大公国的军队并非一律不让拥有土地的贵族任职。在许多情况，为大公效劳的王公和波雅尔由他们的侍从、仆人和士兵陪同，这些人又成为大公的"仆从"。在伊凡三世统治时期，越来越多的人加入到大公的服役队伍中来。随着政府的日益集权化，就有必要不以世袭的可自由处置的庄园，而是以授予有终身使用权的土地来赏赐这个"服务阶级"。受赏土地的所有权一律取决于受赏人的服役期。这种军功领地制并不是新事物。赐予有条件拥有的土地的第一个记录可以在伊凡一世的遗嘱中找到。但是，只是在伊凡三世统治时期，这种军功领地制才变得普遍化。论功行赏制完全取代了世袭财产制。

军功领地制的迅速发展必然要引起土地危机。大公的私有领地不足以满足政府的这种需要；国有的"黑色"土地也不能满足这种需要。对土地的需求只能靠分配兼并领土上被没收的大片土地来解决。其中，诺夫哥罗德的国土能提供最丰富的土地资源。在1479年和1484年就已发生过小规模的将佃农从诺夫哥罗德驱逐到内地的事件。但是，在1488—1489年才第一次发生大规模的驱逐事件。8000多波雅尔、"富有者"和商人连同他们的家属一起被迁走，安置在莫斯科公国领土的东部地区。他们的土地按军功领地制分配给那些来自"低地"、莫斯科地区及其邻近领土的"服役有功者"。这种大规模重新安置的确切规模不得而知，但从已有的资料来看，有1600—1800名服役有功者受到这种奖赏。其中，这些资料提到有73个王公家族成员，175个莫斯科公国旧时的波雅尔家族代表和280个*posluzhil'tsy*，即：莫斯科公国从前的农奴和土地被没收的诺夫哥罗德的波雅尔，在大公的军队中服役而获得自由的职业军人。从对重新安置地的地形测量的考察来看，可以估计出，伊凡三世可能很重视后一类*posluzhil'tsy*。在防御薄弱的前线地区新分配的土地大部分都交给了他们。后来，伊凡哥罗德（1492年建于与纳瓦城相对的纳罗瓦河东岸）的驻军几乎全部是诺夫哥罗德从前的仆从。通过这样用土地来酬劳服役军人，他们是为自己的利益在捍卫国土，伊凡三世就在有潜在危险的地区创建了一支作战力很强的军事骨干队伍。只要他们效忠于他，他们就能靠君主得到自由和自己的土地。

虽然从诺夫哥罗德没收的领地都转为军功领地，数量达100万公顷，虽然在莫斯科兼并的其他地区也采用于类似的方法，但是国家还是需要更多的土地才能满足日益扩大的服役阶级的需要。伊凡三世把眼光移向教会拥有的大片土地，这就不足为奇了。在14世纪和15世纪，修道院已发展到与它们过去的大小和数量很不相称的程度。由于这些地道的殖民本能，敏锐的商业意识和利用王公和波雅尔出于宗教目的的慷慨大方的能力，他们填满了自己的金库，扩大了领地，这都主要靠牺牲贫困的土地所有者的利益为代价。大面积的土地遗赠、抵押或出售给修道院。他们的代理人在土地市场上无竞争对手。但是教会连一部分财富也不愿献给国家。教会的辩护者们小心翼翼地给教会的财产罩上一层不可侵犯的神光。诚然，在攻陷诺夫哥罗德之后，伊凡三世没收了原属诺夫哥罗德大主教和修道院的相当多的财产，并在1500年将数量不明的诺夫哥罗德教会财产转为军功领地。但这些都是零星的情况。除了在诺夫哥罗德的领地外，未经主教团的同意与合作而将教会拥有的土地转为世俗财产显然是难以想象的。教会神圣不可侵犯的传统思想在教会内是根深蒂固的。此外，莫斯科大公能随心所欲地对待神职人员的时机还未到来。在鼓吹征讨立陶宛的异教徒拉丁人的时候，他不能冒犯国内的东正教代表人物。教会与国家之间不和不会给立陶宛境内的俄罗斯族东正教徒展示出一幅诱人的图景，而他又那么急于要他们支持他而背弃立陶宛。他的上策是：未事先通知大公，禁止新近兼并的一些领土上的土地所有者遗赠或出售地产，以此来制止私有土地流入主教和修道院院长手中。

即使伊凡三世不愿公开讨论将教会拥有的土地转为世俗财产的问题，教会内的不满分子也要讨论这一问题。1503年在莫斯科召开教会会议来对付教会内的某些弊端劣迹。会议结束时，尼尔·索尔斯基长老建议，"修道院不应拥有土地，而修道士……应靠他们的双手自食其力"。毫无疑问，尼尔本人的行动是出于无私的动机；对他来说，修道院拥有的地产是"隐修生活方式的致命毒药"，使修道士堕落，使其不能专心致志地进行灵修。但是，后来的一个资料上说，来自伏尔加河那一边的尼尔的许多支持者显然是受大公的召唤来参加会议的。尼尔的建议遭到沃洛科拉姆斯克修道院院长约瑟夫的反对，他的反对意见坦率而实际。没有土地的修道院不可能吸引"虔诚而高尚的人"，他说，"要是没有虔诚的修道士，我们在哪儿去找都主教、大主教和主教？"出席会议的大多数人不用说服就支持约瑟夫。但是他们没有估算到大公的固执态度。他要求，对尼尔的建议作出的答复要亲自报告给他。教会会议的决定有宗教和历史两方面的理由支持，所以，三次报告给他之后，他才终于接受了他们的决定。"支持教会拥有土地的人"即人们称呼的"约瑟夫派"取得了胜利。虽然尼尔的追随者,也就是"主张教会不拥有土地的人"或称"伏尔加河那一边的长老派"在接踵而来的论战中坚持他们的立场,并在后来还把希腊的马克西姆和阿特米修道院院长这样一些有能力的人吸引到他们阵营中来,但是有关将教会财产转为世俗财产的问题还是一劳永逸地解决了。伊凡三世和他的继承人都未能推翻1503年宗教会议的这一决定。整个16世纪,教会的土地大部分一直未让国家掌握。

尽管教会在1503年取得胜利,其领导人又表现出固执且狡猾,但在伊凡三世统治期间,教会和国家的关系就已经一边倒。在有关信仰问题方面,教会要求大公支持其决定,惩罚教会中的违法犯罪者。在政治争论中,教会别无选择,只好站在这位专制君主一边。在阐述国家的世俗权力和教会的宗教权力之间的关系这一棘手的任务时,教会发现形势所迫,只得承认前者要更胜一筹。没有人比沃洛科拉姆斯克修道院院长约瑟夫更清楚地认识到教会权力在理论上和实践上的局限性。在他发动的反犹太教徒异端邪说的运动中,他看到如果适合他的意图,这位"信仰捍卫者"可能会多么碍事。而异端邪说的确对东正教的信仰和对国家都是很危险的。犹太教的异端邪说是1470年从特维尔引入诺夫哥罗德的。其信徒否定基督教的基本信条并采用犹太教的某些宗教仪式。它很快就传播到莫斯科,不但传给了伊凡三世的王室成员(包括伊凡三世的儿媳叶连娜),而且,如果我们相信约瑟夫的话,还会传给都主教本人。吉纳夫大主教和后来的约瑟夫都坚持不懈地发动反对这些异端分子的运动。但是如果没有大公合作,他们将毫无办法,因为大公本人就要对1470年任命两名主要的异端分子担任莫斯科的重要职务一事负责,他自己的儿媳就受了这种异端邪说的影响。诚然,伊凡三世在1490年召集过反对这些异端分子的宗教会议,但是,给予那些有罪的异端分子的惩罚是很轻的。因此,这种异端邪说继续繁荣兴旺,传播开来。约瑟夫给那些当权派写信,私下与伊凡交谈,催促大公的忏悔神父运用他的影响。最后在1504年,也就是叶连娜及其儿子失宠两年之后,伊凡三世同意召开第二次宗教会议。主要的异端分子中许多人被革出教籍,处以火罚;有些人公开认错后被处以监禁。虽然一年后伊凡三世下令释放他们,但约瑟夫的任务实际上完成了。

约瑟夫对君主最高权力的阐述与反犹太教徒的斗争紧密相关,这不是巧合。正是他题献给大公的反异端的不朽著作《启示者》（pros-vetitel）一书，把大公称为东正教信仰的保护者。他主张，沙皇的主要职责是捍卫东正教，惩罚坏蛋是国家的职责。只要大公在履行这些职责中尽了微薄之力，就仍应服从君主。在约瑟夫的解释中，他还加了重要的限制："如果沙皇把你引入不虔和邪恶的歧途，就不要服从他。"只是在1504年的宗教会议之后，这位君主才受到神化。《启示者》一书的最后一章中写道："沙皇在本质上与所有人并无不同，但在权威上就犹如万能的上帝。"同时，俄罗斯的基督教赞颂者们详细阐述了莫斯科的拜占庭传统中的那些后来在瓦西里三世统治时期在修道士菲洛费的著作中定型了的理论。伊凡三世被称为"第二个康斯坦丁"；莫斯科被称为"第三个罗马"，"新以色列"。但是这些理论几乎都是由教会来阐述的。在当时的官方文章——在外交通信、书信、遗嘱、演说词、法令中，都很少或没有提到过莫斯科的拜占庭传统。大公不愿利用教会准备的一些过分俗套的语言，也不愿要求得到他妻子的继承权，他的外交政策可以说明这一点。他的军事和外交冒险事业的目标不是要从他的同盟者、克里米亚的宗主国君主苏丹手中夺取君士坦丁堡，而是要从立陶宛和波兰手中重新夺回以前属于他的基辅前辈的土地。他要求得到承认的头衔不是全东正教东罗马帝国皇帝，而是俄罗斯的君王。

伊凡三世于1505年10月27日去世。关于他的去世编年史家并无过分的颂扬之词。没有举国哀悼的场面。然而，他所做过的不仅仅是继续先辈的工作。他不是那种固执而无进取心、只会坐食祖先成果的莫斯科丹尼尔皇族的又一个子孙。他与他的先辈和直接继承者们不同之处在于：他以精明和富有远见而著称，有控制国际事务的非凡能力。他的军事战役可能没有什么惊人之处，但却是非常成功的。他的外交手法可能显得不灵活，但却是卓有成效的。他很少有英明的或深得人心的统治者所具有的特征。1480年他面对敌人表现出优柔寡断引起大众的指责和教士们的责备。虽然他不受波雅尔们喜欢，却令他们感到敬畏。我们对他的私生活知之甚少。已记录有的他的唯一乐趣就是大饱口福。外表上，他瘦高而略显驼背。他的相貌令人敬畏，据说妇女只要看他一眼就会晕倒过去。

伊凡三世用遗嘱确保了他的长子得到全部最高政治权力。瓦西里得到他父亲全部地产的三分之二；其余的三分之一是一些次要的城镇和地区，分给他的4个弟弟。此外，任何一个弟弟的土地若无继承人，都要全部转归大公所有。在莫斯科本地，从法院和海关所得的全部主要税收，本来已分给大公和他的几个弟弟，这时也几乎全归瓦西里所有。瓦西里的弟弟们发现，甚至在他们自己的领地上也被剥夺了他们原有的许多权利。他们被禁止铸造自己的钱币或与外国保持关系。在与莫斯科毗邻和首都内他们的领地上，他们不仅失去了贸易权，而且还失去了刑事重罪的裁判权。

瓦西里就这样牢牢地确立了王权。伊凡三世完全有理由谨慎从事：立陶宛统治者和波兰国王都指望瓦西里登基会引起内乱。但是没有发生动乱现象。季米特里和他的母亲仍然被牢牢地关在监狱里；他们的支持者明智地保持沉默。瓦西里虽然年轻，但并不懦弱。要说有什么区别的话，他比他父亲更固执。他肯定更不容忍反对他的人，作风更专制，对下属更傲慢。他只缺少他父亲的伟大。他极其有效地完成和巩固了伊凡三世的事业——但仅此而已。

他未费吹灰之力，也没有大动干戈，就兼并了大俄罗斯其余的两块领地，普斯科夫和梁赞。第一个被正式兼并的是普斯科夫。在整个15世纪，这个共和国在抵御西方邻国所需的军事援助和内部管理两方面都一直差不多全靠莫斯科大公。它的事务由大公派出的长官（namestnik）管理。长官的权力在不断增大，而民众大会（韦彻）的权力却相应减小。在它"独立"的最后30年中，它的军事战役全由莫斯科指挥。然而，作为一个独立国，它的领地超出了大公的管辖范围。只有通过正式兼并，他才能有机会获得这些土地所有者的大片土地。1509年秋季，有了一个结束普斯科夫人独立的合适借口。瓦西里敏捷地利用了他的长官与普斯科夫人之间争吵的机会。当仲裁失败时，他把问题纳入他自己手中来处理。1510年1月，韦彻钟被拆除，任命了两位主要负责军事的长官来代替原来的行政长官。整个城市的管理掌握在一名文官手中；300家主要公民被剥夺了房地产，放逐到内地，从莫斯科地区迁来同等数量的家庭来取代他们。普斯科夫成了莫斯科公国的一个省。11年后，梁赞也被正式兼并。当时，它的最后一位大公由于努力为重新获得其祖先的独立而与鞑靼人举行了秘密谈判，结果遭瓦西里逮捕。

第十八章 1462—1583年的俄罗斯

在西方，瓦西里三世采取了和他父亲相似的外交政策。他巩固和扩大了伊凡三世在立陶宛俄罗斯族人中所取得的成果。但是在西南方未能继续挺进乌克兰。西吉斯孟德一世继承其兄于1506年登上波兰和立陶宛大公国的王位。他开始为1507年初向莫斯科开战作准备，寄希望于波兰—立陶宛、立窝尼亚和喀山及克里米亚鞑靼汗国的大联盟。但是，瓦西里抢先一步，通过暂时安抚喀山人，然后率先发起进攻。他还与立陶宛最有势力的封建领主米哈伊尔·格林斯基进行秘密谈判。米哈伊尔·格林斯基尽管参加了罗马天主教，却成为所有亲莫斯科的俄罗斯族人团结的核心。在战争的第一阶段（1507—1508年），战争散乱而未决胜负。格林斯基在波列西（Polesie）进行了骚扰活动之后，带着大批追随者和亲属叛逃到莫斯科。立陶宛被迫签订条约（1508年秋）。根据这项条约，伊凡三世所获得的全部领土，除第聂伯河畔的柳别奇外，承认归莫斯科所有。

4年中保持了不稳定的和平。但是，在1512年，在一心想通过攻城略地获取更大功名利禄的格林斯基的怂恿下，在条顿骑士团的首领因得到神圣罗马帝国皇帝的支持而准备对波兰开战的激励下，瓦西里攻入立陶宛。他的进攻目标是第聂伯河上游的斯摩棱斯克城及周围地区。经过两次尝试（1512年12月和1513年6月），俄罗斯人终于在1514年7月成功地夺占该城。尽管两个月之后波兰—立陶宛取得极大（但未能充分利用）的胜利，斯摩棱斯克还是控制在俄罗斯人手中。然而，这场战争断断续续地拖延了5年。尽管与马克西米连签订了作战条约（1514年），又和条顿骑士团首领阿尔布里奇缔结了攻守同盟（1517年），但瓦西里不能指望对敌人采取一致行动。神圣罗马帝国皇帝与波兰国王之间签订的维也纳条约（1515年）使前者与莫斯科签订的作战条约失效，说明他口是心非，狡猾奸诈。阿尔布里奇与西吉斯孟德之间的战争（1519—1521年）只能证明条顿骑士团的虚弱与衰落。经过一系列激烈而徒劳的战役，于1519年以莫斯科人和克里米亚鞑靼人的大规模入侵而告终。随后开始进行和平谈判。在占领地保有原则的基础上，于1522年签订了为期5年（后来又延长到1534年）的停战协定。瓦西里三世的西部政策的直接目的已达到。俄罗斯西部防卫系统的焦点、西南方的文化和经济大门斯摩棱斯克已牢牢控制在俄罗斯人手中，并在以后的一个世纪中一直如此。

瓦西里三世在东南边境地区面临的问题比他父亲面临的问题更严重、更复杂。因为伊凡三世尽力做到与克里米亚鞑靼人和平相处，几乎没有受到来自东方的干扰，而瓦西里三世在其统治的后半期，面临泛鞑靼联盟的威胁。泛鞑靼联盟受到奥斯曼土耳其人的支持，是由克里米亚的吉雷王朝组建的。克里米亚鞑靼人不再是莫斯科的坚定盟友。自从1502年金帐汗国的残余遭到最后失败以来，他们再也不需要莫斯科的军事援助。此外，他们传统上最容易受袭击的东部领土有一半现在已处于莫斯科的控制之下。但是，日益衰老的蒙里仍然喜欢劫掠性远征（在瓦西里三世统治的最初10年中，莫斯科占有的乌克兰领地两次遭克里米亚人的劫掠）。他的儿子穆罕默德-吉雷制订了更为野心勃勃的计划。1521年，穆罕默德-吉雷的兄弟萨希布将穆罕默德·埃明的继承人、亲莫斯科的沙赫·阿里逐出喀山。同年，莫斯科大公国受到两面入侵。得到诺盖鞑靼人和立陶宛人增援的一支克里米亚鞑靼大军跨过科洛姆纳附近的奥卡河。同时，萨希布率领的一支喀山鞑靼人军队从东面包围莫斯科。只是由于阿斯特拉罕的鞑靼人恰好在这个时候进攻克里米亚，被围困的首都才得救。然而，1512年的入侵标志着吉雷王朝政权的衰落。在一场试图征服阿斯特拉罕的徒劳战争之后，穆罕默德本人于1523年被杀。在其后的10年中他的后继者们太忙于互相将对方逐出汗国，结果对莫斯科未构成威胁。穆罕默德-吉雷一直伺机怂恿土耳其加入反莫斯科联盟，土耳其也不愿或者无力在任何重大的对外冒险事业中积极支持其克里米亚仆从。瓦西里三世无惧于萨希布在1524年正式承认苏里曼二世的宗主权，决心以武力将吉雷逐出喀山。但是，直到1532年，莫斯科人才成功地以前可汗沙赫·阿里的兄弟占·阿里取代萨希布的侄子和继承人萨发-吉雷。更多的历史事件证明，喀山在军事上或经济上都不够强大，无法不依赖莫斯科而存在。它的暂时盟友，诺盖鞑靼人和克里米亚鞑靼人距离太遥远，且又陷入内部事务而不能给予有效援助。它的宗主国君主、苏丹，并未表现出要参与它的独立斗争。它的商人在俄罗斯见到的是销售他们商品的一个日益繁荣的市场而不是它的士兵的袭击场所。

在处理家族问题和波雅尔问题方面，瓦西里三世比他的父亲显得更不妥协让步。他毫不掩饰地鄙视他的几个弟弟。据说他在1525年曾问过他的近臣："我死后谁来统治俄罗斯和所有的城镇及各行省呢？我要不要〔把权力〕交给我的几个弟弟？可是我的几个弟弟连他们自己的封地都管不好！"由于受到羞辱鄙视，受到大公的密探暗中监视，他们无法维护自己的权力和地位或积极反抗他们的哥哥。他们的侍从人员须经大公仔细审查，他可以毫无顾忌地撤换他们的侍从。甚至要等大公夫人给她的丈夫生了两个儿子之后才允许他们结婚。波雅尔们也没有什么理由对他们君主的专制行为感到满意。关于国家的各种问题，无须再征求他们的意见了。大公却往往去征求宫廷司书的意见。这些人的血统及职衔都与莫斯科王公们的传统幕僚相去甚远。失宠的波雅尔别尔先·别克列米舍夫抱怨说："现在，我们的君主要把他自己和另外两个人关在卧室里处理各种问题。"正如别尔先本人亲身感受到的那样，久已确立的臣民"晋见"君主（即向君主诉苦）的权利，再也不倡导使用了。而臣民"脱离"大公的权利却以加强应用效忠誓词来进一步加以限制。大多数的波雅尔也不赞成政府的侵略性对外政策；因为频繁的战争——特别是在西部——川流不息地给他们的队伍中带进来新的边境小王公，充塞那业已臃肿的莫斯科朝廷，破坏了精心安排好的座次。

在教会中——更确切地说，在以都主教丹尼尔为首的占主导地位的"约瑟夫派"主教团中，瓦西里三世找到了一个心甘情愿的伙伴和俯首贴耳的帮手。丹尼尔不但在背信弃义地逮捕 V.I. 舍米亚金（结果后者的封地被并吞）和诺夫哥罗德的塞弗尔斯基（1523 年）中充当帮手，而且还认可了瓦西里三世与他那没有生育能力的原配夫人索洛莫尼亚的那桩不合教规的离婚，并让大公与米哈伊凡·格林斯基的侄女叶连娜结婚，这使他在教会内的对手、伏尔加河那一边长老派和大多数波雅尔感到十分厌恶。这些波雅尔一点也不愿看到皇族繁衍增多。然而，直到 1530 年，叶连娜才生下一个继承人，未来的大公和沙皇伊凡四世。三年以后，她的丈夫突然去世，将他的幼子托付给都主教和他妻子的叔父米哈伊尔·格林斯基。

瓦西里三世的去世使莫斯科宫廷中心怀不满的人的力量迸发出来。对大公不满的少数派展开了空前的夺权斗争。没有了瓦西里的专横管制，他的兄弟、遗孀、波雅尔都想确立他们自己的权威，但都以失败告终。密谋、政变、背叛、流放，一个紧接着一个。瓦西里的遗孀叶连娜得到她那肆无忌惮的情人奥博连斯基－捷列普涅夫王公的帮助，作为摄政者度过了风雨飘摇的5年，其间被除掉的不仅有瓦西里的那些无用的弟弟，而且还有她的叔父，显然是卷入了波雅尔推翻政府的阴谋。但是，只是在她于1538年死去后，波雅尔们才有机会摊牌。由苏兹达尔公国王公的后裔、势力强大的舒依斯基家族发动了一场政变，结果，奥博连斯基被捕并处死，释放了叶连娜统治期间被关押的波雅尔。在5年的动乱期间，政权在舒依斯基家族和他的对手、立陶宛的杰迪明的后裔别利斯基家族之间来回更迭。大主教的职位取决于当权派的恩赐，其间曾两度易手。王室领地被没收并任意分掉，国库遭抢劫，城乡被洗劫一空。地区长官一个比一个贪婪、凶残和腐败。直到1543年，情况才有所好转。当时，13岁的大公的宠信沃龙佐夫遭到羞辱，盛怒之下，他叫宫仆杀死了安德烈·舒依斯基。格林斯基家族迅速抓住舒依斯基倒台的机会。在其后三年半多的时间里，仍然是无政府动乱状态。就连伊凡四世那庄严的沙皇头衔（1547年7月）和他与莫斯科古老的扎哈林家族的成员阿纳斯塔西亚的婚姻似乎也无法削弱格林斯基家族的权势。直到1547年夏天，在一些心怀不满的波雅尔们煽动下，莫斯科暴乱的人把沙皇的舅父尤里·格林斯基抓起来处死，格林斯基家族的统治连同动乱时代才终于结束。

　　如果说沙皇童年时代目睹的暴力和腐败场面使幼年沙皇的头脑受到扭曲，那么，他永远难忘的波雅尔的骄傲自大、自私自利和管理上的极端无能也使他在头脑中产生了对波雅尔的恶感。然而，系统而审慎地消灭波雅尔反对派的计划还没开始。接着，波雅尔的恣意妄为和专制君主的报复行动都暂时终止，出现一段由所谓"特选委员会"①实施改革的时期，所谓特选委员会是指以年轻而又有能力的宠信阿达舍夫和很有权势的宫廷神甫西尔韦斯特为首的政府幕僚组成的私人小集团，其中包括某些热心公益事业的波雅尔们。有关阿达舍夫和西尔韦斯特及其小集团的史料很少，而且都是间接得来的。有关"特选委员会"的组成、职能和权限的情况更是鲜为人知。伊凡四世对他

---

① 重臣拉达（the Izbrannaya Rada），即特选委员会，是由库尔布斯基在他的《伊凡雷帝史》一书中给西尔韦斯特和阿达舍夫一伙人取的名字。

们的改革活动的参与或赞同程度还不能确定。但几乎可以肯定，在16世纪40年代末期和整个50年代实行的这些改革富有远见，构想精明。他们的目标首先是要使行政管理集权和提高管理效率。因为在过去的100年中，俄国的领土大大扩张，而中央政府的管理却未能跟上，这就不得不要求采取这一改革措施。这些改革在某种程度上增强了服役贵族的势力而损害了波雅尔的利益。

这些改革中最具深远影响的是在地方政府范围内进行的。陈旧的食邑制（kormleniye）是封邑时代的遗风。在食邑制中，地方行政长官由他们因效劳有功而受封赐的地区来供养，不定期征收大量的款项、实物贡金和各种税收（审判税、关税、婚姻税等）。这是一种极端过时的制度。这不仅使当地居民受苦：他们经常抱怨这些食邑贵族（kormlenshchiki）滥用权力，敲诈勒索，施用暴力，审判不公，无法无天；而且个别地方行政长官所采用的花样翻新的做法使国家也深受其害：在这种地方行政管理分权制中，完全缺乏统一性，难于在接通知后马上调动广为分散的指挥官和部队。还在沙皇幼年时期，就已采取措施，设立"地区元老"（gubnoy starosta）的官职来代替地方行政长官掌管刑事审判机构。地区元老由地区代表从当地服役贵族和"波雅尔后裔"中选举产生，并用类似办法任命的下级官员协助，负责拘捕、审问和刑事惩罚。虽然这些措施的主要目的是镇压土匪而不是限制地方长官的法律权限（实际上他们仍然可以从刑事诉讼中捞取收入），不过，这是在以地方选举产生的官员的权力来代替地方行政长官的专断权的过程中迈出的第一步。在大改革初期，对地方行政长官的权力还作了一些限制。1549年，服役贵族脱离地方行政长官的管辖而只隶属于中央司法机关，并且得到对他们领地内的农民的审判权。1550年制定的大法典规定，地方行政长官举行审判时，必须有当地居民选举的代表出席。同时，还努力规范地方行政长官可以征收的税款和合法收费。1555年，食邑贵族遭到致命打击。那一年，法律允许（但不强制）所有州县以选举产生的州县官员来代替地方行政长官，负责当地行政管理、司法和征税，所得税款直接归入国库而不是落入地方行政长官的腰包——这一措施立即有利于国家（因为当地官员可以集中而有效地由政府控制），各地居民现在都有机会摆脱食邑贵族的专横控制。

还采取了一些措施来改善军役人员（dvoryanstvo）的服役条件，提高他们的战斗力。1550 年，第一次大规模地将一些俄罗斯军役人员重新安置在毗邻首都的王室领地上。重新安置的目的是要为中央政府和莫斯科宫廷的大约一半的人（其中包括高级军官）在他们的机关所在地附近提供地产，以此来提高他们的备战效率和"备战状态"。万一发生战争，随时可以调动，形成政府要员的可靠骨干队伍。根据 1555 年或 1556 年的（军役）法令，服役军人发现，其职责是由他所受赐土地面积来确定的，第一次能将他们的受封地遗赠给儿子，给后者提供一个继续其父亲服役的机会。除了土地以外，他们还开始得到定期发给的现金作军饷。还采取了一些提高军队战斗力的措施：限制但没废除那种根据门第和职位高低来确定社会地位和官职的繁文缛节的体制；提拔第一批常备军骨干。同时，全国的军事指挥和公共行政管理大体集中，这反映在建立和迅速扩大政府各个部（izby，后来叫作 prikazy）。政府各部主要由司书掌管，集中处理像军事任命、封地的分配和外交这样的事务。

无论伊凡四世多么赞同改革，但他显然不能容忍这些改革者。1560 年，特选委员会失势，阿达舍夫被调遣到多尔帕特，后来死在那里。西尔韦斯特被放逐到索洛韦茨基修道院。人们只能从伊凡四世给库尔布斯基（1564 年他逃到立陶宛）的信中了解到阿达舍夫集团倒台的原因：在立窝尼亚战争问题上反对伊凡四世，鼓吹对克里米亚采取侵略政策，敌视阿纳斯塔西亚——更确切地说，敌视它的扎哈林家族——不愿让沙皇参加他们的会议，也不承认他的最高统治权，不愿意充分满足服役贵族的要求，也不愿约束波雅尔的权力。而最重要的一条是背叛。因为 1553 年伊凡四世病重时，他要求堂弟、斯塔里察（Staritsa）的弗拉基米尔·安德烈维奇及波雅尔们向他的幼子宣誓效忠，西尔韦斯特和"特选委员会"的其他成员拒绝服从看来奄奄一息的沙皇，站到那些支持弗拉基米尔为王位候选继承人的波雅尔一边。虽然西尔韦斯特及其追随者在 1553 年事件中的行为很可能反映了政府主要集团内部的分裂，是对抗扎哈林家族（据说阿达舍夫的父亲曾对沙皇说："贵公子尚处襁褓之中；扎哈林家族将会统治我们"）而不是支持一次总暴动，不是用武力拥戴弗拉基米尔登上王位的尝试。然而，他们的行动却被伊凡四世理解为反对他本人的波雅尔大阴谋集团的一部分。

西尔韦斯特和阿达舍夫被撤职后，紧接着是免职、谋杀和流放他们的同党，这仅仅是最后清算的前奏。1564年的事件——伊凡四世在立陶宛的失败，他的将军、顾问和朋友库尔布斯基王公叛逃，两面受到入侵的威胁——使他精神错乱，他于年末发动了一场戏剧性的政变。他带着随从离开莫斯科，到了位于莫斯科与罗斯托夫中途的亚历山德罗夫斯卡雅·斯洛博达。一个月后，他向莫斯科发出两份文件：一份文件指责教牧人员和统治阶级叛变并应对他父亲去世以来国内的整个混乱局面负责，他宣布决定退位；另一份文件告诉莫斯科的商人和全体市民，他对他们并无恶意。虽然说这是为试探民意而耍的花招，它却完全成功了。商人和市民请求都主教派一个代表团去见沙皇，恳求他回来。几乎没有人愿意再回到16世纪30年代的混乱时代。然而，做梦也没有人会想到将要到来的不仅仅是混乱，而且还有恐怖。

伊凡四世回来了，而且是按他的条件回来的。他要求得到自行处理所有叛徒的权利。他宣布成立特别朝廷（special court），或沙皇禁卫军（oprichnina）①，最初由1000名特选人员组成。这些人被安置在某些地区内，住在这些地区的世袭贵族或领主，如果不是特别朝廷成员，都要驱逐出去重新安置在别处。国家的其余地区被称为普通辖区（zemshchina）②，一切照常进行，拥有自己的波雅尔议会（Council of boyars），即贵族杜马（duma）、军队、司法体系和行政机构。只是在一些最重要的问题上，比如宣战，普通辖区的波雅尔须向沙皇请示。沙皇直辖区内的政府机构与普通辖区内的政府机构平行存在，然而，起初他们看来似乎是独立行事。国家被一分为二。后来，由于将"全俄罗斯大公"的称号暂时授予卡西莫夫的前统治者、鞑靼人西麦翁·贝克布拉陶维奇，作为普通辖区的首领；而伊凡四世只冠以"莫斯科公"这一谦虚头衔（1575—1576年），这就进一步强调了政府的二元性。沙皇禁卫军的人数很快增加，他们所占的国土也随之增

---

① oprichnina系俄语 oирнунина 一词的拉丁化译名。按现行通用译法，它有三个基本词义：沙皇禁卫军；沙皇直辖区；削藩制。——译者
② zemshchina系俄语 емшнна 一词的拉丁化音译，意为"大贵族辖区"；（相对于沙皇直辖区的）"普通辖区"；"非直辖区"。——译者

加。最后，特别朝廷控制了大约一半的国土，这是从北到南一片广袤的楔形土地。普通辖区逐渐被挤到不太富饶的边远地区。甚至莫斯科本身的某些街道和地区也单独划归特别朝廷管辖。特别朝廷成员从社会各阶层挑选，从平民百姓到有头衔的贵族都有。甚至外国冒险家也千方百计挤进这个队伍。他们穿特别的制服，必须发誓绝对忠于沙皇并保证与普通辖区的大贵族势不两立，以此将他们团结起来。说得好听一点，他们是这个新国家的特选指挥官和行政官员；说穿了，他们就是沙皇的刽子手和秘密警察。

伊凡四世于1565年回到莫斯科，接着就进行了处决和流放。当意识到公开抗议沙皇禁卫军的劫掠只能遭到进一步报复时，反对派就转入地下活动。阴谋集团似乎一个接一个。1567年，揭露出一个（或许是捏造的）企图背叛伊凡四世去投靠波兰国王的阴谋，接着进行了3年的调查和大规模处决。在这些受害者中有沙皇的表兄弟、斯塔里察的弗拉基米尔王公，他同他的母亲、妻子和女儿一起被毒杀。有人报告说，诺夫哥罗德预谋叛国，加上该城未能筹措到足够的经费来支持西部战争，结果遭到前所未有的大屠杀。沙皇禁卫军冲进该城进行屠杀、抢劫达到6个星期。据说死亡人数达6万人。1571年的灾难性军事事件：克里米亚鞑靼人洗劫莫斯科和经过7个月的围攻之后，俄罗斯人未能夺取雷瓦尔（塔林），这些都被伊凡四世归咎于普通辖区军队和沙皇禁卫军的叛国行为和作战不力。接着又处决了一大批人。但是，沙皇禁卫军并不总是能为他们的暴行找到合适的借口，于是干脆不用预先提出"叛国"的指控，全城的人统统遭难。大主教因敢于提出抗议而被绞死。看来全国在经历一场血腥的内战，不过这是一场力量悬殊的内战，因为伊凡四世的军队几乎没有或完全没有遇到抵抗。

可是，沙皇禁卫军是否只是一件用于清算"波雅尔叛逆行为"的武器，一支建立起来并加以训练以满足偏执狂患者的残忍好杀和贪欲的残暴警察部队呢？抑或沙皇禁卫军是天才政治家的深谋远虑的计划，是伊凡三世和重臣拉达（*izbranna rada*）的土地改革的合乎逻辑的延续，想要达到沙皇感到在正常环境下不能达到的目标，即需要建立一个新政府、一个可靠的不受传统约束的军役贵族阶级来进行一场社会革命呢？遗憾的是，由于这个组织的存在确实是煞费苦心地瞒过了外国，所以缺乏不带偏见的资料，使得很难评价建立沙皇禁卫军的目的，甚至连它的活动情况也无法了解。只能从效果来推出结论。作为一项社会实验，从长远来看，削藩制是成功的。在剥夺世袭贵族的权力和提高军役贵族的地位方面，它使由伊凡三世发起的改革过程得到一个合乎逻辑的结果，这一点我们都很清楚。但是，伊凡三世并没有给反对者造成伤害，或者说杀掉的也只是一小撮潜在的危险敌手，而他的孙子却使用整套谋杀和驱逐的办法，企图使全部世袭贵族都沦为军役阶级，并在国家的各个部门用他自己的特选贵族来代替他们。然而，尽管波雅尔阶级经过16世纪60年代和70年代的清洗，从整体上已被消灭掉十分之一，而且经济上也破产了，终于让位于新兴贵族，最后放弃了作为统治阶级的一部分和莫斯科大公近臣的所有要求，但伊凡四世在努力消灭他们的过程中，还是认识到，没有他们无法进行统治。1571年的那场灾难证明，像库尔布斯基那样后来有沙皇禁卫军将军头衔的"卑鄙无耻的小长官"（wretched little voevodas①），无法代替有经验有传统的波雅尔指挥官。在鞑靼人包围莫斯科后所采取的紧急措施证明了伊凡四世对这一点了解得多么清楚。沙皇直辖军本身也遭到清洗，它的许多最杰出的成员受到清算。它被禁止使用"禁卫军"这个词，违者将受肉刑惩罚——从那时起，它只是"朝廷"，并进行了重新安置——这一次颠倒过来：某些被没收的世袭财产部分地归还给原来的主人，而那些作为地主居住在这些土地上的沙皇禁卫军军人自己又被替换并赐予新土地。如果我们考察一下沙皇禁卫军对农业经济的影响，那么，采取这一措施的意义就更清楚了。大量的土地被划为领地（Pomestya），沙皇禁卫军的暴行，土地所有权的不稳定和地主随后变贫困，这些因素使得中部地区和伏尔加河北部庄园的农民到东部新征服的伏尔加河地区的领土去，到南方顿河流域的大平原去，到俄罗斯与克里米亚之间边境无人居住的地区去，寻找那更安全、更有收益的土地。不管是政府采取把农民束缚到土地上的措施，还是半心半意地试图把教会财产世俗化，都无法防止农业劳动力的危机。地主经常被迫采取诱拐邻近土地上的农业劳动者

---

① voevoda系俄语вдевоAаsк一词的拉丁化译名，指（16—18世纪俄国城市或地区的）军政长官，亦指波兰的省长。——译者

以便维持其庄园的生存，根本谈不上有效地经营好庄园或为战争努力作出必要的贡献了。中部和西部农业地区人口逐渐减少，到伊凡四世统治末期，在邻近立窝尼亚战场的诺夫哥罗德的一些地区，达90%的土地都闲置着。军役贵族无法完成他们的军事职责，军队缺员，国库空虚。沙皇禁卫军已堕落成仅仅是为西部长期战争从已经耗竭的人口中榨取资源的工具。

令人感到意味深长的是，伊凡四世统治时期所取得的伟大而持久的成就全都是在建立沙皇直辖军以前取得的，而征服伏尔加河下游地区这一最伟大的成就却是在"特选委员会"统治时期实现的。在伊凡四世成年之前，喀山汗国再一次成为俄国身边的一根刺。1535年，亲莫斯科的占·阿里被谋杀，萨发·吉雷恢复了克里米亚的吉雷王朝。一次又一次地进行袭击。相当大一部分莫斯科军队需要用来对付东部频繁的骚扰以及来自南方的经常性的入侵威胁。1545年，俄罗斯人进行出击。动乱与内部纷争降低了鞑靼人的作战能力。在1546—1552年间，喀山的王位曾六度易手。时而亲莫斯科一派得势，时而亲克里米亚一派得势。然而，直到又经过两次未能取胜的战役（1547—1548年，1549—1550年）之后，喀山才陷落（1552年）。对反抗的鞑靼人和伏尔加河中游地区的各族人民又进行了5年惩罚性征讨，喀山汗国才完全降服。由于克里米亚鞑靼人和小诺盖人之间的利害关系，阿斯特拉罕的处境很复杂。小诺盖人一方面支持克里米亚的傀儡可汗，另一方面又支持亲莫斯科的大诺盖鞑靼人。但是，对来自莫斯科的压力的抵抗微不足道，1556年，俄罗斯人不战而夺得该城。阿斯特拉罕被兼并之后，伏尔加河以东里海低地的大诺盖人承认了莫斯科的宗主权。此时，整个伏尔加河流域都被俄罗斯控制，国家东部边境有了安全保障；向西伯利亚和远东进行殖民扩张的道路打通了；通向中亚、波斯和高加索的贸易大道不再经过敌视莫斯科的国土。

东部的军事行动获得成功之后，显然，年轻而强大的莫斯科国不可能满足于南部和西部边境的现状。俄罗斯政府面前有3条扩张道路可供选择：征服南方的克里米亚鞑靼人；兼并西部处于波兰—立陶宛统治下的白俄罗斯和乌克兰国土；或者征服西北部的立窝尼亚和波罗的海沿岸地区。16世纪50年代的政府不断地怂恿伊凡四世在这三条道路中选择第一条。从伊凡四世统治早期起，克里米亚鞑靼人就已表现出不愿与莫斯科谈判，结果成为长久的威胁。虽然他们还未强大到足以发动和维持全面入侵，但能以经常的袭击造成很大的麻烦和严重的损失，特别是当他们与莫斯科的敌人勾结起来发动这些袭击时，比如，在1535年，当他们在奥卡河发动及时的进攻援助立陶宛入侵塞维尔斯基地区时，或德夫列特·吉雷1552年在土耳其苏丹和波兰国王的怂恿下，试图转移俄罗斯人对喀山的注意力时。然而，重臣拉达鼓吹对克里米亚实行侵略政策几乎未取得成效。的确，从1556年到1559年，沿顿河和第聂伯河对鞑靼领土进行了一系列的袭击，但这些袭击更多的是带有为大举进攻进行侦察的性质，而大举进攻并未进行。1560年政府垮台后，伊凡四世在南方转入防御。由防御工事体系——壕沟、木栅和防御土墙连接起来的城镇或据点组成的一系列防线在大草原北缘建立起来，以期能阻挡鞑靼人的入侵势头。后来建起一支永久性边防军，这些袭击便不再具有牵制作用和出其不意的效果。沙皇显然不愿卷入一场补给线和交通线过长的大战，或者在没有保证得到甚至还没有希望得到西方军事援助的情况下去冒同奥斯曼帝国土耳其人作战的危险。

由于南翼经常受到威胁，加上波兰—立陶宛日趋统一和东欧—波罗的海沿岸地区—土耳其等国可能结成反莫斯科联盟，伊凡四世被迫放弃兼并西部俄罗斯国土的企图。暂时搁置这个问题有利于去执行另一个看来要容易得多而且总的来说也更有意义的任务——征服立窝尼亚。走这条路的确有很多理由，其中部分地是由于该国脆弱。利剑骑士团的军政权处于彻底崩溃状态；骑士团与独立的主教们之间几无团结可言；里加大主教公开持亲波兰立场，而骑士团首领菲尔斯腾贝格则赞同与莫斯科签订协议。从战略上看，夺取立窝尼亚不仅在立陶宛东部，而且在沿其整个北部边境对其造成威胁。但是采取这一行动路线在经济上的好处大于其他方面的考虑。控制立窝尼亚意味着有了一个通向波罗的海的出海口，而拥有纳瓦城和雷瓦尔港意味着能与西方进行直接贸易，从而使进口金属制品和武器并出口俄罗斯的天然资源变得便捷。此外，在波罗的海南岸有一个可靠的立足点就有可能消除西方和北方强国设置的经济障碍。

在四分之一个世纪中，立窝尼亚问题一直是伊凡四世的外交和军事活动的基础。莫斯科的所有军事力量都花在征服波罗的海诸国的徒劳无益的努力之中。之所以说徒劳无益，是因为没有舰队就不可能夺取或控制住沿海地区，还因为不单单是莫斯科在图谋立窝尼亚。在一场争夺骑士团和主教们的旧有领地的四方斗争中，莫斯科的利益很快就与丹麦、瑞典和波兰—立陶宛的利益发生冲突。然而，其他利益相关的国家行动迟缓。1558年的全面入侵使整个东爱沙尼亚（包括多尔帕特和纳瓦，但不包括雷瓦尔，因为它拒绝投降）成为俄罗斯的囊中之物。第二年初，拉脱维亚的北半部也被征服。只有到那时，与俄罗斯争夺立窝尼亚的未来敌手们才开始感到惊慌。在丹麦国王的调解下，签订了一个为期9个月的休战协定。在此期间，立陶宛与立窝尼亚骑士团的新首领凯特勒（他已代替亲莫斯科的菲尔斯腾贝格）签订了条约。双方同意为保卫骑士团，让立陶宛暂时占领立窝尼亚东南边缘地带作为交换条件。① 但只是1560年俄罗斯人在立窝尼亚中部的军事行动中又一次获得成功、骑士团真正垮台之后，其他强国才积极进行干预。按照1561年11月28日的条约，骑士团的所有领地都正式割让给波兰—立陶宛，凯特勒领有西南部新建立的库尔兰和塞米利亚公爵领地作为封地，成为波兰国王的附庸。同年，瑞典国王埃里克十四世应雷瓦尔的请求，占领了拉脱维亚北部，而西北部奥塞尔的主教领地已被丹麦国王的兄弟马格努斯占领。

为争夺北部地区面临与瑞典和丹麦作战，或者为争夺立窝尼亚南半部面临与波兰—立陶宛作战，伊凡四世选择了后者。丹麦与瑞典的关系日益恶化，最终导致七年战争（1563—1570年）。埃里克十四世的反波兰倾向导致莫斯科和瑞典之间建立起友好关系。直到16世纪60年代末，伊凡四世都没有向西爱沙尼亚开战。在这段混乱而复杂的外交谈判期间，他唯一的一次重要的军事冒险行动是夺取波罗茨克（1563年），该城是通往波罗的海主水道（西德维纳河）的门户，控制着接近立陶宛首都的东部要塞。除了立陶宛于第二年在波罗茨克和斯摩棱斯克之间的乌拉和奥尔沙获得大胜（对俄罗斯人来说，幸运的是，立陶宛人未能乘胜追击）之外，直到其后10年结束时，与波

---

① 注意到这一点是有趣的：伊凡四世在致库尔布斯基的第一封信中（1564年）把给予骑士团以重要的喘息时间归咎于重臣拉达。"〔我记得〕，由于丹麦国王的狡诈建议，你给了立窝尼亚一整年时间作准备的情景。"

兰—立陶宛几乎没有发生过冲突。在这段大改组和莫斯科公国国内大动乱的年代里，伊凡四世除了与立陶宛进行外交谈判和试图与英国和瑞典结成联盟以维持现状外，的确不可能有更多的作为。然而，到16世纪60年代末，从莫斯科的立场来看，国际形势变得相当恶劣。英国没有同俄罗斯缔结攻守同盟的任何意愿。西吉斯孟德的亲波兰的姻兄弟约翰三世于1568年取代疯狂的埃里克十四世而登上瑞典王位，这使想缔结永久性的俄罗斯—瑞典条约的希望化为泡影。波兰与立陶宛融合为单一国家的设想终于在卢布林会议上得以实现（1569年）。同时，土耳其人正在催促波兰结成反莫斯科的军事同盟。在大改组中，莫斯科获得的唯一盟友是丹麦，丹麦因西吉斯孟德干涉它在波罗的海上的海盗活动而感到恼怒。但即使是这样，在徒劳无益地对瑞典控制的雷瓦尔进行围攻中（1570—1571年），腓特烈二世也未能援助他的兄弟、沙皇新任命的立窝尼亚的附庸国王、俄罗斯军队西北地区总司令马格努斯。

在16世纪70年代初，莫斯科和波兰—立陶宛都不能或不愿发动一场大战。波兰—立陶宛国王需要和平以便实施卢布林会议确立的联合原则并考虑继承波兰王位的问题；沙皇正全力以赴地对付鞑靼人的入侵（1571年、1572年）并需要整顿王室。然而，伊凡四世并非对波兰事务不感兴趣。在西吉斯孟德死后王位空缺期间（1572—1573年、1574—1575年），伊凡四世两次提议自己为王位候选继承人，一次建议他任波兰国王，一次建议他任立陶宛大公国的大公。不管他是否真的希望当选为国王或大公，他当选的可能性都是微乎其微的。西吉斯孟德的继承人、安茹公爵亨利逃走之后，伊凡四世的外交策略显然只有一个目的——通过支持哈布斯堡王朝大公爵恩斯特来阻止土耳其苏丹的附庸、特兰西瓦尼亚王公斯特凡·巴特里当选。在神圣罗马帝国皇帝和沙皇之间和平分割东欧这个建议总的看来似乎比一个由奥斯曼帝国政府支持的统一的波兰—立陶宛的强有力的国王要好。

随着斯特凡·巴特里当选而登上波兰王位（1575年年末），立窝尼亚战争进入最后阶段。趁波兰国王正全神贯注于但泽起义之机，伊凡四世将全部军力投入到征服立窝尼亚的最后的战争努力之中。实际上没遇到什么抵抗，俄罗斯人席卷全国（雷瓦尔和里加除外），迫使数量不大的波兰和立陶宛军队退到德维纳河后面。这是伊凡四世最后一次成功的军事冒险行动。第二年，好运在高潮中发生逆转。马格努斯背弃沙皇，俄罗斯又无希望与英国或奥地利人结成联盟，所以，伊凡四世无力抵抗波兰和瑞典的联合猛攻，加上还有来自克里米亚的日益增长的入侵威胁。伊凡四世的西部要塞一个又一个地陷落——文登（1578年），波罗茨克（1579年）；1580年，斯特凡夺取战略中心大卢基，以图楔入俄罗斯领土，从而切断伊凡四世驻立窝尼亚军队与俄罗斯的联系。只是由于缺乏经费，波兰议会又不热心，才迫使斯特凡放弃了更为宏伟的全面进攻莫斯科的计划，以试图夺取普斯科夫（1581年）把自己限制在只扩大立窝尼亚东部俄罗斯领土上的波兰走廊地带。在北方，到1581年底芬兰湾南部的几乎所有海岸地区都掌握在瑞典人手中。伊凡四世要再作进一步的抵抗是无法想象的。只是由于普斯科夫坚决拒绝投降才使沙皇在雅姆扎波尔斯基（*Yam Zapolsky*）和约（1582年1月）上免于接受更多的屈辱条件。这项和约是在罗马教皇的调解下缔结的。实际上，沙皇放弃了对立窝尼亚、波罗茨克地区和韦利日的所有要求。斯特凡作出的唯一让步是归还大卢基。第二年，整个爱沙尼亚，以及伊凡哥罗德的城镇和地区（*uyezdy*），雅姆、科波叶和科列拉都正式割让给瑞典。只有芬兰湾的极东端——奥雷萨克地区涅瓦河口两岸的一小块狭长地带留给莫斯科大公国。

伊凡四世于瑞典条约签订一年后去世。放荡的生活使他精疲力竭，对他儿子伊凡之死的悔恨心情使他备受折磨（两年前他在盛怒之下将儿子打死），1584年3月18日，他在下棋时突然死去。虽然通过征服西伯利亚汗国并使之殖民化，到伊凡四世统治末期已为俄罗斯在亚洲的统治奠定了基础，虽然他丧失纳瓦（1581年）在某种程度上通过白海——北德维纳航线（1553年为英国人侥幸发现）与英国和低地国家建立了每年定期的贸易而得到补偿，伊凡四世给他儿子弗多尔留下的却是一份残破的遗产。西北方的大冒险失败了。留给俄罗斯的波罗的海沿岸地区甚至比战前还少。西部边界与瓦西里三世去世时几乎一模一样。在南方，入侵的威胁始终存在。但是，最令人沮丧的还是该国的内部状况。西部的长期战争，沙皇直辖军的掠夺和农村经济的剧烈变动使这个国家民穷财尽，国库空虚。中西部地区一片荒芜，百姓怨声载道。伊凡四世确实种下了内战的种子。英国大使费尔斯·弗莱彻在伊凡四世去世四年后写的文章中用下面的话总结了这段统治的后果：

> 这项罪恶的政策和专制统治（虽然现已终止）给这个国家造成这么多灾难，自此以后全国怨声载道，仇恨难消（现在看来仍然如此），总有一天会再一次在国内燃烧成熊熊烈火。

（曾佑昌　译）

第 十 九 章
1521—1580年的新世界

在科尔特斯一生作出的种种大胆决定中，没有比重建特诺奇蒂特兰，即墨西哥城，并使之成为新西班牙①王国首都这一决定更为大胆或对未来影响更大的了。该地点有许多不利之处。该地是一个岛屿，沼泽地很多，因而很不利于健康；除了在湖中能捕到鱼之外，当地不产可供食用的东西；饮水须从数英里之外的查普特佩克山以昂贵的人工方式运来；该岛以堤道与陆地连接，而科尔特斯的追随者中有许多人都认为，这些堤道连同那些简易桥梁都会受陆地上的印第安人控制而不是受岛上的欧洲人控制。而且，岛上仍然居住着大批印第安人，潜藏在那些被科尔特斯拆除的建筑的废墟中。科尔特斯将这些建筑拆毁是为了将瓦砾倒入排水沟渠中以利于调动他的骑兵部队。总之，该地很可能成为陷阱，不能抵抗围攻，特别薄弱的环节是食品供应和供水。

尽管科尔特斯肯定知道该地经济上的缺陷，但他却力排众议。他认为这个地点对欧洲人如同对印第安人一样易守难攻。再者，他很可能希望避免使他的部下分散在仅仅部分征服的土地上。在那些地方，他们仍然可能成为新近被他征服的人的牺牲品，或因他们自己的意见分歧而吃亏。最后，科尔特斯非常精明地意识到特诺奇蒂特兰的魅力，它的"名声和重要性"，他曾经表达过这一看法。基督教常常设法以旧瓶装新酒的方式使自己与先前的文明融合在一起。通过再占有特诺奇蒂特兰，通过在其寺庙遗址上修建教堂和住宅，而不是将遗址留作阿兹特克人辉煌业绩的纪念馆，西班牙人不仅仅是毁坏该城被征

---

① 新西班牙指当时西班牙在新世界的殖民地墨西哥。——译者

服前的外貌，而且还把它作为宗教与政治中心而使自己融合于其传统之中。

在1522年和1523年整整两年中，重建工作继续进行。数目庞大的工匠和劳工被征调到该城。特斯科科人酋长伊斯特利尔斯奥奇特尔指挥这次征调行动。根据他的命令，墨西哥谷地的几乎全部劳动人口都被征调来参加修建工作。工伤事故和过度劳累使许多印第安人死亡，还有数以千计的人死于欧洲人带来的天花。在那些年代，天花肆虐。传教士莫托林尼亚（Motolinia）将重建特诺奇蒂特兰列为使新西班牙印第安人备受折磨的十大瘟疫中的第七个，这是有道理的。西班牙指挥官以征服该地的同样狂热劲头指挥工程，整个工程以惊人的速度完成。该项工程的规模使同时代的人感到吃惊。这座新城市在大小方面，在设计的豪华与规则性方面，堪与当时欧洲最大的都市相媲美。该岛16世纪20年代的人口肯定多达10万人以上，超过托莱多、塞维利亚或西班牙的欧洲本土任何其他城市。该城靠广大富饶的农村地区提供产品、控制从阿兹特克时代承袭下来的一个庞大义务劳工体系提供的服务来维持；这个劳工队伍的能力在初期看来几乎是无限的。更为重要的是，这是一个混合城市，西班牙人和印第安人在该城的各个聚居区毗邻生活。特诺奇蒂特兰的重建开始将西班牙人和印第安人的生活方式成功地结合起来。自此之后，这一直是北美洲西班牙属地的特征。墨西哥城的建立为后来的许多征服者提供了竞相模仿的模式。

西班牙社会具有强烈的都市特征。在卡斯蒂利亚地区，设防自治市镇具有特权地位。正如历史上一直有时断时续战争的国家那样，这一点是很自然的。虽然贵族的收入来自农村的土地，更确切地说，来自所拥有的畜群，他们却把豪宅大厦建在城镇里。乡村生活是属于农民的，他们中许多人是摩里斯科人（moriscos）①。在将基督教的西班牙从摩尔人手中重新夺回的过程中，占领或重新建立设防城镇曾是一项非常重要的预防措施。同样，征服墨西哥的卡斯蒂利亚人立足于自治市镇，却依靠周围的农村来养活自己，这也是很自然的。这些城镇在早期的主要作用不在经济方面，而在军事和行政管理方面。甚至于

---

① 摩里斯科人（moriscos）指在西班牙已受洗礼成为基督徒的原穆斯林。——译者

军事上的重要性也很快丧失了，因为除了少数例外——新加利西亚的奇奇梅克人，智利的阿劳坎人——印第安人比西班牙境内的摩尔人的危险性要小得多，也要温顺得多。作为社会和行政中心，作为新统治阶级的据点，西班牙人在美洲建立的这些城镇在初期就占据了统治地位。占领军的每一个长官首先关心的就是建立城镇，依法将它们组建为市并将其追随者安置到市政府中去做官。当然，大多数这样的城镇都不是像墨西哥城那样的城市，其中许多在初期仅是一些由草舍组成的临时营地而已。但它们与墨西哥城一样，都有一些共同的本质特征：依法组建为市，有权管辖周围的乡村，控制印第安人的劳动人口，依靠印第安人提供生活必需品。

在墨西哥城，就像后来在西印度地区的大多数其他城镇一样，占领军的军人们，或者说至少是其中较富有者，即自己出资参加战争者，成为维西诺（vecinos），即合法登记的住户。科尔特斯从他们中任命了第一届市政府，由12名市议员（regidors）（较小的城镇市议员的人数要少一些）组成市政厅（cabildo）。市议员们选出两名市长（alcaldes），与他们一起执政一年，到离职时，又选出他们的继承人，报经科尔特斯批准。这样，由维西诺圈内的人轮流执政。维西诺成员不是靠任何都市职业为生。因为尽管他们中任何一个行业的人都有，但他们把自己看作是军人，无论如何，他们到西印度来不是为了重操旧业。他们靠被授予的监护征赋区（encomienda）来供养。监护征赋制并不是一种新的制度，在西班牙，在从摩尔人手中夺取的领土内，在加那利群岛，以及西印度群岛，这种制度早就存在。但是，在墨西哥，它有了更精确的定义并得到更广泛的使用。一个监护征赋区是当地的一个村，或是一个村的一部分，或是由许多村组成，"交托给"一个西班牙人——监护人（encomendero）管辖，其职责是保护居民，任命和供养村里的教会神职人员，负责该地区的军事防务。因此，占领军就作为半封建民兵定居下来，住在西班牙人建立的城镇里，但是靠乡村的供养为生。监护人有权从他们管辖的村庄征收赋税来供养家庭。早期的赋税采用食物、棉织品和无偿的强迫劳动的形式提供。然而，赐予监护征赋区并不意味着转让土地所有权和司法权。监护征赋区并不是封建采邑，也不是靠奴隶劳动经营的庄园。至少在法律上印第安人是自由人，他们对自己占有的土地的权利也未受到损害。在墨西哥谷地，以及许多其他地方，印第安人原有的土地习惯法已规定要向统治民族交纳赋税、供养酋长和祭司、为庙宇和社区公用房屋提供钱物。西班牙监护人取代了阿兹特克统治者，取得了原来向后者交付的贡金和提供的劳役。作为起初的殖民办法，这种监护征赋制是符合逻辑的，而且显然是必要的。但是，作为一种长久的制度却有严重的不利之处。监护人拥有强迫他人劳动的权利，这就为虐待和过度役使劳工大开方便之门，特别是在西班牙人掀起建筑狂热时更易出现这种情况。无论法律条文上怎么说，印第安人对他们土地的控制权也有失去的危险。因为要是一个社区无法尽到交纳贡赋的义务，或若社区头人受贿赂，该社区的土地就有可能被拍卖。

此外，由于监护征赋区供养的西班牙人的人数相对说来较少，至少在初期，所得的贡赋数额很大。科尔特斯自己在瓦哈卡谷地圈占了一个很大的监护征赋区。按官方统计有23000个纳贡家庭，实际数字要大得多。当然，这是特殊情况，但由2000和2000个以上的纳贡家庭组成的监护征赋区是很常见的。未得到监护征赋区的下级士兵有两种可能的选择：由于殖民地社会的状况起初完全不适于小规模的农业或欧洲的贸易方式，因此，下级士兵要么继续当大监护人的随从(*paniaguado*)，靠其慷慨施予为生；要么迁往新征服地，希望最终能获得属于他自己的印第安人。这种环境中的社会必然不安宁，各自为政、秩序混乱。除了其他因素之外，任何政治制度的持久性，还取决于王室的确认。科尔特斯成功地获得对他初步安排的政体框架的确认，并精明地将阿纳瓦克地区的大部分村庄留给王室。但查理五世和他的谋士们自然怀疑监护征赋制及其封建蕴涵。因此，王室重新考虑之后，可能要修改这一制度。最后，以托钵僧修会传教士为代表的教会不可能长久满足于法律要求监护人执行的有关宗教教育的那些敷衍条文；尽管大部分监护人是教会的忠实信徒，但他们也不可能欢迎教会干预他们与纳贡者之间的事务。

对新西班牙的征服不仅是一场军事战役，而且是一场精神战役。反对军人统治的当地主要势力来自教会的斗士们——托钵僧修会的传教士。方济各会修士是根据科尔特斯本人向皇帝提出的要求第一批到达墨西哥的传教士。1524年派出的第一批方济各会修士——由弗赖·马丁·德·巴伦西亚领导的著名的十二门徒——以及他们的许多后继者，都是严格遵守教规的信徒，为执行传教使命受过严格的训练。由弗赖·多明戈·德·贝坦索斯领导下的第一批多明我会修士于1525年到达墨西哥，他们也同样是严格遵守教规的信徒。他们是在西班牙教会改革中产生的精英，既代表激进的西斯内罗斯教派的观点，又代表了伊拉斯谟派的人文主义与渊博学识。弗赖·胡安·德·苏马拉加于1527年由查理五世任命为墨西哥的第一任主教，他是伊拉斯谟的著名拥护者。在他指导下在墨西哥印刷的教义书籍《简明教义》，以及给印第安人用作基督教教义问答手册的《基督教教义》，两本书都体现了伊拉斯谟思想的深刻影响；两者都强调宗教信仰重于善功，提倡无限制传播圣经教义。那些对墨西哥进行精神征服的人们因而是些大胆的宗教激进派；但他们又是一支精神军队的成员，其领导者与皇帝关系密切。在墨西哥殖民的最初几十年中，他们几乎不受约束；他们以皇帝的指示为名，篡夺了通常授予在俗神职人员的牧养和主持圣礼的职权。他们在精神征服中所处的领导地位使其能有效快速地达到其目的。尽管他们人数很少，却对新西班牙的殖民社会有巨大的影响力。

传教士们所要求达到的皈依基督教不仅仅是表面形式的信奉，在施洗礼之前，须通过讲道，教理问答以及建立学校等方式精心进行宗教信仰训导。印第安人首领的孩子可以进学校接受基督教教义和欧洲生活方式的教育。当地的修士人数很少，要对成千上万的人进行教学、教理问答和施洗礼，只有通过将印第安人集中在靠近传教士传教的教会和修会中心附近的都市社会才能办到。修士们在已有都市居民的地方定居，这是很自然的。但是，在印第安人居住的新西班牙，人口集中的地区很少。像特诺奇蒂特兰、特佩阿卡或乔卢拉这样的首府城市以外的地区，绝大多数印第安人分散居住在稀稀拉拉散布于玉米地和豆类田地间的小村庄里。因此，传教士的许多精力都花在说服或强迫印第安人搬进教堂和修会周围为印第安人居住而新建的城镇中。他们认为，通过这些办法，新近皈依基督教的人不仅能在都市生活和传教教学方面得到精神上的益处，而且还能因与世俗的西班牙人隔离而在经济上和社会地位方面受益。在新西班牙实行种族隔离政策，这不是为欧洲人创造舒适的生活条件，而是为了保护印第安人不至于因与欧洲人接触过于密切而可能招致剥削和道德败坏，并使他们继续处

第十九章 1521—1580年的新世界

于教会的监督之下。令人感到惊奇的是，修士们成功地确立了他们对印第安人的支配地位，这只能从印第安人的心理特点来加以解释。印第安人习惯于按照一系列复杂的宗教仪式来生活。这些礼仪支配着他们的所有集体活动，包括最重要的农事活动。礼仪与劳动是紧密相关、不可分离的。被西班牙人征服之后，庙宇被毁坏，异教舞蹈遭禁止，宗教信仰被迫改变，旧的宗教组织被削弱，有的地方甚至遭破坏。各种劳动——无论是为监护人所作的强迫劳动，还是有报酬的劳动，或为生存所从事的农业劳动——都已不再是社会宗教礼仪制度的一部分，而是一种纯粹的世俗需要。印第安人精神生活和社会生活中出现的真空可以通过教会的宗教仪式和修建教堂的活动来填补，尽管这只是部分地、并且常常是表面上得到填补。修士们理解这种需要。在新西班牙的各个地方用印第安人的劳动修建的为数众多、规模巨大的教堂，尽管出于防卫上的考虑修得厚实坚固，同时也修得宏伟壮观，以适合取代异教神庙已丧失的恢宏显赫的需要。同样，远比欧洲常见的基督教礼仪更为复杂的壮观场面也是为了满足印第安人对他们已大部分丧失的昔日礼仪生活的渴求。另一方面，修会的这项对策必然要妨碍对印第安劳工的控制，而西班牙人的经济活动需要依靠印第安人的劳力。这不但需要保护，而且需要扩大印第安人的公有制农业，以便供养传教城镇。此外，为了修建教堂、隐修院和新住宅，出于对印第安劳工的需求，传教团为获得印第安劳工直接与监护人和其他世俗西班牙人的需求相竞争。他们不受主教管辖是教区内无纪律现象的根源。以隐修院的修士们为一方，以监护人和在俗神职人员为另一方，不可避免地要卷入争夺殖民地权力的复杂斗争。然而，这场斗争没有马上变得尖锐起来，因为征服行动并没有停滞不前。当神职人员们开始进行精神征服的时候，科尔特斯的军官、竞争者和仿效者们就已从墨西哥出发，去寻找要征服的新帝国了。

科尔特斯本人从未忘记，发现和征服新西班牙源于要找到一条通往太平洋进而到达远东的路线。由于墨西哥已被征服，周围谷地的安全也已稳固，科尔特斯很快又重新开始探索，想要找到位于大西洋和太平洋之间的一条海峡，或者是能够成为太平洋探险基地的港湾。在他接着进行的远征中，只有远征帕努科——第一次由他本人指挥，第二次由桑多瓦尔指挥——其目标完全在大西洋沿岸。进行这些远征主要是为了反击牙买加总督加拉伊在帕努科地区进行的劫掠奴隶的活动。由科尔特斯组织的其余远征，其目的全都是为了开辟向西和向南探索的道路。1522年与1524年之间，米却肯和远至圣地亚哥河的大部分太平洋海岸地区被征服并以监护征赋区的形式授予西班牙人。1523年，佩德罗·德·阿尔瓦拉多率领一支装备精良的军队穿过特方特佩克进入危地马拉的马雅城市地区，并派遣克里斯托瓦尔·德·奥利德由海路去洪都拉斯湾，以便占领那里的有人居住的地区并寻找一条海峡。这两次远征不仅遇到自然障碍和印第安人的顽强抵抗，而且还遭到意外的反抗，那就是来自从达里安向北探险的佩德罗·德·阿里亚斯手下的人的反抗。征服美洲大陆的两大批人在沿现为危地马拉和洪都拉斯南部边界的地区相遇，一场危险的武装冲突看来一触即发。使局势更加复杂化的是，奥利德拒不服从科尔特斯的权威并建立了一个独立的指挥部。科尔特斯认为，必须亲自处理叛变和可能发生的内战。这是他一生中所犯的一个严重错误。他的军队越过尤卡坦半岛的基地向洪都拉斯进发，穿过的地区，要么是险峻的山脉，要么是浓密的雨林，极难通过。要跨越的一条河流及河边的沼泽地区，必须砍伐一千多棵树搭建一座浮桥才能通过。经过这次行军，马匹所剩无几。幸存的人员从森林中出来时身体都已拖垮，有一段时间，甚至精神上也萎靡不振。不过，只要有科尔特斯就足以在洪都拉斯的西班牙人中恢复秩序。在他到来之前奥利德就已被杀身亡，还与来自达里安的人进行了外交协商，使洪都拉斯暂时附属于墨西哥。在此期间，阿尔瓦拉多表现出既大胆又忠诚，既冷酷又能干。他在危地马拉战役中取胜，四处劫掠，残酷无情。马雅人强健而聪明，具有发达的建城文化，但他们政治上不统一。阿尔瓦拉多利用两个主要的马雅民族卡克奇克尔人和基切人之间的仇恨从中渔利，支持一方反对另一方最终将他们征服。1524年，在接连三个选址中的第一个上建起西班牙城市危地马拉。以通常的方式将监护征赋区分配给该城的维西诺。一听到奥利德叛变的消息，阿尔瓦拉多匆忙北上，以图与科尔特斯会师，但他的支援结果是多余的。开拓危地马拉殖民地中断的时间很短暂。阿尔瓦拉多成功地将士兵们团结在一起，免受来自达里安的敌手的袭击。他于1527年到西班牙，回到美洲时已获圣地亚哥骑士头衔，他的危地马拉政府也得到确认。

第十九章　1521—1580年的新世界

科尔特斯于1526年由海路回到墨西哥。他离开墨西哥的两年期间，当地的世仇与嫉妒困扰着墨西哥城乡。一个又一个心怀恶意的告密者接连到西班牙去毁坏他的名声。他不久将被人取代，但在此期间，他又一如既往，精力充沛地重新开始整顿新西班牙的秩序，考察其沿海省份，力求找到通往东方的一条海路。自从占领墨西哥之后，整个太平洋探险计划已经改变。葡萄牙航海家斐迪南·麦哲伦已在为西班牙效力。他于1519年离开塞维利亚，向西航行去寻找香料群岛。同年，科尔特斯已离开古巴去征服墨西哥。尽管查理五世很可能不知道，但麦哲伦知道，葡萄牙人已在摩鹿加群岛进行贸易活动，并且为了到达那里历尽风险。麦哲伦这次航海经历众人皆知：在巴塔戈尼亚海岸外船舶失事，下属叛变；以他的名字命名的那条海峡水道的发现和令人惊心动魄的38天的经历；横越看来一望无际的太平洋，船上的人不得不以老鼠和皮革为食；在拉德罗内斯和菲律宾上岸，岛上的人持不友好态度，麦哲伦及手下的40个人在同当地人的一场冲突中死去。指挥权交给西班牙航海家塞瓦斯蒂安·德尔·卡诺，他带领仅剩的两艘船从菲律宾出发向南航行，绕过婆罗洲海岸于1521年到达摩鹿加群岛。西班牙人登上蒂多雷苏丹的国土，受到苏丹的盛情接待。他们用商品换来大量丁香，并在蒂多雷建起一个货栈，留下一支小部队守卫，以为将来的远征作准备。由于同伙中没有一个人愿意再次面临麦哲伦海峡的危险，所以德尔·卡诺把他的队伍分开。"特里尼达"号起航横跨太平洋，向墨西哥海岸驶去，这艘船出发没多久就被葡萄牙人俘获。德尔·卡诺本人避开葡萄牙人，驾驶他那艘受重创的"维多利亚"号穿过望加锡海峡，横跨印度洋，绕过好望角，带着宝贵的船货回到西班牙。这艘船已离开3年之久，这是航海史上的惊人业绩。德尔·卡诺与麦哲伦同享这次惊人航行的荣誉。他是第一位作环球航行的船长。

德尔·卡诺成功返回西班牙产生了两个类似的后果：第一个后果是西班牙人和葡萄牙人之间在摩鹿加群岛处于多少有点公开的战争状态。第二个后果是西班牙和葡萄牙在欧洲举行了一系列表面上友好的谈判。谈判期间，查理五世从西班牙派出第二支舰队，在洛艾萨率领下前往摩鹿加群岛。接着，查理五世传令给墨西哥的科尔特斯，要他派船跨过太平洋去增援洛艾萨。洛艾萨的远征遭到惨败。一支强大的舰队只剩一只船到达目的地，发现设在蒂多雷的货栈被葡萄牙人捣毁。科尔特斯非常乐意建立从摩鹿加通过墨西哥到西班牙的丝绸和香料贸易。他在太平洋沿岸装备了3艘船，1527年派遣它们随洛艾萨之后出发，由他的亲属阿尔瓦罗·德·萨维德拉指挥。但萨维德拉的遭遇并不比洛艾萨好。他的船只仅有一艘到达摩鹿加群岛，而且没有一艘返回。很清楚，无论在欧洲发生什么情况，葡萄牙人都控制着东方的局势，而西班牙人索要的价钱也在降低。当时查理五世皇帝正与法国交战，几乎无力偿债。于是在1527年，他想出了这样一个巧妙的主意：趁进一步降价之前，把他对摩鹿加群岛的所有权出售或者典当出去。1529年，尽管西班牙议会反对，萨拉戈萨条约还是正式签署了。根据这项条约，查理五世保证他在摩鹿加群岛的全部权利都归葡萄牙，以换取35万杜卡特现金，并任意确定该群岛以东15度为分界线。在其后40年中，新大陆的西班牙人专心致志于美洲事务而未干预东方。直到16世纪60年代，西班牙人才重新开始认真进行太平洋探险并实际立足于菲律宾。科尔特斯后来进行的几次太平洋探险是进行海岸勘察，其主要结果是发现了下加利福尼亚。

在签订萨拉戈萨条约那一年，科尔特斯到西班牙，亲自在朝廷上为他在墨西哥的所作所为进行辩解，并强烈要求得到王室的感谢。为了自身的利益他本来应该像阿尔瓦拉多那样早一点去西班牙。直到他的权威受到挑战，他的名声受到攻击，于忍无可忍时，他才放下探险、征服和开拓殖民地的紧急任务，这是他的性格。1527年，王国政府建立了新西班牙上诉法院。该法院的检审法院院长努里奥·德·古斯曼是一位职业律师，又是一位生性特别残酷的征服者。科尔特斯离开新西班牙在洪都拉斯逗留期间，努里奥曾当过帕努科总督，靠向西印度群岛贩运印第安奴隶积聚了大笔财富，不过当时王室很可能不知道这一点。他是科尔特斯的私敌，又是古巴总督贝拉斯托斯的忠实追随者。自1519年起，贝拉斯托斯就竭尽全力反对科尔特斯这位征服者。努里奥及其共事的法官们被授权开始调查西班牙法院接到的对科尔特斯的多次指控的真相。这项调查拖延多年，有许多轻微的反诉，这是促使科尔特斯去西班牙的主要原因。因此，1529年，新西班牙的事务便留给努里奥负责。"老征服者们"都讨厌他，而且，他还深深卷入与托钵僧修会，特别是与势力强大而又毫不妥协的苏马拉加的纠纷中。苏马拉加之所以反对检审法院的统治，不是因为他支持科尔特斯，而是因为他是墨西哥印第安人的积极捍卫者。许多印第安人都成为努里奥及其同伙在他们获得的大片监护征赋区中猎取奴隶活动的受害者。他们的这些监护征赋区是从科尔特斯的拥护者那里没收得来的。苏马拉加向王室据理报告，努里奥对待印第安人的做法可能激起武装起义。他在墨西哥掀起一场激烈的反对努里奥的运动，最终在该城发布了一项全面禁令。努里奥截获了苏马拉加的大部分信件，但其中的一些控告信送达西班牙。1529年末，作出了将该省检审法院法官和财政官员全体免职的决定。努里奥在得知他失势的消息之前已于1529年带着一大批追随者离开墨西哥去开辟通往新西班牙西北部的新的通道（entrada）。他征服了那块后来被称为新加利西亚的地区，但造成很大的破坏。不过，他掌握新的指挥权的时间不长。他于1536年被捕并送回西班牙。4年后他死于狱中。

在作出撤换努里奥的决定之时，科尔特斯正在西班牙。他带上合适的礼品和一个印第安人杂技团到宫廷，受到皇帝的热情接待。他被授予瓦哈卡谷地侯爵的头衔，他在那儿的一大片监护征赋区也得到确认。除了这些奖赏之外，皇帝的谋士们还得确定对他能信任到何种程度，在新西班牙出现的危险局势中怎样利用他的才能。他们作出的决定很独特。科尔特斯回到墨西哥去当军区司令，指挥出现骚乱时可用的防暴部队，但没任命他为总督。文治又再一次交给一个检审法院去实施。这一次挑选法官时格外仔细，他们的能力和正直是毫无问题的，他们的个性和政策也会令传教团满意。该检审法院院长是圣多明各的主教塞瓦斯蒂安·拉米雷斯·德·富恩莱亚尔，而圣徒似的人道主义者瓦斯科·德·基罗加又是他的同僚之一。这个由很有能力的律师和传教士组成的检审法院管理新西班牙达5年之久，尽管没取得多大政绩，却尽力执行王室的各项命令，对由征服者们建立的不完善的政府机构进行了改造，他们尽其所能对付科尔特斯周围形成的一些钩心斗角的派别。最后，王室得出明确的结论：只能由一位有实力的人物以高压手段来管理托钵僧修会的修士、印第安人和征服者们。于是，任命了一位拥有广泛权力的皇家总督。但这一次又没考虑任命科尔特斯。第一位皇家总督是一位军人兼外交官、名门贵族的后裔安东尼奥·德·门多萨。他于1535年接管新西班牙政府。

关于科尔特斯，几乎没有更多可说的了。他提议率领部队去攻打新加利西亚的努里奥·德·古斯曼，但遭到拒绝。经王室同意，新西班牙政府采取了一切可能的措施来削减他的特权和财产，以尽可能狭义的方式来解释皇帝已授予他的各种奖赏。连他的监护征赋区内的印第安人也加以清点，以使其数量不超过已同意的23000人。他的太平洋远征计划因遭到反对而受挫。特别是由于门多萨到来之后，门多萨本人希望组织到墨西哥沙漠以北去进行半传奇式的"锡沃拉"探险。于是，一位伟大指挥官的精力就被限制到商业活动上，去管理他在瓦哈卡的甘蔗园和畜牧场，以及他在墨西哥城的房地产。1539年，科尔特斯终于对新大陆感到厌倦，他回到西班牙，在那里靠侯爵封地（*marquesado*）的收入过着舒适但乏味的生活。他作为一位征服半原始部落的远征军指挥官的名声在欧洲几乎一文不值。王室既不想要他效力也不想征求他的意见，即使在那些他的效力和意见可能有用的地方，比如北非，也是如此。1547年，他在塞维利亚附近的卡斯蒂列哈·德·拉·奎斯塔的家中去世。

16世纪30年代，西班牙王室在新西班牙的政策不是单独针对科尔特斯的，而是针对他所代表的整个西班牙征服者阶层。其用意既是反封邑制度又是为了同情印第安人。长久以来，查理五世皇帝的谋士们总是想当然地认为，反封邑制度就等于同情印第安人，或者至少是互为补充的。监护征赋制是问题之关键所在。托钵僧修会的修士们和当时的官吏们的看法也是如此。正面攻击这一制度既困难又危险，然而，最终废除这一制度是王室谋士中的激进派的目标。同时，王室决心抵制监护人将他们的监护区变为世袭或在其管辖范围内行使封邑司法权的企图，力图削弱他们的特权并减少他们的人数。1530年，第二届检审法院就已秘密指示开始由王室收回较大的监护征赋区以减少其数量。这项政策旨在防止具有潜在危险的殖民地封邑阶级的势力扩大，使印第安人摆脱繁重的劳役并加强王室的直接权威。

到1530年，王室的这项政策不仅已有主要的构想，而且实施细则也已确定。成功的关键取决于用王室任命的领俸官员来代替那些在早期征服过程中自封的首领和总督。王室任命的官员有些是军人，有些是传教士，但绝大多数是受过正规教育的律师。1511年建立起来处理西印度地区事务的卡斯蒂利亚委员会的常务委员会于1524年作

第十九章 1521—1580年的新世界

为一个独立的合法机构正式成为西印度事务院。该院以当时西班牙政府机构所特有的方式,兼有处理重要案件的最高上诉法院的职能和咨询委员会及殖民地事务指导部的职能。虽然从法律上来说国王保留有立法权,但常常须由该院来行使这一权力,最多不过是走走过场,由王室点头而已。由于没有君主的亲自干预,该帝国由一个合法的政府机构来管理。

在西印度地区,如同在西班牙一样,职业律师是中央政策的执行者。在圣多明各和墨西哥已建立了检审法院。到16世纪末,新大陆的检审法院的数目已达到10个。[①] 他们原来是上诉法院,后来也起内阁顾问委员会的作用,分别给各省的文职或军人总督当顾问。他们可以审理反对总督决定和行动的案件,可以单独向西印度事务院汇报。他们专门负责保护印第安人的权利,沟通宗主国王室政府与具有外国文化的臣属民族之间的关系,抵制贪婪而混乱的殖民地社会的离心倾向。由于殖民地没有法学院,这些检审法院法官(the oidores)必然是从西班牙本土来的人充任,他们在教育、性情和兴趣方面都与西班牙征服者不一样。他们中那些真正执行王室命令的人常常与征服者们发生直接冲突;另一方面,那些接受了殖民地欧洲人的影响和他们的生活方式的人又与他们争夺不义之财。

从初期起不仅高等法院,而且各省的财政部门也配备由王室任命的官员取代原来由征服者们任命的官员。王室在美洲的大庄园与殖民地的一般行政与司法系统严格分开。每个省的省会都有自己的财政局,保险柜,整套财务班子——司库、主管会计、罚没财产管理人。这些财政官员负责对贵重金属征收像五一税(quinto)这样的直接税;征收并出售从王室拥有的印第安社区所得的实物贡税;负责由王室事先批准的像官员薪俸这样的支付款;负责向西班牙定期汇寄盈余金。财政官员直接对西印度事务院的会计署负责。未经王室事先批准,殖民地财政部门的任何开支都是不合法的。这样,没有任何殖民地总督能用公款建立私人王国。

王室不仅任命了法院和财政部门的高级官员,而且早就开始削弱

[①] 圣多明各,1526年;墨西哥,1527年;巴拿马,1535年;利马,1542年;危地马拉,1543年;新加利西亚,1548年;新格拉纳达,1549年;查尔卡斯,1559年;基多,1563年;马尼拉,1583年。

"老征服者们"在他们自己的据点、西印度地区自治市镇中的权力。1520—1521年发生在西班牙的科穆内罗斯叛乱给年轻的国王留下了深刻的印象，使他对于地方自治的市政当局的特权和意图、对于经常控制自治市镇的地方实权人物（magnates）怀有格外戒备之心。因此，新西班牙的这些自治市镇除了能从王室那里获得赐予的称号和绘有纹章的图案之外，别的就几乎一无所得。他们征收地方税的权力受到严格限制，未经王室特别许可，他们的议会代表禁止聚会，而且严厉制止任何联合行动的倾向。不允许殖民地议会具有任何实质性的内容。在早期，王室就控制了大市政厅的内部成员构成。起初，在墨西哥，每年一次的市政议会议员选举他们的继任人，每年都报经总督批准，而在1525年，王室开始任命终身的市政议会议员。到1528年，整个机构都由这些终身的市政议会议员组成，除了两个市长职位的选举之外，其他选举都取消了。诚然，王室接受管辖者（regimientos）中许多人都是"老征服者"、监护人或当地的某些知名人士；但其他人都是带着任命书直接从西班牙来的，他们全都是沾国王或某个高官的光才得以身居要职。1529年，王室第一次任命了墨西哥市书记员（clerk），后来该市的大部分主要部门都一个一个地成了王室的囊中之物。从国王的角度来看，这种任命权是极为有用的，不需要花国库一分钱。它有效地阻止了自治市的独立倾向，却又保全了自治市的面子。

通过任命第一任总督，精心设计的王室任命殖民地官员的体制终于大功告成。总督的薪俸相当优厚，使其不屑于去搞小小的贪污受贿，但他本人任职与否须看王室是否满意。总督的权力很大，但即使如此，他也没有广泛的地方官员任命权，几乎没有可供调遣的武装部队，也无权花王室金库的钱。因此，他不可能搞独立从而给王室带来危险。此外，他受到检审法院法官的监视，在某种程度上还要接受检查。像所有其他官员一样，在任职期满时必须接受考核（residencia），即对其任职期内的行为作法律调查。查理五世第一次挑选新西班牙总督时运气特别好。在门多萨的严格控制下，以当时西班牙特有的行政管理方式，使人人受监督。西班牙征服者们的独立倾向看来处于牢固控制之下。教会修士们继续敦促政府修改有关土著的政策。很清楚，政府愿意采纳他们的这些意见。

第十九章　1521—1580年的新世界

然而，王室在新西班牙进行这些广泛干预的同时，其他的西班牙征服者已在遥远的南美洲忙碌着。门多萨到达墨西哥时，另一个同样庞大的帝国被西班牙人武力征服。在大为不利的环境条件下，传教士们和政府官员们又再一次发挥作用。自从占领达里安以来，那里的西班牙人中就盛传着在南方有一些文明而繁荣的王国，但长期未能探明其真实情况。古秘鲁主要的政治和宗教中心位于高高的恩迪内（Andine）高原上，由高大挺拔的东、西科迪勒拉山脉护卫着。这里的海拔高度从9000英尺到13000英尺不等。盖丘亚人的印加王朝建立的军事统治已历时约400年。在西班牙人到达时，其版图从北到南绵延几乎2000英里，以库科斯为其首都。印加帝国在土地公有和广泛实行强迫劳动的基础上，靠严格的纪律将全国统一起来。这些纪律受一套复杂而庄严的对统治者的崇拜仪式制约，并由军事组织加以实施，该军事组织在各战略要点设置堡垒，储备军需品，在全国修筑了山区道路网和藤索桥。印加人的政治体制比墨西哥阿兹特克人的要严密得多，考虑到该地区极其困难的地形，其交通也算较好。但秘鲁人总的说来生性不那么好战，在西班牙人到来之前已停止用人作祭品。他们的物质文化大部分尚处于石器时代，但是，他们善于制作软金属制品，比墨西哥人更多地使用铜，大量利用金银制作装饰品，甚至能制作金银器皿。他们善于织造精美的纺织品，使用的不是棉花而是美洲驼毛和小羊驼毛。他们没有文字，使用一套结绳记事的方法，记载像交纳贡品之类的账目。他们的农业基础不是像玉米那样的粮食作物，而是块根食物，主要是各种土豆。他们的城市是用加工过的石头而不是用土砖建成，修建得坚固而精巧。像墨西哥人一样，他们不懂得使用车轮。但不同的是，他们有驮畜，美洲驼躯体不大，驮力也较小。

在西班牙人入侵前一个世纪左右，印加人已将他们的版图向北扩展到现在的厄瓜多尔，向南远达智利的马乌莱河，并扩展到秘鲁沿海平原上具有高度发达而独特的奇穆文化的地区。这些新近获得的地区是造成印加帝国没落的根源。达里安的西班牙人正是从北部沿海地区听到关于印加人的财富的传说的。由于那里的居民怨恨印加人的统治，所以，他们对欧洲入侵者，如果说不是热情欢迎，也是抱默认态度。在达里安，由出生于埃斯特雷马杜拉的两个富有的军人弗朗西斯科·皮萨罗和迭戈·达·阿尔马格罗以及一位名叫卢克（Luque）的牧师组成的联合组织开创了秘鲁的冒险事业。三人都在达里安当监护人，兼营农场和采矿。虽然卢克没有积极参与征服秘鲁，但是看来他曾提供了大部分创业资金。这几个合伙人花了4年时间进行沿海岸航行考察。在此期间，他们收集到足够的证据促使他们同印加帝国洽谈要求签订一项正式条约。皮萨罗去西班牙时恰逢科尔特斯得胜回朝——这是一个吉兆。皮萨罗获得他将要征服的那个王国的督护（adelantado）和总督职位。他与4个同父异母兄弟和其他志愿者一起回到巴拿马。皮萨罗把阿尔马格罗留在巴拿马等待增援部队然后随同前往，他终于在1530年带着大约180人和27匹马出发去征服秘鲁。

皮萨罗到达秘鲁北部海岸的通贝斯时，恰逢争夺印加王位继承权的战争处于决战阶段。瓦斯卡尔被他那篡位的异母兄弟阿塔瓦尔帕击败而遭废黜。阿塔瓦尔帕没有定都于库斯科，而是选择秘鲁北部的卡哈马卡作为首府。得知这场战争的消息使皮萨罗感到鼓舞。他在通贝斯地区立住脚并建立圣米格尔城之后便向内陆进军，直抵卡哈马卡。在这里，以正式会谈为掩护发动突然袭击，西班牙人杀死了阿塔瓦尔帕的大部分贴身随从并俘获这位统治者本人。靠突然袭击，靠有利的政治形势，靠那令征服者们自己也感到害怕的惊人勇敢，皮萨罗及手下的人在一个下午就决定了印加帝国的命运。阿尔马格罗带着200人在不久之后赶到。印加帝国的部队由于群龙无首，不能有效抵抗大约600人的征服者向库科斯进军。库科斯于1533年陷落并被洗劫一空。从库科斯劫掠来的黄金，连同阿塔瓦尔帕徒然希望赎回自由而收集的满屋子黄金器皿一起被熔化，除开属于王室的五分之一，其余的被瓜分了。这足以使这支军队中的每个人富足终生，不过能活到享受这笔财富的人并不多。

尽管困难重重，高山行军及其后进行的战斗几乎令人难以置信，但库科斯仅是皮萨罗所遇到的极其艰难困苦情况的开头而不是结尾。到此时，战役大致沿着科尔特斯在墨西哥作战的相同思路进行，但在占领库科斯之后，事态发展的进程就不相同了。与科尔特斯不一样，皮萨罗没有把权力中心建在该王国的古老首都，而在1535年建立了全新的西班牙人的首都——利马，即众王之城，位于近海的里马克谷地。从军事角度看，这一选择是合乎常理的，因为库科斯远离海港，而在秘鲁的西班牙人需要依赖港口从外部世界得到增援部队和补给品。库科斯的多山环境使得西班牙人的主要兵种骑兵部队难于（如果不是完全不可能的话）发挥作用。但皮萨罗的这一决定造成了西班牙人生活的沿海地区与印第安人生活的山区之间的明显分界线，从而丧失了一种使秘鲁人臣服于新的效忠对象的手段。墨西哥历史初期的特点是，欧洲人与印第安人的习俗迅速发生相互影响，而秘鲁从来没有经历这一过程。皮萨罗与科尔特斯属于完全不同类型的人物。皮萨罗的不足之处是，他不是传统社会意义上那种有身份的人。在西班牙，他是出身卑微的农民的私生子。在西印度群岛，他是勇士中的勇士，靠着勃勃野心、无限的勇气，以及作战的技巧，夺得了领导权。他是文盲，因此需要依靠秘书。他很精明，却缺乏科尔特斯的魅力和外交策略，缺乏对人类环境的敏锐理解力和使已战败的敌人归附自己的天才。合法而不公正地处死阿塔瓦尔帕是一大错误，遭到许多西班牙人的谴责。此外，皮萨罗自己的阵营中有心怀嫉妒的对手，不久在征服者中产生了严重纠纷。从圣米格尔传来令人不安的消息，该地总督贝拉尔卡萨尔应基多地区一些居民的邀请，已向北进军，以使他们摆脱印加总督的统治并将其据为己有。永不知足而好战的阿尔瓦拉多也在觊觎基多，他出人意料的到来使局势变得更为复杂。先是阿尔马格罗，接着是皮萨罗，匆忙赶往北方去防止内战。阿尔马格罗和贝拉尔卡萨尔（他们是老朋友）团结一致对付阿尔瓦拉多。在与皮萨罗会谈之后，阿尔瓦拉多同意回到他自己的管辖区。贝拉尔卡萨尔保住了他征服的基多。

与此同时，征服者皮萨罗的异母兄弟埃尔南多·皮萨罗带着消息和礼物前往西班牙，此时已带回公文，授予弗朗西斯科·皮萨罗侯爵头衔，而授予阿尔马格罗的头衔是督护，其管辖区在皮萨罗的管区以南一个很不明确的地区。阿尔马格罗马上声称库科斯属于他的封地的一部分。皮萨罗拒绝放弃这座城市。经过保全面子的和解之后，阿尔马格罗起程去进行远征，探索和征服他的南方王国。他离开了两年。在此期间，他的军队横越现为玻利维亚的荒凉高原，远远地深入到智利，经由沿海的阿塔卡马沙漠返回。阿尔马格罗一伙人经历了饥渴寒热的种种艰难困苦。他们损失了大部分马匹和自己的许多人员，却没有发现更多的城市，也没有劫掠到名副其实值钱的东西。他们于

1537年4月回到库科斯，变本加厉地嫉妒皮萨罗的好运。

阿尔马格罗离开期间，皮萨罗不得不对付由曼科·印加领导的危险而广泛的印第安人起义。曼科·印加是瓦斯卡尔的继任者，皮萨罗曾想立他为傀儡统治者，但未成功。曼科未给利马造成任何影响，却紧紧围困库科斯并切断了这个城市与从沿海派来的增援部队的联系。印第安人的军队的人数太多，以可供使用的原始交通工具无法长久坚守阵地。6个月之后，曼科的军队人数开始减少。但皮萨罗还未来得及利用这一弱点，阿尔马格罗就带着军队从智利到达，从背后袭击曼科并将他打败。他带军进入库科斯，夺取了市政府和该地区。这是秘鲁的西班牙人的第一次内战——拉斯·萨林纳斯之战的根源。像秘鲁其后发生的多次骚乱一样，这次战争不仅是西班牙人两个派别之间的争斗，而且还是沿海地区与山区、利马市与库科斯市之间的争斗。利马获胜。在经过多次变化无常的形势之后，阿尔马格罗于1538年被击败，成了埃尔南多·皮萨罗的俘虏，并被处以绞刑。他曾是一个慷慨而得人心的领导者，他的死给皮萨罗树立了众多的敌人。3年之后，厄运轮到弗朗西斯科·皮萨罗头上。1541年，他在利马被一伙"智利人"杀害。两个死去的头领的忠实追随者之间又突然爆发第二次内战——丘帕斯之战。

曼科·印加遭到失败之后，作为流亡统治者又活了10年。他很可能思索过降临在征服他的人民身上的具有讽刺意味的命运——小股的武装抢劫者在大山之中互相追逐，战斗到死，被他们踩在脚下的帝国正期待着一位组织能手。在拉斯萨林纳斯战争期间及其后一段时间，受西班牙人影响的地区大大扩张了。贝拉尔卡萨尔将其领地从基多通过由原始部落居住的森林地区向北扩大到波帕扬，再向外进入与世隔绝但居住有筑城部落奇布查人的地区。这里，他的先遣队遇到贡萨洛·希门尼斯·德·克萨达的先遣队。克萨达从加勒比地区向南沿马格达莱纳河抵达人口稠密、物产富饶的波哥大草原。这时，由于双方大致势均力敌，两位领导者商定了领土划分。圣菲·德·波哥大最终成为新格拉纳达西班牙王国的首都。贝拉尔卡萨尔在征服过程中又使用了一种新方法，他随军赶着一大群猪，在行军途中是食物来源，又是该国极有价值的新东西。他当了波帕扬总督。在阿尔马格罗勘察智利之后，佩德罗·德·瓦尔迪维亚接着深入南方。他于1541年建立圣地亚哥城。瓦尔迪维亚的征服活动在两个方面不同寻常。由于皮萨罗之死，他发觉自己没有了主人，经圣地亚哥的维西诺推举，成为西印度地区少数几个当选总督之一，这与在维拉·克鲁斯选举科尔特斯的情况大致相同。虽然没有找到黄金和定居的印第安人的文明，他却在世界最美丽富饶的山谷地带建成一个规模不大但完全以西班牙农业为基础的社区。

所有这些指挥官至少在形式上都曾是皮萨罗的副官。皮萨罗之死在秘鲁留下一个只能由王室填补的真空。所以，丘帕斯之战与早先的争斗不同之处在于：从西班牙派来的皇家总督积极参与了这场战争。持有委任书的巴拿马新的检审法院院长瓦卡·德·卡斯特罗被派到秘鲁去调查那里的动乱情况。他被授权如果皮萨罗死去就继承这位侯爵的职位。因此，他掌握了皮萨罗这一派的指挥权，从而将它转变为一支皇家军队，用以镇压武装叛乱。阿尔马格罗一伙被击败，其中的许多领导者被处决。而更加困难的是，具有律师技能和耐性的卡斯特罗说服贡萨洛·皮萨罗放弃了以武力强行继承他兄弟权力的要求。

卡斯特罗参与丘帕斯之战是王室进行更加严厉干预的一个简短的前奏。王室的干预必然深刻影响到新西班牙和秘鲁的历史进程。十多年来，王室一直鼓励新西班牙的王室官员限制监护人的特权，但未采取有效行动。不仅是监护人的地位十分牢固，在地方上有很大的势力，而且王室官员也很快把监护征赋制看作是西印度地区殖民化过程中西班牙人手中的一种最强有力的工具。由像拉斯卡萨斯那样的传教士敦促朝廷通过的反封地制和人道主义的立法在殖民地遭到反对，至少直到那个世纪中叶，遭到奉命实施这项立法的官员们的反对。因为在殖民政府中任职的任何一个现实主义的官员都知道，没有监护征赋制就不会有殖民化。即使是传教士们看法也不尽一致。殖民地的许多托钵僧修会的修士们，比如，多明我会的修士弗赖·多明戈·德·贝坦索斯反对没收西班牙征服者的监护征赋区。到16世纪中期，托钵僧修会的神职人员的豁免权受到主教的抨击，所以，他们被迫与监护人结成不稳定的联盟。拉斯卡萨斯及其他与他思想一致的人仍然对朝廷不断施加压力，而秘鲁发生的事件支持了他们的论点。在秘鲁如同在新西班牙一样，授予西班牙征服者监护征赋区，但几乎没有闲暇安闲地进行组织工作。不断打仗造成印第安人生命财产的损失远比在新西班牙大得多。传教士们的缓解作用也要小得多。到秘鲁被征服时，西班牙教会中的伊拉斯谟激进派已没有什么活力了。秘鲁没有一伙经过挑选堪与十二门徒相比的宗教狂热者，使印第安人皈依基督教和学习欧洲人的手艺方面所取得的成就远没有在新西班牙那样大。另一方面，殖民封地内的无纪律现象更加危险，王室更有充足的理由抨击他们的特权。

1542年，部分由于拉斯卡萨斯坚持的结果，王室对整个监护征赋制度实行全面打击。"西印度新法"是对整个殖民地全面管理的一部综合性法典，但最重要、最具创新意义的部分是有关监护征赋区的条款。所有监护征赋区在其现有的监护人死去时应收归王室。任何官员，无论是世俗的还是教会的，都不允许由监护人担任。参加过秘鲁内乱的人其监护区应立即没收。如果从字面上来解释，这最后一条将使秘鲁的每一个监护人立即丧失其管辖的印第安人。在新西班牙，门多萨以劝说或胁迫的方式叫受命执行新法的巡视员无限期停止颁布新法。然而，由于秘鲁没有实际上的皇家政府，所以，任命了第一个皇家总督，随同新一届的检审法院的成员一起被派去专门实施这部新法典。他就是布拉斯科·努涅斯·德·拉维拉，一位职业军人，性格刚毅，有勇无谋。由于他不听检审法院法官们的劝告，坚决要求贯彻他的命令，结果引起一场由贡萨洛·皮萨罗率领的武装造反。在这场新的内战中，努涅斯在1546年初被打死。在一段时间中，贡萨洛·皮萨罗成了秘鲁的实际统治者。如果他听从了他那坚定不移的军师卡瓦哈尔的意见，断然拒绝效忠王室，那么，他很可能建立起一个独立王国。然而，尽管他性格散漫，但忠诚之心未改。他不太了解查理五世的蛮横专制日趋严重，因此，他像一个从强大的实力地位出发进行讨价还价的西班牙征服者那样，企图获得王室对他权力的承认。但是，不受约束的封地协议的时间已经过去。政府中努涅斯的继任者是牧师佩德罗·德·拉加斯卡，他已从巴拿马控制了海洋。谈判的结果仅仅是让他能在秘鲁登陆，将许多心怀嫉妒的人从贡萨洛那里分离出来，最后召集军队把他打败。贡萨洛及其主要副官于1548年3月被斩首。在征服秘鲁的这5个无法无天的兄弟中，只有埃尔南多幸存下来，最后死在西班牙监狱中。在整个总督辖区建立秩序的过程缓慢而又艰难。但到1560年，残忍的总督卡涅特得以宣告南部疆土已完全平定。

殖民地公开的武装封建制度已被取缔。在秘鲁如同在新西班牙一样，政府官员代替了西班牙征服者。

虽然西印度事务院镇压武装叛乱的态度坚定不移，但也理解并接受了门多萨的中肯意见，认识到对监护人做得过火。中央和地方政府都在力求找到一种折中的解决办法。1545年皇帝在马林签发的文件重新确认了有关监护征赋区继承权的旧规定。像从前一样，这些监护征赋区可以延续两代人，实际上常常超过这一限期。另一方面，随后在1549年和1550年发布的一系列敕令禁止监护人强征劳役，特别是用印第安人做搬运工。因此，监护征赋制度虽然保存下来，但性质已改变。毫无疑问，监护人确实仍在非法强迫印第安人服劳役，但在法律上，他们只有收取印第安人的贡赋的权利。这些贡赋部分以贡金、部分以贡品交纳。贡赋数额的大小间或由监护人确定。这样定义的监护征赋制纯粹是为了收买"老征服者"及其后代使他们不致对立而支付的抚养金。监护区中未转让的或已收归王室的村庄委托给地区官员，即区长（corregidor）照管。这些区长职位（corregimientls）是临时的带薪职位，而不是终身的封赐，逐渐用来代替监护征赋制作为对在地方效力的人的一种正常奖赏。引导印第安人作有偿劳动并为比一个村镇更大的社区的经济生活作贡献的问题不再由私人处理而是成为公众关心的事。虽然私人强征劳役已属非法，但授权给统治者可以强迫"闲散的"印第安人去找工作做；要求所有的印第安人村庄提供一周的限额劳工供雇来做公益劳动。这一制度在新西班牙通常叫作分配份额（repartimient），在秘鲁叫作米达制（mita）。

在新西班牙，第二任皇家总督路易斯·德·贝拉斯科实施了1545—1550年的立法，取得很大成功。贝拉斯科从1550—1563年统治该省，他为此目的而派出巡视员。在秘鲁，这些立法直到弗朗西斯科·德·托来多时代才得到有效实施。托来多是一位天才的组织者，在12年的任职期（1569—1581年）内，他给秘鲁总督职位留下了确定持久的官僚政治印记；他还偶然下令处死最后一位公认的印加王子图帕克·阿玛鲁（Tupac Amaru）。如果没有社会和经济势力同心协力，在两届总督任期内要实施这些立法是困难的，或者可以说是不可能的。很清楚，防止用印第安人做搬运工的最好办法是鼓励饲养和使用驮畜。对于建立在监护征赋制基础上受限制的半封建社会的最佳矫正办法是给欧洲人提供能赖以为生的其他职业，而又不冒犯他们关于不适合有身份的人的工作的偏见。事实上，在16世纪后半期，由于政府干预，物价上涨（因为贡赋大量以货币征收）以及印第安人口因瘟疫而减少，监护征赋区的价值逐渐下降，同时，越来越多的印第安人（至少在新西班牙）或为挣钱，或为自己的缘故，学会了欧洲人的技能或提高了自己的手艺。硬币的使用范围扩大了，货币经济开始取代了直接获取生活必需品的经济形式；而西班牙人发现了远比旧的监护征赋制更重要的新的谋生手段。在这些新的谋生手段中，最典型、最有利可图的是矿山和大牧场。

大部分西班牙征服者来自干旱的卡斯蒂利亚高地，那里的人长久以来一直喜欢从事畜牧业，放养部分游牧的畜群，而不喜从事农耕。这种爱好不仅有经济上的原因，而且有社会的和军事上的原因。它是几个世纪以来变幻不定的边疆地区时断时续进行战争的产物。畜群的主人，即骑在马背上的牧民，在新世界最能适应与旧世界相似的环境条件。的确，有少数地区条件得天独厚，如新西班牙的普埃布拉或新格拉纳达的安蒂奥基亚。在这些地区，西班牙地主在城市附近种植小麦供出售，或在港口附近种植小麦给船舶提供粮食。但是，在西印度大部分地区，饲养牛羊在门多萨时代成了富有的西班牙人的主要职业。新西班牙的每一位编年史家常常惊喜地提到该国饲养的牲畜数量庞大。门多萨亲自引进美利奴羊，它是早期羊毛工业的基础。这一产业偶然得到在其作坊中压制和虐待印第安劳工的恶名。墨西哥市场上牛肉的价格是养牛业迅速扩大的明显证据：1538年，4磅卖17个铜币；1540年，10个铜币；1542年，4个铜币。市政府发布法令将价格固定在最后这个数字上。贱价销售要受惩罚，因为城市的市政议会议员几乎都是牧场主。由于牛肉价格这么便宜，没有一个西班牙人会挨饿或急需要为拿工资而干活。拥有养牛场的大人物们有可能敞门迎客，还可能养大批家臣。除了在临近大城市的地区外，牛肉比较起来无利可图。这些牲畜的主要价值在牛皮和牛油。牛皮用于制造鞍具和防护服；牛油用来做蜡烛，并用做船舶外壳的涂料，保护船舶免受凿船虫的蛀蚀。屠宰过的牛在去掉牛皮和牛油之后，尸体任其腐烂。在这种情况下，必须大规模养殖才能获利，而被授予牧场的主要是那些买得起牲畜的人。授予的牧场也未严格界定，起初是以一固定地点为半径计算，没有进行过边界勘测。尽管多次立法，尽管殖民地法院努力保护印第安人的财产，这些牲畜还是会闯入印第安人的未加围栏的玉米地。例如，在墨西哥城东北45英里的托卢卡山谷，1535年开始养牛。20年后，整个谷地有15万头牛。据托卢卡的方济各会修士说，除了少数被雇来做牧牛人的印第安人之外，当地的印第安人都逃到山里去了。因此，玉米价格从每法内格（fanega）①值二分之一雷亚尔上涨到4雷亚尔。他们说，有些牧场主一户就养了15000头。由于牧场主和拥有牲畜的政府官员以及墨西哥城中靠捐款为生的在俗神职人员们施加影响，所以政府也无能为力。托卢卡仅是成百个例子中的一个。畜牧业的迅速发展无疑是新西班牙中部人口减少的一个主要原因；而过度放牧又是引起土壤受侵蚀的一个主要原因，这使墨西哥自此之后大受其害。在秘鲁，有角的牛影响不大，但绵羊和用鼻子在土豆地里拱土觅食的猪在高原的许多地方造成类似的状况。两个地区的畜牧业，常常连同滥用监护征赋制度一起，往往会破坏印第安人的公有制农业而建立起属于欧洲人的大庄园。

起初是监护征赋区，然后是大牧场积累了资本，这使得大规模开采贵金属成为可能。在征服初期，金银的开采仅是进行勘察和在合适的河流里淘洗这样简单的事情。但是，大约在16世纪中期，在新西班牙的萨卡特卡斯和瓜纳华托发现了储量巨大的银矿脉，而在现属于玻利维亚的波托西所发现的银矿是所有银矿中储量最丰富的。各种形式的大规模粗加工生产取代了原始的淘洗法，建立了在当时堪称巨大的工厂来从矿石中提炼银，通常使用的是混汞法。这些开采导致非法的淘银热潮。于是，在采矿区匆忙成立特别法庭来登记所有权和解决争端。王室要求在所生产出的全部金属中占一份额，通常为五分之一。还用了大批管理人员来称重、测试和在银锭从矿场发出时盖上印章，然后将属于王室的部分拿出来。扣出经批准的付款后，属于王室的那部分银锭运到西班牙，同时，还有由个人运回国的数量更大的金银，要么用于投资，要么用于支付进口的欧洲商品。

虽然有些西班牙人，更多的是印第安人，以手工劳动进行开采，但典型的银矿主是以相当大的规模进行开采的资本家。采矿和畜牧是

---

① 一法内格约为1.6蒲式耳。——译者

相辅相成的，因为矿工需要有稳定供应的牛肉、皮革和牛油蜡烛，而从事这两种行业的人常常是同样多。像畜牧业一样，采矿业也使印第安人不堪忍受，不过方式不同。采矿业需要大量的挖掘工。进口黑奴满足了对劳工的部分需求，但大部分工作是由印第安人来做。虽然要付工资，但还是得在监护征赋制度下以强制手段来大量征募印第安劳工。过度劳累，食不果腹，更严重的是在拥挤条件下疾病流行，造成矿山中印第安人大量死亡，印第安矿工又将流行病带回村庄。或多或少接受了欧洲生活方式、学会了欧洲人手艺的印第安人或在欧洲人居住中心附近从事传统手艺的印第安人得到有效保护，使他们不受虐待（当然无法使他们不得疾病），因而稍微富裕一些。那些能提供劳工的头人们也能发财致富。但是，那些待在村子里以旧方式从事劳动的印第安人是两个世界中生活过得最糟糕的。一般来说，随着这些省区变得繁荣富裕，印第安人的人数也随之减少。特别是在新西班牙，印第安人口一直在减少，由于疾病大流行，16世纪40年代人口锐减，16世纪70年代又再一次大幅减少。印第安人口下降趋势一直延续到下一个世纪中叶。①

新西班牙和秘鲁都产银。西班牙人主要看重这一点。但秘鲁生产的银比新西班牙多得多，而除了生产勉强维持生活所需的东西外，秘鲁几乎不产别的东西。征服秘鲁的西班牙人社团仍然住在不大的社区里，有大量的钱可供使用，购买消费品的欲望非常迫切。而在新西班牙，西班牙人和印第安人社会已开始相互交往融合。新西班牙物产富饶，却因征收银税的效率低下而短缺硬币。大量的私人汇款寄到西班牙，尤以科尔特斯庄园汇出的为多。将西班牙原产的商品沿海岸运到秘鲁去补充那些跨过巴拿马地峡运进来的昂贵的进口商品成为一桩有利可图的生意。随同这些中转商品一起运去的还有墨西哥产品（骡子、糖、果干、果酱），由西班牙人或印第安人工匠在新西班牙制造的欧式商品，以及印第安人的各种各样有趣的产品——光亮的黑石镜，上漆的葫芦瓢，羽毛制的花毯，等等。科尔特斯庄园将大笔钱投

---

① 最近的一份证据充分的研究资料得出墨西哥中部地区的以下大致数字：1519年，1100万人；1540年，6427466人；1565年，4409180人；1597年，250万人。S. F. 库克与L. B. 辛普森：《16世纪墨西哥中部的人口》，载《伊比利亚——美洲》第31卷（加利福尼亚，伯克利，1948年）。其他作者的估计数字大不相同，但下降趋势是普遍一致的看法。

资到这一行业中，主要是运送它自己的产品。米格尔·洛佩斯·德·莱加斯皮①是个地主，并曾在墨西哥当过官。16世纪60年代，他征服了菲律宾，在马尼拉和阿卡普尔科之间建立起横跨太平洋的定期贸易。结果，大量的丝绸和其他中国商品以类似的方式转运到秘鲁。正是因为开展了这种贸易，使得秘鲁出产的银悄悄流入急需硬币的东方，招致王室干预，最终在17世纪全面禁止总督辖区之间的贸易。

对贸易实行严密监管一直是西班牙帝国政策的特点。使太平洋事务从属于大西洋事务的意见完全符合这一政策。横跨大西洋的西班牙航运集中在塞维利亚港，从1543年起，完全被该城的商会所垄断。商会是势力强大的团体，不但有能力捍卫其特权地位，而且还可能滥用这种地位。通过一系列精心策划的谎言诓骗，西班牙全国各地的商行都成了由塞维利亚商会为代理人的商会会员，将他们的货物以塞维利亚商人的名义托运。甚至外国的商行，德国的、英国的、佛兰芒的，也都采用这种办法。因此，真正的塞维利亚商会会员作大笔的委托业务，最终使他们自己的正规生意反倒显得无足轻重。塞维利亚是西印度贸易的瓶颈。王室通过它的代理机构贸易署（the Casa de Contratacion）实行严密监管，使这瓶颈变得更加狭窄。贸易署对西印度贸易征收关税，接收和发送从美洲发来的税款。在贸易署内部有一个解决商务争端的法庭，一个水文部和一所航海学校。它审查移民和签发移民证，阻止犹太人和异教徒入境；检查船只以确保航海安全；审查海员以保证他们能胜任。有些商品，比如枪支和黑奴，须有特别许可证才可以出口。一般说来，实行许可证制度会阻碍正常的商业活动，这是令人不愉快的，而且会促使违法者挖空心思地想出一些巧妙的对付办法。

16世纪的西班牙主要是一个原料生产国，出口葡萄酒、橄榄油和羊毛换回外国商品。但它也有自己的工业，而且在某些产品（如丝绸、精纺羊毛织品、手套、皮革、军火和刀具）的制造方面，西班牙工匠不仅满足了大部分国内市场的需要，而且还将剩余产品出口到西印度地区。1530年与1594年间，像布尔戈斯、塞哥维亚和托莱多这样的城镇人口增加表明，工业活动也在增加，但增加的速度还赶

---

① 参见本书边码第612页。

不上西印度地区需求的增长速度。西班牙的经济结构很死板，这使出口贸易快速扩大极为困难。经济结构死板的原因有：人们普遍轻视单调的工作，以及随之而产生的劳动力短缺；市政当局和同业公会排外保守；给予季节性流动养羊的特权毁坏了可耕地，从而导致粮食短缺；非生产性职业，特别是教会和军火制造业的人口的大幅度增长；沉重的税收阻碍了资本积累；持续不断的欧洲战争。这些因素对卡斯蒂利亚影响特别大，因为加泰罗尼亚和阿拉贡繁荣的商业中心与地中海关系密切，而对西印度地区的贸易没有多大兴趣。各地的详细情况不尽相同，但其中许多因素对西印度地区也发生影响，使那里的西班牙人更加依赖本地劳动力和进口的欧洲商品。整个西印度地区的市场迫切需要布匹、武器、工具和各种五金制品、书籍、纸张、葡萄酒、油和奴隶。除了由摩里斯科工人大量生产的油和葡萄酒外，西班牙商人无法以足够的数量或有竞争力的价格出口这些商品。因此，西印度地区的贸易对奴隶贩子、走私分子和非法商人有着长期的诱惑力。其中在16世纪前半期主要是葡萄牙人，但后来也有北欧人。约翰·霍金斯在16世纪60年代组织了三次大规模航行，将奴隶和纺织品运到加勒比地区。他是许多其他的佛兰芒人、英国人和荷兰人的先驱。船货中占很大比例的银使得从西印度驶回本国的船只对抢劫者也有诱惑力。在法国与西班牙持续不断的交战期间，这些私掠船上的抢劫者主要是法国人，但后来也有英国人和荷兰人，而随时都有海盗进行抢劫。大约在该世纪中期，必须要由护航舰队运送金银。从1564年起，每年有两支武装船队从西班牙出发，一支去墨西哥和墨西哥湾各港口，另一支去巴拿马地峡。两支船队都在美洲过冬，第二年春天在哈瓦那重新聚集一起返航。每支船队都由20艘至60艘帆船组成，通常由2艘至6艘军舰护送。不随其中一支护航舰队航行的任何船只禁止横跨大西洋，除非有特别许可证。包括以圣多明各和卡塔赫纳为基地的支援巡洋舰中队在内的这个体系由当时最伟大的海上指挥官佩德罗·麦嫩德斯·德·阿维莱斯筹划，总的说来是有效的。在大多数年份少数掉队的船只会失踪，但是在16世纪，没有一次是整个航行被拦截而遭覆没的。定期航行一直维持了一个半世纪。1585—1586年，德雷克袭击沿海城镇获得成功，但其成果只是暂时的。另一方面，通过对往来美洲运送的所有商品征收一系列沉重复杂的关税来支付护航

第十九章 1521—1580年的新世界

舰队的费用。因此，船队的安全是用高价买来的。这一整套安排既大大延迟了殖民地得到商品的时间，又在这些商品最终到达时价格大大提高了。

整个16世纪的大部分时间，到西班牙的加勒比殖民地去做非法买卖的人主要是葡萄牙人。他们在亚速尔群岛的停靠港很有用，在西非有一系列奴隶临时禁闭营，通过与沿岸统治者签订的协定来维持。从16世纪初年起就已在伊斯帕尼奥拉岛的蔗糖生产中使用非洲奴隶。后来，在墨西哥的内陆和沿海地区也使用非洲奴隶。经西班牙政府准许向这些殖民地提供奴隶的商人不得不从葡萄牙经纪人那里购买。葡萄牙奴隶主，要么作为分包者，要么作为走私者，常常为自己越洋载运货物。因此，掌握在葡萄牙人手中的跨大西洋的奴隶贸易在16世纪后半期已建立起来。那时，在葡萄牙自己的美洲属地巴西对奴隶的需求增大。在卡布拉尔登陆后的头30年或40年中，葡萄牙人由于完全忙于东方事务，除了将巴西苏木作为染色工业的原料来源和把巴西作为罪犯（*degredados*）的流放地之外，没有对巴西加以利用。法国伐木者到巴西海岸来的次数与葡萄牙人来的次数一样多。部分原因是为了对抗法国人并维护对巴西的优先占领权，葡萄牙政府在16世纪30年代被迫采取积极步骤鼓励到那里定居。1530年，派出一支由马丁·阿方索·德·索萨率领的武装舰队去勘察从马拉尼翁到南里奥格朗德的3000英里海岸，驱逐法国定居者并抢夺法国船只。德·索萨在沿海地区花了两年时间，在巴西建立起头两个永久定居点：现在的桑托斯附近的圣文森特，以及巴西苏木产区中心伯南布哥，法国人已试图在那里建立一座要塞。1533年，约翰三世将巴西海岸（理论上还包括"分界线"内的内陆腹地）划分为12个指挥官管辖区，赐给叫作领主（*donatarios*）的大地主，要求他们自费到那儿定居并保卫他们的领地；作为回报，他们获得了对于能诱导移居到那里的殖民者行使行政、司法和财政权力。这些权力是许多西班牙征服者求之不得的。然而，葡萄牙以一种纯粹的私人企业体制，既无法给巴西的快速移民提供人员，也无法提供资金。在17世纪晚期以前，既没找到黄金，也没找到钻石。在热带进行开发对于那些如果愿意就能在东方从事商业的人们几乎没有吸引力。最初的赐授土地有4块从来没有人要；有4块遭到印第安人袭击。到16世纪中期，只有帕南布哥和圣文森特这两块领地开始给它们的拥有者带来收益。法国的非法入境者继续光顾沿海地区。1549年，约翰三世认识到指挥官管辖区制度在定居和防卫上存在的弱点，所以，采取了建立皇家政府的第一个步骤：宣布巴伊亚为巴西首府，任命托梅·德·索萨为总督。德·索萨在非洲和东方已有相当多的行政管理和作战方面的经验。随同他赴任的远征队中除了军人之外，还包括有移民、官员，和由马诺埃尔德·德·诺夫雷加率领的6个耶稣会教士。这个新建立的修会的会员在葡萄牙帝国在新旧两个世界上的扩张过程中将起重要作用。他们在图皮—瓜拉尼原始民族中的传教活动赋予巴西内地的整个历史一种鲜明的特征。诺夫雷加在巴西一直待到1570年死去时。他的传教活动时期与那位伟大的军人和行政官员、从1557—1572年任总督的梅恩·德·萨的政府任期部分重叠，并能左右该政府。梅恩·德·萨或许是殖民地巴西最强有力的缔造者。他的一项主要任务是要把法国人从巴西中部驱逐出去，并在法国人的主要营地附近建立起里约热内卢定居点（1567年）。他是第一位制定并实施一项始终如一的土著政策的总督，目的是要惩戒好战分子，转变异教徒的信仰，保护那些反抗奴役和虐待的人，特别是要废除吃人肉的习性并引导印第安人在农业区定居。西班牙人的政策中也含有这些目的，但是巴西森林中的印第安原始民族不如墨西哥中部或秘鲁高地的定居民族那样容易成为新入教者。所以，葡萄牙人的政策相应地要求低一些，成效也较小。

巴西的葡萄牙人社会具有显著的农村特征。没有墨西哥或利马那样的城市，而大部分"城镇"都只不过是些小村庄。除了维持生计的作物——本地的木薯和引进的玉米——以及野生的巴西苏木之外，主要出产从马德拉群岛引进的糖料作物。在巴西与在别的地方一样，糖料作物最适合用奴隶劳动力在较大的种植园里种植。巴西的印第安人不适合于做种植园的劳动，但葡萄牙人从西非获取奴隶比其他欧洲人占有更有利的地位。到梅恩·德·萨政府任职末期，确立了奴隶住房与蔗田构成的"大家庭"模式。到1580年，有大约60家糖厂在进行生产。人口达到大约2万葡萄牙人、1.8万定居的印第安人和1.4万黑奴。稀稀拉拉的人口仅限于分布在海岸边缘地带，内陆腹地仍然无人涉足。但是，8个老的指挥官管辖区有了固定的居民点。首府巴伊亚在某种程度上已可以称得上城市了。即使如此，巴西还是几乎荒无人烟，但靠少数零散的葡萄牙人定居点却取得了适度的繁荣。1580年，阿维兹王朝的最后一位统治者、国王—枢机主教亨利去世，王位空缺。菲利普二世通过交替使用谈判、行贿、劝说与暴力等手段夺得了继承权。葡萄牙和葡萄牙属地都归西班牙国王统治。

1580年前，西班牙人就继法国人之后成为争夺巴西控制权的主要竞争者。1536年，佩德罗·德·门多萨在布宜诺斯艾利斯建立了短命的城堡。这是在拉普拉塔河流域进行的漫长竞争中的第一次行动。门多萨手下的人于1537年建立亚松森。奥雷利亚纳于1541—1542年从秘鲁越过安第斯山脉，顺着亚马孙河乘独木舟作了惊人的航行，确立了西班牙人对分界线以西的亚马孙河流域的所有权。分界线被认为从南北两端穿越巴西。西班牙人在分界线南北两端的活动不断引起里斯本政府的担忧。然而，实际上，东北海岸的葡萄牙人定居点距离这些活动地点很遥远。即使是1580年的事件也几乎没有对巴西造成直接影响。1582年在里斯本签发的诏书中，菲利普二世承诺让葡萄牙殖民地的商业和行政管理权仍然掌握在葡萄牙人手中。总的说来他遵守了自己的诺言。葡萄牙及其属地只不过是又一个加入到由各个王国拼凑而成的大杂烩中去的国家，仅靠效忠于哈布斯堡国王而联合在一起。西班牙政府的影响仅以缓慢而且是不彻底的方式渗透到悠闲自在的巴西葡萄牙人社会中。

于是，到1580年，菲利普二世成了当时在新世界建立的所有欧洲人殖民地的统治者。伊比利亚人在征服和治理方面所取得的成就是举世瞩目的。不仅是军人和殖民者，而且还有行政官员、律师和神职人员都尽力为王室效劳。持久的王国建立起来；颁布了一大套成文法，规定了征服与被征服者之间的关系，以及君王和朝廷统治所有人的权力。这部立法的大部分，比如新法，以及1573年颁布的发现法，成了那个时代开明的典范。这部立法确实未得到彻底实施，但这并不令人感到奇怪。16世纪的大部分立法都没得到彻底实施；但是，拿薪俸的职业法官应该是很公正的，由这些人任职的法院所作出的种种规定保证了王室的法令不仅仅是些好心规劝的话语。西班牙人在新大陆所取得的成就，不仅在征服、定居、立法、管理方面，而且在政治理论的抽象领域里，都留下了不可磨灭的痕迹。弗朗西斯科·德·维多利亚的《印第斯关系法》（*Relectiones de Indis*）一书第一次系统地讨论了征服的是非问题，这是现代国际法的开端。胡安·西内斯·德·塞普尔维达（Juan Gines de Sepulveda）写了第一部内容详尽的专著来为较开化的民族征服和托管原始民族的行动辩护。拉斯·卡萨斯在他驳斥塞普尔维达的论点时，写下的不仅有一系列令人愤慨的罪行，不仅有对人道主义文献的杰出贡献，而且还有对人类自由和宪政的认真而有力的捍卫。在查理五世这位既是伟大国王又是超乎寻常的专制君主的时代，谴责征服者（毕竟他们在某种意义上是王室的代理人）的暴行的文章，批判整个西印度地区事业的文章，甚至在某些情况下拥护诛戮暴君者的文章，都能得以传阅而不致引起反感，这是衡量 16 世纪的西班牙的自信、西班牙人对自由与法的尊重的一个尺度。相反，那些描写西印度地区政府并为之辩护的文章，其中有许多是由殖民地官员写的，例如，胡安·德·马提恩索（Juan de Matienzo）的《秘鲁政府》多半都显得语气温和且材料翔实。西班牙征服者的肆意掠夺和十字军远征似的热情很快被一种明智的、有良心且审慎的帝国主义所代替，这种帝国主义能大胆而自信地正视批评。部分由于这种原因，征服过程相当漫长。

然而，帝国主义也给征服者的祖国带来政治与经济上的负担，而其回报常常是虚幻的。许多西班牙人——征服者、移民和官员——都在西印度发了财。这是他们在西班牙无法梦想的事。但是，有胆量有才能的人漂流海外是西班牙的一大损失。西印度地区出产的白银支付了意大利和佛兰德军队的军费，这是帝国得到的最宝贵的奖赏，但最终产生的问题比它解决的问题多。在西班牙流通的白银数量大量增加，到一定时候全欧洲流通的白银数量也随之增加，结果引起商品价格上涨并扰乱了已确定的金银双本位制比率。这些问题共同引起很大的混乱和重重困难。由于卡斯蒂利亚经济很死板，使得工农业无法对物价上涨产生的刺激作用作出适当的反应[1]，结果必然使西班牙在国际贸易中处于严重不利的地位。

在汇到西班牙的硬币汇款中，占四分之一到三分之一之间的是王室征收的各种人头税岁入。在菲利普二世统治中期以前，西印度地区的这一岁入在王室的总收入中不是主要收入项目，大部分年份不到大

---

[1] 参见本书边码第 49 页。

约百分之十。16世纪的最后20年中，这一岁入所占比例迅速上升，在1585年这一年就达到百分之二十五。另外，私人从西印度地区所得的收入也有助于增加西班牙的税收。因此，西印度地区的岁入虽然比西班牙国内外大多数应得的同期收入要小得多，但是其重要性也足以大大影响王室的政策，而且比单是通货膨胀会产生更大的隐患。一个国家不可能幻想单靠海外国民的成果生存下去而不在国内公众生活中产生腐化现象。早在1524年，卡斯蒂利亚议会就反对将摩鹿加群岛出售给葡萄牙的提议，其理由是，拥有该群岛可以给帝国带来除税收以外的稳定收益。议员们准备放弃他们唯一的政治上讨价还价的柜台——对财政补给的控制——以便减轻直接的纳税负担。根据当时的经济学理论，这一论点是合理的，但是这对西班牙宪政的未来却是一个坏兆头。拥有了西印度地区使菲利普二世越来越听不进卡斯蒂利亚议会的逆耳之言，也常常不顾贵族与平民的舆论。由于帝国主义政策取得胜利，舆论只好默认越来越多的专制主义做法。官僚专制主义可以说是通过接触从西印度地区传染到卡斯蒂利亚，在那里，人们自然更容易直接感受到，更难于忍受，不会因为距离遥远和时间耽误而缓减。卡斯蒂利亚是伊比利亚诸王国中最好战、最不富饶、在许多方面都是最落后的。占有西印度地区使卡斯蒂利亚比该半岛上其余地区具有长久的优势。最后，对西印度地区价值的夸张估计增加了哈布斯堡王朝政策在欧洲许多地方引起的恐惧感和敌视态度，同时促使西班牙王室实行一项它无力坚持的国际政策，这必将使其陷入困境并最终招致失败。

（曾佑昌　译）

第 二 十 章
欧洲与东方

　　第一批由海路到达东方的欧洲人是葡萄牙人。他们于1498年开辟了绕好望角的新航线，很快便在阿拉伯海及其附近的陆地上显示其实力。到1509年，他们已击败了在第乌的主要敌人的舰队，抢劫了许多商船，洗劫了许多沿海城镇。其后的10年中，他们的影响日益扩大且更加稳固。葡萄牙的东方总督阿方索·德·阿尔布克尔克从1509—1515年彻底改变了葡萄牙人在东方的地位。与此同时，他在东方进行的王室贸易及建立的王室政府都已相当稳固。1509年至大约1520年期间是葡萄牙人在东方的活动史上一个至关重要的阶段，因为这段时期是葡萄牙国王野心勃勃地进行扩张并在亚洲建立起许多永久性机构的时期。1520年以后，国王的影响力逐渐减弱，但葡萄牙人的私人贸易却继续进行并日益兴隆，尤其是在16世纪后半叶。1580年，国王背负着治理国家的重担，而私商却从贸易中获得大部分利润。这无疑标志着自从15世纪初期以来，海外事业就未能实现葡萄牙王室对它寄予的希望。

　　迟迟未向东方派出十字军开始激发起葡萄牙人对东方的兴趣，"航海者"亨利亲王一心想探明位于奥罗河海岸的博亚多角以远的地方又进一步培养了这种兴趣。亲王是基督骑士团的军事总督，他于1421年向非洲海岸派出了第一批探险者。大约35年后，教皇授予基督骑士团以宗教裁判权和"远至印度"的贸易自由。即使不是在此之前，至少是从那时起，葡萄牙人很可能就有了由海路到印度的想法。他们并未很快找到这条路线，直至1488年，一艘葡萄牙船才从好望角东边经过。此后不久，约翰二世国王看来已接收到有关印度西部和非洲东南部港口的消息。这时几乎可以肯定，人们能够由海路到达亚洲。但是，直至1497年葡萄牙人才这样做。那一年，瓦斯科·达·伽马指挥一支皇家舰队进行第一次大航行。

从一开始，葡萄牙人在亚洲的行为就是一个政府部门的行为——这一点很重要。伽马是奉曼努埃尔一世（1495—1521年在位）的命令航行的。曼努埃尔一世奉行与约翰二世（1481—1495年在位）同样的政策，把葡萄牙人在西非及其以远的活动看作是皇家官员的事务。他通常不准许冒险者从事冒险活动，不给他们鼓励支持，派遣他们到亚洲，然后希望从他们冒险得来的利润中获取适度比例的利润。除少数例外，唯有国王才能派探险队到东方：他用皇家的岁入资助他们或给予贷款，力图从亚洲和欧洲之间的贸易中获取最大好处。他还任命了一些探险队的队长，给他们详细的指令并确定随同前往的人员。未经王室准许，法律一直禁止去亚洲，所以，16世纪到东方的葡萄牙人几乎没有个人冒险家。他们一般是作为王室的军人、文职人员或神职人员被派到那里去。他们一律由国王付酬，作为国王的仆从，他们有时感到自身很高贵。起初，这些安排使葡萄牙人在亚洲的行动格外有力。尤其重要的一点是，他们将政策交给王室掌握。

国王曼努埃尔在东方似乎有两个主要目的。他想从亚洲进入欧洲的贸易中分得一份利润；他还希望给予他的敌人穆斯林以接连不断的打击。贸易与战争并行不悖。由于葡萄牙的财力有限，没有从贸易中获得的利润就无法进行战争。同时，由于阿拉伯人牢牢控制了印度与近东之间的商业贸易，在东方与穆斯林的战争就是打击阿拉伯人。但是，葡萄牙人最初到达亚洲时，他们对于自己能否单独行动感到心中无数，希望找到一个盟友。有时他们把埃塞俄比亚的基督教"牧师国王"当作"祭司王约翰"。他的士兵给予的帮助将能弥补他们人数少的劣势。

葡萄牙人到达亚洲时，当地的情况对他们有利。当时东方水域几乎没有强大的海军。这一点很重要，因为葡萄牙在亚洲的势力范围基本上是在沿海地区。在16世纪的大部分时间里，在亚洲的葡萄牙人对占领大片领地不感兴趣，只是因为他没有获得大片领地的手段。他们对沿海地区和海上感兴趣，因为在这两个地方，他们的实力可以依靠舰队。16世纪初期，只有三个亚洲国家能在海上以取得决定性胜利的把握对葡萄牙人进行挑战。这三个国家是：马穆鲁克的埃及和叙利亚帝国，印度的古吉拉特苏丹国和扎巴拉的爪哇国。其中的每个国家都有装有火炮的大型船只，葡萄牙人的枪炮只比埃及人和古吉拉特人的枪炮稍好一点。在远东，中国人偶尔派出能击退葡萄牙人的相当大的海军的舰队，将其从广东、福建或浙江沿海赶走。然而，在正德年间（1506—1522年），外国人在广州附近通常受到友好接待；广州是参与对南洋和西洋的贸易最多的［中国］城市。在马来群岛，马六甲苏丹国和其他一些国家能够以轻型小船组成大舰队。他们的骚扰能力很大，但是需要以占绝对优势的数量才能在公海上带着成功的希望面对葡萄牙人。印度的马拉巴尔海岸的一个小国卡利卡特的兵力也是如此。至于亚洲的其他地区，一些大国——暹罗、孟加拉、印度南部的印度教维查雅纳加（Vijayanagar）帝国、德里苏丹国，以及波斯——基本上都是陆上帝国，其统治者对海军问题几乎没有兴趣。在这段时期，日本正经历着一个内战时代；其海上活动纯粹是在中国沿海及附近地区进行海盗活动。东方的其他大部分国家都没有庞大的海军。在这种情况下，葡萄牙舰队很快就控制了印度洋的许多地方，不过他们无法同时在许多地方维持控制权。

东方商业的性质也帮助了葡萄牙人。在16世纪，亚洲的贸易渠道通常很狭窄。由于贵重产品只出产于少数地区，就更助长了这一趋势。例如，胡椒主要产于马拉巴尔、苏门答腊的北部和西部、吉打和西爪哇。1500年左右，后三个地方所产胡椒似乎主要运往中国、暹罗、勃固和孟加拉。结果，马拉巴尔在当时实际上控制了向欧洲和近东出口胡椒的高额利润贸易。生姜是主产于马拉巴尔的另一种用于国际贸易的产品，而最好的桂皮则来自附近的锡兰岛。所谓的高级香料——丁香、肉豆蔻和肉豆蔻干皮——产于更为狭窄的地区。丁香只出产于摩鹿加群岛，而产于同一种植物的肉豆蔻和肉豆蔻干皮只能在稍微靠近摩鹿加群岛南部的小小的班达群岛采集到。来自马来群岛的大部分商品，连同中国的出口商品，如锦缎、瓷器和麝香，要运到印度就必须经过马六甲海峡或巽他海峡，这两个海峡都很狭窄，容易被封锁。在15世纪末，中国和马来群岛的大部分西运商品显然要经过马六甲港。中国商品之所以要用这种方式运到印度是因为陆路运输困难而且费用昂贵，还因为在马六甲很容易采购到来自马来群岛、印度或黎凡特地区的出口商品。再往西，印度与近东之间的贸易主要经过红海或波斯湾入口处的狭窄水域。贸易还受到另一种限制，因为整个亚洲，季风使航行局限于一年中的某些时间。

1500年，亚洲国家的大部分海外贸易都掌握在外国商团手中。阿拉伯人在阿拉伯海沿岸地区的贸易中居支配地位。在东非，他们统治着几个独立的城市；在印度西海岸，从马拉巴尔到古吉拉特，他们都有牢固的殖民地和强大的势力。外国商人在马六甲的势力也很强大，在那里，爪哇人、泰米尔人和古吉拉特人都建有重要的殖民地。在一些港口，大部分外国人都反对葡萄牙人。只是由于当地一个统治者的支持，葡萄牙人才有了一些影响。这种情况发生在马拉巴尔。在马六甲，形势部分与此相反：有些商人对葡萄牙人持友好态度，其他一些商人和统治者则抱敌视态度。

某些商品只出产在少数地区，各种重要的贸易渠道很狭窄，与亚洲的一些统治者和商人的友好关系，这些情况都对葡萄牙人有相当大的帮助。没有这些帮助，他们永远不可能成功地干预东方的贸易。因为太多的市场是专业化市场，容易被搅乱，要不然就为穆斯林所左右。考虑到这种有利条件和葡萄牙人的海上强国地位，他们的处境至少是有希望的。葡萄牙人很快发现，当地人的钩心斗角即使他们感到为难、又对他们有帮助。更重要的是他们很快看出，他们的舰队不仅能牵制东方的商业贸易，而且能设法使其改变方向：既然珍贵作物的产地仅局限于少数地区，他们就可以设法加以垄断。由于贸易渠道狭窄，他们就可以阻拦贸易渠道或征收通行税。各种有利条件促使葡萄牙人制订出大胆的计划。危险在于他们的目标会定得太高。人们很快便着手制订新的征服计划或夺取利润丰厚的贸易的计划，政府不断受到诱惑使其野心超过其财力。历代国王和历届地方长官必须把葡萄牙的国力有限这一点牢记在心：命运有时给予葡萄牙人的机会比他们能有益地加以利用的多。

尽管有了这些有利条件，葡萄牙人并没有立刻在东方控制大权，也没有取得显赫的地位。瓦斯科·达·伽马的探险基本上是一次侦察活动。他指挥由4艘船和大约170人组成的一支小舰队。他受命将国书交给他所见到的各位王侯；他很可能还得到指示，要他告知每一位要人和基督徒：葡萄牙国王"是他的兄弟和朋友"。他于1497年离开里斯本。8个月后他到达莫桑比克，该地是阿拉伯人统治的东非港口之一。在那里,他受到不友好的接待。他沿海岸航行到更远的另一个阿拉伯殖民地蒙巴萨,又再次受到不友好的接待。只是在与蒙巴萨进行竞争的一个城市马林迪,他才受到盛情招待。然后他从那里跨过阿拉伯海到达马拉巴尔,于1498年5月20日在卡利卡特外的海面下锚泊船。伽马在卡利卡特逗留了3个多月,尽力与当地统治者建立亲密关系,并想得到大宗的当地产品。但他无甚成就。由于缺乏适合交换的商品以及强大的阿拉伯商人殖民地的敌视态度,使他未能得到大量的货物。阿拉伯人甚至煽风点火,引起伽马与卡利卡特的统治者萨穆里(samuri)[①]之间的紧张关系。1498年8月,这些葡萄牙人离开卡利卡特,于1499年6月回到本国。除了东方商品的样品外,他们还带回这样一种印象:马拉巴尔的印度居民是信奉一种异端的基督教徒。

根据这一消息,曼努埃尔一世认为,他可以寻求萨穆里的帮助来反对穆斯林。为达此目的,他筹备了第二支探险队。这支探险队远比第一支大,由13艘船、1500人组成。指挥官佩德罗·阿尔瓦雷斯·卡布拉尔奉命在卡利卡特建立贸易关系和商业机构——代理商行,并让一些牧师上岸以便教导该地统治者和人民更好地信仰基督教。装上返程货物之后,卡布拉尔阐明葡萄牙人对穆斯林的态度,并发出警告说,他一定要在公海上攻击穆斯林船只,他要继续敦促萨穆里将阿拉伯人从卡利卡特赶出去,"因为这样做他就会尽到作为基督教国王的职责,要是他把他们从该国驱逐出去,不允许他们再到那里来,也不让他们在该国做生意的话"。卡布拉尔于1500年3月离开里斯本,于同年9月到达卡利卡特,但只剩下6只船。他很快发现,萨穆里不是基督教徒,葡萄牙人想得到特别优待的希望也随之化为泡影。卡布拉尔获准建立一个代理商行,但阿拉伯人限制代理商行做生意。企图制止这种阻挠行为,结果导致一场暴乱,48个葡萄牙人在这场暴乱中被杀,代理商行也遭毁坏。卡布拉尔以烧毁一些船只并炮轰该城来报复。然后他沿海岸南下到更远的科钦去,那是与卡利卡特对立的一座城市,先前他曾应邀到过那儿。他在那儿建立起代理商

[①] samuri 这个头衔来自马拉雅拉姆语 tamaturi 或 tamuri,意为海王(sea king)。这个头衔的葡萄牙文正式译名是 Samorim。

行，获得小批量的生姜和胡椒。1501年他起航回国。

曼努埃尔国王的计划失败了。想在印度争取到一位盟友所作的努力也一事无成。因为该计划原本是建立在错误的假设之上的。贸易方面所作的尝试成就很小，这主要是由于阿拉伯人的反对造成的。他们不希望看到自己繁荣的事业被宗教敌手削弱。从1501—1505年，在东方的葡萄牙人主要忙于力图在科钦和坎纳诺尔立住脚跟，全然不顾阿拉伯商人及其在卡利卡特的印度盟友的抵制。在此期间，葡萄牙人几乎没有向外扩张。

1502年，曼努埃尔派瓦斯科·达·伽马去印度，强行要求补偿1500年所遭受的损失。伽马巩固了与科钦的友谊，加深了与卡利卡特的对立。在许多方面，这一点是不可避免的。一旦卡利卡特变得对葡萄牙人不安全，他们自然就要接受邀请到科钦去并尽力争取赢得该地酋长（rajah）的善意。与葡萄牙人的友谊会使科钦的实力增强，由此引起卡利卡特的敌视。所以，在伽马回葡萄牙之后，科钦必定会遭到萨穆里的进攻。科钦的酋长在遭到这一进攻时处于不利地位，因为他的国家实力较弱。他能挽救自己的唯一办法是请求葡萄牙人帮助。其结果是科钦最终要依赖葡萄牙人的支持：在1503年与1505年之间，其地位从朋友降为附庸。到1505年初，科钦已变为扈从国，其国防仰仗于葡萄牙舰队的指挥官，使葡萄牙政府背上了财政包袱。然而，葡萄牙人不得不保护科钦，因为它是他们在东方唯一的立足点。虽然伽马的航行产生了难题，但它也指明了解决这些难题的办法。科钦的虚弱使伽马能以定价在那里购买胡椒。1504年，王室又更进一步：那一年去印度的舰队指挥官奉命，在葡萄牙舰队停泊在科钦港湾期间，阻止任何船只离开科钦，企图以此获得垄断权。这有可能使科钦的依赖变得有利可图。同时，萨穆里的敌对态度不是很可怕。伽马的第二次航行证实了少数装备大炮的葡萄牙船就能胜过马拉巴尔的数量众多的轻武装小船。尤其重要的是，伽马的第二次探险给葡萄牙人带来第一批大宗的香料。这使得这一设想成为可能：如果能反复取得这样的成功，那么，在欧洲出售香料所赚得的钱就可以为葡萄牙人在东方单独执行的野心勃勃的扩张计划提供资金。

甚至在伽马回国之前，王室就没有把注意力仅限于马拉巴尔。1502年和1503年，曼努埃尔派出小舰队到红海出口处游弋，奉命袭击穆斯林船只。1505年，他采取一项更为大胆的政策。那年3月，他派遣弗朗西斯科·德·阿尔梅达去东方任总督和他的常驻代表。阿尔梅达领受了具有深远影响的指示。首先，他要在基卢瓦和安查迪瓦修建要塞。基卢瓦是一座怀有敌意的穆斯林城市，安查迪瓦则是印度西海岸外的一个岛屿，葡萄牙人在往返东方的途中通常在那里停泊补充淡水。其次，阿尔梅达要在坎纳诺尔和科钦着手修建其他的要塞。① 他的第三个任务是航行到红海出口处寻找一处合适的地方构筑要塞，"这样，就不会有更多的香料经过埃及国土，而除了我们，所有的印度人别想和任何人做生意，而且还因为那个地方靠近祭司王约翰"。从红海回到马拉巴尔时，阿尔梅达要在奎隆（科兰）新建一座要塞。奎隆位于科钦南方，是胡椒输出中心，葡萄牙人于1503年第一次到过那里。总督要监督运往葡萄牙的胡椒装船并对付卡利卡特，只有当科钦的酋长和卡利卡特的萨穆里同意驱逐"麦加穆斯林"即阿拉伯人时，才能讲和。如有可能，阿尔梅达要派船到霍尔木兹海峡去并沿印度海岸北上去达布尔、焦尔和古吉拉特；在这里葡萄牙人要攻击所有的穆斯林船舶。除非这些地方的穆斯林统治者同意缴纳贡金并让葡萄牙人进入他们的港口购买要塞所需的补给品，否则他不可能得到和平。最后，国王要求总督派考察队去锡兰、勃固、马六甲和其他地方考察。为了执行这些计划，阿尔梅达需要建立一支由12艘中型船只和1500名士兵组成的舰队。

阿尔梅达领受的指示标志着一个野心勃勃的快速扩张过程的开始。这一扩张过程一直持续到1521年曼努埃尔去世，在其后的10年中才逐渐停止。1505年，葡萄牙人开始尝试阻止或牵制穆斯林在东方的大部分海运贸易。同时，他们试图垄断向欧洲运输胡椒和生姜，并在东非和摩鹿加群岛②之间的各个地区增加兵力。

阿尔梅达无法实行强加于他的全部计划，但他确实取得了许多成就。1505年，他在基卢瓦、蒙巴萨、安查迪瓦、坎纳诺尔和科钦建立了要塞。1506年，一支本来要去攻击穆斯林船舶的舰队偏离了航线，结果使葡萄牙人第一次造访锡兰。同年，萨穆里在海上遭到惨

---

① 葡萄牙人在1503年已在科钦修建了一座木头要塞。
② 参见本书边码第520、530页。

败，葡萄牙人将穆斯林船只从马拉巴尔海滨地区赶走；1507年，他们在达布尔和焦尔以北发动战役。1506年，国王急于要在来自美洲的西班牙人造成的威胁来临之前抢先一步。依照国王的提示，阿尔梅达派遣人去马六甲，但他们未能到达印度东南部的科罗曼德尔海岸以远的地方。总督没有在红海的出口处建立起要塞，但这无关紧要。1506年，国王派出舰队夺取了索科特拉岛上的穆斯林要塞，他这时已将其作为在红海附近建立葡萄牙基地的地点。这一任务于1507年完成。大部分船只接着去了印度，但一支小型海军中队留下来封锁红海入口。其指挥官阿方索·德·阿尔布克尔克不服从国王的命令而去了霍尔木兹（位于波斯湾出口处），他于1507年10月使其成为葡萄牙国王的附属国，并开始在那里修建要塞，但由于当地的抵抗和一些葡萄牙人离去而未能完成。在此期间，另外的葡萄牙探险队于1505年在东非最南端的港口索法拉、1507年在莫桑比克着手修建要塞。

所有这一切构成形形色色的重要活动，但阿尔梅达很快就自食其果。1505年以前，葡萄牙人对穆斯林的袭击大部分限于对航行于马拉巴尔与红海之间的船只，而葡萄牙人的成功一直是来往舰队所取得的暂时的和部分的成就。从阿尔梅达到达印度时起，葡萄牙人的攻击就变得更为广泛有效。这时，穆斯林国家对这些不速之客的态度开始变得强硬起来。一段时间以来，一直有关于萨穆里在努力与埃及和古吉拉特结盟的传说，还有一段时间谣传一支埃及舰队要来歼灭在印度的葡萄牙人。随着1505年与1507年之间葡萄牙人活动的增多，结盟与舰队两者都成为现实。到1507年末，一支埃及舰队到达古吉拉特的第乌。次年3月，埃及人和古吉拉特人在焦尔袭击一支葡萄牙舰队并将其击败。这次损失惨重。此前葡萄牙人还遭遇到其他麻烦事。果阿的穆斯林统治者发起进攻是1506年放弃安查迪瓦的部分原因。同年，索法拉发生反抗葡萄牙人的起义；另一次起义于1507年发生在坎纳诺尔。对葡萄牙人来说幸运的是，穆斯林在焦尔没有乘胜追击、向南航行去进攻科钦。这样，葡萄牙人就有时间重新调集兵力。1509年2月，总督在第乌打败了敌方舰队。这次战役使葡萄牙人在阿拉伯海获得暂时的海上霸主地位。

几个月后，阿方索·德·阿尔布克尔克成为葡萄牙的印度总督，一直掌权至1515年12月他去世时为止。他上任时发现葡萄牙人在陆上虚弱，在海上虽强但指导思想不对。有些要塞选址很差，其他一些受当地政治局势所牵制，葡萄牙人也一直未能很好地利用他们的舰队。阿尔布克尔克很快改变了这些情况。他是一位精力充沛的领导人，依靠第乌战役而执掌政权。他死时留下的是创始阶段的海上帝国，有良好的海军基地，有能控制贸易路线的海军中队和一项针对亚洲商人的始终一贯的政策。阿尔布克尔克的思想体现在葡萄牙人在东方活动的许多方面。他取得的非凡成就十分引人注目，以至同时代的一个人这样写道："穆罕默德被逼得走投无路，无法再向前进，只好尽可能设法逃走……事实是他将遭毁灭，而且必然遭毁灭。"

阿尔布克尔克取得成功的关键之一是他所具有的见识。他把他的政策与葡萄牙人的实力和利益紧密联系在一起。因此他赞同国王要垄断从亚洲到欧洲的胡椒和生姜运输的旨意，并支持阻止马拉巴尔与红海之间的贸易所作的努力。为了建立葡萄牙人在亚洲的商业贸易，他也不比曼努埃尔少操心。但是，在区分增加贸易与夺取政权的问题上，他比他的君主更胜一筹。因此，他很少征收贡税，除非他同时得到征税和索取其他好处的固定权利。不这样做就要引起拒绝缴纳贡税，否则就要求葡萄牙援助该纳贡国抵抗其当地的敌手。阿尔布克尔克总是设法避免卷入亚洲的政治事务，除非介入后能带来明显的好处。他还希望改变对穆斯林船只的政策。他看到阿尔梅达时期不加区别地袭击穆斯林船只已引起广泛的怨恨，而给王室金库带来的只是小笔的收入。即使缴获的战利品很丰厚，也很难制止官兵骗取王室应得的份额。最重要的是，阿尔布克尔克意识到，穆斯林普遍的敌对行动有埃及和古吉拉特的海上力量作后盾，可能使在东方的葡萄牙人遭灭顶之灾。1507年至1509年穆斯林的联合行动不是出于昙花一现的政治癖好，而是葡萄牙人与之为敌的强大而持久的势力作出的对抗行动。

阿尔布克尔克几乎没有平息穆斯林反抗的希望，因此他力求通过使穆斯林联盟的成员相互孤立来削弱这个联盟。为达此目的，他需要在战略地点建立要塞，他打算要修建的这些要塞有：亚丁、霍尔木兹、第乌和果阿，后来他又加上了马萨瓦。如果不是在所有其他城市的话，他也希望在果阿和某些城市使他的同胞成为统治者。他认为，只有当葡萄牙人有了完全由自己控制的基地，他们才能维护自己在亚洲的权利，然后才能不受干涉和限制。每个要塞都应保卫一个港口，使葡萄牙船只能从港口开出去对抗敌人。阿尔布克尔克急于要防止埃及舰队再次冲进阿拉伯海。他认为埃及舰队会给葡萄牙在印度的敌人以希望和安慰。一旦建立起这些要塞，葡萄牙人在印度的处境就有了安全保障，前往红海的航道就会敞开，就能进攻吉达，或许还能进攻麦加。

阿尔布克尔克的计划需要大量的兵力，巨额费用。为了支付巨大的费用，他希望解决十字军东侵时遇到的与异教徒进行贸易的老大难问题。商业对葡萄牙人在亚洲的政府如同对耶路撒冷王国一样非常重要。但是，不可能像曼努埃尔一世建议的那样只与印度人进行贸易。阿尔布克尔克有些夸张地写道："印度人和这些土生土长的基督徒几乎没有资本来迅速摧毁摩尔人的贸易和公司，因为摩尔人是拥有大量资本的富人，以大规模方式进行贸易，并拥有许多船只。"在东方进行贸易就是与穆斯林做生意。他们的商业规模巨大，根深蒂固，不可能被葡萄牙人摧毁。阿尔布克尔克试图通过压垮穆斯林人的部分生意并把剩下的大部分生意控制起来以解决这一问题。他想要修建的要塞不是纯粹的海军基地。它们将位于重要的商业中心，控制住这些商业中心就将使葡萄牙人能控制亚洲的一些主要商业。到红海的所有贸易都将终止，但经特许可以继续同其他地方做生意。此外，阿尔布克尔克计划扩大王室在东方的贸易。

阿尔布克尔克掌权的第一年夺取了果阿，他打算将其变成葡萄牙人在亚洲的中心基地。接着在1511年夺占了马六甲。同年，葡萄牙人放弃了索科特拉岛上的要塞：阿尔布克尔克认为该岛没有任何实用价值。1513年，总督进攻亚丁未果，但据说他接着进入红海在东方留下了深刻的印象。① 他试图通过谈判在第乌取得一个要塞而未成功，但他确实设法结束了与卡利卡特的战争。1513年，在阿尔布克尔克怂恿下毒死了前任萨穆里之后，新的萨穆里将卡利卡特的一处地址赠予葡萄牙人供修要塞用，并给予葡萄牙人优先购买所有胡椒的权利。1515年，阿尔布克尔克再次到霍尔木兹，在那里他使葡萄牙人牢牢立住脚跟。他计划于1516年到红海，但因他被解职和去世而作

---

① 参见本书边码第520页。

罢。从马来亚到波斯湾，他建立起他的国家的政权。到1515年，葡萄牙人在印度西海岸以及马六甲与霍尔木兹两个城市附近地区已有相当大的政治权威。他们在关键地方建有要塞，他们的舰队对贸易路线有极大的影响。另一方面，他未能使葡萄牙人的事业在财政上做到自给，老是抱怨人员、金钱和物资不足。然而，在他任总督期间，王室贸易无疑是取得了进展。

阿尔布克尔克不是没有错误。他很可能过高估计了马来群岛的财富，而他在远东的政策可能鼓励了太多的同胞到那里去。在葡萄牙的事务中，他把贸易置于更为重要的地位，因此可能使人们较少地考虑与穆斯林的战争。他可能还过分强调需要那些阿尔梅达认为既费钱又无必要的要塞。阿尔梅达曾写信给国王说："你拥有的要塞数目越多，你的力量就越弱。把你的所有兵力都布置在海上，因为如果我们在海上没有强大的力量，那么一切都会立刻变得对我们不利。"事实看来是，阿尔梅达被海上力量的丧失带来的灾难弄得惶惶不安。阿尔布克尔克指望基地能使舰队发挥更有效的作用。他可能对要塞抱的希望太大，但他通常小心地调整他的政策以适应在东方代表葡萄牙的几千军人和数十艘船只的需要和能力。尽管他有错误，但他极大地改善了葡萄牙人在亚洲的地位。他死后，他的继任者花了许多时间来尽力巩固他已取得的政治利益和商业利益。

阿尔布克尔克任总督期间，王室在亚洲的贸易和行政管理都变得更井然有序。到1515年，王室贸易已成为一项日常工作。王室要求垄断某些项目的亚洲贸易。1520年颁布的印度法令将这些项目定为胡椒、生姜、桂皮、丁香、肉豆蔻、肉豆蔻干皮、紫胶、丝绸和天然硼砂。未经王室允许，任何人——基督徒、穆斯林、印度人或其他人——不得染指这些商品的贸易。禁止大部分王室官员做任何自己的生意。这些规定并不总是得到遵守，葡萄牙人和亚洲人都违反这些规定。在早期，由葡萄牙官员来执行这项禁止私人做生意的法律特别难处理，因为他们中的许多人的薪俸直至曼努埃尔一世晚期部分是以实物支付的。甚至在正式取消实物薪俸之后，王室也无法阻止官员们做生意。他们的薪水通常很少，有时入不敷出。腐败暗中渐渐吞噬了国王的税收岁入，使他无法付给仆从以优厚的薪俸：低薪俸促使产生更多的腐败现象和更大的私人贸易倾向。到16世纪中叶，葡萄牙官员中私人做生意似乎已变得相当普遍。亚洲商人在别无选择时才遵守这项法律，在其他时候看来他们常常置之不理或靠行贿来绕过这项法律。葡萄牙政府无法做到绝对垄断。到1550年，亚洲商人已完全打破垄断。包括胡椒在内的香料又再次沿红海通行。阿尔布克尔克给亚洲船只发执照的计划从来没有得到普遍执行。分散的葡萄牙巡逻舰队无法监督东方的所有商业贸易。强大的巡逻舰队通常只分布在印度西海岸和霍尔木兹附近。即使在那些地方，走私也是可能的。

对亚洲的王室贸易部分由设在里斯本的印度商行（India House）来组织，它监督葡萄牙在东方的大部分行政管理工作。每年，船只从里斯本出发到马拉巴尔去为国王装运香料。王室通常给这些航行的船只发特别执照；他们应该与战舰截然不同，印度法规定，他们不应夺取任何战利品，也不得偏离给船长规定的航线。向海外航行的船只带有金银锭和铜器那样的商品用以支付购买香料的费用；他们还给葡萄牙人带去武器和补给品。金银锭可能来自那些希望能在欧洲得到部分回程货物的商人。在东方，皇家官员通常以他们垄断的商品进行全部的王室贸易。王室长期以来一直以伽马在1502年定的价格在科钦购买胡椒。当这个定价低于市场价时就很难买到胡椒。运回国的货物数量年年各不相同，但是，人们认为各船的总载货量大约为3万（葡）担①看来就相当不错了。档案记载很不完整，但是看来几乎所有的船货都是胡椒，特别是在早期。在印度的葡萄牙政府派王室贸易船去摩鹿加群岛和其他地方，但是这样做是否大大增加了葡萄牙的高级香料的进口是值得怀疑的。一旦船货到达里斯本，王室一般把它们卖给商人，但是曼努埃尔一世也为自己运一些到安特卫普去。

葡萄牙在东方的政府发展与贸易方面的发展一样重要。行政机构更为严格。在亚洲供职的人的姓名要记录入登录名册中，还要记载他们到达东方的日期，应得的薪饷。如果士兵被罚款或官员的账目出现差错，在花名册中就要加以注明，以便政府可以扣留应付给他的钱。一般说来，公务人员有存款余额，因为政府不久就拖欠东方公务人员的薪俸。积欠薪饷可能使葡萄牙士兵感到非常窘迫，因为看来王室通

---

① 1（葡）担（quintal）重量为128阿拉特（arrateis）。1阿拉特（arratel）的新重量为16盎司，等于1英镑。

常既不给他发免费的衣服、武器，也不提供膳宿。士兵常常得自己买武器，但是如果他是向政府购买，他可以从他的薪饷中扣除。如果薪饷积欠严重，他事实上不付任何武器费用。

如果公务人员的薪饷被拖欠五分之一，往往会发生以下情况：第一，公务人员可能以一定的折扣将他的薪饷领取权出卖给某个有现金的人。尽管不合法，但一直是这样做的。从16世纪早期起，人们大量买下士兵们的薪饷领取权并运用他们自己或其他人的影响让政府全额付给他们这笔钱。第二，士兵可能力图找到一位有权势的保护人来保护他。葡萄牙在东方的士兵未按正规的连或营进行编队，而纯粹是依附于个别的指挥官。在战时，指挥官总是显得相当慷慨，以便吸引最好的人来服役。第三，如果士兵找不到保护人，他可能沦为乞丐。第四，他可能出卖自己的武器。第五，他可能开小差去当冒险家。在以上五种情况中，除了第二种——依附于保护人之外——所有其他情况都是非法的或对葡萄牙政权有危险。部分是为了去除这些诱惑，阿尔布克尔克鼓励士兵与印度妇女结婚。他将土地送给那些已婚定居者，希望他们及其孩子能通过种地或某种手工技能养活自己。这样，政府就可以不花分文而又有后备兵员。这一制度并未像阿尔布克尔克计划的那样成功地实行。有些地方从来就没有吸引过许多定居者；在某些地方，已婚定居者吵吵嚷嚷要求特权，这就要花费王室钱财。

阿尔布克尔克尽力改革行政管理制度。他严格会计制度，大力反对私人贸易，但从来没有能消灭腐败现象。他死后，腐败更加严重，而努力控制腐败的治理办法变得更为复杂。王室代表发现难于控制散居在亚洲沿海地区和海岛上的人。军事基地的官员特别容易违抗命令，有时对总督的命令不予理会。每个要塞都有自己的指挥官或司令官，管辖要塞及其邻近城镇。他通过两三种官员来管理事务：陆海军军官维持驻地的纪律并指挥作战；王室商务代理及其下属经管王室贸易、收税以及支付开支款；在葡萄牙人直接管辖城镇的那些地方，当地知名人士有时负责由亚洲人组成的政府中的大部分事务。在早期，葡萄牙人对其亚洲臣民没有什么兴趣，除非他们皈依了基督教。曼努埃尔国王规定，所有的基督教徒，包括亚洲人和葡萄牙人在内，都应平等对待。但是，在东方的官员经常不顾这一敕令。据说，那里的葡萄牙人自高自大，不同亚洲人进行社会交往，实行事实上的种族隔离，因此，引起许多抱怨。然而，即使在16世纪上半叶，这种不良现象也不普遍。在与亚洲人作战时，葡萄牙人有时很残忍；公平地说，他们的敌人和朋友有时和他们一样残忍甚至有过之而无不及。

在东方的葡萄牙人往往不守法纪。每个要塞都有一位葡萄牙法官（*ouvidor*）来处理其同胞的犯罪问题。他的副手和土著警察负责逮捕违法者。不论是在葡萄牙还是在东方，都不能逮捕缙绅（*fidalgos*）、骑士、法官、法医或医生，除非他们犯了死罪。在其他情况下，只能叫他们交保证金以限制其行动：在东方一般说来这就是一种软禁。要塞法官对奴隶和普通士兵有完全的司法裁判权。其他人在刑事案件中可以向印度总督提出上诉。当民事诉讼涉及大笔金钱时，可以向总督提起诉讼。起初，印度的首席法官（*ouvidor-geral da India*）处理这些上诉案件，到1544年王室才建立印度高等法院（*Relacao*）或大法官法庭。

在果阿和科钦，葡萄牙殖民者很快获得选举市政会的权利。其他社区最终也获得同样的特权。该世纪后半叶，这些市政会有相当大的权势。他们监督当地的贸易和公共机构，包括医院。国家承担生病的公务员的医疗费用。在几乎每个要塞，国家都为葡萄牙人开办了医院并提供经费，但通常不参加管理。私人慈善机构也补充了这一保健事业。到1520年，葡属亚洲有了第一个慈善堂（House of Mercy）；半个世纪后，慈善堂的数目达到将近20个，分散在从中国到霍尔木兹的重要殖民地中。这些由富裕而又有文化的人组成的兄弟会所举办、以捐赠和遗产所资助的慈善堂帮助穷人，开办一些皇家医院，并建立他们自己的一些医院。他们还密切注视死去的葡萄牙人的财产。严格来说，接管然后出售这样的私人财产应是王室官员的事。售后所得应归死者在葡萄牙或别处的继承人所有，留出一定的数额来支付死者生前所欠债务和酬谢那些曾为他服务的*provedor*。慈善堂的关注有助于制止欺骗行为和财产流失。在早期，国家自己承担慈善工作：给"该国贫穷的基督徒和贫困的葡萄牙儿童"分发救济物。

葡属亚洲没有正规的、具有一套完整等级制度和彻底尊重惯例的文职部门。国王作为恩宠的标志授予官职：人们是根据国王认可的功劳大小获得官职，任命官职是对过去效劳的一种奖赏或者是对前途很有希望的一种承诺。任命官员以个人条件为依据，不是一批人在某一官职系列中按部就班地晋升。他们在东方的成功与失败主要是个人的事。葡萄牙在亚洲的行政机关强调个人而不是体制。它的协调性很差，缺乏团结精神。官员之间的争执困扰着要塞。这样的争吵在阿尔布克尔克刚刚去世的那几年招致危险。他给他的继任者留下两个亟待解决的遗留问题，但是这些葡萄牙人由于既无纪律又不认真努力，结果一个问题也未获解决。一个是要求在亚丁建立一个要塞并沿红海向前推进，另一个是关注在远东的扩张。1516年，第一个问题似乎很重要。埃及的一支新舰队已组成，虽然最终它一事无成，但在一段时间里构成威胁。葡萄牙人干得也好不了多少。他们的两位总督于1517年和1520年领导了两次对红海徒劳的远征。1516年和1518年，葡萄牙的小舰队起航去封锁红海的入口：第一支舰队根本就没到达目的地，第二支舰队也无所作为。

葡萄牙人在远东取得了更多的成就。1512年到1520年是他们在东南亚扩张的鼎盛时期。阿尔布克尔克曾希望那里的贸易将给锡兰西部的战争筹措军费。征服马六甲之后，他采取措施重振那里的商业。他手下的人积极支持他所作的努力：很多船只从马六甲出发去同孟加拉、勃固、苏门答腊、吉打、爪哇、摩鹿加群岛、班达群岛、彭亨、帕塔尼、暹罗和中国进行贸易。1519年，葡萄牙人甚至力图找到一个神秘的黄金岛，据说位于苏门答腊的西南部。这些葡萄牙航海者中大部分人是很守规矩的，但他们有时袭击穆斯林船只。有关他们这种行为的消息或传闻使他们于1518年在孟加拉、1521年在勃固受到冷遇。

这次扩张也许太快，无疑很难控制。市场供货太多，葡萄牙人想要出售的商品价格下降而引起不满。从贸易中所得的大部分利润进入私人腰包，公众不满的呼声同样很高。有一两次，王室和总督也稍作努力企图维护王室对马来群岛香料贸易的垄断地位，他们不敢采取强硬行动，因为害怕使在马六甲的商人破产。那个城市的葡萄牙人还面临军事威胁：1513年，他们不得不击退一次从扎巴拉开来的一支大型爪哇舰队的进攻；从1512年到1526年，他们经常遭到马六甲前苏丹的追随者的骚扰。马来人阴谋造反，死亡以及葡萄牙官员之间的争吵，增添了更多的麻烦。1520年以后，灾难接踵而来，葡萄牙人的扩张也就逐渐停止了。西班牙人对香料群岛——摩鹿加的兴趣增长使

第二十章 欧洲与东方

葡萄牙人的扩张受到严重挫折。西班牙声称，由托德希里亚斯条约所确定的界线应环绕地球延伸，摩鹿加群岛就在分配给它的范围内。为了避免向葡萄牙当局公开挑战，西班牙国王没有派船通过绕好望角的路线去亚洲，而是宁愿寻找一条穿过新世界去东方海域的海峡。从哥伦布时代起，人们就已经在寻找这条海峡，但未获成功。1518年，曼努埃尔获悉，很快就要成为查理五世皇帝的卡斯蒂利亚国王正在筹备一支舰队，由斐迪南·麦哲伦指挥，打算经由当时还未发现的西行路线去香料群岛。葡萄牙政府感到惊恐。麦哲伦是一位葡萄牙人，最近他已在为西班牙效力。他曾在东方度过几年，1511年参加过夺取马六甲。如果他未能找到一条新路线，他可以经由原来已经走过的路线去那里。于是，国王着手对付来自西班牙的挑战。同时，他雄心勃勃地要在亚洲增加实力，在他统治时期的最后几年，他在那里是很有进取心的。1519—1521年间，他命令在东方建立7座新的要塞：在中国、摩鹿加群岛、苏门答腊、马尔代夫群岛和马达加斯加岛每处将各修一座，就像在印度北部港口焦尔和第乌一样。其中在中国和摩鹿加群岛修建的那两座要塞显然是要用作抵御西班牙进犯的堡垒。麦哲伦的航行已作过描述[①]；这里我们可以着重提到，在西班牙船只离开后，一支葡萄牙远征军到达蒂多雷，俘获了留下来的人，没收了他们的货物。1522年6月，葡萄牙人开始在摩鹿加群岛中的另一个岛屿特尔纳特修建要塞。

西班牙人未能在香料群岛保住他们自己的既得利益，但葡萄牙人担心新西班牙远征军会航行到东方来。1524年，双方代表在巴达霍斯与埃尔瓦什之间会晤，以解决摩鹿加群岛的所有权问题；这些讨论很快沦为争吵而未能解决任何问题。在会谈结束之前，葡萄牙的新国王约翰三世给瓦斯科·达·伽马发布了透露内情的命令。伽马于1524年4月起航去印度当总督。自从约翰三世于1521年登基以来，他采取了一项比曼努埃尔一世更为谨慎的政策。面对来自西班牙的连续不断的威胁，他越来越小心谨慎。总督接到命令，拆毁在印度、锡兰和苏门答腊的4座要塞，但又叫他在巽他，即爪哇西部修建另一座。这些命令表明了葡萄牙人在东方的事业的财务状况。1524年前，

[①] 见本书边码第568页。

王室每年在欧洲从出售丁香、肉豆蔻和肉豆蔻干皮所得的收入是否至多接近于在里斯本和安特卫普出售胡椒所得的钱的四分之一，这一点是值得怀疑的。诚然，王室代理商在亚洲出售高级香料，但他们也出售胡椒。尽管从1511年到1520年葡萄牙人在东南亚的活动扩大了，但是，葡萄牙在东方的势力的财政基础很可能仍然在1502年伽马就提出的胡椒上。更明显的是，葡属东印度——葡萄牙人用来泛指他们所征服的亚洲的一个名字——严重依赖从东方运到西方的胡椒的王室贸易以及欧洲市场上胡椒价格的稳定性。其中的任何一项出了乱子都很可能会使葡萄牙的亚洲政府陷入困境。由于本国的财力有限，不可能给予什么帮助。胡椒的重要性显然能解释发布这一敕令的原因——一方面要在西班牙人很可能来到的胡椒产地巽他修建一座要塞，同时又要放弃其他几座要塞。1525年，国王很可能给总督发出过再次强调巽他的重要性的命令。王室一如既往地致力于防止胡椒供应出现竞争，但这时看来已准备放弃对摩鹿加群岛的高级香料的公开垄断。在知道另一支卡斯蒂利亚舰队即将起航去东方的情况下草拟了1525年的敕令。卡斯蒂利亚舰队于1525年7月起航，但是，7艘船中只有一艘抵达摩鹿加群岛。这艘船是旗舰，于1526年10月到达盖洛洛（Geilolo）岛附近海面。该船于1528年得到来自新世界的增援，并得到蒂多雷苏丹的帮助。船上的船员在1529年10月向葡萄牙投降前，造成很多麻烦。5个月前，查理五世皇帝在萨拉戈萨条约中已放弃了他对摩鹿加的所有权的要求。①

在此期间，葡萄牙在中国和马六甲附近已遭到失败。1521年，中国人断绝了与葡萄牙的关系；次年，他们击退了一支小舰队，该舰队的指挥官来自葡萄牙，带有要在广州附近建立一座要塞的命令。1521年，葡萄牙人在夺取亚齐和宾坦时遭到失败。第一个地点是北苏门答腊正在兴起的一个苏丹国的首都，第二个是马六甲前苏丹的岛上据点，位于新加坡海峡的东南部。1521年，葡萄牙人在苏门答腊北部的巴塞建立了一座要塞，但在1524年又予以放弃。次年，宾坦的马来人围攻马六甲。直到1526年，从宾坦来的马六甲前苏丹被赶走之后，马来水域的形势才好转。但这时亚齐对马六甲的葡萄牙人构

---

① 参见本书边码第569页。

第二十章 欧洲与东方

成威胁，1526年到1529年之间，三次试图在巽他建立一座要塞均未成功。

在锡兰以西的地方，葡萄牙人遇到的主要麻烦是霍尔木兹造反和与古吉拉特以及在马拉巴尔海岸进行的战争。在马尔代夫群岛和马达加斯加岛修建要塞的计划也很快失败了；在别处，在占领科伦坡的要塞6年之后，于1524年将其放弃；1525年，在卡利卡特的要塞也遭到同样的命运。1527年，灾难达到登峰造极的地步，那一年，对总督职位的继承权展开了激烈的争夺。然而，16世纪20年代也不完全是那样凄凉无望。从1524年到1531年任葡属印度财政监督的阿方索·梅希亚改进了行政管理方法。洛波·瓦兹·德·桑巴约这位1527—1529年的无争议的总督建立起一支强大的海军。1523—1528年之间，葡萄牙设法派出4支舰队去封锁红海入口。他们还在对第乌海军的战争中获胜，结果1529年在古吉拉特以惨败告终。

到那时，葡萄牙在东方的黄金时代已经过去。作为一项国家的事业，葡属亚洲已开始缩小：其统治者的目光已变得狭窄。在长达9年的总督任期（1529—1538年）中，努尼奥·达·库尼亚将其大部分注意力集中在印度的西海岸，他在那里以沉重的代价换得小小的收获。他使葡萄牙人更深地卷入当地事务中，他的政策不如阿尔布克尔克的政策协调一致。然而，他并没有意识到葡萄牙已大大衰落：尽管青铜时代已经到来，有些人仍然把它误认为是黄金时代。库尼亚于1528年起航去印度。3000名士兵随同前往：据编年史家卡斯坦埃达说，以前从来没有这样壮观的随行队伍在葡萄牙的旗帜下前往亚洲。他于1529年到达印度，很快就在马拉巴尔海岸开始进行大规模战争。1531年，他在离卡利卡特6英里的查利亚姆建立要塞。起初，他没有忽略红海：从1531年到1534年，舰队每年起航去封锁红海入口。他下令在第乌修建一座要塞，在他任职期的大部分时间里，他全神贯注于这一任务。1531年，他率领葡萄牙有史以来在印度集结的最强大的舰队去第乌：据说船只总数达100多艘，载有8000人，其中有3000名葡萄牙人。这支军队除了炮轰城市和控制附近海岸之外未有建树。葡萄牙人于1532—1533年再次袭击古吉拉特海岸。这个苏丹国那时处境非常艰难，因为它正与葡萄牙人和印度北部新建立的莫卧儿帝国同时作战。1533年，苏丹想在坎贝湾东岸的伯塞恩给葡萄牙人修建要塞用的土地，以此来收买他们。不到两年之后，库尼亚又得寸进尺，强行要求签订一个条约，在第乌给他一处修建要塞的地方。

葡萄牙人在第乌获得了他们早已垂涎的立足点之后，古吉拉特人和葡萄牙人之间的争端并未结束。双方互不信任。1537年，苏丹在第乌港与葡萄牙人的混战中被杀。然后，在两位要求继承王位的人中，库尼亚力图支持其中的一个。由于总督支持的候选人被其对手击败，葡萄牙人在第乌的处境变得严峻起来。与新苏丹签订的一项休战协定仅仅短时间内缓和了紧张局势。1538年6月，古吉拉特人围困第乌，在最近的一年期间，葡萄牙人占领了该城及其要塞。到8月，只有要塞还保留在他们手中。更糟糕的情况还在后面。古吉拉特人先前曾向奥斯曼帝国求援。1516年至1517年，奥斯曼帝国已征服了埃及和叙利亚。土耳其人有一支强大的海军，他们准备采取行动。1538年9月4日，一支大型土耳其舰队在第乌港下锚停泊。[①] 1508年的险情已经再现。强大的敌人已经联合起来。土耳其人到达印度表明葡萄牙人在执行阿尔布克尔克的计划中犯了多么大的错误。那位伟大的总督曾坚持要在亚丁和第乌建立要塞，但他把亚丁放在第一位，并且他强调需要有海军在红海采取军事行动。在16世纪30年代，王室和总督显然把心思放在第乌的要塞上。他们对红海的重要性视而不见：在1535年和1538年之间，库尼亚没有派一支舰队到那里去。1538年9月，他忽视红海看来得到了报应。对葡萄牙人来说幸运的是，由于敌人之间的意见分歧使土耳其舰队于1538年11月离去。第乌保住了。1539年，一位新到任的葡萄牙总督同古吉拉特达成和解。这时葡萄牙人就把他们的注意力转向红海，他们打算在那里袭击土耳其舰队。他们还希望占领亚丁。1541年一支远征军确实航行到了红海，其中一些人还到达苏伊士，但他们发现防御太严，无法袭击土耳其人的海滩走廊地带。

16世纪30年代在锡兰以东的地区经历了一些危机，但没有一个是难以克服的。马六甲在1534年和1537年之间经历了同柔佛和亚齐的战争，但都安然度过而没造成多少损害。在摩鹿加群岛，葡萄牙人经历了更严重的麻烦，特别是在贪得无厌的特里斯唐·德·阿泰德任

[①] 参见本书边码第521页。

特尔纳特要塞的指挥官期间。在他掌权这段时间里（1533—1536年）摩鹿加群岛大部分都起来反抗葡萄牙人，差一点将他们驱赶出去。阿泰德的继任者安东尼奥·加尔旺不得不平息这次起义。他还做了相当多的事情。他在特尔纳特的4年中，深受该国人民的爱戴，因此，据说那里的人民称他为该国之父。1533年，葡萄牙人在孟加拉遭到敌视；只有当该国统治者受到敌人猛攻时才变得友好起来。尽管在东南亚和印度发生骚乱，但在这10年中，葡萄牙的私人贸易很可能在东方海域的很多地方都增长了。国家可能受损，但一些私人却生意兴隆。

葡属亚洲的大问题仍然是财政问题。虽然阿尔布克尔克本来打算为政府提供大量的岁入。但他从来没取得成功：他的有些计划从未执行过，而有些计划又过于乐观。但至少他意识到葡属东印度必须筹集足够的钱来做到自给。他死后，葡萄牙政府对这一问题并不总是给予足够的考虑。16世纪30年代，它将大量军费花在海军舰队和陆军上，以此推行它那徒劳无益的计划。这就增加了它对经费的需求而又未能努力去满足这样的需求。官员中的腐败使问题更加严重。在16世纪，葡萄牙的历代国王从来没有得到他们在亚洲应得的全部岁入，而他们还得经常超额付出商品和劳务费用。约翰三世力图制止公务人员的违法行为，但是很难控制那些远离葡萄牙而易受强烈诱惑的人。看来改革很少取得持久的成功，因为在1520年前，告密者说在亚洲的舞弊现象越来越严重了。结果，16世纪30年代的额外开支迫使国王大量借款，且几乎无力偿还。他负债累累：1544年，欠了将近200万克鲁扎多，这是一笔巨款。16世纪的其余年代里，经费缺乏困扰着葡属亚洲政府，它的虚弱渐渐成为众所周知的事。直到库尼亚离职时，葡萄牙的亚洲政权的衰落程度比表面看到的更加真实而严重。此后，该政府经费的严重短缺暴露了真相。兵员缺乏也变得很严重。1530年后，王室军队中开小差的现象似乎增多了。勃固和暹罗战争的爆发很可能轻轻地触及了这一问题，许多葡萄牙人在那里当雇佣兵。此外，可能还应强调指出精神上的衰退。虽然葡萄牙人仍然可以很好地打仗，但他们似乎已丧失了许多早期在东方的那种热情。这时很少有人谈论消灭穆罕默德。部分原因是，随着葡萄牙人终于在商业上和其他方面与穆斯林人有了更多的接触，自然就没有那么好战了。

16世纪40年代，两位总督力图改善财政状况。马丁·阿方索·德·索萨（1542—1545年任职）通过在果阿使货币贬值并派西芒·博特略去改革马六甲的关税收取办法来为国王筹款。在葡萄牙属地以外的地方，总督干预印度最靠近果阿的一个邦比贾布尔的政治事务，以便为他自己和王室谋利。索萨的继任者是唐·吉昂·德·卡斯特罗，他希望削减开支。由于与古吉拉特重新开战，他未能做到这一点。不管是索萨还是卡斯特罗都未能找到解决葡萄牙财政困难的答案。1548年卡斯特罗去世时，国王仍然在印度卷入代价昂贵的纠纷之中，在国内负债累累。1552年，他欠债将近300万克鲁扎多。

有两件事情很可能将葡萄牙在东方的事业从加速衰退中挽救过来。一件是宗教复兴；另一件是葡萄牙人在亚洲的私人贸易的发展。

神职人员们在东方一直为葡萄牙人服务。圣方济各会修士们1517年在果阿建立了一座修道院。1518年，该城成为主教管辖区中心所在地。在早期，教会主要对葡萄牙人及其家庭行使职责；传教工作不是神职人员的主要活动之一，有时他们的行为在贵族（fidalgos）中或相互间未能维持高水准。在方济各·沙勿略于1542年到达印度后，这种情况才有了改变。沙勿略是耶稣会的第一批会士之一，在其后的10年中，他广游亚洲，直到他在中国海岸外的一个岛上去世时，他一直"贫穷而卑微，但并非不困惑"①。在远东逗留期间，沙勿略给葡萄牙人一种新的理想：以改变宗教信仰来代替行将消亡的宗教战争思想；他还教他们接受更为严格的宗教纪律。

沙勿略及其继任者取得的成就甚多。随着时间的推移，耶稣会会士和其他修道会成员们更密切注意亚洲的葡萄牙人的信仰和道德。1557—1558年，在科钦和马六甲创建有副主教职权的果阿大主教辖区，在执行这一任务方面给了一些帮助。1560年在果阿建立宗教法庭给予了更强有力的帮助。修道会注重教育并修建了许多教堂，在世俗政权的帮助下，特别是在像康斯坦丁诺·布拉干萨那样的虔信宗教的总督任职期间（1558—1561年），他们使果阿附近的许多印度人皈依了基督教。该邦颁布法令，给予改变信仰的特权。在葡萄牙属地以外的地区，从索科特拉到日本，宗教界都获得成功。1542年以前，

---

① J.布罗德里克（Brodrick）：《圣·方济各·沙勿略》（伦敦，1952年），第526页。

在亚洲的葡萄牙神职人员中很少有人对他们周围的环境感兴趣,但是,耶稣会会士和其他修会成员这时都学会了亚洲语言并对亚洲人的信仰和教义作了一些研究。在有些地方,他们还尽力使统治者改变信仰。他们认为,要是统治者被争取过来,他的臣民就会跟着他改变信仰。在别的地方,他们在下层人民中努力传教。沙勿略本人对科摩林角海岸的贫苦渔民特别关心,给他们中的许多人施洗礼。其他耶稣会会士也进行这项工作:据说1552年那里的基督教徒达6万人,有30个大教堂。在锡兰,年轻的国王科特于1557年成为基督教徒。1579年,最伟大的莫卧儿皇帝阿克巴派人去邀请一些有学问的神职人员。3名耶稣会会士怀着很高但是错误的希望于1580年到他的宫廷去。在马来亚和苏门答腊,多明我会的修士们无所作为,但他们很可能是1562年在小巽他群岛中的索洛开始建立一个传教团。在摩鹿加群岛,基督教几经波折,虽然它从许多地方被赶走,但是,在安汶,1580年都还在坚持着。在中国,1583年前传教士没有取得进展。取得较大成就的地点是日本,特别是在九州岛。到1580年,在日本有85个耶稣会传教士。据报道,皈依基督教的人数达15万人。这些基督教徒中六分之五住在九州,大部分是在已改信基督教的领主的岛屿上。到1583年,据估计,整个亚洲皈依基督教的人达60万。

在耶稣会会士们以传教士的热情努力传教的同时,葡萄牙的私商也在亚洲各港口之间开展兴盛的贸易。16世纪后半期,这种商业很繁荣,在1580年很可能比以往任何时候都更繁荣。王室没有分享到这一成果。它从来没有能控制住亚洲的私人贸易:它顶多收取点关税,而且经常是一无所获。它的注意力集中在从亚洲到欧洲的贸易上。1550年后,由于费用很高,加之阿拉伯人的竞争,这种贸易的利润较少。在16世纪70年代,国王甚至把两个大陆之间的海上贸易垄断权包租出去。只有一种私人贸易受到王室的强烈影响,那就是对日贸易,它可能是所有贸易中最有利可图的一种。

葡萄牙人很可能在1543年发现了日本。之后他们很快开始在中国和日本之间进行贸易,当时的情况使这种贸易对他们有利可图。中国禁止其臣民到海外,而且自1480年以来已对日本人关闭了它的港口。然而中国需要日本的白银,日本又需要中国的丝织品。走私只能满足市场需求的一部分,供应不足的部分使葡萄牙人获得高额利润。

葡萄牙人于1555年在澳门获得永久立足点之后，他们加强了自己在中国的地位。从那时起，他们与中国当局的关系逐渐改善。在日本，葡萄牙人与九州签订了重要的贸易合同。1571年后，他们主要航行到该岛的新港口长崎；直到1590年，该城的政府实际上掌握在耶稣会会士和航海企业主管人手中。到1550年，葡萄牙人与日本的贸易已为王室所垄断。每年，国王或其印度总督把贸易额分配给在中日之间航行的船长。有时王室出售这段航行的特权；即使它不这样做，关税也给它带来一大笔利润。航海所得的岁入成了政府的主要财政来源，但是无法制止葡属东印度作为一种政治力量的衰落。

由于葡萄牙在欧洲的财政状况已经恶化而更加需要新的收入。葡萄牙国王原来主要依靠安特卫普贷款，但是，经过1557年的金融危机之后，那里的金融家的贷款能力更低了。甚至在此之前，缺钱就使得葡萄牙在东方的行动主要是防御性的。1552年，土耳其人企图夺占霍尔木兹，但未成功。其后两年中，葡萄牙人在波斯湾与土耳其人的两次海战中取得一些胜利。但是，他们在红海就像第一次围攻第乌之后一样，没有进行反攻。1554年与1580年之间，他们主要忙于在锡兰和印度西海岸进行小规模的战争和战役。1539年后，葡萄牙加快了对锡兰的干预行动。起初是为了保护对葡萄牙人友好的科特国王；后来这种干预行动是受传播基督教信仰的愿望的影响。战争和围攻时而中断葡萄牙人与僧加罗人的关系史。到1580年该岛成了葡萄牙政府的费用昂贵的包袱。在印度的战争也增加了王室的财政负担。除了别的以外，它还使得有必要在达曼、曼加洛尔、霍纳瓦和巴斯鲁尔（Basrur）建立要塞。

在马来群岛，葡萄牙人遭到多次进攻。1550年和1580年之间，马六甲不得不对付5次猛攻，其中3次是由亚齐发起的。亚齐正力求控制苏门答腊和马来半岛。1571年葡萄牙本土政府试图通过为马六甲设立一个单独的总督职位来改善事态。拥有这一职位的人很可能原打算征服亚齐。缺乏财力使这一计划失败。在16世纪70年代后期，葡萄牙人和亚齐人之间发生了一些海战，特别是在新加坡海峡附近，葡萄牙人3次打败敌人。危险解除了，但并未根除。在摩鹿加群岛，连续不断的战斗和争端使葡萄牙人于1574年撤离特尔纳特的要塞，不过他们在蒂多雷和安汶仍然维持一些据点。西班牙人对西太平洋的兴趣是对他们在东南亚的又一个威胁。1542年，一支远征军离开墨西哥去"西部岛屿"建立一个殖民地，这个地方后来叫做菲律宾。这次远征失败了。时隔二十多年之后，于1564年才组织了另一次远征。这支远征军由4艘船和350人组成，在米格尔·洛佩斯·德·拉加斯皮的指挥下从新世界出发。这些西班牙人于次年抵达菲律宾，受到热情接待。他们在宿务岛建立了一个定居点，然后慢慢地将他们的势力扩大到其他岛屿。1569年，葡萄牙人力图驱逐西班牙人，结果自己被赶走。两年后，拉加斯皮占领了吕宋岛的马尼拉。与葡萄牙人在东方的军事基地不同，西班牙人在菲律宾建立的主要是殖民地。然而，16世纪70年代后期，在一位野心勃勃的总督统治期间，西班牙人曾想出一个征服中国的愚蠢计划。在同一时期，他们也试图在文莱获取权力，但成效甚微。尽管有这些计划，菲律宾还是渐渐安定下来，建立了正规的西班牙殖民体制。1583年，在马尼拉建立了检审法院。1580年葡萄牙与西班牙合并，这一消息于1581年传到果阿，来自菲律宾的对葡萄牙属地的任何军事威胁都随之消失。在那里或在亚洲的任何其他地方，这一事件都没有引起强烈抗议。葡属东印度和平地递交到西班牙的菲利普手中。菲利普承诺，他的葡萄牙和西班牙殖民领地仍将保持原来的组织机制。

菲利普控制了葡萄牙在东方的政府，但那个政府已度过了它的鼎盛时期。的确，它的显赫遗风犹存。要塞的数目从来没有这么多；政府机构非常复杂。然而，该国逐渐贫弱。它老是负债，如果它必须装备一支特别的远征军，通常感到非常窘困。它无法完全掩盖其尴尬的处境，即使最贫穷的士兵也能明白正在发生的情况，并且，对此有特别受人赞同的解释。根据他们的看法，所有的坏事可以归纳为两件：政府的贫困和官员的不法行为。这种看法有些道理，但它未能完全说明国家衰退的原因。早在阿尔布克尔克时期就存在腐败和经费短缺。实际上，该国的实力从来就没建立在充实的国库和纯洁的政府基础之上。更可能的是，在16世纪初，葡萄牙在亚洲的势力依靠两个基础：国王与其官吏之间目的的统一和葡萄牙舰队的实力。

统一至关重要。印度与葡萄牙距离遥远不仅使国王难于控制东方的臣民，而且他因此几乎不可能迫使他们给予任何长期的支援。同时，贵族和官员们常常对权利抱有奢望。除了合法的特权之外，他们有时要求得到对皇家军事指挥官的咨询权。如果指挥官拒绝听从贵族的意见，就有可能遇到他们设置的障碍甚至可能被解职。最严重的是，贵族、骑士和王室官吏经常认为他们有得到国王奖赏的特权。他们往往把东方的职位看作是对他们过去效劳的奖赏。结果，常常出现这种情况，他们一般通过干预贸易或行政管理，以损害国王的岁入来赚取尽可能大的赏金。君主远在葡萄牙，无法制止这种不法行为。平民可能严重妨碍葡萄牙的东方政府，有时他们可以使其几乎瘫痪。如果国王想要在亚洲取得成功，如果他在那儿的政府要繁荣兴盛，平民不仅必须赞同他的目标，而且必须自愿地帮助达到这些目标。在曼努埃尔一世时期，在东方的葡萄牙人似乎已有一个广泛一致的目标。在较小的问题上，如像一次战斗的作战方案，或者是战利品的分配，他们常常意见相左。但是，他们一致认为，他们在亚洲是为了同穆斯林作战并夺走他们的生意。在这个大问题上，国王、商人、军事领导人和神职人员都能达成妥协。在早期，东方的葡萄牙事业的总目标同时含有自私的和非自私的欲望而无有意识的自相矛盾。在亚洲，从贸易中赚取利润似乎就是狠狠打击穆斯林，而打击穆斯林似乎就是生财之道。

在曼努埃尔国王统治时期，有两个因素给予这种团结一致以实际的力量。第一个因素是葡萄牙人生活的活力；第二因素是国王对海外事业的指导。在16世纪初，葡萄牙国内轰轰烈烈的活动可与葡萄牙人在亚洲和非洲显示的活力相提并论。曼努埃尔式的装饰，吉尔·维森特的戏剧，诗歌方面著名的试验，古典研究的扩展和航海科学、法律与行政管理的进步全都始于这一时期。在亚洲，国王的控制增强了战斗力，因为曼努埃尔至少防止了臣民分散活动而造成灾难性后果。精神团结、由一人领导，使葡萄牙人在1500年与1520年间横扫东方海洋。然而，在这段时期的末期，意志力已开始削弱。东方的事务比国王起初设想的更复杂。职责和兴趣不是在每一场合都能巧合。虽然穆斯林被消灭了，但葡萄牙的东方政府并不总是能赚钱。同时它又需要赚钱，因为没有钱它就无法生存。阿尔布克尔克力图解决这难题，但他取得的成效有限，他的方法为助长腐败开辟了道路。他死后，国家政策变得混乱不堪，更加含糊不定。与此相对应的是，平民却更不容易受国王控制。到1540年，原有的理想和利益的平衡状态几乎完全消失了。宗教战争的思想隐匿起来：除了一种模糊的意义，大多数的神职人员和平信徒已不再把葡萄牙在东方的事业看作是十字军圣战。在危急时刻，葡萄牙人一般仍然会团结起来保卫国王的要塞，葡萄牙属地在受到进攻时仍然能进行坚强的防御。平时，平民们主要为他们自己的利益而奔波。由于失去了平民的密切支持，葡萄牙的东方政府衰落了。在16世纪70年代，它只能保卫属地，尽力在各处捞点小小的好处。虽然葡萄牙人保持了他们的活力，这表现在16世纪后半期的传教活动和广泛的私人贸易，而国家在这时却处于次要地位。

这样，到1580年，葡萄牙的亚洲政府虚弱无力，它所保留的权威主要是归于它的势力的第二个基础——舰队。葡萄牙人早期的成功表明，舰队和要塞能用于控制亚洲的一部分海上贸易。在16世纪后半期舰队使葡属东印度仍然具有一些影响，在1595年荷兰人到达东方之前，它未受到严重的挑战。即使在那时，其后150年是解决葡萄牙人所给予的教训的时期：在整个那段时期，海上力量都是欧洲人在亚洲的势力的主要基础之一。

（曾佑昌　译）

索　引

（此索引中的页码系原书页码，见本书的边码）

Abo，奥布，154，155
Absolutism, see Monarchy; Political theory，专制主义
Abu Su'ud, Islamic theologian，阿布·素欧德，伊斯兰教神学家，532
Abyssinia，阿比西尼亚
　耶稣会传教事业，298
　葡萄牙谋求结盟，520，530
　"祭司王约翰"，592，596
Academies, learned, in fifteenth and sixteenth centuries，学院（学会），15、16世纪的，437
Acapulco (New Spain), trade with Manila，阿卡普尔科（新西班牙），与马尼拉进行贸易，583
Acheh (Achin)，亚齐，606，608，611—612
Acquaviva, Claudio, fifth general of the Jesuits，阿夸维瓦，克劳迪奥，耶稣会士第五任总会长，300
Act of Appeals (1533)，上诉法案，234，463
Act of Dispensations (1534)，豁免法，463

Act of Six Articles (1539)，六条款法案，240—242
Act of Succession (1534)，继承法，236
Act of Supremacy (1534)，至尊法案，234；(1559)，250
Act of Uniformity (1552)，划一法，245；(1559)，250
Adamites, Hussite sect，裸体派，胡斯分裂派，191
Adashev, favourite of Tsar Ivan Ⅳ，阿达舍夫，沙皇伊凡四世宠臣，551—554
Adashev, father of the above，阿达舍夫，前者之父，554
Adelmann, Bernard，阿德尔曼，伯纳德，104
Aden，亚丁
　葡萄牙企图占领，520，599，604
　为土耳其人占领（1538），521
'Adiljevaz, raided by Safawids (1551)，阿迪尔杰瓦兹，受萨非王朝侵袭，525
Administration，行政管理

在查理五世的欧洲领土内，308—312，315—318，438—440，444，477—480；西西里，329—330；米兰，329—330；西班牙会议，332—333，445，449，572；西班牙影响的增长，333；城市同盟，440—441

皇家会议，444—446

皇家大臣，446—447

财政与税收，447—449

司法与法律，449—452

政府政策与法令之实施，452—454

地方行政，453—454

在东部王国，465—471

苏莱曼在埃及进行之改革，511—512

在俄国的执政阶级，541；御用会议所进行的改革，551—554；伊凡四世的改革，554—555

西班牙属下的美洲，563—565，569—570，570—571，588—590；坚持皇家统治，571—574；西印度群岛会议，572—573

在葡萄牙，613；在亚洲的葡萄牙人，600—604，606—607

Adrian Ⅵ, Pope (Adrian of Utrecht)，阿德里安六世，教皇（乌德勒支的阿德里安），70，90，252，347—648

在卡斯蒂利亚作摄政者，319，333

与哈布斯堡—瓦卢瓦斗争的关系，342

Adwert Academy，阿德沃特学院，437

Aegean Islands, lost to Venice (1540)，爱琴群岛，陷于威尼斯之手（1540），520

Aelian, on the art of war，艾利安，论战争的艺术，483

Aemilius, Paulus (Paolo Emilio), historian，埃米利乌斯，保洛斯，历史学家，371，384

Aeneas Sylvius, see Pius Ⅱ, Pope，埃涅阿斯，西尔维乌斯

Africa，非洲

耶稣会传教事业，298—299

该洲的环航，395

Africa, East，非洲东部

土耳其人对海岸的袭击，530—531

阿拉伯人对葡萄牙的抵抗，596—597

Africa, North, disputed by Christians and Turks，非洲北部，为基督徒和土耳其人所争夺，324—326，349，517—518，531—532

Africa, West, the slave trade to America，非洲西部，对美洲的奴隶贸易，582—583，585—587

Agricola, Mikael, bishop of Abo，阿格里科拉，米卡埃尔，奥布主教，154—156

Agriculture，农业

农业经济的变革，23—50；在德意志和帝国，29—36；在英国，36—44；在法国，44—47；在意大利和西班牙，47—50；西班牙的落后状况，321

在伊凡四世的俄国劳动力的缺乏和衰落，556，561

在新世界，563，566—567，574，578，581，587

Agrippa, Cornelius, 阿格里帕, 科内利乌斯, 404

Ahmed, Khan of the Golden Horde, 艾哈迈德, 金帐汗国可汗, 536

Ahmed, Ottoman pasha of Egypt, 艾哈迈德, 奥斯曼的埃及帕夏, 511

Ahmed Pasha, grand vizier, 艾哈迈德·帕夏, 首相, 524, 529

Aigues Mortes, negotiations (1538) between Charles V and Francis I, 艾格莫尔特, 查理五世与弗兰西斯一世在此谈判 (1538), 220, 352

Aix-en-Provence, Calvinism in, 普罗旺斯地区艾克斯, 加尔文宗在此, 224

Akbar, Mogul emperor, invites Christian missionaries, 阿克巴, 莫卧儿皇帝, 邀请基督教教士, 610

Akhaltzikhe (Georgia), 阿哈尔齐赫 (格鲁吉亚), 524

Akhlat, raided by Safawids (1551), 1551年萨非王朝袭击阿赫拉特, 525

Akinjis, volunteer horsemen in Turkish service, 阿金吉斯骑兵队, 510, 512, 514—515

Akkerman, in Turkish possession, 阿克尔曼, 在土耳其人占领下, 522

Alamanni, Luigi, 阿拉曼尼, 路易吉, 501

Albacina, Capuchins at, 阿尔巴基那, 嘉布遣会在此, 280

Albert I of Habsburg, king of the Romans, king of Hungary and Bohemia, 哈布斯堡的阿尔贝特一世, 罗马人的国王, 匈牙利和波希米亚国王, 191

Albert of Mainz, see Mainz, Albert of, 美因茨的阿尔贝特

Alberti, Leon Battista, Italian architect, 阿尔贝蒂, 莱昂·巴蒂斯塔, 意大利建筑家, 402

Albuquerque, Afonso de, 阿尔布克尔克, 阿方索·德
  葡萄牙的东方总督, 591, 598—602, 604, 608
  攻陷霍尔木兹 (1507), 597
  对与穆斯林贸易的态度, 599, 613—614
  被罢免和去世 (1515), 600
  加强海上实力, 600
  企图改革行政, 602

Alcala, university of, 阿尔卡拉大学, 292, 427—428

Alchemy, persistence of interest in, 炼金术, 对此术兴趣的持续, 403—404

Alciati, Andrea, Italian scholar, 阿尔齐亚蒂, 安德烈亚, 意大利学者, 372

Alciati, Giovanni Paolo, and Anti-Trinitarianism in Poland, 阿尔恰蒂, 乔凡尼·保罗和波兰的反三位一体说, 206—207

Aldrovandi, Ulissi, naturalist, 阿尔德罗迈迪, 乌利西, 博物学家, 392, 407

Aldus, see Manutius, Aldus, 阿尔杜斯

索 引

Aleander, Girolamo, cardinal, 阿莱安德,吉罗拉莫,枢机主教
 与伊拉斯谟,81,90
 在沃尔姆斯议会(1521),81—82
 与法兰克福临时协定(1539),176
 在巴黎讲学,418

Alencon, clandestine printing at, 阿朗松,在此秘密印刷,213

Alencon, duchy of, united with France (1525), 阿朗松公国,并入法国(1525),440

Aleppo, 阿勒颇, 511, 524—525, 531

Alexander I, king of Poland, grand duke of Lithuania, 亚历山大一世,波兰国王,立陶宛大公,186, 473, 538—539, 547

Alexander Ⅵ, Pope (Rodrigo Borgia), 亚历山大六世,教皇(罗德里戈·博尔吉亚), 252, 539

Alexander of Ville-Dieu (Dolensis), his school textbooks, 维莱-迪约(多伦西斯)的亚历山大,他的教科书, 416, 418, 424—425

Alexandria, the spice trade at, 亚历山德里亚,在此的香料贸易, 531

Alexandrovskaya Sloboda, 亚历山德罗夫斯卡雅·斯洛博达, 554

Algiers, 阿尔及尔
 查理五世远征的失败(1541), 181, 325, 336, 351, 506, 531
 为西班牙攻陷(1516), 324;为海尔丁·巴尔巴罗萨所控制, 324;
 在土耳其宗主统治下, 517, 532;
 海盗与土耳其人结盟, 518, 520;

 攻打马尔他(1565), 532

'Ali Beg, Turkish admiral, 阿里·贝格,土耳其海军上将, 531

'Ali Pasha, beglerbeg of Buda, 阿里·帕夏,布达总督, 526

'Ali Re'is, Turkish admiral, 阿里·雷伊斯,土耳其海军上将, 530

Allstedt, Münzer at, 阿尔斯太特,闵采尔在此, 86—88, 111

Almaden, mercury mines at, 阿尔马登,在此的水银矿, 313

Almagro, Diego de, companion of Pizarro in Peru, 阿尔马格罗,迪戈·达,皮萨罗在秘鲁的伙伴, 575, 576—578

Almaza, Miguel Perez de, royal secretary in Spain, 阿尔马萨,米格尔·佩雷斯·德,西班牙皇室大臣, 447

Almeida, Francisco de, Portugueseviceroy in the east, 阿尔梅达,弗朗西斯科·德,葡萄牙东方总督, 596—598

Almsgiving, see Social relief, 施舍

Altdorf, 阿尔特多夫, 109

Altenburg, reform in, 阿尔滕堡,在此的宗教改革, 86

Altieri, Baldassare, and Protestantism in Vienna, 阿尔铁里,巴尔达萨雷,与维也纳的新教, 262—263

Altomünster, 旧明斯特, 104

Alva, Fernando Alvarez de Toledo, 3rd duke of, 阿尔瓦第三大公,费尔南多·阿尔瓦雷斯·德·托莱多, 65, 329, 357

Alvarado, Pedro de, 阿尔瓦拉多, 佩德罗·德, 569
  远征危地马拉（1523）, 567; 在秘鲁, 576
Alvarez, Emmanuel, Jesuit, 阿尔瓦雷斯, 伊曼纽尔, 耶稣会士, 425
Amadis of Gaul, 高尔的阿马迪斯, 381
Amasia, 阿马西亚, 513, 516, 528, 530
Amazon, river, descended by Orellana (1541—1542), 亚马孙河, 奥雷利亚纳顺流而下, 587
Amboina, Portuguese at, 安汶, 葡萄牙在此, 612
Amboise, the Placards, 昂布瓦斯, 海报事件, 220
Ambrogini, Angelo, see Politian, 安布罗基尼, 安杰洛
America, Spanish, 美洲, 西班牙属地
  西班牙的征服和欧洲权势的开始, 21
  宗教修会的传教, 298, 565—567; 卡马尔多利会基金会的计划, 278
  行政设施: 西印度会议, 333, 445, 573; 监护征赋制（参免）, 564—565; 检审法院, 569—571; 对皇室控制的维护, 571—574, 578—580, 590; 对总督的偶尔选举, 588; 新法律, 588; 立法的理论和行政管理, 588—589
  农业经济, 581—582
  与西班牙的贸易, 584—586; 卡斯蒂利亚的垄断, 312, 584; 韦尔瑟家族在委内瑞拉的利益, 313; 贵金属的出口, 321—322, 333, 589; 钱币引入对欧洲的影响, 16; 对维护西班牙在欧洲统治地位的必要性, 335; 最终危害西班牙经济, 589—590; 对总督辖区间贸易的禁止, 583; 英国和葡萄牙的插足者, 585—586; 奴隶贸易, 585—586

Amsdorf, Nicholas, bishop of Naumburg, 阿姆斯多尔夫, 尼古拉斯, 瑙姆堡主教, 86
Amsterdam, 阿姆斯特丹, 51—52, 62, 313
  再洗礼派在此, 127, 131
Amyot, J., his translation of Plutarch, 阿米欧, 雅, 他对普鲁塔克著作的翻译, 382
Anabaptists, 再洗礼派, 70
  拒绝世俗权威, 5—6, 97, 102, 123, 133; 施莱特海姆信纲（1527）, 125; 受加尔文的攻击, 114, 129; 受克拉默的攻击, 130
  茨维考的先知, 84, 110, 119—120
  与闵采尔的关系, 88, 128
  在奥格斯堡信纲中受谴责（1530）, 94, 124—125
  与茨温利发预言的礼拜仪式, 101
  该运动的起源, 119—120; 反对婴儿施洗, 119, 133; 与德国农民起义的关系, 121; 受迫害, 121—122; 该运动在瑞士的要旨, 122; 被驱逐出苏黎世, 122, 125, 205; 在格里松斯地区, 122, 260
  在瑞士以外的发展, 122—132; 布劳罗克和蒂罗尔, 122, 124; 在

意大利，122，251，262，264—266，268—269，255；与意大利反三一论的关系，268—269；摩拉维亚的胡布迈尔与胡特，122—124，200—201；胡特、维德曼和极端再洗礼派，123；胡特尔在摩拉维亚，他被火焚、遭迫害，123—124，131；摩拉维亚宗教团体与外界的联系，124，207；贝尔纳迪诺·奥基诺与之联盟，124，265—266；萨特勒（自译）和施莱特海姆信纲，125—126；皮尔格拉姆·马尔贝克的事业和工作，126；梅尔希奥·霍夫曼的事业和工作，126—127；在斯特拉斯堡受谴责，127；在尼德兰的发展和遭受迫害（1535），127—129，131，318；在闵斯特的起义失败和受迫害（1535），127—129，130—131，166—167；约里斯派，131—132；门诺派，131；亚多·帕斯托、尼克拉斯，131

在德国受迫害，129；在英国受迫害，129—131，248；在丹麦，135，142，126；在匈牙利，205

早期的年鉴、赞美诗集，132

与中世纪神秘主义的联系，132—133，167

对文学的影响，370—371

Anastasia, tsarina of Russia, consort of Ivan Ⅳ, 阿纳斯塔西亚，俄国皇后，伊凡四世的配偶，551，553

Anatolia, 安纳托利亚，512—513，528—529

Anatomy, see Medicine, 解剖学

Ancona, origin of the Capuchins, 安科纳，嘉布遣会起源地，279

Andersson, Lars, see Andreae, Laurentius, 安德松，拉尔斯

Andes, mountains, crossed by Orellana, 安第斯山脉为奥雷利亚纳翻越（1541—1542），587

Andreae, Laurentius (Lars Andersson), 安德烈埃，劳伦蒂乌斯（拉尔斯·安德松）

与瑞典的宗教改革，146

第一部瑞典文新约，147

在教会与国王关系上，与古斯塔夫斯·瓦萨的冲突，150—151

Andrey, brother of Ivan Ⅲ of Russia, 安德烈，俄国伊凡三世的兄弟，536，539—540

Andrey the Younger, brother of Ivan Ⅲ of Russia, 小安德烈，俄国伊凡三世的兄弟，540

Anduze, Calvinism in, 昂迪兹，加尔文宗在此，224

Angela Merici, St. foundress of the Ursulines, 安杰拉·梅里奇，圣，乌尔苏拉会女创建者，289—290

Angers, Calvinism in, 昂热，加尔文宗在此，224

Angouleme, Calvin at, 昂古莱姆，加尔文在此，114

Angouleme, Louise of Savoy, duchess of, claims inheritance of Suzanne of Bourbon, 昂古莱姆女公爵，萨伏依的路易丝要求获得波旁的苏珊娜的继承权，342

作为弗兰西斯一世的摄政者，343；

要求采取反宗教改革家的行动，217；与康布雷条约（1529），345；土耳其同盟（1523），348

Angoumois，昂古穆比，224

Anhalt, Wolfgang of Kothen, prince of, 安哈尔特亲王，克滕的沃尔夫冈，92—93，350

"Anian", Strait of, Spanish search for, 阿尼亚纳海峡，西班牙谋取该地，605

Anjadiva Island, Portuguese fort, 安查迪瓦岛，葡萄牙要塞，595，597—598

Anjou，安茹，224

Anjou, house of，安茹王室
在匈牙利，188
要求占有那不勒斯，305，328

Anjou, Henry, duke of, see Henry Ⅲ, king of France，安茹大公，亨利

Annates, and Swedish breach with Rome，首岁所得税，及瑞典与罗马的破裂，146；英国议会剥夺教皇收取首岁所得税，234

Anne, queen of Bohemia and Hungary, empress (consort of Ferdinand I), 安娜，波希米亚和匈牙利女王，女皇（斐迪南一世的配偶），471—472，513

Anne Boleyn, queen of England, second consort of Henry Ⅷ，安妮·博林，英国皇后，亨利八世第二个配偶，171，230，234—235，237，239—240，249

Anne of Cleves, queen of England, fourth consort of Henry Ⅷ，克利夫斯的安妮，英国王后，亨利八世第四个配偶，240

Ansbach, see Brandenburg-Ansbach, 安斯巴赫

Antioquia (New Granada), 安蒂奥基亚（新格拉纳达），581

Anti-Trinitarianism，反三一论，206—207
塞尔维特的《三一论的错误》及被烧死，117，268
在波兰和摩拉维亚，207，209
在意大利，251，262，264—265，268—269
在格里松，260

Antonio Maria Zaccaria, st，安东尼奥·马利亚·扎加利，圣，287

Antonius, Lutheran preacher in Norway, 安东尼乌斯，在挪威的路德派布道者，142

Antvorskov (Zealand), 安特沃尔斯科夫（西兰），135

Antwerp，安特卫普，16，65，134，316
再洗礼派在此，57
该地的印刷业，213—214
防御工事，491—492

Anwykyll, John, master of Magdalen College School，安威凯尔，约翰，马格达伦高级中学校长，425

Apollonius of Perga, geometer，佩尔吉的阿波罗尼奥斯，几何学家，394

Apulia, raided by Turks and Moors，阿普利亚，受土耳其人和摩尔人袭击，327，518—519

Arabia, on the spice trade route，阿拉伯，在香料商道上，520—521，

索　引

531

Arabian Sea, Portuguese control, 阿拉伯海，葡萄牙的控制，591，598—599

Arabs, 阿拉伯人，387—388，391
　对科学的贡献，387，391—392
　与土耳其：埃及在奥托曼统治下，511—512；523—524 年的反叛，511；在也门的斗争，521
　在东方反对葡萄牙人，593—594

Aragon, 阿拉贡
　要求拥有查理五世所继承的那不勒斯，305，328
　农民，49
　与卡斯蒂利亚联合，301，304—305
　在查理五世统治下，305，440；皇权与贵族的权利，323—324；行政管理，445，452—453；阿拉贡议会，333；君王与国会的冲突，456；对传统自由的坚持，439；议会对税收的控制，455
　海上贸易的衰落，312

Arason, Jon, bishop of Holar, 阿拉松，约恩，候拉尔主教，144—145

Araucanian Indians, in Chile, 阿劳坎印第安人，在智利，563

Archimedes, 阿基米德，393—394
　与力学，401；著作译本，391；伽利略对他的研究，402

Aretino, Pietro, Italian writer, 阿雷蒂诺，彼得罗，意大利作家，376，385

Aretinus (Leonardo Bruni), historian, 阿雷蒂乌斯（莱昂纳多·布鲁尼），历史学家，371，384，419

Arianism, 阿里乌主义，115，117，206—208，269

Arimani, emancipation of in Italy, 在意大利的解放，48，26

Ariosto, Lodovico, Italian poet, 阿里奥斯托，洛多维科，意大利诗人，377，380

Aristotle, 亚里士多德，371—372，387
　路德在爱尔福特对他的研究，71；他对亚氏的敌视，72，74
　对宇宙的解释，397—398，399
　他的科学观的接受和修正，389，401—402，406—407
　他的政治思想在英国的影响，462

Armenia, 亚美尼亚，524—525，527

Armour, see under Warfare, 盔甲

Armstrong, Clement, 阿姆斯特朗，克莱门特，64

Arnald of Villanova, 维兰诺瓦的阿尔诺德，403

Arnobius, 阿诺比乌斯，372

Arnoldi, Bartholomew, 阿诺尔迪，巴塞洛缪，71

Art, 艺术
　宗教改革时期是艺术史上的中止期，17
　安特卫普作为艺术市场，61
　应用于科学图解，390—391，406—407，409—410
　在大苏莱曼统治下，532—533
　葡萄牙建筑，613
　印加工艺，574

Arta, Gulf of, 阿尔塔湾，519—520

Arthur, Prince, son of Henry Ⅶ, marriage to Catherine of Aragon, 阿瑟, 王子, 亨利七世之子, 与阿拉贡的凯瑟琳结婚, 230, 231

Arthur of Little Britain, 小不列颠的阿瑟, 381

Artois, inherited by Charles V, 阿图瓦, 被查理五世继承, 303
  法国放弃对该地的要求, 343, 353
  作为统治者, 查理五世在该地的地位, 440

Artvin, 阿尔特温, 524

As (Asch), Lutheranism in, 阿什, 路德宗在此, 200

Asia, 亚细亚
  伊凡四世建立俄国宗主地位, 561
  香料商道, 593—594
  基督教传教, 609—610

Asia Minor, 小亚细亚, 516, 528

Aske, Robert, 阿斯克, 罗伯特, 237

Assaying, 炼金术, 404

Assens (Denmark), 阿森斯（丹麦）, 136

Assisi, 阿西西, 279

Asti, Francis I renounces claim to, 阿斯蒂, 弗兰西斯一世放弃该地主权, 343

Astrakhan, 阿斯特拉罕, 549, 557

Astrology, 占星学, 396—397

Astronomy, 天文学
  坚持中世纪和经典思想, 387
  星系的绘制, 393
  应用于航海, 395
  托勒密体系, 397—398
  哥白尼体系, 398—400

  第谷·布拉伊, 400—401

Asuncion, Spanish settlement (1537), 亚松森, 西班牙定居点（1537）, 587

Atacama, desert of (Chile), 阿塔卡马沙漠（智利）, 577

Atahualpa, Inca ruler, 阿塔瓦尔帕, 印加统治者, 575—576

Ataide, Tristao de, Portuguese captain at Ternate, 阿泰德, 特里斯唐·德, 葡萄牙驻特尔纳特首领, 608

Athletics, in education, 体育, 在教育中, 420

Audley, Thomas, 奥德利, 托马斯, 486, 499—500

Augmentations, Court of (1536), 增收法院（1536）, 449—450

Augsburg, 奥格斯堡, 340
  作为贸易中心, 53, 65, 338
  路德在此, 77—78; 奥科兰帕迪乌斯在此, 104; 再洗礼派在此, 122; 胡特在此, 123; 放弃茨温利主义, 167—168; 加入施马尔卡尔登同盟, 350; 被查理五世占领（1547）, 356; 修道院财产拨归办教育, 429
  该地的学校, 430
  加入士瓦本同盟, 478

Augsburg, bishop of, founds university of Dillingen (1551), 奥格斯堡主教, 建立迪林根大学, 435

Augsburg, Confession of (1530), 奥格斯堡信纲
  圣岁教义, 94, 111, 204
  对再洗礼派的谴责, 94, 124—125

索 引 671

为斯特拉斯堡新教教会所接受
  （1534），124—125，163
在丹麦，139
在符腾堡被采用，166
要求召开总会议，170
与施马尔卡尔登条款，173
与法兰克福临时协定（1539），176
被排斥于雷根斯堡的讨论之外
  （1541），178
为1555年议会承认，185
被修正的1551年信纲，208
Augsburg, diet of 1525, 1525年奥格
  斯堡议会，340；1530年议会，
  93—95，161，165，307，350；
  要求召开总会议，170；1547—
  1548年议会与奥格斯堡临时敕
  令，112，183—185，299，338，
  356，478；1555年奥格斯堡议会
  和奥格斯堡和会，3，5—6，185，
  222—223，338，358
Augusta, Jan, bishop of the Church of
  the Brethren, 奥古斯塔，扬，兄
  弟会主教，200，203
Augustine, St, 圣·奥古斯丁
  路德的奥古斯丁主义，74；卡尔施
  塔特的奥古斯丁主义，79，85；
  茨温利对奥氏的研究，98；茨温
  利的原罪说与奥氏的对比，102；
  加尔文对奥氏思想的精通，118
  其出版的版本，372
Aunis, trial of heretics, 欧尼斯，对异
  端的审判，224
Aussig, see Usti nad Labem, 奥西希
Austerlitz, Anabaptism in, 奥斯特利
  茨，再洗礼派在此，123—124

Austria，奥地利
  其权力的兴起与土耳其和俄国的压
    力相关，21
  通过联姻，与勃艮第合并，301
  查理五世继承哈布斯堡领地，301，
    305—306；割让给斐迪南，339—
    340
  奥斯曼的袭击（1532），515，
    521—522
Auvergne，奥弗涅，223—224，298
Averroism，阿威罗伊学说，371
Avignon，阿维尼翁，100，361
Avila, Pedro Arias de, Spanish gover-
  nor in Darien, 阿维拉，佩德罗·
  阿里亚斯·德，在达里恩的西班
  牙总督，567
Aviles, Pedro Menendez de, and the
  Spanish convoy system, 阿维莱斯，
  佩德罗·梅嫩德斯·德，与西班
  牙的护航制度，585
Azerbaijan，阿塞拜疆，516—517，
  525
Azores，亚速尔，葡萄牙基地，585
Azpeitia, birthplace of St Ignatius, 阿
  斯佩蒂亚，圣依纳爵出生地，291
Aztec civilisation，阿兹特克文明，
  563—564，566

Bab al-Mandab, strait, controlled by
  Portuguese, 曼德海峡，为葡萄牙
  控制，520
Bacon, Sir Francis, 培根，弗朗西斯
  爵士，411—412
Baden, Oecolampadius' debate with
  Eck (1526), 巴登，奥科兰帕迪

乌斯与埃克的辩论（1526），105
Baghdad，巴格达，516，533
Bahia, as capital of Brazil，巴伊亚，作为巴西首都，586
Bahrain, controlled by Portuguese，巴林，为葡萄牙所控制，520
Baiburd, in Turkish possession，巴伊布尔特，在土耳其辖区内，516
Baif, J. A. de, French poet，巴伊夫，J. A. 德，法国诗人，378
Bailli, royal official in France，法国的皇家官员，453—454
Baki, Islamic poet，巴基，伊斯兰诗人，532
Bakics, Pal，巴基奇，帕尔，197
Balbus（Balbo），Hieronymus, archbishop of Goritz，巴尔布斯（巴尔博），希罗尼穆斯，格里茨大主教，347
Balearic Islands，巴利阿里群岛，305，518，531
Baltic Sea，波罗的海
　小麦贸易，35，58
　安特卫普商人在此，62，69
　俄国的野心，558—560
Bamberg, early printing in，班贝格，早期印刷术在此，361
Banat, the（Hungary），巴纳特，（匈牙利），188
Banbury, school at，班伯里的学校，425
Banda Islands，班达群岛，593，604
Bandello, Matteo, Italian writer，班戴洛，马泰奥，意大利作家，381
Banking and finance，银行业和财政

里昂为金融中心，16，65—66，68
大银行衰落的原因，16
安特卫普金融市场，50
香料市场和南德金融家的兴起，51，53，63
复式簿记的引入，55
16世纪的支票、利息和经纪费率，64—65
热那亚为金融中心，65，313，322
兑换投机，65
安特卫普的政府贷款运作，66—68
加斯帕·杜奇的事业，67—68
就高利贷问题咨询索邦神学院，216
查理五世利用南部德国和热那亚家族，312—313，352，356；贷款以助他当选皇帝，338—339
16世纪会计学方法的不精确，317
购买建立在西班牙政府税收基础上的年金（juros），321—322
数学教科书，394
Banska Bystrica（Besztercebanya, Neusohl），班斯卡—比斯特里察，194，198，347
Banska St' avnica（Schemnitz），班斯卡—斯塔弗尼卡，198
Baptism，洗礼
　婴儿施洗，为卡尔施塔特否定，88；茨温利对它有疑惑，100，102，120—121；在维滕贝格受攻击（1521），119—120；在苏黎世命令进行出生登记，121；受塞尔维特的谴责，129
　茨温利的新礼仪（1525），101；布塞尔的，111
Bar, Pierre，巴尔，皮埃尔，218

索　引

Barbarossa, Khair ad-Din, 巴尔巴罗萨, 海尔丁, 347
　取得对阿尔及尔和突尼斯的控制权, 324—325, 518
　袭击地中海地区, 325, 327, 518, 519—520, 531
　协助法国夺取尼斯（1543）, 353, 513
　去世（1546）, 355, 531
　受奥斯曼土耳其雇佣, 518; 投降谢里姆, 518; 被任命为海军大元帅, 325, 351
　在普雷韦扎外取胜（1538）, 519—520, 530

Barbary, pirates of, 柏柏里海盗, 324, 347

Barcelona, 巴塞罗那, 291—292, 301, 305, 339
　作为商业中心衰落, 312—313

Barcelona, Treaty of (1529), 巴塞罗那条约（1529）, 345

Barland A., Dialogi, 巴兰德的《会话》, 426

Baronius, Caesar, Cardinal, his *Annales Ecclesiastici*, 巴罗尼乌斯, 恺撒, 枢机主教, 他的《教会通史》, 371

Bartholomew the Englishman, 巴塞洛缪, 英国人, 390

Barton, Elizabeth (the Nun of Kent), executed (1534), 巴顿, 伊丽莎白（肯特的修女）, 被处决（1534）, 236

Bascio, Matteo da, founder of the Capuchins, 巴斯其奥, 马泰奥·达, 嘉布遣会创立人, 279—280, 282, 286

Basil Ⅲ, grand prince of Moscow, see Vasily Ⅲ, 巴西尔三世, 莫斯科大公

Basle, 巴塞尔
　伊拉斯谟在此, 70, 105
　宗教改革在此, 奥科兰帕迪乌斯, 86, 104—106; 闵采尔在此, 88; 政治与文化背景, 96; 参加基督教城市同盟, 103; 卡皮托在此布道和讲课, 104, 107; 米科尼乌斯继承奥科兰帕迪乌斯, 106; 第一、二信纲（瑞士信纲）, 107, 168; 布塞尔企图就圣餐问题达成协议（1536）, 111; 加尔文在此, 114; 大卫·约里斯, 131—132; 法雷尔, 216; 意大利茨温利派在此, 266
　茨温利在此受教育, 97
　印刷业和售书业, 114, 213—214, 362, 367, 427
　普拉特尔的学校, 424, 437
　巴塞尔大学, 96—97, 106, 427, 434

Basra, 巴士拉, 521, 530—531

Basrur, Portuguese fort, 巴斯鲁尔, 葡萄牙要塞, 611

Bassein, Portuguese at, 伯塞恩, 葡萄牙人在此, 607

Bathory, Istvan, see Stephen Bathory, king of Poland, 巴托里, 伊斯特万

Batthyany, Ferenc, 包贾尼, 费伦茨, 199

Bavaria，巴伐利亚
  农业，33—34
  再洗礼派在此，132
  耶稣会士在此，299
  参加士瓦本同盟，478；和符腾堡，165
Bavaria, William, duke of, 巴伐利亚大公，威廉，179，354—355
Bayazid, Ottoman prince, 巴耶济德，奥斯曼王子，529—530
Beauce，博斯，224
Beaujeu, Anne, Pierre, Suzanne de, see Bourbon，博热，安妮，皮埃尔，苏珊娜·德
Beaulieu, E. de, 博利厄, E. 德，221
Beaune, persecution of Lutherans, 博讷，对路德派的迫害，218
Beda, Noel, 伯达，纳尔，219—220
Beklemishev, Bersen, Russian boyar, 别克列米舍夫，别尔先，俄国大贵族，550
Belalcazar, Sebastian de, governor of San Miguel, 贝拉尔卡萨尔，赛巴斯蒂安·德，圣米格尔总督，576—577
Belgrade threatened by the Turks，贝尔格莱德受土耳其威胁，346；受围困（1456），510；被占领（1521），347，510；落入土耳其人手中，196，513—515，527，532；苏莱曼在此设防，533
Belleau, R., French poet, 贝洛, R., 法国诗人，378
Belon, Pierre, work in zoology, 贝隆，皮埃尔，从事动物学研究，407

Belsky family, in disorders during minority of Ivan IV, 别利斯基家族，在伊凡四世少数派统治时期的混乱状况，551
Bembo, Pietro, Cardinal, 本博，彼得罗，枢机主教，370，373，375
Benefit of clergy, English legislation to limit, 僧侣的特恩，英国立法对此进行限制，229
Bengal，孟加拉，593，604，608
Berg, duchy of, 贝格公爵领地，354
Bergamo，贝加莫，288
Bergen，卑尔根，142，143
Bergen-op-Zoom，贝亨奥普佐姆，54—56，63
Bergerac, Calvinism in, 贝尔热拉克，加尔文宗在此，224
Berlin，柏林，53
Bernardino of Asti, general of the Capuchins，阿斯蒂的贝尔纳迪诺，嘉布遣会会长，282—283，285
Bernardino of Reggio, Observant Franciscan，雷焦的贝尔纳迪诺，严规派方济各会修士，281—282
Berne, the Reformation in: political background, 伯尔尼，宗教改革在此：政治背景，96；结成基督教城市同盟，103；公开的争论（1528），105，113；它向独立前进并帮助日内瓦改革，113；加尔文和法雷尔拒绝接受伯尔尼礼仪，115；加尔文与卡罗里的争论，115；穆斯库鲁斯的上帝至上教义，与加尔文教义的冲突，116；要求派代表前往威尼斯，

263

Berners John Bourchier, Lord, 伯纳斯伯爵, 约翰·鲍彻, 381

Berni, Francesco, Italian poet, 贝尔尼, 弗朗切斯科, 意大利诗人, 377

Berquin, Louis, 伯尔坎, 路易斯, 213, 216—218

Berry, trial of heretics, 贝里, 对异端的审判, 224

Berwick, permanent garrison at, 贝里克, 永久驻军于此, 489

Besancon, university of, 贝桑松大学, 417

Bessarabia, southern, occupied by Turks (1538), 比萨拉比亚南部, 被土耳其占领 (1538), 522

Bestiaries, 动物寓言, 406

Betanzos, Domingo de, Dominican missionary in New Spain, 贝坦索斯, 多明戈·德, 多明我会在新西班牙的修士, 565, 578

Beza, Theodore, 贝札, 狄奥多尔, 117, 204, 219—220, 370

Biberach, 比伯拉赫, 350, 355

Bible, the Holy, 《圣经》

伊拉斯谟的新约, 17, 98, 104, 147, 155

路德: 在维滕贝格讲学, 72, 74—75; 圣经研究在其神学中占中心地位, 74—75; 他攻击惟教皇有权解释圣经之教皇声言, 80; 他对《新约》圣经的解释和翻译 (1522), 83—84, 86—87; 其后的第一本瑞典文《新约》, 147; 与其后的阿格里科拉的芬兰文《新约》, 155; 卡尔施塔特的态度, 85; 茨温利极端的圣经绝对权威观, 100

圣经人文主义与瑞士和莱茵兰的宗教改革, 96; 在斯堪的纳维亚, 134, 139, 142, 154

圣经在茨温利思想中的中心位置, 98; 他对圣经的解释, 99, 101

苏黎世《圣经》, 101—102

斯特拉斯堡圣经神学的合作教授, 108

加尔文的圣经神学, 116, 118

再洗礼派与《圣经》, 119, 122, 133

彼得·帕拉第乌斯的《圣经导论》, 141

斯特拉斯堡1523年的圣经版本, 147

阿格里科拉的《圣经祈祷书》, 155

安德烈亚斯·诺普肯的研究和讲学, 157—158

波希米亚的饼酒同领派拒绝教皇对圣经解释的权威, 189

埃蒂安纳的出版物, 214; 在法国受谴责, 224, 373

索邦神学院抗议希腊文和希伯来文《圣经》的德文版本, 219

在意大利天主教改革运动中讥讽圣经权威, 257; 保罗的影响, 259; 反对利用圣经进而发展改革思想, 255

瓦尔德斯派对圣经权威的尊重, 265

存留的中世纪圣经抄本, 360

康普鲁顿合参本圣经, 372

拉丁通俗文本，373

对神学家学术研究的反作用，373—374

民族语译本，382—383；苏黎世诗篇，101—102；早期的出版，365；彼得森的丹麦文本，134，383；第一部《新约》丹麦文译本，135；陶森的《摩西王经》，142；克里斯蒂安三世的《圣经》（1550），142；冰岛文《圣经》，144—146；瑞典文《圣经》，147，152；芬兰文《圣经》，155—156；在受胡斯影响的波希米亚，189；马扎尔文《新约》，198；德国的波希米亚通俗语文本，200；塞克卢恰的波兰文《福音书》，201；扬·布拉霍斯拉夫的捷克文译本，203；勒费弗尔的《福音书》和《旧约》，215—216，383；在法国民族语文本诗篇的普及，219—220；马罗译本，378—383；廷德尔的英译本，227，383；命令英国各教区展览民族语圣经，238；英文本马修《圣经》，239；怀亚特的诗篇，383；科弗达尔的译本，383；亨利八世对不加区别地阅读民族语《圣经》译本加以限制，241，436；科尼什抱怨使用英文译本，243—244；布鲁乔利的意大利文译本，251；马莱尔米的意大利译本，365；奥利维坦的法文译本，383；路德的译本，383；埃克的德文天主教译本 383

《圣经》在中学中，416，421

苏马拉加为印第安人编写的教义问答中敦促对圣经作普遍研究，565

Bibliander（Theodore Buchman），比布利安德（特奥多雷·布赫曼），101

Bicocca, battle of（1522），比柯卡战役（1522），100，342，497—498

Biel, Gabriel，比尔，加布里埃尔，71，73—74

Biel（Switzerland），比尔（瑞士），103

Bijapur, Portuguese interference，比贾布尔，葡萄牙对它的干预，609

Billom（Auvergne），foundation of Jesuit college（1555），比洛姆（奥弗涅），耶稣会学院在此建立，223，298

Bilney, Thomas，比尔尼，托马斯（英），227

Binewald, Matthias，比内瓦尔德，马蒂亚斯，194

Bintan, Portuguese fort，宾坦，葡萄牙人要塞，606

Biondi, Flavio, see Blondus，比翁迪，弗拉维奥

Biringuccio, Vanucci，比林古奇奥，瓦努奇，393，404，482

Biro, Matyas，比罗，马贾什，199，205

Bitlis，比特利斯，516

Black Death, economic consequences of，黑死病，对经济的影响，26—27，31—34；在德国，29；在英国，36，39；在法国，44—45

"Black Martin"（van Rossem），"黑马丁"（范·罗塞姆），315—316

Blahoslav, Jan, leader of the Unity of the Brethren, 布拉霍斯拉夫，扬，联合兄弟会领袖，203

Blandrata, Giorgio, 布兰德拉塔，乔尔吉奥，206—208

Blankenberg, George, archbishop of Riga, 布兰肯贝尔吉，杰奥尔杰，里加大主教，159

Blaurer, Ambrose, 布劳雷尔，安布罗斯，86，102，166

Blaurer, Margaret, 布劳雷尔，玛格丽特，110—111

Blaurock, George, 布劳洛克，格奥尔格，121—122，124

Blekinge (Sweden), revolt (1542), 布莱金厄叛乱 (1542)，151

Blois, 布卢瓦，220，224

Blondus, Flavius (Flavio Biondi), historian, 布隆杜斯，弗拉维乌斯（弗拉维奥·比翁迪），历史学家，371

Bobadilla, Nicolas, original member of the Society of Jesus, 博瓦迪利亚，尼古拉斯，耶稣会士最初成员，292

在米尔贝格战役中，282；在德国，298

谴责奥格斯堡临时敕令（1548），299

Boccaccio, Giovanni, Italian writer, 薄伽丘，乔凡尼，意大利作家，375，380

Bockelson, Jan (John of Leyden), 博克尔松，杨，（莱登的约翰），128—129，131

Bodenstein, Andrew (of Carlstadt), see Carlstadt, 博登施泰因，安德鲁（卡尔施塔特的）

Bodin, Jean, 博丹，让，17

Boemus, Johannes, 博穆斯，约翰尼斯，486

Bogota, conquered by Spaniards, 波哥大，被西班牙人征服，577

Bohemia, 波希米亚

社会结构，8，9；农业社会，35，36；君主与地主的斗争，464；贵族的权力，9，15，465；议会，466—469

与宗教改革，83，87；在摩拉维亚的再洗礼派运动，122—124，131，200—201；1547 年的起义，472

人文主义在该地，192

与哈布斯堡皇族，199，346—348，464—465，471—472

土耳其的威胁，346—347，466—467

富格尔氏矿产利益，347—349

Bohemian Brethren, see Church of the Brethren, 波希米亚兄弟会

Bois-le-Duc, riots (1525), 在布瓦-勒-杜克的暴动 (1525)，317

Bojador, Cape, 博哈多尔角，591

Bolivia, 玻利维亚，577，582

Bologna, 博洛尼亚，170，183

特伦托会议迁此（1547—1549），254，356

宗教改革家们的著作之发行，255；

该地的宗教改革运动，256；与布塞尔的联系，264

Bologna, university of, 博洛尼亚大学
  奥科兰伯迪乌斯在该大学从事研究，104
  新教在此，264
  人文主义在此，418

Bona Sforza, queen of Poland, consort of Sigismund I, 博纳·斯福尔扎，波兰王后，西格蒙德（西吉斯孟）一世的配偶，192, 201, 473

Boner, Seweryn, Polish humanist, 博内尔，塞韦伦，波兰人文主义者，201

Bonn, Bucer invited to preach at, 波恩，布塞尔应邀在此布道，181

Bonner, Edmund, bishop of London, 邦纳，埃德蒙，伦敦主教，171, 248

Books, the book trade, see Printing; Trade and industry (Printing), 书籍，售书业

Bora, Katherine von, marriage to Luther, 博拉，卡特丽内·冯，与路德结婚，90

Bordeaux, 波尔多
  吉耶纳大学，422—423, 437
  科尔迪耶在此讲课，424
  路德派著作在此发行，216；对路德宗的迫害，218；加尔文宗在此，224

Borgia, Cesare, 博尔吉亚，切萨雷，252

Borgio, Gian Antonio, papal legate in Hungary, 博尔焦，吉安·安东尼奥，教廷驻匈牙利使节，194

Boris, brother of Ivan III of Russia, 鲍里斯，俄国伊凡三世的兄弟，536, 539—540

Borromeo, Carlo, see Charles Borromeo, St, 博罗梅奥，卡洛

Boscan, Juan, Spanish poet, 博斯坎，胡安，西班牙诗人，378

Bosnia, under Turkish rule, 波斯尼亚，在土耳其统治下，512, 521—524

Bossut, river, Turkish raids (1532), 博苏特河，土耳其人袭击该地（1532），515

Botelho, Simao, 博特略，西芒，609

Botticelli, Sandro, Italian painter, 波提切利，桑德罗，意大利画家，391

Boucher, Joan, 鲍彻，琼，130

Bouchet, Jean, 布谢，让，214

Boulogne, besieged by Henry VIII, 布洛涅，被亨利八世包围，353, 492, 494

Bourbon, duchy of, united with France (1523), 波旁公爵领地，与法国合并（1523），440

Bourbon, Anne de Beaujeu, duchess of, 波旁女公爵，安妮·德·博热，342

Bourbon, Charles de, Cardinal archbishop of Roueh, 波旁，夏尔·德，枢机主教，鲁昂大主教，217

Bourbon, Charles duke of, 波旁，夏尔公爵，342—343, 345

Bourbon, Pierre de Beaujea, duke of, 波旁，皮埃尔·德·博热公爵，342

Bourbon, Suzanne de Beaujeu, duchess of, 波旁, 苏珊娜·德·博热女公爵, 342
Bourbonnais, trial of heretics, 波旁, 对异端的审判, 224
Bourges, 布尔区
    该地律师的专制主义思想, 211
    与宗教改革, 222; 加尔文的研究, 114; 加尔文主义, 224; 文学的传播, 216; 对改革的抵制, 216—218
Boyle, Robert, 波意尔, 罗伯特, 403
Brabant, 布拉班特, 57, 316—317
    农奴制的废除, 45
    集贸市场, 55—56, 63, 66
    16 世纪中叶的人口, 60
    为查理五世所继承, 303
    与吕贝克反对丹麦的克里斯蒂安二世, 313
    被范·罗塞姆侵入 (1542), 316
Brabant, John Ⅱ, duke of, 布拉班特公爵, 约翰二世, 55
Bracciolini, Poggio, 布拉乔利尼, 波吉奥, 391
Braganca, Constantino de, viceroy in the east, 布拉干萨, 康斯坦丁诺·德, 在东方的总督, 610
Brandano, see Petroio, Bartolommeo da, 布兰达诺
Brandenburg, 勃兰登堡, 21, 35, 353
Brandenburg, Frederick William, elector of ('the Great Elector'), 勃兰登堡选侯, 腓特烈·威廉 (大选侯), 21
Brandenburg, Joachim Ⅰ, elector of, death (1535), 勃兰登堡选侯, 约阿希姆一世, 死于 1535 年, 353
Brandenburg, Joachim Ⅱ, elector of, 勃兰登堡选侯, 约阿希姆二世, 179
    斡旋于天主教徒和宗教改革家之间, 174
    引入路德主义, 353
    拒绝查理五世建立诸侯同盟的计划, 331
Brandenburg-Ansbach, George, margrave of, 勃兰登堡-安斯巴赫侯爵, 乔治, 93, 429
Brandenburg-Culmbach, Albert Alcibiades, margrave of, 勃兰登堡-库尔姆巴赫侯爵, 阿尔贝特·阿尔西维亚德斯, 182, 357, 480
Brandenburg-Kustrin, John (Hans), margrave of, 勃兰登堡-屈斯特林侯爵, 约翰 (汉斯), 357
Brandenburg-Prussia, 勃兰登堡-普鲁士
    权势的增长与俄国和土耳其压力有关, 21; 农民, 35—36
Braniewo (Braunsberg), Lutheranism in, 布拉涅沃 (布劳恩斯贝格), 路德宗在此, 201
Brantome, Pierre de Bourdeilles, seigneur de, 布朗托姆的领主, 皮埃尔·德·布尔代勒斯, 498
Brask, Hans, bishop of Linkoping, 布拉斯克, 汉斯, 林雪平主教, 146—149
Brasso (Kronstadt), Lutheranism in,

布拉斯湖（克罗龙斯塔特），路德宗在此，198
Bratislava, see Poszony, 布拉迪斯拉发
Braunsberg, see Braniewo, 布劳恩斯贝格
Brazil, 巴西
　染料木贸易，61，586
　耶稣会宣教事业，298，299，586—587
　葡萄牙定居点，586—587；与西班牙的斗争，587—588
　农业和人口，587
Bremen, joins the Schmalkaldic League, 不来梅，加入施马尔卡尔登同盟，350
Brenz, Johannes (Johann Brentzen), 布伦兹，约翰内斯（约翰·布伦岑），104
　与在士瓦本哈尔的宗教改革，86；与奥科兰帕迪乌斯关于圣餐的争论，91，105；在符腾堡，166；拒绝接受奥格斯堡临时敕令，183；为特伦托会议撰写信纲，184—185
Brescia, 布雷西亚，288—289
Breslau, 布雷斯劳，53，424
Brethren of the Common Life, 共同生活兄弟会，167
　手抄文本的倍增，360
　教育工作，417
Briceno, Isabella, 布里塞尼奥，伊莎贝拉，266
Briconnet, Guillaume, minister of Charles VII, 布里松内，纪尧姆，查理七世大臣，214
Briconnet, Guillaume, bishop of Meaux, 布里松内，纪尧姆，莫城主教
　传略，214—215
　对传统教义的捍卫，215
　受指控，216—217
　去世（1534），219
Brie, trial of heretics in, 布里，异端在此受审判，224
Brieg, principality of, official adoption of the Reformation, 布里格公国，正式采纳宗教改革，165
Briesmann, Johannes, 布里斯曼，约翰内斯，159
Brittany, united with France, 布列塔尼，与法国合并，440
Brno (Brünn), Ferdinand of Habsburg summons federal parliament, 布尔诺（布吕恩），哈布斯堡的斐迪南召开联邦议会，467
Broet, Paschase, 布勒特，帕斯夏瑟，292，299
Bromberg, see Bydgosc, 布罗姆贝格
Brucioli, Antonio, 布鲁乔利，安东尼奥，251
Brueghel, Peter the elder, Flemish painter, 勃鲁盖尔，彼得（老），弗兰德画家，403
Bruges, 布鲁日
　葡萄牙香料集散地的建立（约1460年），并转移至安特卫普（1499），50，55；商业霸权转至安特卫普，51；意大利银行迁至安特卫普，53；外商的待遇，55；西班牙商人在此，304

索　引

与科隆和安特卫普的陆路交通，53

该地的早期印刷业，362

Bruges, Treaty of (1521)，布鲁日条约，341

Brunfels, Otto, his work in botany，布隆费尔斯，奥托，他的植物学著作，407

Bruni, Leonardo, see Aretinus，布鲁尼，莱奥纳尔多

Bruno, Giordano，布鲁诺，焦尔达诺，400

Brunschwig, Jerome, *de arte distillandi*，不伦什维格，哲罗姆，404

Brunswick-Grubenhagen, Ernest, duke of, joins the League of Nuremberg (1538)，不伦瑞克－格鲁本哈根公爵，恩斯特加入纽伦堡同盟 (1538)，354

Brunswick-Grubenhagen, Philip, duke of, joins League of Schmalkalden (1531)，不伦瑞克－格鲁本哈根公爵，腓力加入施马尔卡尔登同盟 (1531)，350

Brunswick-Lüneburg, Ernest, duke of, and the Diet of Speyer (1526)，不伦瑞克－吕纳堡公爵恩斯特，与施派尔议会 (1526)，92；签署施派尔抗议宗声明 (1529)，93；加入托尔高同盟 (1526)，340；与施马尔卡尔登同盟 (1531)，350

Brunswick-Lüneburg, Francis, duke of, at Diet of Speyer (1526)，不伦瑞克－吕纳堡公爵弗兰西斯；在施派尔议会 (1526)，92；加入施马尔卡尔登同盟 (1531)，350

Brunswick-Lüneberg, Otto, duke of, joins League of Schmalkalden，不伦瑞克－吕纳堡公爵，奥托，加入施马尔卡尔登同盟，350

Brunswick-Wolfenbuttel, Henry, duke，不伦瑞克－沃尔芬比特尔公爵亨利

支持诉诸武力，179

参加纽伦堡同盟 (1538)，354

被新教徒驱逐出去 (1542)，354

Brussels，布鲁塞尔，317—318

布鲁塞尔会议 (1522)，339—340

Bucer, Martin (Kuhhorn), German theologian and Reformer，布塞尔，马丁（库霍恩），德国神学家和宗教改革家，17，181，261

他在斯特拉斯堡的改革，86，108—110，112；几种圣餐观并试图达成协议，91—92，111—112，161—162，166，167—170；与四城信纲，95，111，161；在埃伯恩堡避难，104；与奥科兰帕迪乌斯为教会的教规制订计划，106，115；他的……和"艰苦工作的福音"，107；对司法官的"宗教改革法规"的态度及对教会教规的关心，109；与农民战争，109；结婚，110；他的洗礼仪式，111；他对教牧工作和教义的看法，111，115；他的传教热情，111，70；拒绝签署奥格斯堡临时敕令及遭流放，112，183；他的人格和声望，112；在1528年伯尔尼辩论会上，113；他关于预定论的

教义，115；与极端派和宗派主义者的斗争，119，124，127，167；脱离施马尔卡尔登同盟，162；与卡尔洛夫奇讨论，175；对法兰克福临时敕令的批判（1539），176；与格罗珀和费尔特维克的讨论，177；在雷根斯堡议会上（1541），178；与黑森的腓力的婚姻，180

出生（1491），早年生活，教育，108；与布劳雷尔的友谊，166；他对加尔文的影响（1538—1541），115，118

在剑桥任教，他的去世（1551），112，130，243

Buchanan, George, 布坎南，乔治，369，437

Buchman, Theodore, see Bibliander, 布赫曼，特奥多尔

Buda (Budapest), 布达（布达佩斯）

作为匈牙利和波希米亚联合君王的宫廷所在地，191—192；匈牙利议会的会议，466

受土耳其人的威胁，346；被土耳其占领（1525），348；属土耳其帕夏管区，196；土耳其对新教布道者的宽容，197；在土耳其统治下，512，523—524，527

Bude, Guillaume, French scholar, 比代，纪尧姆，法国学者，17，372，462

Buenos Aires, Spanish settlement (1536), 布宜诺斯艾利斯，西班牙人定居处（1536），587

Bugenhagen, Johann (Pomeranus), 布根哈根，约翰（波梅拉努斯）

与宗教改革的传播，86；与布塞尔，111；反对霍夫曼的极端观点，126；对丹麦主教的授任，140，141；对盖布尔·彼得森的授任，143；与安德烈亚斯·诺伯肯联盟，157；与波罗的海的宗教改革，157；与圣餐，168；与雷根斯堡议会（1541），179；教育工作，424；受益于梅兰希顿，424

Bullinger, Henry, reformer, 布林格尔，亨利，宗教改革家

对卡尔施塔特的敌视，88

在苏黎世继续坚持茨温利的传统，103，163；瑞士信纲及瑞士归正宗教会的和解，106—107；对英国宗教改革的贡献，106，243；与极端派和宗派主义者的斗争，119，120，122，129—130；论闵斯特的再洗礼派，129；关于圣餐的看法，168；在波兰的影响，204；与法兰西的勒内的通讯，261；与威尼斯，263

Bundschuh rising, see Peasants' War

Buonacorsi, Philip, and humanism in Cracow, 博纳科尔西，菲利普，与人文主义在克拉科夫，192

Bure, Idelette de, marriage to Calvin (1540), 比雷，伊德雷特·德，与加尔文结婚（1540），116

Bureaucracy, development of, in administration, 官僚主义的发展，在行政管理工作中，444—446，448，453—454

Burgos, industry and population, 布尔

戈斯，工业和人口，584

Burgundy, county of, see Franche-Comte, 勃艮第郡

Burgundy, duchy of, 勃艮第公爵领地，7, 15, 22, 52
    该地的宗教改革进展，222
    君权的增长，438—439
    行政管理，444—445, 452

Burgundy, ducal house of, 勃艮第公爵家族
    与奥地利的哈布斯堡王朝联合，301, 303
    他们的十字军远征努力，336

Burgundy, Charles the Bold, duke of, 勃艮第公爵，"勇敢者"查理，54, 57, 60

Burgundy, Philip the Good, duke of, 勃艮第公爵，"好人"腓力，445, 452

Buridan, Jean, Galileo's debt to, 比里当，让，伽利略受益于他，389

Burlamacchi conspiracy, in Luĉca (1547), 布拉马基阴谋，在卢卡 (1547), 253, 263

Burlamacchi, Francesco, executed (1548), 布拉马基，弗朗切斯科，被处决 (1548), 263

Busbecq, Augier-Ghislain, imperial ambassador, 比斯贝克，奥吉耶-吉兰，帝国大使，533

Busleyden, Jerome, 布斯列登，哲罗姆，28

Butzbach, John, 布茨巴赫，约翰，416

Bydgosc (Bromberg), Diet of (1520), 比得哥什（布罗姆贝格）议会 (1520), 473

Byzantium, see Empire, Byzantine; as Ottoman capital, see Istanbul, 拜占庭

Cabral, Pedro Alvares, 卡布拉尔，佩德罗·阿尔瓦雷斯，586, 595

Caen, Calvinism in, 康城，加尔文宗在此，224

Cahors, persecution of Lutherans, 卡奥尔，对路德派的迫害，218

Cairo, Ahmed's revolt (1523—1524), 开罗，艾哈迈德造反 (1523—1524), 511

Caius, John, his work in zoology, 凯瓦斯，约翰，他对动物学的研究，407

Cajamaraca, capital of Atahualpa, 卡哈马卡，阿塔瓦尔帕的首府，575

Cajetan, Cardinal (Tommaso da Vio), general of the Dominicans, 卡耶坦，枢机主教（托马索·达·维奥），多明我会会长，386
    要求路德顺服（奥格斯堡，1518), 77—78

Cajetan, St (Gaetano da Thiene), 卡耶坦，圣（加埃塔诺·达·蒂埃内），288—289
    与朱斯蒂尼亚尼的友谊，278
    德亚底安修会的建立，285—286
    在罗马遭劫时受苦 (1527), 287

Calabria, 卡拉布里亚，256, 327, 531

Calais, 加来，341

英国羊毛主要产地，40

被英国所丧失（1558），247，249

在英国议会中的代表，455

永久性英国要塞，489

Calchiquel, Maya people subdued by Alvarado, 卡尔奇克尔，马雅人被阿尔瓦拉多所征服，568

Calepinus（Ambrogio Calepino）, his dictionary, 卡莱皮努斯（安布罗焦·卡莱皮诺），他的字典，373

Calicut, 卡利卡特，592，594，595，600，606

California, Lower, discovered by Cortes, 下加利福尼亚，为科尔特斯所发现，569

"Calixtines"（"Praguers"）, Hussite faction, "加里斯丁人"（"布拉格人"），属胡斯派，191

Calvi, Francesco, bookseller in Pavia, 卡尔维，弗朗切斯科，帕维亚的书商，255

Calvin, Gerard, father of John, 加尔文，热拉尔，让·加尔文之父，114

Calvin, John, reformer, 加尔文，让，宗教改革家，2，99，301

他在文学上的地位，17，116，383

布林格脱离茨温利转向加尔文，106—107

与天主教徒和宗教改革家举行会议（1539—1541，1546），111—112，118，178

与日内瓦的宗教改革，112—119；与卡罗利争论（1537），115，117；与议会争论，115；返回日内瓦（1541），116—117；教会组织和法规，116；教育工作，116—117，424；与日内瓦大学，434

出生与教育，113—114；学识渊博，118，370；在巴黎，223；他的皈依，114；隐蔽生活（1533），旅行，到达日内瓦，114—115，129；在斯特拉斯堡（1538—1541），布塞尔的影响和斯特拉斯堡礼仪，108，115，110

《基督教原理》，114；修订版（1539）和法文译本（1541），116，383；后来的版本，其特点和重要性，117—118；在法国的流行，220—221，223—224

他的 Psychopannychia，114，129

得益于其他宗教改革家，115，118

致萨多莱托书，115—116

与伊代勒特·德·比雷结婚（1540），116

他的神学观，118；他对圣餐的看法，116，118，169—170；他的《圣多礼小议》，116

在费拉拉与法兰西的勒内交往，261—262，267；与卡尔内塞基的接触，267；与瓦斯基

与极端派和分裂派斗争，119；谴责再洗礼派，114，125—126，129—130

支持查理五世反对保罗三世，182

与依纳爵·罗耀拉的比较，223

论"尼科代米主义"，267—268

Calvinism, 加尔文主义

与反对君权，7

在尼德兰，131，318

在中欧，202；在波兰，203—205，209；在匈牙利，205—206

在法国，210—225

在意大利，251；在费拉拉，265；韦尔多派和加尔文派结盟，255；多梅尼基翻译《尼科代米纳》，264

伊丽莎白一世嫌恶加尔文主义，249

Calvinists excluded from Peace of Augsburg (1555)，加尔文派被排除于奥格斯堡和约（1555）之外，355

Camaldoli，卡马尔多利，278

Cambay, Gulf of，坎贝湾，607

Cambrai, Peace of (1529)，康布雷和约，93，217，334—335，352

Cambridge University，剑桥大学

布塞尔在此，112，130，243

约翰·维隆在剑桥，129

早期关于路德主义的讨论（小德意志），227

克拉默在此，233，238

对宗教改革的影响，430—431；皇家加强了控制，433—434

Camerarius (Joachim Kammermeister), his educational work，卡梅拉里乌斯（约阿基姆·卡默迈斯特），他的教育著作，425

Camerino, Matteo da Bascio's work during the plague，卡梅里诺，马泰奥·达·巴肖在鼠疫流行期间的工作，279

Camerino, Giulia Varans, duchess of，卡梅里诺，朱利亚·瓦拉斯女公爵，279，283

Campeggio, Lorenzo, Cardinal，坎佩基奥，洛伦佐枢机主教，13，94，231

Canary Islands, Spanish administration，加那利群岛，西班牙人的行政管理，564

Canete, Andres Hurtado de Mendoza, marquis of, viceroy in Peru，卡涅特侯爵，安德雷斯·乌尔塔多·德·门多萨，秘鲁总督，579—580

Canisius (Peter Kanes), see Peter Canisius，卡尼修斯（彼得·卡内斯）

Cannanore, Portuguese at，坎纳诺尔，葡萄牙人在此，594，597

Canterbury, ecclesiastical province of，坎特伯雷教会行省，228，415

Canton, Portuguese at，广州，葡萄牙人在此，592，606

Cape Comorin Coast, Xavier's mission，科摩林海岸角，沙勿略的传教活动，610

Cape of Good Hope，好望角，569，591

Capitalism，资本主义

资本主义的态度并非是宗教改革时期的产品，20

农业资本的各种来源，28—29，32，43；在英国农业发展和总体前进之间的协调，43；与法国的对照，46

Capito, Wolfgang Fabricius，卡皮托，沃尔夫冈·法布里丘斯

与斯特拉斯堡的宗教改革，86，

107—108；在巴塞尔的教学和布道（1515），104；他的性格和学识，107—108；出生（1478）、教育、早期的职业，107；与农民军领袖会晤（1525），109；在斯特拉斯堡避难，110；结婚，110；去世（1541），110；在1528年伯尔尼辩论中，113；对再洗礼派的态度，124—125，127；关于圣餐问题瑞士人与路德派之间的争论，168；与格罗珀和维尔特维克的讨论，177

Cappel, abbot of, 卡佩尔修院院长, 103

Cappel, battle of (1531), 卡佩尔战役 (1531)，103，106，163，350

Cappel, first and second Peace of (1529, 1531), 卡佩尔第一次和第二次和约 (1529, 1531)，103，106

Capponi, Niccolo, 卡波尼，尼科洛，344

Caraccioli, Marino, cardinal, govenor-general in Milan, 卡拉乔利，马里诺，枢机主教，米兰总督，330

Carbcciolo, Galeazzo, Italian Calvinist, associated with Valdes, 卡拉乔洛，加利佐，意大利加尔文主义者，与瓦尔德斯联盟，265

Carafa, Gian Pietro, cardinal, see Paul Ⅳ, Pope, 卡拉法，吉安·彼得罗，枢机主教

Carhajal, Francisco de, associate of Gonzalo Pizarro, 卡瓦哈尔，弗朗西斯科·德，579

Caribbean Sea, English and Portuguese interlopers, 加勒比海，英国人和葡萄牙人的侵犯，585—586

Carinthia, 卡林西亚，339—340，522，524

Carion, Johannes, chronicler, 卡里翁，约翰内斯，编年史家，371

Carlstadt, Andrew Bodenstein of, German Reformer, 卡尔斯塔特，安德鲁·博登施泰因，德国宗教改革家，70

与莱比锡的辩论（1519），79；对丹麦的访问流产（1521），84；他对异象的热衷，84；在维滕贝格他的激进的改革方案（1521—1522），84—85；布根哈根取代其在维滕贝格的地位，86；与安娜·冯·莫豪订婚，84，106；他的神学与路德的比较，85；他在科隆和耶拿的学生，86；反对婴儿施洗，88，119；圣餐象征说的教义，88，91；与路德公开决裂，遭放逐，88，120；卷入农民战争，89；在巴塞尔挑起争斗，106；去世（1541），106；在斯特拉斯堡，110；与苏黎世再洗礼派的起源，120

Carnesecchi, Pietro, Italian reformer, 卡尔内塞基，彼得罗，意大利宗教改革家

帮助受迫害的改革家，252

他的生涯，与巴尔德斯的交往，去世（1567），266—267

他受审，270，272

否定教皇的绝对权威，273

与加尔文交往，267

Carniola，卡尼奥拉，339—340，522

Caro, Annibal, Italian poet, 卡罗，安尼巴尔，意大利诗人，261

Caroli, Pierre, 卡罗利，皮埃尔，115，117，216

Carpi, Berengario da, his work in anatomy, 卡皮，贝伦加里奥·达，他对解剖学的工作，409

Cartagena (de las Indias), Spanish naval base, 卡塔赫纳（德·拉斯·因迪亚斯），西班牙海军基地，585

Cartography, 制图学，61，393，396，584

Casa de Contratacion, at Seville, controls foreign trade and navigation, 塞维利亚的贸易署，584

Casalmaggiore, converts to reform in, 卡萨尔马焦雷，该地改宗者实施宗教改革，260

Casimir Ⅳ, king of Poland, 卡齐米日四世，波兰国王，473

从条顿骑士团接受西普鲁士，194

与俄国：诺夫哥罗德向其求援，534—535，535；与鞑靼人结盟和谈判，536—537

去世（1492），538

Castaldo, Giam Battista, Habsburg commander in Transylvania, 卡斯塔尔多，吉亚姆·巴基斯塔，在特兰西瓦尼亚的哈布斯堡司令官，526

Castanheda, Fernao Lopes de, Portuguese chronicler, 卡斯坦埃达，费尔南·洛佩斯·德，葡萄牙编年史家，607

Castellio, Sebastian, 卡斯特利奥，塞巴斯蒂昂，116，132—133

Castelnuovo, taken and lost by Venice (1538—1539), 卡斯泰尔诺沃，由威尼斯占领及复失（1538—1539），520

Castelvetro, Ludovico, philosopher and philologist, 卡斯特尔韦特罗，卢多维科，哲学家，语言学家，261

Castiglione, Baldesar, his *Courtier*, 卡斯蒂利奥内，巴尔代萨，他的《朝臣》，19，N.I，213，422

Castile，卡斯蒂利亚

君主专制的增长，8，304，439，589—590

贵族与城镇，49，304，319，563

与阿拉贡联合，301，304—305

勃艮第的查理（查理五世）即位，304—305；他作为统治者的地位，440

对外贸易的垄断，312

税收，318—321，455

强迫摩尔人皈依（1502），324

行政管理，445，453

畜牧业，581

在西班牙取得显著地位，由美洲属地协助，590

Castilleja de la Cuesta, death of Cortes (1547), 卡斯蒂列哈·德·拉·奎斯塔，科特斯之死（1547），571

Castre, persecution of Lutherans, 卡斯

特尔，对路德派的迫害，218
Castro, Joao de, governor in the east, 卡斯特罗，吉昂·德，东方总督，609
Castro, Vaca de, in civil war in Peru, 卡斯特罗，瓦卡·德，在秘鲁的内战中，578
Catalonia, 加泰罗尼亚，49
　查理五世治下海上贸易的衰落，312—313；与热那亚的商业竞争，324
　皇室权威与贵族权利，323—324
Cateau-Cambresis, Peace of (1559), 卡托—康布雷齐和约 (1559), 223, 225, 272, 335, 358
Catherine, queen of Sweden, first consort of Gustavus Vasa, 凯瑟琳，瑞典皇后，古斯塔夫·瓦萨的第一个配偶，149
Catherine of Aragon, queen of England consort of Henry Ⅶ, 阿拉贡的凯瑟琳，英国皇后，亨利八世的配偶
　她与阿瑟亲王的婚姻，230—231
　她的离异，229，230—233，303，433；克拉默对她的废黜，234—235
　去世 (1536), 239
Catherine Howard, queen of England, fifth consort of Henry Ⅷ, executed (1542), 凯瑟琳·霍华德，英国皇后，亨利八世第五个配偶，被处决 (1542), 241
Catherine de Medicis, queen of France, consort of Henry Ⅱ, 卡特琳·德·梅迪西斯，法国皇后，亨利二世配偶，266
CatherineRicci, St, 凯瑟琳·里奇，圣，289
Catholic League, of Nuremberg (1538), 纽伦堡的天主教联盟 (1538), 175—176
Cato, studied in grammar schools, 加图，语法学校对他的研究，416，423
Cattani, Francesco, 卡塔尼，弗朗切斯科，267
Cattle rearing, in New Spain, 养牛业，在新西班牙，581—582
Caturce, Jean de, executed (1532), 卡蒂尔瑟·让·达，被处决 (1532), 219
Caucasia, 高加索，524, 530
Cavalcanti, Bartolomeo, 卡瓦尔坎蒂，巴托洛米奥，501—502
Caxton, William, printer, 卡克斯顿，威廉，出版家，362, 365, 390
Cecil, Sir William (Lord Burghley), 塞西尔，威廉爵士（布格利勋爵），130
Cellarius, Martin, and origin of Anabaptism in Zurich, 塞拉里厄斯，马丁，与苏黎世再洗礼派的起源，120
Celsus, editions of *De re medica*, 赛尔苏斯，《医学》，391
Censorship, of books, 书籍的检查制度，256, 259, 269, 363—364
"Centuriators of Magdeburg", 马格德堡的世纪记年历史学家，371

Centurione family, Genoese bankers, 琴图廖内家族, 热那亚银行家, 313

Ceresole, French victory (1544), 切雷索莱, 法国取胜 (1544), 353

Cervantes, Miguel de, *Don Quixote*, 塞万提斯, 米古埃尔·德, 《唐·吉诃德》, 12

Cesalpino, Andreas, his work in botany, 切萨皮诺, 安德烈亚斯, 他在植物学方面的工作, 408

Ceylon, 锡兰, 596
  肉桂生产业, 593
  葡萄牙人在此, 597, 606, 611
  基督教传教会, 610

Chaliyam, Portuguese fort, 查利亚姆, 葡萄牙要塞, 607

Chalon, Philibert de, viceroy in Naples, 沙隆, 菲利贝特·德, 那不勒斯总督, 333

Chambord, Treaty of, between Henry Ⅱ of France and German Protestant princes (1552), 尚博尔条约, 法国的亨利二世与德国抗议宗诸侯们签订的 (1552), 357

Chambre Ardente, 242, 451

Champagne, 香槟, 222, 224

Champier, See Martial, 尚皮埃尔

Chancery, Court of, 大法官法庭, 450

Chantries (in England), 礼拜堂附属的小室 (在英国), 244, 416

Chapultepec, 查普特佩克, 562

Charcas, Spanish administration, 查尔卡斯, 西班牙的行政管理, 572

Charles Ⅴ, emperor (Charles Ⅰ, king of Spain), 查理五世, 皇帝 (查理一世, 西班牙国王), 70, 115, 151, 159, 181, 265, 305, 497, 515

与宗教改革, 479—480; 沃尔姆斯议会和敕令 (1521), 81—83, 93, 339; 开始对宗教改革者进行迫害 (1523), 86; 施派尔议会和休会 (1526), 92—93, 479; 施派尔议会 (1529), 39, 94, 479; 奥格斯堡议会 (1530), 93—95, 161, 170, 350; 施马尔卡尔登同盟与战争, 163—165, 183, 331, 354—356, 479—480; 纽伦堡和约 (1532), 164, 175, 176, 350—351; 与哈格瑙和沃尔姆斯的争论 (1540), 175—176; 法兰克福临时敕令 (1539), 175—176; 雷根斯堡议会 (1541), 178—179, 307; 与黑森的菲利普结盟, 179—180; 奥格斯堡临时敕令 (1547), 112, 183—184, 356; 奥格斯堡和约 (1555), 185, 222—223, 338, 358, 479; 在英国玛丽的复辟, 246—247; 企图在那不勒斯引进宗教裁判所, 328—329; 他的诸侯同盟计划遭拒绝, 331; 同情伊拉斯谟主义, 257, 258, 333

性格与政绩, 6—7; 他的统一的基督教世界的理想的破灭, 7, 9—11, 22, 314—315; 作为基督教世界之首领, 301, 303—304, 306—307; 帝王天职的概念, 314, 335—337; 与帝国的统一, 479—480

与教皇，6—7，253，307—308，443；同利奥十世结盟，341—342；联合对抗土耳其（1538），519；参见克雷芒七世；保罗三世

王朝统治，11，301，306；与丹麦王位，137，138，313—314；与阿拉贡的凯瑟琳，231，303；与玛丽在英国的复辟，246—247

财政困难，13，66—67，312—313，351，357

当选为皇帝和退位：对他继承皇位的前景所引起的担忧，78，307；被立为帝（1519），305—306，334；来自银行家的赞助，338—339；支持士瓦本同盟，338，478；加冕（1531），330；退位和退休（1555），318，332，335，352

与大议会，93—94，170，171，174，178，181—185，253—254，258，307—385

与盖尔德斯作战并将其吞并（1543），181，304，315—316，354

同意将锡耶纳给予奥地利的菲利普（1555），273

他的继承权的扩大，301—303；他来到西班牙（1517），304—305；他作为统治者的地位及对其领地的管理，313—314，378

他对战争的态度，303

反抗土耳其人的领导地位，303，336；马德里条约中的条款，343；与威尼斯和教皇结盟，519

与斐迪南一世：确保他当选为罗马人（神圣罗马帝国）的皇帝，306，330—332，357；权力的授予，330—331；将奥地利公爵领地让予他（1522），339—340

提香画的查理五世肖像，307

他的经济改革，312—315

镇压根特叛乱（1540），317

腓力二世继承皇位，330，331—332

出生（1500），337；去世（1558），332，335

计划与玛丽·都铎的结婚，341；与腓力二世的婚姻，246—247

与德国的新大学，434

与德国的立宪的发展，477—480

与帝国的海外领地，565，568—569，571—574，578—580，589，605—606

Charles VII, king of France, 查理七世, 法国国王, 438—439

Charles VIII, king of France, 查理八世, 法国国王, 214，252，336，491

Charles IX, king of France, 查理九世, 法国国王, 474

Charles Borromeo, St, cardinal, archbishop of Milan, 查理·博罗梅奥, 圣, 枢机主教, 米兰大主教, 272，288，290

Charles Robert, king of Hungary, 查理·罗贝尔, 匈牙利国王, 188

Chartres, primary education in diocese, 沙特尔, 教区中的初级教育, 415

Chateaubriant, Edict of (1551), 沙托布里扬敕令（1551），224

Chateauroux, Calvinism in, 沙托鲁, 加尔文宗在此, 224

Chateau Thierry, taken by Charles V (1544)，蒂耶里堡，为查理五世攻占（1544），353

Chaul, Portuguese at, 焦尔，葡萄牙人在此，597, 605；海战失败（1508），520, 598

Chauliac, Guy de, *Chirurgia*, 肖利亚克，盖伊·德，387

Chaves, Alfonso de, on naval tactics, 沙维什，阿方索·德，论海军战术，508

Cheb, see Eger, 海布

Cheke, Sir John, tutor to Prince Edward (later Edward Ⅵ)，切克，约翰爵士，爱德华太子（后来的爱德华六世）的家庭教师，241

Chekiang, 浙江，592

Chelcicky, Peter, and the Hussite Church of the Brethren, 海尔奇茨基，彼得，与胡斯派兄弟会，191

Cheng-te, Chinese emperor, 正德，中国皇帝，592

Cherchell (near Algiers), raided by Doria (1532)，舍尔沙勒（在阿尔及尔附近），遭多里亚袭击（1532），349

Chernigov, in invasion of Ivan Ⅲ (1500)，切尔尼戈夫，在伊凡三世入侵后（1500），538

Cheshire, represented in Parliament, 柴郡，在英国议会中派有代表，455

Chiavenna, 基亚文纳，487

Chibchas, Indians of Ecuador, 奇布查人，厄瓜多尔的印第安人，577

Chichimeca, Indian tribe in New Galicia, 奇奇梅克人，在新加利西亚的印第安部落，563

Chieti, 基耶蒂，286

Chievres, Guillaume de Croy, sieur de, see Croy, Guillaume de, 谢夫尔阁下，见纪尧姆·德·克罗伊

Chile, 智利，563, 575, 577—578

China, 中国
　伊斯兰扩大到中国，336
　活字印刷术的使用，361
　海军力量，592
　与新西班牙的贸易，583；香料贸易，593；与葡萄牙的关系，603—606, 611；西班牙的征服计划，612

Chivalry, 骑士团
　国际法取代骑士公约，11—12
　对教育理想的影响，19
　浪漫故事，381, 382；对战争态度的影响，501—502

Cholula (Mexico), 乔卢拉（墨西哥），566

"Chosen Council" (Russia)，"特选会议"（俄国），551—552, 557—559

Christian Ⅱ, king of Denmark and Norway, 克里斯蒂安二世，丹麦和挪威国王，134—135, 137, 138, 143, 313

Christian Ⅲ, king of Denmark and Norway, duke of North Schleswig, 克里斯蒂安三世，丹麦和挪威国王，北石勒苏益格公爵，559
　支持宗教改革，135, 140—143, 145

即位（1534），139—140
Christian V, king of Denmark and Norway, 克里斯蒂安五世, 丹麦和挪威国王, 140
Christian Civic League（1528）, 基督教城市同盟, 103
Christina of Denmark, see Milan, Christina, duchess of, 丹麦的克里斯蒂娜
Christology, 基督论
  再洗礼派的基督论, 126—127, 131; 受约翰·胡珀的攻击, 130
  饼酒同领派接受正统教义, 189
Chupas, civil war of, in Peru, 丘帕斯内战, 在秘鲁, 577—578
Church of the Brethren (Unitas Fratrum), Hussite faction, 兄弟会（合一兄弟会）, 胡斯派支派, 191, 200
  在波兰, 202—205, 208, 472
  在波希米亚和摩拉维亚的残留, 208—209
Church, Catholic, 天主教教会在宗教改革前, 1—3, 5
  教会土地的世俗化, 1, 48, 94
  天主教改革运动, 254, 257—258, 272—273, 288—289
  与中世纪教育制度, 414—417
Church, Eastern Orthodox, 东正教教会
  宗教改革前在东欧的势力, 187—188
  抵制佛罗伦萨同盟（1439）, 187, 538
  在俄国: 作为东正教斗士的伊凡三世, 534—535; 支持专制政治, 539, 545; 支持瓦西里三世继位, 541; 反对教会土地世俗化, 544—545; 与国家的关系, 545—546, 550—551
Church of England, 英国国教会
  宗教改革前此称谓的不确切, 228
  教义, 由君王定义, 议会实施, 235
Churchwardens (*Kirchenpfleger*), at Strassburg (1530), 教区执事在斯特拉斯堡（1530）, 109
"Cibola", Spanish search for, "锡沃拉", 西班牙对此的追求, 571
Cicero, 西塞罗, 369, 375
  16世纪的版本, 367, 372
  西塞罗主义, 373—374
  各学校对他的研究, 416—417, 421, 423
Cilicia, Turcoman revolt (1526—1528), 西里西亚, 土库曼人起义（1526—1528）, 513
Cisneros, see Ximenez de Cisneros, 西斯内罗斯
Cittadella (near Padua), 奇塔代拉（在帕多瓦附近）, 271
Classics, 古籍
  16世纪的各种版本, 366—367, 372
  译本, 382
  古典学问和16世纪的科学, 387, 388—389, 391—392, 411—412, 419
  各学校中的研究, 414—424, 436—437
  军事理论家对它们的研究, 483—

484

在葡萄牙的影响，613

Clavius, Christopher (Schlussel), *Gnomonices*, 克拉维厄斯，克里斯托弗（施吕色尔），《日晷测时学》，395

Clement Ⅵ, Pope, teaching on indulgences (*Unigenitus*, 1343), 克雷芒六世，教皇，论赦罪权的教理，75—76

Clement Ⅶ, Pope (Giulio de'Medici), 克雷芒七世，教皇（朱利奥·德·梅迪奇），146, 149, 159, 165, 257, 266, 271, 400

与奥格斯堡议会（1530），94—95

与大议会，170—171, 253

与新修会，278—279, 282—283, 286, 289—290

与阿拉贡的凯瑟琳之离婚事，231—233, 234—235, 443

关心梅迪奇家族利益，252—253

去世（1534），265, 283

与哈布斯堡—瓦卢瓦的斗争，212, 252—253, 307—308, 342；加入科尼亚克同盟（1526），212, 343；被皇家军队俘房（1527），231, 244；吉贝蒂的影响，257—258；秘密结盟反对查理五世（1524），342；巴塞罗那条约（1529），345；论康布雷和约（1529），345

为查理五世加冕为帝（1531），330；承认斐迪南一世为匈牙利和波希米亚国王（1529），345

Clergy, 神职人员

对宗教改革帮助不力，3；在丹麦，134；在英国，226—229, 235, 242；在法国，214；在匈牙利，188；在波兰，187；在意大利，251

路德攻击他们的立场，80

卡尔斯塔特的"人皆僧侣"观，85

萨克森神职人员遭蔑视，92—93

英国皇家对神职人员的控制，229, 234；在法国，211

在意大利，神职人员的改革运动，257—258；在丹麦，141—142

特伦托敕令论修院（1563），299

宗教改革引起神职人员补员的困难，429

不再参预国家行政管理，446

在东部各国议会中有代麦，467, 469

在新西班牙由……任命和维持，564—565

Cleves, duchy of, succession problem (1538—1539), 克利夫斯（克莱沃）公爵领地，承继问题（1538—1539），354

Cleves, William, duke of, 克利夫斯公爵，威廉，175, 181, 316, 354

Clichtove, Josse van, and Reform in France, 克利希妥夫，乔西·范，与在法国的改革，215—217

Cluj, see Kolozsvar, 克卢日

Coburg, Luther at, 科堡，路德在此，94, 161

Cochin, Portuguese at, 科钦，葡萄牙人在此，595—597, 601；地方政

府，603；传教团，610

Cochlaeus, Johannes (Johann Dobeneck), German theologian, 科克拉乌斯，约翰内斯（约翰·多皮奈克），德国神学家, 105

Codure, John, joins the Jesuits, 科杜尔，约翰，参加耶稣会, 292

Cognac, League of (1526), 科尼亚克同盟（1526）, 212, 340, 343, 348

Coimbra, Jesuit college, 科英布拉，耶稣会学院, 297

Colet, John, dean of St Paul's, 科利特，约翰，圣保罗学校主任
 创建圣保罗学校（1509）, 417
 his Brevissima instiutio, 425
 论希腊文讲授, 427

Coligny, Gaspard de, admiral of France, 科利尼，加斯帕尔·德，法国舰队司令, 224, 301, 503

Colin, Jacques, 科兰，雅克, 344

College de France, 法兰西学院
 索邦神学院抗议建立该学院（1530）, 219；受皇家保护, 434
 三种语言学院, 428

College de Guyenne, at Bordeaux, 吉耶纳学院，在波尔多, 422—423, 437

Colmenzone (near Camerino), Capuchin hermitage, 科门佐内（在卡梅里诺附近），嘉布遣会隐居之地, 280

Cologne, 科隆, 53, 80
 激进的改革之发展, 86；再洗礼派在此, 131；赫尔曼·冯·维德改革企图的失败, 181；查特豪斯修院, 276；耶稣会的创立（1545）, 299；天主教复辟（1547）, 356

Cologne, Hermann von Wide, archbishop and elector of, 科隆大主教和选侯，赫尔曼·冯·维德, 181

Cologne, university of, 科隆大学, 79, 432

Colombia, Spanish conquest of Bogota, 哥伦比亚，西班牙征服波哥大, 577

Colombo, Portuguese fort, 科伦坡，葡萄牙要塞, 606

Columbus, Christopher, 哥伦布，克里斯托弗, 605

Colonisation, 殖民
 人力补员来自英国过剩的农业劳动力, 43
 葡萄牙在东方的据点, 602, 603

Colonna, Prospero, 科隆纳，普罗斯佩罗, 341—342

Colonna, Vittoria, see Pescara, marchioness of, 科隆纳，维多利亚

Comenius (Jan Komensky), leader of the Unity of the Brethren, 科美纽斯（杨·考门斯基），统一兄弟会领袖, 203

Common Pleas, Court of, 民事诉讼法院, 450

Communism, 共产主义
 闵采尔信仰的可疑证据, 87
 再洗礼派对财产公有的态度, 122—124
 遭克拉默谴责, 130

索　引　　　695

Commynes, Philippe de, 科明内斯, 菲利普·德, 212, 384

Compactata（1436）, 1436年协定, 190, 203

Compass, magnetic, 磁性罗盘, 388, 395—396

Compt, castle of (near Hesdin), 科普特城堡（在埃丹附近）, 503

Comuneros (Spanish), revolt of (1520), 科穆内罗斯（西班牙）叛乱（1520）, 310, 319—320, 339, 341, 573

Conciliar movement, 公会议运动
　路德的态度, 78—79, 82—83, 170
　波兰支持该运动, 186—187

Concordat of Bologna (1516), 博洛尼亚的政教协定（1516）, 98, 211—212, 215, 233, 443

Confessio Bohemia（1575）, 波希米亚信纲（1575）, 209

Confessio Hafniensis（Copenhagen Confession）, 哥本哈根信纲, 139

Confessio Pentapolitana（1549）, 五城信纲, 208
　另见奥格斯堡；四城信纲

Confession, private, introduced into Swedish Church Ordinances (1571), 私下告解, 引进瑞典教会条例中（1571）, 153

Congo Jesuit mission, 刚果, 耶稣会宣教会, 298—299

Consensus Mutuus of Protestant Churches in Poland (1570), 波兰新教协议（1570）, 209

Consensus Tigurinus between Bullinger and Calvin (1549), 布林格、加尔文间的共同纲领, 107

Constance, 康斯坦茨
　布劳雷尔和该地的宗教改革, 86, 102, 166
　康斯坦茨信纲, 94
　卷入基督教城市同盟, 103
　与四城信纲, 111
　对路德圣餐观的态度, 168
　加入施马尔卡尔登同盟, 350

Constantine XI Palaeologus, emperor of the east, 君士坦丁十一世, 帕莱奥洛古斯, 东部皇帝, 541

Constantinople, 君士坦丁堡, 336; 作为奥斯曼首都, 510—533

Constitutional developments, 立宪运动的发展
　西方君主与代表大会, 455—458
　在德国, 477—480
　在东部王国：地主贵族, 465；代表大会, 465—470；议会, 466—470；斐迪南一世企图引进联邦制, 467；选举式君主制, 467；莫杰夫斯基为之辩护, 476；世袭君主制的引进, 471—472

Contarini, Francesco, Venetian ambassador in Spain, 孔塔里尼, 弗朗切斯科, 威尼斯驻西班牙大使, 323

Contarini, Gasparo, cardinal, 孔塔里尼, 加斯帕罗, 枢机主教, 354
　在雷根斯堡议会上（1541）, 112, 178—179, 259
　应允军事援助查理五世, 182
　与天主教改革运动, 251, 258—259

与卡马尔多利会，277—278

力促承认耶稣会，293

Cooche, Robert, defends Anabaptism, 库奇，罗伯特，捍卫再洗礼派，130

Cop, Nicholas, rector of the university of Paris, 科普，尼克拉，巴黎大学校长，114

Copenhagen, 哥本哈根，139—140

宗教改革在该地，136；布根哈根封立丹麦主教，140—141；扬·拉斯基被驱逐，204；1527 年议会的教会立法，136；1530 年的议会，138—139；1533 年的议会，139；吉苏尔·伊诺松在此，145

Copenhagen, Confession of, contrasted with the Augsburg Confession, 哥本哈根信纲，与奥格斯堡信纲的对比，139

Copenhagen, university of, 哥本哈根大学，139，141

Copernicus, Nicholas, 哥白尼，尼古拉，387—389，393，411

日心说，398—400

Copyright, of printed works, and privilege, 印刷著作的版权和特许权，363

Cordatus (Conrad Hertz), 科达图斯（康拉德·赫茨），193—194

Cordier, Mathurin, French Protestant, 科尔迪耶，马蒂兰，法国新教徒，114，116，424，426，436

Cordus, Valerius, naturalist, 科杜斯，瓦莱里乌斯，博物学家，392

Corfu, attacked by Turks (1537), 科孚，受土耳其攻击（1537），519

Cornwall, the rising of 1549, 康沃尔，1549 年起义，243—244

Coromandel Coast, 科罗曼德尔海岸，597

Coron, lost (1523) and retaken (1534) by Turks, 科龙，土耳其人丢失（1523）和复得（1534），325，518

Cortes, Hernan, 科尔特斯，埃尔南

重建特诺奇蒂特兰，562—563

在墨西哥组建政府，563—565；与秘鲁的皮萨罗对比，576

监护征赋区，564，570—571，583

他对太平洋的探索，567—568；派遣远征队去摩鹿加，569

遭诽谤被免职，568—571

退休回西班牙，去世（1547），571

Cortes, Martin, *Arte de Navegar*, 科尔特斯，马丁，《航海术》，396

Coucy, Declaration of (1535), 库奇宣言（1535），220

Councils of the Church, 教会会议（公会议，教务会议）

路德向未来的大会议呼吁，78，170；路德对唯有教皇有权召开教会会议一事加以抨击，80；在施派尔议会上（1526），93；在奥格斯堡议会上（1530），93—94；会议延期和分歧（1532—1535），170—171；新教拒绝保罗三世的邀请，171—172，178—179

教皇反对查理五世的态度，307—308

愿意在意大利召开，256，268

巴塞尔（1431），183，187，189
康斯坦茨（1414—1418），79，186，189
拉特兰（第五次会议，1512—1517），251—252，269，276
比萨（1512年公会议），214，443
特伦托会议（1545—1563），2，94，179，266，331，355，383；召集到特伦托（1545），182，253；迁至博洛尼亚（1547），休会，183，253—254，356；查理五世的不满，183；重新召开（1551），184—185，254；斐迪南一世努力使饼酒同领派与罗马和解，199—200；谴责两种方式的圣餐礼，203；匈牙利引进改革计划，208—209；休会（1551），254；天主教改革派的希望，270；在最后一届会议中，意大利主教占优势（1562—1563），274；宗教修会的改革和整顿，277，285，290；耶稣会的影响，297，299；有关修院的教会，299；通俗拉丁文《圣经》文本，373
Council of the North (England)，北方会议（英国），237，450
Council of the Welsh Marches (England)，威尔士边界会议（英国），450
Councils, royal, see Administration, 皇家会议
Counter-Reformation，反宗教改革，1—3，301，423
  得益于印刷，17
  在东方国家中，203，208，209
  在法国，222，225
  保罗四世与反宗教改革，254，272—273
  在意大利，269，272—273
  西班牙作为先锋，333
  在德国，349
Courland, duchy of，库尔兰公爵领地，160，559
Courtenay family，科特尼家族，239
Coverdale, Miles，科弗达尔，迈尔斯，239，383
Cracow，克拉科夫，192，468，473—474，538
Cracow, university of，克拉科夫大学，187，192，201，207
Cranach, Lucas, German painter，克拉纳赫，卢卡斯，德国画家，76
Cranmer, Thomas, archbishop of Canterbury，克拉默，托马斯，坎特伯雷大主教，130，245
  他的崇拜礼仪，18，241；他的公祷书，242—243，245，250
  与亨利八世，233—234，240
  在剑桥，233，238
  被授任大主教（1533），234
  他对宗教改革的态度，238
  《四十二信条》（1553），245
  他对圣餐礼的信仰，242—243，245
  从欧陆引入宗教改革者，243，245
  他的《教会改革法》，245
  被烧死，248
Crema, Battista da, Dominican，克雷马，巴蒂斯塔·达，多明我会修士，289，290
Cremona，克雷莫纳，260，287

Crespy, Peace of (1544), 克雷斯皮和约 (1544), 182, 221, 353—355
Crimea, Tatars of, 克里米亚的鞑靼人
 在土耳其宗主国的统治下, 515, 522, 536, 538, 549
 与俄国结盟, 536, 537—540, 549; 对基辅劫掠 (1482), 537; 与俄国决裂, 全体鞑靼人进攻莫斯科 (1521), 549; 劫掠莫斯科 (1571), 555—556; 在伊凡四世领导下的防御措施, 557—558
 波兰对联盟的希望 (1507), 548, 558
 受阿斯特拉罕的攻击, 549; 争夺王位, 557
Croatia, 克罗地亚, 21, 465, 512
 议会, 467, 475
 基督徒与穆斯林之间的疆界之争, 521—522; 招募的新兵在朗斯卡被击溃 (1544), 524
Cromwell, Thomas (Earl of Essex), 克伦威尔, 托马斯 (埃塞克斯伯爵), 439; 早年生涯和性格, 233, 239, 247
 他的主权观, 234—235, 443, 457—458, 463
 他对教皇至上的攻击, 234—235
 被任命为灵性上的副统帅 (1536), 235
 与修院的解体 (1535), 235—236
 禁止求恩朝圣 (1536), 237
 他关于神职人员和平信徒的指令 (1536), 238—239
 谋求与德国路德派诸侯结盟, 171, 238—240
 与六条款 (1539), 240
 失败与处决 (1540), 240—241
 他对爱尔兰的政策, 441—442
 官僚行政管理体制的引进, 444, 448; 作为皇室大臣的地位, 447
 行使议会权力, 457—458
 并非是马基雅弗利的门徒, 460
 运用文字宣传, 462, 17
Croy, Guillaume de, sieur de Chievres, minister of Charles V, 克罗伊, 纪尧姆·德, 谢夫尔阁下, 查理五世之大臣, 303—305, 318, 319
Cruciger, see Krzyzak, Feliks, 克鲁齐格
Crusades, 十字军, 11, 48, 75, 336
 与基督徒对战争的态度, 502
 作为葡萄牙与东方贸易的因素, 592, 600, 609, 613—614
Csanad, bishopric of, in Turkish hands, 乔纳德主教区, 在土耳其人手中, 197
Cuba, 古巴, 568
Culmbach, see Brandenburg-Culmbach, 库尔姆巴赫
Cujas, Jacques, French legalist and political theorist, 居雅斯, 雅克, 法国法律学家和政治理论家, 17
Cum Postquam (1518), decretal on indulgences, 78
Cunha, Nuno da, Portuguese governor in the East, 库尼亚, 努尼奥·达, 葡萄牙东方总督, 521, 607—609
Curione, Celio Secundo, reformer, 库廖

内，切利奥·塞昆多，宗教改革家，261，263

Curtius, Quintus, 库尔提乌斯，昆塔斯，372

Cuzco, Inca capital in Peru, 库斯科，在秘鲁的印加首府，574—577

Cybo, Caterina, Princess, 基伯，卡特琳娜，公主，264—266

Cyprian of Alexandria, St, 亚历山大的西普里安，圣，372

Cyprus, 塞浦路斯，298，347，486

Czechowiz, Marcin, 切霍维兹，马尔青，207

Dabul, Portuguese at, 达布尔，葡萄牙人在此，597

Dalecarlia, revolt of the peasants, 达莱卡利亚，农民暴动，148

Dalmatia, 达尔马提亚，465，467，519—520

Daman, Portuguese fort, 达曼，葡萄牙要塞，611

Damascus, 大马士革，511，533

Dandolo, Andrea, 丹多洛，安德烈亚，533

Daniel, prince of Moscow, 达尼埃尔，莫斯科亲王，546

Daniel, metropolitan of Moscow, 达尼埃尔，莫斯科都主教，550

Danish language, 丹麦语
  圣经和礼仪翻译，134—136，142
  彼得·帕拉第乌斯的著作，141
  在哥本哈根议会上改革者坚持用丹麦语（1530），138
  在挪威使用丹麦语阻碍了宗教改革，144

D'Annibault, Claude, 丹尼包尔特，克劳德，507

Dante Alighieri, 但丁，阿利吉耶里，306，375

Danube, river, 多瑙河，196，510，512，514—515，522

Danzig, 但泽，194，560
  宗教改革在此，192，194—195，201—202

Darien, 达里恩，567—568，573，575

Dauphine, Gattinara urges annexation, 多菲内，加蒂纳拉力促兼并，307

David, Ferenc, 戴维，费伦斯，208

Deal, Henry Ⅷ's coastal fortifications, 迪尔，亨利八世的沿海要塞，493

Debrecen, Reformation in, 德布勒森，宗教改革在此，199，205

Decet (1521), excommunicates Luther, 绝罚路德，81

Decius (Jost Dietz), 德西乌斯（约斯特·迪茨），201

De donis conditionalibus (1285), 44

Dee, John, 迪，约翰，394

De la Gasca, Pedro, viceroy in Peru, 德拉加斯卡，佩德罗，驻秘鲁总督，579

De la Marck, Robert, 德拉马克，罗伯特，345

De la Perriere, Guillaume, 德拉佩里埃尔，纪尧姆，462

De la Ramee, Pierre, see Ramus, 德拉拉梅厄，皮埃尔

De Las Casas, Bartolome, Dominican, 德拉斯卡萨斯，巴托洛梅，多明

我会士

力促在西班牙美洲属地实施人道主义, 578—579, 588

关于政治理论著作, 588

De la Vega, Garcilaso, Spanish poet, 德拉维加, 加西拉索, 西班牙诗人, 378

De la Vela, Blasco Nunez, first viceroy in Peru, 德拉贝拉, 布拉斯科·努涅斯, 秘鲁首任总督, 579

Del Cano, Sebastian, 德尔卡诺, 塞瓦斯蒂安, 568—569

De l'Etoile, Pierre, teacher of Calvin, 德莱图瓦勒, 皮埃尔, 加尔文老师, 114

Delfino, Pietro, general of the Camaldolese, 德尔芬诺, 彼得罗, 卡马尔多利会会长, 278

Delhi, 德里, 593

Del Huerto, Garcia, his work in botany, 德尔韦尔托, 加西亚, 他对植物学的研究, 408

della Casa, Giovanni, Italian writer, 德拉卡萨, 乔凡尼, 意大利作家, 381, 422

della Rovere, Giuliano, see Julius II, Pope, 德拉罗韦雷, 朱利亚诺

della Volta, Gabriel, orders inhibition of Luther (1518), 德拉沃尔塔, 加布里埃尔, 命令禁止路德教权(1518), 77

del l'Obel, Matthias, his work in botany, 德尔洛贝尔, 马蒂亚斯, 对植物学的研究, 408

de los Cobos, Francisco, minister of Charles V, 德洛斯科沃斯, 弗朗西斯科, 查理五世大臣, 309—310, 329

del Vasto family, supports Charles V in Italy, 德尔瓦斯托家族, 在意大利支持查理五世, 314

del Vasto, Alfonso Alvarez, marquis, governor-general and captain-general in Milan, 德尔瓦斯托, 阿方索·阿尔瓦雷斯, 侯爵, 米兰总督兼军区司令, 329, 330

Denck, Hans, Anabaptist, 登克, 汉斯, 再洗礼派, 110, 119, 122, 124

Denmark, 丹麦, 7, 30

与瑞典, 151, 559

声称拥有多罗西亚王位, 303, 313

驱逐克里斯蒂安二世, 313

与施派尔和约 (1544), 313—314

关心利沃尼亚的斗争, 559—560

Descartes, Rene, 笛卡儿, 勒内, 394, 412

Desna, river, 杰斯纳河, 538

Despautere, Jean (van Pauteren), his grammatical textbooks, 德斯波特勒, 让(范·波特朗), 他的语法教科书, 425

Dessau, league of (1525), 德绍同盟 (1525), 92

Deventer, 代芬特尔, 127, 360, 417, 424

Devlet-Girey, Khan of the Crimean Tatars, 德夫列特-吉雷, 克里米亚鞑靼人可汗, 558

Devshirme, child-tribute levied by Turks,

土耳其征收的婴儿税，528—529
Dieppe, Calvinism in, 迪耶普，加尔文宗在此，224
Dietz, Jost, see Decius, 迪茨，约斯特
Digges, Thomas and Leonard, 迪格斯，托马斯和伦纳德，394，400
Dijon, persecution of Lutherans, 第戎，对路德的迫害，218
Dillingen, university of, founded and recognised (1551), 迪林根大学，建立和获得承认 (1551)，435
Diocletian, Roman emperor, 戴克里先，罗马皇帝，483
Dioscorides, Greek physician, 迪奥斯科里斯，希腊外科医生，387，392，408
Discourse of the Common Weal, on unruly behaviour of troops (c.1549), 《论公共福利》，论军队违法乱纪行为，487—488
Diu, 第乌
　葡萄牙打败马木路克舰队 (1509)，520，591，598，607
　葡萄牙要塞，599，605，607，611；土耳其人围攻，521，607—608，611
Diyarbekir, 迪亚贝克尔，513，516，525
Djan Ali, khan of Kazan Tatars, 占·阿利，喀山鞑靼可汗，549，557
Djerba island, Turkish naval victory (1560), 杰尔巴岛，土耳其海军的胜利 (1560)，532—533
Dmitry, grandson of Ivan Ⅲ of Russia, 季米特里，俄国伊凡三世之孙，540—542
Dnieper, river, 第聂伯河，538，558
Dobeneck, Johann, see Cochlaeus, 多贝内克，约翰
Doctors' Commons (London), as scholarly association, 民法博士协会（伦敦），学术性协会，437
Dole, university of, 多勒大学，417
Dolensis, see Alexander of Ville Dieu, 多伦西斯
Dolet, Etienne, 多莱特，艾蒂安，218，219—220，374
Domenichi, Ludovico, 多梅尼基，卢多维科，264
Don, river, Russian raids on Tatars, 顿河，俄国对鞑靼人的袭击，558
Donatus, grammarian, 多纳图斯，语法学家，360—361，416，424
Donini, Marcantonio, Venetian ambassador at the Porte, 多尼尼，马尔坎托尼奥，威尼斯驻奥斯曼帝国大使，530
Dorat, J., French poet, 多拉，让，法国诗人，378
Doria, Andrea, Genoese admiral, 多里亚，安德烈亚，热那亚海军司令，253
　脱离法国为查理五世服务并攻占热那亚，313，324，344—345，517；攻占和丢失科龙 (1532, 1534)，325，518；在普雷韦扎被击败 (1538)，325，351，507，519—520；袭击舍尔沙勒 (1532)，349
　海军战略，507

Dorogobuzh, Ivan Ⅲ defeats Lithuanians (1500), 多罗戈布日, 伊凡三世击败立陶宛人 (1500), 538

Dorothea, daughter of Christian Ⅱ of Denmark, see under Palatine, 多罗西娅, 丹麦王克里斯蒂安二世之女

Dorpat, 多尔帕特, 157, 538, 559

Douglas, Gawin, Scottish poet, 道格拉斯, 高温, 苏格兰诗人, 379

Downs, the (English Channel), coastal defences of Henry Ⅷ, 唐斯（英国海峡）, 亨利八世的海防, 493

Dragut, see Torghud Re'is, 德拉古特

Drake, Sir Francis, 德雷克, 弗朗西斯爵士, 585

Drava, river, 德拉瓦河, 510, 512, 515, 522

Drenthe submits to Charles V, 德伦特, 投降查理五世, 316

Dringenberg, Ludwig, his educational work, 德林根伯格, 路德维希, 他的教育工作, 417

Drohojowski, Jan, bishop of Kujaiwa, 德罗霍约夫斯基, 扬, 库亚伊瓦主教, 201

Dryander, Francis (Francisco de Enzinas), 德赖安德, 弗朗西斯（弗朗西斯科·德·恩西纳斯）, 243

Drzewicki, Maciej, bishop of Danzig, 杰维茨基, 马切伊, 但泽主教, 194

Du Bellay, Guillaume, 杜贝莱, 纪尧姆, 219

Du Bellay, Joachim, French poet, 杜贝莱, 若阿基姆, 法国诗人, 377—378

Dubois (Franciscus Sylvius), 迪布瓦（弗朗西斯库斯·西尔维于斯）, 213

Ducci, Gaspar, his financial career, 杜奇, 加斯帕尔, 他的财政事业, 67—68

Duchoul, Guillaume, on the noble art of war, 迪舒尔, 纪尧姆, 论战争艺术, 501

Dudley, Lord Guilford, 达德利, 吉尔福德勋爵, 246

Dudley, John, see Northumberland, duke of, 达德利, 约翰

Duna, river, see Dvina, 多瑙河

Duren (Guelders), taken by Charles V (1543), 迪伦（居尔德斯）, 被查理五世占领 (1543), 354

Durer, Albrecht, German painter and engraver, 丢勒, 阿尔布雷希特, 德国画家, 雕刻家
  他在维滕贝格的工作, 76
  透视几何学作业, 402
  论筑垒工事, 484—485, 492
  他愿意协助十字军, 502

Duma, council of boyars, 杜马, 沙俄贵族会议, 554

Dumolin, Guillaume, 迪蒙兰, 纪尧姆, 213

Du Moulin, Charles, 迪穆兰, 查理, 211

Dunbar, William, Scottish poet, 邓巴, 威廉, 苏格兰诗人, 379

Duns Scotus, scholastic philosopher, 邓斯·司各脱, 经院哲学家, 98, 100

Duprat, Antoine, Cardinal, archbishop of Sens, chancellor of France, 迪普拉, 安托万, 桑斯大主教, 枢机, 法国首相, 217, 220, 223

Durkop, Conrad, 杜尔科普, 康拉德, 158

Dvina, river (northern), trade route between Russia and England, 德文纳河（北方）, 俄国和英国的贸易通道, 561

Dvina, river (western of southern, Duna), 德文纳河（西部和南部, 多瑙河）, 158, 559—560

D'yaki, in Russian administration, 俄国的行政管理, 541, 550, 553

Dynasticism, 王朝统治
  作为国际关系中的决定性力量, 11; 哈布斯堡婚姻对安特卫普发展之影响, 66; 查理五世帝国的建立, 301, 303, 337
  与社会的关系, 19
  约克王朝的废除威胁到在英国的王位继承, 239

East Indies, see Portugal (expansion), 东印度群岛

Eberhard of Bethune, grammarian, 贝蒂纳的埃伯哈德, 语法学家, 425

Ebernburg, castle of the, 埃伯恩贝格城堡, 104

Eck, John (Johann Maier), 埃克, 约翰（约翰·迈尔）,
  与路德论战, 79
  在沃尔姆斯议会上 (1526), 82
  在巴塞尔与奥科兰帕迪乌斯争论 (1526), 105
  与胡布迈尔的《论异端》, 122
  在雷根斯堡议会上, 178
  力促镇压波兰的路德派, 201
  他的《圣经》译本, 383

Economic change, 经济变革
  概况, 23—29; 在德国与帝国内, 29—36; 在英国, 36—44; 在法国, 44—47, 222, 225; 在意大利, 47—49; 在西班牙, 47, 49—50, 584—585
  安特卫普作为商业、财政、工业中心, 50—69; 葡萄牙大宗香料集散地（1499）和贸易的增长, 50—51, 55; 大宗香料商品的撤离（1549）, 51, 68—69; 地理上的优越条件, 51, 52—53; 英国布匹贸易的开始（1338）和增长, 51, 52, 53—58, 60; 布匹贸易的衰落, 69; 南德的金属和布匹贸易, 51, 53; 摆脱佛兰德, 52; "民族", 51, 53—55, 57; 意大利商人与金融家, 53, 63; 黎凡特香料与葡萄牙的关系, 53; 贸易技术, 54—55; 布拉班特市场, 55—56, 63, 66; 靠勃艮第统治者赞助而崛起, 57; 1555年后失去政府支持, 57—58; 贸易额, 进口和出口, 58—59; 工业, 59—61; 安特卫普本身参预外贸, 61—62; 常居的外国人, 62—63; 信贷支付、结算周期, 信贷条

款，63—65；现金支付的稀少，63；证券、利息和佣金率，64—65；汇兑投机，65；商品交换的投机倒把，65；不动产市场，65；保险（人身、航海），65；彩票和赌博，65—66；金融的重要性和哈布斯堡王朝的统治，66；政府贷款利率，66—68；财政实力的衰退，68—69；国家与私人的破产，68，318，611

查理五世的经济政策，312—315

货币经济引入西属美洲，580—581；农业经济，581—582

Ecouen, Edict of (1559), agains theretics, 反对异端分子的埃库昂敕令，225

Ecuador, 厄瓜多尔，572，575—577

Eden, Richard, his translation of Cortes's *Arte de Navegar*, 艾登, 理查德, 翻译科特斯的《航海技术》, 396

Edict of Nantes (1598), 南特敕令，210

Education, 教育

斯特拉斯堡的施图尔姆研究院，109，422—423，424，426，437

加尔文在日内瓦的工作，116—117

英国从占有教会财产中获益，244

耶稣会，203，294，296—299，423—424

天主教改革运动中对教育的关注，257

在修会里，276，287—288

兴办女子教育的新修会，290，296

特伦特会议对修院的规定，299

传统教育结构，414—417，424

共同生活兄弟会，417

人文主义的影响，418—428

体育运动和军训的地位，420

教育的方式与广义教育观，421—422

梅兰希顿的影响，424

大学，426—429

宗教改革的影响，428—433

世俗控制的增强，433—435

教育变革的实际影响，435—437

研究院，437

莫杰夫斯基论国家的职责，476

在东方，610

Edward Ⅳ, king of England, 爱德华四世, 英国国王，237

Edward Ⅵ, king of England, 爱德华六世, 英国国王，130，236，241

出生（1537），239；与抗议宗的联系，245；王权至上，245—246，249；对布塞尔的保护，112；与牛津的新教（抗议宗），431；对大学的监管，433

Eger (Cheb, in Bohemia), 埃格尔（海布，在波希米亚），465—466

Eger (Erlau, in Hungary), 埃格尔（埃劳，在匈牙利），197，526—527

Egmont, Charles of, see Guelders, Charles of Egmont, duke of, 埃格蒙特，查理

Egypt, 埃及

被土耳其人占领（1517），347，510，521；暴动（1523—1524），

索　引

511；苏莱曼一世时的行政改革，511—512

在香料贸易路线上，520；与葡萄牙人的冲突，520—521，530—531，592—608

Einarsson, Gissur, bishop of Skalhlt, 埃纳尔松，吉苏，斯考尔霍特主教，144—145

Einbeck, joins the Schmalkaldic League, 艾恩贝克，加入施马尔卡尔登同盟，350

Einsiedeln, Zwingli at, 艾恩西德尔，茨温利在此，98

Eisenach, 爱森纳赫，71，168

Eisleben (Saxony), 艾斯莱本（萨克森），70，183，424

Elbe, river, 易北河，186，356

Elbing (Elblag), 埃尔宾（埃尔布隆格），194，201

Elbogen, see Loket, 埃尔博根

Eleanor (of Austria), queen dowager of Portugal, Queen of France, consort of Francis I, 埃莉诺（奥地利的），法国皇后，弗兰西斯一世的配偶，343，345

Elefant, Swedish royal ship, 象号，瑞典皇家的船只，504

Elena, queen of Poland, consort of Alexander I, 埃伦娜，波兰皇后，亚历山大一世的配偶，538

Elena, grand princess of Moscow, consort of Vasily III, 叶连娜，莫斯科大公夫人，瓦西里三世的配偶，545，550—551

Elena, daughter of Stephen of Moldavia, wife of Prince Ivan Ivanovich, 叶连娜，摩尔达维亚的史蒂文的女儿，伊凡·伊凡诺维奇大公的妻子，540—542

Elizabeth I, queen of England, 伊丽莎白一世，英国女王，3，130

在教会中的首脑地位，246，249

她不喜欢加尔文主义，249

玛丽统治时的地位，249

她的宗教信仰之谜，249

她作为君主的地位与议会的关系，457—458

Elkass Mirza, 埃尔卡斯·密尔萨，524—525

Elyot, Sir Thomas, his Governour, 埃利奥特，托马斯爵士，191，422，436

Emden, Anabaptism in, 埃姆登，再洗礼派在此，131—132

Emilio, Paolo, see Aemilius, Paulus, 埃米利奥，保罗

Empire, Byzantine, 拜占庭帝国，21，546

Empire, Holy Roman, 神圣罗马帝国

农村经济和结构的变化，29—36

与查理五世的国家的区别，308

宪政的发展，477—480

Ems, river, 埃姆斯河，127

Enclosures, in England, 英国的圈地运动，38，42—43，237，244

Encomienda, 监护征赋制/区

西班牙人的管理方式，扩展到墨西哥，564—565；皇室放弃它的努力，571—572，578—580

Enfants sans souci, their morality plays,

他们的道德剧，379
Engelbrektsson, Olaf, archbishop of Trondhjem, 恩格尔布雷克特松，奥拉夫，特隆赫姆的大主教，142—143
Enghien, Francois de Bourbon, duke of, 昂吉安，波旁的法兰西斯公爵，531
Engineering, application of science to, 科学应用于工程学，402
England, 英格兰
  君主制的进展，7—8，438—439，441—443
  与哈布斯堡—瓦卢瓦的斗争，10，307
  纺织业的发展，16
  农业结构和经济的变化，36—44；在土地分配过程中解散修道院的后果，15
  税收，232，442，448，453，456
  早期印刷，362，365，366
  行政管理：专职科层机构的引入，444；首相，444，449；人员的招募，446；王室国务卿，446—447；司法，449—450；地方的，453—454；会议，454
  战争：组织与装备，489—490，495；亨利八世的海防工事，488—489，491，493—494；重型武器的使用，494；海军的发展，504，507
  在东方的扩张，531
  与俄国的关系，560；北方贸易路线，561
Engraving, and illustration of scientific works, 与科学著作的说明（图解），390，409
Enriquez, Fadrique, admiral of Castile and co-regent, 恩里克斯，法德里克，卡斯蒂利海军上将和联合统治者，319
Enzinas, Francisco de, see Dryander, 恩西纳斯，弗朗西斯科
Eperiesch (Eperjes), see Presov
Erasmus, Desiderius, 伊拉斯谟，德西德里乌斯，70，255
  他的哲学观点，4，18，370，392
  对同时代人的影响及其与他们的关系：路德，86，90—91；阿来安德尔，81；因宗教改革者的暴力而疏远他们，90；1521年之后，对他们的敌视，90；茨温利，98；布塞尔，108；安德烈亚斯·诺伯肯，157；梅兰希顿，184；在东方王国中，187，192—193，194，198，201，204；对反三一论的影响，206—207；在法国，213，434；在英国，228；查理五世，257—258，333；胡安和阿方索，瓦尔德斯，265；耶稣会士指控伊拉斯谟，294；遭罗拉的拒绝，297；加蒂纳拉，306；论律师，314；在西班牙的衰落，333；论非暴力主义，502；在新大陆，565
  他的圣哲罗姆《圣经》版本，104
  在巴塞尔，114，213；在宗教改革时的传单，105；受雇于弗罗本，363
  他对改革的态度，174—175；对奥

格斯堡的失望（1530），95
他的去世（1536），219，425
对他著作的谴责，259，364，426
他对教育的影响，417，420—421，421—422，425—426；在卢汶的三种语言学院，428
对查理五世作基督教世界领袖的看法，301
他的讽刺诗和书信，369—370，380
他编辑出版瓦拉的，372
他对西塞罗主义的攻击，373—374
他的新约，372—373，382；宗教改革家受益于他，17，147，155；奥科兰帕迪乌斯协助，104；与卡皮托的合作，107；三位一体的正统教义，206—207，372—373

Ercker, Lazarus, treatise on metallurgy, 埃尔克，拉萨鲁斯，关于冶金的论文，404
Eregli, 埃雷利，528
Erfurt, 爱尔福特，71—72，86
Erfurt, university of, 爱尔福特大学，71—72，75，432
Eric XIV, king of Sweden, 埃里克十四世，瑞典国王，559，560
Erinzjan, 厄尔津詹，516
Erivan, 埃里温，525
Erlau, see Eger, 埃劳
Ernest, archduke of Austria, 恩斯特，奥地利大公，560
Erzerum, 厄尔祖鲁姆，516—517，524—525
Esch, John van, Austin Friar, a proto-martyr of the Reformation, 埃施，约翰·冯，奥斯丁修会会士，宗教改革最初殉道者，86
Essex, earl of, see Cromwell, Thomas, 埃塞克斯伯爵
Esslingen, 埃斯林根，356
Este family, and humanism at Ferrara, 埃斯特家族和费拉拉的人文主义，419—420
Este, Alfonso de, see Ferrara, Alfonso II, duke of, 埃斯特，阿方索·德
Estienne, Charles, anatomical illustrations, 埃蒂安纳，查尔斯，解剖学图解，409
Estienne, Henri, his Greek lexicon, 埃蒂安纳，亨利，他的希腊语字典，373，427
Estienne, Robert, printer, 埃蒂安纳，罗伯特，印刷商，214，362，364，372；他的受谴责的《圣经》，214，362，364，372
他的 Thesaurus，373，426—427
Estonia, 爱沙尼亚，160，559，561
Eszek, 埃斯泽克，515
Esztergom, 埃斯泰尔戈姆，196，197
Ethiopia, see Abyssinia, 埃塞俄比亚
Eton College, 伊顿学院，416，424
Eucharist, 圣餐礼
　路德的观点，80，91—92；与布塞尔的讨论（1530），161，167—170
　两种类型的圣餐：路德所赞成的，80；卡尔斯塔特所赞成的，84，85；胡斯派的做法，189；被谴责为异端，189，203；在匈牙利，199；庇护四世在斐迪南一世领地

上授权的圣餐，203；在英国，242

变体说，遭改革者拒绝，80，91，101；为饼酒同领派接受，189

圣体合质说，对路德观点的错误术语，91

圣事的解释，91，168—170；卡尔斯塔特，88，91；奥科兰帕迪乌斯，91，104—105；茨温利，101，102—103，163，168；布塞尔，91—92，111—112，161—162，168—169

第一个瑞士信纲（1526），107，168

梅兰希顿和维滕贝格协约（1536），111，168—169

加尔文的观点，116，118；在马扎尔信纲中的加尔文主义教义，205；在费拉拉，265

再洗礼派的态度，121，125，126

试图调和瑞士派和路德派的观点，166，167—170

饼酒同领派接受罗马教义，189

奥格斯堡信纲遭扬·瓦斯基拒绝，209

英国在爱德华宗教改革时期的争议，242—243，245

对韦尔多派的态度，265

Europe, 欧洲

宗教改革时期是作为欧洲扩张的开始，20—21

国内的争斗与海外扩张的对照，21—22

中欧衰落的意义和西方的崛起，22

Eusebius of Ancona, general of the Capuchins, 犹西比乌斯（安科纳的），嘉布遣会会长，283，285

Eustachio, Bartolomeo, his work in anatomy, 欧斯塔基奥，巴尔托洛梅奥，他在解剖学方面的著作，409

Exchequer, court of, 财务大臣法院，450

Excommunication, 绝罚

对路德的绝罚，81，157

苏黎世议会采用的权力（1526），102

奥科兰帕迪乌斯的，105—106

对斯特拉斯堡已婚神父的绝罚（1523），108

加尔文和日内瓦议会间的争论，115

再洗礼派教义，125

在斯坎尼亚对福音派布道者的绝罚，139

对已婚教士的绝罚，受古斯塔夫斯·瓦萨的拒绝，147

对赫尔曼·冯·维德的绝罚，181

对红衣主教波尔的绝罚，249

Exposcit debitum（1550），confirms the Society of Jesus, 诏书确认耶稣会，293

Exsurge Domine（1520）

谴责路德教义，79；被路德焚毁，81

Faber, John, vicar-general of bishop of Constance, 法贝，约翰，康茨坦茨主教总代理，101，105，123

Faber Stapulensis, see Lefevre d'Etaples, 法贝·斯塔普朗西斯

索 引

Falmouth, coastal defences, 法尔茅斯, 海岸防线, 493
Familia Caritatis, Anabaptist brotherhood, 再洗礼派兄弟团契, 130, 132
Fanini, Fanino, 法尼尼, 法尼诺, 261
Fano, Giovanni da, Observant Franciscan, joins the Capuchins, 法诺, 乔万尼·达, 严规派方济各会士, 参加嘉布遣会, 283
Farel, Guillaume, 法雷尔, 纪尧姆
  与宗教改革, 113; 在斯特拉斯堡避难, 110; 被驱逐出日内瓦, 115; 在巴塞尔, 213, 216; 论法国的路德主义, 215—216
  路德对他风格的影响, 212
Farnese family, 法尔内塞家族, 253, 273, 358
Farnese, Alessandro, see Paul Ⅲ, Pope, 法尔内塞, 亚历山德罗
Farnese, Pier Luigi, see Parma, Pier Luigi, duke of, 法尔内塞, 皮尔·路易吉
Fasting, 禁食
  茨温利的态度, 100—101; 与路德态度的对照, 163; 在匈牙利路德教义的实施, 193
Fathers of the Church, 教父们
  在对圣餐礼的解释上, 改革者们利用教父著作作见证, 91—92
  茨温利的研究, 98
  文本的出版, 104, 372
  加尔文所熟知的, 115, 118
  安德烈亚斯·(克)诺伯肯对教父的研究, 157
  吉贝尔蒂版本, 258
  意大利天主教改革家们继承教父们的精神基础, 259
  韦尔多派对教父的尊重, 265
  塞里潘多会把宗教讨论限制在教父们所论述的问题上, 266
Fausto, Vettore, 福斯托, 韦托雷, 505
Fedor I, tsar of Russia, 俄国沙皇弗多尔一世, 561
Felix of Cantalice, St, 菲利克斯(坎塔利切的), 圣, 285
Feltre, Vittorino da, 费尔特雷, 维托里诺, 达, 418—420
Ferdinand I, emperor, king of Bohemia and Hungary, 斐迪南一世, 皇帝, 匈牙利和波希米亚国王, 174, 497
  君主权力的巩固, 8—9, 202; 与议会的关系, 8, 466—470; 集权化, 470—471; 世袭君主制的引进, 471—472
  与奥地利帝国的建立, 21, 339—340
  在帝国内: 当选为罗马人的国王 (1530), 165, 306, 330, 340; 作为德国帝国政府首领, 330—331; 继承皇位 (1556), 330, 331—332, 357, 358; 行政管理, 478, 479
  宗教政策: 奥格斯堡和约 (1555), 185; 在匈牙利, 197—198; 在波希米亚, 199—203, 472; 参加纽伦堡联盟 (1538), 354

继承波希米亚和匈牙利王位
（1526），196，199，345，348—
349，417，513；与扬·扎波利亚
的和解（1538），349，515，
522—523；要求特拉西瓦尼亚的
权利，526

与土耳其：1532年的谈判，351；
要求归还被占城堡，514；拒绝和
平的提供（1529），515；和平
（1533），515—516；签订和平条
款（1547），524，531；1562年
的复兴，527；企图征服特拉西瓦
尼亚，526—527；对边防的加强，
527

控制维也纳大学，435

他的战争法规（1527），501

去世（1564），532

《关于土耳其在匈牙利的争战》也
可参看Ottoman Turks

Ferdinand I (the Catholic), king of Aragon, 斐迪南一世（天主教徒），
阿拉贡国王，303—304，312，
441

在西西里引进异端裁判所，328

行政管理，449，452—453

Fernel, Jean, French physician, 费内
尔，让，法国医生，410—411

Ferrara, 费拉拉
该地的改革，256，261—262，264—
265

人文主义在此，261，418，419—
420

作为文学中心，380

Ferrara, Alfonso Ⅱ, duke of, 费拉拉
公爵，阿方索二世，262，273

Ferrara, Ercole Ⅱ, duke of, 费拉拉，
埃尔科莱二世，公爵，261—262

Ferrara, Renee of France, duchess of,
费拉拉女公爵，法兰西的勒内，
256，261—262，267

Ferrari, Bartolomeo, 费拉里，巴尔托
洛梅奥，287

Ferufini, J. B., 费吕菲尼, J. B., 65

Field of Cloth of Gold (meeting between
Francis I and Henry Ⅷ, 1520),
金衣地（弗兰西斯一世和亨利八
世相遇之地），341

Fieschi family, the Genoa conspiracy
(1547), 菲耶斯基家族, 热那亚
阴谋（1547），253

Fileno, Lisia, see Ricci, Paolo, 菲莱
诺，利西亚

Filofey, Russian monk and writer, 菲洛
费，俄国僧侣和作家，546

Finance, see Banking and Finance, 财
政

Finland, 芬兰，153，561

Finmark, the Reformation in, 芬马克，
该地的宗教改革，142

Fiore, Joachim da, 菲奥雷，若阿基
姆·达，87

Firenzuola, Agnolo, Italian writer, 菲伦
佐拉，阿尼奥洛，意大利作家，
381

Firlej, Andrzej, 菲尔莱伊，安德雷
奇，209

Fisher, (St) John, bishop of Rochester,
费希尔，（圣）约翰，罗切斯特
主教

对奥科兰帕迪乌斯圣餐观的攻击，

105
　他的殉道（1535），228，236
　反对攻击教会法庭，232
　与君权至上，233
　奥热什科斯基论及他，476
Flacius Illyricus, Matthaeus（Mattia Vlacich），弗拉希乌斯·伊利里库斯，马泰乌斯（马蒂亚·弗拉奇基），184，371
Flanders，佛兰德，313，316
　纺织工业，16，27，318；在英国的弗莱明织工，40
　农奴制的废除，45
　权力转移到布拉邦特，50—51，57
　16世纪中叶的人口，60
　对再洗礼派的迫害，127
　被查理五世承继，303；法国放弃主权，343，353，440
Fletcher, Giles, English ambassador, 弗莱彻，吉尔斯，英国大使，561
Flodden, battle of (1513)，佛洛顿战役（1513），489
Florence，佛罗伦萨，273，289
　在安特卫普的银行家和商人，63，66—67
　该地对改革的渴望，251；对改革的镇压，264；卡纳塞基在此，266
　对梅迪奇统治的反叛（1527），253，344；梅迪奇统治的恢复（1529），253，345，487
　参加反对查理五世行列，342—343
　坚持萨沃纳罗拉主义传统，264，289，502
　历史学家，384—385
　人文主义，在教育中，419；帕拉图学院，437；茨温利与它的联系，98
　马基雅弗利的生涯，460
Florence, Union (of Churches) of (1439)，佛罗伦萨，（1439年的）教会联盟，187，538，544
Florence, university of, humanism in, 佛罗伦萨大学，人文主义在此，418
Folengo, Teofilo, Italian poet, 福伦戈，泰奥菲洛，意大利诗人，376
Fontainebleau, Edict of (1540)，枫丹白露敕令（1540），221
Forez, trial of heretics, 福雷，对异端的审判，224
Forty-two Articles (1553)，四十二条款（1553），130，245
Fossombrone, Capuchin hermitage, 福松布罗内，嘉布遣会隐居处，280
Fossombrone, Ludovico da, 福松布罗内，卢多维克·达，278—280，282—283，286
Fossombrone, Rafael da, Capuchin, 福松布罗内，拉斐尔·达，嘉布遣会，278—279，281
Fourquevaux, Raymond de, on the art of war, 富尔克沃，雷蒙·达，论战争艺术，482，485，487，490，494—497，502
Fox, Richard, bishop of Winchester, 福克斯，理查德，温彻斯特主教，428
Foxe, Edward, bishop of Hereford, 福克斯，爱德华，赫里福德主教，171，462

France，法国
　君权的扩张，7，438—439，458
　经济变革，44—47；农民的解放，28—29；农业发展，29—30；与安特卫普的贸易，58，63；里昂与安特卫普间的竞争，66，68；1557年的破产，68，222；沿岸地区经济运动，222，225；巴西染料贸易，586—587
　纺织业，46，448—449，453，455，500
　与教皇，252，443
　早期印刷，362，365
　行政管理，440；贵族权力的增长，15；皇家大臣，447；审判和法律，449—451；地方管理，453—454；官僚机构的发展，453—454
　军事组织和设施，489—491；伤残囚犯的待遇，503—504；海军，504，507
Franche Comte，弗朗什孔泰，303，308—309，341，343，353，358
Francis I, king of France，弗兰西斯一世，法国国王，115，163
　与君权的巩固，7，438—439
　与法国的宗教改革，114，354；对大议会的态度，170—171，173；同情、思想自由和伊拉斯谟主义，216—217，434；对异端的镇压，220—222，434
　与教皇的关系，211—212
　帮助乌尔里希公爵收复符腾堡，165，212，353
　在马里尼亚纳取胜（1515），211，334，337，340
　在帕维亚被捕（1525），216，342—343，517；被释放，217
　去世（1547），221，335，355
　与努永条约（1516），304
　作为帝国的候选人，306，338—339
　与奥地利的埃莉诺结婚，343，345
　行政管理，444，451
　军队组织，485；雇佣瑞士兵，340—341
Francis Borgia, St，方济各·博尔贾，圣，297
Francis Xavier, St，方济各·沙勿略，圣，292，298，609—610
Franck, Sebastian，弗兰克，塞巴斯蒂昂，110，119，124，133
Francois, Michel, on Reform in France，弗朗索瓦，米歇尔，论法国的宗教改革，217
Frankenhausen, battle of (1525)，弗兰肯豪森战役（1525），89，120
Frankfurt am Main，美因河畔法兰克福，339，478
　与南德的金属和布匹贸易，53
　施马尔卡尔登同盟会议，163；参加施马尔卡尔登同盟，350
　加尔文与拉斯基相遇，204
　印刷品和书籍贸易，213，362
　英国新教徒避难于此，248
　被查理五世占领（1546），356
　在该地办学，430
Frankfurt, Diet and Interim of (1539)，法兰克福，议会和临时救令（1539），175—176
Frankfurt an der Oder, university of，奥得河畔法兰克福大学，432

索 引

Freburg, university of (1501—1560), 弗赖堡大学 (1501—1560), 432
Frederick Ⅲ (the Wise), elector of Saxony, see Saxony, 腓特烈三世 (智者), 萨克森选侯
Frederick Ⅱ, emperor, 腓特烈二世, 皇帝, 406
Frederick Ⅰ, king of Denmark and Norway, 腓特烈一世, 丹麦和挪威国王
 取代克里斯蒂安二世 (1523), 135, 143
 与宗教改革, 135, 137—138, 142—143
 去世 (1533), 139, 143
Frederick Ⅱ, king of Denmark and Norway, 腓特烈二世, 丹麦和挪威国王, 401, 560
Freedom and servitude, 自由和奴役
 西方的变化, 25—26, 31, 33
 东欧传统的或"真正的"服役的发展, 35
 农奴制在英国的消亡, 37, 38, 40, 42—43; 在法国, 44—45, 46—47; 在意大利, 47—48; 在西班牙, 49
 莫杰夫斯基对农奴制的批判, 476
 俄国企图将农民束缚在土地上, 556
 印第安人在新世界的地位, 564—565, 580, 587, 588—589
 在巴西的奴隶劳动, 587
Freedom of thought, 思想自由
 宗教改革家的不宽容性, 4, 18
 意大利失望的驱散, 268
 茨温利激进主义与路德态度的对照, 100
 胡布迈尔的《关于异端分子和烧死异端分子者》, 122
 再洗礼派祈求宗教自由, 133
Free will, 自由意志, 73, 79, 90—91, 184, 199
Fregosi, French agent, 弗勒戈西, 法国代理商, 353
Freistift (form of tenancy of land), "自由制"(土地租赁的形式), 33
Frescobaldi family, Florentine bankers in the Netherlands, 弗雷斯科巴尔第家族, 在尼德兰的佛罗伦萨银行家, 66
Fribourg, Eternal Peace of (1516), 弗里堡永久和约 (1516), 340
Friesland, 弗里斯兰, 129, 316, 440
Frith, John, 弗里思, 约翰, 227
Friuli, 弗留利, 26, 48, 263
Frobenius (John Froben), printer at Basle, 弗罗本纽斯 (约翰·弗罗本), 巴塞尔出版家, 79, 104, 213, 362—363
Froissart, Jean, French historian and poet, 傅华萨, 让, 法国历史学家和诗人, 360, 363, 381
Froment, Antoine, 弗罗蒙, 安托尼, 113
Fronsperger, Leonhard, on war, 弗朗斯佩格论战争, 482
Frontinus, influence on sixteenth-century ideas of war, 弗朗蒂乌斯, 对16世纪战争思想的影响, 483, 503
Froschauer, Christopher, printer, and spread of Anabaptism in Moravia,

弗罗绍尔,克里斯托弗,出版家,与再洗礼派在摩拉维亚的发展,123

Frundsberg, George von, mercenary captain,弗伦茨贝格,乔治·冯,雇佣的首领,487

Fuchs, Leonhart, his work in botany,富克斯,伦哈特,他对植物学的研究,407—408

Fulek, Turkish victory (1552),富莱克,土耳其人的胜利(1552),526

Funfkirchen, see Pecs,芬夫基兴

Fuenleal, Sebastian Ramirez de, bishop of Santo Domingo,富恩莱亚尔,塞瓦斯蒂安·拉米雷斯·德,圣多明各主教,571

Furstenberg, Wilhelm von, master of the Livonian Knights,菲尔斯滕贝格,威廉·冯,立窝尼亚骑士团首领,558,559

Fugger family, bankers,富格尔家族,银行家,16

 贷款给查理五世,13,338—339,342,352,356—357;租借西班牙军事修会的收益,312,339

 与金属和布匹工业,53

 与安特卫普的政府贷款,66

 来自赎罪券的收益,76

 对矿藏的控制,312—313,339,348—349;在斯洛伐克的崛起,194;对匈牙利民族主义的愤恨,347

Fugger, Anton,富格尔,安东,13,348,357

Fugger, Jacob,富格尔,雅各布,32,338—339,348

Funen (Denmark), the Reformation in,菲英(丹麦),宗教改革在该地,136,139

Fukien,福建,592

Fust, Johann, printer,富斯特,约翰,出版家,361

Galen,加伦

 对他的继续研究,387,389,391,406,409—410

 版本,372,392,427

 草药,405

Galicia,加利西亚,187—188,538—539

Galilei, Galileo,伽利略,伽利列,412

 他的力学著作,389,402;斜塔的传说,402

 与日心说体系,399

Galle, Peder,加勒,佩德,148

Gallicanism,高卢主义,211,223,433

Gallipoli, Turkish arsenal,加利波利,土耳其兵工厂,518

Galvao, Antonio,加尔旺,安东尼奥,608

Gama, Estevao da, raids Suez (1541),伽马,埃斯特旺·达,掠夺苏伊士(1541),520

Gama, Vasco da,伽马,瓦斯科·达,50,594—596,605

Gambara, Angelo Marco,甘巴拉,安杰洛·马尔科,288

Gambara, Veronica, Italian poetess, 甘巴拉，韦罗尼卡，意大利女诗人，377

Gandia, Jesuits at university of, 甘迪亚大学的耶稣会士，297—298

Gandia, duke of, see Francis Borgia, St, 甘迪亚公爵

Gansfort, Wessel, mystical writer, 甘斯福特，韦塞尔，神秘主义作家，167

Gap, Calvinism in, 加普，加尔文宗在此，224

Garay, Juan de, governor of Jamaica, 加拉伊，胡安·达，牙买加总督，567

Gardiner, Stephen, bishop of Winchester employed by Henry Ⅷ, 加德纳，斯蒂芬，受亨利八世雇请的温切斯特主教，230，232
    与宗教改革：与对教士的顺服（1529），234；他的保守主义，240—241；被囚（1548），242—243；对1549年公祷书，天主教的解释，243；玛丽的大臣，247；被反教皇立法的议会撤职，247—248；他在玛丽迫害期的作用，248

Gattinara, Mercurino de, minister of Charles V, 加蒂纳拉，梅尔库里诺·德，查理五世的大臣，305，308，312，314，333
    他对帝国功能的看法，301，304，306—307
    与查理五世当选为皇帝，306
    他作为大臣的地位，446
    去世（1530），306，333
    他为查理五世继承权制订的行政管理计划，308—309
    在西班牙的税收，319

Geiler, Johannes, of Keysersberg, 盖勒（凯塞尔斯堡的），约翰内斯，107

Geilolo (Moluccas), 盖洛洛（摩鹿加群岛），606

Geisshussler, Oswald, see Myconius, 盖斯许斯勒，奥斯瓦尔德

Gelido, Pietro, 杰利多，彼得罗，264

Gelli, Giambattista, Italian writer, 杰利，詹巴蒂斯塔，意大利作家，375

Generalites, taxation districts in France, 法国税收区，453

Geneva, 日内瓦，219，424
    宗教改革在该地，5，112—119；它的地理位置有助于加尔文宗传播到法国，223—224；英国新教徒在该地避难，248；意大利新教殖民地，263—264
    该地的印刷术，213；文学检查制度，364

Geneva, university of, 日内瓦大学，434

Genoa, 热那亚
    16世纪早期的西班牙统治，10；被帝国军队占领（1522），342；被法国占领（1527），344；重归帝国控制，344—345，517；弗朗西斯一世放弃要求权，343
    作为金融和商业中心，63，65，313，322；与加泰罗尼亚争雄，

313，324
菲耶斯基家族的阴谋（1547），253
"尼哥底姆主义"在该地，268
与罗马神爱祈祷会，285
海军力量，341，347，517—518
Gentile, Giovanni, 真蒂莱, 乔瓦尼, 206—207
Geogmphy, stndy of, 地理研究, 97, 396, 419, and see Cartography
George of Podebrady, king of Bohemia, 波迪布拉德的乔治, 波希米亚国王, 466
Georgia, 格鲁吉亚, 524—525
Gerard, John, his herbal, 杰勒德, 约翰, 他的植物志, 408
Germanta, popular rising in Valencia (1519), 兄弟会, 巴伦西亚的民众起义, 323
German language, Luther's influence on, 德语, 路德的影响, 18, 79, 83
Germany, 德意志
 独立的资产阶级的衰落，15
 它的核心重要性的衰落，22
 人口，29，32
 农业结构的变化，29—36
 南德意志商人在安特卫普，51，53
 胡斯运动的影响，191
 德意志在匈牙利和波兰的影响，192
 查理五世继承哈布斯堡王朝的领地，301，305；担心菲利普二世继承王位，311
 反宗教改革，349；耶稣会，298—299
 早期的印刷，361—362，365
 政体的发展，9—10，477—480

军事组织与装备，489；雇佣兵，485，487，489
关于宗教改革
Gesner, Conrad, 格斯纳, 康拉德, 366, 392, 407
Ghent, 根特
 作为贸易中心，53，58，318
 叛乱（1537，1539）与镇压（1540），317，352
Giberti, Matteo, bishop of Verona, 吉贝蒂, 马泰奥, 维罗纳主教
 与教会的天主教改革，254，257—258，267，273；与卡尔内塞基的交往，266
 他的印刷所，258
 与新的修会，288
Gien, Calvinism in, 加尔文宗在吉昂, 224
Gilbert, William, *De Magnete*, 吉伯, 威廉, 《论磁石》, 396
Gilds, 行会
 反对棉布生产在国内的扩展，40；安特卫普布衣会，60
 他们在巴塞尔要求改革，96；与明斯特的宗教改革，166—167
 在斯特拉斯堡形成中他们的观点，107
 查理五世与他的在尼德兰的政治力量，316—317
 麦斯达，322，445—446
 塞维利亚的商会，584
Giorgio, Francesco di, 乔治, 弗朗切斯科·迪, 492
Giovio, Paolo (Jovius), 焦维奥, 保罗（约维乌斯），485

Girey, Tatar dynasty, 吉雷, 鞑靼王朝, 549—550, 557

Girolamo Aemiliani, St, founder of the Somaschi, 吉罗拉莫, 阿埃米利亚尼, 圣, 索马斯基修会创立者, 288

Giustiniani, Paolo, Blessed, see Paolo Giustiniani, 朱斯蒂尼亚尼, 保罗

Glareanus (Heinrich Loriti), 格拉雷西阿努斯 (海因里希·洛里蒂), 97, 105

Glarus, Zwingli's ministry at, 茨温利在格拉普斯的教牧, 97

Glasney (Cornwall), reading school at, 格拉斯尼 (康沃尔) 的识字学校, 415

Glatz, see Kladsko, 格拉茨

Glinsky, Mikhail, Lithuanian landowner, 格林斯基, 米哈伊尔, 立陶宛的土地所有者, 548, 550—551

Glinsky, Yury, uncle of Ivan IV, 格林斯基, 尤里, 伊凡四世的叔叔, 551

Gnaphaeus (Wilhelm de Volder), 尼亚法埃乌斯 (威廉·德·博尔德尔), 370—371

"Gnesiolutherans", controversy with the school of Melanchthon, 极端的路德派, 与梅兰希顿派的争论, 184

Gniezo, primatial see of Poland, 格涅兹诺, 波兰的大主教区, 186

Goa, 果阿
  基督教传教, 297, 298, 609—610
  被葡萄牙人占领 (1509), 520, 599; 反对葡萄牙人, 598; 地方政府, 603; 财政改革, 609

Gottingen, joins the Schmalkaldic League, 格丁根加入施马尔卡尔登同盟, 350

Golden Horde, Tatars, 金帐汗国, 鞑靼人, 534, 536, 540

Gomel, 戈梅利, 538

Gonesius, Peter, Polish reformer, 戈内西乌斯, 彼得, 波兰改革者, 124

Gonzaga family, 贡扎加家族
  在意大利支持查理五世, 314
  参与瓜分伦巴第 (1559), 358
  与曼图亚的人文主义, 419—420

Gonzaga, Ferante, 贡扎加, 费兰特, 333
  任西西里总督, 327
  任米兰总督和最高统帅, 329—330, 330, 356

Gonzaga, Giulia, duchess of Fraietto, wife of Vespasian Colonna, 贡扎加, 朱莉亚, 费拉耶托的女公爵, 韦斯帕夏·科隆纳的妻子, 266, 273

Gorski, Andrzej, 吉尔斯基, 安杰伊, 202

Goslar, joins the Schmalkaldic League, 格斯拉尔加入施马尔卡尔登同盟, 350

Gotha, 哥达, 86, 173

Gottskalksson, Oddur, 戈特沙尔克森, 奥都尔, 144—145

Gouvea, Andre, 古维亚, 安德烈, 423, 437

Grace, 恩典, 恩宠
  路德的态度, 18

桑城会议支持的传统教义（1528），217
Gran, taken by Turks (1543)，格兰，被土耳其人占领（1543），524，527
Granada，格拉纳达，324，336，452
Grandes Chroniques de France，《法国大编年史》，384
Grand Francois, French royal ship，大弗朗索瓦号，法国王室的船，504
Granvelle, Antoine Perrenot de, Cardinal, minister of Philip Ⅱ，格兰维尔，安托万·佩罗内·德，红衣主教，菲利普二世的大臣，58，310
Granvelle, Nicholas Perrenot de, minister of Charles V，格兰维尔，尼古拉·佩罗内·德，查理五世的大臣，177，309—310，329—330
Grassaille, Charles de，格拉赛，沙尔·德，211，462
Graubunden, see Grisons，格劳宾登
Gravelines, battle of (1558)，格拉夫林之战（1558），483，497
Graz, Tatar raids (1532)，鞑靼人袭击格拉茨（1532），515
Grazzini, Antonio Francesco, Italian writer，格拉齐尼，安东尼奥·弗朗切斯科，意大利作家，381
"Great Elector", the, see Brandenburg, Frederick William, elector of，"大选侯"
Great Michael, Scottish royal ship，大米海尔号，苏格兰皇家船只，504
Great Poland, the diet of，大波兰议会，466
Grebel, Conrad, Anabaptist，格里贝尔，康拉德，再洗礼派信徒，102，120—122
Greek language，希腊语，希腊文
  茨温利的希腊文研究，98；奥科兰帕迪乌斯的，104；加尔文的，114；奥拉夫·佩特利的希腊文知识，146—147
  教士的怀疑，219，372
  在学校的学习，419，421，423；在大学里，426—427，433—434；在三种语言学院里，427—428
Gregory XIII, Pope (Ugo Buoncompagno)，格雷戈里十三世，教皇（乌戈·布翁孔帕尼奥），561
Greifenklau, Richard von, see Trier, Richard von Greifenklau, archbishop and elector of，格赖芬克劳，里夏茨·冯
Greifswald, university of，格赖夫斯瓦尔德大学，432，434
Grenoble，格勒诺布尔，216
Gresham, Sir Richard，格雷欣爵士，理查德，64
Grey, Lady Jane，格雷夫人，简，246，248
Gribaldi, Matteo, Italian reformer，格里巴尔迪，马泰奥，意大利改革者，271
Grimaldi family, Genoese bankers，格里马尔迪家族，热那亚银行家，313
Grimani, Giovanni, patriarch of Aquileia, tried on charge of heresy，格里马尼，乔瓦尼，阿吉亚尔的宗主

教，被控异端而受审，272
Grimma, convent endowment allocated to education, 格里马，修院捐赠地，分配用于教育，429
Gringoire, Pierre, 格雷古瓦，皮埃尔，379
Grisons (Graubunden), 格里松（格劳宾登）
　再洗礼派运动在该地，122，260
　反三一论在该地，260，269
　卡斯泰尔韦特罗在该地避难，261
Gritti, Andrea, doge of Venice, 格里蒂，安德烈亚，威尼斯执政官，342
Groningen, submits to Charles V (1536), 格罗宁根，屈从于查理五世（1536），316，352，440
Gropper, Johann, Catholic theologian, 格罗珀，约翰，天主教神学家，112，175，177，178，181
Grosswardein, see Nagyvarad, 大瓦代恩
Grouchy, Nicholas, 格劳齐，尼古拉，437
Grynaeus (Simon Gryner), 格里纳埃乌斯（西门·格里纳），104，106
Grzegorz of Sanok, archbishop of Lvov, and humanism in Poland, 萨诺克的格热戈日，利沃夫的大主教，与波兰的人文主义，192
Guadalcanal, 瓜达尔卡纳尔，313
Gualterotti family, Florentine bankers, 瓜尔泰罗蒂家族，佛罗伦萨银行家，66

Guanajuato (New Spain), silver mines, 瓜纳华托（新西班牙），银矿，582
Guarino (da Verona), and humanist education, 瓜里诺（达韦罗纳），与人文主义教育，419—420
Guatemala, Spanish in, 西班牙人在瓜地马拉，567—568，572
Guelders, reduced and annexed by Charles V (1543), 盖尔德斯，被查理五世削弱并吞并（1543），181，315—316，354，440
Guelders, Charles of Egmont, duke of, 盖尔德斯公爵，埃格蒙特的查理去世（1538），181，316
　与查理五世的战争，304，315—316，345；寻求法国的保护，352；战败并失去格罗宁根，352
Guns (Hungary), 贡斯（匈牙利），349，515—516
Gunther, Johann, Institutiones anatomicae, 金特，约翰，《解剖学原理》，392
Guicciardini, Francesco, Florentine historian, 圭恰迪尼，弗朗切斯科，佛罗伦萨历史学家，251，384—386，461
Guicciardini, Ludovico, on trade of Antwerp, 圭恰迪尼，卢多维科，论安特卫普的贸易，50，53，58，61—62，64
Guise family, and the Counter-Reformation in France, 吉斯家族，与法兰西的反宗教改革，222
Guise, Charles de, Cardinal of Lor-

raine, Archbishop of Rheims, 吉斯, 沙尔·德, 洛林的红衣主教, 兰斯大主教, 223

Guise, Francis, duke of, 吉斯公爵, 弗朗西斯, 357

Gujarat, 古吉拉特邦, 596, 香料贸易, 521

 海上力量, 592

 抵制葡萄牙人, 521, 597—598, 606—608

Gulbahar, wife of Sultan Sulaiman, 古尔巴哈尔, 苏丹苏里曼的妻子, 528

Gustavus I (Vasa), king of Sweden, 古斯塔夫一世（瓦萨）, 瑞典国王, 146, 149

 与宗教改革, 146, 147—152

 与芬兰的宗教改革, 154

Gutenberg, John (Johann Gensfleisch), 古滕贝格, 约翰（约翰·根斯弗里希）, 361

Gutsherrschaft, rise of, in eastern Europe, 领主家族在东欧的兴起, 9, 36

Guzman, Nuno de, 古斯曼, 努里奥·德, 570—571

Gyalu, taken by Turks (1566), 吉亚鲁被土耳其人占领, 532

Gyldenstjerne, Knud, bishop of Odense, 于尔登谢恩, 克努, 欧登塞主教, 139

Gyor (Raab), 杰尔（拉包）, 197, 512, 527

 该地主教在莫哈奇被杀 (1526), 196

Gyorgy, Frater, bishop of Nagyvarad, 捷尔吉, 弗拉泰, 瑙吉瓦劳德的主教, 205

Gyulafehervar (Karlsburg), 杰尔拉斐厄瓦尔（卡尔斯堡）, 197, 205

Haarlem, 哈勒姆, 127, 361

Habsburg, house of, 哈布斯堡王室, 56—57

 在东欧扩张势力, 8

 查理五世与其亲属的关系, 331—332

Habsburg-Valois struggle, 哈布斯堡—瓦卢瓦的斗争, 10—11, 216

 教廷的态度, 10, 212, 252—254, 307—308

 安特卫普与里昂争雄, 66, 68

 结果, 双方消耗殆尽, 222—223

 给意大利带来的经济贫困, 273

 法国支持盖尔德斯家族, 316, 352

 决定性力量的小结, 334—337

 斗争的分期, 338

 查理五世击败弗朗西斯一世成为帝国的候选人, 338—339

 马里尼亚诺（1515）与法国人控制意大利北部, 340—341；查理备战, 驱逐法国人, 340—342；法国人在帕维亚战败和马德里条约（1525, 1526）, 342—343

 法国人与土耳其结盟, 343, 351, 517—518

 科尼亚克同盟（1526）, 343—344, and cf. 212, 340, 348

 罗马被帝国军队占领, 劫掠（1527）, 344

索　引

法国入侵的失败（1528），344，345

多里亚向查理五世投降，法国失去热那亚，344—345

巴塞罗那和康布雷条约（1529），345

土耳其的威胁使斗争复杂化，346—349，351

德意志的宗教冲突，349—351

尼斯休战协定，351—352，and cf. 174，220

米兰的继承权和1536—1537年的战争，352—353，and cf. 220—221

再次开战（1542），克雷斯皮和约（1544），353，354—355，531，and cf. 181，182

施马尔卡尔登战争（1546），355—356

法国与新教诸侯结盟，1552—1554年的战争，356—357，and cf. 225

查理五世逊位，卡托·堪布累齐和约，358

Haderslev（Denmark），哈泽斯莱乌（丹麦），135

Hagenau，哈格诺，111—112，177

Hainault, inherited by Charles V，埃诺由查理五世继承，303

Halberstadt, see of，哈尔伯施塔特主教区，76

Hall, Edward, chronicler，霍尔，爱德华，编年史学家，384

Halle，哈雷，83，353

Haller, Berthold, Swiss reformer，哈勒，伯索德，瑞士改革者，113

Hamar, diocese of，哈马尔主教区，143

Hamburg，汉堡，204，350

Hamelin, Philibert, Calvinist preacher，哈梅林，菲利贝尔，加尔文派传道人，224

Hanover，汉诺威，350

Hanseatic League，汉萨同盟，53，62，535

Harvel, Sigismund, English ambassador to Venice，哈维尔，西吉斯孟，英国驻威尼斯公使，262—263

Harvey, William，哈维，威廉，409—410

Haschenperg, Stephen von，哈希恩珀格，斯蒂芬·冯，493

Hausschein, Johann, see Oecolampadius，豪施恩，约翰

Havana，哈瓦那，585

Hawkins, John，霍金斯，约翰，585

Hebrew，希伯来语

　茨温利的研究，98；奥科兰帕迪乌斯的，104；卡比托的希伯来语知识，与伊拉斯谟的合作，107；汉斯·陶森，136，141；奥拉夫·佩特利，146—147；斯坦卡罗，207

　巴黎大学神学院反对它的研究，219；教士的怀疑，372

　在大学里的教授，427—428

Heckel, Lenart，黑克尔，莱纳尔，205

Hedio, Caspar，黑迪奥，卡斯珀，108

Heek, Alexander van, see Hegius，黑克，亚历山大·范

Hegendorff, C., *Diologi pueriles*，黑

根多夫，C.，《儿童的对话》，
　　426
Hegius (Alexander van Heek), his educational work, 黑吉乌斯（亚历山大·范·黑克），他的教育工作, 417, 424
Heidelberg, 海德堡, 77, 108
Heidelberg, university of, 海德堡大学, 104, 430, 432
Heilbronn, taken by Charles V (1546), 海尔布隆被查理五世占领（1546）, 356
Heiligerlee, battle of (1538), 海利杰利之战（1538）, 352
Held, Matthias, vice-chancellor of Charles V, 黑尔德，马蒂亚斯，查理五世的副宰相, 172, 175
Helie, Paulus, 赫利，保卢斯, 134—136, 138
Helmed, battle of (1501), 赫尔曼德之战（1501）, 538
Helvetic Confession, 赫尔维希亚信纲（1536）, 107, 168；第二次瑞士信纲（1556）, 107；（1568）, 208
Henckel, Johann, 亨科尔，约翰, 194
Henrician Articles, imposed on Henry of Anjou (1572), 强加于安茹的亨利的海因里希条款（1572）, 474
Henry Ⅶ, king of England, 亨利七世，英格兰国王, 452
　与君主权力的巩固, 7, 438
　与英国的棉织产品在尼德兰, 54
　他的爱尔兰政策, 441
　财政手腕, 448

Henry Ⅷ, king of England, 亨利八世，英格兰国王, 170, 304
　与君主权力的巩固, 7—8, 443；对国会的看法, 235, 455—458, 463
　法国战争引起的财政困难, 13；在安特卫普筹集贷款, 67
　利用印刷宣传品, 17
　与哈布斯堡—瓦卢瓦的斗争：与施马尔卡尔登同盟谈判, 171, and cf. 238, 239, 240；与弗朗西斯一世会面（金布地, 1520）, 341；与查理五世结盟（1521, 1522）, 341；同情科涅克同盟（1526）, 343；与法国结盟（1527）, 344；在1536—1537年保持中立, 352；与查理五世结盟和围攻布洛涅（1544）, 353, 354, 492, 494, and cf. 10, 307
　与公会议, 171
　与安妮·博林的婚姻（1533）, 171, 230, 234—235；与简·西摩的（1536）, 239；与克莱沃的安妮的（1540）, 240；与凯瑟琳·霍华德的（1540）, 241
　与阿拉贡的凯瑟琳离婚, 216, 229—234；查理五世的反对, 231, 303
　与罗马决裂，王权至上, 229, 233, 235, 245—246；攻击教士特权, 229；与克伦威尔企图结成反教皇的同盟, 238—240；反对遭镇压, 236—237
　人文主义者的保护人, 228
　他的性格, 230, 237

解散修道院，235—236，and cf. 15，244

对新教义的态度，238—242；督促伊拉斯谟攻击路德，90；声称反对再洗礼派，130；路德派信徒在英格兰的遭遇，201，240；《七圣事辩》，228；"信仰卫士"的称号，228—229；关于教会里使用本民族语《圣经》的规定，238—239；对读《圣经》的限制，241，436

去世（1547），241，355

与波尔关系破裂，247

与圣保罗学院，425

大学的管理，434—435

爱尔兰政策，441—442

防御与战争：海防，488—489，492—494；大炮与轻武器的使用，489，494；甲胄的保护，497；海军的发展，504

Henry Ⅱ，king of France，亨利二世，法兰西国王

得到梅斯·图尔，凡尔登（1552），185，212，357，and cf. 254

与耶稣会在巴黎的建立，223

压制改革，224

在西班牙做人质，217，343；被赎回，344

即位（1547），221

去世（1559），225，and cf. 3

向专制主义发展，439；行政管理，451

Henry Ⅲ，king of France（king of Poland，duke of Anjou），亨利三世，法兰西国王（波兰国王，安茹公爵），209，445，472，474，560

Henry Ⅳ，king of France，亨利四世，法兰西国王，210，440

Henry，king of Portugal，Cardinal，亨利，葡萄牙国王，红衣主教，587

Henry the Navigator，prince of Portugal，亨利，航海者，葡萄牙亲王，591

Henry Grace a Dieu，English royal ship，亨利谢主号，英国皇家的船只，504

Herbals，植物志，390，392，407—408

Heresbach，Konrad von，黑雷斯巴哈，康拉德·冯，175

Heresy，异端

英国的罗拉德派，227

俄国的犹太教派，545—546

异端分子移民美洲被禁止，584

Hermandad，Spanish police organisation，海尔曼达德，西班牙的警察组织，440—441，445

Hermannstadt，see Nagyszeben，赫曼斯塔特

Hertford，Edward Seymour，earl of，哈特福德伯爵，爱德华·西摩

Hertz，Conrad，see Cordatus，赫茨，康拉德

Hesdin，the fortifications，埃丹，防御工事，491

Hesse，Philip，landgrave of，黑森的伯爵领主，菲利普

击败弗兰克豪森的农民（1525），89

与抗议宗领袖，92—93，162，340

加入施马尔卡尔登同盟，162，350，479；背离同盟与查理五世结盟

(1541), 179—180, 354；重新加
入（1544），355；战败与被俘
（1547），183，356
与纽伦堡和约（1532），164
与符腾堡的乌尔里希的复位（1534），
165，353
与再洗礼派，167
拒绝公会议，173
与雷根斯堡会议（1541），178
重婚，179—180
弗朗索瓦·朗贝尔的保护人，213
他在威尼斯的代表阿尔蒂耶里，263
驱逐不伦瑞克－沃尔芬比特尔的亨
利（1542），354
Hesse, William, landgrave of, 黑森的
兰德格拉夫，威廉，357
Hetzer, Ludwig German theologian, 黑
策，路德维希，德国神学家，
110，124
Hilary, St, 希拉里，圣，372
Hippocrates, 希波克拉底，391，427
Hispaniola, sugar production, 伊斯帕
尼奥拉，蔗糖生产，585
Historiography, 历史编纂学
现代历史方法的萌芽，18
黑迪奥的教会史演讲，108
早期再洗礼派的著述，132
奥拉夫·佩特利的《瑞典编年史》，
150
在阿格里科拉的芬兰语《新约》
中，156
扬·布拉霍斯拉夫，203
圭恰迪尼，251，384，385，386，
461
16世纪的拉丁文/拉丁文著述，
371—372
民族语的发展，384—385
马基雅弗利，384—386，460—462
Hochstatter family, bankers, 霍赫施泰
特尔家族，银行家，53，66
Hoen, Cornelis, 赫恩，科内利斯，91
Hoffman, Melchior, Anabaptist, 霍夫
曼，梅尔希奥，再洗礼派，130
生平与教诲，126—127，131；在斯
特拉斯堡，110，124；在斯堪的
纳维亚，128；在多尔帕特，157
Hohenzollern family, 霍亨索伦家族，
195
Holland, 荷兰
独立的资产阶级的兴起，15
再洗礼派在该地，129，132
由查理五世继承，303
对丹麦的克里斯蒂安二世被逐的反
应，313—314
被范·罗塞姆入侵（1528），316
对课税重负的不满，317
手稿书籍的买卖，360
Holstein, 霍尔施泰因，140
Holy Office, see Inquisition, Roman,
最高宗教法庭
Holy orders, 圣职
胡斯派坚持主教祝圣礼，190
加尔文接受免除手礼，116
"施莱特海姆信纲"（1527）中的
再洗礼派的观点，125
布根哈根给斯堪的纳维亚的主教祝
圣，140—141，143
劳伦蒂乌斯·佩特利的祝圣礼，150
Holywood, John, see Sacrobosco, 霍利
伍德，约翰

Honavar, Portuguese fort，霍纳瓦，葡萄牙人的要塞，611

Honduras，洪都拉斯，567—568

Honter, Johann, Transylvanian Lutheran，洪特尔，约翰，特兰西瓦尼亚的路德派信徒，199

Hooftman, Gillis，霍夫特曼，希利斯，63

Hooghstraeten, Count of, governor of Holland，霍赫斯特拉滕的伯爵，荷兰总督，19 n.2，317

Hooper, John, bishop of Gloucester and Worcester，胡珀，约翰，格罗斯特与伍斯特的主教，130，243，248

Horace, in secondary education，贺拉斯，在中等教育中，417

Horebites, Hussite sect，霍尔比派，胡斯派的一支，191

Hosemann, Andreas, see Osiander，霍泽曼，安德烈亚斯

Hosius, Stanislas, Cardinal，霍修斯，斯坦尼斯拉斯，红衣主教，209

Howard family，霍华德家族，241

Huascar, Inca ruler，瓦斯卡尔，印加统治者，575

Hubmaier, Balthasar, Anabaptist，胡布迈耶，巴尔塔扎尔，再洗礼派信徒，110

与再洗礼派的起源，120；因信仰受迫害，被逐出苏黎世，121；在奥格斯堡，122；在摩拉维亚，122—124；被处决（1528），123，200

在他的《论异端分子》中呼吁宽容，122，133

支持世俗权力，123

受加尔文攻击，129

Hull, coastal fortitications，赫尔，海防工事，493

Humanism，人文主义

对科学思想继续产生影响，17

与宗教改革，17；路德的谴责，80；与瑞士与莱茵兰的改革，96；茨温利与之的联系，97—99；奥科兰帕迪乌斯，104；加尔文，114；在斯堪的纳维亚，134—135，139，142，146—147，150，154—156；在波罗的海诸国，157；在东部诸国，192，201；在法国，214—215，218—219，222；在英格兰，228；在意大利，251—252，256，261，263，269；对隐修制度的否定性批评，276

加蒂纳拉的，306

对律师的影响，314

在早期印刷品中的反映，365

德国对意大利人文主义的敌视，379

在教育中，296，297，418—428 passim，436—437，and cf. 19 n.1

在葡萄牙，613

Humber, river，洪伯河，237

Hundred Years War，百年战争，44—45，438

Hungary，匈牙利

政体的发展：君主制与土地拥有者之间的冲突，8—9，464；郡议会，466；国会，467；上、下两院的大国会，469；行政管理的模仿，470—471；世袭君主制的引

介,471
土地贵族与地主家族的兴起,9,
  15;土地拥有者与贵族的同一,
  465
再洗礼派受迫害,129
土耳其的入侵,181,212,346—
  347;贝尔格莱德受攻击(1521)
  与陷落,510;莫哈奇(1526),
  512—513,344,348—349;1529
  年和1532年的远征,514—516;
  边境的战斗,521—522;扬·扎
  波利亚死后的进攻(1540),
  523—524;土耳其人在特兰西瓦
  尼亚的成功(1552—1562),
  526—527;费迪南德的边界防御
  工事,527
宗教改革前的教会,188
扬·扎波利亚与民族主义者的反
  对,在路易二世统治下,346—
  348;与哈布斯堡的斐迪南的斗
  争,196,348—349,471,513,
  522—523
征税,469—470
人文主义在该地,192
富格尔家族控制矿业,312,347,
  348—349
哈布斯堡的斐迪南即位时的扩展
  (1526),465;奥斯曼土耳其人
  进攻(1541—1562),后分为三
  部分,527
与俄国的关系,537
Hunne, Richard, London merchant, 胡
  恩,理查德,伦敦商人,227,
  232
Hunyadi, John, 亨亚迪,约翰,188

Huon of Bordeaux,波尔多的于翁,381
Hus, John, 胡斯,扬,2,123
  路德与,79,200
  波兰人的支持,186
  胡斯派教会在波希米亚,188—191
Husman, Rudolf (Agricola), 胡斯曼,
  鲁道夫(阿格里科拉),393,
  404
Hussite wars, 胡斯战争,83,468
Husum (Schleswig), 胡苏姆(石勒苏
  益格),135
Hut, Hans, Anabaptist, 胡特,汉斯,
  再洗礼派信徒,120,122—123,
  127
Huter, Jakob, Anabaptist, 许特尔,
  雅各布,再洗礼派信徒,122—
  124,200
Hutten, Ulrich von, German humanist,
  胡滕,乌尔里希·冯,德国人文
  主义者,29,70,85—86,104
Hutterites (Moravian Anabaptists), 许
  特尔派(摩拉维亚的再洗礼派信
  徒),123—124,131—133
Hymns, 赞美诗/圣诗,18
  路德的,86,379;丹麦语译本,
  136
  闵采尔的,87
  茨温利的,98
  布塞尔与公众在斯特拉斯堡的歌
  唱,110
  早期再洗礼派的赞美诗作品,132
  丹麦的赞美诗作品,136,142;冰
  岛语译本,145
  在波兰和匈牙利,193,196
  在波希米亚的胡斯派教会里,189,

200
胡格诺派的，219
作为中世纪抒情传统的延续，379

Ibrahim Pasha, Ottoman grand vizier, 易卜拉欣，帕夏，奥斯曼，土耳其的内阁总理，532
在埃及的政府改革，511
在匈牙利（1525），512，514
镇压土库曼人的叛乱（1526—1528），513
入侵波斯（1534），516
与威尼斯的友谊，519
被处决（1536），519
进攻也门（1525），521

Iceland, the Reformation in, 宗教改革在冰岛，141，144—146

Iconoclasm, see Images, 圣像破坏

Ignatius Loyola, St (Inigo Lopez de Loyola)，依纳爵·罗耀拉，圣（伊尼戈·洛佩斯·德·罗耀拉）
与反对宗教改革的斗争，222—224，298—299，301，333
与加尔文的比较，223
与基埃蒂会，287—292，296
出生（1491），早年的生活，与入教，291，296
摈弃修道院生活，291—292，294
他的《灵修》，291—292，296
在西班牙和巴黎的学习，292，and cf. 223
耶稣会的建立，292—293，295
当选为会长（1541），293
去世（1556），293
会规，293，296

对教育与学术的兴趣，296—297；尊重巴黎大学神学院，216
拒绝接受伊拉斯谟主义，297，and cf. 294
他的顺从的概念，295—296
与红衣主教波尔的联系，299

Ile de France, trial of heretics, 法兰西岛，对异端分子的审判，224

Ilfeld, Neander's school at, 尼安德在伊尔费尔德的学校，437

Illuminism in Spain, 光照主义在西班牙，333

Images, 圣像，213，217
圣像崇拜在维滕贝格受谴责，84—85；受卡尔斯塔特的谴责，85；被茨温利谴责，100；在芬兰，154；在匈牙利，193；被让·布歇谴责，214；在英格兰，239
摘下圣像，与圣像破坏运动的暴乱：在维滕贝格，84，and cf. 89；在苏黎世，101；在巴塞尔，105；在波罗的海诸国，157—158，160；在胡斯派的波希米亚，189
土耳其人宽容反对崇拜圣像的抗议宗信徒，197
列入约1559年的遗嘱里，213

Inca empire and culture, 印加帝国与文化，574

India, 印度
基督教传教，297—299，609—610
穆斯林势力扩展至，336
葡萄牙人，520，591—600，605
本地海军力量，592—593
香料贸易路线，593

Indian Ocean, 印度洋

香料贸易路线, 520
土耳其人与葡萄牙人争夺控制权,
    531
荷兰人与英国人, 531
葡萄牙人的海军力量, 592—593
葡萄牙人在马尔代夫群岛的要塞,
    605
Indians, of Brazil, under the Portuguese, 葡属巴西的印第安人,
    586—587
Indians (in Spanish America), 印第安人（在西属美洲）
    在新西班牙与西班牙人的混合,
    563, 583; 获得使用土地的合法
    权利, 564; 小兄弟会的传教工
    作, 566—567
    拉斯·卡萨斯的慈善活动, 578—
    579, 588
    他们的劳动, 580—581; 受雇于采
    矿业, 582—583
Indulgences, 赎罪券
    起源, 扩展与滥用, 75—76
    路德与, 77—78
    茨温利拒绝允许销售, 98
    其表格的印制, 361
Ingolstadt, 因戈尔施塔特, 79, 299
Ingolstadt, university of, 因戈尔施塔特大学, 432, 435
Innsbruck, 因斯布鲁克, 124, 254,
    332, 349
Inquisition, the, 异端裁判所（又译宗教法庭）
    在西班牙, 3, 301, 324, 333,
    431, 445
    在意大利重建(1542), 270, 284,

260, 263, 264, 266—267, 269,
    271, 431
在西西里, 328—329
在东方, 610
Instrument-making, 工具制作, 389,
    394, 395, 402
Insurance (life, marine), at Antwerp,
    保险业（人身、航海）在安特卫
    普, 65
Interim of Augsburg, see Augsburg, Interim of, 奥格斯堡临时协定
International relations, 国际关系
    战争的规定, 在理论与实践中,
    12—14
    外交: 特使与驻节使, 12—13,
    446; 豁免权, 13, 262—263
    宣传的重要性的提高, 483
Ipswich, Wolsey plans school, 伊普斯威奇, 沃尔西计划办学, 424
Iraq, 伊拉克, 516, 521, 525, 531
Ireland, 爱尔兰, 299, 441—442
Irenaeus, St, 依里纳乌, 圣, 372
Isabella (the Catholic), queen of Castile, 伊莎贝拉（天主教徒）, 卡斯蒂利亚女王, 303—304, 441
    驱逐犹太人(1492), 312
    企图征服北非, 324
    地方行政, 453
Isabella (Jagiello) of Poland, queen of,
    Hungary, consort of John Zapolyai,
    波兰的伊莎贝拉（亚盖沃）, 匈
    牙利王后, 扬·扎波利亚的配
    偶, 205, 523—524, 526
Iskender Pasha, Ottoman beglerbeg of
    Erzerum, 伊斯坎德尔·帕夏, 埃

尔祖鲁姆的土耳其贝勒贝伊，525
Islam，伊斯兰教
　阿拉伯人在西班牙的征服，47
　罗耀拉渴望去传教，298
　它对基督教世界威胁的程度，336
　逊尼派与什叶派的分裂，516
　律法，532—533
　与葡萄牙在东方的冲突，592—600；passim，613—614
Isle of Wight, coastal defences，怀特岛，沿海防卫，493
Isny, joins the Schmalkaldic League，伊斯尼加入施马尔卡尔登同盟，350
Issoudun, Calvinism in，加尔文宗在伊苏丹，224
Istanbul，伊斯坦布尔，298，325
　作为奥斯曼土耳其的首都，510—533；兵工厂，518；苏里曼的建筑成就，533
Istria, Protestantism in，抗议宗在伊斯特拉，263
Italian language，意大利语
　《语言问题》，375—376, and cf. 368
　它在国外的影响，385—386
　在科学论文中，390
Italy，意大利，10，22，306
　西班牙人的统治，10，93，252—254，273，301；行政管理，309，333，445；贵族对宗主国理想的支持，314
　意大利的外交方法延伸到西欧和南欧，12—13
　独立的资产阶级的衰落，15
　农业经济与结构的变化，29，30，32，43，47—49
　意大利商人和金融家在安特卫普，53，63，66，68；安特卫普—里昂—意大利的金融关连，65
　弗朗西斯一世的入侵（1515），212；查理五世继位时法国人控制了北部，304；法国要求权的放弃（1559），358
　该地早期的印刷，361，365
　教育的进步，418—420，422
Ivan Ⅲ, grand prince of Moscow，伊凡三世，莫斯科大公
　继承瓦西里二世（1462），534
　在俄国的领土扩张，534—537；平息克里米亚的鞑靼人，549
　与西部结盟失败，537
　在立窝尼亚击败条顿骑士团，与休战（1481），537
　立陶宛战争，537—539
　他的"全俄罗斯最高统治者"的称号，538, and cf. 546
　俄国的对内统治，539；镇压安德烈与鲍里斯的叛乱（1480），539—540；决定由瓦西里三世继位，540—542；主张皇室的权力高于贵族，军功领地制，542—543；在诺夫哥罗德重新分配土地，543—544；他与正教会的关系，544—546；教会土地世俗化被否决，544—545；镇压犹太教徒中的异端，545—546
　去世（1505），546
　他的性格与成就，546—547
Ivan Ⅳ (the Terrible), tsar of Russia，伊凡四世（雷帝），俄国沙皇，7

出生（1530）与少数派，550—551

采取沙皇称号（1547），551

重臣会议，551—552，553；解散与报复，554—557

鞑靼战争，557—558

在立窝尼亚的野心与征服，558—559；重臣会议的反对，553；战败与扎波尔斯基海和约（1582），561

作为立陶宛与波兰的王位候选人，560；支持哈布斯堡的欧内斯特作候选人，60；1564年战败，554

去世（1583），他的统治遗留下的东西，561

Ivan, son of Ivan Ⅲ of Russia, 伊凡, 俄国伊凡三世之子, 537, 540—541

Ivan, son of Ivan Ⅳ of Russia, 伊凡, 俄国的伊凡四世之子, 553—554, 581

Ivangorod, 伊凡哥罗德, 543, 561

Ixtlilxochitl, Texcocan chief, 伊斯特利尔斯奥奇特尔, 特斯科科人酋长, 562

Izbrannaya Rada, see Chosen Council

Izrael, Jior, 伊兹拉埃尔, 伊日, 202

Jachymov（Joachimsthal）, 亚基莫夫（约阿基姆斯塔尔）, 200

Jagiellon, house of, 亚盖沃王室

东部诸王国君主权力的虚弱, 8, 188

与东部诸国的教会, 186, 188, 190—191；未能建立起希腊天主教会, 187

在波兰与波希米亚, 464, 466

家族在波兰的统治消亡（1572）, 472

Jakub of Iza, Polish reformer, 伊萨的雅各布, 波兰改革者, 201

Janberdi al-Ghazali, pasha of Damascus, 占勃第·加扎里, 大马士革的帕夏, 511

Jane Francis Chantal, St, foundress of the Visitation order, 简·弗朗西斯·钱特尔, 圣, 圣母探访会的创立者, 290

Jane Seymour, queen of England, third consort of Henry Ⅷ, 简·西摩, 英格兰王后, 亨利八世的第三个配偶, 239

Janissaries, Turkish professional soldiery, 禁卫军, 土耳其的职业军人, 486, 511—512, 528—529

Japan, 日本

基督教传教, 298—299, 610

有限的海军力量, 593

与葡萄牙的贸易, 610—611

Japara（Java）, 扎巴拉（爪哇）, 604

Java, 爪哇, 593, 604—605

Jean-Baptiste de la Salle, St, founder of the Christian Brothers, 让·巴蒂斯特·德·拉萨勒, 圣, 基督教兄弟会的创立者, 296

Jena, 耶拿, 86, 88

Jena, university of, 耶拿大学, 430, 432, 434

Jenson, Nicholas, printer, 詹森, 尼古拉, 印刷业者, 365

Jerome, St, 哲罗姆, 圣, 98, 104,

372

Jerome of Prague, popularity of his writings in Moravia, 布拉格的杰罗姆, 他的作品在摩拉维亚受欢迎, 123

Jerusalem, 耶路撒冷
 圣安杰拉·梅里奇的朝圣, 290
 罗耀拉的朝圣, 291; 他希望建立个据点, 298

Jesi, Francesco da, general of the Capuchins, 杰西, 弗朗切斯科·达, 嘉布遣会会长, 283—285

Jews, 犹太人, 31
 对犹太人印刷业者的抗议, 219
 在罗马被限制在犹太人居住区 (1547), 273
 被逐出西班牙 (1492), 312
 查理五世在西班牙使用异端裁判所, 324
 在俄国镇压犹太教徒, 545—546
 被禁止迁徙美洲, 584

Jiddah, 吉达, 599

Jimenez de Cisneros, see Ximenez, 希门尼斯·德·西斯内罗斯

Jimenez de Quesada, Gonzalo, 希门尼斯·德·克萨达, 贡萨洛, 577

Joachim of Flora, 弗洛拉的约阿基姆, 282

Joachimstal, see Jachymov, 约阿基姆斯塔尔

Joanna ("the Mad"), queen of Castile, 胡安娜 ("疯女"), 卡斯蒂利亚女王, 301, 303, 319

Jodelle, E., French poet, 若代尔, E., 法国诗人, 378

John, king of Denmark, Norway and Sweden, 约翰, 丹麦、挪威和瑞典的国王, 538

John Ⅱ, king of Portugal, 约翰二世, 葡萄牙国王, 591

John Ⅲ, king of Portugal, 约翰三世, 葡萄牙国王
 在安特卫普筹集贷款, 67
 与巴西的殖民地, 586
 与在东方的扩张, 605—606, 608—609

John Ⅲ, king of Sweden, 约翰三世, 瑞典国王, 560

John Albert, king of Poland, 扬·奥尔布拉赫特, 波兰国王, 473, 538—539

John Antony, of Kosice, Polish physician and humanist, 约翰·安东尼, 科西策的, 波兰医生和人文主义者, 194

John Chrysostom, St, editions of, 约翰·克里索斯托, 圣, 他的著作再版, 104, 372

John, Don, of Austria, natural son of Charles V, 约翰, 唐, 奥地利的查理五世的亲生子, 336, and cf. 532

John of Leyden, see Bockelson, Jan, 莱顿的约翰

John Sigismund Zapolyai (claimant to throne of Hungary), see Transylvania, 约翰·西吉斯孟·扎波利亚 (声称有权为匈牙利王)

John Zapolyai, king of Hungary, 约翰·扎波利亚, 匈牙利国王

与哈布斯堡的斐迪南的斗争，196，
471，513；被选为匈牙利国王
（1526），348；在托克战败
（1527），348；与斐迪南和解
（1538），349，515，522—523

他未能阻止抗议宗的流传，197—
198

与民族主义者反对德意志的影响，
346—348

被苏里曼一世承认和支持，349，
513—515，522—523

离开莫哈奇（1526），512

与波兰的伊莎贝拉的婚姻，523

他的去世（1540），523

Johore, attacks on Moluccas, 柔佛，进
攻摩鹿加，608

Jonas, Justus, German reformer, 约纳
斯，尤斯图斯，德国的改革者，
84

Joris, David, Anabaptist, 约里斯，大
卫，再洗礼派，110，131—132

Joseph, abbot of Volokolamsk, 约瑟，
沃洛科拉斯克的院长，541，
545—546

Joseph Calasanctius, St, founder of the
Piarists, 约瑟，卡拉桑齐奥，圣，
慈善学校修会创始人，296

Jovius, see Giovio, Paolo, 约维乌斯

Judaisers, suppression of their heresy in
Russia, 犹太教徒，他们的异端
在俄国被镇压，545—546

Jud, Leo, Swiss reformer, 尤德，利
奥，瑞士改革者，101，129—130

Julich-Cleves-Berg, succession problem
（1538—1539），于利希-克莱
沃-贝格的继承问题（1538—
1539），354

Juhasz, Peter Melius, bishop of Debrecen, and Calvinism in Hungary,
尤哈茨，彼得·梅利乌斯，德勃
勒森的主教与加尔文宗在匈牙
利，205

Julius Ⅱ, Pope (Giuliano della Rovere), 尤里乌斯二世，教皇（朱利
亚诺·德拉·罗韦雷），10，
186，252，443

Julius Ⅲ, Pope (Giovanni Maria Del
Monte), 尤里乌斯三世，教皇
（乔瓦尼·马里亚·德尔蒙特），
254，272—273，293，435

"Junker Georg", Luther's pseudonym in
hiding (1521—1522), "容克尔·
格奥尔格"，路德藏匿时的笔名
（1521—1522），85

Juros, annuities funded on Spanish government revenues, 由西班牙政府
税收资助的养老金，321—322

Justice, administration of, 司法

在欧洲，449—452

在西属美洲，570—572；罪犯的引
渡，586

在葡属领地，603

Justices of the peace, 地方执政官，
453

Justification by faith, 因信称义

路德的教义的出现与发展，73—75；
强调的减弱，在丹麦，139；安德
烈亚斯·诺伯肯的总结，158

教皇派在奥格斯堡会议上坚持正统
教义，94—95

天主教徒与改革者之间的讨论，111—112，177—179
伊拉斯谟的双重含义的公式，175，177
酒饼同领派的观点，189，200
比罗的观点，199
勒费弗尔·戴塔普的辩护/主张，214
该教义在意大利的讨论，251—252
尼哥底母派的观点态度，268
巴尔德斯派希望特伦托（百科）会议作有利的/赞成的表述，270
奥基诺对这一问题的关注，284
Justinian, emperor, 查士丁尼，皇帝，308
Jutland, the Reformation in, 宗教改革在日德兰，135—137，139

Kadan (Kaaden), Lutheranism in, 路德宗在卡丹，200
　该地签订的和约（1534），165，353
Kaffa, Sulaiman's buildings, 卡法，苏里曼的建筑，533
Kalender-oghlu, 卡连德-奥卢，513
Kalocsa, archbishopric of, 考洛乔总主教管辖区，197
Kammermeister, Joachim, see Camerarius, 卡默迈斯特尔，约阿希姆
Kampen, Anabaptism in, 再洗礼派在坎彭，127
Kanizsa, 凯尼塞，527
Kansuh al-Ghauri, Mamluk sultan of Egypt, 甘萨伍赫·高里，埃及的麦木鲁克人苏丹，520—521
Karaman, 卡拉曼，513，516，530
Karelia, 卡累利阿，155，535
Karlsburg, see Gyulafehervar, 卡尔斯堡
Kars, 卡尔斯，524—525
Kaschau, see Kosice, 卡绍
Kasimov, 卡西莫夫，554
Kassa, see Kosice, 卡萨
Kassel, 卡塞尔，166—167
Kautz, Jacob, Reformer, 考茨，雅各布，改革家，110
Kazan, Tatars of, 喀山的鞑靼人
　伊凡三世的远征（1467—1469），534，537；被瓦西里三世平息，548；参加全体鞑靼部落对莫斯科的进攻（1521），459；吉里王朝被瓦西里三世推翻（1532），549—550；被莫斯科征服（1545—1557），557；立陶宛协助抵抗莫斯科（1552），558
　波兰的结盟希望，548
Kechety, Martin, bishop of Veszprem, 凯切特，马丁，维斯普雷姆的主教，197
Kedar, 吉达，593，604
Kemalpasha-zade, Islamic theologian, 凯末尔帕夏扎德，伊斯兰教神学家，532
Kempis, Thomas a, 肯皮斯，托马斯·阿，167，360
　对再洗礼派的影响，133；对路德的影响，133；对罗耀拉的影响，291
　最早印刷的再版作品，365
Kepler, Johann, astronomer, 开普勒，约翰，天文学家，397，401

Kessel, Leonhart, 凯塞尔, 伦哈特, 299
Ket, Robert, 凯特, 罗伯特, 243
Kettler, Gotthard, master of the Livonian Knights, 凯特勒, 戈特哈德, 立窝尼亚骑士团首领, 559, 160
Keysersberg, see Geiler, Johannes, 凯泽伯格
Khair ad-Din, see Barbarossa, 海尔·阿德-丁
Kha'ir Beg, Ottoman pasha in Egypt, 海尔贝伊, 奥斯曼土耳其驻埃及的帕夏, 511
Kholmsky, Daniel Dimitrevich, Prince, 霍尔姆斯基大公, 丹尼尔·季米特耶维奇, 542
Khurrem, wife of Sultan Sulaiman I, 胡雷姆, 苏丹苏里曼一世的妻子, 528, 529
Kiel, diet of (1526), 基尔会议 (1526), 135
Kiev, 基辅, 537, 545
Kiev, metropolitan of, 基辅大主教, 187, 535
Kilia, in Turkish possession, 基利亚, 土耳其的领地, 522
Kilwa, Portuguese fort at, 基卢瓦, 葡萄牙人的要塞, 596—597
King's Bench, court of, 金斯本奇的法庭, 450
Kirchmeyer, Thomas, see Naogeorgus, 基希迈耶, 托马斯
Kiss, Istvan Magyari, reformer in Hungary, 基斯, 伊什特万·毛焦里, 匈牙利的改革者, 199

Kladsko (Glatz), 克拉茨科 (格拉茨), 465, 466
Klausenburg, see Kolozsvar, 克劳森堡
Knade, Jakub, 克纳德, 雅各布, 194
Knights' War (1522—1523), 骑士暴动, 339
路德拒绝与之交往, 85—86
布塞尔作济金根的牧师, 108
导致小贵族政治上毁灭, 478
Knipperdolling, Bernhard, Anabaptist, 克尼珀多林, 伯恩哈德, 再洗礼派信徒, 128—129, 131
Knopken, Andreas, 诺伯肯, 安德烈亚斯, 157—158, 159
Knox, John, 诺克斯, 约翰, 8, 99, 117, 130, 301
Kollam, see Quilon, 科兰
Kolomna, 科洛姆纳, 549
Kolozsvar (Cluj, Klausenburg), 科洛斯堡 (克卢日, 克劳森堡), 205
Komorn, 科莫恩, 512, 527
Konigsberg, 柯尼斯堡, 147, 159, 196, 201, 357
Konigsberg, university of, 柯尼斯堡大学, 196, 430, 432, 434
Konya, 科尼亚, 530, 533
Koporye, ceded to Sweden (1538), 科波叶割让给瑞典 (1538), 561
Korela, ceded to Sweden (1583), 科列拉割让与瑞典 (1583), 561
Kornel, Viktorin, Bohemian jurist, 克内尔, 维克托林, 波希米亚的法律学者, 475
Koros, river, 克勒代河, 532
Kosice (Kassa, Kaschau), 科西策

（卡萨，卡绍），198

Kosice, John Antony of, 科西策的约翰·安东尼，194

Kotte (Ceylon), 科特（锡兰），610—611

Kozminek, agreement between Polish Calvinists and Bohemian Brethren (1555), 科日米内克，波兰的加尔文派与波希米亚兄弟会之间的协议（1555），209

Koznemesseg, Hungarian landowning nobility, 匈牙利地主贵族，465

Kremnica (Kremnitz, Kormocbanya), 克雷姆尼察（克雷姆尼茨，科尔莫克巴尼亚），194, 198, 347

Kressling, Johann, Hungarian Reformer, 克雷斯林，约翰，匈牙利改革家，194

Krim Khan, see Crimea, 克里姆可汗

Kronstadt, see Brasso, 喀琅施塔得

Krzyzak, Feliks (Cruciger), 克日扎克，费利克斯（克鲁齐格），204—205

Kustrin, Hans of, see Brandenburg Kustrin, John, margrave of, 科斯琴的汉斯

Kuhhorn, Martin, see Bucer, 库霍恩，马丁

Kujawia, the diet of, 库贾威尼会议，466

Kullar （"men of the Sultan"），库勒（苏丹的卫队），528—529

Kurbsky, Prince, 库尔布斯基大公，551 n., 553—554, 556, 559 n.

Kurdistan, 库尔德斯坦，516, 525

Kusto (Finland), 库斯托（芬兰），154

Kutna Hora (Kuttenberg), 库特纳霍拉（库滕贝格），467

Kwanice, Walenty, Polish anti-Trinitarian, 克瓦尼斯，瓦伦提，波兰的反三一论者，207

Kwantung, 广东，592

Kyushu, Portuguese, trade with, 葡萄牙与九州的贸易，606

Lactantius, 拉克坦修斯，372

Ladislas (Ulaszlo), see Vladislav, 拉蒂斯拉斯（乌拉斯洛）

Ladrones Islands, visited by Magellan, 拉德罗内斯群岛，麦哲伦访问过，568

La Goletta (by Tunis), 拉戈莱塔，325, 518

Lainez, James, Jesuit, 莱内斯，海梅斯，耶稣会士，292, 297, 299

Lambert, Francois, of Avignon, Franciscan and reformer, 朗贝尔，弗朗索瓦，阿维农的，方济各会士、改革者，100, 108, 110, 213

Land tenrue, 土地保有权
在英格兰租赁权取代了领主—佃农关系，32—33
终止权，35
英格兰的领地的租赁，37
依据官册享受不动产者的出现，41
俄国的军功领地制，543, 553, 556
在西属美洲：印第安人的，564；土著居民村落制度/监护征赋制，

564—565，578—579

Landstuhl, siege and fall of (1523)，兰德施图尔被围与沦陷（1523），85—86

Lang, Johannes (d.1548), and the Reformation in Erfurt，朗，约翰内斯（1548年卒），与埃尔富特的宗教改革，86

Lang, Matthaeus, archbishop of Salzburg，朗，马泰埃乌斯，萨尔茨堡大主教，354

Lange, Johannes (d.1531), and the Reformation in Reval，朗格，约翰内斯（1531年卒），与宗教改革在雷维尔，159—160

Langres, persecution of Lutherans，朗格勒，路德派信徒受迫害，218

Languedoc, Gattinara urges annexation，朗格多克，加蒂纳拉敦促吞并，307

Lannoy, Charles de, viceroy in Naples，拉努瓦，沙尔·德，那不勒斯总督，328，333

La Noue, Francois de, French general and military writer，拉努，弗朗索瓦·德，法国将领与军事著述者，482

La Rochelle, Calvinism in，拉罗歇尔，加尔文宗在该地，224—225

Laski, Jan (Johannes a Lasco)，拉斯基，扬（扬·阿·拉斯科），130—131，204，243，245

Las Salinas, civil war of, in Peru，拉斯萨林纳斯的内战，在秘鲁，577

Latimer, Hugh, bishop of Worcester，拉蒂默，休，伍斯特主教，18n.1，99，248，429

Latin language，拉丁文
奥拉夫·佩特利的瑞典—拉丁文辞典，150
16世纪作品中的应用，368—374；它对意大利民族语文学作品的影响，374—376；被民族语/本地语取代，385—386；在科学论文中，390
在教育中，360—361，414—426；被拒绝，商业语种受偏爱，436；三种语言的学院，390

Latvia，拉脱维亚，559
关于宗教改革

Launay, de, Calvinist preacher in France，洛内，德，加尔文派在法国的布道士，224

Launceston, reading school in 1540's，朗斯顿，1540年的识字学校，415

Laurentsen, Peder，劳伦森，彼泽，136，139

Lausanne，洛桑，113，115，424

Lautrec, Odet de Foix, vicomte de，洛特雷克的子爵，奥代·德·富瓦，328，341—342，344—345，498

Law，法律
国际法问题，11—14，588
路德的学习，71
维滕贝格的穷人法规（1521—1522），85
加尔文的学习，114
再洗礼派否定法律程序，122，125，

129—130；与早期的波希米亚兄弟会，191；波兰的反三一论的，207

奥拉夫·佩特利的《审判规则》，150

教会法庭在波兰，187，203，465，473；在匈牙利，193，203

英格兰：支付教会法庭的费用重负，227，229；受议会的攻击，232；宗教改革前的教会法，228；托马斯·克伦威尔对教会立法权的攻击，234；克兰默的《教会法的革新》，245；立法加强国教会的君权至上，235；英国的习惯法与大陆的多样化的对比，442；英国君主权力受限制，442，445；习惯法与合议庭，450；议会的成文法与习惯法，456—457；英国国王在议会中的君主立法权限，457—458

法学者对查理五世的支持，308—309，314

在论文中民族语言的使用，383

在大学里的教授，427

它的实施，449—452，478；西班牙的议会组织，333；西属美洲的法庭，569—570，571—572；在葡属海外殖民地，603

东部诸国的法学者，474—476

战争的条款与惯例，501，503

伊斯兰教的，532；作为立法者的苏里曼，533

俄国，552，554

新世界的理论与实践，588—589；《印度群岛的新法律》，579

在葡萄牙，613

Lazarillo de Tormes，托尔梅斯的拉萨里洛，381

Lebrija, Antonio de (Nebrisensis), Spanis, historian，莱布里哈，安东尼奥·德（内布里森西斯），西班牙历史学家，371

Le Ferron, Arnoul, French historian，勒费仑，阿尔努，法国历史学家，371

Le Fevre, Pierre, Jesuit，勒费弗尔，皮埃尔，耶稣会士，292，298

Lefevre d'Etaples (Faber Stapulensis)，勒费弗尔·戴塔普（法贝尔·斯塔普兰西斯）

在斯特拉斯堡，110，213，217

法雷尔的老师，113

在巴塞尔，213

他的《圣经》翻译，215—216，383

他的反教士论，214

主张因信称义，214

在莫城，215

返回法国（1526），217

受纳瓦尔的玛格丽特的庇护，217

去世（1536），219

Legazpi, Miguel Lopez de，拉加斯皮，米格尔·洛佩斯·德，583

Le Havre, Calvinism in，勒阿费尔，加尔文宗在该地，224

Leicester Abbey, death of Wolsey (1530)，莱斯特大教堂，沃尔西之死（1530），232

Leipzig，莱比锡，32，53，79，170，362

Leipzig lnterim (1548), 莱比锡临时
协定 (1548), 183
Leipzig, university of, 莱比锡大学,
431—432
Leitha, river, 莱塔河, 186
Le Jay, Gabriel-Francois, Jesuit, 勒
热, 加布里埃尔－弗朗索瓦, 耶
稣会士, 292, 298
Leland, John, antiquarian, 利兰, 约
翰, 古物收藏者, 384
Lempereur, Martin, 朗佩勒, 马丁,
213
Leo X, Pope (Giovanni de' Medici),
利奥十世, 教皇 (乔瓦尼·德·
美第奇), 10, 187, 374
与茨温利, 98, 100
与哈布斯堡和瓦卢瓦的斗争, 212,
252, 341—342; 支持弗朗西斯一
世作帝位候选人, 306, 338
小兄弟会分为住院派和守规派,
278—279
禁止路德派的著作 (1520), 363—
364
教育工作, 427—428
Leon, power of the nobility centred in
fortified towns, 莱昂, 贵族的力
量集中在设防的城镇, 49
Lepanto, battel of (1571), 勒班陀之
战 (1571), 336, 532
Lexzno, Unity of the Brethren in, 莱什
诺, 兄弟会联盟在该地, 202
Leutschau, see Levoca, 洛伊查赫
Levends, Turkish brigands, 土耳其土
匪, 529
Lever, Thomas, 利弗, 托马斯, 245

Levoca (Locse, Leutschau), Lutheran-
ism in, 莱沃恰 (洛策, 洛伊查
赫), 路德宗在该地, 198
Lewis I (the Great), king of Hungary
and Poland, and the Church in
Hungary, 路易一世 (伟大的),
匈牙利与波兰国王, 与匈牙利的
教会, 188
Lewis II, king of Bohemia and Hungary,
路易二世, 波希米亚与匈牙利国
王, 471
他的宗教政策, 188, 190; 镇压路
德派, 193—194
他的宫廷中的人文主义, 192
在莫哈奇被杀 (1526), 196, 512
民族主义者的反对, 346; 让步,
348
与哈布斯堡的玛丽的婚姻, 513
Lexicography, 辞典编纂, 150, 373,
426—427
Leyden, 莱顿, 127, 318
Libavius, Andreas, his Alchimla, 利巴
维乌斯, 安德烈亚斯, 他的炼金
术, 406
Liburnio, Niccolo, Italian writer, 利布
尔尼奥, 尼古拉, 意大利作家,
375
Licet ab initio (1542), establishes the
Holy Office, 《准许》谕令 (1542),
建立圣职部, 270
Lichtenstein, Leonard and John, barons
of, and Anabaptism in Moravia, 利
希滕斯坦的男爵, 伦纳德与约
翰, 与摩拉维亚的再洗礼派, 123
Liegnitz, principality of, 利格尼茨公

国, 165

Lily, William, high-master of St Paul's school, 利利, 威廉, 圣保罗学校的第一任院长, 425

Lima, 利马, 572n., 576—577

Limmat, river, 利马特河, 121

Lincoln, diocese of, Protestantism in, 林肯教区, 抗议宗在该地, 248

Lincolnshire, 林肯郡, 37, 237

Lindau, 林道, 111, 350

Lindsay, Sir David, Scottish poet, 林赛爵士, 戴维, 苏格兰诗人, 379

Linz, Ferdinand I summons federal Parliament, 林茨, 斐迪南召集联合会议, 467

Lippomano, Luigi, bishop of Bergamo, 利波马诺, 路易吉, 贝加莫的主教, 258, 288

Lisbon, 里斯本, 594
　香料贸易, 521; 香料自该地直接提供取代了安特卫普的工厂, 68; 与亚历山大里亚争雄, 531; 在东方监管贸易, 601

Lisle, John Dudley, Viscount, see Northumberland, 莱尔子爵, 约翰·达德利

Lismanini, Francis, Italian, humanist, 利斯马尼尼, 弗兰奇斯, 意大利人文主义者, 192, 201, 204

Literature, 文学, 著述
　总的概要, 宗教的占主导地位, 17—18
　农业的, 30
　拉丁文的 (16世纪), 368—374; 戏剧, 426

本民族语的, 374—386; 拉丁文的影响, 374—375, 385—386; 诗歌, 376—379; 戏剧, 379—380; 浪漫作品和富有想象力的作品, 380—382; 古典著作和《圣经》的翻译, 382—383; 神学, 哲学与科学, 383—384, 386; 历史编纂学, 384—385; 本民族语言战胜拉丁语, 385—386; 拉丁语和意大利语的影响, 386; 科学的与医学的, 390

英文的, 378—379, 384; 克兰默的祈祷文, 18; 编写宗教小册子的影响, 18

法文的, 377—378, 384; 加尔文的《基督教原理》, 116; 反对改革思想的后果, 218—219; 拉丁文与意大利文的影响, 377, 386; 戏剧, 379

德文的, 379, 384; 路德的影响, 18, 83, 86—87

意大利文的: 《语言的问题》, 375—376; 它在国外的影响, 376—379; 彼特拉克主义, 377—379; 戏剧, 380; 历史编纂学, 384—385

军事的, 482—484

葡萄牙文的, 613

斯堪的纳维亚的, 144, 147, 150, 152, 379

苏格兰的, 378—379

西班牙的, 378—379, 384

Lithuania, 立陶宛, 9, 22, 36, 542
　东正教会在该地的力量, 187, 538 and cf. 544

1569年联合以前独立于波兰，464，466，474，560；地方贵族议会，465；行省议会，466；在波兰的大议会中有代表，467；贵族的特权扩展至，474

俄国的战争：来自诺夫哥罗德的请求，534—535；伊凡三世的入侵，537—539；被亚历山大一世割让的领土，538；瓦西里三世1508年的战争与伊凡三世战果得到承认，548；斯摩棱斯克的丧失，548—549；与伊凡四世在立窝尼亚的冲突，559—561；1564年的胜利，554；伊凡作王位继承人，560；1582年的和约，561

受鞑靼人攻击（1482），537；（1502），538—539；（1519），549；与之结盟（1521），549；（1535，1552），557—558

"Little Germany"，Cambridge group，"小德意志"，剑桥集团，227

Littel Poland, the diet of, 小波兰议会，466

Liturgy，祈祷文，礼仪，礼拜仪式，圣餐仪式

英国：克兰默的，18；公祷书（1549），242；（1552），245，250

德意志与瑞士：卡尔斯塔特略去弥撒中的感恩经，84；在路德的《弥撒经与领圣体》(1523)，86；路德的《论会众中礼拜仪式的规则》，86；他的《德语弥撒》，86；其余的德语礼拜仪式，86；闵采尔在阿尔施泰特的试验，86，87，111；茨温利在苏黎世的改革，101—102，and cf. 86，99，120；斯特拉斯堡的礼仪试验，110—111；对加尔文的影响，115；德贝尔的纽伦堡弥撒，136；在莱比锡临时协定中，183

斯堪的纳维亚：在哈德斯莱夫条例中的保守论述（1528），135；马尔默的弥撒（1528），136；在丹麦教会法规中（1539），141；本地语的礼拜仪式与奥拉夫·佩特利的瑞典语弥撒（1531），149，150；在劳伦蒂乌斯·佩特利祝圣礼中的天主教仪式，150；劳伦蒂乌斯·佩特利的才干，150；中世纪传统在瑞典受尊重，153；民族语的，在芬兰，154，155—156；新的礼仪规则在里加（1530），159

忠实于斯拉夫的，在加利西亚和立陶宛，187；与特兰西瓦尼亚，188

胡斯派教会中礼拜仪式的简化，189

匈牙利的本民族语礼拜的试验，193

在费拉拉采用加尔文宗的仪式，265

嘉布遣会礼仪的简朴，281

基督教礼仪代替阿兹特克人的仪式，566

Livellarii, emancipation of, in Italy, 自由农民的解放，在意大利，48

Livonia, 立窝尼亚

宗教改革，157—160

政治上解体，160

俄国的入侵：伊凡三世（1481），537；（1500—1501），538；伊凡四世的战争与战果，558—561；

波兰的西吉斯孟希望结盟抵制俄国，548；莫斯科的反对伊凡四世的战争，553；俄国放弃要求（1582），561

Livy, studied by sixteenth-century military theorists, 李维, 16世纪的军事理论家对他的研究, 484

Llamas, used for textiles and transport in Peru, 天峰驼, 在秘鲁用于纺织和运输, 574—575

Loaisa, Frey Garcia de, expedition to the Moluccas, 洛艾萨, 弗雷·加西亚·德, 远征摩鹿加, 569

Lochau, agreement of 1551, 1551年洛豪协定, 357

Lodeve, Briconnte as bishop of, 洛德夫, 布里松内任该地的主教, 214

Locse, see Levoca, 洛策

Lohmuller, John, 勒米勒, 约翰, 158, 159

Loket (Elbogen), 洛凯 (埃尔博根), 200, 465, 466

Lollardy, in England, 罗拉德派在英国, 227

Lombardy, 伦巴第, 358, 375

London, 伦敦
 出口贸易（1540年的, 1550年的）与安特卫普的比较, 59, and cf. 50
 扬·拉斯基在该地, 204
 反教士主义在该地, 227
 卡尔特修道院, 235, 276
 学术组织, 437

London, diocese of, Protestantism in, 伦敦教区, 抗议宗在该地, 248

Longa, Maria, foundress of Capuchin nuns, 隆加, 玛利亚, 嘉布遣女修会创始人, 290

Lonska, Turkish victory (1544), 朗斯卡, 土耳其的胜利 (1544), 524

Loriti, Heinrich, see Glareanus, 洛里蒂, 海因里希

Lorraine, 洛林, 222, 357

Lorraine, Cardinal of, see Guise, Charles de, Cardinal, 洛林的红衣主教

Louis Ⅸ, king of France (St Louis), 路易九世, 法兰西国王（圣路易）, 336

Louis Ⅺ, king of France, 路易十一世, 法兰西国王, 7, 343, 438—439, 441, 456

Louis XII, king of France, 路易十二世, 法兰西国王, 439, 443

Louis XIV, king of France, 路易十四世, 法兰西国王, 31, 44

Louise of Savoy, see Angouleme, 萨瓦的路易丝

Louvain, 卢万, 316

Louvain, university of, 卢万大学
 伊拉斯谟在该地, 70; 1521年后对伊拉斯谟的敌视, 90
 检查路德的著作, 79
 汉斯·陶森在该地学习, 136
 扎基拉克的学习, 154
 著作的审查, 364
 三种语言的学院, 428

Loyola, 291, and see Ignatius Loyola, St, 罗耀拉

Lublin, Union of (1569), 卢布林联

盟（1569），464，466，474，560
Lucan, studied in secondary schools, 卢堪，在中等学校被学习，423
Lucca, 卢卡，63，181，273
    布拉马基家的阴谋，253
    宗教改革在该地，263—264，and cf. 255
Luchino, Benedetto, author of the *Beneficio di Jesu Christo crocifisso*, 卢基诺，贝尔代托，《受难的耶稣基督的恩惠》的作者，262n.
Lucian, in schools, 卢奇安/琉善，在学校里，426
Lucretius, editions of *De rerum natura*, 卢克莱修，《物性论》的再版，391
Lucretianism, condemned by both Protestants and Catholics, 卢克莱修主义，受新教徒和天主教徒的谴责，370
Ludolph the Carthusian, influence of his *Life of Christ* on Loyola, 鲁道夫，加尔都西会会士，他的《基督生平》对罗耀拉的影响，291
Lubeck, 吕贝克，21，131，139，204
    与波罗的海的，139，148，313—314
    加入施马尔卡尔登同盟，350
Luneburg, see Brunswick-Luneburg, 吕内堡
Lukas, Brother, leader of Hussite Church of the Brethren, 卢卡斯长老，胡斯派兄弟会的领袖，191，200
Lull, Raymond, 勒尔，雷蒙德，403
Lusatia, Upper and Lower, 卢萨蒂亚，上游的和下游的，465，469
Luther, Hans and Margaret, parents of Martin, 路德，汉斯和玛格丽特，马丁的父母，71
Luther, Katherine, wife of Martin, 路德，卡塔琳娜，马丁的妻子，90
Luther, Martin, and the Reformation in Germany, 路德，马丁，与德意志的宗教改革
    对世俗权力的态度，4，162，172，203；谴责叛乱，89—90，and cf. 92，163
    偏爱信仰甚于理性，4，18，74（and cf. 72，75）
    他应感激印刷术，17，107
    写作的才干与影响，18，79；他的《圣经》，83—84，383；它在无产阶级教育中的价值，86—87；被用阿格里科拉的芬兰语版，155；赞美诗，86；丹麦语赞美诗的翻译，136；《大教理问答》与《小教理问答》，93；瑞典文翻译，139，150；波兰文的翻译，196；彼泽森翻译的丹麦语小册子，134；阿格里科拉的芬兰语的，155；在法国的影响，212—213；对拉丁语文体的鄙视，370；在辩论中使用民族语言，383
    出生（1483），70；去世（1546），70，183，355
    早年的生活，求学，70—72，74—75
    做奥斯定会隐修士，领受神父职，71—72, and cf. 276
    修道院的生活，精神上的痛苦与因

索　引　　　　　　　　　　　　　　743

信称义教义的提出，72—75，and cf. 81

赎罪券之争，75—79；九十五条论纲（1517），76—77

早期的斗争与支持者，77—79；《神啊，求你起来》（1520），79，81

与公会议：对公会议理论的态度，78—79，82—83，170；呼吁（1518）召开公会议，78；与保罗三世的邀请，171，172—173，182；他的《论公会议与教会》，173—174

赎罪券之争扩展到较广泛的问题，79—81；路德的公开挑战，80—81；在《致德意志基督教贵族书》中攻击教皇制，80；《论教会的巴比伦之囚》，80；《论基督徒的自由》，80—81；焚烧教会书籍与路德被革除教籍（1521年1月，"相应"谕令），81

在沃尔姆斯召开的帝国议会（1521），81—84

极端派与保守派的改革（1521—1524），与卡尔斯塔特的辩论，84—88

礼仪改革与试验，86—87

农民战争（1524—1525），88—90，121，219

婚姻与家庭生活，90

与伊拉斯谟关于自由意志的争论，90—91

关于圣餐的争论，91—92

1527—1528年的教会视察，与路德的大、小教理问答，92—93

德绍同盟（1525），92

托尔高同盟（1526），92，103，340

施佩耶尔会议休会（1526），92—93

施佩耶尔会议（1529），与《抗议书》，93—94

奥格斯堡会议与信纲（1530），93—94，350

基督教联邦的思想在瑞士，他的学说的发展，96—97

早期人文主义者对他的崇敬，99

与茨温利的教义的差异，102—103，163；在大学里的影响，431

关于奥科兰帕迪乌斯的重视圣餐论，104

他对布塞尔的影响，108—109

加尔文受惠于他，与他的分歧，118

与宗派分子和极端分子的冲突，119；《反对神圣的先知》，88；与闵采尔的争辩，120；与霍夫曼的联系，126；在明斯特论再洗礼派，13，167

中世纪神秘主义对他的影响，133，167

与施马尔卡尔登同盟，162，164

施马尔卡尔登条款，172—173

批评在沃尔姆斯辩论（1540）中提出的建议，177—178

与雷根斯堡会议（1541），178—179

与黑森的菲利普重婚，180

在曼斯费尔德辩论的仲裁，183

梅兰希顿后来放弃了他的最初的恩典的教义，184；与梅兰希顿决裂，259

承认受惠于胡斯，200

与波希米亚兄弟会教会的友好关系，200
亨利八世的《七圣事辩》，228—229
主张义务教育，429
科涅克同盟（1526），212，340，343，348
关于1530年后德意志的宗教改革
Luxemburg, duchy of, inherited by Charles V, 卢森堡公国，由查理五世继承，303
Lyonnais, trial of heretics, 里昂地区，异端分子受审，224
Lyons, 里昂，342
  作为商业与金融中心，16，65；与安特卫普在哈布斯堡—瓦卢瓦之间的斗争中竞争，66，68；杜奇的经营，67—68；国王诏书的采用，68；它后来脱离了新的经济趋势，222；1557年倒闭的后果，222
  印刷与图书买卖，221，362，427
  它在宗教改革的传布中的重要性，212—213，222；路德派信徒受迫害，218；加尔文宗教会（1557），224
  作为文学中心，378
Lyubech, retained by Lithuania (1509), 柳别奇，为立陶宛所保留（1509），548

Maas, river, 马斯河，51，53
Macao, Portuguese at (1555), 澳门，葡萄牙人在（1555），611
Macar, Jean, 马卡尔，让，225

Macchiavelli, Niccolo, 马基雅弗利，尼科洛，17，386
  他对凯撒·鲍吉亚的崇拜，252
  戏剧作品，380
  历史著作，384—385
  生活，460
  政治思想，460—462
  论战争的艺术，483—484，502；防御，493；炮术，497
Maconnais trial of heretics, 马孔地区，异端分子受审，224
Madagascar, Portuguese fort, 马达加斯加，葡萄牙人的要塞，605—606
Madrid, Treaty of (1526), 马德里条约（1526），217，343
Maestrazgos, Spanish military orders, （骑士团的）首领领地，西班牙的军事修会，321，339，and see Orders, military
Magdalen College School, Oxford, 莫德林学院，牛津，425
Magdalena, river, 莫德林河，577
Magdeburg, 马格德堡，71，183，340，350
Magdeburg, archbishop of, see Mainz, Albert of Brandenburg, archbishop of, 马格德堡大主教
Magdeburg, the "Centuriators", 马格德堡"世纪派"，371
Magellan (Fernao de Magelhaes), 麦哲伦（费尔南·德·马加良斯），568—569，605
Magellan, strait of, 麦哲伦海峡，568，569
Magnus, king of Livonia, 马格努斯，

索　引

立窝尼亚国王，560
Magnus, prince of Denmark, 马格努斯，丹麦君主，160
Magyars, 马扎尔人
　　在特兰西瓦尼亚，465
　　路德宗与加尔文宗，199, 205—206
Maier, Johann, see Eck, John, 迈耶尔，约翰
Maigret, Aime de, French Reformer, 迈格雷，埃梅·德，法国改革家，212, 216, 218
Maine, trial of heretics, 曼恩，异端分子受审，224
Mainz, Gutenberg's invention of printing, 美因茨，古腾贝格印刷术的发明，361
Mainz, Albert of Brandenburg, archbishop of (formerly archbishop of Magdeburg and administrator of Halberstadt), 美因茨大主教，勃兰登堡的阿尔贝特（以前任马格德堡大主教，哈尔伯施塔特行政官），107, 163, 338, 354
　　与赎罪券之争，76—77, 83
Major, John, 梅杰，约翰，114
Makran, 马克兰，530
Malabar, 马拉巴尔
　　香料贸易，521, 593, 601；葡萄牙的商人，593—594, 594—596, 606—607, 611
Malacca, 马六甲，597
　　海军力量，592
　　外国商人在该地，593；葡萄牙人，599, 600, 604—605, 608；对葡萄牙人的攻击，604, 606, 611—612；财政改革，609
　　天主教会在该地，601
Malacca, Strait, 马六甲海峡，593
Malayan Archipelago, 马来群岛
　　本地海上力量，592
　　香料生产，593；葡萄牙人，604, 611
　　基督教传教，610
Maldive Islands (Indian Ocean), Portuguese fort, 马尔代夫群岛（印度洋），葡萄牙人的要塞，605—606
Malindi, 马林迪，531, 594
Malines, 马林，580
Malingre, Mathieu, 马兰格雷，马蒂厄，214
Mallermi, Niccolo, his Italian Bible, 马莱尔米，尼科拉，他的意大利语《圣经》，365
Malmo, 马尔默，134, 136, 139
Malta, 马耳他，517, 532
Mamluks, see Egypt, 麦木鲁克
Manco Inca, revolts against Pizarro, 曼科印加，反抗皮萨罗的暴动，577
Mandeville, Sir John, his *Travels*, 曼德维尔爵士，约翰，他的《旅行记》，390
Mangalore, Portuguese fort, 曼加洛尔，葡萄牙人的要塞，611
Manila, 马尼拉，572 n., 583, 612
Manissa, 马尼萨，530
Manresa, Loyola at, 曼雷萨，罗耀拉在此，291—292
Mansfeld, 曼斯费尔德，71, 183
Mansfeld, Albert and Gebhard, counts

of, 曼斯费尔德伯爵，阿尔贝特和格布哈德，92，350

Mantua, 曼图亚

 保罗三世召集公会议（1535），171，173

 改革的理论传至，260

 人文主义教育在该地，419

Mantua, Federigo, duke of, 曼图亚公爵，费代里戈，173

Mantuan (Battista Spagnoli, Baptist of Mantua), in secondary education, 曼图安（巴蒂斯塔·斯帕尼奥利·曼图亚的巴蒂斯塔），在中等教育中，417

Manuel I, king of Portugal, 曼努埃尔一世，葡萄牙国王

 与在东方的扩展，591—592，595—596，605，613—614；亲自出售香料，601

 与亚洲人的遭遇，603

 去世（1521），597

Manutius, Aldus, printer, 马努蒂乌斯，阿尔杜斯，印刷业者，362，365—366，372

Manz, Felix, Anabaptist, 曼茨，费利克斯，再洗礼派信徒，102，120—121，124，132

Maranhao, 马拉尼翁，586

Marbach, Philip, 马尔巴赫，菲利普，112

Marbeck, Pligram, Anabaptist, 马尔贝克，皮尔格兰姆，再洗礼派信徒，124，126

Marburg, Colloquy of (1529), 马尔堡会谈（1529），92，111，166

Marburg, university of, 马尔堡大学，430，432，434

Marcellus II, Pope (Marcello Cervini), 马尔切卢斯二世，教皇（马尔切洛·切尔维尼），254，271

Margaret of Austria, duchess of Savoy, 奥地利的玛格丽特，萨瓦女公爵

 任尼德兰摄政，303—304，309，340，347；雇用加蒂纳拉，306；查理控制了奖赏、任免权，310—311；叛乱的威胁，317

 建议选斐迪南为皇帝取代查理五世，306

 与康布雷和约（1529），345

Margaret, ducess of Alencon, queen of Navarre, 玛格丽特，阿拉松女公爵，纳瓦尔女王

 加尔文在她的宫廷，114；她与布里松内的交往，215；保护改革者，216—218

 她的著述，212—213，220，378，381

Marienburg, West Prussian Landtag, 马林堡，西普鲁士的议会，195

Marignano, battle of (1515), 马里尼亚诺之战（1515），211，334，337，340

Mariology, 马利亚学，156，193，269

Marnix, Jean, secretary to Margaret of Austria, 马尼克斯，让，奥地利的玛格丽特的大臣，447

Marot, Clement, 马罗，克莱芒，218—220，377—378，383

Marriage, 婚姻

 苏黎世的立法与管理，102；在日内

瓦，116
再洗礼派所有的明斯特的一夫多妻制，128
黑森的菲利普与两个妻子的婚姻，179—180
教会法中解除婚姻的依据，231
阿尔布克尔克鼓励与本地妇女通婚，602

Marriage, of clergy, 婚姻，神职人员的
  路德的《论修道誓愿》，84
  卡尔斯塔特的婚姻，84，106；路德的婚姻，90；茨温利的，100；策尔的，108；布塞尔的，110；卡皮托的，110；加尔文的，116；汉斯·陶森的，136；奥拉夫·佩特利的，147；匈牙利主教们的，197
  已婚神甫在斯特拉斯堡被革除教籍，108
  宗教改革前在冰岛已很普通，144
  葛斯塔夫·瓦萨的观点，147
  在瑞典取消神职人员守贞（1536），150
  扎基拉克在芬兰的提倡，154
  被酒饼同领派拒绝，189，200
  斐迪南敦促许可，199
  在英国得到许可（1549），242

Marseilles, 马赛，170—171，224，342
Marsiglio of Padua, influence on political thought in England, 帕多瓦的马尔西利奥，对英国政治思想的影响，462
Martial (Benedict Champier), 马夏尔（贝内迪克特·尚皮埃尔），215

Martin V, Pope (Otto Colonna), 马丁五世，教皇（奥托·科隆纳），187
Martinengo, Massimiliano Celso, Count, Italian reformer, 马丁南戈伯爵，马西米利亚诺·切尔索，意大利改革者，263—264
Martinuzzi, George, bishop of Grosswardein, 马丁努齐，乔治，大瓦代恩的主教，523，526
Martyr, Peter (of Anghiera), 马尔蒂尔，彼得（安吉埃雷的），371
Mary Tudor, queen of England, 玛丽，都铎，英国女王
  她的统治预示着反宗教改革，3，204，230；天主教的复辟，246—249，273，431；迫害，248—249；大学的管理，433
  即位，246
  与菲利普二世的婚姻（1554），247
  去世（1558），249
  计划与查理五世结婚，341
  枢密院的采用，445
  照顾年老残疾的士兵，503
Mary of Habsburg, queen of Hungary and Bohemia, consort of Lewis Ⅱ, 哈布斯堡的玛丽，匈牙利和波希米亚的王后，路易二世的配偶，192，303
  与宗教改革，193—194
  作尼德兰的摄政，307，309，313；查理控制了奖赏任免权，310—311；她努力保持中立，315；劝阻查理五世不要把土耳其战争扩大到地中海东岸，325；与萨克森

的莫里斯的叛乱（1552），357
与路易二世的婚姻，513
Masawwa，马萨瓦，530，599
Maskat，马斯凯，520，530—531
Mass，弥撒
 路德否认它有牺牲象征性，80；改革者一致的否认，91
 卡尔斯塔特略去弥撒中的感恩经，84
 教皇派在奥格斯堡会议上坚持正统教义，94—95
 在苏黎世茨温利的圣餐仪式中被取代（1525），101—102；在巴塞尔被取消（1529），105；在斯特拉斯堡（1529），109；在伯尔尼和日内瓦，113
 为死者举行的，在瑞典禁止（1544），152
 在雷根斯堡会议（1541）上的分歧，178
 布里松内为传统教义辩护，215；在桑城会议（1528）受到保护，217
 在海报（1534）中受攻击，220
 克兰默的观点，243
 在卢卡强迫参加（1545，1549），263
 巴尔德斯派的态度，265
 "尼哥底姆派"接受天主教教义，268
Massacio，马萨其奥，278
Mathematics，数学，97，394—395，412
 实际应用，393
 代数应用于科学，394；阿拉伯的起源，391
 算术，教科书，394；在中等教育中被忽视，419；印加计算方法，574
 几何学，394；实际应用，393；应用于天文学，396—398；透视方法，390，402；作为学校的科目，419；三角学，394
Matienzo, Juan de, *Gobierno del Peru*，马蒂恩索，胡安·德，《秘鲁政府》或译《秘鲁的统治》，589
Matthias Corvinus, king of Hungary，马加什·科尔文，匈牙利国王，188，192，537
Matthys, Jan, Anabaptist，马蒂，扬，再洗礼派信徒，127—128
Matthys (widow of the above)，马蒂（前者的遗孀），129
Mattiolo, Pietro, naturalist，马蒂奥洛，彼得罗，博古学家，392
Maule, river (Chile)，马乌莱河（智利），575
Maxim the Greek，马克西姆，希腊的，545
Maximilian I, king of the Romans and emperor elect，马克西米连一世，罗马人的王和当选皇帝，78，306
 与安特卫普，50，57，60
 作勃艮第的查理（查理五世）的摄政，303
 与努瓦荣条约（1516），304
 去世（1519），338
 试图改革帝国，477，479，489
 与俄国的伊凡三世的关系，537；与俄国和波兰的战争（1514—

索　引

1515)，548—549

Maximilian Ⅱ, emperor, 马克西米连二世，皇帝，203，208，332，471—472，532

Mayas, of South America, 马雅人，南美洲的，567—568

Mayer, Sebastian, 迈耶，塞巴斯蒂安，113

Mazovia, duchy of, 马索维亚公国
并入波兰（1526），464；省议会，466；在波兰大议会里有代表，467

Mazurier, 马聚里耶，215—216

Meaux, 莫城，214—216，221—222

Mecca, 麦加，347，510，533，599

Mechlin, 梅奇林，53，61

Mecklenburg, 梅克伦堡，35—36，165

Mecklenburg, Albert, duke of, 梅克伦堡公爵，阿尔贝特，92

Mecklenburg, John Albert, duke of, 梅克伦堡公爵，约翰·阿尔贝特，357

Medici family, 梅迪奇家族
放弃教皇的政治野心，10；梅迪奇家的历任教皇的政策受家族利益的影响，252—253
佛罗伦萨反对梅迪奇统治的暴动，253；被逐出佛罗伦萨（1527），344；在佛罗伦萨重新确立（1529），253，345
布拉马基家在卢卡的阴谋，253，263
控制锡耶纳（1552），264

Medici, Cosimo Ⅰ de', grand duke of Tuscany, see Tuscany, 梅迪奇的科西莫一世，托斯卡纳大公

Medici, Giovanni de' (delle Bande Nere), 梅迪奇，乔瓦尼德（黑帮的），487

Medici, Giuliano de', see Clement Ⅶ (Pope), 梅迪奇的朱利奥诺

Medicine, 医药，医学
格拉雷阿努斯的研究，97；塞尔维特的研究，117，411
再洗礼派中的医生，200
医院，257，294
梅毒，在意大利，289；印刷的著作，390
民族语言在论文中的使用，383
中世纪和古典思想的延续，387；肖利亚克的《外科治疗》，387；塞尔苏斯著作的再版，391；盖伦的，392
帕拉切尔苏斯论医术，393；帕拉切尔苏斯的医疗化学学校，403，405—406，411
酒的使用，404
药效形象的理论，405
解剖学，406，408—410；解剖标本与解剖图，389，391，393
第一部药典，408；药材，405—406，411
手术，411
战争中的医疗服务，503—504
天花被带入新西班牙，562
葡属领地的医疗服务，603

Medina del Rio Seco, repression of revolt against Charles V, 麦迪纳·德·里约·塞科，反对查理五世叛乱的镇压，319

Mediterranean Sea, 地中海
    土耳其—西班牙争夺统治权的斗争, 10, 305, 324—326, 336, 346—347, 351, 517—520, 531—532
    安特卫普贸易公司的形成 (1562—1565), 69
Mehemmed Ⅱ, Sultan, 穆罕默德二世, 苏丹, 510
Mehemmed Pasha, Turkish governor, 穆罕默德帕夏, 土耳其总督/执政官, 524, 526
Mehemmed Sokollu, Ottoman commander, 穆罕默德·苏科鲁, 奥斯曼土耳其的指挥官, 526, 532
Meissen, 迈森, 425, 429
Melanchthon, Philip (Schwarzert), German theologian and reformer, 梅兰希顿, 菲利普 (斯瓦尔兹德), 德国神学家和改革者
    学习神圣的语言, 79
    合作修订路德的《新约圣经》, 83
    他的《神学精义》, 84
    对卡尔斯塔特的敌视, 88
    在马尔堡会谈 (1529) 中拒绝妥协, 92
    为 1527—1528 年教会视察所作的《训导》, 92
    他在《奥格斯堡信纲》(1530) 中的作用, 94, 173, 350
    与"雷纳纳的文学社"的关系, 104
    莱比锡图书买卖与他的著作的传布, 107
    与 1536 年的维滕贝格协约, 111

    与天主教徒和改革者的会议 (1539—1541, 1546), 111—112, and cf. 219
    加尔文受惠于他, 118
    与斯堪的那维亚的宗教改革, 155; 在丹麦, 140—141; 对劳伦蒂乌斯·佩特利的影响, 150; 对乔治·诺曼的影响与瑞典的宗教改革, 151, 153; 在芬兰, 155, 158
    与布塞尔在圣餐问题上看法一致, 在卡塞尔 (1534), 166—167
    受阻未与弗朗西斯一世会谈, 171
    与抗议宗的拒绝参加公会议, 171—173
    与施马尔卡尔登条款, 172—173
    在雷根斯堡会议上 (1541), 178, and cf. 259
    与黑森的菲利普与两个妻子的婚姻, 180
    与维德在科隆改革的企图, 181
    与奥格斯堡临时协定 (莱比锡临时协定) 的修改, 183—184
    为特伦托会议起草认信文, 184
    路德死后的教义之争, 184
    他的著作在法国的传布, 213; 受到巴黎大学神学院的谴责 (1522), 213
    他的著作在意大利的传布, 255; 天主教改革者的态度, 259; 与威尼斯的抗议宗, 262
    作为一名拉丁文体作家, 370
    扩充卡里翁的《编年史》, 371
    教育工作, 424, 425
Melchiorites, Anabaptists, 梅尔希奥的

门徒，再洗礼派，127

　　另见 Hoffiman, Melchior

Melius-Juhasz, Peter, and Calvinism in Hungary，米柳斯-朱哈茨，彼得，与加尔文宗在匈牙利，205

Memmingen，梅明根，88—89，111，350，355

Mende, persecution of Lutherans，芒德，路德派受迫害，218

Mendoza, Antonio de, first viceroy in New Spain（1535），门多萨，安东尼奥·德，新西班牙的首任总督（1535），571，574，579，581

Mendoza, Diego Hurtado de, governor in Valencia，门多萨，迭戈·乌尔塔多·德，巴伦西亚的行政长官，323

Mendoza, Pedro de，门多萨，佩德罗·德，587

Mengli-Girey, khan of the Crimean Tatars，蒙里·吉莱，克里米亚鞑靼人可汗，536，537，538，549

Mennonites，门诺派，131，269

Mensuration，测定法，393—394

Mercator, Gerard, his projection，默尔卡托，吉拉尔德，他的投影法，396

"Merchant Adventurers" Company，"冒险商公司"，54—56

Merchant Taylors' School, London，麦钱特·泰勒的学校，伦敦，427

Merindol, decree of（1540），梅里多尔法令（1540），221

Messina，墨西拿，297—298，312

Mesta, Spanish sheep-owners' guild，梅斯达，西班牙牧羊业主，同业公会，322，445—446

Metals, metallurgy，金属，冶金术，403—405

Metz，梅斯，32

　　主教区，被法国获得（1552），185，212，332，357；查理五世试图夺回，332，357，492；防御工事，492

Mexia, Afonso, superintendent of finance in India，梅希亚，阿方索，在印度任财政监督，606

Mexico，墨西哥

　　由科尔特斯重建，562—563

　　政权组织，563—565，572—573

　　修士任传教士，565

　　牧场主的势力，582

Michelangelo Buonarroti，米开朗琪罗·博纳罗蒂，17，377，391

Michoacan, conquered by Spaniards，米却肯，被西班牙人征服，567

Micyllus（Jacob Molshem），米西鲁斯（雅各布·马尔什姆），430

Middleburg, and the English cloth trade，米德尔堡，与英国的布匹贸易，54

Mignani, Laura, Augustinian, nun，米尼亚尼，劳拉，奥古斯丁会修女，288—289

Mihr-u-mah, Ottoman princess，米尔乌玛，奥斯曼土耳其的公主，528

Milan，米兰

　　改革者著作的流行，255；该地改革的传布，260

　　布拉马基被处决（1548），263

巴拿巴派的建立（1533），287
乌尔苏拉修女院，290
法国与西班牙之间的争夺：弗朗切斯科·斯福尔扎去世（1535）时的战争，220—221，329，352，518；国内外反对查理五世和加蒂纳拉的政策，307，329；被弗朗西斯一世征服（1515），337；教皇派与帝国军队驱逐法国人（1521），341—342；法国人重新占领，在帕维亚战败（1525），342—343；弗朗西斯一世放弃要求权（马德里条约，1526），343；法国在康布雷和约（1529）同意斯福尔扎复位，345；奥尔良的沙尔去世（1545）时重归查理五世，353

西班牙人统治下的统治与行政，329—330

被菲利普二世继承，329，353，358
Milan, Christina, duchess of, wife of Francesco Maria Sforza，米兰公爵夫人，克里斯蒂娜，弗朗切斯科·马里亚·斯福尔扎的妻子，303，307

Milan, Francesco Maria Sforza, duke of，米兰公爵，弗朗切斯科·马里亚·斯福尔扎，220，303，307，341，343，345

Milford Haven, coastal fortification，米尔福德黑汶，沿海防御，493

Miltitz, Charles von, Saxon resident at Rome and papal envoy to Saxony，米尔蒂茨，查理·冯，撒克逊驻罗马的代表和教皇派往萨克森的特使，78

Minden，明登，175

Minorca, Barbarossa raids (1535)，米诺卡，巴尔巴罗萨袭击（1535），325

Missions，传教
耶稣会的誓愿，294；耶稣会的，297，298，299，586—587，609—610；葡萄牙人的，298，586—587，595，609—610；修士们在西属美洲，298，565—567，578—579；在新西班牙由土著居民村落的领主委任和维持教士，654，565

Mochau, Anna von, wife of Carlstadt，莫肖，安娜·冯，卡尔斯塔特的妻子，84，106

Modena，摩德纳，260—261，264

Modestus, on the art of war, studied in sixteenth century，莫代斯特，论战争的艺术，16世纪对他的研究，483

Modrzewski, Andrzej Fryca, Polish royal secretary，莫杰夫斯基，安杰伊·弗里茨，波兰王室的大臣，193，476

Mompelgard, the Reformation in，蒙帕尔加德，宗教改革在该地，165

Mohacs, battle of (1526)，莫哈奇之战（1526），212，344
它的后果，348—349；对匈牙利宗教改革的影响，196—197；对波希米亚的宗教史的，199—200
远征与交战，512—513；土耳其人使用大炮，497

Moldavia,摩尔多瓦,191,522

Moldavia, Stephen Ⅳ, prince of,摩尔多瓦亲王,斯蒂芬四世,537—538,541

Moluccas (Spice Islands),摩鹿加(香料群岛)

 香料贸易与葡萄牙人,568,593,597,604—605;抵抗葡萄牙人,608,612;麦哲伦的与德尔·卡诺的航行,568

 葡萄牙与西班牙之间的竞争,569;西班牙权力的出售,569,604—606;卡斯蒂利亚的抗议,589

Molza, Francesco Maria, Italian poet,莫尔扎,弗朗切斯科·马里亚,意大利诗人,377

Mombasa,蒙巴萨,531,594,597

Monarchy,君主政体

 在西欧的发展,6—8,438—444;巩固的社会效果,16;王室控制大学,433—444;与代议会的关系和它的利用,454—458

 在西班牙,7—8,15,49,438—440,456,458;查理五世即位时的卡斯蒂利亚,304,305;他恢复了王室的权威,319—320;在阿拉贡与加泰罗尼亚,323—324;在新世界,571—574,578—580;新世界的占有加强了西班牙的专制主义,589—590

 在东部诸国:斐迪南一世与巩固,8—9;与宗教改革,186,188;在匈牙利的削弱,197,206;王室与贵族的关系,464,466—467;议会的选举,467;选举的君主政体受到莫杰夫斯基的辩护,476;与议会的关系,469—470;斐迪南一世取消世袭的君主政体,471—472;15、16世纪在波兰的衰落,472—474

 在德意志的削弱,9—10,479—480

 在英国,36—37,441—443,445

 瑞典,世袭制的建立,152

 意大利诸国走向专制主义,273—274

 查理五世继承哈布斯堡王朝作统治者,308,311,439—341

 法国,438—440;王室对教会的控制,211;巴黎高等法院的反对,216;向专制主义发展,439,458

 土耳其君主的男性亲属被害,527—528

 俄国,539,542;与教会的关系,544—546;独裁政治,550;君主的称号,538,551,554

Monardes, Nicholas, his work in botany,莫纳德斯,尼古拉斯,他的植物学,408

Monasteries,修道院

 在英国:解散从前的土地范围,42—43;解散,235—238,448;重新分配土地的影响,15;作追思弥撒的奉献金,244;将奉献金用于教育的后果,430

 在农民战争(1524—1525)中受攻击,88—89

 在斯堪的那维亚:在丹麦,139;在冰岛,145;在瑞典,148;在芬兰,154

 在立窝尼亚受攻击,158,160

在波希米亚解散（1419—1434），
190—191；在特兰西瓦尼亚，206
作为残疾军人的慈善组织医院，503
在俄国，544—545；在诺夫哥罗德，
被伊凡三世占有，535
Moncada, Hugo de, viceroy in Sicily,
蒙卡达，尤戈·德，西西里总
督，326
Monemvasia, lost by Venice (1540),
莫南瓦尼亚，被威尼斯丢失
(1540)，520
Money，货币
佛兰德镑与，58
在英国贬值，69；在法国，339；在
葡萄牙占领下的印度，609
加蒂纳提出统一帝国货币，310
西班牙的，352
哈布斯堡的斐迪南试图使货币标准
化，467
Mongols，蒙古人，21
Montaigne, Michel de，蒙田，米歇
尔·德，386, 437
Montalcino，蒙塔尔奇诺，273
Montargis, Calvinism in，加尔文宗在
蒙塔尔吉，224
Montauban, persecution of Lutherans,
蒙托邦，路德派信徒受迫害，218
Monte Corona, Camaldolese foundation
and congregation，科罗纳山，卡
马尔多利修院与修会，278
Montefalcone，蒙特法尔科内，279
Monteleone, duke of, viceroy in Sicily,
蒙特莱昂内公爵，西西里总督，
326
Montelimar, Calvinism in，蒙特利马
尔，加尔文宗在该地，224
Montemayor, Jorge de，蒙特马约尔，
豪尔赫·德，386
Montluc, Blaise de, his *Commentaires*,
蒙吕克，布莱斯·德，他的《回
忆录》，482
Montmorency, Anne de, marshal and
constable of France，蒙莫朗西，
安娜·德，法国的司仪官和皇家
城堡的管家，344
Montoire, Calvinism in，加尔文宗在蒙
图瓦尔，224
Montpellier, the Reformation in，宗教
改革在蒙彼利埃，218, 222
Montserrat, Loyola at，罗耀拉在蒙特
塞拉特，291
Moors，摩尔人
在西班牙的征服，47, 49
在西班牙被迫改宗（1502, 1525），
324
与新西班牙的印第安人的对比，563
Morata, Olimpia, Italian humanist，莫
拉塔，奥林匹亚，意大利人文主
义者，261
Morato, Fulvio Pellegrini, Italian hu-
manist，莫拉托，富尔维奥·佩
莱格里尼，意大利人文主义者，
261
Moravia，摩拉维亚
领主领地的增加，35
再洗礼派，122—124, 126, 200—
201；受迫害，129, 131；再洗礼
派工匠的价值，200；贝尔纳迪
诺·奥基诺与之的联系，124,
265；意大利的流放，269

索　引

路德宗在该地，123，200

波希米亚兄弟会在该地，203；并入波希米亚，464—465；议会，466；城镇选举代表的制度，469

承认安娜（路易二世的姊妹）为波希米亚女王，471

More, Sir Thomas, 莫尔爵士，托马斯

他在文学的地位，17；风格，18；《乌托邦》，459—460；多梅尼基的意大利语译本，264

与对教会腐化的批评，226

与异端分子受审，228

任大臣，232，450

他的君主观，234

他的死（1535），228，232，236—237；奥热霍夫斯基提到他，476

Morea，摩里亚，518—520

Morel, Francois de, 莫雷尔，弗朗索瓦·德，224

Morigia, Giacomo Antonio, cofounder of the Barnabites, 莫里吉亚，贾科莫，安东尼奥，巴拿巴会的创立者之一，287

Moriscos, in Spain, 摩里斯科人在西班牙，319，324，351，583

Morison, Richard, pamphleteer, 莫里森，理查德，宗教书册作者，462—463

Morone, Giovanni, Cardinal, bishop of Modena, 莫罗内，乔瓦尼，红衣主教，摩德纳的主教，177，260

与天主教的改革运动，272—273；受到异端裁判所的谴责，271；转向强硬的正统，272

与特伦托会议，274

与耶稣会在德意志，298

Morvan, trial of heretics, 莫尔旺，异端分子受审，224

Moscow, 莫斯科，155，545，554

被鞑靼人围攻（1521），549；被劫掠（1571），555—556

受斯蒂芬·巴陶里威胁，561

Moscow, grand principality of, 莫斯科大公国，534—536

Mosellanus, Peter, *Paedologia*, 莫塞拉努斯·彼得，《幼儿学》，426

Moxica family, Spanish bankers, 莫希卡家族，西班牙银行家，66

Mozambique, Portuguese at, 葡萄牙人在莫桑比克，594，597

Mühlberg, battle of（1547），米尔贝格之战（1547），3，202，282，331，472

它的影响被帕绍条约消除（1552），332，480

Mühlhausen, 米尔豪森，88，103

Müller, Johann, see Regiomontanus, 米勒，约翰

Münster, 闵斯特

再洗礼派的控制，6，124，127—128，166—167；被围（1533—1534）与陷落，受迫害，128—131，133

该地的学校，430

Münzer, Thomas, 闵采尔，托马斯

生涯与信仰，87—88；对路德的敌意，87，120；礼仪试验，86，87，110；与农民战争，89，120；被俘，被处决（1525），89；与再洗礼派的关系，88，120，128；

他对登克的影响，122
Muhammad'Ali, pasha of Egypt, 穆罕默德·阿里，埃及的帕夏，511
Muhammad Emin, khan of the Kazan Tatars, 穆罕默德·艾明，喀山鞑靼的可汗，537
Muhammed-Girey, khan of Crimean Tatars, 549
Mur, river, Tatarraids (1532), 穆尔河，鞑靼人袭击 (1532)，515
Murad Ⅲ, Ottoman sultan, 穆拉德三世，奥斯曼土耳其苏丹，530—531
Murad Beg, Turkish admiral, 穆拉德贝伊，土耳其舰队司令，530
Murcia, position of the peasantry, 穆尔西亚，农民的地位，49
Musculus, Wolfgang, 穆斯卡鲁斯，沃尔夫冈，116
Music, 音乐
　乐器在尼德兰的生产，61
　卡尔斯塔特谴责教堂音乐，85；茨温利的谴责，100
　茨温利的喜爱，98—100
Mustafa, son of Sultan Sulaiman, 穆斯塔法，苏丹苏里曼之子，525，528—529
Myconius (Oswald Geisshussler), 米科尼乌斯（奥斯瓦尔德·盖舒斯勒），
　与戈达的宗教改革，86
　敌视卡尔斯塔特，88，106；在苏黎世提名茨温利，98
　在巴塞尔接替奥科兰帕蒂乌斯，106；与巴塞尔认信文，107

Mysticism, 神秘主义
　对路德的影响，75，133
　在卡尔斯塔特的神学中，85
　对闵采尔的影响，87
　再洗礼派与中世纪神秘主义的关系，132—133；明斯特再洗礼派与神秘主义的狂热，166—167
　米凯尔·阿格里科拉与，156
　在莱茵兰低地，167
　在法国与人文主义决裂，218，and cf. 214—216
　罗耀拉在拉斯托塔的经历，292，293

Nadal, Jesuit vicar-general, 纳达尔，耶稣会代理总会长，299
Nadasdy, Tamas, palatine of Hungary, 纳达斯迪，托马什，匈牙利的封建领主，470
　与宗教改革，193，199
Nagasaki, Portuguese trade with, 葡萄牙人与长崎的贸易，611
Nagyszeben (Hermannstadt), 大塞本（赫曼施塔特），193，198，205
Nagyszombat (Trnava), 瑙吉松博特（特尔纳瓦），197，208
Nagyvarad (Grosswardein), 瑙吉瓦劳德（大瓦代恩），196，198
　教区税收世俗化，205
Nakhjivan, 纳希万，525
Nantes, Calvinism in, 加尔文宗在南特，224
Naogeorgus (Thomas Kirchmeyer), 诺乔治（托马斯·基希迈耶），369
Naples, 那不勒斯

巴尔德斯派的中心，265—266，284

反三一论，270

新修会的修院，282，287，289—290

与巴塞罗那的丝绸贸易，312

被法国人包围，344—345

作为文化中心，375

Naples, kingdom of, 那不勒斯王国

该地的改革运动，256；试图引入异端裁判所（1547），328—329

被查理五世继承，301，305；被菲利普二世，358

安赫宾声称权力属己，305；阿拉贡与安赫宾派系，328；弗朗西斯一世放弃要求权，343，353

摩尔人袭击，327—328

征税，327

被法国人攻击（1525—1528），342，501

Napoli di Romania, 那波利·迪·罗马尼亚，520

Narova, river, 纳罗瓦河，543

Narva, 纳瓦，543，558—559，561

Nassau, Henry, count of, 纳索伯爵，亨利，449

Navagero, Cardinal Bernard, 纳瓦杰罗，红衣主教，伯纳德，533

Navarre, 纳瓦尔，341，440

Navigation, 航海

磁性指南针的使用，389

印刷的影响，389—390

几何学的应用，393

大洋航海的发展，395—396；葡萄牙人的进步，613

在塞维利亚由"贸易署"特许，584

Neander, Michael, his school at llfeld, 尼安德，迈克尔，他在伊尔费尔德的学校，437

Nebrisensis, see Lebrija, 内布里森西斯

Negri, Francesco, his *Tragedia del Libero Arbitrio*, 内格里，弗朗切斯科，他的《自由意志的悲剧》，262

Negroes, 黑人

在巴西的奴役，587

Neoplatonism, 新柏拉图主义，206，259，370

Nerac, Calvinism in, 加尔文宗在内拉克，224

Nestorianism, Ochino's *De Trinitate*, 聂斯脱利主义，奥基诺的《论三位一体》，207

Nestorius, 聂斯脱利，206

Netherlands, 尼德兰

欧洲贸易的中心，51—52；西班牙人的贸易，312—313；依赖于波罗的海的谷物，313；布匹工业，318；在东方的扩张，531；与俄国的北方贸易路线，561；16世纪后期的衰退，333

人口的估计数，60

丹麦的克里斯蒂安二世在该地，135；施佩耶尔和约（1544），313—314

法国的进攻（1542），181

耶稣会在该地，299

查理五世继承哈布斯堡的领地，301，303；菲利普二世的继承，

358
第一次使用该名（pays d'embas），
303
法国和西班牙的影响，304—305
勃艮第的公爵统治下的行政，308；
哈布斯堡的，309，311，315—
318，440，444；皇家会议，445；
法律与司法，451
查理五世和菲利普二世时的政治制
度，316—317；哈布斯堡制度的
衰退，318；利用高等贵族支持君
主权力，455—456
征税，315—318
行省的独立主义，317
摆脱帝国，357
查理五世达到拥有十七个省
（1521—1543），440
关于经济变化，关于宗教改革

Neuchatel, 纳沙特尔，113，213
Neusohl, see Banska Bystrica, 诺伊索
尔
Neva, river, 涅瓦河，561
Nevers, Cordier teaches at, 科尔迪埃
在内韦尔任教，424
New Galicia, 新加利西亚，563，
570—571，572
New Granada, 新格拉纳达，577，581
New Spain, 新西班牙
重建墨西哥作首都，562—563
都市上流社会的统治，563，566
印第安人与西班牙人的混合，563，
583
行政，563—565；上诉法庭的建立
（1527），569—570；首次任命总
督（1535），571；皇室控制的主
张，571—574，578—580；印度群
岛议会，572；财政与征税，
572—573；总督的权限，573—
574；小兄弟会的传教工作，
565—567
监护公税制或译土著居民村制度，
564—565；国王努力要取消，
571—572，578—579
奴隶搜捕与买卖，567，570；国王
的反对政策，572，585—586
跨太平洋的贸易，583；远征菲律
宾，612
印第安人口锐减，583
采矿，582—583
农业经济，581—582；本地农业，
563，566—567

Newton, Sir Isaac, 牛顿爵士，艾萨，
403
Nice, 尼斯，352，531
Nice, Truce of (1538), 尼斯停战协
定（1538），174，220，239，352
"Nicodemism"，"尼哥底姆主义"，
267—269
Niklaes, Hendrik, Anabaptist, 尼古拉
斯，亨德里克，再洗礼派信徒，
130，132
Nikolsburg (Moravia), 尼科尔克堡
（摩拉维亚），122—123
Nil novi, Polish constitution of 1505,
波兰1505年的宪法，473
Nivernais, trial of heretics, 尼维尔内，
异端分子受审，224
Nobrega, Manoel de, 诺夫雷加，马诺
埃尔德，586—587
Nogai Tatars, 诺盖鞑靼人，537，549，

索 引

557

Nograd, taken by Turks (1544), 诺格拉德, 被土耳其人占领 (1544), 524

Norfolk, Ket's rebellion (1549), 诺夫克, 凯特叛乱, 244

Norfolk, Thomas Howard, duke of, earl of Surrey, 诺夫克公爵, 托马斯·霍华德, 萨里伯爵, 237, 241

Norman, George, 诺曼, 乔治, 151—152

Normandy, the Reformation in, 诺曼底, 宗教改革在该地, 216, 218, 224

North Sea, 北海
  与贸易, 35, 53
  狭长形大船在该地的使用, 506

Northumberland, John Dudley, duke of, 诺森伯兰公爵, 约翰·达德利, 130, 241, 244—246

Norway, 挪威, 139, 143

Norwich, diocese of, Protestantism in, 诺里奇教区, 抗议宗在该地, 248

Novara, battle of (1513), 诺瓦拉之战, 481

Novgorod, 诺夫哥罗德
  独立的丧失 (1478), 534—535, 537—538; 公民被放逐到莫斯科, 535, 543; 土地的重新分配, 543—544
  伊凡三世使教会财产世俗化, 544
  犹太教徒的异端在该地, 545
  伊凡四世的大屠杀, 555
  伊凡四世时农业的衰退, 556

Novgorod Seversky, 诺夫哥罗德-谢韦尔斯基
  被瓦西里四世吞并 (1523), 550

Noyon, birthplace of Calvin, 努瓦莱, 加尔文的诞生地, 113

Noyon, Treaty of (1516), 努瓦莱条约 (1516), 304

Nun of Kent, the (Elizabeth Barton), executed (1534), 肯特之女 (伊丽莎白·巴顿), 被处决 (1534), 236

Nuremberg, 纽伦堡, 53, 185
  宗教改革在该地, 340; 奥西安德尔, 86; 闵采尔在该地, 88; 奥科兰帕迪乌斯, 104; 德贝尔的《纽伦堡弥撒》, 136; 该地改革者在瑞典的影响, 147; 他们对使用武力的态度, 162
  该地的教育, 424—425

Nuremberg, Catholic League of (1538), 纽伦堡天主教同盟 (1538), 175, 353—354

Nuremberg, Peace of (1532), 纽伦堡和约 (1532), 164, 175—176, 179, 350—351

Nuremberg, university of, 纽伦堡大学, 75

Oaths, see Law (Anabaptist rejection), 誓愿

Oaxaca, valley, Cortes s encomienda, 瓦哈卡山谷, 科尔特斯的土著居民村, 564, 570—571, 583

"Obelisks" (Eck's attack on Luther), "尖石塔" (艾克对路德的攻击),

79

Obolensky-Liko, Dmitry, 奥博连斯基－利科, 德米特里, 540

Obolensky-Telepnev, Prince, murdered, 奥博连斯基－捷列普涅夫, 大公, 被杀, 551

Occam, William of, Luther and, 奥康姆的威廉, 路德与, 71—74

Ochino, Bernardino, Italian Reformer, 奥基诺, 贝尔纳迪诺, 意大利宗教改革家

嘉布遣会会士, 265, 270, 284—285

与巴尔德斯的交往, 265, 270, 284

受维多利亚·科隆纳的保护, 266

背教, 267, 270, 284—285

在波兰, 206—207

在英国, 130

在摩拉维亚, 去世（1567）, 124, 265

伊拉斯谟对他的影响, 206；路德的, 284

Odense, 欧登塞, 136—137, 140

Oecolampadius (John Hausschein), 奥科兰帕迪乌斯（约翰·豪施恩）

与闵采尔的对路德的敌视, 87

与圣餐, 91, 104—105

出生（1484）, 生平概要, 去世（1531）, 104—106

求学与学识, 104—105

与人文主义的联系, 104

与茨温利的交往, 104

与教会戒律, 105—106, 109, 115

Oecolampadius, Wibrandis, widow of the preceding, 奥科兰帕迪乌斯, 维布兰迪斯, 前者的遗孀, 110

Odenburg, spread of reforming ideas to, 欧登堡, 改革思想传至, 192

Oka, river, 奥卡河, 538, 549, 558

Olah, archbishop of Esztergom, 欧拉, 埃斯泰尔戈姆的大主教, 208, 209

Oldenburg, Christopher, count of, 奥尔登堡伯爵, 克里斯托弗, 139

Olid, Cristobal de, 奥利德, 克里斯托瓦尔·德, 567—568

Olivetan, Pierre-Robert, his French Bible, 奥利维坦, 皮埃尔－罗贝尔, 他的法语《圣经》, 383

Olomouc (Olmutz), 奥洛穆茨（奥尔米茨）, 200, 209

Oltu, 奥尔图, 524

Opava (Troppau), 奥帕瓦（特罗保）, 465, 466

oprichnina, "special court", instituted by Ivan IV, "特别法庭", 由伊凡四世建立, 554—555；它的目的与效果, 555—556

Orange, William (the Silent), Prince of, 奥兰治亲王, 威廉（沉默的）, 301

Oratorio del Divino Amore, 神爱祈祷会, 258, 266, and cf. 289

Oratory (of St Philip Neri), 奥拉托利会（圣·菲利普·内里的）, 289

Orders, military, 军事修会/骑士团

在西班牙, 49, 312, 339, 445, 568；收入项目, 321

基督骑士团（葡萄牙人的）被赐予在非洲的贸易权, 591

金羊毛骑士团，304，318

医院骑士团（以后为马耳他的），失去罗得岛（1522），347，510—511；攻打穆斯林朝圣者，510；圣·安娜，504；镇守和丧失的黎波里（1551），517，531—532；受托保卫马耳他，517；坚守马耳他（1565），532

立窝尼亚的（刀剑骑士团），547；领地让与波兰（1561），160，559；与莫斯科的冲突，536；战败（1501），538；军事力量的衰退，558

圣地亚哥，312，568

条顿的：经济财富，31—32，35；与宗教改革，157—158，160；与波兰的关系，185—186，194—195，350，354，549；与俄国的关系，535，537，548

Orders, religious, 宗教修会

新修会与抵制宗教改革，3，275—300；入修会的教士，276—277，285—289，291—300；宗教改革前的改革与重新组织，257，295；从修士中转变过来的抗议宗领袖，276

宗教改革爆发时的状况，275—277；在波罗的海的，158—160；在丹麦的，139；在英国的，235—236；在芬兰的，154；在法国的，214；在匈牙利的，188，193，206；在意大利的，256—257，260，262；在波兰的，186—187

奥斯定会（圣奥古斯丁隐修会）：路德加入与发愿，71—72，276；住院派与严规派的分裂，72；海德尔堡大会（1518），77，108；不再支持路德，78；维滕贝格会议（1522），85；在意大利，256，260；在新世界的传教，298

巴拿巴会（圣保罗会），287—288

本笃会：在意大利宣传新教义的巡回宣教士，256

卡马尔多会，277—280

嘉布遣会，276—277，280；贝尔纳迪诺·奥基诺作会长，265，270，283；他的背教，284；建立与早期的历史，279—285

加尔默多会：在意大利宣传新教义的巡回宣教士，256

加尔都西会：英国的殉道者（1535），235；与平信徒的交往，276；罗耀拉考虑加入，291

基督教兄弟会（由圣让-巴蒂斯特·德·拉萨勒创立），296

小兄弟会（方济各会），254；被逐出里加（1524），158；在匈牙利，208；谴责布里松内，216—217；在意大利宣教新教义的巡回宣教士，256，260，262；与天主教的改革运动，257；住院派与守规派，278—279；属灵派，279，282；守规派会士转入嘉布遣会，281—282，283；守规派成员转会被禁，284，285；对圣安杰·拉·梅里奇的影响，290；罗耀拉争取加入，291；国外传教活动，298，565—567，609

布道兄弟会（多明我会），254；反对路德，77；布塞尔与，108；在

雷维尔受攻击，159；与天主教的改革运动，257；对圣菲利普·内里的影响，289；国外传教活动，298，565，610

真福童贞玛利亚会（玛利·沃德），290

奥拉托利会，215，289

慈善学校修会（由约瑟·卡拉桑迪乌斯创立），296

普雷蒙特雷修会，在波希米亚，203

仁爱女修会，290

耶稣会，254，277，285，291—300；与日内瓦改革者的比较，117，223—224；在法国正式承认（1561），223；拒绝与索马斯基会合并，288；对菲利普·内里的影响，289；国际性，291；成立，组织与早期的历史，291—299；教育工作，296—299，422—425；与反宗教改革，298—300，333，423；在波希米亚，203；在匈牙利，208—209；在波兰，209；在法国，223—225；罗耀拉去世时，299—300；拉丁文宗教戏剧，369，426；大学里的不满，431

索马斯基会，288

德亚底安会，277，280—281，286—287；创立（1524），285—286；暂时包括了索马斯基会，288；巴蒂斯塔·达·克雷马的影响，289；与罗耀拉，287，292，296；背诵日课，293

三一会（马塔的圣约翰的），135，136

乌尔苏拉会，289—290，296

执事（会督），在瑞典教会，145，151—152

Orebro, birthplace of Olavus Petri, 厄勒布鲁，奥拉夫·佩特利的出生地，146

Orellana, Francisco, 奥雷利亚纳，弗朗西斯科，587—588

Oreshek, Russian gains (1582), 奥雷萨克，俄国获得（1582），561

Oresme, Nicole, 奥雷姆，尼科勒，389，400

Origen, 奥利金，98，117，372

Original sin, Zwingli's doctrine of, 茨温利的原罪教义，102

Orlamunde, Carlstadt at, 卡尔斯塔特在奥拉明德，88

Orleannais, trial of heretics, 奥尔良内，异端分子受审，224

Orleans, 奥尔良
加尔文在该地学习，114，129；海报（1534）与加尔文逃离法国，114，220

Orleans, Charles, duke of, 奥尔良公爵，沙尔，217，343—344，353

Ormuz, 霍尔木兹，596
葡萄牙人在该地，520，530，599，600；纳贡，597；葡萄牙人的慈善所，603；暴动，603；受土耳其人的攻打（1552），611

"Orphans", Hussite sect, 奥芬派/孤幼派，胡斯派的一支，191

Orsha, battle of (1564), 奥尔沙之战（1564），559

Ortelius, cartographer, 奥尔泰利乌斯，地图绘制者，396

Orvieto, 奥尔维埃托, 344
Orzechowski, Stanislas, his political treatise, 奥热霍夫斯基, 斯坦尼斯拉斯, 他的政论文, 476
Osel, bishopric of, 奥塞尔主教管辖区, 160
Osiander (Andreas Hosemann), reformer, 奥西安德尔（安德烈亚斯·霍泽曼）, 改革者, 86, 183—184
Oslo, 奥斯陆, 139, 143
Oslo, diocese of, combined with Hamar, 奥斯陆教区, 与哈马尔合并, 143
Ostrorog, Jakub, 奥斯特罗罗格, 雅各布, 202
Ostrorog, Jan, Polish humanist, 奥斯特罗罗格, 扬, 波兰人文主义者, 192
Ot'ezd, "right of departure", in Russia, "离开的权力", 在俄国, 540, 542, 550
Otranto, 奥特朗托, 312, 336, 518; 奥特朗托海峡
Ottoman Turks, 奥斯曼土耳其人
　君主制的地位, 8, 527—528
　反对基督教世界的后果, 8—9, 21, 308
　法国的结盟, 11, 212, 325, 336, 343, 348, 352, 517—518; 对哈布斯堡—瓦卢瓦斗争的影响, 346—349; 给予法国的商业特权, 517
　苏里曼一世与进攻匈牙利: 对匈牙利教会的影响, 196—197; 1525—1526 年的远征与莫哈奇之战 (1526), 196, 212, 348—349, 512—513; 占领布达 (1526), 196, 348, 512; 占领贝尔格莱德 (1521), 347, 510; 1529 年的远征与包围维也纳, 349, 514—515; 支持约翰·扎波利亚反对斐迪南一世, 349, 513—514, 515, 522—523; 与斐迪南的谈判 (1532), 351; 和好 (1533), 515—516; 统治向摩尔达维亚扩展, 522; 扬·扎波利亚死后 (1540) 进攻匈牙利, 523—524, 181; 1547 年的和解, 524, 531; 1549—1562 年的历次远征与和好 (1562), 526—527; 被征服领土的统治, 527; 苏里曼的最后远征 (1566), 532

　与西班牙争夺地中海, 324—326, 351—352, 517—520, 531—532; 占领罗德岛 (1522), 339, 347, 510—511; 进攻塞浦路斯 (1522), 486; 最后控制北非沿海, 532; 进攻马耳他 (1565), 532; 勒班陀之战 (1571), 336, 532

　威尼斯的反对, 347; 和解 (1521), 347—348; 1537—1540 年的战争, 351, 518—520; 贸易让步, 517

　波斯战争: 谢里姆一世在查尔德兰的胜利 (1514), 347, 516; 苏里曼一世的入侵 (1534—1535, 1548—1554), 351, 516—517, 521, 524—526, 528; 波斯—奥斯曼土耳其的边疆, 516

　战争的组织: 军队纪律, 484, 485—

486；复合弓，495；火炮的使用，497，512；俘房的遭遇，503；海军，504，507，518，521，531；供给和运输问题，514；伊斯坦布尔的兵工厂，518

征服埃及和叙利亚（1517），510，511，521；1520—1521，1523—1524 年的暴动，511；埃及的政府改革，511—512

与葡萄牙人的冲突，592—608，520—521，530—531

进攻也门（1525），521

关于苏里曼继承问题的争论，527—530

与俄国：对克里米亚的保护权，536，549；与伊凡三世的友好关系，538；鼓励鞑靼人反对俄国，558；与波兰结盟，560

Overijssel, submits to Charles V (1528)，上艾塞尔屈服于查理五世（1528），316，440

Ovid, studied in grammar schools，奥维德，在文法学校里的学习，416，419，423

Oxford University，牛津大学，70，362，417，426

沃尔西建立基督教会（1525），227，428

圣体学院的建立（1517），428

宗教改革的影响，227，430—432

皇家控制的加强，433—434

莫德林学院，425

Pacific Ocean，太平洋，567—569，583

Pacifism，非暴力主义

与茨温利观点的对照，99

再洗礼派反对战争，122，125，131，133；拒绝纳税，123；施莱特海姆信纲中的论述，125

被兄弟会教会放弃，191

波兰反三一论者的讨论，207

加尔文的谴责，267

普遍的反对，502

Pack, Otto von，帕克，奥托·冯，93

Pucta Conventa, imposed on Henry of Anjou by Polish nobility (1572)，聚会协约，由波兰贵族强加于安茹的亨利（1572），474

Padilla, Juan de，帕迪利亚，胡安·德，319

Padua，帕多瓦，287，297，410，481

宗教改革在该地，262；反三一论，262，269

Padua, university of，帕多瓦大学，255—256，418

Paesschen, Dirk van，佩施恩，德克·范，62

Paget, Sir William，佩吉特爵士，威廉，242

Pahang, Portuguese trade，彭亨，葡萄牙的贸易，604

Paix des Dames (i. e. Peace of Cambrai, q. v.)，夫人和约（即康布雷和约），335

Paix perpetuelle (Eternal Peace of Fribourg, 1516)，弗里堡永久和约（1516），340

Palaeography，古字体学，373

Palatine, suspension of the office in

索 引

Hungary, 巴拉丁, 在匈牙利职位的中止, 470
Palatine, Dorothea, electress, wife of Frederick, 巴拉丁, 多罗西亚, 选侯夫人, 弗里德里希的妻子, 303, 313
Palatine, Frederick II, elector, 巴拉丁选侯, 弗里德里希二世, 143, 302, 313
Palatine, Lewis V, elector, 巴拉丁路易五世, 选侯, 163
Paleario, Aonio, Italian reformer, 帕莱亚里奥, 奥尼奥, 意大利改革者, 262, 263
Palermo, 巴勒莫, 312, 326, 328
Palestine, 巴勒斯坦, 347
Palingenius (Johann Pincier), 帕林吉尼乌斯 (约翰·平西耶), 370
Palissy, Bernard, French potter, 帕利西, 贝尔纳, 法国陶工, 404
Palladius, Peder, bishop of Zealand, 帕拉第乌斯, 彼泽, 西兰的主教
  与丹麦的宗教改革, 141—142; 冰岛的, 141, 145; 挪威的, 143
Pallavicini, Vincenzo, Genoese delegate to French, 帕拉维奇尼, 温琴佐, 热那亚出使法国的特使, 344
Pallavicino family, Genoese bankers, 帕拉维奇诺家族, 热那亚银行家, 313
Pallanza, converts to the reform in, 帕兰扎, 转向改革的信徒, 260
Pallson, Ogmundur, bishop of Skalholt, 帕尔松, 奥格蒙杜尔, 斯考尔霍特的主教, 144—145

Pamplona, Loyola wounded at, 潘普洛纳, 罗耀拉在该地受伤, 291
Panama, the Spanish in, 西班牙人在巴拿马, 572, 575, 578—579
Pandolfini, Pier Filippo, 潘多尔菲尼, 皮尔·菲利波, 501
Pannartz, Arnold, printer, 潘纳茨, 阿诺尔德, 印刷业者, 361
Panuco, 帕努科, 567, 570
Paolo Giustiniani, Blessed, 保罗·朱斯蒂尼亚尼, 真福, 251, 277—278
Papacy, 教皇制/教皇统治/罗马教廷
  削弱, 1—3, 5, 48
  在英国的地位, 8, 228; 在法国, 211—212; 在德国, 75—76, 80; 在匈牙利, 188; 在意大利, 251, 252—254, 256—257, 273—274; 在波兰, 186—187; 在瑞士, 101
  与哈布斯堡—瓦卢瓦的斗争, 10, 212, 252—254, 307—308, 341—342; 与尼斯停战协定 (1538), 174, 352
  与威尼斯的冲突, 252; 在1556—1557年结盟, 254
  查理要求有在宗教问题的纠纷中作仲裁的权力遭拒绝, 307—308
  承认大学的学位, 434
  与国家主权的冲突, 443
Papal States, 教皇国, 10
  明矾贸易, 60
  朱理亚二世的重新组织, 252
  保罗三世的加强, 253
  吉贝蒂对教皇政策的影响, 257—258

反三一论，269
　西班牙统治时权势的增长，273
Papillon, Antoine，帕皮永，安托万，213
Pappenheim, Ulrich von, master of the Imperial Knights，帕彭海姆，乌尔里希·冯，帝国骑士团的首领，81
Pappus, Johannes，帕普，约翰内斯，112
Paracelsus，帕拉切尔苏斯，390，392—393，427
　医疗化学学校，403，405—406，411
Pare, Ambroise, French Surgeon，帕雷，昂布鲁瓦兹，法国的外科医生，492，503—504
Paris，巴黎
　伊拉斯谟在该地，70
　路德著作的流行，213，216；处决路德派信徒（1527，1528），218
　罗耀拉与耶稣会士，223，292，298—299；不信任耶稣会，298
　印刷与图书买卖，214，221，361，362，365，367，372
Paris university of，巴黎大学，417，433
　加尔文的学习，113—114
　罗耀拉的学习，292
　高卢主义与王室的控制，298，433，434
　不信任耶稣会士，298
　阿莱安德尔的演讲，418
　对新的教授方法的态度，428
Parlement of Paris，巴黎高等法院，216，217，223，449，451
Parliament of England，英国国会
　亨利八世与之的关系与使用，232，235，245—246，455—456，463；他的离婚与它的生存的重要性，457—458
　沃尔西与，232，456
　与宗教改革，232，235，245—246
　控制立法与征税，8，234—235，455—458，463
　下院的构成与人数，457
　关于国会的会议
Parma，帕尔马，273，290
Parma, Pier Luigi Farnese, duke of，帕尔马公爵，皮耶·路易吉·法尔内塞，253，273
Pasai (Sumatra), Portuguese fort，巴塞（苏门答腊），葡萄牙的要塞，606
"Pascal's paradox", discussed by Simon Stevin，"巴斯卡尔的矛盾命题"，西门·史蒂文的讨论，402
Pascelupo, Camaldolese foundation，帕塞鲁波，卡马尔多利会的修院，278
Pasquier, Etienne, French antiquarian，帕基耶，艾蒂安，法国博古学家，384
Passano, Gian Giacomo, papal envoy，帕萨诺，吉安·贾科莫，教皇特使，343
Passau, Treaty of (1552)，帕绍条约（1552），185，332，479
Pastor, Adam, Anabaptist，帕斯特，亚当，再洗礼派信徒，132

索　引　　　　　　　　　　　　　767

Pastoralism，牧养业
　　英国牧羊业，41—42，237
　　在秘鲁，574—575，581—582
　　在西班牙，584；麦斯达，321，445—446
Patani, Portuguese trade，帕塔尼，葡萄牙人的贸易，604
Patrikeev, Ivan and Vasily，帕特里科夫，伊凡与瓦西里，541—542
Patronage，任命权，奖赏权，保护
　　对服务的奖赏，19
　　查理五世的控制，310—311
Paul Ⅲ, Pope (Alessandro Farnese)，保罗三世，教皇（亚历山德罗·法尔内塞）
　　与特伦托会议，171，173—174，253—254，262，356
　　与德国的宗教改革，174，176—178，181
　　与查理五世在卢卡会面，181
　　加强教皇国的组织，253
　　去世（1549），254，273，356
　　与意大利的改革，258，262，264，271，283；成立神圣法庭（1542），270；与奥基诺的逃离，284
　　与修会的改革，277
　　对新修会的兴趣，288；确认和支持耶稣会（1540），223，293，296—298；与真福保罗·朱斯蒂尼亚尼的友谊，278；确认承认嘉布遣会，283—284；确认巴拿巴会，287
　　与哈布斯堡与瓦卢瓦的斗争，307—308，355—356；与尼斯停战协定（1538），174，352；他的中立政策，253
　　拒绝承认柯尼斯堡大学，434
　　与查理五世结盟，与威尼斯反对土耳其人（1538），519
Paul Ⅳ, Pope (Gian Pietro Carafa)，保罗四世，教皇（吉安·彼得罗·卡拉法）
　　关于雷根斯堡会议，179
　　革除红衣主教波尔的教籍，249，273
　　他的反西班牙活动，254
　　与天主教改革运动，254，258；后来的疑惑，266—267，272—273
　　对异端的镇压，266，267；反宗教改革，254，272—273；对卡纳塞基的谴责，266；神圣法庭，270，284；公布第一批禁书目录（1559），364
　　他对新秩序的鼓励，288
　　德亚底安修会的建立，285—286，287；索马斯基修会，288；嘉布遣会，288；与圣吉罗拉莫·阿埃米利亚尼联合，288；与他的多明我会修女，289；与巴蒂斯塔·达·克雷马，289；对耶稣会士的冷淡，293，299；承认耶稣会士社团，297
Paul of Chioggia, Capuchin，基奥贾的保罗，嘉布遣会修士，279
Pauteren, Jan van, see Despautere，保特伦·扬·范
Pavia，帕维亚，255，260，353
Pavia, battle of (1525)，帕维亚战役（1525），212，216—217，307，

334，336，348，482，517

瑞士的离弃，487

大炮和火器的使用，497—498

Pavia, university of, 帕维亚大学，418

Pawel, Grzegorz, Polish Anti-Trinitarian, 帕维莱，格热戈日，波兰反三一论者，207

Pays d'embas，即尼德兰，303

Pays de pardeca，即西属尼德兰，303

Peasants, 农民

 他们在封建土地制中的地位，23—24，28

 农民的解放，25—26；意大利，26，47—48；与新圈地的自由租赁相结合，38；在法国和尼德兰，44—45；黑死病的后果，31，33—34；在英国，39

 在德国，33—36

 在丹麦，137，139

 在英国，37，41—42

 英国牧场扩大之患，41—42

 在法国，46

 在西班牙，49

 在瑞典的暴动，148

 韦尔伯齐的《约法三章》，475

 在俄国，556

Peasants' War, 农民战争（1524—1525），33，82，88—89，109，120

 路德的"告和平"和"反对杀人越货的草贼"，89—90，121

 它与再洗礼派传播的关系，6，121

Pécs (Fünfkirchen), 佩奇（芬夫基兴），196，524

Pedersen, Christian, 彼泽森，克里斯蒂安，134，383

Pedersson, Geble, bishop of Bergen, 佩代尔森，盖布莱，卑尔根主教，143

Pegu, 勃固，593，596，604，609

Pellicanus, Conrad, Swiss reformer, 佩利卡努斯，康拉德，瑞士改革家，101

Pemffinger, Mark, 佩姆弗林格，马克，198

Penance, sacrament of, 赎罪圣礼

 补赎抵偿和赎罪券的起源和滥用，75

 在英国遭抵制（1549），242

 在雷根斯堡的争论（1541），178

 嘉布遣会鼓吹的日常信纲，281

Penitentials: commutation of moral offences by money payments, 悔罪：用钱偿付道德过失，75

Penny, Wiliam, his work in zoology, 珀尼，威廉，他的动物学著作，407

Penon, the (Algiers), captured by Barbarossa (1516), 佩尼翁（阿尔及尔人），被巴尔巴罗萨占领（1516），324

Pentapolitan Confession (1549), 五城市联盟信纲（1549），208

Perenyi, Peter, 派伦伊，佩泰尔，199，205

Peris, Vicente de, 佩里斯，贝森特，323

Perna (Finland), 佩诺（芬兰），155

Pernambuco, Portuguese settlement, 伯南布哥，葡萄牙人定居点，586

Persia, 波斯, 524—525, 530—531
　　与奥斯曼土耳其作战
Persian Gulf, 波斯湾
　　穆斯林势力的扩张, 336
　　葡萄牙的控制, 520—521; 与土耳其的斗争, 530—531, 611
Peru, 秘鲁
　　印加帝国, 574—575
　　印加的农业, 547; 在西班牙统治下, 582
　　西班牙的征服 (1530), 575—576
　　内战, 577—578
　　国王攻击恩科米恩达制度, 578—579
　　对皇家权威的维护, 578—580
　　印第安人的待遇, 578—579
　　钱币经济的引入, 580—581
　　牛羊养殖业, 581—582
　　采矿, 582—583
　　与新西班牙的沿海贸易, 583
Pescara, Ferdinando Francesco d'Avalos, marquis of, 佩斯卡拉, 费迪南多·弗朗切斯科,德阿瓦洛斯, 侯爵, 314, 342, 498
Pescara, Vittoria Colonna, marchioness of, 佩斯卡拉, 维多利亚·科隆纳, 女侯爵
　　保护瓦尔德斯人, 267
　　保护嘉布遣会修士, 283, 284
　　她的精神影响, 288—289
　　她的诗歌, 377
Peter Canisius, St, 彼得·卡尼修斯, 203, 299
Petersson, Lars and Olaf, see Petri, 佩特利, 拉尔斯和奥拉夫

Peterwardein, 派泰尔沃尔代因, 513
Petrarch, Francesco, Italian poet, 彼特拉克, 弗朗切斯特, 意大利诗人, 363, 375
　　彼特拉克主义, 375, 378—379
Petri, Laurentius (Lars Petersson), archbishop of Uppsala, 佩特利, 劳伦蒂乌斯 (拉尔斯·彼得松), 乌普萨拉夫主教
　　与瑞典的宗教改革, 149—150; 与古斯塔夫·瓦萨的斗争, 151; 在威斯特拉斯国会 (1544 年) 之后恢复了影响, 152; 瓦萨《圣经》, 152; 他的后期活动, 著述和1571 年的教会规条, 152—153
　　去世 (1573), 152
Petri, Olavus (Olaf Petersson), 佩特利, 奥拉夫
　　出生 (1493), 教育, 为瑞典的宗教改革而工作, 146—147; 瑞典文新约, 147; 与彼泽·哈勒之争, 148; 他的政教观, 149; 与古斯塔夫·瓦萨的斗争, 150; 著述及本地语礼仪, 149, 150; 瓦萨《圣经》, 152; 在威斯特拉斯国会 (1544) 之后恢复了影响, 152; 芬兰本地语礼仪, 155—156
　　他的婚姻, 147
　　拉丁语字典,《审判规则和瑞典编年史》, 150
　　去世 (1552), 152
Petroio, Bartolommeo da (Brandano), 佩特罗伊奥, 巴尔托洛梅奥·达 (布朗达诺), 273
Petrovics, Peter, 派特罗维奇, 佩泰

尔，205
Peurbach, Johann, astronomer, 波伊尔巴赫，约翰，天文学家，400
Pflug, Julius, bishop of Naumburg, 普夫卢格，尤利乌斯，瑙姆堡主教，175，178
Pforta, convent endowment allocated to education, 普福尔塔，女修会划拨给教育的基金，429
Philip I, the Fair, king of Castile, archduke of Burgundy, 菲利普一世，"美男子"，卡斯蒂利亚国王，勃艮第大公，54，60，301，303—304
Philip II, king of Spain, 菲利普二世（另译：腓力二世），西班牙国王，48，57，61
 独裁地重整西班牙，7—8，456，589—590
 他与玛丽·都铎的婚姻（1554），247
 与波尔决裂，249
 在意大利，254，273，329，353
 对宗教改革的抵制，301，333
 行政管理，309，310，333，445，449，588
 他的继承，330—331，358
 与帝位的继承，311，330，331—332
 企图恢复年金（政府年金），322
 与卡托—康布雷齐和约，358
 反对德拉古特在杰尔巴的失败，532
 获得葡萄牙王位，587，612；葡萄牙对巴西的控制，588
Philip Neri, St, and the Oratorians, 菲利普·内利，圣徒，与奥拉托利会修士，289
Philippine Islands, 菲律宾岛屿，568，572，583，612
Philips, Obbe, Anabaptist, 菲利普斯，奥贝，再洗礼派信徒，131
Philipson, Johann, see Sleidan, 菲利普森，约翰
Philology, 语文学，372—373
Philosophy, 哲学
 路德在爱尔福特学习，71
 唯名论对路德的影响，71，74，68
 路德反对哲学侵入神学中，72，74—75
 茨温利的研究，98
 神学上论战的后果，370—371
 本地语的使用，383
 16世纪哲学上的实用主义，386
Piacenza, held by Farnese family (1545), 皮亚琴察，被法尔内塞家族控制（1545），273
Picardy, 皮卡迪，46，224
Piccolpasso, Cipriano, 皮科帕索，奇普里亚诺，404
Picheroni della Mirandola, 皮凯罗尼·德拉·米兰多拉，505
Pico della Mirandola, Gianfrancesco, 皮科·德拉·米兰多拉，詹弗朗切斯科，373
Piedmont, 皮埃蒙特
 改革运动在该地，256；韦尔多派在该地，259—260
 法国入侵（1537），352；法国放弃领土要求（1559），358
Pighius, Albert, 皮吉乌斯，阿尔贝

特，112

Pignerol, retained by France (1559)，皮涅罗，被法国保留（1559），358

"Pikharti", Hussite sect，皮克哈蒂，胡斯派，191，202

Pilgrimage of Grace (1536)，求恩巡礼（1536），237—238，454

Pilsen, see Plzen，比尔森

Pinczow, Calvinism in，平丘夫，加尔文宗在此，204—205

Pinkie, battle of (1547)，平基战役（1547），497—498

Piotr of Goniadz, Polish Anti-Trinitarian，戈尼翁兹的彼得，波兰反三一论者，207

Piotrkow, diet of，彼得库夫，1538年议会，473—474

Pirates，海盗
  柏柏里的，324，347
  基督徒海盗船，510，519

Piri Pasha, Ottoman grand vizier，皮里·帕沙，奥斯曼帝国行政官，510

Piri Re'is, Turkish admiral，皮里·雷伊斯，土耳其海军司令，530

Pirkheimer, Willibald, German humanist，皮克海默，维利巴尔德，德国人文主义者，104

Pisa，比萨，264，269，402

Pisa, university of, humanism in，比萨大学，人文主义者在该地，418

Pisotti, Paulo, general of the Observant Franciscans，皮索蒂，保罗，方济各会总长，283

Pistorius, Johann，皮斯托里乌斯，约翰，178

Pius Ⅱ, Pope (Aeneas Syivius Piccolomini)，庇护二世，教皇（埃内亚·西尔维奥·皮克洛米尼），189，419

Pius Ⅳ, Pope (Gian-Angelo de'Medici)，庇护四世，教皇（吉安-安杰洛·德·梅迪奇），203，273—274，293

Pius V, St, Pope (Michele Ghislieri)，庇护五世，圣徒，教皇（米凯莱·吉斯列里），266—267，272，288

Piyale Pasha, Turkish admiral，皮亚莱·帕沙，土耳其海军总司令，532

Pizarro, Francisco，皮萨罗，弗朗西斯科，575—577，579

Pizarro, Gonzalo，皮萨罗，贡萨洛，578—579

Pizarro, Hernando，皮萨罗，埃尔南多，576—577，579

Placards (1534)，海报（1534），114，220

Plato, Platonism，柏拉图，柏拉图主义，98，213，266，393，437

Platter, Thomas，普拉特尔，托马斯
  出版加尔文的《基督教原理》，114
  教育工作，414，416，424，437

Plautus, translations, of, in Italy，在意大利翻译普劳图斯的著作，380

Pleiade, school of French poetry，七星社，法国诗歌流派，378

Plettenberg, Walther von, grand master

of the, Teutonic Knights, 普勒腾贝格，瓦尔特·冯，条顿骑士团大首领，157—159

Pliny, the elder, 大普林尼，213，369，406

Plutarch, Amyot's translation, 普卢塔克，阿米约的翻译，382

Plzen (Pilsen), 比尔森，191，200

Poitiers, Calvin and Calvinism at, 普瓦蒂埃，加尔文和加尔文宗在该地，114，224

Poitou, 普瓦图，46，224
  布匹贸易，46
  对异端的审判，224

Polanco, Juan, 波朗科，胡安，293

Poland, 波兰，384，560
  君主统治的削弱，8，9，464，472—474
  社会结构，8—9，35，36，465
  再洗礼派，124
  接受条顿骑士团的效忠（1505），186
  骑士团放弃西普鲁士（1466），194—195
  人文主义在该地，192
  王国的扩张，464
  立窝尼亚的包括（1559—1561），160，559；西普鲁士的包括（1466），194—195，464；立陶宛的包括（1569），464，466，474，560；东普鲁士的包括（1525），195，340，464，466；马佐维亚的包括（1526），466；地方贵族会议，465—466
  省和全国议会，465—466，467—468，195
  法律和财政，465—466，477
  受鞑靼人袭击（1502），538—539
  与俄国的斗争，在立窝尼亚，559—561
  立窝尼亚的取得（1559—1561），160，559；1582年赢得胜利，561

Pole family, 波尔家族，239，

Pole, Reginald, Cardinal, 波尔，雷金纳德，红衣主教
  出使英格兰（1539），239；他调解英格兰与罗马的关系，247—248；他对玛丽时代的迫害所负的责任，248，273
  被绝罚，249
  去世（1558），249，273
  作为教皇的候选人，254，273
  与意大利的天主教改革运动，242，258，270；他在维泰博的圈子，266，267；回归为严格的正统派，272，273
  保罗四世对他的不信任，272—273，249
  他的柏拉图主义，266
  同情耶稣会士，299

Polish language, vernacular literature of the reform in East Prussia, 波兰语，在东普鲁士改革的本地语文学，196

Politian (Angelo Ambrogio Poliziani), 波利蒂安（安杰洛·安布罗焦·波利齐亚诺），373

Political theory, 政治理论，在宗教改革时期的论述，17

路德对世俗权力的态度，4，86

与茨温利对比，103，163

瑞士：教会和公民纪律问题，96—97，102，105—106，116

在丹麦教会敕令（1539）中的基督教国家概念，140—141；奥拉夫·佩特利的观点，149；古斯塔夫·瓦萨与改革者的斗争，150—152

绝对主义：神圣权利，211；对它的限制，在塞塞勒和德·拉佩，459，462；比代与格拉赛勒，462；英国理论家不热衷它，462—463；在俄国，539，545—546

克伦威尔和主权，234—235，457—458，463

莫尔的主权概念，234；他的《乌托邦》，459—460

马基雅弗利，384—385，460—462

圭恰迪尼，384—385

圣杰曼论理性的法则，459

马扎尔和捷克作家们（维尔博奇，科内尔），465，474—475

波兰人（奥热霍夫斯基，莫杰夫斯基），476—477

受到新世界的问题的鼓励，588—589

Poliziani, see Politian, 波利齐亚诺

Pollenza, Capuchin hermitage, 波伦扎，嘉布遣会隐修处，280

Polotsk, disputed between Russia and Poland, 波洛茨克，俄国和波兰间的争端，559，561

Polybius, studied in sixteenth century, 波利比奥斯，在16世纪的研究，483

Pomerania, 波莫拉尼亚，35—36，165，434

Pomeranus, see Bugenhagen, 波梅拉努斯

Pomestye, life tenure of lands by Russian nobility, 军功领地制，俄国贵族领地终身所有制，543—544，553，556

Pomponazzi, Pietro, Italian scholar, 蓬波纳齐，彼得罗，意大利学者，261，371，383，392

Ponet, John, bishop of winchesterl, 波内特，约翰，温切斯特主教，17

Poor, see Social relief, 贫困

Popayan, conquered by Spaniards, 波帕扬，被西班牙人占领，577—578

Population，人口

在德国，29—32

在路易十四时代，法国人口的减少，31

在英国，37，39

16世纪中期的尼德兰，60

在新世界：在16世纪20年代的特诺奇蒂特兰的人口，563；印第安人口的减少，583；巴西的人口，587

西班牙人口的增加和工业，584

Port Mahon, raided by Barbarossa (1535), 马翁港，遭巴尔巴罗萨袭击（1535），325

Porta, Baptista, treatises on chemistry, 波尔塔，巴普蒂斯塔，化学论

文，404

Portugal，葡萄牙

在东方的扩张和衰落，21，591，614；传教，298，595，610—611；土耳其的反抗，520—521，530—531，592，608 各处；海军在焦耳的失败（1508），520，598；在第乌的胜利（1509），520，598；对阿比西尼亚同盟的希望，530，592，596；摩鹿加群岛，与西班牙的争端，568—569，604—606；印第安法令（1520），600—601；王室财政的困难，608—609；私人贸易的增长，610—611；海军力量的重要性，592—593，600，613—614；香料生产和贸易路线，593—594；到印度的首次远征，594—596；作为总督的阿尔梅达，596—598；阿尔伯克基，598—601，602；行政管理，600—604，606—607；增加的抵制和葡萄牙势力的收缩，606—608；与中国和日本的贸易，606，610—611；与西班牙在菲律宾的抗争，612；葡萄牙势力在东方的基础，612—614；安特卫普贸易，50—51，58，62，66—69，611

耶稣会士基地，298

大洋航海的发展，395—396，613；印刷术的影响，389—390

议会的衰落，456

在加勒比海贸易的侵权者，585—586

西班牙的菲利普二世获皇位（1580），587，612

奴隶贸易，585—587

巴西的定居点，586—587；与西班牙的斗争，587—588

Posen，see Poznan，波森

Postel, Guillaume，波斯泰尔，纪尧姆，268

Potosi（Bolivia），silver mines，波托西（玻利维亚），银矿，582

Poznan（Posen），波兹南（波森），201—202

Pozsony（Pressburg, Bratislava），波若尼（普雷斯堡，布拉迪斯拉法），198，348，467

Praemunire, statutes of，王权侵害罪法，228，231，233

Pragmatic Sanction of Bourges（1438），布尔日国事诏书，211

Prague，布拉格，87，190，348

人文主义的微弱影响，192

耶稣会士基地，203，209

Prague, archbishopric of，布拉格大主教座，190，203

Prague, university of，布拉格大学，192，203

"Parguers"（"Calixtines"），Hassite faction，"布拉格人"（"圣杯派"），胡斯派，191

Prayers，祈祷

向圣徒祈祷：在奥格斯堡议会（1530）上，教皇坚持正统教义，94—95；遭茨温利谴责，100，101；瑞典禁止向圣徒祈祷，152；遭塞尔基拉克斯的谴责，154；饼酒同领派接受，189；在匈牙利受

索　引　　　775

谴责，193；布里松内对传统教义的捍卫，215；英格兰改革者的敌视，238—239

家庭，祈祷习俗引进瑞典，150

为死者祈祷，在瑞典遭禁止，152；在匈牙利受谴责，193；英国改革者的敌视，238—239，244

米凯尔·阿格里科拉的祈祷书，155—156

Predestination，预定论

布塞尔的上帝选民观，111，115

加尔文的预定论教义，118；在匈牙利，205

Presov（Epericsch, Eperjes），普雷绍夫（埃佩列斯赫，埃佩耶斯），198

Pressburg, see Pozsony，普雷斯堡

"Prester John"，Portuguese hopes of alliance，"祭司王约翰"，葡萄牙人对结盟的希望，592，596

Prevesa，普雷韦扎

多里亚，被土耳其人攻破（1538），325，351，519—520，530；战术上的教训，506—507

Prices，价格

通货膨胀和社会骚动，6；美洲硬通货的影响，16；在英国（1546—1551），16；卡斯蒂利亚，320—322，589

对比价格变化对农业经济的影响，27，31，37

Printing，印刷

与宗教改革，17；在德国和瑞士，77，104，107；再洗礼派在莫拉维亚的发展，123；在安特卫普，134；在斯堪的纳维亚，134，136，147，149，152；在柯尼斯堡，196；在法国，213—214，219—220；在意大利，255—256，264

季贝尔蒂的印刷，258

在索尔博内的印刷，362

对学识的影响，366，427

对科学研究的影响，389—391；与科学上的图解，408—409

对教育的影响，418

Prostitutes，associations for care of reformed，妓女，关心已改邪归正妓女协会，289

Protestation of Speyer（1529），施派尔抗议（1529），93—94，350

Provence，普罗旺斯，342，352

Prus, Antonin, archbishop of Prague，普鲁斯，安东尼，布拉格大主教，203，209

Prusinovsky, Vilem, bishop of Olomous，普鲁西诺夫斯基，威廉，奥洛穆茨主教，209

Prussia，普鲁士，9，21，34，36

Prussia, Albrecht of Brandenburg-Ansbach, duke of, grand master of the Teutonic Order，普鲁士，布兰登贝格—安斯巴赫的阿尔布雷希特，公爵，条顿骑士团大首领，147—148

骑士团土地还俗与公国的形成，195，340，466，159

承认波兰的宗主权，195，464

采纳路德宗，195—196，201

参加托尔高同盟（1526），340；

1550年同盟反对哈布斯堡，357

与俄国结盟反波兰，548—549

Prussia, East (ducal)，东普鲁士（公爵领地）

与宗教改革，131，195—196，184，204

公国的建立，195，340，466

被布兰登贝格家族所继承，195

省议会，466

Prussia, West (royal)，西普鲁士（皇家领地）

被条顿骑士团割让给波兰（1466），194，195；省议会，466

路德宗在该地，194—195，201，205

Pskov，普斯科夫，534，536，538，547—548，561

Ptolemy, geographer and astronomer，托勒密，地理学家和天文学家，372，387，396—398

Puebla (New Spain)，普埃布拉（新西班牙），581

Purgatory，炼狱

阿格里科拉所持的传统主义观点，156；被比罗否定，199；为布里松内所捍卫，215；在英国遭拒绝，238，243；被"尼科代米派"所接受，268

Putivl，普季夫利，538

Pythagoreanism，毕达哥拉斯主义，393

Quechua people, in Peru，克丘亚族，在秘鲁，574

Quiche, Maya people，盖切，马雅人，568

Quilon (Kollam), Portuguese fort，奎隆（科兰），葡萄牙要塞，596

Quincey, de, at Meaux，金塞伊，德，在莫城，215

Quinones, Francis, Cardinal, general of Observant Franciscans，基尼奥内斯，弗朗西斯，红衣主教，严规派方济各会总会长，283，342

Quintana, Pedro, royal secretary in Spain，金塔纳，佩德罗，西班牙国王大臣，447

Quintilian, studied in schools，奎斯提拉教派，在学园中的研究，421，423

Quirini, Vincenzo，奎里尼，温琴佐，277—278

Quiroga, Vasco de, administrator in New Spain，基罗加，瓦斯科·德，新西班牙行政官，571

Quito, Spanish conquest，基多，西班牙征服地，576，572

Raab, see, Gyor，拉布

Raab, river，拉布河，515

Rabelais, Francois, French writer，拉伯莱，弗朗索瓦，法国作家，381—382，386，502

Radziwill, Mikolaj (the Black)，拉齐维尔，米科莱（黑人），204

Ragusa, trade rivalry with Barcelona，拉古萨，与巴塞罗那的贸易竞争，312

Ramus (Pierre de la Ramee)，拉姆斯（皮埃尔·德·拉·拉梅），428

索　引　　777

Rares, Peter, voivode of Moldavia, 拉雷斯·彼得, 摩尔达维亚官员, 522

Ratisbon, see Regensburg, 拉蒂斯邦

Ravenna, battle of (1512), 拉文纳战役 (1512), 498

Recorde, Robert, his mathematical works, 雷科德, 罗伯特, 他的数学著作, 394

Red Sea, 红海
　穆斯林势力扩张到该地, 336; 向葡萄牙开放, 520—521; 土耳其和葡萄牙的争端, 530—531, 596, 608; 葡萄牙的封锁, 597, 599, 604, 607; 葡萄牙的侵入, 599—600, 608; 重新开放香料贸易, 601

Reff, Hans, bishop of Oslo, 雷夫, 汉斯, 奥斯陆主教, 143

Reformation, 宗教改革
　作为一个历史阶段, 1—3, 14; 该阶段的定义, 2—3; 它的特点为人们注意, 3—21; 对教育的影响, 428—433

　在德国: 路德和直到1529年的德国, 70—95; 从1530年到1555年, 161—185; 奥格斯堡议会和信纲 (1530), 93—94, 350; 施马尔卡尔登同盟的建立, 162—163, 349—350; 纽伦堡和约 (1532), 164—165, 350—351; 符腾堡, 165—166; 瑞士和路德关于圣餐的观点, 166—170; 罗特曼在闵斯特, 166—167; 维滕贝格协议 (1536), 169; 宗教大会, 169—172, 173—174, 178—179, 183; 维滕贝格条款 (1535), 171; 纽伦堡天主教同盟, 175, 353—354; 法兰克福临时敕令, 175—176; 在哈格瑙和沃尔姆斯的争论 (1540), 176—177; 雷根斯堡议会的失败, 176—179; 在科隆改革尝试的失败, 181; 施马尔卡尔登战役, 181—183; 奥格斯堡临时敕令, 183—184; 路德去世后的神学争论, 184; 特伦特会议 (1551) 未达成协议, 184—185; 新教诸侯的反叛 (1552), 185; 奥格斯堡宗教和约 (1555), 185, 222; 查理五世将宗教与政治融为一体, 307; 路德宗传入布兰登堡和萨克森, 353—354; 路德宗传入不伦瑞克—沃尔芬堡公国, 354; 教育的影响, 429—432; 帝国的联合, 479—480

　在瑞士和莱茵兰, 94, 96; 茨温利和苏黎世的宗教改革, 97—107; 卡佩尔之战 (1528—1531), 103; 奥科兰帕迪乌斯和巴塞尔的改革, 103—107; 在斯特拉斯堡, 107—112; 在日内瓦, 112—119; 教派, 119—122; 与施马尔卡尔登同盟相分离的瑞士改革者, 162; 瑞士和路德关于圣餐礼观点之争论, 166—170; 赫尔维希亚第一信纲, 168; 瑞士神学家在英国, 243; 吁请帮助, 来自韦内齐亚的新教徒, 263

　在尼德兰, 57, 86, 101—102,

126—129，131—132，166—167，318

在丹麦，134—142；卡尔施塔特到来（1521），84；霍夫曼在丹麦，124；圣经中的人文主义，134；克里斯蒂安二世、弗里德希一世和改革，134—135，137—138；在石勒苏益格的塔斯特和路德宗，135；哈泽斯尔乌敕令（1528），135；汉斯·陶森，萨多林和日德兰的宗教改革，135—136；马尔默，作为福音派的中心，136；在欧登塞议会（1525）和哥本哈根议会（1527）上的教会立法，136—138；哥本哈根议会（1530），138—139；哥本哈根信纲，139；1537年教会敕令，139—141；布根哈根的丹麦主教授职礼，140，141；丹麦教会的路德主义，141；彼得·帕拉第乌斯，141；汉斯·陶森的后期著作，141—142；克里斯蒂安三世的《圣经》（1550），142

在挪威，142—144

在冰岛，144—146

在瑞典，146—153；在斯塔夫·瓦萨的作用，146；因神职人员头年收入上交问题与罗马决裂，146；奥拉夫·佩特里的著作，146—147；路德和南德的影响，147；第一本瑞典文新约，147；威斯特拉斯国会（1527），148—149；没收教会财产，148，149；路德宗祈祷的合法化，149；奥拉夫·佩特里的著述，149；劳伦丘斯·佩特里的生平和影响，149—150，152—153；乌普萨拉宗教会议（1536）和国教会的正式确立，150；乔治·诺曼和德国时期，151—152；威斯特拉议会（1544），152；恢复了劳伦丘斯和奥拉夫·佩特里的影响，152；教会敕令的最后草案（1571），153

在芬兰，153—156；马丁·斯屈特，154；本国语宗教作品和礼仪，154—156；塞尔基拉克斯和路德宗的传入，154—155；阿格里科拉的生平和著作，154，155—156

在波罗的海国家，157—160；德国居民的影响，155；沃尔马议会（1522）和雷瓦尔议会（1524），157；克诺普肯和里加的改革，157—158；西尔斯特·塔盖特梅伊埃尔，158；教会组织和礼拜仪式，159；在雷瓦尔的暴力，159—160；在立陶宛的路德宗，201；加尔文宗的优势，205

在意大利：同情伊拉斯谟主义，175；再洗礼派的主张和反三一论，122，124，206—207，264—266，268—269；在英国的意大利神学家，243；宗教改革和思想的渗透，251—252，254，255—256；天主教的改革运动，251，257—259，270—271；反改革运动前的退却，272—273，4；宗教改革决议，258，259，277；个别人皈依了德国和瑞士的教义，254，255—256；新教运动的进展，259—261；在摩德纳的里奇，260—261；法国的勒内和费拉拉的新教，261—262；威尼斯版图内的新教，262—263；意大利新教文学作品，262—263；阿尔铁里及意欲获得德国和瑞士的帮助，263；卢卡，263—264；在城市和大学中对路德宗的镇压，对异端作品的禁止，264；韦尔多和韦尔多派，264—267；彼得罗·卡纳塞基，266—267；尼科迪米主义，267—269；神圣法庭的建立（1542），3，5，269—270

在波兰：背景，186—187；没有证据证明该地在宗教改革前受胡斯派的影响，191—192；人文主义的影响，191—192；改革思想传播到该地，192—193；德国在西普鲁士的影响，194；在但泽的路德宗，194—195，202；东普鲁士采纳路德宗，195—196，201，205；西吉斯孟一世的宗教改革及改革家的进步，201—202；波希米亚兄弟会在该地找到避难处，202，205，208；加尔文主义，拉兹维尔，乌斯基，茨鲁齐盖尔，203—205，208；反三一论，206—207，209；16世纪后期宗教的发展，208—209；在英国的波兰神学家，243

在匈牙利：背景，188，191—192；改革思想传播到该地，192—193；德国人口的影响，193—194；对改革者的迫害，194；政治形势推动了宗教改革的发展，196—199，208；教会财产的没收，197；命令归还教会财产（1538），198；再洗礼派，205；马扎尔各诸侯接纳新教，198，199，205；路德宗的传播，198—199，205—206；加尔文宗的成功，205—206；反三一论，206—208；16世纪后期宗教的发展，208—209

在特兰西瓦尼亚：东正教的力量，188；路德宗的传播，192，198—199；在礼仪中德语的使用，193；加尔文宗的传播，205—206；教会财产的世俗化，205—206；对加尔文宗和路德宗的"特兰西瓦尼亚宽容法"，206；反三一论，206，207—208；16世纪后期宗教的发展，208

在波希米亚：胡斯派教会，188—191；天主教会，190—191；胡斯派，兄弟会，191—192；人文主义的有限影响，192；莫哈奇之战的影响，199—200；斐迪南一世的宗教政策，199—201；路德宗的发展，200，123；加尔文宗在该地，202；兄弟会遭驱逐（1548），202—203，472；彼得·卡尼修斯和耶稣会，203；独立的饼酒同领派教会，203；斐迪南一世政策的失败和新教的确立，203；反三一论派的足迹，206；16世纪后期新教各派的优势地位，208—209；波希米亚信纲（1575），209

在法国：社会、宗教和理性的关系，210—211；国王对教会的控制，211，233；弗朗西斯一世的外交政策帮助了宗教改革，212，220—221；路德的影响，212—213；宗教改革著作的印刷和传播，212—215；反教权主义，214；布里松内和莫，214—216；议会和索邦神学院的反对，对路德著作的谴责，216—217，431；桑斯和布尔日省会议（1528），和对路德派的迫害，217—218；海报事件（1534），220；对异端的镇压，220—221；加尔文宗在法国，17，221—225；耶稣会士，223，298，299；在亨利二世统治下的镇压，224；火刑法庭，224，451；卡托—康布雷齐和约（1558）后的迫害，225；亨利二世之死的后果，3，225

在英格兰：亨利八世的宗教改革，226—242；政治比宗教重要，226，241—242；宗教改革前的教会状况，226—227，229；反教权主义，226—229，249；阿拉贡的凯瑟琳的离婚，229，230—233；沃尔西的职责，226—227，230；被指控犯有蔑视王权罪的主教区会议（1531），233；克伦威尔对教会立法权和财政权的攻击，234；论教皇的控制，234；至尊法案（1534），234；议会在革命中的地位，235；废除修道院，235—236，448—449；废除（天主教）小教堂，244；教会土地重新分配，15，42—43，236；反对宗教改革，236—238，452—453；"十条款和禁令"（1536），238—239；《基督徒的基本原则》（1537），239，241；1538年禁令，239；保守派和新教徒间的斗争，240—242；"六条款"（1539），240—241；被废除，242；克伦威尔的失势和被处决（1540），240—241；《必要的教义》（1543），241；亨利八世之死（1547），241

爱德华的宗教改革和新教教会的创建，242—246；萨默塞特的宗教政策，242—243；允许教士结婚（1549），242；1550年的授任仪式书，242；对圣餐礼的态度，圣礼之争，242—243；1549年的祈祷书，242，243；来自欧洲大陆的改革家们，106，243，245；清教主义的出现，约翰·胡珀，243；萨默塞特失势（1551），243—244；诺森伯兰的政策，244—245；克兰默的1552年祈祷书和"四十二条"（1553），245，250，130；国王至尊地位的削弱，245—246

玛丽统治下天主教的反动，246—249，254，273，299；波尔调和英国与罗马的关系，247，249；反教皇立法的撤销，247—248；玛丽的迫害，248—249；欧洲大陆的英国难民，248；宗教复辟的失败，249

伊利莎白即位和新教的恢复，249—250；教育的影响，429—431；在大学中，432—433

西班牙和反三一论的起源，206；文

学作品的秘密交流，213；西班牙神学家在英国，243

Regensburg (Ratisbon)，雷根斯堡（拉蒂斯邦），123
    1532年的帝国议会，164，170；1541年帝国议会讨论和帝国议会，111—121，177—179，181，259；1546年的，182，355

Reggio (Calabria)，雷焦（卡拉布里亚），531
    教会军事化管理（1540），确认耶稣会，223，293

Regiomontanus (Johann Muller)，his astronomical work，雷齐蒙塔努斯（约翰·穆勒），他的天文学著作，400

Reinhard, Martin, reformer，赖因哈特，马丁，改革家，86

Reisch, Gregor, *Margarita Philosophica*，赖施，格雷戈，《哲学的明珠》，387—388

Religionis Zelus，(1528) establishes Capuchins，"宗教热忱"，(1528) 嘉布遣会的建立，280

Renato, Camillo, see Ricci, Paolo，雷纳托，卡米洛

Rendsburg，伦茨堡
    国会（1525年的），135；（1542年的），140

Renee of France, see Ferrara, Renee, duchess of，法国的勒内，265

Rentmeestersbrieven (bearer bonds)，（债券）持有者的债券，68

Requests, Court of，债权法院，450

Reublin, William, Anabaptist，罗伊布林，威廉，再洗礼派，120，122，124

Reuchlin, Johann, German Humanist，罗伊西林，约翰，德国人文主义者，79，104

Reutlingen，罗伊特林根，350，356

Reval (Tallin)，雷瓦尔（塔林）
    俄国在该地的计谋，558；包围（1571），555；包围（1558），559；（1575），560；邀请瑞典干预（1561），559；被瑞典占领（1570—1571），560
    宗教改革在该地，155，157，159—160

Rhenanus, Beatus, German humanist，雷纳努斯，贝亚图斯，德国人文主义者，108，371，425

Rhine, river，莱茵河，51，53

Rhineland，莱茵兰
    农业，31
    农民战争（1524—1525），88
    再洗礼派在该地，124—126
    小学教育，416
    在该地的宗教改革时期

Rhodes，罗德
    被土耳其占领（1522），339，347，510—511；苏里曼一世建要塞，533

Ricci, Paolo (Lisia Fileno, probaboy identified with Camillo Renato), Anabaptist, and Anti-Trinitarian，里奇，保罗（利西亚·菲莱诺，也许就是卡米洛·雷纳托），再洗礼派和反三一论者，260—261，268

Ridley, Nicholas, bishop of London, 里德利, 尼古拉斯, 伦敦大主教, 130, 243, 248

Riedemann, Peter, Anabaptist, 里德曼, 彼得, 再洗礼派, 126

Ries, Hans de, Anabaptist, 赖斯, 汉斯·德, 再洗礼派, 132

Riga, 里加, 21, 560
 宗教改革在该地, 157—159

Rio de Janeiro, founded, 里约热内卢, 建立 (1567), 587

Rio de Oro, explored by Portuguese, 里奥德奥罗, 葡萄牙探测该地, 591

Rio de la Plata, conflict between Spain and Portugal, 拉普拉塔, 西班牙与葡萄牙的斗争, 587

Rio Grande do Sul, 南里奥格兰德, 586

Rivius, Johann, deucational work, 里维乌斯, 约翰, 教育著作, 425

Rodez, persecution of Lutherans, 罗德兹, 对路德派的迫害, 218

Rodriguez, Alonso, original member of the Society of Jesus, 罗德里格兹, 阿洛索, 耶稣会最初的成员, 292

Rome (ancient), 罗马 (古代)
 在帝国统治下的西班牙和意大利, 47
 马基雅弗利的态度, 461
 战争的方式, 16 世纪对它的研究, 483—484, 485

Rome, 罗马, 70, 72, 255, 264, 266, 279
 为重建圣彼得大教堂发行的赎罪券, 76
 受帝国军队劫掠 (1527), 212, 344, 231, 253, 287, 308, 501
 神爱社, 258, 266, 285—286
 犹太人被限制在聚居区 (1547), 273
 嘉布遣会建立, 282, 283
 德亚底安修会的建立, 286
 圣菲利普·内里的奥拉托利会, 289
 耶稣会士的基地, 223, 297—299
 印刷术在该地, 361, 365
 作为文化中心, 375, 380

Romuald, St, founder of the Camaldolese Order, 罗穆埃尔德, 圣, 卡马尔多利会创始人, 278

Ronddelt, Guillaume, zoologist, 隆德莱, 纪尧姆, 动物学家, 407

Ronnow, Joachim, bishop of Roskilde, 伦诺夫, 约阿基姆, 罗斯基勒主教, 138, 140

Ronsard, Pierre de, French poet, 龙萨, 皮埃尔·德, 法国诗人, 17, 213, 378

Roser, lsabel, 罗塞尔, 伊莎贝尔, 296

Roskilde, the Reformation in, 罗斯基勒的宗教改革, 138, 140—141

Rossem, Maarten van, marshal of Charles of Guelders, 罗塞姆, 马尔滕·范, 盖尔德斯的查理之元帅, 315—316

Rostock, 罗斯托克, 131, 204, 350

Rostock, university of, 罗斯托克大学, 135, 154, 432

Rostov, 罗斯托夫, 534—536, 540

Rothenburg ob der Tauber, 罗滕堡, 89

索 引　　　　　　　　　　　　783

Rothmann, Bernhard, Anabaptist, 罗德曼，伯恩哈特，再洗礼派，110，128，167
Rouen, 鲁昂, 220, 224
　处决路德派，218；海报事件（1534年），220；加尔文宗在该地，224
Roumania, Hussitism in, and cf. Moldavia, 罗马尼亚，胡斯派在该地，191—192
Roussel, Gerard, bishop of Oloron, 鲁塞尔，热拉尔德，奥洛龙主教
　与法国的宗教改革，213，215，216，217，218，220
　论斯特拉斯堡的公共礼拜，110—111
Rudolf Ⅱ, emperor, 鲁道夫二世，皇帝，208，472
Rumeli, Turkish province, 鲁梅利，土耳其一省，510，512，524
Russia, 俄国，9，21，157，159
　在伊凡三世和伊凡四世统治下君权的加强，7，539；"释奴"有改变归顺之权，540，542，550；对管理阶级的支持，541；维护王权控制贵族，542；瓦西里三世的独裁统治，547，550；君王的头衔，538—539，551，554
　鞑靼：金帐汗国的统治，534；伊凡三世使莫斯科解除了威胁，536—537；瓦西里三世的战争，549—550；伊凡四世的战争，557—558
　伊凡三世扩大了莫斯科统治大俄罗斯的君权，534—536；诺夫哥罗德土地重新划分，543—544

伊凡三世的对内统治，539；军功领地制度，542—544，553
伊凡四世和选民会议，551—554
伊凡四世的改革，中小贵族采邑的划分，554—557
伊凡四世统治下农业的衰退，556—557
对伏尔加领土的征服，557
在立陶宛和立窝尼亚的战争，伊凡三世的，537—539；瓦西里三世的，548—549；伊凡四世的，554，558—561
Rustem Pasha, Ottoman grand vizier, 鲁斯泰姆·帕沙，奥斯曼帝国首相，525，528—529，532
Ruthenia, strength of the Eastern Orthodox Church, 罗塞尼亚，东正教教会的势力，187—188
Ryapolovsky - Starodubsky, Semen, 梁波洛夫斯基-斯塔罗杜勃斯基，谢苗，541，542
Ryazan, 梁赞, 534, 536, 548

Sa, Mem de, captain - general in Brazil, 萨，梅恩·德，巴西都督，587
Saar, valley of, Luther's preaching tour, 萨尔河谷，路德巡回布道（1524），88
Saavedra, Alvaro de, 萨维德拉，阿尔瓦罗·德，569
Sabacz, taken by Turks, 沙巴茨，被土耳其夺取（1521），510
Sachs, Hans, German poet and dramatist, 萨克斯·汉斯，德国诗人和

剧作家，379
Sacramentarians，形式论者，重视圣礼者
　路德论厄科拉姆帕迪乌斯投向圣礼形式论者，104
　在匈牙利，有可能的再洗礼派者，205
　在意大利，该词的误用，255
　库里奥内，在符腾堡，271
Sacraments，圣礼
　路德与茨温利，态度的对照，163
　饼酒同领派接受罗马教义，189
　桑斯会议所支持的传统教义（1528），217
　亨利八世的《七圣事辩》，228
　路德减为三圣礼，被英国接受（1536），238
　韦尔登派对圣礼的态度，265
　"尼哥迪米主义者"的看法，268
Sacrobosco（John Holywood），*De Sphaera*，萨克罗博斯科（约翰·霍利伍德）的《球体》，387
Sadoleto，Giacomo，Cardinal，萨多莱托，贾科莫，红衣主教，258，261，370
Sadolin，Jorgen Jensen，萨多林，耶尔根·延森，136，139
Safa-Girey，Khan of Kazan Tatars，萨法-吉雷，喀山鞑靼的可汗，549，557
Safawids，Persian dynasty，波斯萨非王朝，524，525，526，530
Sahib-Girey，Khan of Kazan Tatars，萨希布-吉雷，喀山鞑靼可汗，549
St Albans，圣阿尔班，226，362

St Dizier, taken by Charles V，圣迪济耶，被查理五世占领（1544），353
Saintes, Calvinism in，桑特，加尔文宗在该地，224
St Gall，圣加尔，103，121—122
Stint-Gelais, Mellin de, French poet，圣热拉，梅兰·德，法国诗人，378
St-Germain-des-Pres, Lefevre d' Etaples at，圣日耳曼-德-普雷斯，勒菲弗尔·戴塔普尔在该地，215
St German, Christopher，圣杰曼，克里斯托弗，459
St-Jean-d' Angely, Calvinism in，加尔文宗在圣让-当热利，224
St Paul's school，圣保罗学派，417，425
St Quentin, battle of，圣康坦战役（1557），254
Sainte Foy, Calvinism in，圣福瓦，加尔文宗在该地，224
Saintonge, Caivinism in，圣通，加尔文宗在该地，224
Saints, see Prayers (to saints); Images，圣徒
Salamanca, university of，萨拉曼卡大学，14，292
Salerno, Ferrante Sanseverino, Prince of，萨莱诺王子，费兰特·桑塞韦里诺，328
Salmeron, Alfonso, Jesuit，萨尔梅龙，阿方索，耶稣会士，292，297，299
Salonika, Anabaptists in，萨洛尼卡，

再洗礼派在该地，124

Saluzzo, retained by France, 萨卢佐, 被法国保留（1559），358

Salzburg, Matthaeus Lang, archbishop of, 萨尔茨堡大主教，马特乌斯·朗格，354

Sampayo, Lopo Vaz de, governor in India, 桑巴约，洛波·瓦兹·德，印度总督，607

Sampson, Richard, 桑普森，理查德，50

Samson, Bernardino, 萨姆松，贝尔纳迪诺，98

Samuel, Andrzej, 塞缪尔，安杰伊，201

Samurin, title of ruler of Calicut, 萨穆林，卡利卡拉统治者头衔，594

San Andrea (Venice), Sanmicheli's fortifications, 圣安德烈亚（威尼斯），圣米凯利的要塞，492

San Angelo, castle of, Clement Ⅶ takes refuge in, 圣安吉洛城堡，克雷芒七世在此避难（1527），344

Sanazzaro, Jacopo, Italian poet, 纳扎罗，雅各布，意大利诗人，386

Sanctuary, dangers of the Privilege, 圣所，庇护权的危险，229

Sandomierz, the Consensus Mutuus, 桑多米耶兹的"穆图乌斯协议"，209

Sandoval, Tello de, 桑多瓦尔，特略·德，567

Sandown, Henry Ⅷ's coastal fortification, 桑当，亨利八世的沿海要塞，494

San Jeronimo de Yuste, monastery of, 圣热罗尼莫·德·尤斯特修院，332

Sanmicheli, Michele, 圣米凯利，米凯莱，492

San Miguel (Peru), founded by Pizarro, 圣米格尔（秘鲁），由皮萨罗建立，575

Sanseverino, Frederick, Cardinal, 圣塞维利诺，弗雷德里克，红衣主教，284

Santa Anna, ship of Knights of Malta, 圣安娜，马尔他骑士团船只，504

Santa Fe de Bogota, capital of New Granada, 波哥大的圣菲，新格拉纳达首府，577

Santiago (Chile), founded, 圣地亚哥（智利），建立（1541），578

Santiago, river, 圣地亚哥河，567

Santiago de Compostela, 圣地亚哥-德孔波斯特拉，318

Santo Domingo, Spanish in, 圣多明各，西班牙在该地，572，585

Santos (Brazil), 桑托斯（巴西），586

Sao Joao, Portuguese royal ship, 桑若昂，葡萄牙皇家船只，504

Sao Vicent, Portuguese settlement, 桑维森特，葡萄牙定居点，586

Sanlinia, 萨迪尼亚，26，48，301，305

Sarkilaks, Peder, 萨尔基拉克斯，佩德，154—155

Sarospatak (Zemplin), 萨斯帕塔（曾普林），205

Sattler, Michale, Anabaptist, 萨特勒，米夏尔，再洗礼派，110, 121, 124—126

Sava, river, 萨瓦河，196, 510, 514—515

Savonarola, Girolamo, 萨伏那洛拉，吉罗拉莫，206
  对他的态度，在16世纪的意大利，251；萨伏那洛拉主义传统的坚持，265, 289, 502；布尔拉马基阴谋（1544）中可能存在的萨伏那洛拉主义，263

Savone, 萨伏内，344—345

Savoy, 萨伏依，113, 273, 352, 358

Sawakin (Red Sea)，萨瓦金（红海），530

Saxons, the "Saxon" towns in Transylvania and the Reformation, 撒克逊人，在特兰西瓦尼亚的"撒克逊"城镇和宗教改革，198—199, 206

Soxony, 萨克森
  经济史，34—36
  1527—1528年的教会巡视，92—93；与瑞士的谈判，162, 163；新教传入公国（1539），176, 353—354；停止派使节去特伦特，185；教会土地划拨用于教育，429

Saxony, Frederick III, the Wise, elector of, 萨克森选侯，弗里特里希三世，智者，86
  喜爱并保护路德，76—78, 80, 83；检查卡尔施塔特的激进纲领，85；驱逐卡尔施塔特，88

去世（1525），92
对施帕拉廷的使用，77, 94

Saxony, George, duke of, 萨克森公爵，乔治，175
  实施沃尔姆敕令，84
  在弗兰肯豪森农民的失败（1525），89
  去世（1539），176, 353—354
  参加纽伦堡同盟（1538），354

Saxony, Henry, duke of, 萨克森公爵，亨利；引进新教，354, 176

Saxony, John, elector of, 萨克森选侯，约翰，87—88, 351
  与托尔高同盟（1526），92, 340
  签署施佩耶尔抗议书（1529），93

Saxony, John Frederick, elector of, 萨克森选侯，约翰·弗里特里希，87—88, 165, 202, 263, 472
  阻止梅兰希顿与法兰西斯一世谈判（1535），171；拒绝保罗三世召开全会的计划，171—173；与雷根斯堡国会（1541），179
  在米尔贝格被俘（1547），183, 356, 472
  驱逐不伦瑞克—沃尔芬布特尔的亨利（1542），354

Saxony, Maurice, elector of, 萨克森选侯莫里斯；与查理五世结盟（1542），182—183, 355
  拒不承认奥格斯堡临时敕令，183
  背叛查理五世，与法国结盟（1552），185, 332, 357, 479
  在公国中传入新教，354；重拨教会土地用于教育，429；在莱比锡大学推行路德宗，431

退出施马尔卡尔登同盟（1542），355

接受选帝侯爵位（1547），356，355

去世（1553），357，480

打败勃兰登堡—库尔姆巴赫的阿尔伯特·阿尔西比亚德斯（1543），357

Sbardellati, Andras, bishop of Pecs, 斯鲍尔代洛蒂，翁德拉什，佩奇主教，197

Scaliger, Julius Caesar, 斯卡利杰尔，尤利乌斯·凯撒，374

Scandinavia, 斯堪的纳维亚，7

Scania, and the Reformation, 斯卡尼阿和宗教改革，137，139

Sceve, Maurice, French poet, 塞夫，莫里斯，法国诗人，378

Schartlin von Burtenbach, Sebastian, 沙尔特林·冯·布滕巴赫，塞巴斯蒂安，355

Schaffhausen, 沙夫豪森，103，125

Scheldt, river, 斯海尔德河，51
与安特卫普的贸易，52—53
以通行税为证，59

Schemnitz, see Banska St'avnica, 谢姆尼茨

Schepper, Duplicius, Count of, 谢佩尔，杜普利齐乌斯伯爵，522

Schetz, Erasmus, Antwerp merchant, 谢茨，伊拉斯谟，安特卫普商人，63

Schinner, Matthias, cardinal, archbishop of Sion, 希内尔，马蒂亚斯，红衣主教，锡永大主教，100

Schlatt, Anabaptist meeting, 施拉特，再洗礼派集会，125

"Schleitheim Confession" (Anabaptist), 施莱特海姆信纲（再洗礼派，1527），125—126

Schleswig, Christian, duke of, see Christian, 石勒苏益格公爵，克里斯蒂安三世

Schleswig-Holstein, 石勒苏益格—荷尔斯泰因，135，140

Schleswig-Holstein, Frederick, duke of, see Frederick I, king of Denmark, 石勒苏益格—荷尔斯泰因公爵弗里德里希

Schlettstadt, 施莱茨塔特，108，417，424

Schmalkalden, 施马尔卡尔登，172
该同盟的建立和会议，163，350

Schmalkalden Articles, of Luther, 路德的施马尔卡尔登信条，172—173

Schmalkaldie Lengue, 施马尔卡尔登同盟，149，168，173
建立（1531），162—163；及成员组成，350
为包括茨温利派进行磋商，162—164，166
与查理五世的谈判及纽伦堡和约（1532），163—164，176
在全会上对参加者的态度，170—173
为与英国结盟所进行的谈判（1535），171，238—240
法兰克福临时敕令（1539），175—176
拒绝克莱沃公爵加入，180

拒绝支持科隆的赫尔曼·冯·维德，181
查理五世的战争准备，182—183
在它支持下波希米亚的反叛（1547），202，472
威尼斯新教徒吁请其帮助，263
黑森的菲利普的离弃（1541），354；萨克森的莫里斯的离弃（1542），355；黑森重新加入（1544），355
乌尔里希公爵回归符腾堡（1534），353
它在反帝国统一中的影响，479
Schmalkaldic War，施马尔卡尔登的战争（1546），112，331，354—356，479—480
Schnepf, Erhard，施内普夫，艾哈德，166
Schoeffer, Peter, copyist and printer，舍弗尔，彼得，抄写者和印刷者，361
Schoning, Thomas, archbishop of Riga，舍宁，托马斯，里加大主教，159
Scholasticism，经院哲学
路德和经院哲学，71—75
改革者拒用经院哲学范畴去解释圣餐，91
茨温利的研究，97，98
与科学的探究，392
Schools, see Education，学校
Schwabisch Hall，施瓦本·哈尔，86，166
Schwarz, Theobald，施瓦茨，特奥巴尔德，86，110
Schwarzach, imperial victory，施瓦察赫，帝国的胜利（1554），357
Schweinfurt，施韦福特，111，163—164
Schwenckfeld, Caspar, radical reformer and mystic，施文克菲尔特，卡斯珀，激进改革家和神秘主义者，110，119
与再洗礼派的关系，124，126，127，131
阿格里科拉的芬兰文译文，155
Schwendi, Lazarus von，施文迪，拉扎勒斯·冯，489
Schwertler (men of the sword), Anabaptists, respect civil authority，施韦尔特勒（剑人），再洗礼派，尊重公民的权力，123
Science，科学
科学态度的出现，1，4—5，412—413；继续了人文主义的影响，17
本地语的使用，383—384，411
古典和中世纪思想的坚持，387—393，403，406，411—412
乐器的制作，388，394—395，402
绘画的影响，389—391
艺术技巧和科学图解，390—391
运用于工程中，402
在中等教育机构中，419
生物学，406—407
植物学，406；植物标本集，390，392，407—408
化学：承袭伊斯兰教的明证，391；实践工作和观察，393；对炼金术兴趣的持久性，403—404；医疗化学学派，403，405—406，411；工业上的应用，404—405

机械学，401—402

光学，388，402

物理学，387，389，401—402，412

生理学，406，410—411

动物学，406—407

Scotland，苏格兰，8，362，438，490

Secemin, Cruciger at，塞采明，克鲁齐格在该地，204

Sects, see Anabaptists，教派

Secundus, Johannes, Basia，塞肯达斯，约翰内斯，巴西亚，369

Segovia，塞哥维亚，319，585

Seklucjan, Jan，塞克卢恰，扬，201，501

Selim Ⅰ, Ottoman Sultan，谢里姆一世，奥斯曼苏丹

奥斯曼势力的扩张，347；被认为是阿尔及尔的宗主国，324；征服埃及，510—511，521；查尔德兰的胜利（1514），516

Seripando, Girolamo, cardinal，塞里潘多，吉罗拉莫，红衣主教

与天主教改革运动，270；复归正统，272

与瓦尔德斯结盟，266

特伦特会议，266，274

他的柏拉图主义，266

Servetus（Miguel Serveto y Reves），塞尔维特（米格尔·塞尔维托·雷维斯），110，262

他的《三位一体的谬误》，对加尔文的攻击并被烧死（1553），117，129，132，268

他的医学著作，117，411

与再洗礼派，124，129，268

他的《恢复基督教教义本来面貌》一书被毁，364

Servi, emancipation of, in Italy，奴隶的解放，在意大利，25，48

Seven Years' War, between Sweden and Denmark，瑞典和丹麦的七年战争（1563—1570），559

Seville，塞维利亚，352，563，568，584

Seysell, Claude de, political theorist，赛塞尔，克洛德，政治理论家，459，462

Sforza, Francesco Maria, see Milan, Francesco, duke of，斯福尔扎，弗朗切斯科·玛利亚

Shah Ali, khan of Kazan Tatars，沙赫·阿利，喀山鞑靼的可汗，549

Shakespeare, William，莎士比亚，17，415

Shari'a, law of Islam，沙里亚，伊斯兰教教法，532—533

Shatt al-'Arab，沙特阿拉伯，530

Sheepbreeding, see Pastoralism，羊的繁殖

Shemyachich, V. I.，舍米亚奇，550

Ships, shipping，船只，船运

大船直通安特卫普，52；安特卫普商船，62

船的规模，504

圆形船的流行，506

经贸易署批准，584

在葡萄牙与东方贸易中的规则，601

在战争中

Shuisky, Andrey, murdeerd（1543），舒伊斯基，安德烈，被谋杀

(1543)，551

Siam，暹罗，593，604，609

Siberia, colonised by Ivan IV，西伯利亚，被伊凡四世殖民，561

Sicilian Vespers，西西里晚祷（1282），326

Sicily，西西里
 宗教改革：反三一论，269；宗教裁判所，255，328—329
 耶稣会士在该地，297—298；为查理五世所继承，301，305；西西里人坚持保留特权，311；1516 和 1517 年的崛起，326；财政和政府，326—327
 与阿拉贡和意大利的贸易，312

Sickingen, Franz von，济金根，弗朗茨·冯
 与骑士战争（1522—1524），85，478；布塞尔雇请为随军牧师，108
 去世，85
 指挥士瓦本同盟，338；荒漠，478

Siculus, Marinus, Italian scholar，西库卢斯，马里努斯，意大利学者，371

Sidney, Sir Philip, Italian influence on，锡德尼，菲利普爵士，意大利对他的影响，386

Siena，锡耶纳
 受梅迪奇控制，254，262，273
 对宗教改革的镇压，264
 抵抗西班牙，273，482

Siena, university of，锡耶纳大学，264

Sievershausen，西弗斯豪森，357

Sigismund of Luxemburg, emperor, king of Bohemia and Hungary，卢森堡的西吉斯孟，皇帝，波西米亚和匈牙利国王，190—191

Sigismund I (the Old), king of Poland，西吉斯孟一世（老人），波兰国王，188
 与波兰的人文主义，192
 他的宗教政策，201—202；在但泽对路德宗的镇压（1526），195
 他的王国的扩张，195，464
 企图维护国王权威，472—473；向贵族让步，473—474
 同俄国的战争（1508—1509），548
 去世（1548），202，472

Sigismund II (Augustus), king of Poland，西吉斯孟二世（奥古斯都），波兰国王，476，555
 即位（1548），204，474
 与波兰的反三一论派，207
 企图维护王权，468，472—473；对贵族的让步，474
 与俄国的战争，474，554，557—560
 去世（1572），472，474

Sigismund III, king of Poland，西吉斯孟三世，波兰国王，474

Signatures, medical theory of，药效形象，医学理论，405

Silesia，西里西亚
 与宗教改革，165，198
 被划归波希米亚，465；各级议会，466；在议会中所代表的城镇，469
 在哈布斯堡的斐迪南统治下，471，526

索　引

Silvester, Russian priest, 西尔韦斯特，俄国神父, 551—552, 553—554

Simeon Bekbulatovich, Tatar ruler, 西麦翁，贝克布拉陶维奇，鞑靼首领, 554

Simon of Erdod, bishop of Zagreb, 埃尔多德的西蒙，萨格勒布主教, 197

Simons, Menno, 西蒙斯，门诺, 131—132

Sinan Muslim architect, 锡南，穆斯林建筑师, 532

Singapore, Strait, 新加坡海峡, 606, 612

Sipahis, Turkish cavalry levies, 瑟帕希斯，土耳其人所征的骑兵, 512, 527, 529

与土耳其士兵不和, 528—529

Sirmium, see Szerem, 希尔米乌姆

Six Articles (1539), 六条款, 240—242

Sixtus Ⅳ, Pope (Francesco della Rovere), 西克斯特四世，教皇（弗朗切斯科·德拉·罗韦雷）, 76, 276

Skytte, Martin, bishop of Abo, 斯屈特，马丁·奥博主教, 154—155

Slaveray, see trade and industry (slave trade), 奴隶制

Slavonia, 斯拉沃尼亚, 465, 467

土耳其的攻击, 515, 524

Slechta, Bohemian landowning nobility, 什列赫塔，波希米亚地主贵族, 465

Sleidan (Johann Philipson), his *Commentarii*, 斯莱达（约翰·菲利普森），他的《诠释》, 371

Slonczewski, Leonard, bishop of Kamieniec, 斯隆切夫斯基，烈昂纳德，卡米耶涅茨主教, 201

Slovakia, 斯洛伐克, 192, 194, 198, 347

Smaland, revolt in, 斯莫兰，该地的叛乱（1542）, 151

Smithfield Protestant martyrs, 史密斯菲尔德的新教殉道者, 248

Smolensk, 斯摩棱斯克

受伊凡三世的威胁（1500、1502），538, 538—539；为俄国占领（1514）, 548—549

Social relations, 社会关系, 15—16, 19—20

基督教与美洲印第安人的宗教礼仪组织, 566—567

在印加时期的秘鲁组织, 574

Social relief, 社会救济

在维滕贝格, 84—85

在意大利, 287, 289

耶稣会士的工作, 294, 296

莫杰夫斯基论政府的职责, 476

在葡萄牙的殖民地中, 603

Socinianism, 索齐尼主义, 206, 268

Socinus, Faustus (Fausto Sozzini), 索齐尼乌斯，法乌斯图斯（法乌斯托·索齐尼）, 206—207, 268

Socinus, Laelius (Lelio Sozzini), 索齐尼乌斯，莱利乌斯（莱利奥·索齐尼）, 124, 206—207, 268

Sodalitas Litteraria Rhenana, 莱茵文学会, 104

Sofala, Portuguese at, 索法拉，葡萄牙人在该地，597

Sofia Palaeologa, grand princess of Moscow, second consort of Ivan Ⅲ, 索菲娅·帕拉叶奥洛嘉，莫斯科大公主，伊凡三世的第二位夫人，540—542

Soissons, taken by Charles V (1544)，苏瓦松，被查理五世占领 (1544)，353

Sokotra Island, Portuguese at, 索科特拉岛葡萄牙人在该岛，520，597，599，610

Solent, Henry Ⅷ's coastal defences, 索伦特（海峡），亨利八世的海岸防卫，493

Solms, Reinhart, count of, on war, 佐尔姆，赖因哈特伯爵，论战争，482

Sololgne, trial of heretics, 索洛涅，对异端的审判，224

Solomonia, grand princess of Moscow, consort of Vasily Ⅲ, 索洛莫尼娅，莫斯科大公主，瓦西里三世的原配夫人，550

Solor (East Indies), Christian missions, 索洛（东印度群岛），基督教的传教，610

Solway Moss, battle of (1542)，索尔韦·莫斯战役(1542)，489

Somasca (near Bergamo), 索马斯卡（在贝加莫附近），288

Somerset, Edward Seymour, duke of, 萨默塞特，爱德华·西摩公爵，245

（作为哈特福特伯爵）在亨利八世治下支持新教徒方面，241

他的性格，242

枢密院遭他反对，243

作为保护人，他的宗教政策，242—244

去世，244

Sopron (Odenburg), 肖普朗（厄登堡），192

Sorbonne, College of, 索邦神学院

与宗教改革：改革家著作的流传，213；遭到它的反对，213，216，220—221，364，383，431

它的声望，216，233

与法兰西学院，219

民众对它的憎恨，219

反对承认耶稣会士，223

早期的印刷术，362

对人文主义的不信任，426

Soriano, Antonio, 索里亚诺，安东尼奥，333

Soroi, peder, 索罗伊，佩德，155

Sorsky, Nils, 索尔斯基，尼尔斯，544—545

Sousa, Martim Afonso de, 索萨，马丁·阿方索·德，586，609

Sousa, Tome de, captain-general of Brazil, 索萨，托梅·德，巴西总督，586

Southampton, coastal defences, 南安敦，海岸设防，493

Sozzini, Fausto, Lelio, see Socinus, Faustus, Laelius, 索齐尼，福斯特，莱利奥

Spagnoli, Battista, see Mantuan, 斯帕

尼奥利，巴蒂斯塔

Spain，西班牙，22，324

    意大利的统治，10，252—254，263；与反宗教改革，272—273；与意大利专制主义的发展，273—274

    与安特卫普的酒和羊毛交易，58，312；西班牙人定居在安特卫普，62—63；在安特卫普的西班牙银行家和政府贷款，66；在安特卫普的政府借贷，67；1557年的破产者和安特卫普财政力量的削弱，68；对殖民地贸易的控制，584

    耶稣会士的基础，298

    卡斯蒂利亚和阿拉贡统一，301，304

    查理五世继位（1516），301，304—305；作为统治者，他的地位，314，358，440

    行政管理，19—20，309—311，444；枢密院，332—333，445，449，572，573；兄弟会，440—441；财政，449；法律和正义，451—452；（西班牙）地方长官，453

    科穆内罗的反叛（1520），310，319—320，573

    税收，318—319，320—321，322，448，584；税务细则，320—321；变化中的议会权力，455；来自新大陆的岁入，448，589；当地人在新大陆，573

    城镇和贵族间的敌视，319

    未经加工的出产和工业，322，584

    在瓦伦西亚崛起的"日耳曼人"（1519），323

    摩尔人皈依（1502，1525），324

    菲利普二世即位（1556），358

    作为哈布斯堡帝国的心脏，358

    航海科学，396

    战争：军事价值，485；火绳钩枪手，489，495，497—498；步兵，499；囚犯（战俘）和伤员的待遇，503；圆形船的使用，507；护航系统，585

    再征服，563

    与葡萄牙争夺摩鹿加群岛，604—605；权利的出售（1529），569，606

    在巴西与葡萄牙的斗争，587—588

    菲律宾的殖民化，612

    与葡萄牙的统一，612

Spalatin（George Burkhardt），斯伯拉丁（乔治·布克哈特），77，84，94

Spalato，斯帕拉托，483

Spandemager, Hans Olufsen，斯潘德马格，汉斯·奥卢夫森，136

Spanish language, Latin and Italian influences，西班牙语，拉丁和意大利的影响，386

Speculation，投机事业

    在安特卫普香料市场，51，65

    对商品的"关心"，65

    彩票和赌博，65—66

Speroni, Sperone, Italian writer，斯佩罗尼，斯佩罗内，意大利作家，377

Speyer，施佩耶尔

    施佩耶尔议会（1526），93；休会

期对沃尔姆斯敕令实施的检查，92，137，340，379，479；1529年的议会和抗议书，93—94，349—350，479；议会（1542），181；议会（1544），182

在该地提出的争议（1540），176—177

施佩耶尔和约（1544），解决尼德兰和丹麦关系问题，313—314

Spice Islands, see Moluccas, 香料群岛

Spices, see Economic change (Antwerp), 香料

Spiera, Francesco, 斯皮耶拉，弗朗切斯科，271

Spinola family, Genoese bankers, 斯皮诺拉家族，热那亚的银行家，313

Spis (Zips), Anabaptism in, 施皮斯（齐普斯），再洗礼派在该地，205

Stabler (men of the staff), Anabaptists, 斯塔布莱（棒人），再洗礼派，123

Stampa, Gaspara, Italian poetess, 斯坦帕，加斯帕拉，意大利女诗人，377

Stanbridge, John, his educational works, 斯坦布里奇，约翰，他的教育著作，425

Stancaro, Francesco, 斯坦卡罗，弗朗西斯库，206—208

Standish, Henry, 斯坦迪什，亨利，229

Star Chamber, Court of, 斯塔·钱伯伯爵，444，450，451

Starkey, Thomas, 斯塔基，托马斯，17，462—463

Statute of Labourers (1351), 劳工法，39

Statute of Uses (1535), 使用法，237

Statutes of Merton (1235) and Westminster (1285), 默顿法令和威斯敏斯特法令，38

Staupitz, Johann von, 施陶皮茨，约翰·冯，72—73，77—78

Stavanger, the Reformation in, 斯塔旺厄，宗教改革在该地，142—143

Stecker, Nicolaus, 斯特克，尼古拉斯，147

Stephen (Bathory), king of Poland (formerly Prince of Transylvania), 斯特凡（巴托里），波兰国王（前特拉西瓦尼亚君主），472，474，560—561

支持罗马教会，206，208，474

Steterburg, battle of (1553), 斯泰特堡战役（1553），357

Stevin, Simon, his work in physics and engineering, 斯蒂文，西蒙，他在物理学和工程学方面的工作，402

Stockholm, 斯德哥尔摩，146—147，151

印刷业，147

Stoicism, 斯多噶哲学，371

Stragnas, 斯特兰奈斯，147，151

Stragnas, bishop of, employs Olavus Petri, 斯特兰奈斯主教，雇佣奥拉夫·佩特利，147

Straparola, Gian Francesco, Italian writer, 斯特拉帕罗拉，吉安·弗朗西斯库，意大利作家，381

Strassburg, 斯特拉斯堡

宗教改革在该地，86，92，94，97，107—112，304；参加了基督教民间同盟，103；约翰·施图尔姆学园，109，116，422—424，426，437；在该地的难民，109—110，213，217，248；对分裂教派的禁止，110，124—125，127；礼仪实验（1524—1534），110—111，86，101；四城市联盟信纲，111；加尔文在该地，115，116；斯特拉斯堡教会的正式建立（1534），124—125；奥格斯堡信纲，124—125，163，164；斯特拉斯堡改革家在瑞典的影响，147；与意大利改革家的接触，264；参加施马尔卡尔登同盟，350；归顺查理五世（1546）并接受临时敕令，112，356

再洗礼派在该地，110，124—125，126—127

早期印刷术在该地，361；书籍贸易，107

Strassburg, Confession of, 斯特拉斯堡信纲，94

Stuhlweissenburg, see Szekesfejervar, 施图尔韦森堡

Stumpf, Simon, 施通普夫，西蒙，120

Sturm, Jacob, leader of Strassburg Reformation, 施图尔姆，雅各布，斯特拉斯堡宗教改革领袖，107，112，166

Sturm, John, 施图尔姆，约翰

斯特拉斯堡他的学园，109，422—424，426，437；被加尔文效仿，116

他的学派，417，424

Styria, 施蒂里亚，339—340，515，522，524

Subiaco, monastery of, printing at, 苏比亚科修院，该地的印刷术，361

Subinfeudation, 分赐采邑，37

Submission of the Clergy (1532), in England, 教士的归顺，在英国（1532），234

Suceava, occupied by Turks, 苏恰瓦，被土耳其占领，522

Suetonius, 苏埃托尼乌斯，372

Suez, 苏伊士

葡萄牙侵入（1541），520，608

香料贸易，521

土耳其海军基地，521，530—531

Sulaiman Pasha, Ottoman Governor of Egypt, 苏里曼·帕夏，奥斯曼的埃及总督，521

Sulaiman II (the Magnificent), Ottoman Sultan, 苏莱曼二世（大帝），奥斯曼的苏丹，347，357，495

出生，528

继谢里姆之位（1520），510

在埃及的行政改革，511—512

继承权，527—530

去世（1566），532

作为统治者，他的统治和特点，532—533

作为克里米亚鞑靼人的宗主国，549，558

他的出征，并与法国结盟，13

Sumatra，苏门答腊
　　胡椒出产，593；葡萄牙，604—606，611
　　基督教传教，610
Sunda，巽他（群岛），605—606
Sunda Straits, on the spice trade route，巽他海峡，在香料贸易路线上，593
Sun-dials，日晷，395
"Suprintendents"（ordmarii）in the Swedish church，在瑞典教会中的"管理者"（主教），152，145，151；in Riga，在里加，159
Surat, Turkish fleet shelters at，苏拉特，土耳其舰只隐匿在该地，532
Surrey, Henry Howard, earl of，萨里，亨利·霍华德伯爵，241，378
Surveying，测量术，393—394
Suzdal, princes of, in Russia，苏兹达尔君主，在俄国，551
Svenicken, Alexander，斯费尼肯，亚历山大，194
Swabian League, in the Peasants' War，施瓦本同盟，在农民战争中，88
　　它对查理五世的服务，331，338，478
　　将乌尔里希大公驱逐出维滕贝格，331，353，478
　　成功地反对在帝国实施改革，478
　　它的起源，作用和解体，165，478—479
Sweden，瑞典，7，30，538
　　梅尔希奥·霍夫曼在该地，128
　　古斯塔夫·瓦萨和独立于丹麦之外，146

印刷术和书籍贸易，147，149，152
在达莱卡里亚的农民暴动，148
反对古斯塔夫·瓦萨的暴动（1542），151—152
与俄国：阿格里科拉的和平使命（1557），155；对爱沙尼亚领土的承认（1559—1561），160，559；在埃里克十四世统治下的友好关系，559；约翰三世的敌视，111，560；与波兰联合反对俄国在立窝尼亚，560—561；签订了雅姆·扎波尔斯基和约（1582），561
与丹麦的七年战争（1563—1570），559
Swedish language，瑞典语
　　奥拉夫·佩特利的瑞典—拉丁语字典，150
Sweynheym, Conrad, printer，斯韦因海姆，康拉德，印刷商，361
Swiss as mercenaries，作为外国雇佣兵的瑞士人：茨温利和雇佣兵兵役制，103，341；（纪律）教规和道德，484—485，487；为法国服务，340—341，490，491；在帕维亚，487，497—498；在比科卡，497—498；步兵的建立，499；囚犯（战俘）的待遇，503，12
Swiss Brethren，瑞士兄弟会
　　与再洗礼派的起源，120；在莱茵兰，124—125；关于圣餐礼的教义，126；门诺派的影响，131；最早的再洗礼派赞美诗，132
Switzerland，瑞士

索　引

瑞士对波兰人文主义的影响，192
"永久和平"（1516）与支持弗朗西斯一世反对帝国，340—341
Sylvester Ⅱ, Pope (Gerbert of Aurillac)，西尔维斯特二世，教皇（欧里亚克的热尔夏），188
Sylvester, Janos, his Magyar New Testament，西尔维斯特，亚纳斯，他的马扎尔语《新约》，198
Syria，叙利亚，347，510—511，520
Szalkai, Laszlo, archbishop of Esztergom，施尔考伊，拉斯洛，埃斯泰尔戈姆大主教，193，196
Szegedin, in Ottoman invasion (1526)，塞盖耳，在奥斯曼的入侵中（1526），513
Szekesfejervar (Stuhlweissenburg)，塞克什白堡（施图尔韦森堡），348，513，524，527
Szekler "nation", in Transylvania，塞克勒"民族"（国家），在特兰西瓦尼亚，465
Szerem (Sirmium)，塞赖姆（希尔米乌姆），197，515
Szigetvar, taken by Turks (1566)，锡盖特堡，被土耳其占领，532
Sziklos, taren by Turs (1543)，锡克洛斯，被土耳其占领（1543），524
Szlachta, Polish land-owning nobility，什拉赫塔，波兰地主贵族，202，205，465

Taborites, Hussite sect，塔波尔派，胡斯派，189，191
Tabriz，大不里士，516—517，525
Tahmasp, shah of Persia，塔赫马斯普，伊朗国王，516—517，525，530
Tallin, see Reval，塔林
Tamils, as traders at Malacca，塔米尔斯，作为马六甲商人，593
Tansillo, Luigi, Italian poet，坦西洛，路易吉，意大利诗人，377
Tarascon, Calvinism in，塔拉斯孔，加尔文宗在该地，224
Tarsia, Galeazzo di, Italian poet，塔尔西亚，加莱亚佐·迪，意大利诗人，377
Tartaglia, Niccolo，塔尔塔利亚，尼科洛，482，493
Tasso, Torquato, Italian poet，塔索，托尔夸托，意大利诗人，377
Tast, Herman, Danish reformer，塔斯特，赫尔曼，丹麦改革家，135
Tatars，鞑靼人
　与梁赞大公谈判，548
　全鞑靼进攻莫斯科（1521），549
Tauler, Johann, Dominican mystic，陶勒，约翰，多明我会神秘主义者，75，113
Taurus, mountains, Turcoman revolt，托罗斯山脉，土库曼反抗，513
Tausen, Hans, bishop of Ribe，陶森，汉斯，里伯主教，135—136，139，141—142
Tavera, Juan, archbishop of Toledo，塔韦拉，胡安，托莱多大主教，329
Taxation，税收
　再洗礼派拒付，123

在英国，232，442，448，453，456

在法国，46，448—449，453，455，500

在尼德兰，315—318；在税收记录中反映的安特卫普贸易，58—59

在西班牙，318—319，320—321，322，448，455，573，584，589

在西班牙统治下的意大利，327，330

受代表大会的控制，455

在波希米亚，466—467；在匈牙利，469—470；在波兰，受莫杰夫斯基的批判，477

与战争，500

在俄国，552—553

Tchaldiran, battle of (1514), 查尔德兰战役 (1514), 347, 497, 516, 525

Tegetmeier, Sylvester, 特格特迈尔，西尔维斯特, 158, 159

Tehuantepec, 特万特佩克, 567

Temesvar, 泰梅什堡, 526, 527, 533

Ten Articles (1536), 十条款, 238—239

Tenochtitlan, 特诺奇提特兰, 562—563, 566

Tepeaca (Mexico), 特佩阿卡（墨西哥），566

Terence, 特伦斯

特伦斯的翻译，在意大利，380

在学校中的研究，419，423，426

Teresa of Avila, St, 阿维拉的特雷莎圣徒, 333

Ternate (Moluccas), 特尔纳特（马六甲），605, 608, 612

Tertullian, 德尔图良, 91

Tetrapolitan Confession, 四城市联盟信纲, 95, 111, 161, 163, 208

Tetzel, John, Dominican, 泰泽尔，约翰，多明我会会士, 76—77

Thames, river, Henry VIII's Provision of coastal defence, 泰晤士河，亨利八世海岸设防条款, 493

Theate (Chieti), see of, and the Theatines, 德亚底安（基埃蒂），德亚底安主教座，及德亚底安修士, 286

The Hague, sacked (1528), 海牙，被劫掠 (1528), 316

Theiss, river, 泰斯河, 526—527

Theodore Ⅰ, tsar of Russia, see Fedor, 狄奥多尔一世，俄国沙皇

Theophrastus, 泰奥弗拉斯托斯, 408

Thermes, Paul de la Barthe, seigneur de, 泰梅斯，波尔·德·拉巴特，领主，庄园主, 482

Thicne, Gaetano di, Count, and cf. Oratorio del Divino Amore, 蒂内，加埃塔诺迪伯爵, 258

Thirty Years' War (1618—1648), 三十年战争 (1618—1648), 10, 27, 30—32, 35

Thomas Aquinas, St, 托马斯·阿奎那，圣徒, 100, 118, 371

Thomas, Becket, St, his Shrine at Canterbury attacked, 托马斯·贝克特，圣徒，他的圣龛在坎特伯雷遭攻击, 239

Thorlaksson, Gubrandur, bishop of Holar, and the Reformation in Iceland,

索引 799

索尔劳克松，居布兰迪尔，候拉尔主教，与冰岛的宗教改革，145—146
Thorn，托伦，194，201
Thouars, Calvinism in，图阿尔，加尔文宗在该地，224
Thuringia，图林根，27，88
Thurneysser, Leonard, Quinta essentia，图尔内塞，莱奥纳德的《第五要素》，403
Thurzo, Elek，图尔佐，埃莱克，470
Thurzo, Ferenc, bishop of Nitra，图尔佐，费伦茨，尼特拉主教，197
Tidore (Moluccas)，蒂多雷（马六甲），568，605，612
Tisza, valley of, Lutheranism in，蒂萨河，路德宗在该河流域，199
Titian (Tiziano Vecellio), Italian painter，提香（蒂齐亚诺·韦切里奥），意大利画家，307，391
Toggenburg, valley of，吐根堡河谷，97
Tokay, battle of (1527)，托凯战役（1527），348
Toledo，托莱多，47，305，585，563 反对王权控制，304，310，319
Toledo, Francisco de, viceroy in Peru，托莱多，弗朗西斯科·德，秘鲁总督，580
Toledo, Pedro de, viceroy in Naples，托莱多，佩德罗·德，那不勒斯总督，327—329
Tolfa, alum deposits，托尔法，铝的储藏，60
Toluca (New Spain)，托卢卡（新西班牙），582
Tomori, Pal archbishop of Kalocsa，托莫里，帕尔，考洛乔大主教，196
Tondebinder, Claus Motensen，通德宾德，克劳斯·莫滕森，136
Torda, Diet of，托尔达议会（1567），208
Tordesillas，托德希里亚斯，319
Tordesillas, Treaty of，托德希里亚斯条约（1494），604—605
Torelli, Louisa, Countess, foundress of religious association of women，托雷利，路易莎，女伯爵，妇女宗教协会创始人，290
Torgau, league of，托尔高同盟（1526），92，103，340
Torghud Re'is (Dragut), Turkish admiral，托尔格胡德，雷伊斯（德拉古特），土耳其总司令，531—532
Torning (Denmark), the Reform in，托宁（丹麦），宗教改革在该地，135
Tortona, preaching of reform，托尔托纳；改革的布道，260
Tortum, controlled by Ottoman Turks，托尔图姆，受奥斯曼土耳其控制，524
Torun, Unity of the Brethren in，托伦，兄弟会联盟在该地，202
Torzhok，托尔若克，535
Toul, bishopric，图勒主教座，185，212，332，357—358
Toulon，土伦，531
Toulouse, persecution of Lutherans，图

卢兹对路德派的迫害，218
Touraine trial of heretics, 图赖纳，对异端的审判，224
Tournai, 图尔奈，316, 343, 440
Tourneys, see Warfare, 马上比武，竞赛
Tournon, Francois de, Cardinal, 图尔农，法兰西斯·德，红衣主教，217
Tours, and the Reformation, 图尔与宗教改革，218, 220, 222, 224
Towns, 市镇
    被禁止获得贵族地产的德国市民，29
    作为农业资本的支持者，29, 32, 43
    在意大利，47—48
    在阿拉贡与贵族结盟，49
    在卡斯蒂利亚和莱昂与贵族结盟，49, 563
    在西班牙与贵族的斗争，304, 319—320
    宗教改革有助于市镇的解放，96
    在波希米亚议会上所代表的市镇，468—469
    卡斯蒂利亚贵族的城市特点，563
    作为新西班牙的行政中心，563, 566; 王权的维护，573
Trade and Industry, 商业和工业
    在宗教改革时期的大发展，16—17
    在德国，34—35
    在英国，38—40, 43, 46
    意大利贵族的进入，48
    在西班牙，49—50, 312, 584
    斯特拉斯堡的地位和繁荣，107

再洗礼派工匠在莫拉维亚避难，200
里昂，作为商业的中心，212
在新世界：贵金属的出口，321—322, 333, 589; 印加工业，574; 新西班牙横贯太平洋的贸易，583; 总督辖区间的贸易，583; 西班牙的美洲市场，584—585; 西班牙对新大陆的控制，584; 对巴西的控制，586—587, 61
化学的工业应用，404—405
莫杰夫斯基论国家（政府）控制的职责，476
土耳其对法国和威尼斯妥协，517
俄国在波罗的海地区的野心，558; 北方贸易路线，561
铝，60, 404
军备，61, 584—585; 土耳其兵工厂（军械库），518
制陶业，404
蒸馏，404
染色，51, 60—61, 586, 404
在安特卫普薰制鱼，60
家俱，艺术的目的，61
玻璃，404
谷物，35, 60, 312—313, 520
皮毛，581, 584
金属和矿藏，51, 53, 63; 富格尔的势力，194, 312—313, 339, 347—349; 韦尔瑟的势力，312—313; 论金属分析的著作，404; 印加的金属制品，574; 在西班牙的美洲，581—583
橄榄油，584—585
纸张，61, 360, 585
印刷和书籍贸易，61, 359—366;

索　引

法国的罢工（1539），221；西班牙的美洲市场，585
盐，58，312
丝绸，312，531，583，584
奴隶贸易，567，570，582—587
肥皂的制造，60
糖，16，60，63，585，587
烟草制造，16
酒，27，58，584—585
羊毛和布匹：英国的，27，40—41；尼德兰的，40，318；普瓦图和皮卡第的，46；意大利的，53；西班牙的，58，312，321，584；在秘鲁的印加人的，574；在新西班牙，581

Transoxania, khan of, 河间地带的可汗，530

"Trans-Volga Elders", advocate secularisation of monastic property in Russia, "外伏尔加长老"，鼓吹俄国修院财产世俗化，545，550

Transylvania, 特兰西瓦尼亚，465，475

在扎波利亚—哈布斯堡为匈牙利的斗争，196；在土耳其的宗主权下，523—524；马丁努齐主教的控制，526；斐迪南一世征服它的企图遭失败（1551—1562），526—527；苏里曼帮助约翰·西吉斯孟反对马克西米连二世（1566），532

土耳其的攻击（1521），510

Transylvania, John Sigismund Zapolyai, prince of, 特兰西瓦尼亚君主，约翰·西吉斯孟·扎波里亚，196，

205，523—524，526，532
Traversari, Ambrogio, 特拉弗沙里，安布罗焦，418
Trent, 特伦托，253
Trent, river, 特伦托河，237
Treptow (pomerania), 特雷普托（波米拉尼亚），157
Treviso, 特雷维索，263，269
Trier, Richard von Greifenklau, archbishop and elector of, 特里尔，里查德·冯·格赖芬克劳，大主教和选侯，82—83，85
Trinidad, del Cano's ship, 特立尼拉德尔·卡诺的船，569
Tripoli (North Africa), 的黎波里（北非）
　圣·约翰骑士团派兵驻守，517；被土耳其占领（1551），531—532；菲利普二世重新夺回遭失败（1560），532；海盗船参加对马尔他的攻击（1565），532
Trivulzio, Teodoro, 特里武尔齐，泰奥杜洛，344
Trnava, see Nagyszombat, 特尔诺沃
Trolle, Gustav, archbishop of Uppsala, 特罗勒，古斯塔夫，乌普萨拉大主教，146，149
Trondhjem, diocese of, 特龙德耶姆大主教区，143
Troppau, see Opava, 特罗保
Troyes, and the Reformation, 特鲁瓦和宗教改革，222
Trutvetter, John, 特鲁特维特，约翰，71
Trzecieski, Jan, 切切斯基，扬，192

Tucher family, bankers and financiers, 图克尔家族, 银行金融家, 53
Tucher, Lazarus, banker, 图克尔, 拉萨鲁斯, 银行家, 66
Tubingen, university of, 杜宾根大学 (今译蒂宾根大学), 104, 166, 431—432
Tumbez (Peru), arrival of Pizarro, 通贝斯 (秘鲁), 皮萨罗的来到, 575
Tunis, 突尼斯
    查理五世占领 (1535), 301, 325, 336, 351, 518; 他的势力, 504
    巴尔巴罗萨的占领 (1534), 325, 518
    被土耳其重新夺回, (1547), 532
Tunstall, Cuthbert, bishop of Durham, de arte supputandi, 滕斯托尔, 卡思伯特, 达勒姆主教, 394
Tupac Amaru, Inca prince, executed, 图帕克·阿马鲁, 印加君主, 被处决, 580
Tupi-Guarani, in Brazil, 图皮-瓜拉尼, 在巴西, 586—587
Turcoman tribes, 土库曼部落, 513, 516, 529
Turin, 都灵, 352, 358
    被法国占领 (1537), 352; 被保留 (1559), 358
Turner, William, attacks Anabaptism, 特纳, 威廉, 攻击再洗礼派, 130
Tuscany, 托斯卡纳, 48, 269, 274
Tuscany, Cosimo I (Medici), grand duke of, 托斯卡纳, 科西莫一世 (梅迪奇), 大公, 263—264, 274

获得西班牙封地锡耶纳 (1557), 254, 273
保护卡纳塞基, 266, 267
Tver, 特维尔, 534, 536, 542
Tyard, Pontus de, French poet, 蒂亚尔, 蓬蒂斯·德, 法国诗人, 378
Tycho Brahe, astronomer, 第谷·布拉厄, 天文学家, 400—401
Tyndale, William, 廷德尔, 威廉, 228, 238
    他的《圣经》, 227, 283; 与"马太的《圣经》", 239
Tyrol, 蒂罗尔
    再洗礼派在该地, 122, 124; 皮尔格林·马尔贝克的故乡, 126
    查理五世继承, 301; 授予哈布斯堡的斐迪南, 339—340
    查理五世割让给富格尔家族, 339

Uchanski, Jakob, archbishop of Gniezo, 乌哈斯基, 雅各布, 格涅兹诺大主教, 192, 209
Ugra, river, 乌格拉河, 536, 540
Ukraine, 乌克兰, 21, 536, 548—549, 557
Ulla, battle of, 乌拉战役 (1564), 559
Ulm, 乌尔姆, 126, 340, 350, 478
'Uman, Turkish raids, 乌曼, 土耳其的劫掠, 530—531
Umbria, 翁布里亚, 279
Unigenitus (1343), teaching on indulgences, 《独生子》(1343), 关于赎罪的教义, 75—76
Unitarianism, (上帝) 一位论, 208,

269

"Unitas Fratrum", Hussite Church of the Brethren (q. v.), 兄弟联盟, 胡斯派兄弟会, 191

Universities, 大学
    协议阿拉贡的凯瑟琳离婚 (1530), 216, 233
    路德主义传播到英国人中, 227
    古典学识的保留, 388
    语法学校的监督, 416
    人数的增加, 417
    在大学中的教学, 417—418; 人文主义的影响, 426—428
    三国语言的学院, 427—428
    宗教上不同的影响, 428—432; 入学人数的减少(附表), 431—433; 世俗控制的增加, 433—435
    教皇承认授学位之权, 434

Uppsala, printing at, 乌普萨拉, 印刷术在该地, 147
    1536年的宗教会议和与天主教的决裂, 150, 155; 接受1571年教会规条, 153

Uppsala, archdiocese of, 乌普萨拉大主教区, 146, 149—150

Uraniborg, Tycho Brahe's observatory, 乌拉尼堡, 第谷·布拉厄的天文台, 401

Urbino, as literary centre, 乌尔比诺, 文学中心, 375, 380—381

Urbino, Federigo, duke of, 乌尔比诺, 费德里戈公爵, 365

Usti nad Labem (Aussig), Lutheranism in, 拉贝河畔乌斯季 (奥希西), 路德派在该地, 200

Usury, 乌苏里, 216

Utraquists (Hussite sect), 饼酒同领派 (胡斯支派)
    他们的教义和实践, 189—190, 200
    斐迪南一世, 急于同罗马联合, 199—200, 202—203; 安东尼·普鲁斯的努力, 203; 正式承认为独立教会, 203
    在波希米亚和莫拉维亚的统治, 208—209
    波希米亚信纲 (1575), 209

Utrecht, 乌得勒支, 316, 362, 440

Uzbeg tribe, in Transoxania, 乌兹别克部落, 在河间地带, 530

Vadianus (Joachim von Watt), 瓦狄亚努斯(约阿希姆·冯·瓦特), 97, 99, 126

Vaille family, Spanish bankers, 瓦伊莱家族, 西班牙银行家, 66

Valdes, Alfonso de, Spanish humanist, 巴尔德斯·阿方索·德, 西班牙人文主义者, 265

Valdes, Juan, Spanish humanist 巴尔德斯, 胡安, 西班牙人文主义者
    他对帕莱里奥的影响, 263
    与意大利的韦尔多派, 264—267
    伊拉斯谟对他的影响, 265
    去世, 265
    对"尼科迪米主义"的影响, 268
    与反三一论者结盟, 269
    被指控为异端, 269
    对奥基诺的影响, 270, 284

Valdesians, their organisation and beliefs, 韦尔多派, 他们的组织和

信仰，264—267，270
Valdivia, Pedro de, conquers Chile, 瓦尔迪维亚，佩德罗·德，征服智利，578
Valence, Calvinism in, 瓦朗斯，加尔文宗在该地，224
Valencia, 巴伦西亚，361，518
Valencia, kingdom of, 巴伦西亚王国，49，305，323—324，452
Valencia, Martin de, missionary, 巴伦西亚，马丁·德，传教士，565
Valencennes, religious dramas, 瓦朗西安，宗教剧，379
Valla, Lorenzo, Italian humanist, 瓦拉，洛伦佐，意大利人文主义者，206，372—373
Valladolid, 巴利亚多利德，304—305，319—320
Valle, Battista della, 瓦拉，巴蒂斯塔·德拉，492
Valliere, Jean, 瓦利耶，让，216
Valois, house of, see Habsburg-Valois struggle, 瓦卢瓦王室
Valona, threatened by Francis Ⅰ, 发罗拉，受弗朗西斯一世威胁（1537），518
Valor Ecclesiasticus, record of ecclesiastical wealth in England, 《教会财产》，英国教会财产录（1535），235—236
Valpo, 瓦尔波，522，524
Valturius, Robertus, his De rerum militarun, 瓦尔托里厄斯，罗伯托斯，他的《论军事》，482
Van, taken by Sulaiman Ⅰ, 凡城，被苏里曼一世占领（1548），524
Van, Lake, 凡湖，516，525
Van Braght, T. J., Anabaptist, his Martyrs' Mirror, 范·布拉特，T. J.，再洗礼派，他的《殉道者宝鉴》，132
Van de Molen Brothers, at Antwerp, 范·德·莫伦兄弟会，在安特卫普，62
Van Parc, George, 范·帕克，乔治，130
Van Schoonbeke, Gilbert, 范·朔恩贝克，吉伯特，65
Varad (Transylvania), Lutheranism in, 瓦拉德（特兰西瓦尼亚），路德派在该地，199
Varazdin, raided by Turks, 瓦拉日丁，遭土耳其劫掠（1544），524
Vardai, Pal, archbishop, 瓦尔道伊，帕尔，大主教，470
Vasa, house of, 瓦萨家族，152，474
Vasily Ⅱ, grand prince of Moscow, 瓦西里二世，莫斯科大公，534，539
Vasily Ⅲ, grand prince of Moscow, 瓦西里三世，莫斯科大公，546，561
他的继位和承袭（1505），540—542，547
他的性格和成就，547
并吞普斯科夫（1509）和梁赞（1521），547—548
在立陶宛的成功（1508—1509），548；攻占斯摩棱斯克（1514），548—549

索　引

把吉雷王朝驱逐出喀山（1532），549—550
独裁地对待其家庭和贵族，550
他的婚姻，550
去世（1533），550
Vasteras, Diet of, 韦斯特罗斯议会（1527），148—149，153—154；（1544），152
Vatable, Francois, at Meaux, 瓦塔布莱，法兰西斯，在莫城，215
Vaucelles, Peace of (1555), 沃塞勒和约（1555），222
Vaudois, the, 沃州，113，116，221
Vecellio, Tiziano, see Titian, 韦切里奥，蒂齐亚诺
Vedrosha, river, 韦德罗沙河，538
Vega, Juan de, viceroy in Sicily, 维加·胡安·德，西西里总督，327
Vegetius, 维吉蒂乌斯，483，484，501
Vegio, Maffeo, educational views, 韦吉奥，马费奥，教育观，419
Velasco, Inigo de, constable of Castile and co-regent, 贝拉斯科，伊尼戈·德，卡斯蒂利亚王室总管和联合摄政，319
Velasco, Luis de, viceroy in New Spain, 贝拉斯科，路易斯·德，在新西班牙的总督，580
Velasquez, Diego, governor of Cuba, 贝拉斯克斯，迭戈，古巴总督，570
Velasquez de Silva, Diego Rodriguez, Spanish Painter, 贝拉斯克斯·德·西尔瓦，迭戈·罗德里格斯，西班牙画家，17
Velika (Slavonia), 韦利卡（斯拉沃尼亚），524
Velikie Luki, 大卢基，561
Velizh, ceded by Russia, 韦利日，被俄国放弃（1582），561
Veltwyk, Gerard, imperial secretary, 费尔特维克，赫拉德，帝国大臣，177
Venezuela, Welsers' interests, 委内瑞拉，韦尔瑟的势力，313
Venice, 威尼斯，70，81，277，282
抵制西班牙统治，10，273，307
与宗教改革，103；文学的传播，255，256；作为再洗礼派的中心，265；卡纳塞基在该地，266；反三一论，262—263，268—269
与教皇的抗争，252；结盟（1556—1557），254
印刷术，256，361—362，365，366，427
经济财富，273，312，521
德亚底安修会在该地，287
巴尔纳伯修会建立，287
耶稣会士在该地，292；罗耀拉，298；威尼斯宪法对罗耀拉可能产生的影响，295
参加科尼亚克同盟（1526），343
抵制土耳其，347；和平（1521），347—348；1537—1540年的战争，351，518—520；土耳其的贸易妥协，517，292
作为文化的中心，375
玻璃工业，404
在教育中的人文主义，419

桑米凯利的要塞，492

舰只，504—505，507；用罪犯取代志愿者作划手，506；海运技能，518；被土耳其强征的水手，521

雇佣兵的雇佣，519

Venice, archbishops of, 威尼斯大主教与胡斯派主教的圣职授任，190

Venloo, treaty of (1543), 芬洛条约 (1543), 354

Vera Cruz, 韦拉克鲁斯，578

Verancsics, archbishop of Esztergom, 韦龙奇奇，埃斯泰尔戈姆大主教，208，209

Verboczi, Stephen, Hungarian jurist, 维尔伯齐，斯蒂芬，匈牙利法理学家，194，465，475

Verdun, bishopric acquired by France, 凡尔登，法国获得的主教管区 (1552), 185，212，332，357，358

Vergerio, Pietro Paolo, bishop of Capodistria, 韦尔杰里奥，彼得罗·保罗，卡波迪斯特里亚主教，171，270—271

教育观，419

Vergil, Polydore, historian, 维吉尔，波利多尔，历史学家，371，384

Vermigli, Peter Martyr, 韦尔米格里，彼得马蒂尔，130，243，263，271

Veroli, home of Paleario, 韦罗利，帕莱亚里奥之故乡，263

Veron, John, 韦龙，约翰，129—130

Verona, 维罗纳，287—288，492

Veronese, Guarino, see Guarino, 韦罗内塞，瓜里诺

Vesalius, Andreas, anatomist, 维萨里，安德烈亚斯，解剖学者，387，389，409—410，427

他的著作的出版和传播，389—390

解剖学图解，391，409

加伦的版本，392

Vesprem, taken by Turks, 维斯普雷姆，土耳其占领 (1552), 526

Viborg, 维堡，135—136，155

由奥博的一部分形成的主教管区，155

Viborg, Jens, 维博格，廷斯，142

Vicente, Gil, Portuguese dranmatist, 维森特，吉尔，葡萄牙戏剧家，613

Vicenza, 维琴察

作为新教的中心，262—263；反三一论，268—269

巴尔纳伯修会的建立，287

Victoria, del Cano's ship, 维多利亚·德尔·卡诺的船只，569

Vicuna, wool used for weaving, 比库尼亚，羊毛用于纺织，574

Vida, Marco, Italian poet, 维达，马尔科，意大利诗人，369

Vienna, 维也纳，123，165

土耳其围城 (1529), 196，212，336，349，482，492，514—515

耶稣会的建立，299

Vienna, Treaty of, 维也纳条约 (1515), 548—549

Vienna, university of, 维也纳大学，97，432，435

Villach, 菲拉赫，357

Villalar, battle of, 维拉拉战役（1521）, 320, 341

Villefranche, Calvinism in, 维勒弗朗什, 加尔文宗在该地, 224

Villers Cotterets, Edict of, 维莱科特雷敕令（1539）, 221

Vilna, see Wilno, 维尔纳

Vinci, Leonardo da, 文奇, 莱昂纳多·, 407, 410, 411

Viret, Pierre, 维雷特, 皮埃尔, 113

Virgil, 维吉尔, 375
  在语法学校的学习, 416—417, 419, 423
  萨里的《埃涅阿斯记》, 378

Virgin birth, see Mariology, 处女生子

Viterbo, Pole's circle at, 维特尔博, 波尔的小圈子在该地, 266

Vitoria, Francisco de, 维多利亚, 弗朗西斯科·德, 14, 588

Vitruvius, 维特鲁威, 380, 483

Vives, Juan Luis, his influence on education, 比维斯, 胡安·路易斯, 他对教育的影响, 421—422, 426

Vlachs, in Transylvania, 弗拉其人, 在特兰西瓦尼亚, 188

Vlacich, Mattia, see Flacius Illyricus, 弗拉西希, 马蒂亚

Vladimir Andreevich, prince of Staritsa, cousin of Ivan IV, 弗拉基米尔·安德烈耶维奇, 斯塔里察君主, 伊凡四世的堂兄弟, 553—555

Vladislav I (Ulaszlo, Wladislaw), Jagiellon, king of Hungary (Vladislav III of Poland), 弗拉迪斯拉夫一世（乌拉斯洛, 弗拉迪斯拉夫）, 姚吉埃隆, 匈牙利国王（波兰的弗拉迪斯拉夫三世）, 188

Vladislav II (Dobre), king of Bohemia and Hungary, 弗拉迪斯拉夫二世（多布热）, 波希米亚和匈牙利国王, 473
  与匈牙利的教会, 188, 190
  在他领地中的人文主义, 192
  与韦尔伯齐的《约法三章》, 475
  断绝与俄国的关系（1490）, 537;
  调停立陶宛战争, 538—539

Voes, Henry, Austin Friar, 弗斯, 亨利, 奥斯丁会修士, 86

Volga, river, 伏尔加河, 536, 557

Volynia, raided by Tatars, 沃尼亚, 遭土耳其劫掠（1520）, 538

Vormordsen, Frans, 沃尔莫德, 弗兰斯, 136

Vorontsov, favourite of Ivan IV, 沃龙佐夫, 伊凡四世的宠信, 551

Vsehrd, home of Kornel, 弗谢赫尔德, 科内尔故乡, 475

Vyatka, 维亚特卡, 534—535

Vyazma, 维亚济马, 538

Wages, 工资
  黑死病在英国的影响, 27, 39

Walcheren, 瓦尔赫伦岛, 52

Waldensians, 韦尔多派
  与再洗礼派, 132—133
  在意大利, 255—256, 259—260
  与茨温利派和加尔文派结盟, 255
  "尼科迪米主义"在其中, 268

Waldshut, Anabaptism in, 瓦尔茨胡特, 再洗礼派在该地, 121, 126
Wales, 威尔士
    与英格兰合并（1536）, 441; 威尔士边界会议, 450; 在议会中的代表, 455
Walmer, Henry VIII's coastal fortification, 沃尔默, 亨利八世的沿海堡垒, 493—494
Ward, Mary, foundress of the Institute of the Blessed Virgin Mary, 沃德, 玛利, 真福玛利亚学院女创始人, 290
Wards and Liveries, Coutr of, 沃兹和利弗里斯的法庭, 450
Warfare, 战争
    正义战争问题, 13—14, 588; 茨温利的态度, 99—100, 103, 341
    列兵, 在加泰罗尼亚, 323
    甲胄, 61, 496—497
    大炮: 枪的铸造, 61; 以数字为证, 61; 几何应用于造炮, 393; 关于火药的条约, 404; 要塞的防卫, 346, 491—494; 各种类型的细目和制造（附表）, 494—495; 亨利八世对枪炮的使用, 494; 在激战中, 497—498, 89, 512; 船舰的诞生, 497, 505—506, 508—509; 运输的花费, 500; 土耳其人, 512, 516, 524
    民团, 国民自卫队, 327, 482, 488—489, 501
    要塞, 346, 481, 483—484, 488—489, 491—494
    在学校的军事训练, 420
    艺术的发展（1519—1569）, 481—482; 骑士习俗的衰败, 11—12; 围攻和驻防, 481; 文学, 482—484, 404; 古代理论和实践的研究, 483—484; 马上比武, 497, 502; 消费和赢利, 500—501, 13; 战争习俗和对劫夺物的权利, 501, 13—14; 斐迪南一世的战争条款（1527）, 501; 囚犯的待遇, 503; 伤员和致残者, 503—504; 雇佣兵, 481, 484—487; 受威尼斯雇佣, 519; 受东方统治者雇佣的葡萄牙人, 609
    武器: 石弓, 481, 495; 长矛, 481, 489; 长矛和枪炮的混合, 481, 495, 499; 英国的弓, 489, 495; 土耳其的复合弓, 495
    火器: 手枪, 481; 滑膛枪, 481; 手枪手, 481, 496; 火绳勾枪, 481, 483, 489, 495—500
    步兵, 483, 498—500; 弗朗西斯一世仿效罗马军团, 484; 西班牙, 489, 495, 499
    骑兵, 483, 497; 火器的使用, 496, 498—499
    道德和训练, 484—485, 486—487, 488
    常备军, 486—491
    运输和给养, 504, 514, 524—525, 577—578
    海军, 504—509; 海军炮队, 用于反对陆军, 497; 法国对海上力量的忽视, 501; 亨利八世发展海军, 504, 507; 夺取船舰, 504; 设计, 504—507; 作为划手的志愿者和罪犯，506；商船的使用，507；战术，519；土耳其人，518；在苏伊士的海军基地，521；在东部水域，531；莫斯科在波罗的海缺乏舰只，558—559；西班牙的护航制度，585；东方国家的海上力量，592，596；葡萄牙在东方的海上力量，592，613—614

俄国边疆防卫，534

Warham, William, archbishop of Canterbury, 沃哈姆，威廉，坎特伯雷大主教，130，233—234

Wars of Religion, 宗教战争（1562—1589），1，225，439

在法国的经济效力，44，222

Warsaw, Confederation of 1573, 1573年的华沙同盟，209，474

Wartburg, castle of, Luther, 瓦特堡城堡，路德的避居地，83

Warwick, earl of, see Northumberland, 沃里克伯爵

Watt, Joachim von, see Vadianus, 瓦特，约阿希姆·冯

Weigel, katherina, 魏格尔，凯瑟琳娜，202

Weinsberg, 魏恩斯贝格，89，104

Weissenhorn (Bavaria), lordship purchased by Jacob Fugger, 魏森霍恩（巴伐利亚），雅各布·富格尔购买的贵族领地，32

Welser family, bankers and financiers, 韦尔瑟家族，银行家和金融家

与金属，布匹与工业，53

与安特卫普政府贷款，66

在委内瑞拉的利益，313

分享西班牙军界的租借权，313；借款给作为皇帝候选者的查理五世，338

Wenceslas Ⅳ, king of Bohemia, emperor, 瓦茨拉夫四世，波希米亚国王，皇帝，31

Wenden, lost by Russia, 文登，被俄国丢失（1578），561

Wesel, elementary education, 韦瑟尔，小学教育，416

Westerburg, Gerhard, reformer, 韦斯特贝格，格哈德，改革家，86

West indies, Spanish administration, 西印度群岛，西班牙的统治，564

Westminster, Statute of (1285), 威斯敏斯特法令（1285），38

Westminster, Treaty of, 威斯敏斯特条约（1527），344

Weza, John of, archbishop of Lund, 韦扎，约翰，隆德大主教

在福兰克福议会（1539）上是帝国的全权大使，175—176

White Russia, 白俄罗斯，35，474，557，560

White Sea, and the northern trade route, 白海和北方贸易路线，561

Whittinton, Robert, his Latin grammars, 惠廷顿，罗伯特，他的拉丁语法，425

Widemann, Jakob, Anabaptist, 维德曼，雅各布，再洗礼派，123

Wied, Hermann von, see Cologns, Hermann, archbishop and elector of, 维德，赫尔曼·冯

Wildhaus, birthplace of Zwingli, 维尔

德豪斯，茨温利出生地，97

William of Moerbeke, translator of Archimedes，穆尔贝克的威廉，阿基米德的翻译者，391

Williams, Robert, shepherd, on Henry VIII's restriction of Bible reading，威廉斯，罗伯特，牧师，论亨利八世对《圣经》阅读的限制，436

Wilno (Vilna)，威尔诺（维尔纳），468，538，559

Wimpheling, Jacob，温普斐林，雅各布，104，417

Winchcombe, Robert, abbot of Kidderminster，温奇库姆，罗伯特，基德明斯特修院院长，229

Winchester, bishopric of，温切斯特主教座，226

Winchester school，温切斯特公学，416

Windsor, Treaty of，温莎条约（1522），341

Wismar, Jan Laski expelled，维斯马，扬·拉斯基被驱逐，204

Wissemburg, Bucer at，维桑堡，布塞尔在该地，108

Witmarsum (Friesland)，维特马孙（弗里斯兰），131

Wittenberg，维滕贝格，70，171，183，356

宗教改革：智者弗里德里希禁止销售赎罪券，76；路德张贴九十五条论纲，77；焚烧教规法和《起来，主啊》，81；卡尔施塔特的激进纲领，84—85；布根哈根的著作，86，157；与苏黎世和斯特拉斯堡形成对照，92；路德著作的出版，84；破坏圣像的骚动，84，89；与再洗礼派起源有可能的联系，119—120；梅尔希奥·霍夫曼会见路德，126；丹麦的克里斯蒂安二世，135

梅兰希顿的学校，424

"Wittenberg Articles"，维滕贝格条款（1535），171

Wittenberg, Concord of (1536)，维滕贝格协定（1536），169，173

Wittenberg, university of，维滕贝格大学

作为宗教改革的宣传中心，70；路德的讲演，72，74—75；在要求交出路德后，对他的支持，78—79；梅兰希顿及对宗教语言的研究，79；委托去研究改革（1521年10月），84；与《应有的宗教仪式》，84—85；对卡尔施塔特的敌视，85；陶森在该地，136；帕拉第乌斯，146；奥拉夫斯和劳伦丘斯·彼得里，146，150；芬兰学生，154；阿格里科拉，155；匈牙利人，198；迪莫兰，213；神学教义，427；与莱比锡的路德主义，431；参加者表（1501—1560），432；世俗的控制，434

Witzel, Georg，维策尔，格奥尔格，175

Wladislaw (Ulaszlo), see Vladislav，弗瓦迪斯瓦夫（乌拉斯洛）

Wolmar, Diet of，沃尔马议会（1522），157；（1526），159；（1554），160

Wolmar, Melchior, teacher of Calvin, 沃尔马，梅尔希奥，加尔文的老师，114

Wolsey, Thomas, Cardinal, archbishop of York, 沃尔西，托马斯，红衣主教，约克大主教，233，436

 他的烦恼，226—267

 建立基督的教会，牛津（1525），227，428

 对路德主义的宽容，227—228

 他与教皇和国王的关系，226，228—229

 他对英国教会的影响，230

 阿拉贡的凯瑟琳离婚，231—232

 失宠和去世（1534），231—232

 大陆政策，341；科尼亚克同盟（1526），343

 计划在伊普斯威奇办学，424

 作为大臣，他的地位，446；对大法院的利用，450

 他对议会的否定，456；1523年的财政需求，232

Worde, Wynkyn de, printer, 沃德，温金·德，印刷商，365

Worms, Diet of, 沃尔姆斯议会（1521），81—83，92，135，339，347；争议和一致（1540），111—112，177，178，180；议会（1545），182

Worms, Edict of, 沃尔姆斯敕令（1521），83

 由萨克森的乔治公爵推行，（1521），84

 施派尔条约（1526）推迟实施，92

 在奥格斯堡的确认（1530），93，161；坎佩焦的坚持，94

 立窝尼亚的抗议，157

Wright, Edward, 赖特，爱德华，396

Wurttemberg, 符腾堡

 查理五世获得（1520），331；授予奥地利的斐迪南，165

 驱逐乌尔里希公爵（1519），353，478；他的复位和接受宗教改革，165—166，212，353

 布伦茨在该地，184，185

 维尔杰里乌斯在该地，271

Wurttemberg, Christophe, duke of, 符腾堡，克里斯托弗公爵，165，185，571

Wurttemberg, Ulrich, duke of, see above, Wurttemberg, 符腾堡，乌尔里希公爵

Wyatt, Sir Thomas, Poet, 怀亚特，西尔·托马斯，诗人，378，383

Wyatt, Sir Thomas (son of the preceding), 怀亚特，西尔·托马斯（诗人怀亚特之子），rebellion and execution (1554), 叛变和处决（1554），248

Wycliffe, John, 威克里夫，约翰，2，227

Wyttenbach, Thomas, 维滕巴赫，托马斯，97

Xanten, elementary school (1491), 克桑滕小学（1491），416

Xenophon, 色诺芬，372

Ximenez de Cisneros, Cardinal, archbishop of Toledo, 希梅内斯·德·西斯内罗斯，红衣主教，托莱多

大主教，324，565
作为卡斯蒂里的摄政，304—305，310
与多语种《圣经》合参，372
在阿尔卡拉的教育工作，427

Yam, ceded to Sweden, 亚姆，割让给瑞典（1538），561
Yam Zapolsky, treaty of, 亚姆扎波尔斯基条约（1582），561
Yaroslavl, 雅罗斯拉夫尔，534，535—536
Yazhelbitsy, peace of, 亚热尔比齐和约（1456），534
Yemen, 也门，521
York, 约克，237
York, archbishopric of, 约克大主教座，266—267
York, ecclesiasticsal province of, 约克大主教区，228
Yury, brother of Ivan III of Russia, 尤里，俄国伊凡三世兄弟，539—540

Zabid, taken by Ottoman Turks, 宰比德，被奥斯曼土耳其占领（1538），521
Zacatecas (New Spain), silver mines, 萨卡特卡斯（新西班牙），银矿，582
Zagreb, meetings of Croatian diets, 萨格勒布，克罗地亚会议，467
Zakharin, family of, in Moscow, 扎哈林家族，在莫斯科，551，554，555

Zanchi, Giovanni Battista, on fortification, 赞基，乔瓦尼·巴蒂斯塔，在要塞，483
Zanchi, Girolamo, Italian reformer at Lucca, 赞基，吉罗拉莫，在卢卡的意大利改革家，263
Zapolyai family, acceptance of Turkish suzerainty, 扎波利亚家族，接受土耳其为宗主国，208
Zapolyai, John, see John Zapolyai, king of Hungary, 扎波利亚，约翰
Zapolyai, John Sigismund, see Transylvania, John Sigismund, prince of, 扎波利亚，约翰·西吉斯孟
Zaragoza, 萨拉戈萨，305
Zaragoza, Treaty of, 萨拉戈萨条约（1529），569，606
Zeeland, 泽兰，15，59，303
Zell, Matthew, reformer, 泽尔，马修，改革家，107—110
Zemplin, see Sarospatak, 曾普林
Zemshchina, Ivan IV's use of the oprichnina against, 大贵族世袭领地，伊凡四世利用中小贵族采邑与之对抗，554—556
Zips, see Spis, 齐普斯
Zollikon, Anabaptism in (1525), 措利孔，再洗礼派在该地（1525），121
Zumarraga, Juan de, first bishop of Mexico (1527), 苏马拉加，胡安·德，第一位墨西哥主教（1527），565，570
Zurich, 苏黎世，111，263
茨温利和在该地的宗教改革，86，

97—107；政治和宗教背景，96；布林格的领导，103，106—107；再洗礼派的起源，120

雇佣兵服役制的结束，99—100

Zwickau, Munzer's ministry at, 茨维考，闵采尔在该地的教牧工作，87

Zwickau, prophets of, 茨维考的先知，84，110，119—120

Zwingli, Bartholomew, uncle of the reformer, 茨温利，巴托洛梅乌，改革家茨温利之叔，97

Zwingli, Ulrich, Swiss reformer, 茨温利，乌斯里希，瑞士宗教改革家，2，70，261，301

在马堡会议（1529），92

对奥格斯堡信纲的批判，94

早期生活和学习，97—98；在马里尼亚诺战役（1515），100

论音乐，98—100

在艾恩西德伦抵制销售赎罪券，98

他思想中的中心因素，98—99；对圣餐的看法，91，101，102—103，163，168，243，245；人文主义的地位，97—99；圣经学，98，100，102

与路德的关系，99—100，103，163；他的争论在大学中的影响，431

他的布道，99

他的婚姻（1522），100

对禁食的态度，100，101，163

他对战争的态度以及苏黎世废止雇佣兵服役制，99—100，103，341

他的"六十七条"（1523）和对天主教教义的攻击，101

与法贝尔的争论（1523），与教区当局决裂，101，105，120

搬开神像及在礼仪上的改革，86，99，101—102，120

苏黎世《圣经》，101—102

对按神意行事的地方官的态度，102，96—97，103，116

与再洗礼派，102，119—123，126；与施莱特海姆信纲（1527），125

基督徒市民同盟（1528—1531），103，106，163

去世，103，163，350

与奥科兰帕迪乌斯的友谊，104—105

布林格及向加尔文过渡，106—107

施马尔卡尔登同盟的形成，162—163；该同盟反对茨温利的宗教改革，162—164，166

克兰默和茨温利主义，243，245

在意大利对他的教义的接受，251，260；天主教改革家的态度，259

茨温利派与韦尔多派结盟，255

Zwolle, Anabaptism in, 兹沃勒，再洗礼派在该地，127